L'ESPRIT

DES

ORDONNANCES

DE LOUIS XIV.

OUVRAGE OÙ L'ON A RÉUNI LA THÉORIE
ET LA PRATIQUE DES ORDONNANCES.

TOME SECOND,

CONTENANT l'Ordonnance Criminelle de 1670,
l'Ordonnance du Commerce de 1673, & l'Edit de 1695
fur la Jurifdiction Eccléfiaftique.

ENSEMBLE les Formules des Actes de Procédure, relatifs
à chaque Titre defdites Ordonnances.

PAR M. SALLÉ, AVOCAT AU PARLEMENT,
de l'Académie Royale des Sciences & Belles-Lettres de Berlin.

A PARIS,

Chez SAMSON, Libraire, Quai des Auguftins.

M. DCC. LVIII.
AVEC APPROBATION ET PRIVILEGE DU ROI.

SOMMAIRE GENERAL.

ORDONNANCE CRIMINELLE DE 1670.

Tit. i. *De la Compétence des Juges en mat. Crim.* page 9

Tit. ii. *Des Procédures particulieres aux Prévôts des Maréchaux de France, Vice-Baïllifs, Vice-Sénéchaux, & Lieutenans Criminels de Robe-Courte.* 29

Tit. iii. *Des Plaintes, Dénonciations, & Accusat.* 45

Tit. iv. *Des Procès verbaux des Juges.* 52

Tit. v. *Des Rapports des Médecins & Chirurgiens.* 54

Tit. vi. *Des Informations.* 56

Tit. vii. *Des Monitoires.* 68

Tit. viii. *De la reconnoissance des Ecritures & Signatures en matieres Criminelles.* 76

Tit. ix. *Du Crime de Faux, tant principal qu'incident.* 85

Tit. x. *Des Décrets & de leur exécution, & des élargissem.* 118

Tit. xi. *Des Excuses ou Exoines des Accusés.* 132

Tit. xii. *Des Sentences de Provision.* 136

Tit. xiii. *Des Prisons, Greffiers des Géoles, Géoliers & Guichetiers.* 141

Tit. xiv. *Des Interrogatoires des Accusés.* 165

Tit. xv. *Des Récollemens & Confrontat. des Témoins.* 179

Tit. xvi. *Des Lettres d'Abolition, Rémission, Pardon, pour ester à droit, rappel de Ban ou de Galeres, commutation de Peines, Rehabilitation & Revision de procès.* 193

Tit. xvii. *Des Défauts & Contumaces.* 254

Tit. xviii. *Des Muets & Sourds, & de ceux qui refusent de répondre.* 272

Tit. xix. *Des Jugemens & Procès verbaux de Question & Torture.* 277

Tit. xx. *De la conversion des Procès civils en Procès criminels, & de la réception en Procès ordinaires.* 283

Tit. xxi. *De la maniere de faire les Procès aux Communautés des Villes, Bourgs & Villages, Corps & Compagnies.* 285

Tit. xxii. *De la maniere de faire le Procès aux cadavres ou à la mémoire d'un défunt.* 288

Tit. xxiii. *De l'abrogation des Appointemens, & forclusions en matiere Criminelle.* 291

Tit. xxiv. *Des Conclusions définitives de nos Procureurs, ou de ceux des Justices Seigneuriales.* 294

Tɪᴛ. xxv. *Des Sentences, Jugemens & Arrêts.* page 295
Tɪᴛ. xxvɪ. *Des Appellations.* 317
Tɪᴛ. xxvɪɪ. *Des Procédures à l'effet de purger la mémoire
d'un défunt.* 327
Tɪᴛ. xxvɪɪɪ. *Des Faits justificatifs.* 330

ORDONNANCE DU COMMERCE DE 1673.

Tɪᴛ. ɪ. *Des Apprentifs Négocians & Marchands, tant en
gros qu'en détail.* 338
Tɪᴛ. ɪɪ. *Des Agens de Banque & Courtiers.* 346
Tɪᴛ. ɪɪɪ. *Des Livres & Registres des Négocians, Marchands
Banquiers.* 353
Tɪᴛ. ɪv. *Des Sociétés.* 360
Tɪᴛ. v. *Des Lettres & Billets de change, & promesses d'en
fournir.* 367
Tɪᴛ. vɪ. *Des Intérêts de change & rechange.* 392
Tɪᴛ. vɪɪ. *Des Contraintes par corps.* 397
Tɪᴛ. vɪɪɪ. *Des Séparations de biens.* 404
Tɪᴛ. ɪx. *Des Défenses & Lettres de répi.* 406
Tɪᴛ. x. *Des Cessions de Biens.* 411
Tɪᴛ. xɪ. *Des Faillites & Banqueroutes.* 415
Tɪᴛ. xɪɪ. *De la Jurisdiction des Consuls.* 432

EDIT DE 1693 SUR LA JURISDICTION
ECCLESIASTIQUE.

Tɪᴛ. ɪ. *De la Jurisdiction volontaire.* 458
Tɪᴛ. ɪɪ. *De la Jurisdiction contentieuse.* 595
Tɪᴛs ɪɪɪ. *Des Droits & Privileges du Clergé.* 633

ORDONNANCE

CRIMINELLE,
DU MOIS D'AOÛT 1670.

LOUIS, par la grace de Dieu, Roi de France &
de Navarre : A tous préfens & à venir, SALUT. Les
grands avantages que nos Sujets ont reçus des foins que
Nous avons employés à réformer la Procédure civile par
nos Ordonnances des mois d'Avril 1667 & d'Août
1669, Nous ont porté à donner une pareille application
au Reglement de l'inftruction criminelle, qui eft d'autant plus importante, que non-feulement elle conferve les
Particuliers dans la poffeffion paifible de leurs biens,
ainfi que la Civile : mais encore elle affure le repos public, & contient par la crainte des châtimens ceux qui
ne font point retenus par la confidération de leurs dé-
voirs. A CES CAUSES, de l'avis de notre Confeil & de
notre certaine fcience, pleine puiffance & autorité Royale, Nous avons dit, déclaré & ordonné, difons, déclarons & ordonnons, & Nous plaît, ce qui enfuit.

Tome II.   A

Comme notre Ordonnance a pour but principal de regler la procédure Criminelle, avant que d'entrer dans le détail des différens objets qu'elle embrasse à cet égard, on croit devoir commencer par donner une idée générale de cette procédure.

La procédure Criminelle commence ordinairement par une *plainte* formée, soit par la Partie publique, soit par une Partie civile.

Sur la plainte, le Juge permet d'informer des faits y contenus : en conséquence de cette permission, l'on fait entendre les Témoins qui peuvent avoir connoissance de ces faits; leurs dépositions réunies composent ce que nous appellons *information.*

Sur cette information, on *décrete* l'Accusé, ou *d'assigné pour être oui*, ou d'*ajournement personnel*, ou *de prise de corps*, suivant qu'il est plus ou moins chargé par les Témoins. Souvent sans plainte, information, ni décret préalables, on arrête un Accusé, soit à la clameur publique, ou lorsqu'il est pris sur le fait *in flagranti delicto.*

En conséquence du décret; l'Accusé doit subir *interrogatoire.*

C'est alors & sur cet interrogatoire que le Juge, ou *renvoie* les Parties *à l'Audience*, s'il s'agit de matieres legeres ; ou *regle* le procès *à l'extraordinaire*, c'est-à-dire, ordonne que l'instruction en sera continuée par *récolement* & *confrontation.*

Dans ce dernier cas, on *récole* les Témoins entendus dans l'information, les uns après les autres, pour savoir s'ils persistent dans leurs dépositions, ou s'ils n'ont rien à y changer ou diminuer.

Ensuite, on *confronte* ces mêmes Témoins à l'Accusé, chacun en particulier.

Le récolement & la confrontation achevés, *le procès* est *en état* d'être jugé sur l'examen du procès; si l'*Accusé* est trouvé innocent on le renvoie *absous* ; s'il n'y a qu'une demie preuve contre lui, on ordonne un *plus amplement informé* : quelquefois même, lorsque la preuve est plus avancée, & que le crime est capital de sa nature, on ordonne la *question préparatoire*; enfin, lorsque l'Accusé est *convaincu*, il est *condamné* aux peines que son crime mérite suivant les loix.

Nous ne nous livrerons point à une discussion détaillée des peines prononcées par les loix, contre les différentes especes de crimes; d'autant que ces peines varient à l'infini, même pour raison du même crime, suivant les circonstances du tems, du lieu & de la maniere; lesquelles peuvent contribuer à rendre le crime plus ou moins grave, & conséquemment plus ou moins punissable. Ainsi l'on se contentera d'observer ici (en envisageant les crimes rélativement à leur objet, & dans un point de vue général) ou qu'ils sont *crimes de leze-Majesté divine*, ou *crimes de leze-Majesté humaine*, ou qu'ils *tendent à troubler l'ordre public* & l'œconomie de la société; ou enfin, qu'ils *blessent* purement & simplement *les Particuliers.*

PREMIERE CLASSE,
Crimes de leze-Majesté divine.

1°. Les *jurèmens* & *blasphêmes*, qui font punis, pour la premiere, feconde, troifieme & quatrieme fois, d'une amende proportionnée aux biens de la Perfonne coupable, à la qualité du blafphème, & à la quotité de la récidive ; pour la cinquieme fois du Carcan & d'une groffe amende ; pour la fixieme fois du Pilory & de l'amputation de la levre fupérieure avec un fer chaud ; pour la feptieme fois, encore du Pilory & de l'amputation de la levre inferieure, enfin ; pour la huitieme fois, de l'amputation de la langue : lorfque les blafphêmes font énormes, on les punit de plus grandes peines, à l'arbitrage des Juges (*a*).

2°. Le *Sacrilege*, qui fe punit de mort, foit qu'il foit joint à la fuperftition & à l'impiété, foit qu'il foit accompagné de la profanation des chofes faintes (*b*). Le genre de mort dont on punit les Sacrileges, eft de les brûler vifs ; quelquefois on ordonne en outre qu'ils auront le poing coupé, notamment s'ils ont attenté fur la vie d'un Prêtre faifant fonctions facerdotales, ou profané les chofes faintes.

3°. L'*Héréfie* : ceux qui s'affemblent pour faire exercice d'autre religion que la Catholique, font condamnés ; favoir, les Hommes aux Galeres perpétuelles, & les Femmes à être rafées & renfermées pour toujours ; la peine de mort a lieu quand ils font affemblés en armes. Quant aux Miniftres & Prédicans, ils font toujours & indiftinctement punis de mort (*c*). Les Religionnaires fugitifs font auffi condamnés, les Hommes aux Galeres perpétuelles, les Femmes à être rafées & enfermées à perpétuité (*d*).

4°. Les *Sortileges* & *Magie* : les Devins & Devinereffes doivent être punis corporellement : ceux qui commettent des pratiques fuperftitieufes, doivent l'être exemplairement fuivant l'exigence des cas ; & enfin ceux qui joignent à la fuperftition l'impiété & le facrilege doivent être punis de mort (*e*).

5°. La *Simonie* & la *Confidence*, qui font punis l'un & l'autre de la perte du bénéfice (*f*). Tout le monde fait que la fimonie eft l'achat d'un Bénéfice ou d'une chofe fpirituelle, & que la confidence confifte à jouir, fous le nom d'autrui, des fruits d'un Bénéfice dont on n'eft point titulaire, ou à conferver pour un autre les fruits d'un Bénéfice dont on n'eft titulaire que comme prête-nom.

(*a*) Déclaration du 30 Juillet 1666.
(*b*) Edit du mois de Juillet 1682.
(*c*) Déclaration du 24 Mai 1724, Art 1.
(*d*) Déclaration du 13 Septembre 1699.
(*e*) Déclaration du mois de Juillet 1682, Art. 1, 2 & 3.
(*f*) Ordonnance de Blois, Art. 21.

SECONDE CLASSE.
Crimes de leze-Majefté humaine.

Les *crimes de leze-Majefté humaine* font de deux fortes; au *premier* & au *fecond chefs.*

Au *premier chef*, c'eft l'attentat ou la confpiration contre la Perfonne même du Souverain : on met auffi dans le même rang la confpiration contre l'Etat, par ligues & affociations pratiquées foit entre les Sujets, foit avec des Etrangers. La punition du premier de ces crimes, eft de tirer le Coupable à quatre chevaux, avec confifcation de tous fes biens (a). Le fecond qui eft la confpiration contre l'Etat eft puni de mort (b). On inflige la même peine de mort contre ceux qui ont eu connoiffance d'une confpiration contre le Souverain ou contre l'Etat, & qui ne l'ont point révélée (c).

Au *fecond chef*, les crimes de leze-Majefté fe fubdivifent à l'infini. On comprend fous cette dénomination :

1°. Le *port-d'armes*, de la part de tous autres, que ceux qui y font obligés par état, & qui eft puni de mort (d).

2°. Les affemblées illicites (e), les *levées de Trouppes* (f) fans commiffion, & la *défertion* (g) dont les Coupables font punis comme criminels de leze-Majefté, & perturbateurs du repos public, c'eft-à-dire de mort.

3°. Les *Prédications féditieufes*, dont la peine eft le banniffement hors du Royaume : les Prédicateurs féditieux doivent en outre avoir la langue percée d'un fer chaud (h).

4°. La *fauffe Monnoie*, qui eft toujours punie de mort, non-feulement dans la Perfonne des fabricateurs, mais encore des complices (i).

5°. Le *Péculat*, qui eft le vol ou divertiffement des deniers royaux ou publics, & dont la peine eft la mort & la confifcation des biens (k).

6°. La *Concuffion*, qui eft le crime de celui, qui, ayant fonction publique, exige de l'argent ou des préfens qui ne lui font pas légitimement dûs. Les Ordonnances prononcent contre ce crime la peine de mort & la confifcation des biens (l); cependant la Jurifprudence a

---

(a) Ordonnance de Villers-Cotterets, Art. 1 & 2 ; & Ordonnance de 1670, Tit. XXII, Art. I
(b) Edit de Charles IX à Amboife du 16 Mars 1562, Art. 15 ; autre Edit du même Roi de 1563, Art. 7 & 9 ; Ordonnance de Blois, Art. 183 ; Edit de Henri III donné à Saint Germain le 11 Novembre 1583
(c) Ordonnance de Louis XI au Pleffis-les-Tours, du mois de Décembre 1475. Edit de François I, donné à Saint-Germain en Laye le 14 Juillet 1534, Art. 37.
(d) Edit de François I, à Fontainebleau le 16 Juillet 1546.
(e) Ordonnance de Blois, Art. 278.
(f) Edit de Louis XIII du 14 Avril 1615 ; & l'Ordonnance de 1629, Art. 121.
(g) Ordonnance de François I, à Saint-Germain en Laye du mois de Juillet 1534, Art. LIII.
(h) Lettres Patentes de Henri IV, du 22 Septembre 1595.
(i) Edit du mois de Février 1716.
(k) Edit de François I, du mois de Mars 1545.
(l) Ordonnance de Moulins, Art. 23; Ordonnance de Blois, Art. 280.

varié fur la nature de cette peine. Tantôt on s'eft contenté de condamner les Concuffionnaires au blâme, à l'amende honorable, au pilory, au banniffement à tems ou perpétuité ; quelquefois on les a condamnés à la mort fuivant la rigueur des Ordonnances ; tout cela dépend des circonftances (a).

7°. La *Rébellion au Roi & à Juftice*. Ceux qui outragent ou excedent de mauvais traitemens, les Officiers, Huiffiers, ou Sergens exerçans les fonctions de leur état, doivent être punis de mort fans efpérance de grace (b). Ceux, qui refufent feulement d'ouvrir les portes aux Juges ou Commiffaires exécuteurs de Jugemens, font punis par la démolition de leur Maifon ou Château, par la confifcation de leurs Fiefs, & Juftice s'ils en ont, & par une peine corporelle ou pécuniaire fuivant l'exigence des cas (c).

TROISIEME CLASSE.
Crimes contre l'ordre Public.

1°. L'*incendie* : il n'y a point de Loix précife fur ce crime ; mais fuivant la Jurifprudence on punit par le fupplice du feu les Incendiaires d'Eglife & ceux des Villes & des gros Bourgs; par les Galeres à tems ou à perpétuité, les Incendiaires des Métairies ès Campagnes ; & par le banniffement, ceux qui ont occafionné un incendie moins confiderable.

2°. L'*Incefte*, fur lequel au défaut de Loi particuliere, les Arrêts ont prononcé la peine du feu, pour l'incefte en ligne directe, même du beau-pere à la belle-fille, & de la belle-mere au gendre ; quant aux inceftes entre Perfonnes qui peuvent obtenir difpenfe de fe marier, on ne les punit point de mort. L'incefte du Confeffeur avec fa Pénitente eft puni du fupplice du feu, comme étant un facrilege; on punit de mort l'incefte avec une Religieufe.

3°. Les *recelés de groffeffe*, avortemens, expofition & fuppofition de part. Le recelé de groffeffe eft puni de mort, parcequ'on fuppofe qu'une fille ou femme, en pareil cas, a homicidé fon enfant (d). L'*avortement* eft puni de la même maniere, par la même raifon. La *fuppofition* de part eft punie de l'amende honorable, avec torches & écriteaux, & du banniffement perpétuel; quant à l'*expofition* de part, on ne la punit plus maintenant.

4°. La *Polygamie*, dont le châtiment a varié. Les Polygames étoient autrefois condamnés à mort ; dans la fuite on ne les a plus condamnés qu'au fouet ; aujourd'hui on les condamne à être mis au Carcan pendant trois jours de marché, avec des quenouilles pour les hommes, & des écriteaux pour les femmes, & aux galeres à tems, ou au banniffement à tems.

(a) Voir le Dictionnaire des Arrêts, au mot *Concuffion*.
(b) Ordonnance de Blois, Art. 190.
(c) Édit de Charles IX, donné à Amboife au mois de Janvier 1572.
(d) Edit de Février 1556; Déclaration du 25 Février 1708.

5°. La *Proſtitution publique*. On condamne les filles de mauvaiſe vie à être renfermées pendant un tems à l'Hôpital ; les Maquerelles, à être bannies (*a*) : & dans le cas où ces dernieres auroient engagé, par ſéduction, des filles dans la proſtitution, on les condamne à être promenées ſur un âne avec un chapeau de paille & écriteau, & à être fouettées, marquées & bannies (*b*).

Les *Jeux défendus*, dont la peine eſt une amende arbitraire ou autre punition, s'il y échet (*c*), avec confiſcation de l'argent, & autres effets qui ſe trouvent dans les Académies de jeux, au profit des Hôpitaux.

7°. Les *Banqueroutes frauduleuſes*, contre leſquelles la peine capitale avoit lieu autrefois, mais qui ne ſont plus maintenant punies, que de l'amende honorable ou du carcan, avec galeres ou banniſſement à tems, ou à perpétuité (*d*).

8°. La *Monopole* qui conſiſte à s'emparer de toute une marchandiſe ou denrée, pour y mettre enſuite un prix exhorbitant ; la peine eſt la confiſcation de corps & de biens (*e*).

9°. Les *Vagabonds, Gens ſans aveu* & *Mandians*, ſont auſſi regardés comme coupables envers la Société dont ils ſont un fardeau ; c'eſt pourquoi les *Vagabonds* & *Gens ſans aveu* ſont tenus de ſe mettre en condition dans un mois ou de travailler ; s'ils ne le font, leur procès doit leur être fait, & ils doivent être pour la premiere fois bannis ; pour la ſeconde, condamnés à trois ans de Galeres ; s'ils avoient déja été repris de Juſtice, ils ſubiroient dès la premiere fois la peine des Galeres (*f*). Quant aux *Mandians*, quoique la Mendicité en elle-même ne ſoit point un crime, l'abus qu'on en peut faire devient un délit envers la Société civile : ainſi, ceux qui demandent l'aumône avec inſolence ; ceux qui pour mendier plus impunément, ſe diſent fauſſement Soldats, ou ſont porteurs de congés faux ; ceux qui déguiſent leurs noms ou le lieu de leur naiſſance lorſqu'on les arrête ; ceux qui contrefont les eſtropiés ou feignent des maladies qu'ils n'ont point ; ceux qui s'attroupent dans les Villes ou dans les Campagnes, au nombre de quatre, non compris les enfans ; ceux qui portent des armes ; enfin, ceux qui ont déja été flétris d'une marque infamante, ſont condamnés pour la premiere fois ; ſavoir, les hommes au moins à cinq ans de galeres, & les femmes ou hommes invalides à l'Hôpital, ſauf aux Juges à prononcer de plus grandes peines ſi le cas le requiert (*g*).

10°. L'*infraction de ban*, qui eſt punie différemment, ſuivant la

---

(*a*) Déclaration du 26 Juillet 1713.
(*b*) Arrêt du 7 Juillet 1750, confirmatif de Sentence du Châtelet, contre Jeanne Moion veuve le Sui.
(*c*) Déclaration du 30 Mars 1611.
(*d*) Ordonnance d'Orléans, Art. 143 ; Ordonnance de Blois, Art. 205 ; Edit de Mai 1609 ; Ordonnance de 1573, Tit. II, Art. 11 ; & Déclaration du 11 Janvier 1716.
(*e*) Ordonnance du Roi Jean de 1355 ; & Ordonnance de Villers-Cotterets art. 191.
(*f*) Déclaration du 27 Août 1701.
(*g*) Déclaration du 18 Juillet 1724.

qualité du Tribunal qui a prononcé le banniffement : ceux qui enfreignent le ban prononcé par Sentence Prévôtale ou Préfidiale , doivent être enfermés à l'Hôpital , à tems ou pour toujours : la punition eft arbitraire à l'égard des Cours Souveraines, lorfqu'il s'agit d'infraction de banniffement prononcé par leurs Arrêts (a).

11°. Le *Suicide* , pour raifon duquel on fait le procès au cadavre que l'on conduit à la voierie traîné fur une claie , & qui eft enfuite pendu par les piés , avec confifcation des biens du défunt (b).

QUATRIEME CLASSE.
Crimes contre les Particuliers.

1°. L'*homicide de guet à pens* , qui eft puni de mort fur la roue , fans qu'il puiffe y avoir commutation de peine (c). La même punition a lieu contre le deffein feul , quand bien même l'effet ne s'en feroit point fuivi ; & cela tant contre les Affaffins qui fe feroient loués à prix d'argent , que contre ceux qui les auroient loués ou induits à le faire (*) ; mais l'homicide néceffaire , involontaire & cafuel , quoique puniffable de mort , peut obtenir des lettres de grace (d).

2°. Le *Vol* , qui eft de plufieurs fortes : le *vol de grands chemins* eft puni par le fupplice de la roue ; & les rues des Villes font réputés grands chemins à cet égards (e) : le *vol avec effraction* dans les maifons eft puni de la même peine de la roue (f) : le *vol Domeftique* eft puni de mort (g) , de même que celui fait dans les Maifons royales & lieux en dépendans (h) : le *vol d'Eglife* , dont la peine eft , favoir pour les hommes les Galeres à tems ou à perpétuité , & pour les femmes d'être flétries & enfermées dans une Maifon de force à tems ou à perpétuité ; le tout , fans préjudice de la peine de mort , s'il fe trouve des circonftances aggravantes (i) : enfin , le *vol fimple* eft puni du fouet & de la marque pour la premiere fois ; en cas de récidive , des Galeres à tems ou à perpétuité pour les hommes , & pour les femmes , de la clôture à tems ou à perpétuité dans une Maifon de force (k). Les Complices & Receleurs , en matiere de vol , font punis de mort , de même que les Voleurs (l).

(a) Déclaration du 31 Mai 1682.
(b) Voir le Dictionnaire des Arrêts , lett. H au mot *Homicide de foi-même*.
(c) Edit donné par Henri II , à S. Germain en Laye , au mois de Juillet 1547.
(*) Ordonnance de 1670 , Art. 16.
(d) Ordonnance de Villers-Cotterets , en 1539 , Art. 168.
(e) Ordonnance de François I , donné à Paris le 14 Février 1534.
(f) *Ibidem*.
(g) Déclaration du 4 Mars 1724.
(h) Déclaration du 15 Janvier 1675 , & celle du 7 Décembre 1682.
(i) Déclaration du 4 Mars 1724.
(k *Ibidem*.
(l) Ordonnance de Louis XI en 1270.

3°. Le *Poison*, contre lequel la peine de mort a toujours lieu, soit que l'effet s'en soit ensuivi ou non (*a*).

4°. Le *Duel*, dont les Coupables sont toujours punis de mort sans aucune grace ni remission (*b*).

5°. Le *Rapt* & le *Viol* qui sont punis de mort (*c*) aux termes des Ordonnances : cependant quant au *rapt de séduction*, ce sont les circonstances qui décident pour faire prononcer une peine plus ou moins grande.

6°. L'*Adultere*, pour lequel la Jurisprudence, faute de Loix positives, est de condamner la femme à être enfermée pendant deux ans dans un Couvent ou à l'Hôpital; pendant lequel tems le mari peut la voir & la reprendre : ce tems passé, on l'enferme pour le reste de ses jours. Cependant, après la mort du mari, il est permis à quiconque veut l'épouser, de la retirer pour la conduire à l'autel. Il n'y a que le mari qui puisse accuser sa femme d'adultere ; le ministere public ne peut même le faire, à moins qu'il n'y ait connivence avérée de la part du mari.

7°. Le *Faux*, qui est de plusieurs sortes. Le *faux dans une fonction publique* est punissable de mort (*d*). Le *faux hors d'une fonction publique* est puni eu égard aux circonstances; à moins qu'il ne s'agisse de falsification de Lettres de Chancellerie ou du Sceau, ou d'avoir contrefait les signatures des Sécretaires d'Etat, d'avoir falsifié ou altéré les Ordonnances du Trésor royal, ou les Expéditions, Registres ou Quittances de tous autres Trésoriers & Receveurs des deniers royaux, pour raison de quoi la peine de mort a toujours lieu (*e*). Le *faux témoignage en Justice* est puni du Galere. Les *faux Témoins en fait de Mariage* le sont plus grièvement ; ils sont condamnés, savoir, les hommes à l'amende honorable & aux galeres à tems, & les femmes à l'amende honorable & au bannissement à tems (*f*).

8°. Les *Libelles diffamatoires*, dont les Auteurs, Imprimeurs, & Distributeurs sont punis comme Perturbateurs du repos public (*g*). La peine en est proportionnée aux circonstances.

9°. Les *Voies de fait*, dont la punition est assez arbitraire & dépendante des cas & circonstances, comme si elles étoient accompagnées de port-d'armes, de fractures de portes; il faut pourtant observer que les coups de bâton donnés de dessein prémédité, sont punis comme l'assassinat.

10°. Les *Injures* qui sont punies arbitrairement ; si la calomnie y est jointe, la punition est plus grave : on a même été, dans ce cas, jusqu'à prononcer l'amende honorable & le bannissement.

(*a*) Edit de Juillet 1682.
(*b*) Edit d'Août 1679 ; & Déclaration du 28 Octobre 1711.
(*c*) Ordonnance de Blois, Art. 42 ; & Décl. du 26 Novembre 1639.
(*d*) Edit du mois de Mars 1680.
(*e*) *Ibidem.*
(*f*) Edit de Mars 1697.
(*g*) Ordonnance de Moulins, Art. 77.

D'après

D'après cette esquisse générale, tant de la procédure Criminelle que des différens genres de crimes & de peines, entrons maintenant dans l'examen des dispositions particulieres de notre Ordonnance.

TITRE PREMIER.

DE LA COMPETENCE DES JUGES.

Nous connoissons en France, pour le Criminel comme pour le Civil, de deux especes de Jurisdictions: les *Jurisdictions Seigneuriales*, & les *Jurisdictions Royales*.

Les Jurisdictions Seigneuriales sont aussi de différens genres : les unes n'ont que la *Basse Justice* ; les autres la *Basse* & la *Moyenne*; les troisiemes réunissent la *Basse*, la *Moyenne* & la *Haute Justice*. Il n'y a que ces dernieres qui puissent connoître des affaires Criminelles.

Dans les *Jurisdictions Royales* il y a aussi trois dégrés. Les premieres sont les *Prévôtés*, ou *Châtellenies*; les secondes les *Bailliages*, ou *Sénéchaussées*; les troisiemes sont les *Cours Souveraines* ; toutes les Jurisdictions Royales peuvent connoître des matieres Criminelles.

Il n'en est point des matieres Criminelles comme des matieres Civiles pour l'ordre des Jurisdictions. En matiere Civile, il faut exactement décliner tous les dégrés de Jurisdictions les uns après les autres. En matiere Criminelle au contraire, il n'y a jamais que deux dégrés de Jurisdictions. Ainsi un Procès criminel décidé dans une Justice Seigneuriale, ou dans une simple Prévôté ou Châtellenie

Tome II.   B

Royale, se porte par appel directement au Parlement, *omiſſo medio.*

Dans la these générale, c'eſt le *lieu du délit* qui *conſtitue la compétence du Juge.* Cependant cette regle souffre *deux exceptions* principales ; la premiere, fondée ſur la *nature du crime* ; la ſeconde, ſur la *qualité de l'accuſé.*

L'exception fondée ſur la nature du crime a lieu, ou lorſqu'il s'agit de *Cas Royaux*, dont la connoiſſance eſt réſervée aux ſeuls Baillifs & Sénéchaux royaux ; ou lorſqu'il eſt queſtion de *Cas Prévôtaux* ou *Préſidiaux*, qui ſont attribués aux Prévôts des Maréchaux ou aux Préſidiaux.

L'exception fondée ſur la qualité de l'accuſé a été introduite en faveur de certaines perſonnes d'un rang diſtingué : ainſi les *Princes du Sang*, les *Ducs & Pairs*, les *Grands Officiers de la Couronne*, & les *Membres qui compoſent les Parlemens*, ont le droit d'être jugés, en matiere Criminelle, par le Parlement, toutes les Chambres aſſemblées en premiere inſtance. Les *Officiers de la Chambre des Comptes de Paris* ſeulement, pourſuivis pour crimes, ont auſſi le privilege de décliner toute autre Juriſdiction que la Grand'Chambre du Parlement de Paris. Les *Gentilshommes, Sécretaires du Roi, Eccléſiaſtiques, & Officiers des Bailliages & Sénéchauſſées*, ne peuvent pas, à la vérité, décliner les Juriſdictions inférieures, ſi ce n'eſt les ſimples Prévôtés Royales, lorſqu'ils y ſont pourſuivis pour crimes ; mais ſur l'appel au Parlement, ils peuvent demander d'être jugés, la Grand'Chambre & la Tournelle aſſemblées.

Cette analyſe générale du préſent Titre ſuffit

pour préparer l'intelligence des articles qui fuivent.

ARTICLE PREMIER.

*La connoiſſance des crimes appartiendra aux Juges
des lieux où ils auront été commis ; & l'accuſé y ſera
renvoyé , ſi le renvoi en eſt requis ; même le Priſonnier
transferé aux frais de la Partie civile s'il y en a , ſinon
à nos frais ou des Seigneurs.*

Comme il n'y a point de plus grand défaut dans un Juge , que celui
de pouvoir, rien n'étoit plus néceſſaire que de commencer par bien
établir la Compétence, fur tout en matieres Criminelles, où les longueurs, auxquelles donnent lieu les conflits de Juriſdictions, détruiſent
ou du moins affoibliſſent les preuves , & donnent lieu à l'impunité des
plus grands crimes.

L'Ordonnance de Rouſſillon (Article XIX) deſiroit, pour établir
la Compétence du Juge, deux choſes : Premierement , que le crime
eût été commis dans les limites de ſa Juriſdiction. Secondement ,
que l'Accuſé y eût été arrêté. Mais s'étant rencontré des inconvéniens dans l'exécution de cette diſpoſition, parceque ces deux cas
ſe trouvoient rarement réunis, l'Ordonnance de Moulins y dérogea par
ſon Article 35 ainſi conçu : *En déclarant & ajoutant à nos précédentes
Ordonnances , Voulons que la connoiſſance des délits appartienne aux
Juges des lieux où ils auront été commis , nonobſtant que le Priſonnier ne
ſoit ſurpris en flagrant délit ; & ſera tenu le Juge du domicile de renvoyer
le Délinquant au lieu du délit, s'il en eſt requis.* Ainſi donc , l'Ordonnance de Moulins n'a conſervé que la premiere partie de la diſpoſition
de l'Ordonnance de Rouſſillon , & la nôtre y eſt exactement conforme.
En effet, le Juge du lieu du délit doit être préféré à tout autre, par
pluſieurs raiſons. La premiere , c'eſt qu'il eſt celui qui peut le plus
ſûrement, le plus promptement & le plus facilement acquerir la preuve
du crime, & en aſſurer & accélerer la vengeance & la punition : la
ſeconde , c'eſt que l'ordre public ayant été troublé principalement dans
l'endroit où le délit a été commis , il eſt important que le crime y
reçoive ſa punition pour l'exemple. Cette regle, toute générale qu'elle
eſt , ſouffre néanmoins des exceptions que nous avons déja annoncées
dans le préambule , & que nous aurons lieu d'approfondir davantage
dans la ſuite, en la prenant même dans ſa généralité. Ce n'eſt point privativement à tout autre Juge que la connoiſſance du crime appartient
au Juge du lieu du délit , mais par préférence à tout autre Juge, par
les motifs ci-devant allégués. Car la République ayant intérêt que le
crime ſoit puni, on ne peut trop inviter tous les Juges à veiller en cette

partie à la fûreté publique ; foit parceque les Accufés feroient domiciliés dans leur Jurifdiction , ou s'y trouveroient fortuitement ou autrement , foit parceque la capture y auroit été faite , foit parcequ'on leur
auroit porté plainte du délit commis , foit enfin parcequ'ils en auroient
informé d'office ; n'importe de quelle maniere : ils procurent toujours le
bien public , en cherchant à affurer la preuve & la vengeance du crime ;
& leur activité à cet égard ne peut être arrêtée ni interrompue que par
la réclamation du Juge du délit , ou par une demande en renvoi juridiquement formées. C'eft ce qu'expriment bien nettement les termes de
notre Article , en difant , *& l'Accufé y fera renvoyé* (au Juge du lieu
du délit) *fi le renvoi en eft requis.* Donc s'il n'y a point de réquifition ,
il n'y a point lieu au renvoi , & l'inftruction peut fe continuer par le
Juge qui l'a entamée , quel qu'il foit.

Mais quand il y a lieu au renvoi devant le Juge du lieu du délit ,
aux frais de qui doit fe faire le tranfport du prifonnier & du procès ?
En matiere criminelle c'eft toujours l'Accufateur qui doit payer les frais :
c'eft pourquoi s'il y a une Partie civile , c'eft à elle à faire transférer le
Prifonnier ; s'il n'y a que la Partie publique , le tranfport doit fe faire aux
frais du Roi ou des Seigneurs.

ARTICLE II.

*Celui qui aura rendu fa plainte devant un Juge ne
pourra demander le renvoi devant un autre , encore qu'il
foit Juge du lieu du délit.*

Tout homme qui faifit une Jurifdiction en y rendant plainte , la reconnoît , & conféquemment il eft non-recevable dans la fuite à vouloir
la décliner. En effet , laiffer à une Partie , qui a faifi d'elle-même une Jurifdiction , la liberté d'en choifir une autre , ce feroit lui donner l'avantage
de changer un Juge qui ne lui auroit pas paru peut-être affez favorable.
Il n'y a qu'une exception , c'eft lorfque la plainte a été rendue dans un
cas de néceffité , comme de flagrant délit , où l'on faifit le premier Juge qui
fe trouve fur le lieu pour y porter fa plainte : ce cas de néceffité ne peut
opérer aucune fin de non-recevoir contre la demande en renvoi , le choix
n'étant point alors un effet libre de la volonté.

ARTICLE III.

*L'Accufé ne pourra auffi demander fon renvoi après
que lecture lui aura été faite de la dépofition d'un Témoin , lors de la confrontation.*

Un Confeiller d'un Bailliage & Siége Préfidial diftingué , qui a fait

un Commentaire très eftimé à jufte titre de la préfente Ordonnance (a), y prétend qu'un Accufé ne peut jamais dans la thefe générale
demander fon renvoi : il ne l'y admet que dans deux cas particuliers ;
favoir, fi l'Accufé étoit privilégié & qu'il demandât fon renvoi devant le Juge de fon privilege, ou fi le Juge faifi de la connoiffance de
l'affaire étoit à tous égards incompétent.

Mais nous ne croyons pas pouvoir nous rendre à ce fentiment :
1°. parceque notre Article en admettant l'Accufé à demander fon renvoi n'en limite point les cas, & qu'où la Loi ne diftingue point, nous ne
devons point diftinguer : 2°. parceque l'Accufé peut avoir un très grand
intérèt que l'inftruction foit renvoyée devant le Juge du lieu du délit,
qui, étant à portée de prendre des informations du fait plus exactes &
plus étendues, peut par conféquent contribuer davantage à opérer fa
juftification, s'il eft effectivement innocent. Ainfi nous croyons que
d'après l'efprit & la lettre de l'Ordonnance, l'Accufé eft toujours ad-
miffible à demander fon renvoi devant le Juge du délit ; fi ce n'eft qu'il
eût reconnu la Jurifdiction, en écoutant volontairement, & fans aucunes
proteftations préalables, la lecture de la dépofition d'un ou de plufieurs
Témoins dans la confrontation.

Ces principes ont été confacrés, depuis l'Ordonnance, par un Arrêt
célebre du 6 Septembre 1694, rapporté au Journal du Palais ; la Cour
y déclara nulle une procédure extraordinaire faite au Châtelet, contre
un Chevalier de Malthe nommé Gorillon, fur le fondement, entre
autres chofes, qu'on avoit procédé contre lui à la confrontation,
nonobftant fes proteftations & le renvoi par lui demandé.

Néanmoins comme le confentement des Parties ne peut rien au préjudice de la Partie publique, le Procureur du Roi, ou Fifcal du lieu du
délit, peut requerir le renvoi de l'Accufé en tout état de caufe.

ARTICLE IV.

Les premiers Juges feront tenus de renvoyer les Pro-
cès & les Accufés, qui ne feront de leur compétence,
pardevant les Juges qui doivent en connoître, dans trois
jours après qu'ils en auront été requis, à peine de nullité
des procedures faites depuis la requifition, d'interdiction
de leurs Charges, & des dommages & intérêts des Par-
ties qui en auront demandé le renvoi.

Premierement, quant à la qualité de Juges, il n'y a que les *premiers*

(a) M. Jouffe Confeiller au Bailliage & Siége Préfidial d'Orléans,

Juges qui foient affujettis par l'Ordonnance à renvoyer les procès qui ne font point de leur compétence ; d'où il fuit , que les Juges d'appel ne font point dans la même obligation. Le procès fait & parfait fans réclamation, dans la Jurifdiction qui leur eft fubordonnée , affure leur compétence en cas d'appel.

En fecond lieu , il n'y a lieu au renvoi, que dans le cas où il eft requis , foit par l'Accufé , foit par le Tribunal auquel la connoiffance en appartient légitimement : d'où il fuit , que toute l'inftruction faite jufqu'à la réquifition du renvoi eft valable , même après le renvoi.

En troifieme lieu , le renvoi doit être fait dans les trois jours de la réquifition ; & la peine du défaut de renvoi eft la nullité de la procédure faite depuis la réquifition , l'interdiction de l'Officier, & les dommages & intérêts des Parties. Cette peine des dommages & intérêts avoit déja été prononcée par un Arrêt de réglement de la Cour, du 10 Juillet 1665 , rendu pour les Siéges de fon reffort , Art. 8. Cependant nonobftant la nullité de la procédure dans ce cas, s'il y avoit une information, elle ferviroit du moins de Mémoire au Juge devant qui l'affaire feroit renvoyée, pour répéter & entendre de nouveau les Témoins déja une première fois entendus.

ARTICLE V.

Les groffes des informations & autres pieces & procédures qui compofent le Procès ou qui y auront été jointes, enfemble toutes les informations , pieces & procédures faites pardevant tous autres Juges concernant l'accufation, feront portées au Greffe du Juge pardevant lequel l'Accufé fera traduit , s'il eft ainfi par lui ordonné.

Chaque Tribunal étant le dépofitaire né & néceffaire de toutes les minutes des Actes judiciaires qui y font faits , & en étant comptable au Public & à la Nation, jamais il ne doit fe deffaifir de fes minutes. Ainfi dans le cas de renvoi du Procès criminel dans un autre Tribunal , on ne doit y porter que les Groffes des informations & autres pieces de la procédure. Le premier Tribunal ne peut être deffaifi de fes *minutes* que dans deux cas ; ou en cas d'infcription de *faux* , ou en cas de *prévarication* perfonnelle du Juge (a).

(a) Déclaration donnée pour le Parlement de Touloufe du 15 Juillet 1681 ; & autre pour le Parlement de Dijon du 3 Decembre de la même année, qui portent l'un & l'autre : » Voulons & » nous plaît , que les originaux des procédures faites par nos Juges ordinaires ou ceux des Sei- » gneurs, pour crimes de quelque nature & qualité qu'ils foient , dans l'étendue du reffort de not. e

Mais ne perdons point de vue que le Juge ne peut faire apporter à son Greffe , que les pieces concernantes l'accufation dont il eft légitimement faifi. Ainfi il ne pourroit pas fous ce prétexte s'attribuer la connoiffance des autres crimes & délits , dont l'Accufé fe trouveroit en même-tems coupable ou prévenu. Il faudroit dans ce cas avoir recours à l'autorité fouveraine du Parlement du reffort , qui renverroit l'Accufé dans telle Jurifdiction qu'il lui plairoit , pour y être ftatué par une feule & même Sentence , fur tous les différens chefs d'accufation.

ARTICLE VI.

Les frais pour la tranflation du Prifonnier , & le port des informations & procédures, feront faits par la Partie civile, s'il y en a , finon par le Receveur de notre Domaine , ou du Seigneur de la Jurifdiction qui en devra connoître; & pour cet effet , fera délivré exécutoire par le Juge qui en aura ordonné le renvoi , ou le port des charges & informations.

Quand le renvoi eft ordonné , il eft queftion enfuite de transferer le prifonnier & les charges & informations: mais aux frais de qui ce tranfport doit-il être fait ? Il eft conftant d'abord, que ce ne peut être aux frais de l'Accufé , qui dans aucuns cas ne peut jamais être contraint de fournir aux frais de fon propre procès (*a*).

Mais ce doit être d'abord aux frais de la Partie civile, s'il y en a une , & en fuppofant qu'elle foit folvable : pour conftater fon infolvabilité d'une maniere juridique , il faut un procès verbal de Carence, fait par l'Huiffier chargé de l'exécutoire , & attefté par le Juge du domicile de la Partie civile (*b*).

Au défaut de Partie civile, ou en cas d'infolvabilité de fa part, l'exécutoire doit être décerné contre le Domaine du Roi ou du Seigneur , relativement à la Jurifdiction qui doit demeurer Juge du procès en premiere inftance. Il faut même obferver que les frais de tranfport du Prifonnier & d'apport du procès , fe paient par le Domaine du Seigneur de la Juftice dont eft appel , & où le procès a d'abord été jugé , lorfqu'il n'y a point de Partie civile.

" Parlement de Touloufe (ou de Dijon) demeurent toujours ès Greffes defdits Siéges , fans qu'en " aucun cas, & fous quelque prétexte que ce puiffe être , notredite Cour puiffe en ordonner la re- " mife au Greffe criminel de ladite Cour , mais fimplement des groffes . . . . . Pourra néanmo ns " notredite Cour ordonner la remife des ouginaux des procédures, lorfqu'elles feront arguées de " faux , ou que les Juges qui les auront faites , feront accufés de prévarication ". Cette fage difpofition fe trouve confirmée par une derniere Déclaration rendue pour tout le Royaume le 19 Juin 1695 , Art. 10.

(*a*) Arrêt du 11 Février 1707.
(*b*) Arrêt de réglement du 23 Août 1745.

Quant aux frais antérieurs à la tranflation du Prifonnier & du procès, l'Article 4 d'une Déclaration , rendue pour le Parlement de Bourdeaux le 26 Juin 1745, femble y affujettir le Seigneur de la premiere Jurif-diction dont le renvoi a été requis.

Le Juge , duquel doit émaner l'exécutoire pour les frais de tranfport du Prifonnier & du procès , eft le Juge qui a ordonné le renvoi , & non pas celui qui doit connoître du procès en conféquence du renvoi.

ARTICLE VII.

Nos Juges n'auront aucune prévention entre eux : au cas néanmoins que trois jours après le crime commis , nos Juges ordinaires n'aient informé & décreté , les Juges fuperieurs pourront en connoître.

ARTICLE VIII.

Ce que nous entendons avoir lieu entre les Juges ; encore que celui qui auroit prévenu , fût Juge fupérieur & du reffort de l'autre.

ARTICLE IX.

Nos Baillifs & Sénéchaux ne pourront prévenir les Juges fubalternes & non royaux de leur reffort , s'ils ont informé & décreté dans les vingt-quatre heures après le crime commis. N'entendons néanmoins déroger aux Coutumes à ce contraires , ni à l'ufage de notre Châtelet de Paris.

Les trois Articles qui précedent concernent le droit de *Prévention*, foit des Juges royaux entre eux , foit des Juges royaux relativement aux Juges des Seigneurs. Ce droit a pour objet de punir la négligence des Juges , en leur ôtant la connoiffance d'un délit ou crime laquelle leur appartient légitimement; faute par eux d'avoir fait les diligences né-ceffaires pour en acquérir la preuve & en pourfuivre la vengeance. Mais comme un Juge ne doit point être puni fans être conftitué en de-meure à cet égard , notre Loi diftingue , quant aux Juges royaux , s'ils font d'une égale autorité , ou fi l'un eft fupérieur de l'autre. Dans le premier cas , jamais la prévention ne peut avoir lieu d'égal à égal : mais fi l'un eft fupérieur de l'autre, & que l'inférieur demeure dans l'inaction *pendant*

dant *trois jours*, fans informer ni décreter, le Juge royal fupérieur eft
autorifé, après ce délai, à connoître du délit; ce qui n'a pas lieu du Juge
Seigneurial fupérieur vis-à-vis de fon inférieur : cependant fi le fupérieur du Juge du Seigneur étoit un Juge royal, ce dernier pourroit ufer
du droit de prévention, faute par le Juge de Seigneur de fon reffort
d'avoir informé & décreté *dans les 24 heures* du délit.

L'Ordonnance laiffe pourtant fubfifter la difpofition de certaines Coutumes qui admettent la prévention de l'inférieur au fupérieur, *in inftanti*.
Ces Coutumes font celles de Vermandois, de Senlis, de Poitou, de
Touraine, du Maine, de l'Anjou, &c. Le Préfidial d'Angers, en particulier, a été maintenu dans cette prérogative par Arrêt du 18 Avril 1741.

Les Officiers du Châtelet ont auffi la prévention *in inftanti*, fur le
Bailli de S. Germain des Prés, de l'Archevêché, du Chapitre Notre-
Dame, & autres Juges de Seigneurs, à qui la Juftice a été confervée
dans certains enclos de cette Ville de Paris, & qui ont été exceptés de
la réunion générale faite au Châtelet.

Pour empêcher l'exercice du droit de prévention, nous croyons qu'il
fuffit de l'information & du décret dans l'un ou l'autre des délais prefcrits par L'Ordonnance, fans qu'il foit néceffaire que le décret foit exécuté, ainfi que le prétend M. Jouffe. Nous nous fondons premierement
fur ce que l'Ordonnance y eft abfolument formelle; & en fecond lieu,
fur ce qu'on doit d'autant moins l'étendre fur ce point, que la prévention eft contre la regle générale & dérange l'ordre naturel des Jurifdictions. Nous ajouterons enfin que nous ne croyons pas que l'on puiffe
avec fondement accufer de perte de tems & de négligence un Juge
qui, dans un auffi court délai que celui de trois jours, ou de vingt-quatre
heures, a informé & décreté.

ARTICLE X.

Nos Juges-Prévôts ne pourront connoître des crimes
commis par des Gentilshommes ou par des Officiers de
de Judicature; fans rien innover néanmoins en ce qui re-
garde la Jurifdiction des Seigneurs.

Les Gentilshommes & les Officiers de Judicature ont toujours joui
de la prérogative de ne pouvoir être jugés en matiere criminelle par les
Juges royaux de la derniere claffe, comme font les Prévôts & Châtelains
royaux.

Cependant fi la connoiffance du crime appartient à un Juge de Seigneur qui foit haut Jufticier, un Gentilhomme ne peut décliner la Jurifdiction. C'eft ce que décide une de nos plus anciennes Loix (a); &

(a) Déclaration fur l'Edit de Cremieux, du 14 Février 1536.

nos Rois, attentifs à ne donner aucune atteinte aux droits véritables des Seigneurs particuliers, leur ont toujours conservé celui-là : notre Ordonnance en renferme la preuve dans le préfent Article.

ARTICLE XI.

Nos Baillifs, Sénéchaux & Juges Préfidiaux, connoîtront, privativement à nos autres Juges & à ceux des Seigneurs, des cas royaux ; qui font, le crime de leze-Majefté en tous les chefs, facrileges avec effraction, rebellion aux mandemens de Nous ou de nos Officiers, la police pour le port des armes, affemblées illicites, féditions, émotions populaires, force publique, la fabrication, l'altération ou l'expofition de fauffe monnoie, correction de nos Officiers, malverfation par eux commifes en leurs Charges, crimes d'héréfie, trouble public fait au Service divin, rapt, & enlevement de perfonnes par force & violence, & autres cas expliqués par nos Ordonnances & Reglemens.

Les *Cas royaux* dont traite cet Article, font généralement parlant tous les crimes dans lefquels la Majefté du Prince, la dignité de fes Officiers & la fûreté publique dont il eft protecteur, ont été violées.

Jufqu'à notre Ordonnance, on n'avoit point encore fpécifié les Cas royaux ; mais après l'énumération qui en eft faite dans le préfent Article, le Légiflateur a ajouté, *& autres cas expliqués par nos Ordonnances & Réglemens*, pour faire connoître qu'il n'avoit pas entendu les énoncer tous, & qu'il falloit encore y comprendre tous les autres crimes & délits, qui, bien que non détaillés, partent du même principe & peuvent conféquemment être regardés comme étant de même nature.

ARTICLE XII.

Les Prévôts de nos Coufins les Maréchaux de France, les Lieutenans Criminels de Robbe-courte, les Vice-Baillifs & Vice-Sénéchaux, connoîtront en dernier reffort de tous crimes commis par Vagabonds, Gens fans aveu & fans domicile, ou qui auront été condamnés à

*peine corporelle, banniffement ou amende honorable;
connoîtront auffi des oppreffions, excès ou autres crimes
commis par Gens de guerre, tant dans leurs marches,
lieux d'étapes, que d'affemblée & de féjour pendant leurs
marches; des Déferteurs d'armée, affemblées illicites
avec port d'armes; levée de Gens de guerre fans commiffion de Nous, & de vols faits fur les grands chemins.
Connoîtront auffi des vols faits avec effraction, port d'armes & violence publique, dans les Villes qui ne feront
point celles de leur réfidence; comme auffi des facrileges
avec effraction, affaffinats prémédités, féditions, émotions populaires, fabrication, altération ou expofition de
fauffe monnoie, contre toutes perfonnes; en cas toutesfois
que les crimes aient été commis hors des Villes de leur
réfidence.*

Cet Article & les fuivans traitent des *cas Prévôtaux* & des Juges
qui en doivent connoître; mais les difpofitions de notre Ordonnance à
cet égard, ont été en beaucoup de chofes augmentées, changées ou dé-
veloppées par une Déclaration du Prince regnant, en date du 5 Février
1731 : c'eft ce que nous nous attacherons principalement à faire obferver, relativement tant au préfent Article, qu'au fuivant.

D'abord la Déclaration de 1731 a mis plus d'ordre que notre Ordonnance dans l'établiffement & la diftribution des *cas Prévôtaux* ; au
lieu de les confondre, comme fait le préfent Article, elle en diftingue
de deux fortes ; favoir, les *cas Prévôtaux par la qualité des Perfonnes*,
& ceux qui le font *par la nature du crime*.

Elle réduit à trois les *cas Prévôtaux par la qualité des perfonnes*, qui
font les crimes commis, ou par les *Vagabonds* & Gens fans aveu, ou
par les Gens *repris de Juftice*, ou par les *Gens de guerre*. La Déclaration
de 1731 définit en premier lieu ce qu'on doit entendre par *Vagabonds*
& Gens fans aveu, en difant, que ce font ceux qui n'ont ni profeffion
ni métier, ni domicile certain, ni bien pour fubfifter ; & elle veut que
les Gens de cette efpece foient arrêtés, quand bien même ils ne feroient
accufés ni prévenus d'aucuns crimes, comme étant par leur feul état
Gens nuifibles, ou tout au moins à charge & à craindre pour la Société
civile. Elle ordonne la même chofe pour les Mendians valides qui n'auroient pareillement ni feu ni lieu ; & elle impofe de plus la néceffité de-

leur faire leur procès suivant la rigueur des Loix , données sur le fait de la mendicité (a).

La même Loi , en mettant, ainsi que notre Ordonnance, les crimes commis par Gens *repris de Justice* au nombre des cas Prévôtaux, décide néanmoins qu'à l'égard de l'infraction de ban , il n'y aura que ceux qui auront prononcé le ban qui en puissent connoître , & cela par droit de suite , à moins que le bannissement n'ait été prononcé par les Cours ; auquel cas il n'y aura qu'elles qui puissent faire le procès aux infracteurs du ban, toujours par le même motif (b).

Enfin la Déclaration de 1731 est conforme à notre Article, lorsqu'elle attribue aux Prévôts des Maréchaux la connoissance de tous excès, oppressions , ou autres crimes commis par *Gens de guerre* , tant dans leur marche que dans les lieux d'étape, d'assemblée ou de séjour pendant leur marche , ainsi que du crime de désertion ; mais elle ajoute à l'Ordonnance , en les autorisant à juger pareillement les Fauteurs & Complices de la désertion , quand bien même ils ne seroient point Gens de guerre (c).

La Déclaration de 1731 , passant ensuite aux *cas Prévôtaux par la nature du crime*, y rappelle presque tous ceux mentionnés dans notre Article , à l'exception de l'assassinat prémédité. La même Déclaration particularise aussi davantage que n'avoit fait notre Ordonnance , les crimes qui doivent entrer dans la classe des cas Prévôtaux ; ainsi la Déclaration , en mettant les vols sur les grands chemins dans cette classe , décide que les rues des Villes & Fauxbourgs ne peuvent être censées comprises à cet égard sous le nom de grands chemins. Elle n'attribue de

(a) » Les Prévôts de nos Cousins les Maréchaux de France connoîtront de tous crimes commis » par Vagabonds & Gens sans aveu ; & ne seront réputés Vagabonds & Gens sans aveu , que ceux » qui n'ayant ni profession, ni métier , ni domicile certain , ni bien pour subsister , ne peuvent » être avoués , ni faire certifier de leurs bonnes vies & mœurs par Personnes dignes de foi. Enjoi-» gnons aux Prévôts des Maréchaux d'arrêter ceux ou celles qui seront de la qualité susdite , en-» core qu'ils ne fussent prévenus d'aucun autre crime ou délits , pour leur être leur procès fait & » parfait conformément aux Ordonnances. Seront pareillement tenus lesdits Prévôts des Maré-» chaux d'arrêter les Mendians valides qui seront de la même qualité , pour procéder contre eux » suivant les Edits & Déclarations qui ont été donnés sur le fait de la mendicité «. *Déclaration de* 1731, *Art.* I.

(b) » Lesdits Prévôts des Maréchaux connoîtront aussi de tous crimes commis par ceux qui » auront été condamnés à peine corporelle , bannissement ou amende honorable ; ne pourront néan-» moins prendre connoissance de la simple infraction de ban , que lorsque la peine du bannissement » aura été par eux prononcée. Voulons que dans les autres cas , les Juges qui auront prononcé la » condamnation connoissent de ladite infraction de ban , si ce n'est que la peine du bannissement » ait été prononcée par Arrêts de nos Cours de Parlement , soit en infirmant ou en confirmant les » Sentences des premiers Juges ; & quand même l'exécution auroit été renvoyée auxdits Juges , aux-» quels cas le procès ne pourra être fait & parfait , à ceux qui seront accusés de ladite infraction » de ban , que par nosdites Cours de Parlement. Voulons , au surplus, que nos Déclarations des 8 » Janvier 1719 & 5 Juillet 1722 , soient exécutées selon leur forme & teneur , en ce qui concerne » notre bonne Ville de Paris. *Même Déclaration, Art.* 2.

(c) » Lesdits Prévôts des Maréchaux auront aussi la connoissance de tous excès , oppressions ou » autres crimes commis par Gens de guerre, tant dans leur marche que dans les lieux d'étapes, d'as-» semblée ou de séjour pendant leur marche, des Déserteurs d'armée, de ceux qui les auroient subor-» nés , ou qui auroient favorisé ladite désertion ; & ce quand même les accusés de ce crime ne se-» roient point Gens de guerre. *Art.* 3. *ibidem.*

même , aux Prévôts des Maréchaux, les vols faits avec effraction, que lorſqu'ils ſont accompagnés de port d'armes & violence publique , ou lorſque ſans port d'armes ni violence publique, l'effraction ſe trouve avoir été faite dans les murs de clôture ou toîts de maiſons , portes & fenêtres extérieures. La Déclaration admet la même reſtriction par rapport aux *ſacrileges commis avec effraction.* Enfin , elle ajoute aux *ſédicions & émotions populaires* , les *attroupemens & aſſemblées illicites avec port d'armes (a).* La Déclaration de 1731 a auſſi modifié la derniere diſpoſition du préſent Article , qui ſemble interdire indiſtinctement aux Prévôts des Maréchaux la connoiſſance des cas Prévôtaux lorſqu'ils ſont commis dans les Villes où ces Prévôts ont leur réſidence : cette Déclaration diſtingue ſi les crimes ſont Prévôtaux, par la qualité des Accuſés , ou s'ils le ſont par la nature du crime ; dans le premier cas , elle décide qu'ils ſont de la compétence des Prévôts des Maréchaux , quand bien même ils auroient été commis dans les Villes de leur réſidence *(b)* ; dans le ſecond cas au contraire ils en ſont exclus *(c)*.

ARTICLE XIII.

N'entendons deroger, par le précédent Article, aux privileges dont les Eccléſiaſtiques ont accoutumé de jouir.

La Déclaration de 1731 a conſervé aux Eccléſiaſtiques le privilege & l'exemption qui leur ſont accordés par le préſent Article *(d)*.

ARTICLE XIV.

Les Prévôts des Maréchaux , Vice-Baillifs, & Vice-Sénéchaux , ne pourront juger en aucun cas à la charge de l'appel.

(a) » Ils connoîtront en outre de tous les cas qui ſont Prévôtaux par la nature du crime ; ſavoir ,
» du vol ſur les grands chemins , ſans que les rues des Villes & Fauxbourgs puiſſent être cenſées
» compriſes à cet égard ſous le nom de grands chemins ; des vols faits avec effraction , lorſqu'ils
» ſeront accompagnés de port d'armes & violences publiques , ou lorſque l'effraction ſe trouvera
» avoir été faite dans les murs de clôture ou toîts des maiſons, portes & fenêtres extérieures ; &
» ce quand même il n'y auroit eu ni port d'armes ni violence publique , des ſacrileges accompa-
» gnés des circonſtances ci deſſus marquées ; à l'égard du vol commis avec effraction, des ſédi-
» tions , émotions populaires ; attroupemens & aſſemblées illicites avec port d'armes , des levées de
» Gens de guerre, ſans commiſſion émanée de Nous ; de la fabrication ou expoſition de fauſſe mon-
» noie ; le tout ſans qu'aucuns autres crimes que ceux de la qualité ci-deſſus marquée , puiſſent être
» réputés , cas Prévôtaux par leur nature. *Art.* 5. *ibidem.*
(b) » Tous les cas énoncés dans les trois articles précédens , & qui ne ſont réputés Prévôtaux que
» par la qualité des Perſonnes accuſées ſeront de la compétence des Prévôts des Maréchaux , quand
» même il s'agiroit de crimes commis dans les Villes de leur réſidence. *Art.* 4. *ibidem.*
(c) » Ne pourront néanmoins leſdits Prévôts des Maréchaux connoître des crimes mentionnés
» dans l'Article précédent , lorſque leſdits crimes auront été commis dans les Villes & Fauxbourgs
» du lieu , où leſdits Prévôts ou leurs Lieutenans ſont leur réſidence. *Art.* 6. *ibidem.*
(d) » Les Eccléſiaſtiques ne ſeront ſujets, en aucuns cas ni pour quelque crime que ce puiſſe être,
» à la Juriſdiction des Prévôts des Maréchaux , ou Juges Préſidiaux en dernier reſſort.

ARTICLE XV.

Nos Juges Préſidiaux connoîtront auſſi en dernier reſſort des Perſonnes & crimes mentionnés ès Articles précédens, & préférablement aux Prévôts des Maréchaux, Lieutenans Criminels de Robbe-Courte, Vice-Baillifs, & Vice-Sénéchaux, s'ils ont décreté, ou avant eux, ou le même jour.

On peut diſtinguer, dans la diſpoſition ci-deſſus, deux points principaux ; premierement, la *concurrence* des Juges Préſidiaux avec les Prévôts des Maréchaux ; ſecondement, la *préférence* qui eſt accordée aux premiers ſur ces derniers dans certains cas.

Pour commencer par la *concurrence*, elle a ſouffert deux modifications importantes depuis l'Ordonnance ; la premiere, c'eſt que les Juges Préſidiaux, aux termes de la Déclaration de 1731, ſont exclus de la connoiſſance des crimes commis par les Déſerteurs & leurs complices, pour raiſon de la déſertion, qui étant un crime purement militaire, eſt par ſa nature de la compétence des ſeuls Prévôts des Maréchaux, à l'excluſion de tous Juges ordinaires (*a*) ; la ſeconde modification, eſt que les Préſidiaux ne peuvent jouir du droit de *concurrence* avec les Prévôts des Maréchaux pour la connoiſſance des cas Prévôtaux, ſoit par la qualité des Accuſés, ſoit par la nature du crime, que lorſque le délit a été commis dans l'étendue de la Sénéchauſſée ou du Bailliage où le Siége Préſidial eſt attaché : ſi au contraire il s'agit de crimes commis dans le reſſort d'autre Sénéchauſſée ou Bailliage, quoique reſſortiſſans audit Siége Préſidial, dans les deux cas de l'Edit des Préſidiaux, la connoiſſance en eſt dévolue aux Baillifs & Sénéchaux, à la charge de l'appel au Parlement : & en ce dernier point, la Déclaration de 1731 n'eſt que confirmative d'une autre précédemment rendue le 29 Mai 1702 (*b*).

A l'égard de la *préférence*, la Déclaration de 1731 attribue de même que notre Ordonnance aux Juges Préſidiaux, la connoiſſance des cas Prévôtaux *préférablement* aux Prévôts des Maréchaux s'ils ont décreté, ou avant eux ou le même jour ; mais de plus elle étend la même *pré-*

(*a*) » Nos Juges Préſidiaux connoîtront auſſi en dernier reſſort des Perſonnes & crimes dont il » eſt fait mention dans les Articles précédens, à l'exception néanmoins de ce qui concerne les Déſer- » teurs, Subornateurs & Fauteurs deſdits Déſerteurs dont les Prévôts des Maréchaux connoîtront » ſeuls, à l'excluſion de tous Juges ordinaires. *Art* 7. *ibidem*.

(*b*) » Les Siéges Préſidiaux ne prendront connoiſſance des cas qui ſont Prévôtaux, par la qualité » des Accuſés ou par la nature du crime, que lorſqu'il s'agira de crimes commis dans la Séné- » chauſſée ou Bailliage dans lequel le Siége Préſidial eſt établi ; & à l'égard de ceux qui auront été » commis dans d'autres Sénéchauſſées ou Bailliages, quoique reſſortiſſans audit Siége Préſidial, » dans les deux cas de l'Edit des Préſidiaux ; nos Baillifs & Sénéchaux en connoîtront, à la charge » d'appel en nos Cours de Parlement, conformément à la Déclaration du 29 Mai 1702. *Art.* 8, *ibid.*

férence fur les Prévôts des Maréchaux dans le même cas, aux fimples Baillifs & Sénéchaux d'après la même Déclaration de 1702 (*a*).

ARTICLE XVI.

Si les Coupables de l'un des cas Royaux ou Prévô-
taux ci-deffus, font pris en flagrant délit, le Juge des
lieux pourra informer & décreter contre eux & les in-
terroger, à la charge d'en avertir inceffamment nos
Baillifs & Sénéchaux, ou leurs Lieutenans Criminels,
par acte fignifié à leur Greffe ; après quoi ils feront tenus
d'envoyer querir le procès & les Accufés, qui ne pourront
leur être refufés, à peine d'interdiction & de trois cens
livres contre les Juges, Greffiers, Geoliers, applicables
moitié à Nous, & l'autre moitié aux Pauvres & aux né-
ceffités de l'Auditoire de nos Baillifs & Sénéchaux, ainfi
qu'il fera par eux ordonné.

Cet Article exclud les Juges ordinaires de la connoiffance de tous *cas Prévôtaux & Royaux*, & les réduit à la fimple faculté d'informer, de décreter & d'interroger les coupables ; mais il n'eft plus obfervé dans toute fon étendue. D'abord la Déclaration de 1702, & celle de 1731, qui y eft relative, ont diftingué les *cas Prévôtaux par la qualité des Perfonnes*, & *ceux qui ne le font que par la qualité du crime*. C'eft à l'égard de ces derniers feulement qu'elles ont laiffé fubfifter la difpofition de l'Ordonnance ; mais quant à ceux qui ne le font que par la qualité des Perfonnes, ces deux loix autorifent tous les Juges royaux indiftinctement, même ceux des hauts Jufticiers, chacun dans l'étendue de fa Juftice, à les juger à la charge de l'appel, concurremment avec les Prévôts des Maréchaux, même par prévention à eux, au cas qu'ils aient informé ou décreté avant eux ou le même jour (*b*).

En fecond lieu, la Déclaration de 1731 donne plus d'étendue & de

___

(*a*) » En cas de concurrence de Procédure, les Préfidiaux, même les Baillifs & Sénéchaux » auront la préférence fur les Prévôts des Maréchaux, s'ils ont informé & décreté avant eux, ou le » même jour. *Art. 9. ibidem.*
(*b*) » Nos Prévôts, Châtelains, ou autres nos Juges ordinaires, même ceux des hauts Jufticiers, » connoîtront, à la charge de l'appel en nos Cours de Parlement, des crimes qui ne font point d'u » nombre des cas Royaux ou Prévôtaux par leur nature, & qui auront été commis dans l'étendue » de leur Siege & Juftice, par les Perfonnes mentionnées dans les Articles 1 & 2 de la préfente » Déclaration, même de la contravention aux Edits & Déclarations fur le fait de la Mendicité ; » concurremment & par prévention avec lefdits Prévôts des Maréchaux, & préférablement à eux, » s'ils ont informé & décreté avant eux ou le même jour. *Art. 10. ibidem.*

clarté à l'Ordonnance, même par rapport aux *cas royaux* ou *Prévôtaux par la nature du crime ;* car, quoique l'Ordonnance parût autoriſer le Juge des lieux d'informer, de décreter, & d'interroger ſeulement, il s'étoit élevé une grande queſtion, qui étoit de ſavoir ſi les Juges des Seigneurs étoient compris dans cette autoriſation ? La Déclaration de 1731, décide pour l'affirmative. D'un autre côté l'Ordonnance ne permettoit aux Juges des lieux d'informer, décreter ou interroger que dans le cas du flagrant délit ſeulement : mais la Déclaration de 1731 étend cette permiſſion à tous les cas indiſtinctement. Enfin la permiſſion réciproque d'informer, de décreter & d'interroger eſt accordée par la même Déclaration, pour les cas ordinaires, aux Prévôts des Maréchaux *(a)*.

La même Déclaration de 1731 veut que, ſi les Coupables d'un cas Royal ou Prévôtal ont été pris ou en flagrant délit, ou en exécution du décret du Juge ordinaire, avant que les Prévôts des Maréchaux aient décerné un pareil décret contre eux, les Baillifs & Sénéchaux jouiſſent du fruit de ces mêmes diligences, & que le Lieutenant Criminel de la Sénéchauſſée ou du Bailliage ſupérieur ſoit cenſé avoir prévenu le Prévôt des Maréchaux, par la diligence du Juge qui lui eſt ſubordonné *(b)*.

ARTICLE XVII.

Les Lieutenans Criminels des Sieges où il y a Préſidial, ſeront tenus, dans les cas énoncés en l'Article XII ci-deſſus, faire juger leur compétence par jugement en dernier reſſort ; & pour cet effet, porter à la Chambre du Conſeil du Préſidial, les charges & informations, & y faire conduire les Accuſés pour être ouis en préſence de tous les Juges, dont ils ſeront tenus faire mention dans leurs jugemens ; enſemble des motifs ſur leſquels ils ſeront fondés pour juger ſa compétence.

(*a*) » Voulons que tous Juges du lieu du délit, royaux ou autres, puiſſent informer, décreter & » interroger tous Accuſés, quand même il s'agiroit de cas Royaux ou de cas Prévôtaux ; leur en- » joignons d'y procéder auſſi tôt qu'ils auront eu connoiſſance deſdits crimes, à la charge d'en » avertir inceſſamment nos Baillifs & Sénéchaux, dans le reſſort deſquels ils exercent leur Juſtice » par acte dénoncé au Greffe Criminel deſdits Baillifs & Sénéchaux, leſquels ſeront tenus d'envoyer » querir auſſi inceſſamment les Procédures & les Accuſés Pourront pareillement leſdits Prévôts » des Maréchaux informer de tous cas ordinaires commis dans l'étendue de leur reſſort, même » décreter les Accuſés & les interroger, à la charge d'en avertir inceſſamment nos Baillifs & Séné- » chaux, ainſi qu'il a été dit ci-deſſus, & de leur remettre les Procédures & les Accuſés, ſans » attendre même qu'ils en ſoient requis. *Art.* 11. *ibidem.*

(*b*) » Interprétant, en tant que beſoin ſeroit, l'Article 16 du Titre 1 de l'Ordonnance de 1670 : » Voulons que ſi les Coupables d'un cas Royal ou Prévôtal ont été pris, ſoit en flagrant délit ou » en exécution d'un décret décerné par le Juge ordinaire des lieux, avant que le Prévôt des Ma- » réchaux ait décerné un pareil décret contre eux, le Lieutenant Criminel de la Sénéchauſſée ou » du Bailliage ſupérieur ſoit cenſé avoir prévenu ledit Prévôt des Maréchaux par la diligence du » Juge inférieur. *Art.* 22. *ibidem.*

ARTICLE

Article XVIII.

*Les Jugemens feront prononcés auffi-tôt aux Accufés,
& baillé copie, & procedé enfuite à leur interrogatoire,
au commencement duquel fera encore déclaré que le procès leur fera fait en dernier reffort.*

Nous avons vu précédemment que les Préfidiaux étoient affociés aux
Prévôts des Maréchaux pour la connoiffance & le jugement des cas Prévôtaux, le feul crime de défertion excepté ; mais, pour empêcher les
Lieutenans Criminels des Siéges où il y a Préfidial d'être à cet égard
Juges en leurs propres caufes, l'Ordonnance les affujettit à faire juger
leur compétence à la Chambre du Confeil, contradictoirement avec les
Accufés qui doivent y être préalablement ouis : il y a plus, rien n'é-
tant plus précieux que la vie des hommes, on ne peut apporter trop de
circonfpection pour garantir de furprife les Accufés ; & comme ils fe
défendent différemment vis-à-vis des Juges qu'ils favent les devoir juger en dernier reffort, qu'ils le feroient dans le cas où la faculté de l'appel leur eft réfervée, la Loi veut qu'on les mette dès le commencement
en état de concerter leur défenfe ; & à cet effet, qu'on leur prononce &
donne copie de leurs jugemens de compétence auffi-tôt qu'ils auront été
rendus, & même qu'avant de procéder à leur premier interrogatoire,
on leur déclare qu'ils feront jugés en dernier reffort.

Article XIX.

*N'entendons néanmoins rien innover à l'ufage de notre
Châtelet de Paris, dont les Juges pourront déclarer aux
Accufés dans leur dernier interrogatoire fur la fellette,
qu'ils feront jugés en dernier reffort ; fi par la fuite des
preuves furvenues au procès ou par la confeffion des Accufés, il paroît qu'ils aient été repris de Juftice, ou foient
Vagabonds & Gens fans aveu.*

Il eft d'ufage au Châtelet, lorfqu'il s'agit de juger à l'ordinaire un
Accufé fufpect d'avoir été repris de Juftice, que pendant le rapport du
procès, un des Juge ait devant lui, & parcoure un Regiftre appellé
Livre rouge ; c'eft celui où l'on infcrit les noms des Condamnés. S'il
arrive que l'Accufé qui répond fur la fellette, foit du nombre de ceux
qui font infcrits dans le Regiftre, on l'interroge fur le fait ; & fi l'on découvre, foit par fa confeffion, foit autrement, qu'il ait été déja repris

de Juſtice, ou qu'il ſoit Vagabond & ſans aveu, on lui déclare ſur le champ qu'il va être jugé en dernier reſſort.

Cet uſage, qui avoit lieu au Châtelet long-tems avant l'Ordonnance, lui eſt conſervé par le Légiſlateur dans le préſent Article, eu égard à la réputation d'intégrité dont ce Tribunal jouit, & qu'il a toujours ſi bien meritée. Mais comme l'uſage dont il s'agit peut être en lui-même très dangereux, les autres Tribunaux du Royaume ne jouiſſent pas des mêmes prérogatives, & ſont obligés de s'aſtreindre à la regle générale, c'eſt-à-dire, à déclarer à l'Accuſé dès le premier interrogatoire, qu'il ſera jugé ſans appel. Il paroît en effet contraire à toute humanité de prononcer à un Accuſé que l'on va décider de ſa vie en dernier reſſort, & cela dans l'inſtant de ſa condamnation & lorſqu'il ne peut plus ni reclamer, ni ſe pourvoir, ni ſuppléer à ce qui a pû manquer à ſa dé-fenſe.

ARTICLE XX.

Tous Juges, à la réſerve des Juges & Conſuls, & des bas & moyens Juſticiers, pourront connoître des inſ-criptions de faux, incidentes aux affaires pendantes pardevant eux, & des rebellions commiſes à l'exécution de leurs jugemens.

Les Juriſdictions Conſulaires, & celles des bas & moyens Juſticiers, ſont par leur propre nature incapables de connoître de toutes matieres Criminelles ; & la connexité ou le droit de ſuite ne peuvent jamais réhabiliter cette incapacité. C'eſt la raiſon pour laquelle l'Ordonnance décide ici, que ni les Juges Conſuls, ni les bas & moyens Juſticiers, ne peuvent connoître des inſcriptions de faux, fuſſent-elles même in-cidentes aux affaires pendantes pardevant eux, non plus que des rebel-lions commiſes à l'exécution de leurs jugemens.

ARTICLE XXI.

Les Eccléſiaſtiques, les Gentilshommes, & nos Sé-cretaires, pourront demander en tout état de Cauſe, d'être jugés, toute la Grand'Chambre du Parlement, où le Procès ſera pendant, aſſemblée, pourvu toutefois que les opinions ne ſoient pas commencées ; & s'ils ont re-quis d'être jugés à la Grand'Chambre, ils ne pourront demander d'être renvoyés à la Tournelle ; ce qui aura lieu, à l'égard des *Officiers de Justice, dont les procès criminels ont accoutumé d'être jugés ès Grand'Chambres de nos Parlemens.*

Il est fait mention dans cet Article de quatre différentes especes de Personnes, qui sont, les Ecclésiastiques, les Gentilshommes, les Sécretaires du Roi, & les Officiers de Judicature. L'Ordonnance leur accorde la prérogative de n'être jugés que par la Grand'Chambre assemblée; mais pour cela il faut qu'ils le requierent avant que les opinions soient engagées, sans quoi ils seroient jugés par la Tournelle à l'ordinaire.

Il faut néanmoins observer, que tous les Officiers de Judicature n'ont pas ce privilege. Un usage immémorial l'avoit conservé aux Officiers des Bailliages, Sénéchaussées & Prévôtés royales, même avant l'Ordonnance : il leur a été confirmé depuis par une Déclaration du 26 Mars 1676, ainsi qu'aux Trésoriers de France.

Une seconde observation, non moins importante, c'est que les Gentilshommes, Sécretaires du Roi, & Officiers de Justice sus-énoncés, qui avoient été assimilés aux Ecclésiastiques par l'Ordonnance, pour raison du droit d'être jugés par la Grand'Chambre assemblée dans les cas ordinaires, ne l'avoient pas été de même pour les cas Prévôtaux. Mais le Monarque regnant, voulant étendre & aux uns & aux autres les mêmes prérogatives, a accordé par sa Déclaration de 1731 aux Gentilshommes (a), aux Secretaires du Roi & à ceux des Officiers de Judicature dont nous venons de parler (b) de même qu'aux Ecclésiastiques, l'exception de la Jurisdiction Prévôtale; de telle sorte que, même dans le cas de complicité, il suffit qu'il y en ait un d'entre eux impliqué dans l'accusation, pour que le Prévôt des Maréchaux soit obligé d'en renvoyer la connoissance aux Juges ordinaires; ou que les Juges Présidiaux, si l'affaire est pendante devant eux, n'en puissent connoître qu'à la charge de l'appel (c).

(a) » Voulons qu'à l'avenir les Gentilshommes jouissent du même privilege, si ce n'est qu'ils » s'en fussent rendus indignes par quelque condamnation qu'ils eussent subie, soit de peine cor-» porelle, bannissement, ou amende honorable. *Déclaration de* 1731, *Art* 11.

(b) » Nos Sécretaires & nos Officiers de Judicature, du nombre de ceux dont les procès criminels » ont accoutumé d'être portés à la grande ou premiere Chambre de nos Cours de Parlement, ne » pourront être jugés en aucuns cas par les Prévôts des Maréchaux ou Juges Présidiaux en dernier » ressort. *Art.* 13 *ibidem.*

(c) » Si dans le nombre de ceux qui seront accusés du même crime, il s'en trouve un seul qui » ait une des qualités marquées par les trois Articles précédens, les Prévôts des Maréchaux n'en » pourront connoître, & seront tenus d'en délaisser la connoissance aux Juges à qui elle appar-» tiendra, quand même la compétence auroit été jugée en leur faveur; & ne pourront aussi nos » Juges Présidiaux en connoître qu'à la charge de l'appel. *Art.* 14 *ibidem.*

Article XXII.

Ne pourront les Préfidens , Maîtres ordinaires, Cor-
recteurs , Auditeurs , nos Avocats & Procureurs Géné-
raux de notre Chambre des Comptes à Paris , être pour-
fuivis ès caufes & matieres criminelles , ailleurs qu'en la
Grand'Chambre de notre Cour de Parlement de Paris.
Pourront néanmoins , pour crimes commis hors la Ville ,
Prévôté & Vicomté de Paris , nos Baillifs & Sénéchaux
informer ; & s'ils font capitaux , décreter à l'encontre
d'eux , à la charge de renvoyer les procédures à la Grand'-
Chambre , pour être infiruites & jugées ; & au cas que
les Parties aient volontairement procédé pardevant eux ;
elles ne pourront fe pourvoir à la Grand'Chambre que par
appel.

Le privilege accordé par le préfent Article aux Officiers de la Chambre des Comptes de n'être jugés que par la Grand'Chambre du Parlement en matiere criminelle, avoit lieu même avant l'Ordonnance, en
conféquence de différentes Déclarations enregiftrées, du moins par rapport aux Préfidens , Maîtres & Gens du Roi de cette Cour fouveraine ;
& quoique les Correcteurs & Auditeurs n'y fuffent pas nommément
compris, ils jouiffoient néanmoins du même privilege, ainfi que de tous
les autres accordés à la Chambre. Cette obfervation faite par M. le
Préfident de Lamoignon lors des Conférences, a été caufe qu'ils ont
été compris dans le préfent Article , concurremment avec les autres
Officiers de la même Cour.

TITRE II.

DES PROCEDURES

Particulieres aux Prévôts des Maréchaux de France, Vice-Baillifs, Vice-Sénéchaux, & Lieutenans Criminels de Robe-Courte.

LE préfent Titre concernant les procédures particulieres aux Prévôts des Maréchaux, regle plufieurs points effentiels à leur égard. Il détermine d'abord leur Jurifdiction, & enfuite ce qu'ils doivent faire, foit avant d'arrêter les Accufés, foit en les arrêtant, foit après les avoir arrêtés, foit lors du Jugement, foit après le Jugement.

Ces différens objets vont fe développer d'une maniere plus particuliere, par l'examen de chacun des Articles qui fuivent.

ARTICLE PREMIER.

Les Prévôts de nos Coufins les Maréchaux de France ne connoîtront d'autres cas, que de ceux énoncés dans l'Article 12 du Titre de la Compétence des Juges, à peine d'interdiction, de dépens, dommages & intérêts, & de trois cens livres d'amende, applicable moitié envers Nous, & l'autre moitié envers la Partie.

ARTICLE II.

Ne pourront auffi recevoir aucune plainte ni informer hors leur reffort, fi ce n'eft pour rebellion à l'exécution de leurs Décrets.

ARTICLE III.

Seront tenus de mettre à exécution les Décrets &
Mandemens de Justice, lorsqu'ils en seront requis par nos
Juges, & sommés par nos Procureurs ou par les Parties,
à peine d'interdiction & de trois cens livres d'amende,
moitié vers Nous, moitié vers la Partie.

ARTICLE IV.

Leur enjoignons d'arrêter les Criminels pris en fla-
grant délit, ou à la clameur publique.

Les quatre Articles précédens fixent toute l'étendue & le pouvoir
des Prévôts des Maréchaux. D'abord le premier Article leur interdit la
connoissance de tous autres *Cas* que ceux appellés *Prévôtaux,* tels qu'ils
sont désignés dans l'Article 12 du Titre précédent, & dans la Déclaration de 1731. Le Législateur les renferme ensuite strictement, même
pour la connoissance des *Cas Prévôtaux,* dans les bornes de leur ressort, dont ils ne doivent jamais sortir, si ce n'est dans le cas de rebellion à leurs Décrets.

Mais si la Jurisdiction des Prévôts des Maréchaux est bornée à la
connoissance des seuls Cas Prévôtaux dans l'étendue de leur ressort,
leurs fonctions & leurs obligations s'étendent plus loin. Comme ils
ont la force publique entre les mains, ils sont assujettis à prêter main-
forte à la Justice, & en conséquence à mettre à exécution les Décrets &
Mandemens des Juges ordinaires, lorsqu'ils en sont requis par eux, &
sommés; soit par la Partie publique, soit par la Partie civile : il leur
est encore enjoint par la même raison, d'arrêter les Criminels pris en
flagrant délit, ou à la clameur publique.

ARTICLE V.

Défendons aux Prévôts de donner des Commissions
pour informer, à leurs Archers, à des Notaires, Tabel-
lions, ou aucunes autres Personnes, à peine de nullité
de la procédure & d'interdiction contre le Prévôt.

ARTICTE VI.

Pourront leurs Archers écrouer les Prisonniers arrêtés
en vertu de leurs Décrets.

Les informations étant la bafe de la Procédure Criminelle & le fondement de la décifion, il n'y a que le Juge, ou celui qui en fait les
fonctions qui puiffe les rédiger & recevoir les dépofitions des témoins.
Les Prévôts des Maréchaux étoient dans un ufage abufif avant l'Ordonnance, de, commettre cette fonction importante à leurs Archers, ou à
des Notaires & Tabellions ; mais comme il étoit à craindre que ces vils
Officiers ne fe laiffaffent corrompre dans l'exercice de pareilles com-
miffions, l'Ordonnance a fagement retranché cet abus, à peine de
nullité de la procédure & de l'interdiction du Prévôt qui auroit la témérité de contrevenir à fes difpofitions fur ce point. Le feul droit qui
foit réfervé aux Archers de Maréchauffée par l'Ordonnance, eft de pouvoir écrouer les Prifonniers qu'ils arrêtent, en vertu des Décrets émanés
du Prévôt auquel ils font fubordonnés. Une Déclaration poftérieure du
28 Mars 1720, article 5, leur donne auffi le pouvoir d'affigner les Témoins & de faire les fignifications dans les inftructions & procédures
criminelles de la compétence du Prévôt des Maréchaux.

Mais la prohibition faite ici aux Archers de Maréchauffée ne s'étend
point jufqu'aux Exempts qui les commandent, lefquels en conféquence
de l'Edit du mois de Mars 1720, & de la Déclaration du 9 Avril fuivant, peuvent informer en flagrant délit & lors de la capture feulement, en fe faifant affifter du Greffier de la Maréchauffée, & à la charge
de remettre auffi-tôt les informations au Greffe de ladite Maréchauffée.

A R T I C L E VII.

Seront tenus laiffer aux Prifonniers qu'ils auront
arrêtés, copie du procès verbal de capture & de l'écroue,
fous les peines portées par le premier Article.

On ne peut attenter à la liberté d'un Citoyen, fans lui faire connoître
en même-tems de quelle autorité on le fait, & pour quelles caufes ; d'où
fembleroit naître la conféquence qu'en arrêtant un Accufé, on devroit
en même-tems lui donner copie du Décret du Juge qui ordonne fa
capture ; mais comme la copie de ce Décret pourroit donner connoiffance des Complices, & les mettre par-là à portée de fe fouftraire à la
Juftice, on fe contente par cette raifon de laiffer aux Prifonniers copie du procès verbal de capture & de l'écroue.

A R T I C L E VIII.

Les Accufés contre lefquels le Prévôt des Maréchaux
aura reçu plainte, informé & décreté, pourront fe mettre
dans les prifons du Préfidial du lieu du délit, pour y

faire juger la compétence ; & à cet effet, faire porter au Greffe les charges & informations en vertu du Jugement du Préfidial ; ce que le Prévôt fera tenu de faire inceffamment.

Ceux qui fe trouvent accufés d'un cas Prévôtal , & qui croient avoir des moyens valables pour s'en défendre , peuvent avoir un très grand intérêt d'aller au-devant du Décret décerné contre eux , afin d'éviter le deshonneur qui réjailliroit contre eux & leur Famille , de la capture faite publiquement de leurs perfonnes; c'eft pourquoi le Légiflateur les autorife à fe rendre d'eux-mêmes dans les prifons du Préfidial , & à y faire porter les charges & informations , foit pour faire juger la compétence du Prévôt des Maréchaux , foit pour décliner fa Jurifdiction.

ARTICLE IX.

Les Prévôts des Maréchaux , en arrêtant un Accufé , feront tenus faire inventaire de l'argent , hardes , chevaux & papiers dont il fe trouvera faifi , en préfence de deux Habitans des plus proches du lieu de la capture , qui figneront l'inventaire , finon déclareront la caufe de leurs refus , dont il fera fait mention ; pour être le tout remis dans trois jours au plus tard , au Greffe du lieu de la capture , à peine d'interdiction contre le Prévôt pour deux ans , dépens , dommages & intérêts des Parties , & de cinq cens livres d'amende applicable comme deffus.

ARTICLE X.

A l'inftant de la capture , l'Accufé fera conduit ès prifons du lieu , s'il y en a , finon aux plus prochaines dans vingt-quatre heures au plus tard ; défendons aux Prévôts de faire chartre privée dans leurs maifons ni ailleurs , à peine de privation de leurs Charges.

ARTICLE XI.

Défendons à tous Officiers de Maréchauffée, de retenir
        aucuns

aucuns meubles , armes ou chevaux saisis ou appartenans aux Accusés, ni de s'en rendre adjudicataires sous leur nom , ou celui d'autres personnes , à peine de privation de leurs Offices , cinq cens livres d'amende, & de restitution du quadruple.

Ces trois Articles concernent ce que doivent faire les Prévôts des Maréchaux en arrêtant un Accusé. Ces devoirs en cet instant se réduisent à deux points principaux; le premier, est de faire inventaire de ce qui se trouve sur l'Accusé , pour le remettre au Greffe du lieu de la capture dans trois jours, sans pouvoir rien retenir ni s'en rendre adjudicataires ; le second , est de conduire les Prisonniers dans les prisons du lieu , sans pouvoir en faire chartre privée , à peine de privation de leurs Charges.

A R T I C L E XII.

Les Accusés seront interrogés par le Prévôt en pré-sence de l'Assesseur, dans les vingt-quatre heures de la capture , à peine de deux cens livres d'amende envers Nous. Pourra néanmoins les interroger sans Assesseur au moment de la capture.

A R T I C L E XIII.

Enjoignons aux Prévôts des Maréchaux de déclarer à l'Accusé au commencement du premier interrogatoire , & d'en faire mention, qu'ils entendent le juger Prévôta-lement , à peine de nullité de la procédure , & de tous dé-pens , dommages & intérêts.

A R T I C L E XIV.

Si le crime n'est pas de leur compétence , ils seront tenus d'en laisser la connoissance dans les vingt-quatre heures au Juge du lieu du délit , après quoi ne pourront le faire que par l'avis des Présidiaux.

Après avoir vu dans les trois Articles précédens le devoir des Prévôts des Maréchaux en arrêtant les Accusés, ces trois Articles-ci nous apprennent comment ils doivent se conduire après les avoir arrêtés : mais leurs dispositions à cet égard, ont reçu quelques modifications dans la Déclaration de 1731. Car 1°. l'Article 12 de notre Ordonnance, en imposant aux Prévôts des Maréchaux la nécessité d'interroger les Accusés, sembloit exiger la présence de l'Assesseur, lorsque l'interrogatoire étoit fait dans les vingt-quatre heures de la capture ; de sorte qu'ils ne pouvoient les interroger sans Assesseur, que lorsque l'interrogatoire avoit lieu dans le moment même de la capture. Mais la Déclaration de 1731, a rejetté cette distinction, en permettant aux Prévôts des Maréchaux d'interroger sans Assesseur, tant dans les vingt-quatre heures, que dans l'instant de la capture (*a*). 2°. Notre Article 13 en enjoignant aux Prévôts des Maréchaux de déclarer à l'Accusé au commencement du premier interrogatoire, qu'ils entendoient le juger Prévôtalement, ne leur infligeoit d'autres peines, pour raison de l'inexécution de cette disposition, que la nullité de la procédure, & une condamnation de dépens, dommages & intérêts envers l'Accusé. Mais la Déclaration de 1731 y a ajouté encore le dépouillement de la connoissance de l'affaire, dont l'instruction & le jugement passent de droit au Bailliage ou à la Sénéchaussée dans le ressort de laquelle le délit aura été commis (*b*). 3°. Enfin, notre Article 14 enjoignoit bien aux Prévôts des Maréchaux de laisser la connoissance des crimes qui n'étoient point de leur compétence dans les vingt-quatre heures : mais ne déterminant point le terme, où devoit commencer ce délai, la Déclaration de 1731 y a suppléé, en ordonnant qu'il ne commencera à courir, que du jour du premier interrogatoire, lequel devra être fait dans les vingt-quatre heures de la capture (*c*).

ARTICLE XV.

La compétence sera jugée au Présidial dans le ressort duquel la capture aura été faite, dans trois jours au plus tard, encore que l'Accusé n'ait point proposé de déclinatoire.

(*a*) » A l'exception néanmoins de l'interrogatoire fait au moment ou dans les vingt-quatre heures de la capture, qui pourra être fait sans l'Assesseur, suivant ledit Article 12. *Extrait de l'Article 28 de la Déclaration de* 1731.

(*b*) » Les Prévôts des Maréchaux, Lieutenans Criminels de Robbe-Courte, & les Officiers des » Sieges Présidiaux, seront tenus de déclarer à l'Accusé au commencement du premier interroga- » toire, qu'ils entendent le juger en dernier ressort & d'en faire mention dans ledit interroga- » toire ; le tout sous les peines portées par l'Article 13 du Titre 2 de l'Ordonnance de 1670. Et » faute par eux d'avoir satisfait à ladite formalité, Voulons que le procès ne puisse être jugé qu'à » la charge de l'appel ; à l'effet de quoi il sera porté au Siége de la Sénéchaussée ou du Bailliage » dans le ressort duquel le crime aura été commis, pour y être instruit & jugé ainsi qu'il appar- » tiendra. *Art.* 14 *ibidem*

(*c*) » Le tems de vingt-quatre heures dans lequel les Prévôts des Maréchaux sont tenus, suivant » l'Article 15 du Titre 2 de l'Ordonnance de 1670, de délaisser aux Juges ordinaires du lieu du » délit, la connoissance des crimes qui ne sont pas de leur compétence, sans être obligés de prendre » sur ce l'avis des Présidiaux, ne commencera à courir que du jour du premier interrogatoire, » auquel ils seront tenus de procéder dans les vingt-quatre heures de la capture. *Art.* 13. *ibidem.*

ARTICLE XVI.

Les récusations qui seront proposées contre les Prévôts des Maréchaux, avant le jugement de la compétence, seront jugées au Présidial, au rapport de l'Assesseur en la Maréchaussée, ou d'un Conseiller du Siége au choix de la Partie qui les présentera; & celles contre l'Assesseur, aussi par l'un des Officiers dudit Siege; & les récusations qui seront proposées depuis le jugement de la compétence, seront reglées au Siége où le procès criminel devra être jugé.

ARTICLE XVII.

L'Accusé ne pourra être élargi pour quelque cause que ce soit, avant le jugement de la compétence; & ne pourra l'être après que par Sentence du Présidial ou Siege qui devra juger diffinitivement le procès.

Le premier des trois Articles qui précedent, a pour objet de déterminer le Tribunal où la compétence doit être jugée, ainsi que le délai dans lequel ce jugement de compétence doit être rendu. Quant au Tribunal il faut distinguer trois cas : savoir, 1°. celui où l'Accusé a été pris, 2°. celui où il s'est rendu lui-même en prison; 3°. enfin, celui où il est en contumace. Dans le premier cas, la compétence doit être jugée par le Présidial dans le ressort duquel la capture a été faite; l'Ordonnance ajoute, *& dans les Provinces où il n'y a point de Présidiaux dans le principal Bailliage & Sénéchaussée,* parcequ'en effet il y a deux Provinces en France où il n'y a point de Présidiaux d'établis, qui sont la Provence & la Bourgogne; cette derniere Province, entr'autres, est distribuée en sept *Bailliages principaux.* Dans le second cas, comme aux termes de l'Article 8 du présent Titre, celui qui se rend de lui-même en prison, pour faire juger sa compétence, peut choisir les prisons du Présidial du lieu du délit, il y peut par une suite nécessaire faire juger sa compétence. Dans le troisieme cas enfin où l'Accusé est en contumace, le Prévôt des Maréchaux ne peut s'adresser, pour faire juger sa compétence, qu'au Présidial dans le ressort duquel le crime a été

E ij

commis; c'eſt la diſpoſition textuelle de l'Edit du mois de, Décembre 1680 (a).

Pour décider où les récuſations doivent être jugées, l'Article 16 diſtingue deux cas. Si elles ſont propoſées contre le Prévôt des Maré-chaux avant le jugement de la compétence, c'eſt le Préſidial qui en eſt le Juge; & le rapport en doit être fait ou par l'Aſſeſſeur en la Maré-chauſſée, ou par un Conſeiller du Siége au choix de la Partie qui les propoſe. Si au contraire, ces récuſations ne ſont préſentées que depuis le jugement de la compétence, c'eſt au Siége où le procès eſt pendant à prononcer ſur leur validité ou invalidité. Mais notre Ordonnance avoit obmis de prononcer ſur ce que l'on devoit faire lorſque les récuſations ſe trouvoient valables : ce qui a été ſuppléé par la Déclaration du 23 Septembre 1678, qui veut qu'en ce cas les Procès & l'Accuſé ſoient renvoyés au Préſidial du lieu du délit. Cette diſpoſition a lieu, quand bien même le Prévôt des Maréchaux ſe trouveroit compétent, ſoit par la nature du crime, ſoit par la qualité de l'Accuſé, s'il ſe trouvoit avoir contrevenu à l'Ordonnance, ou pour avoir inſtrumenté hors de ſon reſſort, ou pour avoir fait chartre privée (b).

Enfin, comme il eſt important à la Juſtice de ne point ſe deſſaiſir de la perſonne de l'Accuſé, ſoit que ſon crime ſoit Prévôtal ou non, à moins qu'on ne voie évidemment que ce crime ne va point à peines afflictives, l'Ordonnance ne permet point qu'il ſoit élargi, non-ſeulement avant le jugement de compétence, mais même après, ſi ce n'eſt en vertu d'un jugement nouveau & particulier émané du Préſidial, ou autre Siége qui doit juger diffinitivement le procès.

___

(a) » Les Prévôts des Maréchaux voulant inſtruire la contumace des Accuſés contre leſquels ils » auront décreté pour quelque crime que ce ſoit, ſeront tenus, avant que de commencer aucune » procédure pour cet effet, de faire juger leur compétence au Siége Préſidial dans le reſſort duquel » leſdits crimes auront été commis; & en cas que leſdits Accuſés ſoient arrêtés avant ou depuis » le jugement de contumace, ou qu'ils ſe repréſentent volontairement pour purger ladite contu-» mace, leſdits Prévôts des Maréchaux ſeront tenus de faire juger de nouveau leur compétence, » après que leſdits Accuſés auront été ouis en la forme portée par l'Article 19 du Titre 2 de l'Or-» donnance de 1670. *Extrait de l'Edit du mois de Décembre 1680*.

(b) » Louis, &c. Surquoi après avoir entendu notre Procureur Général en notre Grand Conſeil, » & deſirant pourvoir à nos Sujets, & au bien de la Juſtice; ſavoir, faiſons, que Nous pour ces » cauſes, & autres à ce Nous mouvans, de l'avis de notre Conſeil, & de notre certaine ſcience, » pleine puiſſance & autorité Royale, avons dit, déclaré & ordonné, diſons, déclarons & ordon-» nons par ces Préſentes, ſignées de notre main, Voulons & Nous plait, que les Accuſés contre » leſquels les Prévôts de nos Couſins les Maréchaux de France auront reçu plainte, informé & » décreté, ne puiſſent ſe pourvoir, auparavant le jugement de la compétence, ſous prétexte de » priſe à partie ou autrement, contre leſdits Prévôts; ſoit pour avoir inſtrumenté hors leur reſ-» ſort, ou pour avoir fait chartre privée, que pardevant les Gens tenans le Préſidial qui devra » juger la compétence deſdits Prévôts; auquel Préſidial ils pourront propoſer leſdits deux cas » comme moyens de récuſation, pour y être jugés conformément à l'Article 16 du Titre 2 de notre » Ordonnance de 1670. Et au cas que les Préſidiaux, en jugeant leſdites récuſations, trouvent que » leſdits Prévôts aient contrevenu à cet égard à l'Ordonnance, & que par la qualité des crimes » ou celle de la Perſonne, les Accuſés ſoient ſujets au jugement en dernier reſſort; Nous ordon-» nons auſdits Préſidiaux de renvoyer leſdits Accuſés & les charges & informations au Préſidial » dans le reſſort duquel le délit aura été commis, pour y être le procès inſtruit & jugé par » jugement dernier, conformément à nos Ordonnances, ſans que le Prévôt des Maréchaux, ainſi » recuſé, en puiſſe plus connoître. *Extrait de la Déclaration du 23 Septembre 1678*. -

ARTICLE XVIII.

Les jugemens de compétence ne pourront être rendus que par sept Juges au moins ; & ceux qui y assisteront, seront tenus d'en signer la minute ; à quoi Nous enjoignons à celui qui présidera & au Prévôt de tenir la main, à peine contre chacun d'interdiction, de cinq cens livres d'amende envers Nous, & des dommages & intérêts des Parties.

ARTICLE XIX.

La compétence ne pourra être jugée que l'Accusé n'ait été oui en la Chambre, en présence de tous les Juges, dont sera fait mention dans le Jugement ; ensemble du motif de la Compétence, sur les peines portées par l'Article précédent contre le Président, & de nullité de la procédure qui sera faite depuis le jugement de la compétence.

Ces deux Articles reglent les formalités qui doivent accompagner le jugement de compétence pour le rendre valable : elles se réduisent à trois ; la premiere, est que le jugement soit rendu par sept Juges au moins, & qu'ils en signent tous la minute ; la seconde, est que l'Accusé ait été oui en la Chambre auparavant, & que la Sentence en fasse une mention expresse ; la troisieme enfin, est que le même jugement contienne & spécifie les motifs de la compétence, qui ne peuvent être fondés, ou que sur la qualité de l'Accusé, ou que sur la nature du crime.

ARTICLE XX.

Le jugement de la compétence sera prononcé, signifié & copie baillée sur le champ à l'Accusé, à peine de nullité des procédures, & de tous dépens, dommages & intérêts, contre le Prévôt & le Greffier du Siége où la compétence aura été jugée.

La Déclaration de 1731, en renouvellant la présente disposition sur la néceffité de prononcer, de fignifier & bailler copie fur le champ à l'Accufé du jugement de compétence, a cherché encore à rendre cette formalité de *prononciation* plus conftante, en exigeant d'abord qu'elle foit faite à l'Accufé en préfence de tous les Juges; en fecond lieu, qu'il en foit fait mention par le Greffier au bas de la Sentence, & que cette mention foit fignée de tous les Juges qui auront affifté au jugement de compétence ; & en cas de déclaration qu'il ne fait figner, ou fur refus de fa part, il en doit être fait mention. Toutes ces formalités ont pour objet d'affurer que l'on a pris toutes les précautions néceffaires pour informer l'Accufé qu'il doit être jugé en dernier reffort, & le mettre par-là à portée de ne rien ménager pour défendre fa vie & fon honneur, des dangers dont l'une & l'autre font ménacés (a).

ARTICLE XXI.

Si le Prévôt eft déclaré incompétent, l'Accufé fera transféré ès prifons du Juge du lieu où le délit aura été commis, & les charges & informations, procès verbal de capture, & interrogatoire de l'Accufé, & autres pieces & procédures, remifes à fon Greffe; ce que Nous voulons être exécuté dans les deux jours pour le plus tard après le jugement d'incompétence; à peine d'interdiction pour trois ans contre le Prévôt, de cinq cens livres d'amende envers Nous, & des dépens, dommages & intérêts des Parties.

La Déclaration de 1731 a encore été plus loin que notre Ordonnance. Le feu Roi s'étoit contenté d'ordonner que le Prévôt des Maréchaux déclaré incompétent, feroit tenu, dans deux jours au plus tard après le jugement d'incompétence rendu, de faire transférer l'Accufé aux prifons du Juge ordinaire & le procès à fon Greffe ; mais le Monarque regnant a encore pris de nouvelles précautions dans fa Déclaration pour affurer la promptitude & l'irrévocabilité de la Sentence d'incompétence, en interdifant, foit aux Parties civiles, foit aux Prévôts des Maré-

---

(a) » Lorfque les Prévôts des Maréchaux, ou autres Officiers qui font obligés de faire juger leur
» compétence, auront été déclarés compétens par Sentence du Préfidial à qui il appartiendra d'en
» connoître, ladite Sentence fera prononcée fur le champ à l'Accufé en préfence de tous les Ju-
» ges, & mention fera faite par le Greffier de ladite prononciation au bas de la Sentence; laquelle
» mention fera fignée de tous ceux qui auront affifté au jugement, enfemble de l'Accufé, s'il fait
» & veut figner ; finon fera fait mention de fa déclaration qu'il ne fait figner, ou de fon refus; le
» tout à peine de nullité, & fans préjudice de l'exécution des autres difpofitions de l'Article 20 du
» Titre 2 de l'Ordonnance de 1670. *Art.* 23, *de la Déclaration de 1731.*

chaux, foit au Procureur du Roi dans les Siéges Préfidiaux ou des Maréchauffées, toutes voies de fe pourvoir contre ces fortes de jugemens (*a*).

ARTICLE XXII.

*Le Prévôt qui aura été déclaré compétent, fera tenu
procéder inceffamment à la confeftion du procès avec fon
Affeffeur, finon avec un Confeiller du Siége où il devra
être jugé; fuivant la diftribution qui en fera faite par
le Préfident.*

Comme c'eft de l'inftruftion en matiere criminelle que dépend ordinairement la décifion des procès, nos Rois ont toujours eu foin d'o-
bliger les Prévôts des Maréchaux à prendre un Adjoint qui pût éclairer
leur conduite dans toutes les procédures néceffaires à cette inftruftion:
il a été à cet effet créé un Affeffeur dans chaque Siége de Maréchauffée.
En conféquence, notre Ordonnance aftreint le Prévôt déclaré compétent, de procéder inceffamment à la confeftion du procès avec fon Affeffeur, finon avec un Confeiller du Siége où il devra être jugé, dans
le cas où il n'y auroit point d'Affeffeur. La Déclaration de 1731 y eft
conforme en ce point; mais l'Ordonnance donnoit au Préfident du
Préfidial le privilege de choifir le Confeiller qui devoit fervir d'Affeffeur au Prévôt des Maréchaux, au lieu que la Déclaration veut que ce
choix ne foit confié qu'au Tribunal entier (*b*).

ARTICLE XXIII.

*Si après le procès commencé pour un crime Prévôtal,
il furvient de nouvelles accufations dont il n'y ait point eu*

(*a*) » Lorfque les Prévôts des Maréchaux, & autres Juges en dernier reffort, qui font obligés de
» faire juger leur compétence auront été déclarés incompétens par Sentence des Juges Préfidiaux,
» ni les Part'es civiles, ni lefdits Officiers, ou nos Procureurs aux Siéges Préfidiaux, ou aux Ma-
» réchauffées ne pourront fe pourvoir en quelque maniere que ce foit, contre les jugemens par
» lefquels lefdits Prévôts des Maréchaux ou autres Juges en dernier reffort, auront été déclarés
» incompétens, ni demander que l'Accufé fera renvoyé pardevant eux; mais fera ladite Sentence
» exécutée irrévocablement à l'égard du procès fur lequel elle fera intervenue. N'entendons néan-
» moins empêcher, que fi lefdits Officiers prétendent que ledit jugement donne atteinte aux droits
» de leur Jurifdiftion, & peut être tiré à conféquence contre eux dans d'autres, ils ne Nous en
» portent leurs plaintes, pour y être par Nous pourvu, ainfi qu'il appartiendra. *Art.* 26. *ibidem.*
(*b*) » Les Prévôs s des Maréchaux, même dans le cas de duel, feront tenus de fe faire affifter de
» l'Affeffeur en la Maréchauffée, ou en l'abfence dudit Affeffeur, de tel autre Officier de Robe-
» Longue qui fera commis par le Siége où fe fera l'inftruction du procès; & ce, tant pour les in-
» terrogatoires des Accufés, que pour ladite inftruction: le tout conformément aux Articles 12
» & 22 du Titre 2 de l'Ordonnance de 1670, à l'exception néanmoins de l'interrogatoire fait au
» moment ou dans les vingt quatre heutes de la capture qui pourra être faite fans l'Affeffeur,
» fuivant ledit Article 12. *Art.* 28. *ibidem.*

de plaintes en Juſtice , pour crimes non Prévôtaux , elles ſeront inſtruites conjointement , & jugées Prévôtalement.

La préſente diſpoſition fit beaucoup de difficulté , lors des Conférences qui furent tenues par ordre du Roi pour la rédaction de l'Ordonnance. Les Commiſſaires du Parlement trouverent qu'elle étoit ſujette à beaucoup d'inconvéniens ; & l'expérience a prouvé depuis que leurs craintes ſur ce point étoient très réelles. C'eſt pour y obvier que la Déclaration de 1731 a fait à cet égard pluſieurs diſpoſitions très ſages : en premier lieu , l'Ordonnance ſemble ne ſuppoſer que le cas où le Prévôt des Maréchaux auroit ſeul inſtruit , & auroit conſéquemment la prévention en ſa faveur ; mais comme elle ne détermine rien dans l'hypothèſe , où ce même Prévôt des Maréchaux ſe trouveroit en concurrence avec le Juge ordinaire , la Déclaration de 1731 ſuppoſant cette derniere hypothèſe , ſe décide par la diligence des pourſuites , pour accorder , ſoit aux Prévôts des Maréchaux & aux Préſidiaux , ſoit aux Juges ordinaires , la connoiſſance du cas Royal & du cas ordinaire , l'Accuſé ſe trouvant en même-tems prévenu des deux eſpeces de crimes.

Mais comme c'eſt le lieu du délit qui conſtitue la Compétence du Juge en matiere criminelle , il pouvoit arriver que , dans l'hypothèſe où le cas ordinaire attire le Prévôtal , le crime prévôtal n'eût point été commis dans le reſſort des Bailliages & Sénéchauſſées où le cas ordinaire étoit arrivé , les Bailliages & Sénéchauſſées n'ayant pas toujours les mêmes limites que les Prévôts des Maréchaux : il en pouvoit être de même , *vice verſâ.* C'eſt pourquoi la Déclaration de 1731 , prévoyant l'un & l'autre cas , ordonne que lorſque le cas ordinaire attirera le Prévôtal , & que le crime Prévôtal n'aura point été commis dans le reſſort du Bailliage ou de la Sénéchauſſée auquel la connoiſſance en eſt dévolue , ce ſera au Parlement dont il reſſortit à y pourvoir , & à renvoyer le Jugement des deux accuſations dans tel Siége immédiat de ſon reſſort qu'il jugera à propos. Si au contraire le cas Prévôtal attire le cas ordinaire , & que les deux crimes ordinaires & Prévôtaux n'aient point été commis l'un & l'autre dans le Département du Prévôt des Maréchaux à qui la connoiſſance du cas Prévôtal appartient de droit , le Roi s'eſt réſervé à lui-même le ſoin d'y pourvoir ſur l'avis qui en ſeroit donné à Monſieur le Chancelier , en renvoyant les deux accuſations pardevant tel Préſidial , ou pardevant tel Prévôt des Maréchaux qu'il jugera à propos. Cela ſuppoſe néanmoins que l'inſtruction pour le cas ordinaire ne ſeroit point pendante dans une Cour ſouveraine ; car en ce cas les déférences que les Prévôts des Maréchaux doivent avoir pour elles, les mettroient dans la néceſſité de céder la connoiſſance de l'affaire à la Cour ſouveraine , quand bien même ils l'auroient prévenue.

Cependant , comme il auroit été d'une dangereuſe conſéquence , qu'un homme accuſé fauſſement d'un crime Prévôtal pût néanmoins
être

être jugé en dernier reffort pour d'autres crimes, qui par leur nature ne peuvent être jugés qu'à la charge de l'appel; la Déclaration, pour y obvier, aftreint les Prévôts des Maréchaux & les Préfidiaux, lorfqu'ils jugent conjointement un Accufé pour crime Prévôtal & pour crime ordinaire, à marquer dans leurs Jugemens le crime dont il eft atteint & convaincu; de forte que fi l'Accufé eft condamné pour cas Prévôtal, le Jugement doit être exécuté prévôtalement & en dernier reffort; s'il ne l'eft au contraire que pour un cas ordinaire, la Sentençe ne doit être rendue qu'à la charge de l'appel, & elle en doit contenir une mention expreffe, à peine de nullité, & même d'interdiction.

Enfin l'Ordonnance, en prévoyant le cas où l'Accufé pourroit être en même-tems prévenu d'un crime ordinaire & d'un crime Prévôtal, n'avoit point prévu celui, où dans un même procès criminel il fe trouve plufieurs Accufés, dont les uns font pourfuivis pour crime ordinaire & les autres chargés d'un crime Prévôtal; la Déclaration de 1731 y fuppléant, veut qu'alors les Baillifs & Sénéchaux aient la préférence fur les Prévôts des Maréchaux & les Préfidiaux; & ce, quand bien même ces derniers auroient prévenu. Elle va même plus loin; car comme il pourroit arriver que les Préfidiaux fe trouvaffent faifis de l'affaire, elle ne leur permet en ce cas de la juger qu'à la charge de l'appel: tel eft le précis fommaire des Articles 17, 18, 19 & 20 de la Déclaration de 1731, relatifs à notre Article (*a*).

(*a*) » Si les mêmes Accufés fe trouvent pourfuivis pour des cas ordinaires, foit pardevant nos » Baillifs & Sénéchaux, foit pardevant nos Prévôts, Châtelains & autres nos Juges, même ceux » des Hauts-Jufticiers, & qu'ils foient auffi prévenus de cas qui foient Prévôtaux par leur nature, » & qui aient donné lieu aux Prévôts des Maréchaux, ou aux Juges Préfidiaux de commencer des » procé iutes contre eux; la connoiffance des deux accufations appartiendra auxdits Baillifs & Sé-» néchaux à l'exclufion des Prévôts, Châtelains, ou autres Juges fubalternes, & préférablement » auxdits Prévôts des Maréchaux & Juges Préfidiaux, fi lefdits Baillifs & Sénéchaux, ou autres à » eux fubordonnés, ont informé & décreté avant lefdits Prévôts des Maréchaux & Juges Préfi-» diaux, ou le même jour; & lorfque le crime, dont le Prévôt des Maréchaux aura connu, n'aura » point été commis dans le reffort des Bailliages & Sénéchauffées, où les cas ordinaires feront arri-» vés, il en fera donné avis à nos Procureurs Généraux par leurs Subftituts, tant auxdits Bailliages » & Sénéchauffées, que dans la Jurifdiction du Prévôt des Maréchaux, pour y être pourvu par » nos Cours de Parlement, fur la requifition de nofdits Procureurs Généraux par Arrêt de renvoi des » deux accufations, dans tel Siége reffortiffant nuement en nofdites Cours, qu'il appartiendra. *Article 17 de la Déclaration* 1731.

» Voulons réciproquement, que fi dans le cas de l'Article précédent, les Prévôts des Maré-» chaux, ou les Juges Préfidiaux ont informé & décreté pour le crime qui eft de leur compétence, » avant que les autres Juges nommés dans ledit Article aient décreté pour le cas ordi-» naire, la connoiffance des deux accufations appartienne en entier auxdits Prévôts des Maréchaux » ou auxdits Siéges Préfidiaux, pour être inftruites & jugées par eux-mêmes, pour ce qui regarde » les cas ordinaires; & lorfque lefdits cas ne feront point arrivés dans le département du Prévôt » des Maréchaux qui aura connu des cas Prévôtaux, Nous nous réfervons d'y pourvoir fur l'avis » qui en fera donné à notre amé & féal Chancelier de France, en renvoyant les deux accufations » pardevant tel Préfidial ou Prévôt des Maréchaux qu'il appartiendra. N'entendons comprendre dans » la difpofition du préfent Article, les accufations dont l'inftruction feront pendante en nos Cours » contre des Coupables prévenus de crimes Prévôtaux, auquel cas en tout état de caufe feront » toutes les accufations jointes & portées en nofdites Cours. *Art.* 18, *Ibidem.*

» En procédant au jugement des accufations qui auront été inftruites conjointement par lefdits » Prévôts des Maréchaux ou Juges Préfidiaux au cas de l'Article précédent, les Juges feront tenus » de marquer diftinctement les cas dont l'Accufé fera atteint & convaincu; au moyen de quoi le » jugement fera exécuté en dernier reffort, fi l'Accufé eft déclaré atteint & convaincu du cas Pré-» vôtal, finon, ledit jugement ne fera rendu qu'à la charge de l'appel, dont il fera fait mention

ARTICLE XXIV.

Aucune Sentence Prévôtale, préparatoire, interlocu-
toire ou diffinitive, ne pourra être rendue qu'au nombre
de sept au moins, Officiers ou Gradués, en cas qu'il ne
se trouve au Siége nombre suffisant de Juges; & seront
tenus ceux qui y auront assisté de signer la minute, à
peine de nullité, & le Greffier de les interpeller, à peine
de cinq cens livres d'amende contre lui & contre chacun
des refusans.

ARTICLE XXV.

Sera dressé des minutes des jugemens Prévôtaux, qui
seront signées par les Juges, dont l'une demeurera au
Greffe du Siége où le procès aura été jugé, & l'autre au
Greffe de la Maréchaussée, à peine d'interdiction pour
trois ans contre le Prévôt, & de cinq cens livres d'a-
mende. Défendons sous pareilles peines aux deux Greffiers
de prendre aucuns droits pour l'enregistrement & réception
des deux minutes.

Notre Ordonnance, en exigeant le nombre de sept Juges pour toutes les Sentences Prévôtales, soit qu'elles soient préparatoires ou diffinitives, est conforme à l'Article 2 du Titre 25 de la même Ordonnance, qui veut que les jugemens en dernier ressort ne se donnent que
par sept Juges au moins, mais il est des cas où les Prevôts des Maréchaux ne jugent qu'à la charge de l'appel : tel est le cas de duel dont la
connoissance leur a été attribuée depuis la présente Ordonnance ; c'est

---

» expresse dans la Sentence : le tout à peine de nullité, même d'interdiction contre les Juges qui
» auroient contrevenu au présent Article. *Art* 19, *ibidem.*
    » Si dans le même procès criminel il y a plusieurs Accusés, dont les uns soient poursuivis pour
» un cas ordinaire, & dont les autres soient chargés d'un crime Prévôtal, la connoissance des deux
» accusations appartiendra à nos Baillifs & Sénéchaux préférablement aux Prévôts des Maréchaux &
» Siéges Présidiaux, soit que les Juges qui auront informé & décreté pour le cas ordinaire, aient
» prévenu lesdits Prévôts des Maréchaux ou Juges Présidiaux, soit qu'ils aient été prévenus par eux ;
» & si les Juges Présidiaux s'en trouvent saisis, ils n'en pourront connoître qu'à la charge de l'ap-
» pel. Voulons qu'il en soit usé de même s'il se trouve plusieurs Accusés, dont les uns soient de la
» qualité marquée dans les Articles I & II des Présentes, & dont les autres ne soient pas de ladite
» qualité. *Art* 20, *ibidem.*

pourquoi la Déclaration de 1731 , en laissant subsister la présente disposition pour les cas Prévôtaux que les Prevôts des Maréchaux jugent
en dernier ressort, elle l'a modifiée quant au cas de duel, en exigeant
seulement dans ce dernier cas le nombre de cinq Juges au moins.
Mais la même Déclaration ne s'est point relâchée de la rigueur de la
loi par rapport aux minutes : elle veut qu'il soit dressé deux minutes
des Jugemens rendus par les Prévôts des Maréchaux, aussi bien dans le
cas de duel que dans les autres cas Prévôtaux ; savoir, une pour demeurer au Greffe du Siege où le procès aura été jugé ; & l'autre pour
être portée au Greffe de la Maréchaussée (a).

ARTICLE XXVI.

*Si l'Accusé est appliqué à la question, le procès verbal
de torture se fera par le Rapporteur en présence d'un Conseiller du Siége & du Prévôt.*

Cet Article n'est susceptible d'aucunes observations particulieres.

ARTICLE XXVII.

*Les dépens, adjugés par le jugement Prévôtal, seront
taxés par le Prévôt en présence du Rapporteur qui n'en
pourra prétendre aucuns droits ; & s'il en est interjetté
appel, le Siége qui aura rendu le jugement, en connoî-
tra en dernier ressort.*

Deux objets à considérer dans la présente disposition : savoir, la taxe
des dépens adjugés par Sentence Prévôtale, & l'appel de cette même
taxe. Quant à la taxe, elle est ici attribuée au Prévôt à deux conditions :
la premiere est qu'elle soit faite en présence du Rapporteur ; la seconde
qu'elle soit faite sans frais. Mais comme le Prévôt, après avoir ainsi
taxé les dépens, ne peut être Juge de l'appel de sa propre taxe , cet appel, en cas qu'il ait lieu, est attribué en dernier ressort au Siege duquel est émané le Jugement adjudicatif des dépens.

ARTICLE XXVIII.

Enjoignons aux Vice-Baillifs, Vice-Sénéchaux &

(a) » Ne pourront audit cas de duel les jugemens préparatoires, interlocutoires ou définitifs ;
» être rendus qu'au nombre de cinq Juges au moins, & il sera fait deux minutes desdits juge-
» mens, conformément à l'Article 25 du même Titre.

Lieutenans Criminels de Robe-Courte, d'obferver ce qui eſt preſcrit pour les Prévôts; & au ſurplus des procédu-res, ſeront par eux nos autres Ordonnances obſervées. N'entendons néanmoins rien innover aux fonƈtions & droits du Lieutenant Criminel de Robe-Courte de notre Châtelet de Paris.

Dans l'origine, les Prévôts des Maréchaux n'avoient été établis qûe pour contenir les gens de guerre & réprimer leurs excés ; en conféquence, étant toujours à la ſuite des Armées, ils ne connoiſſoient d'autres crimes que de ceux dont la connoiſſance appartient de droit aux Maréchaux de France & autres Généraux. Il y avoit d'ailleurs dans l'intérieur des Provinces d'autres *Prévôts* appellés *Provinciaux* qui étoient prépoſés pour y veiller à la ſûreté publique, & ſur-tout à celle des grands chemins : mais la mauvaiſe conduite de ces Officiers en ayant dans la ſuite occaſionné la ſuppreſſion, on créa à leur place des Vice-Baillifs & Vice-Sénéchaux. Dans la ſuite, le pouvoir des Prévôts des Maréchaux ayant été étendu, ils connurent, conjointement avec les Vice-Baillifs & les Vice-Sénéchaux, des crimes, dont la connoiſſance étoit ſpécialement attri-buée à ces derniers; c'eſt la raiſon pour laquelle le préſent Article leur enjoint d'obſerver ce qu'elle a ci-devant preſcrit pour les Prévôts des Ma-réchaux. Mais maintenant cette diſpoſition ſe trouve ſans application, eu égard à la ſuppreſſion qui a été faite depuis l'Ordonnances des Vice-Baillifs & Vice-Sénéchaux par Edit du mois de Mars 1720. Le même Edit ſupprime auſſi les Lieutenans Criminels de Robe-Courte, à l'ex-ception de celui de Paris. On prétend que le Lieutenant Criminel de Robbe-Courte d'Orleans a auſſi obtenu d'être conſervé, en vertu d'un Arrêt du Conſeil particulier.

Enfin le Lieutenant Criminel de Robbe-Courte du Châtelet de Paris étoit, même avant l'Ordonnance, dans une poſſeſſion très ancienne d'attributions & de prérogatives ſingulieres : le Légiſlateur, bien loin de l'en dépouiller, les lui conſerve expreſſément par le préſent Article.

TITRE III.

DES PLAINTES, DENONCIATIONS ET ACCUSATIONS.

LA *Plainte* est la base de toute instruction Criminelle.

On la peut envisager sous quatre points de vue différens ; ou relativement à *ceux qui la rendent*, ou relativement à *ceux qui la reçoivent*, ou relativement à *sa forme* particuliere, ou enfin relativement aux *peines* qu'elle mérite *lorsqu'elle se trouve calomnieuse*.

1°. La *Plainte* ne peut être *rendue*, ou que par un Particulier, ou que par le Ministere public. Si l'Accusateur est un Particulier, ou il se borne à la simple accusation, ou il la pourfuit en son nom, en se déclarant *Partie civile*. Quant au Ministre public, il peut rendre plainte ou de son propre mouvement sur le bruit public, ou sur la dénonciation de de quelqu'un ; & dans ce dernier cas, il est obligé de prendre des précautions pour assurer la trace de cette dénonciation & de son auteur.

2°. La *Plainte* ne peut être *reçue* que par le Juge ou par celui qui en fait les fonctions, comme est le plus ancien Praticien en l'absence du Juge. Il n'y a d'exception à cet égard qu'en faveur des Commissaires au Châtelet.

3°. La *forme de la plainte* se réduit à trois points ; le premier, d'être faite par Requête, ou par Procès verbal écrit par le Greffier en préfence du Juge ; le second, d'être signée par le Plaignant & par le

Juge; le troifieme enfin, d'être datée du jour qu'elle a été répondue, ou que le procès verbal en a été dreffé.

4°. Les *Peines contre* les Auteurs des *plaintes calomnieufes* font les dommages & intérêts envers l'Accufé, & même plus grande peine, fuivant la nature & les circonftances de la calomnie.

ARTICLE PREMIER.

Les plaintes pourront fe faire par Requête, & auront date du jour feulement que le Juge, ou en fon abfence le plus ancien Praticien du lieu, les aura répondues.

ARTICLE II.

Pourront auffi les plaintes être écrites par le Greffier en préfence du Juge. Défendons aux Huiffiers, Sergens, Archers & Notaires de les recevoir à peine de nullité, & aux Juges de les leur adreffer, à peine d'interdiction.

ARTICLE III.

N'entendons néanmoins rien innover dans la fonction des Commiffaires de notre Châtelet de Paris, pour la réception des plaintes, qu'ils feront tenus de mettre au Greffe, enfemble toutes les informations & procédures par eux faites dans les 24 heures, dont ils feront faire mention par le Greffier au bas de leur expédition, & fi c'eft avant ou après midi, à peine de 100 livres d'amende, moitié vers Nous, & moitié vers la partie qui fe plaindra.

Les trois Articles qui précedent, décident deux points importans : favoir, comment & devant qui doit fe rendre une plainte.

D'abord, elle peut être rendue, ou par requête (& dans ce cas elle n'a date que du jour que la requête est répondue), ou par procès verbal, lequel doit être écrit par le Greffier en préfence du Juge.

Autrefois, plusieurs Officiers partageoient avec le Juge le droit de recevoir les plaintes & de faire les informations. Les Huissiers du Châtelet entr'autres étoient dans une possession immémoriale de recevoir les plaintes & de faire les informations, sur-tout lorsqu'ils étoient commis par les Juges à cet effet. La Cour commettoit aussi quelquefois par Arrêts, des Huissiers du Parlement pour informer.

Cet usage étoit fondé sur une apparence d'utilité publique, en ce qu'il en coutoit beaucoup moins aux Parties pour le transport d'un Huissier, que pour celui d'un Conseiller ou autre Juge : mais la facilité que l'on trouvoit à corrompre ces Officiers subalternes, & les autres inconvéniens sans nombre qui en résultoient, ont déterminé le Législateur à abolir cet usage abusif, en ne confiant qu'aux seuls Juges la réception des plaintes & la confection des informations.

Il n'y a actuellement qu'une seule exception à cette regle; c'est en faveur des Commissaires au Châtelet de Paris, qui étant de toute ancienneté regardés comme associés à la Magistrature, ont mérité cette distinction honorable de la part du Législateur; mais en même-tems, comme il eut peut-être été dangereux de les laisser trop long-tems les maîtres des Charges, & informations qui ne peuvent être trop-tôt consignées dans un dépôt sûr & inaltérable, notre Ordonnance leur enjoint donc de les remettre dans les 24 heures au Greffe; & pour constater la date de cette remise, ils doivent en faire faire mention par le Greffier à qui la remise est faite, & même marquer si c'est avant ou après midi. La peine du défaut d'exécution de la loi à cet égard contre les Commissaires, est une amende de 100 liv., dont la moitié est applicable au Roi & l'autre moitié à la Partie plaignante. Cependant s'il arrivoit que le Juge fût absent ou malade, ou qu'il se récusât, les plaintes & l'instruction criminelle ne souffrant point de délai, l'Ordonnance autorise alors le Plaignant à s'adresser au plus ancien Praticien. Mais comme le ministere de la Partie publique est nécessaire, on ne peut s'adresser valablement au Procureur du Roi ou Fiscal. Ainsi un Arrêt du 2 Octobre 1711, rendu en la Tournelle Criminelle, a fait défenses au Procureur Fiscal de la Justice de la Bergeresse de faire aucunes fonctions de Juge, en cas d'absence, récusation, ou autre empêchement du Juge ordinaire, en toutes matieres sujettes à communications, & principalement dans les matieres criminelles; esquels cas la fonction de Juge sera dévolué à l'ancien Résident en ladite Justice, s'il y en a, sinon au plus ancien Praticien postulant. Il y a encore deux Arrêts semblables rendus postérieurement: l'un, du 21 Juin 1712, a renvoyé devant le Prévôt de Corbeil une instruction criminelle commencée par le Procureur Fiscal d'Essonne : la même chose a été jugée par un autre, en date du 23 Juillet 1712.

Il faut encore observer que le Praticien qui supplée le Juge en pareil cas, doit réfider dans le lieu de la Jurifdiction : ainfi jugé par Arrêt du 12 Septembre 1711, qui a fait défenfe au nommé Balet de plus faire fonctions de Juge en la Juftice d'Uffon, qu'il ne fût réfident au lieu de la Jurifdiction : il fut même ordonné que l'Arrêt feroit lû & publié aux Juftices d'Uffon & de Civrai.

ARTICLE IV.

Tous les feuillets des plaintes feront fignés par le Juge & par le Complaignant, s'il fait ou peut figner, ou par fon Procureur, fondé de procuration fpéciale, & fera fait mention expreffe, fur la minute & fur la groffe, de fa fignature ou de fon refus : ce que Nous voulons être obfervé par les Commiffaires du Châtelet de Paris.

C'eft une précaution fage que l'on prend dans tous les Actes ordinaires paffés devant Pefonnes publiques, d'affujettir les Parties & le Miniftre qui préfide à l'Acte, d'en parapher tous les feuillets & de le figner à la fin, pour qu'on ne puiffe y faire aucune forte de changement. Cette précaution étoit encore plus néceffaire dans un Acte auffi important qu'une plainte qui intéreffe non-feulement la fortune, mais encore l'honneur & quelquefois la vie de celui qui en eft l'objet. Auffi le Légiflateur ne fe contente-t-il point du fimple paraphe : il veut que chaque feuillet foit figné par le Plaignant & par le Juge; & qu'il foit fait mention de cette fignature à la fin du procès verbal, tant dans la Groffe que dans la Minute, ou du moins du refus & de la caufe de ce refus, à défaut de fignature; les Commiffaires font affujettis auffi bien que les Greffiers à cette formalité dans les plaintes qu'ils reçoivent.

ARTICLE V.

Les Plaignans ne feront réputés Parties civiles, s'ils ne le déclarent formellement, ou par la plainte ou par acte fubféquent, qui fe pourra faire en tout état de caufe, dont ils pourront fe départir dans les vingt-quatre heures, & non après ; & en cas de défiftement, ne feront tenus des frais faits depuis qu'il aura été fignifié, fans préjudice néanmoins des dommages & intérêts des Parties.

Il ne fuffit pas de rendre une plainte pour être réputé Partie civile ; car comme en fe rendant Partie civile on fe charge de tous les frais de
la

la pourfuite criminelle, qui font toujours très difpendieux, on ne doit point prendre cette qualité inconfidérément ; auffi eft ce par cette rai-fon qu'elle n'eft jamais préfumée dans un Plaignant, à moins qu'il n'y en ait de fa part une déclaration formelle & pofitive. Cette déclara-tion peut être faite ou dans la plainte, ou même après la plainte, par un acte fubféquent.

Mais quand on a une fois fait ce pas, il eft difficile de revenir en arriere, à moins que le repentir ne fuive de bien près. Car fi on laiffe écouler plus de 24 heures, depuis la déclaration faite, foit par la plainte, foit par acte fubféquent, on fe défifteroit en vain dans la fuite. Ce défiftement tardif n'empêcheroit point la Partie civile de demeurer refponfable de tous les frais qui fe feroient de la part de la Partie pu-blique, poftérieurement à fon défiftement : c'eft l'efpece d'un Arrêt encore récent, rendu en la Tournelle Criminelle le 4 Mars 1740. Au lieu que fi le défiftement eft antérieur à l'écoulement des 24 heures, la Partie civile n'eft tenue que des frais faits antérieurement, fans qu'on puiffe répéter contre elle ceux faits depuis le défiftement dans ce cas.

ARTICLE VI.

Nos Procureurs & ceux des Seigneurs auront un regiftre pour recevoir & faire écrire les dénonciations, qui feront circonftanciées & fignées par les Dénonciateurs, s'ils favent figner ; finon elles feront écrites en leur pré-fence par le Greffier du Siége, qui en fera mention.

Nos Ordonnances, & en particulier celle d'Orléans (Article 73) au-torifent un Accufé qui a été déchargé, à obliger la Partie publique de nommer fon Dénonciateur, à peine de tous dépens, dommages & in-térêts. Ceux qui font chargés du miniftere public ne peuvent donc prendre trop de mefures pour éviter ces fortes de prifes à partie, & même les défaveux qui pourroient être formés de la part des Dénon-ciateurs eux-mêmes. Afin d'éviter l'un & l'autre de ces inconvéniens, l'Ordonnance exige que les Procureurs du Roi ou du Fifc aient un Re-giftre particulier pour écrire les dénonciations. Ils n'en doivent point recevoir qu'elles ne foient bien circonftanciées, foit par rapport à la perfonne de l'Accufé, foit par rapport au tems & au lieu du délit ; & enfuite ils les doivent faire figner par les Dénonciateurs. Si ces der-niers ne favoient ou ne pouvoient figner, il faudroit alors appeller le Greffier du Siége (les Gens du Roi n'aïant point de Greffiers particu-liers aïant ferment en Juftice) pour écrire la dénonciation & y faire mention du refus de figner de la part du Dénonciateur : au moyen de quoi le Dénonciateur ne pourroit plus défavouer fa dénonciation fans paffer à l'infcription de faux.

Tome II.   G

ARTICLE VII.

Les Accusateurs & Dénonciateurs, qui se trouveront mal fondés, seront condamnés aux dépens, dommages & intérêts des Accusés, & à plus grande peine s'il y échéoit; ce qui aura aussi lieu à l'égard de ceux qui ne se feront point rendus Parties, ou qui s'étant rendus Parties, se seront désistés, si leurs plaintes sont jugées calomnieuses.

Autant qu'un Accusé mérite d'être puni sévérement lorsqu'il se trouve coupable, autant mérite-t-il que la Justice s'arme pour sa vengeance, lorsqu'il se trouve avoir été la victime de la calomnie & de la vexation. Cette vengeance ne doit pas même se borner toujours à de simples dommages & intérêts: quelquefois l'atrocité des circonstances exige des peines plus graves & plus sévéres. On ne peut, par de trop fortes digues, arrêter le cours de la calomnie, qui est le poison le plus dangereux & le fléau le plus cruel de la société.

Le bras vengeur de la Justice ne doit pas même se contenter de punir la calomnie dans des Dénonciateurs ou Accusateurs particuliers; elle doit la poursuivre jusques dans la Partie publique elle-même, lorsqu'il paroît dans sa conduite un esprit de vexation & d'animosité marquée, soit en formant des accusations sans aucun commencement de preuve ou sans dénonciation, soit en prenant des Dénonciateurs inconnus ou notoirement insolvables, ou de foi suspecte. Nos Livres sont remplis d'Arrêts qui en pareil cas ont condamné personnellement la Partie publique aux dommages & intérêts de l'Accusé renvoyé absous *(a)*. Il est cependant des cas où le ministere public peut agir sans dénonciation préalable; tels sont les cas de flagrant délit, de clameur publique, ou de commune renommée.

ARTICLE VIII.

S'il n'y a point de Partie civile, les procès seront poursuivis à la diligence, ou sous le nom de nos Procureurs, ou des Procureurs des Justices Seigneuriales.

Dans le cas même où il y a une Partie civile, le Procureur du Roi ou Fiscal est la seule véritable Partie: lui seul peut demander la punition du

---

(a) Le Prêtre, Cent. premiere, chap. 3. — Journal des Audiences, ∽ me I. — Bouvot, Quest. not. au mot *Instigant*, Quest. 1. — Bouchel, Somme bénéficiale au mot *Dénonciateur.*

crime ; & la Partie civile ne peut conclure qu'en des dommages & intérêts.

Ainſi donc, lorſqu'il n'y a point de Partie civile, la Partie publique n'en doit pas moins pourſuivre la réparation du délit, ſur-tout s'il eſt de nature à troubler l'ordre & la ſûreté publique, & à mériter par cette raiſon peines afflictives ou infamantes.

FORMULES DES PROCEDURES
RELATIVES AU PRESENT TITRE.

L'AN . . . . le . . . . jour de . . . . heure de . . . . pardevant nous . . . . eſt comparu . . . . lequel nous a dit & fait plainte que (*détailler ici les faits qui donnent lieu à la plainte*) en conſéquence, a requis qu'il nous plût lui permettre de faire informer des faits contenus en ſa plainte ci-deſſus, circonſtances & dépendances, & a ſigné *ou* déclaré ne ſavoir écrire ni ſigner, de ce enquis ſuivant l'Ordonnance. Sur quoi nous avons donné acte audit . . . . de ſa plainte, permis de faire informer des faits y contenus, circonſtances & dépendances, pardevant . . . . pour ce fait, & communiqué au Procureur du Roi *ou* Fiſcal, être ordonné ce que de raiſon ; & *ſi celui qui rend la plainte veut en même-tems ſe rendre Partie civile, on ajoute* : déclarant ledit Plaignant qu'il ſe rend Partie civile, & a ſigné, *ou* a déclaré ne ſavoir ſigner.

> *Plainte par procès verbal.*

A Monſieur . . . .

Supplie humblement . . . . diſant . . . . (*énoncer ici les faits de la plainte & toutes leurs circonſtances.*) Ce conſideré, Monſieur, il vous plaiſe donner acte au Suppliant de la plainte ci-deſſus, lui permettre de faire informer des faits contenus en la préſente Requête, circonſtances & dépendances, pour l'information faite & rapportée, être ordonné ce qu'il appartiendra. *Quand il y a lieu à Moniïoire, on ajoute* : même d'obtenir & faire publier Monitoire en forme de droit pour ce fait, & communiqué au Procureur du Roi, ou au Procureur Fiſcal de ce Siége, être ordonné ce qu'il appartiendra, & vous ferez juſtice.

> *Plainte par Requête.*

A Monſieur . . . .

Vous remontre le Procureur du Roi *ou* Fiſcal qu'il a eu avis que . . . . Ce conſideré, Monſieur, il vous plaiſe permettre au Remontrant, de faire informer des faits contenus en la préſente Requête, circonſtances & dépendances, pour l'information faite & à lui communiquée, requerir ce qu'il appartiendra.

> *Plainte de la part du Procureur du Roi ou Fiſcal.*

Vu la préſente Requête, nous avons donné acte au Suppliant (*ou* au Procureur du Roi *ou* au Fiſcal) permis de faire informer pardevant nous (*ſi c'eſt au Châtelet* pardevant . . . . Commiſſaire) des faits contenus en icelle, circonſtances & dépendances ; & *ſi la Requête tend à Monitoire, on ajoute* : même d'obtenir & faire publier Monitoire en forme de droit ; pour ce fait, communiqué au Procureur du Roi *ou* au Procureur Fiſcal de ce Siége, être ordonné ce qu'il appartiendra.

> *Ordonnance du Juge.*

Du jour de . . . . eſt comparu pardevant nous . . . . lequel a dit, &c. . . . . déclarant qu'il ſe rend Dénonciateur contre . . . . & Complices pour raiſon des faits ci-deſſus, circonſtances & dépendances, offrant d'en adminiſtrer témoins, & a ſigné, ou déclaré ne ſavoir ſigner de ce enquis.

> *Dénonciation.*

A la Requête de.... ſoit ſignifié à.... qu'il ſe départ de la pourſuite ſur la plainte par lui faire, & déclare qu'il ne veut plus être Partie civile, ſauf à M. le Procureur du Roi *ou* Fiſcal à continuer la pourſuite du procès, & y prendre telles concluſions qu'il aviſera pour la vengeance publique, & ſauf & ſans préjudice audit.... à ſe pourvoir audit procès criminel, pour ſes réparations & intérêts civils, quand & ainſi qu'il aviſera.

TITRE IV.
DES PROCÈS VERBAUX DES JUGES.

ARTICLE PREMIER.

Les Juges dreſſeront, ſur le champ & ſans déplacer, procès verbal de l'état auquel ſeront trouvées les perſonnes bleſſées ou le corps; enſemble du lieu où le délit aura été commis, & de tout ce qui peut ſervir pour la décharge ou conviction.

ARTICLE II.

Les procès verbaux ſeront remis au Greffe dans les vingt-quatre heures; enſemble les armes, meubles & hardes qui pourront ſervir à la preuve, & feront enſuite partie du procès.

Quand l'objet du délit eſt un corps trouvé mort ou bleſſé, il n'y a rien de plus propre à le conſtater, & même à en acquérir la preuve, que de dreſſer un procès verbal juridique & détaillé de l'état du corps mort ou bleſſé, du lieu où il a été trouvé, & de toutes les circonſtances & choſes qui l'environnent, comme armes, meubles, hardes, &c.

Le Légiſlateur regle deux choſes à cet égard; ſavoir, 1°. le tems & le lieu où ce Procès verbal doit être fait. Il doit l'être ſur-le-champ, & dès l'inſtant même où le Juge eſt averti du délit, afin de ne point en laiſſer dépérir la preuve: il doit être fait ſur le lieu même où le corps eſt trouvé mort ou bleſſé, parcequ'il ne peut l'être plus exactement que lorſque le Juge a ſous les yeux l'objet du délit & tout ce qui l'accompagne.

2°. Pour que le Juge ne puiſſe rien altérer après coup dans ce procès verbal, étant gagné ou autrement, il eſt aſtreint à le remettre au Greffe, dans les 24 heures, ainſi que les uſtenſiles trouvés auprès du corps mort ou blessé & qui peuvent servir de preuves, comme devant dans la suite faire partie du Procès : le tout après les avoir inventoriés dans son Procès verbal.

Ce Procès verbal doit être écrit par le Greffier, sous la dictée du Juge. Ce sont ordinairement les Commissaires à Paris qui dressent ces Procès verbaux, & leurs Clercs leur servent de Greffiers.

S'il s'agit d'une personne blessée, le Juge (ou Commissaire) doit l'interroger; s'il est en état de répondre, prendre de lui préalablement le serment de dire vérité, lui faire signer ses réponses, ou faire mention du refus.

Quant aux cadavres trouvés dans la Ville de Paris ou aux environs, nous avons une Déclaration postérieure à l'Ordonnance, en date du 5 Septembre 1712, qui contient un Réglement à ce sujet (a).

_____

(a) » Louis, par la grace de Dieu Roi de France & de Navarre : A tous présens & à venir, » Salut. Nous avons été informé qu'il se trouve fréquemment dans notre bonne Ville de Paris, » dans ses Fauxbourgs & dans les lieux circonvoisins, principalement dans ceux qui sont situés » près de la rivieie, des cadavres de personnes qui ne sont pas mortes de mort naturelle, & qui » peuvent même être soupçonnées de s'être défaites elles-mêmes : que les crimes qui causent ces » morts demeurent très souvent impunis, soit par le défaut des avertissemens qui devioient être » donnés aux Officiers de Justice par ceux qui en ont connoissance, soit par la négligence ou » dissimulation de ces mêmes Officiers ; & que les personnes qui ont intérêt d'empêcher que les » causes & les circonstances de ces morts soient connues, contribuent par des inhumations qu'ils » font faire secretement & précipitamment à cacher ces événemens, en supposant aux Ecclésiasti- » ques des faits contre la vérité; l'énormité de plusieurs cas qui sont arrivés Nous a fait connoître » la nécessité qu'il y a d'établir une disposition formelle & expresse qui puisse empêcher à l'avenir » de pareils inconvéniens. A ces causes, & autres à ce nous mouvans, de notre certaine science, » pleine puissance & autorité Royale, Nous avons dit & déclaré, disons & déclarons par ces » Présentes signées de notre main, voulons & Nous plaît, que lorsqu'il se trouvera dans notre » bonne Ville & Fauxbourgs de Paris, & dans les lieux circonvoisins, des cadavres de personnes » que l'on soupçonnera n'être pas mortes de mort naturelle, soit dans les maisons, dans les rues, » & autres lieux publics ou particuliers; soit dans les filets des ponts, vannes des moulins, & » sous les bateaux qui sont sur la rivieie ; les Propriétaires des maisons, s'ils y demeurent, sinon » les principaux Locataires, les Aubergistes, les Voisins, les Maîtres des ponts, les Meûniers, » Bateliers, & généralement tous ceux qui auront connoissance desdits cadavres, soient tenus d'en » donner avis aussi-tôt ; savoir, dans notre Ville & Fauxbourgs de Paris, au Commissaire du quartier, » & dans les lieux circonvoisins, aux Juges dont ils doivent connoître. Auxquels Juges & Commis- » saires, nous enjoignons de se transporter diligemment sur le lieu, de dresser procès verbal de » l'état auquel le corps aura été trouvé, de lui appliquer le scel sur le front, & le faire visiter » par Chirurgiens en leur présence; d'informer & entendre sur-le-champ ceux qui seront en état » de déposer de la cause de la mort, du lieu & des vies & mœurs du défunt, & de tout ce qui » pourra contribuer à la connoissance du fait, dont les Commissaires en notre Châtelet de Paris » feront rapport au Lieutenant Criminel, pour y être par lui pourvu, ainsi que par les autres Ju- » ges des lieux à qui la connoissance en appartiendra. En conformité de nos Ordonnances, & sui- » vant la forme prescrite par notre Ordonnance du mois d'Août 1670, au Titre 22, faisons » défenses à toutes personnes de faire inhumer lesdits cadavres, avant que lesdits Officiers aient été » avertis, que la visite en ait été faite, & l'inhumation ordonnée par les Juges, à peine d'amende » contre les Contrevenans à la présente Déclaration, même de punition corporelle, comme Fau- » teurs & Complices d'homicides, s'il y échoit. Défendons auxdits Juges de retarder l'inhumation » après l'exécution de ce qui est ci-dessus ordonné, sous prétexte de vacations par eux prétendues, » à peine d'interdiction. Si donnons en mandement à nos amés & féaux Conseillers les Gens » tenans notre Cour de Parlement à Paris, que ces Présentes ils aient à faire lire, publier & re- » gistrer, même en Vacations, garder, observer selon leur forme & teneur : car tel est notre plai- » sir ; en témoin de quoi Nous avons fait mettre notre scel à cesdites Présentes. Donné à Fon- » tainebleau le cinquieme jour de Septembre, l'an de grace mil sept cent douze, & de notre Regne » le soixante dixieme. *Signé*, LOUIS ; & *sur le repli*, par le Roi, Phélypeaux. Et scellées du grand » Sceau de cire jaune.

Registrées, oui, &c. A Paris en Parlement en Vacations, le 3 Octobre 1712. *Signé*, Ysabeau.

PROCEDURES
RELATIVES AU PRESENT TITRE.

Procès verbal de l'état d'une personne blessée.

L'AN .... le .... jour de .... heure de .... nous.... à la requisition de....: nous sommes transportés, accompagnés de notre Greffier, à .... où nous avons trouvé (*désigner ici les noms, qualités & l'état de la Personne blessée,*) lequel nous a dit, &c. requérant acte de sa plainte, (*ou* déclarant qu'il ne veut se rendre Partie) & a signé, (*ou* a déclaré ne savoir signer de ce enquis)

Procès verbal de levée d'un corps mort.

L'an .... le .... jour de .... heure de .... nous.... sommes transportés, accompagnés de notre Greffier à .... où nous avons trouvé un corps mort (*faire ici le signalement exact de ce corps,*) auquel nous avons fait ôter les habits & chemise, & ledit cadavre nous a paru avoir été blessé en .... & s'est trouvé dans les poches .... dont & de quoi nous avons dressé notre présent procès verbal, lequel sera communiqué au Procureur du Roi (*ou* Fiscal,) à l'effet de requérir par lui ce qu'il appartiendra; & cependant, après avoir apposé notre sceau sur le front dudit cadavre, ordonnons qu'il sera porté en la géole, & que lesdits habits, &c. seront déposés à notre Greffe, pour servir au procès ce qu'il appartiendra. Fait les jour & an que dessus.

Conclusions du Procureur du Roi ou Fiscal.

Vu le susdit procès verbal, je requiers qu'il soit informé à ma Requête, des faits y contenus, circonstances & dépendances; pour ce fait & à moi communiqué, requérir ce qu'il appartiendra. Fait ce ....

TITRE V.
DES RAPPORTS DES MEDECINS
ET CHIRURGIENS.

ARTICLE PREMIER.

Les personnes blessées pourront se faire visiter par Médecins & Chirurgiens, qui affirmeront leur rapport véritable; ce qui aura lieu à l'égard des personnes qui agiront pour ceux qui seront décédés, & sera le rapport joint au procès.

ARTICLE II.

Pourront néanmoins les Juges ordonner une seconde visite par Médecins ou Chirurgiens nommés d'office; lesquels prêteront le serment, dont sera expédié acte;

& après leur visite, en dresseront & signeront sur-le-champ leur rapport, pour être remis au Greffe joint au procès, sans qu'il puisse être dressé aucun procès verbal, à peine de cent livres d'amende contre le Juge, moitié vers Nous, & moitié vers la Partie.

ARTICLE III.

Voulons qu'à tous les rapports, qui seront ordonnés en Justice, assiste au moins un des Chirurgiens commis de notre premier Médecin ès lieux où il y en a, à peine de nullité des rapports.

L'Ordonnance, dans les trois Articles qui précédent, admet de deux sortes de rapports de Médecins & Chirurgiens en matiere criminelle; savoir, celui qui se fait du propre mouvement du Plaignant, & celui qui est ordonné en Justice. Ce dernier a lieu lorsque le premier est suspect, ou renferme quelque obscurité : il peut être ordonné ou d'office, ou sur la réquisition des Parties. Le Plaignant & l'Accusé ont également droit de le requérir, & il se fait aux dépens de celui qui le demande.

L'un & l'autre de ces rapports étoient assujétis par l'Ordonnance à deux formalités principales. La premiere étoit, que les Médecins ou Chirurgiens étoient obligés d'affirmer leurs rapports véritables La seconde, qui concernoit principalement les rapports ordonnés en Justice, consistoit en ce qu'on étoit assujéti à y appeller au moins l'un des Chirurgiens commis par le premier Médecin du Roi. L'Article 3 en imposoit la nécessité d'après un privilege revendiqué par le premier Médecin du Roi, qu'il prétendoit fondé sur une Déclaration regiftrée au Parlement en l'année 1599. Mais il est intervenu, depuis l'Ordonnance, un Edit en date du mois de Février 1692, portant création d'un Médecin ordinaire du Roi & de Chirurgien jurés dans toutes les Villes du Royaume, pour faire, à l'exclusion de tous autres, les rapports en Justice. Comme ces Officiers sont obligés de prêter serment devant le Juge, à leur réception, ils sont dispensés d'affirmer leurs rapports à chaque fois. Ainsi, il n'y a que les endroits où la création de ces Offices n'a pas eu lieu, ou bien ceux dans lesquels lesdits Offices n'ont point été levés, dans lesquels les Médecins & Chirurgiens ordinaires, qui font en ce cas les rapports, sont assujétis à les affirmer véritables. La plûpart des Communautés de Chirurgiens dans chaque Ville ont acquis ces Offices, & les ont réunis à leurs Corps ; au moyen de quoi elles nomment un certain nombre de leurs Maîtres pour faire chaque année les fonctions d'Experts aux rapports ; & les émolumens rentrent en bourſe commune. Lorſque les rapports des Médecins & Chirurgiens ont été faits par autorité de Juſtice, & dans la forme preſcrite par l'Ordonnance, ils méritent une foi pleine & entiere ; & conſéquemment les Médecins & Chirurgiens ne doivent point être recolés ſur leurs rapports. Un Arrêt rendu en la Tournelle, le 21 Mars 1514, au rapport de M. le Nain, & ſur les Concluſions de M. d'Agueſſeau alors Procureur Général & depuis Chancelier, l'a ainſi décidé.

ACTES RELATIFS AU PRESENT TITRE.

Rapport de Médecins & Chirurgiens.

NOUS...., à la requiſition de.... (*ou* pour ſatisfaire à l'Ordonnance de M...; en date du....*) nous ſommes tranſportés à .... où étant.... avons trouvé (*marquer ici l'état de la perſonne bleſſée ou du corps mort, le nombre & les endroits des bleſſures, & toutes les autres circonſtances qui peuvent caractériſer & faire connoître le délit,*) dont nous avons dreſſé notre préſent rapport, que nous certifions véritable, &c.

TITRE VI.

DES INFORMATIONS.

L'INFORMATION n'eſt autre choſe qu'un procès verbal contenant les dépoſitions des Témoins, ſur un crime ou un délit.

L'information étant la piece la plus importante d'un Procès Criminel, elle ne peut être faite avec trop d'exactitude & de ſcrupule ; & comme c'eſt d'elle que dépendent la vie ou la mort des Citoyens, les Loix n'en confient le ſoin qu'au Juge lui-même en perſonne.

Notre Ordonnance prend, dans le préſent Titre, toutes les précautions imaginables pour aſſurer la vérité, & la non altération de l'information ; & ſes diſpoſitions à cet égard peuvent ſe réduire à cinq objets principaux.

Le

Le premier concerne le Témoin qui dépose ; le second, le Juge qui reçoit la déposition ; le troisieme, le Greffier qui l'écrit sous les yeux du Juge ; le quatrieme, la forme intrinseque de chaque déposition ; le cinquieme enfin, la conservation des minutes des informations.

Article Premier.

Les Témoins feront administrés par nos Procureurs ou ceux des Seigneurs, comme auffi par les Parties civiles.

Les Témoins ne peuvent être administrés, d'après le prefent Article, ou que par le Miniftere public, ou que par la Partie civile ; parceque l'objet de l'information étant de faire la preuve du contenu en la plainte, c'eft à ceux qui l'ont rendue à administrer cette preuve à la Juftice, & à conftater juridiquement le délit qu'ils lui ont deféré ; de là, les Accufés ne peuvent préfenter aucuns Témoins, fi ce n'eft après l'inftruction entierement achevée, & lorfqu'ils ont été admis à la preuve de leurs faits juftificatifs, ainfi que nous le verrons ci-après. Le nombre des Témoins n'eft point limité en matiere criminelle.

Article II.

Les enfans de l'un & de l'autre fexe, quoiqu'au-deffous de l'âge de puberté, pourront être reçus à dépofer ; fauf en jugeant d'avoir par les Juges tel égard que de raifon à la néceffité & folidité de leur témoignage.

Il n'en eft pas des Témoins en matiere criminelle, comme de ceux en matiere civile. La Loi ne fouffre point qu'en matiere civile les Femmes, les Enfans, les Parens, les Domeftiques de l'une & de l'autre Partie foient reçus à dépofer : mais en matiere criminelle, ces différentes perfonnes prohibées quant au Civil font quelquefois les feules en état de dépofer fur le délit, dont la Juftice cherche à fe procurer la preuve. Ainfi, l'on ne fait aucune difficulté de les admettre au Criminel dans les informations comme Témoins néceffaires. Le préfent Article y ajoute même les Enfans au-deffous de l'âge de puberté de l'un & de l'autre fexe, quoique la foibleffe de leur âge & le peu d'affiette de leur jugement doivent rendre leur témoignage bien équivoque. Auffi l'Ordonnance laiffe-t-elle aux Juges à avoir, enfuite & lors du Jugement, tel égard que de raifon, tant à la néceffité qu'à la folidité de ces fortes de témoignages.

Tome II, H

ARTICLE III.

Toutes perſonnes aſſignées pour être ouies en témoi-
gnage, recolées ou confrontées, ſeront tenues de com-
paroir pour ſatisfaire aux aſſignations; & pourront y
être les Laïques contraints par amende ſur le premier dé-
faut, & par empriſonnement de leurs perſonnes, en cas
de contumace; même les Eccléſiaſtiques par amende, au
paiement de laquelle ils ſeront contraints par ſaiſie de leur
temporel. Enjoignons aux Supérieurs réguliers d'y faire
comparoir leurs Religieux, à peine de ſaiſie de leur tem-
porel & de ſuſpenſion des privileges à eux par Nous
accordés.

Les engagemens de la Société vis-à-vis de chaque Citoyen, & ceux
de chaque Citoyen vis-à-vis de la Société, étant mutuels & récipro-
ques, on peut obliger tous ceux qui ont connoiſſance d'un délit capable de troubler cette même Société & d'en altérer l'harmonie, de concourir par leurs témoignages à accélérer la punition du délit. Il eſt cependant certaines perſonnes qui, eû égard à la grande proximité des
liens du ſang & de la nature, ne peuvent être contraintes à dépoſer
contre d'autres, comme les Peres & Meres contre leurs Enfans, les
Enfans contre leurs Peres & Meres, le Mari contre ſa Femme, & la
Femme contre ſon Mari. Cela ne diſpenſe pourtant pas un Témoin de
cette eſpece, lorſqu'il eſt aſſigné, de paroître devant le Juge, du moins
pour y déduire ſon moyen d'excuſe, dont on dreſſe alors procès verbal.
Mais toute autre perſonne peut être contrainte de dépoſer.

Les peines ſtatuées par l'Ordonnance contre les Refuſans ſont différentes relativement à la qualité des perſonnes. Si ce ſont des Laïcs, on
les condamne à l'amende pour le premier défaut, & s'ils s'obſtinent à
être contumaces, on les contraint par empriſonnement de leur propre
perſonne : mais l'empriſonnement n'a pas lieu pour les Eccléſiaſtiques.
Ces derniers ſont, ou Séculiers, ou Réguliers ; s'ils ſont Séculiers, on
ne peut les condamner qu'en une amende plus ou moins forte, au paiement de laquelle on peut les contraindre par ſaiſie de leur temporel.
Quant aux Réguliers, comme les Supérieurs ſont comptables à la Juſtice de leurs Religieux, ce ſont eux qui ſont tenus de les faire comparoir
en témoignage, lorſqu'ils y ſont appellés, ſous peine de ſaiſie du Temporel de leur Maiſon, & de ſuſpenſion des Privileges Royaux dont elle
pourroit jouir. Obſervons néanmoins qu'il n'y a que les Juges Laïques
qui puiſſent condamner en l'amende des Témoins, faute de comparoir

à l'affignation à eux donnée pour dépofer ; un Juge d'Eglife qui l'ordonneroit ainfi , commettroit un abus , ainfi qu'il a été jugé par Arrêt
de la Tournelle Criminelle , du 19 Mars 1702.

ARTICLE IV.

Les Témoins , avant que d'être ouis , feront apparoir
de l'Exploit qui leur aura été donné pour dépofer, donc
fera fait mention dans leurs dépofitions. Pourront néan-
moins les Juges entendre les Témoins d'office & fans
affignation, en cas de flagrant délit.

Cette difpofition eft une fuite néceffaire de celle de l'Article premier. Car
on auroit en vain reftreint la faculté d'adminiftrer Témoins à la Partie publique & à la Partie civile, fi en même-tems on n'avoit affujetti le Témoin
qui fe préfente, à prouver qu'il n'a été appellé que par l'une ou l'autre de
ces deux Parties, en repréfentant l'Exploit d'affignation qui lui a été donné
pour dépofer. Sans cela en effet, qui empêcheroit l'Accufé, fes Parens ou fes Complices, de faire paroître des Témoins pour dépofer en
leur faveur ? C'eft pourquoi l'information doit contenir elle - même la
preuve de cette repréfentation d'Exploit, par la mention qu'en doit contenir chaque dépofition.

Il y a cependant une exception par rapport au cas du flagrant délit.
Comme l'information fuit immédiatement le délit dans ce cas, & que
les Témoins fe trouvent fur le lieu même, il n'eft pas néceffaire de
les affigner ; & il n'y a conféquemment pas lieu à aucune repréfentation
d'Exploit.

ARTICLE V.

Les Témoins prêteront ferment & feront enquis de
leur nom, furnom, âge, qualité, demeure, & s'ils font
Serviteurs ou Domeftiques, Parens ou Alliés des Par-
ties, & en quel dégré ; & du tout fera fait mention, à
peine de nullité de la dépofition, & des dépens, domma-
ges & intérêts des Parties contre le Juge.

Quoique l'Ordonnance exige que le Juge faffe mention, à peine de
nullité, à la tête de chaque dépofition, de la déclaration du Témoin,
qu'il eft ou qu'il n'eft point allié, Parent, Serviteur ou Domeftique des
Parties, ce n'eft pas pour rejetter leur témoignage, fi les Témoins fe
trouvoient avoir l'une ou l'autre de ces qualités : car comme nous venons de l'obferver, ces fortes de Témoins font quelquefois abfolument

nécessaires, comme étant les seuls ayant connoissance du crime dont on pourfuit la vengeance. Mais il est toujours bon & absolument in-difpenfable d'en faire mention, afin que lors du Jugement on y ait tel égard que de raifon. La déclaration de la part du Témoin, de fon nom, furnom, âge, qualité & demeure n'est pas moins indifpenfable, afin de donner une connoissance pleine & entiere de la perfonne du Té-moin.

Il ne faut pas non plus confondre les deux mots *Serviteurs* & *Do-mestiques*, dont fe fert l'Ordonnance, quoiqu'on ne faffe pas beaucoup de diftinction entr'eux dans le langage ordinaire : on entend ftricte-ment par *Serviteurs* ceux qui font au fervice de quelqu'un ; & par *Domestiques*, ceux qui font fimplement attachés à la maifon par quel-que emploi, comme font les Intendans, les Précepteurs, les Commis, & autres de cette efpece. Ainfi, ces deux termes n'étant pas fynonymes dans le langage de l'Ordonnance, il ne fuffiroit pas de fe fervir de l'un ou de l'autre ; il faut abfolument les employer tous deux.

ARTICLE **VI.**

Les Juges, même ceux de nos Cours, ne pourront commettre leurs Clercs ou autres perfonnes pour écrire les informations qu'ils feront dedans ou dehors leur Siege ; s'il y a un Greffier ou un Commis à l'exercice du Greffe ; fi ce n'eft qu'ils fuffent abfens, malades, ou qu'ils euf-fent quelqu'autre légitime empêchement.

ARTICLE **VII.**

Pourront néanmoins ceux qui exécuteront des com-miffions émanées de Nous, commettre telles perfonnes qu'ils aviferont, auxquelles ils feront prêter ferment.

Les Greffiers & les Commis à l'exercice du Greffe Criminel ayant une miffion expreffe & fpéciale à l'effet d'écrire les informations, l'Or-donnance ne permet point qu'aucun autre puiffe remplir ce miniftere, qui exige d'ailleurs tant d'intégrité, & que celui qui l'exerce ait fer-ment en Juftice.

La Loi n'admet que deux exceptions à cette regle. La premiere : c'est le cas d'abfence, de maladie, ou autre empêchement légitime du Gref-fier commis à l'exercice du Greffe ; ce qui a été depuis confirmé par la Déclaration du 21 Avril 1671. La feconde eft par rapport aux Com-miffions émanées du Confeil d'Etat du Roi. Dans l'un & l'autre de ces cas, il eſt permis de commettre un Greffier *ad hoc*, auquel on fait préalablement prêter ſerment, au commencement de la procédure ; & le premier Acte de cette procédure doit en contenir la mention en tête, le tout à peine de nullité. Les Greffiers Criminels, ſoit en titre, ſoit commis, doivent être âgés au moins de vingt-cinq ans : cela eſt preſcrit par un Arrêt de réglement rendu par la Cour en la Chambre de la Tournelle Criminelle, le 25 Avril 1716. Et depuis il eſt intervenu pluſieurs autres Arrêts qui ont déclaré nulles des procédures criminelles ſur ce fondement ; & de plus ont condamné les Juges, en leurs propres & privés noms, aux dommages & intérêts des Parties : il y en a un entr'autres, du 12 Janvier 1723, rendu contre l'Aſſeſſeur Criminel du Bailliage d'Amiens.

ARTICLE VIII.

Défendons l'uſage des Adjoints dans les informa-
tions, ſinon ès cas portés par l'Edit de Nantes.

Cette diſpoſition n'a plus lieu, au moyen de la Révocation de l'Edit de Nantes, faite par celui du mois d'Octobre 1685.

ARTICLE IX.

La dépoſition ſera écrite par le Greffier en préſence
du Juge, & ſignée par lui, par le Greffier & le Témoin,
s'il ſait ou peut ſigner, ſinon en ſera fait mention, &
chaque page ſera cottée & ſignée par le Juge, à peine
de tous dépens, dommages & intérêts.

ARTICLE X.

La dépoſition de chacun Témoin ſera rédigée à char-
ge ou à décharge.

ARTICLE XI.

Les Témoins ſeront ouïs ſécretement & ſéparément,
& ſigneront leur dépoſition, après que lecture leur en
aura été faite, & qu'ils auront déclaré qu'ils y perſiſtent,
dont mention ſera faite par le Greffier, ſous les peines
portées par l'Article ci-deſſus.

Article XII.

Aucune interligne ne pourra être faite, & sera tenu le Greffier faire approuver les ratures, & signer les renvois par le Témoin & par le Juge, sous les mêmes peines.

Les quatre Articles précédens contiennent tout ce qui est néceffaire pour la forme de chaque dépofition dont l'information est compofée.

Quant au corps de la dépofition, il faut diftinguer ce qui concerne le *Témoin*, ce qui concerne le *Juge*, & ce qui concerne le *Greffier*. Le *Témoin* doit déclarer le plus clairement qu'il lui eft poffible tout ce qu'il fait fur le fait dont eft queftion, en bien particularifer toutes les circonftances qui font à fa connoiffance, ne marquer aucune partialité contre l'Accufé, mais dépofer ingénuement avec le refpect qu'il doit à la Juftice & à la vérité, tant à charge qu'à décharge. Il doit enfuite, après lecture à lui faite de fa dépofition & fa déclaration qu'il y perfifte, la figner. S'il ne fait ou ne peut figner, il doit en être fait mention ainfi que de l'interpellation qui lui en a été faite, & de fa déclaration fur ce point.

A l'égard du *Juge*, il doit purement & fimplement faire rédiger la dépofition du Témoin, fans y rien ajouter ni diminuer, fans l'intimider & fans lui faire aucune forte d'interrogation, ni interpréter les déclarations qu'il fait. Il y a fur cela deux Arrêts pofitifs, l'un du 8 Juin 1721, & l'autre du premier Mars 1728. Ce dernier contient même une injonction au Juge d'Eftampes. Il doit auffi entendre chaque Témoin féparément & fecrétement, fans même que la Partie publique puiffe y être préfente. Enfin, il doit figner chaque dépofition à la fin d'icelle; & quoique l'Ordonnance femble exiger que chaque page foit auffi fignée de lui, néanmoins il fuffit, fuivant un ufage conftant & adopté par le Parlement lui-même, que chaque page foit feulement paraphée de lui.

Pour ce qui eft du *Greffier*, il doit écrire la dépofition en préfence du Juge : après fa rédaction il doit en faire lecture aux Témoins, & faire à la fin une mention expreffe de cette lecture, & de la déclaration faite enfuite par le Témoin qu'il perfifte dans fa dépofition ; faute de quoi il eft lui-même refponfable des dommages & intérêts des Parties. Il eft auffi affujetti fous les mêmes peines à ne faire aucunes interlignes ; & en cas qu'il y ait quelque rature, ou quelques renvois, de les faire foigneufement parapher par le Témoin & par le Juge. Car, comme nous venons de l'obferver, bien que l'Ordonnance exige fur ce point la fignature du Juge & du Témoin, l'ufage fe contente de leur paraphe.

Article XIII.

La taxe pour les frais & falaires du Témoin fera faite

par le Juge ; défendons à nos Procureurs & à ceux des Seigneurs, & aux Parties, de donner aucune chose au Témoin, s'il n'est ainsi ordonné.

On étoit dans l'usage, avant l'Ordonnance, de permettre, soit à la Partie civile, soit à la Partie publique, d'avancer aux Témoins de l'argent pour fournir aux frais de leurs voyages. Mais comme cela pouvoir autoriser le reproche contre le Témoin d'avoir reçu de l'argent pour déposer, & que ce reproche laissoit toujours dans l'esprit des Juges quelque impression défavorable, l'Ordonnance ne permet point que le Témoin reçoive rien, si ce n'est des mains du Greffier, & après la taxe faite par le Juge. Cependant, attendu qu'il peut se trouver des Témoins si éloignés & si pauvres en même-tems, qu'ils ne puissent entreprendre un long & pénible voyage si on ne leur avance préalablement quelque chose pour les défrayer, c'est alors à la Partie publique, ou à la Partie civile, à faire sur cela leurs représentations aux Juges ; & elles pourront en ce cas faire quelques avances aux Témoins, si le Juge a eu égard à leurs représentations, & l'a ainsi ordonné. On a coutume à la fin de chaque déposition de faire mention de la taxe & de la requisition qui en a été faite par le Témoin : ce n'est pourtant point une formalité prescrite par l'Ordonnance, & conséquemment l'obmission qui en pourroit être faite n'opéreroit aucune nullité.

Cette taxe doit être faite, eu égard à la qualité du Témoin, & à la distance du lieu d'où il vient : c'est au Témoin à la requérir, & le Juge n'est point obligé de lui faire sur cela aucune interpellation.

ARTICLE XIV.

Les dépositions qui auront été déclarées nulles par défaut de formalités pourront être réiterées, s'il est ainsi ordonné par le Juge.

Cet Article décide deux points importans : le premier, c'est qu'une déposition déclarée nulle peut être réiterée, afin que la Justice ne perde point l'avantage d'être instruite par un Témoin souvent précieux ; le second, que cette déposition ne peut cependant être réiterée, qu'il n'y ait un Jugement qui l'ordonne. De-là nombre d'Arrêts ont déclaré nulles des informations, où l'on avoit fait entendre de nouveau des Témoins, dont les dépositions avoient été précédemment annullées, sans que le Jugement qui avoit déclaré nulles ces dépositions, eût en même tems autorisé à les réiterer. Bornier cite sur ce point l'Arrêt du 30 Décembre 1702, rapporté au Journal des Audiences, mais dont on pourroit contester l'application. Il en est d'autres plus récens & plus positifs, & qui ont déja été cités par l'Auteur du *Traité des Matieres Criminelles.*

troifieme partie, chap. 4. *fection premiere.* Tels font, l'Arrêt rendu en la Tournelle Criminelle, le 24 Mars 1725; celui du 10 Avril 1734; enfin, un troifieme, du 11 Décembre 1743. Il s'eft élevé, à l'occafion de cette difpofition une queftion, qui eft de favoir, fi un Juge qui a fait des nullités dans un Procès criminel, pourroit, de fon autorité, recommencer la procédure? Mais elle ne fait plus maintenant de difficultés; & l'on convient unanimement que le Juge peut en ce cas fe réformer lui-même, & réparer les nullités par lui faites, en recommençant fa procédure, pourvu que ce foit avant le Jugement diffinitif; car après ce Jugement, il ne le pourroit plus, parceque tout fe trouveroit confommé à fon égard. Il faut néanmoins pour cela que le Juge commence par déclarer fa procédure nulle: & il ne peut rendre feul un pareil Jugement; il faut qu'il appelle au moins avec lui deux autres Juges, ou deux Praticiens plus anciens, à leur défaut.

ARTICLE XV.

Défendons aux Greffiers de communiquer les infor-mations & autres pieces fecretes du procès, ni de fe def-faifir des minutes, finon ès mains de nos Procureurs, ou de ceux des Seigneurs, qui s'en chargeront fur le Regiftre, & marqueront le jour & l'heure pour les remettre inceffamment & au plus tard dans trois jours, à peine d'interdiction contre le Greffier, & de cent livres d'amende, moitié vers Nous, & moitié vers la Partie.

ARTICLE XVI.

Pourront auffi les Rapporteurs retirer les minutes pour s'en fervir dans la vifite du procès, & feront tenus les remettre vingt-quatre heures après le jugement, fous les mêmes peines.

Le deffaififfement des Minutes, prohibé par l'un des Articles qui précedent, eft encore d'une bien plus grande importance. Les Greffiers ne peuvent les remettre qu'à deux fortes de perfonnes, à qui il eft effectivement indifpenfable de les communiquer; favoir, aux Procureurs du Roi, ou Fifcaux, pour pouvoir donner leurs Conclufions, & aux Rapporteurs pour pouvoir fe mettre en état de rapporter. Mais pour prévenir l'abus & les inconvéniens de ces deffaififfemens néceffaires des Minutes, il eft enjoint aux Procureurs du Roi, ou Fifcaux, de

les

les remettre aux Greffe , tout au plus tard dans les trois jours, après s'en être chargés sur le Regiſtre du Greffe , & y avoir marqué le jour & l'heure où ils les ont priſes ; & aux Rapporteurs, de les remettre dans les vingt-quatre heures après le Jugement.

ARTICLE XVII.

Les Greffiers commis par les Officiers de nos Cours ſeront tenus remettre leurs minutes ès Cours qui les auront commis, dans trois jours après la procédure achevée, ſi elle s'eſt faite au lieu de la Juriſdiction ou dans les dix lieues ; & ſera le délai augmenté d'un jour, pour la diſtance de chaque dix lieues, à peine de quatre cens livres d'amende, moitié vers Nous, & moitié vers la Partie, & de tous dépens, dommages & intérêts ; ce qui ſera exécuté par le Greffier commis, quoiqu'il n'eût encore reçu ſes ſalaires, dont en ce cas lui ſera délivré exécutoire par le Greffier ordinaire, ſuivant la taxe du Commiſſaire qui n'en pourra prétendre aucuns frais.

Cette diſpoſition a encore pour objet la conſervation des Minutes des charges & informations, en fixant les délais dans leſquels les Greffiers commis par les Officiers des Cours ſouveraines doivent remettre les Minutes par eux faites aux Greffes de ces mêmes Cours. Ces délais ſont ſeulement de trois jours après la procédure achevée, lorſqu'elle a été faite dans le lieu du Tribunal, ou dans leſdites lieues : ſi la diſtance eſt plus grande, le délai augmente, à raiſon d'unjour par dix lieues.

Le défaut de paiement des ſalaires ne peut être un prétexte légitime au Greffier commis, pour ſe diſpenſer de faire la remiſe ordonnée. Il n'a d'autre reſſource en ce cas, que de faire taxer ſes ſalaires par le Commiſſaire, & de s'en faire enſuite délivrer Exécutoire par le Greffier ordinaire.

ARTICLE XVIII.

Enjoignons aux Greffiers Garde-Sacs de nos Cours, Grand-Conſeil & Cour des Aydes, de tenir un Regiſtre particulier, relié & chiffré, contenant au premier feuillet le nombre de ceux dont il ſera compoſé ; ce qui aura lieu

Tome II.   I

aux Sieges Préſidiaux, Bailliages, Sénéchauſſées, Ma-
réchauſſées, Prévôtés, & de toutes les autres Juſtices
Royales & Seigneuriales, dont le Regiſtre ſera paraphé
en tous les feuillets par le Juge Criminel, pour y être
par les Greffiers, tant de nos Cours que les autres, en-
regiſtrées toutes les procédures, qui ſeront faites ou ap-
portées, & leur date ; enſemble le nom & la qualité du
Juge & de la Partie, de ſuite, & ſans aucun blanc, pour
raiſon de quoi le Greffier ne pourra prendre aucuns droits
ni frais ; & ſeront tenus de charger & décharger ſur le
Regiſtre les Officiers qui doivent prendre communication
des pieces.

L'injonction faite à tous les Greffiers, tant des Cours ſouveraines,
que des Juriſdictions inférieures, d'avoir un Regiſtre *ad hoc*, cotté &
paraphé à chaque feuillet par le premier Magiſtrat du Tribunal, eſt une
des meilleures précautions que le Légiſlateur put prendre pour conſtater & aſſurer le dépôt des procédures criminelles.

A R T I C L E **XIX.**

Les Greffiers des Prévôtés & Châtellenies royales &
ceux des Seigneurs, ſeront tenus d'envoyer par chacun
an, au mois de Juin & de Décembre, au Greffe du Bail-
liage & Sénéchauſſée où reſſortiſſent leurs appellations
médiatement ou immédiatement, un extrait de leur Re-
giſtre criminel dont leur ſera baillé décharge ſans frais ;
& ceux des Bailliages, Sénéchauſſées & Maréchauſſées,
ſeront tenus, au commencement de chacune année, d'en-
voyer à notre Procureur Général, chacun dans ſon reſ-
ſort, un extrait de leur dépôt, même l'état des Lettres
de grace ou abolition enterinées en leurs Sieges, avec
les Procédures & Sentences d'entérinement, & la copie
des extraits qui leur auront été remis par les Greffiers des
Juſtices inférieures l'année précédente.

1º. La difpofition du préfent Article a éprouvé quelques changemens, & reçu quelques augmentations par la Déclaration du 5 Février 1731. L'Article 29 de cette Déclaration ordonne d'abord, que l'envoi de l'Extrait du Regiftre du dépôt criminel des Bailliages, Sénéchauffées & Maréchauffées foit fait deux fois par année, au lieu que notre Ordonnance fe contentoit feulement que cet envoi fût fait une fois par an pour les Bailliages, Sénéchauffées & Maréchauffées, & elle n'aftreignoit que les Greffiers des Prévôtés & Châtellenies Royales, & ceux des Seigneurs, à envoyer tous les fix mois un Extrait de leur Regiftre Criminel aux Greffes des Tribunaux où ils reffortiffoient.

2º. Notre Ordonnance n'avoit rien prefcrit fur la forme de cet Extrait; mais la Déclaration de 1731, pour y fuppléer, veut qu'il foit non-feulement figné du Greffier, mais encore vifé du Lieutenant Criminel & du Procureur du Roi.

3º. Indépendamment des Jugemens & Lettres dont cet Extrait devoit être compofé, aux termes de l'Ordonnance, la Déclaration de 1731 veut de plus que l'on y infere copie des Jugemens de compétence rendus dans le Tribunal, pendant les fix mois précédens, ainfi que de la prononciation de ces Jugemens, en la forme prefcrite par l'Article 24 de la même Déclaration.

Enfin, l'Ordonnance ne prefcrit aucune peine contre les infracteurs de ces difpofitions; mais la Déclaration de 1731 prononce contr'eux l'interdiction, & telle amende qu'il appartiendra.

PROCEDURES
RELATIVES AU PRESENT TITRE.

DE l'Ordonnance de nous .... au premier Huiffier ou Sergent fur ce requis; à la Requête de... demeurant rue... affignez tous & un chacun les Témoins qui vous feront indiqués à comparoir ..... pardevant nous en notre Hôtel rue .... pour dire & dépofer vérité, en l'information que ledit .... entend faire contre le nommé .... leur déclarez qu'ils feront payés de leurs falaires raifonnables; & que faute d'y comparoir, ils feront gagés en l'amende de dix livres chacun & en plus grande fomme s'il y échet; de ce faire vous donnons pouvoir. Donné en notre Hôtel le ....

Ordonnance pour faire affigner les Témoins à l'effet de dépofer.

L'an .... le ... en vertu de l'Ordonnance de M.... fignée & fcellée; à la Requête de ... J'ai ... fouffigné, donné affignation à ... à comparoir *tel jour & heure* pardevant ..... rue .... pour dire & dépofer vérité, en l'information que ledit .... entend faire contre .... & fes adhérans, fur les faits contenus en la plainte rendue contre ledit ..... déclarant qu'ils feront payés de leurs peines, falaires & vacations raifonnables; & que faute par eux de comparoir, ils feront gagés en 10 livres d'amende fuivant l'Ordonnance, & plus grande s'il y échet; & leur ai laiffé à chacun féparément copie, tant de ladite Ordonnance que du préfent Exploit; déclarant que Me .... eft Procureur.

Affignation aux Témoins pour depofer.

Vu l'Exploit . . . Nous, . avons donné défaut contre ledit . . . non comparant, pour le profit duquel il sera réaffigné à (tel jour) & dès à-préfent avons déclaré l'amende de 10 liv. contre lui encourue ; au paiement de laquelle il fera contraint nonobftant oppofition ou appellation quelconques, & fuivant l'Ordonnance par le premier Huiffier fur ce requis, auquel de ce faire donnons pouvoir. Fait & délivré en notre Hôtel le . . . . fcellé ledit jour.

Information faite par nous (nom, furnom & qualité du Juge) en vertu de notre Or-donnance du .. à la Requête de... contre (nom de l'Accufé s'il eft dénommé dans la plainte) finon contre certain quidam , joint le Procureur du Roi ou Fifcal : à laquelle information avons procédé , affifté de notre Greffier ordinaire, comme il fuit.

Eft comparu N. (mettre le nom , furnom , qualité & demeure du témoin) lequel après ferment par lui fait de dire vérité : Nous a dit être âgé de . . . . ou environ, & n'être Parent , Allié , Serviteur , ni Domeftique des Parties ; (fi au contraire il eft Parent de l'un ou l'autre , il en faut faire mention & en quel dégré) & nous a re-préfenté l'Exploit d'affignation à lui donnée à la Requête de . . . . le . . . . jour de . . . . pour dépofer.

Lequel dépofe fur les faits contenus en la plainte rendue par ledit..... le..... de laquelle lui avons fait faire lecture que . . . . qui eft tout ce qu'il a dit favoir, lecture à lui faite de fa dépofition a dit icelle contenir vérité, & y a perfifté & figné, (ou a déclaré ne favoir figner: de ce interpellé fuivant l'Ordonnance). Si le Témoin requiert taxe , on ajoute : & après qu'il a requis falaire, lui avons taxé la fomme de . . . .

Eft auffi comparu . . . . lequel . . . . dépofe fur les faits contenus en ladite plainte , de laquelle lui avons fait faire lecture , que &c. . . .

TITRE VII.

DES MONITOIRES.

Les Monitoires font des Lettres de Juges Ec-cléfiaftiques, que l'on fait publier aux Prônes des Meffes Paroiffiales , & afficher à la porte des Egli-fes & Places publiques; par lefquelles il eft enjoint, fous peine d'excommunication, à ceux qui ont con-noiffance des faits contenus au Monitoire , de venir les révéler.

Trois objets principaux relativement aux Moni-toires. 1°. Ce qui les précede ; 2°. ce qui les accom-pagne ; 3°. ce qui les fuit.

Ce qui les précede, c'eft l'Ordonnance du Juge, en vertu de laquelle on les obtient.

Ce qui les *accompagne,* ce font les chofes qui en conftituent la forme & la fubftance.

Enfin, ce qui les *fuit*; c'eft, d'une part la publication, & de l'autre les révélations qui fe font en conféquence.

ARTICLE PREMIER.

Tous Juges, même Eccléfiaftiques, & ceux des Sei-gneurs, pourront permettre d'obtenir Monitoires, encore qu'il n'y ait aucun commencement de preuves, ni refus de dépofer par les Témoins.

ARTICLE II.

Enjoignons aux Officiaux, à peine de faifie de leur temporel, d'accorder les Monitoires que le Juge aura permis d'obtenir.

Il y a deux chofes à confidérer dans le préfent Article; d'abord l'au-torité du Juge, en vertu de laquelle on doit obtenir Monitoire; en fecond lieu, les cas & les matieres qui peuvent donner lieu à cette ob-tention.

On ne peut obtenir Monitoire, fans y être autorifé par une ordon-nance du Juge. Tout Juge eft compétent pour accorder la permiffion d'obtenir Monitoire. Les Juges des Seigneurs, & même les Juges d'Eglife peuvent accorder cette permiffion, auffi-bien que les Juges Royaux.

On les accorde, non-feulement en matiere criminelle, mais même en matiere civile, pourvû que les faits foient graves de leur nature. Les cas les plus ordinaires qui donnent lieu aux Monitoires en matiere civile, font les banqueroutes, les recellés, les divertiffemens d'effets d'une fucceffion ou d'une communauté. Il n'eft pas néceffaire qu'il y ait aucun commencement de preuve pour autorifer l'obtention du Mo-nitoire; puifqu'on ne les demande ordinairement que dans les cas, où l'on ne peut fe procurer la preuve que l'on cherche, par d'autres voies : mais il n'eft point permis d'avoir recours aux Monitoires, qu'on n'obtienne en même-tems, ou qu'on n'ait obtenu préalablement la per-miffion d'informer; attendu que le Monitoire n'eft qu'une voie fubfi-diaire pour parvenir à la preuve, & qui ne doit être prife par confé-quent qu'après la voie principale & ordinaire, qui eft l'information, ou du moins concurremment avec elle. C'eft chofes jugées par Arrêt du 2 Août 1706, rapporté au Journal des Audiences.

Article III.

Les Monitoires ne contiendront autres faits que ceux compris au Jugement qui aura permis de les obtenir ; à peine de nullité tant des Monitoires, que de ce qui aura été fait en conséquence.

Article IV.

Les personnes ne pourront être nommées ni désignées par les Monitoires, à peine de cent livres d'amende contre la Partie, & de plus grande somme s'il y échet.

Ces deux Articles spécifient ce que doit contenir le Monitoire.

D'après le premier de ces deux Articles, il sembleroit que l'on ne puisse obtenir Monitoire qu'en conséquence d'un Jugement ; cependant dans l'usage ordinaire la permission d'obtenir Monitoire s'accorde par une simple ordonnance sur requête, & l'on ne dresse point de Jugement dans lequel soient spécifiés les faits : un pareil Jugement jetteroit même les Parties dans des frais que l'on peut très bien leur épargner, sans qu'il en résulte aucun inconvénient. Ainsi donc les Monitoires sont assujétis, à peine de nullité, à ne renfermer d'autres faits que ceux compris dans la plainte, sur laquelle a été rendue l'ordonnance portant permission d'informer & d'obtenir Monitoire. C'est en conséquence de cette prohibition, que par Arrêt du 26 Février 1707, il a été dit qu'il y avoit abus dans un Monitoire obtenu par des Héritiers, pour parvenir à la preuve de recellés & divertissemens ; sur le fondement qu'on avoit inséré dans ce Monitoire des faits de suggestion qui n'étoient point dans leur requête de plainte, au bas de laquelle étoit l'ordonnance de permis d'informer, & publier Monitoire. Cet Arrêt, intervenu sur les Conclusions de M. l'Avocat Général le Nain, se trouve au Journal des Audiences.

D'ailleurs, pour se procurer la preuve de l'observation exacte de l'Ordonnance à cet égard de la part des Officiaux, eux & leurs Greffiers sont astreints à garder les minutes de tous les Monitoires, par Arrêt de réglement solemnel rendu en la Grand'Chambre, le 17 Décembre 1705, sur les Conclusions de M. Portail alors Avocat Général, & depuis Premier Président. Cet Arrêt est pareillement rapporté au Journal des Audiences.

A l'égard de la disposition qui défend que les personnes soient nommées ni désignées dans les Monitoires ; quoiqu'elle soit très prudente en soi, il est néanmoins certains cas, où il est impossible de s'y conformer exactement, comme l'a fort bien remarqué M. l'Avocat Général Talon, lors des Conférences. Tel est entr'autres le cas de l'accusation d'adultere, relativement à laquelle, aussi-tôt que le nom du mari est en tête du Monitoire, on a beau ne pas nommer par son nom la femme qui en est l'objet, elle est néanmoins désignée d'une maniere à ne s'y point méprendre, par ces termes; *une certaine personne, femme du Complaignant*, sans néanmoins qu'elle puisse se plaindre, parceque la nature du délit l'exige ainsi. Telle est aussi l'espece d'un Arrêt rendu contre le Curé de Brugnion, qui se faisoit un moyen d'abus contre un Monitoire, où il prétendoit qu'on l'avoit désigné sous la dénomination d'un Curé d'une Paroisse de campagne dans le Diocèse d'Auxerre; mais l'Arrêt qui intervint le 18 Décembre 1734, dit qu'il n'y avoit abus en cette partie: M. l'Avocat Général Gilbert, qui y porta la parole, observa très judicieusement que cette désignation n'étoit point un abus, parceque l'on ne pouvoit s'expliquer autrement pour fixer l'objet de l'accusation.

ARTICLE V.

Les Curés & leurs Vicaires seront tenus, à peine de saisie de leur temporel, à la premiere requisition, faire la publication du Monitoire; qui pourra néanmoins, en cas de refus, être faite par un autre Prêtre nommé d'office par le Juge.

ARTICLE VI.

Si après la saisie du temporel des Officiaux, Curés ou Vicaires, à eux signifiée, ils refusent d'accorder ou de publier le Monitoire; nos Juges pourront ordonner la distribution de leurs revenus aux Hôpitaux ou Pauvres des lieux.

ARTICLE VII.

Les Officiaux ne pourront prendre ni recevoir, pour chacun Monitoire, plus de trente sols, leur Greffier dix, y compris les droits du Sceau; & les Curés ou Vicaires dix sols, à peine de restitution du quadruple, sans néanmoins qu'ès lieux où l'usage est de donner moins, les droits puissent être augmentés.

Nous avons vu dans l'Article 2 qui précéde, l'injonction faite aux

Officiaux d'accorder les Monitoires, à peine de faisie de leur temporel; notre Article 5 fait de même injonction aux Curés & Vicaires de
les publier, fous la même peine de faisie de leur temporel.

Les uns & les autres, ou refusent ou adherent à la requisition qui
leur est faite;

S'ils refusent, on faisit leur temporel, & on leur fait fignifier cette
faisie, avec itérative fommation d'accorder ou de publier Monitoire;
& s'ils persistent ensuite dans leur refus, on fait distribuer aux Pauvres leurs revenus faisis, en vertu de l'ordonnance du Juge. Et d'un
autre côté, si ce sont les Curés ou Vicaires qui sont refusans de faire
la publication, le Juge peut commettre tel autre Prêtre qu'il jugera à
propos pour la faire. Il faut pourtant observer, que quoique tous les
Juges soient compétens pour permettre d'obtenir Monitoire, aux termes de l'Article premier du préfent Titre, il n'y a cependant que les
Juges Royaux qui puissent ordonner la faisie & distribution du temporel des Officiaux, Curés, ou Vicaires, en cas de refus de leur part
d'accorder, ou de publier Monitoire: parceque le Roi étant protecteur
des Biens ecclésiastiques, la faisie du temporel des Gens d'Eglise est
un cas Royal. Une autre observation qu'il ne faut point perdre de vue;
c'est que comme il faut être Prêtre pour faire la publication d'un Monitoire, & que les Particuliers auroient pu choisir un Ecclésiastique
qui n'eut pas cette qualité, dans le cas où on les auroit laissés les maîtres du choix, en cas de refus des Curés ou Vicaires, l'Ordonnance a
paré fagement à cet inconvénient, en déférant aux Magistrats dans ce
cas le droit de nommer d'office tels Prêtres qu'ils jugeroient à propos.
Il n'y a non plus que les Juges Royaux à qui l'Ordonnance ait confié
cette nomination d'office.

Mais si, comme il arrive le plus fouvent, les Officiaux, Curés &
Vicaires fe rendent aux requisitions qui leur sont faites, chacun en ce
qui les concerne, il leur est dû un droit que l'Ordonnance leur a confervé, mais qu'elle a en même-tems fixé & limité. Ce droit est pour
les Officiaux de trente fols par chaque Monitoire, & de dix fols pour
leurs Greffiers, y compris le fceau: celui des Curés & Vicaires est pareillement de dix fols. Si cependant l'usage des lieux étoit de donner
moins, le Légiflateur veut que l'on s'y conforme; & en cas de contravention de la part des uns & des autres, il prononce contre les Contrevenans la peine de la restitution du quadruple.

A R T I C L E   VIII.

Les Oppofans à la publication du Monitoire feront
tenus élire domicile, dans le lieu de la Jurifdiction du
Juge qui en aura permis l'obtention, à peine de nullité de
leur oppofition; & pourront, fans commiffion ni mande-
ment

ment. y être assignés pour comparoir, à certain jour &
heure, dans les trois jours pour le plus tard, si ce n'est
qu'il y eut appel comme d'abus.

ARTICLE IX.

L'opposition sera plaidée au jour de l'assignation, &
le jugement, qui interviendra, exécuté nonobstant opposi-
tion ou appellation, même comme d'abus. Défendons à
nos Cours & à tous autres Juges de donner des défenses
ou surséances de les exécuter, si ce n'est après avoir vu
les informations & le Monitoire, & sur les conclusions
de nos Procureurs. Déclarons nulles toutes celles qui
pourroient être obtenues. Voulons, sans qu'il soit besoin
d'en demander main-levée, que les Arrêts, Jugemens &
Sentences soient exécutés, & les Parties qui auront
présenté Requête à fin de défenses ou surséances, & les
Procureurs qui y auront occupé, condamnés chacun en
cent livres d'amende, qui ne pourra être remise ni mo-
dérée, applicable moitié à Nous, moitié à la Partie.

On peut se pourvoir contre l'obtention & la publication du Monitoire par deux sortes de voies, ou par *appel comme d'abus*, ou par
opposition.

L'*appel comme d'abus* a lieu, principalement lorsque l'Official ne
s'est point exactement conformé à l'Ordonnance, soit en nommant ou
désignant d'une maniere trop sensible les personnes, soit en insérant
dans le Monitoire des faits non compris dans la plainte & ordonnance
du Juge. Il faut suivre alors la procédure ordinaire qui est d'usage dans
les Cours pour les appels comme d'abus.

Quant à l'*opposition*, qui est la voie la plus commune pour empêcher ou arrêter la publication du Monitoire, il faut distinguer les
Juges qui en doivent connoître, & les procédures qu'il faut tenir
pour la faire vuider. A l'égard des Juges, celui qui a donné la permission d'obtenir le Monitoire, est seul compétent pour connoître de
l'opposition formée à sa publication; & cela par droit de suite : il
n'importe qu'il soit Juge de Seigneur, ou Juge d'Eglise, ou Juge Royal.
Par rapport à la procédure, elle est des plus simples & des plus
sommaires. D'abord l'Opposant est tenu d'élire domicile, par son Acte

d'oppofition même, dans le lieu de la Jurifdiction du Juge qui a
permis l'obtention du Monitoire; afin qu'on puiffe l'affigner à bref délai dans ce domicile, fans être obligé de l'aller chercher à fon véritable domicile, qui fouvent pourroit être fort éloigné, & occafionner
par-là des longueurs préjudiciables à la découverte du délit, de la part
de celui qui a obtenu Monitoire, & qui a conféquemment intérêt de fe
procurer la main-levée de l'oppofition. On peut affigner l'Oppofant fans
aucun mandement & ordonnance, à trois jours tout au plus tard, pour
voir prononcer fur cette oppofition. Au jour & à l'heure indiquées dans
l'Affignation, on porte la caufe à l'Audience, fans aucune autre procédure; & le Juge eft obligé d'y prononcer définitivement fur le mérite de
l'oppofition, fans pouvoir appointer les Parties. C'eft ce qui a été décidé
folemnellement par Arrêt rendu en la Tournelle Criminelle, le 23 Mars
1743, lequel a déclaré nulle une Sentence d'appointement en droit,
rendue au Bailliage de Château-Roux fur une oppofition à la publication d'un Monitoire accordé par l'Official de Bourges. Le Jugement
qui intervient fur ces fortes d'oppofitions, doit avoir fon exécution
provifoire. L'appel comme d'abus même, tout fufpenfif qu'il foit de fa
nature (fi ce n'eft en matiere de difcipline & de correction) ne peut
en arrêter l'effet. Il n'eft pas non plus permis d'obtenir aucuns Arrêts
de défenfes pour en fufpendre l'exécution, finon en connoiffance de
caufe & fur le vû, tant de l'information, que du Monitoire, enfemble fur les Conclufions du miniftere public.

A R T I C L E X.

Les révélations qui auront été reçues par les Curés ou
Vicaires, feront envoyées par eux cachetées au Greffe de
la Jurifdiction où le procès fera pendant; & fera pourvu
par le Juge aux frais du voyage, s'il y échet.

A R T I C L E X I.

En matiere Criminelle, nos Procureurs & ceux des
Seigneurs, & les Promoteurs aux Officialités, auront
communication des révélations des Témoins; & les Par-
ties civiles, de leur nom & domicile feulement.

Les révélations ne peuvent être rédigées & envoyées avec trop de
foin & de fecret; c'eft pourquoi le Curé ou Vicaire qui les reçoit, eft
obligé de les écrire de fa propre main, fans pouvoir fe fervir d'une main
étrangere : il doit enfuite faire figner chaque révélation à celui qui l'a

faire, ou faire mention de fon refus, & enfuite la figner lui-même. Il doit enfuite cacheter foigneufement ces révélations & les envoyer en cet état au Greffe de la Jurifdiction où le procès eft pendant, fauf aux Juges à pourvoir à ces frais de voyage s'il y écheoit. Il n'y a que la Partie publique qui doive avoir communication des révélations; la Partie civile ne peut exiger d'autre communication que celle des noms & domiciles de ceux qui ont été à révélation.

L'objet de cette communication, foit à la Partie publique, foit à la Partie civile, eft de les mettre en état de faire affigner les Témoins, pour dépofer fur les faits par eux révélés. Mais comme la révélation n'eft point précédée de fermens, le Témoin peut ne pas perfifter dans ce qu'il y a dit, & changer, augmenter, ou diminuer, lorfqu'il eft enfuite entendu en dépofition. Le Juge ne doit même fe fervir de fa révélation que comme Mémoire; & en conféquence la répétition du Témoin, fur fa révélation précédente, doit contenir fa dépofition dans fon entier. C'eft pour ne s'être point conformé à cette regle, que par Arrêt du 20 Décembre 1708 la procédure du Juge de Saint-Amant a été annullée, & qu'il a été ordonné que la répétition des Témoins venus à révélation feroit refaite aux dépens de ce Juge.

PROCEDURES
RELATIVES AU PRESENT TITRE.

Nota. *N O U S avons déja fait mention, fur l'Article précédent, de l'Ordonnance portant permiffion d'obtenir Monitoire, lorfqu'elle eft rendue au bas de la Requête de plainte originaire, & qu'elle contient en même-tems permiffion d'informer. Mais comme il arrive quelquefois que dans le cours d'un procès criminel & après l'inftruction commencée, on eft obligé de prendre la voie du Monitoire faute de preuves fuffifantes, il faut dans ce dernier cas, obtenir un Jugement dans la forme qui fuit.*

EXTRAIT des Regiftres de . . .

Sur la Requête à nous préfentée par . . . le . . . jour de . . . contenant que
. . . (*détailler ici tous les faits de la Requête*) requerant qu'il nous plût lui permettre d'obtenir & faire publier Monitoire en forme de droit, fur les faits contenus en ladite Requête, pour avoir révélation d'iceux; NOUS avons permis au Suppliant (*ou* au Procureur du Roi *ou* Fifcal) d'obtenir & faire publier Monitoire en forme de droit fur les faits ci-deffus, circonftances & dépendances, pour les révélations rapportées, être ordonné ce qu'il appartiendra. Fait & donné par nous . . . ce . . . .

Jugement qui permet d'obtenir Monitoire.

Officialis . . . *omnibus Rectoribus Parochiæ nobis fubditis, eorum que Vicariis; falutem in Domino.* Vu le Jugement rendu par... le ..fur la Requête de... plaignant à notre Mere fainte Eglife; nous vous mandons d'admonefter par trois Dimanches confécutifs aux Prônes de vos Eglifes, tous ceux & celles qui ont connoiffance que le . . . jour de . . . certains Quidams . . . (*répéter les faits portés par le Jugement, qui permet d'obtenir & publier le Monitoire*) qui favent & connoiffent les

Monitoire.

Auteurs & Complices, Fauteurs, & Adhérans defdits Quidams, & où ils fe font refugiés, & généralement tous ceux & celles qui, des faits ci-deffus, circonftances & dépendances, en ont vu, fu, connu, entendu, oui dire, ou apperçu aucune chofe, ou y ont été préfens, confenti, donné confeil, ou aide en quelque forte & maniere que ce foit, d'en venir à la révélation par eux ou par autrui, dans trois jours après la publication des préfentes; finon, nous uferons contre eux des cenfures Eccléfiaftiques, & felon la forme de droit, nous nous fervirons de la peine d'excommunication. *Datum fub figillo Curiæ noftræ, anno Domini* . . . .

TITRE VIII.

DE LA RECONNOISSANCE
DES ECRITURES EN MATIERE CRIMINELLE.

FEU M. le Chancelier d'Aguefſeau avoit entrepris de faire une revifion des différens Titres de la préfente Ordonnance, & de former, fur chacune des matières qu'elle renferme, un corps de Loix où l'on auroit réuni tout ce qui auroit pu fuppléer à ce qui manquoit à l'Ordonnance, & porter les Déclarations poftérieures, rendues en interprétation d'icelle, à une plus grande perfection. Ce profond Magiftrat avoit commencé l'exécution d'un fi grand & fi vafte projet, en rédigeant la fameufe Ordonnance du mois de Juillet 1737, où il a réuni la matiere du préfent Titre, avec celle du *faux principal & incident*, dont traite l'Article qui fuit.

Ainfi notre principal foin fera de faire fcrupuleufement fentir ce que l'Ordonnance de 1737 peut avoir ou changé ou ajouté à la nôtre.

ARTICLE PREMIER.

Les écritures & fignatures privées, qui pourront fervir

*à la preuve, feront repréfentées aux Accufés après fer-
ment par eux prêté ; & ils feront interpellés de reconnoître s'ils les ont écrites ou fignées : après quoi elles
feront paraphées par le Juge & par l'Accufé, s'il veut
& peut les parapher, finon en fera fait mention ; & les
pieces demeureront jointes aux informations.*

L'Article premier de l'Ordonnance de 1737 eft prefqu'entierement
modelé fur le nôtre ; fi ce n'eft qu'on y a ajouté ces mots : *ou s'ils
les reconnoiffent véritables* ; & par-là la nouvelle Ordonnance a réparé
une omiffion qui étoit dans l'Ordonnance de 1670. En effet cette
derniere Ordonnance, en fe contentant de prefcrire que les Accufés fuffent interpellés de reconnoître s'ils ont écrit ou figné les écritures privées à eux préfentées, paroît fuppofer qu'on ne peut leur repréfenter
que des écritures ou fignatures émanées d'eux-mêmes. Mais comme il
peut arriver que cette repréfentation ait pareillement lieu pour des écritures ou fignatures de main étrangere ; c'eft par cette raifon que l'Ordonnance de 1737 veut qu'à l'égard de ces dernieres, on demande à
l'Accufé, s'il les reconnoît véritables *(a)*.

L'Ordonnance de 1737 a encore fait un changement confidérable à
la derniere difpofition de notre Article qui porte : *& les pieces demeureront jointes aux informations* : ce qui fuppofe que la repréfentation
de pieces ne peut avoir lieu, que lors de l'interrogatoire de l'Accufé,
qui fuit immédiatement les informations. Mais comme il peut arriver
que les pieces de conviction ne foient apportées ou découvertes, que
poftérieurement à l'interrogatoire fubi par les Accufés, l'Ordonnance de 1737, en prévoyant tous les cas, veut que la repréfentation
& interpellation mentionnées dans fon Article premier puiffent être
faites aux Accufés, ou lors de leurs interrogatoires, fi les pieces fe trouvent dés lors au Greffe, ou dans un procès verbal particulier, dreffé à
cet effet fi les pieces ne font apportées que depuis ; & dans l'un &
l'autre cas, les pieces repréfentées doivent demeurer jointes, non pas
limitativement aux informations, comme le porte notre Ordonnance,
mais à la procédure criminelle en général *(b)*.

(a) » Les écritures & fignatures privées qui pourroient fervir à l'inftruction & à la preuve de
» quelque crime que ce foit, feront repréfentées aux Accufés après ferment par eux prêté, & ils
» feront interpellés de déclarer s'ils les ont écrites ou fignées, ou s'ils les reconnoiffent véritables ;
» après quoi elles feront paraphées par le Juge & par l'Accufé, s'il peut ou veut les parapher,
» finon en fera fait mention ; le tout à peine de nullité. *Ordonnance de 1737, Art. 1. Tit. 3.*

(b) » La repréfentation & interpellation mentionnées dans l'Article précédent, pourront être
» faites aux Accufés, foit lors de leurs interrogatoires, ou dans un procès verbal qui fera dreffé à
» cet effet ; & les pieces, à eux repréfentées, demeureront jointes à la procedure criminelle. *Ibidem,
Art. 2. Tit. 3.*

ARTICLE II.

Si l'Accufé a reconnu avoir écrit ou figné les pieces, elles feront foi contre lui, & n'en fera faite aucune vérification.

ARTICLE III.

Feront pareillement foi les écritures & fignatures de main étrangere qui feront reconnues par l'Accufé.

La réunion de ces deux Articles forme l'Article 3 de ladite Ordonnance de 1737 (a).

ARTICLE IV.

Si l'Accufé refufe de reconnoître les pieces, ou déclare ne les avoir écrites ou fignées, les Juges ordonneront qu'elles feront vérifiées fur pieces de comparaifon.

Notre Ordonnance ne prefcrit la vérification que dans deux cas : favoir, lorfque l'Accufé refufe de reconnoître les pieces à lui préfentées, ou lorfqu'il déclare expreffément ne les avoir écrites ou fignées. L'Ordonnance de 1737 en admet encore deux autres, où la vérification devient auffi néceffaire que dans les deux premiers : l'un eft lorfque l'Accufé, fans dénier formellement les Piéces, refufe de répondre à l'interpellation que le Juge lui fait à cet égard : l'autre eft, lorfque l'Accufé eft contumax (b).

ARTICLE V.

Les pieces de comparaifon feront authentiques ou reconnues par l'Accufé.

ARTICLE VI.

Nos Procureurs, ou ceux des Seigneurs & les Parties

(a) » Si l'Accufé convient avoir écrit ou figné lefdites pieces, ou lefdites pieces étant d'une
» main étrangere, s'il les reconnoît véritables, elles feront foi contre lui fans qu'il en foit fait au-
» cune vérification. *Ordonnance de 1737, Art. 3, Tit. 3.*
   (b) » Si l'Accufé déclare n'avoir écrit ou figné lefdites pieces, ou s'il refufe de les reconnoître,
» ou de répondre à cet égard, il fera ordonné qu'elles feront vérifiées fur pieces de comparaifon,
» ce qui fera pareillement ordonné s'il y échet à l'égard des Accufés qui feront en défaut ou con-
» tumace, encore que lefdites pieces n'aient pu leur être repréfentées. *Ibidem. Art. 4, Tit. 3.*

civiles, pourront fournir des pieces de comparaifon.

ARTICLE VII.

Les pieces de comparaifon feront repréfentées par le Juge à l'Accufé, pour en convenir ou les contefter, fans qu'il lui foit donné, pour raifon de ce, délai ni confeil; & s'il en convient, elles feront paraphées par lui & par le Juge.

Notre Ordonnance n'avoit rien déterminé au fujet des perfonnes qui devoient être préfentes au procès verbal de préfentation des piéce de comparaifon; ces perfonnes font, la Partie publique, la Partie civile, s'il y en a, & l'Accufé.

Quant à ce dernier, s'il eft dans les prifons, il doit être amené de l'ordre du Juge; s'il n'eft point prifonnier, & que la contumace ne foit point inftruite à fon égard, il doit être fommé de comparoir au procès verbal, dans un délai fixe & déterminé, & dans la forme prefcrite par l'Edit du mois de Décembre 1680; c'eft à-dire, que fi l'Accufé a un domicile ordinaire dans l'étendue de la Jurifdiction où le procès s'inftruit, la fommation doit être faite à ce domicile ordinaire, finon la fommation doit être affichée aux portes de l'Auditoire. Enfin, fi l'Accufé ne comparoît point fur cette fommation, on procéde au procès verbal, tant en préfence qu'abfence (a).

L'Ordonnance de 1737 confirme la nôtre en ce qui concerne la repréfentation à l'Accufé des piéces de comparaifon : mais notre Ordonnance fe contentant de la préfence du Juge & de celle de l'Accufé dans le procès verbal de préfentation, elle n'exigeoit, par cette même raifon, que le paraphe du Juge & celui de l'Accufé. Au lieu que l'Ordonnance de 1737, appellant à ce procès verbal, outre le Juge & l'Accufé, la Partie publique & la Partie civile, s'il y en a, il a fallu par une conféquence néceffaire qu'elle requît auffi leur paraphe (b).

(a) " Le procès verbal de préfentation des pieces de comparaifon fera fait en préfence de nos " Procureurs, ou de ceux des Hauts-Jufticiers; enfemble de la Partie civile, s'il y en a, & de l'Ac- " cufé, à l'effet de quoi, s'il eft dans les prifons, il fera amené par ordre du Juge pour affifter " au procès verbal, fans aucune fommation ni fignification préalable, & pareillement il n'en " fera fait aucune, lorfque l'Accufé étant abfent la contumace aura été inftruite contre lui. " Ordonnance de 1737, Art 5, Tit. 3.

Si l'Accufé n'eft pas dans les prifons, & fi la contumace n'eft pas inftruite à fon égard, " il fera fommé de comparoître audit procès verbal dans le délai porté par l'Article 4 du Titre " du Faux Principal; à l'effet de quoi la fommation lui en fera faite par acte fignifié dans la for- " me, & aux lieux prefcrits par l'Edit du mois de Décembre 1680, concernant l'inftruction de la " contumace; & faute par l'Accufé d'y comparoître dans ledit délai, il fera paffé outre audit pro- " cès verbal. *Ibidem. Art. 6.*

(b " En procédant audit procès verbal, lorfque l'Accufé y fera préfent, les pieces de compa- " raifon lui feront repréfentées, pour en convenir ou les contefter, fans qu'il foit donné pour rai-

Enfin, l'Ordonnance de 1737 a pris la fubftance de la préfente Ordonnance par rapport à la qualité des Piéces, propres à fervir de Piéces de comparaifon, & par rapport à ceux qui font admis à les fournir. Mais elle a pris encore fur cela des précautions plus étendues, en adaptant fur ce point au Titre de la *reconnoiffance des Ecritures privées* ; ce qu'elle avoit déja prefcrit à cet égard dans les Art. 12, 13, 14, 16, 17 & 19 du Titre du *Faux principal*, & par l'Article 36 du Titre du *Faux incident.* Ces Articles portent, que la Partie publique ou la Partie civile, s'il y en a, feront feules admifes à fournir des Pieces de comparaifon ; que l'on ne recevra pour Piéces de comparaifon que celles qui font authentiques par elles-mêmes, & que l'on n'admettra d'écritures privées qu'autant qu'elles auront été reconnues par l'Accufé ; qu'en cas que les Pieces admifes pour Pieces de comparaifon foient entre les mains de Dépofitaires publics, l'apport en fera ordonné pour demeurer au Greffe, & y fervir d'inftruction ; que fur la préfentation qui fera faite de ces Piéces, il en fera dreffé procès verbal au Greffe ou autre lieu deftiné aux inftructions, en préfence de la Partie publique & civile, à peine de nullité ; qu'à la fin de ce procès verbal le Juge décidera de l'admiffion ou du rejet des pieces de comparaifon, fur les conclufions du miniftere public, s'il ne juge plus à propos d'ordonner un référé devant les Officiers du Siége, qui en ce cas y pourvoiront conjointement avec le Juge, par délibération de la Chambre ; communication préalablement faite du procès verbal de préfentation, tant à la Partie publique qu'à la Partie civile.

A R T I C L E   VIII.

Si les pieces font conteftées par l'Accufé, ou s'il refufe d'en convenir, le Juge en dreffera fon procès verbal, pour y pourvoir, après qu'il aura été communiqué à notre Procureur, ou celui des Seigneurs, & à la Partie civile.

Cette difpofition a encore fa pleine & entiere exécution.

A R T I C L E   IX.

La vérification fera faite fur les pieces de comparaifon, par Experts, & Maîtres Ecrivains nommés d'office par le Juge.

» fon de ce, délai ni confeil ; & celles qui feront admifes feront par lui paraphées, s'il peut ou
» veut le faire, finon il en fera fait mention ; & foit que ledit Accufé foit préfent ou abfent, lors
» dudit procès verbal, les pieces qui feront reçues feront paraphées par le Juge, notre Procureur,
» ou celui des Hauts-Jufticiers, enfemble par la Partie civile, fi elle peut & veut les parapher,
» finon il en fera fait mention, le tout à peine de nullité. *Ordonnance de* 1737, *Art.* 7, *Tit.* 3.

                                                   L'Ordonnance

L'Ordonnance de 1737 veut aussi que les Experts soient nommés par le Juge (a).

ARTICLE X.

Si le Juge ordonne le rejet des pieces de comparaison, nos Procureurs, ou ceux des Seigneurs, & les Parties civiles, seront tenus d'en rapporter d'autres dans le délai qui sera prescrit ; autrement les pieces, dont la vérification aura été ordonnée, seront rejettées du procès.

L'Ordonnance de 1737 s'est conformée à la nôtre, en assujétissant la Partie publique ou la Partie civile à rapporter de nouvelles pieces de comparaison, en cas de rejet des premieres. Mais la peine attachée à ce défaut de rapport, n'est pas la même dans les deux Ordonnances. Notre Ordonnance vouloit qu'en ce cas les pieces à vérifier fussent rejettées du procès : mais comme ces pieces toutes informes qu'elles font par le défaut de vérification, peuvent néanmoins répandre quelquefois des lumieres ou servir d'indication, tant dans l'instruction que dans le jugement du procès, l'Ordonnance de 1737 n'en a point adopté le rejet : elle autorise seulement le Juge à ordonner qu'il sera passé outre à l'instruction & au Jugement du Procès. Elle va même plus loin ; car, si avant le jugement la Partie publique ou civile rapportoit les pieces de comparaison, il seroit permis au Juge de les admettre, suivant les circonstances (b).

ARTICLE XI.

Les pieces de comparaison, & celles qui devront être vérifiées, seront données séparément à chacun Expert pour les voir & examiner à loisir.

ARTICLE XII.

Les Experts seront ouis, recolés & confrontés séparément, ainsi que les autres Témoins.

(a) » Les Experts qui procéderont à la vérification seront nommés d'office. *Extrait de l'Art.* 10, *Tit* 3, *Ordon. de* 1737.
(b) » En cas que les pieces de comparaison ne soient point reçues, la Partie civile s'il y en a, » ou nos Procureurs, ou ceux des Hauts Justiciers, seront tenus d'en rapporter d'autres, dans le » délai qui sera prescrit; autrement les Juges ordonneront, s'il y échet, qu'il sera passé outre à » l'instruction & au jugement du procès; sauf, en cas qu'avant le jugement ladite Partie civile » ou la Partie Publique rapportent les pieces de comparaison, à y être pourvu par les Juges, » ainsi qu'il appartiendra. *Art. 9, Tit.* 3 *Ibidem.*

ARTICLE XIII.

En procédant au recollement des Experts, les pieces de comparaison & celles qui devront être vérifiées leur feront repréfentées ; & à la confrontation, elles le feront aux Experts & aux Accufés.

On trouve dans l'Ordonnance de 1737 une difpofition qui ordonne que *les* pieces à vérifier feront remifes, avec celles de comparaifon, à chaque Expert féparément. Mais notre Ordonnance avoit ajouté, *pour les voir & examiner à loifir :* d'où l'on pouvoit induire qu'il auroit été permis à l'Expert de déplacer les pieces pour en faire plus commodément l'examen. C'eft ce qui a déterminé le Légiflateur regnant, dans fa nouvelle Ordonnance, à fubftituer à cette expreffion celle-ci, qui leve toute équivoque, *pour les voir féparément & en particulier, fans déplacer* (a).

Mais cet examen & cette vérification ne doivent point être faites de la part des Experts par forme de rapport, mais par forme de dépofition, à peine de nullité (b).

On ne doit point attendre au recollement pour préfenter aux Experts les pieces de comparaifon & celles à vérifier, ainfi que paroît le fuppofer notre Ordonnance. Celle de 1737 veut que cette repréfentation ait lieu, lorfque chaque Expert eft entendu pour la premiere fois : elle ne fe borne pas même à ordonner la repréfentation des Piéces de comparaifon & de celles à vérifier lors de la dépofition de chaque Expert; elle veut de plus qu'on mette fous fes yeux le Jugement qui ordonne la vérification, le procès verbal de repréfentation des pieces de comparaifon, & l'Ordonnance ou Jugement qui les aura admifes (c).

ARTICLE XIV.

Pourront être ouis comme Témoins, ceux qui auront

(a) » En procédant à ladite information .... les pieces prétendues fauffes .... les pieces » de comparaifon .... feront remifes à chacun des Experts pour les voir &examiner féparément » & en particulier, fans déplacer. *Extrait de l'Art.* 13 , *Tit.* 1 de *l'Ord.* de 1737.

(b) » Les Experts qui procéderont à la vérification feront nommés d'office, & entendus féparé- » ment par forme de dépofition, fans qu'il puiffe être ordonné que lefdits Experts feront préala- » blement leur rapport fur lefdites pieces: ce que Nous défendons à peine de nullité ; & fera ob- » fervé, par rapport auxdits Experts, ce qui eft preferit par les Articles 8 & 9 du Titre du Faux » principal. *Art.* 10 , *Tit.* 3, *Ibidem.*

(c) » En procédant à l'audition defdits Experts , les pieces qu'il s'agira de vérifier , & le Juge- » ment qui en aura ordonné la vérification ; les pieces de comparaifon , enfemble le procès ver- » bal de préfentation d'icelles, & l'Ordonnance ou Jugement par lequel elles auront été reçues, » feront remifes à chacun defdits Experts ; & fera au furplus obfervé tout ce qui a été reglé par » l'Article 23 du Titre du Faux Principal. *Art.* 11 , *Tit.* 3 , *Ibidem.*

vu écrire ou signer les pieces qui pourront servir à la conviction des Accusés, ou qui en auront connoissance en quelqu'autre maniere.

Cette disposition se trouve presque mot pour mot dans l'Ordonnance de 1737 (a).

Mais cette derniere Loi a de plus reglé la forme dans laquelle devoient être entendus ces sortes de Témoins. Elle exige qu'on leur représente & qu'on leur fasse parapher les écritures & signatures qu'il s'agit de vérifier : comme aussi qu'on représente les pieces de conviction, qui auroient été remises au Greffe, à ceux des Témoins qui pourroient en avoir connoissance, & qu'on les leur fasse parapher : en cas d'ommission de représentation ou de paraphe de ces différentes pieces lors de l'information, la nouvelle Ordonnance permet de réparer cette ommission, soit lors du recollement, soit lors de la confrontation inclusivement. Enfin, si ces Témoins rapportoient quelques pieces nouvelles, soit lors de l'information, soit lors du recollement, soit lors de la confrontation, elle veut que ces Piéces demeurent jointes au procès, après avoir été paraphées par le Juge & par le Témoin qui les auroit présentées, même qu'elles soient représentées aux autres Témoins qui en auroient connoissance, & qu'elles soient par eux paraphées, pourvu néanmoins que ces Témoins soient entendus, recollés ou confrontés depuis la remise au Greffe de ces nouvelles pieces (b).

Les dispositions de notre Ordonnance ne sont pas à beaucoup près si étendues sur la reconnoissance des écritures en matiere criminelle, que l'est l'Ordonnance de 1737.

Indépendamment des Articles de cette derniere Ordonnance, dont nous avons déja trouvé occasion de parler, il en est plusieurs autres, dont on ne trouve aucunes traces dans notre Ordonnance, & dont nous nous croyons néanmoins obligés de donner une idée. Le premier de ces Articles est l'Article 14 du Titre 3 (c), qui traite du décret contre l'Accusé ou autres : l'Article 15 (d) traite de l'interrogatoire des Accusés :

(a) » Pourront en outre être entendus comme Témoins, ceux qui auront vu écrire ou signer lesdites écritures ou signatures privées, ou qui auront connoissance, en quelque autre maniere, des » faits qui puissent servir à en établir la vérité. *Art.* 12, *Tit.* 3 *de l'Ordonnance de* 1737.

(b) » En procédant à l'audition desdits Témoins, lesdites écritures ou signatures privées leur seront » représentées, & pareux paraphées, ainsi qu'il a été ordonné pour les pieces prétendues fausses par » les Articles 15 & 16 du Titre du Faux principal ; & sera aussi observé tout ce qui est porté par » les Art. 27, 28 & 29 dudit Titre, concernant la représentation des pieces y mentionnées, auxdits » Témoins, le paraphe desditespieces & les Actes dans lesquels on pourra suppléer à l'ommission de la » représentation & du paraphe, soit desdites écritures ou signatures privées, ou des autres pieces, si » l'on n'y a point satisfait lors de la déposition desdits Témoins ; & s'ils représentent quelques pieces » lors de leurs dépositions, il sera observé ce qui est prescrit par l'Article 40 du même Titre. *Art.* 13, *Ibidem.*

(c) » Sur le Vu de l'information, soit par Experts ou par autres Témoins, il sera décerné tel Décret » qu'il sera jugé à propos ; même contre d'autres que l'Accusé, s'il y échet, ou sera rendu telle » Ordonnance qu'il appartiendra. *Art.* 14, *Ibidem.*

(d) » Seront au surplus observées les dispositions des Articles 31, 32 & 41 du Titre du Faux princi- » pal, concernant les pieces qui doivent être représentées aux Accusés & par eux paraphées lors

l'Article 16(*a*), du corps d'écriture à faire par l'Accusé : l'Article 17(*b*), du recollement & de la confrontation : l'Article 18 (*c*) , des nouvelles piéces de comparaison & de la nomination de nouveaux Experts : le 19 Article (*d*) , de la procuration de la Partie civile , de l'exécution des Jugemens diffinitifs , de la remise ou renvoi des pieces , & des expéditions qui pourront en être délivrées par le Greffier : enfin , le vingtieme Article (*e*) traite des délais des procédures.

FORMULES DES PROCEDURES
RELATIVES AU PRESENT TITRE.

Procès verbal de reconnoissance d'écritures privées.

L'AN . . . Nous . . . étant au Greffe de . . . (*ou* en la Chambre du Conseil de...) assisté de notre Greffier ordinaire, y avons fait amener... Prisonnier , *ou* est comparu... accusé sur la sommation à lui faite par Exploit du... auquel , après serment prêté de dire vérité , avons représenté . . . *énoncer la piece* , écrite en . . . pages de papier, la premiere commençant par ces mots . . . & finissant par ces autres mots . . . interpellé de reconnoître s'il n'a pas écrit & signé ladite piece , ou s'il la reconnoît véritable ; lequel , après avoir vu , lu & examiné ladite piece a déclaré l'avoir écrite & signée , *ou* qu'il la reconnoît véritable ; *& s'il fait quelque autre déclaration, il faut l'énoncer*, & a été ladite piece paraphée par nous , & par ledit . . . lecture faite du présent Procès-verbal audit . . . y a persisté & a signé *ou* fait refus de signer de ce interpellé , *ou* déclaré ne savoir signer, de ce enquis.

Sur quoi nous ordonnons que ladite piece demeurera jointe à la procédure criminelle. Fait les jour & an que dessus.

Si au contraire l'Accusé déclare n'avoir écrit ou signé ladite piece , ou qu'il refuse

---

» de leurs interrogatoires , & celles qui ne doivent l'être qu'à la confrontation ; comme aussi » les pieces qu'ils représenteroient lors de leursdits interrogatoires. *Art.* 15, *Tit.* 3 *de l'Ordonnance* » *de* 1737.

(*a*) » Le contenu aux Articles 33, 34 , 35 & 36 dudit Titre sera pareillement exécuté, tant par rap-» port au corps d'écriture que l'Accusé sera tenu de faire , s'il est ainsi ordonné par les Juges , que » par rapport au cas où ils pourront ordonner avant le réglement à l'extraordinaire , qu'il sera » entendu de nouveaux Experts , ou qu'il sera fourni de nouvelles pieces de comparaison. *Art.* 16, » *Ibidem.*

(*b*) » Lors du recollement & de la confrontation des Experts , & autres Témoins , ou du recollement » des Accusés , & de la confrontation des uns aux autres , il sera observé ce qui est prescrit par les Ar-» ticles 37, 38 , 39, 40 , 41 , 43 , 44 & 45 du Titre du Faux principal. *Art.* 17 , *Titre* 3 *de l'Ord.* » *de* 1737.

(*c*)» Si l'Accusé demande qu'il soit admis à fournir de nouvelles pieces de comparaison , ou qu'il » soit entendu de nouveaux Experts, il ne pourra y être statué que dans le tems & ainsi qu'il est » prescrit par les Articles 46, 47, 48 , 49 , 50, 51 , 52 , 53 , 54 & 55 dudit Titre. Sera aussi ob-» servée la disposition de l'Article 56 du même Titre , au sujet de ce qui pourra être ordonné dans » tous les cas où il auroit été procédé à une nouvelle information , soit sur de nouvelles pieces , ou » par de nouveaux Experts. *Art.* 18 , *Ibidem.*

(*d*) » Toutes les dispositions des Articles 57, 58 , 59, 60 , 61 , 62 , 63 , 64 , 65 , 66, 67, 68 & 69 » du Titre du Faux principal , concernant les procurations qui peuvent être données par la Partie » civile ; l'éxécution des Sentences & Arrêts qui contiendroient les dispositions mentionnées dans » ledit Article 59 ; la remise ou le renvoi des pieces déposées au Greffe, & les Expéditions qui pour-» ront en être délivrées, seront éxécutées par rapport auxdites écritures ou signatures privées, ou » autres pieces qui auroient servies à l'instruction. *Art.* 19 , *Ibidem.*

(*e*) » Dans tous les délais prescrits pour les procédures mentionnées au présent Titre & aux deux » précédens , ne seront compris le jour de l'assignation ou signification , ni celui de l'échéance ; » & à l'égard de ceux desdits délais seulement , qui ont été fixés à trois jours & au-dessous , » les jours fériés , auxquels il n'est pas usage de faire des significations n'y seront point comptés. » *Art.* 20 , *Ibidem.*

de la reconnoître ou de répondre à cet égard, le Juge dira : Nous ordonnons que ladite piece fera vérifiée fur pieces de comparaifon par . . . Experts que nous avons nommés d'office.

Nota. On n'ajoutera point ici les autres procédures néceffaires à la vérification des écritures privées en matiere criminelle ; parcequ'elles font les mêmes que celles pour la vérification des pieces arguées de faux, & que l'on trouvera ces actes à la fin du Titre qui fuit, dans le detail le plus étendu.

TITRE IX.

DU CRIME DE FAUX, TANT PRINCIPAL QU'INCIDENT.

QUOIQUE notre Ordonnance femble avoir confondu dans ce Titre, le *Faux Principal* avec le *Faux Incident*, cependant il n'y a que les quatre premiers Articles qui concernent d'une maniere particuliere le *Faux Principal*; tous les autres regardent le *Faux Incident*.

L'Ordonnance de 1737 eft entrée dans un bien plus grand détail que la nôtre, fur l'un & l'autre de ces deux objets. Nous nous attacherons, comme dans le précédent Titre, à comparer perpétuellement les difpofitions de ces deux Ordonnances.

ARTICLE PREMIER.

Les plaintes, dénonciations & accufations du crime de faux, & les autres procédures, fe feront en la même forme & maniere que celle de tous les autres crimes ; & les informations feront faites, tant par Témoins, que par Experts, qui feront nommés d'office par le Juge.

La premiere partie de cet Article, qui a rapport aux plaintes, dénonciations & accufations, a été littéralement tranfcrite dans l'Article premier du Titre premier de l'Ordonnance de 1737 : on y a feulement ajouté, *fans confignation d'amende, fans infcription de faux, &c.* à caufe de l'interprétation de certains Commentateurs, qui prétendoient qu'on pouvoit encore, suivant l'ancien usage, intenter l'action criminelle en faux principal, par la voie de l'inscription de faux (a).

L'Ordonnance de 1737 prévoit le cas où les pieces prétendues fausses auroient déja été vérifiées vis-à-vis du Plaignant ; & elle décide, que, nonobstant cette vérification, l'accusation en faux n'en fera pas moins admissible, quand bien même il feroit intervenu un Jugement fur ces pieces, comme suppofées véritables ; pourvu néanmoins que la vérification en ait été faite à d'autres fins que celle du faux principal, ou incident (b).

Quant à la seconde partie de notre Article, on femble n'y avoir admis que deux genres de preuves, pour le faux principal, qui font la déposition des Témoins & celle des Experts : l'Ordonnance de 1737 y en a ajouté deux autres ; favoir, la preuve par titres ou littérale, & la preuve par comparaison d'écritures ou fignatures (c).

ARTICLE II.

Les pieces prétendues avoir été falsifiées, feront remifes au Juge, pour dreffer procès-verbal de leur état, les repréfenter à la Partie civile, pour les parapher en fa préfence, fi la Partie civile veut ou peut les parapher ; finon, en fera fait mention, & après avoir été paraphées par le Juge, elles feront remifes au Greffe.

Suivant notre Article, les pieces prétendues fausses devant d'abord être remifes au Juge pour en dreffer fon procès verbal, & enfuite être par lui remifes au Greffe, il s'enfuivoit que le procès verbal devoit précéder la remife de la piece au Greffe. L'Ordonnance de 1737 au contraire intervertiffant cet ordre, veut que la piece foit d'abord remife au Greffe, & que le Juge procède enfuite dans le Greffe même au procès verbal de l'état d'icelle (d).

(a) » Les plaintes, dénonciations & accufations de Faux principal, fe feront en la même forme » que celles des autres crimes, fans confignation d'amende, fans infcription en Faux, fommation » ni autres procédures avec celui contre lequel l'accufation fera formée. *Art.* 1, *Tit.* 1 *de l'Ord.* » de 1737.

(b) » L'accufation de Faux pourra être admife, s'il y échet, encore que les pieces prétendues fausses » aient été vérifiées, même avec le Plaignant à d'autres fins que celle d'une pourfuite de faux prin- » cipal ou incident, & qu'en conféquence il foit intervenu un Jugement fur le fondement defdites » pieces comme véritables *Art.* 2, *Ibidem.*

(c) » Sur la requête, ou plainte de la Partie publique, ou de la Partie civile, à laquelle elles fe- » ront tenues de joindre les Pieces prétendues fausses, fi elles font en leur poffeffion, il fera or- » donné qu'il fera informé des faits portés par ladite requête ou plainte ; & ce, tant par titres que par » Témoins, comme auffi par Experts, enfemble par comparaifon d'écritures ou fignatures, le » tout felon que le cas le requerera ; & lorfque le Juge n'aura pas ordonné en même tems ces diffé- » rens genres de preuves, il pourra y être fuppléé, s'il y échet, par une Ordonnance ou un Juge- » ment poftérieur. *Art.* 3, *Ibidem.*

(d) » Ledit Jugement ou Ordonnance contiendra en outre qu'il fera dreffé procès verbal de l'état

La même Ordonnance de 1737 va encore beaucoup plus loin : elle prévoit, dans son Article 5 du Titre premier, le cas où les pieces maintenues fausses ne seroient point en la possession du Plaignant ; & alors elle veut que l'Ordonnance, qui permet d'informer, contienne en même-tems injonction à ceux qui les ont entre leurs mains d'en faire l'apport au Greffe (*a*).

Elle fixe, dans l'Article 6, le délai dans lequel cet apport doit être fait (*b*).

Elle ne permet point, dans l'Article 7, qu'on puisse procéder à l'information, avant le dépôt au Greffe des pieces prétendues fausses (*c*).

Par l'Article 8, les Experts doivent être nommés par l'Ordonnance même qui admet l'information (*d*).

L'Article 9 défend aux Juges de recevoir aucune requête de l'Accusé contre les Experts (*e*).

L'Article 10, exige que le Procès verbal de l'état des pieces arguées de faux, soit fait au Greffe en présence de la Partie publique & de la Partie civile, mais sans y appeller l'Accusé (*f*).

” des pieces prétendues fausses ; lesquelles à cet effet seront remises au Greffe, si elles sont jointes à
:. la requête ou plainte, sinon apportées audit Greffe, ainsi qu'il sera dit ci après. *Art.* 4, *Tit.* 1 de
” l'*Ord. de* 1737.

(*a*) ” En cas que lesdites pieces ne soient pas en la possession de la Partie publique ou de la Par-
” tie civile, & qu'elles n'aient pu les joindre à leur requête ou plainte, il sera ordonné par le mê-
” me Jugement ou Ordonnance, qui permettra d'informer, qu'elles seront remises au Greffe par ceux
” qui les auront entre leurs mains ; & qu'à ce faire ils seront contraints, savoir les Dépositaires pu-
” blics par corps, ou s'ils sont Ecclésiastiques, par saisie de leur temporel ; & ceux qui ne sont
” pas Dépositaires publics, par toutes voies dues & raisonnables, sauf à être ordonné, s'il y échet,
” qu'ils seront contraints par les mêmes voies que les Dépositaires publics. *Art.* 5, *Ibidem.*

(*b*) ” Le délai pour l'apport & la remise desdites pieces courra du jour de la signification de la-
” dite Ordonnance ou Jugement, au domicile de ceux qui les auront en leur possession : & sera ledit
” délai de trois jours, s'ils sont dans le lieu de la Juridiction ; de huitaine, s'ils sont dans les dix
” lieues ; & en cas de plus grande distance, le délai sera augmenté d'un jour par dix lieues ; même
” de tel autre tems que les Juges estimeront nécessaire, eu égard à la difficulté des chemins, & à la
” longueur des lieues, sans néanmoins qu'en aucun cas le délai puisse être reglé sur le pié de plus de
” deux jours par dix lieues. *Art.* 6, *Ibidem.*

(*c*) ” Ne pourront être entendus aucuns Témoins avant que les pieces prétendues fausses aient été
” déposées au Greffe ; ce qui sera observé à peine de nullité, si ce n'est qu'il ait été ordonné expres-
” sément, soit en accordant la permission d'informer, soit par une Ordonnance ou un Jugement
” postérieur, que les Témoins pourront être entendus avant le dépôt desdites pieces, ce que nous
” laissons à la prudence des Juges : comme aussi de statuer ainsi qu'il appartiendra, suivant l'exi-
” gence des cas, lorsque les pieces prétendues fausses se trouveront avoir été soustraites, ou être
” perdues, ou lorsqu'elles seront entre les mains de celui qui sera prévenu du crime de Faux. *Art.* 7,
” *Ibidem.*

(*d*) ” Lorsque l'information par Experts aura été ordonnée, suivant ce qui est porté par l'*Art.* 3,
” lesdits Experts seront toujours nommés d'office, à peine de nullité, & la nomination en sera faite
” par l'Ordonnance ou Jugement qui ordonnera ladite information, si ce n'est que ladite nomination
” ait été renvoyée à un Juge commis sur les lieux pour procéder à l'information ; lequel Juge com-
” mis fera pareillement d'office ladite nomination. *Art.* 8, *Ibidem.*

(*e*) ” Défendons aux Juges de recevoir de l'Accusé aucune requête en récusation contre les Ex-
” perts, à peine de nullité ; sauf audit Accusé à fournir ses reproches, si aucuns y a entre lesdits
” Experts, en la même forme & dans le même tems que contre les autres Témoins. *Art.* 9, *Tit.* 1,
” *Ibidem.*

(*f*) ” Le Procès verbal de l'état des pieces prétendues fausses, ratures, surcharges, interlignes, &
” autres circonstances du même genre qui pourront s'y trouver, sera dressé au Greffe, ou autre lieu
” du Siége destiné aux instructions, en présence, tant de notre Procureur, ou de celui des Hauts-
” Justiciers, que de la Partie civile, s'il y en a, à peine de nullité ; & l'Accusé ne sera point ap-
” pellé audit procès verbal. *Art.* 10, *Tit.* 1, *Ibidem.*

L'Article 11 ajoute que lors de ce procès verbal les Piéces feront paraphées, tant par le Juge que par la Partie publique & la Partie civile (*a*).

L'Article 12 n'admet que le miniftere public & la Partie civile à fournir des pieces de comparaifon, lorfque la preuve par comparaifon d'écritures eft ordonnée (*b*).

Aux termes de l'Article 13, on ne doit admettre pour pieces de comparaifon que celles qui font authentiques par elles-mêmes (*c*).

L'Article 14 autorife cependant l'admiffion des écritures & fignatures privées, pourvu qu'elles aient été reconnues par l'Accufé (*d*).

L'Article 15 laiffe auffi à la prudence des Juges, lorfque l'accufation en faux ne tombe que fur un endroit particulier d'une piece, d'ordonner que le furplus fervira de piece de comparaifon (*e*).

Aux termes de l'Article 16, fi les pieces de comparaifon font dans des dépôts publics, le Juge doit en ordonner l'apport au Greffe, pour y demeurer jufqu'à la fin de l'inftruction (*f*).

Par l'Article 17, il doit être dreffé procès verbal des pieces de comparaifon, dès l'inftant de leur préfentation, de la même maniere que des pieces prétendues fauffes (*g*).

(*a*) » Lefdites pieces feront paraphées lors dudit procès verbal, tant par le Juge que par la Partie civile, » fi elle peut les parapher, finon il en fera fait mention; enfemble par notre Procureur, ou celui » des Hauts Jufticiers, le tout à peine de peine de nullité, après quoi elles feront remifes au Greffe. » *Art.* 11, *Titre* 1 de *l'Ord.* de 1737.

(*b*) » Lorfque la preuve par comparaifon d'écritures aura été ordonnée, nos Procureurs ou ceux des » Hauts-Jufticiers, & la Partie civile, s'il y en a, pourront feuls fournir les pieces de comparaifon, » fans que l'Accufé puiffe être reçu à en préfenter de fa part, fi ce n'eft dans le tems, & a n'ft qu'il fera » dit par les Articles 46 & 54 ci après, & le contenu au préfent Article fera obfervé, à peine de » nullité. *Art.* 12, *Ibidem.*

(*c*) » Ne pourront être admifes pour pieces de comparaifon que celles qui font authentiques par elles- » mêmes, & feront regardées comme telles les fignatures appofées aux Actes paffés devant Notaires ou » autres perfonnes publiques, tant Séculiers qu'Eccléfiaftiques, dans les cas où elles ont droit de recevoir » des Actes en ladite qualité. Comme auffi les fignatures étant aux Actes judiciaires faits en préfence » du Juge & du Greffier, & pareillement les pieces écrites & fignées par celui dont il s'agit de compa- » rer l'écriture en qualité de Juge, Greffier, Notaire, Procureur, Huiffier, Sergent, & en général » comme faifant à quelque titre que ce foit, fonction de perfonne publique. *Art.* 13, *Tit.* 1, » *Ibidem.*

(*d*) » Pourront néanmoins être admifes pour pieces de comparaifon les écritures ou fignatures » privées qui auroient été reconnues par l'Accufé, fans qu'en aucuns cas lefdites écritures ou figna- » tures privées puiffent être reçues pour pieces de comparaifon, quand même elles auroient été é » vérifiées avec ledit Accufé fur la d'négation qu'il en auroit faite: ce qui fera exécuté, à peine » de nullité. *Art.* 14, *Ibidem.*

(*e*) » Laiffons à la prudence des Juges, fuivant l'exigence des cas, & notamment lorfque l'accu- » fation de faux ne tombera que fur un endroit de la piece, qu'on prétendra être faux ou falfi- » fié, d'ordonner que le furplus de ladite piece fervira de piece de comparaifon. *Art.* 15, *Tit.* 1 » *Ibidem.*

(*f*) » Si les pieces, induites pour pieces de comparaifon, font entre les mains de Dépofitaires » publics, ou autres, le Juge ordonnera qu'elles feront apportées, fuivant ce qui eft prefcrit par » les Articles 5 & 6 à l'égard des pieces prétendues fauffes: & les pieces qui auront été admifes » pour pieces de comparaifon, demeureront au Greffe pour fervir à l'inftruction, & ce, quand » même les Dépofitaires d'icelles ou iroient de les apporter toutes les fois qu'il feroit néceffaire; » fauf aux Juges à y pourvoir autrement, s'il y échet pour ce qui concerne les Regiftres des Bap- » têmes, Mariages, Sépultures & autres, dont les Dépofitaires auroient befoin continuellement pour » le fervice du public. *Art.* 16, *Ibidem.*

(*g*) » Sur la préfentation des pieces de comparaifon, qui fera faite par la Partie publique ou par la » Partie civile, fans qu'il foit donné aucune requête à cet effet, il fera dreffé procès verbal defdites » pieces, au Greffe ou autre lieu du Siege deftiné aux inftructions, en préfence de ladite Partie pu-

Aux

Aux termes de l'Article 18, l'Accufé ne peut être non plus préfent à ce procès verbal (*p*).

Par la difpofition de l'Article 19 le Juge doit regler à la fin de ce procès verbal, & fur les conclufions du Miniftere public, fi les pieces de comparaifon préfentées feront admifes ou rejettées (*q*).

Si le rejet en eft ordonné, l'Article 20 impofe à la Partie publique ou civile, l'obligation d'en rapporter ou d'en indiquer d'autres (*r*).

Si au contraire ces premieres pieces de comparaifon font admifes, l'Article 21 exige qu'elles foient paraphées, tant par le Juge, que par la Partie publique & la Partie civile (*f*).

ARTICLE III.

Elles feront auffi préfentées aux Témoins qui auront eu connoiffance de la falfification.

La difpofition de cet Article fe trouve bien plus développée dans l'Ordonnance de 1737. Elle veut, comme la nôtre, qu'indépendamment des Experts, on entende comme Témoins ceux qui auroient connoiffance de la fabrication, altération & fauffeté de pieces (*a*); & que lors de leur audition, on leur repréfente les pieces prétendues fauffes, fi elles font au Greffe : mais comme il pourroit très bien arriver qu'elles n'y fuffent plus alors, cette repréfentation doit être effectuée lorfqu'elles y feront, & ce, foit à leur recolement, foit à leur confrontation (*b*).

Cette Ordonnance exige de plus, qu'en préfentant aux Témoins les

---

» blique enfemble de la Partie civile, s'il y en a, à peine de nullité. *Art.* 17, *Tit* 1 *de l'Ord.*
» *de* 1737.

(*p*) » L'Accufé ne pourra être préfent au procès verbal de la préfentation des pieces de compa-
» raifon, ce qui fera pareillement obfervé, à peine de nullité. *Art.* 18, *ibidem.*

(*q*) » A la fin dudit procès verbal, & fur la requifition ou fur les conclufions de la Partie pu-
» blique, le Juge réglera ce qu'il appartiendra fur l'admiffion ou le rejet defdites pieces, fi ce
» n'eft qu'il juge à propos d'ordonner qu'il en fera par lui référé aux autres Officiers du Siége : au
» quel cas il y fera pourvu par délibération du Confeil, après que ledit procès verbal aura été com-
» muniqué à notre Procureur, ou à celui des Hauts Jufticiers, & à la Partie civile. *Art.* 19, *ibi-*
» *dem.*

(*r*) » S'il eft ordonné que les pieces de comparaifon feront rejettées, la Partie civile, s'il y en
» a, ou nos Procureurs, ou ceux des Hauts Jufticiers, feront tenus d'en rapporter, ou d'en indi-
» quer d'autres dans le délai qui fera prefcrit; finon il y fera pourvu ainfi qu'il appartiendra; &
» fera au furplus obfervé fur l'apport defdites pieces, le contenu en l'Article 16 ci-deffus. *Art.* 20,
» *ibidem.*

(*f*) » Dans tous les cas où les pieces de comparaifon feront admifes, elles feront paraphées,
» tant par le Juge, que par nos Procureurs, ou par ceux des Hauts-Jufticiers, & par la Partie ci-
» vile, s'il y en a, & fi elle peut figner, finon il en fera fait mention : le tout à peine de nullité.
» *Art.* 21, *ibidem.*

(*a*) » Seront en outre entendus comme Témoins ceux qui auront connoiffance de la fabrication,
» altération, & en général de la fauffeté defdites pieces, ou de faits qui pourront fervir à en établir
» la preuve; à l'effet de quoi fera permis d'obtenir, s'il y échet, & faire publier des Monitoires; ce
» qui pourra être ordonné en tout état de caufe. *Art.* 24, *ibidem.*

(*b*) » En procédant à l'audition defdits Témoins, les pieces prétendues fauffes leur feront repréé-
» fentées, fi elles font au Greffe; & en cas qu'elles n'y fuffent pas, la repréfentation en fera faite lors
» du recolement : & fi elles n'étoient pas au Greffe, même audit tems, la repréfentation s'en fera
» lors de la confrontation. *Art.* 25, *ibidem.*

Tome II.   M

pieces prétendues fauffes, on les leur faffe parapher, s'ils veulent ou peuvent le faire (c).

Elle n'a pas borné non plus fon attention à preferire que l'on repré-fentât aux Témoins les pieces prétendues fauffes; elle exige qu'on leur repréfente auffi les pieces de conviction, dont ils pourroient avoir con-noiffance, & qu'on les leur faffe en même-tems parapher (d).

Cependant fi on avoit obmis de préfenter aux Témoins, foit les pieces de conviction dont ils auroient eu connoiffance, quoiqu'elles fuffent au Greffe lors d'une information où ils auroient été entendus, la nouvelle Ordonnance permet de réparer ce défaut au recolement ou à la confrontation des Témoins (e).

A l'égard des pieces de comparaifon, comme elles ne font nécef-faires que pour guider le témoignage des Experts, il n'eft pas permis de les repréfenter aux fimples Témoins, à moins que le Juge, par des motifs particuliers, n'eftime cette repréfentation utile, auquel cas il doit faire parapher aux Témoins les pieces repréfentées (f).

ARTICLE IV.

La forme preferite pour la reconnoiffance des écritu-res & fignatures en matiere Criminelle, fera obfervée dans l'inftruction qui fe fera par la dépofition des Ex-perts, pour la preuve du Faux Principal, ou incident.

Le feu Roi renvoie dans cet Article, pour l'inftruction du Faux Principal, à ce qu'il avoit preferit dans le Titre précédent, par rapport à la reconnoiffance des écritures & fignatures privées en matiere Crimi-nelle. Mais le mélange des procédures fur ces deux objets ayant été caufe que les Juges, dans l'embarras de faire un jufte difcernement, ont fouvent féparé ce qui devoit être joint, & confondu ce qu'il auroit

(c) » Lefdits Témoins parapheront lefdites pieces, lors de la repréfentation qui leur en fera faite, » s'ils veulent ou peuvent les parapher; finon il en fera fait mention. *Art. 16*, *Tit. 1 de l'Ord. » de 1737.*

(d) » Les pieces fervant à conviction, qui auroient été remifes au Greffe, feront pareillement » repréfentées à ceux defdits Témoins qui en auront connoiffance, & par eux paraphées, ainfi » qu'il eft porté par l'Article précédent; le tout lors de leur dépofition *Art. 17, ibidem.*

(e) » Voulons néanmoins qu'en cas d'ohmiffion de la repréfentation & du paraphe ci-deffus or-» donnés des pieces prétendues fauffes, ou fervant à conviction, qui feroient au Greffe lors de la » dépofition defdits Témoins, il puiffe y être fuppléé lors du recolement; & s'il a été ohmis alors » d'y fatisfaire, il y fera fuppléé en procédant à la confrontation, à peine de nullité de ladite con-» frontation, ainfi qu'il fera dit par l'Article 45 ci-après. *Art. 28, ibidem.*

(f) » A l'égard des pieces de comparaifon, & autres qui doivent être repréfentées aux Experts, » fuivant l'Article 23, elles ne feront point repréfentées aux autres Témoins; fi ce n'eft que le » Juge en procédant, foit à l'information, foit au recolement ou à la confrontation defdits Té-» moins, eftime à propos de leur repréfenter lefdites pieces, ou quelques-unes d'icel'es; au-» quel cas elles feront par eux paraphées, ainfi qu'il eft ci-deffus preferit. *Article 29, » ibidem.*

fallu diftinguer ; la nouvelle Ordonnance a remedié à ces inconvéniens, en reprenant dans un détail nouveau & circonftancié toutes les procédures néceffaires pour l'inftruction du Faux Principal , depuis l'information jufqu'au jugement définitif inclufivement.

Quant à *l'information*, les Experts doivent être entendus féparément, par forme de dépofition , & non par forme de rapport & de vérification , comme fembloit le permettre notre Ordonnance , par rapport à la reconnoiffance des écritures & fignatures privées (a). Lors de cette information , on repréfente à chaque Expert, la plainte , la permiffion d'informer , les pieces prétendues fauffes , les pieces de comparaifon & les procès verbaux tant d'apport que de préfentation d'icelles, pour en faire par eux l'examen , fans déplacer (b).

Sur cette information, & même fans information, s'il y a charge fuffifante, le Juge doit décerner tel *décret* qu'il appartiendra (c).

Quel que foit ce décret, on procede à *l'interrogatoire* de l'Accufé , lors duquel on doit lui repréfenter tant les pieces prétendues fauffes que les pieces de conviction (d) ; mais non pas les pieces de comparaifon (e). Le Juge peut ordonner en tout état de caufe, que l'Accufé fera tenu de faire un corps d'écriture tel qu'il lui fera dicté par les Experts (f) ; & dans ce dernier cas, il doit y être procédé au Greffe, en préfence de la Partie publique & de la Partie civile, où elles duement appellées (g). A la fin du procès verbal , le Juge peut ordonner

---

(a) » Dans toutes informations qui feront faites par Experts , ils feront toujours entendus féparé-
» ment , & par forme de dépofition , ainfi que les autres Témoins ; fans qu'il puiffe être ordonné
» en aucun cas que lefdits Experts feront leur rapport fur les pieces prétendues fauffes, ou qu'il fera
» procédé préalablement à la vérification d'icelles : ce que nous défendons à peine de nullité. Art.
» 22, Tit. 1 de l'Ordon. de 1737.

(b » En procédant à ladite information , la plainte ou requête concernant l'accufation de faux ,
» & la permiffion d'informer , donnée en conféquence , les pieces prétendues fauffes, & le procès
» verbal de l'état d'icells, les pieces de comparaifon , lorfqu'il en aura été fourni ; enfemble le
» procès verbal de préfentation d'icelles , & l'Ordonnance ou jugement par lequel elles auront été
» reçues, feront remis à chacun des Experts, pour les voir & examiner féparément & en particu-
» lier, fans déplacer ; & fera fait mention de la remife & examen defdites pieces dans la dépofi-
» tion de chacun des Experts , fans qu'il en foit dreffé aucun procès verbal , lefquels Experts para-
» pheront les pieces prétendues fauffes, le tout à peine de nullité. Art. 23 , Tit. 1 , ibidem.

. (c) » Sur le vû de l'information , foit par Experts, ou par autres Témoins, il fera décerné , s'il
» y échet , tel Décret qu'il appartiendra ; ce que les Juges pourront pareillement faire fans infor-
» mation , en cas qu'il y ait d'ailleurs des charges fuffifantes pour décréter, le tout fur les Conclu-
» fions de nos Procureurs , ou de ceux des Hauts-Jufticiers. Art. 30 , Tit. 1 de l'Ord. de 1737.

(d) » Lors de l'interrogatoire des Accufés, les pieces prétendues fauffes , comme auffi les pieces
» fervant à conviction , qui feront actuellement au Greffe , leur feront repréfentées, & par eux pa-
» raphées, s'ils peuvent ou veulent le faire, finon il en fera fait mention : & en cas d'obmiffion de
» ladite repréfentation & paraphe , il y fera fuppléé un nouvel interrogatoire, à peine de nullité
» du Jugement qui feroit intervenu fans avoir réparé ladite obmiffion. Art. 31 , Tit. 1 , ibidem.

(e) » Les pieces de comparaifon , ou autres qui doivent être repréfentées aux Experts, fuivant
» l'Article 23 , ne pourront être repréfentées aufdits Accufés avant la confrontation. Art. 32 ,
» ibidem.

(f) » En tout état de caufe, même après le reglement à l'extraordinaire , les Juges pourront or-
» donner , s'il y échet , à la requête de la Partie civile , ou fur le requifitoire de la Partie pub'i-
» que , ou même d'office que l'Accufé fera tenu de faire un corps d'écriture tel qu'il lui fera dicté
» par les Experts. Art. 33 , ibidem.

(g) » Lorfque ledit corps d'écriture aura été ordonné , il y fera procédé au Greffe, ou autre lieu du

que ce corps d'écriture sera reçu par nouvelles pieces de comparaison; & que sur ce qui peut en resulter, les Experts seront entendus de nouveau par forme de déposition (h). En cas de doute ou de diversité dans la déposition des Experts à cet égard, on laisse à la prudence du Juge, d'ordonner que de nouveaux Experts seront entendus ( ).

Par rapport *au récolement*, l'Ordonnance de 1737 prescrit d'abord la forme dans laquelle doit être fait celui des Experts (k) : elle spécifie ensuite quelle forme on doit observer dans celui des Témoins autres que les Experts (l).

Cette Ordonnance passant ensuite aux formalités de la *confrontation*, elle impose la nécessité de représenter alors, tant aux Témoins qu'à l'Accusé, les mêmes pieces dont l'exhibition auroit été faite, soit lors de la déposition, soit lors du récolement (m). Si les Témoins repré-

---

” Siége destiné aux instructions, en présence de nos Procureurs, ou de ceux des Hauts Justiciers, en-
” semble de la Partie civile, s'il y en a, ou elle duement appellée. A la requête de la Partie publi-
” que, sera ledit corps d'écriture paraphé, tant par le Juge, les Experts, & nosdits Procureurs,
” ou ceux des Hauts Justiciers, que par la Partie civile, si elle peut & veut le faire, sinon il en sera
” fait mention, ensemble par l'Accusé, s'il veut le parapher; & ce en présence desdits Experts;
” & en cas qu'il refuse de le faire, il en sera fait mention; le tout à peine de nullité. *Art.* 34,
” *Tit.* 1 de l'Ordonnance de 1737.

(h) ” A la hui dudit procès verbal, & sans qu'il soit besoin d'autre Jugement, le Juge ordonnera,
” s'il y échoit, que ledit corps d'écriture sera reçu pour pieces de comparaison, & que les Experts
” seront entendus par voie de déposition, en la forme prescrite par l'Article 23, sur ce qui peut
” résulter dudit corps d'écriture comparé avec les pieces prétendues fausses; ce qui aura lieu, encore
” qu'ils eussent déja déposé sur d'autres pieces de comparaison, sans préjudice au Juge, s'il y échet,
” d'en nommer d'autres, ou d'en ajouter de nouveaux aux premiers, ce qu'il ne pourra faire néan-
” moins que par délibération de Conseil; à l'effet de quoi il en sera par lui referé aux autres Juges.
” *Art.* 35, *ibidem.*

(i) ” Laissons à la prudence des Juges, en cas de diversité dans la déposition des Experts, ou de
” doute sur la maniere dont ils se feront expliqués, d'ordonner, sur la requisition de la Partie publique,
” ou même d'office, qu'il sera entendu de nouveaux Experts, en la forme prescrite par les Articles
” 22 & 23, même qu'il sera fourni de nouvelles pieces de comparaison; ce qu'ils pourront ordon-
” ner, s'il y échet, avant que de décréter, ou après le décret jusqu'à reglement à l'extraordinaire;
” après quoi ils ne pourront l'ordonner, que lorsque l'instruction sera achevée, & en jugeant le
” procès. Et en cas que se soit l'Accusé qui fasse une pareille demande, sera observé ce qui est
” prescrit par les Articles 46 & 54 ci-après. *Art.* 36, *ibidem.*

(k) Lors du récolement des Experts, les pieces prétendues fausses & les pieces de comparaison se-
” ront représentées auxdits Experts, & tant à eux qu'aux Accusés, lors de la confrontation, à peine
” de nullité. Au surplus, le récolement & la confrontation desdits Experts se feront en la même
” forme que le récolement & la confrontation des autres Témoins, sans néanmoins qu'il soit besoin
” d'interpeller lesdits Experts, de déclarer, si c'est de l'Accusé présent qu'ils ont entendu parler dans
” leur déposition & récolement, à moins qu'ils n'aient déposé de faits personnels audit Accusé. *Art.*
” 37, *ibidem.*

(l) ” En procédant au récolement des Témoins, autres quels Experts, les pieces prétendues fausses
” seront représentées auxdits Témoins, comme aussi les pieces servant à conviction, & en général
” toutes celles qui leur auront été représentées, lors de leur déposition : & en cas que lesdites pie-
” ces prétendues fausses n'aient été remises au Greffe que depuis leur déposition, elles leur seront
” représentées & par eux paraphées, lors dudit récolement, suivant ce qui est prescrit par les Ar-
” ticles 25 & 26. Ce qui aura lieu pareillement pour les pieces servant à conviction, dont lesdits
” Témoins auroient connoissance, & qui auroient été remises au Greffe depuis leur déposition,
” comme aussi pour celles dont la représentation auroit éé omise lors de l'audition desdits Té-
” moins, suivant ce qui est porté par l'Article 34. *Art.* 38, *ibidem.*

(m) ” Toutes les pieces qui auront été représentées auxdits Témoins, tant lors de leur déposition,
” que lors de leur récolement, leur seront représentées, ainsi qu'à l'Accusé, lors de leur confronta-
” tion: & en cas que les pieces n'aient été remises au Greffe que depuis ledit récolement, elles seront
” représentées auxdits Témoins & par eux paraphées lors de ladite confrontation, suivant ce qui est
” prescrit par les Articles 25 & 26 : ce qui aura lieu pareillement pour les pieces servant à convic-
” tion, dont lesdits Témoins auroient connoissance, & qui n'auroient été remises au Greffe, que
” depuis ledit récolement: comme aussi pour celles dont la représentation auroit éé omise lors de

fentent quelque nouvelle piece, lors de l'information, lors du récolement, ou lors de la confrontation, elles doivent demeurer jointes au procès (*n*). Pareille jonction doit avoir lieu, par rapport aux pieces que pourroit repréfenter l'Accufé, foit lors de fon interrogatoire, (*o*) foit lors recolement ('). S'il eft ordonné que les Accufés feront récolés fur leurs interrogatoires & confrontés les uns aux autres, les pieces qui auront été repréfentées à chaque Accufé ou qu'il auroit rapportées lors de fon interrogatoire, doivent lui être repréfentées à fon récolement, & tant à lui qu'aux autres Accufés lors de la confrontation (*q*). Le paraphe des pieces, lors de leur repréfentation foit aux Accufés foit aux Experts ou autres Témoins, ne peut être exigé qu'une feule fois; de forte que lorfqu'il eft fait dans le premier acte, il n'eft pas befoin qu'il foit réiteré autant de fois que les pieces font repréfentées (*r*). Quant à la repréfentation même des pieces prétendues fauffes & de conviction aux Témoins, fi elle n'a point été faite dès le principe de l'inftruction, on peut y fuppléer jufqu'à la confrontation inclufivement; mais cette faculté n'a pas lieu pour les Experts (*s*). Si l'Accufé demandoit qu'on remît de nouvelles pieces de comparaifon entre les mains des Experts, fa Requête ne pourroit être admife qu'après l'inftruction achevée, & lors de la vifite du procès; une pareille demande tendante à fes faits

---

» la dépofition & du récolement, fuivant ce qui eft porté par l'Article 28. *Art.* 39, *Tit.* 1 *de l'Ord.*
» *de* 1737.

(*n*) » Si les Témoins repréfentent quelque piece, foit lors de leur dépofition ou du récolement,
» ou de la confrontation, elles y demeureront jointes, après avoir été paraphées, tant par le Juge,
» que par les Témoins, s'ils peuvent ou veulent le faire, finon il en fera fait mention. Et fi lefdites
» pieces fervent à conviction, elles feront repréfentées aux Témoins qui en auroient connoiffance,
» & qui feroient entendus, récolés ou confrontés, depuis la remife defdites pieces, & elles feront
» par eux paraphées; le tout fuivant ce qui eft prefcrit par les Articles 27 & 28 ci-deffus. *Art.* 40,
» *ibidem.*

(*o*) » Si l'Accufé repréfente des pieces lors de fon interrogatoire, elles y demeureront jointes,
» après avoir été paraphées, tant par le Juge, que par ledit Accufé, s'il peut ou veut les parapher,
» finon il en fera fait mention: & elles feront repréfentées aux Témoins, s'il y échet, auquel
» cas elles feront par eux paraphées, s'ils peuvent ou veulent le faire, finon il en fera fait men-
» tion. *Art.* 41, *ibidem.*

(*p*) » Si l'Accufé repréfente des pieces lors de la confrontation, elles y demeureront pareillement
» jointes, après avoir été paraphées, tant par le Juge que par l'Accufé, & par le Témoin con-
» fronté avec l'accufé; & fi ledit Accufé & ledit Témoin ne peuvent ou ne veulent les parapher,
» il en fera fait mention; le tout à peine de nullité de ladite confrontation: & feront lefdites
» pieces repréfentées, s'il y échet, aux Témoins qui feront confrontés depuis; & par eux para-
» phées, ainfi qu'il eft porté par l'Article précédent. *Art.* 42, *ibidem.*

(*q*) » Lorfqu'il aura été ordonné que les Accufés feront recolés fur leurs interrogatoires, & con-
» frontés les uns aux autres, les pieces qui auront été repréfentées à chaque Accufé, ou qu'il aura
» rapportées lors de fes interrogatoires, lui feront pareillement repréfentées lors de fon récolement,
» & tant à lui qu'aux autres Accufés lors de la confrontation: & fera au furplus obfervé fur la re-
» préfentation & fur le paraphe defdites pieces, ce qui eft prefcrit par les Articles 38, 39, 40 &
» 41 ci-deffus *Art.* 43, *ibidem.*

(*r*) » Dans tous les cas où il a été ordonné, par les Articles précédens, que les pieces prétendues
» fauffes, ou autres pieces, feront paraphées, foit par le Juge, foit par les Experts, ou autres Té-
» moins; foit par les Accufés, ou qu'il fera fait mention à l'égard defdits Témoins ou Accufés,
» qu'ils n'ont pu, ou n'ont voulu les parapher, il fuffira de faire parapher lefdites pieces, ou de
» faire ladite mention dans le premier Acte lors duquel lefdites pieces feront repréfentées, fans qu'il
» foit befoin de reiterer ledit paraphe ou ladite mention, lorfque les mêmes pieces feront de nou-
» veau repréfentées. *Art.* 44 *ibidem.*

(*s*) » Defirant expliquer plus particulierement nos intentions fur les cas, où la peine de nullité
» prononcée par le défaut de repréfentation aux Témoins, autres que les Experts, des pieces préten-

juſtificatifs (*t*). Si ſa Requête eſt admiſe , le Jugement d'admiſſion doit lui être ſignifié dans les vingt-quatre heures ; & il eſt tenu d'indiquer ſur le champ au Juge les pieces, ſans pouvoir dans la ſuite en préſenter d'autres que celles par lui d'abord indiquées (*u*). Parmi ces pieces de comparaiſon , on ne peut admettre les écritures & ſignatures privées de l'Accuſé , ſi ce n'eſt du conſentement de la Partie publique & civile (*x*). Ces pieces de comparaiſon indiquées par l'Accuſé , doivent être de la même qualité que celles préſentées par la Partie publique ou civile ; & elles doivent être remiſes au Greffe avec les mêmes formalités (*y*). Il doit être dreſſé procès verbal de préſentation de ces nouvelles pieces de comparaiſon indiquées par l'Accuſé (*z*) ; & lorſqu'elles ſont admiſes, on doit auſſi procéder à une nouvelle information (*&*).

La Partie publique & la Partie civile ſont autoriſées à produire de nouvelles pieces de comparaiſon , en tout état de cauſe (*aa*) : & lorſqu'à l'occaſion des nouvelles pieces de comparaiſon indiquées par l'Accuſé , la Partie civile ou la Partie publique en ont produit de leur part, le

---

» dues fauſſes, ou ſervant à conviction, & de paraphe deſdites pieces, voulons que ladite peine ne » puiſſe avoir lieu qu'à l'égard de la confrontation , lorſqu'on n'y aura pas ſuppléé , à l'obmiſſion » de la repréſentation ou de paraphe deſdites pieces, auquel cas les Juges ordonneront, s'il y échet, » qu'il ſera p océdé à une nouvelle confrontation, lors de laquelle leſdites pieces ſeront repréſen- » tées auxdits Témoins , & par eux paraphées en la forme ci-deſſus preſcrite : ce qui ſera pareille- » ment obſervé à l'égard des Accuſés , lorſqu'il aura été ordonné qu'ils ſeront récolés & confrontés » les uns aux autres. *Art.* 45 , *Tit.* 1 de l'*Ord.* de 1737.

(*t*) » En cas que l'Accuſé préſente une requête pour demander qu'il ſoit remis de nouvelles pieces » de comparaiſon entre les mains des Experts , les Juges ne pourront y avoir égard , qu'après l'inſ- » truction achevée, & par délibération du Conſeil ſur le vû du procès , à peine de nullité. *Art.* 45 , » *ibidem.*

(*u*) Si la requête de l'Accuſé eſt admiſe , le jugement lui ſera prononcé dans les vingt-quatre heu- » res , au plus tard , & il ſera interpellé par le Juge d'indiquer leſdites pieces ; ce qu'il ſera tenu de » faire ſur le champ. Laiſſons néanmoins à la prudence des Juges de lui accorder un délai ,ſuivant » l'exigence des cas , pour indiquer leſdites pieces, ſans que ledit délai puiſſe être prorogé. Il ne » pourra l'Accuſé préſenter dans la ſuite d'autres pieces que celles qu'il aura indiquées : le tout ſans » préjudice à la Partie civile, ou à la Partie publique, de conteſter leſdites pieces. *Article* 47 , *ibi-* » *dem.*

(*x*) » Les écritures ou ſignatures privées de l'Accuſé ne pourront être reçues pour pieces de com- » paraiſon (encore qu'elles euſſent été par lui reconnues ou vérifiées avec lui) , ſi ce n'eſt du conſen- » tement, tant de la Partie publique, que de la Partie civile, s'il y en a : ce qui ſera obſervé à » peine de nullité. *Art.* 48 , *ibidem.*

(*y*) » Les diſpoſitions des Articles 13 & 14 ſeront obſervées, tant par rapport à la qualité deſdites » nouvelles pieces de comparaiſon , qu'en ce qui concerne l'apport & remiſe au Greffe d'icelles ; » lequel apport & remiſe ſe feront , à la requête de la Partie publique. *Art.* 49 , *ibidem.*

(*z*) » Le procès verbal de préſentation de nouvelles pieces de comparaiſon indiquées par l'Accuſé , » ſera fait à la requête de la Partie publique , & dreſſé en préſence dudit Accuſé , lequel paraphera » les pieces qui ſeront reçues, s'il peut ou veut les parapher , ſinon il en ſera fait mention ; le tout » à peine de nullité. Et en cas que l'Accuſé ne ſoit pas dans les priſons , & ne ſe préſente point pour » aſſiſter audit procès verbal, il y ſera procédé en ſon abſence, après qu'il aura été duement appellé, à » la requête de la Partie publique ; ſera au ſurplus obſervé tout ce qui a été ci-deſſus preſcrit par » rapport au procès verbal de préſentation des pieces de comparaiſon , rejet , ou admiſſion d'icelles, » & procédures à faire en conſéquence. *Art.* 50 , *ibidem.*

(*&*) » En cas que les pieces de comparaiſon ſoient admiſes, il ſera procédé à une nouvelle infor- » mation ſur ce qui peut réſulter deſdites pieces ; dans la forme preſcrite par les Articles 22 & 23 ; » & ce , à la requête de la Partie publique , & par les mêmes Experts qui auront été déja entendus , » à moins qu'il n'en ait été autrement ordonné. Seront les anciennes pieces de comparaiſon remi- » ſes entre les mains des Experts , ainſi que les nouvelles ; enſemble les procès verbaux de préſenta- » tion , & les Ordonnances ou Jugemens de réception de toutes leſdites pieces. *Art* 51 , *ibidem.*

(*aa*) » N'entendons empêcher que la Partie civile , ou la Partie publique ne puiſſent être admiſes

Juge a la faculté d'ordonner , que tant fur les unes que fur les autres il fera procedé à une feule & même information par Experts (*bb*). Si l'Accufé demandoit qu'il fût entendu de nouveaux Experts fur les anciennes ou fur les nouvelles pieces de comparaifon ; on ne porroit faire droit fur une demande de cette qualité, fi ce n'eft lors de la vifite du procès, par la raifon que nous avons ci-devant alleguée (*cc*) ; & même s'il y étoit fait droit alors, les Experts doivent toujours être nommés d'office (*dd*). Il dépend abfolument de la prudence des Juges, de ftatuer ce que bon leur femble fur les nouvelles informations (*ee*). La Partie civile dans toute cette procédure peut fe faire fubftituer par un fondé de procuration pourvu que cette procuration foit fpéciale (*ff*) : elle doit être annexée à la Minute de l'Acte pour lequel elle fera donnée, fi elle ne conceine qu'un feul Acte ; & fi elle en concerne plufieurs, elle doit l'être à la Minute du premier Acte lors duquel elle aura été repréfentée (*gg*). Dans les *Jugemens définitifs*, dont traite enfuite l'Ordonnance de 1737, il faut diftinguer ceux qui font contradictoires, d'avec ceux qui ne font rendus que par contumace. Quand les Jugemens font contradictoires & fujets à l'appel, il doit être furfis à leur exécution jufqu'après le Jugement de l'appel, du moins quant aux chefs qui ordonneroient la fuppreffion, lacération ou radiation, même la

---

» à produire de nouvelles pieces de comparaifon, & ce en tout état de caufe, même dans le cas où » il n'auroit pas été permis à l'Accufé d'indiquer de nouvelles pieces de comparaifon : le tout à » la charge de fe conformer aux difpofitions des Articles 13 & fuivans, notamment en ce qu'il y » eft porté, que l'Accufé ne fera point préfent au procès verbal de préfentation des pieces de compa- » raifon rapportées par la Partie publique, ou par la Partie civile. *Art.* 52, *Tit.* 7 *de l'Ord. de* » 1737.

(*bb*) » Lorfqu'à l'occafion des nouvelles pieces de comparaifon indiquees par l'Accufé, la Partie » publique ou la Partie civile, s'il y en a, en auront aufli produit de leur part, les Juges pourront, » après que lefdites pieces auront été reçues en la forme ci-deffus marquee, ordonner, s'il y échet, » que fur les unes & les autres, il fera procédé à une feule & même information par Experts. » *Art.* 53, *ibidem.*

(*cc*) » Si l'Accufé demande qu'il foit entendu de nouveaux Experts, foit fur les anciennes pieces » de comparaifon, ou fur de nouvelles, les Juges ne pourront l'ordonner, s'il y échet, qu'après » l'inftruction achevée, & par délibération du Confeil fur le vû du procès : ce qui fera obfervé, à » peine de nullité. *Art.* 54, *ibidem.*

(*dd*) » S'il eft ordonné qu'il fera procédé à une information par de nouveaux Experts, ils feront » toujours nommés d'office, & entendus en la forme prefcrite par les Articles 22 & 23 : le tout » à peine de nullité. *Art.* 55, *ibidem.*

(*ee*) » Dans tous les cas marqués par les Articles 36, 46, 47, 52, 53, 54 & 55, où il aura été » procédé à une nouvelle information, foit fur de nouvelles pieces de comparaifon, ou par de » nouveaux Experts, les Juges pourront la joindre au procès, pour, en jugeant, y avoir tel égard » que de raifon, ou décerner de nouveaux décrets, s'il y échet, ou ordonner fans décret, que les » Experts, entendus dans ladite information, feront récolés & confrontés, ou y ftatuer autrement, » fuivant l'exigence des cas, ce que nous laiffons à leur prudence. *Art.* 56, *ibidem.*

(*ff*) » Dans tous les procès verbaux, où la préfence de la Partie civile eft requife, fuivant ce » qui a été reglé ci-deffus, il fera permis à ladite Partie civile d'y faire affifter, au lieu d'elle, le » Porteur de fa procuration, qui ne fera admife qu'en cas qu'elle foit fpéciale & paffée devant » Notaires *Art.* 57, *ibidem.*

(*gg*) » Ladite procuration fera annexée à la minute de l'Acte pour lequel elle aura été donnée, fi » elle ne concerne qu'un feul Acte ; & fi elle en concerne plufieurs, elle fera annexée à la minute » du premier Acte, lors duquel elle aura été repréfentée ; & fera paraphée, tant par le Juge, que par » le Porteur d'icelle, lequel paraphera en outre toutes les pieces qui devroient être paraphées par » ladite Partie civile, fi elle étoit préfente ; & en cas qu'il refufe de les parapher, il y fera pourvû

réformation ou le rétabliſſement des pieces déclarées fauſſes (*hh*). Cependant l'Accuſé peut être mis en liberté, en acquieſçant de ſa part à la Sentence, lorſqu'il n'y a point d'appel *à minimâ* interjetté par la Partie publique (*ii*): mais lorſque le Jugement eſt intervenu par contumace, la ſurſéance ci-deſſus ſpécifiée doit avoir lieu, tant que les Accuſés contumaces ne ſe repréſentent point ou ne ſont point arrêtés (*kk*). Elle empêche même l'exécution des Arrêts de Cours Souveraines, à moins qu'il n'y en ait une diſpoſition contraire dans l'Arrêt (*ll*). Le Jugement définitif doit auſſi ſtatuer ſur la remiſe des pieces (*mm*); mais ſi ce Jugement eſt ſujet à l'appel, cette remiſe ne peut être effectuée qu'après que les Cours y ont pourvu (*nn*). Si au contraire le Jugement n'étoit point dans le cas de l'appel, ou que l'Accuſé y eût acquieſcé, les pieces ne pourroient être retirées du Greffe, que ſix mois après la Sentence rendue (*oo*). Mais ſi le procès a été jugé dans une Cour Souveraine, on peut retirer du Greffe les pieces auſſi-tôt après l'Arrêt définitif qui en

_____

» par les Juges ſur les concluſions de la Partie publique, ainſi qu'il appartiendra. *Art.* 58, *Titre* 1 » *de l'Ord. de* 1737.

(*hh*) » Lorſque les premiers Juges auront ordonné la ſuppreſſion, ou lacération, ou la radiation de » tout ou en partie, même la réformation ou le rétabliſſement des pieces par eux déclarées fauſſes, il » ſera ſurſis à l'exécution de ce chef de leur Jugement, juſqu'à ce que par nos Cours, ſur le vu du » procès, & ſur les concluſions de nos Procureurs Généraux, il ait été pourvu ainſi qu'il appar- » tiendra: ce qui aura lieu, encore que la Sentence fût de nature à pouvoir être exécutée, ſans » avoir été confirmée par Arrêt, & qu'il n'y en eût aucun appel, ou que l'Accuſé y eût acquieſcé » dans les cas où il le peut faire. *Art.* 59, *ibidem.*

(*ii*) » N'entendons néanmoins empêcher que ledit Accuſé ne ſoit mis en liberté, dans ledit cas » d'acquieſcement de ſa part à la Sentence, lorſqu'il n'y aura point d'appel *à minimâ*, inter- » jetté par nos Procureurs Généraux, ou leurs Subſtituts, ou par les Procureurs des Hauts-Juſti- » ciers. *Art.* 60, *ib. dem.*

(*kk*) » En cas que le Jugement ſoit rendu par contumace contre les Accuſés, ou aucuns d'eux, la » ſurſéance portée par l'Article 59 aura lieu, tant que les Accuſés contumaces ne ſe repréſente- » ront pas, ou ne ſeront point arrêtés: ce qui ſera obſervé même ap ès l'expiration des cinq an- » nées. Et en cas que les Contumaces ſe repréſentent, ou qu'ils ſoient arrêtés, ladite ſurſéance aura » pareillement lieu, ſi le Jugement qui interviendra contradictoirement avec eux, contient, à l'é- » gard des pieces fauſſes quelques-unes des diſpoſitions mentionnées audit Article 59. *Art.* 61, » *Tit.* 1 *de l'Ord. de* 1737.

(*ll*) » L'exécution des Arrêts de nos Cours, qui contiendront quelques-unes des diſpoſitions men- » tionnées dans l'Article 59, ſera pareillement ſurſiſe, lorſque leſdits Accuſés, ou aucuns d'eux, » auront été condamnés par contumace; ſi ce n'eſt que dans la ſuite il en ſoit autrement ordonné » par noſdites Cours, s'il y échet, & ce ſur les Concluſions de nos Procureurs Généraux; ce que » nous laiſſons à leur prudence, ſuivant l'exigence des cas. *Art.* 62, *ibidem.*

(*mm*) » Par le jugement de condamnation ou d'abſolution qui interviendra ſur le vû du procès, » il ſera ſtatué, ainſi qu'il appartiendra, ſur la remiſe des pieces, faite à la Partie civile ou aux Té- » moins, ou aux Accuſés qui les auront fournies ou repréſentées; ce qui aura lieu même à l'égard » des pieces prétendues fauſſes, lorſqu'elles ne ſeront pas jugées telles. Et à l'égard des pieces qui » auront été tiré s d'un dépôt public, il ſera ordonné qu'elles ſeront remiſes ou renvoyées par les » Greffiers aux Dépoſitaires d'icelles, par les voies en tel cas requiſes & accoutumées; le tout ſans » qu'il ſoit rendu ſéparément un autre Jugement ſur la remiſe deſdites pieces; laquelle néanmoins » ne pourra être faite, que dans le tems & ainſi qu'il ſera ci-après marqué. *Art.* 63, *Tit.* 1 de » *l'Ord. de* 1737.

(*nn*) » Lorſque les procès ſeront de nature à être portés en nos Cours, ſans même qu'il y ait ap- » pel de la Sentence des premiers Juges, ſuivant les diſpoſitions de l'Ordonnance de 1670; & pa- » reillement lorſqu'il y aura appel de ladite Sentence, les pieces dont la remiſe y aura été ordon- » née, ne pourront être retirées du Greffe, juſqu'à ce qu'il y ait été pourvû par noſdites Cours. *Art.* » 64, *ibidem.*

(*oo*) » Si les procès ne ſont pas de la nature marquée par l'Article précédent, voulons qu'encore » qu'il n'y eut point d'appel de la Sentence, ou que l'Accuſé y eut acquieſcé, aucune deſdites pie- » ces ne puiſſe être retirée du Greffe, que ſix mois après ladite Sentence: enjoignons aux Subſtituts » de nos Procureurs Généraux, ou aux Procureurs d'office, d'informer diligemment noſdits Procu- » reurs Généraux du contenu aux Jugemens rendus dans leur Siége en matiere de faux, même par

aura

aura ordonné la remife (*pp*). Ce qui eft ci-devant ordonné fur la fur féance de la remife des pieces déclarées fauffes, doit auffi avoir lieu pour les pieces de comparaifon (*qq*). Il eft enjoint aux Greffiers de fe conformer à toutes ces difpofitions en ce qui les concerne, à peine d'interdiction & d'amende, & même d'être pourfuivis extraordinairement (*rr*). Enfin il eft expreffément défendu aux Greffiers de délivrer aucunes copies ni expéditions des pieces dont ils font dépofitaires, à moins qu'ils n'y foient nommément autorifés par un Jugement rendu fur les conclufions du Miniftere public (*ss*).

Telle eft l'analyfe fommaire des difpofitions de l'Ordonnance de 1737, fur toutes les différentes parties de la procédure du *Faux Principal*; il eft tems maintenant de paffer à celle qui a pour objet le *Faux Incident*.

ARTICLE V.

Le Demandeur en infcription de faux fera tenu de configner & d'en attacher l'Acte à fa Requête; favoir en nos Cours la fomme de cent livres; aux Sieges qui y reffortiffent immédiatement, foixante livres, & aux autres vingt livres. Lefquelles fommes feront reçues & délivrées à qui le Juge ordonnera par le Receveur des amendes, s'il y en a, finon par les Greffiers des Jurifdictions qui s'en chargeront comme dépofitaires, fans droits ni frais, & fans qu'ils puiffent les employer en re-

---

» contumace, pour être par nofdits Procureurs Généraux fait en conféquence telles requifitions » qu'ils jugeront néceffaires. *Art.* 65, *Tit.* 1 de l'*Ord.* de 1737.

(*pp*) » Lorfque le procès pour crimes de faux aura été inftruit en nos Cours, ou qu'il y aura été » porté, fuivant ce qui a été dit ci-deffus, lefdites pieces ne pourront être retirées du Greffe qu'après » l'Arrêt définitif, qui en aura ordonné la remife. *Art.* 66, *ibidem.*

(*qq*) » Dans les c s portés par les Articl s 59, 61 & 62, où il doit être furfis à l'exécution des Sen» tences ou Arrêts qui contiendroient à l'égard des pieces déclarées fauffes, quelques-unes des dif» pofitions mentionnées aux dits Articles; il fera pareillement furfis à la remife des pieces de com» paraifon, ou autres pieces, fi ce n'eft qu'il en foit autrement ordonné par nos Cours, fur la re» quête des Dépofitaires defdites pieces, ou des Parties qui auroient intérêt d'en demander la remife, » & fur les Conclufions de nos Procureurs Généraux en nofdites Cours *Art* 67, *ibidem.*

(*rr*) » Enjoignons aux Greffiers de fe conformer exactement aux Articles précédens en ce qui les » regarde, à peine d'interdiction, d'amende arbitraire applicable à Nous, ou aux Hauts Jufticiers, » & des dommages & intérêts des Parties, même d'être procédé extraordinairement contre eux, s'il » y échet. *Art.* 68, *ibidem.*

(*ss*) » Pendant que lefdites pieces demeureront au Greffe, les Greffiers ne pourront délivrer au» cunes copies ni expéditions des pieces prétendues fauffes, ou fervant à conviction, fi ce n'eft en » vertu d'un jugement qui ne pourra être rendu que fur les Conclufions de nos Procureurs Généraux, » ou de leurs Subftituts, ou des Procureurs d'office. Et à l'égard des Actes, dont les originaux ou mi» nutes auront été remis au Greffe, & notamment des Regiftres fur lefquels il y auroit des Actes » non argués de faux, lefdits Greffiers pourront en délivrer des expéditions aux Parties qui auront » droit d'en demander, fans qu'ils puiffent prendre de plus grands droits que ceux qui feroient dûs » aux Dépofitaires defdits originaux ou minutes: & fera le préfent Article exécuté fous les peines » portées par l'Article précédent. *Art.* 69, *ibidem.*

Tome II.   **N**

cette , ni s'en deffaifir qu'elles n'aient été diffinitivement adjugées , pour être, après le Jugement de l'infcription de faux , rendues ou délivrées auffi fans frais à qui il ap- partiendra.

ARTICLE VI.

Dans le Faux incident , la Requête du Demandeur fera fignée de lui ou de fon Procureur fondé de pouvoir fpécial attaché à la Requête ; aux fins de faire déclarer par le Défendeur , s'il veut fe fervir de la piece main- tenue fauffe.

ARTICLE VII.

Le Juge ordonnera au pied de la Requête que l'inf- cription fera faite au Greffe, & le Défendeur tenu de déclarer dans un délai compétent , fuivant la diftance de fon domicile , s'il veut fe fervir de la piece infcrite de faux.

ARTICLE VIII.

Si le Défendeur déclare qu'il ne veut point fe fer- vir de la piece , elle fera rejettée du procès , fauf à pourvoir aux dommages & intérêts de la Partie , & à pourfuivre le faux extraordinairement par nos Procu- reurs ou ceux des Seigneurs ; & en matiere bénéficiale, de priver le Défendeur du Bénéfice contefté , s'il a fait , ou fait faire la piece fauffe , ou connu fa fauffeté.

Les quatre Articles qui précedent, & ceux qui fuivent jufqu'à la fin du préfent Titre, ont pour objet de regler la procédure *du Faux incident* ; on peut diftinguer dans cette procédure quatre époques dif- férentes, ainfi que nous l'avons déja obfervé, en examinant *ex profeffo* l'Ordonnance de 1737, dans le fecond Volume de l'*Efprit des Ordon- nances de Louis XV*.

Dans la premiere époque , eft tout ce qui précede l'Acte d'infcription de faux.

Dans la feconde , eft l'Acte d'infcription de faux & tout ce qui le fuit, jufques & y compris le Jugement qui admet ou rejette les moyens de faux.

Dans la troifieme époque, eft l'inftruction du faux, lorfque les moyens en font admis.

La quatrieme & derniere enfin, concerne les Jugemens définitifs & leur exécution. Les quatre Articles qui précedent, comprennent dans notre Ordonnance la premiere de ces époques; mais leurs difpofitions ont reçu une bien plus grande perfection dans l'Ordonnance de 1737.

En premier lieu, cette derniere Ordonnance expliquant ce que l'on doit entendre par Faux incident, détermine les trois cas qui peuvent y fournir matiere ; favoir, 1°. la *Production;* 2°. la *Signification;* 3°. même la fimple *Communication* dans le cours de la procédure, d'une *piece* prétendue *fauffe* ou *falfifiée* (a).

Elle applique enfuite au Faux incident ce qu'elle avoit déja décidé par rapport aux Faux principal, c'eft-à-dire, qu'on ne peut prétendre quelqu'un non-recevable à fe pourvoir en Faux incident, quoique les pieces par lui arguées de faux, aient été déja vérifiées, même avec lui à d'autres fins, & qu'il foit intervenu Jugement en conféquence (b).

Elle paffe enfuite à la forme dans laquelle la demande en Faux incident doit être formée; & en fe conformant ce point exactement à notre Ordonnance, elle exige deux chofes ; la premiere, qu'il y ait une Requête à fin de permiffion de s'infcrire en faux ; la feconde, que pour éviter les défaveux, cette Requête foit fignée du Demandeur, ou d'un fondé de procuration fpéciale, laquelle, en ce dernier cas, doit être attachée à la Requête même (c).

Elle fe modele encore exactement fur notre Ordonnance, en prefcrivant la confignation d'une fomme de cent livres dans les Cours Souveraines; de foixante livres dans les Sieges qui y reffortiffent immédiatement, & enfin de vingt livres dans les autres Jurifdictions; mais elle a de plus décidé une queftion qui s'étoit élevée depuis notre Ordonnance, en ftatuant que ce n'eft point le nombre des perfonnes ou des pieces arguées de faux, mais le nombre des actes d'infcription de faux & des demandes, qu'il faut confiderer, pour multiplier le nombre des amendes à configner (d).

(a) » La pourfuite du faux incident aura lieu, lorfqu'une des Parties ayant fignifié, communi-
» qué, ou produit quelque piece que ce puiffe être dans le cours de la procédure, l'autre Partie pré-
» tendra que ladite piece eft fauffe ou falfifiée. *Art.* 1, *Tit* 2 *de l'Ord. de* 1737.

(b) » Ladite pourfuite pourra être reçue, s'il y échet, encore que les pieces prétendues fauffes
» aient été vérifiées, même avec le Demandeur, en faux, à d'autres fins que celles d'une pourfuite
» de faux principal ou incident: & qu'en conféquence il foit intervenu un Jugement fur le fonde-
» ment defdites pieces comme véritables. *Art.* 2, *Ibidem.*

(c) » La Partie qui voudra former la demande en faux incident, préfentera une requête ten-
» dante à ce qu'il lui foit permis de s'infcrire en faux contre les pieces qui y feront indiquées,
» & à ce que le Défendeur foit tenu de déclarer qu'il entend fe fervir defdites pieces ; fera ladite
» requête fignée du Demandeur, ou du Porteur de fa procuration fpéciale, à peine de nullité : &
» fera ladite procuration attachée à la requête. *Art.* 3, *Ibidem.*

(d) » Le Demandeur en faux fera tenu de configner, favoir, en nos Cours, Requêtes de notre
» Hôtel & du Palais, cent livres; aux Bailliages, Sénéchauffées, Sieges Préfidiaux, ou autres

Mais comme la confignation d'une modique fomme de cent livres, étoit très fouvent une peine trop legere pour retenir des Plaideurs obftinés, qui attendoient à la fin des Séances du Parlement, pour engager une infcription de faux & arrêter par-là la décifion d'une affaire prête à être jugée; la Déclaration du 31 Janvier 1683 avoit permis au Parlement de Paris d'augmenter l'amende, fuivant qu'il eftimeroit convenable, par rapport aux demandes en infcription de faux qui feroient formées depuis le 15 Juillet jufqu'à la fin des Séances du Parlement; l'Ordonnance de 1737 a fait plus, elle a dans ce cas déterminé une fomme fixe de trois cens livres, & a rendu fa difpofition, à cet égard générale pour toutes les Cours (e).

L'Ordonnance de 1737 ne fait que confirmer la nôtre; en exigeant que les amendes foient confignées fans frais entre les mains du Receveur des amendes, s'il y en a, finon en celles du Greffier du Siege (f).

Mais en prefcrivant, de même que notre Ordonnance, que la quittance d'amende foit attachée à la Requête, elle veut de plus, que dans l'Ordonnance qui fera mife au bas de cette Requête, la quittance d'amende foit vifée (g).

Quant à l'Ordonnance, qui doit être au pied de la Requête, elle doit avoir deux parties : la premiere, portant que l'infcription fera faite au Greffe; la feconde, que le Demandeur fera tenu dans trois jours au plus tard de fommer le Défendeur de déclarer, s'il veut fe fervir de la piece; de forte que faute par le Demandeur en faux de faire cette fommation dans les trois jours, il eft de droit déchu de fa demande en infcription de faux (h).

Cette fommation doit contenir, aux termes de la nouvelle Ordonnance, une interpellation au Défendeur, de faire fa déclaration dans le délai prefcrit. Il fuffit qu'elle foit faite au domicile du Procureur : mais elle doit être accompagnée des copies tant de la quittance d'amende, que de la Requête & de l'Ordonnance étant au bas d'icelle (i).

» reffortiffans immédiatement en nofdites Cours, foixante livres, & vingt livres dans tous les au-
» tres Siéges; fans qu'il foit configné plus d'une amende, quel que foit le nombre des Deman-
» deurs, ou des pieces arguées de faux, pourvu que l'infcription foit formée conjointement &
» par le même Acte. Art. 4, Tit. 2. Ord. de 1737.

(e) » Lorfque la requête à fin de permiffion de s'infcrire en faux fera donnée en nos Cours dans
» les fix femaines antérieures au tems auquel elles finiffent leurs féances, ou pour les Compagnies
» femeftres dans les fix femaines antérieures à la fin de chaque femeftre, le Demandeur en faux
» fera tenu de configner la fomme de trois cens livres, même plus grande fomme fi les Juges efti-
» ment à propos de l'ordonner. Art. 5, ibidem.

(f) » Les fommes qui feront confignées pour les infcriptions en faux, feront reçues fans aucuns
» droits ni frais par le Receveur des amendes en titre, ou par commiffion, s'il y en a, finon par
» le Greffier du Siége où l'infcription fera formée. Art. 6, ibidem.

(g) » La quittance de confignation d'amende fera attachée à la requête du Demandeur, & vifée
» dans l'Ordonnance qui fera rendue fur ladite requête. Art. 7, ibidem.

(h) Ladite Ordonnance portera que l'infcription fera faite au Greffe par le Demandeur; & qu'il
» fera tenu à cet effet dans trois jours, au plus tard, de fommer le Défendeur de déclarer, s'il
» veut fe fervir de la piece maintenue fauffe, ce que ledit Demandeur fera tenu de faire dans ledit
» tems de trois jours, à compter du jour de ladite Ordonnance, finon fera déclaré déchu de
» fa demande en infcription de faux. Art. 8, ibidem.

(i) » La fommation fera faite au Défendeur au domicile de fon Procureur, auquel fera donné
» copie par le même Acte de la quittance d'amende, du pouvoir fpécial, fi aucun y a, de la re-

ſ

Quant au délai dans lequel le Défendeur doit faire sa déclaration, notre Ordonnance ne le fixoit point ; mais celle de 1737, pour obvier aux contestations que cette indetermination faisoit naître, a pris un parti à cet égard. Si le Défendeur est domicilié dans le lieu de la Jurisdiction, le délai n'est que de trois jours, à compter de la date de la sommation ; mais s'il est demeurant dans un autre lieu, & que la distance ne soit que de dix lieues, le délai est de huitaine ; si la distance est plus grande, on augmente le délai à raison de deux jours par dix lieues : il y a cependant une exception ; la difficulté des chemins ou la longueur des lieues dans certaines Provinces, exigent quelquefois une extension de délai ; mais il faut qu'elle soit demandée, & c'est au Juge à régler cette extension suivant les circonstances (*k*).

La Déclaration que fera le Défendeur en faux, est assujétie aux mêmes formalités que la demande en inscription de faux même ; c'est-à-dire, qu'elle doit être signée du Défendeur personnellement, ou à son défaut, du Porteur de sa procuration spéciale, & qu'elle doit être signifiée au Procureur du Demandeur ; ensemble la procuration, dans le cas où le Défendeur n'auroit pas signé lui-même sa déclaration (*l*).

Enfin, faute par le Défendeur d'avoir satisfait à tout ce qui lui est prescrit, le Demandeur en faux peut ou faire ordonner le rejet de la piece relativement au Défendeur, ou former telle demande qu'il jugera à propos, pour ses dommages & intérêts ; même en matiere Bénéficiale, il peut faire déclarer le Défendeur déchu du Bénéfice contentieux, s'il a fait ou fait faire la piece fausse, ou s'il en a connu la fausseté (*m*).

La même chose doit avoir lieu, si le Défendeur en faux déclaroit qu'il ne veut point se servir de la piece (*n*).

» quête du Demandeur & de l'Ordonnance du Juge, le tout à peine de nullité : & sera le Défen-
» deur interpellé, par ladite sommation, de faire sa déclaration dans le délai ci-après marqué-
» *Art.* 9 , *Tit.* 2. *Ord.* de 1737.

(*k*) » Ledit délai courra du jour de ladite sommation, & sera de trois jours, si le Défendeur demeu-
» re dans le lieu de la Jurisdiction ; & s'il demeure dans un autre lieu, le délai pour lui donner
» connoissance de ladite sommation , & le mettre en état d'y répondre, sera de huitaine s'il demeure
» dans les dix lieues ; & en cas de plus grande distance, le délai sera augmenté de deux jours par
» dix lieues ; sauf aux Juges à le prolonger, eu égard à la difficulté des chemins & à la longueur
» des lieues, sans néanmoins que ledit délai puisse être plus grand en aucun cas, que de quatre jours
» par dix lieues. *Art.* 10 , *ibidem.*

(*l*) » Le Défendeur sera tenu dans ledit délai de faire sa déclaration précise, s'il entend, ou s'il
» n'entend pas se servir de la piece maintenue fausse · & sera ladite déclaration signée de lui ou
» du Porteur de sa procuration spéciale , & signifiée au Procureur du Demandeur ; ensemble ladite
» procuration , si le Défendeur n'a pas signé lui même ladite déclaration *Art.* 11 , *ibidem.*

(*m*) » Faute par le Défendeur d'avoir satisfait à tout ce qui est porté par l'Article précédent, le
» Demandeur en faux pourra se pourvoir à l'Audience , pour faire ordonner que la piece main-
» tenue fausse sera rejettée de la cause ou du procès par rapport au Défendeur : sauf au Deman-
» deur à en tirer telles inductions ou conséquences qu'il jugera à propos , ou à former telles de-
» mandes qu'il avisera pour ses dommages & intérêts , même en matiere bénéficiale , pour faire
» déclarer le Défendeur déchu du bénéfice contentieux , s'il a fait , ou fait faire la piece fausse ,
» ou s'il en a connu la fausseté ; ce qui pourra être aussi ordonné sur la seule requisition de nos
» Procureurs Généraux ou de leurs Substituts. *Art.* 12 , *ibidem.*

(*n*) » La disposition de l'Article précédent aura lieu pareillement en cas que le Défendeur décla-
» re qu'il ne veut pas se servir de ladite piece. *Art.* 13 , *ibidem.*

Article IX.

Si le Défendeur déclare se vouloir servir de la piece, elle sera mise au Greffe, & l'Acte de mis signifié au Demandeur, pour former l'inscription dans les vingt-quatre heures ; & le Juge ordonnera que la Minute sera apportée au Greffe dans le délai, qui sera reglé suivant la distance des lieux, sinon la piece rejettée du procès.

Article X.

Le Demandeur, ou son conseil, prendra communication de la piece, par les mains du Greffier, sans déplacer.

Article XI.

Les moyens de faux seront mis au Greffe dans trois jours au plus tard, & n'en sera donné copie ni communication au Défendeur.

Article XII.

Les Juges pourront les joindre selon leur qualité & l'état du procès.

Article XIII.

Si les moyens sont pertinens & admissibles, la preuve en sera ordonnée par titres, par Témoins & par comparaison d'écritures, & signatures par Experts qui seront nommés d'office par le même Jugement, sauf à les recuser.

Article XIV.

Le Jugement contiendra aussi les moyens & faits qui auront été déclarés admissibles, & n'en sera fait preuve d'aucun autre.

Tout ce qui concerne la feconde époque que nous avons ci-devant annoncée, fe trouve renfermé dans les Articles de notre Ordonnance, que nous venons de rapporter. Mais ces difpofitions ont encore éprouvé bien plus de développement dans l'Ordonnance de 1737.

Cette nouvelle Loi a à peu près la même difpofition que la nôtre fur la mife au Greffe de la piece arguée de faux, & la fignification de l'Acte de mis, lorfque le Défendeur a déclaré qu'il entendoit s'en fervir: avec cette différence néanmoins, que notre Ordonnance ne fixoit aucun délai, ni pour la remife de la piece au Greffe, ni pour la fignification de l'Acte de mis; au lieu que la nouvelle Ordonnance n'accorde que deux fois vingt-quatre heures pour l'un & pour l'autre; favoir, vingt-quatre heures pour remettre la piece au Greffe, à compter de la déclaration judiciaire du Défendeur qu'il entend s'en fervir, & vingt-quatre heures pour fignifier l'Acte de mis, à compter de l'inftant de la remife de la piece au Greffe; & faute de fatisfaire à l'une ou l'autre de ces deux obligations de la part du Défendeur, le Demandeur peut demander le rejet de la piece, ou qu'il lui foit permis de la faire remettre au Greffe à fes frais dont il peut enfuite obtenir exécutoire (a).

Le Demandeur de fon côté, doit, dans les vingt-quatre heures former fon infcription de faux; & en cela la nouvelle Ordonnance n'a fait que confirmer la difpofition de la nôtre. Mais elle l'a perfectionnée en bien d'autres points; d'abord, pour fixer l'époque d'où ces vingt-quatre heures doivent commencer à courir, elle diftingue fi c'eft le Défendeur qui a fait remettre la piece au Greffe, ou fi c'eft le Demandeur: dans le premier cas, le délai de vingt-quatre heures pour former l'infcription de faux, court à compter de la fignification de l'Acte de mis, au lieu que dans le fecond cas c'eft de l'inftant de la remife au Greffe, que le Demandeur a fait faire lui-même. Quant au lieu, la nouvelle Ordonnance décide que l'infcription de faux ne peut être formée ailleurs qu'au Greffe: enfin elle veut que ce foit le Demandeur lui-même en perfonne, ou du moins, un fondé de procuration fpéciale; & fi le Demandeur manquoit à quelques-unes de ces formalités, le Défendeur pourroit à fon tour demander qu'il fût paffé outre au jugement de la caufe ou du procès, fans s'arrêter à la Requête à fin de permiffion de s'infcrire en faux (b).

(a) » Si le Défendeur déclare qu'il veut fe fervir de la piece arguée de faux, il fera tenu de la re-
» mettre au Greffe dans vingt quatre heures, à compter du jour que fa déclaration aura été figni-
» fée; & dans les vingt qua re heures après, il fera pareillement tenu de donner copie au Deman-
» deur, au domicile de fon Procureur, de l'Acte de mis au Greffe; finon le Demandeur pourra fe
» pourvoir à l'Audience, pour faire ftatuer fur le rejet de ladite piece, fuivant ce qui eft porté en
» l'Article 12 : fi mieux n'aime demander qu'il lui foit permis de faire remettre ladite piece au Greffe
» à fes frais, dont il fera rembourfé par le Défendeur, comme de frais préjudiciaux, à l'effet de
» quoi il lui en fera délivré exécutoire. *Art.* 14, *Tit.* 2, *Ord.* 1737.

(b » Dans vingt quatre heures, au plus tard, après la fignification faite au Demandeur, de l'Acte
» de mis au Greffe, ou dans les vingt quatre heures après la remife de la piece audit Greffe, fi elle
» y a été mife par le Demandeur, il fera tenu d'y former fon infcription en faux, & ce en perfon-
» ne, ou par fon Procureur fondé de fa procuration fpéciale, faute de quoi le Défendeur pourra

Conformément à la seconde partie de notre Article 9, l'Ordonnance de 1737 veut qu'en cas qu'il y ait Minute de la piece arguée de faux, cette Minute soit apportée au Greffe; mais comme il peut arriver que cet apport de Minute ne soit pas nécessaire à l'instruction du faux incident, ou qu'il ne soit pas praticable, elle laisse la liberté aux Juges de l'ordonner, *si il y échéoit*, ou d'ordonner qu'il sera passé outre à la continuation de la poursuite (*c*).

Le Juge, en ordonnant l'apport de la Minute au Greffe, doit fixer le délai dans lequel il doit être fait; ce délai court seulement à compter de la signification de l'Ordonnance ou Jugement qui ordonne l'apport de la Minute, & il suffit que cette signification soit faite au domicile du Procureur : faute d'apport de la Minute au Greffe de la part du Défendeur, dans les délais à lui prescrits, notre Ordonnance prescrivoit de plein droit le rejet de la piece. Mais l'Ordonnance de 1737 laisse au Demandeur l'alternative, ou de se pourvoir à l'Audience, pour demander ce rejet, ou de se faire autoriser à faire apporter la Minute à ses frais, sauf à s'en faire ensuite délivrer exécutoire (*d*).

Comme le Ministere public est intéressé dans tout ce qui concerne le faux, jamais on ne peut ordonner le rejet d'une piece arguée de faux, que sur ses conclusions (*e*).

Dans tous les cas, où, par le fait du Défendeur, le rejet de la piece est ordonné, il est permis au Demandeur de prendre la voie du Faux principal pour ses dommages & intérèts; pourvu néanmoins que ce soit sans retarder le jugement du procès civil, auquel l'inscription de faux étoit incidente : si cependant la preuve de la fausseté de la piece étoit capable d'influer en quelque chose sur le jugement de l'affaire civile, les Juges en ce cas pourroient ordonner un surfis à la décision du procès civil, jusqu'après l'instruction & le jugement du Faux principal (*f*).

" se pourvoir à l'Audience pour faire ordonner que, sans s'arrêter à la requête dudit Demandeur,
" il sera passé outre au jugement de la cause, ou du procès. *Art.* 15, *Tit.* 2 *de l'Ord. de* 1737.

(*c*) " En cas qu'il y ait minute de la piece inscrite de faux, il sera ordonné, s'il y échet, sur la
" requête du Demandeur, ou même d'office, que le Défendeur era tenu, dans le tems qui lui sera
" prescrit, de faire apporter ladite minute au Greffe, & que les Dépositaires d'icelle y seront con-
" traints par les voies, & dans les délais marqués par les Articles 5 & 6 du Titre du faux principal.
" Laissons à la prudence des Juges d'ordonner, s'il y échet, sans attendre l'apport de ladite minute,
" qu'il sera procédé à la continuation de la poursuite du faux, comme aussi de statuer ce qu'il ap-
" partiendra, en cas que ladite minute ne put être rapportée; ou qu'il fût suffisamment justifié
" qu'elle a été soustraite, ou qu'elle est perdue. *Art.* 16, *ibidem.*

(*d*) " Dans les cas où il écherra de faire apporter ladite minute, le délai qui aura été prescrit à
" cet effet au Défendeur, courra du jour de la signification de l'Ordonnance ou jugement au domi-
" cile de son Procureur : & faute par le Défendeur d'avoir fait les diligences nécessaires pour l'ap-
" port de ladite minute dans ledit délai, le Demandeur pourra se pourvoir à l'Audience pour faire
" ordonner le rejet de la piece maintenue fausse, s'il y échet, suivant ce qui est porté en l'Article
" 12; si mieux n'aime demander qu'il lui soit permis de faire apporter ladite minute à ses frais,
" dont il sera remboursé par le Défendeur, comme de frais préjudiciaux, & il lui en sera délivré
" exécutoire à cet effet. *Art.* 17, *ibidem,*

(*e*) " Le rejet de la piece arguée de faux ne pourra être ordonné en aucun cas, que sur les Con-
" clusions de nos Procureurs Généraux, ou de leurs Substituts, ou des Procureurs des Hauts Justi-
" ciers, à peine de nullité du jugement qui seroit rendu à cet égard; & sauf à y être statué de nou-
" veau sur lesdites Conclusions, ainsi qu'il appartiendra. *Art.* 18, *ibidem.*

(*f*) " Dans les cas mentionnés aux Articles 12, 13, 14 & 17, sans lesquels par le fait du Défen-
" deur, le rejet de ladite piece auroit été ordonné, il sera permis au Demandeur de prendre la voie

Mais fi au contraire c'étoit par le fait du Demandeur, qu'il eut été ordonné que fans s'arrêter à fa Requête ou à fon infcription en faux, il feroit paffé outre au jugement de la caufe ou du procès ; il ne peut être reçu à fe pourvoir en faux principal qu'après l'entiere décifion du procès civil (g).

Au refte, cette diftinction n'a pas lieu par rapport au Miniftere public ; que l'infcription de faux n'ait point de fuite, ou par le fait du Demandeur, ou par le fait du Défendeur, la Partie publique n'en eft pas moins autorifée en tout état de caufe, à pourfuivre la vengeance du crime de faux, par l'accufation en faux principal (h).

Lorfqu'une accufation en faux principal a été occafionnée par une demande en faux incident non fuivie, la pourfuite du faux principal doit être portée dans le Tribunal qui étoit faifi de la pourfuite du faux incident, parceque c'eft proprement là le lieu où le crime s'eft découvert (i).

Quand les pieces arguées de faux, ont été remifes au Greffe, on doit dreffer dans les trois jours procès verbal de leur état (k) ; & fi l'apport des Minutes a été ordonné, on doit en même-tems dreffer procès verbal de l'état de ces minutes, à moins que des inconvéniens n'en euffent retardé l'apport ; & en ce dernier cas, on peut dreffer procès verbal des pieces, fauf enfuite à dreffer un procès verbal particulier des Minutes après qu'elles auront été apportées (l).

Le procès verbal des Pieces & Minutes doit être fait par le Juge, au

---

» du faux principal, fans retardation néamoins de l'inftruction & du jugement de la conteftation, » à laquelle ladite infcription de faux étoit incidente, fi ce n'eft que par les Juges il en foit autrement » ordonné. *Art.* 19, *Tit.* 2, Ord. de 1737.

(g) » Et à l'égard des cas portés par l'Article 15, & par les Articles 27 & 37 ci après, où par le » fait du Demandeur, il auroit été ordonné que, fans s'arrêter à la requête ou à l'infcription en » faux, il feroit paffé outre à l'inftruction ou au jugement de la caufe ou du procès ; ledit Deman- » deur ne pourra être reçu à former l'accufation du faux principal, qu'après le jugement de ladite » caufe ou dudit procès. *Art.* 20, *ibidem.*

(h) » La diftinction portée par les deux Articles précédens n'aura lieu, à l'égard de nos Procureurs » ou de ceux des Hauts Jufticiers, lefquels pourront, dans tout tems & en tous les cas pourfuivre le » faux principal, fi bon leur femble ; fans que fous ce prétexte il foit furfis à l'inftruction & au juge- » ment de la conteftation à laquelle l'infcription de faux étoit incidente, fi ce n'eft que fur leurs » Conclufions & avec les Parties intéreffées il en foit autrement ordonné. *Art.* 21, *ibidem.*

(i) » L'accufation de faux principal, qui fera formée dans les cas marqués par les Articles pré- » céiens, foit à la requête du Demandeur en faux incident, foit à la requête de la Partie publique, » fera portée dans la Cour ou Jurifdiction qui avoit été faifie de la pourfuite du faux incident ; pour » être ladite accufation de faux principal inftruite & jugée par la chambre ou par les Juges, à qui » la connoiffance des matieres criminelles eft attribuée dans ladite Cour ou Jurifdiction. *Art.* 22, » *ibidem.*

(k) » Il fera dreffé procès verbal de l'état des pieces prétendues fauffes, trois jours après la figni- » fication qui aura faite au Demandeur, ou au domicile de fon Procureur, de la remife defdites » pieces au Greffe, ou trois jours après que le Demandeur y aura fait remettre lefdites pieces, fui- » vant ce qui eft porté par l'Article 14. *Art.* 23, *ibidem.*

(l) » S'il a été ordonné que les minutes defdites pieces feront apportées, le procès verbal fera » dreffé conjointement, tant defdites pieces que des minutes ; & le délai de trois jours ne courra » au dit cas que du jour de la fignification qui fera faite au Demandeur, au domicile de fon Pro- » curateur, de l'apport defdites minutes au Greffe, ou du jour que le Demandeur les y auroit » fait apporter, fuivant l'Article 17. Laiffons néanmoins à la prudence des Juges d'ordonner, » fuivant l'exigence des cas, qu'il fera d'abord dreffé procès verbal de l'état defdites pieces, fans » attendre l'apport defdites minutes ; de l'état defquelles il fera, en ce cas, dreffé procès verbal » féparément dans le délai ci deffus marqué. *Art.* 24, *ibidem.*

Greffe ou autre lieu du Siege deftiné aux inftructions ; & en prefence ,tant de la Partie publique, que du Demand. & du Défend. Enfuite on procede au paraphe des pieces ; elles doivent être paraphées par le Juge , par le Procureur du Roi ou Fifcal, par le Demandeur en faux , & par le Défendeur ; fi cependant ce dernier ne veut ou ne peut les parapher , il en fera fait mention (*m*).

Notre Ordonnance autorifoit, de même que celle de 1737, le Demandeur ou fon confeil à prendre communication des pieces arguées de faux ; mais elle fembloit reftreindre cette communication au feul tems poftérieur à leur remife. L'Ordonnance de 1737 , au contraire, permet cette communication en tout état de caufe, c'eft-à-dire, avant, comme après l'infcription de faux , par les mains du Greffier, comme par les mains du Rapporteur, pourvu que ce foit , fans déplacer & fans retardation du jugement (*n*).

L'Ordonnance de 1737 ne prefcrit rien de nouveau, lorfqu'elle ordonne que les moyens de faux feront mis au Greffe par le Défendeur dans trois jours au plus tard. Mais notre Ordonnance , ne marquant point d'une maniere précife de quel tems devoit courir ce délai, celle de 1737 en reparant cette omiffion , veut que ce foit du jour que les procès verbal de l'état des pieces aura été dreffé ; & en cas qu'il en ait été dreffé deux en différens tems , favoir , un pour les pieces & l'autre pour les Minutes, les trois jours ne doivent courir que du jour du dernier des procès verbaux ; faute par le Demandeur de fatisfaire à cette difpofition , il eft au pouvoir du Défendeur de faire ordonner, que le Demandeur demeurera déchu de fon infcription en faux (*o*).

Dans aucun cas, on ne doit donner copie ni communication des moyens de faux au Défendeur ; cette difpofition de l'Ordonnance de 1737 eft prife textuellement de la nôtre (*t*).

Les moyens de faux ne peuvent être admis ou rejettés que fur les conclufions du Miniftere public; fi le jugement qui intervient les rejette,

(*m*) » Le procès verbal mentionné dans les Articles précédens fera fait fuivant ce qui eft prefcrit » par les Articles 10 & 11 du Titre du faux principal , en y appellant néanmoins le Défendeur , ou- » tre le Demandeur , & notre Procureur , ou celui des Hauts Jufticiers ; & les pieces dont fera dreffé » procès verbal feront paraphées par ledit Défendeur , s il peut ou veut les parapher (finon il en » fera fait mention) , & pareillement par le Demandeur & autres dénommés aufdits Articles ; le » tout à peine de nullité : à l'effet de quoi ledit Défendeur fera fommé par Acte fignifié au domi- » cile de fon Procureur , de comparoître audit procès verbal dans vingt quatre heures ; & faute par » lui d'y fa refaire , il fera donné défaut & paffé outre fur-le champ audit procès verbal. *Art.* 25 , » *Tit.* 2 *Ord. de* 1737.

(*n*) » Le Demandeur en faux , ou fon Confeil , pourra prendre communication en tout état de » caufe des pieces arguées de faux , & ce par les mains du Greffier , ou du Rapporteur , fans dé- » placer & fans retardation. *Art.* 26 , *ibidem.*

(*o*) » Les moyens de faux feront mis au Greffe par le Demandeur, dans les trois jours après que » le procès verbal aura été dreffé , finon le Défendeur pourra fe pourvoir à l'Audience pour faire » ordonner , s'il y échet , que le Demandeur demeurera déchu de fon infcription en faux. Voulons » néanmoins que lorfqu'il aura été fait deux procès verbaux différens , l'un de l'état des pieces ar- » guées de faux , & l'autre de l'état des minutes defdites pieces , le délai de trois jours ci deffus mar- » qué , ne courre que du jour que le dernier defdits procès verbaux aura été fait. *Article* 27 , » *ibidem.*

(*p*) » En aucun cas il ne fera donné copie ni communication des moyens de faux au Défendeur , » *Art.* 28 , *ibidem.*

l'inſtruction du faux incident tombe d'elle-même & s'évanouit. Si au contraire les moyens ſont admis, ils peuvent l'être de deux manieres : dans le cas où ils ſeroient déciſifs pour le procès civil, on en ordonne la preuve préalable ; ſinon, on les joint au procès pour y avoir, en jugeant, tel égard que de raiſon (*q*).

Si le Jugement intervenu ſur les moyens de faux en ordonne la preuve, il doit ordonner, en même-tems, que cette preuve ſera faite, tant par titres, que par Témoins & par Experts, pour la comparaiſon des écritures ; & ces derniers doivent être entendus par forme de dé-poſition, & non par forme de rapport (*r*)

Le même Jugement doit exprimer nommément dans ſon diſpoſitif, les moyens, dont la preuve ſera admiſe, de telle ſorte qu'on ne peut faire preuve d'aucuns autres moyens. Cela n'ôte pas néanmoins aux Experts la faculté de pouvoir faire telles obſervations dépendantes de leur art, que bon leur ſemblera, ſauf à y avoir par les Juges tels égards qu'ils aviſeront bon être. Les deux parties de cette diſpoſition ſont auſſi puiſées textuellement dans notre Ordonnance (*ſ*).

ARTICLE XV.

Les pieces inſcrites de faux & celles de comparaiſon ſeront miſes entre les mains des Experts, après avoir prêté ſerment ; & leur rapport délivré au Juge, ſuivant qu'il eſt preſcrit par l'Article 13 *du Titre de la Deſcente ſur les lieux, dans notre Ordonnance du mois d'Avril* 1667.

ARTICLE XVI.

S'il y a charge, les Juges pourront décréter & ordon-ner que les Experts ſeront répetés ſéparément en leur

---

(*q*) » Sur les Concluſions de nos Procureurs, ou de ceux des Hauts Juſticiers, il ſera rendu tel » jugement qu'il appartiendra, pou admettre ou pour rejetter les moyens de faux en tout ou en » partie ; ou pour ordonner, s'il y échet, que leſdits moyens, ou aucuns d'iceux, d'meureront » joints, ſoit à l'incident de faux, ſi quelques-uns deſdits moyens ont été admis, ſoit à la cauſe, » ou au procès principal ; le tout, ſelon la qualité deſdits moyens & l'exigence des cas. *Art.* 29, » *Tit.* 2, *Ordon.* de 1737.

(*r*) » En cas que leſdits moyens, ou aucuns d'iceux ſoient jugés pertinens & admiſſibles, le juge-» ment porteta qu'il en ſera informé, tant par titres que par Témoins, comme auſſi par Experts ou » par comparaiſon d'écritures ou ſignatures ; le tout, ſelon que le cas le requerra, ſans qu'il puiſſe » être ordonné que les Experts feront leur rapport ſur les pieces prétendues fauſſes, ou qu'il ſera » procédé préalablement à la vérification d'icelles ; ce que nous défendons, à peine de nullité. *Art.* » 30, *ibidem.*

(*ſ*) » Les moyens de faux qui feront déclarés pertinens & admiſſibles, ſeront marqués expreſſé-» ment dans le diſpoſitif du jugement qui permettra d'en informer, & ne ſera informé d'aucuns au-» tres moyens : pourront néanmoins les Experts faire les obſervations dépendantes de leur art qu'ils » jugeront à propos, ſur les pieces prétendues fauſſes ; ſauf au Juge y avoir tel égard que de raiſon. » *Art.* 31, *ibidem.*

rapport , récolés & confrontés , ainsi que les autres Té-
moins.

Cette troisieme époque a pour objet l'*Instruction du Faux Incident ;*
quand les moyens en ont été déclarés pertinens & admissibles.

Cette instruction est renfermée par notre Ordonnance dans les deux
Articles que nous venons de mettre sous les yeux du Lecteur.

Il est vrai que l'Ordonnance de 1737 a des dispositions bien plus
étendues sur ce point. Mais dans la plupart , elle ne fait que rapporter
à l'instruction du faux incident , ce qu'elle avoit déja prescrit pour
l'instruction du faux principal. C'est pourquoi , pour ne point répéter
ce que nous avons déja dit précédemment à cet égard , nous nous bornerons à annoncer ici sommairement ces différentes dispositions : ceux
qui voudront en avoir une connoissance plus particuliere , pourront
en consulter le texte que nous mettrons à cette fin dans les notes ci-
dessous.

D'après cet exposé préliminaire , nous observerons d'abord que l'Article 32 de la nouvelle Ordonnance (qui est le premier concernant
l'instruction de faux incident) traite du choix des Experts (*a*) ; & les
Articles 33 (*b*) , 34 (*c*) , 35 (*d*) , 36 (*e*) , & 37 (*f*) , des pieces de
comparaison , de l'apport & du procès verbal de l'état d'icelles.

(*a*) » Voulons au surplus que les dispositions des Articles 8 & 9 du Titre du Faux principal, au sujet
» desdits Experts , soient pareillement observées dans la poursuite du Faux incident. *Art.* 32 , *Tit.*
» 2 , Ordon. de 1737.

(*b*) » Les pieces de comparaison feront fournies par le Demandeur , sans que celles qui seroient
» présentées par le Défendeur puissent être reçues , si ce n'est du consentement du Demandeur , ou de
» nos Procureurs , ou de ceux des Hauts-Justiciers , le tout à peine de nullité. Sauf aux Juges, après
» l'instruction achevée , à ordonner , s'il y échet , que ledit Défendeur sera reçu à fournir de nou-
» velles pieces de comparaison ; & ce conformément a l'article 45 du Titre du Faux principal. Se-
» ront observés au surplus les Articles 13 , 14, 15 & 16 dudit Titre sur la qualité des pieces de com-
» paraison , & sur l'apport desdites pieces. *Art.* 33 , *ibidem*

(*c*) » Le procès verbal de présentation des pieces de comparaison se fera en la forme prescrite par
» les Articles 17 & 19 du Titre du Faux principal ; en y appellant néanmoins le Défendeur outre le
» Demandeur , & notre Procureur , ou celui des Hauts Justiciers ; & les pieces de comparaison qui
» seront admises , seront paraphées par ledit Défendeur , s'il peut ou veut les parapher (sinon il en
» sera fait mention) comme aussi par le Demandeur & autres dénommés auxdits Art. ; le tout à peine
» de nullité : à l'effet de quoi le Demandeur sera sommé de comparoître audit procès verbal dans
» trois jours , par Acte signifié au domicile de son Procureur ; & faute par lui d'y satisfaire , il
» sera donné défaut par le Juge , & passé outre à la présentation des pieces de comparaison , même à
» la réception d'icelles , s'il y échet. *Art* 34 , *ibidem*.

(*d*) » Lorsdudit procès verbal , les pieces de comparaison feront représentées au Défendeur , s'il y
» comparoît , pour convenir desdites pieces ou les contester ; sans que pour raison de ce il lui soit
» donné délai ni conseil. *Art* 35 , *ibidem*.

(*e*) » Si les pieces de comparaison sont niées par le Défendeur , ou s'il refuse d'en convenir , le
» Juge en fera mention , pour y être pourvu ainsi qu'il appartiendra , sur les Conclusions de nos
» Procureurs , ou de ceux des Hauts-Justiciers , & ce en la forme prescrite par ledit Article 19 du Ti-
» tre du Faux principal. *Art* 36 , *ibidem*.

(*f*) » En cas que les pieces de comparaison ne soient pas reçues , il sera ordonné que le Deman-
» deur en rapportera d'autres , dans le délai qui sera prescrit par le jugement qui interviendra sur
» le vû du procès verbal ; & à rate pas le Demandeur d'y avoir satisfait , les Juges ordonneront,
» s'il y échet , que faute s'arrêter à l'instruction de faux , il sera passé outre à l'instruction & au ju-
» gement de la contestation principale , laissons à leur prudence de l'ordonner ainsi par le jugement
» même qui portera que ledit Demandeur sera tenu de fournir d'autres pieces de comparaison.
» *Art.* 37 , *ibidem*.

L'Article 38 (*g*) détaille les formalités des procès verbaux qui doivent être faits en présence du Demandeur en faux, & du Défendeur.

L'Article 39 (*h*) concerne l'information par Experts, & les Articles 40 (*i*) & 41 (*k*) la preuve qui se fait, tant par titres que par Témoins.

L'Article 42 (*l*) énonce les cas où l'on peut décreter en matiere de faux incident, soit le Défendeur, soit tous autres.

Il est question dans l'Article 43 (*m*) de l'interrogatoire des Personnes décretés.

Dans l'Article 44 (*n*), du corps d'écritures qu'on peut leur faire faire.

Enfin, dans les Articles 45 (*o*) & 46 (*p*), du récolement, de la confrontation, & des nouvelles pieces de comparaison.

ARTICLE XVII.

Le Demandeur en faux qui succombera, sera con-
damné en trois cens livres d'amende en nos Cours ; cent
vingt livres aux Sieges qui y ressortissent immédiatement ,
& aux autres soixante livres, applicables les deux tiers
à Nous , ou aux Seigneurs à qui il appartiendra , &
l'autre à la Partie , sur lesquelles seront déduites les som-
mes consignées. Et pourront les Juges condamner en plus
grande amende , s'il y échéoit.

Cette quatrieme & derniere époque, a pour objet les *Jugemens*
diffinitifs & leurs suites ; elle se réduit dans notre Ordonnance au seul
& unique Article ci-dessus, mais l'Ordonnance de 1737, beaucoup plus
détaillée, distingue dans les Jugemens définitifs sur inscription de
faux ; ceux qui sont rendus sur récolement & confrontation, d'avec
ceux où il n'y a point eu de réglement à l'extraordinaire.

L'Article 47 (*a*), premier de la présente époque, traite de l'exécution
des Jugemens rendus sur récolement & confrontation, & de la remise
des pieces qui se fait en conséquence.

L'Article 48 (*b*) concerne les Jugemens où il n'y a point eu de réglemens à l'extraordinaire.

Il est question dans les Articles 49 (*c*), 50 (*d*), 51 (*e*) & 52 (*f*),

___

» formation , soit sur de nouvelles pieces de comparaison , ou par de nouveaux Experts. *Article* 46,
» *ibidem.*
   (*a* » Lorsque le Faux incident aura été jugé après avoir été instruit par récolement & confronta-
» tion sera observé tout ce qui est prescrit par les Articles 59, 60, 61 & 62 dudit Titre du Faux
» principal, concernant l'exécution des Sentences & Arrês qui contiendroient , à l'égard des pieces
» déclarées fausses , quelques unes des dispositions mentionnées auxdits Articles ; comme aussi ce qui
» est porté par les Articles 63, 64, 65, 66, 67 & 68 dudit Titre, sur la remise ou le renvoi des
» pieces prétendues fausses , & autres déposées au Greffe, & le tems auquel elles pourront en être re-
» tirées , si ce n'est qu'il en ait é é autrement ordonné à l'égard de celles desdites pieces qui peuvent
» servir au jugement de la contestation à laquelle la poursuite du Faux étoit incidente. *Art.* 47 ,
» *Tit.* 2 de l'*Ord.* de 1737.
   (*b*) » Lorsqu'il n'y aura point eu de Réglement à l'extraordinaire, les Juges statueront, ainsi qu'il
» appartiendra , sur la remise ou le renvoi des pieces inscrites de faux , & autres qui auront été
» déposées au Greffe ; ce qu'ils ne pourront faire que sur les Conclusions de nos Procureurs , ou
» de ceux des Hauts-Justiciers , sans néanmoins que les Sentences des premiers Juges , à cet égard ,
» puissent être exécutées au préjudice de l'appel qui en seroit interjetté. *Art.* 48 , *ibidem.*
   (*c*) » Le Demandeur en faux , qui succombera , sera condamné en une amende applicable , les
» deux tiers à Nous ou aux Hauts Justiciers, & l'autre tiers à la Partie ; laquelle amende , y com-
» pris les sommes consignées lors de l'inscription en faux , sera de trois cens livres dans nos Cours ,
» ou aux Requêtes de notre Hôtel ou du Palais ; de cent livres aux Sieges qui ressortissent immédia-
» tement en nosdites Cours, & aux autres de soixante livres : & seront lesdites amendes reglées sui-
» vant la qualité de la Jurisdiction où l'inscription en faux aura été formée, quoiqu'elle soit jugée
» dans une autre , même supérieure à la première. Permettons à tous Juges d'augmenter ladite amen-
» de , ainsi qu'ils l'estimeront à propos , suivant l'exigence des cas. *Art.* 48 , *ib. dem.*
   (*d*) » La condamnation d'amende aura lieu toutes les fois que l'inscription en faux ayant été faite

de l'amende qui doit être prononcée contre le Demandeur en faux, & des cas où cette condamnation doit avoir lieu, ainsi que de ceux où l'amende doit être rendue, après avoir d'abord été consignée.

Enfin l'Article 53 (g) regarde les expéditions des pieces qui auroient été déposées au Greffe, & regle les cas où les Greffiers dépositaires peuvent en délivrer des Expéditions.

FORMULES DES PROCEDURES
RELATIVES AU PRESENT TITRE.

Procédures du Faux Principal.

Nota. COMME dans l'instruction du *Faux Principal*, beaucoup des *Actes de procédure sont les mêmes que ceux de la procédure criminelle ordinaire; nous ne mettons ici que ceux d'entre ces Actes qui sont particuliers au Faux Principal.*

L'AN . . . . ou aujourd'hui . . . . Nous . . . . en vertu de notre Ordonnance du . . . . nous étant transportés au Greffe de . . . . ou en la Chambre du Conseil, en présence du Procureur du Roi *ou* Fiscal, & de . . . . Plaignant & Accusateur, (*ou* de . . . . fondé de la procuration spéciale à l'effet du présent Acte de . . . . Plaignant & Accusateur, passé devant . . . . Notaire le . . . . laquelle est demeurée annexée à la Minute des Présentes, après avoir été paraphée par nous & par ledit . . . .) notre Greffier nous a représenté . . . . *il faut faire la description de la piece arguée de faux, sa nature & sommairement ce qu'elle contient, pardevant quel Notaire elle a été passée & sa date, étant sur . . . . feuille de papier ou parchemin, commençant par ces mots . . . . &c. & finissant à la . . . page du . . . . feuillet par ces mots . . . . il faut faire mention des renvois,*

Procès verbal contenant l'état de la piece arguée de faux.

» au Greffe, le Demandeur s'en sera désisté volontairement, ou aura succombé, ou que les Parties » auront été mises hors de Cour, soit par le défaut de moyens ou de preuves suffisantes, soit faute » d'avoir satisfait de la part du Demandeur, aux diligences & formalités ci-dessus prescrites : ce » qui aura lieu en quelques termes que la procuration soit conçue, & encore que le Jugement ne » portât pas expressément la condamnation d'amende; le tout quand même le Demandeur offriroit » de poursuivre le Faux comme faux principal *Art.* 50, *Tit.* 2 *de l'Ord. de* 1737.

(e) » La condamnation d'amende ne pourra avoir lieu, lorsque la piece, ou l'une des pieces ar- » guées de faux, aura été déclarée fausse en tout ou en partie, ou lorsqu'elle aura été rejettée de la » cause ou du procès, comme aussi lorsque la demande à fin de s'inscrire en faux n'aura pas été ad- » mise ou su vie d'inscription formée au Greffe : & ce, de quelques termes que les Juges se soient » servis pour rejetter ladite demande, ou pour n'y avoir point d'egard; dans tous lesquels cas la » somme consignée par le Demandeur, pour raison de ladite amende, lui sera rendue, quand » même le Jugement n'en ordonneroit pas expressément la restitution. *Art.* 50, *ibidem.*

(f) » Il ne pourra être rendu aucuns Jugemens sur la condamnation ou la restitution de l'amende, » que sur les Conclusions de nos Procureurs, ou de ceux des Hauts-Justiciers; & aucunes Transac- » tions, soit sur l'accusation de faux principal, ou sur la poursuite du faux incident, ne pourront être » exécutées, si elles n'ont été homologuées en Justice, après avoir été communiquées à nosdits Pro- » cureurs, ou à ceux des Hauts-Justiciers, lesquels pourront faire à ce sujet telles requisitions qu'ils » jugeront à propos; & sera le présent Article exécuté, à peine de nullité. *Art.* 52, *Ibidem.*

(g) » Voulons au surplus, que les dispositions de l'Article 69 du Titre du Faux principal, sur les » expéditions des pieces qui auront été déposées au Greffe, soient pareillement exécutées dans le Faux » incident. *Art.* 53, *ibidem.*

ratures, furcharges & interlignes, fi aucunes y a, & marquer les page, feuillet & lignes où ils font; & s'il y a des blancs, il faut les barrer & en faire mention, laquelle piece a été paraphée par nous, par le Procureur du Roi *ou* Fifcal, & par ledit. . . . (*ou* par ledit. . . . fondé de procuration dudit. . . .) & ont figné, *ou* déclaré ne favoir figner, de ce enquis. Ce fait, icelle piece a été par nous remife ès mains de notre Greffier, *& s'il y a procuration, il faut ajouter,* enfemble ladite procuration. Fait le jours & an que deffus.

A

Requête de l'Accufateur qui n'a pas en fa poffeffion les pieces qu'il veut donner pour pieces de comparaifon pour les faire apporter & remettre au Greffe.

SUPPLIE humblement . . . . difant que par Ordonnance *ou* Jugement du...' intervenu fur la plainte du Suppliant, il lui a été permis entre autres chofes d'informer & faire preuve des faits contenus en icelle par comparaifon d'écritures & fignatures. Pour cet effet, le Suppliant entend fournir pour pieces de comparaifon . . . . *marquer ici les pieces;* & comme lefdites pieces font en la poffeffion de . . . . demeurant à . . . . le Suppliant a recours à votre autorité pour lui être fur ce pourvu. Ce confideré, ... il vous plaife ordonner, que dans . . . . jour... ledit . . . . fera tenu d'apporter, *ou* faire apporter, & remettre au Greffe de... les pieces ci-deffus énoncées, moyennant falaire raifonnable, fuivant la taxe qui en fera faite par . . . . finon & à faute de ce faire dans ledit délai, & icelui paffé, en vertu de l'Ordonnance *ou* Jugement qui interviendra fur la préfente Requête, fans qu'il en foit befoin d'autre, que ledit . . . . y fera contraint par toutes voies dûes & raifonnables; *fi c'eft un Dépofitaire public, ou quelqu'un qui ait fouftrait lefdites pieces,* ou *fi c'eft l'Accufé qui les ait entre les mains,* l'on *ajoute :* même par corps, *& fi c'eft un Eccléfiaftique,* l'on met, à peine de faifie de fon temporel; *l'on peut même conclure indéfiniment, à ce que ceux qui ont les pieces entre les mains foient contraints par corps; fauf au Juge dans fon Ordonnance* ou *Jugement, s'il s'agit d'un Eccléfiaftique, ou autre Perfonne non publique, à mettre :* fauf à être ordonné ci-après, s'il y échet, que ledit . . . . y fera contraint, par les mêmes voies qu'un Dépofitaire public, & par corps.

Procès verbal de l'état des pieces de comparaifon, fur la repréfentation qui en fera faite par l'Accufateur s'il les a en fa poffeffion, ou fur la repréfentation qui en fera faite par le Greffier après qu'elles auront été remifes au Greffe, en vertu de l'Ordonnance ou Jugement intervenu fur la fufdite Requête, & du Commandement fait en conféquence.

L'AN . . . . *ou* aujourd'hui . . . . Nous . . . . nous étant tranfportés au Greffe de . . . . *ou* en la Chambre du Confeil de . . . . où étant, en préfence du Procureur du Roi *ou* Fifcal, & de . . . . Accufateur en faux, (*ou* de . . . . fondé de la procuration fpéciale dudit . . . . à l'effet des Préfentes paffée pardevant . . . . Notaires *ou* . . . . Notaire & Témoins le . . . . laquelle eft demeurée annexée à la Minute du préfent Procès verbal, après avoir été paraphée par nous & par ledit . . . . porteur d'icelle; *ou* laquelle après avoir été paraphée par nous & par ledit . . . . a été annexée à la Minute du précédent Procès verbal par nous fait le. . . .) ledit . . . . *ou* notre Greffier, nous a repréfenté,... *énoncer les pieces,* defquelles pieces ledit . . . . Accufateur en faux prétend fe fervir pour pieces de comparaifon & ont figné *ou* fait refus, de ce interpellé, *ou* déclaré ne favoir figner, de ce enquis.

Et à l'inftant, le Procureur du Roi, *ou* Fifcal, nous a requis de recevoir lefdites pieces pour pieces de comparaifon, *ou* a déclaré qu'il n'empêche pour le Roi que lefdites pieces ne foient reçues pour pieces de comparaifon, *ou* a requis que lefdites pieces foient rejettées, & a figné.

Surquoi nous ordonnons que lefdites pieces feront admifes pour pieces de comparaifon dans l'accufation de faux intentée par ledit . . . . contre . . . & ont, en conféquence lefdites pieces été paraphées par nous, par le Procureur du Roi *ou* Fifcal, & par ledit . . . . *ou* & a déclaré ledit . . . . ne favoir figner, de ce enquis. Ce fait lefdites pieces ont été par nous remifes ès mains de notre Greffier, *l'on ajoute :* enfemble ladite procuration, *fi elle n'a pas été annexée au précédent procès verbal,* & ordonne que lefdites pieces demeureront au Greffe pour fervir d'inftruction dans ladite accufation de faux. Fait les jour & an que deffus.

Information par Experts, & fi l'information ou preuve par pieces de comparaifon

a auſſi été ordonnée, *l'on ajoute* : & par pieces de comparaiſon faite par Nous....
en vertu de notre Ordonnance *ou* Jugement du .... à la Requête de ....
contre .... joint le Procureur du Roi *ou* Fiſcal, à laquelle information nous
avons procédé comme il ſuit.

Du .... jour de ....
eſt comparu .... l'un des Experts nommés d'office, par notredite Ordonnance
ou Jugement du .... lequel après ſerment par lui fait de dire vérité, nous a dit
être âgé de .... & n'être Parent, Allié, Serviteur ni Domeſtique des Parties;
comme auſſi nous a déclaré qu'il lui a été remis au Greffe par notre Greffier, la
plainte contenant l'accuſation de faux intentée par .... contre .... ; l'Ordonnance *ou* Jugement portant permiſſion d'informer, donné en conſéquence le ..;
la piece arguée de faux qui eſt .... *énoncer ladite piece*; le procès verbal de
l'état d'icelle du ...; les pieces de comparaiſon conſiſtant en .... pieces; la
premiere du ..., &c. *énoncer leſdites pieces*; le procès verbal de préſentation
deſdites pieces de comparaiſon, avec l'Ordonnance étant au bas, *ou* Jugement par
lequel elles ont été reçues; toutes leſquelles pieces ledit .... a pareillement déclaré avoir vues & examinées ſéparément & en ſon particulier, ſans déplacer dudit
Greffe; & après avoir paraphé ladite piece arguée de faux, & après nous avoir
fait apparoir de l'Exploit d'aſſignation à lui donné le .... à la Requête de ..,
en vertu de notre Ordonnance du .... dépoſe, &c. *l'Expert fait ſon rapport par*
forme de dépoſition; lecture à lui faite de ſa dépoſition, a dit qu'elle contient vérité, y a perſiſté & ſigné, & après qu'il a requis ſalaire lui avons taxé .....
comme deſſus.

Eſt auſſi comparu
A ....

SUPPLIE humblement.... diſant que ſur la plainte & accuſation de faux rendue
par le Suppliant contre.... il a obtenu permiſſion d'informer, notamment par Experts
& comparaiſon d'écritures & ſignatures; le Suppliant a depuis fourni pluſieurs pieces
de comparaiſon qui ont été admiſes & reçues pour l'inſtruction du faux; & enſuite
les Experts nommés d'office, ont été entendus dans l'information qui a été faite à
cet effet, ſur laquelle & autres, *s'il y a eu d'autres informations*, ledit ......
accuſé a été décreté de .... au moyen de quoi le Suppliant a tout lieu d'eſpérer
qu'il y a preuve complette du crime de faux dont il s'agit, contre ledit .... &
qu'il en eſt l'auteur; néanmoins pour un plus grand éclairciſſement, & pour une
plus parfaite conviction, le Suppliant ſouhaiteroit que ledit .... accuſé fût
obligé de faire un corps d'écriture, en conformité de l'Ordonnance du mois de
Juillet 1737.

Ce conſideré, ... il vous plaiſe ordonner que ledit .... accuſé, ſera
tenu de faire un corps d'écriture, tel qu'il lui ſera dicté par leſdits Experts ou autres nouveaux Experts, tels qu'il vous plaira de nommer; lequel corps d'écriture ſera
fait au Greffe de .... ou autre lieu ſervant aux inſtructions, en préſence de
M. le Procureur du Roi *ou* Fiſcal, enſemble du Suppliant *ou* lui duement appellé,
à la Requête de M. le Procureur du Roi *ou* Fiſcal, dont il ſera dreſſé procès verbal
pardevant vous, pour être ledit corps d'écriture reçu pour piece de comparaiſon,
& être leſdits Experts entendus par voie de dépoſition ſur ce qui peut réſulter dudit corps d'écriture, comparé avec la piece arguée de faux par le Suppliant, & vous
ferez bien.

Au bas de cette Requête, la Partie publique mettra ſes concluſions, portant, je
n'empêche, ou je requiers, &c.

Enſuite le Juge mettra ſon Ordonnance, & ſi elle eſt conforme aux concluſions de
la Requête, il ſuffira qu'il mette : ſoit fait, ainſi qu'il eſt requis par la Requête ci-deſ-
ſus du Suppliant, & pardevant les mêmes Experts; & s'il juge à propos d'ajouter d'au-
tres Experts ou d'en nommer de nouveaux, en ce cas, il ordonnera qu'il en ſera référé
aux autres Juges.

Le Juge peut auſſi ordonner d'Office ce corps d'écriture.

P.

Procès verbal de corps d'écriture fait par l'Accusé.

L'an . . . . ou aujourd'hui . . . . Nous . . . . en vertu de notre Ordonnance du . . . . nous étant transportés au Greffe, *ou* en la Chambre de . . . . à la Requête de . . . . Accusateur, où étant, en préfence du Procureur du Roi *ou* Fifcal, & dudit . . . . Accusateur, *ou* ledit Accusateur duement appellé, à la Requête du Procureur du Roi *ou* Fifcal fuivant l'Exploit de . . . . contrôlé le . . . . comme auffi en préfence de . . . . Experts par nous nommés d'office. *Si l'Accusé eft prifonnier, l'on met : nous avons commandé au Géolier d'amener ici ledit* . . . . Accusé, ce qui ayant été fait ; *s'il n'eft point prifonnier, mais feulement décreté d'affigné pour être oui, ou d'ajournement perfonnel, & qu'il fe foit reprefenté à l'affignation à lui donnée à cet effet, à la Requête de la Partie publique, l'on en fait mention, & enfuite l'on dit :* nous avons ordonné audit Accusé de faire fur-le-champ un corps d'écriture de fa main, tel qu'il lui fera dicté par lefdits Experts ; à quoi ledit . . . . a obéi, & fait ledit corps d'écriture, lequel a été paraphé par nous, par le Procureur du Roi, *ou* Fifcal, par ledit . . . . accusateur, & par lefdits Experts, enfemble par ledit . . . . accusé ; *& s'il fait refus de parapher ledit corps d'écriture, il faut en faire mention & de l'interpellation ;* & ont figné *ou* fait refus de ce interpellé, *ou* déclaré ne favoir figner de ce enquis ; & à l'inftant, le Procureur du Roi *ou* Fifcal a requis *ou* conclu à ce que ledit corps d'écriture foit reçu pour piece de comparaifon.

Surquoi, oui le Procureur du Roi *ou* Fifcal en fes conclufions, nous ordonnons que ledit corps d'écriture fera reçu pour piece de comparaifon, & que lefdits Experts feront de nouveau entendus par voie de dépofition fur ce qui peut réfulter dudit corps d'écriture comparé avec la piece arguée de faux ; à l'effet de quoi feront remis à chacun defdits Experts, par le Greffier, & fans déplacer ledit Greffe, la plainte, permiffion d'informer, la piece arguée de faux, le procès verbal de l'état d'icelle, les autres pieces de comparaifon, procès verbal de préfentation d'icelles, l'Ordonnance *ou* Jugement par lequel elles ont été reçues pour pieces de comparaifon, enfemble ledit corps d'écriture, & le fufdit procès verbal d'icelui ; pour par lefdits Experts, voir toutes lefdites pieces, & les examiner chacune féparément & en particulier. Fait les jour & an que deffus.

Procédures du Faux Incident.

A . . . .

Requête afin de permiffion de s'infcrire en faux.

SUPPLIE humblement . . . .
Ce confideré . . . . . il vous plaife permettre au Suppliant de s'infcrire en faux contre . . . . produit au procès *ou* en l'inftance d'entre les Parties étant au rapport de M . . . . (*ou* fignifié *ou* communiqué en la caufe d'entre les Parties par . . . . le . . . .) ordonner que ledit . . . . fera tenu dans les délais de l'Ordonnance de déclarer s'il entend fe fervir de ladite piece ; fauf, après ladite déclaration *ou* faute par ledit . . . . de la faire, à prendre par le Suppliant telles conclufions qu'il avifera bon être ; & vous ferez bien.

Ordonnance fur la Requête ci-deffus.

Vu la quittance d'amende confignée le . . . . ordonnons que l'infcription de faux fera faite au Greffe par le Demandeur, lequel fera tenu à cet effet, dans trois jours, de fommer le Défendeur de déclarer s'il veut & entend fe fervir de la piece maintenue fauffe. Fait en . . . . le . . . .

Exploit de fommation en vertu de l'Ordonnance ci-deffus.

L'an mil fept cens . . . . le . . . . jour de . . . . à la Requête de . . . . pour lequel domicile eft élu en la maifon & étude de M. . . . . Procureur au . . . . fife à Paris rue . . . . Paroiffe . . . . Je . , . . Huiffier . . . . demeurant . . . ai fignifié & baillé copie à . . . . au domicile de M. . . . . fon Procureur

demeurant .... en parlant à .... 1°. de la quittance d'amende consignée
par ledit .... par Acte du .... 2°. De la Requête présentée le .... par
ledit .... à ce qu'il lui fût permis de s'inscrire en faux contre .... 3°. De
l'Ordonnance apposée au bas de ladite Requête contenant ladite permission (*en cas
que la Requête ne soit point signée par le Demandeur, mais seulement par un fondé
de procuration, on ajoute*, 4°. De la procuration donnée par ledit .... Demandeur, à l'effet de former ladite inscription de faux, circonstances & dépendances,
ladite procuration passée devant .... Notaires à .... le ....) & en vertu
de ladite Ordonnance, j'ai parlant comme dessus, sommé & interpellé ledit ....
de déclarer dans les délais de l'Ordonnance s'il entend & veut se servir de ladite
piece, sinon & à faute de faire ladite déclaration dans lesdits délais, & iceux
passés, proteste ledit .... Demandeur de se pourvoir à l'effet de faire ordonner
le rejet de la piece dont est question : & j'ai audit domicile & parlant comme
dessus laissé les susdites copies, ensemble copie du présent, à ce qu'il n'en ignore.

Procuration à l'effet
de former inscription
de faux.

Pardevant, &c. .... fut présent .... lequel a par ces présentes fait & constitué son Procureur général & spécial la personne de M. .... auquel il donne
pouvoir de pour lui & par.... en son nom, s'inscrire en faux contre.... produit au
procès *ou* instance pendant en .... entre.... (*ou* signifié .... *ou* communiqué....) former demande à ce que ledit.... soit tenu de déclarer dans les
délais de l'Ordonnance, s'il entend ou non se servir de ladite piece ; faire à ce
sujet les sommations nécessaires, & au cas de déclaration de la part dudit ....
qu'il entend se servir de ladite piece & de dépôt d'icelle au Greffe, d'y former
l'inscription de faux : comme aussi de faire dresser procès verbal de l'état de ladite
piece & procès verbal de présentation des pieces de comparaison, & lors desdits
procès verbaux faire telles observations, dires & requisitions qu'il jugera à propos,
signer lesdits procès verbaux, & parapher lesdites pieces, fournir moyens de faux,
suivre l'instruction & jugement, élire domicile, & généralement faire par ledit
Sieur Procureur constitué tout ce qui sera par lui jugé nécessaire, au bien & à
l'avantage dudit Sieur constituant; promettant, obligeant, renonçant. Fait &
passé, &c.

Déclaration du Dé-
fendeur en faux.

Sieur .... Contre .... dit pardevant vous .... pour défenses à la demande dudit Demandeur portée en sa Requête signifiée au Défendeur, par Exploit
du .... ladite demande tendante à ce qu'il fût permis audit Demandeur de
s'inscrire en faux contre .... Que ledit Défendeur veut & entend se servir de
ladite piece arguée de faux, se soumettant à cet effet de la faire remettre au Greffe
dans les vingt-quatre heures, & d'en faire signifier l'acte de mis audit Demandeur
conformément à l'Ordonnance. Cette déclaration doit être signée du *Défendeur en
personne, sinon d'un fondé de procuration spéciale ; dans ce dernier cas on ajoute*:
& sera avec ces Présentes baillé copie de la procuration spéciale donnée à l'effet
d'icelles par ledit Défendeur, ladite procuration passée devant .... Notaires
à .... le ....

A ....

Requête du Deman-
deur en faux pour le
rejet de la piece à dé-
faut de déclaration.

SUPPLIE humblement .... Disant .... Ce considéré .... il vous
plaise, faute par ledit .... d'avoir satisfait à la sommation à lui faite au domicile de Me .... son Procureur, par Exploit du .... en exécution de l'Ordonnance .... en date du .... apposée au bas de la Requête du Suppliant,
à fin de permission de s'inscrire en faux ; & conformément à icelle sommation
d'avoir déclaré s'il entendoit ou non se servir de ladite piece (*ou* faute par ledit ...
d'avoir fait sa déclaration dans les délais, *ou* avec les formalités prescrites par l'Ordonnance de 1737), ordonner que ladite piece sera & demeurera rejettée du procès,
condamner ledit .... aux dépens de l'incident ; sans préjudice néanmoins au
Suppliant de tirer de ladite piece telles inductions & conséquences qu'il jugera à
propos, & de former telles demandes qu'il avisera bon être pour ses dommages &

intérêts, & vous ferez bien; *si c'est en matiere Bénéficiale*, *on peut ajouter* : même à se pourvoir par le Suppliant pour faire déclarer ledit . . . . déchu de tout droit & prétention sur le Bénéfice dont est question.

Acte de mise

A la Requête de . . . . soit signifié à Me . . . . Procureur de . . . . qu'il a ce jourd'hui mis & déposé au Greffe . . . . arguées de faux par ledit . . . . à ce qu'il n'en ignore & ait, aux termes de l'Ordonnance, à former son inscription de faux dans les vingt-quatre heures, sinon proteste de se pourvoir.

Extrait des Registres de . . . .

Acte d'inscription de faux.

AUJOURD'HUI est comparu . . . . assisté de Me . . . . son Procureur; (*ou est comparu* Me . . . . Procureur en ce Siege, lequel en vertu de la procuration spéciale à lui donnée par . . . . passée devant . . . . Notaires à . . . . le . . . . demeurée annexée à la Minute des Présentes, après avoir été paraphée par ledit . . . .) lequel a déclaré qu'il s'inscrit en faux contre. . . . (*énoncer la piece*) mise au Greffe le . . . . offrant de bailler ses moyens de faux dans le tems de l'Ordonnance; & a ledit Me . . . . élu son domicile en sa maison sise rue . . . . Paroisse . . . . & a de tout ce que dessus requis Acte. Fait ce, &c. . . . .

Requête pour faire apporter la Minute de la piece arguée de faux.

A . . . .
SUPPLIE humblement. . . . Disant. . . . Ce considéré, ... il vous plaise ordonner que dans . , . . ledit . . . . sera tenu de faire apporter au Greffe de la Cour la Minute de la piece dont est question, sinon & à faute de ce faire par ledit . . . . dans ledit délai, & icelui passé, en vertu du Jugement qui interviendra & sans qu'il en soit besoin d'autre, ladite piece sera rejettée du procès, & qu'il sera passé outre au Jugement d'icelui (*ou* permettre au Suppliant de faire apporter ladite Minute à ses frais, dont il sera néanmoins remboursé par ledit . . . comme de frais préjudiciaux, & dont il lui sera délivré exécutoire à cet effet; à quoi faire tous Greffiers, Notaires & autres Dépositaires seront contraints par toutes voies dûes & raisonnables, même par corps; quoi faisant, ils en seront bien & valablement quittes & déchargés) , & vous ferez bien.
Nota. *Quant aux procès verbaux de l'état des pieces arguées de faux, & des Minutes d'icelles, ils sont les mêmes que dans le faux principal, à l'exception seulement qu'on doit y appeller le Défendeur, aussi bien que le Demandeur & la Partie publique.*

Sommation au Demandeur d'assister au procès verbal de l'état des pieces.

L'an . . . . le . . . . jour de . . . . à la Requête de . . . . pour lequel domicile est élu en la maison de . . . . son Procureur sise rue . . . . Paroisse . . . . J'ai . . . . Huissier . . . . demeurant . . . . soussigné, signifié & déclaré à . . . . au domicile de Me . . . . son Procureur en la Cour, sise . . . . rue . . . . Paroisse . . . . en parlant à . . . . que ledit . . . . a fait remettre au Greffe de . . . le . . . . (*dénoncer ici la piece*) ensemble la Minute d'icelle piece, le sommant de se trouver dans trois jours au Greffe de ladite Cour . . . . heure du matin (*ou* de relevée) à l'effet d'assister & être présent, si bon lui semble, au procès verbal de l'état desdites Pieces & Minutes, lui déclarant, parlant comme dessus, qu'il sera procédé audit procès verbal & au paraphe desdites pieces, tant en présence qu'absence, à ce qu'il n'en ignore.

Moyens de faux.

Moyens de faux que met & donne pardevant Vous . . . .
Sieur . . . . Demandeur, suivant sa Requête du . . . . Contre . . . . Défendeur.
A ce qu'il plaise à la Cour par l'Arrêt (*ou* Sentence) qui interviendra, déclarer (*énoncer ici la qualité de la piece*) faux ou falsifié, en conséquence ordonner que ladite piece sera rejettée du procès, condamner ledit Défendeur en . . . . de dommages & Intérêts envers le Demandeur, & en tous les dépens.
Détailler ensuite tous les moyens de faux & finir ainsi : Partant Persiste le De-

mandeur dans les conclusions par lui ci-devant prises avec dépens.

Vu par la Cour , &c . . . . oui le rapport de . . . . Conseiller, conclusions du Procureur Général (*ou* du Roi *ou* Fiscal) tout considéré. La Cour ordonne (*ou* Nous ordonnons) que lesdits moyens de faux seront rejettés en conséquence , & sans avoir égard à ladite Requête , il sera passé outre au Jugement du procès ; condamne (*ou* condamnons) le Demandeur en l'amende de . . . . & aux dépens de l'incident.

Jugement pour rejetter , admettre, ou joindre les moyens de faux.

Ou bien , la Cour a joint lesdits moyens de faux au procès d'entre les Parties, pour y avoir , en jugeant, tel égard que de raison, dépens réservés.

Ou bien , la Cour a déclaré & déclare pertinens & admissibles les moyens de faux donnés par ledit Demandeur, qui sont que . . . . en conséquence ordonne qu'il sera fait preuve d'iceux tant par titres & par Témoins , que par comparaison d'écritures & signatures sur les pieces de comparaison dont les Parties conviendront par . . . . Ecrivain juré expert que la Cour a nommé d'office , pour le tout fait & rapporté & communiqué au Procureur Général, (*ou* du Roi *ou* Fiscal) être statué ce qu'il appartiendra , dépens réservés.

Nota. *Sommer le Défendeur d'assister au procès verbal de présentation des pieces de comparaison ; comme ci-dessus , par rapport au procès verbal de l'état des pieces.*

L'an . . . . le . . . . jour de . . . . heure du matin (*ou* de relevée) : Nous... nous sommes transportés au Greffe de . . . . (*ou* en la Chambre du Conseil de....) où étant en présence du Procureur du Roi *ou* Fiscal , *ou si c'est au Parlement*, en présence de . . . . Substitut du Procureur Général du Roi , est comparu . . . . Demandeur (*ou* . . . . fondé de la procuration spéciale de.... à l'effet des Présentes passées devant . . . . Notaires à . . . *ou* devant . . . . Notaire à . . . . & Témoins le . . . . qui est demeurée annexée à la Minute des Présentes , après avoir été paraphée par nous , & par ledit . . . .) lequel nous a représenté l'original de la sommation faite à . . . . Demandeur, le . . . . . de comparoir ce jourd'hui lieu & heure , à l'effet d'être présent au présent procès verbal ; & après avoir attendu une heure , & que ledit . . . . n'est point comparu, nous avons donné défaut contre lui , & pour le profit, ordonnons qu'il sera passé outre.

Procès verbal de présentation des pieces de comparaison.

Si le Défendeur comparoît, l'on met: est aussi comparu.... Défendeur , lequel , *ou* notre Greffier nous a représenté . . . . *énoncer les pieces* ; desquelles pieces ledit . . . . Demandeur, prétend se servir pour pieces de comparaison dans l'instruction de faux incident, dont il s'agit, lesquelles pieces nous avons représentées audit . . . . Défendeur, & l'ayant interpellé de convenir desdites pieces , *ou les* contester sur le champ, il a déclaré qu'il en convient *ou* qu'il les conteste , & a signé *ou* fait refus de signer, de ce interpellé , *ou* déclaré ne savoir signer , de ce enquis ; a aussi ledit . . . . Demandeur signé.

Le surplus dudit procès verbal comme dans le faux principal , & ainsi des autres procédures.

TITRE X.

DES DECRETS, DE LEUR EXECUTION,
ET DES ELARGISSEMENS.

L'é n o n c é du préfent Titre fuffit pour donner une idée générale des différens objets qu'il embraffe. Ils fe réduifent à cinq principaux ; favoir, le Décret en général ; les différentes efpeces de Décrets en particulier ; les Cas dans lefquels on peut les décerner ; & enfin, l'élargiffement des Perfonnes décretées de prife de corps, & qui ont été conftituées prifonnieres.

Chacune des difpofitions qui fuivent, fe rapporte néceffairement à l'un ou à l'autre de ces objets.

ARTICLE PREMIER.

Tous décrets feront rendus fur les conclufions de nos Procureurs, ou de ceux des Seigneurs.

Le Procureur du Roi ou Fifcal, font les principales Parties en matiere Criminelle. De-là, on ne peut faire aucun pas dans l'inftruction de la procédure, que conjointement avec eux, & qu'on ne les ait mis en état de requérir ce qu'ils croient être le plus expédient pour l'intérêt public, & la vengeance des crimes qui intéreffent la Société.

ARTICLE II.

Selon la qualité des crimes, des preuves & des perfonnes, fera ordonné que la Partie fera affignée pour être ouïe, ajournée à comparoir en perfonne, ou prife au corps.

Cet Article exprime bien difertement les trois efpeces de décrets ; qui font : le décret d'affigné pour être oui, le décret d'ajournement perfonnel, & le décret de prife de corps.

Le Juge doit confiderer trois chofes principales , pour fe déterminer dans le choix de ces différens décrets ; la qualité du crime , celle des preuves , & celle des perfonnes. Ainfi dans un crime capital de fa nature , ou qui emporte peine afflictive , un commencement de preuve fuffit pour faire prononcer un décret de prife de corps. On confidere encore néanmoins la qualité des perfonnes ; on le décerne avec plus de circfonfpection contre les perfonnes qualifiées , que contre les gens de condition ordinaire , &c.

Article III.

L'affignation pour être oui fera convertie en décret d'ajournement perfonnel , fi la Partie ne compare.

Article IV.

L'ajournement perfonnel fera converti en décret de prife de corps , fi l'Accufé ne compare dans le délai qui fera reglé par le décret d'ajournement perfonnel , felon la diftance des lieux , ainfi qu'aux ajournemens en ma-tiere Civile.

La converfion d'un décret plus doux en un décret plus rigoureux , prononcée ici contre les Accufés défaillans , eft la moindre punition que mérite leur rebellion aux ordres de la Juftice.

Cette converfion a lieu de droit , & fans qu'on foit obligé de lever contre l'Accufé défaillant aucun défaut , ni de faire contre lui aucune procédure , lorfque la procédure s'inftruit à la Requête de la Partie publique : il en eft tout autrement lorfqu'il y a une Partie civile. Dans ce dernier cas fi l'Accufé décreté d'affigné pour être oui , ne comparoît point au jour indiqué par le décret , la Partie civile doit lever fon défaut au Greffe Criminel des Préfentations , & demander par une Requête , qu'en jugeant le profit du défaut , le décret d'affigné pour être oui foit converti en ajournement perfonnel.

S'il s'agit d'un décret d'ajournement perfonnel , & qu'après l'échéance de l'affignation l'Accufé ne comparoiffe point , la Partie civile doit en-core laiffer paffer un délai de huitaine avant que de lever fon défaut au Greffe ; quinzaine après elle peut le faire juger , & faire ordonner, fur les conclufions de la Partie publique , la converfion du décret d'a-journement perfonnel en décret de prife de corps.

Article V.

Les procès verbaux des Préfidens & Confeillers de nos

Cours , pourront être décretés de prise de corps ; & ceux
de nos autres Juges d'ajournement personnel seulement,
sinon après que leurs assistans auront été répetés.

ARTICLE VI.

Les procès verbaux des Sergens ou Huissiers , même
de nos Cours , ne pourront être décretés , sinon en cas de
rebellion à Justice, que d'ajournement personnel seulement ; mais après qu'ils auront été répetés & leurs Records , les Juges pourront décerner prise de corps si le
cas y échet. N'entendons néanmoins rien innover à l'u-
sage des Maîtrises de nos Eaux & Forêts , dans lesquelles les procès verbaux des Verdiers , Gardes & Sergens sont décretés même de prise de corps.

On décrete non-seulement sur une information préalable , mais encore sur des procès verbaux , lorsqu'ils font de nature à donner lieu à
quelque décret.

L'Ordonnance en distingue de trois sortes : savoir , les procès ver-
baux des Officiers de Cours Souveraines ; les procès verbaux des Juges
Subalternes , soit Royaux, soit des Seigneurs ; & enfin ceux des Huissiers
& Sergens.

La foi pleine & entiere qui est due aux Officiers de Cours Souveraines , doit faire regarder tout ce qui est contenu dans leurs procès
verbaux, comme vrai & authentique : ainsi on peut décreter ces procès
verbaux de toute espece de décret , même de celui de prise de corps,
sans qu'il soit besoin de répéter les Assistans , si aucun il y avoit.

On ne doit point avoir la même confiance dans ceux des Juges inférieurs ; c'est pourquoi , on ne peut décreter leurs procès verbaux ,
que d'un décret d'ajournement personnel tout au plus ; & on ne peut
aller jusqu'au décret de prise de corps , qu'après la répétition préalable
des personnes qui ont assisté à ces procès verbaux.

A l'égard des procès verbaux des Huissiers , il faut distinguer ceux
qu'ils font étant assistés de Recors, de ceux qu'ils font étant seuls.
Quant aux premiers , jamais les procès verbaux des Huissiers ne peuvent être décretés d'aucune espece de décret , qu'eux & leurs Recors
n'aient été préalablement repétés : on n'en excepte que le cas de rebellion , ou sans aucune répétition ni de l'Huissier ni de ses Recors ,
on peut décreter le procès verbal d'un décret d'ajournement personnel
seulement. Mais si le procès verbal de l'Huissier avoit été fait sans
aucune

aucune affiſtance de Recors, alors ce procès verbal ne pourroit jamais être décrété dans aucun cas, même après la répétition de ceux qui pourroient y avoir affiſté : l'Huiſſier dans ce dernier cas, n'a que la voix ordinaire de la plainte ou de la dénonciation à la Partie publique.

Il faut ſoigneuſement obſerver que la répétition, dans tous les cas ci-deſſus exprimés, ne doit point être faite par forme de récolement, mais par forme de dépoſition ; ainſi le Juge doit faire rédiger mot à mot ce que les Huiſſiers, Recors ou Aſſiſtans, diront être contenu dans le procès verbal. C'eſt choſe jugée par Arrêt du 2 Octobre 1711, contre le Prévôt de la Bergereſſe, avec injonction d'être plus circonſ-pect à l'avenir : la même injonction avoit été faite par un Arrêt pré-cédent à un Sieur Lorrain, faiſant les fonctions de Lieutenant Cri-minel au Bailliage d'Amboiſe.

ARTICLE VII.

Celui contre lequel il y aura ordonnance d'aſſigné pour être oui, ou décret d'ajournement perſonnel, ne pourra être arrêté priſonnier, s'il ne ſurvient de nouvelles charges, ou que par délibération ſecrete de nos Cours, il ait été reſolu, qu'en comparoiſſant, il ſera arrêté ; ce qui ne pourra être ordonné par aucun autre de nos Juges.

Quand un Accuſé a ſubi un décret, ſoit d'aſſigné pour être oui, ſoit d'ajournement perſonnel, il ne peut être conſtitué priſonnier que dans l'un des trois cas qui ſuivent : ſavoir, 1°. lorſque le décret d'ajourne-ment perſonnel a été converti par la non comparution de l'Accuſé, ainſi que nous l'avons vu ci-devant : 2°. lorſqu'il ſurvient contre lui de nouvelles charges, ſoit par ſa propre reconnoiſſance dans ſon inter-rogatoire, ſoit par de nouvelles dépoſitions ſurvenues depuis le pre-mier décret : 3°. enfin, lorſque par délibération ſecrete, il a été reſolu que l'Accuſé décreté ſeulement en apparence d'ajournement per-ſonnel, ſeroit arrêté lors de ſa comparution. C'eſt un piége innocent que la Juſtice eſt quelquefois obligée de tendre à ceux dont on craint le crédit ou la réſiſtance, pour s'aſſurer de leurs perſonnes avec plus de facilité & moins d'éclat, & ſans expoſer la vie des Miniſtres de la Juſtice. Mais ces délibérations ſecretes ne ſont confiées qu'à la pru-dence des Compagnies ſupérieures. La faculté en eſt interdite à tous les autres Juges, pour ne leur point donner un moyen de faire indiſ-crétement une inſulte à des perſonnes qualifiées.

ARTICLE VIII.

Pourra être décernée priſe de corps ſur la ſeule noto-

Tome II. Q

riété pour crime de duel, fur la plainte de nos Procureurs contre les Vagabonds, & fur celles des Maîtres pour crimes & délits Domeſtiques.

Il eſt de principe qu'un décret de priſe de corps attentant à la liberté des Citoyens, il ne doit être décerné qu'en connoiſſance de cauſe, c'eſt à-dire, en vertu d'une preuve ou du moins d'une demie preuve réſultante d'une information préalable, ou d'un procès verbal qui en ait acquis la force, ainſi que nous l'avons vu ci-deſſus.

Mais l'Ordonnance admet trois exceptions à cette regle. Ainſi elle permet de décreter de priſe de corps; 1°. pour crime de duel, fur la ſimple notorieté ou bruit public; 2°. contre les Vagabonds & Gens ſans aveu, fur la ſeule plainte de la Partie publique; 3°. lorſqu'il s'agit de vol ou délit Domeſtique fur la plainte des Maîtres. L'uſage a encore admis une quatrieme exception; c'eſt en faveur d'une fille ſéduite par un garçon, ſans domicile certain, laquelle alors peut le faire arrêter, en vertu d'une Ordonnance du Juge rendue fur Requête ſans aucune information précédente.

ARTICLE IX.

Après qu'un Accuſé pris en flagrant délit ou à la clameur publique, aura été conduit priſonnier, le Juge ordonnera, qu'il ſera arrêté & écroué, & l'écrou lui ſera ſignifié parlant à ſa perſonne.

Le cas du flagrant délit eſt, lorſque l'Accuſé a été ſurpris commettant le crime, ou dans un inſtant très prochain, ou avec quelques marques qui l'indiquent & le caractériſent : un homme pris dans cet état à la clameur publique, a contre lui les ſoupçons les plus violens & plus que ſuffiſans, pour autoriſer la Juſtice à s'aſſurer de ſa perſonne. Néanmoins, quoiqu'il puiſſe être arrêté dans ce cas, on ne peut le conſtituer priſonnier, que de l'ordre du Juge, ou d'un Commiſſaire ſi c'eſt à Paris; & après qu'il a été écroué, on doit lui ſignifier ſon écrou en parlant à ſa perſonne.

ARTICLE X.

L'Ordonnance d'aſſigné pour être oui, contre un Juge & Officier de Juſtice, n'emportera point d'interdiction.

ARTICLE XI.

Le décret d'ajournement personnel, ou prise de corps, emportera de droit interdiction.

Nos anciennes Ordonnances n'admettoient originairement que de deux sortes de décrets ; le décret d'ajournement personnel & celui de prise de corps. L'usage introduisit ensuite le décret d'assigné pour être oui, pour empêcher l'effet de l'interdiction attachée au décret d'ajournement personnel.

Ce n'est pourtant pas qu'il fut absolument bien décidé lors de l'Ordonnance, que l'ajournement personnel emportât interdiction de droit, lorsqu'elle n'étoit point nommément exprimée dans le décret. Mais l'Ordonnance a fixé sur cela tous les doutes, en déterminant que dorénavant les décrets d'ajournement personnel, ainsi que ceux de de prise de corps, emporteroient de droit interdiction. N'y auroit-il pas de l'indécence en effet, qu'un Officier prévenu de crime, continuât de rendre la justice aux Sujets du Roi, avant que d'avoir justifié son innocence ? C'est pourquoi l'interdiction naissante du décret dans ce cas, subsistant jusqu'au jour du jugement, l'effet n'en pourroit être suspendu par un simple appel du décret, ni même par un Arrêt de défenses, à moins que l'Arrêt ne contînt nommément une *permission provisoire* à l'Officier accusé de continuer ses fonctions : car il ne peut y être renvoyé que par un jugement diffinitif.

ARTICLE XII.

Sera procédé à l'exécution de tous décrets, même de prise de corps, nonobstant toutes appellations, même comme de Juge incompétent, ou recusé, & toutes autres sans demander permission, ni pareatis.

ARTICLE XIII.

Seront néanmoins tenus, ceux à la Requête desquels les décrets seront exécutés, d'élire domicile dans le lieu où se fera l'exécution, sans attribuer toutefois aucune Jurisdiction au Juge du domicile élu.

Le décret de prise de corps ayant pour objet de s'assurer de la personne d'un accusé de crime grave, rien ne peut en arrêter l'exécution, non plus que de tous autres décrets ; pas même les récusations, ou les appels d'incompétence : il faut pour cela un Arrêt de défenses émané d'une Cour Souveraine, & qui ne peut être rendu que sur le vu des charges & informations.

L'appel comme d'abus, tout suspensif qu'il est de sa nature, n'empêche point non plus l'exécution des décrets décernés par les Juges Ecclésiastiques.

Enfin l'exécution des décrets est regardée comme une chose si privilegiée & si importante au bien & au repos de la Société civile, qu'on n'a pas besoin de permission ni *pareatis* pour les exécuter dans un autre reffort. Cependant, comme il est nécessaire que le prisonnier sache à qui s'adresser dans le lieu même où il est emprisonné, pour faire les significations que sa défense peut exiger, celui à la Requête duquel le décret se met à exécution, est obligé d'élire domicile dans le lieu où l'exécution se fait. Mais cette élection de domicile, n'attribue aucune sorte de Jurisdiction au Juge du domicile élu. Ce Juge ne peut même, sous prétexte que la police de ses prisons lui appartient, décider de la translation du prisonnier, ou ordonner qu'à défaut par la Partie civile, de le faire transferer dans un certain tems, le prisonnier sera élargi. Ce seroit donner à ce Juge la faculté de favoriser un criminel & de le mettre hors des prisons impunément. Il doit donc demeurer pour certain, qu'il n'y a que le Juge qui a décerné le décret, qui puisse connoître de son exécution, dans quelque lieu qu'elle se fasse.

L'Édit de 1695 contient la même disposition par rapport aux décrets émanés des Officiaux ; ils peuvent s'exécuter, non-seulement hors le reffort de l'Officialité, mais encore sans *pareatis* des Juges Royaux & des Seigneurs. Il faut cependant observer qu'il n'y a que les Huissiers royaux qui puissent mettre à exécution les décrets des Officiaux ; ceux des Officialités ou des Justices Seigneuriales n'ont pas ce pouvoir.

ARTICLE XIV.

Les Huissiers, Sergens, Archers, & autres Officiers chargés de l'exécution de quelques décrets ou mandemens de Justice, auxquels on aura fait rebellion, excès ou violences, en dresseront procès verbal qu'ils remettront incontinent entre les mains du Juge pour y être pourvu, & en être envoyé une expédition à notre Procureur Général ; sans néanmoins que l'instruction & le jugement puissent être retardés.

ARTICLE XV.

Enjoignons à tous Gouverneurs, nos Lieutenans Généraux des Provinces & Villes, Baillifs, Sénéchaux, Maires & Echevins, de prêter main-forte à l'exécution des décrets & de toutes les ordonnances de Justice, même aux Prévôts des Maréchaux, Vice-Baillifs, Vice-Sénéchaux, leurs Lieutenans & Archers, à peine de radiation de leurs gages en cas de refus, dont il sera dressé procès verbal par les Juges, Huissiers ou Sergens, pour être envoyé à nos Procureurs Généraux, chacun dans leur ressort, & y être par Nous pourvu.

Ces deux Articles concernent le cas de rebellion à l'exécution des décrets : l'Ordonnance prescrit d'abord aux Huissiers d'en dresser un procès verbal exact & détaillé ; ensuite ils doivent remettre incontinent & sans délai ce procès verbal au Juge qui a donné le décret & en envoyer en même tems une expédition à M. le Procureur Général, comme chargé éminemment & par état de veiller à tout ce qui intéresse la police générale & l'ordre public.

Pour empêcher l'effet de ces rebellions, & faire ensorte que force demeure à Justice, il est enjoint à tous ceux qui ont en main la force publique, comme Gouverneurs & Lieutenans Généraux des Provinces & Villes, Baillifs & Sénéchaux, Prévôts des Maréchaux leurs Lieutenans & Archers, de prêter main-forte aux Huissiers : & en cas de refus de leur part, les Huissiers doivent en dresser procès verbal & l'envoyer aux Procureurs Généraux, chacun dans leur ressort.

ARTICLE XVI.

Les Accusés qui auront été arrêtés seront incessamment conduits dans les prisons, sans pouvoir être détenus en maison particuliere, si ce n'est pendant leur conduite, & en cas de péril d'enlevement, dont il sera fait mention dans le procès verbal de capture & de conduite, à peine d'interdiction contre les Prévôts, Huissiers ou Sergens, de mille livres d'amende envers Nous, & des dommages & intérêts des Parties.

Cet Article abroge les prisons particulieres appellées communément *Chartres privées*; 1°. parcequ'elles font contraires à la liberté légitime des Citoyens ; 2°. parceque d'elles mêmes elles ne font pas fuffifamment fûres.

La néceffité a fait cependant admettre deux exceptions à cette abrogation ; la premiere, eft lorfque les prifonniers font en route pour être conduits dans les prifons, ou pour être transferés d'une prifon en une autre, dans le cours de l'inftruction du procès ; la feconde, eft dans le cas ou faute d'avoir main-forte, il y auroit lieu de craindre l'enlevement du prifonnier ; on le dépofe alors dans une maifon particuliere.

ARTICLE XVII.

Défendons à tous Juges, même des Officialités, d'ordonner qu'aucune Partie foit amenée fans fcandale.

On étoit dans l'ufage avant l'Ordonnance, dans certains cas & relativement à certaines perfonnes dont on vouloit ménager la réputation, d'adoucir la rigueur du décret de prife de corps, en ordonnant que la perfonne feroit amenée fans fcandale. Cet ufage avoit lieu furtout dans les Officialités ; mais comme il eft impoffible d'arrêter quelqu'un & de le conftituer prifonnier, fans quelque fcandale plus ou moins grand, c'eft avec raifon que l'on a profcrit cette procédure.

ARTICLE XVIII.

Pourra, fi le cas le requiert, être rendu décret de prife de corps contre des perfonnes non connues, & fous les défignations de l'habit, de la perfonne & autres fuffifantes ; comme auffi à l'indication qui en fera faite.

Dans la regle générale on ne doit point décerner de décret, & particulierement de prife de corps, contre des perfonnes inconnues. Cependant il arrive quelquefois que les Accufés ne font point dénommés par les Témoins dans les informations ; & alors le Juge ne doit point non plus les nommer dans fon décret, quand bien même ils le feroient dans la plainte : tout ce qu'il peut faire dans ce cas eft de les y défigner, conformément aux remarques qu'en ont faites les Témoins, & relatives à leurs vifages, à leurs poils, à leurs tailles, à leurs habits ; mais comme ces défignations font par elles mêmes très fautives ; le Légiflateur permet encore à la Partie civile ou publique, d'indiquer des perfonnes aux Officiers chargés de l'exécution des décrets.

ARTICLE XIX.

Ne sera décernée prise de corps contre les domiciliés, si ce n'est pour crime qui doive être puni de peine afflictive ou infamante.

On ne peut arrêter quelqu'un, sans donner une violente atteinte à sa réputation ; parceque le décret de prise de corps suppose nécessairement que celui qui en est l'objet, est, sinon convaincu, du moins prévenu d'un crime grave. Le Juge ne peut donc lancer avec trop de circonspection un décret de cette nature, contre un homme domicilié qui jouit d'un état & d'un rang dans la Société, dont on ne le doit priver que pour des causes qui intéressent le bien général de cette même Société.

Ainsi, c'est la qualité du délit qui doit décider le Juge dans ces sortes de cas. S'il ne s'agit que d'injures, de rixes, ou autres délits de cette espece, qui ne puissent occasionner en définitif, qu'une condamnation en dommages & intérêts, ou en réparation d'honneur, jamais on ne peut décreter de prise de corps un domicilié pour raison de ces sortes de délits : il ne peut l'être que pour les crimes qui méritent peines afflictives ou infamantes.

Mais qu'entend-on sous cette dénomination de *peines afflictives* ou *infamantes ?* c'est ce qu'il faut détailler avec soin, pour pouvoir faire l'application juste de la disposition présente.

On entend, par *peines afflictives*, la *condamnation capitale* ; la *condamnation aux galeres* ou au *bannissement*, soit à *perpétuité* soit à *tems* ; l'*amende honorable* ; le *pilory*, le *fouet* & la *marque*. Toutes les peines afflictives sont en même-tems infamantes. Il en est cependant quelques-unes qui ne portent point d'infamie, comme la question, qui n'est point une punition du crime, mais seulement un moyen pour parvenir à le découvrir. En effet, il arrive tous les jours qu'un Accusé, après avoir eu la question, est reconnu innocent & renvoyé absous ; il en est de même du fouet sous la custode, qui n'est qu'une simple correction ; aussi n'est-elle exécutée que par le Questionnaire.

Les *peines infamantes* sont le *blâme* ; l'*aumône en matiere civile* (& non en matiere criminelle) ; l'*amende au criminel*, (& non pas au civil) ; & enfin, l'*interdiction à perpétuité* prononcée contre un Officier ; car l'*interdiction à tems* ne laisse aucune notte d'infamie ; il en est de même de l'*admonition.*

ARTICLE XX.

Nos Procureurs ès Justices ordinaires, seront tenus d'envoyer à nos Procureurs Généraux, chacun dans

leur reſſort au mois de Janvier & Juillet de chacune année, un état ſigné par les Lieutenans Criminels, & par
eux, des écrous & recommandations faites pendant les
ſix mois précédens ès priſons de leurs Sieges, & qui n'auront point été ſuivies de jugement diffinitif ; contenant
la date des décrets, écroues & recommandations, le nom,
ſurnom, qualité, & demeure des Accuſés ; & ſommairement le titre de l'accuſation, & l'état de la procédure ;
à l'effet de quoi, tous actes & écrous ſeront par les
Greffiers & Géoliers délivrés gratuitement, & l'état
porté par les Meſſagers ſans frais ; à peine d'interdiction
contre les Greffiers & Géoliers, & de cent livres d'a-
mende envers Nous, & de pareille amende contre les
Meſſagers : ce qui aura lieu, & ſous pareille peine, pour
les Procureurs des Juſtices Seigneuriales, à l'égard de
nos Procureurs des Sieges où elles reſſortiſſent.

Les précautions priſes par le préſent Article ont pour objet d'informer les Procureurs Généraux de tous les crimes qui ſe commettent
dans leur reſſort, & les Procureurs du Roi des Bailliages & Sénéchauſſées de ceux qui ſe ſont commis dans les Juſtices Seigneuriales
qui leur ſont ſubordonnées ; afin de mettre & les uns & les autres
en état de veiller immédiatement & par eux-mêmes, à ce que ces
crimes ſoient, ſans délai, pourſuivis & punis.

ARTICLE XXI.

Les Accuſés contre leſquels il n'y aura eu originairement décret de priſe de corps, ſeront élargis après l'interrogatoire, s'il ne ſurvient de nouvelles charges, ou par
leur reconnoiſſance, ou par la dépoſition de nouveaux
Témoins.

La diſpoſition préſente eſt une conféquence de celle de l'Article 7
qui précède : en effet, ſi aux termes de l'Article 7 celui qui eſt aſſigné
pour être oui ou ajourné perſonnellement, ne peut être arrêté priſonnier qu'il ne ſurvienne de nouvelles charges, il ſuit par une confé-

quence

quence néceffaire, que lorfqu'il n'en furvient point de nouvelles, il doit être élargi après avoir fubi l'interrogatoire, ainfi que le décide notre Article.

ARTICLE XXII.

Aucun Prifonnier pour crime ne pourra être élargi par nos Cours & autres Juges, encore qu'il fe fut rendu volontairement prifonnier, fans avoir vu les informations, l'interrogatoire, les conclufions de nos Procureurs ou de ceux des Seigneurs, & les réponfes de la Partie civile s'il y en a, ou fommations de répondre.

ARTICLE XXIII.

Les Prifonniers pour crime ne pourront être élargis s'il n'eft ordonné par le Juge, encore que nos Procureurs ou ceux des Seigneurs, & les Parties civiles y confentent.

ARTICLE XXIV.

Ne pourront auffi les Accufés être élargis après le Jugement, s'il porte condamnation de peine afflictive, ou que nos Procureurs, ou ceux des Seigneurs en appellent, encore que les Parties civiles y confentent ; & que les amendes, aumônes, & réparations aient été confignées.

Ces trois Articles concernent les élargiffemens des prifonniers contre lefquels il y a eu originairement décret de prife de corps; cet élargiffement peut avoir lieu ou *avant* ou *après* le jugement diffinitif.

Avant le jugement diffinitif ; il peut être demandé par le prifonnier, ou au Juge même qui a informé & décreté contre lui, ou aux Cours Souveraines par la voie de l'appel. Auparavant l'Ordonnance, le Juge qui avoit informé & décreté, ne pouvoit permettre l'élargiffement du prifonnier, non-feulement que fur le vu des charges & fur les conclufions du Miniftere public, mais encore, qu'après communication faite à la Partie civile de la demande en élargiffement. Mais on étoit dans l'ufage au Parlement, d'accorder des élargiffemens provifoires, fur le vu des charges feulement & fans entendre les Parties. Cependant

comme la Partie civile eſt celle qui a le principal intérêt dans la détention de l'Accuſé, & que tout bien conſidéré, il y a beaucoup plus d'inconvéniens d'élargir un Accuſé légerement & avec précipitation, que
de le retenir dans les priſons un peu plus long-tems qu'il ne devroit l'ê-
tre, l'Ordonnance a étendu tant aux Cours Souveraines qu'aux autres
Juges, la prohibition d'élargir un priſonnier, ſans communication
préalable à la Partie civile. Mais il ne ſuffiroit pas du ſeul conſentement de la Partie civile, & même de celui de la Partie publique,
pour procurer au priſonnier ſon élargiſſement, l'une & l'autre de ces
deux Parties pouvant être gagnées & corrompues : il faut que l'élargiſſement ſoit prononcée par le Juge qui eſt l'homme de la Loi, & en
qui ſeul la Loi met ſa confiance. *Après* le jugement définitif même, le
priſonnier ne peut être élargi ; 1°. lorſque le jugement porte condamnation de peine afflictive ; 2°. lorſque ſans condamnation de peine afflictive, il y a un appel interjetté de la part du Miniſtere public : l'élargiſſement du priſonnier eſt prohibé dans le premier cas, parceque le
priſonnier ne pourroit être élargi, ſans riſquer de mettre obſtacle à
l'exécution de la condamnation contre lui prononcée ; dans le ſecond
cas, parceque ſur l'appel à *minimâ* du Miniſtere public, les Juges ſu-
périeurs peuvent aggraver la premiere condamnation, & que dans
cette incertitude, il ne ſeroit pas prudent de relâcher le coupable.

PROCEDURES
RELATIVES AU PRESENT TITRE.

Décret d'aſſigné pour être oui.

VU l'information faite par . . . . à la Requête de . . . . Demandeur & accuſateur, le Procureur du Roi (*ou* Fiſcal) joint (& *s'il n'y a point de Partie civile,*
à la Requête du Procureur du Roi *ou* Fiſcal accuſateur) Contre . . . . accuſé, le . .
date de l'information, concluſions dudit Procureur du Roi *ou* Fiſcal, Nous ordonnons que ledit . . . . accuſé d'avoir . . . . (*énoncer ſommairement ici l'effet de la*
plainte) ſera aſſigné pour être oui ſur les faits réſultans de ladite information &
autres, ſur leſquels le Procureur du Roi *ou* Fiſcal, requerra de le faire ouir & entendre. Fait ce . . . .

Décret d'ajournement perſonnel.

Vu l'information faite par . . . . à la Requête de . . . . . Demandeur & accuſateur, le Procureur du Roi (*ou* Fiſcal) joint, (& *s'il n'y a point de Partie civile,*
à la Requête du Procureur du Roi *ou* Fiſcal accuſateur), Contre . . . . accuſé
le . . . . *date de l'information*, concluſions dudit Procureur du Roi *ou* Fiſcal, Nous
ordonnons que ledit . . . . accuſé d'avoir . . . . (*énoncer ſommairement ici l'effet*
de la plainte) ſera ajourné à comparoir en perſonne pardevant Nous dans . . . .
(*fixer le délai*) pour être oui & interrogé ſur les faits réſultans deſdites charges &
informations, & autres ſur leſquels le Procureur du Roi *ou* Fiſcal, requerra de
le faire ouir & entendre. Fait ce . . . .

Décret de priſe de corps.

Vu l'information faite par . . . . à la Requête de . . . . Demandeur & accuſateur, le Procureur du Roi (*ou* Fiſcal) joint, (& *s'il n'y a point de Partie civile,* à
la Requête du Procureur du Roi *ou* Fiſcal accuſateur) Contre . . . . accuſé, le . . .

date de l'information, conclusions du Procureur du Roi *ou Fiscal*, Nous ordonnons que ledit. . . . . sera pris & appréhendé au corps & conduit ès prisons de céans (*ou* de cette Cour), pour y être oui & interrogé sur les faits résultans desdites charges & informations, & autres sur lesquels le Procureur du Roi *ou* Fiscal voudra le faire entendre; sinon, & après perquisition faite de sa personne, sera assigné à comparoir à quinzaine, & par un seul cri public à la huitaine en suivant; ses biens saisis & annotés & à iceux établi Commissaire, ce qui sera exécuté nonobstant oppositions & appellations quelconques, & sans préjudice d'icelles. Fait ce, &c. . . .

Vu le défaut obtenu par . . . . le Procureur du-Roi *ou* Fiscal joint, (*ou s'il n'y a point de Partie civile*, par le Procureur du Roi *ou* Fiscal), contre. . . . . Défendeur, accusé & défaillant faute de comparoir, le . . . . .; charges & informations contre lui faites à la Requête dudit Procureur du Roi *ou* Fiscal le . . . .; décret d'assigné pour être oui par Nous décerné contre ledit . . . . le . . . . sur lesquelles informations, Exploit d'assignation donnée en conséquence le . . . . contrôle le . . . . conclusions du Procureur du Roi *ou* Fiscal; Nous, avons déclaré le défaut bien & duement obtenu & pour le profit d'icelui, ordonnons que ledit . . . sera ajourné à comparoir en personne pardevant Nous dans . . . . le délai de . . . . pour être oui & interrogé sur les faits résultans desdites charges & informations, & autres sur lesquelles le Procureur du Roi *ou* Fiscal requerra de le faire ouir. Fait ce . . . .

Conversion du décret d'assigné pour être oui en ajournement personnel.

Vu, &c. *comme ci-dessus*, Nous avons déclaré le défaut bien & duement obtenu, & pour le profit d'icelui, ordonnons que ledit. . . . sera pris & appréhendé au corps, & conduit ès prisons de céans, *ou* de cette Cour, pour être oui & interrogé sur les faits résultans desdites charges & informations & autres, sur lesquels le Procureur du Roi *ou* Fiscal voudra le faire entendre; sinon, & après perquisition faite de sa personne, sera assigné à comparoir à quinzaine, & par un seul cri public à la huitaine ensuivant; ses biens saisis & annotés, & à iceux établi Commissaire: ce qui sera exécuté nonobstant oppositions ou appellations quelconques, & sans préjudice d'icelles.

Conversion du décret d'ajournement personnel en prise de corps.

Information & répétition faite par Nous . . . . en vertu de notre Ordonnance du . . . . du Procès verbal fait par . . . . assisté de . . . . le . . . . du jour de . . . . est comparu . . . . *mettre son nom, surnom, âge, qualité, & demeure*, assigné par Exploit de . . . . Huissier du . . . . qu'il nous a représenté, lequel après serment par lui fait de vérité, & qu'il nous a dit n'être Parent, Allié, Serviteur, ni Domestique des Parties.
Dépose sur les faits mentionnés audit procès verbal dont nous lui avons fait lecture, que . . . . lecture à lui faite de sa déposition, a dit icelle contenir vérité, y a persisté & signé.

Répétition des Huissiers & Recors.

Nota. *Il arrive souvent qu'en matiere d'injures verbales, on ne prend point la voie de la plainte & de l'information, & l'on se contente de se pourvoir par simple assignation; lorsque l'on prend cette voie, voici la procédure qu'il faut suivre.*

L'an mil sept cens . . . . le . . . . à la Requête de . . . . demeurant à . . . . j'ai . . . . soussigné, donné assignation à . . . . à comparoir d'hui en trois jours pardevant . . . . pour être condamné à faire reparation des injures atroces & scandaleuses que ledit . . . . . . a dit à . . . . . proféré publiquement contre l'honneur & la réputation du Demandeur, & notamment . . . . . sinon que la Sentence qui interviendra, vaudra réparation d'honneur; que défenses seront faites audit . . . . . . de plus à l'avenir récidiver, & pour l'avoir fait, il sera condamné en . . . . . . livres de dommages & intérêts, à l'amende & aux dépens; sauf à Messieurs les Gens du Roi, dont le Demandeur requiert la jonction, de prendre telles autres conclusions qu'ils aviseront bon être pour la vindicte publique.

Assignation en réparation d'injures.

Défenses.

Dit, pour défenses qu'il est surpris de la demande contre lui faite des injures mentionnées en l'exploit à lui donné le . . . . d'autant qu'il n'en a proféré aucune contre la réputation du Demandeur, avec lequel il n'a jamais eu aucun démêlé, reconnoissant qu'il est homme d'honneur & de bien ; au moyen de quoi soutient le Demandeur, qu'il doit être déchargé de la demande avec dépens.

Sentence.

Parties ouies, après la déclaration faite par la Partie de . . . . qu'il reconnoît celle de . . . . pour homme de bien & d'honneur, & non taché des injures portées en la demande, Nous avons mis les Parties hors de Cour & de Procès, dépens compensés.

Si au contraire, le Défendeur a nié les faits d'injures à lui imputés, la Sentence qui intervient, en ordonne la preuve ainsi qu'il suit.

Sentence qui ordonne la preuve pour fait d'injures.

Après que la Partie de . . . . a dénié les injures mentionnées en l'Exploit ou dans la plainte, & que la Partie de . . . . a persisté au contraire, avons permis aux Parties de faire preuve; savoir, la partie de . . . . pardevant . . . . Commissaire qui a reçu la plainte de . . . . & la Partie de . . . . pardevant . . . . Commissaire que Nous avons commis à cet effet, pour les enquêtes faites, rapportées & communiquées aux Gens du Roi être ordonné ce que de raison, dépens, dommages, & intérêts réservés.

Après que les enquêtes ont été faites de part & d'autre, on porte la cause à l'Audience, où il intervient sur les conclusions du Ministere public un Jugement diffinitif.

TITRE XI.

DES EXCUSES OU EXOINES

DES ACCUSE'S.

A s' e n tenir à l'intitulé du présent Titre, il sembleroit que les excuses ou *exoines* ne pussent être proposées, que par les Accusés décretés & hors d'état de se représenter. Cependant il est constant dans l'usage, que les Témoins assignés pour déposer, sont aussi dans le cas & admis à proposer des *exoines*, lorsque quelque infirmité ou autre empêchement légitime les empêchent de venir rendre témoignage.

Trois choses à considerer dans les dispositions qui composent le présent Titre. 1°. La forme dans laquelle l'*exoine* doit être proposée. 2°. La procédure qu'il faut tenir pour la faire admettre. 3°. Enfin la maniere d'y ftatuer.

Article Premier.

L'Accufé, qui ne pourra comparoir en Juftice, pour cause de maladie ou bleffure, fera préfenter fes excufes par procuration fpéciale, paffée pardevant Notaires qui contiendra le nom de la Ville, Bourg, ou Village, Paroiffe, Rue & Maifon où il fera détenu.

Article II.

La procuration ne fera point reçue fans rapport d'un Médecin de Faculté approuvé, qui déclarera la qualité & les accidens de la maladie ou bleffure, & que l'Accufé ne peut fe mettre en chemin fans péril de la vie; dont la vérité fera atteftée par ferment du Médecin pardevant le Juge du lieu, dont fera dreffé procès verbal qui fera auffi joint à la procuration.

L'Ordonnance, dans le premier des deux Articles qui précedent, femble n'admettre que deux caufes d'exoines; favoir, la maladie & la bleffure. Cependant, il eft d'autres caufes qui peuvent quelquefois autorifer l'exoine, fur-tout lorfqu'elles contiennent une impoffibilité phyfique ou morale de pouvoir fe tranfporter de la part de l'Accufé ou du Témoin.

Comme les exoines ne font ordinairement que des illufions que l'on cherche à faire à la Juftice, le Légiflateur les a affujéties à beaucoup de formalités pour les rendre plus rares & plus difficiles. Ainfi d'abord, elles ne peuvent être propofées que par un fondé de procuration fpéciale; & cette procuration doit être paffée devant Notaires & être bien circonftanciée, c'eft-à-dire, contenir exactement le nom de la Ville, Bourg, ou Village, celui de la Paroiffe, de la Rue & de la Maifon où fe trouve détenu celui qui propofe l'exoine. Ce n'eft pas tout; la procuration la plus réguliere, & la mieux circonftanciée, feroit infuffifante, fi elle n'étoit accompagnée d'un rapport de Médecins, contenant les accidens & la qualité de la maladie ou de la bleffure, & dont la vérité foit atteftée par lui devant le Juge du lieu qui en doit dreffer procès verbal. Ce Médecin doit être d'une Faculté approuvée dans le Royaume, aux termes de l'Ordonnance ; néanmoins, lorsqu'il y a impoſſibilité, ou une trop grande difficulté d'en trouver de cette eſpece, on permet dans l'uſage de faire faire le rapport par deux Chirurgiens, au lieu d'un Médecin.

ARTICLE III.

L'exoine ſera montrée à notre Procureur ou à celui des Seigneurs, & communiquée à la Partie civile, s'il y en a, qui ſera tenue, ſur un ſimple Acte, de ſe trouver à l'Audience où l'exoine ſera préſentée & reçue, ſans que le Porteur des pieces ſoit tenu de déclarer qu'il y eſt envoyé exprès pour les préſenter, & qu'il a vu l'Accuſé.

La procédure, pour parvenir au jugement de l'exoine, eſt des plus ſommaire ; elle ſe réduit à une ſimple communication de l'exoine, & des pieces qui lui ſervent de fondement, à la Partie publique & à la Partie civile, s'il y en a, & à un avenir ſur lequel l'incident eſt porté à l'Audience criminelle, pour y être ſtatué.

ARTICLE IV.

Si les cauſes de l'exoine paroiſſent légitimes, il ſera ordonné que nos Procureurs, ou ceux des Seigneurs, & les Parties informeront reſpectivement dans un bref délai de la vérité de l'exoine, & du contraire.

ARTICLE V.

Le délai pour informer étant expiré, ſera fait droit ſur l'incident de l'exoine ſur ce qui ſe trouvera produit.

L'incident étant porté à l'Audience, on y agite d'abord la queſtion, de la légitimité ou non légitimité des cauſes de l'exoine ; ſi elles ſont jugées légitimes en elles-mêmes, & que la Partie civile ou publique, ſe réduiſe à en conteſter la réalité, on ordonne alors une information reſpective, dans un très court délai ; & après qu'il eſt expiré on juge définitivement l'exoine ſur ce qui ſe trouve produit, ou contradictoirement, ou par l'une des Parties : le Juge prend en ce cas l'un des deux partis qui ſuivent ; ſavoir, ou de ſurſeoir l'exécution du décret, ou d'ordonner qu'il ſe tranſportera lui-même chez l'Accuſé pour l'interroger, lorſqu'il ſe trouve à portée de pouvoir le faire.

FORMULES DES PROCEDURES
RELATIVES AU PRÉSENT TITRE.

Nous.... Docteur en Médecine de la Faculté de.... à la Requête de.... Nous sommes transportés à.... où étant, Nous avons trouvé ledit.... & de tout ce que dessus, avons dressé notre présent rapport, pour servir audit.... ce qu'il appartiendra. Fait ce.... *Rapport.*

L'an.... pardevant Nous.... est comparu.... Docteur en Médecine de la Faculté de.... lequel, après serment par lui fait de dire vérité, a affirmé que le rapport par lui fait le.... de l'état de la personne de.... contient vérité; lequel rapport il nous a représenté, & à lui rendu, après avoir été paraphé par Nous & par ledit.... Fait ce.... *Procès verbal d'attestation.*

A la Requête de.... accusé, soit sommé & interpellé.... complaignant de comparoir.... à l'Audience pardevant.... pour voir dire que l'excuse présentée par ledit.... sera reçue, & en conséquence, qu'il sera sursis à toutes poursuites contre ledit.... jusqu'à ce qu'il se puisse mettre en état; à l'effet de quoi, sera donné copie avec le présent Acte audit.... du rapport de visite faite de la personne dudit.... par.... Docteur en Médecine de la Faculté de.... du procès verbal d'attestation, & affirmation d'icelui du.... & de la procuration dudit.... du.... contenant ses excuses; déclarant que le.... lesdites pieces seront communiquées à M...... au Parquet le..... sommant ledit.... de s'y trouver, si bon lui semble, pour ensuite en venir à l'Audience, comme dit est, dont Acte. Fait, &c. *Avenir.*

Entre.... Demandeur aux fins de l'Acte du.... d'une part; &.... Défendeur d'autre; après que.... fondé de procuration spéciale du Demandeur, a présenté son exoine, Parties ouies; ensemble *la Partie publique* : Nous ordonnons que le Procureur Général du Roi *ou* le Procureur Fiscal, & les Parties informeront respectivement pardevant.... de la vérité de ladite exoine, & du contraire dans... pour ce fait & rapporté, être ordonné ce qu'il appartiendra. Fait, &c. *Jugement portant permission d'informer.*

Vû les informations respectivement faites, &c. *faire mention des pieces jointes;* Nous ordonnons qu'il sera sursis à l'exécution du décret.... décerné le.... contre.... pendant.... jours. Fait ce, &c. *Sentence portant surséance.*

Vu, &c. Nous.... attendu l'indisposition de.... ordonnons que Nous nous transporterons, *ou* avons commis & commettons..... *si c'est un Juge égal,* prions.... de se transporter en la maison dudit.... pour être procédé à son interrogatoire sur les faits résultans des charges & informations contre lui faites, pour servir & valoir ce que de raison, Fait ce, &c.... *Sentence de transport.*

TITRE XII.
DES SENTENCES
DE PROVISION.

LES Sentences de Provisions en matiere Criminelle s'accordent à une Partie , soit pour alimens,
soit pour médicamens, ou autres cas de cette nature.

Comme il se commettoit avant l'Ordonnance
beaucoup d'abus dans l'ajudication des Provisions,
le Légiflateur a cherché à y remédier , en reglant
les cas dans lesquels les Provisions pouvoient être
accordées ; combien une même Partie pouvoit en
obtenir dans le cours d'un même procès criminel ;
& en statuant en même tems sur l'effet & l'exécution des Jugemens de Provisions.

ARTICLE PREMIER.

*Les Juges pourront , s'il y échet, adjuger à une Par-
tie quelques sommes de deniers pour pourvoir aux alimens & médicamens ; ce qui sera fait sans conclusions
de nos Procureurs , ou de ceux des Seigneurs.*

Cet Article nous apprend les causes pour lesquelles les provisions
peuvent être accordées. Ce doit être principalement dans l'un de ces
deux cas, ou pour alimens, ou pour médicamens. Ainsi un Plaignant
qui a été blessé , & qui n'a pas de quoi se faire traiter & panser, est en
droit de demander une Provision à cet effet ; il en est de même d'une
fille engroffée, pour frais de couches & de nourritures de l'enfant ;
d'une veuve & des enfans d'un homme homicidé, tant pour fournir
aux frais funéraires du défunt, que pour leurs alimens , & même pour
la poursuite du procès criminel par eux intenté à ce sujet, &c.

Comme les provisions ne regardent uniquement que l'intérêt particulier de ceux qui les demandent, l'Ordonnance permet qu'on puisse
les

les obtenir, fans le confentement, & même fans les conclufions du Miniftere public.

ARTICLE II.

Ne pourront les mêmes Juges accorder des Provifions à l'une & à l'autre des Parties, à peine de fufpenfion de leurs charges & de tous dépens, dommages & intérêts.

Les Juges étoient dans l'ufage abufif, avant la prohibition faite par le préfent Article, d'accorder fouvent des provifions aux deux Parties en même-tems, furtout s'il arrivoit qu'elles fuffent toutes deux en même-tems bleffées, ainfi qu'il fe rencontre quelquefois en matiere de rixes & de batteries : mais comme il n'eft pas jufte que l'innocent, dans ce cas, paie pour le coupable, c'eft au Juge à démêler par fa prudence, qui des deux a été l'attaqué, & à n'accorder qu'à celui-là une provifion.

ARTICLE III.

Ne pourront auffi y donner qu'une feconde provifion fi elle eft jugée néceffaire, pourvu qu'il y ait quinzaine au moins, entre la premiere & la feconde, fans qu'ils puiffent recevoir aucuns émolumens de l'une, ni de tous les incidens qui naîtront en confequence.

Cet Article prend fa fource dans un Réglement intervenu en la Tournelle Criminelle le 22 Juin 1665, qui ne permettoit d'accorder une feconde provifion, qu'après un intervalle de quinze jours, & qui défendoit en outre aux Juges de prendre aucunes épices pour les Sentences de provifions ; notre Ordonnance en adoptant les fages difpofitions de ce Réglement, y a encore ajouté, en ce qu'elle ne veut point que les provifions puiffent excéder le nombre de deux.

ARTICLE IV.

Les Sentences de provifions ne pourront être furfifes ni jointes au procès par les Juges qui les auront ordonnées fous pareille peine.

Souvent les Juges, après avoir accordé une provifion, fe donnoient la liberté de furfeoir après coup l'exécution de leurs Sentences, & de rendre par-là, inutiles & infructueufes les provifions qu'ils avoient

Tome *II.*   S

accordées ; c'eſt pour réprimer un pareil abus, que ces ſurſéances particulieres ont été abrogées.

A R T I C L E V.

Les deniers adjugés par proviſion ne pourront être ſai-
ſis pour frais de juſtice ou quelque autre cauſe ou prétexte
que ce ſoit, ni conſignés au Greffe ou ailleurs, à peine
de nullité des conſignations, d'interdiction contre les
Greffiers & leurs Commis qui les auront reçus ; & pour-
ront, nonobſtant les ſaiſies & prétendues conſignations,
les Parties condamnées être contraintes au paiement.

C'eſt avec beaucoup de raiſon que les proviſions ont été déclarées
n'être ſujettes à aucunes ſaiſies ni conſignations. En effet, avant cet
affranchiſſement, la Partie qui avoit été condamnée à payer une proviſion, pour empêcher ſon adverſaire d'en profiter, ne manquoit jamais de provoquer quelques ſaiſies ou oppoſitions qui ſervoient de pretexte aux Juges pour ordonner la conſignation de la proviſion au
Greffe par forme de dépôt ; & par le moyen de ces incidens, la proviſion ſe conſommoit en frais, & la Partie, qui l'avoit obtenue, n'en re-
tiroit aucun avantage.

A R T I C L E V I.

Les Sentences de proviſions ſeront exécutées par ſai-
ſies des biens & empriſonnement de la perſonne du con-
damné, ſans donner caution.

On n'adjuge ordinairement des Proviſions qu'à ceux qu'on croit
avoir beſoin de ce ſecours, pour fournir à leurs médicamens ou à
leurs alimens ; & ces perſonnes étant pour la plûpart dans l'indigence,
ne pourroient que difficilement trouver des cautions ; d'ailleurs, il
s'étoit introduit un déſordre étonnannt avant l'Ordonnance, dans la
réception des cautions pour les proviſions : on prenoit pour cela des
cautions bannales, qui recevoient, pour ſigner l'acte de cautionnement,
une certaine retribution, dont ils partageoient le profit avec les Greffiers, & quelquefois même avec les Juges. C'eſt pourquoi, bien que
toute proviſion ſemble exiger, par ſa nature, une caution, l'Ordonnance a jugé à propos d'en affranchir les proviſions en matiere criminelle ; quelquefois cependant, dans l'uſage on ordonne la caution juratoire, qui n'eſt point ſujette aux mêmes inconvéniens que l'autre eſpece
de cautionnement.

Comme le paiement de la provifion en Matiere criminelle, ne doit fouffrir aucune forte de retardement, celui qui doit la payer, peut y être contraint par toutes fortes de voies, c'eft-à-dire, non-feulement par la faifie mobiliaire & réelle de fes biens, mais encore par l'empri-fonnement de fa propre perfonne.

ARTICLE VII.

Les Sentences de provifions rendues par nos Baillifs, Sénéchaux & autres Juges, reffortiffans nuement en nos Cours, qui n'excéderont la fomme de deux cens livres; celles des autres Juges royaux, qui n'excéderont fix vingt livres, & des Juges des Seigneurs qui n'excéderont cent livres, feront exécutées, nonobftant & fans préjudice de l'appel.

La quotité de la provifion fe regle tant fur la qualité des perfonnes, que fur celle de la bleffure ou des befoins de celui qui la demande. Ainfi, dépendant des circonftances, les provifions ne font gueres fufcep-tibles de regles fixes & générales. Cependant, comme les Juges pre-noient de-là occafion de ne garder aucunes mefures dans les provifions qu'ils donnoient & que les plus petits Juges étoient fouvent ceux qui étoient les plus hardis à accorder de fortes provifions, le Légiflateur a cru devoir refferrer fur cela le pouvoir des Juges inférieurs dans des bornes légitimes & proportionnées à l'étendue de leurs Jurifdictions, du moins, en ce qui concerne l'exécution provifoire de leurs Sentences. Ainfi les Sentences de provifion ne font exécutoires nonobftant l'appel, qu'autant que celles des Bailliages & Sénéchauffées & autres Juges, reffortiffans nuement ès Cours, n'excedent point la fomme de deux cens livres; que celles des autres Juges Royaux n'excedent point cent vingt livres, & que celles des Juges des Seigneurs, n'excedent point cent livres.

ARTICLE VIII.

Ne pourront nos Cours, furfeoir, ni défendre l'exé-cution des Sentences de provifions, fans avoir vu les charges & informations, & les rapports des Médecins & Chirurgiens; & que le tout n'ait été communiqué à nos Procureurs Généraux, & les défenfes ou furféances n'au-ront aucun effet, à l'égard de la provifion, fi elles ne sont expressément ordonnées par l'Arrêt, pour léquel ne seront prises aucunes épices.

La regle prescrite par le présent Article, de ne pouvoir accorder des défenses que sur le vu des charges & sur les conclusions du Ministere public, n'est point particuliere aux Sentences de provision : nous avons déja vu, & nous verrons encore dans la suite, qu'elle s'étend généralement à tout ce qui a rapport à la Matiere criminelle.

FORMULES DES PROCEDURES
RELATIVES AU PRESENT TITRE.

Requête en provision. A . . . .

SUPPLIE humblement . . . . Disant que . . . . l'ayant dangereusement blessé, il a rendu plainte, fait informer, & obtenu décret de . . . . contre ledit . . . . & s'est fait visiter par . . . . Médecin, & . . . . Chirurgien, qui ont fait le rapport de l'état de ses blessures; & comme le Suppliant a besoin d'alimens, & de se faire panser & médicamenter, il requiert lui être sur ce pourvu.

Ce consideré, Monsieur, il vous plaise adjuger au Suppliant la somme de . . . . par provision pour employer à ses alimens, pansement & médicamens, en paiement de laquelle, sera ledit . . . . contraint par toutes voies dues & raisonnables, même par corps, ordonner que la Sentence qui interviendra, sera exécutée nonobstant oppositions ou appellations quelconques, & sans préjudice d'icelles; & vous serez justice.

TITRE XIII.

DES PRISONS, GREFFIERS DES GEOLES, GEOLIERS ET GUICHETIERS.

ON peut envisager ce Titre sous cinq points de vue différens; savoir, 1°. Relativement à l'état des Prisons. 2°. Relativement aux devoirs de ceux à qui la garde en est confiée. 3°. Relativement aux alimens de ceux qui y sont renfermés. 4°. Relativement à leur élargissement. 5°. Enfin, relativement aux devoirs des Juges par rapport aux Prisons & aux Prisonniers.

ARTICLE PREMIER.

Voulons que les prisons soient sûres, & disposées en sorte que la santé des Prisonniers n'en puisse être incommodée.

Deux qualités sont nécessaires & essentielles dans les Prisons. La première d'abord est qu'elles soient sûres; la seconde est qu'elles soient saines, de manière que l'humidité ou autres défauts de cette nature, ne puissent altérer la santé des Prisonniers.

ARTICLE II.

Tous Concierges & Géoliers exerceront en personnes & non par aucuns Commis, & sauront lire & écrire; & dans les lieux où ils ne le savent, en sera nommé d'autres dans six semaines, à peine contre les Seigneurs de privation de leur droit.

ARTICLE III.

Aucun Huissier, Sergent, Archer ou autre Officier de Justice ne pourra être Greffier des Géoles, Concierges, Géolier ni Guichetier, à peine de cinq cens livres d'amende envers Nous, & de peine corporelle s'il y échoit.

ARTICLE IV.

Enjoignons aux Géoliers de donner des gages rai-
sonnables aux Guichetiers & autres Personnes par eux
prépofées à la garde des Prisonniers.

ARTICLE V.

Il n'y aura aucun Greffier de Géoles dans les prisons
Seigneuriales , & n'en fera établi aucun de nouveau
dans les Royales.

ARTICLE VI.

Les Greffiers des Géoles , où il y en a , ou les Géo-
liers & Concierges feront tenus d'avoir un Regiftre relié ,
cotté & paraphé par le Juge , dans tous fes feuillets qui
feront féparés en deux colomnes pour les écrous & re-
commandations , & pour les élargiffemens & décharges.

ARTICLE VII.

Ils auront encore un autre Regiftre cotté & paraphé
auffi par le Juge , pour mettre par forme d'inventaire les
papiers , hardes & meubles defquels le Prifonnier aura
été trouvé faifi , & dont fera dreffé procès verbal par
l'Huiffier , Archer , ou Sergent qui aura fait l'emprifon-
nement , qui fera affifté de deux Témoins qui figneront
avec lui fon procès verbal ; & feront les papiers , hardes
& meubles , qui pourront fervir à la preuve du procès , re-
mis au Greffe fur le champ , & le furplus rendu à l'Ac-
cufé qui fignera l'inventaire & le procès verbal ; finon,
fur l'un & fur l'autre , fera fait mention de fon refus.

ARTICLE VIII,

Les Greffiers & Géoliers ne pourront laiffer aucun
blanc dans leurs Regiftres.

ARTICLE IX.

Leur défendons , à peine des galeres , de délivrer des écrous à des perfonnes qui ne feront point actuellement Prifonnieres , ni faire des écrous ou décharges fur feuilles volantes , cahiers ni autrement que fur le Regiftre , cotté , & paraphé par le Juge.

ARTICLE X.

Leur défendons de prendre aucuns droits pour les emprifonnemens , recommandations & décharges ; mais pourront feulement pour les extraits qu'ils en délivreront , recevoir ceux qui feront taxés par le Juge & qui ne pourront excéder ; favoir , en toutes nos Cours & Juftices dix fols , & la moitié en celles des Seigneurs ; fans néanmoins pouvoir augmenter ès lieux où l'ufage eft de donner moins.

ARTICLE XI.

Les Juges régleront les droits appartenans aux Géoliers, Greffiers des Géoles , & Guichetiers, pour vivres , denrées , gîtes , géolages , extraits d'élargiffemens , ou décharges , dont fera fait un tableau ou tarif , qui fera appofé au lieu le plus apparent de la prifon & le plus expofé à la vue.

ARTICLE XII.

Les recommandations des Prifonniers feront nulles ; fi elles ne leur font fignifiées parlant à leurs perfonnes , & copie baillée , dont fera fait mention dans le procès verbal de l'Huiffier , qui fera la recommandation.

ARTICLE XIII.

Les écrous & recommandations feront mention des Arrêts, Jugemens & autres Actes, en vertu desquels ils feront faits, du nom, surnom & qualité du Prisonnier, de ceux de la Partie qui les fera faire; comme aussi du domicile qui sera par lui élu, au lieu où la prison est située, sous pareilles peines de nullité; & ne pourra être fait qu'un écrou, encore qu'il y ait plusieurs causes de l'emprisonnement.

ARTICLE XIV.

Défendons à tous Géoliers, Greffiers & Guichetiers, & à l'ancien des Prisonniers, appellé Doyen ou Prévôt, sous prétexte de bien venue, de rien prendre des Prisonniers en argent ou vivres, quand même il seroit volontairement offert, ni de cacher leurs hardes, ou les maltraiter & excéder, à peine de punition exemplaire.

ARTICLE XV.

Le Géolier ou Greffier de la géole sera tenu de porter incessamment, & dans les vingt-quatre heures pour le plus tard, à nos Procureurs, ou à ceux des Seigneurs, copies des écrous & recommandations, qui seront faits pour crimes.

ARTICLE XVI.

Défendons aux Géoliers & Guichetiers, de permettre la communication de quelque personne que ce soit, avec les Prisonniers détenus pour crimes, avant leur interrogatoire, ni même après, s'il est ainsi ordonné par le Juge.

ARTICLE XVII.

Ne sera permise aucune communication aux Prisonniers

niers enfermés dans les cachots, ni souffert qu'il leur
soit donné aucunes lettres ou billets.

Article XVIII.

Ne pourront aussi les Prisonniers être retirés des cachots,
s'il n'est ainsi ordonné par le Juge ; auquel cas ils le seront incessamment, & sans user de remise par les Géoliers & Guichetiers, ni prendre & recevoir aucuns droits
ou salaire, encore même qu'ils leur fussent volontairement offerts.

Article XIX.

Défendons aux Géoliers de laisser vaguer les Prisonniers pour dettes ou pour crimes, sur peine de galeres,
ni de les mettre dans les cachots, ou leur attacher les
fers aux pieds, s'il n'est ainsi ordonné par mandement
signé du Juge, à peine de punition exemplaire.

Article XX.

Les hommes prisonniers, & les femmes, seront mis
en des chambres séparées.

Article XXI.

Enjoignons aux Géoliers & Guichetiers, de visiter
les Prisonniers enfermés dans les cachots, au moins une
fois chacun jour, & de donner avis à nos Procureurs
& à ceux des Seigneurs, de ceux qui seront malades,
pour être visités par les Médecins & Chirurgiens ordinaires des prisons, s'il y en a, sinon par ceux qui seront
nommés par le Juge, pour être, s'il est besoin, transferés
dans les chambres ; & après leur convalescence, seront
renfermés dans les cachots.

ARTICLE XXII.

Les Géoliers & Guichetiers ne pourront recevoir des Prifonniers aucunes avances pour leur nourriture, gîtes & géolages, & feront tenus de donner quittance de tout ce qui leur fera payé.

On a cru devoir réunir tous les Articles qui précedent ; afin de préfenter, fous un même point de vue, toutes les difpofitions concernant les fonctions & devoirs de ceux qui ont la garde des prifons.

Mais ces différentes difpofitions ont été depuis bien perfectionnées, par deux Arrêts de Réglement de la Cour des dix-huit Juin 1704 & premier Septembre 1717. L'un concerne les Prifons de Paris (a), &

(a) » Vû par la Cour les Arrêts d'icelle, des 6 Juillet 1663, 10 Décembre 1666, 5 Février 1671, » 28 Mars 1684, 11 Février 1690, & 11 Décembre 1697, Conclufions du Procureur Général du » Roi ; oui le Rapport de Me. Louis de Vienne, Confeiller, tout confideré :
» LA COUR ordonne que les Ordonnances, Edits & Déclarations du Roi, Arrêts & Réglemens de » la Cour, feront exécutés ; ce faifant : 1°. On dira tous les jours la Meffe dans les Chapelles des » Prifons, depuis la Saint Remi jufqu'à Pâques, à neuf heures ; & la Priere du foir à quatre heures ; & » depuis Pâques jufqu'à la Saint Remi, la Meffe à huit heures, & la Priere du foir à cinq heures. » Les Prifonniers, tant hommes que femmes, même de la penfion, & de quelque condition qu'ils » foient, feront tenus d'y affifter tous les jours, à peine contre ceux qui n'iront point à la Meffe, » d'être privés pendant trois jours de parler aux perfonnes qui les viendront voir, pour la premiere » contravention ; & du cachot pour la feconde, pendant trois jours au moins ; & plus, en cas de ré- » cidive. Enjoint aux Géoliers de les y faire affifter, & d'empêcher qu'ils vaquent & fe promenent » pendant le Service divin. Fait défenfes aux Géoliers & Cabaretiers des Prifons de recevoir dans » leurs cabarets qui que ce foit durant ce tems, à peine de dix livres d'amende, à laquelle ils feront » condamnés par le Commiffaire de la Prifon, & ce fur un fimple procès verbal contenant la décla- » ration de deux Témoins au moins.
2. » Les Dimanches & Fêtes, durant la Meffe, le Sermon & les Vêpres, les Géoliers feront fer- » mer toutes les chambres & cachots, même celles de la penfion, & ne laifferont entrer aucune » perfonne dans la Prifon pendant ce tems ; leur fait défenfes & auxdits Cabaretiers de vendre ou » fournir aucuns vivres ou boiffons aux Prifonniers avant la Meffe, & durant tout le Service divin » defdits jours, fous pareille peine.
3. » Les chambres & cachots clairs feront ouverts à fept heures du matin, depuis la Touffaint » jufqu'à Pâques, & à fix heures depuis Pâques jufqu'à la Touffaint : & les Prifonniers feront ren- » fermés à fix heures du foir, depuis la Touffaint jufqu'à Pâques, & à fept heures depuis Pâques juf- » qu'à la Touffaint, à l'exception néanmoins des Prifonniers à la penfion, lefquels ne feront renfer- » més qu'à fept heures du foir depuis la Touffaint jufqu'à Pâques, & à huit heures depuis Pâques juf- » qu'à la Touffaint : ce que les Géoliers feront obferver, fous pareilles peines.
4. » lorfqu'un Prifonnier arrivera dans la Prifon, ou fera tiré des cachots noirs, il ne pourra être » gardé à la morgue pendant plus de deux heures ; fait défenfes aux Géoliers & Guichetiers de les y » garder plus long-tems, fous prétexte de droits d'entrée, gîtes & géolages ou autrement, à peine » de dix livres d'amende.
5. » Les Géoliers auront foin de mettre enfemble les Prifonniers d'honnête condition, & d'obfer- » ver que chacun, fuivant fon ancienneté, ait la chambre la plus claire ou la plus commode ; dé- » fenfes à eux de recevoir de l'argent des Prifonniers pour les mettre dans une chambre plutôt que » dans une autre, le tout à peine de reftitution du quadruple, & de deftitution, s'il y échet, & après » qu'un Prifonnier aura été mis dans une des chambres ou cachots, il fera tenu de la balayer & » tenir proprement jufqu'à ce qu'il y furvienne un autre Prifonnier.
6. » Les Femmes & Filles prifonnieres feront mifes dans des chambres féparées & éloignées de » celles des Hommes prifonniers, & ne pourront parler aux Hommes que par les fenêtres de leurs » chambres, ou à la morgue, en préfence du Géolier : elles auront la liberté d'aller fur le Préau ou » dans la cour de la Prifon, tous les jours, depuis midi jufqu'à deux heures, & pendant ce tems les » Hommes prifonniers feront renfermés.

7. » Fait défenfes aux Géoliers & Guichetiers , à peine de deftitution, de laiffer entrer dans les Pri-
» fons aucunes Femmes ou Filles, autres que les Meres , Femmes, Filles ou Sœurs des Prifonniers ,
» lefquelles ne pourront leur parler dans leur chambre ou cachot , même dans les chambres de la
» penfion , ni en aucun autre endroit & lieu , que fur le Préau ou dans la cour , en préfence d'un Gui-
» chetier , à l'exception des Femmes des Prifonniers, lefquelles pourront entrer dans la chambre de
» leur Mari feulement: & à l'égard des autres Femmes & Filles , elles ne pourront parler aux Pri-
» fonniers qu'à la morgue , & en préfence d'un Guichetier & non fur le Préau.

8. » Fait défenfes au Prévôt & autres anciens Prifonniers d'exiger ou de prendre aucune chofe des
» nouveaux venus , en argent , vivres , ou autrement fous prétexte de bien-venue , chandelles , balais,
» & généralement fous quelque prétexte que ce puiffe être , quand même il leur feroit volontaire-
» ment offert , ni de cacher leurs hardes , ou de les maltraiter , à peine d'être enfermés dans un cachot
» noir pendant quinze jours , & d'être mis enfuite dans une autre chambre ou cabinet que celui où
» ils étoient Prévôts , pour y fervir , comme les derniers venus , & même de punition corporelle ,
» s'il y échéoit ; à l'effet de quoi leur procès fera fait & parfait extraordinairement.

9. » Enjoint auxdits Prévôts & autres Prifonniers de dénoncer ceux de leur chambre ou cachot
» qui auront juré le Saint Nom de Dieu , ou fait des exactions ou violences , à peine d'être punis
» comme complices , & aux Géoliers & Guichetiers de s'en enquérir foigneufement , & en donner
» avis à l'inftant au Procureur Général du Roi , ou à fes Subftituts , à peine de deftitution.

10. » Les Géoliers conduiront les perfonnes , qui viendront faire des charités , dans les lieux de la
» Prifon où elles defireront les diftribuer ; ce qu'elles pourront faire elles-mêmes fur le Préau ou dans
» la cour : mais les aumônes ne pourront être diftribuées dans les cachots noirs , que par les mains
» des Géoliers , en préfence des perfonnes qui les porteront.

11. » Les Prifonniers qui couchent fur la paille ne payeront aucun droit d'entrée ni de fortie de
» la prifon , mais payeront feulement un fol par jour aux Géoliers , qui feront tenus de fournir par
» jour , à chacun defdits prifonniers , un pain de bonne qualité de bled , & du poids , au moins ,
» d'une livre & demie ; & feront auffi tenus de leur fournir de la paille fraîche , & de vuider & de
» brûler toute la vieille , tous les premiers jours de chaque mois pour ce qui eft des cachots clairs ;
» & à l'égard des cachots noirs , tous les premier & quinzieme jours de chaque mois.

12. » Ceux qui voudront coucher dans les chambres & dans les lits , payeront dix fols pour l'en-
» trée en la Prifon , dix fols pour la fortie , & cinq fols par jour s'ils couchent feuls , & chacun
» trois fols s'ils couchent deux dans un même lit, en leur fourniffant par les Géoliers des draps
» blancs de trois femaines en trois femaines pendant l'été , & tous les mois en hiver.

13. » Les Prifonniers qui feront à la penfion ou table des Géoliers , & coucheront feuls dans un lit ,
» payeront au plus trois livres par jour , fans aucun droit d'entrée & fortie ; & s'ils veulent avoir
» une chambre à eux feuls , ils payeront vingt fols de plus fi elle eft à cheminée , & quinze fols fi
» elle eft fans cheminée.

14. » Si toutes les chambres de la penfion ne font pas occupées par des Penfionnaires , les Prifon-
» niers qui voudront y loger , fans être à la table du Géolier , payeront quinze fols par jour , s'ils
» couchent feuls , ou cinq fols de moins , s'ils couchent deux dans un même lit : & fi quelqu'un
» d'eux veut occuper feul une chambre , trente fols par jour pour une chambre à cheminée , & vingt
» fols pour une chambre fans cheminée , & y pourront refter jufqu'à ce qu'il furvienne des Pen-
» fionnaires.

15. » Ceux qui feront à la penfion , ou qui logeront dans les chambres deftinées à la penfion ,
» feront fervis par les Domeftiques du Géolier , lequel fera tenu de leur fournir des draps blancs de
» quinzaine en quinzaine en été , & de trois femaines en trois femaines en hiver , & une chandelle
» des huit à la livre par jour , pour chaque chambre , depuis la Touffaint jufqu'à Pâques , & une des
» dix à la livre depuis Pâques jufqu'à la Touffaint , & de l'eau , fans qu'il puiffe faire payer aux-
» dits Prifonniers les droits d'entrée & de fortie , ni exiger aucune chofe pour ces Domeftiques.

16. » Fait défenfes auxdits Géoliers de recevoir aucune defdites fommes par avance ; ou au cas
» qu'on leur en ait ci devant avancé aucunes , de retenir plus que ce qui leur fera légitimement dû
» lorfque le Prifonnier fortira , à proportion des jours qu'il aura demeuré dans la Prifon, de prendre
» de plus grandes fommes que celles marquées dans les Articles précédens , fous prétexte de demie
» penfion ; ou de donner au Prifonnier la chambre à un Géolier , fous quelqu'autre prétexte
» que ce foit , & de faire d'autres conventions avec les Prifonniers , à peine de concuffion.

17. » Enjoint auxdits Géoliers d'avoir un Regiftre particulier , relié , cotté & paraphé par le Com-
» miffaire de la Prifon , dans lequel ils écriront de leur main , fans y laiffer aucun blanc , les jours
» d'entrée & fortie des Prifonniers , & tout ce qu'ils recevront chaque jour de chacun pour gî-
» tes , géolages & nourritures , dont ils donneront quittance , le tout à peine de dix livres d'amende
» par chacune contravention.

18. » Permet auxdits Géoliers de faire paffer à la paille les Prifonniers de la penfion & des cham-
» bres , huit jours après qu'ils feront en demeure de payer leur gîte & nourriture.

19. » Tous les Géoliers feront tenus de nourrir leurs Guichetiers,& de leur donner au moins à cha-
» cun au moins cent liv. de gages par an , aux quatre termes accoutumés , en préfence des Subftituts
» du Procureur Général du Roi , qui viferont les quittans es defdits gages , à peine de nullité def-
» dites quittances. Fait défenfes auxdits Guichetiers , à peine de reftitution du double & d'être pri-
» vés pour toujours de leur emploi , même de punition corporelle , s'il y échet , d'exiger , deman-
» der , ou accepter aucune chofe en quelque maniere , & fous quelque prétexte que ce foit , tant des
» Prifonniers, lorfqu'ils entrent en la Prifon , & qu'ils font à la morgue , montent pour l'inftuction
» où le jugement de leur procès , que de ceux qui les amenent , écrouent , recommandent ou déchar-
» gent , les viennent vifiter , leur font des aumônes ou les délivrent par charité.

T ij

20. » Fait défenses auxdits Géoliers, Guichetiers, ou Cabaretiers des Prisons, d'injurier, battre,
» ou maltraiter les Prisonniers, de leur laisser prendre du vin ou de l'eau de vie par excès, à peine
» d'en répondre en leur propre & privé nom, & de leur vendre aucune marchandise ou denrée,
» qu'elle ne soit des poids, mesure, & qualités requises par les Ordonnances de Police.

21. » Les Greffiers des géoles ou les Géoliers, & Concierges dans les Prisons où il n'y a point
» de Greffiers établis, se tiendront dans leur Greffe, entre la Saint Remi & Pâques, depuis sept heures
» du matin jusqu'à midi, & depuis deux heures de relevée jusqu'à cinq; & entre Pâques & la St.
» Remi, depuis six heures du matin jusqu'à midi, & depuis deux heures jusqu'à six heures du soir;
» ils exerceront leur emploi en personne, écriront eux-mêmes leurs expéditions, & n'auront aucun
» Commis, à peine d'interdiction & de dix livres d'amende.

22. » Lesdits Greffiers & Géoliers seront tenus d'avoir un Registre relié, cotté & paraphé par pre-
» mier & dernier, dans tous ses feuillets, par le Commissaire de la Prison; tous les feuillets dudit
» Registre seront séparés en deux colonnes, l'une pour les écrous & recommandation, & l'autre
» pour les élargissemens & décharges, & ils ne pourront laisser aucun blanc dans ledit Registre.

23. » Les écrous, recommandations & décharges feront mention des Arrêts, Jugemens & Actes,
» en vertu desquels ils seront faits & de leurs dates, de la Jurisdiction dont ils seront émanés, ou
» des Notaires qui les auront reçus; comme aussi du nom, surnom & qualité du Prisonnier, de
» ceux de la Partie qui fera faire les écrous & recommandations, & du domicile qui sera par elle
» élu au lieu où la Prison est située, à peine de nullité: & ne pourra être fait qu'un écrou, en-
» core qu'il y ait plusieurs causes de l'emprisonnement.

24. » Lesdits Officiers & Huissiers donneront eux-mêmes en main propre à ceux qu'ils constitue-
» ront prisonniers, ou qu'ils recommanderont, des copies lisibles & en bonne forme de leurs écrous
» & recommandations; à l'effet de quoi lesdits Prisonniers seront amenés entre les deux Guichets,
» en présence desdits Greffiers ou Géoliers, qui seront tenus d'en mettre leur certificat sur leur Re-
» gistre à la fin de chacun desdits écrous & recommandations, à peine d'interdiction contre les
» Huissiers pour la première fois, & de privation de leurs Charges pour la seconde; & contre les-
» dits Greffiers & Géoliers, de vingt livres d'amende pour chacune contravention, & de tous dé-
» pens, dommages & intérêts, même de plus grande peine, s'il y échet.

25. » Fait défenses auxdits Greffiers & Géoliers de faire passer aucuns Prisonniers à la morgue ou
» dans les chambres & cachots de leur Prison, qu'ils n'aient été premièrement écroués en la ma-
» nière portée par les deux Articles précédens, & de la date des écrous, le nom, qualité & de-
» meure de l'Officier qui les aura faits, n'aient été écrits sur le Registre de la Géole, & copie du tout
» laissée au Prisonnier.

26. » Sera payé au Greffier des Géoles vingt sols pour l'écrou des Prisonniers appellans & la
» décharge des Conducteurs; & pour l'écrou des autres Prisonniers, quinze sols, & dix sols pour
» chaque recommandation, le tout en donnant un extrait de l'un & de l'autre aux Parties qui les
» feront faire; & dix sols pour chacun extrait desdits écrous & recommandations, qui sera levé
» dans la suite.

27. » Ils auront pareillement vingt sols pour les décharges des écrous, dix sols pour celles des
» recommandations, & dix sols pour les extraits qu'ils en délivreront: leur fait défenses de prendre
» plus d'un droit d'écrou, recommandation, décharge, quoiqu'il y ait plusieurs Prisonniers, lors-
» qu'ils seront arrêtés, recommandés ou élargis par le même jugement ou pour la même cause.

28. » Ils ne pourront recevoir plus de cinq sols pour chaque quittance des sommes qui seront
» mises entre leurs mains pour les alimens d'un ou de plusieurs Prisonniers arrêtés pour même cause
» & par même jugement, quand même la consignation seroit faite pour un ou plusieurs mois;
» pour les enregistremens des saisies & oppositions, actes d'élection & révocation de domicile, cer-
» tificat du décès des Prisonniers, ou qu'un Accusé en décret de prise de corps n'est point prison-
» nier; & pour tous autres certificats, à l'exception de ceux de cessation de paiement des alimens,
» lesquels ils délivreront gratuitement, à la première réquisition qui leur en sera faite par les Pri-
» sonniers.

29. » Les Géoliers des Prisons, où il n'y a point de Greffier établi, ne pourront prendre plus de
» dix sols pour chaque écrou, cinq sols pour chaque recommandation, en donnant un extrait
» de l'un & de l'autre aux Parties qui les feront faire, & cinq sols pour chaque extrait desdits
» écrous & recommandations qui sera levé dans la suite. Ne pourront pareillement prendre pour
» la décharge des écrous plus de dix sols, cinq sols pour celle de recommandation, & cinq sols
» pour les extraits desdites décharges.

30. » Fait défenses auxdits Greffiers & Géoliers, faisant fonction de Greffier, de prendre aucuns
» autres & plus grands droits que ceux mentionnés ci-dessus, & portés par le Tarif ci joint, sous
» prétexte de vacations d'autres heures que celles portées ci-dessus, d'enregistrement des Juge-
» mens qui ordonnent l'élargissement des Prisonniers, consignations de deniers, droits de recher-
» che, & généralement sous quelque prétexte que ce puisse être.

31. » Leur enjoint en outre d'écrire de leur main, sans chiffre ou abbréviation, tant sur le Re-
» gistre de la Géole, à côté de chaque Acte, qu'au bas de toutes les Expéditions qu'ils délivreront,
» les sommes qu'ils ao ont reçues pour leurs droits, en présence de ceux qui les payeront, & de leur
» en donner quittance; ou d'écrire que le droit leur est dû, & qu'ils n'en ont rien reçu, à peine
» d'interdiction pendant trois mois pour la première contravention, & d'être obligés de se défaire
» de leurs Charges pour la seconde, sans que lesdites peines puissent être modérées.

32. » Le Registre des Greffiers de la Géole & des Géoliers, s'il n'y a point de Greffier établi, & le
» Registre particulier du Géolier, contenant ce qu'il a reçu des Prisonniers pour gîtes, géolages &
» nourritures, seront par eux représentés lors de chacune visite & séance qui sera faite dans les Pri-
» sons.

33 » Fait défenses à tous Huissiers de rien exiger de ceux qu'ils arrêteront, soit pour crime ou
» pour cause civile, même sous prétexte d'avoir fourni un carrosse pour les avoir amenés dans la
» Prison, à peine de restitution du quadruple de ce qu'ils auront reçu, & de vingt livres d'amende,
» en la manière portée par le premier Article ci dessus, sauf à eux en faire payer par la Partie,
» à la requête de laquelle l'emprisonnement aura été fait.

34. » Fait pareillement défenses, sous les mêmes peines, auxdits Huissiers, même aux Exempts du
» Lieutenant Criminel de Robe-Courte, & autres Officiers de Justice, & aux Guichetiers, sous la
» même peine, de rien exiger des Prisonniers qu'ils transferent d'une Prison dans une autre, pour
» l'instruction des procès & autres causes, soit dans la même Ville ou ailleurs, sauf à se faire
» payer par les Parties, à la requête desquelles il les transferront : & néanmoins en cas que les Pri-
» sonniers pour dettes demandent d'être transferés d'une Prison dans une autre, ils seront tenus de
» payer les frais de leur translation; qui seront réglés par la même Ordonnance pour laquelle la
» translation aura été ordonnée.

35. » Lorsqu'un Prisonnier sera obligé de faire des significations, ou d'obtenir des Jugemens ou
» Arrêts contre ses Créanciers, pour être payé de ses alimens, les Greffiers des Géoles, ou Géoliers
» ne recevront les Créanciers à consigner les alimens pour l'avenir qu'en consignant en même-
» tems ceux qui n'ont point été payés, & en remboursant le Prisonnier des frais desdites signifi-
» cations & Jugemens, qui seront liquidés sans procédures par les Conseillers de la Cour, commis
» pour la visite des Prisons, à peine contre lesdits Greffiers ou Géoliers de payer de leurs deniers
» ce qui pourra être dû au Prisonnier, tant pour ses alimens, que pour les frais qu'il aura faits
» pour en être payé.

36. » Lesdits Greffiers & Géoliers n'exigeront des Prisonniers pour crime, qui n'ont point de Partie
» civile, aucun des droits à eux attribués pour l'entrée ou pour la sortie desdits Prisonniers, ni pour
» la décharge des écrous & recommandations faits en vertu de décret de prise de corps, sans pré-
» judice à eux de recevoir les droits ci dessus marqués pour les décharges des recommandations qui
» pourront être faites pour causes civiles, ou à la requête des Parties civiles, & sans qu'en aucuns
» cas ils puissent appliquer, au paiement de ce qui leur est dû, les sommes données par charité pour
» la délivrance des Prisonniers, ni retenu les hardes des Prisonniers pour leurs droits, nourritures,
» & autres frais qu'ils leur pourront devoir, mais seront tenus de se contenter d'une obligation
» pour se pourvoir sur leurs biens seulement, laquelle ne pourra leur être refusée par le Prisonnier.

37. » L'Article 29 du Titre 13 de l'Ordonnance du mois d'Août 1670, registrée en la Cour le 26
» desdits mois & an, sera exécutée; & en conséquence les Greffiers de la Jurisdiction où le procès
» criminel aura été jugé, seront tenus de leur prononcer les Arrêts, Sentences & Jugemens d'élar-
» gissemens le même jour qu'ils auront été rendus, & s'il n'y a point d'appel par les Substituts du
» Procureur Général du Roi, dans les vingt-quatre heures, de mettre les Accusés hors des Prisons, &
» l'écrire sur les Registres de la Géole; comme aussi ceux qui n'auront été condamnés qu'en des pei-
» nes & réparations pécuniaires, en consignant entre les mains du Greffier les sommes adjugées
» pour amende, aumônes & intérêts civils, sans que faute de paiement des épices, ou d'avoir levé
» les Arrêts, les prononciations ou les élargissemens puissent être différés, à peine contre lesdits
» Greffiers d'interdiction, de trois cens livres d'amende, & tous depens, dommages & intérêts des
» Parties, sans néanmoins que lesdits Prisonniers puissent être mis hors des Prisons, s'ils sont déte-
» nus pour autre cause : seront tenus lesdits Greffiers de transcrire le dispositif desdits Arrêts,
» Sentences ou Jugemens sur le Registre de la Géole le même jour qu'ils auront été rendus, & d'en
» délivrer des extraits, lorsqu'ils en seront requis par les Prisonniers, en payant quinze sols pour
» chacun extrait.

38. » Les Visites & Séances seront faites par les Conseillers commis par la Cour, avec les Substi-
» tuts du Procureur Général du Roi, par lui nommés, dans les Prisons ordinaires de cette Ville de
» Paris; & même en celle de l'Hôtel de Ville, & dans les Maisons de Saint Lazare & des Frères de la
» Charité de Charenton, & autres lieux où il y aura des personnes détenues par correction; savoir,
» avant les Fêtes de Noël, Pâques & Pentecôte, & de Saint Simon & Saint Jude, & en outre avant
» la Nôtre Dame d'Août, sans préjudice des visites particulières qui seront faites dans lesdites Pri-
» sons & Maisons, par le Procureur Général du Roi, ou ses Substituts par lui commis.

39. » Seront au surplus les Articles du Titre 13 de ladite Ordonnance du mois d'Août 1670, tou-
» chant les Prisons, Greffier des Géoles, Géoliers & Guichetiers, la Déclaration du mois de Janvier
» 1680, registrée en la Cour le 19 dudit mois de Janvier, concernant les alimens des Prisonniers,
» exécutés; lesquels, ensemble le présent Arrêt, seront lus dans les Chapelles des Prisons tous les
» premiers Dimanches de chaque mois, en présence de tous les Prisonniers, & affichés à la porte
» desdites Chapelles & à celles des Prisons, dans les Greffes des Géoles, à la Morgue, sur le Préau,
» & dans les lieux les plus apparens desdites Prisons, & les Affiches renouvellées tous les ans à la S.
» Martin & à Pâques; même plus souvent s'il est nécessaire; le tout à la diligence des Chapelains,
» Greffiers & Géoliers conjointement; auxquels, à cet effet ou à l'un d'eux, seront données des co-
» pies imprimées du présent Arrêt, & ne pourront les Payeurs & Receveurs, à peine de radiation
» dans leurs comptes, leur payer aucuns honoraires, gages, salaires ou gratifications, qu'ils ne
» leur aient fait apparoir qu'ils ont satisfait à ce que dessus par un certificat signé d'eux tous & de
» six Témoins, visé par les Substituts du Procureur Général du Roi. Fait défenses aux Prisonniers,
» & à toutes autres personnes, d'enlever ou déchirer lesdites Affiches, à peine de punition corporelle,
» & aux Greffiers, Géoliers & Guichetiers de le souffrir, à peine de vingt livres d'amende contre
» les Greffiers & Géoliers, & contre les Guichetiers d'être congédiés. Fait en Parlement le dix-huit
» Juin mil sept cent dix-sept.

l'autre, les prisons des Provinces du reffort (a). On croit ne pouvoir mieux faire, que de les mettre sous les yeux du Lecteur dans toute leur étendue.

(a) " Vû par la Cour la Requête à elle préfentée par le Procureur Général du Roi, contenant que
" la Cour a pourvu, par plufieurs Arrêts de Réglement, à la po'ice des Prifons, & notamment par
" Arrêt du 18 Juin de la-préfente année; mais que la plus grande partie de fes Arrêts n'ayant eu
" pour objet que les Prifons de cette Ville, n'ont point été envoyés ni connus dans les Provinces;
" ce qui donne lieu à des plaintes fréquentes qu'il reçoit tous les jours du peu d'ordre & de difci-
" pline qui s'obfervent dans les Prifons du Reffort de la Cour; & que comme ces Prifons, qui ne
" font point fous l'infpection directe & immédiate des premiers Magiftrats, ont un befoin encore
" plus grand & plus preffant de quelque Réglement qui puiffe établir ou conferver le bon ordre qui
" doit regner dans les lieux où le relâchement n'eft que trop à craindre, il a cru qu'il étoit du de-
" voir de fon miniftere de propofer à la Cour quelques Articles de Réglement pour les Prifons du
" Reffort, fituées hors la Ville de Paris; dans lefquels, en confervant le même efprit qui a regné
" dans les précédens Arrêts, il a cru devoir ajouter ce qui peut être plus particulierement
" néceffaire pour les Prifons des Provinces, & retrancher auffi ce qui dans les premiers Arrêts
" ne pouvoit y être appliqué, ou ne pouvoit pas y être obfervé; requérant qu'il plut à la Cour
" y pourvoir fuivant les Conclufions prifes par ladite Requête fignée de lui, Procureur Général
" du Roi: Vû auffi les Arrêts des 6 Juillet 1663, 20 Février 1666, 5 Février 1672, 18 Mai 1684,
" 11 Février 1690, 11 Décembre 1697, & 18 Juin dernier:
Oui le Rapport de Maître de Vienne, Confeiller, la matiere mife en délibération:
LA COUR, faifant droit fur la Requête du Procureur Général du Roi, ordonne que les Ordon-
" nances, Edits & Déclarations du Roi, Arrêts & Réglemens de la Cour feront exécutés; ce faifant:
" 1°. On dira la Meffe dans les Prifons depuis la Saint Remi jufqu'à Pâques à neuf heures, & la
" Priere du foir à quatre heures; & depuis Pâques jufqu'à la Saint Remi, la Meffe à huit heures, &
" la Priere du foir à cinq heures: tous les Prifonniers, tant Hommes que Femmes, & de quelque
" condition qu'ils foient, feront tenus d'y affifter, à peine contre ceux qui n'y affifteront pas, d'être
" privés pendant trois jours de parler aux perfonnes qui les viendront voir, pour la premiere con-
" travention; & du cachot pour la feconde, pendant trois jours au moins, & plus en cas de réci-
" dive. Enjoint aux Géoliers de les y faire affifter, & d'empêcher qu'ils vaguent ou fe promenent
" durant le Service divin. Fait défenfes aux Géoliers & autres de donner à boire & à manger à qui
" que ce foit durant ce tems, à peine de dix livres d'amende, à laquelle ils feront condamnés par
" le Lieutenant Général ou autre premier Officier du Siége, & ce, fur un fimple procès verbal con-
" tenant la déclaration de deux Témoins au moins.
" 2. " Les Dimanches & Fêtes, durant la Meffe & Service divin, les Géoliers feront fermer les cham-
" bres & cachots, & ne laifferont entrer aucune perfonne dans les Prifons pendant ledit tems; leur
" fait défenfes & à tous autres, de vendre ou fournir aucuns vivres & boiffons aux Prifonniers
" avant la Meffe & durant tout le Service divin.
" 3. " Les chambres feront ouvertes à fept heures du matin depuis la Touffaint jufqu'à Pâques, &
" à fix heures depuis Pâques jufqu'à la Touffaint; & les Prifonniers feront renfermés à fix heures
" depuis la Touffaint jufqu'à Pâques, & à fept heures depuis Pâques jufqu'à la Touffaint; ce que
" les Géoliers feront obferver fous pareille peine.
" 4. " Lorfqu'un Prifonnier arrivera dans la Prifon, ou fera tiré des cachots, il ne pourra être
" gardé à la morgue ou autre lieu étant à l'entrée de la Prifon, pendant plus de deux heures; défen-
" fes aux Géoliers & Guichetiers de les y garder plus long-tems, fous prétexte de droits d'entrée, gî-
" tes ou géolages, ou autrement, à peine de dix livres d'amende.
" 5. " Les Géoliers auront foin de mettre enfemble les Prifonniers d'honnête condition, & d'obfer-
" ver que chacun, fuivant fon ancienneté, ait la chambre ou la place la plus commode; défenfes
" à eux de recevoir de l'argent des Prifonniers pour les mettre dans une chambre plutôt que dans
" une autre; le tout à peine de reftitution du quadruple, & de deftitution, s'il y échet; & après
" qu'un Prifonnier aura été mis dans une des chambres, il fera tenu de la balayer & tenir propre,
" jufqu'à ce qu'il furvienne un autre Prifonnier.
" 6. " Les Femmes & Filles prifonnieres feront mifes dans des chambres féparées & éloignées de celles
" des Hommes prifonniers; & ne pourront parler aux Hommes que par la fenêtre de leur chambre,
" ou à la morgue ou entrée de la Prifon, en préfence du Géolier. Elles auront la liberté d'aller fur
" le Préau ou dans la cour de la Prifon tous les jours depuis midi jufqu'à deux heures, & pendant
" ce tems les Hommes prifonniers feront renfermés.
" 7. " Fait défenfes aux Géoliers & Guichetiers, à peine de deftitution, de laiffer entrer dans les
" Prifons aucunes Femmes ou Filles, autres que les Meres, Femmes, Filles ou Sœurs des Prifon-
" niers, lefquelles ne pourront leur parler dans leur chambre ou cachot, ni en aucun autre lieu, que
" fur le Préau ou dans la cour en préfence du Géolier ou d'un Guichetier, à l'exception des Fem-
" mes des Prifonniers, lefquelles pourront entrer dans la chambre de leur Mari feulement; & à l'é-
" gard des autres Femmes ou Filles, elles ne pourront parler aux Prifonniers ou autres, qu'à la mor-
" gue ou entrée de la Prifon, & en préfence d'un Géolier ou d'un Guichetier, & non fur le Préau.

8. » Fait défenfes au Prévôt ou ancien Prifonnier de la Prifon, ou de chaque chambre, d'exi-
» ger ou de prendre aucune chofe des nouveaux venus, en argent, vivres ou autrement, fous
» prétexte de bien-venue, chandelles, balais, & généralement fous quelque prétexte que ce puiffe
» être, quand même il leur feroit volontairement offert, ni de cacher leurs hardes ou les maltrai-
» ter, à peine d'être renfermés dans un cachot pendant quinze jours, & d'être mis enfuite dans
» une autre chambre ou cachot que celui où ils étoient Prévôts ou Anciens, pour y fervir com-
» me les derniers venus, & même de punition corporelle, s'il y échet ; à l'effet de quoi leur procès
» fera fait & parfait extraordinairement.

9. » Enjoint auxdits Prévôts ou anciens Prifonniers de dénoncer ceux de leur chambre ou ca-
» chot qui auront juré le Saint Nom de Dieu, ou fait des exactions & violences, à peine d'être pu-
» nis comme complices ; & aux Géoliers & Guichetiers de s'en enquérir foigneufement, & en don-
» ner avis à l'inftant aux Subftituts du Procureur Général du Roi, ou Procureurs des Hauts-Jufti-
» ciers, à peine de deftitution.

10. » Les Géoliers conduiront les perfonnes qui voudront faire des charités, dans les lieux de la
» Prifon où elles defireront les diftribuer ; ce qu'elles pourront faire elles - mêmes fur le Préau ou
» dans la cour : mais les aumônes ne pourront être diftribuées dans les cachots que par les mains du
» Géolier, en préfence des perfonnes qui les porteront.

11. » Les Prifonniers qui couchent fur la paille, ne payeront aucun droit d'entrée ni de fortie
» de la Prifon, mais payeront feulement un fol par jour aux Géoliers, qui feront tenus de leur fournir
» de la paille fraîche, & de vuider & brûler toute la vieille tous les premier & quinzieme
» jours de chaque mois. Et à l'égard des autres Prifonniers, les Lieutenans généraux ou autres pre-
» miers Officiers des Bailliages & Sénéchauffées du Reffort & des Juftices feigneuriales reffortiffans
» en la Cour ; enfemble les Subftituts du Procureur Général auxdits Siéges, & Procureurs Fifcaux
» defdites Juftices, enverront au Greffe de la Cour, dans trois mois au plus tard, des mémoires
» des fommes que les Géoliers font en ufage de prendre pour les chambres & nourritures des Pri-
» fonniers, & y joindront leur avis pour y être fait droit par la Cour, ainfi qu'il appartiendra.

12. » Fait défenfes auxdits Géoliers de recevoir aucune fomme par avance pour nourriture, gîte,
» geolage ou autrement, ou au cas qu'on leur en ait ci devant avancé aucune, de retenir plus que
» ce qui leur fera légitimement dû, lorfque le Prifonnier fortira, à proportion des jours qu'il
» aura demeuré dans la Prifon ; de prendre plus grande fomme que celle marquée dans l'Article
» précédent pour les Prifonniers à la paille, ou qui feront fixés à l'avenir pour les autres, fous
» aucun prétexte, même fous celui de donner au Prifonnier la chambre deftinée au Géolier, &
» fous quelqu'autre prétexte que ce foit, & faire d'autres conventions avec les Prifonniers, à peine
» de concuffion.

13. » Enjoint auxdits Géoliers d'avoir un Regiftre relié, coté & paraphé par le Lieutenant géné-
» ral ou autre premier Officier du Siége, dans lequel ils écriront de leur main, fans y laiffer aucun
» blanc, les jours d'entrée & de fortie des Prifonniers, & tout ce qu'ils recevront de chacun, cha-
» que jour, pour gîte, geolage & nourriture, dont ils donneront leur quittance ; le tout à peine
» de dix livres d'amende pour chacune contravention.

14. » Seront tenus tous les Géoliers de nourrir leurs Guichetiers, & de leur payer à chacun les gages
» accoutumés en préfence des Subftituts du Procureur Général du Roi, ou des Procureurs des Hauts-
» Jufticiers, qui viferont les quittances defdits gages, à peine de nullité defdites quittances : fait défen-
» fes auxdits Guichetiers, à peine de reftitution du double, & d'être privés pour toujours de leur
» emploi, même de punition corporelle, s'il y échet, d'exiger, demander, ou accepter aucune
» chofe, en quelque maniere & fous quelque prétexte que ce foit, tant des Prifonniers lorfqu'ils
» entrent en la Prifon, & qu'ils font à la morgue ou entrée de ladite Prifon, lorfqu'ils montent
» pour l'inftruction ou le jugement de leur procès, que de ceux qui les amenent, écrouent, recom-
» mandent ou déchargent, les viennent vifiter, leur font des aumônes, ou les délivrent par charité.

15. » Fait défenfes auxdits Géoliers, Guichetiers des Prifons & autres, d'injurier, battre ou mal-
» traiter les Prifonniers, de leur laiffer prendre du vin ou de l'eau de vie par excès, à peine d'en
» répondre en leur propre & privé nom, & de leur vendre aucune marchandife ou denrée, qu'elle
» ne foit des poid, mefure & qualité requifes par les Ordonnances de Police.

16. » Les Greffiers des Géoles, ou les Géoliers & Concierges dans les Prifons où il n'y a point
» de Greffes établis, fe tiendront dans leur Greffe, entre la Saint Remi & Pâques, depuis fept heu-
» res du matin jufqu'à midi, & depuis deux heures de relevée jufqu'à cinq, & entre Pâques & la
» Saint Remi, depuis fix heures du matin jufqu'à midi, & depuis deux heures jufqu'à fix heures du
» foir. Ils exerceront leur emploi en perfonne, écriront eux-mêmes leurs expéditions, & n'auront
» aucun Commis, à peine d'interdiction & de dix livres d'amende.

17. » Lefdits Greffiers & Géoliers feront tenus d'avoir un Regiftre relié, coté & paraphé par pre-
» mier & dernier, dans tous fes feuillets, par le Lieutenant général, ou autre premier Officier du Siége.
» Tous les feuillers dudit Regiftre feront féparés en deux colonnes, l'une pour les écroues & re-
» commandations, & l'autre pour les élargiffemens & décharges ; & ils ne pourront laiffer aucun
» blanc dans ledit regiftre.

18. » Les écrous, recommandations & décharges feront mention des Arrêts, Jugemens & Actes
» en vertu defquels ils feront faits, & de leurs dates, de la Jurifdiction dont ils feront émanés,
» ou des Notaires qui les auront reçus, comme auffi du nom, furnom & qualité du Prifonnier ; de
» ceux de la Partie qui fera faire les écrous & recommandations, & du domicile qui fera par elle
» élu au lieu où la Prifon eft fituée, à peine de nullité ; & ne pourra être fait qu'un écrou, encore
» qu'il y ait plufieurs caufes de l'emprifonnement.

19. » Les Officiers & Huiffiers donneront eux-mêmes en main propre, à ceux qu'ils conftitueront

» prisonniers, ou qu'ils recommanderont, des copies lisibles & en bonne forme de leurs écrous &c.
» recommandations ; à l'effet de quoi lesdits Prisonniers seront amenés entre lesdits guichets , en pré-
» sence desdits Greffiers ou Géoliers , qui seront tenus d'en mettre leurs certificats sur leur Registre , à
» la fin de chacun desdits écrous & recommandations, & de les signer sur le champ en suite des-
» dits Actes d'écrous & recommandations, à peine d'interdiction contre les Huissiers pour la pre-
» miere fois, & de privation de leurs Charges pour la seconde ; & contre lesdits Greffiers & Géo-
» liers, de vingt livres d'amende pour chacune contravention , & de tous dépens, dommages & inté-
» rêts , même de plus grande peine, s'il y échet.

20. » Fait défenses auxdits Greffiers & Géoliers de faire passer aucun Prisonnier à la morgue ou en-
» trée de la Prison , ou dans les chambres & cachots , qu'ils n'aient été premierement écroués en la
» maniere portée par les deux Articles précédens ; & qu'ils n'aient reçues pour leurs droits , géolages &
» nourritures, seront par eux représentés lors de chaque visite qui sera faite dans les Prisons par les
» demeure de l'Officier qui les aura faits, n'aient été écrits sur le Registre de la Géole, & copie du
» tout laissée au Prisonnier.

21. » Enjoint aux Greffiers & Géoliers , faisant fonction de Greffier , d'écrire de leur main , sans
» chiffre ou abréviation , tant sur le Registre de la Géole à côté de chaque Acte, qu'au bas de toutes
» les expéditions qu'ils délivreront , les sommes qu'ils auront reçues pour leurs droits , & à peine en présence
» de ceux qui les payeront, & de leur en donner quittance , ou d'écrire que le droit leur est dû , &
» qu'ils n'en ont rien reçu, à peine d'interdiction pendant trois mois pour la premiere contraven-
» tion , & d'être obligés de se défaire de leurs Charges pour la seconde , sans que lesdites peines
» puissent être modérées.

22. » Le Registre des Greffiers de la Géole ou des Géoliers, s'il n'y a point de Greffiers établis, &
» le Registre particulier du Géolier, contenant ce qu'il a reçu des Prisonniers pour gîtes , géolages &
» nourritures, seront par eux représentés lors de chaque visite qui sera faite dans les Prisons par les
» Substituts du Procureur Général & Procureur des Hauts-Justiciers.

23. » Fait défenses à tous Greffiers de rien exiger de ceux qu'ils arrêteront, soit pour crime ou
» pour cause civile , sous quelque prétexte que ce puisse être , à peine de restitution du quadruple
» de ce qu'ils auront reçu , & de vingt livres d'amende en laquelle ils seront condamnés en la forme
» & maniere portées par le premier Article ci-dessus , sauf à eux de s'en faire payer par la Partie , à
» la requête de laquelle l'emprisonnement aura été fait.

24. » Fait pareillement défenses , sous les mêmes peines, auxdits Huissiers, Prévôts des Maréchaux,
» Archers & autres Officiers de Justice , & aux Guichetiers, de rien exiger des Prisonniers qu'ils trans-
» feront d'une Prison dans une autre pour l'instruction des procès & autres causes, soit dans
» la même Ville ou ailleurs , sauf à se faire payer par les Parties , à la requête desquelles ils les
» transferront ; & néanmoins en cas que les Prisonniers pour dette demandent d'être transférés d'une
» Prison dans une autre, ils seront tenus de payer les frais de leur translation, qui seront reglés
» par la même Ordonnance par laquelle la translation aura été ordonnée.

25. » Lorsqu'un Prisonnier sera obligé de faire des significations , ou obtenir des Jugemens & Ar-
» rêts contre ses Créanciers pour être payé de ses alimens , les Greffiers des Géoles ou Géoliers ne
» recevront les Créanciers à consigner les alimens pour l'avenir, qu'en consignant en même-tems ceux
» qui n'avoient point été payés, & en remboursant les Prisonniers des frais desdites significations &
» jugemens, qui seront liquidés sans procédures par le Lieutenant général , ou autre premier Officier
» du Siège ordinaire des lieux où les Prisons sont situées, à peine contre lesdits Greffiers ou Géo-
» liers , de payer de leurs deniers ce qui pourra être dû au Prisonnier, tant pour ses alimens que
» pour les frais qu'il aura faits pour en être payé.

26. » Lesdits Greffiers ou Géoliers n'exigeront des Prisonniers pour crimes, qui n'ont point de
» Partie civile, aucuns droits , sous quelque prétexte que ce puisse être, pour raison de leur empri-
» sonnement ou autre Acte regardant ledit crime, sans préjudice de ce qui pourroit leur être dû
» pour autre cause , & sans qu'en aucun cas ils puissent appliquer au paiement de ce qui leur est dû
» les sommes données par charité pour la délivrance des Prisonniers , ni retenir les hardes desdits
» Prisonniers , pour leurs droits , nourritures & autres frais qu'ils leur pourroient devoir, mais se-
» ront tenus de se contenter d'une obligation pour se pourvoir sur leurs biens seulement , laquelle ne
» pourra leur être refusée par le Prisonnier.

27. L'Article 19 du Titre 13 de l'Ordonnance du mois d'Août 1670 , registrée en la Cour le 26
» desdits mois & an, sera exécutée , & en conséquence les Greffiers de la Jurisdiction, où le pro-
» cès criminel aura été jugé , seront tenus de leur prononcer les Sentences & Jugemens d'élargisse-
» mens le même jour qu'ils auront été rendus ; & s'il n'y a point d'appel par les Substituts du Pro-
» cureur Général , ou les Procureurs des Hauts-Justiciers, dans les vingt quatre heures après la pro-
» nonciation qui leur en aura été faite, lesdits Géoliers seront tenus de mettre les Accusés hors de
» Prisons, & l'écrire sur le Registre de la Géole, comme aussi ceux qui n'auront été condamnés
» qu'en des peines & réparations pécuniaires, en consignant entre les mains du Greffier de la Géole, ou
» du Géolier, pour les Prisons où il n'y a point de Greffier, les sommes adjugées pour amendes, au-
» mônes & intérêts civils, sans que faute de paiement des épices ou d'avoir levé les Jugemens, les
» prononciations desdits Jugemens ou les élargissemens puissent être différés, à peine contre les
» Greffiers des Jurisdictions , les Greffiers des Géoles ou Géoliers , d'interdiction , de trois cent livres
» d'amende , & de tous dépens , dommages & intérêts des Parties , sans néanmoins que lesdits Pri-
» sonniers puissent être mis hors des Prisons s'ils sont détenus pour autre cause : seront aussi tenus
» les Greffiers des Jurisdictions, de transcrire le dispositif desdites Sentences & Jugemens sur le Re-
» gistre de la Géole le même jour qu'ils auront été rendus, & les Greffiers des Géoles ou Géoliers,
» d'en délivrer des extraits lorsqu'ils en seront requis par les Prisonniers.

28. » Enjoint aux Substituts du Procureur Général , & aux Procureurs des Sieurs Hauts-Justiciers ,

» d'avoir

» d'avoir attention à ce que le pain soit fourni aux Prisonniers, de bonne qualité & du poids
» d'une livre & demie au moins par jour, de visiter leur Prison au moins une fois chaque semaine,
» & d'entendre lesdits Prisonniers, sans que lesdits Greffiers, Géoliers & Guichetiers soient pré-
» sens, pour savoir si les Ordonnances, Arrêts, & Réglemens de la Cour sont exécutés; leur enjoint
» pareillement de se faire représenter les Registres du Greffier de la Géole ou du Géolier; de rece-
» voir les plaintes des Prisonniers, faire visiter les malades par les Médecins & Chirurgiens ordi-
» naires de la Prison, & faire transférer sur leurs avis dans les Infirmeries les malades qui en au-
» ront besoin.

29. » Les Lieutenans Généraux, ou autres premiers Officiers des Siéges Royaux, & des Justices
» Seigneuriales, seront tenus de régler, tous les ans le dernier jour du mois de Décembre, sur les
» Conclusions des Substituts du Procureur Général, ou des Procureurs Fiscaux, la somme à laquelle
» devront être fixés les alimens qui seront fournis par mois aux Prisonniers détenus pour causes ci-
» viles, eu égard au prix courant des vivres & denrées, & seront les Ordonnances rendues à cet
» égard publiées le deux Janvier de chacune année, à l'Audience desdits Siéges & Justices & affi-
» chées dans les Prisons, pour être exécutées pendant le tems d'une année; sauf à y être pourvu ex-
» traordinairement dans les cas imprévus qui pourront mériter quelque changement.

30. » Seront aussi tenus lesdits Juges, ensemble les Substituts du Procureur Général des Bailliages
» Sénéchaussées, & les Procureurs Fiscaux des Justices Seigneuriales ressortissantes en la Cour, d'en-
» voyer au Greffe de la Cour, dans trois mois au plus tard, les Mémoires exacts des droits de quel-
» que nature qu'ils soient, que les Greffiers des Géoles, ou Géoliers dans les Prisons ou il n'y a point
» de Greffiers, ont perçus jusqu'à présent, sur lesquels ils donneront leur avis, pour sur ledit avis
» & lesdits Mémoires y être pourvu par la Cour ainsi qu'il appartiendra.

31. » Les Lieutenans Généraux des Sénéchaussées & Bailliages Royaux, & autres premiers Juges des
» Justices ordinaires du Ressort de la Cour, chacun en ce qui concerne les Prisons dépendantes de
» sa Jurisdiction, procéderont à l'avenir, le cas échéant, à la réception des Géoliers préposés ausdi-
» tes Prisons, & des Greffiers d'icelles, où il y en a d'établis; même co teront & parapheront sans
» frais, par première & dernière, les Registres desdites Prisons, que lesdits Greffiers & Géoliers sont
» obligés de tenir chacun en droit soi en la forme prescrite par l'Ordonnance du mois d'Août 1670
» & par les Articles 13 & 17 du présent Arrêt: & au défaut des Lieutenans généraux & premiers Ju-
» ges, ces mêmes fonctions touchant la réception des Greffiers & Géoliers, & le paraphe desdits Re-
» gistres, seront faites & remplies par les Lieutenans Criminels & autres premiers Officiers de chaque
» Jurisdiction dont dépendent lesdites Prisons, à commencer par le plus ancien selon l'ordre du Ta-
» bleau, sans au surplus préjudicier aux droits & Jurisdictions des Juges pour ce qui peut regar-
» der les bris des Prisons, les évasions des Prisonniers, & les crimes commis par les Prison-
» niers dans les Prisons; pourquoi on sera usé dans chaque Siége comme par le passé sans rien
» innover à cet égard non plus qu'à la Jurisdiction particuliere, civile & criminelle, telle que peu-
» vent & doivent avoir les Juges sur les Prisonniers détenus de leur Ordonnance, soit pour
» empêcher leur communication avec d'autres personnes, ou leur donner un conseil dans les cas
» portés par l'Ordonnance, soit pour statuer sur leur liberté en réintégrant radiation, ou décharges
» de leurs écrous, ou pour les faire recommander de nouveau, & pourvoir autrement ausdits Pri-
» sonniers arrêtés de leur Ordonnance, ainsi qu'il appartiendra par raison; sans toutefois qu'à l'oc-
» casion de la détention des Prisonniers, les Juges, de l'Ordonnance desquels ils sont détenus, puis-
» sent prendre aucune connoissance de ce qui concerne la police des Prisons en général, au préju-
» dice des Lieutenans généraux & autres premiers Officiers des Siéges auxquels il appartient d'en con-
» noître.

32. » Les Sieurs Hauts-Justiciers du Ressort de la Cour seront tenus d'avoir des Prisons au rez de
» chaussée en bon & suffisant état, & d'y mettre des Géoliers de la qualité requise par l'Ordonnan-
» ce, si fait n'a été, dans trois mois; sinon seront construites & rétablis à la diligence des Substituts
» du Procureur Général du Roi des Siéges Royaux où les appellations des Justices desdits Hauts-
» Justiciers ressortissent médiatement ou immédiatement; & à l'égard des Hautes-Justices ressortis-
» santes nuement en la Cour, à la diligence des Substituts du Procureur Général des Siéges Royaux
» les plus prochains, qui sont en droit de connoître des cas royaux dans l'étendue desdites Hautes-Jus-
» tices, dont sera délivré exécutoire de l'autorité des Juges desdits Siéges Royaux contre les Rece-
» veurs des Terres & Seigneuries d'où dépendent lesdites Hautes Justices.

33. » Seront au surplus exécutés les Art. du Titre 13 de ladite Ordonnance du mois d'Août 1670
» touchant les Prisons, Greffiers des Géoles, Géoliers & Guichetiers, la Déclaration du mois de Jan-
» vier 1680, registrée en la Cour le . . . . concernant les alimens des Prisonniers; lesquels,
» ensemble le présent Arrêt seront lus dans les Prisons tous les premiers Dimanches de chaque
» mois, en présence de tous les Prisonniers, & affichés à la porte de la Prison, dans les Greffes des
» Géoles, à la morgue ou entrée de la Prison, pour le Préau, & dans les lieux les plus apparens
» desdites Prisons; & les Affiches renouvellées tous les ans à la Saint Martin & à Pâques, même plus
» souvent s'il est nécessaire; le tout à la diligence des Chapelains, Greffiers & Géoliers conjointe-
» ment, auxquels à cet effet, ou à l'un d'eux, seront données des copies imprimées du présent Ar-
» rêt; & ne pourront les Payeurs & Receveurs, à peine de radiation dans leur compte, leur payer
» aucuns honoraires, gages, salaires ou gratifications qu'ils ne leur aient fait apparoir qu'ils ont
» satisfait à ce que dessus par un certificat signé d'eux tous & de quatre Témoins, visé par les Substi-
» tuts du Procureur Général, ou les Procureurs Fiscaux. Fait défenses aux Prisonniers & à tout.e
» autres personnes d'enlever ou déchirer lesdites Affiches, à peine de punition corporelle; & aux
» Greffiers, Géoliers & Guichetiers de le souffrir, à peine de vingt livres d'amende contre les Gref-

Tome II.   V

A R T I C L E XXIII.

Les Créanciers qui auront fait arrêter ou recomman-
der leur Débiteur, feront tenus lui fournir la nourriture
fuivant la taxe qui en fera faite par le Juge, & con-
traints folidairement, fauf leur recours entre eux. Ce
que Nous voulons avoir lieu à l'égard des Prifonniers
pour crimes, qui après le jugement, ne feront détenus
que pour intérêts civils. Sera néanmoins délivré exécu-
toire aux Créanciers & à la Partie civile, pour être
rembourfés fur les biens du Prifonnier, par préférence à
tous Créanciers.

A R T I C L E XXIV.

Sur deux fommations faites à différens jours aux
Créanciers qui feront en demeure de fournir la nour-
riture au Prifonnier, & trois jours après la derniere, le
Juge pourra ordonner fon élargiffement, Partie préfente,
ou duement appellée.

A R T I C L E XXV.

Les Prifonniers pour crime ne pourront prétendre
d'être nourris par la Partie civile, & leur fera fourni
par le Géolier du pain, de l'eau & de la paille, bien con-
ditionnés, fuivant les Réglemens.

A R T I C L E XXVI.

Celui qui fera commis par notre Procureur, ou ceux

» fiers & Géoliers, & contre les Guichetiers d'être congédiés : & copies du préfent Arrêt feront en-
» voyées aux Bailliages & Sénéchauffées du Reffort, pour y être lues, publiées & regiftrées; enjoint
» aux Subftituts du Procureur Général du Roi d'y tenir la main, & d'en certifier la Cour dans un
» mois. Fait en Parlement le premier Septembre mil fept cent dix-fept. *Signé*, GILBERT.

des Seigneurs, pour fournir le pain des Prisonniers, sera remboursé sur le fond des amendes, s'il est suffisant, sinon, sur le revenu de nos Domaines; & où notre Domaine se trouvera engagé, les Engagistes y seront contraints; & ailleurs les Seigneurs Hauts-Justiciers, même les Receveurs & Fermiers de nos Domaines, ceux des Engagistes & des Hauts-Justiciers respectivement, nonobstant oppositions ou appellations, prétendus manques de fonds, & paiemens faits par avance & toutes saisies, sauf à être pourvu de fonds aux Receveurs sur l'année suivante, & faire déduction aux Fermiers sur le prix de leurs Baux.

ARTICLE XXVII.

Les Géoliers ne pourront vendre de la viande aux Prisonniers aux jours qui sont défendus par l'Eglise, ni permettre qu'il leur en soit apporté de dehors, même à ceux de la Religion Prétendue Réformée, si ce n'est en cas de maladie, & par ordonnance de Médecin.

ARTICLE XXVIII.

Les Prisonniers qui ne seront enfermés dans les cachots, pourront faire apporter de dehors, les vivres, bois, charbon & toutes choses nécessaires, sans être contraints d'en prendre des Géoliers, Cabaretiers ou autres. Pourra néanmoins, ce qui leur sera apporté, être visité, sans être diminué ni gâté.

Tous ces Articles ont pour objet les alimens des Prisonniers. Ils peuvent l'être pour deux différentes sortes de causes; ou pour dettes civiles, ou pour crimes.

Il est d'abord un principe qui ne peut être révoqué en doute; c'est qu'on ne peut prendre quelqu'un dans sa maison pour dettes civiles, même au-dehors, si c'est une Fête ou un Dimanche, à moins que dans

l'un ou l'autre cas, il n'y ait un jugement qui ordonne le contraire.
Nous avons d'abord fur cela un premier Arrêt de la Cour, du 19 Décembre 1702, portant défenses de prendre aucune personne prisonniere pour dettes dans sa maison (a). Comme cet Arrêt contenoit un Réglement général, il a été publié & enregistré au Châtelet fur le requisitoire du Procureur du Roi, en vertu de l'Ordonnance de M. le Camus, Lieutenant Civil, le 11 Janvier 1703 (b). Un second Arrêt

---

(a) *Extrait des Regiftres de Parlement.*

» Vû par la Cour les procès criminels faits par le Lieutenant Criminel du Châtelet; l'un à la re-
» quête de Dame Marguerite de Longueuil, Veuve de Meffire Pierre le Mire, Grand Audiencier de
» France, & Damoifelle Marguerite Antoinette le Mire fa Fille, Demanderesses & Accusatrices, le
» Subftitut du Procureur Général joint: contre Marie-Antoine Mezonette, Huiffier à cheval audit
» Châtelet, Chriftophe Brion, Commis de Nicolas Baudran, Ecuyer, Confeiller Secretaire du Roi,
» Banquier en cette Ville; Jacques le Grand, Exempt de la monnoie, les nommés Mangin, Simon le
» Roi, Vaugues, Prévôt, de Condé, Noblet l'Aîné, Noblet le Jeune, & de Beaufort, Loifon dit
» la Pierre, Pierre Picard, & Becquet, Défendeurs & Accufés, &c. Ouïs & interrogés en ladite
» Cour lefdits le Grand, Mezonnette & Brion fur leurs caufes d'appel, & cas à eux impofés; & le-
» dit Baudran fur les faits réfultans du Procès. Tout confidéré:
» LADITE COUR, fans s'arrêter aux Requêtes dudit Brion & de ladite de Longueuil & fes En-
» fans, des 12, 16 & 18 du préfent mois de Décembre, en tant que touche les appellations interjet-
» tées par lef urs le Grand, Mezonnette & Brion, a mis & met ladite appellation & Sentence de la-
» quelle a été appellé au néant, en ce qu'ils ont été condamnés en la somme de quinze mille livres
» de réparation; émandant quant à ce, les condamne folidairement en six mille livres de répara-
» tion civile; favoir, deux mille livres envers ladite de Longueuil, & qua re mille livres envers
» fes Enfans, ladite Sentence au réfidu fortiffant effet; en outre condamne lefdits le Grand, Me-
» zonnette & Brion aux dépens des caufes d'appel, auffi folidairement: & fur l'appel interjetté par
» ladite de Longueuil & fes Enfans, & ayant égard à la requête dudit Baudran, du 16 Décembre,
» a mis & met l'appellation au néant: ordonne que ce dont a été appellé fortira effet à l'égard de
» Baudran, condamne ladite de Longueuil & fes Enfans en l'amende ordinaire de douze livres, &
» aux dépens de la caufe d'appel vers ledit Baudran. Ordonne que la contumace encommencée con-
» tre le nommé Lincé fera continuée, & le décret décerné contre le nommé Longchamps exécuté,
» & le procès à eux inceffamment fait & parfait par le Lieutenant Criminel du Châtelet jufqu'à Sen-
» tence définitive inclufivement, fauf l'exécution s'il en eft appellé: à cette fin feront les infor-
» mations & autres procédures rapportées au Greffe Criminel du Châtelet. Enjoint à tous Huiffiers,
» Sergens, Archers & autres Officiers de Juftice d'obferver les Arrêts & Réglemens de la Cour; &
» en conféquence leur fait défenses d'arrêter aucunes perfonnes dans leurs maifons, à heure indue,
» pour dettes civiles; leur fait généralement defenses de les arrêter de jour dans les maifons auffi
» pour dettes civiles; fans permiffion du Juge, fur telles peines qu'il appartiendra. Et pour faire mettre
» le préfent Arrêt à éxécution, ladite Cour renvoye lefdits le Grand & Mezonnette Prifonniers par-
» devant ledit Lieutenant Criminel du Châtelet. Et fera le préfent Arrêt, concernant le Réglement, lû
» & publié ès Audiences civiles, criminelles & de Police du Châtelet, & même à la Communauté des
» Huiffiers & Sergens dudit Siége, à la diligence du Subftitut du Procureur Général du Roi au Châ-
» telet. Fait en Parlement le dix-neuf Décembre mil fept cent deux, & prononcé audit Baudran étant
» au Greffe Criminel de la Cour, les jour & an; & auffi prononcé audit Brion, pour ce atteint
» entre les Guichets des Prifons de la Conciergerie, ce vingt-deux defdits mois & an. Collationné.
» *Signé,* DE LA BAUNE avec paraphe.
(b » Sur ce qui nous a été remontré judiciairement, l'Audience tenante, par le Procureur du
» Roi, que par Arrêt du 19 Décembre 1702 il eft enjoint à tous les Officiers de Juftice d'obferver les
» Réglemens de ladite Cour: & comme par cet Arrêt il eft expreffément défendu d'arrêter dans les
» maifons, même de jour, les Débiteurs pour dettes civiles fans notre permiffion, il croit qu'il eft
» néceffaire, en ordonnant l'enregiftrement & publication dudit Arrêt, d'ordonner qu'il fera fignifié
» aux Maîtres des Communautés des Huiffiers Pikeurs, à Cheval & à Verge, même aux Officiers du
» Sieur Prévôt de l'Ifle, & du Sieur Lieutenant Criminel de Robe-Courte, & affiché ainfi qu'il a été
» ordonné par ledit Arrêt. Nous, ayant égard au Requifitoire du Procureur du Roi, lui avons donné
» Lettres de la lecture & publication dudit Arrêt, lequel nous ordonnons être enregiftré dans le Re-
» giftre des Banieres; qu'il fera affiché où befoin fera, & fignifié aux Maîtres des Communautés
» des Huiffiers, & au Greffier du Lieutenant Criminel de Robe-Courte & Prévôt de l'Ifle. Faifons dé-
» fenfes à tous Officiers de Juftice d'y contrevenir fur les peines y portées: ce qui fera exécuté, non-
» obftant & fans préjudice de l'appel. Fait & donné par Meffire Jean le Camus, Chevalier, Confeil-
» ler du Roi en tous fes Confeils, Maître des Requêtes ordinaire de fon Hôtel, Lieutenant Civil
» de la Ville, Prévôté & Vicomté de Paris, l'Audience tenante, le onze Janvier mil fept cent trois.
» *Signé,* TARDIVEAU, Greffier.

du 17 Septembre 1707 , a jugé qu'un Huiſſier ne pouvoit valablement arrêter aucune perſonne priſonniere dans ſa maiſon en matiere Civile, même hors de Paris (a). Une Sentence du Châtelet, du 17 Décembre de la même année 1707 , a condamné deux Huiſſiers à être admoneſtés & à une interdiction d'un mois ; l'un, pour avoir arrêté, ſans permiſſion de Juſtice , un Particulier le Dimanche à ſix ou ſept heures du ſoir ; & l'autre , pour avoir écroué ce Particulier le lendemain deux heures du matin , par connivence avec celui qui l'avoit induement arrêté (b). L'un des Huiſſiers ayant obtenu Arrêt de défenſes contre cette Senten- ce , Arrêt intervint le 14 Janvier 1708 qui leva les défenſes , & or- donna que le Particulier ſeroit élargi & reconduit dans ſa maiſon par un Huiſſier de la Cour (c).

» (a) LOUIS , par la grace de Dieu , Roi de France & de Navarre : Au premier notre Huiſſier ou Ser-
» gent ſur ce requis ; ſavoir faiſons , que comparant judiciairement en notre Chambre établie au
» tems de Vacations , Antoine Tarlay , Receveur de la Terre & Seigneurie de Moyenville , & Jac-
» ques Tarlay , Laboureur demeurant audit lieu , appellant de la procédure extra rdinaire faite par
» le Lieutenant Criminel de Clermont en Beauvoiſis ; & Sentence de Proviſion du 14 Juin dernier ,
» & autre Requête , du 26 Août auſſi dernier , à ce qu'il plût à notredite Cour mettre l'appellation
» & ce dont a été appellé au néant ; émendant renvoyer ledit Jacques Tarlay de la plainte & accuſa-
» tion contre lui faite à la requête des Intimés & Défendeurs ci après nommés ; & condamner Syl-
» veſtre Lhoyer , l'un des Défendeurs , par corps , à reſtituer & rendre audit Antoine Tarlay les quatre-
» vingt-dix livres de Proviſion qu'il lui a payées en vertu de la Sentence du 24 Juin , & en tous ſes
» dommages & intérêts réſultans de l'empriſonnement qu'ils ont voulu injurieuſement faire de ſa
» perſonne ſans aucun pouvoir ; & ce à la contravention par eux faite aux Réglemens de notredite
» Cour , pour l'avoir arrêté en ſa maiſon , pour quoi il ſe reſtreint à mille livres ; ſauf à notre
» Procureur Général à prendre telles Concluſions qu'il aviſera bon être , & aux dépens d'une part ;
» & Sylveſtre Lhoyer & Louis Saladin , Huiſſiers au Bailliage de Clermont en Beauvoiſis , in-
» timés & Défendeurs , d'autre part , ſans que les qualités puiſſent préjudicier aux Parties ; après
» que Ramonnet Avocat dudit Tarlay , & Lemoyne Avocat deſdits Lhoyer & Saladin , ont été ouis ;
» enſemble Barrin Subſtitut pour notre Procureur Général , qui a fait récit des informations , notre
» Chambre l'appellation & ce dont a été appellé au néant ; émendant évoque le principal , & y
» faiſant droit , ſur l'accuſation intentée contre les Parties de Ramonnet met les Parties hors de
» Cour & de procès. Ce faiſant , ordonne que la Proviſion payée par les Parties de Ramonnet leur
» ſera rendue , à ce faire les Parties de Lemoyne contraintes par les mêmes voies , tous dépens
» compenſés à cette cauſe. Mandons , &c. Donné en Vacations le 17 Septembre mil ſept cent ſept.
» Collationné. Signé , par la Chambre , DE LA BAUNE.
» (b) » A tous ceux qui ces préſentes Lettres verront : CHARLES DENIS DE BULLION , Chevalier ,
» Marquis de Gallardon , Seigneur de Bonnelles & autres lieux , Prévôt de Paris , Salut , &c. Nous
» diſons , oui ſur ce le Procureur du Roi en ſes Concluſions , que pour avoir par ledit Courat , ar-
» rêté le Diman he treizieme jour de Novembre , ſur les ſix à ſept heures du ſoir , ſans aucune per-
» miſſion de Juſtice , ledit des Hayes Demandeur & Complaignant , & ledit Saint Omer pour en
» avoir fait l'écrou le lendemain deux heures du matin , par connivence avec ledit Courat , icelui
» Courat eſt , & l'avons condamné de comparoir en la Chambre du Conſeil pour y être admo-
» neſté : défenſes à lui faites , ainſi qu'audit Saint Omer , & récidive ſur les peines de droit ; & de-
» meuteront leſdits Courat & de Saint Omer interdits de la fonction de leur charges pendant un
» mois ; & condamnés ſolidairement en trois livres d'aumône , en cent livres de réparations civiles
» envers ledit des Hayes , & en tous les dépens du procès : jugé & arrêté en la Chambre du Conſeil
» du Châtelet de Paris , le 17 Décembre 1707.
» (c) » Entre Pierre Deshayes Maître Rubannier à Paris , Demandeur en Requête du 19 Décembre
» 1707 , d'une part ; & Pierre Trumeau Marchand à Paris , Défendeur d'autre part. Vû par la Cour
» la Requête & Demande dudit des Hayes , du 19 Décembre 1707 , à ce qu'il fût reçu oppoſant à
» l'exécution de l'Arrêt du 15 dudit mois , ce faiſant les défenſes portées par icelui levées ; ordonne
» que ledit Deshayes ſeroit élargi & mis hors des Priſons ; ordonne pareillement , que ſans s'arrêter
» à la recommandation faite de la perſonne dudit Deshayes dans leſdites Priſons , à la requête de
» Claude Barbier , qui ſeroit pareillement déclarée nulle , que ledit Deshayes ſeroit pareillement élar-
» gi & mis hors deſdites Priſons ; à le laiſſer ſortir , les Greffier & Géolier contraints par corps , par-
» tant déchargés ; qu'il fût commis tel Huiſſier de ſervice qu'il plairoit à la Cour pour le ramener
» dans ſa maiſon : l'Arrêt qui interviendroit avec ledit Trumeau , déclaré commun avec ledit Barbier,
» avec dépens , ſans préjudice d'autres droits & actions. Arrêt du 23 Décembre 1707 , par lequel
» ſur l'oppoſition les Parties auroient été appointées à mettre pardevant Maître Jean Jacques Gaur

Mais quand quelqu'un a été valablement conſtitué Priſonnier pour
dettes civiles, notre Ordonnance veut que les Créanciers qui ont fait
arrêter ou recommander leurs Débiteurs, ſoient tenus de lui fournir la
nourriture, & qu'ils y ſoient contraints ſolidairement, ſauf leur recours
entre eux. La conſignation de ces nourritures doit être faite tous les
mois, & par avance ; de ſorte que, à défaut de le faire, l'Ordonnance
autoriſoit le Priſonnier, après deux ſommations, & trois jours après
la derniere, à demander ſon élargiſſement. Mais l'expérience fit voir
que les Priſonniers étant pour la plûpart dans l'impuiſſance de fournir
aux frais néceſſaires pour faire les ſommations & obtenir en connoiſſance de cauſe leur élargiſſement, retiroient peu d'avantages des diſpoſitions que l'Ordonnance contenoit en leur faveur à cet égard, le
feu Roi y a pourvu par ſa Déclaration du 10 Janvier 1680, enregiſtrée
au Parlement le 19 des mêmes mois & an (a).

» dard, Conſeiller ; & à cette fin, que les informations ſeroient jointes à l'inſtance appointée à met-
» tre, pour en jugeant, y avoir tel égard que de raiſon ; & à l'égard dudit Barbier, les Parties au-
» roient été renvoyées au Châtelet. Production dudit Deshayes & Requête dudit Trumeau, du 10 du
» préſent mois, employée pour défenſes & production, en ce qu'en déboutant ledit Deshayes de ſa
» demande, faiſant droit ſur la Requête dudit Trumeau inſérée dans l'Arrêt du 15 Décembre 1707,
» défenſes fuſſent faites d'exécuter la Sentence du Châtelet, du premier Décembre 1707 : & en con-
» ſéquence ordonné que ſur l'appel dudit Trumeau, les Parties en viendroient au premier jour avec
» les Gens du Roi, ledit Deshayes condamné aux dépens ; ſur laquelle Requête auroit été reſervé à
» faire droit en jugeant. Requête dudit Deshayes dudit jour 10 Janvier, employée pour réponſe.
» Production nouvelle dudit Trumeau par Requête du 12 du préſent mois de Janvier : les informa-
» tions & autres procédures criminelles faites au Châtelet, à la requête dudit Deshayes, contre les
» nommés Courat & Saint-Omer, Huiſſiers, & autres, joints à l'inſtance par ledit Arrêt du 23 Décem-
» bre dernier; oui le rapport dudit Conſeiller: tout conſidéré. LADITE COUR a reçu ledit Deshayes
» oppoſant à l'exécution de l'Arrêt du 15 Décembre dernier, faiſant droit ſur l'oppoſition, a levé
» les défenſes portées par icelui ; & en conſéquence ledit Deshayes élargi & mis hors des Priſons,
» & conduit dans ſa maiſon par Vandelle, Huiſſier en la Cour ; à ce faire les Greffier & Géolier
» contraints par corps ; ce faiſant déchargés, condamne ledit Trumeau aux dépens. Fait en Parlement
» le 14 Janvier 1708. Collationné. Signé, DU TILLET.
(a) » L O U I S par la grace de Dieu, Roi de France & de Navarre : A tous ceux qui ces préſentes
» Lettres verront, ſalut. Par notre Ordonnance du mois d'Août 1670, Tit. 13, Article 23, Nous
» avons ordonné que les Créanciers qui auront fait arrêter & conſtituer Priſonniers, ou recomman-
» der leurs Débiteurs, ſeront tenus leur fournir la nourriture ſuivant la taxe qui en ſera faite par le
» Juge, & contraints ſolidairement, ſauf leurs recours entre eux : ce qui auroit lieu à l'égard des
» Priſonniers pour crime, détenus ſeulement pour intérêts civils après le Jugement ; & qu'il ſeroit
» délivré exécutoire aux Créanciers & à la Partie civile, pour être rembourſés ſur les biens du Pri-
» ſonnier par préférence à tous Créanciers. Et par l'Article 24, Nous avons ordonné que ſur deux
» ſommations faites, à différens jours, aux Créanciers qui ſeront en demeure de fournir la nourri-
» ture aux Priſonniers, & trois jours après la derniere, il ſeroit fait droit ſur l'élargiſſement, Partie
» préſente ou duement appellée. Mais l'expérience nous a fait connoître que les Priſonniers ne tirent
» pas de notre Ordonnance l'avantage que Nous leur avons voulu procurer, parcequ'ils ſont
» pour la plûpart dans l'impuiſſance de fournir aux frais néceſſaires pour faire les ſommations &
» obtenir, en connoiſſance de cauſe, leur élargiſſement ; à quoi étant néceſſaire de pourvoir : A CES
» CAUSES, de notre certaine ſcience, pleine puiſſance & autorité Royale, Nous avons dit & décla-
» ré, diſons & déclarons, en ajoutant à notredite Ordonnance, par ces Préſentes ſignées notre main,
» voulons & nous plaît ce qui ſuit.

ARTICLE PREMIER.

» Défendons à tous Huiſſiers & autres Officiers de Juſtice d'empriſonner aucun de nos Sujets pour
» dettes, de quelque qualité & nature qu'elles ſoient, ſans conſigner entre les mains du Greffier de
» la Priſon, ou du Géolier, la ſomme néceſſaire pour la nourriture du Priſonnier pendant un mois,
» ſuivant les Réglemens qui ont été ou ſeront faits par les Juges des Lieux, à peine d'interdiction.
» II. » Leur défendons, ſur même peine, de recommander aucun Priſonnier ſans conſigner pareille
» ſomme, en cas toutefois qu'elle n'ait été conſignée par celui qui aura fait empriſonner, ou par
» ceux qui auront précédemment fait recommander le Priſonnier.

Quant à ceux qui font conftitués prifonniers pour crimes, on ne peut contraindre à aucune confignation de nourriture, même les Parties civiles; ils ne font nourris que de pain & d'eau, & couchés fur la paille, laquelle leur eft fournie par le Géolier; la fourniture du pain eft prife fur le fonds des amendes du Siege, ou à défaut de fonds fur le Domaine du Roi, ou celui des Seigneurs, chacun à leur égard.

III. » Faifons pareillement défenfes aux Greffiers des Prifons & aux Géoliers de recevoir aucuns Pri-
» fonniers pour dettes ni aucune recommadation, que les fommes mentionnées ès Articles précé-
» dens ne leur aient été délivrées, à peine d'être contraints en leurs noms de les payer au Prifon-
» nier, comme s'ils les avoient reçues, fauf leurs recours contre les Créanciers; & fe chargeront
» les Greffiers & Géoliers defdites fommes fur un Regiftre particulier qu'ils tiendront à cet effet,
» lefquelles fommes ils remettront tous les deux jours entre les mains des Prifonniers, pour être
» employées à l'achat des alimens néceffaires pour leur nourriture, ainfi qu'ils aviferont

IV. » Enjoignons fur pareilles peines aux Huiffiers & autres Officiers qui feront les emprifonne-
» mens & les recommandations, d'avertir ceux à la requête defquels ils feront faits, de conti-
» nuer à payer pour chacun mois pareille fomme par avance, duquel avertiffement & du paye-
» ment de la fomme, ils feront mention dans le procès verbal d'emprifonnement, ou dans l'acte de
» recommandation.

V. » Après l'expiration des premiers quinze jours du mois pour lequel la fomme néceffaire aux
» alimens du Prifonnier n'aura point été payée, les Confeillers de nos Cours, commis pour la
» vifite des Prifonniers, ou les Juges des Lieux ordonneront, l'élargiffement du Prifonnier fur fa
» fimple requifition, fans autre procédure, en rapportant le certificat du Greffier ou Géolier, que
» la fomme pour la continuation des alimens n'a point été payée, & qu'il ne lui refte aucun fonds
» entre les mains pour lefdits alimens; pourvu & non autrement que les caufes de l'emprifonne-
» ment & des recommandations n'excedent point la fomme de deux mille livres: & en cas que la
» fomme foit plus grande, le Prifonnier fe pourvoira par Requête, qui fera rapportée dans les
» Cours & Siéges, fur laquelle les Cours ou Juges prononceront fon élargiffement; & dans l'un &
» l'autre cas, mention fera faite du certificat dans l'Ordonnance de décharge, Sentence ou Arrêt d'élar-
» giffement.

VI. » Le Prifonnier qui aura été une fois élargi à faute de payer les fommes néceffaires pour fes
» alimens, ne pourra être une feconde fois emprifonné ou recommandé à la requête des mêmes
» Créanciers pour les mêmes caufes, qu'en payant par eux les alimens par avance pour fix mois,
» finon qu'il en foit autrement ordonné par Jugement contradictoire.

VII. » Enjoignons aux Greffiers des Prifons & aux Géoliers de délivrer gratuitement les certifi-
» cats de la ceffation des paiemens, à la premiere requifition qui leur en fera faite par le Prifon-
» nier, comme auffi de délivrer les quittances des paiemens aux Créanciers, en payant par lefdits
» Créanciers cinq fols feulement pour chaque quittance, de quelque fomme qu'elle puiffe être, fans
» que lefdits Greffiers & Géoliers puiffent exiger plus grands droits, ni retenir aucune fomme fur
» celles qui feront confignées pour les alimens des Prifonniers.

VIII. » Seront tenus les Greffiers ou Géoliers de rendre compte des fommes confignées en leurs
» mains pour lefdits alimens, toutes les fois qu'ils en feront requis par le Prifonnier, ou fes Créan-
» ciers qui les auront payées; & en cas de décès ou d'élargiffement du Prifonnier, de rendre ce qui
» en reftera à ceux qui les auront avancées.

IX. » Les fommes confignées feront rendues aux Créanciers, un mois après la confignation; en
» cas que le Prifonnier déclare fur le Regiftre qui fera tenu par lefdits Greffiers ou Géoliers,
» qu'il n'entend recevoir de fes Créanciers aucuns deniers pour alimens: pourra néanmoins le Pri-
» fonnier révoquer dans la fuite la déclaration par lui faite, & demander fes alimens par une
» feule fommation, qu'il fera tenu de faire à fes Créanciers, au domicile élu par l'écrou, dont
» mention fera faite fur le Regiftre: & en cas de refus ou de demeure de la part des Créanciers,
» il fera pourvu à fon élargiffement, ainfi qu'il eft porté par les Articles précédens.

X. » Ceux qui auront été condamnés en matiere criminelle, en des amendes envers Nous, ou
» envers les Seigneurs Hauts-Jufticiers, & en des dommages & intérêts, & réparations civiles
» envers les Parties civiles, feront mis hors les Prifons en la maniere ci-devant prefcrite, à faute
» de fournir des alimens par les Receveurs des amendes, Seigneurs Hauts-Jufticiers & Parties ci-
» viles, chacun à leur égard, huit jours après la fommation qui en fera faite à perfonne ou do-
» micile; & à cet effet feront tenus lefdits Receveurs des amendes, Seigneurs Hauts-Jufticiers, &c.
» Parties civiles, en cas d'appel des Sentences fur procès criminels, d'élire domicile en la mai-
» fon d'un Procureur de la Jurifdiction où l'appel refforit, dont fera fait mention par la pronon-
» ciation ou fignification defdites Sentences aux Accufés: & à faute d'élire domicile, il fera pourvu
» à leur élargiffement par les Juges des lieux où ils feront détenus. Si donnons en mandement, &c.

ARTICLE XXIX.

Tous Greffiers, même de nos Cours, & ceux des Seigneurs, seront tenus prononcer aux Accusés les Arrêts, Sentences & Jugemens d'absolution ou d'élargissement, le même jour qu'ils y auront été rendus ; & s'il n'y a point d'appel par nos Procureurs ou ceux des Seigneurs, dans les vingt-quatre heures mettre les Accusés hors des prisons, & l'écrire sur le Registre de la Géole ; comme aussi ceux qui n'auront été condamnés qu'en des peines & réparations pécuniaires, en consignant ès mains du Greffier les sommes adjugées pour amendes, aumônes & intérêts civils ; sans que faute de paiement d'épices, ou d'avoir levé les Arrêts, Sentences & Jugemens, les prononciations ou les élargissemens puissent être différés ; à peine contre le Greffier d'interdiction, de trois cens livres d'amende, dépens, dommages & intérêts des Parties ; ne pourront néanmoins les Prisonniers être élargis s'ils sont détenus pour autre cause.

La présente disposition a été littéralement renouvellée par l'Article 37 du Réglement de la Cour du 18 Juin 1717, & par l'Article 27 de celui du premier Septembre de la même année : l'un rendu pour la police des Prisons de la Ville de Paris, & l'autre pour celle des Prisons du Ressort. L'un & l'autre de ces Réglemens a ajouté néanmoins que les Greffiers seroient tenus de transcrire le dispositif des Arrêts, Sentences & Jugemens sur le Registre de la Géole le même jour qu'ils auroient été rendus ; & les Greffiers des Géoles, ou Géoliers d'en délivrer des extraits, lorsqu'ils en seront requis par les Prisonniers.

ARTICLE XXX.

Ne pourront les Géoliers, Greffiers des Géoles, Guichetiers & Cabaretiers ou autres, empêcher l'élargissement des Prisonniers, pour frais, nourritures, gîte, géolage, ou aucune autre dépense.

ARTICLE

ARTICLE XXXI.

Les Prifonniers détenus pour dettes feront élargis fur le confentement des Parties qui les auront fait arrêter, ou recommander, paffé pardevant Notaire, qui fera fignifié aux Géoliers ou Greffiers des Géoles, fans qu'il foit befoin d'obtenir aucun jugement.

ARTICLE XXXII.

Le même fera obfervé à l'égard de ceux qui auront configné, ès mains du Géolier ou Greffier de la Géole, les fommes pour lefquelles ils feront détenus. Voulons qu'ils foient mis hors des prifons, fans qu'il foit befoin de le faire ordonner.

ARTICLE XXXIII.

Ne pourront les Greffiers des Géoles & les Géoliers de nos prifons, & de celles des Seigneurs, prendre ni recevoir aucun droit de confignation, encore qu'il leur fût volontairement offert; & les deniers confignés feront délivrés entierement aux Parties, fans en rien retenir, fous prétexte de droits de recette, confignation ou de garde, ou pour épices, frais & expéditions des Jugemens, nourritures, gîtes, géolages, & toute autre dépenfe des Prifonniers, à peine de concuffion.

La liberté étant le bien le plus précieux qu'aient les Citoyens, rien ne doit mettre obftacle à l'élargiffement des Prifonniers, lorfque les caufes de leur emprifonnement ceffent, foit en vertu d'un Jugement, foit même fans Jugement en matiere civile par le confentement des Parties qui ont fait emprifonner ou recommander le Prifonnier, foit par la confignation volontaire du Prifonnier lui-même des fommes pour lefquelles il eft détenu. Dans ce dernier cas de confignation, il n'eft point néceffaire qu'elle foit fignifiée aux Parties, pour que le Prifonnier foit élargi, de peur que dans l'intervalle de cette fignification, un Créancier malicieux ne fuscite quelque nouvelle recommandation pour empêcher l'effet de l'élargissement. Cette signification n'est requise que pour empêcher le Géolier de demeurer maître des deniers, & pourvoir par ce moyen à la sûreté & du Créancier & du Débiteur.

Les Géoliers ne peuvent même jamais se prévaloir de ce qui peut leur être dû personnellement pour nourriture, frais de gîtes, de géolage & autres dépenses; & sur ce que la disposition de l'Ordonnance, à cet égard, avoit souffert quelque altération dans la pratique, elle fut solemnellement renouvellée par un Arrêt de Réglement donné en Vacations le 22 Septembre 1694, sur les conclusions & le requisitoire de M. Barin de la Galissonniere, Substitut de M. le Procureur Général, portant la parole à ladite Chambre (a).

ARTICLE XXXIV.

Enjoignons aux Lieutenans Criminels & à tous autres Juges, d'observer & faire observer les Réglemens ci-dessus; leur défendons d'ordonner aucun élargissement, sinon en la forme par Nous prescrite, à peine d'interdiction, & de tous dépens, dommages & intérêts des Parties.

ARTICLE XXXV.

Nos Procureurs, & ceux des Seigneurs, seront tenus

(a) » CE JOUR, Maître Charles Barin de la Galissonniere, Substitut du Procureur Général du Roi,
» a remontré à la Chambre des Vacations, que par l'Article 30 du Titre 13 de l'Ordonnance du
» mois d'Août 1670, & par les Arrêts & Réglemens de la Cour, il est ordonné que les Géoliers,
» Greffiers des Géoles, Guichetiers & Cabaretiers, ou autres, ne pourront empêcher l'élargisse-
» ment des Prisonniers, pour frais, nourriture, gîte, géolage ou autre dépense, nonobstant quoi
» il se trouve qu'il y a beaucoup de Prisonniers présentement arrêtés dans les Prisons de cette Ville,
» & particulierement de celle du Fort-Levêque pour lesdits frais, nourriture, gîte, géolage, ou
» autre dépense : requeroit ledit Substitut pour le Procureur Général du Roi, que suivant l'Or-
» donnance, les Arrêts & Réglemens de la Cour, tous les Prisonniers, qui ne sont détenus pour
» autre cause seront élargis & mis en liberté; & en cas de refus, qu'il y sera pourvu par les Con-
» seillers de la Cour, commis pour la visite des Prisons. Lui retiré : La matiere mise en délibération.
» LADITE CHAMBRE a ordonné & ordonne par provision, conformément à l'Ordonnance,
» aux Arrêts & Réglemens de la Cour, que tous les Prisonniers, qui seront arrêtés & détenus
» dans les Prisons de cette Ville, de quelque qualité qu'ils soient, que pour frais, nourriture, gî-
» te & géolage, ou autre dépense seulement, seront élargis & mis hors de Prisons : à ce faire les
» Greffiers & Géoliers seront contraints par corps, sauf auxdits Géoliers & Cabaretiers à se faire
» passer par lesdits Prisonniers des Actes sous seings privés ou pardevant Notaire, à leur choix,
» [c]o tant obligation de leur payer à volonté ce qui leur est dû : & en cas de refus ou de désobéis-
» sance par lesdits Greffiers & Géoliers, sera pourvu à la liberté desdits Prisonniers par les Conseil-
» lers de la Cour, commis pour la visite des Prisons, & ce qui sera par eux fait & ordonné
» pour raison de ce, exécuté nonobstant oppositions ou appellations quelconques, & sans préju-
» dice d'icelles. Et sera le présent Arrêt affiché dans toutes les Prisons de cette Ville. Fait en Vaca-
» tions le vingt-deux Septembre mil six cent quatre-vingt-quatorze. *Signé*, DE LA BAUNE.

*vifiter leurs Prifons une fois chacune femaine , pour y
recevoir les plaintes des Prifonniers.*

A R T I C L E XXXVI.

*Les Greffiers des Géoles , Géoliers , & Guichetiers ,
feront pareillement tenus d'exécuter notre préfent Réglement , à peine contre les Greffiers d'interdiction , de
trois cens livres d'amende , moitié vers Nous , & moitié
aux néceffités des Prifonniers , & de plus grande , s'il y
échet ; & contre les Géoliers & Guichetiers de deftitution , de trois cens livres d'amende , applicable comme
deffus , & de punition corporelle.*

A R T I C L E XXXVII.

*Enjoignons aux Juges d'informer des exactions ,
excès , violences , mauvais traitemens , & contraventions à notre préfent Réglement , qui feront commifes
par les Greffiers des Géoles , les Géoliers & Guichetiers ,
dont la preuve fera complette , s'il y a fix Témoins ,
quoiqu'ils dépofent chacun des faits finguliers & féparés,
& qu'ils y foient intéreffés.*

Dans les Articles qui précedent , notre Ordonnance a eu pour but
de donner des furveillances à ceux qui ont la garde des Prifonniers.
Elle prefcrit d'abord aux Officiers , chargés du Miniftere public , foit
dans les Juftices Royales , foit dans les Juftices Seigneuriales , de fe tranfporter au moins une fois par femaine dans les prifons , pour recevoir les
plaintes des Prifonniers. Le Réglement de 1717 veut que les Prifonniers
foient entendus dans leurs plaintes , hors la préfence des Guichetiers &
Géoliers ; le même Réglement leur enjoint encore de faire vifiter les Prifonniers malades , par les Médecins & Chirurgiens ordinaires de la
prifon , & de faire transférer fur leur avis dans les infirmeries , ceux
qui pourront en avoir befoin ; outre ces vifites particulieres , qui fe
font par le Miniftere public , il s'en fait cinq générales dans les prifons
de Paris , aux jours que l'on appelle de féances , par les Confeillers Commiffaires de la Cour ; favoir , avant Noel , Paques , Pentecôte , la
Notre-Dame d'Août , & la faint Simon & faint Jude.

L'Ordonnance enjoint, en fecond lieu aux Juges, d'informer des exactions, violences, & mauvais traitemens, dont les Géoliers & Guichetiers pourroient fe rendre coupables envers les Prifonniers. Pour former une preuve complette à cet égard, un Réglement du Parlement antérieur à notre Ordonnance, exigeoit au moins la dépofition de dix Témoins; parceque ces Témoins ne pouvant être autres que des Prifonniers, dont la qualité rendoit conféquemment le témoignage fufpeât, il eut été dangereux d'abandonner trop légerement les Géoliers & Guichetiers à la malice & à la mauvaife volonté de ces fortes de Gens. Mais les exactions & les violences des Géoliers étant devenues d'autant plus fréquentes, qu'ils connoiffoient la difficulté qu'il y avoit de pouvoir les en convaincre, eu égard au grand nombre de Témoins que l'on exigeoit pour cela, notre Ordonnance a réduit le nombre des Témoins à fix, & a voulu que ces fix dépofitions fiffent preuve, quand bien même chacun des Témoins dépoferoit des faits finguliers & féparés, & qu'ils feroient intéreffés dans la plainte.

A r t i c l e XXXVIII.

Les Prifonniers mis en des prifons empruntées, feront inceffamment transferés.

A r t i c l e XXXIX.

Les Baux à fermes des Prifons Seigneuriales, feront faits en préfence de nos Juges, chacun dans leur reffort; & ils en taxeront la redevance annuelle, qui ne pourra être excedée par les Seigneurs ni affermée à d'autres, à peine de décheoir entierement de leurs droits de Haute Juftice.

Ces deux difpofitions font fi claires par elles-mêmes, qu'elles n'exigent aucunes obfervations prticulieres.

TITRE XIV.
DES INTERROGATOIRES
DES ACCUSÉS.

L'INTERROGATOIRE eft le premier Acte par lequel la Procédure criminelle devient contradictoire avec l'Accufé ; la plainte, l'information, le décret, tout en un mot jufques-là fe fait fans lui, parcequ'il eft important pour la Juftice de commencer par acquérir la preuve du crime ou du délit, avant que de lui en donner connoiffance, de peur qu'il n'y mette quelque obftacle : fauf enfuite à perfectionner cette preuve par fon interrogatoire, & par fa confrontation aux Témoins entendus dans l'information.

Les difpofitions du préfent Titre, peuvent fe réduire à trois points généraux qui font ; d'abord, ce qui concerne le Juge ou Officier qui fait l'interrogatoire ; en fecond lieu, ce qui regarde l'interrogatoire en lui-même & fes formalités ; en troifieme lieu, ce qui fuit l'interrogatoire.

ARTICLE PREMIER.

Les Prifonniers pour crimes feront interrogés inceffamment, & les interrogatoires commencés au plus tard dans les vingt-quatre heures après leur emprifonnement, à peine de tous dépens, dommages & intérêts contre le Juge qui doit faire l'interrogatoire ; & à faute par lui d'y fatisfaire, il y fera procédé par un autre Officier, fuivant l'ordre du Tableau.

Cet Article regle le tems dans lequel l'interrogatoire doit être fait ;
nos anciennes Ordonnances, & notamment celle de 1539, art. 146,
fe contentoient d'ordonner que les interrogatoires fuffent faits *diligemment*, fans prefcrire aucun délai fixe ; mais comme les interrogatoires
faits au moment de la capture, ou dans un tems prochain, font bien
plus sûres que ceux qui font faits après un long tems, & lorfque le
Prifonnier a eu le loifir de fe reconnoître & de méditer un fyftême
de défenfes, l'Ordonnance exige qu'ils foient commencés au moins
dans les vingt-quatre heures de l'emprifonnement ; mais il n'y a point
de délai déterminé pour les finir.

ARTICLE II.

*Le Juge fera tenu vacquer en perfonne à l'interroga-
toire, qui ne pourra en aucun cas être fait par le Greffier, à peine de nullité & d'interdiction contre le Juge
& le Greffier, & de cinq cens livres d'amende envers
Nous, contre chacun d'eux, dont ils ne pourront être
déchargés.*

La Loi ne confie qu'aux Juges en perfonnes le foin de faire les interrogatoires des Accufés.
Un Officier fubalterne, tel qu'un Greffier, ne mérite point affez de
confiance, pour que l'on puiffe s'en repofer fur fa fidélité à cet égard.
La contravention à cette difpofition eft mulctée par l'Ordonnance ;
1°. de la peine de nullité ; 2°. de celle d'interdiction contre le Juge &
le Greffier contrevenans ; 3°. d'une amende de cinq cens livres contre
l'un & contre l'autre.

ARTICLE III.

*Nos Procureurs, ceux des Seigneurs, & les Parties
civiles, pourront donner des Mémoires au Juge pour interroger l'Accufé, tant fur les faits portés par l'information qu'autres, pour s'en fervir par le Juge, ainfi
qu'il avifera.*

On ne doit négliger aucuns des moyens poffibles pour parvenir à
la preuve & à la découverte d'un délit : c'eft pour cela que l'Ordonnance autorife la Partie publique & la Partie Civile, à donner aux
Juges des Mémoires particuliers. Ces Mémoires peuvent même porter
fur d'autres faits que ceux contenus dans l'information ; pourvu néan-

moins que les faits de cette derniere espece, aient un rapport prochain ou éloigné au crime dont il s'agit.

Mais le Juge n'est point assujétti à interroger l'Accusé sur ces Mémoires : la Loi lui laisse la liberté d'en faire l'usage que sa prudence lui suggerera lors de l'interrogatoire.

ARTICLE IV.

Il sera procédé à l'interrogatoire au lieu où se rend la Justice dans la Chambre du Conseil ou de la Géole. Défendons aux Juges de les faire dans leurs maisons.

ARTICLE V.

Pourront néanmoins les Accusés pris en flagrant délit, être interrogés dans le premier lieu qui sera trouvé commode.

Les dispositions qui précedent, sont une suite de celles dont nous avons déja eu occasion de faire mention, & qui ne permettent point qu'aucuns des Actes de la procédure criminelle se fassent ailleurs que dans le Tribunal même.

L'Ordonnance admet cependant une exception à cette regle ; c'est dans le cas du flagrant délit où elle permet de faire l'interrogatoire dans l'endroit le plus commode qui se pourra trouver. En effet, il est d'une très grande conséquence de profiter, sans différer, du trouble où se trouve un Accusé pris en flagrant délit, pour tirer de lui des aveux qu'il ne feroit point, si on lui donnoit le tems de se reconnoître, en attendant, pour l'interroger, qu'il fût dans les prisons du Tribunal.

ARTICLE VI.

En cas qu'il y ait plusieurs Accusés, ils seront interrogés séparément, sans assistance d'autre personne que du Juge & du Greffier.

Quand il y a plusieurs Accusés dans une même affaire criminelle, ils deviennent témoins les uns contre les autres ; il est parconséquent de la plus grande importance de ne les point interroger en présence les uns des autres, si l'on veut tirer quelque fruit de leur interrogatoire respectif.

ARTICLE VII.

L'Accusé prétera le serment avant d'être interrogé, &
en sera fait mention, à peine de nullité.

Cet Article fit beaucoup de difficulté lors des Conférences tenues
pour la rédaction de la présente Ordonnance. Monsieur le Premier
Préfident de Lamoignon y soutint avec force, que par la preftation du
ferment lors de l'interrogatoire, on réduisoit l'Accusé à l'une de ces
deux fâcheufes extrêmités, ou de commettre un parjure en déniant la
vérité, ou de devenir homicide de foi-même en la reconnoiffant, &
que la Loi naturelle qui porte l'homme à fa propre confervationétant
toujours chez lui la plus forte, ce ferment n'avoit jamais engagé aucun Criminel à dire la vérité contre lui-même. Ce grand Magiftrat ap-
puyoit fon fentiment fur les autorités les plus fortes & fur les raifon-
nemens les plus convainquans; cependant comme l'ufage étoit contraire & que cet ufage étoit très ancien, on le confacra par le préfent
Article, en en faifant une difpofition précife de Loi, & en attachant
même à fa contravention la peine de nullité.

ARTICLE VIII.

Les Accusés, de quelque qualité qu'ils soient, seront tenus
de répondre par leur bouche, sans le ministere de conseil,
qui ne pourra leur être donné, même après la confronta-
tion, nonobstant tous usages contraires que Nous abro-
geons, si ce n'est pour crime de péculat, concussion,
banqueroute frauduleuse, vol de Commis ou Associés en
affaires de finance ou de banque, fausseté de pieces,
supposition de part, & autres crimes où il s'agira de l'é-
tat des personnes; à l'égard desquels les Juges pourront
ordonner, si la matiere le requiert, que les Accusés
après l'interrogatoire communiqueront avec leur conseil
ou leur Commis. Laissons au devoir & à la religion des
Juges, d'examiner avant le jugement, s'il n'y a point
de nullité dans la procédure.

Dans l'ancienne Rome, un Accufé fe défendoit, même dans les
plus grands crimes, par le miniftere d'un Avocat : les Oraifons de
                                                              Ciceron

Ciceron nous fourniſſent pluſieurs exemples de ce fait. Le même uſage s'eſt conſervé parmi nous juſqu'à l'Ordonnance de 1539 qui, la premiere, a aſſujetti les Accuſés à ſe défendre par leur propre bou che (a) ; & tout le monde ſait que le Chancelier Poyet, auteur de cette Ordonnance, en a été la premiere victime dans le procès cri minel qui lui fut ſuſcité quelque tems après. Cependant, comme il eſt des matieres mêlées d'un ſi grand nombre de faits & ſujettes à une ſi grande diſcuſſion, qu'un Accuſé, accablé d'ailleurs du poids de ſa diſgrace, eſt ſeul hors d'état de les démêler, l'uſage avoit tempeté la trop grande ſévérité de l'Ordonnance de 1539, en accordant dans ces ſortes de cas des Conſeils à l'Accuſé, pour lui procurer les moyens d'une défenſe légitime, & ne point mettre les innocens en danger de périr injuſtement.

Mais, il arrive preſque toujours, que les choſes les plus excellentes dans leur principe deviennent dangereuſes par l'abus que l'on en fait. Ces Conſeils, qui ne devoient s'accorder qu'en connoiſſance de cauſe, & avec beaucoup de circonſpection, ſont devenus, dans la ſuite, de droit commun ; & on s'eſt perſuadé que tous les Accuſés indiſtincte ment avoient droit de les requérir : de-là, ces Conſeils féconds en ouvertures pour former des conflits de Juriſdiction, inventoient mille ſubtilités, ſoit pour faire trouver des nullités dans les procedu res, ſoit pour faire naître une infinité d'incidens qui immortaliſoient les procès criminels, & procuroient l'impunité aux coupables, pourvu qu'ils euſſent le moyen de fournir aux frais.

L'Ordonnance, dans de pareilles circonſtances, a pris un juſte milieu ; elle a conſidéré, que dans la plus conſidérable partie des affaires crimi nelles, il n'eſt queſtion que d'un ſimple fait, ſur lequel, il n'y a que la confeſſion ou la dénégation de l'Accuſé, & où il n'eſt pas néceſſaire par conſéquent de lui donner des Conſeils, pour lui dicter ce qu'il doit dire, & ce qu'il doit faire : l'expérience n'a que trop prouvé, que les Conſeils dans ces ſortes de cas, ne tendent qu'à éluder la Juſtice, qu'à traîner les procès en longueur, & quelquefois même à tirer des mains des Juges de véritables coupables.

Néanmoins il eſt d'autres matieres mêlées de civil & de criminel, dans leſquelles il n'eſt pas poſſible à un Accuſé de pouvoir répondre perti nemment, ſans avoir préalablement conféré avec ſes Aſſociés, ou ſes Commis, ſur des pieces qu'on lui oppoſe & qu'il ne peut reconnoître, pour n'être point de ſon propre fait, ou ſans avoir conſulté quelqu'un plus au fait que lui ſur ces ſortes de matieres. Mais attendu que ces Con-

---

(a) » En matieres criminelles, ne ſeront les Parties aucunement ouies par conſeil ni miniſtere » d'aucune perſonne, mais répondront par leur bouche des cas dont ils ſont accuſés ; & ſeront ouis » & interrogés comme deſſus, ſéparément, ſecretement & à part, ôtant & aboliſſant tous ſtyles, » uſances ou coutumes, par leſquelles les Accuſés avoient accoutumé d'être ouis en Jugement, pour » ſavoir s'ils devoient être accuſés ; & à cette fin avoir communication des faits & articles concer » nans les crimes & les délits dont ils étoient accuſés, & toutes autres choſes contraires à ce qui eſt » contenu ci deſſus. *Ordon.* de 1539, *Art.* 162.

feils font, dans l'Ordonnance, une exception à la regle générale, le Légiflateur a eu grand foin de déterminer nommément les cas, où il feroit permis de les accorder ; ce font, 1°. le crime de péculat ; 2°. celui de concuffion ; 3°. celui de banqueroute frauduleufe ; 4°. celui de vol de Commis, ou d'Affociés en matiere de finance ou de banque ; 5°. celui de fauffeté de pieces ; 6°. celui de fuppofition de part ; & enfin tous les crimes où il s'agit de l'état des Perfonnes : encore dans ces derniers cas, n'accorde-t-on à l'Accufé, la liberté de conférer avec fes Confeils ou Commis, qu'après l'interrogatoire fubi, & en confé- quence d'une Ordonnance du Juge qui donne cette permiffion.

A r t i c l e IX.

Pourront les Juges, après l'interrogatoire, permettre aux Accufés de conférer avec qui bon leur femblera, fi le crime n'eft pas capital.

C'eft ici une feconde exception à la regle, qui veut que les Accufés foient tenus au fecret jufqu'après l'achevement entier de la procédure criminelle. Cette exception a lieu en faveur de ceux qui ne font point accufés de crimes capitaux, & à qui l'on peut permettre de conférer avec qui bon leur femble, auffi-tôt que leur interrogatoire eft fubi. Mais cette exception n'a point lieu de droit : la Loi laiffe à la prudence des Juges à examiner les cas où cette permiffion peut être accordée fans inconvéniens.

A r t i c l e X.

Les hardes, meubles, & pieces fervans à la preuve, feront repréfentés à l'Accufé lors de fon interrogatoire ; & les papiers & écritures, paraphés par le Juge & l'Ac- cufé, finon fera fait mention de la caufe de fon refus ; & fera l'interrogatoire continué fur les faits & inductions réfultans des hardes, meubles & pieces ; & l'Accufé tenu d'y répondre fur le champ, fans qu'il lui en foit donné autre communication ; fi ce n'eft ès cas mention- nés en l'Article huitieme ci-deffus, après néanmoins que l'interrogatoire aura été achevé.

Quand il s'eft trouvé des meubles, hardes ou pieces fervans à con- viction, dont le dépôt a été fait au Greffe, le Juge doit les repréfenter à l'Accufé lors de l'interrogatoire, afin de tirer de lui des réponfes

cathégoriques au fujet de ces effets ou de ces pieces. La peine de
nullité n'auroit pourtant point lieu, fi le Juge avoit obmis de faire
cette repréfentation à l'Accufé, lors d'un premier interrogatoire; mais
il faudroit alors réparer cette obmiffion par un interrogatoire nouveau ;
fans quoi, le jugement qui interviendroit; fans que ladite obmiffion
eût été réparée, feroit abfolument nulle : c'eft la difpofition textuelle
de l'Article 31 de l'Ordonnance du mois de Juillet 1737 (a).

ARTICLE XI.

Si l'Accufé, n'entend pas la langue Françoife, l'In-
terprête ordinaire, ou s'il n'y en a point, celui qui fera
nommé d'office par le Juge, après avoir prêté ferment,
expliquera à l'Accufé les interrogatoires qui lui feront
faits par le Juge, & au Juge les réponfes de l'Accufé;
& fera le tout écrit en langue Françoife, figné par le
Juge, l'Interprête & l'Accufé, finon mention fera faite
de fon refus de figner.

Cette difpofition concernant la nomination d'un Interprête à ceux
qui n'entendent point la langue Françoife, eft commune, tant aux
Accufés qu'aux Témoins affignés pour dépofer; c'eft chofe jugée à
l'égard de ces derniers, par Arrêt du 10 Février 1696, portant injonction au Lieutenant Général de l'Amirauté de Dunkerque, *de nom-*
mer d'office aux Témoins qui n'entendent point la langue, un Interprête
auquel il fera, par un Acte féparé, prêter ferment de bien & fidelement
faire cette charge ; & avant d'entendre les Témoins en leurs dépofitions,
de faire prêter ferment à chaque dépofition aux Témoins & à l'Interprête ;
de faire lecture de la plainte à l'Interprête, qui en expliquera les faits
aux Témoins, & enfuite de faire rédiger la dépofition fuivant qu'elle lui
fera recitée par l'Interprête, fur l'interprétation par lui tirée du Témoin ;
& à la fin de chaque dépofition, de faire figner les Témoins & l'Inter-
prête, & d'obferver les mêmes formalités au récolement & à la confron-
tation, & du tout en faire mention tout au long, dans chacun defdits
Actes; comme auffi de faire lecture à chaque confrontation du récole-
ment du Témoin, à peine de nullité & d'interdiction.

(a) » Lors de l'interrogatoire des Accufés, les pieces prétendues fauffes, comme auffi les pieces
» fervans à conviction, qui feront actuellement au Greffe, leur feront repréfentées & par eux pa-
» raphées, s'ils peuvent ou veulent le faire, finon il en fera fait mention : & en cas d'obmiffion
» de ladite repréfentation & paraphe, il y fera fuppléé par un nouvel interrogatoire, à peine de
» nullité du Jugement qui feroit intervenu, fans avoir réparé ladite obmiffion. *Ordon. de* 1737 ;
» *Art.* 31.

ARTICLE XII.

Ne fera fait aucune rature ni interligne dans la minute des interrogatoires ; & fi l'Accufé y fait aucun changement ; il en fera fait mention dans la fuite de l'interrogatoire.

ARTICLE XIII.

L'interrogatoire fera lu à l'Accufé à la fin de chacune féance, cotté & paraphé en toutes fes pages, & figné par le Juge & par l'Accufé, s'il veut ou fait figner ; finon fera fait mention de fon refus : le tout à peine de nullité, & de tous dépens, dommages & intérêts contre le Juge.

Ces deux Articles réuniffent toutes les formalités qui font l'effence de l'interrogatoire : en les comparant avec l'Article 12 du Titre 6 qui précede, on voit qu'elles font à peu près les mêmes, que celles qui ont été ci-devant prefcrites pour l'information. Ces formalités fe réduifent, 1°. A ne faire aucunes ratures ni interlignes dans la minute de l'interrogatoire ; de forte que, fi l'Accufé fait après coup quelques changemens dans ce qu'il a précédemment dit, on fe contente de faire mention de ces changemens, fans rien rayer ni changer aux chofes ci-devant écrites, & qui feroient l'objet de ces mêmes changemens. 2°. L'interrogatoire doit être lu à l'Accufé à la fin de chaque féance. 3°. Il doit être cotté & paraphé par le Juge, au bas de toutes les pages. 4°. Enfin, il doit être figné à la fin, tant par le Juge que par l'Accufé ; & en cas que ce dernier ne fache ou ne veuille figner, il doit être fait mention de fon refus. Toutes ces formalités font prefcrites, à peine de nullité, & même de dommages & intérêts contre le Juge qui en auroit obmis quelques unes.

Mais il s'eft élevé, depuis l'Ordonnance, une queftion qui femble n'y avoir point été prévue ; c'eft de favoir, fi dans le procès verbal d'interrogatoire, il ne fuffit pas de mettre les réponfes de l'Accufé, fans y inférer les demandes du Juge lorfqu'il y a d'ailleurs quelque chofe qui peut y fuppléer. Ainfi dans l'affaire de la Dame de Saffy, le Lieutenant Criminel du Châtelet avoit laiffé les demandes de l'interrogatoire en blanc, fur le fondement que les faits de l'interrogatoire étoient attachés à la minute même de cet interrogatoire. Mais l'Arrêt qui intervint fur les conclufions de M. le Procureur Général le 11

Décembre 1705, enjoignit au Lieutenant Criminel du Châtelet, en procédant aux interrogatoires des Accusés, de faire mention de l'interrogatoire en entier, & de la réponse des Accusés : le même Arrêt fit injonction aux Greffiers qui instrumenteront en matieres criminelles, de transcrire les interrogatoires, tels qu'ils auront été proposés par le Juge, & les réponses telles qu'elles seront faites par les Accusés sur les interrogatoites du Juge.

ARTICLE XIV.

Les Commissaires de notre Châtelet de Paris, pourront interroger pour la premiere fois, les Accusés pris en flagrant délit, les Domestiques accusés par leurs Maîtres, & ceux contre lesquels il y aura décret d'ajournement personnel seulement.

Nous avons déja vu, dans le cours de la présente Ordonnance, que les Commissaires au Châtelet de Paris, y sont maintenus dans plusieurs prérogatives particulieres. Le Législateur leur conserve ici le droit de faire les premiers interrogatoires dans trois cas différens ; savoir, 1°. des Accusés pris en flagrant délit ; 2°. des Domestiques accusés par leurs Maîtres ; 3°. de ceux contre lesquels il y a décret d'ajournement personnel seulement.

ARTICLE XV.

L'interrogatoire pourra être réitere toutes les fois que le cas le requerra, & sera chacun interrogatoire mis en cahier séparé.

L'interrogatoire ayant pour objet de tirer, de la bouche de l'Accusé même, l'aveu de son crime, c'est avec raison que l'Ordonnance permet aux Juges de le réitérer, toutes les fois que le cas le requerra.

M. Jousse, dans son Commentaire sur la présente Ordonnance, semble vouloir insinuer que cette permission, de réitérer l'interrogatoire, ne doit avoir lieu, que lorsqu'il survient de nouvelles charges, c'est-à-dire, de nouveaux chefs d'accusation. Nous convenons avec lui, que dans ce cas la réitération de l'interrogatoire est de nécessité absolue, à peine de nullité, d'après les deux Arrêts qu'il cite ; l'un, du 24 Mai 1712, & l'autre, du 9 Janvier 1743. Il y en a même un troisieme du 14 Août 1736, qui a annullé la procédure du Juge de la Ville d'Eu ; sur ce que l'Accusé ayant été pris en flagrant délit, & ayant été interrogé tout de suite, on ne lui avoit point fait subir un nouvel interrogatoire fur l'information qui avoit été faite depuis qu'il avoit été interrogé. Mais nous penfons, que quand bien même il ne furviendroit point de nouvelles charges, le Juge n'en feroit pas moins autorifé à réiterer l'interrogatoire, s'il le jugeoit à propos : parceque l'on tire quelquefois d'un Accufé des aveux dans un tems, qu'il auroit été impoffible de tirer dans un autre, & fouvent un Juge intelligent fait revenir, dans un fecond interrogatoire : un Accufé des dénégations qu'il s'étoit obftiné de faire dans le premier.

ARTICLE XVI.

Défendons à nos Juges & à ceux des Seigneurs, de prendre, recevoir, ni fe faire avancer aucune chofe par les Prifonniers, pour leur interrogatoire, ou pour aucuns autres droits par eux prétendus, fauf à fe faire payer de leurs droits par la Partie civile, s'il y en a.

Il feroit contre l'équité, & même contre l'humanité, d'obliger un Accufé à fournir aux frais de fon procès. Ainfi c'eft avec grande raifon que l'Ordonnance défend aux Juges de rien prendre des Accufés; s'il y a une Partie civile, c'eft à elle à fournir aux frais de l'inftruction ; s'il n'y en a pas, les frais fe prennent, ou fur le Domaine du Roi, ou fur celui des Seigneurs.

ARTICLE XVII.

Les interrogatoires feront inceffamment communiqués à nos Procureurs, ou à ceux des Seigneurs, pour prendre droit par eux, ou requérir ce qu'ils aviferont.

ARTICLE XVIII.

Sera auffi donné communication des interrogatoires à la Partie civile en toutes fortes de crimes.

ARTICLE XIX.

L'Accufé de crime, auquel il n'écherra peine afflictive, pourra prendre droit par les charges, après avoir fubi l'interrogatoire.

ARTICLE XX.

Si nos Procureurs ou ceux des Seigneurs, & la Par-
tie civile, sont reçus à prendre droit par l'interrogatoire,
& l'Accusé par les charges, la Partie civile pourra don-
ner sa Requête contenant ses demandes, & l'Accusé ses
réponses dans le délai qui sera ordonné, passé lequel,
sera procédé au jugement, encore que les Requêtes ou
les réponses n'aient point été fournies.

Dans toutes sortes de crimes on doit donner communication de l'interrogatoire, tant à la Partie civile qu'à la Partie publique ; & l'un &
l'autre peuvent, dans tous les cas, prendre droit des interrogatoires à
elles communiqués, & requérir ce qu'elles jugeront à propos : savoir,
la Partie civile, pour ses intérêts civils & pécuniaires, & la Partie
publique pour ce qui concerne la vindicte publique.

Mais il n'en est pas de même de l'Accusé ; il ne peut prendre droit
par les charges ; premierement, qu'après avoir subi l'interrogatoire ;
secondement, qu'autant que son crime ne va point à peines afflictives : car s'il y avoit lieu à peine afflictive, il faudroit nécessairement
que l'instruction criminelle passât par le creuset de toutes les formalités requises pour lui donner sa perfection, c'est-à dire, que le consentement de l'Accusé de s'en rapporter à l'information dans ce dernier cas, n'empêcheroit nullement qu'on ne passât au récolement & à
la confrontation.

Quand il n'y a pas lieu à peine afflictive, le Juge doit demander à
l'Accusé, à la fin de son interrogatoire, s'il veut prendre droit par les
charges; & lorsque l'on admet réciproquement la Partie publique &
la Partie civile, à prendre droit par l'interrogatoire, & l'Accusé par
les charges ; la Partie civile peut donner sa Requête contenant ses
demandes, & l'Accusé ses réponses que l'on appelle *défenses par at-*
ténuation ; mais s'ils ne le font dans le délai qui leur est prescrit, cela
n'empêche point que l'on ne puisse procéder au jugement.

ARTICLE XXI.

Si pardevant les premiers Juges, les conclusions de
nos Procureurs, ou de ceux des Seigneurs, & en nos
Cours, les Sentences dont est appel, ou les conclusions
de nos Procureurs Généraux, portent condamnation de

peine afflictive, les Accufés feront interrogés fur la fellette.

Article XXII.

L'interrogatoire prêté fur la fellette, pardevant le Juge des lieux, fera envoyé en nos Cours avec le procès, quand il y aura appel, à peine de cent livres d'amende contre le Greffier.

Article XXIII.

Les Curateurs & les Interprêtes feront interrogés derriere le Barreau; encore que les conclufions & la Sentence portent peine afflictive contre l'Accufé.

Dans les Procès criminels reglés à l'Extraordinaire, la Loi a cru devoir venir au fecours des Accufés par un dernier interrogatoire, fait en préfence de tous les Juges, immédiatement avant le jugement définitif, tant afin de ne point priver l'Accufé du droit naturel qu'il a de fe défendre par fa propre bouche devant tous fes Juges affemblés, qu'afin de procurer à ces mêmes Juges la faculté de s'éclaircir par eux-mêmes de toutes les circonftances du crime fur lequel ils ont à prononcer.

Mais l'Ordonnance fembloit n'avoir admis ces derniers interrogatoires, qu'en faveur des Accufés contre lefquels il y avoit eu des conclufions du Miniftere public à peines afflictives; ils ont été étendus à tous les procès criminels reglés à l'Extraordinaire & inftruits par récolement & confrontation, en conféquence de deux Déclarations, l'une, du 12 Janvier 1681, & l'autre, du 28 Avril 1703; avec cette différence effentielle néanmoins, que lorfqu'il y a des conclufions à des peines afflictives, cet interrogatoire fe fubit fur la fellette, conformément à l'Ordonnance; il en eft de même lorfqu'il y a eu une précedente Sentence de condamnation à peines afflictives : au lieu que lorfqu'il n'y a eu ni condamnation ni conclufion à peine afflictive, les Déclarations de 1681 & de 1703, fe contentent que l'Accufé fubiffe l'interrogatoire derriere le Barreau dans la Chambre du Confeil (a).

(a) » L o u i s par la grace de Dieu, Roi de France & de Navarre, Dauphin de Viennois, Comte du
» Valentinois & de Dyois : A tous ceux qui ces préfentes Lettres verront, falut. Nous avons été infor-
» més qu'en plufieurs Jurifdictions ordinaires de notre Royaume, & même dans aucunes de nos Cours,
» & particulierement en celle de Grenoble, lorfqu'on procede au Jugement des affaires criminelles :
» inftruites par récolement & confrontation, l'on n'entend point les Accufés quand il n'y a point
» de condamnation des premiers Juges, ou des Conclufions à peine afflictive; & comme notre in-
» tention n'a point été en reglant par le 21 Article du Titre 14 de notre Oronnance de 1670, que
» les Accufés contre lefquels il y auroit des conclufions ou condamnations à peine afflictive, feront

FORMULES

FORMULES DES PROCÉDURES
RELATIVES AU PRESENT TITRE.

Interrogatoire.

Interrogatoire fait par Nous . . . . à la Requête de . . . . (*Partie civile*) *ou* du Procureur Roi *ou* Procureur Fiscal, Demandeur & Accufateur, Contre . . . . Défendeur & accufé; par Nous décreté de . . . . . (*s'il eft prifonnier, l'on met,* prifonnier ès prifons de . . . .) auquel interrogatoire avons procedé en la Chambre de . . . . ainfi qu'il enfuit :

Du . . . .

Si l'Accufé eft prifonnier, l'on met : Avons fait extraire des prifons de . . . . ledit.... lequel interrogé de fon nom, âge, qualité & demeure, a dit, après ferment par lui fait de dire vérité, fe nommer . . . . demeurant à . . . . & être âgé de . . . .

» interrogés fur la fellette, de priver nos Sujets accufés d'autres cas, à raifon defquels il n'échet
» pas de peines afflictives, du fecours qu'ils peuvent tirer en fe défendant par leur bouche, ni ôter
» aux Juges des moyens de s'éclaircir par cette voie, des circonftances des actions par lefquelles
» on procède contre les Accufés ; favoir faifons, que Nous, pour ces caufes & autres à ce Nous
» mouvans, de notre certaine fcience, pleine puiffance & autorité Royale, en ajoutant audit Art.
» 21 dudit Titre 14 de l'Ordonnance de 1670, avons déclaré & ordonné, déclarons & ordonnons par
» ces Préfentes fignées de notre main, voulons & Nous plaît, qu'en tous les procès criminels qui
» fe pourfuivront, foit pardevant les Juges des Seigneurs, ou Juges Royaux fubalternes, ou dans
» nos Cours, lefquels auront été reglés à l'extraordinaire, & inftruits par récolement & confronta-
» tion, les Accufés feront entendus par leur bouche dans la Chambre du Confeil, derrière le Bar-
» reau, lorfqu'il n'y aura point de condamnations ou de conclufions à peines afflictives ; & à cet
» effet avons abrogé & abrogeons tous ufages à ce contraires : ledit Article 21 du Titre 14 de l'Or-
» donnance de 1670 fortiffant au furplus fon plein & entier à effet. Si donnons en mandement, &c.
» *Déclaration du 12 Janvier 1681.*

» LOUIS par la grace de Dieu, Roi de France & de Navarre : A tous ceux qui ces préfentes
» Lettres verront, falut. Nous avons ordonné par notre Déclaration, du 12 Janvier 1681, qu'en
» tous les procès criminels qui fe pourfuivroient pardevant les Juges des Seigneurs ou les Juges
» Royaux Subalternes, ou dans nos Cours, qui auroient été reglés à l'extraordinaire, & inftruits
» par récolement & confrontation, les Accufés feroient entendus par leur bouche dans la Chambre
» du Confeil, derrière le Barreau, lorfqu'il n'y auroit pas de conclufions à peines afflictives : ce que
» Nous aurions principalement ordonné, pour remédier à un abus qui s'étroit introduit dans notre
» Parlement de Grenoble, & dans les Siéges de fon Reffort, de ne point entendre les Accufés lorf-
» qu'il n'y avoit pas de condamnation des premiers Juges, ou de conclufions à peine afflitive ;
» ayant été depuis informés que le même abus s'étroit introduit dans quelques-unes de nos Cours, &
» dans les Jurifdictions en dépendantes, ce qui auroit donné lieu à plufieurs inftances en caffation
» en notre Confeil contre différens Arrêts, par lefquels, fur le fondement d'un ufage auffi abufif,
» ou fous prétexte que notre Déclaration de 1681 ne regardoit que le Parlement de Grenoble, &
» les Sieges de fon Reffort, on auroit condamné des Accufés fans les entendre ; & comme rien
» n'eft plus contraire à notre intention, & même à l'efprit de notre Ordonnance de 1670, qui n'a
» jamais été de priver les Accufés dans aucuns cas du droit naturel qu'ils ont de fe défendre par
» leur bouche ; ni d'ôter aux Juges les moyens de s'éclaircir par ces voies, des circonftances des
» actions qui fe pourfuivent extraordinairement ; Nous avons réfolu de remédier à ce défordre par
» une Déclaration générale qui foit exécutée dans toute l'étendue de notre Royaume. A CES CAUSES,
» & autres à ce Nous mouvans, de notre certaine fcience, pleine puiffance & autorité Royale,
» Nous avons dit, déclaré & ordonné, difons, déclarons & ordonnons par ces Préfentes fignées
» de notre main, voulons & nous plaît, que notre Déclaration du 12 Janvier 1681 foit exécutée
» felon fa forme & teneur dans tout notre Royaume ; & en conféquence, en expliquant & inter-
» pretant, en tant que befoin feroit ; l'Article 21 du Titre 14 de notre Ordonnance de 1670,
» qu'en tous les procès qui fe pourfuivront, foit pardevant les Juges des Seigneurs, foit pardevant
» les Juges Royaux, Subalternes, ou de nos Cours, qui auront été reglés à l'extraordinaire, &
» inftruits par récolement & confrontation, les accufés feront entendus par leur bouche dans la
» Chambre du Confeil, derrière le Barreau, lorfqu'il n'y aura pas de conclufions ou condamna-
» tions à peine afflictive : ce faifant, avons dérogé & dérogeons à tous ufages à ce contraires ;
» ledit Article 21 du Titre 14 de notre Ordonnance de 1670, fortiffant au furplus fon plein &
» entier effet. Si donnons en mandement, &c. *Déclaration du Roi du 13 Avril 1703.*

Si l'Accusé n'est pas prisonnier, l'on dit : est comparu devant Nous ledit.... &c. *comme ci-dessus.*

Interrogé, &c.....

a dit....

lui avons remontré qu'il ne dit pas la vérité, puisque, &c....

a dit....

& à l'instant, lui avons représenté, *on lui représente les armes ou instrumens dont il s'est servi : si c'est une bayonnette, un couteau, ou une épee ensanglantée, il en faut faire mention*, & à lui enjoint de nous dire si ce n'est pas avec ledit instrument qu'il a frappé, blessé *ou* percé ledit....

a dit.... & a été ledit *instrument* enveloppé d'une bande de papier & cacheté de notre cachet, *ou* du cachet de nos armes, laquelle bande de papier a été paraphée par Nous & par ledit.... accusé, *de même des pieces écrites, dont il faut rapporter la teneur en substance ; & qu'il faut aussi parapher & faire parapher.* Interrogé s'il veut prendre droit par les charges, & informations contre lui faites, & s'en rapporter aux Témoins qui ont déposé en icelles,

a dit....

Lecture à lui faite du présent interrogatoire, a dit que ses réponses contiennent vérité, y a persisté & a signé, *ou* déclaré ne savoir écrire ni signer, de ce enquis suivant l'Ordonnance, *ou* a fait refus de signer, de ce interpellé; *& si l'Accusé est prisonnier, l'on ajoute*, & a été l'Accusé remis ès mains du Géolier pour le remener dans la prison. Fait les jour & an que dessus.

Interrogatoire par Interprete.

L'an, &c. (*comme ci-devant*) & ayant voulu interroger ledit.... sur les faits résultans des charges & informations contre lui faites à la Requête de.... avons reconnu que ledit Accusé est étranger, & qu'il n'entend pas la langue Françoise,

Surquoi Nous ordonnons que les interrogatoires qui seront par Nous faits à l'Accusé lui seront expliqués, & à Nous les réponses de l'Accusé par N.... Interprete des Langues étrangeres, que Nous avons nommé d'office; à l'effet de quoi, sera ledit N.... assigné à *tel jour & heure*, devant ou après midi, pour faire le serment pardevant Nous, de bien fidelement & en sa conscience expliquer lesdits interrogatoires & réponses, & a été l'Accusé remis ès mains du Géolier pour le remener esdites prisons. Fait les jour & an que dessus.

Et le.... Nous, étant en la Chambre du Conseil, ledit.. Accusé y a été amené, en présence duquel est comparu N.... Interprête par Nous nommé d'office, lequel a fait serment de bien, fidelement, & en sa conscience, expliquer à l'Accusé les interrogatoires qui lui seront par Nous faits, & à Nous les réponses de l'Accusé, & a signé.

Ce fait, avons en présence de N.... interpellé l'Accusé de lever la main, laquelle interpellation ayant été expliquée par N.... à l'Accusé, en langue.... icelui Accusé a levé la main.

Après quoi, avons dit ces mots à l'Accusé : Vous promettez & jurez à Dieu de dire vérité; ce que N.... ayant expliqué à l'Accusé, il a répondu, & N.... Nous a dit, que l'Accusé juroit & promettoit à Dieu de dire vérité.

Et ayant fait baisser la main à l'Accusé, l'avons interrogé de quel lieu il est natif, de ses nom, âge, qualité & demeure.

Lequel interrogatoire N.... a expliqué à l'Accusé, qui a dit, ainsi que Nous a expliqué N.... que l'Accusé s'appelle.... âgé de.... natif de.... *sa qualité*, demeurant ordinairement à.... interrogé l'Accusé, quel est le motif qui l'a fait venir en France, &c. *comme ci-dessus.*

TITRE XV.

DES RECOLEMENS ET CONFRONTATIONS
DES TEMOINS.

LA preuve teſtimoniale eſt la ſeule qu'il ſoit, le plus ordinairement, poſſible & praticable d'employer en Matiere Criminelle. Mais comme la vie & la réputation des Citoyens ſont d'une toute autre importance que la conſervation de leurs biens, les Loix prennent avec raiſon de bien plus grandes précautions, pour épurer & perfectionner la preuve teſtimoniale en Matiere Criminelle qu'en Matiere Civile. Ainſi l'on ſe contente, en Matiere Civile, que les Témoins aient été entendus ſous la foi du ſerment dans une enquête, pour que leurs dépoſitions faſſent preuve : au lieu qu'en Matiere Criminelle, il ne ſuffit point que les Témoins aient été entendus une premiere fois dans l'information ; on les fait enſuite revenir de nouveau pour leur relire leurs dépoſitions, les engager à y faire toutes les réflexions que la matiere exige, leur demander, ſi, après avoir tout peſé au poids du Sanctuaire, ils n'ont rien à changer, augmenter, ou diminuer à ce qu'ils ont d'abord dépoſé ; & c'eſt ce qu'on appelle le *Récolement* des Témoins.

Ce n'eſt pas tout : l'on préſente enſuite chacun des Témons à l'Accuſé, qui a la liberté de fournir contre lui tels reproches que bon lui ſemble, de contredire toutes les différentes parties de ſa dépoſition, & même de lui faire faire par le Juge,

Z ij

toutes les interpellations qu'il croit néceſſaires à ſa défenſe. Ce dernier Acte, que l'on appelle *Confrontation*, eſt le complément de la preuve teſtimoniale en Matiere Criminelle.

Comme le récolement & la confrontation vont ordinairement à la ſuite l'un de l'autre, l'Ordonnance les a réunis dans un ſeul & même Titre, ſans néanmoins confondre les formalités qui ſont particulieres à chacun de ces Actes.

Article Premier.

Si l'Accuſation mérite d'être inſtruite, le Juge ordonnera, que les Témoins ouïs ès informations, & autres qui pourront être ouïs de nouveau, ſeront récolés en leurs dépoſitions, & ſi beſoin eſt, confrontés à l'Accuſé; & pour cet effet, aſſignés dans un délai compétant, ſuivant la diſtance des lieux, la qualité des perſonnes & de la matiere.

Article II.

Les Témoins défaillans ſeront pour le premier défaut condamnés à l'amende; & en cas de contumace, contraints par corps, ſuivant qu'il ſera ordonné par le Juge.

Article III.

Ne pourra être procedé au récolement des Témoins, qu'il n'ait été ordonné par jugement. Pourront néanmoins les Témoins fort âgés, malades, valetudinaires, prêts à faire voyage, ou pour quelque autre urgente néceſſité, être répétés avant qu'il y ait aucun jugement qui l'ordonne; & ne vaudra la répétition du Témoin pour confrontation contre le contumax, qu'après qu'il aura été ainfi ordonné par le jugement de défaut de contumace.

Ces trois Articles font communs au récolement & à la confrontation. On commence par y pofer pour maxime fondamentale, qu'on ne doit point procéder par récolement & confrontation, qu'il n'y ait un jugement qui l'ordonne ainfi ; & c'eft ce qu'on appelle le *Réglement à l'extraordinaire.* Ce Réglement ne peut être prononcé que dans les matieres extrêmement graves, comme font celles qui méritent peines afflictives ou infamantes : car à l'égard des matieres legeres, & dont les condamnations ne peuvent aller qu'à des peines pécuniaires, le Réglement à l'extraordinaire eft abfolument prohibé ; ainfi qu'il a été jugé par nombre d'Arrêts. Il y en a un premier du 28 Novembre 1695 ; un fecond, rapporté au Journal des Audiences, en date du 21 Août 1705 ; & enfin un troifieme du 13 Mai 1709. Ce dernier fait défenfes au Lieutenant Criminel de Roanne, de proceder par récolement & confrontation dans les matieres legeres ; & au Procureur Fifcal de ce Duché de le requérir. Ce Réglement doit être rendu avec la plus grande connoiffance de caufe, & avec le même nombre de Juges, que la Sentence définitive ; ainfi décidé par Arrêt du Grand Confeil du 12 Août 1693, rapporté au Journal du Palais, lequel a fait défenfes au Lieutenant Criminel de Lyon de rendre feul des Jugemens de récolement & confrontation, & a ordonné que ces Jugemens feroient rendus au Préfidial au nombre de fept Juges dans les procès en dernier reffort.

L'Ordonnance n'affujettit point à récoler & confronter tous les Témoins, fur-tout s'il y en a un grand nombre. Il fuffit alors de rappeller au récolement & à la confrontation ceux d'entre eux dont les dépofitions font les plus importantes ; comme il a été décidé par un Arrêt rendu le 30 Juillet 1707 en la Tournelle Criminelle, fur les conclufions de M. Joly de Fleury, lors Avocat Général, & depuis décédé ancien Procureur Général. Il eft même défendu, à peine de nullité, de récoler & confronter les Témoins, dont les dépofitions font inutiles comme ne tendantes ni à charge ni à décharge. Nous avons fur cela deux Arrêts pofitifs, l'un du 21 Mars 1701 contre le Lieutenant Criminel de Châtillon fur Marne, & l'autre, du 9 Mai 1711, rapporté au Journal des Audiences.

S'il furvenoit dans le cours de l'inftruction quelques nouvelles charges, fur lefquelles il fallut entendre de nouveau les Témoins déja entendus ou d'autres ; le premier Réglement à l'extraordinaire, antérieur aux nouvelles charges, ne pourroit autorifer le récolement & la confrontation : il faudroit en ce cas un nouveau Réglement : ainfi jugé par Arrêt de la Tournelle Criminelle du 9 Janvier 1743. Il y a cependant une exception à la regle, qui veut qu'on ne puiffe proceder à aucun récolement ou confrontation qu'il n'y ait un jugement qui l'ait ainfi ordonné ; c'eft lorfqu'il fe trouve des Témoins fort âgés, valétudinaires ou prêts à faire un voyage de long cours , &c. Comme la preuve pourroit alors dépérir par la maladie , la vieilleſſe ou la longue abſence de ces ſortes de Témoins, l'Ordonnance permet de les répéter quoiqu'il n'y ait aucun jugement qui l'ordonne : encore s'il s'agiſ-ſoit d'une inſtruction par contumace , cette répétition ne pourroit-elle valoir confrontation, qu'autant qu'il auroit été ainſi ordonné par le jugement de contumace.

A R T I C L E   IV.

Les Témoins ſeront récolés ; encore qu'ils aient été ouis pardevant un des Conſeillers de nos Cours , & que le récolement ſe faſſe pardevant lui.

Les Conſeillers des Cours Souveraines méritent ſans contredit plus de croyance & de confiance , que les Juges inférieurs ; mais le récolement ayant principalement pour objet de mettre le Témoin à portée de corriger ſa dépoſition en y augmentant ou diminuant , il eſt par cette raiſon abſolument indifférent que ce ſoit un Officier de Cour Souve-raine , ou un Juge ſubalterne qui ait fait l'information ; le récolement, dans l'un & l'autre cas , n'en eſt pas moins de néceſſité abſolue.

A R T I C L E   V.

Les Témoins ſeront récolés ſéparément , & ſeront , après ſerment & lecture faite de leur dépoſition , interpel-lés de déclarer s'ils y veulent ajouter ou diminuer , & s'ils y perſiſtent, ſera écrit ce qu'ils y voudront ajouter ou diminuer , & lecture à eux faite du récolement , qui ſera paraphé & ſigné dans toutes ſes pages par le Juge & par le Témoin s'il ſait ou veut ſigner ; ſinon ſera fait men-tion de ſon refus.

A R T I C L E   VI.

Le récolement ne ſera réiteré , encore qu'il ait été fait pendant l'abſence de l'Accuſé , & que le procès ait été inſtruit en différens tems , ou qu'il y ait pluſieurs Accuſés.

ARTICLE VII.

Le récolement des Témoins sera mis dans un cahier séparé des autres procedures.

On trouve réuni dans ces trois Articles toutes les formalités requises pour la validité du récolement; elles se réduisent, 1°. à récoler chaque Témoin séparément; 2°. à commencer à faire prêter serment aux Témoins; 3°. à lui faire lecture de sa déposition; 4°. à l'interpeller de déclarer s'il y persiste, ou s'il veut y augmenter ou diminuer, & à faire écrire exactement & littéralement la réponse du Témoin à cet égard; 5°. à faire lecture aux Témoins du récolement en entier; 6°. à faire parapher, tant par le Témoin que par le Juge, toutes les pages du récolement, & à le faire signer à la fin par le Juge & par le Témoin; & en cas que ce dernier, ne veuille ou ne puisse signer, faire mention de sa déclaration.

Comme le récolement n'est que pour le Témoin & uniquement pour assurer sa déposition, aucune circonstance ne peut autoriser à le réitérer, pas même l'absence de l'Accusé, qui n'étant point appellé au récolement, doit par conséquent y être considéré comme une personne étrangere.

Pour mieux distinguer & différencier chacun des Actes de la procedure criminelle, l'Ordonnance veut qu'on mette dans des cahiers séparés, l'information, l'interrogatoire, le récolement, & la confrontation.

ARTICLE VIII.

S'il est ordonné que les Témoins seront récolés & confrontés, la déposition de ceux qui n'auront été confrontés, ne fera point de preuve, s'ils ne sont décedés pendant la contumace.

ARTICLE IX.

Dans les crimes esquels il échet peine afflictive, les Juges pourront ordonner le récolement & la confrontation des Témoins, qui n'aura été faite, si leurs dépositions font charge considérable.

ARTICLE X.

Dans la visite du procès, sera fait lecture de la dé-

pofition des Témoins ; qui vont à la décharge, quoiqu'ils n'aient été récolés ni confrontés, & pour y avoir égard par les Juges.

Dans les affaires criminelles qui ont été jugées affez graves pour être reglées à l'Extraordinaire, les dépofitions des Témoins ne peuvent jamais autorifer à condamner un Accufé, que le récolement & la confrontation ne foient intervenus. Il y a cependant une exception à cette regle ; c'eft lorfque le procès s'inftruit par contumace contre l'Accufé ; comme il n'eft pas poffible alors d'effectuer la confrontation, il intervient un jugement qui ordonne que le récolement vaudra confrontation. Si dans la fuite l'Accufé eft pris ou fe repréfente, on réalife la confrontation par rapport aux Témoins qui font dans le cas de pouvoir fe repréfenter. Mais s'il en eft décedé, ou qu'il s'en foit abfenté quelques-uns, de maniere que les récolemens réels & effectifs deviennent à leur égard impraticables, la confrontation idéale, opérée par le jugement qui a ordonné que le récolement des Témoins décedés ou abfens vaudroit confrontation, devient alors fuffifante.

Ce n'eft pourtant pas qu'on ne puiffe réparer après coup l'obmiffion des récolemens & confrontations de quelques Témoins, dont les dépofitions font jugées importantes : mais il faut pour cela que deux chofes concourent ; la premiere, c'eft que le crime foit de nature à mériter peine afflictive ; la feconde, c'eft que les dépofitions des Témoins qu'on veut faire récoler & confronter après coup, faffent charges confidérables.

Toutes les obfervations que nous venons de faire fur la néceffité du récolement & de la confrontation dans les procès reglés à l'extraordinaire, ne concernent que les dépofitions qui forment charges contre l'Accufé ; car pour celles qui vont à fa décharge, on doit en faire lecture lors de la vifite du procès, & les Juges doivent y avoir égard, foit que les Témoins aient été récolés & confrontés ou non, parceque tout doit être en faveur de l'Accufé, & l'on doit toujours le préfumer plutôt innocent que coupable.

ARTICLE XI.

Les Témoins, qui depuis le récolement retracteront leurs dépofitions, ou les chargeront dans les circonf-tances effentielles, feront pourfuivis & punis comme faux Témoins.

Tout Témoin qui a deux fois prêté ferment à la face de la Juftice, ne peut varier impunément ; on n'a affujetti les Juges à récoler les
Témoins

Témoins qu'afin de leur donner la faculté & la liberté de rappeller leur mémoire fur les circonstances du fait contenu dans leurs dépositions. Mais lorsque ces Témoins y ont persisté lors du récolement, leurs témoignages se trouvent par là engagés à la Justice ; & il seroit d'autant plus dangereux de leur permettre de revenir ensuite fur leurs pas, que leurs dépositions ayant été confirmées par leurs récolemens, ils ont mis en danger la vie de l'Accusé. L'on ne doit point craindre que la séverité dont on use envers les Témoins dans ce cas, le mette dans la cruelle nécessité de soutenir un témoignage vrai ou faux lors de la confrontation. Cette séverité doit obliger au contraire les Témoins à s'observer scrupuleusement eux-mêmes, & à ne point rendre legerement leurs dépositions, & encore plus à ne les point soutenir fans de mûres délibérations lors du récolement.

Néanmoins lorsque les Témoins ne varient que fur des circonstances legeres & qui n'interessent point essentiellement le corps de la déposition, on ne peut leur en faire un crime, & les poursuivre en cela comme faux Témoins. Quelquefois un Accusé redresse un Témoin lors de la confrontation, & on ne doit point l'empêcher de rendre dans ce cas hommage à la vérité, fur-tout lorsque l'on n'apperçoit de fa part qu'une erreur de fait ou un défaut de mémoire, d'où il ne résulte aucune malice, mauvaise foi, ni subornation.

ARTICLE XII.

Les Accusés contre lesquels il y aura originairement décret de prise de corps, seront en prison pendant le tems de la confrontation, & en sera fait mention dans la procédure ; si ce n'est que par nos Cours, en jugeant les appellations, il en ait été autrement ordonné.

Ceux qui ont été décretés de prise de corps, l'ont été, ou par un décret de prise de corps originaire, ou par la conversion d'un décret d'ajournement personnel en prise de corps, faute par l'Accusé de s'être représenté.

Lorsque le décret de prise de corps n'a eu lieu, qu'en conséquence de la conversion de celui d'ajournement personnel & à défaut de présentation, l'Accusé, en se présentant, fait cesser l'effet du décret de prise de corps, & peut être renvoyé par le Juge même en état d'ajournement personnel, ou d'assigné pour être oui, à moins qu'il ne soit survenu depuis de nouvelles charges.

Mais il en est tout autrement lorsque l'Accusé a été décreté originairement de prise de corps ; le Juge ne pouvant varier ni rien changer à fon décret, l'Accusé doit demeurer prisonnier pendant tout le tems de l'instruction, & conséquemment pendant celui de la confrontation :

il n'y a que les Cours Souveraines, qui, fur l'appel d'un décret de prife de corps & lorfqu'elles le trouvent trop rigoureux, peuvent renvoyer l'Accufé devant les premiers Juges en état d'ajournement perfonnel.

ARTICLE XIII.

Les confrontations feront écrites dans un cahier féparé, & chacune en particulier paraphée & fignée du Juge dans toutes les pages, & par l'Accufé & par le Témoin, s'ils favent ou veulent figner ; finon, fera fait mention de la caufe de leur re'us.

ARTICLE XIV.

Pour proceder à la confrontation du Témoin, l'Accufé fera mandé ; & après ferment prêté par le Témoin & par l'Accufé, en préfence l'un de l'autre, le Juge les interpellera de déclarer s'ils fe connoiffent.

ARTICLE XV.

Sera fait enfuite lecture à l'Accufé des premiers Articles de la dépofition du Témoin, contenans fon nom, âge, qualité & demeure, la connoiffance qu'il aura dit avoir des Parties, & s'il eft leur parent ou allié.

ARTICLE XVI.

L'Accufé fera enfuite interpellé par le Juge de fournir fur le champ fes reproches contre le Témoin, fi aucuns il a ; & averti qu'il n'y fera plus reçu après avoir entendu la lecture de fa dépofition, dont fera fait mention.

ARTICLE XVII.

Les Témoins feront enquis de la vérité des reproches ; & ce que le Témoin & l'Accufé diront, fera écrit.

Article XVIII.

Après que l'Accusé aura fourni ses reproches, ou déclaré qu'il n'en veut point fournir, lecture lui sera faite de la déposition & du récolement du Témoin, avec interpellation de déclarer s'ils contiennent vérité, si l'Accusé est celui dont il a entendu parler dans ses dépositions & récolemens ; & ce qui sera dit par l'Accusé & le Témoin, sera aussi rédigé par écrit.

Article XIX.

L'Accusé ne sera plus reçu à fournir des reproches contre le Témoin, après qu'il aura entendu la lecture de sa déposition.

Article XX.

Pourra néanmoins, en tout état de cause, proposer des reproches, s'ils sont justifiés par écrit.

Article XXI.

Défendons aux Juges d'avoir égard aux déclarations faites par les Témoins, depuis la confrontation, lesquelles Nous déclarons nulles ; voulons qu'elles soient rejettées du procès ; & néanmoins le Témoin qui l'aura faite, & la partie qui l'aura produite, condamnés chacun en quatre cens livres d'amende envers Nous, & autre plus grande peine s'il y échéoit.

Article XXII.

Si l'Accusé remarque dans la déposition du Témoin quelque contrariété ou circonstance qui puisse éclaircir le fait & justifier son innocence, il pourra requerir le Juge

A a ij

d'interpeller le Témoin de les reconnoître, sans pouvoir lui-même faire l'interpellation au Témoin ; & seront les remarques, interpellations, reconnoissances & réponses redigées par écrit.

ARTICLE XXIII.

Tout ce que dessus aura lieu dans les confrontations qui seront faites des Accusés les uns aux autres.

On a cru devoir réunir sous un seul & même point de vue les onze Articles qui précedent, comme formant, par leur réunion, un tableau de toutes les différentes formalités requises pour la *confrontation*. Ces *formalités* sont de deux sortes ; ou *générales* ou *particulieres*.

Les *formalités générales*, c'est-à-dire celles que la confrontation a de commun avec les autres Actes de la procedure criminelle, sont d'être écrites sur un papier séparé, c'ette paraphées & signées du Juge, de l'Accusé & du Témoin, sinon, mention de la cause du refus (*a*).

Les *formalités particulieres* à la confrontation seulement, sont ; 1°. que l'Accusé ayant été mandé en présence du Témoin, on leur fasse prêter à l'un & à l'autre serment en présence l'un de l'autre ; 2°. que le Juge les interpelle respectivement, savoir, le Témoin de déclarer si l'Accusé *ci-présent*, est celui dont il a entendu parler dans sa déposition, & l'Accusé de déclarer s'il connoît le Témoin ; & tout ce que l'Accusé & le Témoin répondront à toutes ces différentes interpellations, doit être exactement écrit par le Greffier ; 3°. que l'on fasse d'abord lecture à l'Accusé de tout le préambule de la déposition de chaque Témoin, c'est-à-dire de tout ce qui sert à caractériser sa personne, comme son nom, son âge, sa qualité, sa demeure, s'il a dit être Parent, Allié, Serviteur ou Domestique des Parties; 4°. qu'après cette lecture préliminaire, le Juge interpelle l'Accusé de fournir sur le champ ses reproches contre le Témoin en cas qu'il en ait, en l'avertissant qu'il ne sera plus reçu à en fournir après avoir entendu la lecture de la déposition ; précaution sage & nécessaire, sans laquelle les Accusés ne reprocheroient que les Témoins qui auroient le plus déposé à leur charge. Ce n'est pourtant point que cette regle ne souffre une exception : elle n'a lieu indistinctement que pour les reproches

---

(*a*) Le défaut de l'éture, à la fin de la confrontation, n'opereroit point une nullité absolue : c'est ce qu'a décidé l'Arrêt du 16 Janvier 1710, rendu sur l'appel d'une procedure criminelle, faite par le Lieutenant Criminel de Migny. Ce Juge n'avoit point fait faire lecture aux Témoins & à l'Accusé, à la fin de chaque confrontation : cette omission relevée & mise en délibération, il fut arrêté que le procès seroit jugé en l'état où il étoit, & que cela ne pouvoit être regardé comme une nullité, en ce que l'Ordonnance n'en fait point une formalité précise. Il est pourtant plus régulier de s'y assujettir.

verbaux ; mais à l'égard de ceux qui font juftifiés par écrit , l'Accufé les peut propofer en tout état de caufe , fauf aux Juges à y avoir tel égard que de raifon , lors de la vifite du procès ; 5°. fi lors de l'interpellation à lui faite , l'Accufé a fourni quelques reproches , le Témoin fera enquis par le Juge de la vérité de ces reproches ; & ce que l'Accufé & le Témoin diront & répondront réciproquement fur cet objet , fera littéralement infcrit dans le procès verbal de confrontation ; 6°. qu'après que l'Accufé aura fourni fes reproches , ou déclaré qu'il n'en veut point fournir , le Juge lui fera faire alors lecture du corps de la dépofition du Témoin enfemble de fon récolement , & l'interpellera de déclarer fi l'un & l'autre contiennent vérité ; & tout ce qui fera dit à cet égard , tant par l'Accufé que par le Témoin , doit être rédigé par écrit ; & fi l'Accufé remarquoit, dans la dépofition à lui lue , quelque contrariété , ou quelque circonftance dont l'éclairciffement pût juftifier fon innocence , il ne pourroit pas lui-même les relever , & faire fur cela aucune interrogation au Témoin : mais il pourroit prier le Juge d'interpeller fur cela le Témoin ; & les remarques de l'Accufé , les interpellations du Juge, les reconnoiffances & réponfes du Témoin doivent être rédigées par écrit , parceque la procédure criminelle doit être inftruite tant à charge qu'à décharge.

Lorfqu'il y a deux ou plufieurs Accufés d'un même crime , on ordonne qu'ils feront confrontés les uns aux autres, principalement s'ils ont dit quelque chofe dans leurs interrogatoires à la charge ou décharge les uns des autres ; on rend à cet effet un jugement portant que les Accufés feront récolés fur leur interrogatoire, & confrontés les uns aux autres , à moins que le premier Réglement à l'Extraordinaire n'en contienne une difpofition expreffe (a) : en conféquence on récole les Accufés fur leurs interrogatoires (b), comme les Témoins fur leurs dépofitions; enfuite on procede à leur confrontation réciproque ; mais la confrontation des Accufés les uns aux autres, ne fe fait qu'après que celle des Témoins eft finie ; ces deux efpeces de confrontation font exactement affujetties aux mêmes formalités.

Article XXIV.

S'il eft ordonné que les Témoins feront ouis une

(a) Arrêt du 28 Mai 1696, au rapport de M. Barantin , par lequel la Cour , en caffant & annullant toute la procédure faite par le Juge du Comté de Lyon , a enjoint audit Juge , entre autres chofes , de ne récoler les Accufés en leurs interrogatoires , ni de les confronter les uns aux autres , que préalablement il n'ait été rendu un Jugement qui l'ordonne.

(b) Arrêt du 20 Mai 1693 , qui enjoint aux Officiers du Bailliage de Macon de ne point confronter les Accufés les uns aux autres , qu'ils n'aient été préalablement récolés en leurs interrogatoires. Cet Arrêt eft en forme de Réglement.

L'Arrêt du 10 février 1711 , déja cité fur un autre objet , a enjoint au Maïeur de la Ville de Peronne de ne plus confronter les Accufés les uns aux autres , que préalablement il ne les eût récolés en leurs interrogatoires , & qu'il n'y ait eu un Jugement qui ait ordonné le récolement.

seconde fois ou le procès fait de nouveau, à cause de quelque nullité dans la procedure, le Juge, qui l'aura commise, sera condamné d'en faire les frais & payer les vacations de celui qui y procedera, & encore les dommages & intérêts de toutes les Parties.

La peine infligée par le préſent Article contre le Juge, dont la procedure eſt annullée, eſt des plus juſtes & en même tems des plus néceſſaires, pour rendre les Juges attentifs à l'obſervation exacte des formalités de l'Ordonnance.

Mais, quoique le préſent Article ſemble ne les aſſujettir qu'à payer les frais de la nouvelle procedure, & les dommages & intérêts des Parties s'il y a lieu, l'Arrêt rendu en la Tournelle Criminelle le 18 Juin 1704, a été plus loin ; il a décidé que le Juge devoit rendre en outre, en ſon nom & ſans répétition, les frais de la premiere procedure déclarée nulle, ſans pouvoir rien en répéter, ni contre la Partie civile, ni contre le Domaine du Roi ou des Seigneurs particuliers.

FORMULES DES PROCEDURES
RELATIVES AU PRESENT TITRE.

Extrait des Regiſtres de . . . .

Règlement à l'Extraordinaire.

VU les charges & informations par Nous faites à la Requête de . . . . Défendeur & Complaignant le Procureur . . . . joint, Contre . . . . Demandeur & accuſé ; interrogatoire par lui ſubi, ſur les informations ; requête dudit . . à ce que les Témoins ſoient récolés & confrontés ; concluſions du Procureur . . . . Nous ordonnons que les Témoins ouis aux informations & autres qui pourront être entendus de nouveau, ſeront récolés en leurs dépoſitions ; & ſi beſoin eſt, confrontés à l'Accuſé, pour ce fait & communiqué au Procureur . . . . être fait droit, ainſi qu'il appartiendra. Fait à . . .

Ordonnance pour aſſigner les Témoins pour être récolés & confrontés.

DE l'Ordonnance de Nous . . . . à la Requête de . . . . Demandeur & accuſateur, le Procureur . . . joint, ſoit donné aſſignation à . . . . *l'on met les noms & demeures des Témoins*, à comparoir, pardevant Nous . . . . jour, & jours ſuivans, pour être récolés en leurs dépoſitions, contenues en l'information par Nous faite à la Requête dudit . . . Contre . . . accuſé & complice. Fait à . . .

Il faut indiquer un jour fixe, & ajouter, & jours ſuivans ; parceque ſi le Juge ne peut pas récoler & confronter ce jour-là, ou que quelque Témoin n'ait pas paru ce même jour, l'aſſignation ſuffira pour tous les autres jours, ſans prendre de nouvelles Ordonnances ni donner de nouvelles aſſignations ; au contraire, s'il n'y avoit qu'un jour fixe, il faudroit nouvelle Ordonnance & nouvelle aſſignation.

Récolement des Témoins.

RECOLEMENT fait pardevant Nous . . . . à la Requête de . . . . Partie civile ou Procureur du Roi ou Procureur fiſcal, Demandeur & accuſateur contre . . . . •

Défendeur & accusé , par Nous décreté de . . . . *s'il est prisonnier mettre* & prisonnier ès prisons de . . . . auquel récolement avons procedé assisté de notre Greffier ordinaire en la Chambre de . . . . ainsi qu'il ensuit :

Du . . . .

est comparu . . . . *mettre si c'est le second , premier , ou autre Témoin entendu dans l'information selon son rang ;* Témoin oui en l'information par Nous faite à la Requête de . . . . auquel . . . . après serment par lui fait de dire vérité , avons fait faire lecture par notre Greffier de la déposition par lui faite en ladite information; & après avoir été par Nous interpellé de déclarer s'il y veut ajouter ou diminuer , & s'il y persiste , a dit qu'elle est véritable , n'y veut augmenter ni diminuer , & qu'il y persiste , *ou s'il déclare qu'il veut y changer ou expliquer quelque chose il faut l'écrire ;* lecture à lui faite du présent récolement , y a aussi persisté & a signé avec Nous , *ou* déclaré ne savoir écrire ni signer de ce enquis suivant l'Ordonnance.

Est aussi comparu . . . . Témoin oui en ladite information , auquel , &c. *comme ci-dessus.*

                                                                                Confrontation de
                                                                                l'Accusé à chaque
                                                                                Témoin.

CONFRONTATION faite par Nous . . . . à la Requête de . . . . Demandeur & complaignant , le Procureur . . . . joint , contre . , . . Prisonnier ès prisons de . . . . des Témoins ouis en l'information par Nous faite le . . . . & ce , en exécution de notre Sentence du . . . . à laquelle confrontation avons procedé assistés de notre Greffier ordinaire , ainsi qu'il suit :

Du . . . . jour de . . . .

a été amené devant Nous par le Géolier desdites Prisons ledit . . . . accusé , auquel avons confronté . . . . *mettre le nom du Témoin , & s'il est le premier , second , ou autre quantieme de l'information ,* Témoin de l'information , & après serment par eux fait en présence l'un de l'autre , de dire vérité , & interpellés de dire s'ils se connoissent , ont dit . . . . après quoi , Nous avons fait faire lecture par notre Greffier des premiers Articles de la déposition dudit Témoin , contenant son nom , son âge , qualité & demeure & sa déclaration qu'il n'est Parent , Allié , Serviteur ni Domestique des Parties , & interpellé l'Accusé de fournir sur le champ ses reproches contre le Témoin , si aucun il a , & averti qu'il n'y sera plus reçu après qu'il aura entendu la lecture des déposition & récolement dudit Témoin.

L'Accusé a dit qu'il n'a aucuns reproches à fournir contre le Témoin , *ou* l'Accusé a dit pour reproches que . . . .

le Témoin a dit , que les reproches sont véritables , *ou qu'ils* ne sont pas véritables.

Ce fait , avons fait faire lecture , par notre Greffier , de la déposition & du récolement dudit Témoin en présence dudit . . . . accusé , & avons interpellé ledit Témoin de déclarer s'ils contiennent vérité , & si ledit . . . . Accusé est celui dont il a entendu parler dans ses dépositions & récolement; lequel Témoin a dit que ses déposition & récolement sont véritables , & que c'est de l'Accusé présent qu'il a entendu parler par sesdites déposition & récolement , & y a persisté ,

& l'Accusé a dit . . . . *il faut écrire ce que l'Accusé dira , & ce qui sera repliqué par le Témoin ; & si l'Accusé requiert le Juge d'interpeller le Témoin sur quelque fait ou circonstances , le Juge le fera , & il sera fait mention desdites requisitions & interpellations , ensemble de la réponse du Témoin & des repliques de l'Accusé.*

Lecture faite à l'Accusé & au Témoin de la présente confrontation , ils y ont persisté chacun à leur égard , & ont signé *ou* déclaré ne savoir écrire ni signer de ce enquis , *ou* ont fait refus de signer , de ce interpellés.

Avons ensuite confronté ledit Accusé à . . . . Témoin , &c. *comme dessus.*

                                                                                Jugement qui or-
                                                                                donne le récolement
                                                                                & la confrontation
                                                                                des Accusés.

VU , &c. Nous ordonnons que lesdits . . . . accusés , seront récolés en leurs interrogatoires & confrontés l'un à l'autre , pour ce fait & communiqué au Procureur du Roi *ou* Fiscal , être ordonné ce qu'il appartiendra.

Récolement des Accusés.

RECOLEMENT fait par Nous .... à la Requête de .... Partie civile (ou du Procureur du Roi ou Fiscal) Contre .... Défendeurs & accusés, par Nous décretés de prise de corps, & Prisonniers ès prisons de .... auquel récolement avons procédé, assisté de notre Greffier ordinaire, en la Chambre de .... ainsi qu'il ensuit :

Du .....

a été amené devant Nous par le Géolier des prisons de .... ledit .... l'un desdits accusés, auquel après serment par lui fait de dire vérité, avons fait faire lecture par notre Greffier de l'interrogatoire par lui subi pardevant Nous le .... & après avoir été par Nous interpellé de déclarer s'il y veut ajouter ou diminuer & s'il y persiste, a dit qu'il est véritable, n'y veut augmenter ni diminuer, & qu'il y persiste, *ou s'il déclare qu'il veut y changer ou expliquer quelque chose, il faut l'écrire ;* lecture à lui faite du présent récolement, y a aussi persisté & a signé avec Nous, *ou déclaré ne savoir écrire ni signer, de ce enquis suivant l'Ordonnance.*

Confrontation des Accusés les uns aux autres.

CONFRONTATION faite par Nous .... à la Requête de .... Contre .... Prisonniers ès prisons de .... en exécution de notre Sentence du .... à laquelle confrontation avons procédé assisté de notre Greffier ordinaire en la Chambre de.... ainsi qu'il ensuit :

Du ....

ont été amenés devant Nous par le Géolier des prisons de .... lesdits .... accusés, à l'effet par Nous de les confronter l'un à l'autre, & après serment par eux fait en présence l'un de l'autre de dire vérité, & iceux interpellés de dire s'ils se connoissent, ont dit qu'ils se connoissent (ou ne se pas connoître).

Après quoi avons fait faire lecture par notre Greffier, du nom, surnom, âge, qualité & demeure dudit B. ... insérés en l'interrogatoire qu'il a subi pardevant Nous le .... sur les charges & informations contre lui faites à la Requête dudit .... & interpellé ledit A .... de fournir sur le champ des reproches contre ledit B .... & l'avons averti qu'il n'y sera plus reçu après que lecture lui aura été faite des interrogatoires & récolement dudit B. ...

Lequel dit A .... a dit que ....

& ledit B .... a répondu que ....

Ce fait, avons fait faire lecture par notre Greffier dudit interrogatoire dudit B .... en présence dudit A .... & avons interpellé ledit B .... de déclarer si les réponses & déclarations par lui faites en sondit interrogatoire & récolement contiennent vérité ; si ledit A .... est celui dont il a entendu parler, a dit .... & ledit B .... a dit ....

lecture faite audit A .... & audit B .... de la présente confrontation, ils y ont persisté chacun à leur égard & ont signé, *ou déclaré ne savoir écrire ni signer de ce enquis, ou ont fait refus de signer de ce interpellés.*

Procédant ensuite à la confrontation dudit B .... audit A .... avons fait faire lecture par notre Greffier susdit, du nom, surnom, âge, qualité & demeure dudit A .... insérés en l'interrogatoire par lui subi devant Nous le .... & interpellé ledit B .... de fournir sur le champ des reproches contre ledit A... *&c. comme ci-dessus, en changeant seulement les noms, & ainsi successivement des autres Accusés, s'ils s'en trouve plus de deux à confronter l'un à l'autre.*

TITRE

TITRE XVI.

DES LETTRES D'ABOLITION,
Rémiffion, Pardon, pour efter à droit, Rappel de Ban ou de Galeres, Commutation de peines, Réhabilitation & Révifion de Procès.

CE Titre a pour objet toutes les Lettres qui s'obtiennent en Chancellerie, relativement aux Matieres Criminelles; ces *Lettres* font, celles *d'Abolition*, celles *de Rémiffion*, celles *de Pardon*, celles *pour efter à droit*, celles *de Rappel de Ban*, ou de *Galeres*, celles *de Commutation de peines*, celles *de Réhabilitation*, & enfin celles *de Révifion de Procès*. Commençons par donner une idée générale de ces différentes fortes de Lettres.

Les *Lettres d'Abolition*, font celles par lefquelles le Prince pardonne, éteint & abolit le crime dont l'Impétrant s'avoue coupable, avec toutes les peines par lui encourues pour raifon de ce.

Les *Lettres de Rémiffion* ou de *Grace* font celles qui ont lieu dans les homicides involontaires, ou qui font commis dans la néceffité d'une défenfe légitime.

Les *Lettres de Pardon* font accordées à celui qui a été préfent & a affifté, lorfque quelqu'un a été tué, ou pour les cas feulement où il n'échéoit point peine de mort.

Les *Lettres pour efter à droit* font données à ceux

Tome II. B b

qui, étant condamnés par contumace en Matiere Criminelle, ont laissé écouler les cinq années de l'Ordonnance, sans se représenter & purger leur contumace : l'objet de ces Lettres est de les relever du laps de tems, & de les recevoir à ester à droit & à se purger, comme ils auroient pu faire avant le Jugement de la contumace.

Les *Lettres de Rappel de Ban* ou *de Galeres* sont celles par lesquelles le Roi décharge celui qui avoit été condamné au Bannissement ou aux Galeres, ou le rappelle, en cas qu'il eut déja commencé à exécuter son jugement, & le restitue en sa bonne fâme & renommée, mais non pas en ses biens ; à moins que les Lettres n'en contiennent une clause expresse & positive.

Les *Lettres de Commutation de peines* sont celles par lesquelles le Roi commue une grosse peine en une moindre ; comme la peine du dernier supplice en celle du Galere, ou du Bannissement en une prison perpétuelle.

Les *Lettres de Réhabilitation* s'obtiennent par celui qui, ayant satisfait aux peines & amendes & condamnations civiles contre lui prononcées, a recours à la clémence du Prince, pour être réhabilité dans sa réputation ; afin d'ôter la note d'infamie & l'incapacité d'agir qui lui reste, & qui lui ôte les moyens de vivre & de subsister.

Enfin, les *Lettres de Révision de Procès* sont celles que le Roi accorde pour revoir tout de nouveau un Procés criminel, tant par rapport à la procédure & à l'instruction, que par rapport au Jugement de condamnation même ; elles sont le seul moyen pour revenir contre un Arrêt ou Jugement en dernier reſſort, rendus en Matiere de grand Criminel.

Les diſpoſitions de notre Ordonnance, qui ont rapport à ces différentes Lettres ſont, ou particulieres à chacune d'elles, ou générales en ce qui concerne leur obtention & leur enthérinement.

Elles portent le nom générique de *Lettres de Grace*, pour les oppoſer à celles que l'on nomme *Lettres de Juſtice* ; parcequ'elles dépendent de la pure grace & clémence du Roi.

ARTICLE PREMIER.

Enjoignons à nos Cours & autres Juges, auxquels l'adreſſe des Lettres d'abolition ſera faite, de les entheriner inceſſamment ſi elles ſont conformes aux charges & informations ; pourront néanmoins nos Cours Nous faire remontrance, & nos autres Juges repréſenter à notre Chancelier ce qu'ils trouveront à propos ſur l'atrocité du crime.

Deux choſes peuvent empêcher l'enthérinement des Lettres d'abolition ; ſavoir l'atrocité du crime, & la fauſſeté dans l'énonciation des Lettres.

Par rapport à l'atrocité du crime, les Juges n'ont que la voix des remontrances au Prince, pour lui faire connoître que le crime, eu égard à l'atrocité de ſes circonſtances, ne mérite point d'intéreſſer ſa clémence.

Mais lorſque l'énoncé des Lettres ne ſe trouve point conforme aux informations, les Juges peuvent paſſer outre, nonobſtant les Lettres d'abolition, parceque le crime que l'on punit n'eſt point celui que le Prince a pardonné ; mais un autre tout différent, dont il n'auroit pas vraiſemblablement accordé la grace, ſi il lui eut été expoſé dans ſes véritables circonſtances. On étoit dans l'uſage, avant l'Ordonnance, d'inſérer dans les Lettres d'abolition cette clauſe : *en quelque ſorte & maniere que le cas ſoit arrivé* ; mais cette clauſe dangereuſe a été avec raiſon proſcrite & n'a plus lieu préſentement.

Bb ij

ARTICLE II.

Les Lettres de rémiſſion feront accordées pour les homicides involontaires ſeulement , ou qui ſeront commis dans la néceſſité d'une légitime défenſe de la vie.

Cet Article confirme la définition que nous avons ci-devant donnée des Lettres de rémiſſion.

Mais il arriva dans la ſuite , que lorſque dans les Lettres de ré-miſſion les cas y énoncés n'étoient point des homicides involontaires , ou commis dans une légitime défenſe de la vie , les Juges n'avoient aucun égard aux Lettres de rémiſſion accordées lorſque le terme d'*abolition* n'y étoit point ajouté , bien que l'expoſé des Lettres fût conforme aux charges & informations. C'eſt ce qui donna lieu à une pre-miere Déclaration du 22 Novembre 1683 , qui , entre autres choſes , enjoignit aux Juges de procéder à l'enthérinement des Lettres de ré-miſſion à eux adreſſées ; nonobſtant que le mot d'abolition n'y fût point employé , lorſque l'expoſé des Lettres ſe trouveroit conforme aux charges , ou que les circonſtances n'en ſeroient pas tellement différentes , qu'elles changeaſſent la qualité de l'action (*a*).

(*a*) » L O U I S , &c. Salut. Nous avons été informés qu'en procédant par nos Cours au Juge-
» ment des rémiſſions que nous eſtimons à propos d'accorder à nos Sujets , & qui ſont ſignées de
» Nous , contreſignées par l'un de nos Sécretaires d'Etat & de nos Commandemens , & ſcellées
» de notre grand Sceau , noſdites Cours non-ſeulement déboutent les Impétrans de l'entérinement
» deſdites Lettres , mais les condamnent en des peines afflictives , quand les cas énoncés dans leſ-
» dites Lettres ne ſont pas des homicides involontaires , ou commis dans une légitime défenſe de
» la vie , bien même que l'expoſé deſdites Lettres ſe trouve conforme aux charges & informations ;
» noſdites Cours étant perſuadées qu'elles ſe conforment , en ce faiſant , à ce qui eſt porté par les
» Articles 2 & 27 du Titre 16 de notre Ordonnance Criminelle du mois d'Août 1670. Et d'ailleurs
» parceque le terme d'abolition , au moyen duquel noſdites Cou s eſtiment qu'il n'y a pas lieu d'exa-
» miner les charges , ne ſe trouvant pas énoncé dans leſdites Lettres , il n'y a pas lieu auſſi d'avoir
» égard aux rémiſſions dans leſquelles ce termes n'ont pas été employés. Et comme leſdits Arti-
» cles 2 & 27 ne doivent s'entendre que pour les rémiſſions qui s'expédient en Chancellerie près
» nos Cours ſeulement , que notre intention n'a point été non plus d'affoiblir les graces que Nous
» faiſons à nos Sujets , en n'uſant pas des termes d'abolition , leſquels même n'ôtent pas à nos
» Cours & Juges la liberté d'examiner ſi l'expoſé des Lettres eſt conforme aux charges & infor-
» mations.

» A quoi étant néceſſaire de pourvoir , enſorte que la puiſſance que Dieu a miſe en nos mains
» ne ſoit pas inutile à nos Sujets , envers leſquels Nous voulons bien uſer de clémence ; ſavoir
» faiſons , que pour ces cauſes & autres à ce Nous mouvans , de notre propre mouvement , pleine
» puiſſance & autorité Royale , Nous avons par ces Préſentes , ſignées de notre main , dit , dé-
» claré & ordonné , diſons , déclarons & ordonnons , voulons & Nous plaît , que les Articles 2 &
» 27 du Titre 16 de notre Ordonnance du mois d'Août 1670 , ſoient exécutés ſelon leur forme &
» teneur , & aient lieu ſeulement pour les Chancelleries étant près nos Cours. Et ce faiſant , dé-
» fendons aux Maîtres des Requêtes & Gardes Scels deſdites Chancelleries de ſceller aucune rémiſ-
» ſion , ſi ce n'eſt pour les homicides involontaires , ou pour ceux qui ſeront commis dans une
» légitime défenſe de la vie , & quand l'impétrant aura couru riſque de la perdre ; ſans qu'en au-
» tre cas il en puiſſe être expédié , à peine de nullité. Et en conſéquence , défendons à nos Cours &
» Juges de procéder à l'entérinement des Lettres de rémiſſion expédiées eſdites Chancelleries , pour
» autres cas que ceux exprimés ci deſſus , quand même l'expoſé ſe trouveroit conforme aux
» charges

» Et quant aux rémiſſions que Nous avons eſtimé à propos d'accorder pour d'autres crimes ,
» & qu'à cet effet Nous en aurons ſigné & fait contreſigner les Lettres par un de nos Sécretaires

On ne tarda point encore à donner une mauvaise interprétation à cette Déclaration : car non seulement on accorda, mais même on enthérina plusieurs Lettres de rémission, dont les circonstances changeoient tout-à-fait non-seulement la qualité de l'action, mais même la nature du crime. Le feu Roi y a pourvu par une seconde Déclaration du 10 Août 1686, qui enjoint aux Juges de surseoir l'enthérinement des Lettres de rémission, si les circonstances résultantes des charges & informations se trouvent différentes de celles portées dans l'exposé des Lettres, de maniere à changer la qualité de l'action ou la nature du crime (a).

ARTICLE III.

Les Lettres de pardon seront scellées pour les cas es-

» d'Etat & de nos Commandemens, & sceller de notre grand Sceau, voulons & ordonnons
» que nos Cours & Juges, auxquels il écherra d'en faire l'adresse, aient à procéder à l'enthéri-
» nement d'icelles, quand l'exposé, que l'Impétrant Nous aura fait par lesdites Lettres, se trou-
» vera conforme aux charges & informations; ou que les circonstances ne seront pas tellement
» différentes qu'elles changent la qualité de l'action, & ce suivant ce qui est porté par l'Article
» premier du Titre 16 de notre Ordonnance de 1670, & nonobstant qu'en nosdites Lettres le
» mot d'abolition n'y soit pas employé, ce que Nous ne voulons pouvoir nuire ni préjudicier aux-
» dits Impétrans; nonobstant aussi tous usages à ce contraires : sauf à nosdites Cours, après ledit
» enthérinement fait, à Nous faire des remontrances, & à nos autres Juges à représenter à notre
» Chancelier ce qu'ils trouveront à propos sur l'atrocité des crimes, pour y faire pour l'avenir la
» confiscation convenable. Si donnons en mandement à nos amés & féaux les Gens tenans notre
» Cour de Parlement à Paris, que ces Présentes ils aient à faire lire, publier & enregistrer, &
» le contenu en icelles entretenir, & faire entretenir, garder & observer selon leur forme & te-
» neur, sans y contrevenir, ni souffrir qu'il y soit contrevenu en quelque sorte & maniere que ce
» soit. Car tel est notre plaisir : en témoin de quoi Nous avons fait mettre notre Scel à cesdites
» Présentes. Donné à Versailles le vingt-deuxieme jour de Novembre, l'an de grace mil six cent
» quatre-vingt-trois, & de notre Regne le quarante-unieme. *Signé*, LOUIS. *Et sur le repli* : Par
» le Roi, COLBERT.
(a) » LOUIS, &c. Salut. Ayant par une Déclaration, du 22 Novembre 1683, entr'autres cho-
» ses, ordonné que les Articles 2 & 27 du Titre 16 de notre Ordonnance Criminelle du mois
» d'Août 1670, seroient exécutés selon leur forme & teneur : & qu'à l'égard des rémissions dont
» Nous aurions signé & fait contresigner les Lettres par un de nos Sécretaires d'Etat & de nos
» Commandemens, & sceller de notre Sceau, les Juges auxquels il échetroit d'en faire l'adresse, eus-
» sent à procéder à l'enthérinement, quand l'exposé, que l'Impétrant Nous auroit fait par ses Let-
» tres, se trouveroit conforme aux charges & informations, ou que les circonstances ne seroient
» pas tellement différentes qu'elles changeassent la qualité de l'action; & depuis ayant été informés
» que par une mauvaise interprétation, donnée à ladite Déclaration, en procédant par nos Cours
» au jugement de quelques rémissions, il en auroit été regitrées, dont les circonstances changeoient
» tout-à fait, non seulement la qualité de l'action, mais même la nature du crime, dont par ce
» moyen plusieurs sont demeurés impunis, contre notre intention. Savoir faisons, qu'à ces causes,
» & autres à ce Nous mouvans, de notre propre science, pleine puissance & autorité Royale, Nous
» avons par ces Présentes signées de notre main, dit, déclaré & ordonné, disons, déclarons & or-
» donnons, voulons & Nous plaît, que dans les rémissions que Nous aurons fait sceller de notre
» grand Sceau, si les circonstances résultantes des charges & informations se trouvent différentes de
» celles portées par l'exposé de nos Lettres, ensorte qu'elles changent la qualité de l'action ou la
» nature du crime; en ce cas nos Cours & nos Juges auxquels l'adresse en aura été faite, aient à
» en surseoir le Jugement & l'entérinement, jusqu'à ce qu'ils aient reçu de nouveaux ordres de
» Nous sur les informations que Nous voulons être incessamment envoyées à notre Chancelier par
» nos Procureurs Généraux dans nos Cours, & par nos autres Jurisdictions, avec les Lettres qui
» auroient été par Nous accordées; pendant lequel tems leur défen sons de faire aucunes procédu-
» res, ni d'élargir les Impétrans. Voulons au surplus que notre Déclaration du mois d'Octobre
» 1683 soit exécutée selon sa forme & teneur, en ce qui n'y est dérogé par ces Présentes. Si don-
» nons en mandement, &c. Donné à Versailles le dixieme jour d'Août, l'an de grace 1686, & de
» notre regne, &c.

quels il n'échoit peine de mort, & qui néanmoins ne
peuvent être excusés.

Ceux qui font dans le cas d'obtenir des Lettres de pardon, font
ceux qui, fans avoir donné le coup mortel, fe font néanmoins trouvés,
fans deffein prémédité, dans la compagnie de celui qui a commis
l'homicide, & qui, ayant pu empêcher de le commettre, ne l'ont pas
fait.

Les Lettres de pardon peuvent s'obtenir aux petites Chancelleries
établies près les Cours de Parlement.

ARTICLE IV.

Ne feront données aucunes Lettres d'abolition pour
les duels, ni pour les affaffinats prémédités, tant aux
Principaux auteurs, qu'à ceux qui les auront affiftés,
pour quelque occafion ou prétexte qu'ils puiffent avoir été
commis, foit pour venger leurs querelles ou autrement;
ni à ceux qui, à prix d'argent ou autrement, fe louent
ou s'engagent pour tuer, outrager, exceder, ou recourent des mains de la Juftice les Prifonniers pour crimes,
ni à ceux qui les auront loués ou induits pour ce faire,
encore qu'il n'y ait eu que la feule machination ou attentat, & que l'effet n'en foit enfuivi; pour crime de rapt
commis par violence; ni à ceux qui auront excedé ou
outragé aucuns de nos Magiftrats ou Officiers, Huiffiers & Sergens, exerçans, faifans, ou exécutans quelque Acte de Juftice : & fi aucunes Lettres d'abolition ou
rémiffion étoient expédiées pour les cas ci-deffus, nos
Cours pourront Nous en faire leurs remontrances, & nos
autres Juges repréfenter à notre Chancelier ce qu'ils eftimeront à propos.

Il eft des crimes qui intéreffent d'une maniere fi particuliere le bien
général de la Société & l'Ordre public, qu'ils ne méritent aucune indulgence. Ces crimes font réduits par notre Ordonnance à cinq efpeces
principales, favoir :

1°. Les Duels.

2°. Les Affaffinats prémédités, tant relativement aux principaux auteurs qu'à ceux qui les affiftent, & cela quelle qu'en foit l'occafion ou prétexte, & foit que ce foit pour venger leurs injures ou autrement.

3°. Le crime de ceux qui, à prix d'argent ou autrement, fe louent pour tuer, ou outrager & excéder quelqu'un, ou pour tirer de la Juftice les Prifonniers pour crimes; ceux qui les auroient loués ou induits à ce faire, font également coupables, bien qu'il n'y eut que la fimple machination ou attentat, & que l'effet ne s'en fut point enfuivi.

4°. Le crime de Rapt commis par violence.

5°. Enfin, les excès ou outrages commis contre quelques Magiftrats ou autres Officiers de Juftice, même fubalternes, lorfque les uns ou les autres font en fonction.

Le Prince s'eft lié les mains par rapport à ces fortes de crimes, & s'eft affujetti à n'accorder aucunes Lettres d'abolition à ceux qui s'en trouveroient coupables; ou du moins, fi quelques-unes étoient furprifes à fa religion, il eft permis aux Cours & autres Juges d'en empêcher l'effet, en faifant fur cela des remontrances au Souverain.

Mais dans ces cinq efpeces de crimes, il en eft deux entre autres qui méritent une attention plus particuliere encore que les trois autres; parcequ'il eft intervenu, foit avant, foit depuis l'Ordonnance, un très grand nombre de Loix & de Réglemens à leur occafion; ce font le *Duel* & le *Rapt*.

En commençant d'abord par le *Duel*, nous ne remonterons point jufqu'aux Edits & Déclarations qui ont été faits pendant les regnes de Henri IV & de Louis XIII pour en arrêter le cours; d'autant que l'on a refondu tout ce que contenoient ces premieres Loix, dans l'Edit du mois de Juin 1643, donné dès la premiere année du Regne de Louis XIV (a).

(a) » L O U I S par la grace de Dieu, Roi de France & de Navarre: A tous préfens & à venir, » falut. Quand Nous confidérerions feulement comme Roi le fang de notre Nobleffe répandu par » la fureur des duels, Nous ne pourrions, fans être touché d'une extrême douleur, voir les tragiques » effets d'une paffion fi brutale & fi préjudiciable à la France; mais la qualité de Roi très Chrétien » Nous obligeant d'être infiniment plus fenfible aux intérêts de Dieu, qu'aux nôtres, Nous ne faurions penfer fans horreur à ce crime déteftable, qui en violant tout enfemble le refpect qui Nous » eft dû par nos Sujets, comme à leur Souverain, & l'obéiffance qu'ils doivent à Dieu, comme à » leur Créateur & à leur Juge, les pouffe par une manie prodigieufe à facrifier leurs corps & leurs » ames à cette idole de vanité, qu'ils adorent au mépris de leur falut, & qui n'eft autre que le » Démon, qui fe préfentant à eux fous le voile d'un faux honneur, les éblouit de telle forte qu'ils » aiment mieux fe précipiter dans un malheur éternel, que de fouffrir une honte purement ima- » ginaire: leur rage même paffe à cet excès, que pour fe porter à ces combats abominables, il n'eft » pas befoin d'avoir été outragé, ni d'avoir reçu la moindre offenfe, il fuffit d'y être engagé par » ceux que l'on ne vit jamais, & fouvent contre les perfonnes que l'on aime davantage. Ce funefte » moment unit fi étroitement enfemble par un lien facrilege ceux mêmes qui ne font point unis » par affection, qu'ils expofent non-feulement leur vie, mais auffi leurs amis les uns pour les autres; » & divife quelquefois d'une fi étrange maniere ceux qui s'aiment, que furpaffant en fureur les plus » cruels ennemis, ils s'arrachent par une double mort & la vie du corps & la vie de l'ame. Mais » ce qui montre encore clairement, que c'eft l'artifice de cet immortel & capital ennemi des Hom- » mes, qui répand un aveuglement fi déplorable dans l'efprit de notre Nobleffe, c'eft que générale- » ment tous les Gentilshommes s'eftimeroient deshonorés, s'ils ne refufoient de renoncer, par des ac- » tions plus que barbares, à toutes les efpérances du Chriftianifme; & plufieurs d'entr'eux ne croient » pas manquer à leur honneur, en manquant à fe trouver dans nos Armées, pour y maintenir par » la juftice de nos armes contre nos ennemis, la réputation de notre Couronne, & participer à

» cette feule véritable gloire qui s'acquiert en fervant fon Prince & fa Patrie dans une guerre lé-
» gitime. Il faut bien que le Démon les ait charmés, pour leur faire établir le plus haut point de
» la valeur en des combats de Gladiateurs, qui n'étoient autrefois pratiqués que par les plus mifé-
» rables de tous les Efclaves ; & que l'on voit encore aujourd'hui l'être fouvent par ceux qui font
» dans la plus bafe de toutes les conditions ferviles : au lieu que c'eft en foutenant avec une conf-
» tance invincible les travaux & les périls de la guerre, que l'on témoigne la grandeur & la fer-
» meté de fon courage. Ce font ces fages généreux que Nous réputons véritablement vaillans &
» véritablement dignes de nos bienfaits & de notre eftime ; & non pas ces furieux, qui comme des
» victimes malheureufes, fouillans la terre d'un fang criminel, defcendent dans l'abîme chargés
» des malédictions de Dieu & des anathêmes de toute l'Eglife. Pour remédier à ce plus important de
» tous les défordres, le Roi Henri le Grand ayant affemblé les Princes de fon Sang, les Officiers de
» fa Couronne & les principaux de fon Confeil, fit, après plufieurs grandes délibérations, fon Edit
» du mois de Juin 1609, lequel, le feu Roi notre très honoré Seigneur & Pere, depuis fon avéne-
» ment à la Couronne, a fait renouveller & publier de tems en tems ; & y a même fait ajouter
» diverfes claufes par fes Déclarations des premier Juillet 1611, 18 Janvier & 14 Mars 1613,
» premier Octobre 1614, 14 Juillet 1617 ; Edit du mois d'Août 1623, & Déclaration du 26 Juin
» 1624. Mais d'autant que les peines qui y font portées, quoique très juftes, fembloient un peu
» rudes à ceux qui ne confidéroient pas affez attentivement quelle eft l'énormité d'un tel crime, &
» que cela faifoit prendre la liberté aux perfonnes les plus confidérables, & à celles qui avoient
» l'honneur de l'approcher, de le fupplier en diverfes occafions d'en modérer la rigueur ; il réfo-
» lut par fon Edit du mois de Février 1626, fans révoquer néanmoins les précédens, d'établir de
» nouvelles peines plus douces que les premieres, afin que ne reftant aucun prétexte de l'importu-
» ner, fon intention fût religieufement exécutée. Mais la violence d'un mal fi opiniâtre s'aigriffant
» contre les remedes, il n'a pu être arrêté ni par les exemples de la juftice, ni par les effets de fa
» clémence. L'expérience néanmoins a fait voir que, pour le réprimer, la févérité eft beaucoup
» plus propre que la douceur ; ainfi que le défunt Roi notre très honoré Seigneur & Pere le recon-
» nut, lorfque dans l'extrême joie qu'il plut à Dieu de lui donner, en exauçant les vœux de
» toute la France, lorfque Nous vinmes au monde, & dans le reffentiment des fervices que la plu-
» part de la Nobleffe lui rendoit dans fes Armées, avec tant de zele & de fidélité, il fe relacha
» d'accorder des abolitions à quelques-uns de ceux qui avoient contrevenu à fes Edits, efpérant
» par cette grace de les rendre tous déformais plus retenus dans leur devoir : mais au contraire,
» comme fi cette facilité du pardon pour le paffé leur avoit donné l'efpérance d'une impunité entiere
» pour l'avenir, ils s'emporterent, & continuerent de s'emporter avec tant de licence à ces combats
» impies, qu'il ne s'eft jamais fait en autant de tems un plus grand nombre de duels. Il femble qu'ils
» aient pris plaifir à fouler aux piés plus hardiment que jamais notre autorité fouveraine ; & que
» par un infolent mépris de la bonté de leurs Rois, ils aient voulu triompher d'elle. Que s'ils ont
» oublié que Dieu s'étant réfervé la vengeance, c'eft à lui qu'ils font obligés de la demander,
» lorfqu'ils fe croient offenfés, ils devroient au moins fe fouvenir de s'adreffer à Nous, comme
» à fon image vivante, & à qui il lui a plu de donner, à l'égard des peuples qu'il Nous a foumis,
» quelque participation de fa puiffance. Mais ils veulent, en violant toutes les Loix divines & hu-
» maines fe faire juftice à eux-mêmes, & fe rendre indépendans en la chofe du monde où ils font
» les plus obligés de fe foumettre. Ce que ne pouvant fouffrir fans Nous témoigner indignes de
» porter le Sceptre du premier Royaume de la Chrétienté, & n'ayant rien de plus cher que la con-
» fervation de notre Nobleffe, dont la valeur fi célebre & redoutable par toute la terre, n'eft ter-
» nie que par les déréglemens d'une fi monftrueufe frénéfie, après avoir demandé à Dieu, comme
» Nous faifons & ferons toujours de tout notre cœur, qu'il veuille lui ouvrir les yeux pour diffi-
» per ces damnables illufions qui la transportent de l'amour d'une fauffe gloire, Nous nous fom-
» mes réfolus, avec l'avis de la Reine Régente, notre très honorée Dame & Mere, de notre très
» cher & très amé Oncle le Duc d'Orléans, de notre très cher & très amé Coufin le Prince de Con-
» dé, autres Princes, Ducs, Pairs, Officiers de notre Couronne & Principaux de notre Confeil,
» de faire voir exactement tous les fufdits Edits & Déclarations, afin d'en tirer ce que l'ufage a
» fait juger le plus propre pour détacher de nos Royaumes, avec l'affiftance du Ciel, un mal fi
» pernicieux & fi déteftable, & de former un nouvel Edit, en révoquant les précédens, afin que
» n'étant plus permis aux Juges d'y avoir recours, qu'il s'arrête chacun felon fon fens particu-
» lier à ce qu'il y avoit de plus doux, ou de plus févere, ils foient obligés de faire obferver exactement
» celui-ci, où toutes chofes font fi clairement exprimées, qu'ils n'auront lieu quelconque de douter
» de notre volonté, pour un effet fi jufte & fi falutaire. Mais d'autant que les meilleures Loix font
» inutiles, fi elles ne font bien obfervées ; & que Nous ne faurions être déchargés devant la Juftice
» divine des malheurs qui arrivent par les duels, qu'en employant tout notre pouvoir pour en
» arrêter le cours, & en demeurant inflexible dans une réfolution fi fainte : Nous défendons très
» expreffément à toutes perfonnes, de quelque qualité & condition qu'elles foient, & même à notre
» très cher & très amé Frere le Duc d'Anjou, lorfqu'il fera un âge, à notre très cher & très amé Oncle
» le Duc d'Orléans, aux Princes de notre Sang, aux autres Princes & autres Officiers de notre Cou-
» ronne, & à nos principaux & fpéciaux Officiers & Serviteurs, de Nous faire aucune priere con-
» traire au préfent Edit, fur peine de Nous déplaire. Et afin qu'après le ferment le plus folemnel &
» le plus inviolable de tous, nul ne prenne la hardieffe de Nous fupplier d'y contrevenir, Nous
» jurons & proteftons par le Dieu Vivant, de n'accorder jamais aucune grace dérogeante au pré-
» fent Edit, & de ne difpenfer jamais perfonne des peines qui y font contenues, en faveur de qui
» que ce foit, ni pour quelque confidération, caufe ou prétexte que ce puiffe être. A ces caufes,
» favoir faifons, qu'en révoquant, ainfi qu'il eft dit ci-deffus, tous les précédens Edits, Décla-
                                                      » rations

» rations, faits sur le sujet des duels & rencontres, Nous avons par le présent Edit perpétuel & irré-
» vocable, dit, déclaré, statué & ordonné, disons, déclarons, statuons & ordonnons ce qui ensuit.

ARTICLE PREMIER.

» Nous enjoignons à tous nos Sujets, de quelque qualité & condition qu'ils soient, de vivre
» à l'avenir les uns avec les autres, en paix, union & concorde, sans s'offenser, inju-
» rier, ni provoquer à haine & inimitié, sur peine d'encourir notre indignation, & d'être châtiés
» exemplairement. Leurs ordonnons d'honorer & respecter les Personnes, qui par les avantages que
» leur donne la Nature, ou par les Charges & Dignités dont Nous les avons pourvus, méritent
» d'être distinguées des autres, ainsi que Nous entendons qu'elles le soient; & que ceux qui manque-
» ront à ce devoir & à ce respect, soient châtiés, eu égard à la qualité de la Personne offensée. Les-
» dites Personnes avantagées par la Nature, ou par leur qualité, s'abstiendront aussi d'offenser les
» autres, & les contraindre de perdre le respect qui leur est dû : & s'ils y manquent, ils seront tenus
» de le reparer, ainsi qu'il leur sera ordonné.

II » Tous différends intervenans entre nos Sujets, dont la demande & décision peut & doit
» être faite en Justice, seront terminés par les voies ordinaires de droit établies en notre Royaume;
» & Nous défendons aux Parties d'en former une querelle, sur peine à l'Agresseur de la perte entiere
» de la chose contentieuse, laquelle dès à présent comme telle pour lors, Nous adjugeons à sa Partie.

III. » Et d'autant que par l'indiscrétion & malice des uns, les autres sont tellement outragés
» qu'ils croient n'en pouvoir tirer réparation qui les satisfasse en leur honneur, que par la voie
» des armes; laquelle leur étant défendue par nos Edits, ils la recherchent par eux-mêmes, ou par
» leurs amis; & au mépris de nos Loix & de notre autorité, en viennent au combat, d'où nais-
» sent les crimes si fréquens que Nous voulons à-présent réprimer, Nous ordonnons, pour y
» remédier, à tous ceux qui s'estimeront offensés en leur réputation, de s'en plaindre à Nous ou à
» nos très chers & très amés Cousins les Maréchaux de France, afin que l'injure qu'ils auront reçue
» soit réparée de telle sorte qu'ils en soient pleinement satisfaits en leur honneur.

IV. » Ceux qui seront en nos Provinces, s'adresseront en pareil cas aux Gouverneurs d'icelles,
» ou en leur absence à nos Lieutenans Généraux; & en leur défaut, aux Gouverneurs & Lieute-
» nans Généraux des Provinces leurs plus proches, pour faire leurs plaintes comme dessus. Les-
» quels Gouverneurs & Lieutenans Généraux décideront aussi-tôt lesdits différends, si faire se peut;
» & s'ils sont de telle qualité qu'ils ne les puissent terminer, ils Nous en avertiront, pour faire
» exécuter ensuite nos Commandemens sur ce sujet.

V. » Celui qui aura offensé, sera tenu de comparoître pardevant Nous, ou lesdits Maréchaux de
» France, ainsi que pardevant lesdits Gouverneurs ou Lieutenans Généraux, en la forme susdite,
» lorsqu'il lui aura été ordonné par Nous ou par eux, & que notre Commandement, ou le leur,
» aura été signifié à sa personne ou à son domicile, jusqu'à deux fois, avec la plainte de l'Offen-
» té, à quoi défaillant, il sera ajourné à trois briefs jours; & ne comparoissant point, il sera sus-
» pendu de son honneur, déclaré incapable de porter les armes, & renvoyé aux Gens tenans nos
» Cours de Parlement, chacun en son Ressort, pour être puni comme réfractaire à nos Ordon-
» nances; sur quoi Nous enjoignons à nosdites Cours de faire leur devoir.

VI. » Si l'une des Parties a juste sujet de récuser les susdits Juges auxquels il lui est enjoint d'a-
» dresser ses plaintes, elle aura recours à Nous, & Nous y pourvoirons : mais si les causes pour
» lesquelles elle prétendra cette récusation, sont trouvées legeres & frivoles, & partant indignes
» d'être admises, elle sera renvoyée avec blâme pardevant lesdits Juges.

VII. » Si quelques-uns de ceux qui sont offensés, ou qui croient l'être, se laissent tellement
» aveugler par la violence de leur ressentiment, que contre toute sorte de raison, ils s'imaginent
» qu'il leur seroit honteux de demander comme dessus réparation des injures qu'ils prétendront
» avoir reçues; Nous enjoignons en ce cas à nosdits Cousins les Maréchaux de France, soit qu'ils
» soient à notre suite, ou en nos Provinces, que sur l'avis qu'ils auront des différends survenus
» entre ceux qui feront profession des armes, ils mandent & fassent aussitôt comparoître devant
» eux les deux Parties, auxquelles ils défendront de notre part, d'en venir au combat, ni de rien
» entreprendre l'un contre l'autre par voies de fait, directement ou indirectement, sur peine de la
» vie : & après les avoir ouis en présence des Seigneurs & Gentilshommes qui se rencontreront sur
» les lieux, & autres qui seront par eux appellés, bien qu'il se trouve que l'offense ne soit pas
» fort grande, ils ordonneront une satisfaction si avantageuse à l'Offensé, qu'il aura sujet d'en de-
» meurer content; étant nécessaire pour empêcher l'insolence de ceux qui offensent mal à-propos,
» de les châtier par des réparations aussi rigoureuses à ceux qui les font, qu'honorables à ceux qui
» les reçoivent. Si l'injure faite par l'Offensant est jugée par nosdits Cousins les Maréchaux de
» France, toucher à l'honneur, ledit Offensant sera privé pour six ans des Charges, Offices, Hon-
» neurs, Dignités & Pensions qu'il possede; & n'y pourra être rétabli avant ledit tems ni après,
» sans Nous demander pardon, avoir satisfait à sa Partie, ainsi qu'il aura été ordonné, & pris
» de Nous nouvelles Provisions & Déclarations de notre volonté pour rentrer auxdites Charges:
» & il ne pourra aussi, durant ledit tems, se trouver à dix lieues de notre Cour. Si ledit Offen-
» sant à l'honneur, n'a ni Offices, ni Charges, ni Dignités, ni Pension, il perdra, durant le tems
» de six ans, le tiers du revenu annuel de tout le bien dont il jouira, lequel tiers sera pris, par
» préférence à toutes charges, dettes & hypotheques quelconques, & appliqué à l'Hôpital Royal,
» dont il sera parlé ci après en l'Article quatorzieme. Si le tiers du revenu dudit Offensant à l'hon-
» neur, ne monte pas à deux cents livres, il tiendra prison deux ans entiers où Nous l'ordonne-
» rons. Et si les offenses sont faites en lieu de respect, outre les peines ci dessus, dont Nous pre-

» teſtons de ne diſpenſer jamais perſonne, Nous voulons que ceux qui commettront leſdites of-
» fenſes, ſoient punis de plus ſéveres & rigoureux châtimens, portés par les Loix & Ordonnances
» anciennes & modernes de notre Royaume.

V I I I. » Nous ordonnons très expreſſément , comme deſſus, aux Gouverneurs & Lieutenans
» Généraux de nos Provinces , de faire venir pardevant eux ceux qui auront offenſé, pour, avec
» l'avis de quelques Gentilshommes ſages & judicieux , exécuter entierement contre leſdits Oſten-
» ſans le contenu au précédent Article , ſelon tous les divers cas qui y ſont mentionnés. Et s'il ar-
» rive que l'un ou l'autre de ceux qui auront différend , ne veuille déférer à ce qui aura été par eux
» ordonné , ils ſeront par leſdits Gouverneurs ou Lieutenans Généraux de nos Provinces renvoyés
» pardevant noſdits Couſins les Maréchaux de France , étant près de notre Perſonne , ou ès Provin-
» ces dans leſquelles tels cas ſeront arrivés : donnant , comme Nous donnons de nouveau à noſ-
» dits Couſins , toute autorité de décider & juger abſolument tous différends concernant le point
» d'honneur , & réparation d'offenſes ; ſoit qu'ils ſoient arrivés à notre Cour , ou en quelques lieux
» de nos Royaumes que ce puiſſe être.

I X. » Si les Offenſés , ou prétendans l'être, vouloient pour raiſon des réparations deſdites offen-
» ſes , ſoit à leur honneur , ſoit autre intérêt , ſe pourvoir pardevant nos Juges ordinaires ,
» Nous n'entendons nullement qu'en vertu des précédens Articles , ils en puiſſent être empêchés
» ni aſſignés pour ce ſujet à la requête des Offenſans pardevant noſdits Couſins les Maréchaux
» de France , Gouverneurs , ou leurs Lieutenans Généraux de nos Provinces, devant ils
» ſeront ſeulement tenus de répondre aux plaintes que l'on vouloit faire d'eux , ſans préjudice de
» leurs actions juridiques.

X. » Et en cas que les Parties offenſantes refuſent de ſubir le Jugement de noſdits Couſins les Maré-
» chaux de France , Nous ordonnons à noſdits Couſins de les faire arrêter par leurs Prévôts , mettre
» & retenir en priſon juſqu'à ce qu'ils aient ſatisfait ; & même qu'ils les condamnent à l'amende,
» & autres peines qu'ils jugeront raiſonnables , pour la réparation de leur déſobéiſſance. Nous or-
» donnons aux Gouverneurs & Lieutenans Généraux de nos Provinces de faire le ſemblable contre
» les Parties offenſantes qui refuſeront de ſubir leurs Jugemens , ou de ſe pourvoir ſur le renvoi
» pardevant noſdits Couſins les Maréchaux de France.

X I. » Et pour donner moyen à noſdits Couſins les Maréchaux de France , & aux Gouverneurs
» & Lieutenans Généraux de nos Provinces, de terminer plus facilement les différends , & de faire
» réparer toutes les injures , Nous nous obligeons d'accorder , ſur leurs avis, tout ce que notre
» conſcience Nous pourra permettre pour la ſatisfaction des offenſes. Voulons que ce qu'ils pro-
» nonceront touchant le point d'honneur & réparation des offenſes , ſoit ſi religieuſement exé-
» cuté de toutes parts , que ſi quelques-unes des Parties oſent y contrevenir , outre les ſuſdites pei-
» nes de priſon & autres qu'ils leur pourront impoſer , ils ſoient déchus des Privileges de la No-
» bleſſe. Enjoignons pour cet effet à nos Elus , Officiers & Aſſeſſeurs des Tailles de les comprendre
» au Rôle des Tailles , & les taxer ſelon leur faculté , ſans uſer d'aucun retardement , ſitôt que les
» Jugemens rendus par noſdits Couſins les Maréchaux de France , & Gouverneurs ou Lieutenans
» Généraux de nos Provinces, leur auront été ſignifiés , ſur peine auxdits Elus , & autres Officiers de
» noſdites Tailles , de privation de leurs Charges , & d'en répondre en leur propre & privé nom ,
» le tout comme il eſt dit ci-deſſus ; ſans préjudice des actions civiles & juridiques que les Offenſans
» ou Offenſés pourront avoir à intenter pardevant les Juges ordinaires , leſquels néanmoins Nous
» exhortons noſdits Couſins & Gouverneurs , & Lieutenans Généraux de nos Provinces, & autres qui
» en leur abſence pourront être employés au jugement des querelles & offenſes , de compoſer &
» accorder amiablement, autant qu'il ſe pourra , afin d'ôter toute occaſion au renouvellement des
» aigreurs & animoſités que produiſent des actions ſi funeſtes. Et afin que les Jugemens de noſdits
» Couſins les Maréchaux de France , & des Gouverneurs & Lieutenans Généraux de nos Provin-
» ces , ſoient exécutés ſelon notre intention , Nous voulons qu'ils ſoient lus & publiés aux lieux où
» ils ſeront rendus , en préſence des Seigneurs & Gentilshommes qui s'y trouveront ; & auſſi en l'Au-
» ditoire de notredit Hôtel , ſi c'eſt à notre ſuite , ou en ceux de nos Juſtices ordinaires , aux Gref-
» fes deſquels ou de ladite Prévôté ils ſeront enregiſtrés.

X I I. » Et combien que nos Sujets ne puiſſent ſans crime être eſtimés avoir manqué à leur hon-
» neur , en obéiſſant à notre préſent Edit , & recevant en la forme ſuſdite la réparation & ſatiſ-
» faction qui leur ſera ordonnée par noſdits Couſins les Maréchaux de France , ou Lieutenans
» Généraux de nos Provinces: néanmoins , afin qu'il ne puiſſe reſter aucun ſcrupule en
» l'eſprit même des plus pointilleux , Nous déclarons que Nous prenons ſur Nous tout ce que l'on
» pourroit imputer ſur égard à celui , qui étant offenſé , n'auroit point fait appeller ſon en-
» nemi au combat ; ou qui étant appelé , aura , par la conſidération de ce qu'il doit à Dieu & à
» Nous , refuſé d'y aller , & de ſe rendre coupable d'une déſobéiſſance divine & humaine.

X I I I. » La qualité , qui Nous eſt ſi chere , de Protecteur de l'honneur & de la réputation de
» notre Nobleſſe , Nous ayant fait rechercher avec tant de ſoin , comme il paroît par les précé-
» dens Articles , tous les moyens que Nous eſtimons les plus propres pour éteindre les querelles dans
» leur naiſſance , & rejetter ſur ceux qui offenſent , le blâme & la honte qu'ils méritent ; Nous vou-
» lons eſpérer qu'il n'y en aura point d'aſſez inſolens & téméraires pour attirer ſur eux notre juſte
» indignation , en oſant contrevenir aux défenſes ſi expreſſes que Nous leur faiſons d'entreprendre
» de ſe venger eux mêmes. Mais ſi Nous ne ſommes pas ſi heureux que d'obtenir l'effet d'un ſou-
» hait que Nous faiſons avec tant d'ardeur , ils apprendront par les peines ſuivantes , dont Nous
» avons juré ſi ſolemnellement de ne diſpenſer jamais perſonne , que leurs crimes ſeront ſuivis de
» punitions inévitables.

X I V. » Celui qui s'eſtimant offenſé ne voudra pas s'adreſſer à ceux que Nous avons ci-deſſus

» ordonnés, pour lui faire faire réparation de son honneur, & appellera par lui-même quel
» qu'un au combat, sera déchu de pouvoir jamais obtenir réparation de l'offense qu'il prétendra
» avoir reçue; sera privé dès lors, nonobstant quelques Lettres de grace ou pardon qu'il puisse après
» obtenir de Nous par surprise, de toutes les Charges, Offices, Honneurs, Dignités, Pensions & au-
» tres graces qu'il tiendra de Nous, sans espérance de les recouvrer jamais; sera banni pour trois
» ans hors de nos Royaumes, & perdra la moitié de son bien; le fond de laquelle moitié, si elle
» est noble, Nous voulons être mis en roture, & toutes les Seigneuries, & Titres, comme
» Baronies, Marquisats, Comtés, & autres, ainsi que par le présent, comme pour lors, Nous
» les déclarons réunis à notre Domaine, sans qu'il soit besoin pour cela d'aucune Déclaration par-
» ticuliere, ni que pour quelque cause & occasion que ce soit, ils en puissent jamais être désunis.
» Déclarons en outre que toutes les Maisons seigneuriales & Châteaux appartenans auxdits Appellans,
» seront réputés être compris dans la moitié que Nous confisquons, & ensuite de cela rasés rez-pierre,
» rez terre, & les fossés comblés pour une marque perpétuelle de leur désobéissance, & de notre Jus-
» tice : & quant au fond de ladite moitié ainsi confisquée, dont les Terres seront réduites en roture,
» Nous la donnons dès-à-présent, comme dès lors, en propre & à perpétuité à l'Hôpital Royal que
» Nous avons résolu de faire construire auprès de notre bonne Ville de Paris. Voulons qu'entre ci
» & le tems qu'il sera établi, le revenu desdites confiscations soit administré par les Maîtres de
» l'Hôtel-Dieu de notredite bonne Ville de Paris, & employé à la nourriture des Pauvres dudit
» Hôtel-Dieu, dont Nous chargeons nos Procureurs Généraux, leurs Substituts, & ceux qui auront
» l'administration desdits Hôpitaux, de faire soigneuse recherche & poursuite. Ordonnons que leur
» action dure pour le tems & espace de vingt ans, même ils ne seroient aucune poursuite
» qui pût les proroger. Et quant à l'autre moitié du bien dudit Appellant, laquelle lui demeure-
» ra, elle sera aussi réduite en roture, sans pouvoir jamais en être tirée, pour quelque cause ou
» prétexte que ce soit; sauf en tout ce que dessus, les droits des Seigneurs de Fiefs, auxquels il
» sera par Nous pourvu. Et au cas que lesdits coupables fussent trouvés dans notre Royaume durant
» les trois ans de leur bannissement, Nous voulons, pour la peine de ladite contravention & infrac-
» tion de leur ban, qu'un troisieme quart de leur bien soit encore confisqué comme dessus, & ap-
» pliquable audit Hôpital; & qu'à la diligence de nos Procureurs Généraux, ou leurs Substituts, sur
» les premiers avis qu'ils auront desdites infractions de ban, les Coupables soient mis & retenus pri-
» sonniers jusqu'à la fin dudit bannissement; enjoignant pour cet effet aux Gouverneurs & Lieutenans
» Généraux de nos Provinces, Baillifs, Sénéchaux, Gouverneurs particuliers de nos Villes, & Pré-
» vôts des Maréchaux, de leur prêter main-forte pour l'exécution de ce que dessus, toutefois &
» quantes qu'ils en seront requis. Que si lesdits Appellans, pour eux-mêmes, possedent des biens à
» vie seulement, sans aucun droit de propriété, ils seront, outre les peines ci dessus, de perte de toutes
» Charges, Dignités, Pensions, & bannissement, privés pour cinq ans des deux tiers de leur reve-
» nu, appliquable audit Hôpital comme dessus, sans préjudice de plus grande peine, si le cas le
» mérite: & s'il se rencontre que lesdits Appellans, pour eux-mêmes, soient Enfans de Famille,
» & que par conséquent ils ne puisse punir en leurs biens, outre la privation des susdites
» dites Charges, dignités & Pensions qu'ils pourroient lors posséder, Nous les déclarons incapables
» d'en tenir à l'avenir; & au lieu de trois ans de bannissement portés ci-dessus, Nous voulons qu'ils
» soient retenus autant de tems étroitement prisonniers.

XV. » Or bien que le susdit crime d'appeller & provoquer au combat, soit détestable en tou-
» tes sortes de personnes, puisque c'est une contravention si grande & si manifeste aux Loix divi-
» nes & humaines, y en ayant néanmoins, en qui par diverses considérations, il est plus horrible
» & requiert par conséquent une peine plus rigoureuse; comme lorsque les Appellans s'attaquent
» à ceux qui les ont nourris & élevés, qui ont été leurs Tuteurs, qui sont leurs Seigneurs de Fiefs,
» qui ont été leurs Chefs, & leur ont commandé; & spécialement quand leurs querelles naissent
» pour des sujets de commandemens, châtiment, ou autre action passée, durant qu'ils étoient
» sous leur charge; Nous voulons & ordonnons que ceux qui tomberont dans cet excès, soient
» sans diminution des peines ci dessus, punis aussi en leur personne, suivant la rigueur de nos Or-
» donnances.

XVI. » Nous ordonnons & enjoignons très expressément à ceux qui seront appellés, de Nous-
» en donner avis, ou à nosdits Cousins les Maréchaux de France, ou bien auxdits Gouverneurs &
» nos Lieutenans Généraux en nos Provinces, auquel cas Nous accordons dès à-présent, com-
» me pour lors, auxdits Appellés, toutes les Charges, Offices & Pensions des Appellans, pourvu
» qu'il y ait preuve suffisante. Et d'autant que ce faux point d'honneur, qui par l'artifice du Démon a
» passé jusqu'ici dans l'esprit de notre Noblesse pour une action inévitable, quoique sans nécessité, est
» cause de la maudite honte qu'ils ont de refuser ces duels abominables, comme s'il pouvoit y
» avoir de la honte d'obéir aux Loix les plus saintes de Dieu & de son Eglise, & aux Ordon-
» nances les plus justes des Princes & de leur Patrie; Nous déclarons & protestons solennelle-
» ment que Nous tiendrons non-seulement pour impies & pour criminels, mais aussi pour lâches &
» sans courage, ceux qui n'auront pas assez de générosité & de vertu pour surmonter ces foibles opi-
» nions, qu'un abus détestable a établis contre toute sorte de droit, & justice & de conscience, &
» que Nous réputerons pour la plus grande injure qui puisse être faite à notre autorité, & même à
» notre Personne, cet insolent mépris du pouvoir que Dieu Nous a donné d'être en ce monde le souve-
» rain Juge de l'honneur de nos Sujets, qui ne peuvent s'en rendre Juges eux-mêmes, comme ils font
» par ces combats sacrileges, sans entreprendre sur la partie la plus élevée & la plus auguste de notre
» puissance Royale. Comme au contraire nous récompenserons le mérite & la sagesse de ceux qui étant
» conduits par la crainte de Dieu, & par un desir religieux d'obéir à nos Commandemens, refuse-
» ront le duel étant appellés, & se réserveront à employer leur courage aux occasions légitimes qui

» s'offriront pour le bien de notre fervice, & l'avantage de notre Etat; Nous déclarons que Nous tenons
» & tiendrons toujours tels refus pour une preuve certaine d'une valeur bien conduite, & digne d'être
» employée par Nous dans la guerre, & aux plus honorables & importantes Charges; comme Nous
» promettons & jurons devant Dieu, que cette confidération jointe à leurs fervices, Nous augmen-
» tera toujours la volonté de les en gratifier.

XVII. » Que fi nonobftant nos très expreffes défenfes, & des confidérations fi juftes & fi faintes,
» ceux qui feront appellés, font fi foibles & fi lâches que d'accepter le combat; Nous voulons &
» ordonnons que nonobftant toutes Lettres de grace ou de pardon qu'ils pourroient obtenir de Nous
» par surprise, ils demeurent dès lors privés de toutes Charges qu'ils auront, auxquelles fera à
» l'inftant par Nous pourvû; & pareillement déchus de toutes Penfions, & autres graces qu'ils tien-
» dront de Nous, fans efpérance de les recouvrer jamais. Comme auffi que le tiers de leur bien,
» dans lequel tiers feront compris tous leurs Châteaux & Maifons feigneuriales, foit confifqué au
» profit du fufdit Hôpital, & lefdites Maifons & Châteaux rafés, & généralement toutes les au-
» tres claufes portées par le quatorzieme Article du préfent Edit, exécutées à leur égard, tout ainfi
» que contre les Appellans, avec cette feule différence, que les uns ne perdront que le tiers, & les
» autres la moitié de leur bien : Nous voulons & entendons en outre, que lefdits Appellés, qui
» auront accepté le combat, foient auffi bannis pour trois ans hors de notre Royaume, & qu'en
» cas qu'ils ne gardent leur ban, ils foient punis des mêmes peines portées pour ce fujet au fufdit
» Article 14 contre les Appellans; & qu'au delà de la perte du tiers de leur bien, ils en perdent la
» moitié applicable comme deffus audit Hôpital, & avec les mêmes claufes & conditions. Si lef-
» dits Appellés, qui accepteront le combat, poffèdent des biens à vie feulement, ils feront, outre
» les peines ci - deffus de perte de toutes Charges, Dignités, Penfions, & de banniffement, privés
» pour cinq ans de la moitié de leur revenu, applicable au dit Hôpital, comme deffus, fans préjudice
» de plus grande peine, fi le cas le mérite. Et s'il fe rencontre que lefdits Appellans, qui accepte-
» ront le combat, foient Enfans de famille, outre la privation de toutes lefdites Charges, Dignités
» & Penfions, qu'ils pourroient lors poffèder, Nous voulons qu'au lieu de trois ans de banniffement
» portés ci-deffus, ils foient tenus d'eux ans étroitement prifonniers.

XVIII. » Si contre les très expreffes défenfes portées par notre préfent Edit, l'Appellant & l'Ap-
» pellé s'étant battus, l'un d'eux ou tous deux font tués; en ce cas, outre la moitié, ou le tiers
» de leur bien en fond, laquelle dès à préfent comme pour lors Nous confifquons au profit dudit
» Hôpital, aux mêmes claufes & conditions mentionnées ci-deffus en l'Article 14, Nous voulons
» & Nous plaît que le procès criminel & extraordinaire foit fait contre la mémoire des morts,
» comme contre Criminels de leze-Majefté Divine & humaine, & que leurs corps foient traînés à la
» voierie; défendant à tous Curés, leurs Vicaires & autres Eccléfiaftiques, de les enterrer, ni fouf-
» frir être enterrés en terre fainte. Si l'un de ceux qui fera tué, ou tous deux, n'ont aucuns biens,
» leurs Enfans, foient dix en dit, feront déclarés roturiers & taillables pour dix ans; & s'ils étoient
» déja taillables, ils feront déclarés indignes d'être jamais Nobles, ni de tenir aucune Charge,
» Dignité ou Office Royal : que s'il n'y a que l'un d'eux qui foit tué, en ce cas, outre la fufdite
» confifcation de la moitié ou tiers du bien, le furvivant qui aura tué fera irrémiffiblement puni
» de mort.

XIX. » Et afin que notre préfent Edit foit plus inviolablement obfervé, Nous voulons que tous
» ceux qui pour la feconde fois viendront à le violer, comme Appellans, foit que la premiere
» fois ils aient été Appellans ou Appellés, de quelque qualité & condition qu'ils puiffent être,
» outre la confifcation de la moitié de leurs biens, applicable en la maniere & condition ci-dé-
» clarée au quatorzieme Article, foient auffi irrémiffiblement punis de mort, encore qu'ils n'aient
» pas tué leur ennemi; nulle peine ne pouvant être trop grande pour réprimer l'infolence & l'opi-
» niâtreté de ceux qui feront gloire de fouler aux piés de cette forte notre autorité & leur devoir.

XX. » Si ceux qui combatent aux cas mentionnés aux Articles 14 & 17, Nous auront con-
» traint de les priver de leurs Charges, s'en reffentent contre ceux que Nous en aurons
» pourvus, les appellent ou excitent au combat, foit par eux-mêmes ou par autrui, par rencon-
» tre ou autrement; Nous voulons pour châtier l'excès d'une telle audace, qu'eux & ceux dont
» ils fe ferviront, foient dégradés de nobleffe, déclarés infâmes & punis de mort, fans pouvoir
» jamais être relevés par aucunes de nos Lettres, auxquelles Nous défendons très expreffément à
» nos Officiers d'avoir égard, s'il arrivoit que par surprise ou autrement ils vinffent à en obtenir.

XXI. » Bien que Nous efpérions que la publication de notre préfent Edit, que Nous voulons
» à l'avenir être inviolable, empêchera tous nos Sujets de plus tomber en telles fautes : s'il arri-
» voit quelquefois qu'il y en eût de fi miférables que de ne s'en abftenir pas, & que non contens
» de commettre des crimes fi énormes devant Dieu & devant les Hommes, ils y engageaffent encore
» d'autres perfonnes dont ils fe ferviroient pour feconds, tiers, ou autre plus grand nombre, ce
» qu'ils ne pourroient faire que pour chercher lâchement dans l'adreffe & le courage d'autrui, la
» fûreté de leurs perfonne, qu'ils n'expoferoient par vanité contre leur devoir que fur cette feule
» confiance; Nous voulons, outre toutes les peines ordonnées ci deffus contre les Appellans, que
» ceux qui à l'avenir, foit Appellans ou Appellés, fe rendroient coupables d'une fi criminelle &
» fi promptueufe lâcheté, foient non-feulement fans rémiffion punis de mort, quand même il n'y
» auroit perfonne de tué dans ces combats faits avec des feconds, tiers, ou autre plus grand nombre, ce
» cies & brifées publiquement par l'Exécuteur de la Haute Juftice; qu'ils foient dégradés de no-
» bleffe, & déclarés eux & leur poftérité roturiers, & incapables pour jamais de tenir aucune Char-
» ge, fans que Nous, ni les Rois nos fucceffeurs, les puiffent rétablir, ni le ir ôter la note d'infâ-
» mie qu'ils auront juftement encourue, tant par l'infraction du préfent Edit, que par leur lâ-
» cheté, & ce nonobftant toutes Lettres de grace & abolitions qu'ils pourroient obtenir par sur-

» prife ou autrement , auxquelles Nous défendons à tous Juges d'avoir égard. Quant auxdits fe-
» conds & tiers , Nous voulons qu'ils fouffrent les mêmes peines portées en l'Article 14 contre
» les Appellans , fi ce n'eft qu'ils euffent fait l'appel , ou qu'ils euffent tué, auquel cas ils feront
» irrémiffiblement punis de mort, & de toutes les autres peines portées en l'Article 18 contre les
» Appellans pour eux mêmes , qui auront tué; nul châtiment ne pouvant être trop grand pour
» punir ceux qui fe laiffent engager dans ces combats exécrables , & pour couvrir d'horreur & de
» honte ceux qui font fi cruels & fi lâches que de faire périr leurs amis avec eux , par la défiance
» qu'ils ont de leur propre courage.

XXII. » Nous voulons que tous ceux qui porteront les billets pour faire appel , ou conduiront
» au combat, foit au fait des rencontres ou des duels, Laquais ou autres , de quelque condition
» qu'ils puiffent être , foient punis de mort; fans que nos Cours Souveraines ou autres Juges aient
» aucun égard aux graces & rémiffions qui pourroient être obtenues par furprife.

XXIII. » Quant à ceux qui auront été fpectateurs d'un duel , s'ils s'y font rendus exprès pour
» ce fujet , Nous voulons qu'ils foient dégradés des armes , & privés pour toujours des Charges ,
» Dignités & Penfions qu'ils pofféderont; les réputant avec raifon pour Complices d'un crime fi
» déteftable , puifqu'ils y auront donné leur confentement.

XXIV. » Et à caufe qu'il eft fouvent arrivé que , pour éviter la févérité des peines fi fainte-
» ment ordonnées par les précédens Edits contre la fureur de ces combats facrileges , quelques-
» uns ont recherché l'occafion de fe rencontrer pour couvrir le deffein prémédité qu'ils avoient
» de fe battre, Nous voulons & ordonnons , que fi ceux qui auront auparavant eu différend ,
» querelle , ou reçu quelque prétendue offenfe, viennent à fe rencontrer ou à fe battre feuls , ou
» en pareil état & nombre de part & d'autre , ou à pié ou à cheval , ils foient fujets aux mê-
» mes peines que fi c'étoit un duel ; fauf fi en d'autres il arrivoit combat , de nombre inégal , &
» fans aigreur précédente, à procéder contre les feuls Agreffeurs & Coupables , & les punir par
» les voies ordinaires.

XXV. » D'autant auffi qu'il s'eft trouvé d'autres de nos Sujets, qui ayant pris querelle dans
» nos Royaumes , & s'étant donné rendez vous pour fe battre hors de nos Etats & fur les fron-
» tieres , ont cru de pouvoir éluder par ce moyen l'effet de nos Edits; Nous voulons que ceux
» qui tomberont en telles fautes , foient pourfuivis tant en leurs biens durant leur abfence ,
» qu'en leurs perfonnes après leur retour, tout ainfi & en la même forte que ceux qui contre-
» viendront au préfent Edit , fans fortir de nofdits Royaumes ; les jugeant même plus puniffa-
» bles , en ce que le tems leur donnant davantage le loifir de reconnoître la grandeur de leur
» faute , la furprife des premiers mouvemens qu'on a dans la chaleur d'une offenfe nouvellement
» reçue , les rend encore beaucoup moins excufables.

XXVI. » Et à caufe que la diligence importe extrêmement pour la punition des crimes que
» Nous voulons châtier par notre préfent Edit, Nous ordonnons très expreffément, au regard de
» ceux qui fe commettront en l'enceinte , & aux environs de notre bonne Ville de Paris, tant aux
» Huiffiers de notre Cour de Parlement, Commiffaires du Châtelet , Prévôt de la Connétablie,
» Lieutenant de Robe-Courte, Prévôt de l'Ifle, Chevalier du Guet , & leurs Lieutenans & Archers ,
» à peine d'en répondre en leurs propres & privés noms : & pour ce qui eft des Provinces, Nous
» enjoignons, fur mêmes peines , à tous Prévôts de nos Coufins les Maréchaux de France , Vice-
» Baillis , Vice-Sénéchaux , leurs Lieutenans & Archers , chacun en leur Reffort, que fur le bruit
» d'un combat arrivé , ils fe tranfportent à l'inftant fur les lieux , pour arrêter les Coupables &
» les conftituer prifonniers ; favoir , pour ce qui eft de Paris, dans la Conciergerie de notre Pa-
» lais ; & pour ce qui eft des Provinces , dans les plus principales & plus proches Prifons Roya-
» les; voulant que pour chacune capture il leur foit payé la fomme de quinze cens livres , à pren-
» dre avec les autres frais de Juftice qui feront faits pour faire & parfaire leur procès , fur le bien
» le plus clair des Coupables , fans diminution defdites confifcations que Nous avons ordonnées
» ci-deffus.

XXVII. » Et d'autant que les Coupables , pour éviter de tomber entre les mains de la Juftice ,
» fe retirent d'ordinaire chez les Grands de notre Royaume , Nous défendons très expreffément à
» tous Princes, foit de notre Sang ou autres , & Officiers de notre Couronne , de donner aux Con-
» trevenans à notre préfent Edit, fupport ou affiftance quelconque , ni retraite en leurs Maifons
» ou Châteaux ; leur enjoignant au contraire de les remettre ès mains de la Juftice , fitôt qu'ils
» en feront requis , & de donner pour cela à nos Officiers l'affiftance & la force qui leur feront
» néceffaires ; voulant que pour ce fujet les portes de leurfdites Maifons & Châteaux leur foient
» ouvertes fans difficulté, afin qu'ils faffent perquifition & de fe faifir des Coupables : & en cas de
» refus, Nous commandons à tous nos fujdits Officiers d'en faire faire ouverture , & de fe faire
» affifter pour cela de fuffifant nombre d'hommes. Enjoignons aux Bourgeois & Habitans de nos
» Villes , Bourgs ou Villages , à la première interpellation qui leur en fera faite , de s'affembler
» au fon du tocfin , & prendre les armes pour affifter nofdits Officiers , enforte que la force Nous
» demeure & à notre Juftice. Que fi après ce refus les Coupables font trouvés dans les Maifons ou
» Châteaux , Nous voulons que celui qui les aura retirés , foit Prince ou Officier de notre Cou-
» ronne , Gouverneurs , ou Lieutenans Généraux de nos Provinces , foient tenus de s'abfenter de no-
» tre Cour pour un an , en faifant de leurs Maifons des afyles contre Nous & notre Juftice ; & en-
» treprenant par un fi audacieux attentat fur le droit le plus augufte de la Monarchie , qui Nous
» rend auffi abfolus fur les plus relevés que fur les moindres de nos Sujets , ainfi que Dieu l'eft
» également fur les Rois & fur le refte des Hommes. Nous faifons pareilles défenfes à tous nos
» autres Sujets , de quelque qualité & condition qu'ils puiffent être d'affifter ou retirer chez eux les
» Contrevenans à notre préfent Edit ; leur enjoignons très expreffément comme deffus, de les re-

» mettre entre les mains des Officiers de notre Justice, sitôt qu'ils en seront requis ; & en cas de
» refus, & qu'ils soient trouvés dans leurs Maisons, Nous voulons qu'ils soient bannis pour deux
» ans de notre Cour, & que leurdites Maisons soient rasées ; afin que les autres apprennent par
» leur exemple la révérence qu'ils doivent aux Loix & aux Puissances souveraines établies de Dieu
» pour le représenter en terre.

XXVIII. » Lorsqu'après toutes les perquisitions & recherches ordonnées par les Articles précé-
» dens, les Coupables ne pourront être trouvés, Nous voulons & ordonnons que, sur les procès
» verbaux qui seront rapportés desdites recherches, & même sur la simple notoriété, il soit, à la
» requête de nos Procureurs Généraux, ou de leurs Substituts, décerné décret de prise de corps con-
» tre les absens, en vertu duquel, à faute de les pouvoir appréhender, tous leurs biens seront
» saisis, & eux ajournés à trois briefs jours consécutifs, & sur iceux défauts donnés à nosdits Pro-
» cureurs Généraux ou leurs Substituts, pour en être le profit adjugé, sans autre forme ni figure
» de procès, dans huitaine après le crime commis.

XXIX » Afin d'empêcher les surprises de ceux, qui pour obtenir des graces Nous déguiseroient
» la vérité des combats arrivés au préjudice des défenses portées par notre présent Edit, & met-
» troient en avant des faux faits pour faire croire que lesdits combats seroient survenus inopiné-
» ment, & ensuite de querelles prises sur le champ, Nous ordonnons que nul ne sera reçu à pour-
» suivre aucune grace, qu'il ne soit actuellement prisonnier à notre suite, ou dans une Prison
» Royale, où étant vérifié qu'il n'a contrevenu en aucune sorte à notre présent Edit, il pourra
» obtenir des Lettres de rémission en connoissance de cause.

XXX. » Sachant que les Loix, quelques bonnes & saintes qu'elles soient en elles-mêmes, sont
» souvent plus dommageables qu'utiles au Public, si elles ne sont entièrement & religieusement ob-
» servées, Nous enjoignons & commandons très expressément à nosdits Cousins les Maréchaux
» de France, auxquels appartient, sous notre autorité, la connoissance & décision des contentions
» & querelles qui concernent l'honneur & réputation de nos Sujets, de tenir très expressément &
» très soigneusement la main à l'observation de notre présent Edit, sans y apporter aucune modé-
» ration, ni permettre que par faveur, connivence, ou autrement, il y soit contrevenu en aucune
» sorte, nonobstant toutes Lettres closes & patentes, & tous autres Commandemens qu'ils pour-
» roient recevoir de Nous, auxquels Nous leur défendons de s'arrêter, sur tant qu'ils désirent de
» Nous obéir & de Nous plaire : Nous faisons aussi pareil commandement & défenses aux autres
» Officiers de notre Couronne, & aux Gouverneurs & Lieutenans Généraux de nos Provinces.

XXXI. » S'il arrive que nonobstant les défenses si expresses portées par notre présent Edit, il y
» ait eu appel, duel, ou combat, en ce cas Nous ne voulons plus que la connoissance ou juge-
» ment en appartienne à nosdits Cousins les Maréchaux de France, ni aux Gouverneurs & Lieu-
» tenans Généraux de nos Provinces ; mais Nous les avons attribués & attribuons à nos Cours de
» Parlement, pour ce qui arrivera dans l'enceinte & ès environs des Villes où elles sont séantes,
» ou bien plus loin, entre les personnes de telle qualité & importance qu'ils jugent y devoir in-
» terposer leur autorité ; & hors ce cas, Nous faisons ladite attribution à nos Juges ordinaires,
» à la charge de l'appel, avec défenses à notre Grand Prévôt, ses Lieutenans, & tous autres Pré-
» vôts, Lieutenans de Robe Courte, & autres Juges extraordinaires d'en connoître, quelque attri-
» bution & adresse qui leur en pût être faite ; déclarant dès à-présent telles procédures nulles &
» de nul effet.

XXXII. » Afin de remédier aux abus qui se pourroient commettre pour affoiblir l'effet de
» notre présent Edit, Nous déclarons toutes dispositions faites en fraude évidente dudit Edit, six
» mois auparavant le crime commis, ou depuis ledit crime, en quelque maniere que ce soit,
» nulles & de nul effet ; & voulons qu'en ce cas, outre les peines susdites, nos Juges ordonnent
» telles récompenses qu'ils estimeront être raisonnables, à ceux qui auront découvert lesdites fraudes,
» afin que dans un crime public & si désagréable à Dieu, chacun soit invité à la dénonciation.

XXXIII. » Bien qu'après le serment si grand & si solemnel que Nous avons fait ci-dessus, de
» n'accorder jamais aucunes graces des peines contenues au présent Edit, il n'y ait pas lieu de
» douter que Nous ne l'observions inviolablement, néanmoins afin de faire connoître à tout le
» monde, jusqu'à quel point Nous nous sommes résolus, pour l'acquit de notre conscience envers
» Dieu, & de notre soin paternel envers nos Sujets, de Nous démettre en cette occasion de notre
» souveraine puissance, pour Nous ôter le moyen de contrevenir à un dessein si digne d'un Roi
» très Chrétien, & du Fils Aîné de l'Eglise, Nous avons fait jurer en nos mains aux Secretaires
» de nos Commandemens, de ne signer jamais aucunes Lettres, qui directement ou indirectement
» soient contraires à notre présent Edit ; & à notre très cher & féal Chancelier de n'en point scel-
» ler, quelques exprès commandemens qu'ils en puissent recevoir de notre part ; mais de refuser
» absolument tous ceux qui poursuivroient telles graces. Déclarons aussi devant Dieu & devant les
» Hommes, que Nous réputerons pour infracteurs de nos Loix, ennemis de notre réputation, &
» par conséquent indignes de nos bonnes graces, tous ceux qui médiatement ou immédiatement
» entreprendront de Nous faire relâcher d'une résolution si sainte. Que si nonobstant toutes les pré-
» cautions que Nous prenons par cet Article, à ce qu'il ne s'expédie jamais de Lettres contraires à
» aucune des clauses du présent Edit, il arrivoit par surprise, qu'il s'en expédiât quelques unes, Nous
» voulons & entendons qu'elles soient nulles & de nul effet, comme données contre notre intention
» & notre foi ; faisant très expresses inhibitions & défenses à nos Cours souveraines, & autres Ju-
» ges, auxquelles elles seront adressées, d'y avoir aucun égard, comme étant contraires à notre
» volonté, quelques clauses de notre propre mouvement ou autre dérogation qui y puissent être
» apportées.

XXXIV. » Et afin de n'oublier rien de tout ce qui peut dépendre de Nous pour déraciner

Mais, comme on trouva bientôt le moyen de déguifer les Duels fous le nom de Rencontres, la Déclaration du 11 Mai 1644, eut pour objet d'ôter ce nouveau fubterfuge au crime (*a*).

On prit encore de nouvelles précautions pour arrêter l'impunité de ce crime dans la Déclaration qui intervint deux années après, le 13 Mars 1646 (*b*).

» de nos Royaumes un crime fi abominable, & qui renverfe tous les fondemens de la Religion
» Chrétienne, Nous proteftons, non-feulement de ne fouffrir jamais, en faveur de qui que ce
» foit, la moindre contravention au préfent Edit; mais Nous nous réfervons d'y ajouter de nou-
» velles peines encore plus grandes & plus féveres, fi cette damnable fureur ne peut être arrêtée
» par celles que Nous établiffons maintenant; ce que Nous voulons efpérer qui n'aviendra pas,
» & que Dieu bénira nos juftes intentions dans une occafion fi fainte & fi importante pour fa gloire.
» Si donnons en mandement à nos amés & féaux les Gens tenans nos Cours de Parlement, Baillifs,
» Sénéchaux, & autres nos Jufticiers & Officiers qu'il appartiendra, que le contenu en ces Préfentes
» ils faffent lire, publier & enregiftrer, garder & obferver, gardent & obfervent inviolablement &
» fans l'enfreindre. Car tel eft notre plaifir. Et afin que ce foit chofe ferme & ftable à toujours,
» Nous avons figné ces Préfentes de notre main, & à icelles fait mettre & appofer notre Scel, fauf
» en autres chofes notre droit, & l'autrui en toutes. Donné à Paris au mois de Juin, l'an de grace
» mil fix cent quarante-trois, & de notre Regne le premier. *Signé*, LOUIS. *Et d côté* : Vifa. *Et plus*
» *bas* : Par le Roi ; LA REINE RÉGENTE, fa Mere, préfente : DE GUENÉGAUD. Et fcellé du grand
» Sceau de cire verte, fur lacqs de foie rouge & verte.

(*a*) LOUIS, par la grace de Dieu, Roi de France & de Navarre : A tous ceux qui ces préfentes
» Lettres verront, falut. Nous avons cru que le dernier Edit qui a été renvoyé en notre Cour de
» Parlement, fur le fait des duels, feroit un remede affez puiffant pour arrêter le cours de ce mal,
» qui dès long-tems travaille notre Etat, & par fa fureur épuife le fang de la Nobleffe, qui
» feroit plus honorablement répandu dedans nos Armées; mais l'expérience Nous a fait connoî-
» tre, qu'il n'y a point de Loi fi faintement établie, dont on ne trompe les bonnes & juftes inten-
» tions, par les fraudes & les déguifémens qu'on y apporte pour les rendre inutiles & fans effet. Car
» on peut dire, que depuis les défenfes qui ont été publiées, on a vu plus de duels qu'il n'en avoit
» été faits long-tems auparavant; ce qui ne procede d'ailleurs que des prétexte qu'on recherche, &
» de la confiance que l'on prend de les pouvoir facilement faire paffer pour des rencontres. A ces
» caufes, defirant d'ôter tous moyens, & retrancher tous les artifices que l'on peut apporter pour l'im-
» punité à un fi grand crime, & faire qu'à l'avenir les défenfes foient plus exactement obfervées,
» Nous avons, de l'avis de la Reine Regente, notre très honorée Dame & Mere; de notre très
» cher & très amé Oncle le Duc d'Orléans, & de notre très cher & très amé Coufin le Prince de
» Condé, dit & déclaré, difons & déclarons par ces Préfentes fignées de notre main, que tous
» combats qui fe feront ci-après fe rencontrer ou autrement, feront pris & réputés pour duels; &
» fera procédé contre ceux qui les auront faits par les mêmes peines qui font ordonnées contre ceux
» qui fe font battus en duel, fi ce n'eft qu'ils fe mettent en état dans les Prifons de nos Cours
» de Parlement, dans le Reffort defquels les combats auront été faits, & qu'ils juftifient par bon-
» nes & valables preuves qu'ils ont été faits par rencontre, & fans aucun deffein prémédité; hors
» laquelle condition, Nous voulons qu'à la diligence de notre Procureur Général en nofdites
» Cours de Parlement, il foit inceffamment procédé contre tous ceux qui fe font battus, pour être
» punis felon la rigueur des mêmes peines qui font ordonnées par notre Edit qui a été publié fur
» le fait des duels. Si donnons en mandement à nos amés & féaux Confeillers, les Gens tenans
» notre Cour de Parlement de Paris, Baillifs, Sénéchaux, Juges, ou leurs Lieutenans, & à tous
» autres nos Jufticiers & Officiers qu'il appartiendra, que ces Préfentes ils faffent lire, publier,
» regiftrer, exécuter, garder & obferver felon leur forme & teneur. Enjoignons à nos Procu-
» reurs Généraux, leurs Subftituts préfens & à venir, d'y tenir la main, & faire les diligences re-
» quifes & néceffaires pour ladite exécution. Car tel eft notre plaifir : en témoin de quoi Nous
» avons fait mettre notre Scel à cefdites Préfentes. Donné à Paris, l'onzieme jour de Mai, l'an
» de grace mil fix cent quarante-quatre, & de notre Regne le premier. *Signé*, LOUIS. *Et fur*
» *le replis* : Par le Roi : LA REINE REGENTE, fa Mere, préfente : DE GUENEGAUD. Et fcellée fur
» double queue du grand Sceau de cire jaune.

(*b*) LOUIS, par la grace de Dieu, Roi de France & de Navarre : à tous ceux qui ces préfen-
» tes Lettres verront; falut. Nous croyions que les graces que Nous avions faites à ceux de notre
» Nobleffe qui étoient tombés dans le crime des duels & rencontres, & les peines que Nous avions
» ordonnées par notre Edit, à l'entrée de notre Regne, auroientfervi de puiffans moyens pour re-
» tenir nos Sujets dans le refpect qu'ils doivent à nos Commandemens; mais tant s'en faut que
» toutes ces juftes obligations aient eu aucun effet, qu'au contraire il femble que la bonté, dont
» Nous avons ufé, n'ait fervi qu'à augmenter la licence de commettre ce crime par une efpé-
» rance d'impunité; en forte que le mal eft venu à une telle extrémité, que nos très chers & bien
» a més Coufins les Maréchaux de France Nous ont fait connoître que leur autorité venoit en tel
» mépris, que quelque foin qu'ils apportent pour prévenir ces combats, leur travail demeure fans

Nonobſtant ces différentes Loix les Guerres civiles, dont la minorité de Louis XIV fut agitée, en arrêterent l'efficacité par l'eſpece

» fruit. Ce Nous eſt un extrème déplaiſir de voir l'innocence de notre âge & la juſtice de notre
» Regne bleſſées par un crime ſi déteſtable, qui offenſe également la Majeſté divine & celle des
» Rois ; & que lorſque Dieu verſant ſes bénédictions ſur notre Regne, il donne la force à nos ar-
» mes, & Nous rend victorieux de nos Ennemis; nos Sujets, par un mépris inſupportable, s'éle-
» vent au-deſſus des Loix divines & humaines, & triomphant en quelque façon de notre autorité,
» il ſeroit à craindre que ſi Nous n'employions tous nos ſoins pour arrêter le cours de cette injuſ-
» tice, que Dieu enfin ne retirât ſes bénédictions qu'il Nous a juſqu'ici ſi abondamment dépar-
» ties : ce qui Nous a fait réſoudre, par l'avis de la Reine Régente, notre très honorée Dame &
» Mere, de renouveller nos défenſes ſur le ſujet des duels, ajouter quelques Réglemens que Nous
» avons jugés néceſſaires pour s'oppoſer aux violentes entrepriſes contre notre autorité. Et comme
» juſqu'ici l'impunité de ce crime a donné plus d'audace de l'entreprendre, & qui eſt arrivé par le
» défaut de preuves que ceux qui ſont intéreſſés détournent ; Nous avons eſtimé à propos d'or-
» donner, que ſur la requiſition ſimple qui ſera faite par notre Procureur Général, il ſoit ordonné
» par nos Cours, que ceux qu'ils accuſeront de s'être battus en duel, ſoient obligés de ſe rendre
» aux Priſons des Cours de Parlement, pour répondre aux Concluſions qu'ils entendront prendre
» contr'eux. A ces cauſes, de l'avis de la Reine Régente, notre très honorée Dame & Mere, &
» de notre très cher & très amé Oncle le Duc d'Orléans, notre très cher & très amé Couſin le
» Prince de Condé, notre très cher & très amé Couſin le Cardinal Mazarin, & d'autres notables
» Perſonnages de notre Conſeil ; Nous avons dit, déclaré & ordonné, diſons, déclarons & ordon-
» nons, qu'à l'avenir nos Procureurs Généraux ſur nos Cours de Parlement, ſur l'avis qu'ils au-
» ront des combats qui auront été faits, faſſent leurs requiſitions contre ceux qui par notorieté en
» ſeront eſtimés coupables, & que conformément à icelles, noſdites Cours, ſans autre preuve, or-
» donnent que dans les delais qu'elles jugeront à propos, ils ſeront tenus de ſe rendre en leurs Pri-
» ſons pour ſe juſtifier, & répondre ſur les requiſitions de noſdits Procureurs Généraux : & à faute
» dans ledit tems de ſatisfaire aux Arrêts qui ſeront ſignifiés à leurs domiciles, voulons qu'ils ſoient
» déclarés atteints & convaincus des cas à eux impoſés ; & comme tels, qu'ils ſoient condamnés
» aux peines portées par nos Edits : enjoignons à noſdits Procureurs Généraux de Nous tenir avertis
» des condamnations qui ſeront rendues, & des diligences qu'ils apporteront pour l'exécution d'icel-
» les, & d'en envoyer les procédures à notre très cher & féal le Chancelier de France. Et afin que
» ceux qui ſeront offenſés ne recherchent de tirer leur ſatisfaction par la voie des armes, Nous
» voulons & ordonnons que nos très chers & bien amés Couſins les Maréchaux de France, pien-
» nent un ſoin particulier de terminer les différends & querelles qui naîtront entre nos Sujets no-
» bles & portans les armes, & de faire faire les ſatisfactions proportionnées aux injures reçues : &
» ce qui ſera par eux ordonné ſur ce fait, comme ſi c'étoit par Nous mêmes ; leur
» permettant, en cas de refus & de déſobéiſſance aux ordres qu'ils auront donnés ſur les que-
» relles, de faire mettre en priſon ceux qui ſeront refuſans d'obeir. Et en cas que ceux qui auront
» été appellés devant eux pour être ouïs ſur leurs différends, ne ſe préſentent, ou bien s'étant
» préſentés, ils trompent les gardes qui leur auroient été donnés ; Nous entendons, qu'encore
» que le combat ne s'en ſoit enſuivi, que noſdits Couſins les Maréchaux de France les faſſent
» arrêter, & condamner à une priſon pour tel tems qu'ils jugeront à propos ; Nous réſervant d'or-
» donner à l'encontre d'eux plus grande peine, s'il y échéoit. Défendons néanmoins à noſdits
» Couſins les Maréchaux de France d'entendre devant eux ceux qui auront querelle, lorſqu'il y
» aura eu appel, que premierement les Parties ne ſoient actuellement dans les priſons qu'ils leur
» ordonneront ; & avant que procéder à leur accord, ils Nous en donneront avis pour recevoir
» ſur ce nos Commandemens. Faiſons très expreſſes inhibitions & défenſes à toutes perſonnes de
» quelque qualité & condition qu'elles ſoient, de recevoir dans leurs Hôtels & Maiſons ceux qui
» auront contrevenu à notre Déclaration ſur le fait des duels & rencontres : Voulons & entendons
» qu'elle ſoit exactement obſervée & entretenue en tous ſes points ſelon ſa forme & teneur, ſans
» qu'il puiſſe y être dérogé en quelque façon & maniere que ce ſoit. Défendons à toutes perſon-
» nes, de quelque qualité & condition qu'elles ſoient, de Nous propoſer d'accorder aucune grace
» à ceux qui auront contrevenu à nos Réglemens, à peine de notre indignation ; & aux Secré-
» taires d'Etat & de nos Commandemens d'en ſigner aucune ; & à notre très cher & féal Chan-
» celier de France de les ſceller ; déclarant dès-à preſent toutes celles qui pourroient être expédiées
» nulles & de nul effet. Défendons à nos Cours de Parlement, & autres nos Juſticiers & Offi-
» ciers, auxquels elles ſeront adreſſées, d'y avoir aucun égard. Si donnons en man-
» dement à nos amés & féaux Conſeillers, les Gens tenans nos Cours de Parlemens, Bailliſs,
» Sénéchaux, Prévôts, Juges ou leurs Lieutenans, & tous autres Juſticiers & Officiers qu'il appar-
» tiendra, que ces Préſentes nos Lettres de Déclaration ils aient à faire lire, publier & enre-
» giſtrer, & le contenu en icelles garder & obſerver inviolablement ſelon leur forme & teneur,
» ſans permettre qu'il y ſoit contrevenu en aucune ſorte & maniere que ce ſoit. Car tel eſt notre
» plaiſir. En témoin de quoi Nous avons fait mettre notre Scel à ceſdites Preſentes. Donné à Paris
» le treizieme jour de Mars, l'an de grace mil ſix cent quarante ſix, & de notre Regne le troiſie-
» me. Signé, L O U I S. Et plus bas : Par le Roi : LA REINE REGENTE, ſa Mere, préſente : DE
» GVENEGAUD. Et ſcellé du grand Sceau de cire jaune.

d'impuiſſance

d'impuiſſance où l'on étoit alors d'en maintenir l'exécution. C'eſt ce qui détermina Louis XIV, auſſi-tôt qu'il fut en état de prendre lui-même en mains les rênes de la Monarchie, à renouveller ſur ce point les anciennes Loix, en y ajoûtant même de nouvelles diſpoſitions par ſon Edit du mois de Septembre 1651 (a).

(a) » L O U I S , par la grace de Dieu, Roi de France & de Navarre: A tous preſens & à venir,
» ſalut. Nous eſtimons ne pouvoir plus efficacement attirer les graces & bénédictions du Ciel ſur
» Nous & ſur nos Etats , qu'en commençant nos actions, à l'entrée de notre Majorité , par une
» forte & ſevere oppoſition aux pernicieux déſordres des duels & combats par rencontres, dont
» l'uſage eſt non-ſeulement contraire aux Loix de la Religion Chrétienne & aux nôtres, mais très
» préjudiciables à nos Sujets , & ſpécialement à notre Nobleſſe, dont la conſervation Nous eſt
» auſſi chere qu'elle eſt importante à l'Etat : & bien que Nous ayons, à l'exemple des Rois nos
» prédéceſſeurs , fait tout notre poſſible, depuis notre Avénement à cette Couronne, pour réprimer
» un mal dont les effets ſont ſi funeſtes au général & aux principales Familles de notre Royaume,
» ayant par divers Edits , Déclarations & Réglemens , & ſous de notables peines, prohibé tous les
» combats ſinguliers & autres entre nos Sujets, pour quelque cauſe & ſous quelque prétexte qu'ils
» puiſſent être entrepris ; néanmoins nos ſoins n'ont pas eu le ſuccès que Nous en eſpérions , voyant
» avec un extrême déplaiſir, que par la longueur de la guerre que Nous avons été obligés de ſou-
» tenir contre la Couronne d'Eſpagne, après avoir été juſtement entrepriſe par le feu Roi notre très
» honoré Seigneur & Pere , de glorieuſe mémoire , que Dieu abſolve ; ou par les mouvemens in-
» te ſtins arrivés depuis quelques années , que Nous avons heureuſement appaiſés , &encore par la dou-
» ceur qu'il a convenu exercer pendant notre Minorité : cette licence s'eſt accrue à tel point qu'elle ſe
» rendroit irrémédiable , ſi Nous ne prenions une ferme réſolution, comme Nous faiſons préſen-
» tement , d'empêcher avec une juſtice très ſévere, & par toutes les voies raiſonnables, les contraven-
» tions faites à nos Edits & Ordonnances en une matiere de ſi grande conſéquence. A ces cauſes, &
» autres bonnes & grandes conſidérations à ce Nous mouvans , de l'avis de notre Conſeil , où étoient
» la Reine notre très honorée Dame & Mere , notre très cher & très amé Oncle le Duc d'Orléans ;
» nos très chers & très amés Couſins les Princes de Condé & de Conti, & autres Princes , Ducs ,
» Pairs & Officiers de notre Couronne, & Principaux de notredit Conſeil : & après avoir exa-
» miné en icelui ce que nos très chers & bien amés Couſins les Maréchaux de France, qui ſe ſont
» aſſemblés pluſieurs fois ſur ce ſujet par notre exprès commandement, Nous ont repréſenté des
» cauſes de cette licence & des moyens de la réprimer & faire ceſſer à l'avenir , Nous avons , en re-
» nouvellant les défenſes portées par les Edits & Ordonnances des Rois nos prédéceſſeurs , & en y
» ajoutant ce que Nous avons jugé néceſſaire , ſans néanmoins les révoquer ni annuller , dit, dé-
» claré , ſtatué & ordonné ; diſons , déclarons , ſtatuons & ordonnons par notre preſent Edit, per-
» pétuel & irrévocable, voulons & nous plaît qui ſuit.

A R T I C L E   P R E M I E R.

» Premierement , Nous exhortons tous nos ſujets , & leur enjoignons de vivre à l'avenir les uns
» avec les autres , dans la paix, l'union & la concorde néceſſaire pour leur conſervation, celle
» de leur Famille & celle de l'Etat , à peine d'encourir notre indignation & de châtiment exem-
» plaire : Nous leur ordonnons auſſi de garder le reſpect convenable à chacun ſelon ſa qualité,
» ſa dignité & ſon rang ; & d'apporter mutuellement les uns avec les autres tout ce qui dépendra
» d'eux pour prévenir tous différends , débats & querelles , notamment celles qui peuvent être ſui-
» vies de voies de fait ; & de ſe donner les uns aux autres ſincerement & de bonne foi tous les éclair-
» ciſſemens néceſſaires ſur les plaintes & mauvaiſes ſatisfactions qui pourront ſurvenir entr'eux ,
» & d'empêcher que l'on ne vienne aux mains en quelque maniere que ce ſoit ; déclarons que Nous
» réputerons ce procédé pour un effet de l'obéiſſance qui Nous eſt dûe , & que Nous tenons plus
» conforme aux maximes du véritable honneur, auſſi bien qu'à celles du Chriſtianiſme , aucuns ne
» pourront ſe diſpenſer de cette mutuelle charité ſans contrevenir aux Commandemens de Dieu ,
» auſſi bien qu'aux nôtres.
I I   » Et d'autant qu'il n'y a rien de ſi honnête , ni qui gagne davantage les affections du Public
» & des Particuliers , que d'arrêter le cours des querelles en leur ſource , Nous ordonnons à nos très
» chers & bien amés les Maréchaux de France, & aux Gouverneurs & nos Lieutenans Généraux en
» nos Provinces de s'employer eux-mêmes très ſoigneuſement & inceſſamment à terminer tous les
» différends qui pourront arriver entre nos Sujets par les voies, & ainſi qu'il leur en eſt donné
» pouvoir par leſdits Edits & Ordonnances des Rois nos prédéceſſeurs ; & en outre , Nous donnons
» pouvoir à noſdits Couſins de commettre en chacun des Bailliages , ou Sénéchauſſées de notre
» Royaume , un ou pluſieurs Gentilshommes , ſelon l'étendue d'icelles , qui ſoient de qualité, & d'âge
» & de capacité requiſes pour recevoir l'avis des différends qui ſurviendront entre les Genilshom-
» mes , Gens de guerre , & autres nos Sujets ; les renvoyer à noſdits Couſins les Maréchaux de Fran-
» ce ou aux plus anciens d'eux , ou aux Gouverneurs , ou à nos Lieutenans Généraux aux gouverne-

» meus de nos Provinces, lorsqu'ils y seront présens, & donnons pouvoir auxdits Gentilshommes,
» qui seront ainsi commis, de faire venir pardevant eux en l'absence desdits Gouvernemens &
» autres de Lieutenans Généraux tous ceux qui auront quelque différend, pour les accorder ou les ren-
» voyer pardevant nosdits Cousins les Maréchaux de France, au cas que quelqu'une des Parties se
» trouve lezée par l'accord de desdits Gentilshommes. Et pour cette fin, Nous enjoignons très expres-
» sément à tous Prévôts de Ma échaux, Vice-Baillifs, Vice-Sénéchaux, leurs Lieutenans, Exempts,
» Greffiers & Archers d'obéir promptement & fidélement, sur peine de suspension de leurs Charges,
» & de privation de leurs gages, auxdits Gentilshommes commis sur le fait desdits différends ;
» soit qu'il faille assigner ceux qui ont querelle, les constituer prisonniers, saisir & arrêter leurs
» biens, ou faire tous autres Actes nécessaires pour empêcher les voies de fait & pour l'exécution
» des ordres desdits Gentilshommes ainsi commis, le tout aux frais & dépens des Parties.

III. » Nous déclarons en outre que tous ceux qui assisteront ou se rencontreront, quoiqu'inopi-
» nément, aux lieux où se commettront des offenses à l'honneur, soit par des rapports ou discours
» injurieux, soit par manquement de promesse ou paroles données, soit par démentis, coup de
» main, ou autres outrages, de quelque nature qu'ils soient, seront à l'avenir obligés d'en avertir
» nos Cousins les Maréchaux de France, ou les Gouverneurs & Lieutenans Généraux des Provinces, ou
» les Gentilshommes commis par lesdits Maréchaux, sur peine d'être réputés complices desdites offen-
» ses, & d'être poursuivis, comme y ayant tacitement contribué, pour ne s'être pas mis en devoir
» d'en empêcher les mauvaises suites. Voulons pareillement, & Nous plaît que ceux qui auront
» connoissance de quelques commencemens de querelles & d'animosités, causés par des Procès qui
» seroient sur le point d'être intentés entre Gentilshommes pour quelques intérêts d'importance,
» soient obligés à l'avenir d'en avertir nosdits Cousins les Maréchaux de France, ou les Gouverneurs
» ou nos Lieutenans Généraux en nos Provinces, ou en leur absence, les Gentilshommes commis
» dans les Baillages, afin qu'ils empêchent de tout leur pouvoir, que les Parties ne sortent des
» voies civiles & ordinaires pour venir à celles de fait.

IV. » Lorsque nosdits Cousins les Maréchaux de France, les Gouverneurs ou nos Lieutenans
» Généraux en nos Provinces, ou les Gentilshommes commis, auront eu avis de quelque diffé-
» rend entre les Gentilshommes, & entre tous ceux qui font profession d'armes dans notre Royau-
» me & Pays de notre obéissance, lequel procédant de paroles outrageuses, ou autre cause touchant
» l'honneur, semblera devoir se porter à quelque ressentiment extraordinaire, nosdits Cousins les
» Maréchaux de France enverront au si-tôt des défenses très expresses aux Parties de se rien de-
» mander par les voies de fait, directement ou indirectement, & les feront assigner à compa-
» roir incessamment pardevant eux pour y être réglées. Que s'ils appréhendent que lesdites Parties
» soient tellement animées, qu'elles n'apportent pas tout le respect & la déférence qu'elles doivent à
» leurs ordres, ils leur enverront incontinent des Archers des Gardes de la Connétablie & Ma-
» réchaussée de France, pour se tenir près de leurs personnes, aux frais & dépens desdites Parties
» jusqu'à ce qu'elles se soient rendues pardevant eux : ce qui sera aussi pratiqué par les Gouver-
» neurs ou Lieutenans Généraux en nos Provinces, dans l'étendue de leurs Gouvernemens & Char-
» ges, en faisant assigner pardevant eux ceux qui auront querelles, ou leur envoyant de leurs Gar-
» des ou quelques autres personnes qui se tiendront près d'eux pour les empêcher de venir aux voies
» de fait. Et Nous donnons pouvoir aux Gentilshommes commis dans chaque Baillage, de tenir,
» en l'absence des Maréchaux de France, Gouverneurs & Lieutenans Généraux aux Provinces, la
» même procédure envers ceux qui auront querelle ; & se servir des Prévôts des Maréchaux, &
» leurs Lieutenans, Exempts & Archers pour l'exécution de leurs ordres.

V. » Ceux qui auront querelle, étant comparus pardevant nos Cousins les Maréchaux de Fran-
» ce, ou Gouverneurs ou nos Lieutenans Généraux en nos Provinces, ou en leur absence, devant
» lesdits Gentilshommes, s'il apparoît de quelque injure atroce qui ait été faite avec avantage, soit
» de dessein prémédité ou de gaieté de cœur, Nous voulons & entendons que la Partie offensée en
» reçoive une réparation & une satisfaction si avantageuse, qu'elle ait tout sujet d'en demeurer
» contente, confirmant, en tant que besoin est, par notre présent Edit, l'autorité attribuée par les seuls
» Rois nos très honorés Ayeul & Pere à nosdits Cousins les Maréchaux de France, de juger & dé-
» cider par Jugemens souverains tous différends concernans le point d'honneur & réparation d'of-
» fense ; soit qu'ils arrivent dans notre Cour, ou en quelqu'autre lieu de nos Provinces où ils se trou-
» veront ; & auxdits Gouverneurs & Lieutenans Généraux le pouvoir qu'ils leur ont donné pour
» même fin chacun en l'étendue de sa Charge.

VI. » Et parcequ'il se commet quelquefois des offenses si importantes à l'honneur ; que non-
» seulement les personnes qui les reçoivent en sont touchées, mais aussi le respect qui est dû à nos
» Lox & Ordonnances y est manifestement violé, Nous voulons que ceux qui auront fait de sem-
» blables offenses, outre les satisfactions ordonnées à l'égard des personnes offensées, soient encore
» condamnés par les Juges du point d'honneur, à souffrir prison, bannissement & amendes. Con-
» sidérant aussi qu'il n'y a rien de si déraisonnable ni de si contraire à la profession d'honneur, que
» l'outrage qui se feroit pour le sujet de quelque intérêt civil, ou de quelque procès qui seroit in-
» tenté pardevant les Juges ordinaires, Nous voulons que dans les accommodemens des offenses
» provenues de semblables causes, lesdits Juges du point d'honneur tiennent toute la rigueur qu'ils
» verront raisonnable pour la satisfaction de la Partie offensée, & pour la réparation de notre
» autorité blessée ; qu'ils ordonnent ou la prison durant l'espace de trois mois au moins, ou
» le bannissement pour autant de tems des lieux où l'Offensant fera sa résidence ; ou la privation
» du revenu d'une année ou deux de la chose contestée, icelui applicable à l'Hôpital de la Vile
» où le procès sera intenté.

VII. » Comme il arrive beaucoup de différends entre les Gentilshommes, à caufe des chaffes, des
» Droits honorifiques des Eglifes & autres Prééminences des Fiefs & Seigneuries pour être fort mê-
» lées avec le point d'honneur, Nous voulons & entendons que nofdits Coufins les Maréchaux de
» France, les Gouverneurs ou nos Lieutenans Généraux en nos Provinces, & les Gentilshommes
» commis dans les Bailliages ou Sénéchauffées, apportent tout ce qui dépendra d'eux, pour faire
» que les Parties conviennent d'Arbitres qui jugent fouverainement avec eux, fans aucunes confi-
» gnations ni épices, le fond de femblables différends à la charge de l'appel en nos Cours de Par-
» ment, lorfque l'une des Parties fe croira léfée par la Sentence arbitrale.

VIII. » Au cas qu'un Gentilhomme refufe ou differe, fans aucune caufe légitime, d'obéir à nof-
» dits Coufins les Maréchaux de France, ou à ceux des autres Juges du point d'honneur, comme de
» comparoître pardevant eux, lorfqu'il aura été affigné par Acte fignifié à lui ou à fon domicile;
» & auffi lorfqu'il n'aura pas fubi le banniffement ordonné contre lui, il y fera inceffamment con-
» traint après un certain tems que lefdits Juges lui prefcriront, foit par Garnifon, qui fera pofée
» dans fa maifon, ou par emprifonnement de fa perfonne. Ce qui fera foigneufement exécuté par
» les Prévôts de nofdits Coufins les Maréchaux, Vice Baillifs, Vice Sénéchaux, leurs Lieutenans,
» Exempts & Archers, fur peine de fufpenfion de leurs Charges & privation de leurs gages fuivant
» les Ordonnances defdits Juges, & ladite exécution fera tant aux frais & dépens de la Partie défo-
» béiffante ou infractaire. Que fi lefdits Prévôts, Vice Baillifs, Vice Sénéchaux, leurs Lieutenans,
» Exempts & Archers ne peuvent exécuter ledit emprifonnement, ils faifiront & annoteront tous les
» revenus dudit Banni ou Défobéiffant, pour être appliqués & demeurés acquis durant tout le tems
» de fa défobéiffance; favoir, la moitié à l'Hôpital de la Ville où il y a Parlement établi, & l'au-
» tre moitié à l'Hôpital du Lieu où il y a Siege Royal, dans le Reffort duquel Parlement & Siege
» Royal les biens dudit Banni ou Défobéiffant fe trouveront, afin que s'entr'aidant dans la pour-
» fuite, l'un puiffe fournir l'avis & la preuve, & l'autre interpofer notre autorité par celle de la
» Juftice pour l'effet de notre intention: & au cas qu'il y ait des dettes précédentes qui empêchent
» la perception de ce revenu applicable au profit defdits Hôpitaux, la fomme à quoi il pourra
» monter vaudra une dette hypotequée fur tous les biens, meubles & immeubles du Banni, pour
» être payée & acquittée fans fon ordre, du jour de la condamnation qui interviendra contre lui.

IX. » Nous ordonnons en outre en conféquence de notre Déclaration de l'an 1646, publiée &
» enregiftrée en notre Cour de Parlement, que ceux qui auront eu des Gardes de nos Coufins les
» Maréchaux de France, des Gouverneurs ou nos Lieutenans Généraux dans nos Provinces, ou
» defdits Gentilshommes commis, & qui s'en feront dégagés en quelque maniere que ce puiffe être,
» foient punis avec rigueur, & ne puiffent être reçus à l'accommodement fur le point d'honneur,
» que les Coupables de ladite garde enfreinte n'aient tenu prifon; & qu'à la requête de notre Pro-
» cureur à la Connétablie, & des Subftituts aux autres Maréchauffées de France, le procès ne leur ait
» été fait felon les formes requifes par nos Ordonnances: voulons & Nous plaît que fur le procès
» verbal ou rapport des Gardes qui feront ordonnés près d'eux, il foit fans autre information décrété
» contre eux, à la requête defdits Subftituts, & leur procès fommairement fait.

X. » Bien que le foin que Nous prenons de l'honneur & de la réputation de notre Nobleffe pa-
» roiffe affez par le contenu aux Articles précédens, & par la foigneufe recherche que Nous fai-
» fons des moyens eftimés les plus propres pour éteindre les querelles dans leur naiffance, & re-
» jetter fur ceux qui offenfent le blâme & la honte qu'ils méritent, néanmoins appréhendant
» qu'il ne fe trouve encore des gens affez ofés pour contrevenir à nos volontés fi expreffément ex-
» pliquées, & qui préfument d'avoir raifon en cherchant à fe venger, Nous voulons & ordon-
» nons que celui qui s'eftimera offenfé, fera un appel à qui que ce foit pour foi-même, demeure
» déchu de pouvoir jamais avoir fatisfaction de l'offenfe qu'il prétendra avoir reçue, qu'il foit
» banni de notre Cour ou de fon pays durant l'efpace de deux ans pour le moins, qu'il foit fuf-
» pendu de toutes fes Charges, & privé du revenu d'icelles pendant trois ans, ou bien qu'il foit
» tenu Prifonnier fix mois entiers, & condamné de payer une amende à l'Hôpital du Lieu de fa
» demeure, ou de la Ville la plus prochaine qui ne pourra être de moindre valeur que le quart de
» tout fon revenu d'une année. Permettons à tous Juges d'augmenter lefdites peines, felon que
» les conditions des perfonnes, les fujets des querelles, comme procès intentés, ou autres intérêts
» civils, les défenfes ou gardes enfreintes ou violées, les circonftances des lieux & des tems, ren-
» dront l'appel plus puniffable. Que fi celui qui eft appellé, au lieu de refufer l'appel, & d'en don-
» ner avis à nos Coufins les Maréchaux de France, ou aux Gouverneurs ou nos Lieutenans Géné-
» raux en nos Provinces, ou aux Gentilshommes commis, ainfi que Nous lui enjoignons de faire,
» va fur le lieu de l'affignation, ou fait effort pour cet effet, il foit puni des mêmes peines de l'Ap-
» pellant.

XI. » Et d'autant qu'outre le blâme & le crime que doivent encourir ceux qui appelleront, il y a
» de certaines perfonnes qui méritent doublement d'en être châtiées & reprimées, comme lorfqu'ils
» s'attaquent à ceux qui font leurs Bienfaiteurs, Supérieurs ou Seigneurs, & Perfonnes de commande-
» ment, & relevées par leur Qualité & charge, & fpécialement aux querelles naiffent pour
» des actions d'obéiffance, auxquelles une condition, charge ou emploi fubalterne les ont foumi-
» fes, ou pour des châtimens qu'ils ont fubis par l'autorité de ceux qui ont le pouvoir de les y
» affujettir: confidérant qu'il n'y a rien de plus néceffaire pour le maintien de la difcipline, mê-
» me entre ceux qui font proffeffion des armes, que le refpect envers ceux qui les commandent,
» Nous voulons & ordonnons que ceux qui s'emporteront à cet excès, & nota ment qui appelle-
» ront leurs Chefs ou autres qui ont droit de le ir commander, foient fufpendus ou privés de tou-
» tes leurs Charges & de tout le revenu d'icelles durant fix ans, qu'ils foient bannis de notre Cour;
» ou de leur pays pour quatre ans, ou retenus prifonniers un an entier, & condamnés de payer

» une amende aux Hôpitaux des Lieux , ou des plus voifins , laquelle ne pourra être de moindre
» valeur que de la moitié de tous leurs revenus : enjoignant très expreffément à nofdits Coufins les
» maréchaux de France , & fingulierement aux Généraux de nos Armées , dans lefquelles ce dé-
» fordre eft plus fréquent qu'en nul autre lieu , de tenir la main à l'exacte & fevere exécution du
» préfent Article. Que fi les Chefs ou Officiers fupérieurs , & les Seigneurs qui auront été appellés ,
» reçoivent l'appel , & fe mettent en état de fatisfaire les Appellans , ils feront punis des mêmes
» peines de banniffement , fufpenfion de leurs Charges & revenus d'icelles , prifons & amendes ci-
» deffus fpécifiées , fans qu'ils puiffent en être difpenfés , quelques inftances & fupplications qu'ils
» Nous en faffent.

XII. » Si ceux que Nous aurons été contraints de priver de leurs Charges , pour les cas ci-def-
» fus mentionnés , s'en reffentent contre ceux que Nous en aurons pourvûs , en les appellant ou
» excitant au combat pour eux-mêmes ou par autrui , par rencontre ou autrement , Nous voulons
» qu'eux & ceux dont ils fe feront fervis , foient dégradés de nobleffe , deftitués pour jamais de tou-
» tes leurs Charges , bannis de notre Cour & leur pays pour fix ans , ou retenus prifonniers deux
» ans entiers , & condamnés de payer aux Hôpitaux , comme dit eft , trois années de leur reve-
» nu , fans pouvoir jamais être relevés defdites peines ; & généralement que ceux qui viendront
» pour la feconde fois à violer notre préfent Edit , comme Appellans , & notamment ceux qui fe
» feront fervis de feconds pour porter leurs appels , foient punis des mêmes peines d'infamie , defti-
» tution de Charges , banniffemens , prifons & amendes , encore qu'il ne s'en foit enfuivi aucun
» combat.

XIII. » Si contre les défenfes portées par notre préfent Edit , l'Appellant & l'Appellé venoient
» au combat actuel , Nous voulons & ordonnons qu'encore qu'il n'y ait eu aucun de bleffé ou
» tué , le procès criminel & extraordinaire foit fait contr'eux ; qu'ils foient fans rémiffion punis
» de mort , que tous leurs biens , meubles & immeubles Nous foient confifqués , le tiers d'iceux
» appliquable à l'Hôpital de la Ville ou eft le Parlement , dans le Reffort duquel le crime aura été
» commis , & conjointement à l'Hôpital du Siége Royal le plus proche du lieu du délit ; & les deux
» autres tiers , tant aux frais des captures & de la Juftice , qu'en ce que les Juges trouveront équi-
» table d'adjuger aux Femmes & Enfans , fi aucun y a , pour leur nourriture & entretenement feu-
» lement leur vie durant. Que fi le crime fe trouve commis dans la Province où la confifcation
» n'a point lieu , Nous voulons & entendons qu'au lieu de ladite confifcation , il foit pris fur les
» biens des Criminels , au profit defdits Hôpitaux , une amende dont la valeur ne pourra être moin-
» dre que le tiers des biens des Criminels , ordonnons & enjoignons à nos Procureurs Généraux ,
» leurs Subftituts , & ceux qui auront l'adminiftration defdits Hôpitaux , de faire de foigneufes re-
» cherches & pourfuites defdites fommes & confifcation pour lefquelles leur action pourra durer ,
» pendant le tems & efpace de vingt ans , quand même ils ne feroient aucune pourfuite qui la
» pût proroger ; lefquelles fommes & confifcations ne pourront être remifes ni diverties pour quel-
» que caufe & prétexte que ce foit , dérogeant par e préfent Edit à toutes les Lettres que Nous
» pourrions accorder pour cet effet , auxquelles Nous défendons très expreffément d'avoir aucun
» égard , comme ayant été obtenués par furprife & contre notre intention. Que fi l'un des Com-
» battans , ou tous les deux font tués , Nous voulons & ordonnons que le procès criminel foit
» fait contre la mémoire des morts , comme contre Criminels de lèze Majefté divine & humaine ;
» que leurs corps foient privés de la fépulture , défendant à tous Curés , leurs Vicaires & autres Ec-
» cléfiaftiques de les enterrer , ni fouffrir être enterrés en terre fainte , confifquant en outre , com-
» me deffus , tous leurs biens , meubles & immeubles ; & quant au furvivant qui aura tué , ou-
» tre ladite confifcation de tous fes biens , il fera irrémiffiblement puni de mort fuivant la difpo-
» fition des Ordonnances.

XIV » Encore que Nous efpérions que nos défenfes & des peines fi juftement ordonnées contre
» les duels retiendront dorénavant tous nos Sujets d'y tomber ; néanmoins s'il s'en rencontroit en-
» core d'affez téméraires pour ofer contrevenir à nos volontés , non-feulement en fe faifant raifon
» par eux-mêmes , mais en engageant de plus dans leurs querelles & reffentimens des feconds , tiers
» ou autre plus grand nombre de perfonnes ; ce qui ne fe peut faire que par une lâcheté artificieu-
» fe , qui fait chercher à ceux qui fentent leur foibleffe la fûreté dont ils ont befoin dans l'adreffe &
» le courage d'autrui , Nous voulons que ceux qui fe trouveront coupables d'une fi crim nel'e & fi
» lâche contravention à notre préfent Edit , foient fans rémiffion punis de mort , quand même il
» n'y auroit aucun de bleffé ni de tué dans ces combats & des feconds ; que tous leurs bi ns
» foient confifqués , comme deffus ; que leurs armes foient noircies & brifées publiquement par
» l'Exécuteur de la Haute Juftice ; qu'ils foient dégradés de nobleffe , & déclarés , eux & leurs def-
» cendans roturiers , incapables de tenir jamais aucunes Charges ; fans que Nous ni les Rois nos
» fucceffeurs les puiffent rétablir , ni leur ôter la note d'infamie qu'ils auront juftement encourue ,
» tant par l'infraction du préfent Edit , que par leur lâche artifice , & nonobftant toutes Lettres de
» grace & d'abolition qu'ils pourroient obtenir de Nous , auxquelles Nous défendons à tous Juges
» d'avoir aucun égard : & comme nul châtiment ne peut être affez grand pour punir ceux qui
» s'engagent fi légerement & fi criminel'ement dans ces reffentimens d'offenfés où ils n'ont aucune
» part , & dont ils devroient plutôt procurer l'accommodement pour la confervation & fatisfaction
» de leurs amis , que d en pourfuivre la vengeance par des voies auffi deftituées de véritable va-
» leur & courage , comme elles le font de charité & d'amitié chrétienne : Nous voulons que tous
» ceux qui tomberont dans le crime d'être feconds ou tiers , foient punis des mêmes peines que
» Nous avons ordonnées contre ceux qui les employeront.

XV. » D'autant qu'il fe trouve des gens de naiffance ignoble , & qui n'ont jamais porté les

,, armes, qui font affez infolens pour appeller des Genulshommes, lefquels refufans de leur faire
,, rai'on à caufe de la différence des conditions, ces mêmes perfonnes fufcitent & oppofent contre
,, ceux qu'ils ont appellés d'autres Genulshommes, d'où il s'enfuit quelquefois des meurtres d'autant
,, plus déteftables, qu'ils proviennent d'une caufe abjecte ; Nous voulons & ordonnons qu'en tel
,, cas d'appel ou de combat, principalement s'ils font fuivis de quelque grande bleffure ou de mort,
,, lefdits nobles ou roturiers qui feront dûement atteints & convaincus d'avoir caufé & promu
,, femblables défordres, foient fans rémiffion pendus & étranglés, tous leurs biens, meubles & im-
,, meubles confifqués, les deux tiers aux Hôpitaux les Lieux les plus prochains, & l'autre tiers
,, employé aux frais de la Juftice, à la nourriture & entretenement des Veuves, & Enfans des dé-
,, funts, fi aucuns y a ; permettant en outre aux Juges defdits crimes, d'ordonner fur les biens
,, confifqués telles recompenfes qu'ils aviferont raifonnables aux Dénonciateurs, & autres qui auront
,, découvert lefdits cas, afin que dans un crime fi puniffable chacun foit invité à la dénonciation
,, d'icelui. Et quant aux Genulshommes qui fe feront ainfi battus pour des fujets & contre des per-
,, fonnes indignes, Nous voulons qu'ils fouffrent les mêmes peines que Nous avons ordonnées
,, contre les feconds, s'ils peuvent être appréhendés, finon il fera procédé contr'eux par défaut &
,, con'umaces fuivant la rigueur des Ordonnances.

XVI. ,, Nous voulons que tous ceux qui porteront fciemment des billets d'appel, ou qui con-
,, duiront aux lieux des duels ou rencontres, comme Laquais & autres Domeftiques, foient punis
,, du fouet & de la fleur de lys, pour la première fois ; du banniffement & des galères à perpétuité
,, s'ils retombent dans la même faute, fans que nos Cours fouveraines ou autres Juges aient aucun
,, égard aux graces & rémiffions qui pourroient être obtenues en leur faveur : & quant à ceux
,, qui auront été fpectateurs d'un duel, s'ils s'y font rendus exprès pour ce fujet, Nous voulons
,, qu'ils foient privés pour toujours des Charges, Dignités & Penfions qu'ils poffédent ; que s'ils
,, n'ont aucunes Charges, le quart de leurs biens foit confifqué & appliqué aux Hôpitaux ; & fi
,, le délit a été commis en quelque Province où la confifcation n'a point lieu, qu'ils foient con-
,, damnés à une amende au profit defdits Hôpitaux, laquelle ne pourra être de moindre valeur
,, que le quart des biens defdits fpectateurs, que Nous réputons avec raifon complices d'un crime
,, fi déteftable, puifqu'ils y affiftent & ne l'empêchent pas, tant qu'ils peuvent comme ils y font
,, obligés par les Loix divines & humaines.

XVII. ,, Et d'autant qu'il eft fouvent arrivé que pour éviter la rigueur des peines ordonnées par tant
,, d'Edits contre les duels, plufieurs ont recherché les occafions de fe rencontrer pour couvrir le deffein
,, prémédité qu'ils avoient de fe battre, Nous voulons & ordonnons que ceux qui prétendront avoir
,, reçu quelque offenfe, & qui n'en auront point donné avis auxdits Juges du point d'honneur, &
,, qui viendront à fe rencontrer & fe battre feuls, ou en pareil état & nombre, avec armes égales de
,, part & d'autre, à pié ou à cheval, foient fujets aux mêmes peines que fi c'étoit un duel. Et
,, pour ce qu'il s'eft encore trouvé de nos Sujets, qui ayant pris querelle dans nos Etats, & s'étant
,, donné rendez-vous pour fe battre hors d'iceux ou fur nos frontières, ont cru par ce moyen pou-
,, voir éluder l'effet de nos Edits, Nous voulons que tous ceux qui en uferont ainfi, foient pour-
,, fuivis tant en leurs biens durant leur abfence, qu'en leurs perfonnes après leur retour, comme
,, s'ils avoient contrevenu au préfent Edit dans l'étendue & fans fortir de nos Provinces, les ju-
,, geant d'autant plus criminels & puniffables, que les premiers mouvemens dans la chaleur de
,, nouveauté de l'offenfe ne les peuvent plus excufer, & qu'ils ont affez eu de loifir pour mo-
,, dérer leur reffentiment & s'abftenir d'une vengeance fi défendue.

XVIII. ,, Toutes les Loix, pour bonnes & faintes qu'elles foient, deviennent inutiles au Public,
,, fi elles ne font obfervées & exécutées ; pour cet effet Nous enjoignons & commandons très ex-
,, preffément à nos Coufins les Maréchaux de France, auxquels appartient fous notre autorité la
,, connoiffance & décifion des contentions & querelles qui concernent l'honneur & la réputation
,, de nos Sujets, de tenir la main exactement & diligemment à l'obfervation de notre préfent
,, Edit, fans y apporter aucune modération, ni permettre que par faveur, connivence ou autre
,, voie, il y foit contrevenu en aucune manière, nonobftant toutes Lettres clofes & patentes, &
,, tous autres commandemens qu'ils pourroient recevoir de Nous, auxquels Nous leur défendons
,, d'avoir aucun égard, fur tant qu'ils defirent Nous obéir & complaire. Et pour donner d'autant
,, plus de moyen & de pouvoir à nofdits Coufins les Maréchaux de France d'empêcher & réprimer
,, cette licence effrenée des duels & rencontres ; confiderant d'ailleurs que la diligence importe
,, grandement pour la punition de tels crimes, & que les Prévôts de nofdits Coufins les Maréchaux,
,, les Vice-Baillifs, Vice-Sénéchaux & Lieutenans Criminels de Robe-Courte fe trouvans le plus fou-
,, vent à cheval pour notre fervice pourront être plus prompts pour procéder contre les Coupa-
,, bles des duels & rencontres, Nous, en conféquence de notre Déclaration vérifiée en notre Cour de
,, Parlement, le 9 Septembre 1647, par laquelle Nous leur avons attribué la Jurifdiction ordi-
,, naire, avons de nouveau attribué & attribuons l'exécution du préfent Edit, tant dans l'enclos des
,, Villes que hors d'icelles, aux Officiers de la Connétablie & Maréchauffée de France, Prévôts
,, Généraux de ladite Connétablie de l'Ifle de France & des Monnoies, à tous les autres Prévôts
,, Généraux, Provinciaux & Particuliers, Vice-Baillifs, Vice-Sénéchaux, & Lieutenans Criminels
,, de Robe-Courte, concurremment avec nos Juges ordinaires, & à la charge de l'appel en nos
,, Cours de Parlement auxquels il doit reffortir, dérogeant pour ce regard à toutes les Déclarations
,, & Edits à ce contraires, & portant défenfes auxdits Prévôts de connoître des duels & rencontres.

XIX. ,, Et d'autant qu'il arrive affez fouvent que lefdits Prévôts, Vice-Baillifs, Vice-Sénéchaux,
,, & Lieutenans de Robe-Courte Criminels font négligens dans l'exécution des ordres de nofd. Coufins
,, les Maréchaux de France, Nous voulons & ordonnons que fi lefdits Officiers manquent d'obéir au

» premier mandement de nofdits Coufins les Maréchaux de France ou de l'un d'eux, ou autres Juges
» du point d'honneur, de femmer ceux qui auront querelle, de comparoître au jour affigné, de
» les faifir & arrêter, en cas de refus & de défobéiffance, & finalement d'exécuter de point en point,
» & toutes affaires ceffantes, ce qui leur fera mandé & ordonné par nofdits Coufins les Marechaux
» de France, & Juges du point d'honneur, ils foient par nofdits Coufins punis & châtiés de leur
» négligence, par fufpenfion de leurs Charges & privation de leurs gages; lefquels pourront être
» réellement arretés & faifis fur la fimple Ordonnance de nofdits Coufins les Maréchaux de France,
» ou de l'un d'eux, fignifiée à la perfonne ou au domicile du Tréforier de l'Ordinaire de nos Guer-
» res qui fera en année. Nous ordonnons en outre auxdits Prévôts, Vice-Baillifs, Vice-Sénéchaux,
» leurs Lieutenans & Archers, chacun en leur Reffort, fur les mêmes peines de fufpenfion & pri-
» vation de leurs gages, que fur le bruit d'un combat arrivé, ils fe transportent à l'inftant fur les
» lieux pour arrêter les Coupables, & les conftituer Prifonniers dans les Prifons royales & les plus
» prochaines du lieu du délit; voulant que pour chacune capture il leur foit payé la fomme de
» quinze cens livres, à prendre, avec les autres frais de Juftice, fur le bien le plus clair des Coupa-
» bles, préférablement aux confifcations & amendes que Nous avons ordonnées ci deffus : & pour
» n'omettre rien de ce qui peut fervir à une exacte & févere recherche des coupables des duels &
» rencontres, Nous enjoignons très expreffément auxdits Prévôts, Vice-Baillifs, Vice-Sénéchaux,
» Lieutenans Criminels de Robe-Courte, & autres Officiers de la Connétablie & Maréchauffée de
» France, de tenir foigneufement avertis de trois mois en trois mois nofdits Coufins les Maré-
» chaux de France, des contraventions à notre préfent Edit, afin qu'ils Nous en puiffent informer,
» & recevoir fur ce nos commandemens & ordres.

XX. » Et comme les Coupables, pour éviter de tomber entre les mains de la Juftice, fe reti-
» rent d'ordinaire chez les Grands de notre Royaume, Nous faifons très expreffes inhibitions &
» défenfes à toutes perfonnes, de quelque qualité & condition qu'elles foient, de recevoir dans
» leurs hôtels & maifons ceux qui auront contrevenu à notre préfent Edit ; & au cas qu'il s'en
» trouve quelques uns qui leur donnent afyle, & qui refufent les remettre entre les mains de la
» Juftice, fi tôt qu'ils en feront requis, Nous voulons que les procès verbaux qui en feront dreffés
» & duement atteftés par lefdits Prévôts des Maréchaux & autres Juges, foient incontinent & in-
» ceffamment envoyés aux Procureurs Généraux de nos Cours de Parlement, & à nofdits Coufins les
» Maréchaux, afin qu'ayant par avis d'eux Nous faffions rigoureufement procéder à la punition
» de ceux qui protegent de fi criminels défordres.

XXI. » Que fi nonobftant tous les foins & diligences preferits par les Articles précédens, le
» crédit & l'autorité des perfonnes intereffées dans ces crimes en détournoient les preuves par me-
» nace ou artifice, Nous ordonnons que fur la fimple requifition qui fera faite par nos Procu-
» reurs Généraux ou leurs Subftituts, il foit décerné monitoires par les Officiaux des Evêques des
» lieux, lefquels feront publiés & fulminés felon les formes canoniques contre ceux qui refufe-
» ront de venir à révélation de ce qu'ils fauront touchant les duels & rencontres arrivés ; Nous
» ordonnons en outre, & conformément à notre Déclaration de l'année 1646, vérifiée en notre
» Cour de Parlement de Paris, qu'à l'avenir nos Procureurs Généraux en nos Cours de Parlement,
» fur l'avis qu'ils auront des combats qui auront été faits, feront leur requifition contre ceux qui
» par notoriété en feront eftimés coupables, & que conformément à icelles nofdites Cours, fans
» autres preuves, ordonnent que dans les délais qu'elles jugeront à propos, ils feront tenus de fe
» rendre dans les Prifons pour fe juftifier & répondre fur les requifitions de nofdits Procureurs Gé-
» néraux : & à faute dans ledit tems de fatisfaire aux Arrêts qui feront fignifiés à leur domiciles,
» Nous voulons qu'ils foient déclarés atteints & convaincus des cas à eux impofés ; & comme tels
» qu'ils foient condamnés aux peines portées par nos Edits. Enjoignons à nofdits Procureurs Géné-
» raux de Nous tenir avertis des condamnations qui feront rendues, & des diligences qu'ils ap-
» porteront pour l'exécution d'icelles, & d'envoyer les procédures à notre très cher & féal le Chan-
» celier de France.

XXII. » Nous voulons pareillement & ordonnons, que dans les lieux éloignés des Villes où nos
» Cours de Parlement feront féantes, lofqu'après toutes les perquifitions & recherches faites les
» coupables des duels & rencontres ne pourront être trouvés, il foit, à la requête des Subftituts de
» nos Procureurs Généraux, fur la fimple notoriété du fait, décerné prife de corps contre les ab-
» fens; & qu'à faute de les pouvoir appréhender en vertu du décret, tous leurs biens foient faifis,
» & qu'ils foient ajournés à trois briefs jours confécutifs ; & fur ceux les défauts foient mis ès mains
» de nos Procureurs Généraux, ou à leurs Subftituts, pour en être le profit adjugé, fans autre
» forme ni figure de procès, dans huitaine après le crime commis.

XXIII. » Et afin d'empêcher les furprifes de ceux qui, pour obtenir des graces, Nous dégui-
» feroient la vérité des combats arrivés, & mettroient en avant des faux faits, pour faire croire que
» lefdits combats feroient furvenus inopinément & en fuite de querelles prifes fur-le-champ, Nous or-
» donnons que nul ne pourra pourfuivre au Sceau l'expédition d'une grace où il y aura foupçon
» de duel ou rencontre préméditée, qu'il ne foit actuellement prifonnier à notre fuite, ou bien
» dans la principale prifon du Parlement, dans le Reffort duquel le combat aura été fait, où
» étant vérifié qu'il n'a contrevenu en aucune forte à notre préfent Edit, après avoir fur ce pris l'avis
» de nos Coufins les Maréchaux de France, Nous pourrons lui accorder des Lettres de rémiffion en
» connoiffance de caufe.

XXIV. » Toutes les peines contenues dans le préfent Edit pour la punition des Contrevenans
» à nos volontés, feroient inutiles & de nul effet, fi par les motifs d'une juftice & d'une fermeté
» inflexible Nous ne maintenions les Loix que Nous avons établies. A cette fin, Nous jurons &

Néanmoins, comme il y avoit quelques Articles dans ce nouvel Edit, qui paroissoient difficultueux dans leur exécution, sur-tout en ce qui concernoit les amendes & confiscations, on a ajoûté quelques nouvelles dispositions qui ont paru nécessaires, soit pour l'ampliation, soit pour l'interprétation des premieres, par l'Edit du mois de Mai 1653 (a).

» promettons, en foi & parole de Roi, de n'exempter à l'avenir aucune personne, pour quelque cause & » considération que ce soit, de la rigueur du présent Edit; & de n'accorder aucune rémission, pardon » ou abolition à ceux qui se trouveront prévenus desdits crimes de duels & rencontres préméditées : » & si aucunes en sont présentées à nos Cours Souveraines, auxquelles seules Nous entendons que » toutes rémissions de combat & meurtres soient adressées, Nous voulons qu'elles n'y aient aucun égard, » quelque clause de notre propre mouvement & autre dérogatoire qui y puisse être apposée : défen- » dons très expressément à tous Princes & Seigneurs d'intercéder près de Nous, & faire aucune » priere pour les coupables desdits crimes, sur peine d'encourir notre indignation. Protestons de- » rechef que, ni en faveur d'aucun mariage de Prince ou Princesse de notre Sang, ni pour les » Naissances de Dauphin & Prince qui pourront arriver durant notre Regne, ni dans la Cérémo- » nie & joie universelle de notre Sacre & Couronnement, ni pour quelqu'autre considération géné- » rale & particuliere qui puisse être, Nous ne permettrons sciemment être expédié aucunes Lettres » contraires au présent Edit, duquel Nous avons résolu de jurer expressément & solemnellement » l'observation au jour de notre prochain Sacre & Couronnement, afin de rendre plus authen- » tique & plus inviolable une Loi si chrétienne, si juste & si nécessaire. Si donnons en man- » dement à nos amés & féaux les Gens tenans nos Cours de Parlement, Baillifs, Sénéchaux, & » tous autres nos Justiciers & Officiers qu'il appartiendra, chacun en droit soi, que le présent » Edit ils fassent lire, publier & enregistrer, & le contenu en icelui garder & observer inviolable- » ment, sans y contrevenir ni permettre qu'il y soit contrevenu en aucune maniere. Car tel est » notre plaisir. Et afin que ce soit chose ferme & stable à toujours, Nous avons fait mettre notre » Scel à cesdites Présentes, sauf en autre chose notre droit, & l'autrui en toutes. Donné à Paris » au mois de Septembre, l'an de grace mil six cent cinquante - un, & de notre Regne le neu- » vieme. *Signé*, LOUIS : *A côté*, Visa. *Et plus bas*, Par le Roi : DE GUENEGAUD. Et scellé du » grand Sceau de cire verte sur lacqs de soie rouge & verte.

» (a) » LOUIS, par la grace de Dieu, Roi de France & de Navarre : A tous présens & à venir ; » Salut. Le soin paternel & chrétien que Nous sommes obligés de prendre pour la conservation de » notre Noblesse, & de tous nos Sujets faisans profession des armes, Nous ayant fait rechercher » tous les moyens que Nous aurions jugés les plus efficaces pour empêcher & punir le pernicieux » usage des duels, Nous en aurions dressé un nouvel & plus ample Edit, que tous les précé- » dens, lequel auroit été lu, publié & registré en notre Parlement de Paris, Nous y séant le septie- » me Septembre mil six cent cinquante - un. Mais comme depuis il Nous a été représenté qu'il y » avoit quelques Articles, dont l'exécution seroit difficile, s'il n'y étoit ajoûté quelques points né- » cessaires, tant pour l'ampliation que pour l'interprétation d'iceux, & sur tout en ce qui regarde » les amendes & confiscations, que Nous entendons être prises sur les biens des Coupables, & dont » la perception donneroit de la peine, s'il n'y étoit pourvu par des ordres & dispositions plus ex- » presses : comme aussi sur ce qu'il n'y a rien qui puisse davantage réprimer ce désordre, que de » rendre vaines toutes les collusions par lesquelles on tâcheroit de mettre à couvert les biens des » Coupables, auxquels il est encore nécessaire de susciter le plus de Parties civiles qu'il sera possi- » ble, afin que leur punition en devienne plus inévitable, Nous aurions derechef fait voir lesdits » Articles en notre Conseil, où étoient notre très honorée Dame & Mere, nos chers Cousins les » Maréchaux de France, plusieurs autres grands & notables Personnages, de l'avis desquels, & de » notre certaine science, pleine puissance & autorité Royale, Nous avons dit & déclaré, disons & » déclarons, voulons & Nous plaît que notre Edit contre les duels, du mois de Septembre 1651, » lu, publié & registré dans notre Parlement de Paris le 7 du même mois, soit exécuté & ob- » servé dans toutes les Provinces de notre obéissance, sans aucune exception ni réserve. Et quant » aux amendes & confiscation, dont il est fait mention dans ledit Edit, Nous déclarons notre » intention & volonté avoir été & être, que lorsqu'un Gentilhomme aura refusé & différé, sans aucune » cause légitime, d'obéir aux ordres de nos Cousins les Maréchaux de France, & qu'il aura encouru » les peines & amendes portées par le huitieme Article dudit Edit, il en sera à l'instant donné » avis par nos Cousins les Maréchaux de France à nos Procureurs Généraux, ou à leurs Substi- » tuts, qui seront tenus, ainsi que Nous leur enjoignons très expressément par ces Piétentes, de » procéder par saisies des biens du Désobéissant, chacun dans son Ressort ; & tiendra ladite saisie » jusqu'à ce qu'il ait satisfait & obéi : & au cas qu'il néglige de le faire, par l'espace de trois mois, » après iceux passés, les fruits demeureront en pure perte, sans espérance de restitution ; & seront » appliqués aux Hôpitaux, ainsi qu'il est ordonné par le même Article, tant ceux desdits fruits » qui seront échus durant ledit tems de trois mois, que ceux qui courront puis après, jusqu'à l'en-

L'envie de perfectionner un aussi grand ouvrage, & les réflexions que l'expérience donna occasion de faire sur le vuide & le défaut des précédentes Loix sur cette matiere, du moins en certains points, donnerent naissance à l'Edit du mois d'Août 1679 (a), lequel a encore

---

» tiere satisfaction & obéissance ; desquelles saisies & pertes de fruits les Substituts de nos Procu-
» cureurs Généraux donneront avis à nos Procureurs Généraux, & à nos Cousins les Maréchaux de
» France. Et quant aux amendes & confiscations encourues par le crime actuellement commis,
» d'appel, combat, ou rencontre préméditée, Nous ordonnons & enjoignons derechef à nos Procu-
» reurs Généraux, & à leurs Substituts, de se joindre incessamment aux Administrateurs des Hôpitaux,
» au profit desquels lesdites amendes & confiscations auront été adjugées, pour en être faite une
» prompte & réelle perception. Voulons toutefois que ce que Nous ordonnons aux Prévôts de nos-
» dits Cousins les Maréchaux de France, pour chacune capture, soit pris avec les autres frais de
» Justice, sur le bien le plus clair des Coupables, & préférablement aux confiscations & amen-
» des susdites ; à la charge que lesdits Prévôts, incontinent après l'avis reçu de quelque duel ou
» combat arrivé, se transporteront incessamment au lieu dudit combat, en informeront soigneu-
» sement & avertiront nos Procureurs Généraux ou leurs Substituts, ensemble nos Cousins les Ma-
» réchaux de France, de leurs diligences & procédures. Et afin que toutes les fraudes & supposi-
» tions qui pourroient être employées pour conserver les biens des Coupables, ne puissent produire
» aucun effet au préjudice desdites amendes & confiscations, Nous défendons très expressément à
» tous Juges de crimes d'appel, duel ou rencontre préméditée, d'avoir aucun égard aux Contrats,
» Testamens, Donations, autres Actes ou Dispositions frauduleuses qui auroient été faites par les
» Coupables, sous des dates supposées, auparavant les crimes commis. Et quant à ce qui est con-
» tenu dans l'Article 13 pour la punition des Combattans, dont il y aura eu quelqu'un de tué,
» Nous permettons en outre aux parens du mort de se rendre Parties, dans trois mois pour tout dé-
» lai après le délit commis, contre celui qui aura tué : & au cas qu'ils le poursuivent si vive-
» ment qu'il soit atteint, convaincu & puni dudit crime, Nous leur faisons don & remise de la
» confiscation du bien de leurs parens, sans qu'il soit besoin de leur en expédier d'autres Lettres
» que les Présentes. Et pour ce que notre intention dans les peines que Nous avons ordonnées
» contre les Contrevenans à notre Edit, est de les rendre encore plus praticables que séveres,
» Nous voulons & entendons que les dégradations de noblesse, dont il est fait mention dans les
» 12 & 14 Articles, soient personnelles, & n'aient lieu que contre ceux qui auront violé notre
» Edit, sans qu'elles passent à leur postérité, laquelle n'étant point coupable du crime, ne doit point
» aussi avoir part à la punition. Et d'autant que le cinquieme Article, concernant les satisfactions
» qui doivent être ordonnées par nos Cousins les Maréchaux de France, aux personnes offensées à
» l'honneur, semble conçu en des termes trop généraux ; & que la protestation expresse faite
» long-tems devant notre dernier Edit, & l'engagement par écrit de plusieurs Gentilshommes qua-
» lifiés de notre Royaume, de ne recevoir à l'avenir aucun appel, qu'il soit pleinement & avan-
» tageusement pourvu à la réparation des offenses qui pourroient être faites à leur réputation & à
» celle de ceux qui s'abstiendront à l'avenir d'en tirer raison par eux-mêmes, & qui auront recours
» à ceux que Nous avons établis pour leur rendre la justice ; Nous voulons & Nous plaît que nosdits
» Cousins les Maréchaux de France s'assemblent incessamment pour dresser un Réglement le plus
» exact & le plus distinct qu'il se pourra, sur les diverses satisfactions & réparations d'honneur
» qu'ils jugeront devoir être ordonnées, suivant les divers degrés d'offenses ; & de telles sortes que
» la punition contre l'Aggresseur & la satisfaction à l'offensé, soient si grandes & si proportion-
» nées à l'injure reçue, qu'il n'en puisse renaître aucune plainte ou querelle nouvelle, lequel
» Réglement sera inviolablement suivi & observé à l'avenir par tous ceux qui seront employés aux
» accommodemens des différends qui toucheront le point d'honneur & la réputation des Gentils-
» hommes. Si donnons en mandement à nos amés & féaux les Gens tenans nos Cours de Parle-
» ment, Baillifs, Sénéchaux, & tous autres nos Justiciers & Officiers qu'il appartiendra, chacun
» en droit soi, que ces Présentes nos Lettres de déclaration ils fassent lire, publier & enregistrer,
» garder & observer inviolablement ; ensemble le contenu en notre Edit contre les duels, vérifié
» en nosdites Cours, sans permettre qu'il y soit aucunement contrevenu. Enjoignons à nos amés &
» féaux nos Avocats & Procureurs Généraux d'y tenir la main, & Nous avertir des contraventions
» qui pourroient y être faites. Car tel est notre plaisir. Nonobstant toutes Ordonnances & Lettres à ce
» contraires. Et afin que ce soit chose ferme & stable à toujours, Nous avons fait mettre notre
» Scel à cesdites Présentes : sauf en autre chose notre droit, & l'autrui en toutes. Donné à Paris,
» au mois de Mai, l'an de grace mil six cent cinquante trois, & de notre Regne le onzieme.
» *Signé*, LOUIS. *Et plus bas*, Par le Roi : DE GUEMEGAUD.
(a) LOUIS, par la grace de Dieu, Roi de France & de Navarre : A tous présens & à venir ;
» Salut. Comme Nous reconnoissons que l'une des plus grandes graces que Nous aions reçues de
» Dieu dans le gouvernement & conduite de notre Etat, consiste en la fermeté qu'il lui a plu de
» Nous donner pour maintenir les défenses des duels & combats particuliers, & punir séverement ceux
» qui ont contrevenu à une Loi si juste & si nécessaire pour la conservation de notre Noblesse, Nous
» sommes bien résolus de cultiver avec soin une grace si particuliere, qui Nous donne lieu d'es-
» pérer de pouvoir parvenir, pendant notre Regne, à l'abolition de ce crime, après avoir été inu-
» tilement

„ tilement tenté par les Rois nos prédéceſſeurs. Pour cet effet, Nous nous ſommes appliqués de
„ nouveau à bien examiner tous les Edits & Réglemens faits contre les duels, & tout ce qui s'eſt
„ fait en conſéquence, auxquels Nous avons eſtimé néceſſaire d'ajouter divers Articles. A ces cau-
„ ſes , & autres bonnes & grandes conſidérations à ce Nous mouvans, de l'avis de notre Conſeil,
„ & de notre certaine ſcience, pleine puiſſance & autorité Royale, après avoir examiné en notredit
„ Conſeil ce que nos très chers & bien amés Couſins les Maréchaux de France, qui ſe ſont
„ aſſemblés pluſieurs fois ſur ce ſujet, Nous ont propoſé , Nous avons, en renouvellant les dé-
„ fenſes portées par nos Edits & Ordonnances, & celles des Rois nos prédéceſſeurs, & en y ajou-
„ tant ce que Nous avons jugé néceſſaire, dit , déclaré, ſtatué & ordonné, diſons , déclarons ,
„ ſtatuons & ordonnons par notre préſent Edit perpétuel & irrévocable, voulons & Nous plaiſt.

ARTICLE PREMIER.

„ Nous exhortons tous nos Sujets , & leur enjoignons de vivre enſemble dans la paix , l'union &
„ la concorde néceſſaire pour leur conſervation, celle de leurs Familles & celle de l'Etat, à peine
„ d'encourir notre indignation , & de châtimens exemplaires. Nous leur ordonnons auſſi de garder le
„ reſpect convenable à chacun, ſelon ſa qualité, ſa dignité & ſon rang, & d'apporter mutuel-
„ lement les uns avec les autres tout ce qui dependra d'eux, pour prévenir tous différends , débats
„ & querelles , notamment celles qui peuvent être ſuivies de voies de fait ; de ſe donner ſincé-
„ rement les uns aux autres de bonne foi tous les éclairciſſemens néceſſaires ſur les plaintes & mau-
„ vaiſes ſatisfactions qui pourront ſurvenir entr'eux; d'empêcher qu'on ne vienne aux mains , en
„ quelque manière que ce ſoit , déclarant que Nous réputerons ce procédé pour un effet de l'obéiſ-
„ ſance qui Nous eſt dûe , & que Nous tenons être plus conforme aux maximes du véritable hon-
„ neur, auſſi bien qu'à celles du Chriſtianiſme, aucuns ne pouvant ſe diſpenſer de cette mutuelle
„ charité, ſans contrevenir aux Commandemens de Dieu auſſi bien qu'aux nôtres.

„ II. „ Et d'autant qu'il n'y a rien de ſi honnête , ni qui gagne davantage les affections du Pu-
„ blic & des Particuliers , que d'arrêter le cours des querelles en leur ſource , Nous ordonnons à
„ nos très chers & bien amés Couſins les Maréchaux de France, ſoit qu'ils ſoient en notre ſuite
„ ou en nos Provinces, & en leur abſence à nos Lieutenans Généraux en icelles, de s'employer
„ eux même, très ſoigneuſement & inceſſamment à terminer tous les différends qui pourront arri-
„ ver entre nos Sujets, par les voies & ainſi qu'il leur en eſt donné pouvoir par les Edits & Or-
„ donnances des Rois nos prédéceſſeurs : & en outre Nous donnons pouvoir à noſdits Couſins de
„ commettre, en chacun des Bailliages ou Sénéchauſſées de notre Royaume, un ou pluſieurs Gen-
„ tilshommes, ſelon l'étendue d'icelles, qui ſoient de qualité , d'âge & de capacité requiſes pour
„ recevoir les avis des différends qui ſurviendront entre les Gentilshommes, Gens de guerre , &
„ autres nos Sujets, les renvoyer à noſdits Couſins les Maréchaux de France, ou au plus an-
„ cien d'eux , ou aux Gouverneurs Généraux de nos Provinces, & nos Lieutenans Généraux en
„ icelles, lorſqu'ils y ſeront préſens : & donnons pouvoir auſdits Gentilshommes qui ſeront
„ ainſi commis , de faire venir pardevant eux , en l'abſence des Gouverneurs & noſdits
„ Lieutenans Généraux, tous ceux qui auront quelque différend, pour leur accorder, ou les renvoyer
„ pardevant noſdits Couſins les Maréchaux de France ; au cas que quelqu'une des Parties ſe trouve
„ leſée par l'accord deſdits Gentilshommes, ou ne veuille pas ſe ſoumettre à leurs Jugemens , mê-
„ me lorſque leſdits Gouverneurs Généraux de nos Provinces, & nos Lieutenans Généraux en icel-
„ les ſeront dans les Provinces, en cas que les querelles qui ſurviendront requièrent un prompt
„ remede pour en empêcher les ſuites, & que les Gouverneurs fuſſent abſens du lieu où la diffé-
„ rend ſera ſurvenu , Nous voulons que leſdits Gentilshommes commis & pouvoient ſur-le champs ;
„ & faſſent exécuter le contenu aux Articles du préſent Edit, dont ils doiveront avis à l'inſtant aux-
„ dits Gouverneurs Généraux de nos Provinces, ou en leur abſence, aux Lieutenans Généraux en
„ icelles, pour travailler inceſſamment à l'accommodement ; & pour cette fin , Nous enjoignons
„ très expreſſément à tous les Prévôts des Maréchaux, Vice-Baillis, Vice-Sénéchaux , leurs Lieute-
„ nans , Exempts, Greffiers & Archers, d'obéir promptement & fidelement ſur peines de ſuſpenſion
„ de leurs Charges, & privation de leurs gages , auxdits Gentilshommes commis ſur le fait deſdits
„ différends, ſoit qu'ils faſſent aſſigner ceux qui auront querelle , conſtituer priſonniers, ſaiſir & an-
„ noter leurs biens , ou faire tous autres Actes néceſſaires pour empêcher les voies de fait , & pour
„ l'exécution des ordres deſdits Gentilshommes ainſi commis ; le tout aux frais & dépens des
„ Parties.

„ III. „ Nous déclarons en outre, que tous ceux qui aſſiſteront ou ſe rencontreront, quoique
„ inopinément, aux lieux où ſe commettront des offenſes à l'honneur, ſoit par des rapports ou
„ diſcours injurieux, ſoit par manquement de promeſſe , ou parole donnée, ſoit par démentis ,
„ coups de mains ou autres outrages, de quelque nature qu'ils ſoient , ſeront à l'avenir obligés
„ d'en avertir nos Couſins les Maréchaux de France, ou leſdits Gouverneurs Généraux de nos Provin-
„ ces, & nos Lieutenans Généraux en icelles , ou les Gens Ihommes commis par noſdits Couſins , ſur
„ peine d'être réputés complices deſdites offenſes, & d'être pourſuivis comme y ayant tacitement
„ contribué pour ne s'être pas mis en devoir d'en empêcher les mauvaiſes ſuites. Voulons pareille-
„ ment & Nous plaiſt, que ceux qui auront connoiſſance de quelque commencement de querelles &
„ animoſités, cauſées par les procès qui ſeroient ſur le point d'être intentés entre Gentilshom-
„ mes , pour quelque intérêt d'importance, ſoient obligés à l'avenir d'en avertir noſdits Couſins les
„ Maréchaux de France , ou les Gouverneurs Généraux de noſdites Provinces & Lieutenans Généraux
„ en icelles , ou en leur abſence , les Gentilshommes commis dans les Bailliages , afin qu'ils em-

» pêchent de tout leur pouvoir que les Parties fortent des voies civiles & ordinaires pour venir à
» celles de fait. Et pour être d'autant mieux informé de tous duels & combats qui fe font dans nos
» Provinces, Nous enjoignons aux Gouverneurs Généraux, & Lieutenans Généraux en icelles, de
» donner avis aux Sécretaires d'Etat, chacun en fon Département, de tous les duels & combats qui
» arriveront dans l'étendue de leurs Charges; aux Premiers Préfidens de nos Cours de Parlement,
» & à nos Procureurs Généraux en icelles, de donner pareillement avis à notre très cher & féal
» le Sieur Le Tellier, Chancelier de France, & aux Gentilshommes commis, & Officiers de Maré-
» chauffées, aux Maréchaux de France, pour Nous en informer chacun à leur égard. Ordonnons
» encore à tous nos Sujets de Nous en donner avis par telles voies que bon leur femblera, pro-
» mettant de récompenfer ceux qui donneront avis des combats arrivés dans les Provinces, dont
» Nous n'aurons point reçu d'avis d'ailleurs, avec les moyens d'en avoir la preuve.

IV. » Lorfque nofdits Coufins les Maréchaux de France, les Gouverneurs Généraux de nos Pro-
» vinces, & nos Lieutenans Généraux en icelles, en leur abfence, ou les Gentilshommes commis,
» auront eu avis de quelque différend entre les Gentilshommes, & entre tous ceux qui font profef-
» fion des armes dans notre Royaume & Pays de notre obéïffance, lequel procédant de paroles ou-
» trageufes, ou autres caufes touchant l'honneur, femblera devoir les porter à quelque reffenti-
» ment extraordinaire, nofdits Coufins les Maréchaux de France enverront auffi-tôt des défenfes
» très expreffes aux Parties de fe rien demander par les voies de fait, directement ou indirecte-
» ment, & les feront affigner à comparoir inceffamment pardevant eux, pour y être reglé, que
» s'ils appréhendent que lefdites Parties foient tellement animées qu'elles n'apportent pas tout le
» refpect & la déference qu'elles doivent à leurs ordres, ils leur enverront incontinent les Archers
» & les Gardes de la Connétablie & Maréchauffée de France, pour fe tenir près de leur perfonne,
» aux frais & dépens defdites Parties, jufqu'à ce qu'elles fe foient rendues pardevant eux. Ce qui
» fera ainfi pratiqué par les Gouverneurs Généraux de nos Provinces, & nos Lieutenans Généraux
» en icelles dans l'étendue de leurs Gouvernemens & Charges; en faifant affigner pardevant eux ceux
» qui auront querelle, ou leur envoyant de leurs Gardes, ou quelques autres perfonnes qui fe tien-
» dront près d'eux, pour les empêcher d'en venir aux voies de fait : & Nous donnons pouvoir aux
» Gentilshommes commis dans chaque Bailliage, de tenir, en l'abfence des Maréchaux de France,
» Gouverneurs Généraux en icelles, la même procédure envers ceux qui auront querelle, & fe fervir
» des Prévôts des Maréchaux, leurs Lieutenans, Exempts & Archers pour l'exécution de leurs ordres.

V. » Ceux qui auront querelle étant comparus devant nos Coufins les Maréchaux de France, ou
» Gouverneurs Généraux de nos Provinces, & Lieutenans en icelles, ou en leur abfence, devant
» lefdits Gentilshommes, s'il apparoît de quelque injure atroce qui ait été faite avec avantage,
» foit de deffein prémédité ou de gaïeté de cœur, Nous voulons & entendons que la Partie offenfée
» en reçoive une réparation & une fatisfaction fi avantageufe, qu'elle ait tout fujet de fe demeurer
» contente, confirmant autant que befoin eft, par notre préfent Edit, l'autorité attribuée par les feus
» Rois nos très honorés Ayeux & Pere, à nofdits Coufins les Maréchaux de France, de juger & dé-
» cider par Jugement fouverain tous différends concernans le point d'honneur & réparation d'offen-
» fe; foit qu'ils arrivent dans notre Cour, ou en quelqu'autre lieu de nos Provinces où ils fe trou-
» veront, & auxdits Gouverneurs ou Lieutenans Généraux, le pouvoir qu'ils leur ont auffi donné
» pour même fin, chacun en l'étendue de fa Charge.

VI. » Et parcequ'il fe commet quelquefois des offenfes fi importantes à l'honneur, que non-
» feulement les perfonnes qui les reçoivent en font touchées, mais auffi le refpect qui eft dû à nos
» Loix & Ordonnances y eft manifeftement violé, Nous voulons que ceux qui auront fait de fem-
» blables offenfes, outre les fatisfactions ordonnées à l'égard des perfonnes offenfées, foient encore
» condamnés par lefdits Juges du point d'honneur à fouffrir prifon, banniffement & amende. Con-
» fidérant auffi qu'il n'y a rien qui foit fi déraifonnable, ni de fi contraire à la profeffion d'hon-
» neur, que l'outrage qui fe feroit pour le fujet de quelque intérêt civil, ou de quelque procès qui
» feroit intenté pardevant les Juges ordinaires, Nous voulons que dans les accommodemens des
» offenfes provenues de femblables caufes, lefdits Juges du point d'honneur tiennent toute la rigueur
» qu'ils verront raifonnable pour la fatisfaction de la Partie offenfée; & que pour la réparation de
» notre autorité bleffée, ils ordonnent ou la prifon durant l'efpace de trois mois au moins; ou le
» banniffement, pour autant de tems, des lieux où l'Offenfant fera fa réfidence, ou la privation
» du revenu d'une année ou deux de la chofe conteftée.

VII. » Comme il arrive beaucoup de différends entre lefdits Gentilshommes, à caufe des Chaffes,
» des Droits honorifiques des Eglifes, & autres prééminences des Fiefs & Seigneuries, pour être fort
» mêlées avec le point d'honneur, Nous voulons & entendons que nofdits Coufins les Maréchaux
» de France, les Gouverneurs de nos Provinces, & nos Lieutenans en icelles & les Gentilshom-
» mes commis dans lefdits Bailliages ou Sénéchauffées, apportent tout ce qui dépendra d'eux pour
» obliger les Parties de convenir d'Arbitres, qui jugent fommairement avec eux, fans aucune con-
» fignation ni épices, le fonds de femblables différends, à la charge de l'appel en nos Cours de Par-
» lement, lorfque l'une des Parties fe trouvera lézée par la Sentence arbitrale.

VIII. » Au cas qu'un Gentilhomme refufe ou diffère, fans aucune caufe légitime, d'obéïr aux
» ordres de nos Coufins les Maréchaux de France, ou à ceux des autres Juges du point d'honneur,
» comme de comparoître pardevant eux, lorfqu'il aura été affigné par Acte fignifié à lui, ou
» à fon domicile, & auffi lorfqu'il n'aura pas fubi le banniffement ordonné contre lui, il y fera
» inceffamment contraint après un certain tems que lefdits Juges lui prefcriront; foit par Garnifon
» qui fera pofée dans fa maifon, ou par l'emprifonnement de fa perfonne : ce qui fera foigneu-
» fement exécuté par les Prévôts de nofdits Coufins les Maréchaux de France, Vice Baillifs, Vice-

» Sénéchaux, leurs Lieutenans, Exempts & Archers, fur peine de fufpenfion de leurs Charges &
» privation de leurs gages, fuivant les Ordonnances defdits Juges ; & ladite exécution fera faite
» aux frais & dépens de la Partie défobéiffante ou réfractaire. Que fi lefdits Prévôts, Vice-Baillifs,
» Vice-Sénéchaux, leurs Lieutenans, Exempts & Archers ne peuvent exécuter ledit emprifonne-
» ment, ils faifiront & annoteront tous les revenus dudit Banni ou Défobéiffant, pour être ap-
» pliqués & demeurer acquis durant tout le tems de fa défobéiffance ; favoir, la moitié à l'Hôpital
» de la Ville où il y a Parlement établi, & l'autre moitié à l'Hôpital du lieu où il y a Siege Royal,
» dans le Reffort duquel Parlement ou Siege Royal les biens dudit Banni ou Défobéiffant fe trou-
» veront, afin que s'entr'aidant dans la pourfuite, un puiffe fournir l'avis & la preuve, & l'autre
» interpofer notre autorité par celle de la Juftice pour l'effet de notre intention. Et au cas qu'il y
» ait des dettes précédentes qui empêchent la perception de ce revenu applicable au profit defdits
» Hôpitaux, la fomme à quoi il pourra monter vaudra une dette hypothequée fur tous les biens,
» meubles dudit Banni, pour être payée & acquittée dans fon ordre, du jour de la condamnation
» qui interviendra contre lui.

IX. » Nous ordonnons en outre, que ceux qui auront eu des Gardes de nos Coufins les Maré-
» chaux de France, des Gouverneurs Généraux de nos Provinces, & nos Lieutenans en icelles, ou
» defdits Gentilshommes commis, & qui s'en font dégagés en quelque maniere que ce puiffe être,
» foient punis avec rigueur, & ne puiffent être reçus à l'accommodement fur le point d'honneur,
» que les Coupables de ladite garde enfrainte n'aient tenu prifon ; & qu'à la requête de notre Pro-
» cureur en la Connétablie, & des Subftituts, ou autres Maréchauffées de France, le procès ne
» leur ait été fait felon les formes requifes par nos Ordonnances. Voulons & Nous plait que fur
» le procès verbal ou rapport des Gardes qui feront ordonnés près d'eux, il foit fans autre infor-
» mation décrété contr'eux, à la requête defdits Subftituts, & leur procès fommairement fait.

X. » Bien que le foin que Nous prenons de l'honneur de notre Nobleffe paroiffe affez par le con-
» tenu aux Articles précédens, & par la foigneufe recherche que Nous faifons des moyens eftimés
» les plus propres pour éteindre les querelles dans leur naiffance, & rejetter, fur ceux qu'ils offenfent,
» le blâme & la honte qu'ils méritent ; néanmoins appréhendant qu'il ne fe trouve encore des gens
» affez ofés pour contrevenir à nos volontés fi expreffément exp iquées, & qui préfument d'avoir
» raifon en cherchant à fe venger, Nous voulons & ordonnons que celui qui s'eftimant offenfé fera
» un appel à qui que ce foit pour foi même, demeure déchu de pouvoir avoir jamais fatisfaction
» de l'offenfe qu'il prétendra avoir reçue ; qu'il tienne prifon pendant deux ans, & foit condamné
» à une amende envers l'Hôpital de la Ville la plus proche de fa demeure ; laquelle ne pourra être
» de moindre valeur que de la moitié du revenu d'une année de fes biens ; & de plus, qu'il foit
» fufpendu de toutes fes Charges, & privé du revenu d'icelles pendant trois ans. Permettons à tous
» Juges d'augmenter lefdites peines, felon que les conditions des perfonnes, les fujets des querelles,
» comme procès intentés, ou autres intérêts civils, les défenfes ou gardes enfraintes ou violées, les ci-
» conftances des lieux & des tems rendront l'appel plus puniffable. Que fi celui qui eft appellé,
» au lieu de refufer l'appel & d'en donner avis à nos Coufins les Maréchaux de France, ou aux
» Gouverneurs Généraux de nos Provinces, & nos Lieutenans en icelles, ou aux Gentilshommes
» commis, ainfi que Nous lui enjoignons de faire, va fur le lieu de l'affignation, ou fait effort
» pour cet effet, il foit puni des mêmes peines de l'Appellant. Nous voulons de plus que ceux qui
» auront appellé pour un autre, ou qui auront accepté l'appel fans en avoir donné avis aupara-
» vant, foient punis des mêmes peines.

XI. » Et d'autant qu'outre la peine que doivent encourir ceux qui appelleront, il y en a qui
» meritent doublement d'en être châtiés & réprimés, comme lorfqu'ils s'attaquent à ceux qui font
» leurs Bienfaiteurs, Supérieurs ou Seigneurs, & Perfonnes de commandement & relevées par leur
» qualité & Charges, & fpécialement quand les querelles naiffent pour des actions d'obéiffance,
» auxquelles une Condition, Charge ou Emploi fubalterne les ont foumis, ou pour des châtimens
» qu'ils ont fubi par l'autorité de ceux qui ont le pouvoir de les y affujettir, confidérant qu'il n'y
» a rien de plus néceffaire pour le maintien de la difcipline, particulierement entre ceux qui font
» profeffion des armes, que le refpect envers ceux qui les commandent, Nous voulons & ordon-
» nons que ceux qui s'emporteront à excès, notamment qui appelleront leurs Chefs, ou autres
» qui ont droit de leur commander, tiennent prifon pendant quatre ans, foient privés de l'exercice
» de leurs Charges pendant ledit tems, enfemble des gages & appointemens y attribués, qui feront
» donnés à l'Hôpital général de la Ville la plus prochaine ; & en cas que ce foit un Inférieur contre
» un Supérieur ou Seigneur, il tiendra prifon pendant fix mêmes années, & fera condamné
» à une amende qui ne pourra être moindre qu'une année de fon revenu. Enjoignons très expreffé-
» ment à nofdits Coufins les Maréchaux de France, Gouverneurs Généraux de nos Provinces, &
» Lieutenans Généraux en icelles, & Gentilshommes commis, & fingulierement aux Généraux de
» nos Armées, dans lefquelles ce défordre peut être plus fréquent que dans nul autre lieu, de
» tenir la main à l'exacte & févere exécution du préfent Article. Que fi les Chefs ou Officiers fu-
» périeurs & les Seigneurs, qui auront été appellés, reçoivent l'appel, & fe mettent en état de fatis-
» faire les Appellans, ils feront punis des mêmes peines de prifon, de fufpenfion de leurs Charges
» & revenus d'icelles, & amendes ci deffus fpécifiées, fans qu'ils puiffent en être difpenfés, quel-
» ques inftances & fupplications qu'ils Nous en faffent.

XII. » Et d'autant que Nous avons réfolu de caffer & priver entierement de leurs Charges tous
» ceux qui fe trouveront coupables dudit crime, même par notoriété, fi auront été ainfi caffés &
» privés de leurfdites Charges s'en reffentent contre ceux que Nous en aurons pourvus, en les ap-
» pellant ou excitant au combat, par eux mêmes ou par autrui, par rencontre ou autrement,

» Nous voulons qu'eux & ceux desquels ils se seront servis, tiennent prison pendant six ans, &
» soient condamnés en l'amende de six années de leurs revenus, sans pouvoir jamais être relevés
» desdites peines ; & généralement que ceux qui viendront pour la seconde fois à violer notre pré-
» sent Edit, comme Appellans, & notamment à ceux qui se seront servi de seconds pour porter
» leurs appels, soient punis des mêmes peines de prison, destitution de Charges & amendes, encore
» qu'il ne s'en soit ensuivi aucun combat.

XIII. » Si contre les défenses portées par notre présent Edit, l'Appellant & l'Appellé viennent
» au combat actuel, Nous voulons & ordonnons, qu'encore qu'il n'y ait aucun de blessé ou de
» tué, le procès criminel & extraordinaire soit fait contr'eux ; qu'ils soient sans rémission punis
» de mort ; que tous leurs meubles & immeubles Nous soient confisqués, le tiers d'iceux appli-
» quable à l'Hôpital de la Ville où est le Parlement, dans le Ressort duquel le crime aura été com-
» mis, & conjointement à l'Hôpital du Siege Royal le plus proche du lieu du délit ; & les deux
» autres tiers, tant aux frais de la capture & de la Justice, qu'en ce que les Juges trouveront équi-
» table d'adjuger aux Femmes & Enfans, si aucuns y a, pour leur nourriture & entretenement
» seulement leur vie durant. Que si le crime se trouve commis dans les Provinces où la confis-
» cation n'a point de lieu, Nous voulons & entendons qu'au lieu de la dite confiscation, il soit
» pris sur les biens des Criminels, au profit desdits Hôpitaux, une amende dont la valeur ne pourra
» être moindre que la moitié des biens des Criminels : ordonnons & enjoignons à nos Procureurs
» Généraux, leurs Subftituts, & à ceux qui auront l'administration desdits Hôpitaux, de faire de
» soigneuses recherches & pourfuites desdites sommes & confiscations pour lesquelles leur Action
» pourra durer pendant le tems & espace de vingt ans ; & quand même ils ne seroient aucune
» poursuite qui la pût proroger ; lesquelles sommes & confiscations ne pourront être remises ni
» diverties pour quelque cause & prétexte que ce soit. Que si l'un des Combattans, ou tous les deux
» font tués, Nous voulons & ordonnons que le procès criminel soit fait contre la mémoire des
» morts, comme contre criminels de leze Majesté divine & humaine, & que leurs corps soient
» privés de la sépulture ; défendant à tous Curés, leurs Vicaires, & autres Ecclésiastiques de les en-
» terrer, ni souffrir être enterrés en terre sainte ; confisquant en outre, comme dessus, tous leurs
» biens, meubles & immeubles. Et quant au survivant qui aura tué, outre la susdite confiscation
» de tous ses biens, ou amende de la moitié de la valeur d'iceux, dans les Pais où la confiscation
» n'a point lieu, il sera irrémissiblement puni de mort, suivant la disposition des Ordonnances.

XIV. » Les biens de celui qui aura été tué, & du survivant, seront régis par les Administra-
» teurs des Hôpitaux pendant l'instruction du procès, qualifiés pour duel, & les revenus employés
» aux frais des poursuites.

XV. » Encore que Nous espérions que nos défenses, & des peines si justement ordonnées contre
» les duels, retiendront dorénavant tous nos Sujets d'y tomber ; néanmoins s'il s'en rencontroit
» encore d'assez téméraires pour oser contrevenir à nos volontés, non-seulement en se faisant rai-
» son par eux mêmes, mais en y engageant de plus dans leurs querelles & ressentimens des seconds
» tiers, ou autre plus grand nombre de personnes ; ce qui ne se peut faire que par une lâcheté
» artificieuse, qui fait rechercher à ceux qui ressentent leur foiblesse la sûreté dont ils ont besoin
» dans l'adresse & le courage d'autrui, Nous voulons que ceux qui se trouveront coupables d'une
» si criminelle & si lâche contravention à notre présent Edit, soient sans rémission punis de mort,
» quand même il n'y auroit aucun de blessé ni de tué dans ces combats ; que tous leurs biens
» soient confisqués comme dessus ; qu'ils soient dégradés de noblesse, & déclarés roturiers, inca-
» pables de tenir jamais aucune charge ; leurs armes noircies & brisées publiquement par l'Exécu-
» teur de la Haute-Justice. Enjoignons à leurs Successeurs de changer leurs armes & en prendre de
» nouvelles, pour lesquelles ils obtiendront nos Lettres à ce nécessaires : & en cas qu'ils reprissent
» les mêmes armes, elles seront de nouveau noircies & brisées par l'Exécuteur de la Haute justice ;
» & eux condamnés en l'amende de deux années de revenu, appliquable moitié à l'Hôpital géné-
» ral de la Ville la plus proche, & l'autre moitié à la volonté des Juges. Et comme nul châti-
» ment ne peut être assez grand pour punir ceux qui s'engagent si legérement & si criminellement
» dans le ressentiment d'offense, où ils n'ont aucune part, & dont ils devroient plutôt procurer
» l'accommodement pour la conservation & satisfaction de leurs amis, que d'en poursuivre la
» vengeance par des voies aussi destituées de véritable valeur & courage, comme elles le sont, de
» de charité & d'amitié chrétienne. Nous voulons que tous ceux qui tomberont dans les crimes
» de seconds, tiers, ou autre nombre également, soient punis des mêmes peines que Nous avons
» ordonnées contre ceux qui les employeront.

XVI. » D'autant qu'il se trouve des gens de naissance ignoble, & qui n'ont jamais porté les
» armes, qui sont assez insolens pour appeller les Gentilshommes, lesquels refusant de leur faire
» raison, à cause de la différence des conditions, ces mêmes personnes suscitent, contre ceux qui se
» ont appellés, d'autres Gentilshommes, d'où il s'ensuit quelquefois des meurtres d'autant plus dé-
» testables, qu'ils proviennent d'une cause abjecte, Nous voulons & ordonnons qu'en tel cas d'ap-
» pels & de combats, principalement s'ils sont suivis de quelque grande blessure, ou de mort,
» lesdits ignobles ou roturiers qui seront dûment atteints & convaincus d'avoir causé & promû
» semblables désordres, soient sans rémission pendus & étranglés, tous leurs biens, meubles & in-
» meubles confisqués, les deux tiers aux Hôpitaux des lieux, ou des plus prochains, & l'autre
» tiers employé aux frais de la Justice, à la nourriture & entretenement des Veuves & Enfans des
» défunts, si aucuns y a ; permettant en outre aux Juges desdits crimes d'ordonner sur les biens
» confisqués telle récompense qu'ils aviseront raisonnable au Dénonciateur & autres qui auront dé-
» couvert lesdits cas, afin que dans un crime si punissable chacun soit invité à la dénonciation.

„ d'icelui. Et quant aux Gentilshommes qui se seront ainsi battus pour des sujets & contre des
„ personnes indignes, Nous voulons qu'ils souffrent les mêmes peines que Nous avons ordonnées
„ contre les seconds, s'ils peuvent être appréhendés, sinon il sera procédé contre eux par défaut &
„ contumaces, suivant la rigueur des Ordonnances.

X V I I. „ Nous voulons que tous ceux qui porteront sciemment des billets d'appel, ou qui con-
„ duiront aux lieux des duels ou rencontres, comme Laquais ou autres Domestiques, soient punis
„ du fouet & de la fleur de lys pour la premiere fois; & s'ils retombent dans la même faute, des
„ Galeres à perpétuité. Et quant à ceux qui auront été spectateurs d'un duel, s'ils s'y sont rendus
„ exprès pour ce sujet, Nous voulons qu'ils soient privés pour toujours des Charges, Dignités &
„ Pensions qu'ils possedent ; que s'ils n'ont aucune Charge, le quart de leurs biens soit confisqué &
„ appliqué aux Hôpitaux : & si le délit a été commis en quelque Province où la confiscation n'a
„ point lieu, qu'ils soient condamnés en une amende au profit desdits Hôpitaux, laquelle ne pourra être
„ de moindre valeur que le quart des biens desdits spectateurs, que Nous réputons avec raison com-
„ plices d'un crime si détestable, puisqu'ils y assistent, & ne l'empêchent pas tant qu'ils peuvent,
„ comme ils y sont obligés par les Loix divines & humaines.

X V I I I. „ Et d'autant qu'il est souvent arrivé que pour éviter la rigueur des peines ordonnées par
„ tant d'Edits contre les duels, plusieurs ont recherché les occasions de se rencontrer, Nous voulons
„ & ordonnons que ceux qui prétendront avoir reçu quelque offense, & qui n'en auront point donné
„ avis aux susdit Juges du point d'honneur, & qui viendront à se rencontrer, ou à se battre seuls,
„ ou en pareil état & nombre, avec armes égales de part & d'autre, à pié ou à cheval, soient sujets
„ aux mêmes peines que si c'étoit un duel. Et pour-ce qu'il s'est encore trouvé de nos Sujets, qui ayant
„ pris querelle dans nos Etats, ou s'étant donné rendez-vous pour se combattre hors d'iceux,
„ ou sur nos frontieres, ont cru par ce moyen pouvoir éluder l'effet de nos Edits, Nous voulons
„ que tous ceux qui en useront ainsi, soient poursuivis criminellement, s'ils peuvent être pris, sinon
„ par contumace ; & qu'ils soient condamnés aux mêmes peines, & leurs biens confisqués, comme
„ s'ils avoient contrevenu au présent Edit dans l'étendue & sans sortir de nos Provinces, les ju-
„ geant d'autant plus criminels & punissables, que les premiers mouvemens dans la chaleur & nou-
„ veauté de l'offense ne les peuvent plus excuser, & qu'ils ont eu assez de loisir pour modérer leur
„ ressentiment, & s'abstenir d'une vengeance si défendue, sans qu'ès deux cas mentionnés au pré-
„ sent Article les prévenus puissent alléguer le cas fortuit, auquel Nous défendons à nos Juges
„ d'avoir aucun égard.

X I X. „ Et pour éviter qu'une Loi si sainte & si utile à nos Etats ne devienne inutile au Public,
„ faute d'observation d'icelle, Nous enjoignons & commandons très expréssément à nos Cousins
„ les Maréciaux de France, auxquels appartient, sous notre autorité, la connoissance & décision
„ des contentions & querelles qui concernent l'honneur & la réputation de nos Sujets, de tenir la
„ main exactement & diligemment à l'observation de notre présent Edit, sans y apporter aucune
„ modération, ni permettre que par faveur, connivence, ou autre voie, il y soit contrevenu en-
„ aucune maniere. : & pour donner d'autant plus de moyen & de pouvoir à nosdits Cousins les
„ Maréchaux de France d'empêcher & réprimer cette licence effrénée des duels & rencontres, con-
„ sidérant d'ailleurs que la diligence importe grandement pour la punition de tels crimes, & que
„ les Prévôts de nosdits Cousins les Maréchaux de France, les Vice Baillifs, Vice-Sénéchaux & Lieu-
„ tenans Criminels de Robe Courte se trouvent le plus souvent à cheval pour notre service, pour
„ être plus prompts & plus propres pour procéder contre les coupables des duels & rencontres,
„ Nous avons de nouveau attribué & attribuons l'exécution du présent Edit, tant dans l'enclos
„ des Villes que hors d'icelles, aux Officiers de la Connétablie & Maréchaussée de France, Prévôts
„ Généraux de ladite Connétablie de l'Isle de France & des Monnoies, & tous les autres Pré-
„ vôts Généraux, Provinciaux & Particuliers, Vice-Baillifs & Vice-Sénéchaux, & Lieutenans
„ Criminels de Robe Courte, concurremment avec nos Juges ordinaires, & à la charge de l'appel
„ en nos Cours de Parlement, auxquels il doit ressortir, dérogeant pour ce regard à toutes Dé-
„ clarations & Edits à ce contraires, portant défenses auxdits Prévôts de connoître des duels &
„ rencontres.

X X. „ Les Juges ou autres Officiers qui auront supprimé & changé les informations, seront.
„ destituées & privés de leurs Charges, & châtiés comme faussaires

X X I „ Et d'autant qu'il arrive assez souvent que lesdits Prévôts, Vice-Baillifs, Vice-Sénéchaux,
„ & Lieutenans Criminels de Robe Courte sont négligens dans l'exécution des ordres de nosdits
„ Cousins les Maréchaux de France, Nous voulons & ordonnons que si lesdits Officiers manquent
„ d'obéir au mandement de nosdits Cousins les Maréchaux, ou de l'un d'eux, ou autres Juges
„ du point d'honneur, de sommer ceux qui auront querelle de comparoître au jour assigné, de
„ les saisir & arrêter en cas de refus & de désobéissance, & finalement d'exécuter de point en
„ point, & toutes affaires cessantes, ce qui leur sera mandé & ordonné par nosdits Cousins les
„ Maréchaux de France, & Juges du point d'honneur, ils soient par nosdits Cousins punis & châ-
„ tiés de leurs négligences, par suspension de leurs Charges & privation de leurs gages, lesquels.
„ pourront être réellement arrêtés & saisis sur la simple Ordonnance de nosdits Cousins les Maré-
„ chaux de France, ou de l'un d'eux, signifiée à la personne ou au domicile du Trésorier de l'Or-
„ dinaire de nos Guerres, qui se a en exercice. Nous ordonnons en outre auxdits Prévôts, Vice-Bail-
„ lifs, Vice-Sénéchaux, leurs Lieutenans & Archers, chacun en leur Ressort, sur la même peine-
„ de suspension, de privation de leurs gages, que sur le bruit d'un combat arrivé, ils se trans-
„ porteront à l'instant sur les lieux pour arrêter les Coupables, & les constituer prisonniers dans
„ les Prisons Royales les plus proches du lieu du délit, voulant que pour chacune capture il leur

» soit payé la somme de quinze cens livres, à prendre, avec les autres frais de Justice, sur le bien
» le plus clair des Coupables, & préférablement aux confiscations & amendes que Nous avons or-
» données ci-dessus.

XXII. » Et comme les Coupables, pour éviter de tomber entre les mains de la Justice, se re-
» tirent d'ordinaire chez les Grands de notre Royaume, Nous faisons très expresses inhibitions &
» défenses à toutes personnes, de quelque qualité & condition qu'elles soient, de recevoir dans
» leurs hôtels & maisons ceux qui auront contrevenu à notre présent Edit; & au cas qu'il se trouve
» quelques uns qui leur donnent asyle, & qui refusent de les remettre entre les mains de la Jus-
» tice, si tôt qu'ils en seront requis, Nous voulons que les procès verbaux qui en seront dressés
» & dûment arrêtés par lesdits Prévôts des Maréchaux & autres Juges, soient incontinent & in-
» cessamment envoyés aux Secrétaires d'Etat & de nos Commandemens, chacun en son Départe-
» ment, ensemble aux Procureurs Généraux de nos Cours de Parlement, & à nosdits Cousins les
» Maréchaux, afin qu'ayant pris avis d'eux, Nous fassions rigoureusement procéder à la punition
» de Ceux qui protégent de si criminels désordres.

XXIII. » Que si nonobstant tous les soins & diligences prescrites dans les Articles précédens, le
» crédit & l'autorité des personnes intéressées dans ces crimes en détournoient les preuves par me-
» nace ou artifice, Nous ordonnons que sur la simple réquisition qui sera faite par nos Procureurs
» Généraux, ou leurs Substituts, il soit décerné des Monitoires par les Officiaux des Evêques des
» lieux, lesquels seront publiés & fulminés selon les formes Canoniques contre ceux qui refuseront
» de venir à révélation de ce qu'ils sauront touchant les duels & rencontres arrivés. Nous ordonnons
» en outre qu'à l'avenir nos Procureurs Généraux en nos Cours de Parlement, & leurs Substituts,
» sur l'avis qu'ils auront des combats qui auront été faits, feront leurs réquisitions contre ceux qui
» par notoriété en seront estimés coupables; & que, conformément à icelles, nosdites Cours, sans
» autres preuves, ordonnent que dans les délais qu'elles jugeront à propos, ils seront tenus de se
» rendre dans les prisons pour se justifier, & répondre sur les Réquisitions de nosdits Procureurs
» Généraux, & à faute dans ledit tems de satisfaire aux Arrêts qui seront signifiés à leurs domiciles,
» Nous voulons qu'il soit procédé contre eux par défaut & contumace, qu'ils soient déclarés atteints
» & convaincus des cas à eux imposés; & comme tels, qu'ils soient condamnés aux peines portées
» par nos Edits, & leurs biens à Nous acquis & confisqués & mis en nos mains, & sans attendre
» que les cinq années des défauts & contumaces soient expirées; que toutes leurs maisons soient
» rasées, & leurs bois de haute futaye coupés jusqu'à certaine hauteur, suivant les ordres que Nous
» en donnerons, & eux déclarés infâmes & dégradés de noblesse, sans qu'ils puissent à l'avenir en-
» trer en aucune Charge. Défendons à toutes nos Cours de Parlement & nos autres Juges de les
» recevoir en leur justification après les Arrêts de condamnation, même pendant les cinq années
» de la contumace, qu'auparavant ils n'aient obtenu nos Lettres, portant permission de se repré-
» senter, & qu'ils n'aient payé les amendes auxquelles ils seront condamnés, & ce nonobstant l'Article
» 18 du Titre 7 de notre Ordonnance criminelle, auquel Nous avons dérogé & dérogeons pour ce
» regard, & sans tirer à conséquence.

XXIV. » Et lors même que les prévenus auront été arrêtés & mis dans les Prisons, ou qu'ils
» s'y feront mis, Nous voulons qu'en cas que nos Procureurs Généraux trouvent difficulté à ad-
» mettre la preuve desdits combats, nos Cours leur donnent les délais qu'ils requerront, remettant
» à l'honneur & conscience de nosdits Procureurs Généraux de n'en user que pour le bien de la Justice.

XXV. » Pendant le tems que les Accusés ou Prévenus se rendront point pri-
» sonniers, Nous voulons que la Justice de leurs Terres soit exercée en notre nom, & Nous pour-
» voirons pendant ledit tems aux Offices & Bénéfices, dont la disposition appartiendra auxdits Ac-
» cusés ou Prévenus.

XXVI. » Et pour éviter que pendant le tems de l'instruction des défauts & contumaces, les Pré-
» venus ne puissent se servir des moyens qu'ils ont accoutumé de pratiquer, pour détourner les preu-
» ves de leurs crimes en intimidant les Témoins, ou les obligeant de se retracter dans leurs récol-
» lemens, Nous voulons que, nonobstant l'Article 3 du Titre 15 de notre Ordonnance du mois
» d'Aout 1670, auquel Nous avons dérogé & dérogeons pour ce regard dans les crimes de duels
» seulement, il soit procédé par les Officiers de nos Cours, & leurs Lieutenans Criminels des Bail-
» liages où il y a Siège Présidial, au récolement des Témoins dans les vingt quatre heures, & le
» plutôt qu'il se pourra, après qu'ils auront été entendus dans les informations, & ce, avant qu'il
» y ait eu aucun Jugement qui l'ordonne, sans toutefois que les récollemens puissent valoir con-
» frontation, qu'après qu'il aura ainsi été ordonné par le Jugement de défaut & contumace.

XXVII. » Nous déclarons les Condamnés par contumace incapal les & indignes de toutes suc-
» cessions qui pourroient leur échéoir, depuis la condamnation, encore qu'ils soient dans les cinq
» années, & qu'ils se fussent ensuite restitués contre la contumace. Si les successions sont échues
» avant la restitution, la Seigneurie & la Justice des Terres sera exercée en notre nom, & les fruits
» attribués aux Hôpitaux, sans espérance de restitution, à compter du jour de la condamnation par
» contumace.

XXVIII. » Nous voulons pareillement & ordonnons, que dans les lieux éloignés des Villes où nos
» Cours de Parlemens sont séantes, lorsqu'après toutes les perquisitions & recherches susdites les
» coupables des duels & rencontres ne pourront être trouvés, il soit, à la requête des Substituts de
» nos Procureurs Généraux, sur la simple notoriété du fait, décerné prise de corps contre les Ab-
» sens; & qu'à faute de les pouvoir appréhender, en vertu du Décret, tous leurs biens soient saisis,
» & qu'ils soient ajournés à trois briefs jours consécutifs; & sur iceux les défauts soient mis ès mains
» de nos Procureurs Généraux ou leurs Substituts pour en être le profit adjugé, sans autre forme ni
» figure de procès dans huitaine après le crime commis, & sans que nosdits Procureurs Généraux,

» ou leurs Subſtituts , ſoient obligés d'informer & faire preuve de la notoriété.

XXIX. » Quand le titre de l'accuſation ſera pour crime de duel , il ne pourra être formé aucun
» Réglement de Juſtice, nonobſtant tout prétexte de prévention, aſſaſſinat ou autrement, & le pro-
» cès ne pourra être pourſuivi que pardevant les Juges du crime de duel.

XXX. » Et afin d'empêcher les ſurpriſes de ceux qui pour obtenir des graces Nous déguiſeroient
» la vérité des combats arrivés & mettroient en avance des faux faits pour faire croire que leſdits
» combats ſeroient ſurvenus inopinément, & enſuite de querelle priſe ſur-le-champ, Nous ordon-
» nons que nul ne pourra pourſuivre au Sceau l'expedition d'aucune grace, ès cas où il y aura ſoup-
» çon de duel ou rencontre préméditée, qu'il ne ſoit actuellement priſonnier à notre ſuite , ou bien
» dans la principale priſon du Parlement dans le Reſſort duquel le combat aura été fait : & après
» qu'il aura été vérifié qu'il n'a contrevenu en aucune ſorte à notre préſent Edit, & avoir ſur ce
» pris l'avis de nos Couſins les Maréchaux de France, Nous pourrons lui accorder des Lettres de
» rémiſſion en connoiſſance de cauſe.

XXXI. » Et d'autant qu'en conſéquence de nos ordres nos Couſins les Maréchaux de France ſe
» ſont aſſemblés pour revoir & examiner de nouveau le Réglement fait par eux ſur les diverſes ſa-
» tisfactions & réparations d'honneur, auxquelles par nos ordres ils ont ajouté des peines plus ſé-
» veres contre les Aggreſſeurs, Nous voulons que ledit nouveau Réglement , en date du 22 jour
» du préſent mois, enſemble celui du 22 Août 1653 ci-attaché ſous le Contre ſcel de notre Chancellerie,
» ſoient inviolablement ſuivis & obſervés à l'avenir par tous ceux qui ſeront employés aux accom-
» modemens des différends qui touchent le point d'honneur & la réputation des Gentilshommes.

XXXII. » Et d'autant que quelquefois les Adminiſtrateurs des Hôpitaux ont négligé le recouvre-
» ment deſdites amendes & confiſcations, Nous voulons que le recouvrement des amendes & con-
» fiſcations adjugées auxdits Hôpitaux, & autres perſonnes qui auront été négligées pendant un an,
» à compter du jour des Arrêts des condamnations, ſoit fait par le Receveur général de nos Domai-
» nes, auquel la moitié deſdites confiſcations & amendes appartiendra pour les frais de recouvre-
» ment, Nous réſervant de diſpoſer de l'autre moitié en faveur de tel Hôpital qu'il Nous plaira ,
» autre que celui auquel elles auront été adjugées.

XXXIII. » Voulons de plus que lorſque les Gentilshommes n'auront pas déféré aux ordres des
» Maréchaux de France , & qu'ils auront encouru les amendes & confiſcations portées par le pré-
» ſent Edit, & le Réglement deſdits Maréchaux de France , il en ſoit à l'inſtant donné avis par leurs
» Maréchaux de France à nos Procureurs Généraux en nos Cours de Parlement, ou à leurs Subſtituts,
» auxquels Nous enjoignons de procéder inceſſamment à la ſaiſie des biens, juſqu'à ce que leſdits
» Gentilshommes prévenus aient obéi; & au cas qu'ils n'obéiſſent dans trois mois , les fruits ſeront en
» pure perte appliqués aux Hôpitaux, juſqu'à ce qu'ils aient obéi ; les frais des Prévôts, de procédures,
» de garniſon & autres, pris par préférence : par cet effet Nous voulons que les Directeurs & Admi-
» niſtrateurs deſdits Hôpitaux ſoient mis en poſſeſſion & jouïſſance actuelle deſdits biens. Enjoi-
» gnons à noſdits Procureurs Généraux, leurs Subſtituts, de ſe joindre auxdits Directeurs & Admi-
» niſtrateurs, pour être faite une prompte & réelle perception deſdites amendes. Faiſons très expreſſes
» défenſes aux Juges d'avoir aucun égard aux Contrats, Teſtamens & autres Actes faits ſix mois
» avant les crimes commis.

XXXIV. » Lorſque dans les combats il y aura eu quelqu'un de tué, Nous permettons aux pa-
» rens du mort de ſe rendre Parties, dans trois mois pour tout délai, contre celui qui aura tué, &
» en cas qu'il ſoit convaincu du crime, condamné & exécuté ; Nous faiſons remiſe de la confiſcation
» du mort au profit de celui qui aura pourſuivi, ſans qu'il ſoit tenu d'obtenir d'autres Lettres de don
» que le préſent Edit : à l'égard de celui des parens, au profit duquel Nous faiſons remiſe de la con-
» fiſcation , Nous voulons que le plus proche ſoit préféré au plus éloigné, pourvû qu'ils ſe ſoient
» rendus Parties dans les trois mois, à condition de rembourſer les frais qui auront été faits.

XXXV. » Le crime de duel ne pourra être éteint ni par mort ni par aucune preſcription de
» vingt ni de trente ans, ni aucune autre, à moins qu'il n'y ait ni exécution, ni condamnation
» ni plainte : & pourra être pourſuivi après quelques laps de tems que ce ſoit, contre la perſonne
» ou contre ſa mémoire, même ceux qui ſe trouveront coupables de duel depuis notre Edit de
» 1651, regiſtré en notre Cour de Parlement de Paris , au mois de Septembre de la même année ,
» pourront être recherchés pour les autres crimes par eux commis auparavant ou depuis , nonobſtant
» ladite preſcription de vingt & de trente ans, pourvu que le procès leur ſoit fait en même-tems pour
» crime de duel & par les mêmes Juges, & qu'ils en demeurent convaincus.

XXXVI. » Toutes les peines contenues dans le préſent Edit pour punition des Contrevenans à
» nos volontés , ſeroient inutiles & de nul effet, ſi par les motifs d'une juſtice & d'une fermeté
» inflexible Nous ne maintenions les Loix que Nous avons établies. A cette fin Nous jurons & pro-
» mettons en foi & parole de Roi de n'exempter à l'avenir aucune perſonne, pour quelque cauſe
» & conſidération que ce ſoit, de la rigueur du préſent Edit ; qu'il ne ſera par Nous accordé aucune
» rémiſſion, pardon, ni abolition à ceux qui ſe trouveront prévenus deſdits crimes de duels &
» rencontres. Défendons très expreſſément à tous Princes & Seigneurs près de Nous , de faire aucu-
» nes prieres pour les coupables deſdits crimes, ſur peine d'encourir notre indignation. Proteſtons
» derechef, que ni en faveur d'aucun Mariage de Prince ou Princeſſe de notre Sang, ni pour les
» Naiſſances des Princes & Enfans de France, qui pourront arriver durant notre Regne, ni pour
» quelqu'autre conſidération générale & particuliere qui puiſſe être, Nous ne permettrons-ſciem-
» ment être expédié aucunes Lettres contraires à notre préſente volonté ; l'exécution de laquelle Nous
» avons juré expreſſément & ſolemnellement au jour de notre Sacre & Couronnement, afin de ren-
» dre plus authentique & plus inviolable une Loi ſi juſte, ſi chrétienne & ſi néceſſaire. Si donnons

reçu quelques augmentations par la Déclaration du 30 Decembre de la même année (a), & par celle du 28 Octobre 1711 (b).

» en mandement, &c. Donné à Saint Germain en Laye, au mois d'Août, l'an de grace mil six cent
» soixante dix neuf, & de notre Regne le trente-septieme. Signé, LOUIS. Et plus bas : Par le Roi :
» COLBERT.

(a) » LOUIS, &c. En amplifiant notre Edit du mois d'Août dernier, avons dit & déclaré, di-
» sons & déclarons par ces Présentes, signées de notre main, Voulons & Nous plaît, que lors-
» qu'il sera procedé pour crime de duel par l'un desdits Juges commis par ledit Edit ; soit d'offi-
» ce, ou à la requête des Parens de celui qui aura été tué, il soit suivi à toutes autres procédu-
» res faites ou commencées par quelqu'autres Juges que ce soit pour d'autres actions qui seroient
» passées entre les mêmes Parties, & qui auroient rapport à celle du duel, lesquelles procédures
» Nous voulons être portées au Greffe dudit Juge qui instruira le procès pour duel, sur le pre-
» mier commandement qui sera fait au Greffier à la requête de notre Procureur ou desdits Parens ;
» sauf à être renvoyés auxdits Juges, ou y être autrement pourvu après le jugement dudit procès
» instruit pour duel, ainsi que de raison : Voulons en outre que celui desdits Juges pour crime
» de duel : lequel aura arrêté les Accusés, lui-même ou par sesdits Officiers, dans le tems de six
» mois, connoisse du crime, & fasse le procès aux coupables préférablement & privativement aux
» autres Juges ; les procédures desquels, si aucunes ont été faites, seront pareillement portées à
» son Greffier sur la premiere signification qui sera faite aux Greffiers du décrer s Accusés,
» de l'Ordonnance du Juge qui aura arrêté ou fait arrêter. Voulons néanmoins que les diligences
» de nosdits Juges, lorsqu'elles seront égales, & que les Lieutenans Criminels de nos Bailifs &
» Sénéchaussées principales, se trouveront avoir informé & décrété dans les trois premiers jours,
» ils fassent le procès préférablement aux autres Officiers ordinaires ; & les Prévôts des Maré-
» chaux aussi préférablement aux Lieutenans Criminels de Robe-Courte ; le tout néanmoins, si
» après que les informations faites de part & d'autre auront été vues par nos Cours de Parle-
» ment, il n'en est autrement ordonné. Voulons & entendons qu'en tous décrets, commissions
» & autres actes préparatoires qui seront faits par lesdits Prévôts des Maréchaux, & par nosd.
» Juges, à raison du crime de duel, notre Procureur ou autre Accusateur, à la requête duquel
» ils seront donnés, soit qualifié Demandeur & Accusateur en crime de duel ; & en conséquence,
» voulons que dorénavant il ne puisse être donné en notre Grand Conseil aucune Commission
» ou Réglement de Juges, entre les Prévôts de nos Cousins les Maréchaux de France, & autres
» Officiers de Robe-Courte, & nos Juges ordinaires, sous quelque prétexte que ce puisse être ;
» lorsqu'il apparoîtra qu'aucun des Juges aura pris connoissance pour crime de duel : pourra
» néanmoins notre Grand Conseil, continuer à juger les conflits d'entre lesdits Prévôts, Officiers
» de Robe-Courte, & nosdits Juges ordinaires, en tous cas, hors ceux du duel ; à condition que
» dans lesdits Arrêts ou Commissions en Réglement de Juges, qui seront données à cet effet par
» icelui notre Grand Conseil, il sera inséré la clause que l'instruction sera continuée par celui
» des Juges lesquels fera le conflit, que notredit G and Conseil estimera à propos, jusqu'au
» jugement définitif exclusivement ; & que le Réglement des Juges ait été jugé & terminé, à
» peine de nullité desdits Arrêts & Commissions en Réglement de Juges. Et parcequ'il n'est pas
» moins important, après avoir pourvu à ce que Nous avons cru utile, pour empêcher les con-
» flits des desdits Juges, de pourvoir pareillement à l'abréviation des procédures contre les absens :
» Voulons & ordonnons, que lorsque les coupables des duels ou rencontres ne pourront être
» trouvés, il soit (à la requête des Procureurs Généraux ou leurs Subftituts, sur la simple
» notoriété du fait), décerné prise de corps contre les absens, & qu'à faute de les pouvoir ap-
» préhender en vertu du décret ; tous leurs biens soient saisis & soit procédé contre eux suivant
» ce qui est porté par notre Ordonnance du mois d'Août 1670, au Titre XIII des Défauts &
« Contumaces, & sans que nosdits Procureurs Généraux ou leurs Subftituts soient obligés d'in-
» former & faire preuve de la notoriété ; & ce faillant, Nous avons dérogé à l'article 28 dudit
» Edit du mois d'Août dernier : Voulons au surplus que nos Cours de Parlement connoissent en
» premiere instance des cas portés par notre Edit, quand même ils seroient arrivés dans l'en-
» ceinte, ou ès environs des Villes où nosdites Cours sont séantes, ou bien plus loin, entre les
» personnes de telle qualité & importance que nosdites Cours jugent y devoir interposer leur
» autorité, & hors ces cas, les Juges susdits, & la charge de l'appel, ainsi qu'il est porté par
» notredit Edit. Si donnons en mandement, &c. Donné à Saint Germain en Laye, le 30 Dé-
» cembre l'an de grace 1679, &c.

(b) » LOUIS, par la grace de Dieu, Roi de France & de Navarre : A tous ceux qui ces
» Présentes Lettres verront ; SALUT. Le succès qu'il a plû à Dieu de donner aux soins que Nous
» avons pris pour l'abolition des duels dans toute l'étendue de notre Royaume ; Nous oblige à
» redoubler de plus en plus notre application pour rendre ce crime encore moins fréquent qu'il
» ne l'est présentement ; & comme la crainte des peines personnelles prononcées contre les coupa-
» bles, quelques rigoureuses qu'elles soient ; fait quelquefois moins d'impression, & qu'elle est
» même souvent beaucoup moins capable de détourner du crime, que la vue de tous les mal-
» heurs dont leur famille doit être accablée par leur juste punition : Nous avons resolu d'ôter à
» nos Juges le droit que Nous leur avons attribué par l'article 13 de notre Edit du mois d'Août
» 1679, d'adjuger sur les deux tiers des biens des condamnés pour duels, ce qui leur paroissoit
» équitable »

. Le Monarque regnant n'a pas été moins attentif que les Rois fes prédeceffeurs fur un objet auffi important ; à peine eut-il atteint fa majorité, que par fon Edit du mois de Février 1723 (a), non-feule-

» équitable, pour la nourriture & entretenement de leurs femmes & de leurs enfans, afin que
» ceux qui ne pourront être arrêtés par les peines qui les regardent, & que leur tuteur empor-
» tera jufqu'au point de n'être pas touchés de leur propre malheur, foient du moins fenfibles
» à celui des perfonnes qui leur font auffi proches, lorfqu'ils les verront privées de toute efpé-
» rance de trouver dans l'indulgence & dans la commiferation de leurs Juges, une reffource
» dans leurs difgraces ; & ces mêmes confidérations Nous ont porté à augmenter jufqu'aux deux
» tiers de la valeur des biens des condamnés, l'amende qui fera adjugée fur ce qu'ils fe trouveront
» poffeder dans les Provinces où la confifcation n'a pas de lieu ; & afin qu'on ne puiffe même
» fe flatter que par les difpofitions que Nous pouvons faire defdites confifcations & amendes, il en
» pût jamais rien revenir aux femmes & aux enfans des condamnés pour duels, Nous avons refolu
» d'en faire dès à préfent, & par ces Préfentes, la difpofition en fon entier, en donnant la totalité
» aux Hôpitaux, croyant ne pouvoir en faire un meilleur ufage, que de les deftiner au foulagement
» des Pauvres. A ces CAUSES, & autres à ce Nous mouvans, de notre certaine fcience pleine puif-
» fance, & autorité Royale, Nous avons par ces Préfentes, fignées de notre main, dit, déclaré &
» ordonné, difons, déclarons & ordonnons, voulons & Nous plaît, que nos Juges ne puiffent
» plus d'orénavant rien adjuger fur les biens des condamnés pour duels, à leurs femmes ni à leurs
» enfans, pour leur nourriture & entrenement, pour quelque caufe, & fous quelque prétexte que
» ce foit. Voulons que fur la totalité des biens, meubles & immeubles defdits condamnés, qui
» Nous feront confifqués, en foit pris un tiers pour l'Hôtel-Dieu de notre bonne Ville de
» Paris, un tiers pour l'Hôpital Général de la même Ville, & un autre tiers, tant pour l'Hôpital
» de la Ville où eft le Parlement dans le reffort duquel le crime aura été commis, que pour
» l'Hôpital du Siege Royal le plus proche du lieu du délit ; lequel tiers fera partagé également
» entre lefdits deux Hôpitaux. Entendons néanmoins que lorfque Nous ferons redevables de
» quelque chofe que ce puiffe être envers lefdits condamnés, Nous en demeurerons quittes & dé-
» chargés ; & que s'il fe trouve dans leurs biens des Marquifats, Comtés, ou Terres titrées, re-
» levantes immédiatement de notre Couronne, elles foient réunies de plein droit à notre Do-
» maine, enfemble les autres biens qu'ils poffederont, qui en auront été aliénés, fans qu'ils puif-
» fent en être diftraits à l'avenir, ni que lefdits Hôpitaux puiffent y rien prétendre en vertu de
» notre préfente Déclaration : & fi les condamnés pour ledit crime de duel poffedent des biens
» dans les Provinces de notre Royaume, où la confifcation n'a pas de lieu, Voulons qu'il foit
» pris fur lefdits biens, au profit defdits Hôpitaux, une amende qui ne pourra être moindre que
» des deux tiers de la valeur defdits biens ; laquelle amende fera partagée entre ledit Hôtel-
» Dieu & lefdits Hôpitaux, pour les mêmes portions que Nous avons marquées pour lefdits
» biens confifqués. Voulons que les frais de capture & de Juftice foient payés & prélevés pré-
» ferablement fur la totalité defdits biens & amendes, & qu'au furplus notre Edit du mois d'Août
» 1679 foit exécuté, en ce qu'il n'y eft dérogé par ces Préfentes. Si donnons en mandement à
» nos amés & féaux Confeillers les Gens tenans notre Cour de Parlement à Paris, que ces Préfentes
» ils aient à faire lire, publier & enregiftrer, & le contenu en icelles, garder & faire garder
» & obferver felon leur forme & teneur, fans permettre qu'il y foit contrevenu en quelque forte
» & manière que ce foit. Car tel eft notre plaifir : en témoin de quoi Nous avons fait mettre notre
» Scel à cefdites Préfentes. Donné à Verfailles le vingt-huitième jour d'Octobre, l'an de grace
» mil fept cent onze, & de notre Regne le foixante-fixième. Signé, LOUIS. Et fur le repli :
» Par le Roi, PHELYPEAUX, & fcellé du grand Sceau de cire jaune.

(a) LOUIS, par la grace de Dieu, Roi de France & de Navarre : A tous préfens & à venir.
» SALUT. Les Rois nos prédéceffeurs n'ont rien eu plus à cœur que d'abolir dans ce Roya-
» me le pernicieux ufage des duels, également contraire aux Loix de la Religion & au bien de
» l'Etat. Le Roi Henri IV donna pour cet effet plufieurs Edits & Déclarations, dont les difpofi-
» tions furent non-feulement confirmées, mais confidérablement étendues par le Roi Louis XIII
» fon Succeffeur ; le feu Roi, notre très honoré Seigneur & Bifayeul, y a pourvu encore plus
» efficacement par les différens Edits & Déclarations qu'il a données fur cette matière pendant le
» cours de fon Regne ; & notamment par fon Edit du mois d'Août 1679, & fes Déclarations
» du 14 Décembre de la même année, & du 28 Octobre 1711 • & Nous avons cru qu'étant par-
» venu à notre majorité, Nous devions, en fuivant un auffi grand exemple, porter nos pre-
» miers foins à confirmer des Loix auffi fages & auffi néceffaires pour la confervation de la
» Nobleffe, qui eft le plus fûr appui de notre Royaume, & que la fureur des duels ne pou-
» voit qu'affoiblir intérieurement pour l'Etat. C'eft dans la vue d'accomplir un deffein fi impor-
» tant que, lors de notre Sacre & Couronnement, Nous avons juré par le Grand Dieu vivant, que
» Nous n'exempterions perfonne de la rigueur des peines ordonnées contre les duels. Et comme
» l'expérience a fait connoître qu'il n'y a point de Loi fi précife ni fi fimple que l'on ne trouve
» le moyen d'éluder, pour prévenir déformais les fauffes interprétations que l'on s'eft déjà ef-
» forcé de donner à quelques articles de l'Edit du mois d'Août 1679, contre les intentions du

ment il confirma les Ordonnances précédentes fur les Duels , mais encore il établit de nouvelles peines pour empêcher , que , par des détours affectés , aucun des Sujets ne pût colorer la témérité qu'il auroit d'y contrevenir. Notre Monarque *Bien-aimé* fit plus : ayant ordonné aux Maréchaux de France de s'aſſembler pour déliberer ſur les ſatis-

────────────

» feu Roi , & les nôtres , Nous avons jugé à propos d'y ajouter quelques nouvelles diſpoſitions
» qui ont paru néceſſaires ; en ſorte qu'à l'avenir , ceux qui oſeroient contrevenir à cette Loi ,
» ne puiſſent échapper à la juſte punition qu'ils auront méritée. A CES CAUSES , & autres gran-
» des conſidérations , à ce Nous mouvans , de l'avis de notre Conſeil , & de notre certaine ſcien-
» ce , pleine puiſſance & autorité Royale ; Nous avons dit , ſtatué & ordonné , diſons , ſtatuons
» & ordonnons, voulons, & Nous plaît ce qui ſuit.

ARTICLE PREMIER.

» Les Ordonnances des Rois nos prédéceſſeurs , & notamment l'Edit du feu Roi du mois d'Août
» 1679, & ſes Déclarations des 14 Décembre de la même année , & 28 Octobre 1711 ſur le fait
» des Duels , ſeroient exécutés en tous leurs points , ſelon leur forme & teneur.

II. » Voulons , conformément à l'article 18 dudit Edit du mois d'Août 1679 , que tous Gentil-
» hommes , Gens de guerre , & autres nos Sujets ayant droit de porter les armes , de quelque
» qualité & condition qu'ils ſoient , contre leſquels il y aura eu querelle & démêlés , pour quelque
» ſujet que ce ſoit , dont l'un ou l'autre puiſſe ſe croire offenſé , ſoient tenus reſpectivement d'en
» donner avis à nos Couſins les Maréchaux de France , ou autres Juges du point d'honneur , pour
» y être par eux pourvu , ſuivant l'exigence des cas.

III. » Si ceux qui auront eu querelle ou démêlé , dont ils n'auront point donné avis à nos Cou-
» ſins les Maréchaux de France , ou autres Juges du point d'honneur , ſe rencontrent & en vien-
» nent à un combat , voulons que ſur la preuve de ladite querelle , ils ſoient également punis de
» mort , comme coupables du crime de duel.

IV. » Et au cas qu'ils euſſent donné avis de leur querelle à noſdits Couſins les Maréchaux de
» France , ou autres Juges du point d'honneur , s'il y a preuve d'aggreſſion de part ou d'autres , &
» qu'il ſoit clairement juſtifié que la rencontre n'a point été préméditée , l'aggreſſeur ſera ſeul
» puni de mort , pourvu que celui qui aura été attaqué ſoit demeuré dans les termes d'une légi-
» time défenſe.

V. » Ordonnons que l'Edit du mois de Décembre 1704 portant établiſſement de peines contre
» les Officiers de Robe & autres qui uſeront de voies de fait , ou outrages défendus par les Or-
» donnances ; enſemble les Réglemens des 22 Août 1653 , & 22 Août 1679 , faits de l'ordre
» exprès du feu Roi , par nos Couſins les Maréchaux de France , pour les ſatisfactions & répa-
» rations d'honneur , ſeront pareillement exécutés ſelon leur forme & teneur.

VI. » Ceux qui ſeront prévenus du crime de duel par notoriété ne pourront être renvoyés abſous,
» qu'après un plus amplement informé d'une année , pendant lequel tems ils tiendront priſon.

VII. » Enjoignons à tous Officiers de nos Juſtices ordinaires , même à tous Prévôts de noſdits
» Couſins les Maréchaux de France , ou leurs Lieutenans , à peine d'interdiction , d'informer les
» querelles , outrages , inſultes & voies de fait , dont ils auront avis ou connoiſſance , par quelque
» voie que ce ſoit , & d'envoyer leurs procès verbaux & informations à noſdits Couſins les Ma-
» réchaux de France , pour être par eux procédé contre les coupables , ſuivant la rigueur de notre-
» dit Edit , & conformément auxdits Réglemens.

VIII. » Et attendu que les peines portées par leſdits Réglemens , n'ont pas été juſqu'à préſent
» ſuffiſantes pour arrêter le cours de ſemblables déſordres , enjoignons à noſdits Couſins les Ma-
» réchaux de France & autres Juges du point d'honneur , de prononcer , ſuivant l'exigence des cas,
» telles peines qu'ils aviſeront au-delà de celles portées par leſdits Réglemens ; & voulons que
» celui qui en aura frappé un autre , dans quelque cas ou circonſtance que ce ſoit , ſoit puni par
» dégradation des armes & de Nobleſſe perſonnelle & quinze ans de priſon , après lequel tems il
» n'en pourra ſortir qu'en vertu de nos ordres expédiés ſur l'avis de noſdits Couſins les Maré-
» chaux de France.

IX. » Et afin que nos Sujets ſoient encore plus aſſurés de nos intentions ſur l'exécution des
» diſpoſitions contenues au préſent Edit , & ceux des Rois nos prédéceſſeurs , Nous jurons & pro-
» mettons en foi & parole de Roi , en renouvellant le ſerment que Nous avons déja fait lors de
» notre Sacre & Couronnement , de n'exempter à l'avenir aucune perſonne , pour quelque cauſe
» & conſidération que ce puiſſe être , de la rigueur du préſent Edit & des précédens ; & qu'il
» ne ſera par Nous accordé aucune rémiſſion , pardon , ni abolition à ceux qui ſe trouveront
» prévenus dudit crime de duel : Défendons très expreſſément à tous Princes & Seigneurs près de
» Nous , d'employer aucunes prieres ou ſollicitations en faveur des coupables dudit crime , ſur
» peines d'encourir notre indignation. Proteſtons derechef , que ni en faveur d'aucun mariage
» de Prince ou Princeſſe de notre Sang , ni pour les naiſſances des Princes & Enfans de France ,

factions & réparations d'honneur à l'occasion des injures proferées entre Gentilhommes & autres faisant profession des armes, il donna une forme authentique aux Arrêtés qu'ils firent sur ce point, en leur imprimant force de Loix par sa Déclaration du 12 Avril 1723 (a). Il avoit été déja fait un Réglement concernant les satisfactions pour les injures proferées & insultes commises entre Gens de Robe & autres non portant les armes, par l'Edit du mois de Décembre 1704 (b).

» qui pourront arriver durant notre Regne, ni pour quelqu'autre consideration générale ou particuliere que ce puisse être, Nous ne permettrons sciemment être expédiées aucunes Lettres contraires à notre présente volonté. Si donnons en mandement à nos amés & féaux Conseillers les Gens tenans nos Cours de Parlement, & à tous autres nos Officiers & Justiciers qu'il appartiendra, que notre présent Edit, ils aient à faire lire, publier & registrer, & le contenu en icelui, garder & observer de point en point selon sa forme & teneur; nonobstant tous Edits, Déclarations & Réglemens contraires. Car tel est notre plaisir : & afin que ce soit chose ferme & stable à toujours, Nous avons fait mettre notre scel à cesdites Présentes. Donné à Versailles au mois de Février, l'an de grace mil sept cent vingt trois, & de notre Regne le huitieme. Signé, LOUIS. Et plus bas, Par le Roi : PHELYPEAUX. Visa, FLEURIAU. Et scellé du grand sceau de cire verte, en lacqs de soie rouge & verte.

(a) » LOUIS, par la grace de Dieu, Roi de France & de Navarre : A tous ceux qui ces Lettres verront : SALUT. Par notre Edit du mois de Février dernier, registré en notre Parlement de Paris, Nous y séant en nôtre Lit de Justice le vingt deux dudit mois : avons confirmé les Ordonnances des Rois nos Prédécesseurs touchant les duels; & Nous avons établi de nouvelles peines, pour empêcher que par des détours affectés, aucuns de nos Sujets ne puissent colorer la témérité qu'ils auroient de contrevenir à dsLoix si saintes; mais voulant faire d'autant plus connoître nôtre intention d'employer tout le pouvoir que Dieu Nous a donné, pour arrêter dans leurs principes les conséquences d'un tel abus, Nous avons ordonné à nos très chers & bien amés Cousins les Maréchaux de France, de s'assembler pour délibérer sur les satisfactions & réparations d'honneur, à l'occasion des injures qui en sont la source, entre les Gentilhommes, Gens de guerre, & autres ayans droit de porter les armes pour notre service; & nosdits Cousins Nous ayant présenté ce qu'ils auroient arrêté à ce sujet, dans leur Assemblée du 8 ce mois, Nous avons jugé à propos d'en ordonner l'exécution. A CES CAUSES, & autres à ce Nous mouvans, de l'avis de notre Conseil, & de notre certaine science, pleine puissance & autorité Royale, Nous avons dit, déclaré & ordonné, & par ces Présentes signées de notre main, disons, déclarons & ordonnons, voulons & Nous plaît.

ARTICLE PREMIER.

» Que dans les offenses faites sans sujet, par paroles injurieuses, comme celles de sot, lâche, traître & autres semblables, si elles n'ont pas été repoussées par des réparties plus atroces, celui qui aura proferé de telles injures, soit condamné en six mois de prison, & à demander pardon, avant d'y entrer, à l'offensé, en la forme marquée par l'article 7 du Réglement de nosdits Cousins de l'année 1653.

II. » Si l'offensé a repliqué par injures pareilles ou plus fortes, il sera condamné à trois mois de prison, sans qu'il lui soit demandé pardon par l'aggresseur, qui n'en sera pas moins condamné à six mois de prison.

III. » Les démentis & menaces de coups de main ou de bâton, par paroles ou par gestes, seront punis de deux ans de prison, & l'aggresseur, avant d'y entrer, demandera pardon à l'offensé.

IV. » En cas que les démentis ou menaces de coups, aient été repoussés par coups de main ou de bâton, celui qui aura donné le démenti ou fait les menaces, sera condamné comme aggresseur à deux ans de prison, & celui qui aura frappé sera puni des peines portées par notre Edit du mois de Février dernier. Si donnons en mandement, à nos amés & féaux Conseillers les Gens tenans notre Cour de Parlement à Paris, que ces Présentes ils fassent lire, publier & registrer, & le contenu en icelles garder & observer de point en point selon sa forme & teneur. CAR tel est notre plaisir. Donné à Versailles le 12 Avril, l'an de grace mil sept cent vingt-trois, & de notre Regne le huitieme. Signé, LOUIS. Et plus bas, par le Roi : PHELYPEAUX. Et scellée du grand sceau de cire jaune.

(b) » LOUIS, par la grace de Dieu, Roi de France & de Navarre : A tous présens & à venir, SALUT. Les Rois Henri IV & Louis XIII, nos très honorés Seigneurs & Peres de glorieuse mémoire, ayans par differends Edits & Déclarations donnés en conséquence, défendu sous les peines y contenues, les combats en duels & rencontres préméditées, Nous avons confirmé dès les premieres années de notre Regne des Loix si pieuses & si nécessaires

Enfin, pour ne rien laisser à desirer sur un point aussi intéressant, nous joindrons aux Loix que nous venons d'annoncer, les deux Réglemens faits sous le précédent Regne par les Maréchaux de France,

» pour la conservation de la Noblesse de notre Royaume, qui en fait la principale force, Nous
» y avons ajoûté dans la suite toutes les précautions que Nous avons estimées les plus efficaces
» pour les faire observer dans toute leur étendue ; & nos Cousins les Maréchaux de France
» Nous ayant proposé de leur part differentes peines pour prévenir les querelles entre les Gentils-
» hommes, & autres qui sont profession des armes, en punissant sévérement ceux qui en offen-
» seroient d'autres par des paroles outrageantes, par des coups de main ou par d'autres coups,
» Nous avons ordonné l'exécution, & Dieu a donné une si grande bénédiction sur les soins dif-
» férens que Nous avons continué de prendre pour les faire exécuter, que le succès ayant ré-
» pondu aux espérances que Nous avons eu lieu d'en concevoir, Nous avons eu la satisfaction
» de voir presque entierement cesser, sous notre Regne ces funestes combats, qui se pratiquoient
» dans notre Royaume, par une opinion invétérée qui regnoit depuis tant de siecles dans l'es-
» prit de la Nation, contre le respect qui est dû aux Commandemens de Dieu, & à notre au-
» torité : Mais comme il se pourroit trouver dans la suite quelques personnes, même du nombre
» des Officiers qui font profession de la Robe, qui s'oublieroient jusqu'au point d'outrager en
» différentes manieres des Gentilshommes, & autres personnes qui font profession des armes, &
» que les Juges établis dans notre Royaume pour juger & punir en leurs personnes les crimes
» de cette nature qu'ils pourroient commettre, ne pourroit pas prononcer contre eux les peines
» & les satisfactions convenables à telles offenses; si elles n'étoient établies auparavant par
» notre autorité. A ces causes, & voulant prévenir des excès qui méritent une punition en-
» core plus sévere en leurs personnes que dans celles des autres : Nous avons dit & déclaré,
» disons & déclarons par ces Présentes signées de notre main, ce qui suit.

ARTICLE PREMIER.

» Que celui de nos Officiers ou autres Personnes qui fera profession de Robe, qui aura pro-
» feré sans sujet des paroles injurieuses contre quelqu'un, comme sot, lâche, traître ou autres
» semblables, sans que lesdites paroles aient été repoussées par d'autres semblables, ou plus
» graves, puisse être condamné à tenir prison durant deux mois ; & qu'après qu'il en sera
» sorti, il soit tenu de déclarer à l'offensé, que mal à propos & impertinemment, il l'a offensé
» par des paroles outrageuses, qu'il les reconnoit fausses, & lui en demande pardon.

II. » Que celui qui aura donné un démenti, menacé de coups de main ou de bâton, tienne
» prison durant quatre mois, & qu'après qu'il en sera sorti, il demande pardon à l'offensé avec
» les paroles les plus capables de le satisfaire.

III. » Que celui qui aura frappé d'un coup de main ou autre semblable, tienne prison durant
» deux ans : si le soufflet ou le coup de main n'a point été précédé d'un démenti ; qu'en ce
» cas il demeure en prison durant un an seulement, & que dans l'un ou l'autre cas, il se sou-
» mette à recevoir des coups semblables de l'offensé, & qu'il lui demande pardon.

IV. » Que celui qui aura frappé de coups de bâton, après avoir reçu un soufflet ou coups de
» main, tiendra prison durant deux ans ; & s'il n'a point été frappé auparavant, qu'il y sera dé-
» tenu durant quatre ans, & qu'après qu'il en sera sorti, il demande pardon à l'offensé.

V. » Que les Juges puissent ordonner en tous les cas ci dessus, que lesdites satisfactions se
» feront en présence de telles personnes, & seront exécutées en présence d'un Greffier, ou autre
» Officier qu'ils estimeront à propos de nommer & de commettre, dont il sera dressé procès
» verbal.

VI. » Celui qui aura offensé & outragé sa Partie, à l'occasion d'un procès intenté & poursuivi
» devant les Juges ordinaires, pourra, outre les peines spécifiées ci-dessus, être encore condamné
» au bannissement, ou à s'abstenir, pendant le tems que les Juges estimeront à propos, des lieux
» où il fait sa résidence ordinaire.

VII. » Celui qui aura frappé seul, & par devant, de coups de bâton, canne, ou autre instrument
» de pareille nature de dessein prémédité, par surprise, ou avec avantage, sera condamné à tenir
» prison pendant un an ; & celui qui l'aura fait par derriere (quoique seul ou avec avan-
» tage) en se faisant accompagner, ou autrement, sera enfermé dans une prison durant vingt-
» ans, dans des lieux éloignés de trente lieues de celui ou l'offensé fera sa demeure ordinaire.
» Si donnons en mandement, à nos amés & féaux Conseillers les Gens tenans notre Cour de
» Parlement à Paris, que le présent Edit ils aient à faire lire, publier & enregistrer, & le con-
» tenu en icelui, garder & observer, sans permettre qu'il y soit contrevenu. Car tel est notre
» plaisir : Et afin que ce soit chose ferme & stable à toujours, Nous y avons fait mettre notre
» scel. Donné à Versailles au mois de Décembre, l'an de grace mil sept cent quatre, & de notre
» Regne le soixante-deuxieme. Signé, LOUIS. Et plus bas, Par le Roi : PHELYPEAUX : Visa,
» PHELYPEAUX. Et scellé du grand sceau de cire verte, en lacqs de soie rouge & verte.

de l'ordre & de l'autorité du feu Roi; l'un, (a) eft du 22 Août 1653, & l'autre, (b) eft du 23 Août 1679.

(a) *Réglement de Meffieurs les Maréchaux de France, du 22 Août 1653*

» Sur ce qui Nous a été ordonné par ordre exprès du Roi, & notamment par la Déclaration de
» Sa Majefté contre les Duels, lue, publiée & regiftrée au Parlement de Paris le 29 de Juillet der-
» nier, de Nous affembler inceffamment pour dreffer un Réglement le plus exact & diftinct qu'il
» fe pourra, fur les diverfes fatisfactions & réparations d'honneur que Nous jugerons devoir être
» ordonnées, fuivant les divers dégrés d'offenfes; & de telle forte que la punition contre l'ag-
» greffeur & la fatisfaction à l'offenfé, foient fi grandes & fi proportionnées à l'injure reçue, qu'il
» n'en puiffe renaître aucune plainte ou querelle nouvelle : pour être ledit Réglement inviolable-
» ment fuivi & obfervé à l'avenir, par tous ceux qui feront employés aux accommodemens
» des différends qui toucheront le point d'honneur & la réputation des Gentilhommes. Nous,
» après avoir vu & examiné les propofitions de plufieurs Gentilhommes de qualité de ce Royaume,
» qui ont eu enfemble diverfes conferences fur ce fujet, en conféquence de l'ordre qui leur a
» été donné par Nous dès le premier de Juillet 1651; lefquels Nous ont préfenté dans notre Af-
» femblée lefdites propofitions rédigées par écrit, & fignées de leurs mains, avons, après une
» mûre délibération, conclu & arrêté les articles fuivans.

PREMIEREMENT.

» Que dans toutes les occafions & fujets qui peuvent caufer des querelles & reffentimens, nul
» Gentilhomme ne doit eftimer contraire à l'honneur tout ce qui peut donner entier & fincere
» éclauciffement de la vérité.

II. » Qu'entre les Gentilhommes, plufieurs ayant déja protefté folemnellement & par écrit,
» de refufer toutes fortes d'appels & de ne fe battre jamais en duel pour quelque caufe que ce
» foit; ceux-ci font d'autant plus obligés à donner ces éclairciffemens, que fans cela ils contre-
» viendroient formellement à leur écrit, & feroient par conféquent plus dignes de répréhenfion
» & châtiment, dans les accommodemens des querelles qui furviendroient par faute d'éclairciff-
» ment.

III. » Que fi le prétendu offenfé eft fi peu raifonnable, que de ne fe pas contenter de l'éclair-
» ciffement qu'on lui aura donné de bonne foi, & qu'il veuille obliger celui de qui il croit
» avoir été offenfé à fe battre contre lui, celui qui aura renoncé au duel, lui pourra répondre
» en ce fens ou autre femblable, qu'il s'étonne bien que fachant les derniers Edits du Roi, &
» particulierement la Déclaration de plufieurs Gentilhommes, dans laquelle il s'eft engagé pu-
» bliquement de ne fe point battre, qu'il veuille pas fe contenter des éclairciffemens qu'il lui
» donne, & qu'il ne confidere pas qu'il ne peut ni ne doit donner ou recevoir aucun lieu pour
» fe battre, ni même lui marquer les endroits où il le pourroit rencontrer, mais qu'il ne changera
» rien en fa façon ordinaire de vivre. Et généralement tous les autres Gentilhommes pourront ré-
» pondre : que fi on les attaque, ils fe défendront; mais qu'ils ne croient pas que leur honneur
» les oblige à s'aller battre de fang froid, & contrevenir ainfi formellement aux Edits de Sa
» Majefté, aux Loix de la Religion, & à leur confcience.

IV. » Lorfqu'il y aura eu quelque démêlé entre les Gentilhommes, dont les uns auront promis
» & figné de ne fe point battre, & les autres, non : ces derniers feront toujours réputés ag-
» greffeur, fi ce n'eft que le contraire paroiffe par des preuves bien expreffes.

V. » Et parcequ'on pourroit prévenir aifément les voies de fait, fi Nous, les Gouvernemens,
» ou Lieutenans Généraux des Provinces, n'étions foigneufement avertis de toutes les caufes &
» commencemens de querelles; Nous avons avifé & arrêté conformément au pouvoir qui Nous
» eft attribué par le dernier Edit de Sa Majefté, enregiftré au Parlement, le Roi y féant le 7
» Septembre 1653, de nommer & commettre inceffamment en chaque Bailliage & Sénechauffée
» de ce Royaume, un ou plufieurs Gentilhommes de qualité, âge, & fuffifance requife pour re-
» cevoir les avis des différends des Gentilhommes, & Nous les envoyer ou aux Gouverneurs &
» Lieutenans Généraux des Provinces lorfqu'ils y feront réfidens, & pour être généralement fait
» par lefdits Gentilhommes commis, ce qui eft prefcrit par le fecond article dudit Edit.

» Et Nous ordonnons, en conformité du même Edit, à tous nos Prévôts, Vice-Baillifs, Vice-
» Sénéchaux, Lieutenans Criminels de Robe-Courte, & autres Officiers des Maréchauffées,
» d'obéir promptement & fidelement auxdits Gentilhommes commis pour l'exécution de leurs
» ordres.

VI. » Et afin de pouvoir être encore plus foigneufement avertis des différends des Gentils-
» hommes, Nous declarons, fuivant le troifieme article du même Edit, que tous ceux qui
» fe rencontreront quoiqu'inopinément, aux lieux où fe commettent des offenfes, foit par rap-
» port, difcours, ou paroles injurieufes, foit par manquement de paroles données, foit par
» démentis, menaces, foufflets, coups de bâton, ou autres outrages à l'honneur, de quelque

» nature qu'ils foient, feront à l'avenir obligés de Nous en avertir, ou les Gouverneurs, ou
» Lieutenans Généraux des Provinces, ou les Gentilhommes commis, fur peine d'être réputés
» complices defdites offenfes, & d'être pourfuivis comme y ayant tacitement contribué; & que
» ceux qui auront connoiffance des Procès qui feront fur le point d'être intentés entre Gentil-
» hommes pour quelques intérêts d'importance, feront auffi obligés, fuivant le même article
» troifieme dudit Edit, de Nous en donner avis, ou aux Gouverneurs & Lieutenans Généraux
» des Provinces, ou Gentilhommes commis dans les Bailliages, afin de pourvoir aux moyens
» d'empêcher que les Parties ne fortent des voies de la Juftice ordinaire pour en venir à celles
» de fait, & fe faire raifon par elles-mêmes.

VII. » Et pour ce que dans toutes les offenfes qu'on peut recevoir, il eft néceffaire d'établir
» quelques regles générales pour les fatisfactions, lefquelles répareront fuffifamment l'honneur
» dès qu'elles feront reçues & pratiquées; puifqu'il n'eft que trop conftant que c'eft l'opinion qui
» a établi la plûpart des maximes du point d'honneur, & confiderant que dans les offenfes, il
» faut regarder avant toutes chofes fi elles ont été faites fans fujet, & fi elles n'ont point été
» repouffées par quelques réparties ou revanches plus atroces, Nous déclarons, que dans celles
» qui auront été ainfi faites fans fujet, & qui n'auront point été repouffées, fi elles confiftent en
» paroles injurieufes, comme de fot, lâche, traître & autres femblables, on pourra ordonner
» pour punition, que l'offenfant tiendra prifon durant un mois fans que le tems en puiffe être
» diminué par le crédit ou priere de qui que ce foit, ni même par l'indulgence de la perfonne
» offenfée, & qu'après qu'il fera forti de la prifon, il déclarera à l'offenfé, que mal à propos
» & impertinemment, il l'a offenfé par des paroles outrageufes qu'il reconnoît être fauffes, & lui
» en demande pardon.

VIII. » Pour le démenti ou menaces de coups de main ou de bâton, on ordonnera deux mois
» de prifon, dont le tems ne pourra être diminué non plus que ci deffus, & après que l'offenfant
» fera forti de prifon, il demandera pardon à l'offenfé, avec des paroles encore plus fatisfai-
» fantes que les fufdites, & qui feront particulierement fpécifiées par les Juges du point d'hon-
» neur.

IX. » Pour les offenfes actuelles de coups de main & autres femblables, on ordonnera pour
» punition, que l'offenfant tiendra prifon durant fix mois, dont le tems ne pourra être diminué
» non plus que ci-deffus; fi ce n'eft que l'offenfant requiert qu'on commue leur ement la moitié
» du tems de ladite prifon en une amende, qui ne pourra être moindre de quinze cens livres,
» applicable à l'Hôpital le plus proche du lieu de la demeure de l'offenfé, & laquelle fera payée
» avant que ledit offenfant forte de prifon, & après même qu'il en fera forti, il fe foumettra
» encore de recevoir de la main de l'offenfé des coups pareils à ceux qu'il aura donnés, & décla-
» rera de parole & par écrit; qu'il l'a frappé brutalement, & le fupplie de lui pardonner &
» oublier cette offenfe.

X. » Pour les coups de bâton ou autres pareils outrages, l'offenfant tiendra prifon un an en-
» tier, & ce tems ne pourra être modéré, finon de fix mois, en payant 3000 liv. d'amende, payable
» & applicable en la maniere ci deffus : & après qu'il fera forti de prifon, il demandera pardon à
» l'offenfé le genouil en terre; fe foumettra en cet état de recevoir de pareils coups, le remerciera
» très humblement s'il ne les lui donne pas, comme il le pourroit faire, & déclarera en outre
» de parole & par écrit; qu'il l'a offenfé brutalement, qu'il le fupplie de l'oublier, & que s'il
» étoit en fa place, il fe contenteroit des mêmes fatisfactions. Et dans toutes les offenfes de
» coups de main, de bâton, ou autres femblables, outre les fufdites punitions & fatisfactions,
» on pourra obliger l'offenfé de châtier l'offenfant par les mêmes coups qu'il aura reçus, quand
» même il auroit la générofité de ne les vouloir pas donner; & cela, au cas feulement que l'of-
» fenfe foit jugée fi atroce par les circonftances, qu'elle même qu'on réduife l'offenfé à cette
» néceffité.

XI. » Et lorfque les accommodemens fe feront en tous les cas fufdits, les Juges du point d'hon-
» neur pourront ordonner tel nombre d'amis de l'offenfé qu'il leur plaira, pour voir faire les
» fatisfactions qui feront ordonnées, & les rendre plus notoires.

XII. » Pour les offenfes & outrages à l'honneur, qui fe feront à un Gentilhomme, pour le fujet
» de quelque intérêt civil, ou de quelque procès qui feroit déja intenté pardevant les Juges or-
» dinaires, on ne pourra, dans les offenfes ainfi furvenues, être trop rigoureux dans les fatisfac-
» tions, & ceux qui regleront femblables différends, pourront, outre les punitions fpecifiées ci-
» deffus, en chaque efpece d'offenfe, ordonner encore le banniffement, pour autant de tems qu'ils
» jugeront à propos, des lieux où l'offenfant fait fa réfidence ordinaire. Et alors, qu'il fera
» conftant par notoriété de fait, ou autres preuves, qu'un Gentilhomme fe foit mis en poffeffion
» de quelque chofe par les voies de fait, ou par fu prife, on ne pourra faire aucun accommode-
» ment, même touchant le point d'honneur, que la chofe contestée n'ait été préalablement mife
» dans l'état où elle étoit devant la violence ou la furprife.

XIII. » Et pour ce qu'outre les fufdites caufes de différends, les paroles qu'on prétend avoir
» été données & violées, en produifent une infinité d'autres, Nous déclarons qu'un Gentilhomme
» qui aura tiré parole d'un autre, fur quelque affaire que ce foit, ne pourra y faire à l'avenir
» aucun fondement, ni fe plaindre qu'elle ait été violée, fi on ne la lui a donnée par écrit, ou
» en préfence d'un ou plufieurs Gentilhommes. Et ainfi tous Gentilhommes feront déformais
» obligés de prendre cette précaution : non-feulement pour obéir à nos Réglemens, mais encore
» pour l'intérêt que chacun a de conferver l'amitié de celui qui lui aura donné fa parole, & de
» n'être pas déclaré aggreffeur, ainfi qu'il fera dorénavant dans tous les démêlés qui arriveront

» enfuite d'une parole donnée fans écrit ni Témoins, & qu'il prétendra n'avoir pas été obfervée.

XIV. » Si la parole donnée par écrit ou pardevant d'autres Gentilhommes fe trouve violée, l'intéreffé fera tenu d'en demander juftice à Nous, aux Gouverneurs ou Lieutenans Généraux des Provinces, ou aux Gentilhommes commis, à faute de quoi, il fera réputé aggreffeur dans tous les démêlés qui pourront arriver ; en conféquence de ladite parole violée : comme auffi tous les Témoins de ladite parole violée, qui n'en auront point donné avis, feront refponfables de tous les défordres qui en pourront arriver. Et quant à ce qui regarde lefdits manquemens de parole, les réparations & fatisfactions feront ordonnées fuivant l'importance de la chofe.

XV. » Si par le rapport des préfens ou par d'autres preuves, il paroît qu'une injure ait été faite de deffein prémédité, de gaieté de cœur, & avec avantage, Nous déclarons que, felon les loix de l'honneur, l'offenfé peut pourfuivre l'aggreffeur & fes complices pardevant les Juges ordinaires, comme s'il avoit été affaffiné ; & ce procédé ne doit point fembler étrange, puifque celui qui offenfe un autre avec avantage, fe rend par cette action indigne d'être traité en Gentilhomme, fi toutefois la perfonne offenfée n'aime mieux fe rapporter à notre jugement ou à celui des autres Juges du point d'honneur, pour fa fatisfaction & pour le châtiment de l'aggreffeur, lequel doit être beaucoup plus grand que tous les précedens, qui ne regardent que les offenfes qui fe font dans les querelles inopinées.

XVI. » Au cas qu'un Gentilhomme refufe ou differe, fans aucune caufe légitime, d'obéir à nos ordres, ou à ceux des autres Juges du point d'honneur, comme de fe rendre pardevant Nous, ou eux, lorfqu'il aura été affigné par acte fignifié à lui ou à fon domicile, & auffi lorfqu'il n'aura pas fubi les peines ordonnées contre lui, il y fera contraint inceffamment, après un certain tems preferit, par garnifon dans fa maifon, ou emprifonnement, conformément au huitieme article dudit Edit. Ce qui fera foigneufement exécuté par nos Prévôts, Vice-Baillifs, Vice-Sénéchaux, Lieutenans Criminels de Robe-Courte, & autres Lieutenans, Exempts & Archers des Maréchauffées, fur peine de fufpenfion de leurs Charges, & privation de leurs gages, & ladite exécution fe fera aux frais & dépens de la Partie defobéiffante & réfractaire.

XVII. » Et fuivant le même article huitieme dudit Edit, fi nos Prévôts, Vice-Baillifs, Vice-Sénéchaux, Lieutenans Criminels de Robe-Courte, & autres Officiers des Maréchauffées, ne peuvent exécuter lefdits emprifonnemens, ils faifiront & annoteront tous les revenus defdits defobéiffans ; donneront avis defdites faifies à Meffieurs les Procureurs Généraux ou à leurs Subftituts, fuivant la derniere Déclaration contre les Duels, enregiftrée au Parlement de Paris le 19 Juillet dernier, pour être lefdits revenus appliqués & demeurer acquis, durant tout le tems de la défobéiffance à l'Hôpital de la Ville où fera le Parlement dans le reffort duquel feront les biens des défobéiffans, conjointement avec l'Hôpital du Siege Royal d'où ils dépendront auffi, afin que s'entraidant dans la pourfuite, l'un puiffe fournir l'avis & la preuve ; & l'autre, la Juftice & l'autorité. Et au cas qu'il y ait des dettes précédentes, qui empêchent la perception du revenu confifqué au profit defdits Hôpitaux, la fomme à quoi pourra monter ledit revenu, deviendra une dette hypotéquée fur tous les biens, meubles & immeubles du défobéiffant, pour être payée & acquitée en fon ordre, fuivant le même article 8 dudit Edit.

XVIII. » Si ceux à qui Nous, & les autres Juges du point d'honneur, avons donné des Gardes, s'en font dégagés, l'accommodement ne fera point fait qu'ils n'aient tenu prifon durant le tems qui fera ordonné.

XIX. » Et généralement dans tous les autres différends d'offenfes, qui n'ont point été ci-deffus fpécifiées, & dont la variété eft infinie, comme fi elles ont été faites avec fujet, & fi elles ont été repouffées par quelques reparties plus atroces, ou fi par des paroles outrageufes, l'offenfant s'eft attiré un démenti, ou quelque coup de main, & en un mot, dans toutes les autres rencontres d'injures infenfiblement aggravées ; Nous remettons aux Juges du point d'honneur d'o donner les punitions & fatisfactions telles que les cas & les circonftances le requerront, les exhortant de faire toujours une particuliere confidération fur celui qui aura été l'aggreffeur, & à la premiere caufe de l'offenfe, & de renvoyer pardevant Nous tous ceux qui voudront Nous repréfenter leurs raifons, conformément au fecond article du dernier Edit de Sa Majefté, enregiftré, comme dit eft au Parlement, le 7 Septembre 1651. Fait à Paris le vingt-deuxieme jour d'Août mil fix cent cinquante-trois. Signés, DESTRÉES, DE GRAMMONT, LA MOTTE, L'HÔPITAL, PLESSIS-PRASLIN, VILLEROY, DE GRANCEY, DALBERT, DE CLAIRAMBAULT. Et plus bas, QUILLET.

(b) Nouveau Réglement de Meffieurs les Maréchaux de France, du 22 Août 1679.

» Le Roi Nous ayant ordonné de Nous affembler & examiner de nouveau le Réglement que Nous avons fait par ordre exprès de Sa Majefté, en date du ving-deux Août 1653, fur les fatisfactions & réparations d'honneur entre les Gentilhommes, l'intention de Sa Majefté étant d'augmenter les peines & fatisfactions, enforte qu'elles foient, égales & proportionnées aux injures. Pour obéir aux ordres de Sa Majefté, Nous avons eftimé, fous fon bon plaifir :

» Que les articles 1, 2, 3, 4 & 5 dudit Réglement doivent être exécutés.

» Sur le 6, Nous eftimons que ceux qui auront été préfens aux offenfes, & qui n'en auront pas donné les avis, doivent être punis de fix mois de prifon.

» Sur l'article 7, au lieu d'un mois de prifon pour celui qui aura offenfé, Nous fommes d'avis qu'il tienne prifon deux mois, & que le furplus de l'article foit exécuté.

Quant au crime de *Rapt*, on en connoît de deux fortes ; favoir, le rapt de violence, & le rapt de féduction.

Quoique l'Ordonnance de Blois, article 42, femble prononcer la peine de mort dans le cas du fimple rapt de féduction (a), néanmoins la Jurifprudence a mitigé fur ce point la rigueur de la Loi ; & les Juges fe déterminent, par les circonftances plus ou moins graves, pour y proportionner la rigueur de la peine.

Mais pour le rapt de violence, il eft toujours & indiftinctement puni de la peine de mort, conformément à la Déclaration de 1639. La même Déclaration déclare nuls tous mariages contractés entre le le raviffeur & la perfonne ravie ; & fi, après que la perfonne ravie a été mife en liberté, elle confentoit d'époufer fon raviffeur, les enfans qui en naîtroient n'en feroient pas moins incapables de tous effets civils (b).

» Sur l'article 8, Nous eftimons que l'offenfant doit tenir prifon quatre mois au lieu de deux ,
» & après que l'offenfant fera forti de prifon , en demandera pardon à l'offenfé.

» Sur le 9 article , Nous eftimons que pour les offenfes actuelles de foufflets , ou coups de main ,
» commis dans la chaleur des démêlés : fi le foufflet ou coup de main a été précedé d'un démenti,
» celui qui aura frappé , tiendra prifon pendant un an , & s'il n'a point été précedé d'un dé-
» menti , il tiendra prifon pendant deux ans , fans que le tems puiffe être diminué pour quelque
» caufe que ce foit , quand même l'offenfé le demanderoit , & après que l'offenfant fera forti de
» prifon , il fe foumettra encore de recevoir de la main de l'offenfé des coups pareils à ceux qu'il
» aura donnés , & déclarera de parole & par écrit qu'il l'a frappé brutalement, & le fupplie de
» lui pardonner & oublier cette offenfe.

» Sur le 10 article , à l'égard des coups de bâton , & autres pareils outrages donnés dans la cha-
» leur des démêlés ; en cas qu'ils aient été donnés après un foufflet ou coup de main, celui qui
» aura frappé du bâton ou autrement , tiendra prifon pendant deux ans , & en cas qu'il n'ait
» point été frappé auparavant , il tiendra prifon pendant quatre ans , & après qu'il fera forti,
» il demandera pardon à l'offenfé.

» Sur les articles 11, 12, 13, & 14, Nous eftimons qu'ils doivent être exécutés, & qu'il n'y
» doit être rien changé.

» Sur le 15 article , Nous eftimons que fi par le rapport des préfens, par notoriété ou par autre
» preuve , il paroît qu'une injure de coups de bâton , canne , ou autre de pareille nature , ait
» été faite de deffein prémédité , par furprife , ou avec avantage ; celui qui aura frappé feul &
» par devant, doit tenir prifon pendant quinze ans , & celui qui aura frappé par derriere , quoi-
» que feul , ou avec avantage , foit en fe faifant accompagner ou autrement , doit tenir prifon
» pendant vingt années entieres ; & ce , dans une Ville , Citadelle ou Fortereffe éloignée au moins
» de trente lieues du lieu où l'offenfé fera fa demeure ordinaire : & que défenfes foient faites
» par Sa Majefté à l'offenfant de fe fauver de prifon , à peine de la vie , & à l'offenfé d'appro-
» cher du lieu de ladite prifon de dix lieues , à peine de défobéiffance.

» Sur les articles 16, 17, 18 & 19 , Nous n'eftimons pas qu'il y doive être rien changé.

» Fait à Saint Germain en Laye le vingt-deuxieme jour d'Août mil fix cent foixante dix-neuf.

» *Signés*, VILLEROY, GRANCEY, LE MARESCHAL DUC DE NOUAILLES, LE MARESCHAL
» D'ESTRADES , MONTMORENCY-LUXEMBOURG.

(a) » Et néanmoins voulons que ceux qui fe trouveront avoir fuborné fils ou filles mineurs de
» 25 ans , fous prétexte de mariage , ou autre couleur , fans le gré , fu, vouloir & confente-
» ment des Peres , Meres , & des Tuteurs , foient punis de mort , fans efpérances de grace & par-
» don , nonobftant tous confentemens que lefdits mineurs pourroient alléguer par après avoir
» donné audit rapt lors d'icelui , ou auparavant , & pareillement feront punis extraordinairement
» tous ceux qui auront participé audit rapt, & qui auront prêté confeil , confort & aide , en
» aucune maniere que ce foit. *Ord. de Blois*, *Art.* 42.

(b) » L O U I S , par la grace de Dieu , Roi de France & de Navarre : à tous ceux qui ces
» préfentes Lettres verront ; S A L U T. Comme les mariages font le féminaire des Etats, la
» fource & l'origine de la Société civile , & le fondement des Familles qui compofent les Répu-
» bliques , qui fervent de principes à former leurs polices , & dans lefquels fe trouvent la natu-
» relle révérence des enfans envers leurs parens , & le fien de la légitime obéiffance des Sujets
» envers leur Souverain ; auffi les Rois nos prédéceffeurs ont jugé digne de leur foin , de faire
» des Loix de leur ordre public , de leur décence extérieure , de leur honnêteté & de leur d-
» gnité. A cet effet , ils ont voulu que les mariages fuffent publiquement célébrés en face d'E-
» glife , avec toutes les juftes folemnités & les cérémonies qui ont été prefcrites comme effen-
» tielles par les faints Conciles , & par eux déclarées être non-feulement de la néceffité du précepte ,
» mais encore de la néceffité du Sacrement ; mais outre les peines indictes par les Conciles , au-

La

La peine de mort a été renouvellée contre les raviffeurs par une Déclaration du 9 Avril mil fept cent trente-un, donnée principale-

» cuns de nofdits Prédeceffeurs ont permis aux Peres & aux Meres d'exhéreder leurs enfans qui
» contractoient des mariages clandeftins , fans leur confentement , & de révoquer toutes & cha-
» cunes les donations & avantages qu'ils leur avoient faits. Mais quoique cette Ordonnance fût
» fondée fur le premier Commandement de la feconde Table, contenant l'honneur & la révé-
» rence qui eft due aux Parens , elle n'a pas été affez forte pour arrêter le cours du mal & du dé-
» fordre qui a troublé le repos de tant de Familles , & flétri leur honneur par des alliances iné-
» gales, & fouvent honteufes & infâmes ; ce qui depuis a donné fujet à d'autres Ordonnances , qui
» deffent la proclamation de bans , la préfence du propre Curé & de Témoins affiftans à la béné-
» diction nuptiale, avec des peines contre les Curés , Vicaires & autres qui pafferoient outre à la
» célebration des mariages des Enfans de famille , s'il ne leur apparoiffoit des confentemens des
» Peres & Meres, Tuteurs & Curateurs , fur peine d'être punis comme Fauteurs du crime de
» rapt , comme les Auteurs & les Complices de tels illegitimes mariages ; toutefois , quelque or-
» dre qu'on ait pu apporter jufqu'à maintenant , & pour rétablir l'honnêteté publique , & des
» actes fi importans , la licence du fiècle , la dépravation des mœurs , ont toujours prévalu fur
» nos Ordonnances fi faintes & fi falutaires, dont même la vigueur & obfervation a été fou-
» vent relâchée par la confidération des Peres & Meres qui remettent leur offenfe particuliere , bien
» qu'ils ne puiffent remettre celle qui eft faite aux Loix publiques ; c'eft pourquoi ne pouvant
» plus fouffrir que nos Ordonnances foient ainfi violées, ni que la fainteté d'un fi grand Sacre-
» ment , qui eft le figne myftique de la conjonction de Jefus Chrift avec fon Eglife , foit indi-
» gnement profanée , & voyant d'autre part , à notre grand regret & au préjudice de notre Etat ,
» que la plûpart des honnêtes Familles de notre Royaume demeurent en troubles par la fuborna-
» tion & enlevement de leurs enfans, qui trouvent eux-mêmes la ruine de leurs fortunes, dans
» ces illégitimes conjonctions, Nous avons réfolu d'oppofer à la fréquence de ces maux , la févé-
» rité des Loix , & de retenir par la terreur de nouvelles peines ceux que la crainte ni la révé-
» rence des Loix divines & humaines ne peuvent arrêter ; n'ayant en cela autre deffein que de
» fanctifier le mariage, regler les mœurs de nos Sujets, & empêcher que les crimes de rapt ne
» fervent plus à l'avenir de moyens & de dégrés pour parvenir à des mariages avantageux. A
» CES CAUSES, après avoir mis cette affaire en délibération en notre Confeil, de l'avis d'i-
» celui, & de notre certaine fcience , pleine puiffance & autorité Royale , Nous avons ftatué &
» ordonné, ftatuons & ordonnons ce qui enfuit.

PREMIEREMENT.

» Nous voulons que l'article XL de l'Ordonnance de Blois , touchant les mariages clan-
» deftins , foit exactement gardé ; & interprétant icelui , ordonnons que la proclamation des Bans
» fera faite par le Curé de chacune des Parties contractantes, avec le confentement des Peres &
» & Meres , Tuteurs ou Curateurs , s'ils font enfans de Famille , ou en la puiffance d'autrui , &
» qu'à la célebration du mariage, affifteront quatre Témoins dignes de foi, outre le Curé qui
» recevra le confentement des Parties , & les conjoindra en mariage fuivant la forme pratiquée
» en l'Eglife. Faifons très expreffes défenfes à tous Prêtres, tant Séculiers que Réguliers , de céle-
» brer aucun mariage qu'entre leurs vrais & ordinaires Paroiffiens, fans la permiffion par écrit
» des Curés des Parties , ou de l'Evêque Diocéfain, nonobftant les coutumes immémoriales &
» privileges que l'on pourroit alléguer au contraire ; & ordonnons qu'il fera fait un bon & fidel
» regiftre , tant des mariages que de la publication des bans , ou des difpenfes & des permiffions
» qui auront été accordées.
II. » Le contenu en l'Edit de l'an 1556, & aux articles 41, 42, 43 & 44 de l'Ordonnance de
» Blois fera obfervé , & y ajoutant , Nous ordonnons que la peine de rapt demeure encoutue ,
» nonobftant les confentemens qui pourroient intervenir puis après de la part des Peres, Meres ,
» Tuteurs & Curateurs , dérogeant expreffément aux Coutumes qui permettent aux enfans de fe
» marier, après l'âge de vingt ans fans le confentement des Peres , & avons déclaré & déclarons
» les veuves, fils & filles moindres de vingt-cinq ans qui auront contracté mariage contre la
» teneur defdites Ordonnances , privés & déchus par le feul fait ; enfemble les enfans qui en
» naîtront & leurs hoirs , indignes & incapables à jamais des fucceffions de leurs Peres , Meres ,
» & Ayeux , & de toutes autres directes & collaterales, comme auffi des droits & avantages qui
» pourroient leur être acquis par contrats de mariage & teftamens , ou par les Coutumes &
» Loix de notre Royaume ; même du droit de légitime ; & les difpofitions qui feront faites au
» préjudice de cette Ordonnance , foit en faveur des perfonnes mariées , ou par elles , au profit
» des enfans nés de ces mariages, nulles , & de nul effet & valeur. Voulons que les chofes ainfi
» données , leguées ou tranfportées , fous quelque prétexte que ce foit , demeurent en ce cas ac-
» quifes irrévocablement à notre Fifc , fans que Nous en puiffions difpofer , qu'en faveur des
» Hôpitaux ou autres œuvres pies. Enjoignons aux fils qui excedent l'âge de trente ans , & aux
» filles qui excedent celui de vingt-cinq, de requérir par écrit l'avis & confeil de leur Pere &
» Mere, pour fe marier , fous peine d'être exhéredés par eux , fuivant l'Edit de l'an 1556.

ment pour abolir l'ufage du Parlement de Bretagne , & celui où étoient quelques autres Provinces du Royaume , de confondre tous commerces criminels avec le rapt , & de fauver la vie au ravifleur , en lui propofant d'époufer la perfonne ravie (a).

III. » Déclarons , conformément aux faints Décrets & Conftitutions canoniques , les mariages
» faits avec ceux qui ont ravi & enlevé des veuves , fils & filles , de quelque âge & condition
» qu'ils foient , non valablement contractés , fans que par le tems ni par le confentement des
» perfonnes ravies , & de leurs Peres & Meres , Tuteurs & Curateurs , ils puiffent être confirmés,
» tandis que la perfonne ravie eft en la poffeffion du Ravifleur ; & néanmoins , en cas que fous
» prétexte de majorité , elle donne un nouveau confentement après être mife en liberté pour fe
» marier avec le Ravifleur , Nous la déclarons , enfemble les enfans qui naîtront d'un tel maria-
» ge , indignes & incapables de légitimes , & de toutes fucceffions directes & collatérales qui
» leur pourront écheoir , fous quelque titre que ce foit , conformément à ce que Nous ordon-
» nons contre les perfonnes ravies par fubornation ; & les Parens qui auront affifté , donné confeil
» & favorifé lefdits mariages & leurs hoirs , incapables de fuccéder directement ou indirectement
» aufdites veuves , fils & filles. Enjoignons très expreffément à nos Procureurs Généraux , & à
» leurs Subftituts , de faire toutes pourfuites néceffaires contre les Ravifleurs & leurs complices ;
» nonobftant qu'il n'y eût plainte de Partie civile ; & à nos Juges , des qu'ils en feront coupables de peine
» de mort , & confifcation de biens , fur iceux préalablement prifes les réparations qui feront
» ordonnées , fans que cette peine puiffe être modérée : faifant défenfes à tous nos Sujets de quel-
» que qualité & condition qu'ils foient , de donner faveur ni retraite aux coupables , ni retenir
● les perfonnes enlevées , à peine d'être punis comme complices , & de répondre folidairement &
» leurs hoirs des réparations adjugées , & d'être privés de leurs Offices & Gouvernemens s'ils en
» ont , dont ils encourront la privation , par le feul acte de la contravention à cette défenfe.
IV. » Et afin qu'un chacun reconnoiffe combien Nous déteftons toutes fortes de rapts ; Nous
» défendons très expreffément aux Princes & Seigneurs , de Nous faire inftances pour accorder
» des Lettres afin de réhabiliter ceux que Nous avons déclarés incapables de fucceffion , à nos
» Sécretaires d'Etat de les figner , & à notre très cher & féal Chancelier de les fceller , & à tous
» Juges d'y avoir aucun égard , en cas que par importunité , ou autrement , on en eût impetré
» aucunes de Nous : voulant que nonobftant telles dérogations ou difpenfes , les peines conte-
» nues en nos Ordonnances foient exécutées.
V. » Defirant pourvoir à l'abus qui commence à s'introduire dans notre Royaume , par ceux
» qui tiennent leurs mariages fecrets & cachés pendant leur vie , contre le refpect qui eft dû à
» un fi grand Sacrement , Nous ordonnons que les majeurs contractent leurs mariages publique-
» ment & en face d'Eglife , avec les folemnités preferites par l'Ordonnance de Blois ; & décla-
» rons les enfans qui naîtront de ces mariages , que les Parties ont tenu jufqu'ici , ou tiendront
» à l'avenir cachés pendant leur vie , qui reffentent plutôt la honte d'un concubinage , que la
» dignité d'un mariage , incapables de toutes fucceffions , auffi bien que leur poftérité.
VI. » Nous voulons que la même peine ait lieu contre les enfans qui font nés de femmes que
» les Peres ont entretenues , & qu'ils époufent lorfqu'ils font à l'extrémité de la vie ; comme
» auffi contre les enfans procréés par ceux qui fe marient après avoir été condamnés à mort ;
» même par les Sentences de nos Juges rendues par défaut , fi avant leurs décès , ils n'ont été
» remis au premier état , fuivant la loi preferite par nos Ordonnances.
VII. » Défendons à tous Juges , même à ceux d'Eglife , de recevoir la preuve par Témoins
» des promeffes de mariages , ni autrement que par écrit , qui foit attefté en préfence de quatre
» proches parens de l'une & de l'autre des Parties , encore qu'elles foient de baffe condition.
» Si donnons en mandement , à nos amés & féaux Confeillers les Gens tenans notre Cour de
» Parlement à Paris , Baillifs , Sénéchaux , Juges , ou leurs Lieutenans , & à tous autres nos Juf-
» ticiers & Officiers qu'il appartiendra , que ces Préfentes ils faffent lire , publier , regiftrer , exé-
» cuter , garder & obferver felon leur forme & teneur. Enjoignons à nos Procureurs Généraux , à
» leurs Subftituts , préfens & à venir d'y tenir la main , & faire toutes les diligences requifes & néceff-
» faires pour ladite exécution. Car tel eft notre plaifir ; en témoin de quoi , Nous avons fait
» mettre notre fcel à ces préfentes. Donné à Saint Germain en Laye le vingt-fixieme jour de No-
» vembre , l'an de grace , mil fix cens trente-neuf , & de notre regne le trentieme. Signé , LOUIS.
» Et plus bas , par le Roi : DE LOMENYE. Et fcellé du grand fceau de cire jaune. Et encore eft
» écrit :
» Lues , publiées , regiftrées , oui , & ce requérant le Procureur Général du Roi , pour être
» exécutées , gardées & obfervées felon leur forme & teneur. A Paris ce dix-neuvieme jour de
» Décembre mil fix cent trente neuf , Signé , DU TILLET.
(a) » LOUIS , par la grace de Dieu , Roi de France & de Navarre : A tous ceux qui ces pré-
» fentes Lettres verront , SALUT. Toutes les Ordonnances qui ont été faites par les Rois nos
» Prédéceffeurs , pour prévenir ou punir le rapt de féduction , ont eu principalement en vue
» d'affermir l'autorité des Peres fur leurs enfans , d'affurer l'honneur & la liberté des mariage , &
» d'empêcher que des alliances indignes par la corruption des mœurs encore plus que par l'iné-

» galté des conditions ne flétriffent l'honneur de plufieurs Familles illuftres, & ne deviennent
» fouvent la caufe de leur ruine. C'eft par des traits fi marqués que les Loix ont pris foin de
» caractérifer le genre de crime qu'on appelle rapt de féduction. Et comme la fubornation peut
» venir également de l'un & de l'autre côté, & que celle qui vient de la part du fexe le plus
» foible, eft fouvent la plus dangereufe; les Ordonnances n'ont mis aucune diftinction à cet
» égard, entre les fils & filles, & elles les ont également affujettis à la peine de mort, felon
» que les uns ou les autres feroient convaincus d'avoir été les Auteurs de la fubornation. Telle
» eft la difpofition de l'article 42 de l'Ordonnance de Blois. La Coutume de Bretagne, reformée
» peu de tems après cette Ordonnance, s'y étoit conformée dans l'article 497; & s'il reftoit
» quelque doute fur le fens de cet article, c'étoit par des Ordonnances poftérieures que les Juges
» euroient dû en expliquer la difpofition. Nous favons cependant, que par un ancien ufage con-
» traire au véritable objet des Ordonnances, & même de la Loi municipale, on a confondu en
» Bretagne tout commerce criminel avec le rapt de féduction, & l'on y a donné fi grand
» avantage à un fexe fur l'autre, que la feule plainte de la fille qui prétend avoir été fubornée, &
» la pieuve d'une fimple fréquentation y font regardés comme un motif fuffifant, pour con-
» damner l'Accufé au dernier fupplice; mais cet excès de rigueur eft bientôt fuivi d'un excès
» d'indulgence, fur la requête de la fille qui demande à époufer celui qu'elle appelle fon fubor-
» neur, & fur le confentement que la crainte de la mort arrache toujours au condamné, un
» Commiffaire du Parlement le conduit à l'Eglife les fers aux pies, pendant que la fille eft en
» liberté: & c'eft là, que fans publication de bans, fans le confentement du propre Curé,
» fans la permiffion de l'Evêque, & par la feule autorité du Juge féculier, fe confomme un
» engagement dont la débauche a été le principe, & dont les fuites, prefque toujours triftes, ont
» rendu cette Jurifprudence odieufe, à ceux même qui la fuivent fur la foi de l'exemple de
» leurs peres. Nous apprenons d'ailleurs qu'il y a d'autres Parlemens, dont l'ufage ne differe de
» celui du Parlement de Bretagne, qu'en ce que le mariage ordonné par la Juftice, y prévient &
» y empêche la condamnation de l'Accufé, au lieu qu'en Bretagne il ne fait que la fuivre: mais
» plus cette Jurifprudence a fait de progrès dans une partie confidérable de notre Royaume,
» plus Nous fommes obligés d'en retrancher l'excès & de la renfermer dans fes véritables bornes.
» Nous le devons à la fainteté de la Religion, pour empêcher qu'on n'abufe d'un fi grand Sacre-
» ment; en uniffant deux coupables par un lien forcé, fans obferver les folemnités prefcrites par
» les Loix de l'Eglife & de l'Etat. Nous ne le devons pas moins à la confervation de notre au-
» torité, qui eft bleffée par une Jurifprudence, où les Juges exerçans un pouvoir dont Nous nous
» fommes privés Nous-mêmes, font grace à celui qu'ils ont regardé comme coupable d'un crime
» que les Loix déclarent irrémiffible. Enfin, le bien public & l'intérêt commun des Familles
» réclament notre fecours contre un ufage qui donne fouvent lieu d'appliquer la peine de féduc-
» tion à celui qui a été féduit, & la récompenfe à la féduction; enforte que contre l'intention des
» loix, une févérité apparente, ne fert qu'à donner un nouvel appas au crime; & qu'au lieu
» que le véritable rapt de féductrice doit mettre un obftacle au mariage, la débauche à laquelle
» on donne le nom de rapt, devient un dégré pour y parvenir. C'eft par des confidérations fi
» puiffantes, que Nous jugeons à propos de déferer aux repréfentations que les Etats de notre
» Province de Bretagne Nous ont faites fur ce fujet, & Nous nous portons d'autant plus volon-
» tiers à leur donner cette nouvelle marque de notre protection, que ce font eux qui auront
» l'honneur de Nous avoir excités par leurs vœux, à faire le même bien aux autres Provinces,
» où le même abus s'étoit introduit. A ces causes, & autres à ce Nous mouvans, de l'avis
» de notre Confeil, & de notre certaine fcience, pleine puiffance & antorité Royale, Nous
» avons par notre préfente Déclaration, ftatué & ordonné, ftatuons & ordonnons, voulons &
» Nous plaît ce qui fuit.

ARTICLE PREMIER.

» Les Ordonnances, Edits & Déclarations des Rois nos Prédéceffeurs, qui concernent le rapt de
» féduction, notamment l'article 42 de l'Ordonnance de Blois, & la Déclaration du 26 Novem-
» bre 1639, feront exécutées felon leur forme & teneur, dans toute l'étendue de notre Royau-
» me, Pays, Terres & Seigneuries de notre obéiffance. Ordonnons en conféquence qu'à la Re-
» quête des Parties intéreffées, ou à celle de nos Procureurs Généraux & de leurs Subftituts, le
» procès foit fait & parfait, fuivant la rigueur des Ordonnances, à tous ceux ou celles qui
» feront accufés d'avoir féduit & fuborné par artifice, intrigues ou autres mauvaifes voies des
» fils ou filles, même des veuves mineures de vingt-cinq ans, pour parvenir à un mariage à
» l'infu ou fans le confentement des Peres, Meres, Tuteurs ou Curateurs & Parens, fous la
» puiffance ou autorité defquels ils font.

II. » Voulons que ceux ou celles qui fe trouveront convaincus dudit rapt de féduction, foient
» condamnés à la peine de mort; fans qu'il puiffe être ordonné qu'ils fubiront cette peine, s'ils
» n'aiment mieux époufer la perfonne ravie; ni pareillement que les Juges puiffent permettre
» la célébration du mariage, avant ou après la condamnation, pour exempter l'Accufé de la
» peine prononcée par les Ordonnances, ce qui aura lieu, quand même la perfonne ravie, & fes
» Pere & Mere, Tuteur ou Curateur, requerroient expreffément ce mariage.

III. » Les perfonnes majeures ou mineures, qui n'étant point dans les circonftances ci-deffus mar-
» quées, fe trouveront feulement dans un commerce illicit, feront condamnés à telles peines
» qu'il appartiendra, felon l'exigence des cas, fans néanmoins que les Juges puiffent prononcer contre
» elles la punition de mort, fi ce n'eft que par l'atrocité des circonftances, par la qualité & l'in-

ARTICLE V.

Les Lettres d'abolition, celles pour ester à droit après les cinq années de la contumace, de rappel de ban ou de galeres, commutation de peines, réhabilitation du condamné en ses biens & bonne renommée, & de revision de procès, ne pourront être scellées qu'en notre grande Chancellerie.

Cet Article, en restraignant les Lettres qui doivent s'obtenir en grande Chancellerie, à celles d'abolition, pour ester à droit, de rappel de ban ou de galeres, de commutation de peines, de réhabilitation, & de revision de procès, suppose que les autres Lettres peuvent s'obtenir indifféremment, soit à la grande, soit à la petite Chancellerie : ces dernieres Lettres sont celles de rémission ou de grace, & celles de pardon.

ARTICLE VI.

L'Arrêt ou le Jugement de condamnation sera attaché sous le contre-scel des Lettres de rappel de ban ou de galeres, commutation de peine ou de réhabilitation, à faute de quoi les impétrans ne pourront s'en aider, & défendons aux Juges d'y avoir égard.

ARTICLE VII.

Défendons aux Juges, même à nos Cours, d'enthé-

» dignité des Coupables le crime parût mériter le dernier supplice, ce que Nous laissons à l'honneur
» & à la conscience des Juges, qui ne pourront en aucuns cas décharger l'Accusé de la peine de
» mort, sous la condition ou sur l'offre faite par les Parties de s'unir par le lien du mariage ; le
» tout ainsi qu'il est porté par l'Article 2 de notre présente Déclaration dans le cas du rapt de sé-
» duction.
  IV. » Voulons au surplus que toutes les Ordonnances, Edits & Déclarations, qui concernent le
» rapt de violence, & pareillement toutes celles qui ont été faites sur les solemnités nécessaires
» pour la célébration des Mariages, notamment sur la publication des Bans, & sur la personne du
» propre Curé, soient exactement & inviolablement observées selon leur forme & teneur. Si donnons en mandement à nos amés & féaux les Gens tenans notre Cour de Parlement de Bretagne,
» que ces Présentes ils aient à faire lire, publier & enregistrer, & le contenu en icelles faire exé-
» cuter selon leur forme & teneur. Car tel est notre plaisir. En témoin de quoi Nous avons fait
» mettre notre Scel à cesdites Présentes. Donné à Marly le vingt-deuxieme jour de Novembre,
» l'an de grace mil sept cent trente, & de notre Regne le seizieme. Signé, LOUIS. Et plus bas,
» Par le Roi : PHELYPEAUX. Enregistrée au Parlement de Rennes, le 9 Avril 1731.

*riner les Lettres de rappel de ban ou de galeres, com-
mutation de peine & de réhabilitation, qui leur feront
adreffées, fans examiner fi elles font conformes aux
charges & informations, fauf à Nous repréfenter par nos
Cours ce qu'elles jugeront à propos.*

Comme ces Lettres de rappel de ban & de galeres, de commutation de peine & de réhabilitation fuppofent néceffairement une condamnation préalable, il ne feroit pas naturel que ces Lettres fuffent
accordées, fans avoir vu le Jugement de condamnation. C'eft pour
conftater ce fait & pour empêcher qu'on ne puiffe appliquer la grace
du Prince à un autre objet, que l'Ordonnance veut que le Jugement
de condamnation foit attaché fous le contre-fcel des Lettres. La procédure pour l'enthérinement des Lettres de rappel de ban ou de galeres, de commutation de peine & de réhabilitation, eft infiniment
fimple. L'impétrant n'eft point obligé de fe conftituer prifonnier ni
même de fe préfenter à l'Audience : il lui fuffit de préfenter une
Requête afin d'enthérinement aux Juges à qui l'adreffe des Lettres eft
faite : & ces Juges font tenus de les enthériner fur les conclufions du
Miniftere public, fans même pouvoir examiner fi elles font conformes
aux charges & informations; parcequ'ils ont confommé leur miffion
par leur Jugement de condamnation, & que le Roi étant au-deffus
des Loix, peut en tempérer la rigueur, ainfi qu'il lui plaît.

ARTICLE VIII.

*Pour obtenir des Lettres de révifion de procès, le con-
damné fera tenu d'expofer le fait avec fes circonftances,
par Requête qui fera rapportée en notre Confeil & renvoyée, s'il eft jugé à propos, aux Maîtres des Requêtes
de notre Hôtel, pour avoir leur avis que Nous voulons
enfuite être rapporté en notre Confeil. Et fi les Lettres
font juftes, il fera ordonné par Arrêt qu'elles feront expédiées & fcellées, & pour cet effet, elles feront fignées
par un Sécretaire de nos Commandemens.*

ARTICLE IX.

L'avis des Maîtres des Requêtes de notre Hôtel, &

l'Arrêt de notre Conseil seront attachés sous le contre-
scel des Lettres de révision, & à l'adresse faite à celle de
nos Cours, où le procès aura été jugé.

ARTICLE X.

Les Parties pourront produire devant les Juges aux-
quels elles seront renvoyées, de nouvelles pieces, qui seront
attachées à une Requête de laquelle sera baillé copie à
la Partie ; ensemble des pieces pour y répondre aussi par
Requête, dont sera pareillement baillé copie dans le délai
qui sera ordonné ; passé lequel, & après que le tout aura
été communiqué à nos Procureurs, sera procedé au ju-
gement des Lettres sur ce qui se trouvera produit.

La réunion de ces trois Articles nous apprend ce que l'Ordonnance
prescrit de particulier par rapport aux Lettres de révision de procès.
En effet, les conséquences dangereuses qui peuvent naître de la révision des procès en matiere criminelle, & d'ailleurs la force de la
chose jugée doivent rendre très difficile l'obtention des Lettres du
Prince à cet effet. Il faut, dans la forme, des nullités essentielles du
côté de la procédure, & au fonds une iniquité évidente dans la condamnation. C'est pourquoi, comme ces sortes de Lettres ne peuvent
être accordées en trop grande connoissance de cause, le Législateur
exige d'abord que l'Impétrant expose le fait dans toutes ses circonstances,
par une Requête qui doit être rapportée au Conseil du Roi, & ensuite
renvoyée, s'il est jugé à propos, aux Maîtres des Requêtes de l'Hôtel,
pour avoir leur avis. On rapporte ensuite le tout de nouveau au Conseil d'Etat, & si les Lettres sont trouvées justes, le Conseil donne un
Arrêt sur lequel s'expédient des Lettres du grand sceau, signées d'un Sécretaire d'Etat ; & l'on doit attacher sous le contre scel de ces Lettres,
& l'Arrêt du Conseil d'Etat, & l'avis des Maîtres des Requêtes s'il
y en a un. Car par ces termes de l'Ordonnance, *s'il est jugé à propos,*
il paroît bien que cet avis n'est point de nécessité ; cela dépend absolument de la volonté de M. le Chancelier.

Quoique par notre Article 9, il semble que les Lettres de révision
de procès, doivent être adressées au Tribunal où le procès a été jugé,
cependant dans l'usage, on renvoie ordinairement devant d'autres
Juges ; d'autant que l'expérience a fait connoître que les premiers Juges se portoient difficilement à détruire leur propre ouvrage, & qu'on
ne peut prendre trop de précautions contre un pareil préjugé ; sur-tout

en matiere criminelle, où il s'agit de la vie & de l'honneur des Citoyens. Nous en avons un exemple mémorable dans l'affaire des Officiers du Préfidial de Mantes, dont la revifion fut renvoyée aux Requêtes de l'Hôtel au Souverain, où par jugement du premier Septembre 1699, furent caffées la procédure & Sentence Préfidiale de Mantes, qui avoit condamné injuftement un Gentilhomme à être pendu; ce qui avoit été exécuté. Le même Jugement des Requêtes de l'Hôtel rétablit la mémoire du défunt, condamna les Officiers en des peines afflictives & en de groffes réparations civiles envers la Veuve & les Héritiers. Ordinairement la révifion des procès jugés Prévotalement ou Préfidialement, fe renvoie au Grand Confeil.

Mais quel que foit le Tribunal où les Lettres de révifion de procès foient renvoyées, il eft permis aux Parties de produire de nouvelles pieces, pourvu que cela ne retarde point le jugement de la révifion. Cette production fe fait par une fimple Requête que la Partie produifante fait fignifier avec copie des pieces à l'autre Partie, qui peut de fon côté contredire cette production par une autre Requête. Et comme rien ne fe doit faire en matiere criminelle fans le Miniftere public qui eft toujours la Partie principale, le tout doit lui être communiqué.

ARTICLE XI.

Dans les Lettres de rémiffion, pardon, pour efter à droit, rappel de ban & de galeres, commutation de peine, réhabilitation & révifiom de procès, obtenues par les Gentilhommes, ils feront tenus d'exprimer nommément leur qualité à peine de nullité.

ARTICLE XII.

Les Lettres obtenues par les Gentilhommes ne pourront être adreffées qu'à nos Cours, chacune fuivant fa Jurifdiction & la qualité de la matiere; qui pourront néanmoins, fi la Partie civile le requiert, & qu'elles le jugent à propos, renvoyer l'inftruction fur les lieux.

ARTICLE XIII.

L'adreffe des Lettres obtenues par des perfonnes de qualité roturiere, fera faite à nos Baillifs & Sénéchaux des lieux où il y a Siege Préfidial, & dans les Provinces efquelles il n'y a point de Siege Préfidial, l'adreffe fe fera aux Juges reffortiffans nuement en nos Cours, & non autres, à peine de nullité des Jugemens.

ARTICLE XIV.

Pourront néanmoins les Lettres obtenues par les Gentilhommes, être adreffées aux Préfidiaux fi leur compétence y a été jugée.

C'eſt la qualité de l'Impétrant qui doit décider du Tribunal où l'on doit adreſſer les Lettres. Elles ne peuvent jamais l'être qu'aux Cours Souveraines, ou qu'aux Sieges qui y reſſortiſſent immédiatement. Mais la liberté du choix n'eſt pas au pouvoir de l'Impétrant. L'Ordonnance fixe elle-même les cas où l'adreſſe des Lettres doit être faite aux Cours Souveraines, & ceux où cette adreſſe doit être faite aux Tribunaux inférieurs. Si les Lettres font obtenues par des Gentilhommes, l'enthérinement en appartient aux Cours Souveraines ; ſi au contraire ce font des Roturiers qui les ont inpertées, elles doivent être adreſſées aux Bailliages & Sénéchauſſées dans le reſſort deſquels le délit a été commis. Cette diſtinction de notre Ordonnance eſt puiſée dans nos plus anciennes Loix ; & entr'autres dans l'article 35 de l'Ordonnance de Moulins (a), dans l'Article 9 de l'Edit d'Amboiſe (b), & enfin dans l'Article 199 de l'Ordonnance de Blois (c).

Il faut obſerver néanmoins que notre Ordonnance, article 14, ſemble laiſſer la faculté d'adreſſer aux Préſidiaux les Lettres obtenues par les Gentilhommes, lorſque leur compétence y a été jugée : ce qui a depuis été abrogé par la Déclaration du 5 Février 1731, dont l'article 12 ôte aux Préſidiaux & aux Prévôts des Maréchaux, la connoiſſance en dernier reſſort des crimes commis par les Gentilhommes (d).

(a) ʺ Seront auſſi les graces & rémiſſions adreſſées à nos Juges Préſidiaux, & aux Lieux eſquels ʺ n y a Siége Préſidial, à nos Juges reſſortiſſans nuement en nos Cours, & non autres. *Ordonnance* ʺ *de Moulins, Art.* 35.

(b) ʺ En outre pour obvier aux plaintes que pluſieurs de nos Sujets Nous font de la facilité dont ʺ nos Juges uſent à l'endroit des Gentilshommes, & de nos Officiers, à l'entérinement des remiſ ʺ ſions par eux préſentées, Nous ordonnons que toutes Lettres de rémiſſions obtenues par leſdits ʺ Gentilshommes & Officiers ſeront préſentées par eux en perſonne, tête nue & à genoux, ſuivant ʺ l'Ordonnance, & adreſſés aux Cours de Parlement, au Reſſort duquel les excès ſeront commis, ʺ ſauf après l'ordonner, ſi la Partie civile le requiert, & ſoit par noſdites Cours avifé ou autre ʺ ment par elles ordonné de renvoyer leſdits Rémiſſionnaires fur les lieux. *Edit d'Amboiſe, Art.* 9.

(c) ʺ Les Adreſſes des graces, pardons & rémiſſions obtenues par les perſonnes n'étant de noble ʺ condition, ſeront faits aux Juges ordinaires reſſortiſſans nuement & immédiarement en nos Cours ʺ de Parlement. Et quant aux Gentilshommes & Officiers, voulons l'Edit d'Amboiſe être invioli ʺ blement gardé. *Ord. de Blois, Art.* 199.

(d) ʺ Les Eccléſiaſtiques ne feront ſujets, en aucuns cas, ni pour quelque crime que ce puiſſe ʺ être, à la Jurifdiction des Prévôt des Maréchaux, ou Juges Préſidiaux en dernier reſſort. *Art.*

Une

Une autre obfervation , non moins importante , c'eft que par rapport aux Roturiers mêmes, l'Article 13 de notre Ordonnance affec-
toit d'une maniere particuliere l'adreffe & l'enthérinement des Lettres
aux Bailliages & Sénéchauffées où il y avoit un Préfidial uni, à l'exclufion des autres Bailliages où il n'y en avoit point. Dans la fuite le
feu Roi ayant ordonné par fa Déclaration du 29 Mai 1702 , que le
pouvoir attribué aux Juges Préfidiaux de connoître en dernier reffort
des cas Prévôtaux, n'auroit lieu que pour les crimes commis dans l'é-
tendue des Bailliages & Sénéchauffées où les Sieges Préfidiaux étoient
établis, cela donna lieu aux fimples Bailliages & Sénéchauffées de
foutenir que la Jurifdiction des Préfidiaux en matiere criminelle, fe
trouvoit par cette reftriction renfermée dans fes anciennes & véritables
bornes, & que les Bailliages & Sénéchauffées des lieux où il y avoit Préfidial, ne devoient plus connoître de l'enthérinement des Lettres deRémif-
fion , Pardon , & autres de femblable nature, obtenues par des Roturiers, fi ce n'eft lorfque le crime auroit été commis dans le reffort
defdits Bailliages & Sénéchauffées. Cette prétention a été canonifée
par la Déclaration du 27 Février 1703 , qui conféquemment contient
à cet égard une dérogation à notre Ordonnance. Cette Déclaration
admet pourtant une exception bien fage à fes difpofitions, c'eft lorfque le crédit des Accufés feroit à craindre dans le Bailliage dans le
reffort duquel le crime auroit été commis ; elle veut alors que les
Lettres de Rémiffion & autres de pareille nature, puiffent être adreffées au Bailliage ou à la Sénéchauffée la plus prochaine non fufpecte (a).

» 11 *Déclar. du 5 Février* 1731. Voulons qu'à l'avenir les Gentilshommes jouiffent du même pri-
» vilege , fi ce n'eft qu'ils s'en faffent rendus indignes par quelques condamnations qu'ils euffent fu-
» bies, foit de peine corporelle, banniffement ou amende honorable. *Art.* 11 , *ibidem*
» (a) » L O U I S , par la grace de Dieu , Roi de France & de Navarre : A tous ceux qui ces préfen-
» tes Lettres verront, falut. Par notre Déclaration du 29 Mai 1702 , Nous avons entr'autres chofes
» ordonné que le pouvoir attribué aux Juges Préfidiaux de connoître en dernier reffort des Cas Pré-
» vôtaux, n'auroit lieu que pour les crimes commis dans l'étendue des Bailliages & Sénéchauffées ,
» où les Siéges Préfidiaux font établis ; mais Nous apprenons que cette Déclaration a fait naître une
» nouvelle conteftation entre les fimples Bailliages & Sénéchauffées reffortiffantes nuement en nos
» Cours de Parlement, & les Bailliages & Sénéchauffées auxquels les Siéges Préfidiaux font unis ;
» les uns foutenans que la Jurifdiction des Préfidiaux , en matiere criminelle, étant à préfent renfer-
» mée dans fes anciennes & fes véritables bornes, les Bailliages & Sénéchauffées des lieux où il y a
» Siége Préfidial , ne doivent plus connoître de l'enthérinement des Lettres de rémiffion , de pardon ,
» & autres de femblable qualité , obtenues par des perfonnes de condition roturiere, que lorfque
» le crime, pour lequel elles font obtenues, a été commis dans le Reffort defdits Bailliages & Sé-
» néchauffées ; & les autres prétendant au contraire que l'Article 13 du Titre 16 de notre Ordon-
» nance du mois d'Août 1670 , leur attribuant purement & fimplement la connoiffance de l'enthéri-
» nement des Lettres obtenues par des perfonnes de qualité roturiere , on ne peut admettre la nouvelle
» diftinction propofée par les fimples Bailliages & Sénéchauffées , fans attaquer la difpofition de
» notre Ordonnance. Et quoiqu'en effet la lettre de cet Article femble favorifer la prétention des
» Bailliages & Sénéchauffées, auxquels les Siéges Préfidiaux font unis , Nous avons cru néanmoins
» que ces Siéges ne pouvant plus exercer aucune Jurifdiction en matiere criminelle , hors le Reffort
» de leur Bailliage & Sénéchauffée , ils n'avoient plus aucun prétexte de demander que les Lettres
» de rémiffion leur fuffent adreffées , lorfqu'il s'agit de crimes commis dans le Reffort d'un autre
» Bailliage ou Sénéchauffée ; parcequ'en ce cas, ils ne font ni Juges naturels du crime , de quelque
» qualité qu'il foit , ni Juges fupérieurs en cette partie, ni de ceux auxquels la connoiffance en
» appartient. Nous avons d'ailleurs confidéré que l'ordre public & le bien de la Juftice demandent
» également que le Juge du crime , foit auffi (autant qu'il eft poffible) le Juge de l'enthérinement

ARTICLE XV.

Ne pourront les Lettres d'Abolition, Rémiffion, Par-
don, & pour efter à droit, être préfentées par ceux qui
les auront obtenues, s'ils ne font effectivement prifon-
niers & écroués ; & feront les écrous attachés aux Let-
tres, & eux contraints de demeurer en prifon pendant
toute l'inftruction & jufqu'au jugement diffinitif des
Lettres. Défendons à tous Juges de les élargir à cau-
tion ou autrement, à peine de fufpenfion de leurs Char-
ges, & de payer par eux les condamnations qui inter-
viendront contre les Accufés.

ARTICLE XVI.

Les Lettres feront préfentées dans trois mois du jour
de l'obtention, paffé lequel tems, défendons aux Juges
d'y avoir égard. Et ne pourront les Impétrans en obtenir
de nouvelles, ni être relevés du laps de tems.

» de la grace qu'il Nous plaît d'accorder au Criminel ; & que cette regle ne doit jamais fouffrir
» d'exception, que lorfque le caractere du Juge n'eft pas affez élevé pour recevoir l'adreffe de nos
» Lettres de rémiffion, ou que celui de l'Accufé l'exempte en ce cas de la Jurifdiction des premiers
» Juges, pour le foumettre à celles de nos Cours de Parlement. Ainfi Nous avons jugé à propos,
» en Nous conformant à l'efprit de l'Ordonnance de Moulins, & à la difpofition expreffe de celle
» de Blois, de rétablir l'ancien ordre des Jurifdictions, & de ne pas priver de la connoiffance d'un
» Cas Royal, des Officiers, qui fuivant la regle établie par les anciennes & les nouvelles Ordon-
» nances de notre Royaume, font Juges de tous les Cas Royaux fans aucune diftinction. A ces cau-
» fes, de notre certaine fcience, pleine puiffance, & autorité Royale, Nous avons par ces Préfen-
» tes fignées de notre main, dit, déclaré, difons, déclarons, voulons & Nous plaît que l'Article
» 35 de l'Ordonnance de Moulins, & l'Article 199 de l'Ordonnance de Blois, foient exécutés felon
» leur forme & teneur ; & en conféquence, que conformément aux iits Articles, l'adreffe des Lettres
» de rémiffion, pardon & autres de femblable qualité, obtenues par des perfonnes de qualité ro-
» turiere, foit faite à nos Baillifs & Sénéchaux reffortiffans nuement en nos Cours de Parlement,
» dans le Reffort defquels le crime aura été commis, fans que nos Baillifs & Sénéchaux des lieux
» où il y a Siége Préfidial, puiffent prétendre que l'adreffe leur en doive être faite, fi ce n'eft lorf-
» que le crime aura été commis dans le Reffort de leur Bailliage ou Sénéchauffée ; dérogeant à cet
» égard, en tant que befoin feroit, à la difpofition de l'Article 15 du Titre 16 de notre Ordon-
» nance du mois d'Août 1670, & de tous autres Edits & Déclarations à ce contraires : voulons
» néanmoins que dans les cas, où le crédit des Accufés feroit à craindre dans le Bailliage, dans
» le Reffort duquel le crime aura été commis, les Lettres de rémiffion & autres de femblable na-
» ture puiffent être adreffées au Bailliage ou à la Sénéchauffé la plus prochaine, non fufpecte. Ce
» que Nous n'entendons avoir lieu qu'à l'égard des Lettres qui doivent être fcellées en notre Grande
» Chancellerie. Si donnons en mandement, &c. Donné à Verfailles le vingt-feptieme jour de Fé-
» vrier, l'an de grace mil fept cent trois, & de notre Regne le foixantieme. *Signé*, LOUIS. Et plus
» bas, Par le Roi : PHELYPEAUX. Et fcellée du grand Sceau de cire jaune. Regiftrée en Parlement,
» le 7 Mars 1703. *Signé*, DONGOIS.

ARTICLE XVII.

L'obtention & la signification des Lettres ne pour-
ront empêcher l'exécution des décrets, ni l'instruction,
jugement & exécution de la contumace, jusqu'à ce que
l'Accusé soit actuellement en état dans les prisons du
Juge auquel l'adresse en aura été faite.

ARTICLE XVIII.

Les charges & informations & toutes les autres pieces
du procès, même les procédures faites depuis l'obtention
des Lettres, seront incessamment portées aux Greffes
des Juges auxquels l'adresse en sera faite; ce que Nous
voulons avoir lieu à l'égard des Lettres de revision.

ARTICLE XIX.

Les Lettres seront signifiées à la Partie civile, & co-
pie baillée, avec assignation, en vertu de l'Ordonnance
du Juge, pour fournir ses moyens d'opposition & pro-
céder à l'enthérinement. Et seront les formes & délais
prescrits par notre Ordonnance du mois d'Aout 1667
observés, si ce n'est que la Partie civile consente de pro-
céder avant l'échéance des délais, par acte signé & due-
ment signifié.

ARTICLE XX.

Ne pourra être procedé au jugement des Lettres, qu'el-
les n'aient été, ensemble le procès, communiquées à nos
Procureurs.

Les Articles précédens nous donnent le tableau de toute la procédure qu'il faut tenir pour parvenir à l'enthérinement des *Lettres d'A-*
bolition, de *Rémiffion*, de *Pardon*, & *pour efter à droit.*
Cette procédure se réduit; premierement, à commencer de la part

de l'Impétrant par se mettre en état, c'est-à-dire, se constituer prisonnier.

2°. A présenter ses Lettres aux Juges à qui elles sont adressées ; dans les trois mois de leur obtention ; & cette présentation doit être faite par le ministere d'un Avocat.

3°. A faire remettre incessamment le Procès & les Lettres au Greffe.

4°. A faire signifier ces mêmes Lettres à la Partie civile, s'il y en a une, avec assignation pour fournir ses moyens d'opposition, si bon lui semble, & voir procéder à leur enthérinement.

5°. Enfin, à faire donner communication du tout à la Partie publique, avant que de proceder au jugement.

ARTICLE XXI.

Les Demandeurs en Lettres d'Abolition, Rémission & Pardon, seront tenus de les présenter à l'Audience, tête nue & à genoux, & affirmeront, après qu'elles auront été lues en leur présence, qu'elles contiennent vérité, qu'ils ont donné charge de les obtenir, & qu'ils s'en veulent servir, après quoi ils seront renvoyés en prison.

ARTICLE XXII.

Nos Procureurs & la Partie civile, s'il y en a, pourront, nonobstant la présentation des Lettres de Remission & Pardon, informer par addition, & faire récoler & confronter les Témoins.

ARTICLE XXIII.

Défendons aux Lieutenans Criminels, & à tous autres Juges, aux Greffiers & Huissiers, de prendre ni recevoir aucune chose, encore qu'elle leur fût volontairement offerte, pour l'attache, lecture ou publication des Lettres, ou pour conduire & faire entrer l'Impétrant à l'Audience, & sous quelque autre prétexte que ce soit, à peine de concussion & de restitution du quadruple.

ARTICLE XXIV.

Le Demandeur en Lettres sera interrogé dans la prison par le Rapporteur du procès, sur les faits résultans des charges & informations.

ARTICLE XXV.

Défendons à tous Juges, même à nos Cours, de procéder à l'enthérinement des Lettres, que toutes les informations & charges n'aient été apportées & communiquées à nos Procureurs, vues & examinées par les Juges, nonobstant toutes sommations qui pourroient avoir été faites aux Greffiers de les apporter, & les diligences dont les Demandeurs en Lettres pourroient faire apparoir ; sauf à faire décerner des exécutoires & ordonner d'autres peines contre les Greffiers qui en seront en demeure.

ARTICLE XXVI.

Les Impétrans seront interrogés dans la Chambre sur la sellette avant le jugement ; & l'interrogatoire redigé par écrit par le Greffier, & envoyé avec le procès en nos Cours en cas d'appel.

Les Articles qui précedent annoncent les procédures particulieres aux Lettres d'abolition , & à celles de Pardon.

Les Impétrans sont obligés de les présenter à genoux & tête nue , & d'affirmer qu'elles contiennent vérité , & qu'ils s'en veulent servir.

Cette présentation n'empêche point le Ministere public , & même la Partie civile de provoquer des additions d'informations.

L'Impétrant est interrogé ensuite par le Rapporteur sur les faits résultans des charges; & on ne peut procéder à l'enthérinement des Lettres , qu'après communication desdites charges au Ministere public , & lorsqu'elles ont été préalablement vues & examinées par les Juges , afin qu'ils puissent prononcer sur le sort des Lettres en pleine & entiere connoissance de cause.

Enfin , l'impétrant doit être interrogé sur la sellette avant le jugement.

ARTICLE XXVII.

Si les Lettres de Remiſſion & Pardon ſont obtenues pour des cas qui ne ſoient pas rémiſſibles, ou ſi elles ne ſont pas conformes aux charges, les Impétrans en ſeront déboutés.

Le Légiſlateur permet de débouter de l'enthérinement des Lettres de Rémiſſion & de Pardon dans deux cas, ſavoir :

1°. Lorſque le crime dont il s'agit n'eſt point rémiſſible par ſa nature, c'eſt-à-dire, ſi l'homicide n'eſt point involontaire, ou qu'il ne ſoit pas dans le cas d'une légitime défenſe.

2°. Lorſque les Lettres ne ſont point corformes aux charges, c'eſt-à-dire, lorſque les circonſtances y ſont tellement différentes de celles portées par les charges, qu'elles changent abſolument la nature & la qualité du crime ; c'eſt ce qui a été encore confirmé par une Déclaration du 22 Novembre 1683 (a).

Mais une autre Déclaration du 10 Août 1686 donnée en interprétation de celle-ci, ordonne que dans les Lettres de rémiſſion ſcellées du grand Sceau, où les circonſtances réſultantes des charges ſe trouveroient tellement différentes de celles portées par l'expoſé des Lettres, qu'elles changeaſſent la qualité de l'action & la nature du crime, les Cours & Juges auxquels l'adreſſe en auroit été faite, aient en ce cas, à ſurſeoir le Jugement & l'enthérinement des Lettres, juſqu'à ce qu'ils aient reçus de nouveaux ordres du Roi ſur les informations qui ſeront envoyées à M. le Chancelier, par les Procureurs Généraux ou leurs Subſtituts, avec les Lettres ; & juſqu'à ce, il eſt défendu de faire aucunes procédures ni d'élargir les Impétrans (b).

Les mêmes diſpoſitions ont été renouvellées par les Déclarations du 11 Août 1709 (c) & du 10 Avril 1727.

ARTICLE XXVIII.

Les Impétrans des Lettres de rémiſſion qui ſuccomberont, ſeront condamnés en trois cens livres d'amende envers Nous, & cent cinquante livres envers la Partie.

(a) » La Déclaration du 22 Novembre 1683 a été ci-devant rapportée ſur l'Article 2 du préſent » Titre, page 196.
(b) » La Déclaration du 10 Août 1686, eſt auſſi rapportée ci deſſus, à la ſuite de celle du 22 » Novembre 1683, page 197.
(c) La Déclaration du 27 Février 1703, eſt tranſcrite ci-deſſus, page 241, & ſuiv.

Le préfent Article veut que lorfque les Demandeurs en enthérinement des Lettres de Rémiffion fuccombent, foit parceque le cas n'eft
pas rémiffible de fa nature, foit parceque l'expofé des Lettres fe trouve
contraire aux charges & informations, ledit Demandeur foit condamné
en ce cas en une amende envers le Roi de trois cens livres, & en une
autre de cent cinquante livres envers la Partie civile.

Mais, comme on ne peut obtenir des Lettres de rémiffion fans s'a-
vouer foi-même coupable, l'Impétrant, même en réuffiffant dans l'enthérinement de ces Lettres, n'eft point à l'abri de différentes petites
condamnations : ainfi d'après la Déclaration du 21 Janvier 1685 le
même jugement qui enthérine les Lettres de rémiffion, condamne l'Impétrant en une aumône applicable au pain des Prifonniers, & quelquefois en outre à une certaine fomme pour faire prier Dieu pour le repos
de l'ame de celui qui a été tué (a). D'ailleurs le Parlement eft dans
l'ufage de condamner celui qui a obtenu des Lettres de rémiffion en
une indemnité envers le Seigneur, lorfque le procès a été inftruit à
fes frais. Nous avons fur cela plufieurs Arrêts ; un premier du 11 Janvier 1691, en enthérinant les Lettres de Rémiffion obtenues par le
Sieur de Vaudoré, Cheveau-Leger de la Garde ordinaire du Roi, pour
avoir été préfent à la mort du nommé Bonneville, Opérateur, le con-

---

(a) » LOUIS, &c. Salut. Notre amé Maître Jean Fauconnet, Fermier général de nos Domaines,
» Nous a très humblement repréfenté que la plûpart de nos Cours & Juges en dernier reffort, en
» jugeant les Accufés de crimes, & les condamnant en l'amende envers Nous, les condamnent pa-
» reillement, felon l'ufage, en des aumônes applicables à des œuvres pies, fans faire diftinction
» des cas auxquels ils ont la liberté de prononcer lefdites condamnations, fuivant notre Déclara-
» tion du mois de Mars 1671 ; d'où il arrive que les amendes font diminuées d'autant, & que le
» Fermier eft privé d'une partie du bénéfice que Nous avons prétendu lui accorder, & à raifon de
» quoi il eft obligé de Nous demander des diminutions du prix de fa ferme ; & par ce, Nous fom-
» mes d'ailleurs bien informés que lefdites aumônes font fouvent appliquées, fous prétexte d'œu-
» vres pies, au profit des Communautés Religieufes non mendiantes, au préjudice des Hôpitaux,
» Religieux mendians, & lieux pitoyables, auxquels ces fortes d'aumônes doivent être feulement
» appliquées : à quoi étant néceffaire de pourvoir : A ces caufes, & autres à ce Nous mouvans,
» de notre propre mouvement, certaine fcience, pleine puiffance, & autorité Royale, Nous avons
» par ces Préfentes fignées de notre main, dit, déclaré & ordonné, difons, déclarons & ordon-
» nons, voulons & Nous plaît, que notredite Déclaration du mois de Mars 1671, foit exécutée
» felon fa forme & teneur ; & ce faifant, défendons à nos Cours, & Juges qui jugent en dernier
» reffort, en condamnant les Accufés aux amendes envers Nous, de prononcer contr'eux au-
» cunes condamnations d'aumônes pour employer en œuvres pies, fi ce n'eft dans le cas où il aura
» été commis facrilege, & où ladite condamnation pour œuvres pies fera partie de la réparation.
» Pourront néanmoins nofdites Cours & Juges, au ndu qu'il n'écher pas d'amendes contre les Por-
» teurs de nos Lettres de rémiffion, ou en autres cas où il n'écheront pas non plus d'amende envers Nous,
» condamner, s'il y échet, felon qu'ils l'eftimeront en leurs confciences, lefdits Porteurs de Lettres de
» rémiffion ou Accufés, en des aumônes, lefquelles (quant aux Porteurs de rémiffion) feront unique-
» ment appliquées au pain des Prifonniers : & quart aux autres aumônes, éfquelles les Accufés pour-
» ront être condamnés, foit pour les autres cas éfquels il n'échet point
» d'amendes, ne pourront lefdites aumônes être appliquées à autres ufages qu'au pain des Prifon-
» niers, ainfi qu'il eft accoutumé, ou au profit des Hôtels-Dieu, Hôpitaux généraux des lieux, Re-
» ligieux & Religieufes mendiantes, & autres lieux pitoyables, à peine de défobéiffance. Si donnons en
» mandement à nos amés & féaux les Gens tenans notre Cour de Parlement à Paris, que ces Préfentes
» ils aient à faire lire, publier & enregiftrer, & le contenu en icelles entretenir, garder & obfer-
» ver, fans y contrevenir, ni fouffrir qu'il y foit contrevenu en quelque forte & maniere que ce
» foit, nonobftant tous ufages à ce contraires. Car tel eft notre plaifir. En témoin de quoi Nous
» avons fait mettre notre Scel à cefdites Préfentes. Donné à Verfailles le vingt-unieme jour de Janvier,
» l'an de grace mil fix cent quatre-vingt cinq, & de notre Regne le quarante-deuxieme. Signé
» LOUIS. *Et fur le repli*, Par le Roi : COLBERT. Et fcellées du grand Sceau de cire jaune.
» Regiftrées en Parlement le douzieme jour de Mars 1685. Signé, JACQUES.

damne en 4 livres d'aumônes, en 10 livres de priere, & 300 livres d'amende par forme d'indemnité envers Madame la Duchesse de Lesdiguieres, attendu que le procès criminel avoit été fait par le Juge de sa Terre de Beauvois sur mer, à la Requête de son Procureur Fiscal. Par un autre Arrêt du 21 Mai 1705, intervenu sur le procès criminel instruit par le Bailli de Mussi Levesque, à la requête du Procureur Fiscal, contre Antoine Noel, accusé d'avoir tiré un coup de fusil au nommé Claude Vauvillier qui en mourut, les Lettres de rémission furent enthérinées, & néanmoins l'Accusé fut condamné en quatre livres d'aumône, en quatre livres de prieres, & en cent cinquante livres d'amende envers le Seigneur de Mussi-Levesque, quoique celui-ci n'eût demandé aucune indemnité. Enfin, un troisieme Arrêt du 23 Juin 1712, en enthérinant les Lettres de rémission obtenues par le nommé Laurent le Clerc, le condamna en même tems en 3 livres d'aumône, en 3 livres de prieres, & en 100 livres d'amende envers la Dame de Blerancourt, comme le procès ayant été instruit dans la Justice & aux frais de son Domaine ; cette amende fut aussi prononcée d'office. Ces sortes d'amendes, tenant lieu d'indemnité, ne sont point infamantes.

Il est encore bon d'observer que la Cour en enthérinant les Lettres de rémission, inflige quelquefois des peines legeres : ainsi par Arrêt du 3 Septembre 1674, les Lettres de rémission obtenues par le nommé Herminot ont été enthérinées; & néanmoins il a été ordonné qu'il s'abstiendroit du Bailliage de Langres & du Comté de Bar-sur-Seine pendant trois ans. Par un autre Arrêt du 21 Juin 1678, qui enthérina les Lettres de rémission obtenues par les nommés Hercules & Guillaume de Mariniere, il fut ordonné qu'ils s'abstiendroient pendant dix ans de dix lieues ès environs du Château de Nanteuil. Un autre Arrêt du 15 Décembre de la même année 1678, a enthériné les Lettres de rémission obtenues par Pierre Garnier Sieur du Breuil, & néanmoins l'a condamné de s'abstenir de la Baronnie de de Sainte Solence pendant trois ans. Par un autre Arrêt du 2 Décembre 1682 les Lettres de rémission obtenues par Laurent Thurot, ont été enthérinées & néanmoins il a été condamné au blâme. Enfin, par un dernier Arrêt du 25 Mars 1709 les Lettres de rémission obtenues par Jean Armand de Réthy de Villeneuve, ont pareillement été enthérinées : & il a été ordonné néanmoins qu'il s'abstiendroit pendant un an d'entrer dans le lieu & sur la Terre de Leneville, & dans les lieux où se trouveroient Marie-Madelaine de Réthy de Villeneuve, & Adrien-Charles Dieudonné de Ramesay son fils, sous telles peines qu'il appartiendroit. S'il se trouvoit des nullités, dans la procédure qui précede l'obtention des Lettres de rémission, il est de regle de la recommencer; mais les Lettres, quoique antérieures à cette nouvelle procédure, n'en sont pas moins valables. C'est ce qui a été jugé par Arrêt du 31 Mars 1711, dans l'affaire du Sieur Marchais, Commandant la Maréchaussée du Bourg-la-Reine. Cependant, il arrive quelquefois

quefois que, nonobſtant les nullités qui ſe trouvent dans l'inſtruction faite par les premiers Juges, le Parlement paſſe outre à l'enthérinement des Lettres de Rémiſſion, lorſque d'ailleurs l'expoſé des Lettres ſe trouve conforme aux charges. Nous en avons des exemples dans les Arrêts des 18 Février & 18 Mars 1715, qui enthérinerent les Lettres de Rémiſſion obtenues par les nommés Forceville & Dubreuil; la Cour ſe contenta, par le dernier de ces Arrêts, de faire des injonctions au Sénéchal de Jarnac qui avoit fait l'inſtruction.

FORMULES DES DIFFERENS ACTES
RELATIVES AU PRESENT TITRE.

Louis, par la grace de Dieu, Roi de France & de Navarre : A tous préſens & avenir : Salut. Nous avons reçu l'humble ſupplication de . . . . faiſant profeſſion de la Religion Catholique, Apoſtolique & Romaine, contenant que . . . . & ainſi ayant été informé que . . . . il n'oſe reparoître ſans avoir obtenu nos Lettres d'abolition qu'il nous a très humblement fait ſupplier de lui accorder. A ces cauſes, voulant préferer miſéricorde à la rigueur des Loix, de notre grace ſpéciale, pleine puiſſance & autorité Royale, Nous avons audit . . . . . . quitté, pardonné, remis, éteint & aboli, quittons, pardonnons, remettons, éteignons & aboliſſons, le fait & cas ſuſdit, tel qu'il eſt expoſé, avec toute peine, amende & offenſe corporelle, civile & criminelle qu'il peut, pour raiſon de ce, avoir encourue envers Nous & Juſtice; mettons au néant tous décrets, défauts, Sentences, contumaces, Jugemens & Arrêts qui peuvent avoir été rendus pour raiſon de ce, contre le Suppliant, que Nous avons remis & reſtitué, en ſa bonne renommée & en ſes biens non d'ailleurs confiſqués, ſatisfaction préalablement faite à Partie civile, ſi faite n'a été; impoſons ſur ce ſilence perpétuel à notre Procureur Général, & à ſes Subſtituts préſens & à venir, & à tous autres. Si donnons en mandement, à . . . . que ces préſentes nos Lettres d'abolition, ils aient à enthériner, & du contenu en icelles faire jouir le Suppliant pleinement, paiſiblement & perpétuellement, à la charge par lui de ſe repréſenter & de ſe mettre en état pour l'enthérinement des Préſentes dans . . . . mois, à peine d'être déchu de l'effet d'icelles. Car tel eſt notre plaiſir. Et afin que ce ſoit choſe ferme & ſtable à toujours, Nous avons fait mettre notre ſcel à ceſdites Préſentes. Donné à . . . . . au mois de . . . . l'an de grace . . . . & de notre regne le . . . .

Lettres d'Abolition.

Louis, par la grace de Dieu, Roi de France & de Navarre : A tous préſens & à venir, Salut. Nous avons reçu l'humble ſupplication de . . . . (*exprimer ſa qualité*) faiſant profeſſion de la Religion Catholique, Apoſtolique & Romaine, contenant (*l'on expoſe le fait le plus au vrai & le plus conforme aux charges & informations qu'il ſe peut*), & bien que ce fait ſoit ainſi arrivé par la faute & aggreſſion dudit défunt (*ou bien par un cas fortuit & imprévu ſans aucun mauvais deſſein*), toutefois il en a été informé & décreté par . . . . Juges des lieux à l'encontre du Suppliant : lequel craignant la rigueur de la Juſtice s'eſt abſenté, & n'oſeroit ſe repréſenter ſans nos Lettres de grace, Pardon & Rémiſſion, qu'il Nous a très humblement fait ſupplier lui accorder. A ces cauſes, voulant préferer miſéricorde à la rigueur des Loix, conſidérant que ledit défunt a donné lieu à ſon

Lettres de Rémiſſion.

malheur par ſes aggreſſions, & que ledit Suppliant n'a été que dans une défenſe toute naturelle, (*ou bien* que le cas eſt imprévu, & ſans aucun deſſein prémedité); que d'ailleurs, la vie du Suppliant eſt exempte de blâme : de notre grace ſpéciale, pleine puiſſance, & autorité Royale, Nous avons, audit Suppliant, quitté, pardonné & remis, & par ces Préſentes, quittons, pardonnons & remettons le fait & cas tel qu'il eſt ci-deſſus expoſé, avec toute peine, amende & offenſe corporelle, civile & criminelle qu'il a pour raiſon de ce, encourues envers Nous & Juſtice : mettons au néant tous décrets, défauts, contumaces, Sentences, Jugemens & Arrêts, ſi aucuns s'en ſont enſuivis ; le mettons & reſtituons en ſa bonne renommée, & en ſes biens, non d'ailleurs confiſqués, ſatisfaction faite à la Partie civile, ſi faite n'a été, & s'il véchet ; impoſons ſur ce ſilence à notre Procureur Général, ſes Subſtituts préſens & à venir, & à tous autres. Si donnons en mandement, à notre Bailly de... ou ſon Lieutenant Criminel, & Gens tenans le Siege audit lieu (*ne point mettre Siege Préſidial*) dans le reſſort duquel le fait & cas ci-deſſus eſt arrivé, que du contenu en ces Préſentes nos Lettres de grace & rémiſſion, ils faſſent jouir ledit Suppliant pleinement & perpétuellement, ceſſant, & faiſant ceſſer tous troubles & empéchemens contraires ; à la charge de ſe préſenter pour l'enthérinement des Préſentes, dans..... à peine de nullité d'icelles. Car tel eſt notre plaiſir. Et afin que ce ſoit choſe ferme & ſtable à tuojours, Nous avons fait mettre notre ſcel à ceſdites Préſentes. Donné à..... au mois de.... l'an de grace mil ſept cent.... & de notre regne le....

Lettres de Pardon. LOUIS, par la grace de Dieu, Roi de France & de Navarre : A tous ceux qui ces préſentes Lettres verront, Salut. Nous avons reçu l'humble ſupplication de.... faiſant profeſſion de la Religion Catholique, Apoſtolique & Romaine ; contenant que.... & bien que l'Expoſant n'ait aucune part dans cette action, il a néanmoins eu avis qu'il étoit compris dans les procédures criminelles qui ont été faites contre ledit.... par le Lieutenant Criminel de.... qui a décerné un décret de priſe de corps contre lui, quoiqu'il ſoit innocent, & qu'il n'ait en rien participé au malheur dont il s'agit ; c'eſt ce qui l'a obligé de s'abſenter, n'oſant ſe repréſenter ſans avoir obtenu nos Lettres de grace & de pardon, qu'il nous a très humblement fait ſupplier lui accorder en conſidération de ſon innocence. A ces cauſes, voulant préferer miſéricorde à la rigueur des Loix, de notre grace ſpéciale, pleine puiſſance & autorité Royale, Nous avons audit Suppliant quitté & pardonné, quittons & pardonnons par ces Préſentes, le fait & cas tel qu'il eſt ci-deſſus expoſé, avec toute peine, amende & offenſe corporelle qu'il a, pour raiſon de ce, encourues envers Nous & Juſtice ; mettons au néant tous décrets, défauts, Sentences, Jugemens & Arrêts, ſi aucuns s'en ſont enſuivis : le mettons & reſtituons en ſa bonne renommée, & en ſes biens non d'ailleurs confiſqués, ſatisfaction faite à Partie civile, ſi fait n'a été, & s'il y échet. Impoſons ſur ce ſilence à notre Procureur Général, ſes Subſtituts, préſens & à venir, & à tous autres. Si donnons en mandement, à notre Bailli de.... ou ſon Lieutenant Criminel à.... & Gens tenans le Siege audit lieu, dans le reſſort duquel, le fait & cas ci-deſſus ſont arrivés, que du contenu en ces préſentes nos Lettres de grace & de pardon, ils faſſent jouir ledit Suppliant, pleinement, paiſiblement & perpétuellement, ceſſant, & faiſant ceſſer tous troubles & empéchemens contraires ; à la charge par le Suppliant de ſe repréſenter, & de ſe mettre en état pour l'enthérinement des Préſentes dans.... mois, à peine d'être déchu de l'effet d'icelles. Car tel eſt notre plaiſir. En témoin de quoi, Nous avons fait mettre notre ſcel à ceſdites Préſentes. Donné à.... le.... jour de... l'an de grace mil.... & de notre regne le....

LOUIS, par la grace de Dieu, Roi de France & de Navarre, &c. A nos amés . . . . Salut. Notre amé . . . . faifant profeffion de la Religion Catholique, Apoftolique & Romaine, Nous a fait remontrer, que pour raifon de quelque tire arrivée entre lui.... en notre Ville de.... en ayant été informé & décreté par.... l'Expofant encore jeune fe feroit abfenté . . . . mais pendant fon abfence l'affaire ayant été portée pardevant Vous, vous auriez par défaut & contumace, condamné le Suppliant aux Galeres pour . . . . années, (*ou autre peine*) par votre Airêt du . . . , & defirant ledit Expofant fe préfenter & purger la contumace, il craint qu'étant hors le tems vous faffiez difficulté de le recevoir fans nos Lettres, qu'il Nous a très humblement fait fupplier lui octroyer. A ces caufes, voulant favorablement traiter le Suppliant, Nous vous mandons que notre Procureur Général, & autres qu'il appartiendra, appellés pardevant Vous, s'il vous appert de ce que dit eft, & autres chofes tant que fuffire doive, en ce càs, ayez à recevoir ledit Suppliant à efter à droit, & à fe juftifier des cas à lui impofés, tout ainfi qu'il eût pu faire avant votre dit Arrêt, que ne voulons lui préjudicier, pour ne s'être préfenté dans les cinq ans portés par nos Ordonnances, dont Nous l'avons, de notre grace fpéciale, pleine puiffance & autorité Royale, relevé & relevons par cefdites Préfentes; à la charge de fe mettre en état lors de la préfentation d'icelles, de refonder ou juftifier des dépens des contumaces, de confignet les amendes & fommes, fi aucunes ont été adjugées aux Patries civiles; & que foi fera ajoutée aux dépofitions des Témoins décedés, comme s'ils avoient été confrontés. Mandons au premiet notre Huiffier ou Sergent, faire pour l'exécution des Préfentes. &c. Car tel . . . . &c.

Nota. Il eft d'ufage de préfenter un Mémoire à M. le Chancelier pour obtenir ces Lettres, qu'il eft feul en droit d'accorder.

L o u i s . . . . A tous ceux . . . . Salut. Nous avons reçu l'humble fupplication de.... faifant profeffion de la Religion Catholique, Apoftolique & Romaine: *Contenant . . . . il faut fuccinctement expofer le fait, la teneur de la condamnation & les caufes qui peuvent exciter à accorder la grace.* Pour raifon de quoi ledit... auroit été condamné à un banniffement de.... années dudit Bailliage de.... en quelques amendes & intetêts civils par Sentence de . . . . Contre laquelle Sentence, le Suppliant n'ayant pu fe pouvoir, il a été contraint de fatisfaire aux amendes & intetêts civils, ce qui a caufé fa ruine & celle de fa famille qui eft réduite à une extrême pauvreté & mendicité, par fon abfence & éloignement; il ne lui refte que l'efpérance en notre clémence, à laquelle il a recours; & Nous a très humblement fait fupplier lui octroyer nos Lettres de rappel fur ce néceffaires. A ces caufes, voulant par notre clémence préferer miféricorde à Juftice, de notre grace fpéciale, pleine puiffance & autorité Royale, Nous avons ledit.... rappellé & déchargé, rappellons & déchargeons par ces Préfentes fignées de notre main, dudit banniffement auquel il eft condamné par ladite Sentence pour le tems qui refte à expirer; & icelui Suppliant remis & reftitué en fa bonne renommée & en fes biens, non d'ailleurs confifqués. Impofons fur ce filence à notre Procureur Général, fes Subftituts, préfens & à venir & à tous autres; à la charge de fatisfaire aux autres condamnations portées par ladite Sentence, fi fait n'a été. Si donnons en mandement. · · · *L'adreffe s'en fait ordinairement au Juge qui a rendu la Sentence; fi c'eft le Prévôt des Maréchaux, il faut faire l'adreffe au Bailli & Gens tenans le Siege à ....* que ces Préfentes nos Lettres de grace, rappel & rétabliffement, ils faffent jouir & ufer ledit ... pleinement & paifiblement, ceffant, & faifant ceffer tous troubles & empêchemens contraires. Car tel, &c.

Nota. Quand le banniffement eft perpétuel, les Lettres doivent être en vert, & on met au commencement : A tous préfens & à venir, & au bas, afin que ce foit chofe ferme, &c. le furplus fe peut mettre comme deffus.

L o u i s . . . . A tous ceux . . . . Salut. Nous avons reçu l'humble fupplica-

Lettres de rappel de Galeres.

tion de . . . . faifant profeffion de la Religion Catholique, Apoftolique & Romaine ; contenant que... *idem, comme deffus, expofer le fait, la teneur de la condamnation & les moyens qui peuvent exciter la clémence du Prince à accorder la grace.* A ces caufes, voulant préferer miféricorde à Juftice, de notre grace fpéciale, pleine puiffance & autorité Royale, Nous avons ledit . . . . rappellé & déchargé, rappellons & déchargeons par cefdites Préfentes, defdites Galeres auxquelles il eft condamné par ledit . . . . & icelui remis & reftitué en fa bonne renommée & en fes biens non d'ailleurs confifqués. Impofons fur ce filence à notre Procureur Général, fes Subftituts, préfens & à venir, & à tous autres ; à la chaige de fatisfaire aux autres condamnations portées par ledit. . . . fi fait n'a été. Si donnons en mandement à . . . . que du contenu en ces préfentes nos Lettres de giace & rappel, ils faffent jouir & ufer ledit . . . . *comme deffus.*

Si le Suppliant n'eft point aux Galeres, & qu'il foit jugé par contumace, il faut mettre : déchargé, quitté, & remis, déchargeons, quittons & remettons de ladite peine de Galeies, à laquelle il eft condamné par, &c.

Les Lettres de rappel de Galeres à perpétuité fe fcellent auffi en vert.

Commutation de peines.

LOUIS . . . . A tous ceux . . . . Salut. Nous avons reçu l'humble fupplication de . . . . faifant profeffion de la Religion Catholique, Apoftolique & Romaine. Contenant . . . . *Il faut expliquer le fait fuccinctement ainfi qu'au rappel, la teneur de la condamnation & les autres caufes qui peuvent donner lieu à la grace.* A ces caufes, voulant favorablement traiter le Suppliant ; Nous l'avons rappellé & déchaigé, rappellons & déchaigeons de ladite peine de.... à laquelle il a été condamné par ladite Sentence, de laquelle expédition eft attachée fous le contre-fcel de notre Chancellerie (*ou* Arrêt) & icelle commuée & commuons encelle de... à la chaige de fatisfaire aux autres condamnations portées par ladite Sentence, *ou* ledit Arrêt, fi fait n'a été. Si donnons en mandement, &c. Car tel eft notre plaifir, &c.

Lettres de Réhabilitation.

LOUIS . . . . A tous préfens . . . . *Et quand la peine eft à tems, faut mettre :* A tous ceux . . . . Nous avons reçu l'humble fupplication de . . . . faifant profeffion de la Religion Catholique, Apoftolique & Romaine, contenant.... à laquelle condamnation, peine, amende, & intérêts civils le Suppliant a fatisfait ; & d'autant que la notte d'infamie & d'incapacité qui lui refte, caufe fa ruine & celle de fa famille, & l'a réduit à la mendicité ; il a recours à notre clémence, & Nous a très humblement fait fupplier par aucuns de nos plus fpécieux Serviteurs, lui accorder nos Lettres de Réhabilitation fur ce néceffaires : à quoi inclinant favorablement, de notre grace fpéciale, pleine puiffance & autorité Royale, Nous avons icelui Suppliant remis, reftitué & rétabli, remettons, reftituons & rétabliffons par ces Préfentes fignées de notre main, en fa bonne renommée & en fes biens, non d'ailleur confifqués, tout ainfi qu'il étoit auparavant ladite Sentence, fans que poui raifon d'icelle, il lui puiffe être imputé aucune incapacité ni note d'infamie, laquelle Nous avons ôtée, éteinte & effacée, ôtons, éteignons & effaçons par cefdites Préfentes. Voulons & Nous plaît que nonobftant icelle Sentence, il puiffe tenir & poffeder offices. (*Cette claufe ne fe met que quand il eft déclaré incapable de tenir office, ce que M. le Chancelier accorde peu*). Et fur ce, impofons filence perpétuel à notre Procureur Général, fes Subftituts, préfens & à venir & tous autres ; à la charge de fatisfaie, fi fait n'a été, aux autres condamnations portées par ladite Sentence. Si donnons en mandement à . . . . que du contenu en ces préfentes nos Lettres de grace & réhabilitation, ils faffent jouir & ufer ledit Suppliant pleinement & paifiblement, ceffant & faifant ceffer tous troubles & empêchemens contraires. Car tel . . . . & afin, &c. . . . .

Lettres de Revifion,

LOUIS . . . . A nos amés . . . . Salut. Notre amé . . . . faifant profeffion de la Religion Catholique, Apoftolique & Romaine ; Nous a fait remontier . . . . *il faut expofer le fait, & exprimer les caufes de revifion.* A ces caufes, voulant favorablement traiter nos Sujets, felon l'exigence des cas , & ôter tout lieu de plaintes & d'oppreffion , Nous vous mandons & enjoignons par ces Préfentes, que s'il vous appert de ce que dit eft , que le Suppliant (*ici rapporter fuccinctement les principaux moyens*); en ce cas procediez à la revifion dudit procès , examen de la preuve , fi befoin eft , & au Jugement d'icelui , tout ainfi que fi ledit Jugement du . . . . n'étoit point intervenu, que ne voulons nuire ni préjudicier audit Expofant , dont Nous l'avons audit cas relevé & relevons, difpenfé & difpenfons par cefdites Préfentes; à la charge de configner les amendes , dommages , intéiêts civils , efquels il eft condamné par ledit Jugement; & aux Parties faites bonne & briéve Juftice. Mandons au premier notre Huiffier ou Sergent , faire toutes fignifications , affignations , & autres actes requis & néceffaires , fans demander autre permiffion. Car tel, &c.

TITRE XVII.

DES DEFAUTS ET CONTUMACES.

Toutes les difpofitions que contient le préfent Titre, fe rapportent à l'un des trois objets qui fuivent, favoir :

1°. L'inftruction de la Contumace.

2°. L'exécution de la Contumace.

3°. Enfin, la repréfentation des Condamnés par contumace, & les effets que produit leur repréfentation, ou leur non-repréfentation.

ARTICLE PREMIER.

Si le décret de prife de corps ne peut être exécuté contre l'Accufé il en fera fait perquifition, & fes biens feront faifis & annotés, fans que pour raifon de ce, il foit obtenu aucun Jugement.

ARTICLE II.

La perquifition fera faite à fon domicile ordinaire, ou au lieu de fa réfidence, fi aucune il a dans le lieu où s'inftruit le procès, & copie laiffée du procès verbal de perquifition.

ARTICLE III.

Si l'Accufé n'a point de domicile ou ne réfide au lieu de la Jurifdiction, la copie du décret fera affichée à la porte de l'Auditoire.

ARTICLE IV.

La faifie des meubles de l'Accufé fera faite en la ma-

niere prescrite au Titre des Saisies & Exécutions de notre Ordonnance du mois d'Avril 1667.

ARTICLE V.

Les fruits des immeubles seront saisis, & Commissaires établis à leur garde, avec les formalités prescrites par notre Ordonnance pour les Sequestres & Commissaires.

ARTICLE VI.

Défendons à tous Juges d'établir pour Gardiens & Commissaires, les Parens ou Domestiques des Fermiers & Receveurs de notre Domaine ou des Seigneurs, à qui la confiscation appartient.

ARTICLE VII.

Si l'Accusé est domicilié ou réside dans le lieu de la Jurisdiction, il y sera assigné à comparoir dans quinzaine, sinon, l'Exploit d'assignation sera affiché à la porte de l'Auditoire.

ARTICLE VIII.

A faute de comparoir dans la quinzaine, il sera assigné par un seul cri public à la huitaine ; mais les jours de l'assignation & de l'échéance ne seront compris dans les délais.

ARTICLE IX.

Le cri sera fait à son de trompe suivant l'usage à la place publique & à la porte de la Jurisdiction, & encore au-devant du domicile ou résidence de l'Accusé, s'il y en a.

ARTICLE X.

Si l'Accusé qui a pour prison la suite de notre Conseil

ou de notre Grand Conseil, le lieu de la Jurisdiction ou s'instruit son procès, ou les chemins de celle où il aura été renvoyé, ne se représente pas, il sera assigné par une seule proclamation, à la porte de l'Auditoire, & le procès verbal de proclamation affiché au même endroit, & procedé sans autres formalités au reste de l'instruction & jugement du procès.

ARTICLE XI.

Défendons aux Juges d'ordonner autre assignation ou proclamation que celles ci-dessus, à peine d'interdiction & des dommages & intérêts des Parties.

Les Articles que l'on vient de mettre sous les yeux du Lecteur roulent sur trois points.

1°. Sur la perquisition qui doit être faite de la personne du Contumax.

2°. Sur la saisie & annotation de ses biens.

3°. Sur l'assignation qui doit lui être donnée, pour procéder contre lui d'une maniere juridique.

Ces dispositions éprouverent beaucoup de difficultés dans l'usage, du moins en ce qui concernoit les lieux où la perquisition des Accusés devoit être faite, & la forme des assignations qui devoient leur être données.

Notre Ordonnance paroissoit confondre, sur l'un & sur l'autre objet, le domicile avec la simple résidence, & laisser le choix de faire le procès verbal de perquisition, & de donner les assignations, soit au domicile de l'Accusé, soit à sa résidence, s'il en avoit une, lors du crime commis, dans le lieu de la Jurisdiction où se fait l'instruction du procès.

Mais l'Edit du mois de Décembre 1680, met à cet égard une très grande différence entre le domicile & la résidence; & pour cela, elle distingue dans les Accusés ceux qui ont un domicile, d'avec ceux qui n'en ont pas. Quant à ceux qui n'ont pas de domicile, comme sont les vagabonds & gens sans aveu, on ne doit avoir aucune attention au tems de la poursuite du crime; il suffit à leur égard, de faire afficher le décret, & ensuite l'exploit d'assignation à la porte de l'Auditoire. Mais par rapport aux Domiciliés, l'Edit veut qu'on distingue le tems de la poursuite du crime. Lorsqu'elle a commencé dans les trois mois depuis le crime commis, il faut encore distinguer si l'Accusé a résidé dans le lieu de la Jurisdiction, ou s'il n'y a point résidé. Dans le premier cas, il suffira de faire le procès verbal de perquisition de sa personne, &

de

de l'affigner dans quinzaine à cette réfidence. Dans le fecond cas, c'eft-à-dire, s'il n'a point réfidé au lieu de la Jurifdiction, il faudra l'affigner à la porte de l'Auditoire, & y attacher l'exploit d'affignation, ainfi que la copie du décret. Mais fi au contraire on a attendu à faire les pourfuites jufqu'après les trois mois depuis le crime commis, les procès verbaux de perquifition & les affignations, vis-à-vis des perfonnes domiciliées, ne peuvent plus être faites & données valablement qu'à leur véritable domicile (a).

L'Edit de 1680 n'ayant point été enregiftré en la Chambre des Comptes, qui cependant pouvoit être dans le cas d'en faire ufage,

---

(a) » L O U I S, &c. Nous avons été informés qu'aucuns de nos Officiers, procédans au Jugement
» des défauts & contumaces contre les accufés de crimes, ont trouvé quelque difficulté dans l'expli-
» cation des Articles 1, 3, 7 & 9 de notre Ordonnance du mois d'Août 1670, au Titre 17 des Défauts
» & Contumaces, en ce qui regarde les lieux où la perquifition des Accufés doit être faite & les
» affignations données. Nous avons auffi vu en plufieurs occafions divers inconvéniens qui font
» arrivés dans les procédures de contumaces faites par les Prévôts des Maréchaux & Officiers de Robe-
» Courte, faute d'avoir fait juger leur competence ; & étant important au bien de la Juftice que
» ces difficultés & inconvéniens ne puiffent différer la punition des crimes, Nous avons réfolu d'expli-
» quer bien particulierement nos intentions, en forte qu'il n'en puiffe plus arriver à l'avenir. Sa-
» voir faifons que Nous, pour ces caufes & autres à ce Nous mouvans, de notre propre mouve-
» ment, certaine fcience, pleine puiffance, & autorité Royale, en interprétant & ajoutant aufdits
» Articles 1, 3, 7 & 9 du Titre 17 de l'Ordonnance Criminelle du mois d'Août 1670, avons dit &
» ordonné, difons & ordonnons par ces Préfentes fignées de notre main, voulons & Nous plaît,
» que, lorfque dans les trois mois du jour qu'un crime aura été commis, l'Accufateur voudra pourfui-
» vre & faire inftruire la contumace, la perquifition de l'Accufé pourra être valablement faite dans
» la maifon où réfidoit l'Accufé dans l'étendue de la Jurifdiction où le crime aura été commis, &
» fera laiffé copie du procès verbal de perquifition : qu'il en fera ufé de même pour l'affignation à
» comparoir à quinzaine, laquelle fera auffi donnée valablement à l'Accufé, en la maifon où il
» réfidoit, ainfi que dit eft, & copie auffi laiffée de l'exploit d'affignation ; & fi ledit Accufé n'a
» point réfidé dans l'étendue de la Jurifdiction où le crime a été commis, la perquifition fera faite &
» les affignations données, fuivant l'Article 3 de ladite Ordonnance Titre 17, fans qu'il foit né-
» ceffaire de faire lefdites perquifitions, & donner les affignations au lieu où demeuroit l'Accufé avant
» qu'il eut commis le crime. A faute de comparoir dans ladite quinzaine, l'affignation à huitaine,
» laquelle doit être donnée par un feul cri public, conformément à l'Article 8 du même Titre, fera
» faite & donnée à fon de trompe, fuivant l'ufage, à la Place publique, & à la porte de la Jurif-
» diction où fe fera l'inftruction du procès. Si après les trois mois échus depuis que le crime aura été
» commis, l'Accufateur veut pourfuivre & faire inftruire la contumace, la perquifition de l'Accufé fera
» faite & les affignations données au domicile ordinaire de l'Accufé, laquelle affignation fera à quin-
» zaine ; & outre ce, lui fera donné le délai d'un jour par chaque dix lieues de diftance de fon
» domicile jufqu'au lieu de la Jurifdiction où il fera affigné : a faute de comparoir dans les délais
» ci deffus, il fera crié à fon de trompe par un cri public à huitaine, dans le lieu de la Jurifdiction
» où fe fera le procès, & ledit cri & proclamation affichés à la porte de l'Auditoire de ladite Jurif-
» diction. A l'égard de l'Accufé, qui n'aura point de domicile, foit qu'il foit pourfuivi avant, ou
» depuis les trois mois échus, à compter du jour que le crime aura été commis, la copie du Dé-
» cret, enfemble de l'Exploit d'affignation feront feulement affichés à la porte de l'Audience de la
» Jurifdiction. Les Prévôts des Maréchaux voulans inftruire la contumace des Accufés, contre lef-
» quels ils auront décrété pour quelque crime que ce foit, feront tenus, avant que de commencer
» aucune procédure pour cet effet, de faire juger leur compétence au Siége Préfidial dans le Reffort
» duquel lefdits crimes auront été commis ; & en cas que lefdits Accufés foient arrêtés avant ou de-
» puis le Jugement de contumace, ou qu'ils fe repréfentent volontairement pour purger ladite con-
» tumace, lefdits Prévôts des Maréchaux feront tenus de faire juger de nouveau leur compétence,
» après que lefdits Accufés auront été ouis en la forme portée par l'Article 19 du Titre 2 de l'Or-
» donnance de 1670. Et ne pourra à l'avenir l'adreffe d'aucune rémiffion être faite aux Siéges Pré-
» fidiaux où la compétence aura été jugée, fuivant ce qui eft porté par l'Article 14 de ladite Ordon-
» donnance de 1670, au Titre des Rémiffions, que l'Accufé n'ait été oui lors du Jugement de la
» compétence, & qu'il ne foit actuellement prifonnier, & à cet effet feront le Jugement de com-
» pétence & l'Ecrou attachés fous le contre-fcel defdites Lettres. Si donnons en mandement, &c.
» Donné à Saint Germain en Laye, au mois de Décembre, l'an de grace mil fix cent quatre vingt,
» & de notre Regne le trente-huitieme. *Signé*, LOUIS. *Et plus bas* ; Par le Roi : COLBERT. Et fcellé
» du grand Sceau de cire verte fur lacqs de foie rouge & verte.
» Regiftré en Parlement le 10 Janvier 1681. *Signé*, JACQUES.

Tome II. K k

toutes les difpofitions en ont été renouvellées par une Déclaration en forme d'Edit, adreffée fpécialement à cette Chambre, en date du mois de Juin 1730.

ARTICLE XII.

Après le délai des affignations, la procedure fera remife au Parquet de nos Procureurs ou de ceux des Seigneurs, pour y prendre leurs conclufions.

Le miniftere public étant toujours la principale partie en matiere criminelle, on ne peut faire aucun pas dans le cours de l'inftruction, qu'il n'en ait communication : mais celle qui lui eft faite en cette occafion, n'eft uniquement que pour le mettre en état de prendre des conclufions fur la validité de la procédure qui a été faite jufqu'alors.

ARTICLE XIII.

Si la procédure eft valablement faite, les Juges ordonneront que les Témoins feront récolés en leurs dépofitions, & que le récolement vaudra confrontation.

ARTICLE XIV.

Après le récolement, le procès fera derechef communiqué à nos Procureurs, ou ceux des Seigneurs, pour prendre leurs conclufions diffinitives.

On ne peut paffer au Réglement à l'extraordinaire en matiere de contumace, qu'on n'ait examiné préalablement, fi l'inftruction de la contumace eft valablement faite. S'il s'y trouve des nullités, on doit ordonner que la procédure fera recommencée ; s'il ne s'en trouve point, c'eft le cas d'ordonner que les Témoins feront récolés en leurs dépofitions, & que leur récolement vaudra confrontation.

Après le récolement ainfi fait, on communique derechef la procédure à la Partie publique pour donner des conclufions définitives.

ARTICLE XV.

Le même Jugement déclarera la contumace bien inftruite, en adjugera le profit, & contiendra la condamnation de l'Accufé. Défendons d'y inferer la claufe : Si pris & appréhendé peut être, *dont Nous abrogeons l'ufage.*

Article XVI.

Les feules condamnations de mort naturelle feront exécutées par effigie ; & celles des galeres, amende honorable, banniffement perpétuel, flétriffure & du fouet, écrites feulement dans un tableau fans aucune effigie ; & feront les effigies, comme auffi les tableaux, attachés dans la Place publique, & toutes les autres condamnations par contumace feront feulement fignifiées, & baillé copie au domicile ou réfidence du Condamné, fi aucune il a dans le lieu de la Jurifdiction, finon, affichées à la porte de l'Auditoire.

Article XVII.

Le procès verbal d'exécution fera mis au pied du Jugement, figné du Greffier feulement.

La Déclaration du 11 Juillet 1749 a fait quelques augmentations à notre Ordonnance, en ce qui concerne l'exécution des Jugemens de contumace. En effet, l'Ordonnance s'étoit contentée de ftatuer que les feules condamnations de mort naturelle feroient exécutées par effigies, & qu'il n'y auroit que celles des Galeres, d'amende honorable, de banniffement perpétuel, de flétriffure & du fouet, qui feroient tranfcrites fur un Tableau, lequel feroit attaché à un poteau dans la Place publique par l'Exécuteur de la Haute-Juftice : mais la Déclaration de 1749 confidérant que la peine du Pilori étant ordinairement celle qu'on prononce contre les Banqueroutiers frauduleux, on ne pouvoit faire un exemple trop public d'un genre de crime fi dangereux à la fociété, & d'un autre côté, qu'il étoit d'une égale importance que la peine du Carcan, qui approche fi fort d'une véritable flétriffure, fût publique & notoire dans les lieux où elle doit être exécutée, cette Déclaration, difons-nous, a ordonné que dorénavant les condamnations à la peine de Pilori, & à celle du Carcan, qui feroient prononcées contre les Accufés contumaces, feroient tranfcrites dans un Tableau, lequel feroit attaché dans la Place publique, ainfi qu'il eft prefcrit par l'Article 16 du Titre

K k ij

17 de la préfente Ordonnance, pour l'amende h onorable, &autrespei-
nes comprifes dans la même difpofition (a).

ARTICLE XVIII.

*Si le Contumax eſt arrêté priſonnier ou ſe repréſente
après le Jugement, ou même après les cinq années, dans
les priſons du Juge qui l'aura condamné, les défauts &
contumaces ſeront mis au néant en vertu de notre préſente Ordonnance, ſans qu'il ſoit beſoin de Jugement,
ou d'interjetter appel de la Sentence de contumace.*

(a) LOUIS, par la grace de Dieu, Roi de France & de Navarre : A tous ceux qui ces préfentes
» Lettres verront; falut. Le feu Roi notre très honoré Seigneur & Bifayeul avoit ordonné, par l'Ar-
» ticle 16 du Titre 17 de l'Ordonnance du mois d'Août 1670, que les feules condamnations de mort
» naturelle feroient exécutées par effigies, que celles de Ga'eres feroient écrites feulement dans
» un Tableau fans aucune effigie, lequel feroit attaché dans la Place publique; & qu'à l'égard
» de toutes les autres condamnations par contumace, elles feroient feulement fignifiées au domi-
» cile du Condamné, fi aucun il avoit dans le lieu de la Jurifdiction, finon affichées à la porte
» de l'Auditoire. Mais Nous apprenons qu'il y a des Siéges où l'on a cru pouvoir étendre à la peine
» du Pilori & à celle du Carcan ce qui avoit été preferit par l'Ordonnance, à l'égard des condam-
» damnations qui doivent feulement être écrites dans un Tableau expofé à la vue du Public; & ils
» ont fondé leur opinion fur ce que la peine du Pilori & du Carcan pouvoit être comparée à cel'e
» de l'amende honorable & du fouet. Quoique la lettre de la Loi foit contraire à une pareille ex-
» tenfion, Nous avons cru cependant, que, fans s'éloigner de fon efprit, on pourroit y appliquer
» des motifs prefque femblables à ceux qui ont manquoit à fa difpofition : Nous avons
» d'ailleurs confideré d'un côté que la peine du Pilori étant ordinairement celle qu'on prononce
» contre les Banqueroutiers frauduleux, on ne pouvoit faire un exemple trop public fur un genre
» de crime fi pernicieux à la Société, fi contraire au bien général du commerce, que Nous ho-
» norons d'une protection particuliere; & de l'autre, qu'il étoit auffi important que la peine du
» Carcan, qui approche fort d'une véritable flétriffure, ne fût pas moins notoire dans les lieux
» où elle doit être exécutée. C'eft par ces confidérations que, fans approuver une addition à
» l'Ordonnance de 1670, que les Juges n'étoient pas en droit de faire d'eux-mêmes, Nous avons
» jugé à propos de fuppléer à ce qui manquoit à leur pouvoir, en autorifant le fond de leur fen-
» timent par une Déclaration expreffe de notre volonté. A ces caufes, de l'avis de notre Confeil,
» & de notre certaine fcience, pleine puiffance, & autorité Royale, Nous avons par ces Préfentes
» fignées de notre main, dit, ftatué & ordonné, difons, ftatuons & ordonnons, voulons & Nous
» plaît, en ajoutant à la difpofition de l'Article 16 du Titre 17 de l'Ordonnance de 1670, que les
» condamnations à la peine du Pilori & à celle du Carcan, qui feront à l'avenir prononcées contre
» les Accufés contumaces, foient tranfcrites dans un Tableau, & ledit Tableau attaché dans la Place
» publique, ainfi qu'il eft ordonné par ledit Article à l'égard de l'amende honorable, & autres
» peines comprifes dans la même difpofition. Si donnons en mandement à nos amés & féaux Con-
» feillers, les Gens tenans notre Cour de Parlement à Paris, & à tous autres nos Officiers & Jufti-
» ciers qu'il appartiendra, que ces Préfentes ils aient à faire lire, publier & regiftrer, & le contenu
» en icelles faire garder, obferver & exécuter felon leur forme & teneur, fans permettre qu'il y
» foit contrevenu en aucune forte & maniere que ce foit; & ce, nonobftant toute chofe qui pour-
» roit être à ce contraire. Car tel eft notre plaifir. En témoin de quoi Nous avons fait mettre notre
» Scel à cefdites Préfentes. Donné à Compiegne le onzieme Juillet, l'an de grace mil fept cent
» quarante-neuf, & de notre Regne le trente-quatrieme. *Signé*, LOUIS, *Et plus bas*, Par le Roi :
» M. P. DE VOYER D'ARGENSON. Et fcellée du grand Sceau de cire jaune.
» Regiftrée, oui, & ce requerant le Procureur Général du Roi, pour être exécutée felon fa forme
» & teneur : & Copies collationnées envoyées aux Bailliages & Sénéchauffées du Reffort, pour y
» être lues, publiées & regiftrées; enjoint aux Subftituts du Procureur Général du Roi d'y tenir la
» main, & d'en certifier la Cour dans un mois, fuivant l'Arrêt de ce jour. A Paris en Parle-
» ment, le onze Août mil fept cent quarante-neuf. *Signé*, YSABEAU.

ARTICLE XIX.

Les frais de la contumace feront payés par l'Accufé, après avoir été taxés en vertu de notre Ordonnance ; fans néanmoins que par faute de paiement, il puiffe être furfis à l'inftruction & jugement du procès.

ARTICLE XX.

Il fera enfuite interrogé & procedé à la confrontation des Témoins, encore qu'il eût été ordonné que le récolement vaudroit confrontation.

ARTICLE XXI.

La dépofition des Témoins, décedés avant le récolement, fera rejettée, & ne fera point lue lors de la vifite du procès, fi ce n'eft qu'ils aillent à la décharge ; auquel cas leur dépofition fera lue.

ARTICLE XXII.

Si le Témoin qui a été récolé, eft décedé ou mort civilement pendant la contumace, fa dépofition fubfiftera & en fera faite confrontation littérale à l'Accufé dans les formes prefcrites pour la confrontation des Témoins ; & n'auront en ce cas les Juges aucun égard aux reproches s'ils ne font juftifiés par pieces.

ARTICLE XXIII.

Le même aura lieu à l'égard des Témoins qui ne pourront être confrontés à caufe d'une longue abfence, d'une condamnation aux galeres, ou banniffement à tems, ou quelqu'autre empêchement légitime pendant le tems de la contumace.

La repréſentation volontaire ou forcée d'un Accuſé condamné par contumace, ſoit dans les cinq années, ſoit après les cinq années, opere de plein droit l'anéantiſſement du Jugement de contumace, du moins quant à la peine qui y eſt prononcée, ſans qu'il ſoit beſoin ni d'appel ni d'oppoſition.

Mais, comme l'Accuſé eſt toujours en faute, de ne s'être point repréſenté plutôt, & de s'être laiſſé contumacer, il doit rembourſer à la Partie civile, s'il y en a une, tous les frais de contumace bien & légitimement faits, ſuivant la taxe qui en ſera faite en la maniere ordinaire : cependant le défaut de paiement de ces frais, de la part de l'Accuſé, ne doit point empêcher l'inſtruction & le Jugement du procès ; parceque l'intérêt public, intéreſſé dans la pourſuite & la vengeance du crime, doit toujours l'emporter ſur l'intérêt particulier.

Lorſque l'Accuſé eſt une fois en état, on doit commencer par lui faire ſubir interrogatoire, & enſuite procéder à ſa confrontation avec les Témoins. Car bien qu'il eût été ordonné dans l'inſtruction de la contumace, que le récolement des Témoins vaudroit confrontation, c'eſt qu'il n'étoit point poſſible alors de faire autrement, par rapport à l'abſence de l'Accuſé. Mais les choſes rentrant dans l'ordre naturel, par la préſence & la repréſentation poſtérieure de ce même Accuſé, il eſt juſte de reprendre alors le cours ordinaire de l'inſtruction & de la procédure criminelle à ſon égard.

Cependant, il peut ſe rencontrer différens obſtacles à cette confrontation, ſoit par la mort de quelques-uns des Témoins, naturelle ou civile, ſoit par leur abſence : en ce cas, l'on diſtingue ſi ces Témoins ont été récolés, ou s'ils ne l'ont point été dans l'inſtruction de la contumace ; s'ils n'ont point été récolés, & que leurs dépoſitions aillent à la charge de l'Accuſé, on n'y a pas plus d'égard que ſi elles n'avoient point été faites ; au lieu que ſi elles ſont à ſa décharge, on en fait lecture lors du Jugement du procès, pour y avoir tel égard que de raiſon ; parcequ'en matiere criminelle la faveur eſt toujours pour l'Accuſé.

Il n'en eſt pas de même lorſque les Témoins ont été récolés avant leur mort naturelle ou civile, ou leur abſence ; leur dépoſition doit en ce cas ſubſiſter, tant à charge qu'à décharge, & alors la confrontation ſe fait d'une maniere littérale & figurative, c'eſt-à-dire, par la ſimple lecture à l'Accuſé de la dépoſition du Témoin, ou mort ou abſent, ce qui équivaut en ce cas à la confrontation réelle & effective. Il y a même plus, c'eſt que ſi l'Accuſé a quelques reproches à fournir contre un pareil Témoin, ces reproches ne ſont recevables qu'autant qu'ils ſont juſtifiés par écrit. Pour prouver l'abſence du Témoin en pareil cas, il ſuffit d'un procès verbal de perquiſition, atteſté par les principaux habitans du lieu de ſa demeure, ſans qu'il ſoit néceſſaire de faire, pour raiſon de ce, aucune information, ſuivant l'obſervation que fit à cet égard M. l'Avocat Général Talon, lors des Conférences tenues pour la rédaction de la préſente Ordonnance.

A R T I C L E XXIV.

Si l'Accusé s'évade des prisons depuis son interroga-
toire, il ne sera ni ajourné ni proclamé à cri public, &
le Juge ordonnera que les Témoins seront ouis ; & ceux
qui l'auront été, seront récolés, & le récolement vaudra
confrontation.

A R T I C L E XXV.

Le procès sera aussi fait à l'Accusé pour le crime du
bris des prisons, par défaut & contumace.

Toutes les formalités, ci-devant prescrites pour l'instruction de la contumace, supposent nécessairement que le décret de prise de corps n'a point
eu son exécution. Mais si ce décret a été exécuté, & que l'Accusé constitué prisonnier ait trouvé le moyen de se procurer sa liberté depuis son
interrogatoire, *quid juris?* Il faut encore distinguer sur ce point, si ce n'est
qu'une simple évasion de la part du Prisonnier, ou si cette évasion a été
accompagnée de bris de prison. Si ce n'est qu'une simple évasion, elle n'est
point punissable en elle-même, parcequ'il est de droit naturel de recouvrer sa liberté, quand on le peut. Ainsi, au moyen de ce que l'Accusé
avoit auparavant subi interrogatoire, le procès verbal de perquisition
de sa personne & les assignations deviennent inutiles ; il suffit d'ordonner que les Témoins seront récolés, & que le récolement vaudra confrontation, en suivant pour le surplus la procédure ordinaire. Mais s'il
y a eu bris de prison, ce bris devenant un crime particulier, il faut instruire la procédure à cet égard, en suivant exactement les formalités
prescrites pour l'instruction de la coutumace.

A R T I C L E XXVI.

Si le condamné se représente ou est mis prisonnier
dans l'année de l'exécution du Jugement de contumace,
main-levée lui sera donnée de ses meubles, immeubles,
& le prix provenant de la vente de ses meubles, à lui
rendu, les frais déduits, en consignant l'amende à la-
quelle il aura été condamné.

A R T I C L E XXVII.

Défendons à tous Juges, Greffiers, Huissiers, Ar-

chers, ou autres Officiers de Justice, de prendre, ou faire transporter à leurs logis, ni même au Greffe, aucuns deniers, meubles, hardes, ou fruits appartenans aux Condamnés, ou à ceux même contre lesquels il n'y auroit que décret, ni de s'en rendre adjudicataires sous leur nom, ou sous noms interposés, sous quelque prétexte que ce soit, à peine d'interdiction, & du double de la valeur.

ARTICLE XXVIII.

Si ceux qui auront été condamnés ne se représentent, ou ne sont constitués prisonniers dans les cinq années de l'exécution de la Sentence de contumace, les condamnations pécuniaires, amendes & confiscations, seront réputées contradictoires & vaudront comme ordonnées par Arrêt : Nous réservans néanmoins la faculté de les recevoir à ester à droit, & leur accorder nos Lettres pour se purger : & si le Jugement qui interviendra porte absolution ou n'emporte point de confiscation, les meubles & immeubles sur eux confisqués, leur seront rendus en l'état qu'ils se trouveront, sans pouvoir prétendre néanmoins aucune restitution des amendes, intérêts civils, & des fruits des immeubles.

L'on voit, dans les Articles qui précedent, la gradation des différens effets de la représentation d'un Accusé condamné par contumace ; ces effets sont relatifs au tems où l'Accusé se représente.

S'il se représente (soit forcément soit volontairement) dans l'année que la contumace a été jugée, il a dès le moment même pleine & entiere main-levée de tous ses biens saisis & annotés, tant meubles qu'immeubles ; & on lui restitue non-seulement le prix de ses meubles, si aucuns ont été vendus, pour en éviter le dépérissement, mais encore le fruit de ses immeubles, si aucuns ont été perçus ; à la déduction seulement des frais de saisie & de vente, & en consignant par lui l'amende à laquelle il a été condamné.

Si l'Accusé se représente après l'année, mais dans les cinq ans de l'Ordonnance, sa représentation fait cesser toutes les condamnations prononcées contre lui : cependant il perd le fruit de ses immeubles échus

échus depuis la faifie & annotation jufqu'à fa repréfentation. C'eft la difpofition textuelle de l'Article 20 de l'Ordonnance de Rouffillon, à laquelle la notre n'a point dérogé, & qui porte, que, *fi les Accufés ne fe repréfentent, ou ne font emprifonnés dans l'an après la faifie, ils perdront les fruits de leurs héritages faifis & annotés.* Il y a cependant une exception à la regle qui donne 5 ans à l'Accufé jugé par contumace, pour fe repréfenter ; c'eft dans le cas du duel. En effet, l'Article 23 de l'Edit de 1679 porte, que les condamnés par contumace pour raifon du crime de duel, qui fe reprefenteroient même dans les cinq ans, ne peuvent être reçus à le faire, non-feulement fans la permiffion expreffe du Roi, accordée par Lettres patentes du grand Sceau, mais encore fans avoir payé les amendes, auxquelles ils auroient été condamnés. Lorfque l'année de l'exécution de la Sentence de contumace eft révolue, on peut faire vendre les meubles & biens faifis de l'Accufé, jufqu'à concurrence de ce qu'il faut pour payer les frais, amendes & intérêts civils ; mais ces condamnations pécuniaires ne peuvent être touchées qu'en donnant caution de rapporter, en cas que l'Accufé fe repréfente avant l'expiration des cinq ans. Nous avons fur cela un Arrêt de la Cour des Aides de Paris, du 7 Août 1683.

Enfin, fi l'Accufé laiffe écouler les cinq années depuis le Jugement de la contumace, fans fe repréfenter, toutes les condamnations pécuniaires ont irrévocablement leur effet, même les amendes & confifcations ; de forte que la repréfentation de l'Accufé, après ce tems, n'opere d'autre effet que l'anéantiffement de la peine. Cependant le Souverain peut dans certains cas, & pour des confidérations particulieres, relever l'Accufé, de ce laps de tems, en lui accordant des *Lettres* que l'on appelle, *pour efter à droit.* Nous avons eu occafion d'en parler dans le Titre précédent, mais ces Lettres ne procurent à l'Accufé d'autre bénéfice, finon, que fi par l'évenement du Jugement définitif qui intervient, il eft renvoyé abfous, fans aucune peine de confifcation, on lui rend fes meubles & fes immeubles dans l'état où ils fe trouvent, fans qu'il puiffe exiger aucune reftitution des amendes & intérêts civils, & des fruits de fes immeubles.

ARTICLE XXIX.

Celui qui aura été condamné par contumace à mort, aux galeres perpétuelles, ou qui aura été banni à perpétuité du Royaume, qui décedera après les cinq années fans s'être repréfenté, ou avoir été conftitué prifonnier ; fera réputé mort civilement, du jour de l'exécution de la Sentence de contumace.

Dès qu'un Condamné par contumace à quelque peine qui emporte mort civile, décede après les cinq années, fans s'être repréfenté de lui-même, ou avoir été conftitué prifonnier, il eft reputé mort civilement, du jour de l'exécution du Jugement de contumace. Ainfi, fi avant fon décès, & même pendant l'intervalle des cinq années de l'Ordonnance, il avoit fait quelques Contrats civils, ces Contrats feroient abfolument nuls. Nous trouvons dans le Journal des Audiences un Arrêt, du 13 Février 1625, qui a déclaré une fille incapable de fuccéder à fon Pere, qui s'étoit marié depuis fa condamnation à mort par contumace, & qui étoit décedé après les cinq ans, fans s'être mis en état. Cet Arrêt eft auffi rapporté par Bardet, *Tome 1, Livre 2, chap. 32.*

On reçoit pourtant néanmoins quelquefois la Veuve & les Enfans d'un défunt condamné par contumace, à purger la mémoire du défunt, quoiqu'il foit décedé après les cinq années : il faut obtenir à cet effet des Lettres du grand Sceau, qui ne s'accordent que dans des circonftances extrêmement favorables.

Mais après 30 années, toute voie pour revenir contre le Jugement de contumace eft abfolument prefcrite. L'Accufé ne peut plus revenir contre, même en propofant les moyens de nullité les plus victorieux; c'eft l'efpece d'un Arrêt rendu en la Tournelle Criminelle, le 7 Septembre 1737, contre le Chevalier d'Acheux, condamné par contumace. Par autre Arrêt rendu en la Grand'Chambre, au rapport de Me. Severt, le 6 Mars 1738, le même Chevalier d'Acheux a été déclaré incapable de recueillir les fucceffions de fes Pere & Mere morts dans les trente ans, même celles d'autres Parens, qui étoient échues depuis les trente ans.

ARTICLE XXX.

Les Receveurs de notre Domaine, les Seigneurs, ou autres à qui la confifcation appartient, pourront, pendant les cinq années, percevoir les fruits & revenus des biens des Condamnés, des mains des Fermiers redevables & Commiffaires. Leur défendons de s'en mettre en poffeffion, ni d'en jouir par leurs mains, à peine du quadruple, applicable moitié à Nous, moitié aux Pauvres du lieu, & des dépens, dommages & intérêts des Parties.

ARTICLE XXXI.

Nous ne ferons aucun don des confifcations qui Nous appartiendront pendant les cinq années de la contumace, ce que Nous défendons pareillement aux Seigneurs

Hauts - Justiciers. Déclarons nuls tous ceux qui pour-roient être obtenus de Nous, ou faits par les Seigneurs, sinon pour les fruits des immeubles seulement.

ARTICLE XXXII.

Après les cinq années expirées, les Receveurs de notre Domaine, les Donataires, & les Seigneurs à qui la confiscation appartiendra, seront tenus de se pourvoir en Justice pour avoir permission de s'en mettre en posses-sion; & avant d'y entrer, faire faire procès verbal de la qualité & valeur des meubles & effets mobiliers, & de l'état des immeubles, dont ils jouiront ensuite en plei-ne propriété, à peine contre les Donataires & les Sei-gneurs, d'être déchus de leur droit qui sera adjugé aux Pauvres dudit lieu; & contre les Receveurs de notre Domaine, de dix mille livres d'amende, applicable moitié à notre profit, & moitié aux Pauvres du lieu.

Le Roi, & les Seigneurs Hauts-Justiciers jouissent du fruit des im-meubles appartenans aux Condamnés par contumace, par les mains des Fermiers & Commissaires, pendant les cinq années de l'Ordonnan-ce; mais elles ne commencent à courir que du jour de l'exécution du Jugement par contumace.

Observons néanmoins que ni le Roi ni les Seigneurs ne peuvent, pen-dant ces cinq années, disposer du fond des biens confisqués, parceque l'effet du Jugement de contumace peut être anéanti, soit par la repré-sentation de l'Accusé, soit par son décès pendant cet intervalle.

Le Roi ni les Seigneurs ne peuvent même se mettre en possession de plein droit des biens du Condamné par contumace, quoique les cinq années soient expirées. Il faut qu'ils en obtiennent la permission du Juge, & qu'avant de se mettre en possession, ils fassent constater, par un procès verbal juridique, la qualité & la valeur des effets mobiliers, & l'état des immeubles.

FORMULES DES ACTES ET PROCEDURES
RELATIVES AU PRESENT TITRE.

Procès verbal de perquifition réelle.

L'AN. . . . en vertu du décret de prife de corps décerné contre . . . . par . . . le . . . . & fcellé, & à la Requête de . . . . demeurant à . . . . qui a élu fon domicile à . . . . Je . . . . Huiffier *ou* Sergent, reçu à . . . . réfident à . . . . affifté de . . . . & de . . . . mes Affiftans *ou* Archers de la Maréchauffée de . . . . demeurant à . . . . me fuis tranfporté en une maifon fife à . . . . où réfidoit . . . . Accufé dans les trois mois avant le crime commis, où étant entré avec mes Affiftans, ai demandé à . . . . où étoit ledit . . . . & quand il pourroit être de retour; lequel m'a dit . . . . & enfuite fommé & interpellé ledit . . . . de me faire ouverture de tous les appartemens, chambres & lieux dépendans de ladite maifon, à quoi ledit . . . . ayant fatisfait, je fuis entré premierement, &c. (*fpécifier tous les lieux de ladite maifon*); j'ai fait une perquifition exacte de, . . . pour l'arrêter, & le mener prifonnier dans les prifons de . . . . en vertu dudit décret, & ne l'ayant point trouvé en ladite maifon, je me fuis enquis de . . . . (*nommer deux ou trois proches Voifins*), s'ils ne l'avoient point vu entrer ou fortir d'icelle maifon, lefquels m'ont dit . . . . de tout quoi j'ai dreffé le préfent procès verbal pour fervir & valoir ce que de raifon, duquel j'ai laiffé copie à . . . . parlant à fa perfonne.

[Si l'Huiffier ou Sergent craint un refus de portes, il fe munira d'une Ordonnance du Juge, portant permiffion de les faire ouvrir par Serruriers & autres, en préfence de deux ou trois Voifins, qui feront appellés, outre les Affiftans, pour y faire la perquifition; & enfuite faire refermer lefdites portes].

Procès verbal par affiche,

L'an . . . . en vertu . . . . & à la Requête de . . . . *comme deffus*, après m'être affuré que ledit . . . . n'a point réfidé dans les trois mois que le crime a été commis dans l'étendue de la Jurifdiction de . . . . de ce enquis, me fuis tranfporté au-devant de la porte & principale entrée de . . . . de l'Auditoire de . . . . où étant, j'ai mis & affiché à icelle porte copie dudit décret, enfemble du préfent procès verbal, fuivant l'Ordonnance, pour valoir perquifition de la perfonne de . . . . dont Acte . . . .

[Le procès verbal de perquifition de l'Accufé, par affiche à l'Auditoire, lorfque l'Accufé n'a point de domicile, foit qu'elle foit faite dans les trois mois du crime commis, ou après, fe fait comme celui ci-deffus, à l'exception que l'on met: *Après m'être affuré que ledit. . . . accufé n'a point de domicile, de ce enquis, me fuis tranfporté, &c.*

Le procès verbal de perquifition au domicile ordinaire de l'Accufé, quand elle eft faite après les trois mois que le crime a été commis, fe fait comme le premier procès verbal ci-deffus.

Le procès verbal de faifie & annotation des biens de l'Accufé, après la perquifition de fa perfonne, fe fait fimplement en vertu du décret par rapport aux meubles & vente d'iceux, en la forme prefcrite par le Titre 33 de l'Ordonnance de 1667, par rapport aux fruits des immeubles pendans par racines, en la forme prefcrite par le Titre 19 de la même Ordonnance.

A l'égard des faisies & arrêts des revenus des biens incorporels de l'Accusé, elles se font entre les mains de ses Débiteurs, en la maniere ordinaire].

L'an . . . . en vertu du décret de prise de corps décerné par . . . . contre . . . . & à la Requête de . . . . demeurant à . . . . qui a élu son domicile à . . . . en continuant le procès verbal de perquisition par moi fait le . . . . Je . . . . . Huissier *ou* Sergent, résident à . . . . reçu à . . . . me suis transporté en la maison où ledit . . . , faisoit sa résidence, dans les trois mois du jour du crime commis, sise . . . . où étant & parlant à . . . . donné assignation audit . . . . à comparoir dans quinzaine pardevant . . . . pour se mettre en état ès prisons de . . . . & satisfaire audit décret, & lui ai laissé copie du présent Exploit, parlant comme dessus.

L'an, &c. *comme ci-dessus*, en continuant la perquisition par moi ci-devant faite; ai donné assignation audit . . . . à comparoir dans quinzaine pardevant . . . . pour se mettre en état ès prisons dudit lieu, en vertu dudit décret, & afin que ledit . . . . accusé, n'en puisse prétendre cause d'ignorance, & que ladite Assignation soit publique; j'ai affiché copie du présent Exploit à la principale porte de l'Auditoire de . . . .

[Pour l'assignation à quinzaine, donnée après les trois mois du crime commis, au domicile ordinaire de l'Accusé, il faut suivre la premiere forme ci-dessus; mais il faut mettre, au lieu de, *à comparoir à quinzaine*, le délai d'un jour, pour dix lieues, ajouté à la quinzaine.

Et pour l'assignation à quinzaine à l'Accusé, qui n'avoit pas de domicile connu, laquelle se fait par affiche à la porte de l'Auditoire, *voyez la seconde forme ci-dessus*].

L'an, &c. . . . . me suis transporté en la Place de . . . . le Marché tenant, accompagné de . . . . où étant, ledit . . . . ayant sonné de sa trompette; j'ai par cri public, & à haute voix, assigné . . . . accusé, à comparoir à la huitaine pardevant . . . . pour se mettre en état ès prisons dudit lieu & satisfaire audit décret. Et à l'instant, je me suis transporté au-devant de la porte & principale entrée de l'Auditoire de . . . . où étant, ledit . . . . ayant sonné de sa trompette, j'ai par cri public, & à haute & intelligible voix, fait pareille proclamation, & assigné ledit . . . . à comparoir à la huitaine pardevant . . . . pour se mettre en état ès prisons dudit lieu, & satisfaire audit décret; après quoi copie du présent procès verbal signé dudit . . . . & de moi, a été par moi affichée à la porte dudit Auditoire, dont & de tout ce que dessus, j'ai dressé le présent procès verbal, pour servir ce que de raison.

Vu le défaut, &c. vu aussi la plainte, &c. conclusions du Procureur du Roi sur lesdites procedures de contumace, Nous avons déclaré le défaut bien & duement obtenu, & pour le profit ordonnons, que les Témoins ouis en l'information seront récolés en leurs dépositions, & vaudra ledit récolement pour confrontation à l'Accusé. Fait ce . . . .

De l'Ordonnance de Nous . . . à la Requête de . . . . Demandeur & accusateur le Procureur . . . . joint, soit donné assignation à . . . . à comparoir pardevant Nous à . . . . le . . . . heure de . . . . pour être récolés en leurs dépositions contenues en l'information par Nous faite à la Requête de . . . . contre . . . Fait ce . . . .

[Pour la forme du récolement, *voyés ci-devant à la fin du Chapitre 13.*]

Jugement de la contumace.

Vu le procès criminel extraordinairement fait & inftruit à la Requête de . . . ; le Procureur . . . . joint, contre . . . . accufé, Défendeur & défaillant la plainte, &c. (*énoncer toute la procedure*); conclufions diffinitives du Procureur . . . . auquel le tout a été communiqué.

Nous avons déclaré la contumace bien inftruite contre . . . . accufé, & adjugeant le profit d'icelle, le déclarons duement atteint & convaincu de . . . . (*expliquer le crime*); pour réparation de quoi, condamnons ledit . . . . accufé à . . . &c. (*l'on condamne aux dépens feulement envers la Partie civile, quand il y en a une*); & *fi la condamnation eft à mort naturelle, l'on ajoute* : & fera la préfente Sentence exécutée par effigie, en un tableau qui fera attaché dans la Place publique par l'Exécuteur de la Haute-Juftice. (*Si la condamnation eft des galeres, amende honorable, banniffement perpétuel, flétriffure & du fouet, l'on met*); & fera la préfente Sentence tranfcrite dans un tableau attaché par l'Exécuteur, &c. *comme deffus. Et s'il s'agit de toute autre condamnation par contumace, l'on met* : Et fera ladite Sentence fignifiée & baillé copie au domicile *ou* réfidence dudit . . . . fi aucune il a dans le reffort de la préfente Jurifdiction, finon affichée à la porte de l'Auditoire.

Procès verbal d'effigie.

L'an . . . . l'effigie mentionnée en la fufdite Sentence, a été attachée dans la Place publique, par . . . . Exécuteur de la Haute-Juftice, conformément & en exécution dudit Jugement. Fait les jour & an que deffus.

[Quant à l'Exploit de fignification à domicile ou réfidence de l'Accufé, du Jugement de contumace, & au procès verbal d'affiche d'icelle à la porte de l'Auditoire, *Voyez ci-deffus*].

Procès verbal d'évasion.

L'an, &c. ayant été avertis que . . . . Nous nous fommes tranfportés dans les prifons de . . . . où étant. . . . { *mettre ici ce que les Géoliers & Guichetiers diront fur l'évafion, fi cela a été fans fracture ou par bris de prifons, & conftater l'état des fractures, fi aucunes y a*).

[Sur le procès verbal d'évafion, il y a deux chofes à faire ; l'une eft que la Partie publique doit rendre plainte de l'évafion contre l'Accufé évadé & fes Complices ; fur quoi, permiffion d'informer, Informations, Décrets, Interrogatoires, & Réglement à l'extraordinaire par récolement & confrontation, s'il y échet, particulierement s'il y a bris de prifon. L'autre chofe à faire, eft de mettre le premier procès criminel en état d'être jugé contre l'Accufé, qui s'eft évadé des prifons depuis fon interrogatoire. Pour cet effet, il ne faut ni ajournement, ni proclamation à cri public, il fuffit, fi avant l'évafion il n'y avoit que l'Interrogatoire de l'Accufé, de rendre un Jugement fur le vû de la plainte originaire ; permiffion d'informer, Information, Décret, Procès verbal d'emprifonnement, Interrogatoire fubi par l'Accufé, Procès verbal d'évafion, & Conclufion de la Partie publique, portant que les Témoins feront ouïs, s'il y en a encore à entendre ; & que ceux qui ont déja été entendus, feront récolés en leurs dépofitions, & que récolement vaudra confrontation. (*Voyez ci-devant le modele de ce Jugement*, de l'Ordonnance pour affigner les Témoins, pour être récolés du récolement). Enfuite le Juge, fur les Conclufions de la Partie publique, ordonnera que les deux procès criminels feront joints enfemble ; & fur le vû de toutes les deux procédures, c'eſt-à-dire, ſur le crime pour lequel l'Accuſé a été originairement décreté, & ſur l'évaſion de l'Accuſé & Complices, le Juge rendra ſon Jugement diffinitif ſur les Concluſions préalables & diffinitives de la Partie publique. *Voyez ci-devant le modele d'un Jugement diffinitif par contumace.*

Si le récolement des Témoins avoit été fait avant l'évaſion de l'Accuſé ſans bris de priſon, il ſuffiroit d'ordonner que le récolement fait vaudroit confrontation ; & ſi la confrontation avoit été faite, il ſuffira d'ordonner qu'il ſera paſſé outre au Jugement ſur le vû du Procès verbal d'évaſion, tant ſur le premier procès que ſur celui d'évaſion ; mais s'il y avoit bris de priſon, il faudroit en inſtruire la contumace].

Jugement prépara-
toire ſur évaſion.

Vu la plainte rendue par . . . . . contre . . . . le . . . . l'Ordonnance portant permiſſion d'informer, information faite en conſéquence, décret de priſe de corps décerné contre . . . . le . . . . Jugement du . . . . portant que l'Accuſé aura pour priſon la ſuite . . . . ou le chemin de . . . . concluſions du Procureur . . . .

Nous ordonnons que dans . . . . l'Accuſé ſera tenu de ſe repréſenter pardevant Nous, (*les Cours Souveraines mettent :* aux pieds de la Cour) *ou* de ſemettre en état és priſons de . . . . pour être procédé au Jugement dudit procès, ſinon, ſera pris au corps, ſi pris & appréhendé peut être, ſinon aſſigné par une ſeule proclamation à la porte de l'Auditoire, ſuivant l'Ordonnance. Fait ce . . . .

Procès verbal de
proclamation ſur é-
vaſion.

L'an . . . . en vertu du Jugement du . . . . & à la Requête de . . . . demeurant à . . . . qui a élu ſon domicile à . . . . Je . . . . Huiſſier à . . . . *ou* Sergent . . . . ſouſſigné, me ſuis tranſporté au-devant de la porte & principale entrée de l'Auditoire de . . . . où étant, j'ai à haute & intelligible voix, proclamé & aſſigné . . . . à comparoir & ſe repréſenter d'hui en . . . . (*mettre les délais de l'Ordonnance de 1667 pour les ajournemens*), pardevant . . . . *ou* aux pieds de la Cour, *ou* ſe mettre en état dans les priſons de . . . . dans ledit délai, & ſatisfaire au ſuſdit Jugement du . . . . de tout quoi j'ai dreſſé le préſent procès verbal ; copie duquel, enſemble du ſuſdit Jugement du . . . . j'ai affiché à ladite porte dudit Auditoire à ce qu'il n'en ignore, dont Acte . . . .

Jugement pour le
récolement des Té-
moins ſur évaſion.

Défaut à . . . . Demandeur & accuſateur le Procureur . . . . joint, contre . . . . accuſé ; Défendeur & défaillant, faute de ſe préſenter, ſuivant l'aſſignation par proclamation échue le . . . . après que leſdits délais portés par l'Ordonnance ſont expirés.

Vu le défaut obtenu aux Préſentations le . . . . par . . . . Demandeur & accuſateur, le Procureur du Roi *ou* Fiſcal joint, contre . . . . accuſé, Défendeur & défaillant faute de ſe repréſenter, après que les délais portés par l'Ordonnance ſont expirés ; vu auſſi la plainte . . . . Ordonnance portant permiſſion d'informer . . . . informations . . . . décret . . . . jugement du . . . . portant autre jugement du . . . . Procès verbal de proclamation . . . .

Nous avons déclaré le défaut bien & duement obtenu ; & pour le profit, ordonnons que les Témoins ouis en l'information ſeront récolés, & que le récolement vaudra confrontation, &c. *Voyez ci devant l'Ordonnance pour aſſigner les Témoins, pour être récolés, la forme du récolement & du jugement diffinitif.*

TITRE XVIII.

DES MUETS ET SOURDS, ET DE CEUX
QUI REFUSENT DE REPONDRE.

CE Titre se divise naturellement en deux parties, ainsi que son intitulé l'annonce : la premiere
concerne la maniere dont on doit faire le procès
aux Accusés qui se trouvent muets & sourds ; la
seconde, regle la façon dont il en faut user avec
ceux qui, sans avoir aucune de ces deux incommodités, refusent néanmoins de répondre, ce que
l'on appelle *Muets volontaires*.

ARTICLE PREMIER.

Si l'Accusé est muet , ou tellement sourd qu'il ne puisse
ouir , le Juge lui nommera d'office un Curateur qui saura
lire & écrire.

ARTICLE II.

Le Curateur fera serment de bien & fidelement défen-
dre l'Accusé , dont sera fait mention , à peine de nullité.

ARTICLE III.

Pourra le Curateur s'instruire sécretement avec l'Ac-
cusé par signes ou autrement.

ARTICLE IV.

Le Muet ou Sourd qui saura écrire , pourra écrire &
signer toutes ses réponses, dires & reproches contre les
Témoins , qui seront encore signés du Curateur.

ARTICLE

ARTICLE V.

Si le Sourd ou Muet ne sait , ou ne veut écrire ou signer, le Curateur répondra en sa présence, fournira de reproches contre les Témoins , & sera reçu à faire tous actes ainsi que pourroit faire l'Accusé ; & seront les mêmes formalités observées , à la réserve seulement que le Curateur sera debout & nue tête en présence des Juges lors du dernier interrogatoire , quelque conclusion ou Sentence qu'il y ait contre l'Accusé.

ARTICLE VI.

Si l'Accusé est sourd ou muet , ou ensemble sourd & muet , tous les actes de la procédure feront mention de l'assistance de son Curateur , à peine de nullité , & des dépens, dommages & intérêts des Parties contre les Juges : le dispositif néanmoins du jugement diffinitif ne fera mention que de l'Accusé.

Il n'est pas possible d'interroger un Accusé , qui se trouve ou sourd ou muet , ni de lui faire subir la confrontation , s'il n'est aidé du secours de quelqu'un qui lui prête son ministere pour répondre en sa place ; c'est ce qu'on appelle un Curateur.

Ce Curateur se nomme d'office par le Juge. Il doit savoir lire & écrire ; on doit commencer par lui faire prêter serment d'employer tous les moyens légitimes qui seront en son pouvoir & à sa connoissance , pour bien défendre l'Accusé, dans l'impuissance où est ce dernier de le faire par lui-même ; ensuite il doit s'aboucher avec l'Accusé, pour tâcher de tirer de lui , par signe ou autrement, tous les éclaircissemens qu'il pourra pour sa défense. Enfin il doit , en présence de l'Accusé, subir interrogatoire , fournir des reproches contre les Témoins : cependant si l'Accusé , sourd ou muet, pouvoit écrire , il auroit la liberté de mettre par écrit ses réponses , dires & reproches , lesquels en ce cas devroient être signés, tant par lui que par le Curateur. En un mot , tous les Actes de la procédure doivent contenir une mention expresse de l'assistance du Curateur, à peine de nullité ; cependant quand bien même il y auroit des Conclusions à peine afflictive de la part du ministere public , le Curateur ne doit point être sur la sellette avec l'Accusé , lors du dernier interrogatoire; il doit feulement y affifter derriere le Barreau , de bout & nue tête, attendu qu'il n'eft point le véritable coupable.

ARTICLE VII.

Ne fera donné aucun Curateur à l'Accufé qui ne vou-dra pas répondre, le pouvant faire.

ARTICLE VIII.

Le Juge lui fera fur-le-champ trois interpellations de répondre , à chacune defquelles il lui déclarera , qu'au-trement fon procès lui fera fait comme à un Muet vo-lontaire, & qu'après il ne fera plus reçu à répondre, fur ce qui aura été fait en fa préfence pendant fon refus de répondre. Pourra néanmoins le Juge , s'il le trouve à propos , donner un délai pour répondre qui ne pourra être plus long de vingt-quatre heures.

ARTICLE IX.

Si l'Accufé perfifte en fon refus le Juge continuera l'inftruction de fon procès , fans qu'il foit befoin de l'or-donner ; & fera fait mention en chacun article des in-terrogatoires & autres procedures faites en la préfence de l'Accufé qu'il n'a voulu répondre, à peine de nullité des actes où mention n'en aura été faite , & des dépens, dommages & intérêts de la Partie contre le Juge.

ARTICLE X.

Si dans la fuite de la procédure l'Accufé veut répon-dre, ce qui fera fait jufqu'à fes réponfes fubfiftera , même la confrontation des Témoins , contre lefquels il n'aura fourni de reproches ; & ne fera plus reçu à en fournir, s'ils ne font juftifiés par pieces.

ARTICLE XI.

S'il a commencé de répondre, & cessé de le vouloir faire, la procédure sera continuée, comme il est ordonné ci-dessus.

Après avoir vû, dans les six premiers Articles, comment on doit procéder en matiere criminelle contre les Sourds ou Muets, ou contre les Sourds & Muets tout ensemble, nous apprenons, par les cinq derniers, comment on en doit user à l'égard de ceux qui, sans être ni sourds ni muets, refusent néanmoins de répondre.

Comme le silence dans ce dernier cas est inexcusable, étant volontaire, & qu'il est de la part de l'Accusé une véritable opiniâtreté & une contumace, le Juge ne doit point lui nommer de Curateur ; mais il doit lui déclarer, après trois interpellations, que son procès lui sera fait comme à un Muet volontaire. Quoique l'Ordonnance ne dise pas que l'obmission de quelqu'une de ces trois interpellations doive emporter la peine de nullité, c'est cependant un principe dans la Jurisprudence ; ele est entr'autres fondée sur un Arrêt de la Cour, du 26 Octobre 1684, qui a déclaré nulle une procédure criminelle faite par le Prévôt d'Andresy, sur le seul motif, qu'il n'avoit fait à l'Accusé, qu'une des trois interpellations prescrites par la présente Ordonnance.

Si l'Accusé persistoit dans son refus de répondre, soit après les trois interpellations, soit après le délai que le Juge auroit cru à propos de lui accorder pour se déterminer à répondre, le Juge est autorisé à continuer l'instruction du procès. Mais en chacun des articles de la procédure faite contradictoirement avec l'Accusé & en sa présence, comme sont les interrogatoires & confrontations, on doit y inférer, à peine de nullité, qu'il *n'a voulu répondre.*

Si dans la suite de l'instruction, l'Accusé s'avisoit de rompre le silence obstiné qu'il avoit gardé jusqu'alors, la procédure faite jusque-là n'en auroit pas moins son effet ; autrement, ce seroit favoriser la malice de l'Accusé, & l'enhardir à s'en rendre coupable pour retarder sa punition.

Si d'un autre côté il arrivoit qu'un Accusé, après avoir commencé de répondre, cessât de vouloir le faire, on continueroit contre lui la procédure commencée dans la forme ci-devant prescrite, après lui avoir fait les trois interpellations.

FORMULES DES PROCEDURES
RELATIVES AU PRESENT TITRE.

Nomination de Curateur à l'Accusé muet ou sourd.

L'AN . . . Nous . . . . fur le réquifitoire de . . . . Demandeur & accufateur, le Procureur. . . . joint, contre . . . . accufé; Nous fommes tranfportés en la Chambre du Confeil de . . . où étant, y avons fait amener ledit . . . . accufé; & voulant procéder à fon interrogatoire, Nous avons reconnu que ledit... accufé eft fourd & muet, *ou* fourd *ou* muet.

Sur quoi avons nommé d'office. . . . pour Curateur audit . . . . accufé, lequel fera affigné à comparoir pardevant Nous, *à tel jour & heure*, pour faire ferment de bien & fidelement défendre ledit. . . . accufé, lequel a été ramené efdites prifons par le Géolier d'icelles. Fait les jour & an que deffus.

Et le . . . . jour . . . . heure . .. . Nous nous fommes tranfportés en la Chambre du Confeil où étant, eft comparu . . . . Curateur par Nous nommé d'office à . . . . accufé, lequel a accepté ladite charge, & fait ferment de bien & fidelement défendre l'Accufé, & a figné.

Interrogatoire du muet ou fourd.

Et à l'inftant, avons mandé ledit . . . . accufé, qui a été amené par le Géolier des prifons; & avons procédé à l'interrogatoire dudit accufé, étant affifté de N . . . . fon Curateur, après que ledit . . . . a fait ferment audit nom de dire vérité, ainfi qu'il enfuit

Interrogé l'Accufé de fon nom, &c.

ledit . . . . a dit que l'Accufé fe nommoit, &c. interrogé s'il fait pourquoi il a été emprifonné, ledit . . . . a dit, &c. . . . *Voyez ci-devant Chapitre II, la forme des Interrogatoires.*

Interrogatoire au muet & fourd, qui fait & veut écrire fes réponfes.

Et à l'inftant, avons mandé ledit . . . . accufé, qui a été amené par le Geolier des prifons en la Chambre . . . . où étant en préfence de N . . . . fon Curateur, ledit . . . . Nous ayant dit que l'Accufé veut écrire & figner fes réponfes à l'interrogatoire que Nous lui ferons: Nous avons fait mettre de l'encre & du papier devant ledit accufé, & lui ayant dit ces mots: *Levez la main, vous jurez & promettez à Dieu de dire vérité,* lefquels Nous avons fait mettre par écrit fur une feuille féparée du préfent interrogatoire; & l'Accufé, après en ayoir pris lecture, a levé la main & écrit fur ladite feuille: *Je jure & promets à Dieu de dire vérité*; interrogé de fes noms, âge, qualité & demeure, & fait mettre, *comme deffus*, ledit interrogatoire en écrit, l'Accufé, après en avoir pris lecture, a écrit fur ladite feuille: mon nom eft . . ., je fuis âgé de . ., *fa qualité* . . . . je demeure . . . . *& ainfi des autres articles de l'interrogatoire.*

Lecture faite à N . . . . dudit interrogatoire, en préfence de l'Accufé qui, après en avoir pris lecture lui-même fur ladite feuille féparée a écrit: les réponfes que j'ai écrites font véritables, & j'y perfifte; ce fait, la feuille de papier fur laquelle l'Accufé a écrit fes réponfes, a été paraphée par Nous, par l'Accufé & par N . . . . Curateur, & avons ordonné qu'icelle feuille demeurera jointe au préfent interrogatoire. Fait les jour & an que deffus & a figné.

[Si l'Accufé eft feulement muet & non fourd, il fuffira de l'interroger verbalement, & lui faire écrire fes réponfes, comme deffus.

Si au contraire il eft fourd & non muet, il conviendra de lui faire écrire fes interrogatoires, comme deffus, pour qu'il en prenne lecture & y répondre de vive voix en préfence de fon Curateur; il en faudra ufer de même à la confrontation]

Interrogatoire à un muet volontaire, c'eft à dire, qui fait refus de répondre.

L'an, &c. . . . *comme ci-devant*, lui avons enjoint de lever la main, faire le ferment de dire vérité, & Nous déclarer fes nom, furnom, âge, qualité & demeure, à quoi il n'a voulu fatisfaire.

L'avons interpellé de répondre & à lui déclaré, qu'autrement fon procès lui fera par Nous fait, comme à un muet volontaire, & qu'après il ne fera plus reçu à répondre fur ce qui aura été fait en fa préfence, pendant fon refus de répondre.

N'a voulu répondre.

Interpellé pour la feconde fois de répondre, &c. *comme deſſus.*

N'a voulu répondre.

Interpellé pour la troifieme fois, *comme deſſus.*

N'a voulu répondre.

Interrogée de fes nom, furnom, âge, qualité, & demeure.

N'a voulu répondre.

Et ainfi de tous les autres articles.

Lecture à lui faite du préfent interrogatoire, & interpellé de figner, n'a voulu répondre ni figner. Fait les jour & an que deſſus.

L'an . . . . Nous . . . . nous fommes tranfportés . . . . avons fait amener par le Géolier des prifons . . . . accufé, à l'effet de procéder à fon interrogatoire fur les charges & informations contre lui faites à la Requête de . . . . & lui avons enjoint de lever la main, faire le ferment de dire verité, & de dire fon nom, âge, qualité & demeure, lequel . . . . accufé n'a voulu lever la main ni répondre.

Sur quoi Nous avons déclaré audit . . . . accufé, que Nous voulions bien lui donner vingt-quatre heures pour tout délai, pour s'avifer, & répondre audit interrogatoire. Fait les jour & an que deſſus.

TITRE XIX.
DES JUGEMENS ET PROCE'S VERBAUX
DE QUESTION ET TORTURE.

IL s'agit dans le préfent Titre :

1°. Des différentes efpeces de queftion.

2°. Des jugemens qui l'ordonnent.

3°. De l'exécution de ces jugemens.

ARTICLE PREMIER.

S'il y a preuve confiderable contre l'Accufé d'un crime qui mérite peine de mort, & qui foit conftant, tous Juges pourront ordonner qu'il foit appliqué à la queftion, au cas que la preuve ne foit pas fuffifante.

ARTICLE II.

Les Juges pourront auſſi arrêter, que noncbftant la

condamnation à la queſtion, les preuves ſubſiſteront en leur entier, pour pouvoir condamner l'Accuſé à toutes ſortes de peines pécuniaires ou afflictives, excepté toutefois celle de mort à laquelle l'Accuſé qui aura ſouffert la queſtion ſans rien avouer, ne pourra être condamné, ſi ce n'eſt qu'il ſurvienne de nouvelles preuves depuis la queſtion.

ARTICLE III.

Par le Jugement de mort, il pourra être ordonné que le Condamné ſera préalablement appliqué à la queſtion, pour avoir révélation des Complices.

Par ces trois Articles, on voit qu'il y a de deux eſpeces de *Queſtion*; l'une que l'on appelle, *Préparatoire*; & l'autre, que l'on nomme, *Préalable*. La Queſtion *préparatoire* eſt celle qui a lieu, lorſqu'il n'y a pas ſuffiſamment de preuves pour condamner un Accuſé, & que l'on a beſoin à cet effet de ſon propre aveu : mais comme la Queſtion eſt en elle-même un ſupplice très douloureux, on ne l'admet que lorſqu'il y a des ſemi-preuves & des ſoupçons très violens. Trois choſes doivent concourir pour cela : ſavoir, 1°. que le crime ſoit capital de ſa nature. 2°. Qu'il ſoit conſtant en lui-même. 3°. qu'il y ait de forts indices. Et il ne ſuffiroit point, à cet effet, que l'Accuſé fût chargé par un ſeul Témoin, ou par un de ſes Coaccuſés, à moins que cette dépoſition unique ne fût fortifiée par d'autres indices. La Queſtion préparatoire peut être ordonnée ou purement & ſimplement, ou à la charge que les preuves déja acquiſes ſubſiſteront dans leur entier : dans ce dernier cas, les Juges peuvent condamner l'Accuſé en toutes ſortes de peines, excepté la mort, après la Queſtion, quoiqu'il l'ait ſoufferte ſans rien avouer.

La *Queſtion préalable* eſt celle qui ſe donne à un homme déja condamné, & avant ſon exécution, à l'effet ſeulement d'avoir révélation de ſes Complices.

ARTICLE IV.

Si celui qui aura été condamné à mort par Jugement Prévôtal & en dernier reſſort, préalablement appliqué à la queſtion, révele aucuns de ſes Complices qui ſoient arrêtés ſur le champ, la confrontation pourra en être faite, encore que le Prévôt n'ait été déclaré compétent pour connoître des Complices ; sera tenu néanmoins de faire après juger sa compétence.

ARTICLE V.

Défendons à tous Juges, à l'exception de nos Cours seulement, d'ordonner que l'Accusé sera présenté à la question sans y être appliqué.

ARTICLE VI.

Le Jugement de condamnation à la question sera dressé & signé sur le champ ; & le Rapporteur, assisté de l'un des autres Juges, se transportera sans divertir en la Chambre de la question, pour le faire prononcer à l'Accusé.

ARTICLE VII.

Les Sentences de condamnation à la question, ne pourront être exécutées qu'elles n'aient été confirmées par Arrêts de nos Cours.

Ces quatre Articles nous présentent tout ce qui concerne le Jugement portant condamnation à la Question préparatoire ou préalable.

Il faut d'abord observer à cet égard, que les Juges inférieurs ne peuvent point ordonner que l'Accusé sera seulement présenté à la Question ; il n'y a que les Cours Souveraines qui aient ce pouvoir, encore s'en servent-elles très rarement, afin de tâcher de tirer l'aveu d'un Accusé par la terreur d'une peine qu'il croit imminente. On n'use de cet expédient le plus ordinairement, que lorsque les Accusés sont, ou impuberes, ou vieillards extrêmement avancés en âge, ou malades, ou valétudinaires, ou qu'ils ont certaines incommodités qui ne leur permettroient pas de supporter la Question, sans danger de la vie. On est dans l'usage de n'ordonner la présentation à la Question, que pour celle qui est préparatoire, & non pour celle qui est préalable.

On ne doit point mettre d'intervalle, entre la reddition d'un Arrêt qui ordonne la Question, & la rédaction & signature de cet Arrêt.

D'un autre côté, comme on est quelquefois dans le cas de confronter sur-le-champ à un homme condamné au dernier supplice, les Complices qu'il a révelés dans les douleurs de la Queſtion préalable, lorſqu'on eſt aſſez heureux pour pouvoir les arrêter ſur-le-champ, quand cette Queſtion ſe donne en vertu d'un Jugement Prévôtal, il ſeroit de l'exacte regle d'obliger le Prévôt à commencer par faire juger ſa compétence vis-à-vis des Complices réve'és, avant que de pouvoir les confronter au Condamné; mais comme cette confrontation eſt de la derniere importance, & qu'elle ne peut ſouffrir de retardement en pareil cas, on a cru devoir ſur ce point diſpenſer le Prévôt de la rigueur de la regle, en l'autoriſant à faire la confrontation des Complices révelés dans la Queſtion préalable, & arrêtés ſur-le-champ, ſauf à lui à faire juger enſuite ſa compétence à leur égard. Obſervons enfin que les Sentences de condamnations à la Queſtion ne peuvent être exécutées qu'elles n'aient été confirmées par Arrêts.

Article VIII.

L'Accuſé ſera interrogé après avoir prêté ſerment avant qu'il ſoit appliqué à la queſtion, & ſignera ſon interrogatoire, ſinon, ſera fait mention de ſon refus.

Article IX.

La queſtion ſera donnée en préſence des Commiſſaires qui chargeront leur procès verbal de l'état de la queſtion, & des réponſes, confeſſions, dénégations & variations à chacun article de l'interrogatoire.

Article X.

Il ſera loiſible aux Commiſſaires de faire modérer & relâcher une partie des rigueurs de la queſtion, ſi l'Accuſé confeſſe; & s'il varie, de le faire remettre dans les mêmes rigueurs: mais s'il a été délié & entierement ôté de la queſtion, il ne pourra plus y être remis.

Article XI.

Après que l'Accuſé aura été tiré de la queſtion, il ſera ſur le champ & derechef interrogé ſur ſes déclarations, & ſur les faits par lui confeſſés ou déniés; & l'interrogatoire

gatoire par lui signé, sinon sera fait mention de son refus.

ARTICLE XII.

Quelque nouvelle preuve qui survienne, l'Accusé ne pourra être appliqué deux fois à la question pour un même fait.

Nous avons, dans ces cinq Articles, le tableau de la maniere dont doivent s'exécuter les Jugemens qui ordonnent la Question. On commence d'abord par faire subir un interrogatoire préalable à l'Accusé ou Condamné, après lui avoir fait prêter serment suivant l'usage; & cet interrogatoire doit être signé de lui, s'il sait ou veut signer.

Ensuite ceux qui sont nommés Commissaires pour assister à la Question, doivent dresser un procès verbal exact de tout ce qui se passe depuis que le Condamné est mis à la Question jusqu'à l'instant où il en est retiré : ce procès verbal doit par conséquent contenir, d'une maniere particuliere & détaillée, les demandes qui sont faites au Condamné par les Commissaires, & les réponses qui y sont faites par le Condamné.

Si l'Accusé avouoit pendant la torture, les Commissaires pourroient relâcher une partie des rigueurs & des tourmens, & même les faire continuer ensuite, si le Condamné venoit à varier, pourvû qu'il ne fût point encore délié. Car lorsqu'il est une fois hors de la Question & couché sur le matelas, où l'on a coutume de le mettre ensuite, le Condamné peut impunément varier & dire que tout ce qu'il a avoué dans la Question, a été pour faire cesser les douleurs qu'il enduroit, & se désister de tout ce que les tourmens ont pu arracher de sa bouche. C'est même à cet effet, & pour voir si le Condamné persiste, que l'on est encore obligé de réiterer, après la Question, l'interrogatoire sur les faits par lui avoués pendant la Question.

Enfin il y a plus; & c'est une maxime constante, que jamais un Accusé ne doit souffrir la Question deux fois pour un même fait : de telle sorte que quand la Question est une fois subie, elle ne peut être réitérée, quelques nouvelles preuves qui surviennent dans la suite.

FORMULES DES PROCEDURES
RELATIVES AU PRESENT TITRE.

Sentence portant que l'Accusé sera appliqué à la question préalable.

VU le Procès criminel extraordinairement fait & instruit à la Requête de . . &c. *viser la plainte, l'information, interrogatoire, récolement, confrontation, conclusion de la Partie publique, interrogatoire sur la sellette;* oui le rapport de . . . . tout consideré, Nous . . . . avant que de procéder au Jugement diffinitif, ordonnons que l'Accusé sera appliqué à la question ordinaire & extraordinaire, & interrogé sur les faits résultans du procès, en présence de . . . . assisté de . . . , pour son interrogatoire fait, rapporté & communiqué au Procureur . . . . être ordonné ce que de raison.

Nota. *L'on tient communément que dans un tel Jugement, les Juges inférieurs ne doivent point séparer la question ordinaire & extraordinaire, sauf (par des raisons particulieres, en cas que l'Accusé soit trop foible, ou estropié) à mettre un retentum au bas du Jugement en ces termes: Arrêté, attendu que . . . ledit.... Accusé sera seulement appliqué à la question ordinaire; mais la plupart des Criminalistes, qui sont de cette opinion, ne la prouvent d'aucune autorité, l'Ordonnance n'en dit rien, & il semble qu'un Juge qui peut comdamner à la question extraordinaire, peut a plus forte raison condamner à la question ordinaire.*

Procès verbal de question.

L'an . . . . (*marquer le jour & heure*) Nous . . . . nous étant transportés...? y avons fait mener . . . . accusé, lequel étant assis sur la sellette, & après serment par lui fait de dire vérité, avons procédé à son interrogatoire ainsi qu'il ensuit, &c. *Voyez ci devant la forme des Interrogatoires.*

A l'instant l'Accusé s'étant mis à genoux, tête nue, lui a été prononcée par notre Greffier, la Sentence . . . . confirmée par Arrêt de . . . . par laquelle, avant que de procéder au Jugement diffinitif du procès, il a été ordonné . . . .

Ce fait, l'Accusé a été deshabillé par le Questionnaire, & après avoir été attaché . . . . en la maniere accoutumée, (*si c'est la question avec l'eau, l'on ajoute:* & ayant été étendu, & le premier tréteau passé sous les cordes attachées aux jambes de l'Accusé, a dit . . . . (*ou si c'est avec les brodequins, l'on dit:* les jambes de l'Accusé ayant été mises entre les deux ais, serrées avec deux cordes, & mis un coin entre l'un des ais & la corde.

Au premier pot d'eau, *ou* au premier coup de maillet sur le coin donné par le Questionnaire, l'Accusé a dit . . . . au second a dit . . . . au troisieme a dit . . . au quatrieme a dit . . . . (*si l'on donne aussi la question extraordinaire, l'on ajoute*): après quoi le Questionnaire, ayant passé le grand tréteau de l'extraordinaire sous les mêmes ais *ou* cordes, ayant mis un autre coin entre l'autre ais & la corde, l'Accusé a dit . . . .

Au premier pot, *ou* premier coup de maillet sur le nouveau coin a dit.... &c.

Et ensuite l'Accusé a été détaché, & mis devant le feu sur un matelas *ou* sur une paillasse, *ou* sur de la paille, où étant, l'avons interrogé, &c. Lecture faite... Fait les jour & an que dessus.

TITRE XX.

DE *LA CONVERSION DES PROCE'S CIVILS* EN PROCE'S CRIMINELS, ET DE LA RECEPTION EN PROCE'S ORDINAIRES.

ARTICLE PREMIER.

Les Juges pourront ordonner qu'un procès commencé par voie civile, ſera pourſuivi extraordinairement, s'ils connoiſſent qu'il peut y avoir lieu à quelque peine corporelle.

ARTICLE II.

En inſtruiſant les procès ordinaires, ils pourront, s'il y échet, décerner décret de priſe de corps ou d'ajournement perſonnel ſuivant la qualité de la preuve, & ordonner l'inſtruction à l'extraordinaire.

ARTICLE III.

S'il paroît avant la confontation des Témoins que l'affaire ne doit pas être pourſuivie criminellement, les Juges recevront les Parties en procès ordinaire, & pour cet effet, ordonneront que les informations ſeront converties en enquêtes, & permis à l'Accuſé d'en faire de ſa part dans les formes preſcrites pour les enquêtes.

ARTICLE IV.

Après la confrontation des Témoins, l'Accuſé ne pourra plus être reçu en procès ordinaire; mais ſera prononcé diffinitivement ſur ſon abſolution, ou ſa condamnation.

ARTICLE V.

Encore que les Parties aient été reçues en procès or-dinaire, la voie extraordinaire sera reprise si la matiere y est disposée.

Nous avons déja vû ci-devant qu'avant l'Ordonnance de 1539, les procès criminels s'instruisoient comme les affaires civiles, & que les accusations même capitales étoient portées à l'Audience, & s'y défendoient par le ministere des Avocats & Procureurs : mais l'Ordonnance de 1539 ayant aboli cet usage, & ordonné que les Accusés de crimes se défendroient par leur propre bouche, elle a permis néanmoins, par son Article 150, aux Juges, si la matiere se trouvoit légere, de recevoir les Parties en procès ordinaire, c'est-à-dire, de suivre la forme qui avoit lieu auparavant.

Ainsi, d'après cette Ordonnance, qui se trouve sur ce point confirmée par la nôtre, lorsqu'il ne s'agit que de matiere legere, comme injures ou autres semblables, on civilise l'action criminelle, en renvoyant les Parties à l'Audience pour y être jugées définitivement, sur la lecture des informations, qui, en ce cas, sont converties en Enquêtes, & cessent d'être pieces secretes du procès.

Cependant lorsque la procédure criminelle a reçu tout son complément par le récolement & la confrontation des Témoins, ce n'est plus le cas de convertir le procès extraordinaire en procès ordinaire : tout étant disposé par ce moyen pour un Jugement définitif, ce seroit un circuit inutile d'ordonner une pareille conversion de plus, lorsqu'on peut tirer tout d'un coup l'Accusé d'affaire, en prononçant ou sa condamnation ou son absolution.

Cependant si on avoit converti le procès extraordinaire en procès ordinaire, faute de preuves suffisantes, cette conversion ne seroit pas un obstacle à ce qu'on pût reprendre par la suite la voie extraordinaire, s'il survenoit de nouvelles charges, par la regle ; *cessante causâ, cessat effectus* ; & parcequ'en tout état de cause, on ne doit rien négliger de tout ce qui peut tendre à faire connoître & à punir le crime .

Par les mêmes raisons, si une affaire criminelle a été commencée par la voie civile, & que le Juge découvre pendant l'instruction, que le crime dont il s'agit, peut donner lieu à quelque peine corporelle, il peut ordonner que le procès commencé par la voie civile, sera poursuivi extraordinairement ; & par le même Jugement qui ordonnera cette conversion, décreter les Accusés, ou de prise de corps, ou d'ajournement personnel, suivant la qualité de la preuve déja acquise. A cet effet, s'il y a quelque Enquête déja faite, il répétera les Témoins qui y ont été entendus ; car bien qu'une information se puisse convertir en Enquête, il n'en est pas de même, *vice versâ* : une Enquête ne peut jamais se convertir en information.

FORMULES DES PROCÉDURES
RELATIVES AU PRESENT TITRE.

V U , &c. Nous avons reçu les Parties en procès ordinaire, ce faisant, l'in-formation faite à la Requête de . . . . convertie en enquête, & en conséquence, permis à . . . . d'en faire de sa part sur les faits contenus en la plainte & es-dites informations pardevant . . . . dans . . . . jours; & sera tenu le Deman-deur de donner au Défendeur un extrait des noms, surnoms, âges, qualités & demeures des Témoins, ouis en ladite information, pour fournir de reproches contre iceux, si bon lui semble, sauf à reprendre l'extraordinaire s'il y écheoit ; *ou* Nous avons sur le tout renvoyé les Parties à l'Audience.

Jugement qui reçoit les Parties en procès ordinaire.

TITRE XXI.

DE LA MANIERE DE FAIRE LE PROCE'S
AUX COMMUNAUTE'S DES VILLES, BOURGS ET VILLAGES, CORPS ET COMPAGNIES.

ARTICLE PREMIER.

Le procès sera fait . aux Communautés des Villes, Bourgs & Villages, Corps & Compagnies qui auront commis quelque rebellion, violence ou autre crime.

ARTICLE II.

Elles seront tenues pour cet effet de nommer un Syndic ou Député, selon qu'il sera ordonné par le Juge ; & à leur refus, il nommera d'office un Curateur.

ARTICLE III.

Le Syndic, le Député ou Curateur, subira les inter-rogatoires & la confrontation des Témoins, & sera em-ployé dans toutes les procédures en la même qualité, & non dans le dispositif du Jugement qui sera rendu seule-ment contre les Communautés, Corps & Compagnies.

ARTICLE IV.

*Les condamnations ne pourront être que de répara-
tions civiles, dommages & intérêts envers la Partie,
d'amende envers Nous, privation de leurs Privileges, &
de quelque autre punition qui marque publiquement la
peine qu'elles auront encourue par leur crime.*

ARTICLE V.

*Outre les pourſuites qui ſe feront contre les Commu-
nautés, voulons que le procès ſoit fait aux principaux
auteurs du crime, & à leurs complices ; mais s'ils ſont
condamnés en quelque peine pécuniaire, ils ne pourront
être tenus de celles auxquelles les Communautés auront
été condamnées.*

Nous avons vu juſqu'à préſent de quelle maniere on devoit procé-
céder criminellement contre chaque Particulier, qui ſe rend coupable
de quelque crime ; mais il n'eſt pas poſſible de ſuivre exactement cette
forme de procéder, lorſque les Délinquans forment un Corps de Communauté, dont tous les Membres ont commis un ſeul & même crime
en commun, *& nomine collectivo.*

On oblige dans ces ſortes de cas le Corps ou Communauté, qu'il
s'agit de pourſuivre, à nommer un Syndic qui ſoit ſon Repréſentant
général, & contre lequel ſe dirige toute la procédure criminelle. A défaut de nomination d'un Syndic de la part du Corps ou Communauté,
le Juge devant lequel ſe pourſuit le procès, eſt autoriſé à lui nommer
d'office un Curateur.

Pour que cette nomination de Syndic ſoit valable, elle doit être
faite par une délibération ſpéciale dans une Aſſemblée convoquée avec
toutes les formalités requiſes, relativement aux Corps & Communautés
dont il s'agir.

Cependant, la plainte & les informations, de même que le décret,
ne doivent point être dirigées contre le Syndic, qui n'eſt nommé que
pour l'inſtruction du procès ſeulement ; ainſi c'eſt lui qui ſubit interrogatoire, c'eſt avec lui que ſe fait la confrontation des Témoins ; en un
mot, c'eſt lui qui doit être employé dans tous les actes de la procédure
criminelle, en ſa qualité de Syndic, juſques au Jugement définitif
excluſivement. Car dans ce Jugement, la fonction de Syndic diſparoît,

& c'eft le Corps ou Communauté qui doit être, ou abfous, ou condamné.

Comme il ne feroit guere poffible de punir toute une Communauté de peines afflictives, quand bien même le crime en lui-même pourroit y donner lieu, les Jugemens qui font prononcés en pareils cas contre les Corps ou Communautés, ne contiennent que des condamnations pécuniaires : mais le plus ordinairement ces condamnations font prononcées folidairement ; on y ajoute quelquefois la privation des Privileges, Immunités & Exemptions ; & quelquefois on ordonne auffi qu'il fera élevé un monument public, pour conferver à la Poftérité la mémoire de la punition.

Cependant, fi dans la pourfuite d'un crime commis par une Communauté, il fe trouvoit quelques Particuliers qui en fuffent les principaux auteurs ou inftigateurs, ils pourroient être pourfuivis en particulier, & en leur propre & privé nom, & être punis perfonnellement, fuivant l'exigence du cas. Mais alors, s'ils font condamnés en quelque peine pécuniaire particulierement, ils ne font point tenus des condamnations générales qui pourroient être prononcées contre la Communauté.

Quant aux crimes, pour lefquels une Communauté peut être pourfuivie, notre Ordonnance n'en indique que deux : favoir la *rebellion* & la *violence*. Mais au moyen de ces autres termes généraux qui fuivent, *ou autres crimes*, cela comprend tous les crimes généralement quelconques, dans lefquels une Communauté peut tomber, comme émotion populaire, affemblées illicites, troubles au repos & à la tranquillité publique, rebellion caractérifée aux Ordonnances & Arrêts, excès commis en la perfonne des Officiers ou des Prépofés pour le recouvrement des Deniers Royaux, &c.

TITRE XXII.

DE LA MANIERE DE FAIRE LE PROCE'S
AU CADAVRE OU A LA MÉMOIRE D'UN DÉFUNT.

ARTICLE PREMIER.

Le procès ne pourra être fait au cadavre ou à la mémoire d'un défunt, si ce n'est pour crime de leze-Majesté divine ou humaine, dans le cas où il écheoit de faire le procès aux défunts, duel, homicide de soi-même, ou rébellion à Justice avec force ouverte, dans le rencontre de laquelle il aura été tué.

ARTICLE II.

Le Juge nommera d'office un Curateur au cadavre du défunt, s'il est encore existant, sinon à la mémoire; & sera préferé le parent du défunt, s'il s'en offre quelqu'un, pour en faire la fonction.

ARTICLE III.

Le Curateur saura lire & écrire, fera le serment, & le procès sera instruit contre lui en la forme ordinaire; sera néanmoins debout seulement, & non sur la sellette, lors du dernier interrogatoire; son nom sera compris dans toute la procédure, mais la condamnation sera rendue contre le cadavre ou la mémoire seulement.

ARTICLE IV.

Le Curateur pourra interjetter appel de la Seutence rendue contre le cadavre ou la mémoire du défunt: il pourra même y être obligé par quelqu'un des parens, lequel en ce cas sera tenu d'avancer les frais.

ARTICLE

ARTICLE V.

Nos Cours pourront élire un autre Curateur que celui qui aura été nommé par les Juges dont est appel.

Deux choses essentielles sont à observer dans les dispositions du présent Titre.

1°. Les *cas* dans lesquels on fait le procès au cadavre.

2°. La *Procédure* qu'il faut tenir à cet effet.

Les cas, où l'on peut faire le procès à un cadavre ,-ou à la mémoire d'un Défunt, se réduisent à quatre ; le premier est le crime de léze-Majesté divine & humaine, tant au premier qu'au second chef ; le second, est le duel; le troisieme, est l'homicide de soi-même ; le quatrieme enfin, est la rebellion à Justice avec force ouverte ; mais dans ce dernier cas , il faut que celui , dont on veut poursuivre le cadavre ou la mémoire , ait été tué dans le rencontre même de la rebellion.

Quant à la Procédure , la Déclaration du 5 Septembre 1712 (a) a fait sur ce point quelques augmentations à notre Ordonnance.

(a) » L O U I S , &c. Salut. Nous avons été informés qu'il se trouve fréquemment dans notre
» bonne Ville de Paris, dans ses Fauxbourgs & dans les lieux circonvoisins , principalement dans ceux
» qui sont situés près de la Riviere , des cadavres de personnes qui ne sont pas mortes de mort naturelle , & qui peuvent même être soupçonnées de s'être défaites elles mêmes ; que les crimes qui
» causent ces morts demeurent très souvent impunis , soit par le défaut des avertissemens qui devroient être donnés aux Officiers de Justice par ceux qui en ont connoissance , soit par la négligence
» ou dissimulation de ces mêmes Officiers ; & que les personnes qui ont intérêt d'empêcher que les
» causes & les circonstances de ces morts soient connues , contribuent par des inhumations qu'ils
» font faire secretement & précipitamment sur les évenemens, en supposant aux Ecclésiastiques des faits contre la vérité. L'énormité de plusieurs cas qui sont arrivés Nous a fait connoître la nécessité qu'il y a d'établir une disposition formelle & expresse qui puisse empêcher à
» l'avenir de pareils inconvéniens. A ces causes , & autres à ce Nous mouvans , de notre certaine
» science , pleine puissance, & autorité Royale, Nous avons dit & déclaré , disons & déclarons
» par ces Présentes signées , voulons & Nous plaît , que lorsqu'il se trouvera dans notre bonne Ville
» & Fauxbourgs de Paris, & dans les lieux circonvoisins , des cadavres de personnes que l'on soupçonnera n'être pas mortes de mort naturelle , soit dans les maisons , dans les rues & autres lieux
» publics ou particuliers , soit dans les filets des ponts , vannes de moulins, & sous les batteaux
» qui sont sur la Riviere , les Propriétaires des maisons , s'ils y demeurent , sinon les principaux
» Locataires , les Aubergistes , les Voisins, les Maîtres des ponts , les Meûniers , les Batéliers & généralement tous ceux qui auront connoissance desdits cadavres , soient tenus d'en donner avis aussitôt : savoir, dans notre Ville & Fauxbourgs de Paris, au Commissaire du Quartier; & dans les
» lieux circonvoisins , aux Juges qui en doivent connoître, auxquels Juges & Commissaires Nous
» enjoignons de se transporter diligemment sur le lieu , de dresser procès verbal de l'état auquel le
» corps aura été trouvé , de lui appliquer le Scel sur le front , & le faire visiter par Chirurgiens en
» leur présence, d'informer & entendre sur-le-champ ceux qui seront en état de déposer de la cause
» de la mort , du lieu , & des vie & moeurs du défunt, & de tout ce qui pourra contribuer à la
» connoissance du fait, dont les Commissaires en notre Châtelet de Paris feront rapport au Lieutenant Criminel , pour y être par lui pourvû , ainsi que par les autres Juges des lieux à qui la
» connoissance en appartiendra , en conformité de nos Ordonnances , & suivant la forme prescrite
» par notre Ordonnance du mois d'Août 1670 , au Titre 23. Faisons défenses à toutes personnes de
» faire inhumer lesdits cadavres avant que lesdits Officiers aient été avertis , que la visite en ai été
» faite, & l'inhumation ordonnée par les Juges , à peine d'amende contre les Contrevenans à la
» présente Déclaration , même de punition corporelle , comme fauteurs & complices d'homicides ,
» s'il y échéoit. Défendons auxdits Juges de retarder l'inhumation , après l'exécution de ce qui est
» ci dessus ordonné , sous prétexte de vacations par eux prétendues , à peine d'interdiction Si donnons en mandement à nos amés & féaux Conseillers , les Gens tenans notre Cour de Parlement à
» Paris , que ces Présentes ils aient à faire lire, publier & registrer, même en Vacations, garder

Elle veut d'abord qu'auffi - tôt que le Juge eſt informé qu'il y a dans quelque endroit un cadavre, il s'y tranſporte ſur - le - champ pour dreſſer procès verbal de l'état où il aura trouvé le corps : il doit enſuite lui appliquer ſur le front, ſoit ſon propre cachet, ſoit le Scel de la Juriſdiction, le faire viſiter par des Chirurgiens en ſa préſence, entendre dans le moment même tous ceux qui ſeroient en état de dépoſer de la cauſe de la mort, du lieu & des vie & mœurs du Défunt, & en un mot de tout ce qui pourroit contribuer à la connoiſſance du fait. Il doit enſuite le faire tranſporter à la Morgue ou à la Géole ; le faire de nouveau viſiter par les Médecins & les Chirurgiens de la Juriſdiction ; informer à la requête du Procureur du Roi ou Fiſcal ; enſuite, nommer d'office un Curateur, ſoit au cadavre, s'il eſt extant, ſoit à ſa mémoire. C'eſt contre ce Curateur que ſe fait toute la procédure criminelle ; c'eſt ſon nom ſeul qui eſt employé dans tous les Actes qui la compoſent, à l'exception du Jugement définitif. Si le crime eſt ſuffiſamment prouvé, on ordonne que le cadavre ſera traîné ſur une claie dans les principales rues par l'Exécuteur de la Haute-Juſtice : dans le cas de duel, on pend le cadavre par les piés.

Ces ſortes de Jugemens, quand ils ſont rendus par des Juges inférieurs, ne peuvent s'exécuter qu'ils n'aient été confirmés par Arrêt : c'eſt la Juriſprudence de la Cour, fondée ſur deux Arrêts récens, dont l'un, en date du 2 Septembre 1737, a été rendu dans le procès criminel du nommé Louis Martin, qui s'étoit pendu dans les Priſons d'Orléans ; l'autre du 31 Janvier 1749, a ordonné que le précédent ſeroit envoyé à tous les Bailliages du Reſſort, pour y être publié & enregiſtré, & en a fait conſéquemment un Arrêt de Réglement.

» & obſerver ſelon leur forme & teneur. Car tel eſt notre plaiſir. En témoin de quoi Nous avons
» fait mettre notre Scel à ceſdites Préſentes. Donné à Fontainebleau le cinquieme jour de Septembre,
» l an de grace mil ſept cent douze, & de notre Regne le ſoixante dixieme. Signé, LOUIS. Et ſur
» le repli, Par le Roi : PHELYPEAUX. Et ſcellé du grand Sceau de cire jaune.

TITRE XXIII.

DE L'ABROGATION DES APPOINTEMENS, ECRITURES ET FORCLUSIONS, EN MATIERE CRIMINELLE.

ARTICLE PREMIER.

Abrogeons les appointemens à ouir droit, produire, bailler défenses par atténuation, causes & moyens de nullité, réponses, fournir de moyens d'obreption & d'en informer, donner conclusions civiles, & tous autres appointemens.

ARTICLE II.

Abrogeons aussi l'usage de fournir des conclusions civiles, défenses, avertissemens, inventaires, contredits, causes & moyens de nullité, d'appel, griefs & réponses, commandement ou forclusion de produire ou contredire, pris à l'Audience ou au Greffe.

ARTICLE III.

Pourront néanmoins les Parties présenter leurs Requêtes & y attacher les pieces que bon leur semblera, dont sera baillé copie à l'Accusé, autrement la Requête & les pieces seront rejettées ; & pourra l'Accusé y répondre par Requête qui sera aussi signifiée, & bailler copie, comme aussi des pieces qui y seront attachées ; sans néanmoins, qu'à faute d'en bailler par l'Accusé ou par la Partie, le jugement du procès puisse être retardé. Ce qui aura pareillement lieu en cause d'appel, qui sera jugé sur ce qui aura été produit devant les Juges des lieux.

Les appointemens à ouir droit comme devant, ont encore lieu en matiere civile , mais ils ne ſervent qu'à déclarer que le procès eſt en état ; & non pas à l'y mettre : enſorte que régulierement on ne devroit point produire de nouveau ſur un appointement de cette nature.

En matiere criminelle, l'appointement à ouïr droit ne ſe donnoit ; (avant la préſente Ordonnance) qu'après que l'inſtruction étoit entierement achevée par la confrontation : l'uſage néanmoins y avoit introduit de donner des Requêtes à fin de concluſions civiles , ainſi que des défenſes par atténuation, & même d'écrire & de produire , comme dans les appointemens à l'ordinaire.

La plus conſidérable partie de cette procédure eſt abrogée par l'Ordonnance : il eſt ſeulement permis à l'Accuſé de donner une ſimple Requête , employée pour moyens d'atténuation, dans laquelle il peut prendre des concluſions à fin civile, s'il le juge à propos : cette Requête eſt répondue d'une ſimple Ordonnance, *en jugeant* ; ou s'il y a des pieces jointes à la Requête , on ordonne qu'elles ſeront *jointes au procès , pour y avoir , en jugeant , tel égard que de raiſon.* Les moyens d'atténuation ſont ordinairement fondés ſur des nullités de procédures, ſur les reproches des Témoins, ou ſur les contrariétés qui pourroient ſe trouver dans leurs diſpoſitions ; & en un mot, ſur toutes les circonſtances qui peuvent tendre , ou à faire diſparoître l'accuſation, ou à diminuer l'atrocité du crime.

FORMULES DES PROCEDURES
RELATIVES AU PRESENT TITRE.

A. . . . . .

SUPPLIE humblement . . . . diſant , qu'ayant été empriſonné en vertu du décret décerné par . . . . ſur les prétendues charges & informations contre lui faites à la Requête de . . . . le Suppliant a ſubi interrogatoire dès le . . . . depuis lequel tems , ledit . . . . eſt en demeure de faire procéder à la confrontation du Suppliant aux Témoins ouïs dans ladite information , de crainte de faire connoître l'innocence du Suppliant.

Ce conſideré , . . . il vous plaiſe faute par ledit . . . . d'avoir fait confronter le Suppliant aux Témoins ouïs dans l'information , ordonner que le Suppliant ſera déchargé & renvoyé abſous de la calomnieuſe accuſation , en conſéquence élargi ou relaxé & mis hors des priſons ; à ce faire le Géolier contraint par corps , quoi faiſant déchargé : ce faiſant , pour la calomnieuſe accuſation , condamner ledit . . . . (*l'on peut conclure à des réparations , dommages , intérêts & dépens*) & vous ferez juſtice.

S'il n'y a que la Partie publique , l'on conclut , à ce qu'il ſoit tenu dans tel délai , de nommer ſon Dénonciateur , ſinon condamné en ſon propre & privé nom.

Le Juge rend ſon Ordonnance au bas de cette Requête , portant , ſoit montré ou communiqué au Procureur . . . . . Enſuite il rend un jugement ſur le vû de la procédure , qui ordonne que dans . . . . jours. . . . ledit. . . . ſera tenu de faire récoler & confronter audit . . . . accuſé , les Témoins ouïs en l'information, ſinon ſera fait droit ſur ladite Requête.

Ce délai expiré, il se rend un autre Jugement qui ordonne que dans . . . . .
ledit . . . . sera tenu de faire récoler, confronter audit . . . . accusé, les Témoins
ouis en l'information ; sinon, & à faute de ce faire dans ledit tems, & icelui passé
en vertu du présent Jugement, & sans qu'il en soit besoin d'autre, lesdits Témoins seront assignés à cet effet à la Requête & diligence du Procureur . . . . aux
frais dudit . . . . Partie civile, (*l'on peut ajouter*) : lequel audit cas sera tenu de
consigner entre les mains du Greffier de . . . . la somme de . . . . pour faire venir
les Témoins, à quoi faire il sera contraint par toutes voies dûes & raisonnables,
même par corps.

A . . . . .
SUPPLIE humblement . . . . Disant que depuis le . . . . qu'il a été confronté aux Témoins ouis en l'information contre lui faite à la Requête de . . . .
ledit . . . . est négligent & diffère de mettre le procès en état, pour retenir le
Suppliant plus long-tems dans les prisons.
Ce consideré, ... il vous plaise faute par . . . . de mettre le procès en état
d'être jugé, permettre au Suppliant de faire apprêter & lever les grosses des plaintes, informations, récolement & confrontation, & d'en avancer les frais, dont
il lui sera délivré exécutoire contre ledit . . . . & vous ferez justice.
*Sur l'Ordonnance de soit montré ou communiqué à la Partie publique & sur le
vû de ses conclusions ; ensemble de toute la procédure, il se rend un Jugement portant que* dans . . . . pour tous délais, ledit . . . . sera tenu de mettre le procès
en état de juger, sinon & à faute de ce faire dans ledit tems & icelui passé, en
vertu du présent Jugement & sans qu'il en soit besoin d'autre, permis audit . . . .
accusé, de faire apprêter les grosses des plaintes, &c. & d'en avancer les frais,
dont il lui sera délivré exécutoire contre ledit . . . . .

Requête de l'Accusé
quand l'Accusateur
diffère de faire ap-
prêter les charges.

A . . . .
SUPPLIE humblement . . . . Disant, qu'ayant rendu plainte pour raison
de . . . . il y a eu information, décret de . . . . contre . . . . qui a subi l'interrogatoire, & les Témoins ont été récolés & confrontés, de sorte que le Suppliant a tout lieu de croire qu'il se trouvera suffisamment établi par les charges &
informations que . . . . pour raison dequoi . . . . (*expliquer les moyens & raisons
qu'on a de demander des réparations & intérêts civils*)
Ce consideré, ... il vous plaise déclarer ledit . . . . dûment atteint & convaincu
d'avoir . . . . (*expliquer la nature du crime ou délit*), & autres cas mentionnés
au procès, pour réparation desquels, condamner ledit . . . , en . . . . livres
d'intérêts civils envers le Suppliant & aux dépens du procès, sauf à M. le Procureur . . . . à prendre telles conclusions qu'il jugera à propos, pour la vengeance
publique, & vous ferez justice.
Si la Partie civile a des pieces pour soutenir ses moyens il doit ajouter: donner
acte au Suppliant de ce que pour justifier des faits contenus en la présente Requête,
il joint à icelle & emploie, . . . pieces, la premiere, &c.

Requête de la Partie
civile en réparation
& intérêts civils con-
tre l'Accusé.

Soient la Requête & pieces y jointes communiquées, & d'icelles donné copie
pour en jugeant y faire droit & acte de l'emploi. Fait à . . . .

Ordonnance sur
cette Requête.

A . . . . .
SUPPLIE humblement . . . . Disant, que par la connoissance qu'il a eue à la
confrontation de la qualité des Témoins & de leurs dépositions en l'information
& récolement, il a reconnu, &c. *expliquer les reproches contre chaque Témoin
contredire leurs dépositions par la variation, contradiction, contrariété, impossibilité, défaut de vraisemblance, proposer les moyens pour faire connoître l'innocence de l'Accusé, comme aussi les nullités de la procédure si aucune y a.*
Ce consideré, ... il vous plaise décharger le Suppliant de la calomnieuse
accusation contre lui intentée par . . . . & renvoyer le Suppliant absous, ordonner

Requête de l'Accusé
en nullité & en atté-
nuation.

qu'il fera élargi *ou* relaxé & mis hors des prifons, à ce faire le Géolier contraint par corps, quoi faifant déchargé, & que l'écrou de la perfonne du Suppliant fera rayé & biffé du regiftre de la Géole, à côté du quel il fera fait mention de la Sentence qui interviendra; pour la calomnieufe accufation, condamner ledit..... en telle réparation, en . . . . livres de dommages & intérêts, & en tous les dépens; & pour la juftification du contenu en la préfence Requête, permettre au Suppliant d'y joindre les pieces qui fuivent; la premiere, &c.

Quand il n'y a point de Partie civile, l'Accufé doit demander que la Partie publique foit tenue de nommer fon Dénonciateur ; finon condamné aux dommages, intérêts & dépens, en fon propre & privé nom.

Soient la Requête & pieces communiquées, & d'icelles donnée copie, pour en jugeant y être fait droit & acte de l'emploi. Fait ce . . . .

Ordonnance.

TITRE XXIV.
DES CONCLUSIONS DIFFINITIVES
DE NOS PROCUREURS OU DE CEUX DES JUSTICES SEIGNEURIALES.

ARTICLE PREMIER.

Après que le récolement & la confrontation auront été parachevés, nos Procureurs, ou ceux des Seigneurs, prendront communication du procès pour y donner leurs conclufions diffinitives ; ce qu'ils feront tenus de faire inceffamment.

ARTICLE II.

Leur défendons d'affifter à la vifite ou au jugement du procès, ou d'y donner leurs conclufions de vive voix, dont Nous abrogeons l'ufage. N'entendons néanmoins rien innover à ce qui s'obferve dans notre Châtelet de Paris.

ARTICLE III.

Les conclufions feront données par écrit & cachetées, & ne contiendront les raifons fur lefquelles elles feront fondées.

Les Procureurs du Roi, ou Fifcaux, ainfi que les Procureurs Généraux dans les Cours, étant dans les matieres criminelles les principales Parties par rapport à la vindicte publique, qui leur eft confiée par état, on ne peut ni inftruire ni juger un procès, fur-tout au Grand Criminel, fans le concours & le miniftere de ces Officiers. De-là, les Conclufions qu'ils donnent font de deux fortes; favoir, les Conclufions dans le cours de l'inftruction, & les Conclufions définitives.

Ils donnent des Conclufions pendant le cours de l'inftruction dans cinq fortes de cas; 1°. fur les informations avant que de décreter; 2°. lors de l'élargiffement des Prifonniers; 3°. après l'interrogatoire de l'Accufé; 4°. après les affignations fur la contumace de l'Accufé; 5°. après le récolement des Témoins lors de la contumace. Nous ne parlons point ici de toutes les autres communications qui doivent être faites au Miniftere public lors des incidens qui peuvent furvenir dans le cours de l'inftruction d'un procès criminel.

Quant aux Conclufions définitives, elles doivent être données très promptement, de maniere qu'elles n'arrêtent point le Jugement du procès; elles doivent être d'ailleurs par écrit, & cachetées, fans aucun détail des motifs qui peuvent y donner lieu. Il n'y a que le Procureur du Roi du Châtelet à qui l'Ordonnance ait confervé la faculté de donner des Conclufions de vive voix dans les petites affaires qui requierent célérité.

Lorfque le Procureur du Roi, ou Fifcal, a donné fes Conclufions définitives, fon miniftere eft rempli : & en fa qualité de Partie, il ne doit point affifter à la vifite & au Jugement du procès.

TITRE XXV.

DES SENTENCES, JUGEMENS ET ARRETS.

ON diftingue, dans le préfent Titre, différentes claffes de difpofitions : les unes concernent la préférence des Matieres Criminelles fur toutes les autres affaires quant au Jugemeut & à l'inftruction : les autres déterminent ce qui doit former la bafe des Jugemens dans les affaires criminelles : d'autres reglent les formalités qui doivent accompagner ces jugemens : les dernieres enfin, ont pour objet leur exécution.

ARTICLE PREMIER.

Enjoignons à tous Juges, même à nos Cours, de travailler à l'expédition des affaires criminelles par préférence à toutes autres.

ARTICLE II.

Il sera procedé à l'instruction & au Jugement des procès criminels, nonobstant toutes appellations, même comme de Juge incompétent & récusé; & si les Accusés refusent de répondre sous prétexte d'appellations, le procès leur sera fait comme à des muèts volontaires, jusqu'à Sentence diffinitive.

ARTICLE III.

Les procédures faites avec les Accusés volontairement & sans protestation depuis leurs appellations, ne pourront leur être opposées comme fin de non-recevoir.

La nécessité d'un exemple prompt en matiere de crime, & l'inconvénient presque inséparable de ces sortes de cas, de laisser quelquefois languir des innocens dans l'horreur d'une prison, ont été les deux principaux motifs qui ont fait donner la préférence aux matieres criminelles sur toutes les autres matieres, tant pour le Jugement que pour l'instruction.

Rien ne peut retarder le cours de cette instruction, pas même l'appel d'incompétence & la récusation, quoiqu'il n'y ait rien qui lie davantage les mains du Juge que le défaut de pouvoir. Deux raisons ont déterminé à n'avoir égard sur ce point, ni à la récusation ni à l'appel d'incompétence. La premiere, c'est que la surséance de l'instruction pourroit occasionner le dépérissement de la preuve : la seconde, c'est qu'un Accusé ne manqueroit jamais de faire usage de ces sortes de moyens, quoiqu'il en prévît le peu de succès en définitif; ne fût-ce que pour tirer en longueur, & pour retarder sa condamnation. C'est pourquoi, si l'Accusé refusoit de répondre, sous prétexte des appellations par lui interjettées, on pourroit lui faire son procès comme à un muet volontaire.

Par une suite nécessaire, de ce que les Accusés sont obligés de répondre & de laisser continuer contr'eux l'instruction criminelle nonobstant
leurs

leurs appellations , on ne peut fe faire de fin de non-recevoir contr'eux, des procédures qui pourroient avoir été faites contradictoirement avec eux depuis ces appellations , quand bien-même il n'y auroit eu de leur part ni réclamation ni proteftation ; avec d'autant plus de raifon , qu'on ne connoît guere de fins de non-recevoir en matiere criminelle contre un Accufé , qui, en tout état de caufe , doit toujours être reçu à prouver fon innocence.

ARTICLE IV.

Ceux contre lefquels la contumace aura été inftruite & jugée, ne feront reçus à préfenter Requête, foit en premiere inftance , ou en caufe d'appel, qu'ils ne fe foient mis en état ; ils pourront néanmoins propofer leurs exoines.

Tout homme qui a été condamné par contumace , ne peut être écouté dans fa réclamation , qu'il ne commence d'abord par exécuter le décret décerné contre lui, en fe conftituant prifonnier ; c'eft ce qu'on appelle , *fe mettre en état.* Si cependant il avoit des empêchemens légitimes, qui le miffent hors d'état de remplir ce préalable , il pourroit propofer fon exoine : mais cela ne ferviroit qu'à lui faire donner un délai, & non pas à l'affranchir totalement de l'obligation que lui impofe la Loi à cet égard. Cependant ceux qui , fans avoir encore été condamnés, interjettent appel des Décrets & Procédures extraordinaires commencées contr'eux , peuvent pourfuivre & faire juger leur appel , fans être pour cela obligés de fe mettre en état.

ARTICLE V.

Les procès criminels pourront être inftruits & jugés ; encore qu'il n'y ait point d'information , fi d'ailleurs il y a preuve fuffifante par les interrogatoires , & par pieces authentiques ou reconnues par l'Accufé, & par les autres préfomptions & circonftances du procès.

Lorfque le crime eft prouvé par pieces authentiques reconnues de l'Accufé , ou par des indices certains , foutenus de fon aveu configné dans les interrogatoires à lui faits , il n'eft pas néceffaire pour la validité de l'inftruction qu'il y ait une information ; le procès criminel peut très bien fe juger fans cela , fur-tout s'il ne s'agit que de condamnations pécuniaires & légeres ; car fi le Jugement emportoit peines afflictives

Tome II. P p

ou infamantes, il ne pourroit être prononcé que fur récolement & confrontation, & par conféquent fur information préalable. Nous avons
fur cela un Arrêt formel rendu en la Tournelle Criminelle, le 6 Août
1722.

Il faut obferver néanmoins que quand bien même le Juge auroit vu
commettre le crime, fa connoiffance perfonnelle & particuliere ne pourroit jamais être un motif pour lui de condamner un Accufé qui dénie-
roit formellement le fait ; il doit, en fa qualité de Juge, oublier tout
ce qu'il peut favoir, comme Particulier, & ne former fa décifion
que fur ce qui eft prouvé au procès. Car s'il en étoit autrement, il feroit en même-tems fonction de Juge & de Témoin, ce qui eft abfolument incompatible.

ARTICLE VI.

*Les Sentences des premiers Juges, qui ne contiendront
que des condamnations pécuniaires, feront exécutées par
maniere de provifion & nonobftant l'appel en donnant
caution ; fi, outre les dépens, dans les Juftices des Seigneurs elles n'excedent la fomme de 40 liv. envers la Partie, 20 liv. envers le Seigneur ; dans les Jurifdictions
Royales qui ne reffortiffent nuement au Parlement, fi elles
n'excedent 50 livres envers la Partie, & 25 livres
envers Nous ; & dans les Bailliages & Sénéchauffées où
il y a Préfidial, Sieges de Duchés & Pairies, & autres
reffortiffans nuement en nos Cours de Parlemens, cent
livres envers la Partie, & cinquante livres envers Nous :
& fe chargeront les Receveurs de nos amendes des fommes qui Nous feront adjugées, par forme de confignation,
fans frais ni droit ; & feront tenus de les employer en
recette après les deux années de la condamnation, s'ils
ne juftifient les avoir reftituées en vertu d'Arrêts de nos
Cours.*

ARTICLE VII.

*L'amende payée par provifion en la maniere ci-deffus,
ne portera aucune note d'infamie, fi elle n'eft confirmée
par Arrêt.*

ARTICLE VIII.

Défendons à nos Cours de donner aucunes défenses ou surséance d'exécuter les Sentences qui n'excederont les sommes ci-dessus. Déclarons nulles celles qui pourroient être données. Voulons, sans qu'il soit besoin d'en demander main-levée, que les Sentences soient exécutées par provision; & que les Parties qui auront demandé des défenses ou surséances, & les Procureurs qui auront signé les Requêtes ou fait quelques autres poursuites, soient condamnés chacun en cent livres d'amende, qui ne pourra être remise ni moderée.

L'appel, en matiere criminelle, est de plein droit; de telle sorte que les premiers Juges ne peuvent faire exécuter leurs Sentences, lorsqu'elles portent condamnations à peines afflictives ou infamantes, quand bien-même le Condamné y acquiesceroit. Plusieurs Arrêts ont fait des injonctions aux premiers Juges pour ne s'être point conformés à cette regle. Tels sont entr'autres, l'Arrêt du 26 Octobre 1708, rendu contre le Lieutenant Criminel de Saint-Etienne en Forêz; & celui du 12 Octobre 1712, rendu contre le Juge de Lupy.

Cet appel est toujours suspensif de sa nature, quant à la peine; il l'est même quant aux condamnations pécuniaires, à moins que ces dernieres ne soient extrêmement modiques. Pour juger de cette modicité, l'Ordonnance distingue la qualité des Jurisdictions: ainsi lorsqu'indépendamment des dépens, les condamnations pécuniaires n'excedent point, dans les Justices des Seigneurs, la somme de quarante livres envers la Partie, & de vingt livres envers le Seigneur; dans les Justices Royales qui ne ressortissent point nuement au Parlement, si elles n'excedent pas cinquante livres envers la Partie, & vingt-cinq livres envers le Roi; & dans les Bailliages & Sénéchaussées où il y a Présidial, dans les Sieges des Duchés-Pairies, & autres ressortissans nuement ès Cours de Parlement, cent livres envers la Partie, & cinquante envers le Roi; les condamnations pécuniaires dans tous ces différens cas doivent avoir leur exécution provisoire nonobstant l'appel, en donnant néanmoins caution par celui au profit duquel elles ont été prononcées. Il est même expressément défendu aux Cours Souveraines de donner aucunes défenses ni surséance pour arrêter l'exécution des Jugemens criminels en pareils cas.

On est surpris que l'Auteur du Traité des Matieres Criminelles ait trouvé quelques contrariétés, entre la difpofition de l'Ordonnance fur ce point, & un Arrêt de Réglement rendu en la Tournelle Criminelle, le 12 Avril 1709, fur les Conclufions de M. Joly de Fleury, Pere, alors Avocat Général. Si cet Arrêt a fait défenfes aux Officiers du Bailliage d'Orléans d'ordonner que leurs Sentences, en matiere criminelle, feroient exécutées nonobftant l'appel, c'eft que celle qu'ils avoient rendue, & dont l'appel a donné lieu à l'Arrêt, contenoit des condamnations pécuniaires bien plus confidérables que celles auxquelles l'Ordonnance a attaché l'exécution provifoire.

ARTICLE IX.

Aucun procès ne pourra être jugé de relevée, fi nos Procureurs ou ceux des Seigneurs y ont pris des conclufions à mort; ou s'il y échet une peine de mort, naturelle ou civile, de galeres, ou banniffement à tems. N'entendons néanmoins rien innover à cet égard à l'ufage obfervé par nos Cours.

Les Juges ne peuvent apporter trop d'attention, & avoir le jugement trop fain & trop libre, pour décider de la vie ou de l'honneur des Citoyens. C'eft par cette raifon que les procès de Grand Criminel, où il échet des peines afflictives, ne peuvent être jugés que le matin. Cependant fi les opinions avoient commencé le matin, on pourroit continuer & terminer le Jugement l'après midi; mais pourvû que ce fût fans défemparer & fans quitter le Siege. Quoique l'Ordonnance femble n'affujettir à cette regle, que les condamnations qui emportent mort naturelle ou civile, ou le banniffement, ou les Galeres à tems, il faut néceffairement mettre dans la même claffe la Queftion préparatoire, la peine du Fouet & de la Marque, celle du Pilori & du Carcan, & l'amende honorable; d'autant que dans l'ordre des peines, ces dernieres font réputées plus rigoureufes que le banniffement à tems.

Mais cette regle n'a point lieu pour les Cours fouveraines, en égard à la quantité d'affaires criminelles dont elles font furchargées. Ainfi, au Parlement de Paris, l'ufage de la Tournelle Criminelle eft, que les procès, où il échoit condamnation de Galeres à perpétuité ou pour neuf ans, ne fe jugent que le matin : les Galeres jufqu'à cinq ans fe jugent le matin ou de relevée indiftinctement : le Banniffement à perpétuité hors du Royaume, le matin : l'Amende honorable, le matin : la Condamnation a être fuftigé, flétri & banni à tems ou à perpétuité du Reffort d'un Bailliage feulement, le matin, & de relevée : le Blâme, l'Admonition & autres peines femblables, l'Interdiction d'Officiers à tems ou à perpétuité, la Condamnation au Carcan, le plus amplement informé , même perpétuel , le matin & de relevée : quant à la Condamnation à mort & à la Queſtion, elle eſt de plein droit pour le matin.

ARTICLE X.

Aux procès qui ſeront jugés à la charge de l'appel par les Juges Royaux ou ceux des Seigneurs, auxquels il y aura des concluſions à peine afflictives, aſſiſteront au moins trois Juges qui ſeront Officiers, ſi tant il y en a dans le Siege ou Gradués; & ſe tranſporteront au lieu où s'exerce la Juſtice, ſi l'Accuſé eſt priſonnier; & ſeront préſens au dernier interrogatoire.

ARTICLE XI.

Les Jugemens en dernier reſſort ſe donneront par ſept Juges au moins, & ſi ce nombre ne ſe rencontre dans le Siege, ou ſi quelques-uns des Officiers ſont abſens, recuſés, ou s'abſtiennent pour cauſe jugée légitime par le Siege, il ſera pris des Gradués.

ARTICLE XII.

Les Jugemens, ſoit diffinitifs ou d'inſtruction, paſſeront à l'avis le plus doux, ſi le plus ſévere ne prévaut d'une voix dans les procès qui ſe jugeront à la charge de l'appel, & de deux dans ceux qui ſe jugeront en dernier reſſort.

Il faut diſtinguer, en matiere criminelle, les Jugemens qui ſe rendent à la charge de l'appel, d'avec ceux qui ſe rendent en dernier reſſort; les premiers pouvant être réformés, 'on n'exige point la même quantité de Juges. C'eſt pourquoi il ſuffit qu'ils ſoient donnés par trois Juges au moins : on doit prendre ceux de la Juriſdiction, s'il s'en trouve pour cela un nombre ſuffiſant. Mais quoiqu'il ne ſoit point néceſſaire que ces Juges ſoient gradués, ſur tout dans les Juſtices Seigneuriales, lorſqu'ils ont d'ailleurs la qualité d'Officiers, on ne peut néanmoins appeller à leur défaut, que des Gradués dans les cas où il s'agit de Grand Criminel, c'eſt-à-dire, quand les Concluſions du Miniſtere public tendent à peines afflictives.

Mais quand les Jugemens font en dernier reffort, il faut un plus grand nombre de Juges : l'Ordonnance veut qu'ils foient au moins au nombre de fept. On doit prendre néceffairement des Officiers de la Jurifdiction, fi ce n'eft dans trois cas; le premier eft lorfqu'il ne s'en trouve point fuffifamment dans le Siege pour remplir ce nombre : le fecond, lorfque quelques uns des Officiers font abfens : le troifieme enfin, lorfqu'il s'en trouve de récufés, ou qui s'abftiennent; mais il faut alors que la récufation ou l'abftention aient été jugées légitimes par le Siege. C'eft une Jurifprudence conftante, que, en matiere de Grand Criminel, le Procureur du Roi, ou le Procureur Fifcal, ne peut faire office de Juge, parceque, étant obligé de donner des Conclufions, il ne peut en mè-me-tems être Juge & Partie.

C'eft un ufage fort fage que celui qu'on obferve dans un grand nom-bre de Tribunaux, en ne permettant point que le Juge, qui a fait l'inf-truction, foit en même tems le Rapporteur du Procès. En effet, com-me on doit commencer par examiner, avant que de paffer au Jugement dé-finitif, s'il n'y a point de nullités dans l'inftruction, il y auroit lieu de craindre que la pente que l'on a naturellement à favorifer fon propre ouvrage, ne portât le Rapporteur à paffer légerement fur ce point, fi c'étoit lui qui eût fait l'inftruction.

Il ne peut jamais y avoir de partage dans les Jugemens en matiere criminelle; car, à égalité de voix, c'eft toujours l'avis le plus doux qui prévaut : ce que les Criminaliftes appellent paffer *in mitiorem*; en forte que pour que l'avis le plus févere paffe, il faut qu'il prévale au moins d'une voix dans les Jugemens rendus à la charge de l'appel, & de deux dans ceux qui font en dernier reffort. Les voix des Parens, dans le de-grés prohibés par l'Ordonnance, ne fe comptent que pour une, lorf-qu'elles fe rencontrent dans le même avis; mais elles fe comptent pour deux, lorfque les Parens font d'avis différens.

ARTICLE XIII.

Après la peine de la mort naturelle, la plus rigou-reufe eft celle de la queftion, avec la réferve des preuves en leur entier, des galeres perpétuelles, du banniffement perpétuel, de la queftion fans réferve des preuves, des galeres à tems, du fouet, de l'amende honorable, & du banniffement à tems.

Cet Article contient l'énumération des différentes peines ou afflic-tives, ou infamantes, dans l'ordre de rigueur qu'elles doivent avoir na-turellement.

L'Ordonnance y fait une grande différence entre la Queftion prépa-ratoire avec réferve des preuves, & la Queftion fans réferve de preuves. La premiere est regardée comme plus rigoureuse que les Galeres à tems, & même perpétuelles, parcequ'elle a trait à la vie, dans le cas où la Question tireroit de la bouche de l'Accusé l'aveu de son crime; au lieu que la seconde n'est mise qu'après les Galeres perpétuelles ou le Bannissement perpétuel, qui emportent mort civile.

On ne trouve point dans l'énumération de l'Ordonnance la peine du Carcan & celle du Pilori, qui néanmoins sont en même tems peines corporelles & afflictives, & qui conséquemment doivent être présumées plus rigoureuses que le Bannissement à tems, qui n'est qu'une peine purement afflictive.

Après le Bannissement, qui est la derniere des peines énumérées dans l'Ordonnance, il y a encore le Blâme & l'Admonition.

On condamne quelquefois les femmes à être renfermées dans une maison de force; ce qui équivaut pour elles à la peine des Galeres perpétuelles ou à tems, à laquelle leur sexe ne permet pas qu'on puisse les condamner.

A R T I C L E XIV.

Tous Jugemens, soit qu'ils soient rendus à la charge de l'appel, ou en dernier ressort, seront signés par tous les Juges qui y auront assisté, à peine d'interdiction, des dommages & intérêts des Parties, & de cinq cens livres d'amende; n'entendons néanmoins rien innover à l'usage de nos Cours, dont les Arrêts seront signés par le Rapporteur & le Président.

A R T I C L E XV.

Tous Jugemens en Matiere Criminelle qui gissent en exécution, seront exécutés pour ce qui regarde la peine en tous lieux, sans permission ni pareatis.

L'Ordonnance met une différence essentielle, entre les Jugemens des premiers Juges, & les Arrêts des Cours Souveraines; en ce que les premiers doivent être signés par tous les Juges qui y ont assisté; au lieu que dans les Cours, les Arrêts sont seulement signés & par le Président & par le Rapporteur.

Il y a encore une autre différence non moins importante, entre les uns & les autres: c'est que les premiers Juges, même les Prévôts des Maréchaux & les Présidiaux, doivent exprimer dans leurs Jugemens la nature du crime qui donne lieu à la condamnation, formalité à laquelle les Cours ne sont point astreintes: elles se contentent seulement d'inferer dans leurs Arrêts cette Claufe générale, *pour les cas réfultans du procès.*

On n'eft point obligé d'obtenir aucune permiffion ni *Pareatis*, pour exécuter un Jugement criminel fur un autre Territoire que celui du Juge, de l'autorité duquel il eft émané. Mais cette exécution générale & indéfinie qui eft accordée par-là à tous les Jugemens en matiere criminelle, n'a lieu que par rapport à la peine. Car par rapport aux condamnations pécuniaires que pourroit contenir le même Jugement, elles ne pourroient avoir lieu, foit fur les meubles, foit fur les immeubles du Condamné, qu'en fuivant les regles ordinaires.

ARTICLE XVI.

Les Juges pourront décerner exécutoire contre la Partie civile, s'il y en a, pour les frais néceffaires à l'inftruction du procès, & à l'exécution des Jugemens; fans pouvoir néanmoins y comprendre leurs épices, droits & vacations, ni les droits & falaires des Greffiers.

ARTICLE XVII.

S'il n'y a point de Partie civile, ou qu'elle ne puiffe fatisfaire aux executoires, les Juges en décerneront d'autres contre les Receveurs de notre Domaine, où il ne fera point engagé, qui les acquitteront du fonds par Nous deftiné à cet effet. Et fi notre Domaine eft engagé, les Engagiftes, leurs Receveurs & Fermiers, feront contraints au paiement, même au-deffus du fonds deftiné pour les frais de Juftice; & dans les Juftices des Seigneurs, eux, leurs Receveurs & Fermiers, feront pareillement contraints: & les exécutoires exécutés par provifion & nonobftant l'appel, contre les Receveurs ou Engagiftes de nos Domaines & les Seigneurs, fauf leurs recours contre la Partie civile, s'il y en a.

ARTICLE XVIII.

Enjoignons aux premiers Juges d'obferver le contenu

ès

ès deux précédens Articles , à peine de cent cinquante livres d'amende , à laquelle , en cas de contravention , ils feront condamnés par les Juges Supérieurs , fans pouvoir être remife ni moderée ; & voulons que les mêmes exécutoires foient auffi par eux délivrés.

Il eft permis aux Juges de décerner des Exécutoires pour les frais néceffaires à l'inftruction des procès criminels , & pour l'exécution des Jugemens qui interviennent en cette matiere , mais non pas pour leurs épices & vacations , ni pour les droits & falaires des Greffiers.

Ces Exécutoires fe décernent contre la Partie civile , s'il y en a une , & s'il n'y en a pas , contre les Receveurs des Domaines engagés ou non engagés , ou contre les Seigneurs Hauts-Jufticiers , chacun à leur égard.

Il y a eu , depuis l'Ordonnance , différentes Loix qui ont modifié ou interprêté les difpofitions de notre Ordonnance à cet égard : les dernieres , font la Déclaration du 12 Juillet 1687 (*a*) , & celle du 4 Janvier 1734 (*b*) que l'on pourra confulter.

(*a*) » L O U I S , &c. SALUT. Nous avons par notre Edit du mois d'Avril 1685 créé & érigé en titre
» d'Office , & forme héréditaire , un Receveur Général de nos Domaines & Bois en chaque Province &
» Généralité de notre Royaume , pour recevoir à l'avenir des Fermiers des Domaines qui font en
» nos mains , les fonds des Charges locales affignées , tant fur nofdits Domaines , que fur les amen-
» des qui y font jointes ; & des Engagiftes , les fonds des Charges locales affignées fur les Domaines
» dont ils jouiffent , & faire enfuite le paiement de toutes lefdites Charges fur les lieux aux Affi-
» gnés ; comme auffi des frais de Juftice & des réparations à faire à nos Domaines , dont les fonds
» leur feroient à cet effet pareillement remis par lefdits Fermiers.
» Mais comme lefdits Fermiers & Engagiftes ont eux mêmes acquitté lefdites Charges jufqu'à pré-
» fent , Nous avons jugé à propos , tous lefdits Offices fe trouvant remplis , de prévenir les con-
» teftations qui pourroient furvenir pour raifon de ce , ent'eux & lefdits Receveurs Généraux ; auquel
» effet Nous avons , par Arrêt de notre Confeil , du premier du préfent mois de Juillet , expliqué
» de quelle maniere Nous voulons que lefdites Charges & autres dépenfes , foient à l'avenir ac-
» quittées , tant par lefdits Receveurs , ou par les Fermiers de nos Domaines , que par les Engagiftes ,
» pour être du tout compté , par lefdits Receveurs Généraux , en nos Chambres des Comptes , con-
» formément audit Arrêt par lequel Nous avons auffi réglé toutes les autres fonctions defdits Rece-
» veurs Généraux , même de quelle maniere ceux d'ent'eux qui ont été pourvus en l'année derniere ,
» ou les Particuliers que Nous avons commis à aucun defdits Offices , lefquels n'étoient pas encore
» remplis , doivent rendre leurs comptes pour ladite année derniere.
» A CES CAUSES , & autres à ce Nous mouvans , de l'avis de notre Confeil qui a vu ledit Arrêt ,
» dont Copie collationnée eft ci attachée fous le Contre-fcel de notre Chancellerie , & de notre cer-
» taine fcience , pleine puiffance , autorité Royale , Nous avons par ces Préfentes fignées de notre
» main , en interprêtant ledit Edit du mois d'Avril 1685 , dit & ordonné , difons & ordonnons , vou-
» lons & Nous plaît , qu'à l'avenir , & à commencer du premier Janvier de la préfente année , les
» Fermiers de nos Domaines continueront d'acquitter , ainfi qu'ils ont fait jufqu'à préfent , de fix
» mois en fix mois , fur les lieux , à la réferve de ceux où les Receveurs Généraux defdits Domaines
» auront établi leurs domiciles , toutes les Charges locales , Fiefs , Aumônes , Rentes , Gages d'Offi-
» ciers , & Redevances en deniers , Grains & autres efpeces affignées , tant fur les domaines dont ils
» jouiffent , que fur les amendes jointes à la Ferme générale de nofdits Domaines , fuivant les états
» qui en ont été , ou feront pour cet effet arrêtés par chacun an en notre Confeil , dont ils
» rapporteront les acquits , fix femaines après l'échéance de chaque terme , entre les mains defdits
» Receveurs Généraux , lefquels leur en délivreront leurs quittances comptables , que lefdits Fermiers
» feront tenus de faire contrôler à leurs frais dans les tems ordinaires ; & pour le droit de con-
» trôle de chacune defdites quittances il fera payé dix fols ; & à l'égard des Charges comprifes
» dans nofdits états , lefquelles feront payables dans les lieux où lefdits Receveurs Généraux auront
» établi leur domicile , le fond leur en fera remis de fix mois en fix mois , en deniers , grains ,

» & autres especes par lefd.'s Fermiers, po r être délivrés aux Assignés, conformément à nosdits
» états, par lesdits Receveurs Généraux, lesquels, faute par lesdits Fermiers de remettre lesdits ac-
» quits ou les fonds en deniers ou especes, dans les termes ci-dessus, pourront décerner leurs con-
» traintes contr'eux, lesquelles ne pourront néanmoins être exécutées qu'après qu'elles auront été
» visées par l s Trésoriers de France de la Généralité, & par les Sieurs Intendans dans les Provin-
» ces où il n'y a point de Bureaux des Finances établis : comme aussi voulons que les Executoi-
» res pour frais de Justice soient décernés par les Juges, tant de nos Cours qu'autres Jurisdictions
» Royales, ainsi qu'il a été pratiqué jusqu'à-présent contre les Fermiers ou Arriere-fermiers de nos
» Domaines, lesquels payeront le contenu auxdits exécutoires après qu'ils auront été visés par les
» Sieurs Intendans & Commissaires départis dans lesdites Généralités, suivant & aux termes portés
» par les Arrêts de notre Conseil, des 26 Octobre & 15 Novembre 1683, à l'exception de ceux
» qui seront causés pour frais d'exécution, conduite ou translation de Prisonniers, ou de con-
» damnés aux Galeres, & pour autres dépenses urgentes & nécessaires, dont ils seront tenus de
» faire le paiement sur le champ, & sans attendre que lesdits exécutoires aient été visés, à la charge
» néanmoins de les faire viser dans l'espace de trois mois après qu'ils en auront fait le paiement ;
» de tous lesquels frais lesdits Fermiers & Arrieres-fermiers seront tenus de remettre les acquits
» comme ci-dessus en bonne forme, de six mois en six mois, entre les mains desdits Receveurs
» Généraux, avec lesdits exécutoires visés & les états en détail desdits frais, dressés & certifiés par le
» Juge, & notre Procureur en chacun Siege, & arrêtés par les Sieurs Intendans & Commissaires
» départis, moyennant quoi lesdits Receveurs Généraux leur délivreront leurs quittances compta-
» bles des sommes auxquelles monteront lesdits frais, & rapporteront lesdits acquits dans la dépense
» de leurs comptes.

» Voulons en outre, conformément audit Arrêt de notre Conseil du 26 Octobre 1683, que les
» sommes contenues ausdits exécutoires soient reprises sur la portion qui se trouvera Nous appar-
» tenir, suivant la reserve portée par les Baux de nos Domaines sur les biens des Condamnés,
» & qu'à cet effet les Arrêts & Jugemens en dernier ressort, portans confiscation desdits biens, soient
» mis ès mains desdits Receveurs Généraux, pour en vertu d'iceux poursuivre ledit recouvre-
» ment ; desquelles sommes ainsi recouvrées ils feront recette dans leurs comptes en même-tems qu'ils
» y employeront en dépenses les sommes contenues esdits exécutoires. Voulons aussi que les dé-
» penses que Nous ordonnerons être faites pour l'entretien & réparation de nos Domaines soient
» pareillement payées sur les Lieux par les Fermiers ou Arriere fermiers desdits Domaines, ainsi
» qu'il est accoutumé, suivant les mandemens qui en seront délivrés tant eux par les Ordonnateurs :
» & seront lesdits Fermiers tenus de remettre de six mois en six mois au plus tard, à la fin de cha-
» que année, les devis, adjudications, & réception des ouvrages, ensemble les Ordonnances des
» paiemens & quittances des Ouvriers, le tout en bonne forme, ès mains desdits Receveurs Géné-
» raux, lesquels délivreront auxdits Fermiers ou Arriere fermiers leurs quittances comptables des
» sommes auxquelles auront monté lesdites dépenses, pour en être par eux compté.

» Et à l'égard des Charges assignées sur les Domaines engagés, dont les Engagistes seront tenus
» par leurs Contrats d'aliénation, & suivant les états qui en ont été & seront arrêtés en notredit
» Conseil, Nous ordonnons qu'elles seront acquittées par eux ou leurs Fermiers sur les lieux, de six
» mois en six mois, & que lesdits frais de Justice & de réparations seront aussi payés de la manière
» ordinaire ; de toutes lesquelles dépenses lesdits Engagistes seront tenus de remettre, un mois après
» la fin de chacune année, les acquits bons & valables ès mains de dis Receveurs Généraux, en-
» semble les revenans-bons desdites Charges & frais, s'il y en a, pour tout leur être délivré
» par lesdits Receveurs Généraux de simples quittances non contrôlées, & lesdits acquits rapportés
» dans la dépense de leurs comptes. Tous lesquels acquits, ensemble ceux qui seront rapportés par
» lesdits Fermiers ou Arrieres-fermiers, tant desdites Charges locales, que des frais de Justice ou de
» réparations, seront passés & alloués dans les comptes desdits Receveurs Généraux, nonobstant qu'ils
» soient conçus ou libellés sous les noms desdits Fermiers ou Arrieres-fermiers, desdits Engagistes
» ou leurs Fermiers, à l'effet de quoi Nous avons dès-à-présent validé & validons lesdits acquits
» à la charge desdits Receveurs Généraux.

» Voulons que les droits de lods & ventes qui Nous seront dûs sur les biens en rotures, soient
» perçus en la maniere accoutumée par les Fermiers de nos Domaines, lesquels, à commencer du
» premier Janvier prochain 1668, seront tenus de payer auxdits Receveurs Généraux le sol pour
» livre qui leur en est attribué sur le pied de la recette des droits, soit qu'ils en aient fait remise,
» composition ou non : & à l'égard desdits droits féodaux, & autres droits casuels, ils seront payés
» en entier auxdits Receveurs Généraux, lesquels s'en chargeront en recette dans leurs comptes, &
» retiendront pareillement sur la totalité d'iceux ledit sol pour livre, & délivreront auxdits Fermiers
» la portion qui leur en appartiendra suivant leurs baux ; & le surplus sera par eux porté en notre
» Trésor Royal, ou distribué ainsi qu'il sera par Nous ordonné.

» Permettrons en outre auxdits Receveurs Généraux d'assister, si bon leur semble, soit en personne
» ou par Procureur, à l'apposition & levée des scellés qui seront mis pour la conservation des droits
» concernans nos Domaines ; comme aussi aux ventes & adjudications des bois de nos Forêts.

» Voulons aussi que lesdits Receveurs Généraux aient l'entrée libre dans les Archives pour pren-
» dre communication des titres, sans frais & sans déplacer ; & lorsqu'ils auront besoin d'en tirer
» quelques copies, les Officiers des Bureaux les leur pourront délivrer sur leurs récépissés, ou en
» donner des extraits : comme aussi que les Notaires & Greffiers soient tenus, à peine de cent livres
» d'amende, de délivrer auxdits Receveurs des Domaines, lorsqu'ils en seront requis, des extraits som-
» maires des Contrats & autres Actes portans translation de propriété des biens situés dans notre

» mouvance directe, & même de leur en donner communication dans leurs Études, lesquels Con-
» trats leur seront à cet effet cottés par lesdits Receveurs ; lesdits extraits contenans la date du Con-
» trat, les noms des Contractans, la qualité & consistance en gros, le lieu de la situation, la mou-
» vance & le prix de l'héritage, pour chacun desquels extraits leur sera payé cinq sols. Ordonnons
» en outre que les Exploits qui seront faits à la requête de nos Procureurs Généraux ou Particuliers,
» poursuite & diligence desdits Receveurs Généraux, pour les affaires concernant les Domaines, seront
» contrôlés gratuitement, à quoi faire les Commis ausdits Contrôles seront contrains. Et à l'égard
» des Exploits qui seront aussi faits à la requête desdits Receveurs Généraux, pour raison des deniers
» ou acquits qui leur doivent être remis, les droits de contrôle seront par eux payés, sauf à s'en
» faire rembourser par ceux contre lesquels lesdits Exploits auront été faits ; comme aussi que les
» fonds des Charges assignées sur les Domaines, & amendes qui ont dû être payées, tant par les
» Fermiers, ou Arrieres fermiers desdits Domaines, que par les Engagistes ou leurs Fermiers, pen-
» dant l'année derniere 1686, seront par eux remis incessamment en deniers, grains & autres es-
» peces ou quittances, ès mains des Receveurs Généraux desdits Domaines, ou Commis à l'exer-
» cice desdites Charges, suivant les états qui en ont été arrêtés en notredit Conseil pendant ladite
» année, ensemble les acquits des frais de Justice & réparations que lesdits Receveurs Généraux, ou
» leurs Commis seront tenus de prendre, pour être du tout par eux délivré des quittances, à la
» décharge desdits Fermiers ou Engagistes, en la forme & manière ci-dessus ; & en être ensuite par
» eux compté, conformément à l'Edit de création, & à cet effet Nous avons validé & validons
» tous lesdits acquits pour servir à la décharge desdits Receveurs Généraux, nonobstant qu'ils y aient
» été conçus & libellés sur les noms desdits Fermiers & Engagistes.
» Si donnons en mandement à nos amés & féaux Conseillers, les Gens tenans notre Chambre
» des Comptes à Paris, Trésoriers de France au Bureau de nos Finances, & autres Officiers qu'il appar-
» tiendra, que ces Présentes ils aient à enregistrer, & le contenu en icelles faire exécuter de point
» en point selon leur forme & teneur, nonobstant tous Edits, Déclarations, Arrêts & Réglemens
» à ce contraires, auxquels Nous avons dérogé & dérogeons par ces Présentes. Et d'autant que d'i-
» celles on aura besoin en plusieurs lieux, voulons qu'aux copies collationnées dudit Arrêt de notre
» Conseil & des Présentes, par l'un de nos Conseillers Sécretaires, foi soit ajoutée comme aux
» originaux. Car tel est notre plaisir. En témoin de quoi Nous y avons fait mettre notre Scel.
» Donné à Versailles le 12 Juillet, l'an de grace mil six cent quatre vingt sept, & de notre Regne
» le quarante-cinquieme. *Signé*, LOUIS. Par le Roi : COLBERT *Et plus bas*, Vû au Conseil : LE
» PELLETIER. Scellé du grand Sceau de cire jaune. *Signé*, RICHER.

» (*b*) » LOUIS, par la grace de Dieu, Roi de France & de Navarre : A tous ceux qui ces pré-
» sentes Lettres verront, SALUT. La punition des crimes étant un de nos devoirs les plus impor-
» tans pour procurer la tranquillité de nos Sujets, Nous faisons exactement payer sur les revenus
» de nos Domaines les frais des poursuites qui sont faites dans l'étendue de nos Justices, lorsqu'il n'y
» a point de Parties civiles ; mais il arrive souvent que les Parties civiles elles-mêmes, les Engagistes,
» & les Seigneurs Hauts Justiciers trouvent des moyens pour éluder le paisement des frais dont ils
» sont tenus, lesquels sont pris & avancés sur notre Domaine, sans qu'il s'en fasse aucune répéti-
» tion, ni contre ceux qui en sont tenus, ni sur les biens des condamnés, sous prétexte que par
» l'Article 3 de l'Edit du mois de Décembre 1701, portant création d'Offices de Receveurs Généraux
» alternatifs de nos Domaines & Bois, nosdits Receveurs Généraux ont été déchargés de justifier de
» la discussion des biens des condamnés, & qu'il ne leur a été ordonné de compter de ce qui
» aura été par eux reçu, ou de rapporter, en cas d'insolvabilité, des certificats de carence de biens,
» le soin de la discussion ayant été laissé par ledit Edit à nos Procureurs Généraux, & à leurs Substi-
» tuts, que Nous sommes informés n'être point en état d'y vacquer, ensorte que tout ce qui est
» indûment pris sur nos Domaines pour les frais des procès criminels, demeure en pure perte pour
» Nous.
» A ces causes, & autres à ce Nous mouvans, de l'avis de notre Conseil, & de notre certaine
» science, pleine puissance, & autorité Royale, Nous avons par ces Présentes signées de notre main,
» dit, décaré & ordonné, disons, déclarons & ordonnons, voulons & Nous plaît, que les Rece-
» veurs Généraux de nos Domaines & Bois soient tenus de faire à l'avenir toutes les poursuites né-
» cessaires contre les Parties civiles, les Engagistes de nos Domaines, & les Seigneurs Hauts Justi-
» ciers ; ensemble sur les biens des condamnés, à l'effet de faire porter en notre Trésor Royal les
» frais qui pourront être répétés, ou qui auront été indûment pris sur les revenus de nos Domai-
» nes pour la poursuite & le jugement des procès criminels ; le tout sur les états de recouvrement qui
» en seront arrêtés en notre Conseil, qui leur seront remis à cet effet, dont Nous voulons qu'il
» soit par eux compté en nos Chambres des Comptes, en même tems qu'ils compteront de leurs
» exercices, sans qu'ils en puissent être déchargés qu'en rapportant des certificats de carence de biens
» des Lieutenans Criminels, & de nos Procureurs des Jurisdictions où les procès auront été jugés, &
» sans qu'ils soient tenus de rapporter aucunes autres pieces justificatives de leur recette, que lesdits
» états qui seront arrêtés en notre Conseil. Et pour indemniser nosdits Receveurs Généraux de leurs
» peines & soins dudit recouvrement, Nous leur attribuons quatre fois pour livre de toutes les som-
» mes qu'ils feront rentrer à notre profit, que Nous voulons leur être allouées en dépense dans leurs
» comptes, sans qu'il leur puisse être passé aucuns frais, ni autres dépenses pour raison dudit recou-
» vrement, sous quelque pretexte que ce soit ; dérogeant en tant que de besoin à toutes choses à
» ces présentes Lettres contraires. Si donnons en mandement à nos amés & féaux Conseillers, les
» Gens tenans notre Chambre des Comptes à Paris, que ces Présentes ils aient à faire lire, pu-
» blier & enregistrer, & le contenu en icelles garder, observer & exécuter selon sa forme & te-

A R T I C L E XIX.

Enjoignons à nos Procureurs & à ceux des Seigneurs, de pourſuivre inceſſamment ceux qui ſeront prévenus de crimes capitaux, ou auxquels il écherra peine afflictive, nonobſtant toutes tranſactions & ceſſions de droits faites par les Parties ; & à l'égard de tous les autres, ſeront les tranſactions exécutées, ſans que nos Procureurs ou ceux des Seigneurs, puiſſent en faire aucune pourſuite.

Il étoit défendu à Rome aux Parties de tranſiger en matiere criminelle, à peine, contre l'Accuſateur, d'être déclaré Calomniateur; & contre l'Accuſé, d'être déclaré convaincu. Nous n'avons pas adopté cette regle parmi nous : la Partie civile n'ayant droit de pourſuivre que des intérêts pécuniaires, on lui a toujours laiſſé la liberté de tranſiger de ſes droits en tout état de cauſe, parceque la vindicte publique réſide toujours, nonobſtant toute Tranſaction de la Partie civile, dans la perſonne des Officiers chargés du miniſtere public. Mais s'il étoit important d'animer le zele de ces Officiers, & de leur enjoindre de pourſuivre les grands crimes, parcequ'ils intéreſſent l'ordre public, il n'étoit pas moins eſſentiel d'arrêter le cours d'un abus qui s'étoit gliſſé, ſur-tout dans les petites Juſtices, où les Seigneurs engageoient leurs Procureurs Fiſcaux à pourſuivre les moindres accuſations, par le ſeul intérêt de l'amende qui leur en revenoit, quand bien même les Parties civiles auroient été déſintéreſſées.

C'eſt pourquoi notre Ordonnance diſtingue deux cas où les Tranſactions peuvent être faites en matiere criminelle : ſi elles ſont faites relativement à une accuſation capitale, où du moins de nature à mériter peine afflictive, elles ne peuvent être un obſtacle au Miniſtere public, qui n'en doit pas moins pour cela pourſuivre la vengeance du crime. Mais à l'égard de toutes autres accuſations, les Tranſactions ſont un obſtacle inſurmontable pour la Partie publique, qui ne peut paſſer outre à la pourſuite au préjudice des Tranſactions, qui dans ce cas doivent avoir leur pleine & entiere exécution.

» neur. Car tel eſt notre plaiſir. En témoin de quoi Nous avons fait mettre notre Scel à ceſdites
» Préſentes. Donné à Verſailles le quatrieme jour du mois de Janvier, l'an de grace mil ſept cent
» trente quatre, & de notre Regne le dix neuvieme. *Signé*, LOUIS. *Et plus bas*, Par le Roi : PHI-
» LYPEAUX, Vû au Conſeil : ORAY. Et ſcellé du grand Sceau de cire jaune.

ARTICLE XX.

Voulons que ce qui a été ordonné pour les dépens en Matiere Civile, soit exécuté en Matiere Criminelle.

Cette difpofition, par rapport à la condamnation des dépens, n'a lieu que lorfqu'il y a une Partie civile ; car autrement jamais le Fifc ne peut demander des dépens : il eft cenfé fuffifamment dédommagé des frais qu'il paie en matiere criminelle, par les condamnations d'amendes & les confifcations.

Obfervons néanmoins que, même vis-à-vis d'une Partie civile, lorf-que plufieurs Co-accufés font condamnés aux dépens envers elle, ils n'en font tenus chacun que pour leur part & portion, à moins que le Jugement ne contienne à cet égard une condamnation folidaire ex-prefle ; à la différence de la condamnation d'amende, ou d'aumône, ou d'intérêts civils, qui eft folidaire de droit, quand bien-même le Juge-ment ne porteroit point la folidité.

ARTICLE XXI.

Les Jugemens feront exécutés le même jour qu'ils auront été prononcés.

Tous Jugemens portant condamnation à peine corporelle ou afflic-tive, ne peuvent être mis en exécution, qu'ils n'aient été lus & pro-noncés aux Condamnés.

Cette lecture & cette prononciation fe font par le Greffier, en préfence du Juge ou du Rapporteur, aux Condamnés que l'on fait mettre à genoux à cet effet.

Lorfque cette prononciation eft faite, le Jugement doit être exécuté dans les vingt quatre heures. L'humanité a dicté cette regle, parceque le fupplice d'un Condamné eft cenfé commencer de l'inftant où il a connoiffance de fa condamnation ; & qu'il y auroit trop de dureté de prolonger ce fupplice au-delà de vingt-quatre heures.

Cependant, outre que cette difpofition ne regarde point les Cours Souveraines, qui ne font point abfolument affujetties à l'obferver, elle reçoit d'ailleurs des exceptions néceffaires, même par rapport aux Ju-ges inférieurs. Ainfi lorfqu'un Condamné, à qui on a prononcé fon Jugement, étant arrivé au lieu du fupplice, ou même auparavant, fait des déclarations qui donnent lieu à une inftruction fur-le-champ, il arrive fouvent alors que l'exécution eft prolongée jufqu'au lendemain.

ARTICLE XXII.

Si les Condamnés à l'amende honorable refufent

d'obéir à Justice , les Juges seront tenus leur en faire trois différentes injonctions, après lesquelles ils pourront les condamner à plus grande peine.

On étoit autrefois très rigide à observer, à la lettre, la présente disposition ; mais on s'est relâché depuis un certain tems de cette rigueur, & on a considéré qu'un homme condamné à faire amende honorable, étoit déja puni assez sévérement par l'appareil humiliant de cette punition , sans qu'il fût encore nécessaire de le punir plus rigoureusement , faute par lui de vouloir parler. J'ai moi-même été témoin de quelques amendes honorables, où les Criminels, bien loin de prononcer aucune parole de repentir, disoient hautement qu'ils étoient innocens ; & les Juges firent semblant de n'en rien entendre , pour n'être point obligés de punir cette contumace & cette désobéissance.

Article XXIII.

Si quelque femme, devant ou après avoir été condamnée à mort , paroît ou déclare être enceinte, les Juges ordonneront qu'elle sera visitée par Matrônes qui seront nommées d'office , & qui feront leur rapport dans la forme prescrite au Titre des Experts, par notre Ordonnance du mois d'Avril 1667 ; & si elle se trouve enceinte , l'exécution sera différée jusqu'après son accouchement.

Lorsqu'une femme est condamnée à mort, la Religion , la Justice, l'humanité , l'intérêt même de la Société ne permettent point qu'on fasse périr son fruit avec elle, si elle se trouve enceinte : mais on ne l'en croit point sur sa simple déclaration ; il faut que le fait soit constaté par le rapport de Matrones, ou Accoucheurs nommés d'office par le Tribunal ; & s'il se trouve vrai, on diffère l'exécution, non-seulement jusqu'après l'accouchement, mais même jusqu'à ce que la santé de la femme condamnée soit entierement rétablie.

Ce cas est encore une exception nécessaire à la regle des vingt-quatre heures pour l'exécution des Jugemens en matiere criminelle.

Article XXIV.

Le Sacrement de Confession sera offert aux Condamnés à mort ; & ils seront assistés d'un Ecclésiastique jusqu'au lieu du supplice.

On doit off.ir à ceux qui ont été condamnés à mort le Sacrement de Confeffion ; & le Confeffeur doit les affifter au fupplice, & ne les point quitter qu'après l'exécution ; afin de les entretenir dans des fentimens de piété, & de les exhorter jufqu'au dernier inftant à fouffrir avec patience leurs tourmens, en expiation de leurs péchés & de leurs crimes.

Mais jamais on ne leur adminiftre le Sacrement de l'Euchariftie ; ce n'eft même que depuis l'Edit du mois de Février 1696, que la Confeffion a été accordée aux Condamnés à mort ; mais ce n'eft que le jour de l'exécution qu'elle leur eft offerte.

FORMULES DES PROCEDURES
RELATIVES AU PRESENT TITRE.

LA COUR, garnie de Princes & de Pairs, faifant droit fur l'accufation contre ledit Robert-François Damiens, déclare ledit Robert-François Damiens dûment atteint & convaincu du crime de leze-Majefté divine & humaine au premier chef, pour le très méchant, très abominable, & très déteftable parricide commis fur la Perfonne du Roi ; & pour réparation, condamne ledit Damiens a faire amende honorable devant la principale porte de l'Eglife de Paris, où il fera mené & conduit dans un tombereau, nud en chemife, tenant une torche de cire ardente du poids de deux livres ; & la, à genoux, dire & déclarer que méchamment & proditoirement il a commis ledit très méchant, très abominable & très déteftable parricide, & bleffé le Roi d'un coup de couteau dans le côté droit, dont il fe repent, & demande pardon à Dieu, au Roi & à Juftice ; ce fait, mené & conduit dans ledit tombereau à la Place de Greve, & fur un échaffaud qui y fera dreffé, tenaillé aux mamelles, bras, cuiffes, & gras de jambes, fa main droite tenant en icelle le couteau dont il a commis ledit parricide, brûlée de feu de fouffre ; & fur les endroits où il fera tenaillé, jetté du plomb fondu, de l'huile bouillante, de la poix-réfine brûlante, de la cire & foufre, fondus enfemble ; & enfuite fon corps tiré & démembré à quatre chevaux, & fes membres & corps confumés au feu, réduits en cendres, & fes cendres jettées au vent : déclare tous fes biens, meubles & immeubles, en quelques lieux qu'ils foient fitués, confifqués au Roi : ordonne qu'avant ladite exécution, ledit Damiens fera appliqué à la Queftion ordinaire & extraordinaire, pour avoir révélation de fes Complices : ordonne que la maifon où il eft né fera démolie ; celui à qui elle appartient préalablement indemnifé, fans que fur le fond de ladite maifon puiffe à l'avenir être fait autre bâtiment. Fait en Parlement, la Grand'Chambre affemblée, le vingt-fix Mars mil fept cent cinquante fept.

[*Nota*. Par un fecond Arrêt du 29 Mars 1757, le Pere, la Femme & la Fille de Robert François Damiens ont été bannis à perpétuité du Royaume, avec défenfes à eux d'y revenir, à peine d'être pendus fans autre forme de procès : & à l'égard de fes Freres, Sœurs & Belle-fœurs, il leur a été feulement enjoint de changer le nom de Damiens.]

Arrêt fur l'affaffinat commis en la Perfonne du Roi.

Vû le procès criminel, &c. (*énoncer & dater toute la procédure*). Nous avons ledit . . . . déclaré dûment atteint & convaincu d'avoir, &c. Pour réparation de quoi le condamnons à faire amende honorable en chemife, nue tête, & la corde au col, tenant en fes mains une torche de cire ardente du poids de deux livres au-devant de la principale porte & entrée de l'Eglife de . . . . où il fera mené & conduit dans un tombereau par l'Exécuteur de la Haute-Juftice, qui attachera devant lui & derriere le dos un Placard, où fera écrit en gros caractere (*SACRILEGE*) ;

Jugement portant condamnation à avoir le poing coupé, & à être brûlé vif.

& là étant à genoux déclarer que méchamment il a . . . . dont il se repent & de-mande pardon à Dieu , au Roi & à Justice. Ce fait aura le poing coupé sur un Po-teau qui sera planté au-devant de ladite Eglise , après quoi sera mené par ledit Exé-cuteur dans le même tombereau en la Place publique de . . . . pour y être attaché à un Poteau avec une chaîne de fer & brûlé vif, son corps réduit en cendres , & icel-les jettées au vent : déclarons tous ses biens, situés en Pays de confiscation , acquis & confisqués au Roi, ou à qui il appartiendra ; sur iceux ou autres non sujets à con-fiscation préalablement pris la somme de . . . . pour être employée à la fondation & entretien perpétuel d'une lampe ardente qui sera mise au-devant de l'Autel de . . . où ledit sacrilège a été commis ; le condamnons en . . . . livres d'amende envers le Roi, en cas que confiscation n'ait lieu au profit de Sa Majesté , & *s'il y a Partie civile, l'on ajoute* : & aux dépens du procès. Et sera la présente Sentence gra-vée sur une Table d'airain, qui sera attachée au plus prochain pillier du même Au-tel. Si mandons , &c. Ce fut fait & donné par Nous soussignés . . . . le . . . . .

Condamnation à avoir la langue cou-pée & être pendu, & le cadavre brûlé.

Vû , &c. Nous avons déclaré ledit . . . . dûement atteint & convaincu d'avoir proféré des blasphèmes contre Dieu , la Sainte Vierge & les Saints ; pour réparation de quoi, le condamnons à faire amende honorable, en chemise, nue tête , la corde au col, (*&c. comme dessus*) ; déclarer que méchamment il a proféré des blasphè-mes contre Dieu , la Sainte Vierge & les Saints , dont il se repent & en demande pardon à Dieu , au Roi , & à la Justice. Ce fait , aura la langue coupée par ledit Exé-cuteur au-devant d'icelle Eglise , & ensuite mené dans le même tombereau en la Place de . . . . où il sera pendu & étranglé , jusqu'à ce que mort s'ensuive, à une Potence qui sera dressée en la même Place , son corps mort jetté au feu , & réduit en cendre qui sera jettée au vent : déclarons ses biens , situés en Pays de confiscation, acquis & confisqués au Roi, ou à qui il appartiendra ; sur iceux , ou autres non su-jets à confiscation , préalablement pris la somme de . . . . livres d'amende , en cas que confiscation n'ait lieu, au profit de Sa Majesté , & le condamnons aux dépens du procès.

Nota. Il a été enjoint aux Juges de mettre dans leur Jugement de condamnation à mort , tant que mort s'ensuive. Un Accusé avoit été condamné à être pendu ; l'on executa la Sentence , mais le Condamné ne fut pas étranglé ; & comme on alloit l'enlever , on apperçut qu'il étoit encore en vie, une saignée le fit entierement reve-nir. Le Prévôt des Maréchaux , instruit de ce fait , se ressaisit du Condamné ; il fut question de savoir si l'on devoit le faire reparoître devant les Juges : l'on décida que les Juges ayant rendu leur Sentence , leur ministere étoit consommé, que c'étoit au Prévôt à faire mettre la Sentence à exécution ; en conséquence le Condamné fut re-pendu sans autres formalités.

Rompu vif.

Nous avons ledit . . . . déclaré duement atteint & convaincu de vols, meur-tres , & assassinats par lui commis aux passans sur les grands chemins avec armes ; pour réparation de quoi, le condamnons d'avoir les bras, jambes , cuisses & reins rompus vifs sur un échaffaud , qui pour cet effet sera dressé en la Place de . . . . & mis ensuite sur une roue , la face tournée vers le Ciel pour y finir ses jours ; ce fait, son corps mort porté par l'Exécuteur de la Haute-Justice sur le chemin de . . . . . ses biens acquis & confisqués , &c.

Lorsqu'il a été arrêté que l'Accusé ne sera pas rompu vif , ou qu'il n'en sentira que quelques coups , les Juges mettent un Retentum au bas de l'Arrêt , ou Jugement dernier , en ces termes.

Retentum.

A été arrêté que ledit . . . . ne sentira aucun coup vif , mais sera secretement étranglé,

Autre.

Arrêté qu'après que , . . . aura senti trois coups vifs , il sera secretement étran-glé.

Arrêté

Arrêté qu'après que ledit. . . . aura fenti tous les coups vifs, il fera fécretement étranglé à l'entrée de la nuit.

Nous avons ledit. . . . déclaré & le déclarons dûment atteint & convaincu de . . . . pour réparation de quoi le condamnons à être pendu & étranglé, jufqu'à ce que mort s'enfuive, à une Potence, qui pour cet effet fera dreffée en la Place de . . . . led. . . . . préalablement appliqué à la Queftion ordinaire & extraordinaire; déclarons tous & chacuns fes biens acquis & confifqués, &c.

Nous avons ledit. . . . déclaré fuffifamment atteint & convaincu d'avoir fauffement & malicieufement fabriqué l'Acte du. . . . dont eft queftion, lequel Nous avons déclaré faux; pour réparation de quoi le condamnons à faire amende honorable, nud en chemife, la corde au col, tenant en fes mains une torche de cire ardente, du poids de deux livres, audevant de la principale porte & entrée de l'Eglife de . . . . où il fera mené par l'Exécuteur de la Haute-Juftice, ayant Ecriteaux devant & derriere, avec ce mot (FAUSSAIRE); & là, étant nue tête, à genoux, déclarer que fauffement & malicieufement il a fabriqué ladite Piece, dont il fe repent, & demande pardon à Dieu, au Roi, & à la Juftice. Ordonnons que ladite piece fera lacérée par ledit Exécuteur en préfence de l'Accufé, lequel Nous condamnons en outre d'être pendu & étranglé, jufqu'à ce que mort s'enfuive, à une Potence, qui pour cet effet fera dreffée en la Place de. . . . ; déclarons tous & chacuns fes biens, fitués en Pays de confifcation, acquis & confifqués au Roi, ou à qui il appartiendra; fur iceux, ou autres non fujets à confifcation, préalablement pris la fomme de. . . . livres d'amende envers le Roi, ... de réparation civile envers. . . .

Nota. *Quand l'amende honorable eft jointe à la peine de mort, elle doit être faite devant une Eglife.*

Nous avons ledit. . . . déclaré dûment atteint & convaincu d'avoir fait & fabriqué des efpeces de fauffe monnoie, mentionnées au procès; pour réparation de quoi le condamnons d'être pendu, &c.

Nous avons lefdits . . . & . . . déclarés dûment atteints & convaincus d'avoir commis entr'eux le crime d'adultere; pour réparation de quoi, les condamnons, favoir, ledit . . . . à, &c; & à l'égard de ladite . . . . . d'être mife & recluse dans le Monaftere des Filles Religieufes de. . . . pour y demeurer. . . . en habit féculier, pendant lefquelles, ... fon mari pourra la voir, même la reprendre, fi bon lui femble; finon ledit tems paffé fera rafée & voilée, pour y demeurer le refte de fes jours, & y vivre en Habit régulier comme les autres Religieufes, en payant par . . . . auxdites Religieufes pour fadite femme . . . . livres de penfion par chacun an, de quartier en quartier, & par avance; laquelle penfion fera prife fur les biens de...; & dès à préfent avons déclaré ladite... déchue &privée de fes dot &conventions matrimoniales portées par fon Contrat de mariage; enfemble de tous les avantages qui lui pourroient être faits à l'avenir, tant par fucceffion, donation, qu'autrement, lefquels demeureront aux enfans de . . . . & d'elle: condamnons ladite. . . . . folidairement avec ledit... en la fomme de. . . . de réparation civile, dépens, dommages & intérêts envers ledit mari.... en... d'amende envers le Roi, & aux dépens du procès.

Nous avons ledit défunt . . . . déclaré dûment atteint & convaincu de s'être défait & homicidé foi-même, s'étant donné un coup de piftolet dans la tête dont il eft mort; pour réparation de quoi, condamnons fa mémoire à perpétuité; & fera le cadavre dudit défunt attaché, par l'Exécuteur de la Haute-Juftice, au derriere d'une charette, & traîné fur une claie la tête en bas, & la face contre terre, par les rues de cette Ville jufqu'à la Place de . . . . où il fera pendu par les pieds à une Potence, qui pour cet effet fera plantée audit lieu; & après qu'il y aura demeuré vingt-quatre heures, jetté à la voierie : déclarons tous & chacuns ses biens, situés en Pays de confiscation, acquis & confisqués, &c.

Contre la mémoire seulement si le cadavre n'est pas existant.

Nous avons ledit . . . . . déclaré dûment atteint & convaincu de s'être défait & homicidé soi-même s'étant pendu & étranglé, pour réparation de quoi, condamnons sa mémoire à perpétuité ; déclarons les biens dont il jouissoit au jour de sa mort, situés en Pays de confiscation, acquis & confisqués, &c.

Si par l'information il y a preuve que le Défunt n'ait pu se défaire soi-même, & qu'il soit innocent, la regle est de prononcer ainsi :

Décharge de la mémoire d'un défunt.

Nous . . . . attendu la preuve résultante des informations, que défunt . . . . n'a pu se défaire soi-même, & qu'il étoit innocent, avons déchargé sa mémoire de l'accusation ; & en conséquence ordonnons que le cadavre dudit Défunt sera inhumé en la maniere accoutumée.

Si le Défunt étoit en démence, la prononciation sera ainsi :

Jugement portant qu'il sera informé des vie & mœurs du défunt.

Nous . . . . avant de faire droit, ordonnons qu'il sera informé des vie, mœurs & comportemens du Défunt pardevant . . . . pour, l'information faite rapportée & communiquée au Procureur du Roi, être ordonné ce qu'il appartiendra.

S'il n'y a point de démence, & qu'il n'y ait point assez de preuves pour condamner l'Accusé, & qu'il y ait des preuves qui laissent les Juges en suspens, pour pouvoir absoudre ou condamner l'Accusé, la regle est de donner le Jugement qui suit.

Jugement portant qu'il sera plus amplement informé.

Nous, avant faire droit, ordonnons qu'il sera plus amplement informé des cas mentionnés au procès dans . . . mois, pour, l'information faite, rapportée & communiquée au Procureur du Roi, & vue, être ordonné ce que de raison.

Et si la preuve de la démence vient, ou que par le plus amplement informé il ne survienne point de nouvelles preuves, la regle est de décharger la mémoire.

Condamnation à avoir la tête tranchée.

Nous avons ledit . . . . déclaré dûment atteint & convaincu du crime de rapt mentionné au procès ; pour réparation de quoi, le condamnons d'avoir la tête tranchée sur un échaffaud, qui pour cet effet sera dressé en la Place de . . . . ; déclarons tous & chacuns ses biens, situés en Pays de confiscation, acquis & confisqués, &c.

Condamnation aux galeres, à perpétuité.

Nous avons ledit . . . . déclaré dûment atteint & convaincu de . . . . ; pour réparation de quoi, le condamnons à servir comme Forçat dans les Galeres du Roi à perpétuité, en . . . . livres de réparation civile, dommages & intérêts envers ledit . . . . & aux dépens du procès : le surplus de ses biens, situés en Pays de confiscation, acquis & confisqués au Roi, ou à qui il appartiendra, &c. Et sera ledit . . . . . avant d'être conduit aux Galeres, flétri des trois lettres G. A. L.

Condamnation à faire amende honorable, avoir la langue percée & aux galeres.

Nous avons ledit . . . . déclaré dûment atteint & convaincu d'avoir blasphêmé le Saint Nom de Dieu ; pour réparation de quoi, le condamnons à faire amende honorable, nud en chemise, la corde au col, tenant en ses mains une torche de cire ardente, du poids de deux livres, l'Audience tenante ; & là ; étant nue tête & à genoux, dire & déclarer à haute & intelligible voix, que méchamment & comme malavisé il a . . . . dont il se repent, & en demande pardon à Dieu, au Roi, & à Justice ; ce fait, aura la langue percée d'un fer chaud par l'Exécuteur de la Haute-Justice, en la Place de . . . . & ensuite sera mené & conduit à la Chaîne, pour y être attaché, & servir comme Forçat dans les Galeres du Roi à perpétuité. Et sera ledit . . . . avant d'être conduit aux Galeres, flétri des trois lettres, G. A. L.

Bannissement à perpétuité.

Nous avons ledit . . . . déclaré dûment atteint & convaincu des cas mentionnés au procès ; pour réparation desquels, l'avons banni à perpétuité de la Ville & Prévôté de . . . . à lui enjoint de garder son ban sur les peines portées par l'Ordounance, & par la Déclaration du Roi, du 31 Mai 1682, dont lecture lui a été faite, *si c'est un homme; & si c'est une femme, au lieu de la Déclaration du 31 Mai 1682, l'on met:* & par la Déclaration du Roi, du 29 Avril 1687: la condamnons en.... livres de réparation civile, dommages & intérêts envers ledit.... en.... livres d'amende envers le Roi, & aux dépens du procès.

Nous avons ledit.... déclaré dûment atteint & convaincu d'avoir....; pour réparation de quoi, le condamnons à être mené & conduit aux Galeres du Roi, pour y servir comme Forçat l'espace de.... ans. Et sera ledit.... avant d'être conduit aux Galeres, flétri des trois lettres, *G. A. L.* Le condamnons en outre en.... livres de réparation civile, dommages & intérêts envers ledit.... & aux dépens du procès.

Condamnation aux galeres à tems.

Nous condamnons ledit.... d'être battu & fustigé nud de verges, par l'Exécuteur de la Haute-Justice, dans les Carrefours & lieux accoutumés de cette Ville de .... & à l'un d'iceux sera flétri d'un fer chaud, marqué de.... sur l'épaule dextre: ce fait, l'avons banni de la Ville & Prévôté de....

Condamnation au fouet, flétri & banni.

Nous condamnons ledit.... à être battu & fustigé nud de verges sur les épaules, par l'Exécuteur de la Haute-Justice, aux Carrefours & lieux accoutumés. Ce fait, l'avons banni, &c.

Condamnation au fouet.

Nous avons ladite.... déclarée dûment atteinte & convaincue de....; pour réparation de quoi, la condamnons d'être battue & fustigée nue de verges, par l'Exécuteur de la Haute Justice, ayant Ecriteau devant elle, où seront ces mots: (*MAQUERELLE PUBLIQUE*), & un chapeau de paille sur la tête, avec la corde au col, audevant de cet Auditoire, & par les Carrefours accoutumés; & à l'un d'iceux flétrie d'un fer chaud, marquée d'une fleur de lis sur les deux épaules. Ce fait, l'avons bannie à perpetuité de la Ville de.... & ordonné qu'elle sera mise hors d'icelle par l'Exécuteur de la Haute Justice: enjoint à elle de garder son ban, sur les peines portées par la Déclaration du Roi, & condamnée en.... livres d'amende envers le Roi.

Contre une femme de mauvaise réputation qui a été plusieurs fois reprise de justice.

Nous avons ledit.... déclaré dûment atteint & convaincu de....; pour réparation de quoi, le condamnons à faire amende honorable, nud en chemise, la corde au col, tenant en ses mains une torche de cire ardente, du poids de deux livres, l'Audience tenante; & là, étant nue tête, & à genoux, dire & déclarer à haute & intelligible voix, que méchamment & comme mal avisé il a.... dont il se repent, & en demande pardon à Dieu, au Roi, & à la Justice: le condamnons en outre en.... livres de réparation civile, dommages & intérêts envers.... en.... livres d'amende envers le Roi, & aux dépens du procès.

Condamnation a faire amende honorable.

Nous avons ledit.... déclaré dûment atteint & convaincu de....; pour réparation de quoi, l'avons banni pour.... ans de la Ville de.... à lui enjoint de garder son ban, sur les peines portées par l'Ordonnance: le condamnons en.... livres de réparation civile, dommages & intérêts envers.... en.... livres d'amende, & aux dépens du procès.

Bannissement à tems.

Nous avons ledit.... déclaré dûment atteint & convaincu de....; pour réparation de quoi, le condamnons à être appliqué au Carcan de la Place publique de cette Ville, le.... jour Marché qui se tiendra en icelle, & y demeurer attaché par le col l'espace de... heures: lui faisons défenses de récidiver sur peine de punition corporelle. Le condamnons en outre en.... livres d'amende envers le Roi, en.... livres de dommages & intérêts envers le Demandeur, & aux dépens du procès.

Condamnation au carcan.

Réparation d'honneur.

Nous avons ledit. . . . déclaré dûment atteint & convaincu des excès & voies de fait mentionnées au procès ; pour réparation de quoi, fera mandé en la Chambre, le Confeil y étant ; & là, nue tête, & à genoux, en préfence dudit . . . . & de dix perfonnes telles qu'il voudra choifir, ordonnons qu'il demandera pardon audit . . . . des injures atroces qu'il a proférées contre fa réputation ; le priera de les vouloir oublier, & le reconnoîtra pour homme d'honneur, & non entaché des injures contenues aux informations, & dont il lui donnera acte au Greffe, à fes dépens : lui faifons défenfes de récidiver, ni d'ufer de pareilles voies, à peine de punition exemplaire : condamnons ledit . . . . en . . . . livres de dommages & intérêts, & aux dépens du procès.

Condamnation à être blâmé.

Nous ordonnons que ledit . . . fera mandé en la Chambre, le Confeil y étant, pour être blâmé d'avoir commis les excès mentionnés au procès ; lui faifons défenfes de récidiver, fur telles peines que de raifon : le condamnons en . . . . livres d'amende ; en . . . . liv. de réparation civile envers ledit . . . . & aux dépens du procès.

Condamnation à être admonefté.

Nous avons déclaré ledit . . . . dûment atteint & convaincu des excès & voies de fait mentionnées au procès ; pour réparation de quoi, fera mandé en la Chambre & admonefté : lui faifons défenfes de récidiver, ni d'ufer de pareilles voies, fur telles peines qu'il appartiendra : le condamnons en . . . . livres d'aumône applicable aux Pauvres de l'Hôpital de . . . . & aux dépens du procès.

Lorfqu'il y a aumône, on ne condamne pas en l'amende par le même Jugement.

Condamnation à donner acte au Greffe.

Nous faifons défenfes audit . . . . de plus à l'avenir injurier ni médire audit . . . . ; à peine d'amende arbitraire, & de plus grande, s'il y échet : le condamnons à donner acte au Greffe, à fes dépens, audit . . . . qu'il ne fait que bien & honneur en fa perfonne, & qu'il n'eft entaché des injures portées par les informations, & aux dépens.

Pour la célébration d'un mariage.

Nous ordonnons que ledit . . . . fera mené & conduit, fous bonne & fûre garde, en l'Eglife Paroiffiale S. . . . . pour y être le mariage d'entre lui & ladite . . . . . célébré en la maniere accoutumée, finon réintégré efdites prifons, pour lui être fon procès fait & parfait, felon la rigueur de l'Ordonnance.

Condamnation d'élever un enfant.

Nous condamnons ledit . . . . . de prendre l'enfant, duquel ladite . . . . eft accouchée, & icelui faire nourrir, entretenir & élever en la Religion Catholique, Apoftolique & Romaine, & en la crainte de Dieu, jufqu'à ce qu'il foit en âge de gagner fa vie, & lui faire apprendre métier, dont il fera tenu rapporter certificat au Procureur du Roi, de trois mois en trois mois : le condamnons auffi d'aumôner . . . . livres au pain des Prifonniers de la Conciergerie de . . . . . en . . . . livres de dommages & intérêts de ladite . . . . & aux dépens du procès.

Lorfqu'il n'y a pas de preuve fuffifante pour condamner un Accufé, & que le crime n'eft pas capital, on rend cette Sentence.

Sentence portant qu'il fera plus amplement informé, & cependant l'Accufé relaché.

Nous ordonnons qu'il fera plus amplement informé des cas mentionnés au procès contre . . . dans . . . mois ; & cependant qu'il fera relâché à fa caution juratoire de fe repréfenter à toutes affignations, quand il fera par Juftice ordonné, à peine de conviction, élifant à cet effet domicile.

Si le crime eft capital, la Sentence fera ainfi.

Nous ordonnons qu'il fera plus amplement informé des cas mentionnés au procès contre l'Accufé dans . . . . . pendant lequel tems l'Accufé tiendra prifon.

Renvoi de l'accufation.

Nous avons renvoyé ledit . . . . . abfous de l'accufation à lui impofée ; & en conféquence ordonnons qu'il fera relâché & mis hors des prifons ; à ce faire le Géolier contraint par corps ; ce faifant, il en demeurera bien & valablement déchargé ; fera l'écrou de l'emprifonnement de la perfonne dudit . . . . rayé & biffé, & mention faite de la préfente Sentence, en marge d'icelle : condamnons . . . . . aux dommages & intérêts dudit . . . . & aux dépens du procès.

TITRE XXVI.
DES APPELLATIONS.

Toutes les difpofitions qui fuivent, fe rappor-tent à l'un ou l'autre de ces deux objets : favoir, 1°. Les *Jurifdictions* où fe doivent porter les appellations en Matiere Criminelle : 2°. Les *Jugemens* qui interviennent fur ces mêmes appellations.

ARTICLE PREMIER.

Toutes appellations de Sentences préparatoires, interlocutoires & diffinitives de quelque qualité qu'elles foient, feront directement portées en nos Cours, chacune à fon égard dans les accufations pour crimes qui méritent peine afflictive. Et pour les autres crimes à nos Cours, ou à nos Baillifs & Sénéchaux, au choix & option des Accufés.

L'importance dont il eft pour le Public, que les crimes foient promptement punis, a déterminé le Légiflateur à abreger les degrés de Jurifdiction en matiere criminelle, & même à les réduire à deux, dans les crimes qui méritent peine afflictive ; de forte qu'alors les appellations fe portent directement & immédiatement au Parlement, quelle que foit la qualité du Tribunal dont le premier Jugement eft émané.

Mais lorfque la matiere eft legére, & fe réduit à des peines pécuniaires, il étoit également de l'intérêt public de mettre les Parties à portée de terminer ces fortes d'affaires fur les lieux. C'eft pour cela que l'Ordonnance donne le choix aux Accufés, dans ce dernier cas, de s'adreffer fur l'appel, ou aux Cours Souveraines, ou aux Bailliages & Sénéchauffées ; mais il n'y a que les Bailliages & Sénéchauffées Royales, qui aient cette prérogative. Remarquons auffi que l'option, accordée par l'Ordonnance, n'a lieu qu'en faveur des Accufés. La Partie publique ou la Partie civile ne peuvent porter leurs appellations qu'aux Cours fouveraines immédiatement.

ARTICLE II.

Les appellations de permiffion d'informer des décrets

& de toutes autres inſtruƈtions, ſeront portées à l'Audience de nos Cours & Juges.

ARTICLE III.

Aucune appellation ne pourra empêcher ou retarder l'exécution des décrets, l'inſtruƈtion, & le Jugement.

ARTICLE IV.

Ne pourront nos Cours donner aucunes défenſes ou ſurſéances de continuer l'inſtruƈtion des procès criminels ſans voir les charges & informations, & ſans concluſions de nos Procureurs Généraux, dont il ſera fait mention dans les Arrêts; ſi ce n'eſt qu'il n'y ait qu'un ajournement perſonnel. Déclarons nulles toutes celles qui pourront être données; voulons que ſans y avoir égard, ni qu'il ſoit beſoin d'en demander main-levée, l'inſtruƈtion ſoit continuée, & les Parties qui les auront obtenues, & leurs Procureurs, condamnés chacun en cent livres d'amende, applicable moitié à la Partie, & moitié aux Pauvres, qui ne pourront être remiſes ni moderées.

ARTICLE V.

Les Procès criminels pendans pardevant les Juges des lieux, ne pourront être évoqués par nos Cours, ſi ce n'eſt qu'elles connoiſſent, après avoir vu les charges, que la matiere eſt légere, & ne mérite une plus ample inſtruƈtion, auquel cas pourront les évoquer, à la charge de les juger ſur le champ à l'Audience, & faire mention par l'Arrêt des charges & informations, le tout à peine de nullité.

Ces quatre Articles concernent en particulier les appellations inter-jettées des permiſſions d'informer, Décrets & autres Jugemens ou Ordonnance d'inſtruƈtion.

Quoique l'appel des Jugemens définitifs, en matiere criminelle, soit suspensif de sa nature, & même éteigne en quelque sorte le Jugement qui en est l'objet, il n'en est pas de même des appels en matiere d'instruction. Comme ces sortes d'appels tendent à arrêter le cours de la preuve, & peuvent même quelquefois contribuer à empêcher de l'acquérir en tout ou en partie, ils ne peuvent être suspensifs, à moins que les Cours, devant lesquelles ces appels sont portés, ne jugent à propos de défendre de continuer les poursuites : mais elles ne peuvent elles-mêmes accorder ces défenses qu'en très grande connoissance de cause, c'est-à-dire, sur le vû des charges & informations, & sur les Conclusions du ministere public. C'est pourquoi, lorsqu'il y a des défenses requises en pareils cas, il intervient toujours un premier Arrêt qui ordonne l'apport des charges & informations au Greffe de la Cour.

Dans les appellations, en matiere d'instruction criminelle, les Cours se prêtent souvent à tirer tout d'un coup les Parties d'affaire, en évoquant le principal & y faisant droit définitivement. Mais pour prononcer & juger ces sortes d'évocations, il faut que trois choses concourent : savoir, 1°. que la matiere soit legére & se résolve en intérêt pécuniaire : 2°. Que l'évocation du principal soit demandé par l'une ou l'autre des Parties. 3°. Enfin, que la cause soit pendante & jugée définitivement à l'Audience.

ARTICLE VI.

Si la Sentence rendue par le Juge des lieux porte condamnation de peine corporelle, de galeres, de bannissement à perpétuité, ou d'amende honorable, soit qu'il y en ait appel ou non, l'Accusé & son procès seront envoyés ensemble & sûrement en nos Cours. Défendons aux Greffiers de les envoyer séparément, à peine d'interdiction, & de cinq cens livres d'amende.

ARTICLE VII.

S'il y a plusieurs Accusés d'un même crime, ils seront envoyés en nos Cours, encore qu'il n'y en ait eu qu'un qui ait été jugé.

ARTICLE VIII.

Le même sera pratiqué si l'un a été condamné & l'autre absous.

ARTICLE IX.

Incontinent après l'arrivée de l'Accusé & du procès aux Géoles des prisons, le Greffier de la Géole ou Géolier sera tenu de remettre le procès au Greffier de nos Cours, qui en avertira le Président pour le distribuer.

ARTICLE X.

Les informations & procès criminels seront distribués par nos Procureurs Généraux à leurs Substituts, pour, sur leur rapport, y prendre des conclusions s'il y écheoit, ou mis ès mains de nos Avocats Généraux, si l'affaire est portée à l'Audience, sans que les Substituts puissent les prendre au Greffe avant qu'ils leur aient été distribués.

ARTICLE XI.

Si la Sentence, dont est appel, n'ordonne point de peine afflictive, bannissement ou amende honorable, & qu'il n'y en ait appel interjetté par nos Procureurs ou ceux des Justices Seigneuriales, mais seulement par les Parties civiles, le procès sera envoyé au Greffe de nos Cours, par le Greffier du premier Juge, trois jours après le commandement qui lui en sera fait, s'il est demeurant dans le lieu de l'établissement de nos Cours, dans la huitaine s'il est hors du lieu ou dans la distance de dix lieues, & s'il est plus éloigné, le délai sera augmenté d'un jour pour dix lieues, à peine d'interdiction contre le Greffier, & de cinq cens livres d'amende; & les délais & procédures, prescrits par notre Ordonnance du mois d'Avril 1667, seront observés pour les présentations.

ARTICLE

ARTICLE XII.

Si les procès de la qualité mentionnée en l'Article précédent, sont introduits en nos Cours de Parlement, ils seront distribués ainsi que les procès civils.

ARTICLE XIII.

Si nos Procureurs des lieux, ou ceux des Justices Seigneuriales sont Appellans, les Accusés, s'ils sont prisonniers, & leurs procès seront envoyés en nos Cours; & s'ils ont été élargis, depuis la prononciation de la Sentence, & avant l'appel, ils seront tenus de se rendre en état lors du jugement du procès en nos Cours, ainsi qu'il sera par elles ordonné.

ARTICLE XIV.

Les exécutoires seront délivrés par nos Cours à ceux qui auront conduit les Prisonniers ou porté le procès.

ARTICLE XV.

Les Accusés seront interrogés en nos Cours sur la sellette ou derriere le Barreau, lors du jugement du procès.

ARTICLE XVI.

Si les Arrêts rendus sur l'appel d'une Sentence portent condamnation de peine afflictive, les condamnés seront renvoyés sur les lieux sous bonne & sûre garde, aux frais de ceux qui en seront tenus pour y être exécutés, s'il n'est autrement ordonné par nos Cours, pour des considérations particulieres.

Les différens Articles que l'on vient de rapporter, regardent principalement la conduite & la translation des Prisonniers, lorsqu'il est queſtion de faire juger l'appel des Sentences de condamnations rendues contr'eux. Mais comme il n'étoit pas poſſible que l'Ordonnance prévît tout ce qui peut concerner un objet auſſi étendu , nous avons pluſieurs Réglemens faits depuis ſur le même ſujet, entr'autres, une Déclaration du 12 Juillet 1687 (a) ; deux Arrêts du Conſeil, l'un du 4 Octo-

(a) » LOUIS, &c. SALUT. Nous avons par notre Edit du mois d'Avril 1685 créé & érigé en titre
» d'office , forme héréd taire , un Receveur Général de nos Domaines & Bois en chaque Province &
» Généralité de notre Royaume , pour recevoir à l'avenir des Fermiers des Domaines qui ſont en
» nos mains les fonds des Charges locales aſſignées , tant ſur noſdits Domaines , que ſur les amen-
» des qui y ſont jointes, & des Engagiſtes , le fond des Charges locales aſſignées ſur les Domaines
» dont ils jouiſſent, & faire enſuite le paiement de toutes leſdites Charges, ſur les lieux, aux
» Aſſignés , comme auſſi des frais de Juſtice, & des réparations à faire à nos Domaines, dont les
» fonds leur ſeroient à cet effet pareillement remis par leſdits Fermiers.
» Mais comme leſdits Fermiers & Engagiſtes ont eux-mêmes acquitté leſdites Charges juſqu'à
» préſent, Nous avons jugé à propos , tous leſdits Offices ſe trouvant remplis, de prévenir les conteſta-
» tions qui pourroient ſurvenir pour raiſon de ce entr'eux & leſdits Receveurs Généraux, auquel
» effet Nous avons, par Arrêt de notre Conſeil du premier du préſent mois de Juillet, expliqué
» de quelle manière Nous voulons que leſdites Charges & autres dépenſes ſoient à l'avenir acquit-
» tées , tant par leſdits Receveurs, ou par les Fermiers de nos Domaines, que par les Engagiſtes,
» pour être du tout compté par leſdits Receveurs Généraux en nos Chambres des Comptes, con-
» formément audit Arrêt , par lequel Nous avons auſſi réglé toutes les autres fonctions deſdits Re-
» ceveurs Généraux , même de quelle manière ceux d'entr'eux qui ont été pourvus en l'année der-
» nière , ou les Particuliers que Nous avons commis à aucuns deſdits Offices, leſquels n'étoient pas
» encore remplis, doivent rendre leurs comptes pour ladite année dernière.
» A CES CAUSES , & autres à ce Nous mouvans, de l'avis de notre Conſeil, qui a vu ledit Ar-
» rêt, dont copie collationnée eſt ci-attachée ſous le contre-Scel de notre Chancellerie, & de notre
» certaine ſcience , pleine puiſſance , & autorité Royale, Nous avons par ces Préſentes ſignées de
» notre main, en interprétant ledit Edit du mois d'Avril 1685, dit & ordonné , diſons & ordon-
» nons, voulons & Nous plaît , qu'à l'avenir , & à commencer du premier Janvier de la préſente
» année les Fermiers de nos Domaines continueront d'acquiter , ainſi qu'ils ont fait juſqu'à pré-
» ſent, de ſix mois en ſix mois ſur les lieux, à la réſerve de ceux où les Receveurs Généraux
» deſdits Domaines auront établi leur domicile, toutes les Charges locales, Fiefs, Aumônes, Rentes,
» Gages d'Officiers, & Redevances en deniers, Grains & autres eſpeces aſſignées, tant ſur les Domai-
» nes dont ils jouiſſent, que ſur les amendes jointes à la Ferme Générale de noſdits Domaines,
» ſuivant les Etats qui en ont été , ou ſeront pour cet effet arrêtés , par chacun an , en notre Conſeil,
» dont ils rapporteront les Acquits, ſix ſemaines après l'échéance de chaque terme entre les mains
» deſdits Receveurs Généraux, leſquels leur en délivreront leurs quittances comptables, que leſdits
» Fermiers ſeront tenus de faire contrôler à leurs frais dans les tems ordinaires, & pour le droit de
» contrôle de chacune deſdites quittances, il ſera payé dix ſols ; & à l'égard des Charges com-
» priſes dans noſdits Etats, leſquelles ſeront payables dans les lieux où noſdits Receveurs Géné-
» raux auront établi leur domicile, le fond leur en ſera remis de ſix mois en ſix mois, en De-
» niers, Grains & autres eſpeces par leſdits Fermiers, pour être délivrés aux Aſſignés, conformé-
» ment à noſdits Etats, par leſdits Receveurs Généraux, leſquels , faute par leſdits Fermiers de re-
» mettre leſdits Acquits ou les fonds en deniers ou eſpeces, dans les termes ci deſſus, pourront d'-
» écerner leurs contraintes contre eux, leſquelles ne pourront néanmoins être exécutées qu'après
» qu'elles auront été viſées par les Tréſoriers de France de la Généralité, & par les Sieurs Inten-
» dans dans les Provinces où il n'y a point de Bureaux des Finances établis. Comme auſſi vou-
» lons que les Exécutoires pour frais de Juſtice ſoient décernés par les Juges , tant de nos Cours
» qu'autres Juriſdictions Royales, ainſi qu'il a été pratiqué juſqu'à préſent contre les fermiers ou Ar-
» riere-fermiers de nos Domaines, leſquels payeront le contenu auxdits Exécutoires, après qu'ils au-
» ront été viſés par les Sieurs Intendans & Commiſſaires départis dans leſdites Généralités, ſui-
» vant, & aux termes portés par les Arrêts de notre Conſeil, des 26 Octobre & 15 Novembre 1683,
» à l'exception de ceux qui ſeront cauſés pour frais d'exécution, conduite, ou tranſlation de Priſon-
» niers ou de Condamnés aux Galeres, & pour autres dépenſes urgentes & néceſſaires dont ils ſeront
» tenus de faire le paiement ſur le champ, & ſans attendre que leſdits Exécutoires aient été viſés, à
» la charge néanmoins de les faire viſer dans l'eſpace de trois mois après qu'ils en auront fait le
» paiement, de tous leſquels frais leſdits Fermiers & Arriere fermiers ſeront tenus de remettre les
» Acquits, comme ci deſſus en bonne forme, de ſix mois en ſix mois , entre les mains deſdits Re-
» ceveurs Généraux, avec leſdits Exécutoires viſés, & les Etats en détail deſdits frais dreſſés &
» certifiés par le Juge , & notre Procureur en chacun Siege, & arrêtés par les Sieurs Intendans & Com-
» miſſaires départis, moyennant quoi leſdits Receveurs Généraux leur délivreront leurs quittances
» comptables des ſommes auxquelles monteront leſdits frais, & rapporteront leſdits Acquits dans
» la dépenſe de leurs comptes.

bre 1672 (b) , & l'autre du 23 Août 1690 (c) ; & quatre Arrêts du Parlement de Paris, des 23 Juillet 1683 (d) , 20 Mars 1690 (e) , 26 Août 1704 (f) , & 12 Janvier 1737 (y).

» Voulons en outre, conformément au lit Arrêt de notre Conseil du 26 Octobre 1683 , que les
» fommes contenues auxdits Exécutoires foient reprifes fur la portion qui fe trouvera Nous appar-
» tenir fuivant la réferve portée par les Baux de nos Domaines fur les biens des Condamnés ;
» & qu'à cet effet les Arrêts & Jugemens en dernier reffort, portant confifcation defdits biens, foient
» mis ès mains defdits Receveurs Généraux , pour en vertu d'iceux pourfuivre ledit recouvrement,
» defquelles fommes ainfi recouvrées ils feront recette dans leurs comptes , en même-tems qu'ils
» y employeront en dépenfes les fommes contenues efdits Exécutoires. Voulons aufli que les dé-
» penfes que Nous ordonnerons être faites pour l'entretien & réparation de nos Domaines , foient
» ponctuellement payées fur les lieux par les Fermiers ou Arriere-fermiers defdits Domaines , ainfi
» qu'il eft accoutumé , fuivant les mandemens qui en feront délivrés fur eux par les Ordonnateurs ;
» & feront lefdits Fermiers tenus de remettre , de fix mois en fix mois au plus tard , à la fin de
» chaque année , les devis , adjudications, & réceptions des ouvrages , enfemble les ordonnances des
» paiemens & quittances des Ouvriers , le tout en bonne forme , ès mains defdits Receveurs Géné-
» raux, lefquels délivreront auxdits Fermiers , ou Arriere-fermiers , leurs quittances comptables
» des fommes auxquelles auront monté lefdites dépenfes, pour en être par eux compté.

» Et à l'égard des Charges affignées fur les Domaines engagés, dont les Engagiftes feront tenus
» par leur Contrat d'aliénation , & fuivant les Etats qui en ont été & feront arrêtés en notredit Con-
» feil, Nous ordonnons qu'elles feront acquittées par eux , ou leurs Fermiers fur les lieux , de fix
» mois en fix mois , & que lefdits frais de Juftice & de réparations feront auffi par eux payés en la
» manière ordinaire, de toutes lefquelles dépenfes lefdits Engagiftes feront tenus de remettre un
» mois après la fin de chacune année les Acquits bons & valables ès mains defdits Receveurs Gé-
» néraux, enfemble les revenans-bons defdites Charges & frais, s'il y en a , pour du tout leur
» être délivré par lefdits Receveurs Généraux de fimples quittances non-contrôlées ; & lefdits Ac-
» quits rapportés dans la dépenfe de leurs comptes. Tous lefquels Acquits , enfemble ceux qui fe-
» ront rapportés par lefdits Fermiers ou Arriere-fermiers , tant defdites Charges locales que des frais
» de Juftice ou de réparations, feront paffés & alloués dans les comptes defdits Receveurs Géné-
» raux, nonobftant qu'ils foient conçus ou libellés fous les noms defdits Fermiers ou Arriere-
» fermiers defdits Engagiftes ou leurs Fermiers ; à l'effet de quoi Nous avons dès à préfent validé
» & validons lefdits Acquits à la charge defdits Receveurs Généraux.

» Voulons que les droits des lods & ventes qui Nous feront dûs fur les biens en roture foient
» perçus en la manière accoutumée par les Fermiers de nos Domaines, lefquels, à commencer du
» premier Janvier prochain 1688, feront tenus de payer auxdits Receveurs Généraux le fol pour li-
» vre qui leur en eft attribué fur le pied de la totalité des droits , foit qu'ils en aient fait remife ,
» compofition ou non. Et à l'égard defdits droits féodaux , & autres droits cafuels , ils feront payés
» en entier auxdits Receveurs Généraux , lefquels s'en chargeront en recette dans leurs comptes , &
» retiendront pareillement fur la totalité d'iceux ledit fol pour livre, & délivreront auxdits Fer-
» miers la portion qui leur en appartiendra , fuivant leurs baux , & le furplus fera par eux porté
» en notre Tréfor Royal , ou diftribué ainfi qu'il fera par Nous ordonné.

» Permettons en outre auxdits Receveurs Généraux d'affifter , fi bon leur femble , foit en per-
» fonne, ou par Procureur , à l'appofition & levée des fcellés qui feront mis pour la conferva-
» tion des droits concernant nos Domaines , comme auffi aux ventes & adjudications des Bois de
» nos Forêts.

» Voulons auffi que lefdits Receveurs Généraux aient l'entrée libre dans les Archives pour pren-
» dre communication des titres , fans frais & fans déplacer ; & lorfqu'ils auront befoin d'en tirer
» quelques copies , les Officiers des Bureaux les leur pourront délivrer fur leurs récépiffés , ou en
» donner des extraits ; comme auffi que les Notaires & Greffiers foient tenus, à peine de cent li-
» vres d'amende , de délivrer auxdits Receveurs des Domaines , lorfqu'ils en feront requis , des
» Extraits fommaires des Contrats , & autres Actes portant tranflation de propriété des biens fitués
» en notre Mouvance & Directe , & même de leur en donner communication dans leurs Etudes ;
» lefquels Contrats leur feront à cet effet cottés par lefdits Receveurs , lefdits Extraits contenant
» la date du Contrat, les noms des Contractans, la qualité & confiftance en gros , le lieu de la fi-
» tuation , la mouvance & le prix de l'héritage , pour chacun defquels Extraits leur fera payé cinq
» fols. Ordonnons en outre , que les Exploits qui feront faits à la requête de nos Procureurs Géné-
» raux ou Particuliers, pourfuite & diligence defdits Receveurs des Domaines , pour les affaires concer-
» nant les Domaines , feront contrôlés gratuitement ; à quoi faire les Commis auxdits Contrôles
» feront contraints. Et à l'égard des Exploits qui feront auffi faits à la requête defd. Receveurs Généraux,
» pour raifon des deniers ou acquits qui leur doivent être remis , les droits de contrôle , ne feront
» par eux payés, fauf à s'en faire rembourfer par ceux contre lefquels lefdits Exploits auront été
» faits. Comme auffi que les fonds des Charges affignées fur les Domaines & amendes qui ont
» dû être payées , tant par les Fermiers ou Arriere-fermiers defdits Domaines , que par les Enga-
» giftes ou leurs Fermiers , pendant l'année dernière 1686 , feront par eux remis inceffamment ès

» deniers, grains, & autres efpeces, ou quittances, ès mains des Receveurs Généraux defdits
» Domaines, ou Commis à l'exercice defdites Charges, fuivant les états qui en ont été arrêtés en
» nottedit Confeil pendant ladite année ; enfemble les acquits des frais de Juftice, & réparations
» que lefdits Receveurs Généraux ou leurs Commis feront tenus de prendre, pour être du tout par
» eux délivré des quittances, à la décharge defdits Fermiers ou Engagiftes, en la forme & ma-
» niere ci-deffus, & en être enfuite par eux compté conformément à l'Edit de création ; & à cet
» effet Nous avons validé & validons tous lefdits acquits pour fervir à la décharge defdits Rece-
» veurs Généraux ', nonobftant qu'ils y aient été conçus & libellés fur les noms defdits Fermiers ou
» Engagiftes.
   » Si donnons en mandement à nos amés & féaux Confeillers, les Gens tenans notre Chambre
» des Comptes à Paris, Tréforiers de France au Bureau de nos Finances, & autres Officiers qu'il
» appartiendra, que ces Préfentes ils aient à enregiftrer, & le contenu en icelles faire exécuter de
» point en point felon leur forme & teneur, nonobftant tous Edits, Déclarations, Arrêts & Ré-
» glemens à ce contraires, auxquels Nous avons dérogé & dérogeons par ces Préfentes ; & d'au-
» tant que d'icelles on pourra avoir befoin en plufieurs lieux, voulons qu'aux copies collation-
» nées dudit Arrêt de notre Confeil & des Préfentes, par l'un de nos Confeillers Sécretaires, foi
» foit ajoutée comme aux originaux. Car tel eft notre plaifir. En témoin de quoi Nous y avons
» fait mettre notre Scel. Donné à Verfailles le douze Juillet, l'an de grace mil fix cent quatre vingt-
» fept, & de notre Regne le quarante-cinquieme. Signé, LOUIS. Par le Roi : COLBERT. Et plus
» bas : vû au Confeil : LE PELLETIER. Scellé du grand Sceau de cire jaune. Signé, RICHER.

(b) Extrait des Regiftres du Confeil d'Etat.

   » Le Roi voulant pourvoir au paiement des Exécutoires que les Huiffiers, Sergens, Archers, &
» Meffagers obtiennent des Confeillers des Cours de Parlement, & autres Cours Supérieures du
» Royaume, pour la conduite & reconduite des Prifonniers amenés ès Conciergeries, &c. le Roi étant
» en fon Confeil, a ordonné & ordonne que toutes les taxes des Huiffiers, Sergens, Archers, Meffagers,
» & autres perfonnes pour la conduite des Prifonniers qui feront amenés aux Conciergeries, & re
» conduits fur les lieux, pour l'exécution des Arrêts defdites Cours, efquelles le Procureur Géné-
» ral de Sa Majefté, ou fes Subftituts feront feuls Parties, & qui feront à payer des deniers de Sa
» Majefté, ne pourront être faites par les Confeillers des Parlemens, & autres fes Cours, finon
» fur les Conclufions des Procureurs Généraux, ou leurs Subftituts ; & fera exprimé dans les Exé-
» cutoires la diftance des lieux & quantité des journées qu'il conviendra pour lefdites conduites
» & reconduites, à raifon de huit lieues par chacun jour en Hiver, & dix lieux en Eté, à raifon
» de 14 livres par chacune defdites journées, fuivant le Réglement dudit Parlement de Paris ; fauf
» à pourvoir en connoiffance de caufe, en cas que les Prifonniers foient de qualité, pour avoir
» des efcortes extraordinaires ; lefquels Exécutoires feront fignés d'un Confeiller defdites Cours, &
» du Procureur Général, ou l'un de fes Subftituts qu'il aura commis à cet effet ; & les fommes
» contenues auxdits Exécutoires payées & acquittées par les Fermiers Généraux des Domaines de
» Sa Majefté, ou leurs Sous-fermiers fur les lieux ; auxquels il en fera tenu compte fans difficulté,
» faifant défenfes auxdits Huiffiers, Sergens, Archers, Meffagers, & autres au profit defquels il
» aura été expédié des Exécutoires fans cette formalité, de les mettre à exécution, ni faire faire
» aucune contrainte en vertu d'iceux, à peine de 500 livres d'amende contre chacun Contre-
» venant ; au paiement de laquelle fomme ils feront contraints en vertu du préfent Arrêt, qui fera
» lu, publié & affiché où befoin fera, & exécuté, nonobftant oppofitions & autres empêchemens.
» Fait au Confeil d'Etat du Roi, Sa Majefté y étant, tenu à Verfailles le quatrieme jour d'Octobre
» mil fix cent foixante-douze. Signé, COLBERT.
   (c) » Sur la Requête préfentée au Roi en fon Confeil par Jean Coulombier, Fermier Général
» des Meffageries de France, contenant, qu'encore que les Meffageries aient été principalement &
» particulierement inftituées pour apporter au Greffe des Parlemens les facs, pieces, enquêtes,
» informations, & autres procédures, & qu'elles aient été maintenues & confervées en cette fonc-
» tion toutes les fois que quelqu'un a entrepris de les y troubler, ainfi qu'il paroît par lef-
» dites Déclarations, Arrêts & Réglemens fur ce intervenus, &c. le Roi en fon Confeil, ayant
» égard à la Requête, a ordonné & ordonne que les Edits & Déclarations des années 1673 &
» 1676, Arrêt du Parlement de Paris, du 15 Avril 1642, & Arrêt du Confeil, du 15 Juin 1678,
» feront exécutés felon leur forme & teneur ; & conformément à iceux a maintenu & maintient
» le Suppliant & fes Sous-fermiers au droit de faire feul la conduite des Prifonniers par leurs
» Meffageries, & de porter tous procès civils & criminels, enquêtes, informations, & autres pro-
» cédures d'une Jurifdiction à une autre, & ès Cours de Parlement. Fait Sa Majefté défenfes aux
» Greffiers, Géoliers, & tous autres de fe charger de la conduite des Prifonniers, & porter lefdits
» procès, & aux Greffiers des Cours de Parlement & autres Jurifdictions, de délivrer aucuns exé-
» cutoires pour raifon de ce, qu'audit Suppliant & fes fous-Fermiers, à peine de 500 livres
» d'amende, reftitution de droit, chacun en leur égard, & de tous dépens, dommages & intérêts.
» Fait au Confeil Privé du Roi, tenu à Verfailles le 23 jour d'Août 1690. Signé, DERVILLE.
   (d) » Entre Pierre Fortin, Appellant de la permiffion d'informer, information, décret de prife
» de corps contre lui décerné au Siege de Poitiers le 15 Juillet 1682, & de tout ce qui s'en eft
» enfuivi, d'une part ; & Philippe Couppe, intimé, d'autre part ; après que Robert, Avocat de
» l'Intimé, a demandé congé à tour de rôle & pour le profit, l'Appellant déclaré déclu de l'ap-
» pel avec amende & dépens, & que Talon, pour le Procureur Général du Roi a été oui :

» LA COUR ordonne que fur l'appel, les Parties en viendront au premier jour, & fera
» l'Accufé tenu d'être préfent à l'Audience lors de la plaidoirie de la Caufe ; & faifant droit fur
» les conclufions du Procureur Général du Roi, ordonne que les Arrêts & Réglemens de la Cour,
» & entr'autres ceux des dix Juillet mil fix cent foixante-cinq, & trois Septembre mil fix cent
» foixante fept, feront exécutés felon leur forme & teneur : Fait défenfes aux Greffiers du Siege
» de Poitiers, & à tous autres d'y contrevenir, à peine de deux cens livres d'amende contre les
» contrevenans, & conformément à iceux ; leur enjoint de mettre dans les Expéditions en par-
» chemin , vingt-deux lignes à chacune page & quinze fyllabes à la ligne ; & pour les Expéditions
» & Groffes en papier douze lignes au moins à la page, & huit fyllabes à la ligne : leur fait
» auffi défenfes de mettre dans les Groffes qu'ils enverront au Greffe de la Cour, les Exploits
» d'affignations données aux Témoins, ains feulement infereront la date d'iceux en la maniere
» accoutumée, ni même de groffoyer autres pieces que celles qui feront néceffaires. Ordonne
» qu'à commencer le lendemain de Quafimodo prochain, il ne fera délivré aucun exécutoire auf-
» dits Greffiers, que les Groffes ne foient conformes auxdits Réglemens : & à cette fin, ne pour-
» ront lefdits Greffiers, Gardes Sacs de la Cour, faire figner lefdits exécutoires, qu'ils n'aient
» vérifié lefdites Groffes ; & en cas que par furprife il en foit délivré aucun, contraire efdits
» Réglemens ; les Parties feront reçues oppofantes à l'exécution d'iceux. Et fera le préfent Arrêt lu
» & publié en l'Audience de chacun des Sieges du Reffort de la Cour, à la diligence des Subftituts
» du Procureur Général du Roi ; qui feront tenus de certifier la Cour au mois. Fait en Parle-
» ment, le vingt trois Janvier mil fix cent quatre-vingt-trois. *Signé,* DE LA BAUME.

(e) *Extrait des Regiftres de Parlement.*

» Vu par la Cour l'information faite de l'Ordonnance d'icelle par M. Marc Bertheau, Avocat
» en ladite Cour, & au Siege de la Ville & Châtellenie d'Yenville, expédiant & exerçant
» la Juftice pour la vacance de la Charge de Lieutenant Civil & Criminel audit Siege, le vingt-
» quatre Février dernier ; à la Requête du Procureur Général du Roi, pour raifon de l'évafion du
» nommé Bertrand, contre Louis Courtinault, Conducteurs de la Meffagerie de Niord à Paris ;
» Arrêt du 11 Mars préfent mois, par lequel auroit été ordonné que ledit Courtinault feroit ajourné
» à comparoir en perfonne en la Cour, pour être ouï & interrogé fur les faits réfultans de la-
» dite information ; interrogatoire à lui fait en conféquence par le Confeiller commis le 13 dudit
» préfent mois, contenant fes réponfes, confeffions, & dénégations ; conclufions du Procureur
» Général du Roi : ouï le Rapport de M. Gaudard Confeiller, & tout confidéré :
LADITE COUR a ordonné & ordonne que dans trois mois, ledit Courtinault fera tenu
» conftituer prifonnier ledit Bertrand ès prifons de la Conciergerie du Palais, finon, & ledit tems
» paffé, y fera contraint par corps : lui enjoint, lorfqu'il fera chargé de la conduite des Pri-
» fonniers, de les mener avec une efcorte fuffifante & de marcher entre deux Soleils, à peine
» d'en répondre ; & en outre, que les Meffagers, & autres Conducteurs de Prifonniers feront
» tenus d'obferver les Arrêts & Réglemens de la Cour ; ce faifant, que ceux qui ameneront des
» Prifonniers en la Conciergerie du Palais, prendront leur décharge au Greffe de la Géole de la-
» dite Conciergerie, pour la remettre dans le mois ès mains des Greffiers des Sieges & Jurifdic-
» tions des prifons defquelles les Prifonniers auront été transferés ; & que ceux qui transfereront
» des Prifonniers des prifons de ladite Conciergerie en celles des autres Sieges, s'en chargeront fur
» le Regiftre de la Géole de ladite Conciergerie ; & feront tenus de rapporter dans le mois au
» Greffier de ladite Géole, un certificat des Géoliers des prifons defdits Sieges, vifé par le Juge
» de la prifon & du Subftitut du Procureur Général du Roi, ou du Procureur Fifcal, faifant
» mention du jour que lefdits Prifonniers auront été amenés en leurs prifons ; pour être ledit
» certificat remis ès mains dudit Procureur Général du Roi, le tout à peine de cinquante li-
» vres d'amende pour chacune contravention ; au paiement de laquelle, lefdits Meffagers & Con-
» ducteurs feront contraints par corps, fur le rôle qui en fera délivré au Receveur des amendes,
» & certifié par les Greffiers des Sieges ou de la Géole de la Conciergerie, chacun à leur égard.
» Et fera le préfent Arrêt lu & publié l'Audience tenante, dans les Bailliages, Sénéchauffées, &
» autres Sieges Royaux du Reffort de la Cour ; & regiftré au Greffe d'icelle. Fait en Parlement le
» vingt Mars 1690. *Signé,* DONGOIS.

(f) *Extrait des Regiftres du Parlement.*

» Vu par la Cour le procès criminel inftruit de l'Ordonnance d'icelle, par les Confeillers com-
» mis à la Requête du Procureur Général du Roi, Demandeur & Accufateur, contre Jacques
» Sergent, Cocher de la Meffagerie de Chartres, & Laurent le Moine, Facteur de ladite Meffa-
» gerie, Défendeurs, Accufés ; ledit le Moine Prifonnier ès prifons de la Conciergerie du Palais.
» Requête préfentée à ladite Cour par ledit Procureur Général, contenant fa plainte, de ce que
» Claude & Noel Thibault, ayant été condamnés par Sentence du Lieutenant Criminel de Char-
» tres ; favoir, ledit Claude Thibault aux Galeres, & ledit Noel en un banniffement, ils ont
» été mis ès mains defdits Sergent & le Moyne, pour être transferés en la Conciergerie du Palais ;
» & étant arrivés à Bonnelle, lefdits Sergent & le Moyne, par leur négligence ont laiffé évader
» ledit Claude Thibault, & ledit Noel a été conduit en ladite Conciergerie par ledit le Moyne,
» qui y a été arrêté. Arrêt rendu fur ladite Requête le 13 Mai dernier, par lequel auroit été or-

» donné, qu'à la Requête dudit Procureur Général du Roi, il feroit informé de ladite évafion
» pardevant ledit Lieutenant Criminel de Chartres ; & ledit le Moyne arrêté & recommandé efdites
» prifons de la Conciergerie du Palais, pour y être oui & interrogé par le Confeiller Rapporteur
» fur ladite évafion, circonftances & dépendances ; pour le tout fait, rapporté & communiqué
» audit Procureur Général, être ordonné ce que de raifon, &c.

» LADITE COUR déclare la contumace bien inftruite contre ledit Sergent, en adjugeant
» le profit pour les cas réfultans du procès, condamne ledit Sergent d'être mené & conduit ès
» Galeres du Roi, pour y fervir comme forçat ledit Seigneur Roi, le tems & efpace de cinq ans,
» & après que ledit le Moyne, pour ce mandé, en la Chambre de la Tournelle, a été admo-
» nefté, le condamne à aumôner au pain des Prifonniers de la Conciergerie du Palais la fomme de
» quatre livres, à prendre fur fes biens. Ordonne que dans trois mois, Chertier, Péan, & autres
» Affociés pour la Meffagerie de Chartres, feront tenus conftituer Prifonnier ès prifons de la Con-
» ciergerie du Palais, Claude Thibault Damvilliers, autrement, & à faute de ce faire dans ledit
» tems, & icelui paffé, contraints par corps. Ordonne que l'Arrêt du 20 Mars 1690 fera exé-
» cuté ; & en conféquence, feront les Certificats y mentionnés vifés gratuitement par les Juges,
» les Subftituts du Procureur Général du Roi, & les Procureurs Fifcaux ; & lorfque les Prifon-
» niers feront transferés des prifons des Sieges & Jurifdictions du Reffort de la Cour en celles de
» la Conciergerie du Palais ; lefdits Subftituts & Procureurs Fifcaux feront tenus envoyer audit
» Procureur Général du Roi, copie de l'acte, par lequel les Conducteurs des Prifonniers s'en fe-
» ront chargés, contenant leurs noms, qualités & demeures des Prifonniers & Conducteurs, & le
» jour de leur départ, ladite copie fignée du Greffier, & ce dans le jour dudit départ, & par autre voie
» que celle defdits Conducteurs ; le tout à peine par lefdits Subftituts & Procureurs Fifcaux, d'en ré-
» pondre en leur propre & privé nom ; & fera ledit Arrêt du 20 Mars, fi fait n'a été, enfemble
» le préfent Arrêt, lus & publiés, l'Audience tenante ès Bailliages, Sénéchauffées, & autres
» Sieges Royaux du Reffort de la Cour ; & regiftrés aux Greffes defdits Sieges. Fait en Parlement
» le 26 Août 1704. Collationné, Signé, DONGOIS.

(g) » LOUIS, par la grace de Dieu, &c. Au premier notre Huiffier de notre Cour de Parle-
» ment, ou autre fur ce requis : favoir faifons ; que vû par notre Cour la Requête à elle préfen-
» tée par notre Procureur Général, contenant, que par différens Arrêts, rendus en différens tems,
» il avoit été permis par provifion d'augmenter d'un quart les taxes & fa aites, pour raifon de la
» conduite des Prifonniers, & pour le port des procès, & ce, attendu la cherté des vivres ou
» des fourages ; mais que ces raifons ne fubfiftant plus à préfent, notre Procureur Général a cru
» que notredite Cour voudroit bien employer fon autorité pour révoquer cette augmentation dont
» le motif n'a plus d'objet. A CES CAUSES, requéroit notre Procureur Général qu'il plût à notre-
» dite Cour, ordonner qu'à l'avenir, & à commencer du jour de l'Arrêt qui interviendroit fur fa
» préfente Requête ; les taxes & falaires pour la conduite des Prifonniers, feroient réduites à l'an-
» cienne fixation de quatorze livres par jour pour chaque Prifonnier, à raifon de huit lieues en
» hiver, & de dix lieues en été, &ce comme avant l'Arrêt de notredite Cour du 31 Août 1713, & autres
» rendus en conféquence ; & que pareillement le port des procédures qui feroientapportées ou qui fe-
» roient portées dudit Greffe,quand il n'y a point de Prifonniers,feroit taxé comme il l'étoit avant lefd.
» Arrêts ; fauf néanmoins à augmenter felon la qualité & condition des Prifonniers, pour lefquels
» il feroit befoin d'une efcorte plus confidérable que celle accoutumée, lequel excédent ne pour-
» roit être taxé & ordonné qu'en vertu d'Arrêt fur pieces communiquées à notre Procureur Géné-
» ral ; ladite Requête fignée de notre Procureur Général : oui le rapport de Meffire Anne-Louis
» Pinon, Confeiller : tout confidéré.

» NOTREDITE COUR ordonne qu'à l'avenir, & à commencer du jour du préfent Arrêt,
» les taxes & falaires pour la conduite des Prifonniers, feront réduits à l'ancienne fixation de
» quatorze livres par jour pour chaque Prifonnier, à raifon de huit lieues en hiver & de dix
» lieues en été, & ce, comme avant l'Arrêt de notredite Cour du 31 Août 1713, & autres ren-
» dus en conféquence ; & que pareillement le port des procédures qui feront apportées au Greffe
» de notredite Cour, ou qui feront portées dudit Greffe quand il n'y a point de Prifonniers, fera
» taxé, comme il l'étoit avant lefdits Arrêts ; fauf néanmoins à augmenter felon la qualité &
» condition des Prifonniers, pour lefquels il feroit befoin d'une efcorte plus confidérable que
» celle accoutumée ; laquelle excédent ne pourra être taxé & ordonné qu'en vertu d'Arrêt fur pieces
» communiquées à notre Procureur Général. Te mandons mettre le préfent Arrêt à exécution.
» Fait en Parlement, le douze Janvier mil fept cent trente fept, & de notre Regne le vingt-
» deuxieme. Par la Chambre. Signé, YSABEAU.

FORMULES DES PROCEDURES
RELATIVES AU PRESENT TITRE.

L'AN . . . . Nous . . . . étant en la Place . . . : pour faire exécuter . . . . portant condamnation à mort contre . . . . l'Exécuteur de la haute Justice Nous a fait avertir que ledit. . . . souhaitoit de Nous faire quelques déclarations pour la décharge de sa conscience, & Nous requéroit de les recevoir; suivant lequel avis, Nous avons ordonné de faire descendre ledit . . . . de l'échelle *ou* de l'échafaut où il étoit monté, & de le faire conduire en . . . . *où* étant descendu de l'échelle, *ou* Nous étant approché de l'échafaut avec notre Greffier, après serment fait par ledit . . . . de dire vérité, il Nous a déclaré . . . . lecture à lui faite du présent procès verbal, a dit que sa déclaration contient vérité, y a persisté & a signé, *ou* déclaré ne savoir écrire ni signer de ce enquis, *ou* a fait refus de signer, de ce interpellé; & a été ledit . . . . remis ès mains de l'Exécuteur de la haute Justice. Fait les jour & an que dessus.

(marginal note: Testament de mort.)

L'an . . . . le Jugement *ou* l'Arrêt ci-dessus a été prononcé par moi Greffier . . . soussigné en la Chambre de . . . . à . . . . où il a été amené; & après que le Sacrement de Confession a été administré audit . . . . par . . . Prêtre, icelui . . . a été mis entre les mains de . . . Exécuteur de la haute Justice qui l'a conduit le même jour. . . . heures de relevée en la Place de . . . . & a exécuté ledit Jugement selon sa forme & teneur. Fait les jour & an que dessus.

(marginal note: Procès v erbal l'exécution d'un Ju. d'ement portant condamnation à mort.)

TITRE XXVII.
DES PROCEDURES A L'EFFET DE PURGER
LA MÉMOIRE D'UN DÉFUNT.

ARTICLE PREMIER.

La Veuve, les Enfans, & les Parens d'un Condamné par Sentence de contumace, qui sera décédé avant les cinq ans, à compter du jour de son exécution, pourront appeller de la Sentence : & si la condamnation de contumace, est par Arrêt ou Jugement en dernier ressort, ils se pourvoiront pardevant les mêmes Cours ou Juges qui l'auront rendu.

ARTICLE II.

Aucun ne sera reçu à purger la mémoire d'un défunt

après les cinq années de la contumace expirées, sans
obtenir nos Lettres en notre grande Chancellerie.

ARTICLE III.

Nos Procureurs & les Parties civiles, s'il y en a,
seront assignés en vertu des Lettres, dont leur sera baillé
copie ; & sera procedé dans les délais prescrits pour les
affaires civiles.

ARTICLE IV.

Avant de faire aucune procédure, les frais de Justice
seront acquittés & l'amende consignée.

ARTICLE V.

Le Jugement des instances à l'effet de purger la mémoire d'un défunt, sera rendu sur les charges & informations, procédures & pieces, sur lesquelles la condamnation par contumace sera intervenue.

ARTICLE VI.

Pourront aussi les Parties respectivement produire de
nouveau, telles pieces que bon leur semblera, & les attacher à une Requête qui sera signifiée à la Partie, &
copie baillée de la Requête & des pieces, sans qu'il puisse
être pris aucun appointement.

ARTICLE VII.

Les Parties y répondront par autre Requête qui sera
pareillement signifiée & copie baillée de la Requête, &
des pieces qui y seront attachées dans les délais ordonnés
pour la matiere civile, si ce n'est qu'ils soient proro-
gés par les Juges.

On

On peut purger la mémoire d'un défunt dans deux cas différens : le premier eft lorfqu'il eft décédé avant les cinq années de l'exécution de la Sentence de contumace : le fecond eft lorfqu'il eft décédé depuis les cinq années.

Dans le premier cas, il faut interjetter appel de la Sentence de condamnation ; & fi le Jugement a été rendu par une Cour Souveraine, il faut fe pourvoir à cet effet.

Dans le fecond cas, au contraire, il faut obtenir des Lettres pour efter à droit en la Grande Chancellerie ; les faire fignifier au Procureur du Roi, & aux Parties civiles, avec affignation ; & en même tems configner l'amende & les frais de Juftice.

Pour être reçu à purger la mémoire d'un Défunt, il faut être ou fa Veuve, ou fes Enfans, ou fes Parens ; il n'eft pas même néceffaire que ni les Enfans ni les Parens en foient héritiers pour cela, parceque fans aucun motif d'intérêt l'honneur feul en eft un fuffifant, pour les autorifer à tâcher d'effacer la tache imprimée fur leur famille dans la perfonne du Défunt condamné.

Le procès contre la mémoire du Défunt doit être jugé, 1°. fur les informations, procédures & pieces, fur lefquelles eft intervenue la condamnation de contumace : 2°. Sur les nouvelles pieces produites refpectivement par les Parties, mais fans aucun appointement. Ces pieces nouvelles doivent être feulement attachées à la Requête qui en contient la production ; & la Partie adverfe les contredit par une autre Requête dans les délais fixés par l'Ordonnance de 1667.

TITRE XXVIII.

DES FAITS JUSTIFICATIFS.

Article Premier.

Défendons à tous Juges, même à nos Cours, d'ordonner la preuve d'aucuns faits justificatifs ni d'entendre aucuns Témoins pour y parvenir, qu'après la visite du procès.

Article II.

L'Accusé ne sera point reçu à faire preuve d'aucuns faits justificatifs, que de ceux qui auront été choisis par les Juges, du nombre de ceux que l'Accusé aura articulés dans les interrogatoires & confrontations.

Article III.

Les faits seront inserés dans le même jugement qui en ordonnera la preuve.

Article IV.

Le Jugement qui ordonnera la preuve des faits justificatifs sera prononcé incessamment à l'Accusé par le Juge, & au plus tard dans vingt-quatre heures, & sera interpellé de nommer les Témoins par lesquels il entend les justifier, ce qu'il sera tenu de faire sur-le-champ, autrement il n'y sera pas reçu.

Article V.

Après que l'Accusé aura nommé une fois les Témoins, il ne pourra plus en nommer d'autres, & ne sera point élargi pendant l'instruction de la preuve des faits justificatifs.

ARTICLE VI.

Les Témoins seront assignés à la Requête de nos Procureurs, ou de ceux des Seigneurs, & ouis d'office par le Juge.

ARTICLE VII.

L'Accusé sera tenu de consigner au Greffe la somme qui sera ordonnée par le Juge, pour fournir aux frais de la preuve des faits justificatifs, s'il peut le faire ; autrement les frais seront avancés par la Partie civile, s'il y en a, sinon par Nous, ou par les Engagistes de nos Domaines, ou par les Seigneurs Hauts-Justiciers, chacun à son égard.

ARTICLE VIII.

L'enquête étant achevée, elle sera communiquée à nos Procureurs, ou à ceux des Seigneurs, pour donner leurs conclusions, & à la Partie civile, s'il y en a, & sera jointe au procès.

ARTICLE IX.

Les Parties pourront donner leurs Requêtes, auxquelles elles ajouteront telles pieces qu'elles aviseront sur le fait de l'enquête ; lesquelles Requêtes & Pieces seront signifiées respectivement & copies baillées, sans que pour raison de ce, il soit besoin de prendre aucun Réglement, ni de faire une plus ample instruction.

Nous avons déja annoncé ci-devant, qu'on ne pouvoit admettre un Accusé à faire preuve de ses *faits justificatifs,* qu'après que la procédure criminelle est totalement achevée, & lors de la visite du procès.

Il eſt défendu à tous Juges, même aux Cours, d'en admettre la preuve auparavant.

Pour que ces faits ſoient admiſſibles, il faut qu'ils aient été articulés par l'Accuſé, ou dans ſes intérrogatoires, ou dans ſes confrontations ; & il ne peut prouver que ceux qui ont été ſpécialement choiſis par le Juge, leſquels doivent être à cet effet inſérés littéralement dans le Jugement qui ordonne la preuve.

Ce Jugement doit être prononcé dans les vingt-quatre heures à l'Accuſé, qui doit être en même-tems ſommé de nommer ſur-le-champ ſes Témoins ; faute par lui de le faire, il eſt déchu de plein droit de la faculté d'en nommer.

Lorſque l'Accuſé a une fois nommé ſes Témoins, il n'eſt plus reçu à en nommer d'autres ; & quoique l'admiſſion de la preuve de ſes faits juſtificatifs ſemble être une préſomprion en faveur de ſon innocence, il ne peut néanmoins être élargi pendant cette preuve.

L'Accuſé n'eſt point Partie capable pour faire aſſigner les Témoins par lui nommés : cette procédure ne peut être faite valablement que par la Partie publique, & les Témoins doivent être ouis d'office par le Juge ; mais l'Accuſé doit conſigner les frais néceſſaires pour faire cette preuve, s'il eſt en état de pouvoir le faire. Cependant comme il ne ſeroit pas juſte de condamner un innocent, parcequ'il ſeroit hors d'état de fournir aux frais néceſſaires pour établir ſa juſtification, la Loi veut qu'en ce cas ces frais ſoient avancés, ou par la Partie civile, s'il y en a, ou, au défaut de Partie civile, par le Domaine du Roi, ou des Seigneurs.

Relativement à cette preuve, l'Accuſé & la Partie civile peuvent réciproquement donner telles Requêtes qu'ils jugeront à propos, leſquelles ſeront jointes au procès, ſans aucuns appointemens ni autres proédures.

FORMULES DES PROCEDURES
RELATIVES AU PRESENT TITRE.

<table>
<tr><td>Jugement qui reçoit l'Accuſé à faire preuve de ſes faits juſtificatifs.</td><td>VU le procès criminel par Nous extraordinairement fait & inſtruit à la Requête de, ... Demandeur & complaignant le Procureur du Roi (ou Fiſcal) joint, contre . . . . priſonnier ès priſons de . . . . Défendeur & Accuſé, la plainte du . . . . information du . . . . décret de priſe de corps décerné contre l'Accuſé le . . . . interrogatoire par lui ſubi le . . . . contenant ſes reconnoiſſances, déclarations, confeſſions, dénégations & requiſitions ; réglement à l'extraordinaire du . . . . récolement des Témoins en leurs dépoſitions du . . . . . confrontation d'iceux à l'Accuſé des . . . . concluſions du Procureur Général, Procureur du Roi, ou Procureur Fiſcal : tout conſideré.</td></tr>
</table>

Nous avons reçu ledit . . . . accuſé, à faire preuve des faits juſtificatifs & des reproches par lui allegués & articulés au procès ; savoir, par son interrogatoire du . . . . que . . . . & par la confrontation qui lui a été faite le . . . . des Témoins ouis en l'information que . . . . (*exprimer les faits que le Juge aura admis*) : en conséquence ordonnons que l'Accusé sera tenu, après la prononciation qui lui aura été faite de la présente Sentence, de nommer sur-le-champ les Témoins dont il entend se servir, autrement, il ne sera plus reçu à en nommer d'autres, lesquels Témoins seront assignés à la Requête du Procureur du Roi (*ou* Fiscal), & par Nous ouis d office ; & sera l'enquête communiquée au Procureur du Roi, (*ou* Fiscal) & à la Partie civile, *si aucune y a*, à l'effet de quoi ledit . . . . accusé, sera tenu de consigner entre les mains du Greffier la somme de . . . . pour fournir aux frais desdits faits justificatifs, s'il est en état de ce faire ; sinon, lesdits frais seront avancés par ledit . , . . Partie civile, (*s'il n'y a point de Partie civile, l'on dit*) : sinon lesdits frais seront avancés par le Domaine du Roi *ou* par . . . . Engagistes des Domaines *ou* par le Seigneur de la présente Haute Justice.

L'an . . . . Nous . . . . étant en la Chambre . . . . y avons fait amener . . . . accusé, prisonnier ès prisons de . . . . auquel a été prononcé le Jugement par Nous rendu le . . . . par lequel il a été reçu à faire preuve des faits justificatifs & des reproches y mentionnés ; & l'avons sommé & interpellé de nommer sur-le-champ, les Témoins par lesquels il entend se justifier, sinon & à faute de ce faire, lui avons déclaré qu'il n'y sera plus reçu, lequel dit . . . . accusé, après serment par lui fait de dire vérité, a dit qu'il nomme pour Témoins . . . . (*marquer les noms des Témoins, qualités & demeures*); lecture à lui faite du présent procès verbal, a persisté en la nomination desdits Témoins, & a signé *ou* déclaré ne savoir signer, de ce enquis, & a été l'Accusé remis ès mains du Geolier pour être remené en prison. Fait les jour & an que dessus.

Procès verbal de prononciation du sudit Jugement à l'Accusé.

VOULONS que la présente Ordonnance soit gardée & observée dans tout notre Royaume, Terres & Pays de notre obéissance ; à commencer au premier jour de Janvier de l'année prochaine mil six cent soixante-onze. Abrogeons toute Ordonnance, Coutumes, Loix, Statuts, Réglemens, Styls & Usages différens, ou contraires aux dispositions y contenues. SI DONNONS EN MANDEMENT, à nos amés & féaux Conseillers, les Gens tenans nos Cours de Parlemens, Grand-Conseil, Chambre des Comptes, Cour des Aydes, Baillifs, Sénéchaux, & tous autres nos Officiers, que ces Présentes ils gardent, observent & entretiennent, fassent garder, observer & entretenir : & pour les rendre notoires à nos Sujets, les fassent lire, publier & registrer; CAR TEL EST NOTRE PLAISIR. Et & afin que ce soit chose ferme & stable à toujours, Nous y avons fait mettre notre Scel.

DONNÉ *à Saint Germain en Laye, au mois d'Août l'an de grace mil six cent soixante-dix, & de notre Regne le vingt-huitieme.* Signé, *LOUIS.* Et plus bas; *par le Roi,* COLBERT : *& à côté est écrit :* visa, SEGUIER. *Pour servir à l'Ordonnance des Procédures criminelles.*

Et encore à côté est écrit, lue, publiée, regiſtrée; oui & ce requérant le Procureur Général du Roi, pour être exécutée selon sa forme & teneur. A Paris en Parlement le vingt-sixieme Août, mil six cent soixante-dix. Signé, DU TILLET.

Fin de l'Ordonuance Criminelle de 1670.

ORDONNANCE

DU MOIS DE MARS 1673.

SUR LE COMMERCE.

LOUIS, par la grace de Dieu, Roi de France &
de Navarre : A tous préfens & à venir ; SALUT.
Comme le Commerce eſt la ſource de l'abondance publique & la richeſſe des Particuliers, Nous avons depuis
pluſieurs années appliqué nos ſoins pour le rendre flo-
riſſant dans notre Royaume. C'eſt ce qui Nous a portés
premierement à ériger parmi nos Sujets pluſieurs Compagnies, par le moyen deſquelles ils tirent préſentement
des Pays les plus éloignés, ce qu'ils n'avoient auparavant que par l'entremiſe des autres Nations. C'eſt ce qui
Nous a engagé enſuite à faire conſtruire & armer grand
nombre de vaiſſeaux pour l'avancement de la naviga-
tion, & à employer la force de nos armes par Mer &
par Terre pour en maintenir la ſûreté. Ces établiſſemens
ayant eu tout le ſuccès que Nous en attendions, Nous
avons cru être obligés de pourvoir à leur durée par des
Réglemens capables d'aſſurer parmi les Négocians la
bonne foi contre la fraude, & de prévenir les obſtacles
qui les détournent de leurs emplois par la longueur des
procès, & conſomment en frais le plus liquide de ce qu'ils
ont acquis. A CES CAUSES, de l'avis de notre Conſeil, & de notre certaine ſcience, pleine puiſſance &
autorité Royale, Nous avons dit, déclaré & ordonné,

difons , déclarons , ordonnons , & Nous plaît ce qui enfuit.

Le befoin que les hommes ont eu réciproquement les uns des autres pour s'entre-communiquer leurs fecours mutuels, a donné lieu à la formation des Sociétés. Le befoin qu'ont enfuite eu chacunes de ces Sociétés, les unes des autres, foit pour fe procurer les chofes dont elles manquoient, foit pour fe débarraffer de celles qu'elles avoient en trop grande abondance, a fait naître le Commerce.

Le Commerce eft donc une efpece d'échange qui fe peut faire de deux manieres ; favoir, marchandifes pour marchandifes, ou marchandifes pour de l'argent.

Le Commerce a pour objet ou des chofes néceffaires, ou des chofes utiles, ou des chofes purement voluptuaires & d'agrément : ce dernier objet de Commerce, quoique moins effentiel en lui-même, n'en eft pas pour cela le moins confidérable & le moins étendu.

On peut commercer ou par la voie de la mer, ou par celle de terre. De-là, la divifion du *Commerce*, en *Terreftre* & *Maritime*.

Le Commerce fe borne quelquefois à l'intérieur du Royaume ; entre les différentes Provinces d'un même Etat, ou même feulement entre les différentes Villes & Villages d'une même Province ; & alors il s'appelle *Commerce intérieur.* Souvent il prend un vol plus élevé, & s'étend d'un Royaume & d'un Etat à un autre ; dans ce dernier cas, on le nomme *Commerce extérieur*, ou avec l'Etranger.

Le *Commerce* peut auffi fe faire ou *en gros* ou *en détail.* Mais les effets de ces deux efpeces de Commerces, relativement à ceux qui les font, font parmi nous bien différens. Dans nos mœurs, nous attachons au Commerce en détail une forte de baffeffe, que nous regardons comme ne pouvant s'allier avec la façon de penfer que doivent avoir les gens nés dans une certaine élevation ; & c'eft par cette raifon que chez nous le Commerce en détail ne peut s'accorder avec la Nobleffe, & que les Nobles, qui s'ingerent dans le Commerce, perdent par cela feul les avantages de leur naiffance. Il n'en eft pas de même du Commerce en gros, que les Nobles peuvent faire fans déroger. C'eft une reffource que l'on a cherché à leur donner, pour réparer leurs pertes, & augmenter leurs biens qui s'épuifent néceffairement d'eux-mêmes, & deviennent à rien, foit par les fubdivifions entre plufieurs Enfans d'un même Pere, foit par les autres évenemens. Mais la Nobleffe Françoife fe fert rarement de ce moyen, qui a une fi grande réuffite en Angleterre. Il n'y a gueres qu'en Bretagne où la Nobleffe en faffe quelqu'ufage, à caufe du Commerce maritime que cette Province eft à portée de faire par fa fituation.

Non feulement le Commerce en gros n'a rien par lui-même de dérogeant. Mais bien plus, nos Rois ont cherché dans tous les tems

à

à faire connoître l'estime singuliere qu'ils faisoient de ceux qui exerçoient ce Commerce avec distinction, en accordant en différens tems
des Lettres de Noblesse à plusieurs Négocians, ou Fabriquans fameux.
Louis XIV en a accordé en l'année 1646 aux Sieurs Cadeaux, Binet
& Zureil, & 1665 au Sieur Vanrobais. Notre Monarque regnant, a
fait dans ces derniers tems le même honneur aux Sieurs le Couteux,
freres, Banquiers à Paris.

Les prérogatives accordées à ceux qui font le Commerce en gros,
font consignées dans plusieurs Edits & Déclarations. Suivant l'Edit du
mois d'Août 1669, il sembloit qu'elles ne regardassent que ceux qui
faisoient le Commerce maritime. Mais les mêmes privileges & exemptions ont été étendus dans la suite au Commerce en gros, tant de
Terre que de Mer, d'abord par l'Edit du mois de Décembre 1701, &
ensuite par la Déclaration du 21 Novembre 1706.

Nota. On a confié la rédaction de la présente Ordonnance, à des
Gens fort entendus dans les matieres de Commerce, mais qui n'é-
toient point Jurisconsultes; ils étoient tout au plus en état de fournir
de bons matériaux. Aussi n'y trouve-t'on aucune méthode; les Titres
n'ont ni gradation ni liaison entr'eux. Le plus souvent même, les Articles qui y composent un même Titre, se ressentent-ils des mêmes
défauts. Ainsi il seroit à souhaiter que cette Ordonnance fût remaniée
par des mains plus habiles, & qu'on y mît non-seulement plus d'ordre qu'il n'y en a, mais encore qu'on l'a rendît plus complette qu'elle
n'est du côté des matieres.

TITRE PREMIER.

DES APPRENTIFS, NEGOCIANS
ET MARCHANDS, TANT EN GROS QU'EN DÉTAIL.

LE préfent Titre fe borne à trois points principaux.

On y donne d'abord des Regles pour qu'aucun Afpirant ne foit point admis à faire un métier ou un commerce, qu'il ne foit auparavant cenfé capable de le faire, d'une maniere fructueufe pour lui & fatisfaifante pour le Public.

En fecond lieu, on y définit le tems dans lequel les Marchands & Artifans peuvent demander leur paiement, relativement à l'efpece & à la nature de leurs travaux ou marchandifes.

Enfin, on y prend des mefures pour que le Public achete avec fûreté chez le Marchand, ce dont il a befoin.

ARTICLE PREMIER.

Es lieux où il y a Maîtrife de Marchands, les Apprentifs Marchands feront tenus d'accomplir le tems porté par les Statuts; néanmoins les Enfans de Marchands feront réputés avoir fait leur apprentiffage, lorfqu'ils auront demeuré actuellement en la maifon de leur Pere, ou de leur Mere, faifant profeffion de la même marchandife, jufqu'à dix-fept ans accomplis.

ARTICLE II.

Celui qui aura fait fon apprentiffage, fera tenu de

demeurer encore autant de tems chez son Maître, ou un autre Marchand de pareille profeſſion, ce qui aura lieu pareillement à l'égard des Fils de Maître.

Article III.

Aucun ne ſera reçu Marchand qu'il n'ait vingt ans accomplis, & ne rapporte le Brevet avec les Certificats d'apprentiſſage & du ſervice fait depuis, & en cas que le contenu ès certificats ne fût véritable, l'Aſpirant ſera déchu de la Maîtriſe; le Maître d'apprentiſſage qui aura donné ſon certificat, condamné en cinq cens livres d'a-mende, & les autres Certificateurs chacun en trois cens livres.

Article IV.

L'Aſpirant à la Maîtriſe ſera interrogé ſur les Li-vres & Regiſtres à partie double & à partie ſimple, ſur les Lettres & Billets de change, ſur les Régles d'a-rithmétique, ſur la partie de l'Aune, ſur la Livre & Poids de marc, ſur les Meſures, & les qualités de la Marchandiſe, autant qu'il conviendra pour le Commerce dont il entend ſe mêler.

Article V.

Défendons aux Particuliers & aux Communautés de prendre ni recevoir des Aſpirans aucuns préſens pour leur réception, ni autres droits, que ceux qui ſont portés par les Statuts ſous quelques prétexte que ce puiſſe être, à peine d'amende, qui ne pourra être moindre de cent li-vres. Défendons auſſi à l'Aſpirant de faire aucun feſtin, à peine de nullité de ſa réception.

Pour mettre quelqu'un qui veut faire un Métier, une Profeſſion ou une Marchandiſe, en état de pouvoir la faire avec l'expérience & les connoiſſances convenables, l'Ordonnance exige qu'il paſſe par trois degrés.

Premierement, qu'il ſoit *Apprentif* chez un Maître ou Marchand faiſant le métier de la marchandiſe qu'il veut entreprendre, pendant le temps qui eſt déterminé par les Statuts de chaque Corps ou Métier; pour fixer l'époque du commencement de l'apprentiſſage, on a coutume de paſſer entre le Maître ou Marchand, & les Parens de l'Apprentif, un Brevet pardevant Notaires, qui doit être enſuite enregiſtré ſur les Regiſtres de la Communauté.

Comme un jeune homme en ſortant d'apprentiſſage, ne peut encore être formé, la Loi veut qu'avant de pouvoir aſpirer à la Maîtriſe, il paſſe encore un certain tems chez les Maîtres ou Marchands pour s'y perfectionner, en qualité de *Compagnon* ou de *Garçon*: & aux termes de l'Ordonnance, ce tems doit être égal au moins à celui de l'apprentiſſage.

Après avoir paſſé par ces différentes épreuves, le Candidat peut ſe préſenter pour être reçu à la *Maitriſe* ou à la qualité de *Marchand*. Mais pour cela, il faut d'abord qu'il juſtifie au Bureau; 1°. de ſon Brevet d'apprentiſſage; 2°. des Certificats des Maîtres ou Marchands chez leſquels il a demeuré ſucceſſivement, ſoit en qualité d'Apprentif, ſoit en qualité de Compagnon ou de Garçon, afin que l'on puiſſe connoître s'il a rempli les tems & intervalles requis; 3°. de ſon extrait Baptiſtaire, ne pouvant être reçu qu'il n'ait au moins vingt ans accomplis, ainſi que nous le verrons ci après. Après ces différentes juſtifications préliminaires, l'Aſpirant doit ſubir un examen de la part des Gardes ou Jurés, ſur les parties eſſentielles de l'art, du métier ou de la marchandiſe qu'il ſe propoſe d'entreprendre. Et ſi en conſéquence de cet examen, il eſt jugé capable, on le reçoit Maître ou Marchand, en payant les droits portés par les Statuts.

Autrefois les Récipiendaires donnoient aux Gardes ou Jurés des repas de réception qui les conſtituoient dans de gros frais, chacun d'eux ſe piquant de faire les choſes plus honorablement les uns que les autres. Ces repas ayant été défendus, comme onéreux aux Aſpirans, on y a ſubſtitué des jettons ou bougies, que le Récipiendaire eſt obligé de donner à ceux qui ont paſſé les Charges, ou qui y ſont actuellement. Quoique ce ſoit un petit bénéfice pour eux, il ſeroit à ſouhaiter que l'on pût ſupprimer cet uſage abuſif: c'eſt une contravention formelle à la diſpoſition de notre Ordonnance, qui ne permet pas que l'on puiſſe exiger d'autres & plus grands droits de réception, que ceux portés par les Statuts.

Comme on ſuppoſe qu'un *Fils de Maître* ou de Marchand, élevé en quelque ſorte dès l'enfance dans le métier ou la marchandiſe de ſon Pere, a ſucé en quelque ſorte avec le lait les connoiſſances qui y ſont propres & relatives, on n'exige point de lui les mêmes épreuves que d'un étranger; l'Ordonnance veut pourtant que le Fils de Maître ait demeuré juſqu'à dix-ſept ans accomplis chez ſon Pere ou chez ſa Mere;

faifant profeffion de la marchandife, art ou métier qu'il veut entreprendre, pour pouvoir être réputé avoir fait fon tems d'apprentiffage. Elle veut auffi qu'après ce tems, il demeure encore un certain nombre d'années chez les Maîtres ou Marchands ; mais ces difpofitions ne font pas obfervées à la lettre. Les Fils de Maîtres font toujours regardés & traités favorablement dans les Corps ou Communautés, dont leurs Pere & Mere font membres; leurs prérogatives à cet égard font regardées comme faifant partie de celles du Corps.

Toutes les formalités prefcrites ci-deffus, n'ont lieu que dans les Villes un peu confidérables, où il y a des Corps & Communautés de Marchands & Artifans, & par conféquent des Maîtrifes établies. Dans tous les autres lieux, chacun peut, fans paffer par aucunes épreuves, s'adonner au métier ou à la marchandife qu'il veut, & même les accumuler.

ARTICLE VI.

Tous Négocians & Marchands en gros ou en détail, comme auffi les Banquiers, feront réputés majeurs pour le fait de leur Commerce & Banque, fans qu'ils puiffent être reftitués fous prétexte de minorité.

Suivant le droit Romain on n'eft eftimé majeur qu'à vingt-cinq ans accomplis; & c'eft le droit commun, même dans notre Pays Coutumier, fi l'on en excepte quelques Coutumes, comme celles d'Anjou, & du Maine, qui réputent majeur à vingt ans accomplis.

Nous avons dit ci devant que dans les Villes où il y a Maîtrife, on ne peut être reçu Marchand qu'on n'ait auffi vingt ans accomplis : mais comme la Maîtrife n'a pas lieu par-tout, & que d'ailleurs dans les Villes même où il y a Maîtrife, on peut très bien fe mêler de Commerce, fans être ni Maître ni Marchand, l'Ordonnance dans ces différens cas, veut que l'on foit réputé majeur, même au-deffous de vingt ans, pour tout ce qui a rapport au Commerce dont on fe mêle.

Comme il n'y a point de Maîtrife pour faire la Banque, & que ce Commerce eft abfolument libre, le Légiflateur a nommément affujetti les Banquiers à la regle générale d'être réputés majeurs en tout ce qui concerne leur Commerce de Banque, quelle que foit leur minorité. On diftingue de deux fortes de Banquiers; favoir, les *Banquiers proprement dits*, & les *Banquiers Commiffionnaires*. Les premiers font ceux qui font la Banque pour leur compte; les feconds la font pour le compte d'autrui, en fourniffant des Lettres de change pour les lieux où l'on en a befoin, moyennant un certain profit proportionné à l'éloignement & à la qualité de ces lieux.

ARTICLE VII.

Les Marchands en gros & en détail, & les Maçons, Charpentiers, Couvreurs, Serruriers, Vitriers, Plombiers, Paveurs, & autres de pareille qualité, seront tenus de demander le paiement dans l'an après la délivrance.

ARTICLE. VIII.

L'action sera intentée dans six mois pour marchandises & denrées, vendues en détail, par Boulangers, Pâtissiers, Bouchers, Rôtisseurs, Cuisiniers, Couturiers, Passementiers, Selliers, Bourreliers & autres semblables.

ARTICLE IX.

Voulons le contenu ès deux Articlces ci-dessus avoir lieu, encore qu'il y eût eu continuation de fourniture ou d'ouvrage ; si ce n'est qu'avant l'année ou les six mois, il y eût un compte arrêté, sommation ou interpellation judiciaire, cédule, obligation ou contrat.

ARTICLE X.

Pourront néanmoins les Marchands & Ouvriers déferer le serment à ceux auxquels la fourniture aura été faite, les assigner & les faire interroger ; & à l'égard des Veuves, Tuteurs de leurs Enfans, Héritiers & ayans cause, leur faire déclarer s'ils savent que la chose est dûe, encore que l'année ou les six mois soient expirés.

Les dispositions des quatre Articles ci-devant transcrits, sont presque entierement puisées dans les Articles 126 & 127 de la Coutume de Paris; l'un de ces Articles porte que, *Marchand, Gens de Métier, & autres Vendeurs de marchandises & denrées en détail, comme Boulangers, Pâtissiers, Couturiers, Selliers, Bouchers, Bourreliers, Passementiers, Maréchaux, Rôtisseurs, Cuisiniers, & autres semblables, ne peuvent faire action, après les six mois passés, du jour de la premiere déli-*

*vrance de leurdite marchandife ou denrée, finon qu'il y eut arrêté de
compte, fommation & interpellation judiciairement faite, cédule ou obligation.* L'autre Article de la Coutume de Paris eft ainfi conçu : *Dra-
piers, Merciers, Epiciers, Orfévres, & autres Marchands groffiers,
Maçons, Charpentiers, Couvreurs, Barbiers, Serviteurs, Laboureurs,
& autres Mercénaires, ne peuvent faire action ni demande de leur marchandife, falaires & fervices après un an paffé, à compter du jour de la
délivrance de leur marchandife, ou vacation, s'il n'y a cédule, obligation, arrêt de compte par écrit, ou interpellation judiciaire.*

Il fembloit réfulter de ces deux Articles, qu'après l'année ou les fix
mois le Marchand ou l'Artifan étoit abfolument non-recevable à demander ce qui lui étoit dû ; mais comme il pouvoit arriver que ce
fût par des égards particuliers pour les Débiteurs, comme étant des
pratiques ordinaires, il n'étoit pas jufte que cette condefcendance, louable en elle-même, tournât abfolument au détriment du Marchand ou
de l'Artifan. C'eft pourquoi la Jurifprudence du Châtelet, confirmée
par différens Arrêts, étoit de ne prononcer dans l'un & l'autre cas, la
fin de non-recevoir prefcrite par la Coutume, qu'en obligeant le Défendeur d'affirmer que la fomme par lui demandée n'eft point dûe.
Cette Jurifprudence a été adoptée par notre Ordonnance, lorfqu'elle autorife les Marchands ou Artifans, qui ont laiffé paffer le tems
à eux accordé, de déferer le ferment à ceux à qui les fournitures ont
été faites, ou de les faire interroger fur faits & articles.

Mais de ce que après l'année, ou les fix mois, les Marchands ou
Artifans, doivent déférer le ferment à ceux qu'ils attaquent pour être
payés, peut-être pourroit-on induire par la regle des contraires que le
ferment doit être déferé à eux-mêmes, quand ils font dans l'intervalle de
l'année ou des fix mois de l'Ordonnance & de la Coutume. Cette conféquence néanmoins feroit abfolument erronée. S'en rapporter en ce cas
au ferment d'un Marchand ou Artifan contre un Particulier, ce feroit
favorifer & mettre à l'épreuve fa mauvaife foi, en lui donnant la facilité de fe faire autant de Créanciers qu'il voudroit. Rien ne peut donner
atteinte à la préfompriom légale pour la libération, & conféquemment
à la regle qui veut que le ferment foit toujours déferé au Défendeur,
lorfqu'il n'y a point contre lui de preuves, foit littérales, foit refti-
moniales, dans les cas où cette derniere efpece de preuve peut être
admife fuivant les Ordonnances.

ARTICLE XI.

*Tous Négocians & Marchands, tant en gros qu'en
détail, auront chacun à leur égard, des aulnes ferrées
par les deux bouts & marquées, ou des poids & mefures
étalonnés. Leur défendons de s'en fervir d'autres, à*

peine de faux , & de cent cinquante livres d'amende.

Les précautions prises par le présent Article, ont pour objet d'empêcher les Marchands de vendre à faux poids & à fausse mesure. On ne
peut, par conséquent, tenir trop exactement la main à son observation.

ACTES RELATIFS AU PRESENT TITRE.

Brevet d'apprentissa-
ge.

Fut présent . . . . . demeurant . . . . lequel pour le profit & l'avancement
de . . . . son Fils, âgé de . . . . . ou environ, a reconnu & confessé l'avoir mis en
service & apprentissage de ce présent jour jusqu'à . . . ans après ensuivans finis
& accomplis, avec ; . . . Maître . . . . Bourgeois de Paris, y demeurant . . . . .
a ce présent, & acceptant, qui l'a pris & retenu pour son Serviteur & Apprentif,
pendant ledit tems, auquel durant icelui, il a promis & promet montrer & enseigner sondit métier de . . . . autant qu'il lui sera possible. Et outre lui fournir &
livrer son boire, manger, feu, lit, gîte, & luminaire, & le traiter doucement
& humainement, comme il appartient ; à la charge que ledit Bailleur son Pere,
l'entretiendra d'habits, linges, chaussures aussi pendant ledit tems. En faveur &
considération duquel apprentissage, les Parties ont convenu & accordé ensemble à
la somme de . . . . sur laquelle somme, ledit Preneur a confessé avoir eu & reçu
la somme de . . . . présentement baillée comptant, dont ledit Preneur se tient
content, & en a quitté & quitte ledit Bailleur & tous autres.. Et le surplus montant à la somme de . . . . ledit Bailleur a promis, sera tenu & s'oblige le bailler
& payer audit Preneur ou au Porteur des présentes en sa maison à Paris, en deux
paiemens égaux ; le premier de la somme de . . . . d'huy en un an ; & l'autre de
pareille somme de . . . . restant à payer de ladite somme de . . . . dans l'année
suivante, au premier jour du mois de . . . . à ce faire étoit présent ledit . . . .
Apprentif, qui a agréé le présent apprentissage, a promis servir ledit Preneur son
Maître dans ledit métier de . . . . & faire toutes autres choses licites & honnêtes
qu'il lui commandera, bien & fidelement lui obéir, faire son profit, éviter son
dommage, l'en avertir, s'il vient à sa connoissance, sans s'absenter ni aller ailleurs
servir pendant ledit tems ; & en cas de fuite & d'absence, ledit Bailleur son Pere,
promet le chercher, & faire chercher & le ramener s'il le peut trouver, pour parachever le tems qui pourra rester de sondit présent apprentissage : & de plus son
Pere l'a certifié de toute loyauté & fidélité. Car ainsi a été accordé & convenu entre
les Parties ; promettant, &c. obligeant, &c. chacun en droit soi, renonçant, &c.

Quittance de Brevet
d'apprentissage.

Ledit. . . . nommé au Brevet d'apprentissage écrit en l'autre part, a déclaré
& reconnu que ledit . . . . son Apprentif, aussi y nommé, l'a bien utilement &
fidelement servi pendant les . . . années portées audit Brevet, comme aussi lui
a fourni & payé la somme convenue par ledit Brevet, dont se contente, & en quitte
& décharge sondit Apprentif ; consentant & accordant qu'il aille servir où bon lui
semblera, comme Compagnon dudit métier, dont & de ce que dessus, ledit Apprentif a requis acte aux Notaires soussignés à lui octroyé, pour lui servir & valoir
en tems & lieu, ainsi que de raison. Fait & passé, &c.

Désistement d'un
Brevet d'apprentissa-
ge.

Fut présent. . . . Maître . . . . à Paris d'une part ; &.... &.... son Fils Apprentif dudit . . . . d'autre part. Lesquelles Parties volontairement se sont par ces
Présentes désistés & désistent respectivement du Brevet d'apprentissage dudit . . . .
avec ledit . . . . passé pardevant. . . . le . . . . jour de . . . . veulent, con-
sentent,

fentent, & accordent réciproquement, que ledit Brevet foit & demeure nul ; comme non fait, fans dépens, dommages & intéiêts prétendus de part ni d'autre ; fe quitant lefdites Parties l'une l'autre, de toutes chofes généralement quelconques pour ce regard, du paffé jufqu'à hui, après toutefois que ledit Apprentif a déclaré avoir renoncé & renonce, par cefdites Préfentes audit métier de . . . . &c.

Fut préfent. . . . Maître . . . . lequel a reconnu & confeffé avoir cédé & transporté par ces Préfentes à . . . . auffi Maître . . . . demeurant, &c. . . . à ce préfent & acceptant le Brevet d'apprentiffage de . . . . Apprentif & obligé avec ledit . . . . paffé pardevant Notaires le . . . . jour. . . . duquel refte à expirer . . . . années, à compter de ce jourd'hui : à la charge de fatisfaire par ledit. . . . à toutes les charges, claufes & conditions portées audit Brevet, ce qu'il a promis faire, après qu'il a dit le bien favoir, pour en avoir eu la lecture & communication ; lequel Brevet étant en parchemin ledit . . . . a préfentement baillé & mis ès mains dudit . . . . lequel il a fubrogé en fon lieu & place. Ce fait en la préfence & du confentement du Pere dudit Apprentif, à ce préfent, lequel Apprentif a promis fervir ledit . . . . à préfent fon Maître, bien & fidelement obéir à fes commandemens honnêtes & licites, & s'eft foumis aux charges & conditions portées audit Brevet ; comme auffi ledit Pere a promis & certifié ledit Apprentif fon Fils, de toute loyauté & fidélité. Et outre en cas de fuite & abfence, &c. *comme deffus.*

Lorfqu'il arrive quelque differend entre le Maître & l'Apprentif pour mauvais traitement ou autre caufe ; la plainte fe fait pardevant un Subftitut de M. le Procureur du Roi, en la préfence des Jurés du Métier, qui tranfportent eux - mêmes le Brevet à un autre Maître, fuivant l'avis du Subftitut, & ce tranfport de Brevet fe fait ainfi.

Furent préfens . . . . Maîtres . . . à Paris à préfent Jurés dudit métier, demeurant. . . . lefquels, fuivant le Jugement & avis de Meffire. . . . Subftitut de Monfieur le Procureur du Roi au Châtelet de Paris, cejourd'hui donné, fur les différends mus entre . . . . auffi Maître de ladite Vacation, & . . . . fon Apprentif, ont reconnu & confeffé avoir & ont cedé & tranfporté par ces Préfentes à . . . . pareillement Maître . . . . à ce préfent & acceptant : le Brevet d'apprentiffage dudit . . . . paffé pardevant . . . . Notaires le . . . . jour de . . . . pour . . . . années, dont refte à expirer . . . . années à compter de cejourd'hui, à la charge de fatisfaire par ledit . . . . . à tout le contenu audit Brevet, ainfi que ledit. . . . . étoit obligé par icelui, duquel, lecture lui a été préfentement faite par l'un des Notaires fouffignés, l'autre préfent ; & ledit Brevet étant en parchemin, préfentement baillé & mis ès mains dudit . . . . qui a dit le bien favoir & entendre, &c au moyen de quoi ledit. . . . a préfentement rendu & payé audit . . . . la fomme de . . . . faifant partie de la fomme de. . . . portée par ledit Brevet ; laquelle fomme de . . . lefdits Jurés ont eftimée devoir être ainfi rendue, eu égard au tems que ledit Apprentif a fervi ledit . . . . dont ledit . . . . s'eft tenu content, &c.

Un grand nombre de Brevets d'apprentiffages fe font en la préfence d'un des Jurés ; & à la fin, on met : car ainfi a été accordé entre les Parties en la préfence de . . . auffi Maître . . . . & à préfent Juré dudit Métier, pour ce comparant, demeurant. . . . lequel audit nom de Juré a eu le préfent Brevet agréable.

Il y a auffi d'autres Métiers, dont les Statuts veulent que les Brevets d'apprentiffages fe faffent, non-feulement en la préfence des Jurés, mais encore dans le Bureau de la Communauté, ce qu'il faut fpécifier dans l'Acte.

Enfin, il faut obferver que dans les Brevets des Apprentifs pour les Métiers, le

Maître promet de montrer fon métier ; *dans le Brevet des Apprentifs Artifans*, le *Maître* promet de montrer fon art ; *& dans les Brevets des Apprentifs Marchands*, le *Marchand promet* de montrer fon Commerce & la Marchandife dont il fe mêle.

TITRE II.

DES AGENS DE BANQUE ET COURTIERS.

ARTICLE PREMIER.

Défendons aux Agens de Banque & de Change, de faire le change, ou tenir Banque pour leur compte particulier, fous leur nom, ou fous des noms interpofés directement ou indirectement, à peine de privation de leurs Charges, & de quinze cens livres d'amende.

ARTICLE II.

Ne pourront auffi les Courtiers de marchandifes, en faire aucun trafic pour leur compte, ni tenir caiffe chez eux, ou figner des Lettres de change par aval. Pourront néanmoins certifier que la fignature des Lettres de change eft véritable.

ARTICLE III.

Ceux qui auront obtenu des Lettres de répi, fait Contrat d'atermoyement, ou fait faillite, ne pourront être Agens de Change ou de Banque, ou Courtiers de Marchandifes.

On a réuni dans le préfent Titre ce qui concerne les Agens de Banque, ou de change, & les Courtiers. Leurs fonctions étant à peu près les mêmes quoique l'objet en foit différent.

Les Agens de Banque & de Change, font des Gens qui s'entremettent de négocier des Lettres de change, Billets à ordre ou au Porteur, & autres papiers de Commerce, moyennant un certain profit qui leur eft accordé à cet effet, & qui eft différent fuivant les lieux.

Les Courtiers font de même des Mandataires qui s'entremettent de faire vendre, acheter ou troquer des marchandises, moyennant un certain salaire qu'on leur donne à cet effet. Il y en a dans les grandes Villes pour tous les différens genres de Commerce, & ils font très utiles, par la connoissance qu'ils ont des Marchands, & des parties particulieres de Commerce auxquelles ils s'attachent ; de sorte que l'on vient à bout, par leur canal, de négocier bien des marchandises, dont on auroit beaucoup de peine à se défaire sans leur entremise.

Les Agens de Change & les Courtiers ont cela de commun entre eux ; 1°. d'être d'une probité sans tache, étant le plus souvent dépositaires de la fortune des Particuliers ou Marchands ; c'est pourquoi s'il y avoit sur leur compte la moindre tache, comme d'avoir fait faillite ou Contrat d'atermoyement ou même d'avoir obtenu de simples Lettres de répi, ils deviendroient dès lors inhabiles à être Courtiers ou Agens de change, ou à continuer de l'être ; 2°. les Agens de Change ne peuvent point faire la Banque pour leur compte directement ou indirectement, parcequ'il en résulteroit des monopoles à l'infini ; & pareillement les Courtiers n'ont pas non plus la liberté de faire Commerce pour eux de la marchandise dont ils font Courtiers ; parceque ce seroit les mettre à portée d'abuser de la confiance de ceux qui les employent, en gardant pour eux des marchés qu'ils feroient censés avoir faits pour d'autres.

Quant aux Agens de Change en particulier, le Prince avoit voulu, dans des tems difficiles, les créer en titre d'Office, & en former autant de Charges dans les Villes les plus commerçantes du Royaume. on ignore si les Edits bursaux portant création de ces Charges, ont eu leur objet dans les autres Villes. Mais ce qu'il y a de certain, par rapport à Paris, c'est que les soixante Charges d'Agens de Change, créées pour cette Capitale du Royaume, par Edit du mois de Janvier 1723 n'ayant point été levées, elles furent mises en Commission par Arrêt du Conseil d'Etat du 24 Septembre 1724 : le même Arrêt contient établissement d'une Place appellée *Bourse* pour la négociation des Lettres de change, Billets à ordre ou au Porteur, & autres papiers commerçables, & pour y traiter de toutes les affaires de Commerce, tant de l'intérieur que de l'extérieur du Royaume (a).

(a) » LE ROI s'étant fait rendre compte de la maniere dont se font à Paris les Négociations de
» Lettres de Change, Billets au Porteur & à ordre, & autres Papiers commerçables, & des Marchandises
» & Effets, a jugé qu'il feroit non seulement avantageux au Commerce, mais encore très nécef-
» faire, pour y maintenir la bonne foi & la sûreté convenable, d'établir dans la Ville de Paris
» une Place où les Négocians puissent s'assembler, tous les jours à certaine heure, pour y traiter
» des affaires de Commerce, tant de l'intérieur que de l'extérieur du Royaume ; & où les Négocia-
» tions de toutes Lettres de Change de Place en Place, & sur les Pays Etrangers, Billets au Porteur,
» ou à ordre, & autres Papiers commerçables, & des Marchandises & Effets, puissent être faites
» à l'exclusion de tous autres lieux, entre Gens connus, ou par le ministere de personnes que Sa
» Majesté commettra pour faire les fonctions de soixante Agens de Change, créés par Edit du mois
» de Janvier 1723, dont les Offices n'ont pas été levés ; à quoi Sa Majesté voulant pourvoir :
» oui le Rapport du Sieur Dodun, Conseiller ordinaire au Conseil Royal, Contrôleur Général des
» Finances ; le Roi, étant en son Conseil, a ordonné & ordonne ce qui suit.

Cet établissement n'est pas le seul utile au Commerce, qui ait attiré l'attention du Souverain. Le feu Roi, animé du desir de favoriser &

ARTICLE PREMIER.

» Il sera incessamment établi dans la Ville de Paris une Place appellée la Bourse, dont l'entrée
» principale sera rue Vivienne, & dont l'Ouverture sera indiquée & faite par le Sieur Lieutenant
» Général de Police, que Sa Majesté a commis & commet pour avoir jurisdiction sur la police
» d'icelle, & dont les Jugemens seront exécutés provisoirement, nonobstant oppositions ou appel-
» lations quelconques.

» II. La Bourse sera ouverte tous les jours, excepté les jours de Dimanches & de Fêtes, depuis
» dix heures du matin jusqu'à une heure après midi; après laquelle heure, l'entrée en sera refusée
» à ceux qui s'y présenteront, de quelque état & condition qu'ils puissent être.

III. » Il sera établi, à la porte de la Bourse, une Garde commandée par un Exempt, & com-
» posée du nombre d'Archers, que le Sieur Lieutenant Général de Police jugera à propos, pour
» empêcher les désordres.

IV. » L'entrée de la Bourse sera permise aux Négocians, Marchands, Banquiers, Financiers,
» Agens de Change & de Commerce, Bourgeois, & autres personnes connues & domiciliées dans
» la Ville de Paris; comme aussi aux Forains & Etrangers, pourvû que ces derniers soient connus
» d'un Négociant, Marchand, ou Agent de Change & de Commerce, domicilié à Paris.

V. » Pour empêcher qu'il ne s'introduise à la Bourse d'autres personnes que celles qui auront
» droit d'y entrer, veut Sa Majesté qu'il soit distribué par le Sieur Lieutenant Général de Police,
» ou celui qu'il commettra à cet effet, une marque à chacun de ceux qui seront dans le cas de
» l'Article précédent, & sur la requisition qu'ils en feront; lesquelles marques seront représentées
» à l'entrée de la Bourse, sans être obligé de les laisser, par celui au nom duquel elles auront été
» délivrées, & non autrement. Et si aucune desdites marques étoit représentée par un autre, elle
» sera arrêtée, ainsi que celui qui en sera Porteur.

VI. » Ceux qui seront Porteurs desdites marques, les ayant perdues, en avertiront celui qui sera
» préposé pour cette distribution par le Sieur Lieutenant Général de Police, & il leur en sera dé-
» livré de nouvelles. Et à l'égard de ceux qui cesseront de vouloir faire usage de celles qui leur au-
» ront été attribuées, ils seront tenus de les rapporter audit Préposé: & dans l'un & l'autre cas,
» il en sera fait mention sur le Rôle de distribution desdites marques.

VII. » Il ne sera délivré des marques aux Forains, & aux Etrangers, pour avoir entrée à la
» Bourse, que sur le certificat d'un Négociant, Marchand, Banquier, ou Agent de Change & de
» Commerce, domicilié à Paris.

VIII. Si d'autres Particuliers trouvent le moyen d'entrer à la Bourse, sans avoir représenté une
» marque à leur nom, veut Sa Majesté qu'ils soient arrêtés, & en soient mis hors pour la pre-
» mière fois, avec défense de s'y représenter: & en cas de récidive, à peine de prison & de mille
» livres d'amende au profit de l'Hôpital général de Paris; & payable avant d'être élargis.

IX. » Si un Particulier se sert du nom qui sera inscrit sur le Billet, dont il sera porteur, pour
» entrer à la Bourse, & qu'il y soit arrêté, pour contravention à aucun des Articles du pré-
» sent Réglement, ordonne Sa Majesté, que ou il y aura preuve du prêt dudit Billet, celui qui
» l'aura prêté, sera condamné en quinze cens livres d'amende, payable par corps, & applicable à
» à l'Hôpital général, sans que cette peine puisse être remise ni moderée; & il ne pourra rentrer
» à la Bourse, ou son nom sera inscrit.

X. » Si l'Exempt, ou les Gardes à la porte de la Bourse, y font entrer quelqu'un sans mar-
» que, ils seront destitués de leurs emplois; & seront en outre les Gardes condamnés à un mois
» de prison.

XI. » Les Femmes ne pourront entrer à la Bourse pour quelque cause ou prétexte que ce soit.

XII. » Toutes les Négociations de Lettres de Change, Billets au Porteur, ou à ordre, Marchan-
» dises, Papiers commerçables, & autres Effets, se feront à la Bourse, de la manière, & ainsi qu'il
» sera ci-après expliqué: défend Sa Majesté à tous Particuliers, de quelque état & condition qu'ils
» soient, de faire aucune assemblée, de tenir aucun Bureau pour traiter de Négociations, soit en
» Maisons bourgeoises, Hôtels garnis, Chambres garnies, Caffés & Limonadiers, Cabaretiers, &
» par-tout ailleurs, à peine de prison, & de six mille livres d'amende contre les Contrevenans, paya-
» ble avant de pouvoir être élargis, & applicable, moitié au Dénonciateur, & l'autre moitié à
» l'Hôpital général. Et seront tenus les Propriétaires, en cas qu'ils occupent leurs maisons, ou les
» principaux Locataires, aussi-tôt qu'ils auront connoissance de l'usage qui en sera fait en contra-
» vention au présent Article, d'en faire déclaration au Commissaire du Quartier, & d'en requérir
» acte; faute de quoi, ils seront condamnés par corps en pareille amende de six mille livres, ap-
» plicable comme ci-dessus.

XIII. » Défend très expressément Sa Majesté aucuns attroupemens dans les rues aux environs de
» la Bourse, & dans toutes les autres rues de la Ville & Fauxbourgs de Paris, pour y faire au-
» cunes Négociations, & sous quelque cause & prétexte que ce soit. Enjoint Sa Majesté au Sieur
» Lieutenant Général de Police de faire arrêter les Contrevenans, & de les faire constituer prison-
» niers.

d'augmenter le Commerce de son Royaume, avoit, par Arrêt de son Conseil du 29 Juillet 1700 établi un Conseil de Commerce, composé

XIV. » N'entend Sa Majesté comprendre dans les défenses portées par les deux précédens Articles, » les Traités ou Negociations pour les Marchandises seulement qui, outre la Bourse, pourront con-» tinuer de se faire dans les Foires, Halles ou Marchés à ce destinés, & sans néanmoins qu'il y puisse » être fait aucune Négociation d'autres Effets.

XV. » A fin de maintenir l'ordre & la tranquillité à la Bourse, & que chacun y puisse traiter de » ses affaires sans être interrompu, Sa Majesté défend d'y annoncer le prix d'aucun Effet à voix » haute, & de faire aucun signal, ou autre manœuvre pour en faire hausser ou baisser le prix, à » peine contre les Contrevenans d'être privés d'entrer pour toujours à la Bourse, & condamnés par » corps en six mille livres d'amende, applicable, moitié au Dénonciateur, & l'autre moitié à l'Hô-» pital Général.

XVI. » S'il arrive à la Bourse des contestations entre les Particuliers, suivies de menaces & de » voies de fait, celui qui aura levé la main pour frapper, sera sur le champ arrêté & constitué pri-» sonnier pour être jugé suivant les Ordonnances. Et pour s'assurer des Coupables, on sonnera une » Cloche au premier avertissement qui en sera donné, & les portes seront à l'instant fermées, sans » que que qui ce soit puisse exiger qu'elles soient ouvertes, jusqu'à ce que les auteurs du désordre » soient arrêtés, à peine contre ceux qui, par violence ou autrement, voudroient faire ouvrir les-» dites portes, d'être traités comme complices du désordre.

XVII. » Sa Majesté permet à tous Marchands, Négocians, Banquiers & autres, qui seront admis » à la Bourse, de négocier entr'eux les Lettres de Change, Billets au Porteur, ou à ordre, ainsi que » les Marchandises, sans l'entremise des Agens de Change. Et à l'égard de tous les autres Effets & » Papiers commerçables, pour en détruire les ventes simulées, qui en ont causé jusqu'à présent le dis-» crédit, ils ne pourront être négociés que par l'entremise des Agens de Change, de la manière & » ainsi qu'il sera ci-après expliqué, à peine de prison contre ceux qui en feront le commerce, & » de six mille livres d'amende, payables par corps, dont la moitié appartiendra au Dénonciateur, » & l'autre à l'Hôpital général; laquelle ne pourra être remise ni modérée.

XVIII. » Toutes Négociations de Papiers commerçables & Effets, faites sans le ministere d'un » Agent de Change, seront déclarées nulles, en cas de contestation; faisant Sa Majesté défenses à » tous Huissiers & Sergens de donner aucune assignation sur icelles, à peine d'interdiction & de » de trois cens livres d'amende; & à tous Juges de prononcer aucun Jugement, à peine de nullité » desdits Jugemens.

XIX. » Les soixante Offices d'Agens de Change, Banque & Commerce, créés par Edit du mois » de Janvier 1723, n'ayant pas été levés, Sa Majesté ordonne qu'il sera commis à l'exercice des-» dits Offices pour les exercer en la forme qui sera prescrite par le présent Réglement.

XX. » Il sera fait choix de dix notables Bourgeois & Négocians de la Ville de Paris, lesquels » examineront la capacité de ceux qui se présenteront pour être pourvus des soixante Commis-» sions d'Agens de Change, Banque & Commerce; & sur l'avis desdits Notables & Négocians, Sa » Majesté leur fera délivrer des Lettres en la grande Chancellerie pour exercer lesdites Commis-» sions.

XXI. » Les Agens de Change seront tous de la Religion Catholique, Apostolique & Romaine, » & François ou Régnicoles, au moins naturalisés, ayant atteint l'âge de vingt-cinq ans accom-» plis, & d'une réputation sans tache. Ceux qui auront obtenu des Lettres de répi, fait faillite ou » Contrat d'atermoyement, ne pourront être Agens de Change.

XXII. » Les Agens de Change prêteront serment de s'acquitter fidélement de leurs Commissions, » entre les mains du Sieur Lieutenant Général Civil de Paris, après l'information par lui faite de » leurs vies & mœurs, & ils ne payeront aucun droit de serment ni de réception.

XXIII. » Les Commissions d'Agent de Change pourront être exercées sans aucune dérogeance à » noblesse, Sa Majesté permettant à ceux qui en feront pourvus de les exercer conjointement avec » les Offices de Conseiller-Secrétaire du Roi, tant en la grande Chancellerie, que dans les autres » Chancelleries du Royaume, sans qu'il leur soit besoin d'Arrêts ni de Lettres de compatibilité, » dont Sa Majesté les a dispensés & déchargés.

XXIV. » Arrivant un changement par mort, ou autrement, dans le nombre des soixante Agens » de Change qui auront été nommés pour exercer lesdites Commissions, l'examen de ceux qui leur » succederont sera renvoyé aux Syndics des Agens de Change en place, sur l'avis desquels il leur » sera expédié de nouvelles Commissions.

XXV. » Les Agens de Change seront tenus de se trouver tous les jours à la Bourse depuis dix » heures du matin jusqu'à une heure après midi, à l'exception des Dimanches & Fêtes, sans qu'ils » puissent s'en dispenser pour quelque cause que ce soit, si ce n'est en cas de maladie.

XXVI. » Ils tiendront chacun un Registre journal, qui sera coté & paraphé par le Juge & » Consuls de la Ville de Paris, sur lequel Sa Majesté leur enjoint de garder une note exacte des » Lettres de Change, Billets & autres Papiers commerçables, & des Marchandises & Effets qui seront » par eux négociés, sans y enregistrer aucuns noms, mais en distinguant chaque partie par une » suite de numero, & de délivrer, à ceux qui les employront, un certificat signé d'eux, de cha-» que Negociation qu'ils feront, lequel Certificat portera le même numéro, & sera timbré du folio » où la Partie aura été inscrite sur leur Registre.

de Conſeillers d'Etat, Maîtres des Requêtes, & de douze Députés

XXVII. » Les Agens de Change auront foi & ferment devant tous Juges pour les Négociations
» qu'ils auront faites, auxquels Juges, ainſi qu'aux Arbitres qui pourront être nommés, ils ſeront
» tenus, lorſqu'ils en ſeront requis, d'exhiber l'Article de leur Regiſtre qui fera le ſujet de la con-
» teſtation.

XXVIII. » Lorſque les Négociations de Lettres de Change, Billets au Porteur ou à ordre, & des
» Marchandiſes, ſeront faites à la Bourſe par le miniſtere des Agens de Change, le même Agent
» pourra ſervir au Tuteur & au Pupille des Lettres ou Billets, & au Vendeur & à l'Acheteur des
» Marchandiſes.

XXIX. » A l'égard des Négociations de Papiers commerçables, & autres Effets, elles ſeront tou-
» jours faites par le miniſtere de deux Agens de Change ; à l'effet de quoi les Particuliers qui vou-
» dront acheter ou vendre des Papiers commerçables, & autres Effets, remettront l'argent ou les
» Effets aux Agens de Change avant l'heure de la Bourſe, ſur leurs Reconnoiſſances portant pro-
» meſſe de leur en rendre compte dans le jour ; & ne pourront néanmoins leſdits Agens de Chan-
» ge porter ni recevoir aucuns Effets ni argent à la Bourſe, ni faire leurs Négociations autrement
» qu'en la forme ci-après marquée ; le tout à peine contre les Agens qui contreviendront au con-
» tenu au préſent Article, de deſtitution & de trois mille livres d'amende, payables par corps,
» dont la moitié appartiendra au Dénonciateur, & l'autre moitié à l'Hôpital général.

XXX. » Lorſque deux Agens de Change ſeront d'accord à la Bourſe d'une Négociation, ils ſe
» donneront réciproquement leurs Billets, portant promeſſe de ſe fournir dans le jour ; ſavoir, par
» l'un les Effets négociés, & par l'autre le prix deſdits Effets ; & non-ſeulement chaque Billet ſera
» timbré du même numéro ſous lequel la Négociation ſera inſcrite ſur le Regiſtre de l'Agent de
» Change qui fera le Billet ; mais encore il rappellera le numéro du Billet fourni par l'autre
» Agent de Change, afin que l'un ſerve de renſeignement & de contrôle à l'autre ; leſquels Billets
» ſeront régulierement acquittés de part & d'autre dans le jour, à peine d'y être contraints par
» corps, même pourſuivis extraordinairement, en cas de diverti ſſemen de Deniers ou Effets.

XXXI. » Les Agens de Change ſeront pareillement tenus, en conſormant leurs Négociations
» avec ceux qui les auront employés, de leur repréſenter le Billet, au dos duquel ſera l'acquit de
» l'Agent de Change avec qui la Négociation aura été faite, & de rappeller, dans le Certificat qu'ils
» en délivreront, conformément à l'Article 26, le nom dudit Agent de Change & les deux numé-
» ros du Billet, auſſi bien que la nature & la quantité des Effets vendus ou achetés, & le prix deſ-
» dits Effets.

XXXII. » Sa Majeſté fait très expreſſes déſenſes aux Agens de Change de faire aucune Société
» entr'eux, ſous quelque prétexte que ce puiſſe être, ni avec aucun Négociant ou Marchand, ſoit
» en commandite, ou autrement ; même de faire aucune commiſſion pour le compte des Forains,
» ou des Etrangers, à moins qu'ils ne ſoient à Paris, lors de la Négociation, ſous les peines por-
» tées par l'Article 19.

XXXIII. » Sa Majeſté leur défend de ſe ſervir, ſous quelque prétexte que ce ſoit, d'aucun
» Commis, Faſteur, ou Entremetteur, même de leurs Enfans, pour aucunes Négociations, de
» quelque nature qu'elles puiſſent être, ſi ce n'eſt en cas de maladie, & ſeulement pour achever
» les Négociations qu'ils auront commencées, ſans qu'ils puiſſent en faire de nouvelles, ſous les
» peines portées par l'Article 19.

XXXIV. » Leſdits Agens de Change ne pourront, ſous les mêmes peines, faire aucun com-
» merce directement ni indirectement de Lettres, Billets, Marchandiſes, Papiers commerçables &
» autres Effets pour leur compte.

XXXV. » Nul ne pourra être Agent de Change, s'il tient les Livres, ou s'il eſt Caiſſier d'un
» Négociant ou autre.

XXXVI. » Les Agens de Change ne pourront nommer dans aucun cas les perſonnes qui les
» auront chargés de Négociations, auxquels ils ſeront tenus de garder un ſecret inviolable, &
» de les ſervir avec fidelité dans toutes les circonſtances de leurs Négociations, ſoit pour la na-
» ture & la qualité des Effets, ou pour le prix d'iceux, & ceux qui ſeront convaincus de préva-
» rication ſeront condamnés de réparer le tort qu'ils auront fait, & en outre aux peines portées
» par l'Article 19.

XXXVII. » Défend Sa Majeſté auxdits Agens de négocier aucunes Lettres de Change, Billets,
» Marchandiſes, Papiers, & autres Effets appartenans à des Gens dont la faillite ſera connue, ſous
» les peines portées par l'Article 19.

XXXVIII. » Leur défend Sa Majeſté, ſous les mêmes peines, d'endoſſer aucunes Lettres de
» Change, Billets au Porteur, ou à ordre, ni d'en donner leur aval ; mais ſeulement pourront,
» quand ils en ſeront requis, certifier les ſignatures des Tireurs, Accepteurs, ou Endoſſeurs de
» Lettres & de ceux qui auront fait les Billets.

XXXIX. » Leur défend pareillement Sa Majeſté, ſous les mêmes peines, de faire ailleurs qu'à
» la Bourſe aucune Négociation de Lettres, Billets, Marchandiſes, Papiers commerçables, & au-
» tres Effets.

XL. Il ſera attribué auxdits Agens de Change, pour les Negociations en deniers comptans,
» Lettres de Change, Billets au Porteur, ou à ordre, & autres Papiers commerçables, cinquante
» ſols par mille livres, payables, ſavoir, vingt-cinq ſols par l'Acheteur, & vingt-cinq ſols par le

choifis entre les principaux Négocians des Villes, où le Commerce eft le plus floriffant (a).

Le même Roi avoit créé enfuite fix Intendans du Commerce, pour être les Rapporteurs nés des affaires qui feroient portées à ce Confeil.

» Vendeur, ainfi qu'il eft d'ufage : & à l'égard des Négociations pour fait de Marchandifes, ils
» en feront payés fur le pié de demi pour cent de la valeur d'icelle, dont un quart pour cent par
» l'Acheteur, & un quart pour cent par le Vendeur, fans que, fous aucun pretexte, ils puiffent
» exiger aucun autre ni plus grand droit, à peine de concuffion.

XLI. » Les noms des Agens de Change, qui tomberont en contravention, & qui auront été
» deftitués, feront infcrits à la Bourfe dans un Tableau, ahn que le Public foit informé de ne plus
» fe fervir de leur miniftere.

» Et fera le préfent Arrêt lû, publié & affiché par-tout où befoin fera, à ce que perfonne n'en
» ignore; & pour l'exécution d'icelui toutes Lettres néceffaires feront expédiées. FAIT au Confeil
» d'Etat du Roi, Sa Majefté y étant, tenu à Fontainebleau le vingt quatrieme jour de Septembre
» mil fept cent vingt quatre. *Signé*, PHELYPEAUX.

(a) » LE ROI ayant connu dans tous les tems de quelle importance il étoit au bien de l'Etat,
» de favorifer & de protéger le Commerce de fes Sujets, tant au-dedans qu'au dehors du Royau-
» me, Sa Majefté auroit a diverfes fois donné plufieurs Edits, Ordonnances, Déclarations & Ar-
» rêts, & fait plufieurs Réglemens utiles fur cette matiere; mais les guerres qui font furve-
» nues, & la multitude de foins indifpenfables dont Sa Majefté a été occupée jufqu'à la conclu-
» fion de la derniere paix, ne lui ayant pas permis de continuer cette même application; & Sa
» Majefté voulant plus que jamais accorder une protection particuliere au Commerce, marquer
» l'eftime qu'Elle fait des bons Marchands & Négocians de fon Royaume, leur faciliter les moyens
» de faire fleurir & d'étendre le Commerce, Sa Majefté crut que rien ne feroit plus capable de
» produire cet effet, que de former un Confeil de Commerce, uniquement attentif à connoître &
» à procurer tout ce qui pourroit être le plus avantageux au Commerce & aux Manufactures du
» Royaume. A quoi Sa Majefté defirant pourvoir : Oui le Rapport du Sieur Chamillart, Confeiller
» ordinaire au Confeil Royal, Contrôleur Général des Finances, le Roi étant en fon Confeil a
» ordonné & ordonne qu'il fera tenu à l'avenir un Confeil de Commerce, une fois au moins dans
» chaque femaine, lequel fera compofé du Sieur d'Agueffeau, Confeiller d'Etat ordinaire, & au
» Confeil Royal des Finances; du Sieur Chamillart, Confeiller audit Confeil Royal, & Contrô-
» leur Général des Finances; du Sieur Comte de Pontchartrain, Confeiller du Roi en tous fes
» Confeils, Sécretaire d'Etat & des Commandemens de Sa Majefté; du Sieur Amelot, Confeiller
» d'Etat; des Sieurs d'Hernoton & Bauyn d'Angervillers, Confeillers de Sa Majefté en fes Confeils,
» Maîtres des Requêtes ordinaires de fon Hôtel, & de douze des principaux Marchands & Négo-
» cians du Royaume, ou qui auront fait long-tems le Commerce. Que dans ce nombre de douze
» Marchands négocians, il y en aura toujours deux de la Ville de Paris; & que chacun des dix
» autres fera pris des Villes de Rouen, Bordeaux, Lyon, Marfeille, la Rochelle, Nantes, Saint-
» Malo, Lille, Bayonne & Dunkerque : que dans ledit Confeil de Commerce feront difcutées &
» examinées toutes les propofitions & mémoires qui y feront envoyés; enfemble les affaires &
» difficultés qui furviendront concernant le Commerce, tant de terre que de mer, au-dedans &
» au dehors du Royaume, & concernant les Fabriques & Manufactures; pour, fur le Rapport qui
» fera fait à Sa Majefté des Délibérations qui auront été prifes dans ledit Confeil de Commerce, y
» être par Elle pourvu, ainfi qu'il appartiendra. Veut & entend Sa Majefté que le choix & no-
» mination defdits Marchands négocians qui devront entrer dans ledit Confeil de Commerce, fe
» faffent librement & fans brigue, par le Corps de Ville, dans chacune defdites Villes en cha-
» cune defdites Villes. Que ceux qui feront choifis pour être dudit Confeil de Commerce, foient
» gens d'une probité reconnue, & de capacité & expérience au fait du Commerce; & qu'à cet
» effet les Corps de Ville, & les Marchands négocians des Villes ci-deffus marquées, s'affemble-
» ront dans le mois de Juillet prochain dans les Hôtels de chacune defdites Villes, pour procé-
» der à ladite élection; enforte que les Marchands négocians ainfi élus & nommés, fe puiffent
» mettre en état d'arriver à Paris, ou à la fuite de la Cour, à la fin du mois de Septembre fui-
» vant, pour commencer leurs fonctions au premier jour d'Octobre. Que lefdites élections feront
» faites pour une année feulement, & feront renouvellées d'année en année dans la forme ci-deffus
» marquée; fauf à prolonger le tems du fervice dans ledit Confeil, s'il eft ainfi jugé à propos.
» Ordonne Sa Majefté qu'il fera nommé, par le Sieur Contrôleur Général des Finances, deux Intéreffés
» aux Fermes de Sa Majefté, pour être appellés audit Confeil, lorfque la nature des affaires le
» demandera; & pour Sécretaire dudit Confeil de Commerce, Sa Majefté a nommé ...... lequel
» aura foin de tenir un Regiftre exact de toutes les propofitions, mémoires & affaires qui feront
» portées audit Confeil; enfemble les déclarations qui y feront prifes, defquelles il délivrera les
» expéditions, fuivant qu'il fera ordonné par ledit Confeil. Fait au Confeil d'Etat du Roi, Sa
» Majefté y étant, tenu à Verfailles le vingt neuvieme jour de Juin mil fept cent. *Signé*, PHELY-
» PEAUX. Et fcellé.

Ces Charges furent à la vérité supprimées au commencement du Regne du Monarque regnant; mais ces mêmes Intendans du Commerce furent rétablis au nombre de quatre, par Edit du mois de Juin 1724 (a).

(a) » LOUIS, par la grace de Dieu, Roi de France & de Navarre: A tous préfens & à ve-
» nir, SALUT. L'attention que le feu Roi, notre très honoré Seigneur & Bisayeul, avoit pour
» ce qui pouvoit favoriser & augmenter le Commerce du Royaume, l'avoit déterminé à former
» une Assemblée, où les matieres concernant le Commerce puffent être discutées & examinées à
» fond, & à la composer de Conseillers d'Etat, Maîtres des Requêtes, & autres Commissaires de
» son Conseil, & de douze Députés choisis entre les principaux Négocians des Villes du Royaume
» où le Commerce est le plus considérable & le plus florissant. Les succès de ce premier Etablisse-
» ment l'ayant engagé à rechercher ce qui pourroit le perfectionner encore davantage, il lui parut
» que pour remplir entierement ses vues, il étoit nécessaire d'établir des Officiers, qui étant chargés du
» détail des différentes parties du Commerce, en fissent une étude particuliere, pour acquérir les
» connoissances nécessaires à un objet aussi important, & aussi étendu; faire le rapport des affai-
» res à l'Assemblée, pour en avoir son avis, & les rapporter ensuite avec l'avis formé dans l'As-
» semblée, au Contrôleur Général des Finances, & au Sécretaire d'Etat de la Marine, chacun pour
» la partie de Commerce qui est dépendante de leur ministere; ces motifs le déterminerent à créer
» six Intendans du Commerce, par l'Edit du mois de Mai 1708, en la forme & maniere portée
» audit Edit. Et comme ces Offices n'ont été par Nous supprimés, lors de notre Avénement à la
» Couronne, que par rapport au changement que Nous avions jugé à propos de faire dans les différen-
» tes parties du Gouvernement, ces mêmes raisons ne subsistant plus aujourd'hui, & le Bureau du
» Commerce ayant été par Nous rétabli à l'inftar de celui formé précédemment, il ne reste plus,
» pour mettre la derniere main à cet ouvrage, que de rétablir des Intendans du Commerce, que Nous
» érigerons en titre d'Office, & au nombre de quatre seulement; ce nombre Nous ayant paru né-
» cessaire & suffisant, pour remplir les fonctions qui leur sont attribuées. A CES CAUSES, & au-
» tres à ce Nous Mouvans, de l'avis de notre Conseil, & de notre certaine science, pleine puis-
» sance, & autorité Royale, Nous avons, par notre présent Edit perpétuel & irrévocable, créé
» & érigé, créons & érigeons quatre Offices de Conseillers en nos Conseils, Intendans du Com-
» merce, à la finance & aux gages qui seront par Nous reglés, par le Rôle que Nous en fe-
» rons arrêter en notre Conseil, pour, par les pourvus desdits Offices, les exercer aux mêmes
» fonctions qui étoient attribuées aux Intendans du Commerce, créés par l'Edit du mois de Mai
» 1708; dans lesquelles fonctions ils feront reçus & installés après la preftation de ferment par eux
» faite en la forme preferite par ledit Edit. Voulons que lesdits quatre Offices créés par notre pré-
» fent Edit, soient du Corps de notre Conseil, & qu'ils jouissent des mêmes rangs, honneurs, préroga-
» tives, privileges, exemptions, droits de *committimus* au grand Sceau, & franc-salé, dont jouissent
» les Maîtres des Requêtes de notre Hôtel. Ordonnons que les pourvus desdits Offices possederont leurs
» Charges à titre de survivance, ainsi que les autres Officiers de notre Conseil & de nos Cours,
» qui ont été exceptés du rétablissement de l'Annuel, par notre Déclaration du 9 Août 1722;
» lequel droit de survivance, ensemble celui du marc d'or, dans les cas où ils font dûs, sera re-
» glé pour lesdits Offices, sur le même pié qu'il est à présent reglé pour les Maîtres des Requê-
» tes ordinaires de notre Hôtel. Dispensons les premiers pourvus desdits Offices du paiement du
» droit de survivance, pour cette premiere fois seulement. Et pour être plus en état de choisir les
» Sujets que Nous trouverons les plus propres à remplir lesdites places, voulons & ordonnons
» qu'elles puissent être possédées & exercées sans incompatibilité avec tous autres Offices de Ma-
» gistrature.
» Si donnons en mandement à nos amés & féaux Conseillers, les Gens tenans notre Cour de par-
» lement, Chambre des Comptes, & Cour des Aydes à Paris, que notre présent Edit ils aient à
» faire lire, publier & registrer, & le contenu en icelui garder, observer & exécuter selon fa
» forme & teneur, nonobstant tous Edits, Déclarations, & autres choses à ce contraires, aux-
» quels Nous avons dérogé & dérogeons par le présent Edit. Car tel est notre plaisir, & afin que
» ce soit chose ferme & stable à toujours, Nous y avons fait mettre notre Scel. Donné à Ver-
» failles au mois de Juin, l'an de grace mil sept cent vingt-quatre, & de notre Regne le neu-
» vieme. Signé, LOUIS. Et plus bas; Par le Roi: PHELYPEAUX. Visa, FLEURIAU. Vû au Con-
» seil: DODUN. Et scellé du grand Sceau de cire verte.
» Registrées, oui & ce requerant le Procureur Général du Roi, pour être exécutées selon leur
» forme & teneur, suivant l'Arrêt de ce jour. A Paris en Parlement, le seizieme jour de Juin mil
» sept cent vingt quatre. Signé, DUFRANC.

TITRE

TITRE III.

DES LIVRES ET REGISTRES DES NEGOCIANS, MARCHANDS ET BANQUIERS.

Dans le Commerce, les *Livres* & *Regiſtres* ſont d'une utilité & d'une néceſſité indiſpenſable aux Négocians, tant par rapport à eux-mêmes, que par rapport aux autres: par rapport à eux-mêmes, en ce qu'ils ſe rendent par-là un compte exact & habituel de leurs affaires : par rapport aux autres, en ce que ces Livres & Regiſtres ſervent en certaines occaſions de preuves en leur faveur, & que d'ailleurs dans le cas d'une faillite néceſſaire, un Négociant de bonne foi eſt en état, par des Livres & Regiſtres tenus fidelement, de faire voir clair à ſes Créanciers, & de leur juſtifier la netteté de ſa conduite.

Ces Livres & Regiſtres ſont de différentes ſortes: le principal eſt celui qu'on appelle *Livre-journal*, ſur lequel le Marchand, Négociant ou Banquier, écrit jour par jour & par ordre de date, les achats, ventes, livraiſons, Lettres de change actives & paſſives, & généralement toutes les Négociations de Commerce ou de Banque qu'il fait ſucceſſivement.

Comme ce Livre-journal n'a d'autre ordre que celui des dates, & que les différens objets s'y trouvent conſéquemment répandus pêle mêle, & confondus les uns dans les autres, les Marchands & Négocians qui font un Commerce tant ſoit peu étendu, ſont dans l'uſage de faire des extraits de ce Livre-journal pour y renfermer, ſous un ſeul & même

point de vue, les différens objets qui compofent leur
Journal, en reportant fur un livre particulier chacun
de ces objets : & comme ces livres particuliers ont
pour but, de leur part, de fe rendre à eux-mêmes
raifon d'une maniere plus détaillée de l'état courant de leurs affaires, on les appelle *Livres de raifon.*
Les principaux font le *Livre de débit & de crédit*, où
l'on reporte par article de marchandifes, ou de
perfonnes avec qui l'on négocie, les comptes par
crédit & débit en deux colomnes. Dans l'une font
les ventes faites & Lettres de change & Billets fournis à chacun de ceux que l'article concerne; &
dans l'autre colomne, font portées en crédit les paiemens faits par ces mêmes perfonnes. Le *Livre* appellé *de Facture*, eft celui où l'on écrit le contenu
des marchandifes que l'on a envoyées, & que l'on
a reçues. Le *Livre de copies de comptes* eft le regiftres des comptes qu'on donne & qu'on reçoit. Le
Livre de mémoire eft le regiftre des Actes qu'on a
paffés, des Lettres de change qu'on a à payer, &
autres chofes effentielles dont on eft bien aife de
conferver l'époque. Le *Livre d'inventaire* eft l'état
des effets & marchandifes qui font en nature. Le
Livre de caiffe eft celui où l'on écrit la recette &
la dépenfe de tout l'argent qui entre dans le coffre.
Le *Livre de copies de lettres* eft celui où l'on tranf-
crit les lettres écrites par le Marchand ou Négociant, pour raifon de fon Commerce. Voilà en
général à quoi l'on peut réduire les Livres de différentes efpeces de Commerce. Il en eft cependant encore beaucoup d'autres relatifs à chaque
commerce particulier, & dont on n'a point cru,
par cette raifon, devoir faire ici l'énumération.

ARTICLE PREMIER.

Les Négocians & Marchands, tant en gros qu'en détail, auront un Livre qui contiendra tout leur négoce, leurs Lettres de change, leurs dettes actives & passives, & les deniers employés à la dépense de leur maison.

ARTICLE II.

Les Agens de Change & de Banque, tiendront un Livre journal, dans lequel seront inserées toutes les parties par eux négociées, pour y avoir recours en cas de contestation.

Ces deux Articles nous donnent le détail de ce que doit contenir un Livre journal & de ce qui en constitue l'essence; d'après ce détail, on voit qu'il n'est permis d'y rien obmettre, pas même les deniers employés pour la dépense particuliere de la maison. Mais ce dernier point n'est pas bien scrupuleusement observé, comme étant absolument étranger au Commerce, qui doit être l'objet unique de ces sortes de Livres.

Les Agens de Change sont assujettis à tenir des Livres journaux, aussi bien que les Marchands, Négocians, & Banquiers. Les Journaux des Agens de Change en effet, sont d'une autant plus grande importance, que s'il survient des difficultés pour raison des affaires négociées par leur entremise, ces Registres, lorsqu'ils sont en regle, sont capables de les applanir, ou du moins, d'y répandre un très grand jour.

ARTICLE III.

Les Livres de Négocians & Marchands, tant en gros qu'en détail, seront signés sur le premier & dernier feuillet, par l'un des Consuls dans les Villes où il y a Jurisdiction Consulaire, & dans les autres, par le Maire ou l'un des Echevins sans frais ni droits ; & les feuillets paraphés & cottés par premier & dernier, de la main de ceux qui auront été commis par les Consuls ou Maire & Echevins, dont sera fait mention au premier feuillet.

ARTICLE IV.

Les Livres des Agens de Change & de Banque feront cottés, fignés & paraphés, par l'un des Confuls fur chaque feuillet ; & mention fera faite dans le premier du nom de l'Agent de Change ou de Banque, de la qualité du Livre, s'il doit fervir de Journal ou pour la caiffe, & fi c'eft le premier, fecond, ou autre, dont fera fait mention fur le Regiftre du Greffe de la Jurifdiction Confulaire, ou de l'Hôtel de Ville.

ARTICLE V.

Les Livres Journaux feront écrits d'une même fuite, par ordre de date fans aucun blanc, arrêtés en chaque chapitre & à la fin, & ne fera rien écrit aux marges.

ARTICLE VI.

Tous Négocians, Marchands, & Agens de Change & de Banque, feront tenus dans fix mois, après la publication de notre préfente Ordonnance, de faire de nouveaux Livres Journaux & Regiftres, fignés, cottés & paraphés fuivant qu'il eft ci-deffus ordonné, dans lefquels ils pourront, fi bon leur femble, porter les extraits de leurs anciens Livres.

Nous avons vû précédemment ce qui conftitue le fond & l'effence des Livres Journaux en matiere de Commerce ; nous allons voir maintenant ce qui en caracterife la forme & ce qu'il faut pour lui donner une forte de caractere d'authenticité.

L'Ordonnance exige premierement que le Livre Journal foit figné, cotté & paraphé, à-peu-près de la même maniere dans leur genre, que nos Regiftres de Baptêmes, Mariages & Sépultures. La raifon de cette précaution étoit la même, pour les uns comme pour les autres ; c'étoit d'empêcher qu'on ne pût les altérer, & en fubftituer de faux aux véritables par des copies faites après coup, où l'on eft le maître d'inférer ce que l'on juge à propos. Mais dans une Ville, comme Paris où le nombre des Marchands, Négocians & Commerçans eft auffi immenfe, la pratique de ces formalités de fignatures de cottes & de paraphes de tous leurs Regiftres, auroit été bien difficile, pour ne pas dire impoffible : les mêmes difficultés fe feroient retrouvées dans toutes les autres grandes Villes du Royaume, proportionnément à leur grandeur, & à l'étendue de leur Commerce ; c'eft pourquoi les difpofitions de notre Ordonnance à cet égard, quelque fages & quelque utiles qu'elles foient en elles-mêmes, font demeurées fans exécution. Dans la fuite, on a effayé de faire naître de-là un droit burfal, en créant des Officiers particuliers pour ces fortes de paraphes & en leur attribuant un droit à cet effet, d'abord, par un Edit du mois de Novembre 1706, & par une Déclaration du mois de Mai 1707. On voulut même obliger les Marchands, Négocians, & Agens de Change, à fe fervir de papier timbré pour leurs Regiftres & Livres Journaux ; c'eft ce que porte formellement un Arrêt du Confeil du 3 Avril 1674. Mais ces projets formés pour procurer quelques reffources à l'Etat dans des tems fâcheux & difficiles, furent abandonnés prefque en naiffant ; on fentit fans doute que les dépenfes & la gêne qui en réfulteroient, pour le Commerce, en occafionneroient bientôt la ruine & le dépériffement.

Mais une feconde chofe plus effentielle à la forme des Livres Journaux, c'eft qu'ils foient écrits tout de fuite par ordre de date, fans aucun blanc, & fans qu'il foit rien écrit en marge ; en forte que fi le Marchand ou Négociant reçoit un paiement, bien que ce paiement foit rélatif à un article de fourniture ou de vente porté fur le Journal fous une date antérieure au paiement, il ne faut point porter la mention de ce paiement en marge de l'article auquel il eft relatif ; mais il faut l'infcrire fur le Journal dans l'ordre de la date qui lui eft propre.

Article VII.

Tous Négocians & Marchands, tant en gros qu'en détail, mettront en liaffe les lettres miffives qu'ils recevront, & en regiftre la copie de celles qu'ils écriront.

Il n'y a pas d'expédient plus propre pour mettre un Négociant à portée de fe rendre compte & de rendre compte aux autres au befoin des différens détails des négociations qu'il embraffe à raifon de fon Commerce, que d'enliaffer toutes les lettres qu'il reçoit, & de tenir Regiftre des réponfes qu'il y fait ; ainfi, on ne peut trop en recommander la pratique à tous les Commerçans & Banquiers.

Article VIII.

Seront auffi tenus tous les Marchands, de faire dans

*le même délai de six mois , inventaire sous leur seing ,
de tous leurs effets mobiliers & immobiliers , & de leurs
dettes actives & passives , lequel sera récolé & renouvellé
de deux ans en deux ans.*

L'usage pour les Marchands & Négocians de faire inventaire de
leurs marchandises, & de le renouveller tous les deux ans , n'est pas
d'une pratique moins utile. Ceux d'entre eux qui sont dans le cas d'un
plus grand détail, font fort bien de faire ce renouvellement d'inventaire tous les ans , pour éviter la confusion qui pourroit s'y rencontrer
en attendant jusqu'à deux années.

ARTICLE IX.

*La représentation ou communication des Livres Jour-
naux , Registres ou Inventaires, ne pourra être requise
ni ordonnée en Justice , sinon pour succession , communauté , & partage de Société en cas de faillite.*

ARTICLE X.

*Au cas néanmoins qu'un Négociant ou un Marchand,
voulût se servir de ses Livres Journaux & Registres, ou
que la Partie offrît d'y ajouter foi , la représentation pourra
en être ordonnée pour en extraire ce qui concernera le différend.*

Les Livres Journaux , Registres & Inventaires des Marchands &
Commerçans , contiennent le dépôt & le secret de toutes leurs affaires
& négociations; ainsi ce dépôt ne peut être violé que dans trois cas.
1°. Lorsqu'il s'agit de partage de succession de Communauté ou Société , parcequ'alors celui qui demande la communication ou représentation des Registres , a droit à la chose. 2°. En cas de faillite ,
parcequ'alors les Créanciers deviennent les principaux intéressés aux
affaires de celui qui a fait faillite , & qu'ils ne peuvent en acquérir la
connoissance que par la communication de ses Registres. 3°. Dans le
cas des contestations judiciaires, soit qu'un Marchand veuille se servir
de ses Registres pour autoriser sa demande , soit que sa Partie adverse
offre elle même d'y ajouter foi. Mais dans ce dernier cas , on ne doit
extraire du Registre que ce qui concerne le différend , sans pouvoir
prendre aucune connoissance des autres affaires portées sur les mêmes
Registres, & qui y seroient étrangeres.

La difpofition de notre Ordonnance à cet égard, a donné lieu à une difficulté qui étoit de favoir, fi un Marchand qui avoit en fa faveur une reconnoiffance paffée devant Notaires, étoit encore obligé de repréfenter fes Regiftres pour juftifier de fa créance. La queftion s'eft d'abord préfentée devant les Confuls de Troyes, qui nonobftant la reconnoiffance devant Notaires, ordonnerent la repréfentation des Regiftres; & leur Sentence fut confirmée par Arrêt fur productions du 22 Juillet 1689. La raifon de douter étoit que le Marchand Demandeur, ayant pour lui un titre auffi authentique qu'une reconnoiffance paffée devant Notaires, il n'avoit pas befoin d'une plus ample juftification de fa créance. La raifon de décider, fut que nonobftant ce titre, les Regiftres du Marchand pourroient contenir la preuve d'une libération poftérieure. Ceux à qui l'on demandoit le paiement de cette créance, étoient même dans des circonftances d'autant plus favorables, que c'étoit un corps de Créanciers unis, d'un Négociant qui avoit fait banqueroute, & avec lequel le Marchand qui répétoit la créance en queftion avoit été en relation de négoce avant ladite faillite (a).

(a) *Extrait des Regiftres du Parlement.*

» Entre Louis Paillot, Marchand à Troyes, appellant de deux Sentences rendues par les Juges &
» Confuls de la Ville de Troyes le 29 Octobre 1688, & de tout ce qui s'en eft enfuivi, d'une part;
» & Maître Edme Baillot, Confeiller au Préfidial dudit Troyes, Louis Veron, Antoine Blampignon,
» Edme Goulard, Jofeph Michelin, & Jean-Baptifte le Grin l'aîné, créanciers de Cyprien Labrun,
» auffi Marchand dudit Troyes, & Nicole Amant, fa Femme, intimés, d'autre. Vû par la Cour
» lefdites deux Sentences des Juges & Confuls de ladite Ville de Troyes, dudit jour 29 Octobre
» 1688, rendues entre lefdites Parties; par la premiere defquelles lefdites Parties ouies, attendu le
» confentement donné par ledit Paillot avec les Directeurs nommés pour la defcription des Effets
» defdits Labrun & Amant fa Femme, le 17 dudit mois d'Octobre; & vû l'Article de l'Ordon-
» nance de 1667, Titre 24, Article premier, il auroit été ordonné que ledit Paillot repréfenteroit les
» Livres ledit jour à l'entrée de l'Audience, pour être par lefdits Juges & Confuls vus & examinés
» en fa préfence; & celle defdits Baillot, Veron & Conforts, en la Chambre du Confeil, pour jufti-
» fier de fa créance, en ce qui regardoit le négoce qu'il avoit fait avec ledit Labrun, eu égard à la
» faillite d'icelui Labrun, & conformément à l'Ordonnance de 1673, Article 10, Titre 3; pour
» enfuite être ordonné ce que de raifon: & par la deuxieme auroit été donné défaut contre ledit
» Paillot non comparant, pour le profit duquel requis par lefdits Baillot, Veron & Conforts, il
» auroit été dit que la précédente Sentence feroit exécutée felon fa forme & teneur, dépens ré-
» fervés, dont eft appel par ledit Paillot. Arrêt d'appointé au Confeil, du 8 Mars 1689. Caufes &
» Moyens d'appel dudit Paillot, du 21 dudit mois & an. Réponfes fournies par lefdits Baillot,
» Veron & Conforts, Créanciers & Syndics des autres Créanciers defdits Labrun & fa Femme, du
» 19 Avril audit an 1689. Production des Parties: Contredits fournis par lefdits Baillot & Conforts,
» le 17 Mai audit an, contre la production dudit Paillot. Requête dudit Paillot, du 13 Juin en-
» fuivant, employée pour Contredits contre la production defdits Baillot, Veron & Conforts, &
» falvations contre iceux par lui fournies. Les charges, informations, & le procès fait pour raifon
» de la faillite & banqueroute dudit Labrun. Arrêt donné en plaidant, le 28 dudit mois de Juin,
» par lequel la Cour auroit ordonné que lefdits procès, charges & informations feroient mifes dans
» un fac à part & jointes en ladite inftance d'entre les Parties, pour en jugeant y avoir tel égard
» que de raifon. Production nouvelle defdits Baillot, Veron & Conforts, par Requête du fix du
» préfent mois de Juillet, employée pour falvations contre ladite Requête d'emploi pour contredits
» dudit Paillot, dudit jour 13 Juin. Sommation de fournir de Contredits contre ladite Production
» nouvelle par ledit Paillot. Tout Confideré: LADITE COUR a mis l'appellation au néant; ordon-
» ne que les Sentences, defquelles a été appellé, fortiront effet: condamne ledit Paillot en l'a-
» mende ordinaire de douze livres, & aux dépens de la caufe d'appel. FAIT en Parlement le vingt-
» deux Juillet mil fix cent quatre-vingt-neuf. *Signé*, DU TILLET.

TITRE IV.
DES SOCIETE'S.

ON peut faire le Commerce de deux manieres différentes; feul & pour fon compte particulier, ou en *Société* avec un ou plufieurs autres.

Il eft des *Sociétés* qui font purement *volontaires*, & qui ne font provoquées que par l'envie qu'ont réciproquement chacun des Affociés de faire un Commerce plus confidérable, en uniffant leurs fonds & leur induftrie.

Il en eft au contraire de *forcées* par la nature même de l'entreprife, qui étant au-deffus des forces d'un Particulier, exigent néceffairement le concours du travail, des foins, de l'argent & des fecours de plu- fieurs perfonnes réunies; & par cette union, chacun des Affociés retire les profits & les autres avantages qu'aucun ne pourroit avoir de lui feul.

En confidérant les Sociétés fous un autre point de vue, & relativement aux perfonnes qui entrent dans la Societé, fi tous les Affociés mettent en même - tems en commun & leurs fonds & leur induftrie, c'eft ce qu'on appelle *Société ordinaire* ou *libre*. Mais fi parmi les Affociés, il y en a quelques - uns qui ne fourniffent que des fonds fans y contribuer de leurs foins ni de leur induf- trie, c'eft ce qu'on nomme *Société en commandite*, ou *conditionnée*.

Il· y a cette différence effentielle entre la Société libre & la Société en commandite, que dans la So- ciété libre, tous les Affociés font obligés folidairement

rement à tous les engagemens de la Société, foit à
perte, foit à gain, foit qu'ils foient dénommés dans
les différens actes, foit qu'ils n'y foient point dénommés: au lieu que dans la Société en commandite, ceux qui ne mettent que des fonds dans la
Société, ne font point obligés au-delà de ces mêmes
fonds; par conféquent, s'il arrive qu'il y ait dans
la Société de la perte au-delà des fonds que chacun
y a mis, cette perte ne tombe que fur ceux qui
portent le nom de la Société, & qui feuls font dénommés dans les différens actes auxquels la Société
peut donner lieu pendant fa durée. Ceux qui s'affocient ainfi en commandite font ordinairement des
perfonnes qui ne font point commerçantes, quelquefois même des perfonnes de confidération, ou
d'un état incompatible avec le Commerce, qui,
fans que leur nom paroiffe, font bien aifes de participer à une Société, dont ils efperent retirer du
profit; mais fans vouloir rifquer de perdre, au-delà
des fonds qu'ils ont jugé à propos d'y mettre.

Ces notions préfuppofées, le Légiflateur s'eft
propofé de regler dans le préfent Titre trois chofes principales; premierement, les différentes formalités auxquelles font affujettis les actes de Sociétés en matiere de Commerce, pour en affurer
l'authenticité; 2°. les obligations qui naiffent de ces
Sociétés fuivant leurs natures différentes; 3°. enfin,
la maniere dont fe doivent terminer les conteftations qui peuvent naître entre les Affociés.

ARTICLE PREMIER.

Toute Société générale ou en commandite fera rédi-

gée par écrit , ou pardevant Notaires ou fous fignature
privée , & ne fera reçue aucune preuve par Témoins contre & outre le contenu en l'acte de Société , ni fur ce qui
feroit allegué avoir été dit , avant , lors , ou depuis l'acte,
encore qu'il s'agît d'une fomme ou valeur moindre de cent
livres.

ARTICLE II.

L'extrait des Sociétés entre Marchands & Négocians,
tant en gros qu'en détail , fera regiftré au Greffe de la
Jurifdiction Confulaire , s'il y en a, finon en celui de
l'Hôtel commun de la Ville ; & s'il n'y en a point , au
Greffe de nos Juges des lieux , ou de ceux des Seigneurs,
& l'extrait inferé dans un tableau expofé en lieu public ;
le tout à peine de nullité des actes & contrats paffés ,
tant entre les Affociés , qu'avec leurs Créanciers & ayans
caufe.

ARTICLE III.

Aucun extrait de Société ne fera enregiftré , s'il n'eft
figné ou des Affociés ou de ceux qui auront fouffert la
Société , & ne contient les noms , furnoms , qualités &
demeures des Affociés , & les claufes extraordinaires, s'il
y en a , pour la fignature des actes, le tems auquel elle
doit commencer & finir ; & ne fera réputée continuée s'il
n'y en a un acte par écrit , pareillement enregiftré &
affiché.

ARTICLE IV.

Tous actes portant changemens d'Affociés , nouvelles
ftipulations ou claufes pour la fignature , feront enregif-
trés & publiés , & n'auront lieu que du jour de la publication.

ARTICLE V.

Ne sera pris par les Greffiers, pour l'enregistrement de la Société, & la transcription dans le tableau, que cinq sols; & pour chaque extrait qu'il en délivrera, trois sols.

ARTICLE VI.

Les Sociétés n'auront effet à l'égard des Associés, leurs Veuves & Héritiers, Créanciers & ayans cause, que du jour qu'elles auront été enregistrées & publiées au Greffe du domicile de tous les Contractans, & au lieu où ils auront magasin.

Dans les formalités auxquelles sont assujettis les actes de Sociétés, qui se font entre Commerçans & Négocians, les unes sont intrinsèques & les autres extrinsèques.

Les formalités intrisèques, c'est-à-dire, qui concernent l'acte en lui-même, sont que l'acte de Société doit être rédigé par écrit, soit par-devant Notaires, soit du moins sous signature privée; l'Ordonnance rejettant toutes preuves testimoniales, même quand l'objet de la Société seroit au-dessous de cent livres; ce qui est une dérogation à l'Article 2 du Titre 20 de l'Ordonnance de 1667, qui, en ordonnant qu'il soit passé acte de toutes choses excédantes valeur de cent livres, permet par conséquent de n'en point passer, qui soit au-dessous de cette somme.

Nonobstant la disposition de la présente Ordonnance, il arrive souvent que des Commerçans, sur-tout quand ils sont éloignés les uns des autres, contractent entre eux des Sociétés par de simples lettres. Souvent même ils s'associent *verbalement* entre eux; ce qui a lieu principalement dans les Foires ou lorsqu'il ne s'agit que d'un seul objet ou d'une entreprise momentanée.

Les formalités extrinsèques, c'est-à-dire, qui ont lieu après que l'acte de Société a reçu sa perfection, sont d'abord de le faire enregistrer au Greffe de la Jurisdiction Consulaire du lieu, du moins par extrait; secondement, de faire transcrire cet extrait sur un tableau, exposé à la vue du Public, dans la Salle de la Jurisdiction Consulaire, afin que le Public ait connoissance des différentes Sociétés, des noms de ceux qui s'associent, de la durée des Sociétés, & de leurs principales conditions, & qu'on puisse conséquemment contracter avec les Associés en pleine connoissance de cause. Mais quoi-que l'Ordonnance ait attaché la peine de nullité au défaut d'enregistrement & de transcription des actes de Société, & que ces formalités soient fondées sur un motif d'utilité publique évident, elles ne sont point en vigueur, & l'usage contraire a prévalu.

Z z ij

ARTICLE VII.

Tous Associés seront obligés solidairement aux dettes de la Société, encore qu'il n'y ait qu'un qui ait signé, au cas qu'il ait signé pour la Compagnie, & non autrement.

ARTICLE VIII.

Les Associés en commandite ne seront obligés que jusqu'à la concurrence de leur part.

Ces deux dispositions établissent parfaitement la différence des Sociétés libres & des Sociétés en commandite, telle que nous l'avons déja ci-devant observée; les Associés en commandite ne sont engagés que jusqu'à concurrence de leur part dans les fonds de la Société; mais dans les autres, tous les Associés sont obligés solidairement à toutes les dettes de la Société, quand bien même il n'y auroit qu'un seul des Associés qui eût signé; mais pour qu'un seul Associé puisse obliger solidairement ses autres co-Associés, il faut qu'il ait signé pour lui *& Compagnie;* car s'il n'avoit signé que son nom seul, il seroit censé n'avoir eu intention de contracter que pour son compte particulier, & pour des objets étrangers à la Société.

ARTICLE IX.

Toute Société contiendra la clause de se soumettre aux Arbitres, pour les contestations qui surviendront entre les Associés; & encore que la clause fût omise, un des Associés en pourra nommer : ce que les autres seront tenus de faire; sinon, en sera nommé par le Juge pour ceux qui en feront refus.

ARTICLE X.

Voulons aussi qu'en cas de décès ou de longue absence, d'un des Arbitres, les Associés en nomment d'autres; sinon, il en sera pourvu par le Juge pour les refusans.

ARTICLE XI.

En cas que les Arbitres soient partagés en opinions, ils pourront convenir de sur-Arbitres sans le consentement des Parties ; & s'ils n'en conviennent, il en sera nommé un par le Juge.

ARTICLE XII.

Les Arbitres pourront juger sur les Pieces & Mémoires qui leur seront remis, sans aucune formalité de Justice, nonobstant l'absence de quelqu'une des Parties.

ARTICLE XIII.

Les Sentences arbitrales entre Associés pour Négoce, Marchandise ou Banque, seront homologuées en la Jurisdiction Consulaire, s'il y en a ; sinon ès Sieges ordinaires de nos Juges, ou de ceux des Seigneurs.

ARTICLE XIV.

Tout ce que dessus aura lieu à l'égard des Veuves, Héritiers, & ayans cause des Associés.

Les contestations entre Marchands & Négocians font la ruine du Commerce : ainsi, lorsqu'il s'en éleve, elles ne peuvent être terminées ni trop promptement ni trop sommairement. C'est en conséquence de ces considérations que l'Edit du mois d'Août 1560, vouloit que tous différends entre Marchands fussent vuidés sommairement par trois personnes au plus, accordées entre elles, ou dont elles seroient tenues ou contraintes de s'accorder par le Juge des lieux.

Cette disposition générale n'ayant plus lieu maintenant dans toute son étendue depuis l'établissement des Jurisdictions Consulaires, elle a néanmoins été conservée par notre Ordonnance, pour ce qui concerne les Sociétés entre Marchands, lorsqu'elle enjoint d'inserer dans tous les actes de Sociétés des Arbitres pour regler les différends qui pourroient s'élever entre les Associés pendant la durée de la Société. Cette clause a été regardée, comme si essentielle par le Législateur, qu'en cas d'obmission, il autorise un des Associés à nommer un Arbitre s'il survenoit quelque conteftation , & à forcer fes co Affociés à en nommer de leur part; finon , & à leur refus , à en faire nommer d'office par le Juge des lieux pour les refufans.

Ces Arbitres ainfi nommés , peuvent choifir un' fur - Arbitre , ils fe trouvent divifés d'opinion ; & dans le cas où ils ne pourroient pas convenir entre eux de ce fur-Arbitre , ils doivent s'adreffer au Juge des lieux qui en nomme un d'office.

L'inftruction de ces fortes de conteftations, fe fait fans aucuns frais & fans aucune formalité de Juftice ; elle confifte uniquement dans l'examen que font les Arbitres des droits & prétentions des Parties fur les Mémoires , Livres , Regiftres , & autres pieces qui leur font remifes de part & d'autre.

Quand leur Jugement eft formé & rédigé fur cet examen , il doit être homologué en la Jurifdiction Confulaire , s'il y en a une dans le lieu , finon au Greffe de la Jurifdiction ordinaire des lieux , foit qu'elle foit Royale , foit qu'elle foit Seigneuriale.

ACTES RELATIFS AU PRESENT TITRE.

Acte de Société. FUrent préfens . . . . . lefquels fe font affociés & s'affocient enfemble pour raifon de . . . . (énoncer ici l'objet de la Société) à perte & à gain , pour le tems & efpace de . . . . années commençantes à . . . . & finiffantes à . . . . au fonds de laquelle Société , ils ont dès-à-préfent mis & délaiffé , chacun la fomme de. . . . A la fin de chaque année , fera fait un Inventaire de tout ce qui appartiendra à ladite Société , pour voir & reconnoître l'état d'icelle , & partager ou porter refpectivement le gain ou la perte. Les dettes qui feront créées pour le fait de ladite Société , & pendant icelle , feront payées & acquittées fur le profit , & fi ce profit ne fuffit , fur les fonds. Eft convenu que fi à la fin de ladite Société , ou pendant la durée d'icelle , il furvient quelques différends entre les Affociés ; ils feront tenus de s'en rapporter au Jugement des Arbitres ci-après nommés ; favoir . . . . . Lefquels Arbitres pourront, en cas de contrariété d'avis , nommer telles perfonnes qu'ils jugeront à propos pour les départager ; & promettent lefdites Parties de fe foumettre refpectivement à leur Jugement & y fatisfaire dans tout fon contenu , à peine de . . . . payable par le contrevenant avant que de pouvoir être reçu appellant du Jugement arbitral. Car ainfi , &c.

TITRE V.

DES LETTRES ET BILLETS DE CHANGE,
ET PROMESSES D'EN FOURNIR.

Les Lettres de change font d'une utilité & d'un ufage univerfels dans le Commerce. Par leur moyen, les Marchands & Négocians évitent les frais de voitures des fonds qu'ils veulent faire paffer d'un lieu à un autre, & les rifques qu'ils ne foient volés dans la route.

Le préfent Titre embraffe à cet égard différens objets.

1°. On y définit la forme d'une Lettre de change & ce qui doit en conftituer l'effence ; on y établit enfuite la néceffité de fon acceptation & du proteft qui doit en être fait, fi elle n'eft point payée à fon échéance.

2°. On y fpécifie des formalités qui doivent accompagner le proteft & les procédures qui doivent être faites en conféquence.

3°. On y détermine les précautions qu'on doit prendre, lorfqu'une Lettre fe trouve adhirée.

4°. L'on y fixe le tems dans lequel les cautions données pour l'évenement des Lettres de change, font déchargées de droit, & dans lequel les Lettres de change font réputées acquittées.

5°. On y traite des ordres & endoffemens, & enfin des Billets de change.

ARTICLE PREMIER.

Les Lettres de change contiendront fommairement le

nom de ceux auxquels le contenu devra être payé, *le tems du paiement*, *le nom de celui qui en a donné la valeur*, *ſi elle a été reçue en deniers*, *marchandiſe*, *ou autres effets.*

Aʀᴛɪᴄʟᴇ II.

Toutes Lettres de change ſeront acceptées par écrit, *purement & ſimplement. Abrogeons l'uſage de les ac-cepter verbalement ou par ces mots* vû ſans accepter, *ou* accepté pour répondre à tems , *& toutes autres ac-ceptations ſous condition*, *leſquelles paſſeront pour refus; & pourront les Lettres être proteſtées.*

Aʀᴛɪᴄʟᴇ III.

En cas de proteſt de la Lettre de change, *elle pourra être acquittée par tout autre que celui ſur qui elle aura été tirée; & au moyen du paiement*, *il demeurera ſu-brogé en tous les droits du Porteur de la lettre*, *quoi-qu'il n'en ait point de tranſport ſubrogation ni ordre.*

Aʀᴛɪᴄʟᴇ IV.

Les Porteurs des Lettres qui auront été acceptées, *ou dont le paiement échet à jour certain*, *ſeront tenus de les faire payer*, *ou proteſter dans dix jours après celui de l'échéance.*

Aʀᴛɪᴄʟᴇ V.

Les uſances pour le paiement des Lettres ſeront de trente jours, *encore que les mois aient plus ou moins de jours.*

Aʀᴛɪᴄʟᴇ VI.

Dans les dix jours acquis pour le tems du proteſt, *ſeront*
compris

compris ceux de l'échéance & du protest, des Dimanches & des Fêtes, même des solemnelles.

ARTICLE VII.

N'entendons rien innover à notre Réglement du se-cond jour de Juin mil six cens soixante-sept, pour les acceptations, les paiemens, & autres dispositions concer-nant le Commerce dans notre Ville de Lyon.

Pour la validité d'une Lettre de change, il faut qu'elle contien-ne le nom de la Ville d'où elle est tirée, la date, la somme tirée, le tems auquel elle est payable, celui à qui elle doit être payée, le nom de celui qui en a fourni la valeur & en quoi cette valeur a été fournie, le nom de celui qui la doit acquiter, & son adresse.

Ainsi, il faut au moins qu'il y ait trois personnes employées dans une Lettre de change, qui sont, celui au profit de qui elle est faite, celui qui la fait, & celui sur qui elle est faite.

Une Lettre de change n'est valable qu'autant qu'il y a remise de Place en Place, c'est-à-dire, qu'autant qu'elle est tirée d'une Ville pour être payée dans une autre. Il faut d'ailleurs que ces deux Villes soient des Villes Marchandes, & de Commerce.

Le tems du paiement d'une Lettre de change, peut être stipulé de cinq différentes manieres, qui sont, 1°. *à vue*, & alors le paiement en doit faire sans délai & à la présentation; 2°. *à* 10, 12, 15 ou . . . . *jours de vue*, lesquels ne commencent à courir que du jour de l'ac-ceptation; 3°. *à jour préfix*, comme aux 10, 15, 20 ou 30 d'un tel mois; 4°. *à une* ou plusieurs *usances*; l'usance est fixée par notre Or-donnance à 30 jours pour chaque usance; 5°. au paiement des Saints, ou des Rois, &c. comme il se pratique à Lyon; ou à la Foire de . . . . ce qui n'a lieu que dans les endroits où il y a des Foires établies.

Mais quelque soit le terme fixé pour le paiement, on a, indépen-demment de ce, une prolongation de grace, qui est de dix jours au-delà du terme pour les Lettres de change, causées *valeur reçue en ar-gent*, ou simplement valeur reçue, ce qui est réputé la même chose; le délai est d'un mois, quand c'est pour *valeur reçue en marchandises*. Dans l'un & l'autre de ces délais de faveur, sont compris les jours de l'échéance & du protest, & les Fêtes & Dimanches qui peuvent se ren-contrer dans l'intervalle.

Ainsi, à défaut de paiement des Lettres de change au dernier jour de l'expiration des délais, ceux qui en sont Porteurs, doivent les faire protester; on proteste aussi quelquefois les Lettres de change faute d'acceptation, mais le protest n'a lieu dans ce cas, que pour les Lettres de change à un ou plusieurs jours de vue, d'autant que c'est du jour de l'acceptation que court celui du paiement : il n'est pas nécessaire de requérir l'acceptation pour toutes les autres Lettres de change. Quant à la forme de l'acceptation, elle consiste uniquement de la part de celui qui doit la faire, à mettre au bas de la Lettre de change le mot *accepté*, & à signer immédiatement après.

Quoique nous ayons posé pour regle générale que les Lettres de change, causées *valeur reçue comptant*, avoient 10 jours de grace, au-delà du terme de leur échéance, & celles valeur reçue en marchandises, un mois, il est cependant des exceptions à cette regle ; dans quelques Villes considérables commerçantes du Royaume, les délais sont différens, & il faut se conformer aux usages qui y ont lieu. Si dans l'intervalle qu'une Lettre de change est tirée, il survient quelque augmentation ou diminution dans les especes, il faut se regler sur le taux où elles étoient au jour où le paiement en doit être fait. C'est pourquoi si le Porteur d'une Lettre de change négligeoit d'en exiger le paiement ou de la faire protester au jour marqué à cet effet, il seroit tenu, en son propre & privé nom, des diminutions qui pourroient survenir dans les especes ; c'est ce que décident formellement la Déclaration du 16 Mars 1700 (a), celle du 28 Novembre 1713 (b), & celle du 20 Février 1714 (c).

(a) ″ LOUIS, par la grace de Dieu, Roi de France & de Navarre : A tous ceux qui ces pré-
″ sentes Lettres verront, SALUT. Nous avons été informés des difficultés qui arrivent journellement
″ au sujet du paiement des Lettres & Billets de Change, & des Billets payables au Porteur, que les
″ Particuliers qui les ont, affectent de ne point venir recevoir dans les termes de leur échéance,
″ ensorte que les Débiteurs, qui en ont les fonds comptant, sont obligés de supporter les diminu-
″ tions qui ont été & seront ordonnées par les Arrêts de notre Conseil, sur les especes qui restent
″ inutiles en leurs mains, sans pouvoir se libérer, n'ayant aucune connoissance de ceux qui sont
″ Porteurs desdites Lettres de Change & Billets ; à quoi desirant pourvoir, en expliquant sur ce
″ nos intentions. A CES CAUSES, & autres à ce Nous mouvans, & de notre certaine science,
″ pleine puissance, & autorité Royale, Nous avons par ces Présentes signées de notre main, dit &
″ ordonné, disons & ordonnons, voulons, & Nous plaît, que tous Porteurs de Lettres & Billets de
″ Change, ou de Billets payables au Porteur, soient tenus, après les dix jours de l'échéance de chacune
″ desdites Lettres ou Billets, d'en faire demande aux Débiteurs par une sommation, contenant les
″ noms, qualités & demeures desdits Porteurs, & d'offrir d'en recevoir le paiement en especes
″ lors courantes ; sinon, & à faute de ce faire dans ledit tems, & icelui passé, voulons que les
″ Porteurs desdites Lettres & Billets de Change, ou Billets payables au Porteur, soient tenus des
″ diminutions qui pourront survenir sur les especes, en exécution des Arrêts de notre Conseil, qui
″ ont été ou seront rendus sur le fait des monnoies. Si donnons en mandement à nos amés &
″ féaux Conseillers, les Gens tenans notre Cour de Parlement à Paris, que ces Présentes ils aient
″ à faire lire, publier & registrer, & le contenu en icelles garder & observer selon leur forme &
″ teneur, nonobstant tous Edits, Déclarations, & autres choses à ce contraires, auxquelles Nous
″ avons dérogé & dérogeons par ces Présentes. Car tel est notre plaisir. En témoin de quoi Nous
″ avons fait mettre notre Scel à cesdites Présentes. Donné à Versailles le seizieme jour de Mars,
″ l'an de grace mil sept cent, & de notre Regne le cinquante-septieme. *Signé*, LOUIS. *Et sur le*
″ *repli*; Par le Roi : PHELYPEAUX. Et scellé.
″ Regîstrées, oui, & ce requerant le Procureur Général du Roi, pour être exécutées selon leur
″ forme & teneur. A Paris en Parlement, le vingt Mars mil sept cent. *Signé*, DU TILLLT.

(b) ″ LOUIS, par la grace de Dieu, Roi de France & de Navarre : A tous ceux qui ces pré-
″ sentes Lettres verront, SALUT. Nous avons, par notre Déclaration du 16 Mars 1700, rendue à
″ l'occasion des diminutions d'especes portées par les Arrêts de notre Conseil, ordonné que tous
″ Porteurs de Lettres & Billets de Change, ou de Billets payables au Porteur, soient tenus, après
″ les dix jours de l'échéance de chacune desdites Lettres ou Billets, d'en faire demande aux Débi-
″ teurs par une sommation, contenant les noms, qualités & demeures desdits Porteurs, & d'offrir
″ d'en recevoir le paiement en especes lors courantes ; sinon, & à faute de ce faire, dans ledit

Il s'étoit auffi élevé une difficulté au fujet de l'interprétation des Art. 4 & 6 du préfent Titre, fur la queftion de favoir fi dans les 10 jours de

» tems, & ice'ui paffé, que les Porteurs defdites Lettres & Billets de Change, ou Billets payables
» au Porteur, feroient tenus des diminutions qui pourroient furvenir fur les efpeces en exécution
» des Arrêts de notre Confeil, qui auroient été ou feroient rendus fur le fait des monnoies. Et
» comme la nouvelle diminution des efpeces, ordonnée par l'Arrêt de notre Confeil, du 30 Septembre
» dernier, a donné lieu à plufieurs conteftations fur les paiemens des Lettres & Billets de Change,
» & autres de pareille nature, auxquelles il n'a pas été fuffifamment pourvu par notredite Décla-
» ration, Nous avons jugé à propos d'y ajouter, par ces Préfentes, les difpofitions néceffaires pour
» les faire entierement ceffer. A CES CAUSES, & autres à ce Nous mouvans, de l'avis de notre
» Confeil, & de notre certaine fcience, pleine puiffance, & autorité Royale, Nous avons dit,
» ftatué & ordonné, difons, ftatuons & ordonnons, voulons & Nous plaît, que tous Porteurs de
» Lettres, Billets de Change, Billets payables au Porteur, ou à ordre, foient tenus d'en faire la
» demande aux Débiteurs, le dixieme jour préfixe après l'échéance, par une fommation, finon,
» & à faute de ce, les Porteurs defdites Lettres & Billets feront obligés d'en recevoir le paiement,
» fuivant le cours & la valeur des efpeces avoient ce même dixieme jour; & réciproque-
» ment les Débiteurs defdites Lettres & Billets ne pourront obliger les Porteurs d'en recevoir le
» paiement, avant ce même dixieme jour. Et à l'égard des Billets & promeffes, valeur en Mar-
» chandifes, qui, fuivant l'ufage ordinaire, ne fe paient qu'un mois après l'échéance, les Por-
» teurs feront tenus d'en faire la demande, par une fommation, le dernier jour dudit mois après
» l'échéance; finon, & à faute de ce, feront obligés d'en recevoir le paiement fuivant le
» cours & la valeur que les efpeces avoient le même jour dernier dudit mois, après l'échéance :
» & réciproquement les Débiteurs defdits Billets & promeffes, ne pourront obliger les Porteurs
» d'en recevoir le paiement, avant le même jour dernier dudit mois. Voulons néanmoins que
» ceux qui auront fait des promeffes pour Marchandifes, dont l'efcompte aura été ftipu'é, puif-
» fent fe libérer, & acquitter les fommes contenues en leurs promeffes, pourvû qu'ils en faffent
» les paiemens, trente jours francs, avant le jour marqué pour la diminution des efpeces; faute
» de quoi ils ne pourront faire lefdits paiemens que dans les termes portés par lefdites promeffes.
» Voulons au furplus que notre Déclaration du 16 Mars 1700 foit exécutée, en ce qui n'eft con-
» traire à la teneur des Préfentes. Si donnons en mandement à nos amés & féaux Confeillers,
» les Gens tenans notre Cour de Parlement à Paris, que ces Préfentes ils aient à faire lire, pu-
» blier & regiftrer, & le contenu en icelles garder & exécuter felon leur forme & teneur, non-
» obftant tous Edits, Déclarations, & autres chofes à ce contraires, auxquelles Nous avons dé-
» rogé & dérogeons par cefdites Préfentes; aux Copies defquelles, collationnées par l'un de nos
» amés & féaux Confeillers-Secretaires, voulons que foi foit ajoutée comme à l'Original. Car tel
» eft notre p'aifir. En témoin de quoi Nous avons fait mettre notre Scel à cefdites Préfentes. Donné
» à Verfailles le vingt huitieme jour de Novembre, l'an de grace mil fept cent treize, & de no-
» tre Regne le foixante onzieme. Signé, LOUIS. Et plus bas, Par le Roi: PHELYPEAUX. Vû au
» Confeil : DESMARETZ. Et fcellé du grand Sceau de cire jaune.
» Régiftrée, oui & ce requerant le Procureur Général du Roi, pour être exécutée felon fa for-
» me & teneur, fuivant l'Arrêt de ce jour. A Paris en Parlement, le neufieme jour de Décembre
» mil fept cent treize. Signé, DONGOIS.
(c) » LOUIS, par la grace de Dieu, Roi de France & de Navarre : A tous ceux qui ces pré-
» fentes Lettres verront, SALUT. Nous aurions par notre Déclaration, du 28 Novembre 1713, la maniere
» des paiemens des Lettres & Billets de Change, pendant le tems des diminutions des monnoies,
» & ordonné que les Porteurs de Lettres ou Billets de Change, ou de Billets payables au Porteur,
» ou à ordre, fuffent tenus d'en faire la demande aux Débiteurs, le dixieme jour préfixe après l'é-
» chéance, par une fommation; finon, & à faute de ce, que les Porteurs defdits Lettres &
» Billets feroient obligés d'en recevoir les paiemens, fuivant le cours & la valeur que les efpeces
» avoient ce même dixieme jour; & réciproquement les Débiteurs defdites Lettres & Billets ne
» pourroient obliger les Porteurs d'en recevoir le paiement, avant ce même dixieme jour : & qu'à
» l'égard des Billets & promeffes, valeur en Marchandifes, qui, fuivant l'ufage ordinaire, ne fe
» paient qu'un mois après l'échéance, les Porteurs feront tenus d'en faire la demande par une fom-
» mation, le dernier jour dudit mois; finon, & à faute de ce, feroient obligés d'en recevoir le
» paiement, fuivant le cours & la valeur que les efpeces avoient le même jour dernier dudit
» mois, après l'échéance; & réciproquement les Débiteurs defdits Billets & promeffes, ne pour-
» roient obliger les Porteurs d'en recevoir le paiement, avant le même jour dernier dudit mois.
» Mais Nous aurions depuis été informés qu'il y a plufieurs Provinces & Villes de notre Royaume,
» où les Lettres & Billets de Change, les Billets payables au Porteur, ou à ordre, & les Billets ou
» promeffes, valeur en Marchandifes, font, fuivant les ufages qui y ont lieu, exigibles aux termes
» de leurs échéances, fans que les Débiteurs aient la faculté de jouir defdits délais de dix jours &
» d'un mois. Et comme on pourroit prétendre que par les termes de notredite Déclaration, du 28
» Novembre 1713, Nous avons entendu déroger à ces ufages, ce qui feroit naître une infinité de
» conteftations capables d'interrompre le cours du Commerce, Nous avons cru devoir expliquer,

grace accordés pour le proteſt, on devoit, ou non, comprendre le dernier jour de l'échéance; mais cette difficulté a été décidée par une Déclaration du 10 Mai 1686, qui veut que les 10 jours de faveur ne ſoient comptés que du lendemain de l'échéance des Lettres, ſans que le jour de l'échéance y puiſſe être compris, mais ſeulement celui du proteſt, ainſi que les jours de Dimanches & de Fêtes, même ſolemnelles (a).

La Ville de Lyon, dont le Commerce eft fi étendu tant au-dedans qu'au-dehors du Royaume, méritoit bien que fes ufages fuffent confervés. Auffi voyons-nous que le Légiflateur déclare par une difpofition expreffe, qu'il n'entend rien innover dans le Réglement qu'il avoit fait tout récemment pour cette grande Ville, par Arrêt du Confeil du 2 Juin 1667, revêtu de Lettres Patentes enregiftrées au Parlement. Ainfi, pour faire une jufte application de l'Ordonnance à cet égard, il eft néceffaire de donner une idée, du moins générale, de ce Réglement.

Il y eft dit d'abord, que l'ouverture de chaque paiement fe fera le premier jour non férié du mois de chacun des quatre paiemens de l'année, par une Affemblée des principaux Négocians, en préfence du Prévôt des Marchands, ou du plus ancien Echevin en fon abfence. C'eft en cette Affemblée que commencent les acceptations des Lettres de change, & elles continuent tout de fuite jufqu'au fixieme jour, après lequel, & icelui paffé, les Porteurs des Lettres peuvent les faire protefter pendant tout le courant du mois, & enfuite les renvoyer pour en être rembourfés. Les acceptations des Lettres de change doivent être faites par écrit, & être datées & fignées par ceux fur qui elles font tirées, ou par leurs fondés de procuration, dont minute doit refter chez le Notaire.

Si les Lettres de change acceptées & payables dans l'un des quatre paiemens ufités en la Ville de Lyon, n'ont point été payées en tout ou en partie pendant icelui, & jufqu'au dernier jour du mois inclufivement, elles doivent être proteftées dans les trois jours fuivans non fériés, fans préjudice de l'acceptation; & lefdites Lettres, enfemble les protefts doivent être envoyés pour être fignifiés dans un tems fuffifant: favoir, pour toutes les Lettres qui auront été tirées au-dedans du Royaume, dans deux mois; pour celles qui auront été tirées d'Italie, de Suiffe, d'Allemagne, de Hollande, de Flandres & d'Angleterre, dans trois mois; & pour celles d'Efpagne, de Portugal, de Pologne, de Suéde & de Danemarck dans fix mois, du jour & date des protefts; le tout à peine d'en répondre par le Porteur defdites Lettres. Tel eft le précis du Réglement fait pour la Ville de Lyon, du moins en ce qui eft relatif à la matiere que nous traitons.

Article VIII.

Les protefts ne pourront être faits que par deux Notaires, ou un Notaire & deux Témoins, ou par un Huiffier ou Sergent, même de la Juftice Confulaire avec deux
Recors ; contiendront le nom & le domicile des Témoins
ou Recors.

Article IX.

Dans l'afte de protef, les Lettres de change feront
tranfcrites avec les ordres & réponfes, s'il y en a, & la
copie du tout fignée, fera laiffée à la Partie, à peine de
faux & des dommages & intérêts.

Article X.

Le protef ne pourra être fuppléé par aucun autre afte.

Article XI.

Après le protef, celui qui aura accepté la Lettre,
pourra être pourfuivi à la Requête de celui qui en fera le
Porteur.

Article XII.

Les Porteurs pourront auffi, par la permiffion du Juge, faifir les effets de ceux qui auront tiré ou endoffé les
Lettres, encore qu'elles aient été acceptées ; même les
effets de ceux fur lefquels elles auront été tirées, en cas
qu'ils les aient acceptées.

Article XIII.

Ceux qui auront tiré ou endoffé des Lettres, feront
pourfuivis en garantie dans la quinzaine, s'ils font do-

miciliés dans la diftance de dix lieues, & au-delà, à
raifon d'un jour pour cinq lieues, fans diftinction du
reffort des Parlemens; favoir, pour les perfonnes domiciliées dans notre Royaume ; & hors icelui, les délais
feront de deux mois pour les perfonnes domiciliées en Angleterre, Flandre ou Hollande ; de trois pour l'Italie,
l'Allemagne & les Cantons Suiffes ; de quatre mois pour
l'Efpagne, de fix pour le Portugal, la Suéde & le Danemarck.

ARTICLE XIV.

Les délais ci-deffus, feront comptés du lendemain des
protefts jufqu'au jour de l'action en garantie inclufivement, fans diftinction des Dimanches & des Fêtes.

ARTICLE XV.

Après les délais ci-deffus, les Porteurs des Lettres feront non-recevables dans leur action en garantie, & toute
autre demande contre les Tireurs & Endoffeurs.

ARTICLE XVI.

Les Tireurs ou Endoffeurs des Lettres, feront tenus
de prouver, en cas de dénégation; que ceux fur qui elles
étoient tirées leur étoient redevables, ou avoient provifion au tems qu'elles ont dû être proteftées ; finon, ils
feront tenus de les garantir.

ARTICLE XVII.

Si depuis le tems reglé pour le proteft, les Tireurs ou
Endoffeurs ont reçu la valeur en argent ou marchandife,
par comptes, compenfation, ou autrement, ils feront
auffi tenus de la garantie.

Les Articles qui précedent, concernent les formalités du proteſt : le proteſt eſt une ſommation d'accepter ou de payer une Lettre de change, faite à celui ſur qui elle eſt tirée; on l'appelle *Proteſt*, parcequ'on proteſte toujours à la fin de l'acte que le Porteur ſe pourvoira contre & ainſi qu'il aviſera bon être, à peine de tous dépens, dommages & intérèts.

Le proteſt ſe peut faire de deux manieres; par le miniſtere de deux Notaires, ou d'un Notaire accompagné de deux Témoins, ou par le miniſtere d'un Huiſſier. Mais la premiere de ces deux voies, n'eſt point ou preſque point en uſage ; on préfére la ſeconde, comme beaucoup moins couteuſe : l'Ordonnance exigeoit dans ces derniers cas que l'Huiſſier fût aſſiſté de deux Recors ; mais l'établiſſement du contrôle des Exploits fait depuis, a fait ceſſer cette néceſſité de Recors, dont l'appareil d'ailleurs étoit capable de diſcréditer les Marchands & Négocians.

En tète de l'acte du proteſt on doit tranſcrire & laiſſer copie, tant de la Lettre de change, que des ordres & des réponſes, ſi aucunes ont été faites, par celui qui a fait refus de l'accepter ; afin que chacune des Parties intéreſſées, ait des notions exactes & complettes de tout ce qui eſt relatif à la Lettre de change en queſtion, juſqu'au proteſt incluſivement, & qu'elles puiſſent prendre leurs meſures & leur parti en conſéquence.

Auſſi-tôt après le proteſt, celui qui a accepté la Lettre de change, peut être pourſuivi en Juſtice pour le paiement; & comme par ſon acceptation, il en eſt devenu débiteur perſonnellement, il n'y a point de délai fatal par rapport à lui, mais il n'en eſt pas de même des Tireurs & des Endoſſeurs. Comme il eſt de l'intérêt du Commerce de ne point laiſſer le Porteur d'une Lettre de change le maître de favoriſer celui qui doit la payer, en lui donnant du tems & des facilités, & enſuite de revenir indéfiniment contre les Tireurs & Endoſſeurs, lorſque l'Accepteur eſt devenu difficile ou inſolvable, l'Ordonnance a pris ſur cela un juſte milieu. Elle accorde un délai fixe au Porteur d'une Lettre de change proteſtée, pour agir en garantie contre les Tireurs & Endoſſeurs. S'il intente ſon action pendant ce délai, il peut pourſuivre ſolidairement tant l'Accepteur que les Tireurs & Endoſſeurs, mais s'il le laiſſe couler infructueuſement, il eſt cenſé avoir pris à ſes riſques & fortune la Lettre de change : les Tireurs & Endoſſeurs ſont par-là déchargés de plein droit de toute garantie ; & il ne lui reſte plus d'action que contre l'Accepteur.

Le délai de l'Ordonnance pour la garantie des Lettres de change contre les Tireurs & Endoſſeurs, eſt de quinzaine pour ceux qui ſont dans les dix lieues ; ſi l'éloignement eſt plus conſidérable, le délai augmente à raiſon d'un jour pour cinq lieues, pourvu que les perſonnes ſoient domiciliées dans le Royaume. Car ſi leur domicile étoit hors d'icelui, le délai ſeroit de deux mois pour l'Angleterre, la Flandres & la Hollande ; de trois mois pour l'Italie, l'Allemagne, & la Suiſſe; de quatre mois pour l'Eſpagne, & de ſix pour le Portugal, la Suéde & le

Danemarck.

Danemarck. Ces délais, quels qu'ils foient, commencent à courir du lendemain du proteft, jufqu'au jour de la demande en garantie inclufivement.

Cependant, quoiqu'il foit vrai de dire dans la regle générale que l'expiration de ces délais opere une fin de non-recevoir inſurmontble en faveur des Tireurs & Endoſſeurs, il eſt cependant deux exceptions à cette regle, admiſes par l'Ordonnance elle-même.

La premiere eſt lorſque l'on oppoſe aux Tireurs & Endoſſeurs, que ceux ſur qui les Lettres de change étoient tirées n'avoient point de fonds lors du proteſt; en ce cas, c'eſt à eux à prouver le fait contraire; ſans quoi ils ſont tenus à la garantie quoique les délais ſoient expirés, & ils ne peuvent s'aider de la fin de non recevoir de l'Ordonnance, parcequ'ils ſont tenus de leurs faits & promeſſes, & qu'ils ſe trouvent alors avoir cédé une dette qui n'exiſtoit pas, & pour la pourſuite de laquelle il ne pouvoit réſulter aucune action ni conſéquemment aucune néceſſité de diligence.

La ſeconde exception eſt, lorſqu'après l'expiration des délais pour le proteſt & les pourſuites les Tireurs & Endoſſeurs ont reçu le contenu de la Lettre de change proteſtée, en compenſation, en marchandiſes, ou autrement; devenus par ce moyen Débiteurs perſonnels dê la Lettre de change, dont la valeur a tourné à leur profit, ils auroient mauvaiſe grace de vouloir en éluder le paiement vis-à-vis de celui à qui elle eſt légitimement dûe, à l'ombre d'une fin de non-recevoir qui n'eſt pas faite pour couvrir la mauvaiſe foi.

Mais relativement à la pourſuite du paiement des Lettres de change, il s'eſt élevé une queſtion dont voici l'objet.

Par Edit du mois de Décembre 1684, toutes les promeſſes & billets ſous ſeings privés étoient aſſujettis à la formalité de la reconnoiſſance préalable, avant qu'on pût obtenir aucune condamnation en conſéquence (a). De-là on a voulu prétendre que cet Edit étant indéfini, les

---

(a) » L O U I S, par la grace de Dieu, Roi de France & de Navarre: A tous préſens & à ve-
» nir, SALUT. Les différens uſages établis en pluſieurs Siéges & Juriſdictions de notre Royaume,
» depuis notre Ordonnance du mois d'Avril 1667, pour la reconnoiſſance des Promeſſes, Billets
» & autres Ecritures ſous ſeing privé, & les frais que l'on a pris occaſion d'augmenter en au-
» cunes deſdites Juriſdictions, Nous ont fait eſtimer néceſſaire d expliquer plus préciſément notre
» volonté ſur ce ſujet, & d'établir à cet égard une procédure égale dans toutes nos Cours &
» Siéges. SAVOIR faiſons que pour ces cauſes, & autres à ce Nous mouvans, de notre propre
» mouvement, pleine puiſſance & autorité Royale, Nous avons par ces Préſentes ſignées de notre
» main, dit, ſtatué & ordonné, diſons, ſtatuons & ordonnons, voulons & Nous plaît ce qui enſuit.

ARTICLE PREMIER.

» Celui qui demandera le paiement d'une Promeſſe, ou l'exécution d'un autre Acte ſous ſeing
» privé, ſera tenu d'en faire donner copie avec l'Exploit d'aſſignation.
I I. » Le Créancier d'une Promeſſe ou Billet pourra faire déclarer à ſa Partie, par l'Exploit de ſa
» demande, qu'après un délai, qui ne pourra être plus court de trois jours, il demandera à l'au-
» dience du Juge, devant lequel il le fera aſſigner, que la Promeſſe ou Billet ſoient tenus pour re-
» connus; & s'il prétend qu'ils ſoient écrits ou ſignés par le Défendeur, & qu'il ne comparoiſſe pas
» au jour qui aura été marqué par ledit Exploit, le Juge ordonnera que leſdites Promeſſes ou Bil-
» let demeureront pour reconnus, & que les Parties viendront plaider ſur le principal dans les délais
» ordinaires.

Lettres de change & autres Billets Confulaires y étoient compris. L'u-
fage même de cette reconnoiffance préalable s'introduifit dans plufieurs
Jurifdictions Confulaires : mais comme cela ne faifoit que multiplier
les longueurs & les frais au détriment du Commerce , intervint la Déclaration du 15 Mai 1703 , qui affranchit les Jurifdictions Confulaires
de la reconnoiffance préalable des Lettres de change ou Billets, & les
autorifa à en prononcer la condamnation contre les Débiteurs fur de
fimples affignations (a).

III. Lorfque le Défendeur aura conftitué un Procureur , & fourni des défenfes , par lefquelles il
» déniera la vérité de l'écriture ou des fignatures de l'Acte fous feing privé , dont il fera queftion,
» le Demandeur le fera fommer par un Acte de comparoître pardevant le Juge , pour procéder à la
» vérification dudit Acte , fans qu'il foit befoin de prendre aucune Ordonnance du Juge pour
» cet effet.

IV. » Si le Défendeur dénie dans la plaidoirie de la caufe , ou durant l'inftruction d'un procès
» par écrit , la vérité des pieces fous feing privé , dont il s'agira , la vérification en fera faite par-
» devant l'un des Juges qui aura affifté a l'Audience , & qui fera commis , fuivant l'ordre du Ta-
» bleau , par celui qui préfidera , ou pardevant le Rapporteur du procès , s'il eft diftribué.

V. » Les Pieces fous feing privé & Ecritures privées , dont on pourfuivra la reconnoiffance ,
» feront repréfentées devant le Juge , au jour & à l'heure portés par la fommation , qui aura été
» faite de comparoître devant lui , & feront paraphées par le Juge & communiquées en fa pré-
» fence à la Partie.

VI. » Si le Défendeur ne comparoît pas , le Juge donnera défaut , & ordonnera que la Piece
» fera tenue pour reconnue , en cas que le Demandeur n'ait point obtenu de Jugement à l'Au-
» dience qui l'ait ainfi ordonné , & qu'il prétende que la Piece foit écrite ou fignée de la main
» du Défendeur : & le Juge ne prendra en ce cas aucunes vacations , & la Partie qui voudra lever
» le procès verbal , payera feulement l'expédition de la Groffe au Clerc dudit Juge.

VII. » Si l'on prétend que la Piece foit écrite ou fignée d'une autre main que de celle du Dé-
» fendeur , le Demandeur nommera un Expert , & le Juge en nommera un autre pour procéder à
» la vérification de la Piece fur des écritures publiques , & authentiques , qui feront repréfentées
» par le Demandeur.

VIII. » Si les Parties comparoiffent , elles conviendront d'Experts , & de Pieces de comparai-
» fon ; & fi l'une des Parties , étant comparue , refufe de nommer des Experts , le Juge en nom-
» mera pour elle.

IX. » Lorfque le Demandeur aura obtenu en Jugement , à l'Audience , ou dans l'Hôtel du
» Juge , portant que la Promeffe ou Billet , dont eft queftion , feront tenus pour reconnus , & il
» obtient dans la fuite condamnation à fon profit du contenu dans lefdites Actions , il aura hy-
» pothéque fur les biens de fon Débiteur , du jour dudit Jugement.

X. » Le Juge ne dreffera qu'un feul procès verbal pour la vérification d'une ou plufieurs Pie-
» ces , lorfque ladite vérification fe fera en même-tems , & à la requête de la même Partie ; &
» il fera payé pour lefdits procès verbaux , un écu aux Confeillers de nos Cours , quarante fols
» aux Lieutenans Généraux , & autres Officiers des Bailliages & Sénéchauffées , où il y a Siege
» Préfidial , vingt fols à ceux des autres Sieges Royaux ; autant à ceux des Duchés-Pairies , & des
» autres Juftices appartenantes à des Seigneurs particuliers , lefquels reffortiffent directement en nos
» Cours ; & quinze fols aux Officiers des autres Juftices defdits Seigneurs , & aux Clercs defdits
» Juges , pour l'expédition defdits procès verbaux , ce qui fe trouvera leur être dû , fuivant les
» taxes ordinaires par rôle.

XI. » Voulons que tous ceux qui dénieront leurs propres fignatures ou écritures , foient condamnés
» en nos Cours en cent livres d'amende envers Nous , & en cinquante livres dans tous nos autres
» Siéges & Jurifdictions ; & en pareille fomme envers qui il appartiendra dans les Juftices des
» Seigneurs particuliers , outre les dépens , dommages & intérêts envers les Parties.

» Si donnons en mandement à nos amés & féaux Confeillers , les Gens tenans notre Cour de
» Parlement à Paris , que ces Préfentes ils aient à faire lire , publier & enregiftrer , & le contenu
» en icelles entretenir & faire entretenir , garder & obferver felon leur forme & teneur , fans y
» contrevenir , ni fouffrir qu'il y foit contrevenu en quelque forte & maniere que ce foit. Car
» tel eft notre plaifir. Et afin que ce foit chofe ferme & ftable à toujours , Nous avons fait met-
» tre notre Scel à cefdites Préfentes. Donné à Verfailles au mois de Décembre , l'an de grace mil
» fix cent quatre-vingt-quatre , & de notre Regne le quarante-deuxieme. Signé , LOUIS. Et plus
bas ; Par le Roi : COLBERT. Et à côté eft écrit : Vifa : LE PELLETIER.

» Regiftrées , oui & ce requérant le Procureur Général du Roi , pour être exécutées felon leur
» forme & teneur , fuivant l'Arrêt de ce jour. A Paris en Parlement , le vingt-deuxieme jour de
» Janvier mil fix cent quatre-vingt-cinq. Signé , JACQUES.

(a) » LOUIS , par la grace de Dieu , Roi de France & de Navarre : A tous ceux qui ces pré-

Enfin, le feu Roi pour marquer encore davantage son attention pour le Commerce, & pour diminuer les frais de poursuites en cette matiere, excepta formellement par son Edit du mois d'Octobre 1705 les Lettres de change, Billets à ordre ou au Porteur des Marchands & Négocians, de la nécessité du contrôle qui avoit été établi par le même Edit pour tous les billets & promesses sous signature privée (a).

» sentes Lettres verront, SALUT. Par notre Edit du mois de Décembre 1684, Nous avons réglé
» la maniere dont il doit être procédé dans toutes nos Cours & Sieges, à la reconnoissance des
» Promesses, Billets, & autres Ecritures sous seing privé, depuis lequel tems Nous avons été in-
» formés qu'encore que notre intention n'eut pas été de comprendre dans l'exécution de ce Ré-
» glement, les Justices Consulaires, dans lesquelles les Porteurs des Promesses ou Billets sous si-
» gnatures privées n'ont jamais été assujetis aux procédures & formalités ordinaires dans nos au-
» tres Justices Royales ; cependant les Juges établis dans aucunes des Justices Consulaires de notre
» Royaume, ont cru être obligés de suivre exactement les dispositions de notre Edit pour la re-
» connoissance desdites Promesses, ou Billets ; ce qui multiplie les frais, & éloigne les Juge-
» mens des condamnations, que les Porteurs desdites Promesses ou Billets poursuivent contre
» leurs Débiteurs, au grand préjudice du Commerce & des Négocians, & contre nos véritables
» intentions, que Nous avons jugé à propos d'expliquer sur cela plus distentement. A CES CAUSES,
» & autres à ce Nous mouvans, de notre certaine science, pleine puissance, & autorité Royale,
» Nous avons par ces Présentes signées de notre main, dit & déclaré, disons & déclarons n'avoir
» entendu comprendre dans l'exécution de notredit Edit du mois de Décembre 1684, les Justices
» Consulaires de notre Royaume, dans lesquelles Nous voulons que les Porteurs de Promesses,
» Billets, ou autres Actes sous signature privée, puissent obtenir des condamnations contre leurs
» Débiteurs, sur de simples assignations en la maniere ordinaire, sans qu'au préalable il soit be-
» soin de procéder à la reconnoissance desdites Promesses, Billets, ou autres Actes, en la forme
» portée par ledit Edit ; sinon, au cas que le Défendeur dénie la vérité desdites Promesses, Bil-
» lets, ou autres Actes, ou soutienne qu'ils ont été signés d'une autre main que la sienne, auquel
» cas les Juges Consuls seront tenus de renvoyer les Parties pardevant les Juges ordinaires ; pour
» y procéder à la vérification desdites Pieces & reconnoissance desdites Ecritures, en la maniere
» portée par notredit Edit. N'entendons néanmoins rien innover à l'usage observé jusqu'à pré-
» sent en cette matiere, tant au Siege de la Conservation de Lyon, que dans la Jurisdiction des
» Prieurs & Consuls de notre Province de Normandie. Si donnons en mandement à nos amés &
» féaux Conseillers ; les Gens tenans notre Cour de Parlement à Paris, que ces Présentes ils aient
» à faire lire, publier & registrer, & le contenu en icelles exécuter selon leur forme & teneur ;
» cessant & faisant cesser tous troubles & empêchemens qui pourroient être mis ou donnés, non-
» obstant tous Edits, Déclarations, & autres choses à ce contraires, auxquelles Nous avons dé-
» rogé & dérogeons en ce qui se trouve contre ces Présentes ; aux Copies desquelles, collationnées par
» l'un de nos amés & féaux Conseillers & Sécretaires, voulons que foi soit ajoutée comme à l'Origi-
» nal. Car tel est notre plaisir. En témoin de quoi Nous avons fait mettre notre Scel à cesdites Pré-
» sentes. Donné à Versailles le quinze Mai, l'an de grace mil sept cent trois, & de notre Regne
» le soixante- unieme. Signé, LOUIS. Et plus bas ; Par le Roi : PHELYPEAUX. Vû au Conseil :
» CHAMILLART. Et scellées du grand Sceau de cire jaune.
» Registrées, oüi & ce requerant le Procureur Général du Roi, pour être exécutées selon leur
» forme & teneur, suivant l'Arrêt de ce jour. A Paris en Parlement, le six Juin mil sept cent trois.
» Signé, DONGOIS.
(a) » LOUIS, par la grace de Dieu, Roi de France & de Navarre : A tous présens & à venir,
» SALUT, &c. A CES CAUSES, & autres à ce Nous mouvans, de notre certaine science, pleine
» puissance, & autorité Royale, Nous avons par notre Présent Edit perpétuel & irrévocable,
» dit, statué & ordonné, disons, statuons & ordonnons, voulons & Nous plait, qu'à l'a-
» venir, & à commencer du premier Janvier prochain, tous les Actes qui seront passés sous signa-
» tures privées, à l'exception des Lettres de Change & Billets à ordre, des Marchands,
» & Négocians, & Gens d'affaires, soient contrôlés avant qu'on en puisse faire aucune demande en
» Justice, & les droits payés, suivant la qualité des Actes, & à proportion des sommes y conte-
» nues, comme s'ils étoient originairement passés pardevant Notaires, conformément aux Tarifs
» énoncés en notre Conseil pour les droits de contrôle des Actes des Notaires, à peine de nullité
» desdits Actes, & de trois cens livres d'amende pour chacune contravention, tant contre les Parties
» qui s'en seront servis, que contre les Huissiers ou Sergens qui auront fait des Exploits & Actes en
» conséquence, &c. Si donnons en mandement à nos amés & féaux Conseillers, les Gens tenans notre
» Cour de Parlement, Chambre des Comptes & Cour des Aydes à Paris, que notre présent Edit ils
» aient à faire lire, publier & registrer, même en tems de Vacations, & le contenu en icelui sui-
» vre, garder & observer selon sa forme & teneur ; cessant & faisant cesser tous troubles & empêche-
» mens qui pourroient être mis ou donnés, nonobstant tous Edits, Déclarations, Arrêts, Régle-
» mens, & autres choses à ce contraires, auxquels Nous avons dérogé & dérogeons par notre pré-

A R T I C L E XVIII.

La Lettre payable à un Particulier & non au Porteur,
ou à ordre, étant adhirée, le paiement en pourra être
pourſuivi & ſait en veɩtu d'une ſeconde Lettre, ſans
donner caution, & faiſant mention que c'eſt une ſeconde
Lettre, & que la premiere ou autre précédente demeurera
nulle.

A R T I C L E XIX.

Au cas que la Lettre adhirée ſoit payable au Porteur
ou à ordre, le paiement n'en ſera fait que par Ordonnan-
ce du Juge, & en baillant caution de garantir le paie-
ment qui en ſera fait.

On prévoit, dans les deux Articles qui précedent, le cas où une
Lettre de change ſe trouveroit adhirée, c'eſt-à-dire perdue : & par rapport aux précautions à prendre en pareil cas, l'Ordonnance diſtingue,
ſi la Lettre de change perdue eſt payable à un Partɩculier nommément,
ou ſi elle eſt à ordre ou au Porteur.

Si elle n'eſt payable qu'à un Particulier y dénommé, ſans qu'il y
ſoit ajouté *ou à ſon ordre*, elle ne peut avoir de ſuite, ni paſſer au
profit d'un autre qu'en vertu d'un tranſport. Par conſéquent n'étant pas
de nature à circuler par la voie de l'ordre, il n'y a aucun inconvénient
d'en délivreɩ une ſeconde au Porteur, en faiſant mention que cette
ſeconde Lettre n'eſt qu'une ſeule & même choſe avec la premiere, qui
par ce moyen demeurera nulle & ſans effet ; d'autant que ſi quelqu'un
ſe préſentoit enſuite avec la premiere Lettre adhirée, pour en exiger
le paiement, fut-il même muni d'un tranſport du Porteur originaire de
la Lettre, ſes pourſuites feroient vaines ; & il n'auroit d'autre recours
que contre celui qui lui auroit cedé & tranſporté une créance non
exiſtante, la premiere Lettre ſe trouvant dans ce cas éteinte & anéantie
par la ſeconde.

>> ſent Edɩt ; aux Copies duquel, collationnées par l'un de nos amés & féaux Conſeɩllers Sécretaɩres,
>> voulons que foi ſoɩt ajouɩée comme à l'Orɩgɩnal. Car tel eſt notre plaɩſɩr. Et afɩn qɩc ce ſoit choſe
>> ferme & ſɩable à toujours, Nous y avous fait mettre notre Scel. Donné à Fontaɩnebleau au moɩs
>> d'Oĉtobre, l'an de grace mɩl ſept cent cɩnq, & de notre Regne le ſoixante troiſieme. *Sɩgné*,
>> LOUIS. *Et plus bas* ; Par le Roi : PHELYPEAUX. *Vɩſa :* PHELYPEAUX Et ſcellé du grand Sceau
>> de cire verte.
>> Regɩſtrées, ouï & ce requerant le Procureur Général du Roi, pour être eɩéɩutées ſelon leut
>> forme & teneur, ſuɩvant l'Arɩêt de ce jour A Paris en Parlement, en Vaɩations, le vɩngɩ-quatɩe
>> Oĉtobre mil ſept cent cɩnq. *Signé,* DU TILLET.

Mais on ne peut pas appliquer la même regle à une Lettre de change à ordre ou au Porteur. Car si elle est à ordre, comme elle peut passer dans un nombre infini de mains par la voie de l'ordre, rien n'empêcheroit celui qui en recevroit une seconde fois la valeur par une seconde Lettre de change, de faire passer la premiere ensuite en d'autres mains par un ordre, s'il étoit de mauvaise foi & capable de supposer la perte de la premiere Lettre de change, pour s'en procurer une seconde. Il y auroit encore beaucoup plus de risque si la Lettre étoit payable au Porteur, parceque rien n'empêcheroit celui entre les mains de qui la Lettre adhirée seroit tombée, de dire qu'il en a fourni la valeur, & en sa qualité de Porteur de la Lettre, d'en exiger le paiement. C'est pourquoi pour parer à ces différens inconvéniens, l'Ordonnance assujettit celui qui a eu le malheur de perdre une Lettre de change à ordre ou au Porteur, pour pouvoir en exiger le paiement, de prendre pour cela une Ordonnance du Juge (Consul, s'il y en a, ou ordinaire s'il n'y en a point sur les lieux) & de donner bonne & suffisante caution de rapporter, si la premiere Lettre de change étoit représentée, & qu'on vint à en demander après coup le paiement.

Mais on a, depuis l'Ordonnance, agité une question qui étoit de savoir, si c'étoit au Tireur originaire, ou au dernier Endosseur que devoit s'adresser celui qui avoit perdu une Lettre de change à ordre ou au Porteur. Mais cette question a été décidée par Arrêt du Parlement rendu en forme de Réglement le 30 Août 1714, & qui, en conséquence a été envoyé dans toutes les Jurisdictions Consulaires du Ressort, pour y être enregistré. Cet Arrêt décide que c'est au dernier Endosseur que le Porteur de la Lettre de change adhirée doit s'adresser, soit pour avoir une seconde Lettre de change de la même échéance que la premiere, en cas que le terme n'en fut point échue, soit pour en revendiquer le paiement, en cas que l'échéance en fut passée; le tout en donnant caution dans l'un & l'autre cas.

ARTICLE XX.

Les cautions baillées pour l'évenement des Lettres de change, seront déchargées de plein droit, sans qu'il soit besoin d'aucun jugement, procédure ou sommation, s'il n'en est fait aucune demande pendant trois ans, à compter du jour des dernieres poursuites.

ARTICLE XXI.

Les Lettres ou Billets de change seront réputés acquittés après cinq ans de cessation de demande & pour-

*fuites , à compter du lendemain de l'échéance ou proteſt ,
ou de la derniere pourſuite ; néanmoins les prétendus Débiteurs feront tenus d'affirmer , s'ils en ſont requis , qu'ils
ne ſont plus redevables ; & leurs Veuves , Héritiers ou
ayans cauſe , qu'ils eſtiment de bonne foi qu'il n'eſt plus
rien dû.*

ARTICLE XXII.

*Le contenu ès deux Articles ci-deſſus , aura lieu à
l'égard des Mineurs & des abſens.*

Avant l'Ordonnance de 1673 , on ne connoiſſoit d'autres preſcrip-
tions contre les Lettres de change , que la preſcription ordinaire de
trente ans. L'intérêt du Commerce , la célérité qu'il exige dans les
paiemens , la ſûreté & la libération des Endoſſeurs , & autres Intéreſſés
dans l'acquit des Lettres de change , & conſéquemment dans les pourſuites qu'il convient de faire à cet effet , ont déterminé le feu Roi à
abreger de beaucoup cette preſcription , non pas pour tous les billets de
Commerce en général , mais ſeulement pour les Lettres & Billets de
change. Ce ſont ces grandes vues de bien public , qui ont donné
naiſſance à l'Article 21 du préſent Titre par lequel toutes Lettres ou
Billets de change ſont réputés acquités après cinq ans de ceſſation
de demandes & pourſuites. Ainſi , par cette diſpoſition la préſomption légale ſe trouve renverſée ; auparavant elle étoit en faveur du Créancier , porteur du titre , qui étoit toujours préſumé créancier , juſqu'à ce que
ſon titre fut détruit par la repréſentation d'un acte contraire , la préſomption légale devant toujours être en faveur du titre du moins dans
la theſe générale. Depuis l'Ordonnance de 1673 au contraire , en fait
de Lettres ou Billets de change , ſi le Créancier laiſſe écouler cinq années , ſans commencer ou continuer ſes pourſuites , la repréſentation
du titre demeuré entre ſes mains devient impuiſſante. L'Ordonnance
préſume alors qu'il n'auroit pas été ſi long-tems ſans faire ſes diligences , s'il n'avoit point été payé ; & elle répute en conſéquence la Lettre
de change acquittée , en cas de ceſſation de pourſuites pendant cinq années.

Mais , comme par cette préſomption légale de paiement , le Légiſlateur n'a eu garde de couronner la mauvaiſe foi d'un Débiteur , qui
voudroit ſe couvrir du manteau de cette préſomption , ſans avoir effectivement fait aucune ſorte de paiement , pour parer à cet inconvénient , il autoriſe en même tems celui qui ſe prétend Créancier & qui
repréſente le titre , à faire affirmer le Débiteur originaire ſur la vérité
du paiement : il ne faut point perdre de vue la maniere dont s'exprime
à cet égard l'Article 21 : [néanmoins , (y eſt-il dit ,) les prétendus Dé-

biteurs, feront tenus d'affirmer, s'ils en font requis, qu'ils ne font plus redevables ; & leurs Veuves, Héritiers, ou ayans caufe, qu'ils eftiment de bonne foi, qu'il n'eft plus rien dû.] Cette derniere partie de l'Article 21 eft un fage correctif à la préfomption légale de paiement, que la premiere partie du même article fait réfulter de la ceffation de pourfuites pendant cinq années. Ces termes, [qu'ils ne font plus redevables, qu'il n'eft plus rien dû] manifeftent bien clairement l'intention & l'efprit de la nouvelle Loi : elle veut bien préfumer après les cinq années de ceffation de pourfuites, que la Lettre de change a été acquittée, mais c'eft en affirmant le fait de l'acquit de la dette de la part du Débiteur, ou de fes repréfentans. Auffi l'Ordonnance ne dit-elle pas, [en affirmant qu'ils ne font pas redevables, qu'il n'eft rien dû] mais[qu'ils ne font plus redevables, qu'il n'eft plus rien dû.] Ce monofyllabe, *plus*, répeté dans l'Article 21, démontre évidemment quel eft le genre d'affirmation qu'exige la Loi. Si l'on prétend ne devoir point la Lettre de change, on ne peut exciper de la préfomption légale de l'Ordonnance, qui fuppofe un fait tout contraire, c'eft-à-dire, que la Lettre de change étoit due dans fon principe, mais qu'elle a été foldée & acquittée depuis. En un mot, il faut affirmer, non pas qu'on ne doit rien, mais qu'on ne doit *plus* rien, & qu'on a payé : & en effet, l'affirmation doit être relative & analogue à la préfomption qu'elle fert à corroborer & à rendre plus fûre.

Ces principes ont été canonifés folemnellement par un Arrêt célebre rendu fur les Conclufions de M. Dagueffeau Avocat Général, le 6 Juin 1725, contre un Sieur Wicbbekinc, Banquier à Paris. Voici en peu de mots l'efpece de cet Arrêt ; un Sieur Marquet avoit tiré le 14 Février 1715 de Bourdeaux, une Lettre de change fur Jean-Baptifte Wicbbekinc Banquier à Paris, lequel l'avoit acceptée : nonobftant cette acceptation le Sieur Wicbbekinc refufa de payer cette Lettre de change à fon échéance ; elle fut en conféquence proteftée. Le Sieur de la Châtaigneraye, au profit de qui le dernier endoffement avoit été fait, fit affigner aux Confuls le Sieur Wicbbekinc : l'Exploit d'affignation étoit du 9 Novembre 1723. Le Sieur Wicbbekinc foutint aux Confuls que la Lettre de change étoit prefcrite faute de pourfuites dans les cinq années du jour du proteft, qu'au furplus fon Tireur ne lui avoit jamais envoyé de fonds, qu'il n'en avoit point encore, & qu'au contraire, il avoit fait avec lui un compte dans lequel il lui avoit fait raifon de cette Lettre de change. La caufe en cet état portée à l'Audience des Confuls, la Sentence qui y intervint le 5 Janvier 1727, reçut l'affirmation du Sieur Wicbbekinc, qu'il n'avoit aucuns fonds, foit par nantiffement ou autrement pour acquitter la Lettre de change ; en conféquence débouta le Sieur de la Châtaigneraye de fa demande en paiement de la Lettre de change, avec dépens. Mais fur l'appel, la conteftation eût un fort bien différent. La queftion fut agitée très folemnellement en la Cour ; feu M. le Normant y déploya toute la force de fon éloquence, pour faire valoir le bien-jugé de la Sentence des Con-

fuls en faveur du Sieur Wicbbekinc. Mais nonobſtant tous ſes efforts,
la Sentence fut infirmée ; le Sieur Wicbbekinc fut condamné purement
& ſimplement au paiement de la Lettre de change, & condamné aux
dépens des cauſes principale & d'appel.

Ce n'eſt pas ſeulement en faveur des Débiteurs des Lettres de
change, que l'Ordonnance a introduit une preſcription particuliere. Les
cautions données pour l'évenement des Lettres de change, qui ne ſont
que parties acceſſoires, méritoient encore un plus grand degré de faveur.
Auſſi l'Ordonnance les déclara-t-elle déchargées de plein droit de leur
cautionnement après trois ans de ceſſion de pourſuites. Ces ſortes
de cautions s'exigent, ou lorſqu'il y a refus d'acceptation, ou lorſque
la Lettre de change à ordre ou au Porteur ſe trouve adhirée, ainſi que
nous venons de le voir, il n'y a qu'un inſtant.

ARTICLE XXIII.

Les ſignatures au dos des Lettres de change ne ſer-
viront que d'endoſſement & non d'ordre, s'il n'eſt daté,
& ne contient le nom de celui qui a payé la valeur en
argent, marchandiſes, ou autrement.

ARTICLE XXIV.

Les Lettres de change endoſſées dans les formes preſ-
crites par l'Article précédent, appartiendront à celui du
nom duquel l'ordre ſera rempli, ſans qu'il ait beſoin de
tranſport ni de ſignification.

ARTICLE XXV.

Au cas que l'endoſſement ne ſoit pas dans les formes
ci-deſſus, les Lettres ſeront réputées appartenir à celui
qui les aura endoſſées, & pourront être ſaiſies par ſes
Créanciers & compenſées par ſes redevables.

ARTICLE XXVI.

Défendons d'antidater les ordres, à peine de faux.

Il faut bien ſe donner de garde de confondre l'*endoſſement* avec l'*or-*
dre, en matiere de Lettres de change.

L'*endoſſement*

L'endoffement eft proprement la quittance qui fe met au dos de la Lettre de change, à peu près dans ces termes; *pour atquit,* & enfuite la fignature de celui qui reçoit.

L'ordre eft une efpece de tranfport fous feing privé qui fe met auffi au dos de la Lettre de change, en ces termes : *payez à l'ordre de M . . . . valeur de lui reçue comptant* ou *en marchandifes ; à . . . . ce . . . . figné . . . .* Ainfi pour la validité d'un ordre, il faut une date, le nom de celui au profit de qui l'ordre eft fait, l'énonciation de la valeur fournie & de la nature de cette valeur, & enfin la fignature de celui qui paffe l'ordre ; d'où il fuit, qu'une fimple fignature appofée au dos de la Lettre de change, ne peut être regardée tout au plus que comme une quittance ou un endoffement. En un mot, tout ordre qui n'a point toutes les qualités que l'on vient d'expliquer, n'en eft point un ; & par conféquent n'étant point un titre tranflatif de propriété valable, la Lettre eft cenfée toujours appartenir à celui qui a endoffé ; & par une fuite néceffaire, elle peut être faifie par fes Créanciers ou compenfée par fes Débiteurs.

Mais, d'un autre côté, il pourroit arriver qu'un Créancier frauduleux, méditant une faillite, pourroit antidater les ordres des Billets à ordre ou Lettres de change qu'il a, d'un tems non fufpect, afin de fe ménager cette reffource après fa faillite, en faifant après coup recevoir ces Lettres ou Billets fous le nom de quelque perfonne interpofée, ou en en gratifiant quelques Créanciers qu'il auroit intérêt de ménager, au préjudice des autres. Pour prévenir cet abus, autant qu'il eft poffible, l'Ordonnance défend d'antidater les ordres, à peine de faux. Mais c'eft à celui qui articule ce faux à le prouver, d'autant que la préfomption eft pour l'acte jufqu'à l'infcription de faux, & jufqu'à la preuve.

Article XXVII.

Aucun Billet ne fera réputé Billet de change, fi ce n'eft pour Lettres de change qui auront été fournies, ou qui le devront être.

Article XXVIII.

Les Billets pour Lettres de change fournies feront mention de celui fur qui elles auront été tirées, qui en aura payé la valeur, & fi le paiement a été fait en deniers, marchandifes, ou autres effets, à peine de nullité.

Article XXIX.

Les Billets pour Lettres de change à fournir, feront

Tome II. C c c

mention du lieu où elles feront tirées, & fi la valeur en a été reçue, & de quelles perfonnes auffi à peine de nullité.

ARTICLE XXX.

Les Billets de change, payables à un Particulier y nommé, ne feront réputés appartenir à autre, encore qu'il y eut un tranfport fignifié, s'ils ne font payables au Porteur, ou à ordre.

ARTICLE XXXI.

Le Porteur d'un Billet négocié fera tenu de faire fes diligences contre le Débiteur dans dix jours, s'il eft pour valeur reçue en deniers, ou en Lettres de change, qui auront été fournies, ou qui le devront être ; & dans trois mois, s'il eft pour marchandifes ou autres effets; & feront les délais comptés du lendemain de l'échéance, icelui compris.

ARTICLE XXXII.

A faute du paiement du contenu dans un Billet de change, le Porteur fera fignifier fes diligences à celui qui aura figné le Billet ou l'ordre; & l'affignation en ga-rantie, fera donnée dans les délais ci-deffus prefcrits pour les Lettres de change.

Ce qui conftitue l'effence d'un Billet de change, c'eft d'être caufé pour Lettres de change fournies ou à fournir. Tout Billet qui a un autre objet, n'a ni les caractères ni les prérogatives d'un Billet de change.

D'après cette définition, les Billets de change peuvent être de deux fortes; ou pour Lettres de change fournies, ou pour Lettres de change à fournir.

Si c'eft pour Lettres de change fournies, il faut, 1°. faire mention dans le Billet de change, du nombre des Lettres fournies & de celui fur qui elles font tirées; 2°. du nom de celui qui en a payé la valeur;

3°. enfin, de la nature de cette valeur, & fi c'eft en deniers, mar-chandifes ou autrement.

Si au contraire le Billet de change a pour objet des Letres de change à fournir, on doit pareillement y faire mention; 1°. de la Ville pour laquelle elles feront fournies; 2°. fi la valeur de ces Lettres a été reçue en argent ou en marchandifes, & de quelle perfonne cette valeur a été reçue.

Les Billets de change font d'un grand ufage & d'une grande com-modité dans le commerce, pour un Négociant, qui, étant bien aife de trouver des fonds pour achat ou paiement de marchandifes dans une Ville éloignée fans être obligé de fe charger d'argent, eft fûr d'en trouver par la voie des Billets de change, & des Lettres de change qui lui font fournis en conféquence, pour les endroits où il en a befoin.

Les Billets de change, relativement à celui au profit duquel ils font faits, font ou à ordre, ou au Porteur, ou feulement au profit d'une perfonne y dénommée. S'ils font à ordre, ils circulent par la voie de l'ordre, fans qu'il foit befoin d'autre tranfport. S'ils font au Porteur, ce Porteur, quel qu'il foit, eft bien venu à en demander le paiement, en repréfentant le Billet. Mais fi ce Billet eft fimplement au profit d'une perfonne y dénommée, il n'eft pas tranfmiffible, même par la voie ordinaire du tranfport fignifié; c'eft pourquoi nonobftant tout tranf-port & fignification de tranfport, ces Billets font toujours faififfables de la part des Créanciers de celui au profit duquel ils font faits, comme étant toujours cenfés lui appartenir. Par la même raifon les Débiteurs du Billet peuvent en demander la compenfation, vis-à-vis de ce même Propriétaire originaire, nonobftant le tranfport, s'ils fe trou-voient d'ailleurs fes Créanciers pour fommes liquides & fujettes à com-penfation.

Si le Billet de change n'eft point payé à fon échéance, le Porteur doit fe mettre en regle en fommant celui qui en eft Débiteur de le payer; & les diligences qu'il doit faire à cet égard, doivent être faites dans les dix jours après celui de l'échéance, fi la valeur en a été four-nie en argent, & dans les trois mois, fi c'eft en marchandifes. Il doit enfuite faire fignifier fes diligences à ceux qui de droit doivent ga-rantir le paiement du Billet; & ce dans les mêmes délais que pour les Lettres de change: faute de quoi, il perd fon recours contre eux.

ARTICLE XXXIII.

Ceux qui auront mis leur aval fur les Lettres de chan-ge, fur des promeffes d'en fournir, fur des ordres ou des acceptations, fur des Billets de change, ou autres Actes de pareille qualité concernant le Commerce, feront tenus folidairement avec les Tireurs, Prometteurs, Accepteurs

& Endoſſeurs, encore qu'il n'en ſoit pas fait mention dans l'aval.

L'*aval* eſt une ſorte de garantie qui ſe contraƈte, en mettant ſur ou au dos d'une Lettre ou Billet de change ou autre Billet de Commerce, ces termes, *pour aval*, & en ſignant enſuite ſon nom.

Cette garantie peut être relative, ou au Tireur ou Prometteur, ou à l'Accepteur, ou à quelques uns des Endoſſeurs ; ce qui ſe connoît par l'endroit où l'aval eſt mis. Mais quelque ſoit l'objet de cette garantie, celui qui s'y engage, contraƈte par cela même une obligation ſolidaire avec les Tireurs, Prometteurs ou Endoſſeurs, qui le met dans le cas d'être pourſuivi ſolidairement avec eux, quoiqu'il n'en ſoit pas fait mention dans l'aval ; ce qui eſt une dérogation, en faveur du Commerce, à la regle générale des garanties, ſuivant laquelle les garans ne ſont obligés ſolidairement, qu'autant que la ſolidité eſt nommément ſtipulée.

Cette ſolidité eſt même tellement de droit, qu'un Porteur de Lettres ou Billets de change & autres papiers négociables, ne peut jamais en être privé, quelqu'évenement qui puiſſe ſurvenir à ceux qui y ſont obligés. Ainſi il a été jugé par Arrêt du Parlement du 8 Mai 1706, que quand bien même le Tireur, l'Accepteur & les Endoſſeurs d'une Lettre de change viendroient à faire banqueroute, on ne pourroit forcer le Porteur à renoncer à ſon aƈtion ſolidaire contre chacun d'eux, en en optant un & abandonnant les autres ; mais qu'il pourroit au contraire, en vertu de cette ſolidité, entrer, dans chacune des Direƈtions, en contribution (a).

(a) » LOUIS, par la grace de Dieu, Roi de France & de Navarre ; Au premier des Huiſſiers de
» notre Cour de Parlement, ou autre notre Huiſſier ou Sergent ſur ce requis, ſavoir ſaiſons,
» qu'entre Jean Jacques Jacquier, Ecuyer, Sieur, Baron de Cornillon, Demandeur aux fins de l'Ex-
» plo t donné en la Conſervation de Lyon, le 20 Janvier 1703, ſur lequel, par Arrêt du 4 Juil-
» let 1704, il a été ordonné que les Parties procéeront en la Cour, d'une part ; & Joſeph Perret,
» Marchand à Lyon, Défendeur ; & entre ledit Jacquier, Demandeur aux fins de la Commiſſion &
» Exploit des 31 Janvier & 11 février 1703 ; & Pierre Bernard, Marchand à Paris, Défendeur ; &
» entre ledit Perret, Demandeur en Requête du 9 Décembre audit an 1705 ; & ledit Jacquier, Dé-
» fendeur d'autre. Vû par notredite Cour l'Exploit d'aſſignation donné, à la requête dudit Jacquier,
» audit Perret pardevant les Juge- de la Conſervation de Lyon, du 20 Janvier 1703, aux fins d'a-
» vouer & déſavouer les ſouſcriptions & ordres écrits & ſouſcrits par ledit Perret : la premiere en date
» du 30 Juin 1701, au dos de la Promeſſe du ſieur Jean François Dunan, du 29 dudit mois de Juin, de
» la ſomme de ſeize cens quatre vingt-trei e livres, payable à l'ordre dudit Perret, qui en avoit paſſé
» l'ordre en faveur dudit Jacquier, qui l'avoit fait proteſter par Aƈte du 4 Avril 1702 : & le ſe-
» cond en date du 20 Septembre 1701, au dos d'autre Promeſſe auſſi faite par ledit Dunan le 25 du-
» di- mois de Juin de ladite année 1701, de la ſomme de deux mille huit cens livres, partiellemens
» protiſtee par Aƈte du 4 Juillet 1702 ; & la troiſieme en date du 12 Janvier 1702, au dos d'au-
» tre promiſſe faite par led t Dunan le 11 dudit-mois de Janvier, qui avoit été de même pro-
» teſtée par Aƈte du 4 Oƈtobre de la it année, pour en conſéquence ſe voir ledit Perret condam
» ner par corps au paiem nt de la ſomm e de ſept mille neuf cens quarante-trois livres, à laquelle
» revenoient les ſuſditestrois ſommes, & ce a e intérêt de chacune depuis les jours des proteſts,
» frais d'ieux, change & rechange, & autres, avec dépens ; ſauf à déduire tous paiemens &
» quittances valables, s'il y échet, & ſans prejudice audit Jacquier de ſon aƈtion ſolidaire con
» tre led t Dunan & tous autres, ainſi qu'il appartiendroit, & de toutes aƈtions & prétentions
» Arrêt du 4 Juillet 1704, par lequel auroit été ordonné commiſſion être délivrée audit Perret, pour

» faire affigner en la Cour, qui bon lui fembleroit, aux fins de fa Requête ; cependant défenfes
» aux Parties de faire pourfuites qu'en la Cour. Arrêt d'appointé en droit, du 31 Janvier 1705.
» Avertiffement dudit Perret, du 27 Avril audit an. Requête dudit Jacquier, du 18 Février audit
» an, employée pour avertiffement. Productions des Parties, & leurs contredits refpectifs, des 25
» Mai & 21 Juillet 1705 ; ceux dudit Perret fervant de falvations. Addition de contredits dudit
» Perret, du 27 Avril 1706. La commiffion & demande dudit Jacquier, du 31 Janvier audit an
» 1705, aux fins de faire affigner en la Cour ledit Dunan & Bernard, pour voir dire qu'il feroit
» tenu de reconnoître fes fignatures, mifes au bas des Promeffes dont eft queftion, finon qu'elles
» feroient tenues pour reconnues : ce faifant, voir déclarer commun avec lui l'Arrêt qui inter-
» viendroit ; & en conféquence il fût condamné folidairement avec ledit Perret, & par corps, à
» payer audit Jacquier la fomme de fept cent quatre-vingt quatorze livres contenuës auxdites trois
» Promeffes, les intérêts de ladite fomme, à compter depuis le jour des protefts, frais d'iceux,
» change & rechange, aux offres de déduire ce qui fe trouveront avoir été payé, & ledit Bernard,
» pour voir dire qu'il feroit tenu de reconnoître l'acceptation par lui mife & écrite au bas de
» la Lettre de Change du 3 Janvier 1701, finon qu'elle feroit tenue pour reconnue : En confé-
» quence fe voir condamner de payer folidairement audit Jacquier le contenu en icelle, intérêts
» du jour du proteft, frais de change & rechange, & fans préjudice par ledit Jacquier au paie-
» ment qui lui avoit été offert par ledit Perret, aux termes de fon contrat d'accord, fans appro-
» bation dudit contrat. Exploit d'affignation donné en conféquence, le 11 Février 1705. Arrêt d'ap-
» pointé en droit & joint, du 30 Mars audit an : Avertiffement dudit Jacquier, du 9 Mai audit
» an. Production defdits Jacquier & Bernard. Contredit dudit Bernard, du 8 Mars 1706. Requête
» dudit Jacquier, du 15, employée pour falvations, fommations de contredire par ledit Jac-
» quier. Production nouvelle dudit Jacquier, par Requête du 29 Mai 1705. Contredits dudit Per-
» ret, du 3 Août audit an. La Requête & demande dudit Perret, au 9 Décembre 1705, à ce que
» ledit Jacquier fût déclaré non-recevable dans fes demandes, faute par lui d'avoir fait les dili-
» gences portées par l'Ordonnance, pour fe conferver fon recours de garantie contre ledit Perret : &
» ou la Cour feroit difficulté fur les fins de non recevoir, ordonné qu'en payant par ledit Perret,
» aux termes de fon contrat d'accord, la fomme de deux mille huit cens quatorze livres huit
» fols qui étoit dûe de refte audit Jacquier, du contenu aux Lettres de Change & Billets dont il croit
» Porteur, ledit Jacquier feroit condamné lui rendre & reftituer lefdits Billets & Lettres de Chan-
» ge, comme folées & acquittées, enfemble toutes les diligences & procédures faites par lui contre
» les Accepteurs & Endoffeurs, ou Tireurs, pour s'en prévaloir, ainfi qu'il aviferoit bon être ; le-
» dit Jacquier condamné en outre en tous les dépens, & qu'acte lui fût donné de l'emploi pour
» écritures & productions fur ladite demande ; fur laquelle Requête auroit été mife fur la demande
» en droit & joint & acte de l'emploi. Requête dudit Jacquier, du 15 Janvier 1706, employée pour
» défenfes, écritures & productions. Requête dudit Perret, du 12 Février audit an, employée pour
» contredits. Production nouvelle dudit Perret par Requête du 11 Décembre 1705. Production nou-
» velle dudit Jacquier par Requête du 19 Janvier 1706, fervant de falvations & contredits. Con-
» tredits dudit Perret, du 8 Février audit an, fervant de falvations. Production nouvelle dudit
» Bernard par Requête du 15 Mars audit an. Sommation de la contredite par ledit Jacquier : le
» défaut obtenu par ledit Jacquier, Demandeur aux fins des Commiffions & Exploits des 31 Jan-
» vier & 11 Février 1703, contre Jean François Dunan, Marchand de la Ville de Genève, Défen-
» deur & défaillant. La Demande fur le profit dudit défaut, & tout ce qui a été mis & produit ;
» le tout joint à l'inftance par Arrêt du 15 Janvier 1705. Production nouvelle dudit Perret par
» Requête du 29 Avril audit an : Requête dudit Jacquier, du 30, employée pour contredits. Pro-
» duction nouvelle dudit Jacquier par Requête du 12 Mai audit an. Contredits dudit Perret, du 18
» dudit mois. Tout joint & confidéré : NOTREDITE COUR, faifant droit fur le tout, &
» adjugeant le profit dudit défaut, fans s'arrêter à la Requête dudit Perret, du 9 Décembre der-
» nier, dont elle l'a débouté, condamne lefdits Perret & Dunan folidairement, & par corps, à payer
» audit Jacquier la fomme de fept mille neuf cens quarante trois livres, contenuë ès trois Promeffes
» dudit Dunan, au profit dudit Perret qui en a paffé les ordres au profit dudit Jacquier, & les in-
» térêts defdites fommes, à compter des jours des protefts, & lefdits Perret & Bernard folidaire-
» ment, & par corps, payer audit Jacquier la fomme de deux mille livres, contenuë en ladite
» Lettre de Change tirée du Lyon le trois Janvier mil fept cent un fur ledit Bernard, & de lui
» acceptée, & aux intérêts de ladite fomme, à compter du jour du proteft, change & rechange,
» à la déduction de ce qui fe trouvera avoir été reçu par ledit Jacquier fur toutes lefdites fommes. Ne
» pourront néanmoins lefdits Perret & Bernard être contraints chacun en particulier, pour la totalité
» defdites fommes, qu'aux termes des Contrats que chacun d'eux ont fait avec leurs Créanciers, fans
» que le Contrat dudit Perret puiffe empêcher ledit Jacquier de fe pourvoir pour la folidité contre
» lefdits Dunan & Bernard, ni que celui dudit Bernard puiffe empêcher ledit Jacquier de fe pourvoir
» pour la folidité contre ledit Perret : Condamne lefdits Perret, Bernard & Dunan en tous les dépens,
» chacun à leur égard envers ledit Jacquier. Si le mandons à la requête dudit Jacquier, mettre le
» préfent Arrêt en exécution ; de ce faire le donnons pouvoir. Donné à Paris en notre Parlement,
» le dix huit Mai, l'an de grace mil fept cent fix, & de notre Regne le foixante-quatrieme. Col-
» lationné, *Signé*, CHARLIER, par la Chambre : *Signé*, DU TILLET.

ACTES ET PROCEDURES RELATIVES
AU PRESENT TITRE.

A Paris ce ....

MONSIEUR,

Mod le de Lettres de cha. ge.

A vue, il vous plaira payer par cette premiere de change à Monsieur .... ; ou à son ordre, la somme de .... pour valeur reçue de lui, comptant *ou en* marchandise comme pour l'avis de ....

Votre très humble serviteur.

A M. .....

M à .....

Protest d'une Lettre de change faute d'accepter.

L'an mil sept cent .... le .... jour de .... avant *ou* après midi, à la Requête de .... demeurant à .... rue .... Paroisse .... où il élit son domicile; j'ai .... Huissier à .... demeurant à .... soussigné, sommé & interpellé le Sieur .... demeurant à .... en son domicile, parlant à .... d'accepter présentement, pour payer à son échéance la Lettre de change dont copie est ci-dessus transcrite, l'original de laquelle je lui ai à cet effet exhibé & représenté; lequel Sieur .... parlant comme dessus, a été d'accepter ladite Lettre de change refusant, pour lequel refus, je lui ai déclaré que ledit .... renverra ladite Lettre de change sur les lieux, prendra pareille somme de .... en tous lieux, places & endroits, aux risques, périls & fortunes, dépens, dommages & intérêts de qui il appartiendra, à ce qu'il n'en ignore; & lui ai, parlant comme dessus, laissé copie, tant de ladite Lettre de change que du présent.

Protest d'une Lettre de change faute de payer.

L'an mil sept cent .... le .... jour de .... avant *ou* après midi, à la Requête du Sieur .... Marchand, demeurant à .... où il élit son domicile, ayant les ordres ci-dessus. J'ai, ... Huissier à .... demeurant à .... soussigné, sommé & interpellé le Sieur .... Marchand à Paris, y demeurant, rue .... en son domicile parlant à ... de présentement payer audit Sieur .... ou à moi Huissier pour lui porteur, la somme de .... contenue en la Lettre de change, dont copie est ci-dessus-transcrite, de lui acceptée & échue, laquelle je lui ai à cet effet exhibée en original, & offert rendre bien & duement quittancée, faisant ledit paiement; lequel Sieur .... parlant comme dessus m'a fait réponse .... sommé de signer ladite réponse, a refusé, laquelle réponse j'ai prise pour refus de paiement, pour lequel j'ai protesté du renvoi de ladite Lettre de change, & de prendre pareille somme à change & rechange en tous lieux, places & endroits, aux risques, périls & fortunes, dépens, dommages & intérêts de qui il appartiendra, à ce qu'il n'en ignore; & lui ai, parlant comme dessus, laissé copie, tant de ladite Lettre de change, acceptation & ordre, que du présent.

Dénonciation de protest au Tireur, avec assignation ainsi qu'à celui qui a accepté la Lettre de change, ou à l'Endosseur,

Et le .... jour de .... audit an mil sept cent .... après pareille Requête, demeure & élection de domicile que dessus, le protest de la Lettre de change de .... ci-dessus transcrit, a été par moi Huissier susdit & soussigné, signifié, dénoncé & d'icelui laissé copie au Sieur .... Marchand, demeurant à .... en son domicile, parlant à .... & au Sieur .... Marchand à Paris, y demeurant, rue .... en son domicile, parlant à .... à ce que du contenu en icelui ils n'en ignorent; & pour se voir condamner solidairement, & par corps, à payer au Demandeur la fomme de . . . . contenue en ladite Lettre de change, dont copie eft ci-deffus tranfcrite, enfemble les intérêts d'icelle & frais de proteft, je leur ai, parlant comme deffus, donné affignation à comparoir . . . . prochain du matin au Confulat de . . . . & pour en outre répondre & procéder comme de raifon; Requérant depens; & leur ai laiffé à chacun féparément, parlant comme deffus, copie, tant de ladite Lettre de change, acceptation, ordre & proteft, que que du préfent.

Et le même jour & an que deffus, après pareille Requête, demeure, & élection de domicile que deffus; je me fuis, Huiffier fufdit & fouffigné, tranfporté en la demeure & domicile du Sieur. . . . Marchand à Paris, fife rue . . . . où étant, & parlant à fa perfonne, je lui ai communiqué, tant ladite Lettre de change que le Proteft, dont copie eft ci-deffus; & de l'autre part tranfcrire, lequel Sieur . . . a dit qu'il eft intervenant, & intervient par ces Préfentes auxdits protefts, & eft prêt, & offre de payer à l'inftant pour l'honneur de la fignature & compte du Sieur. . . . la fomme de . . . . montant de ladite Lettre de change; & de fait ledit Sieur. . . . m'a à l'inftant payé ladite fomme de . . . . contenue, comme dit eft en ladite Lettre de change, laquelle fomme j'ai prife & reçue de lui, pour en compter audit Sieur. . . . & pour lui fervir de quittance & de décharge valable, je lui ai remis tant ladite Lettre de change duement quittancée dudit . . . que ledit proteft; pour par ledit Sieur. . . . répéter ladite fomme, contre qui il avifera des Endoffeurs d'icelle, autres toutefois que ledit Sieur . . . . reconnoiffant en outre, qu'il m'a payé la fomme de . . . . tant pour frais dudit proteft, que de la préfente intervention, dont acte.

Intervention fur proteft, enfuite dudit proteft.

TITRE VI.

DES INTERESTS DU CHANGE
ET RECHANGE.

LE *Change*, fuivant la fignification qu'il a dans le préfent Titre, eft le bénéfice convenu entre le Banquier ou Négociant, & celui qui a befoin d'argent dans une autre Ville, pour raifon des Lettres de change qui lui font fournies à cet effet.

Le *Rechange* eft une efpece de fecond change, lequel eft dû quand une Lettre de change a été proteftée, & que celui qui en a été Porteur, a été obligé, au moyen du proteft, de fournir une autre Lettre de change, ou de prendre de l'argent, dont il a lui-même payé le change.

ARTICLE PREMIER.

Défendons aux Négocians, Marchands, & à tous autres de comprendre l'intérêt avec le principal dans les Lettres ou Billets de change, ou aucun autre Acte.

ARTICLE II.

Les Négocians, Marchands & aucun autre, ne pourront prendre l'intérêt de l'intérêt, fous quelque prétexte que ce foit.

Il eft de regle générale qu'une fomme de deniers, qui n'eft point aliénée, ne peut produire aucun intérêt fans ufure, à moins que le Débiteur n'ait été conftitué en demeure de payer, par une demande formée judiciairement. C'eft d'après ce principe que l'Ordonnance ne permet point que l'on comprenne, dans les Lettres ou Billets de Change, ni dans aucuns autres Actes paffés entre Marchands ou Négocians, l'intérêt avec le principal; ce qui ne laiffe pas néanmoins de fe pratiquer encore tous les jours, au mépris de la Loi.

Mais

Mais s'il eſt défendu d'exiger des intérêts dans ces ſortes de cas, à combien plus forte raiſon doit-il être prohibé de prendre les intérêts des intérêts, qui dans le Droit commun ne peuvent jamais être exigés, quand bien même il y auroit une demande judiciaire, comme étant un ſurcroît d'uſure, des plus odieux.

ARTICLE III.

Le prix du change ſera reglé ſuivant le cours du lieu où la Lettre ſera tirée, eu égard à celui où la remiſe ſera faite.

Le *Change* eſt bien à la vérité une ſorte d'intérêt d'un argent, dont le fond n'eſt point aliéné : mais les beſoins du Commerce l'ont fait adopter & autoriſer ; & l'on ceſſe en cette occaſion de regarder cet intérêt comme uſuraire, parceque les Lettres de Change fournies par un Banquier ou Négociant, ſont une ſorte de Marchandiſe, ſur laquelle il eſt juſte qu'il bénéficie.

Le prix du Change n'eſt point uniforme ; il varie ſuivant les lieux ; c'eſt l'abondance ou la rareté de l'argent, tant dans le lieu d'où la Lettre de Change eſt tirée, que dans celui où elle eſt payable, qui détermine la quotité du Change ; ainſi, pour ſavoir quel il doit être, ſuivant les occaſions, il faut conſulter le cours de la place du lieu où ſe trouve tirée la Lettre de Change, relativement à celui où la remiſe en doit être faite.

ARTICLE IV.

Ne ſera dû aucun rechange pour le retour des Lettres, s'il n'eſt juſtifié par pieces valables, qu'il a été pris de l'argent dans le lieu auquel la Lettre aura été tirée, ſinon le rechange ne ſera que pour la reſtitution du change avec l'intérêt, les frais du proteſt & du voyage, s'il en a été fait après l'affirmation en Juſtice.

ARTICLE V.

La Lettre de change, même payable au Porteur ou à ordre, étant proteſtée, le rechange ne ſera dû par celui qui l'aura tirée, que pour le lieu où la remiſe aura été faite, & non pour les autres lieux où elle aura été négociée, ſauf à ſe pourvoir par le Porteur contre les En-

Tome II.   D d d

doffeurs , pour le paiement du rechange des lieux où elle aura été négociée fuivant leur ordre.

ARTICLE VI.

Le rechange fera dû par le Tireur des Lettres négociées pour les lieux où le pouvoir de négocier eft donné par les Lettres ; & pour tous les autres , fi le pouvoir de négocier eft indéfini, & pour tous les lieux.

Le *Rechange* , envifagé fous un point de vue général, eft proprement un intérêt d'intérêt , puifque ce n'eft autre chofe qu'un fecond Change ; mais mieux approfondi, il n'a en foi rien que de très légitime. En effet, le Porteur d'une Lettre de Change , qui , pour fatisfaire à fes engagemens , comptoit fur le paiement qui devoit lui en être fait , fe trouvant par le proteft de cette même Lettre de Change en néceffité d'emprunter à intérêt la fomme y portée pour fe procurer fur-le-champ de l'argent comptant , foit au moyen de fon Billet particulier , foit au moyen d'une autre Lettre de Change qu'il tire fur celui dont la Lettre a été proteftée , il eft jufte que cet intérêt qu'il a payé , lui foit rembourfé par celui qui a donné lieu à l'emprunt. Cependant il faut que cet emprunt, pour donner lieu au rechange , foit conftaté par des certificats en bonne forme, de Banquiers , Agens de Change ou Négocians , par l'entremife defquels il aura été fait.

Mais comme les Lettres de Change font par leur nature fujettes à paffer dans une infinité de mains , & à circuler dans un grand nombre de places par les ordres qui peuvent être mis au dos, le Tireur originaire doit-il payer autant de rechanges qu'il y aura de lieux dans lefquels la Lettre proteftée aura été négociée ? L'Ordonnance décide que le Tireur ne doit alors qu'un feul droit de rechange, c'eft-à-dire, feulement pour le lieu où le paiement de la Lettre auroit dû être fait. A l'égard des rechanges des autres négociations de la même Lettre , comme ces Négociations ont eu pour objet l'avantage ou les facilités des différens Endoffeurs , c'eft à eux à en tenir compte , chacun en droit foi , à celui qui fe trouve Porteur de la Lettre lors du proteft : mais comme le Tireur n'eft déchargé des différens rechanges dans ce cas , que parcequ'on fuppofe que les différens ordres endoffés fur fa Lettre lui font étrangers , comme ayant été ajoutés après coup , & fans fa participation , cette fuppofition ceffe néceffairement lorfque le Tireur fe trouve avoir donné pouvoir de négocier fa Lettre de Change , foit en certain lieu , foit indéfiniment. C'eft pourquoi dans le premier cas il devra autant de rechanges qu'il y aura de lieux différens où il aura donné pouvoir de négocier fa Lettre. Dans le fecond cas , c'eft-à-dire , fi fon pouvoir eſt indéfini, il devra autant de rechanges que la Lettre de Change aura parcouru de places par les ordres & endoſſemens.

ARTICLE VII.

L'intérêt du principal & du change ſera dû du jour du proteſt, encore qu'il n'ait été demandé en Juſtice ; celui du rechange des frais du proteſt & du voyage ne ſera dû que du jour de la demande.

Il faut ici faire une finguliere attention à la différence eſſentielle que l'Ordonnance met entre le principal & le change, d'avec le rechange & frais, par rapport aux intérêts qui peuvent être dûs pour les uns & pour les autres. Le paiement des Lettres de Change ne devant ſouffrir aucun retardement, le Débiteur eſt ſuffiſamment conſtitué en demeure par un ſimple acte de proteſt ; c'eſt pourquoi il en doit de droit les intérêts du jour de ce même proteſt, ſans qu'il ſoit beſoin d'en former aucune demande. Il en eſt de même du Change, comme étant un acceſſoire naturel de la Lettre de Change, à défaut de paiement.

Mais le rechange, les frais de proteſt & frais de voyage ne participent point aux mêmes privileges ; & ils rentrent dans la regle générale, qui ne permet pas qu'on puiſſe en exiger l'intérêt, ſi ce n'eſt du jour d'une demande judiciairement formée à cet effet.

ARTICLE VIII.

Aucun prêt ne ſera fait ſous gage, qu'il n'y en ait un Acte pardevant Notaire, dont ſera retenu minute, & qui contiendra la ſomme prêtée & les gages qui auront été délivrés, à peine de reſtitution des gages, à laquelle le Prêteur ſera contraint par corps, ſans qu'il puiſſe prétendre le privilege ſur les gages, ſauf à exercer ſes autres actions.

ARTICLE IX.

Les gages, qui ne pourront être exprimés dans l'obligation, ſeront énoncés dans une facture ou inventaire, dont ſera fait mention dans l'obligation ; & la facture ou inventaire contiendra la qualité, quantité, poids,

D d d ij

& mesure des marchandises ou autres effets donnés en gage, sous les peines portées par l'Article précédent.

Dans le Droit Romain, l'hypotheque s'étendoit aussi-bien sur les meubles comme sur les immeubles; mais comme il y avoit beaucoup d'inconvéniens à assujettir les effets mobiliers, si susceptibles par leur nature de changer de main d'un moment à l'autre, au droit de suite par hypotheque, notre Jurisprudence Françoise n'a laissé subsister ce droit de suite, que par rapport aux immeubles, & en a formellement exclu tout ce qui est mobilier. C'est pourquoi un Créancier se voyant dans le cas de perdre sa dette, lorsqu'il a affaire à un Débiteur qui n'a que du mobilier, dont il peut se défaire impunément, il est arrivé de-là que bien des gens n'ont pû trouver à emprunter, qu'en donnant, pour sûreté de l'emprunt, quelques pierreries, vaisselle d'argent, ou autres meubles; & c'est ce qu'on appelle *gages*.

Mais il a résulté de-là un inconvénient; c'est que ceux qui prêtoient ainsi sur gages, se voyant nantis d'effets ordinairement plus considérables que la somme prêtée, avoient la mauvaise foi de retenir les gages & de les nier : pour prévenir de pareils abus, il fut rendu un Arrêt en la Chambre de l'Edit contre un Orfévre nommé Costu. Cet Arrêt, rendu en forme de Réglement, fait défenses de prêter argent sur gages, sans en avoir quelque chose par écrit. Bouchcul, qui fait mention de cet Arrêt dans sa Bibliotheque du Droit François, ne le date point.

C'est par une suite du même principe, que notre Ordonnance veut qu'il ne soit fait aucun prêt sous gage qu'en conséquence d'un Acte passé devant Notaires avec minute, lequel doit constater non-seulement la somme prêtée, mais encore la quotité & la qualité des gages; & en cas qu'ils ne puissent être nommément spécifiés dans l'Acte, il faut annexer à la minute de cet Acte un état ou facture circonstancié de ces mêmes gages. Mais quoique le Législateur ait attaché au défaut de cette formalité la contrainte par corps pour la restitution des gages, & la perte de tous privileges sur iceux, l'Ordonnance n'est point exécutée littéralement à cet égard; & l'on verroit, de fort mauvais œil en Justice, un Débiteur qui, après avoir emprunté sur gages une somme dans ses besoins, viendroit exciper de la disposition de la Loi & du défaut d'Acte pardevant Notaires, pour réclamer ses gages, sans offrir de rendre la somme prêtée. Le véritable cas où l'on pourroit s'armer de toute la rigueur de la Loi, seroit vis-à-vis de ces Usuriers de profession qui font métier & marchandises de prêter sur gages, sans en donner aucune sorte de reconnoissance, & qui, par les intérêts énormes qu'ils exigent, sont des pestes publiques contre lesquelles on ne peut sévir avec trop de sévérité.

Plusieurs d'entr'eux prennent encore une autre tournure, qui n'est pas moins préjudiciable à la Société, & moins ruineuse pour les Particuliers qui ont recours à eux, c'est de se faire vendre par Acte sous signature privée les choses données en gage, moyennant la somme qu'ils prêtent dessus ; ils commencent par retirer sur cette somme les intérêts jusqu'au jour où on leur promet verbalement de leur rendre la somme prêtée ; de sorte que si au jour convenu la somme n'est point rendue, ils font usage de l'Acte de vente à eux faite, & se regardent comme propriétaires des gages. Ne trouvera-t-on jamais moyen d'arrêter de pareils brigandages ?

TITRE VII.

DES CONTRAINTES PAR CORPS.

ARTICLE PREMIER.

Ceux qui auront signé des Lettres ou Billets de change, pourront être contraints par corps, ensemble ceux qui y auront mis leur aval, qui auront promis d'en fournir, avec remise de Place en Place, qui auront fait des promesses pour Lettres de change à eux fournies, ou qui le devront être, entre tous Négocians ou Marchands qui auront signé des Billets pour valeur reçue comptant, ou en marchandise, soit qu'ils doivent être acquittés à un Particulier y nommé, ou à son ordre, ou au Porteur.

ARTICLE II.

Les mêmes contraintes auront lieu pour l'exécution des Contrats maritimes, Grosses avantures, Chartesparties, Ventes & Achats de Vaisseaux, pour le Fret & le Neaulage.

Les contraintes par corps, quoique regardées d'un œil peu favorable ; comme étant par leur nature attentatoires à la liberté des Citoyens, dont elle est le bien le plus précieux, ont été conservées dans les affaires de Commerce, comme étant le seul moyen le plus souvent pour faire payer des gens, dont la fortune n'a aucune assiette fixe, & ne confiste que dans un mobilier, qu'on peut faire difparoître d'un moment à l'autre.

Les contraintes par corps ont lieu indiftinctement contre toutes fortes de perfonnes, pour raifon des *Lettres de Change*, & pour tout ce qui y eft acceffoire : comme Billets de Change, & même pour de fimples promeffes ou obligations paffées fous fignature privée ou devant Notaires pour Lettres de Change fournies ou à fournir. Les Mineurs eux-mêmes, quelques prérogatives que leur donne d'ailleurs la foibleffe de leur âge, exciperoient vainement de leur minorité, pour éluder la contrainte par corps fur ce point. C'eft ce qui a été jugé plus d'une fois, & notamment par Arrêt du Parlement, du 30 Août 1702, qui, en confirmant les Sentences des Juges-Confuls de Paris, a décidé que les Mineurs qui avoient tiré, accepté ou endoffé des Lettres de Change, n'étoient point reftituables, & qu'ils étoient Confulaires & contraignables par corps (a). Cependant la derniere Jurifprudence s'eft un peu re-

---

(a) » LOUIS, par la grace de Dieu, Roi de France & de Navarre : Au premier notre Huif-
» fier ou Sergent fur ce requis, SAVOIR FAISONS; qu'entre Ifaac Lardeau, Intéreffé ès Affaires du
» Roi, appellant, tant comme de Juge incompétent, qu'autrement, des Sentences rendues par les
» Juges & Confuls de Paris, les 9 & 11 Janvier 1702; emprifonnement & écrou fait de fa per-
» fonne, & de tout ce qui s'en eft-enfuivi, & Demandeur en enthérinement des Lettres de Refci-
» fion par lui obtenues en Chancellerie, le 11 Février 1702, fuivant l'Exploit du 13 dudit mois,
» d'une part; & Jean Coulombier, Caiffier Général du Grand Bureau des Poftes de France, intimé
» & Défendeur. Et entre ledit Lardeau fils, mineur, procédant fous l'autorité de Maître Samuel
» Lardeau, ci-devant Procureur en la Cour, fon pere, appellant des Sentences des Juges & Confuls
» de Paris, des 5 & 7 Décembre 1701, Demandeur aux fins defdites Lettres de Refcifion, du 11 Fé-
» vrier 1702, fuivant l'Exploit du 15 Avril audit an; & Jean Guerin, intimé & Défendeur. Et
» entre ledit Lardeau audit nom, appellant d'une Sentence defdits Juges & Confuls, du 16 Décem-
» bre 1701, & Demandeur aux fins defdites Lettres de Refcifion, fuivant l'Exploit dudit jour 15
» Avril; & Jacques de la Tour, intimé & Défendeur. Et entre ledit Lardeau, appellant des Sen-
» tences defdits Juges & Confuls, des 17 Février & premier Mars 1701; & recommandation faite
» de fa perfonne ès Prifons du Fort-l'Evêque, & Demandeur aux fins defdites Lettres de Refci-
» fion, fuivant l'Exploit du 4 Mars 1701; & Jean Charpentier, intimé & Défendeur. Et encore
» entre ledit Lardeau, Demandeur aux fins defdites Lettres de Refcifion dudit jour 11 Février
» 1702, & Exploit du 15 Avril enfuivant; & Daniel & Louis Ragueneau, Défendeurs. Et entre
» ledit Lardeau, Demandeur aux fins defdites Lettres de Refcifion, du 11 Février 1702, fuivant
» les Exploits des deux Mais & quinze Avril enfuivant; & Guillaume le Débotté, Sieur des Ju-
» geries, & Pierre Bernard Pafquier, Défendeurs. Et entre Elie Guitton, Ecuyer, S'eur du Tran-
» chard, fils mineur de Jean-Louis Guitton, Ecuyer, Sieur dudit lieu & de Fleurue, procédant
» fous fon autorité, appellant des Sentences rendues par les Juges & Confuls de cette Ville de
» Paris, les premier & trois Mars 1701, & autres, s'il y en avoit, intervenant, & Demandeur
» en Requête, des 21 Juillet & 5 Août derniers; & lefdits Lardeau & Charpentier, & Ragueneau,
» intimés & Défendeurs. Et entre ledit Lardeau, appellant, tant comme de Juges incompétens,
» qu'autrement des Sentences defdits Juges & Confuls, des 17 & 20 Mars 1702 & recomman-
» dation faite de fa perfonne ès Prifons du Fort-l'Evêque, & ledit le Débotté, intimé. Et entre
» ledit Maître Samuel Lardeau, ci-devant Procureur en la Cour, intervenant, & Demandeur en
» Requête du 22 du préfent mois; & lefdits Coulombier, le Débotté, Delajoue, Guerin, Rague-
» neau & Pafquier, Défendeurs. Et entre ledit Ifaac Lardeau, appellant, tant comme de Juge in-
» compétent, qu'autrement, des Sentences des Juges & Confuls, des 16 & 19 Décembre 1701 in-
» ledit Pafquier, intimé contre. Vû par la Cour, &c. Tout joint & confidéré. LA COUR,
» faifant droit fur le tout, fans s'arrêter à l'intervention dudit Samuel Lardeau, & Lettres de
» Refcifion obtenues par lefdits Ifaac Lardeau, fils, & Guitton, dont elle les a déboutés, a mis
» & met les appellations au néant; ordonne que ce dont a été appellé fortira effet; condamne
» lefdits Ifaac Lardeau & Guitton ès amendes de douze livres; & lefdits Ifaac, Samuel Lardeau &
» Guitton aux dépens, chacun à leur égard, envers lefdits Coulombier, Delajoue, Charpentier,
» Daniel & Louis Ragueneau, le Débotté & Pafquier; & fur le profit des défauts les Parties fe pour-
» voiront. Si mandons mettre le préfent Arrêt à dûe & entiere exécution, de point en point, &
» felon fa forme & teneur; & outre, faire, pour raifon de l'exécution d'icelui, tous Exploits &
» Actes de Juftice requis & néceffaires; de ce faire donnons pouvoir. Donné en Parlement le trente

lâchée de cette rigueur, dans certaines circonſtances : & j'ai vû enthériner des Lettres de Reſciſion priſes par les Peres & Meres de Mineurs, Enfans de famille dérangés, qui n'ayant point d'autres reſſour-
ces pour avoir de l'argent, avoient acheté, moyennant des Lettres de-
Change qu'on leur avoit fait ſigner, à très haut prix, des Marchandiſes qu'ils faiſoient revendre enſuite à moitié ou à deux tiers de perte,
pour ſe procurer par ce moyen de l'argent comptant. C'eſt un brigan-
dage qui n'eſt devenu que trop commun ; & c'eſt une uſure des plus
caractériſées, d'autant que ce ſont ſouvent ces mêmes Marchands,
qui ont vendu à un prix exceſſif, qui font enſuite rachetter, à bas
prix, ces mêmes Marchandiſes, ſous des noms interpoſés.

Mais les Billets à ordre, ou au Porteur, & autres Billets de Commerce, ne jouiſſent point des mêmes privileges. La contrainte par
corps n'a lieu à leur égard qu'autant qu'ils ſont faits entre Marchands,
ou du moins que c'eſt un Marchand qui en eſt le Débiteur. Sans l'une
ou l'autre de ces circonſtances, ils ſont dans la claſſe des Billets purs
& ſimples. Nous obſerverons ici en paſſant, que les Billets au Porteur
ont été quelque-tems dans une proſcription momentanée : ils avoient
été prohibés par un Edit du mois de Mai 1716 (*b*). Mais les raiſons

---

» Août mil ſept cent deux, & de notre Regne le ſoixantieme. Collationné. Par la Chambre : *Signé*,
» DONGOIS.

» ENTRE Iſaac Lardeau, Demandeur aux fins de la Requête inſerée en l'Arrêt du Conſeil du
» 17 Mars 1703, & Exploit d'aſſignation donné en conſéquence, le 5 Avril ſuivant, d'une part ;
» Jacques Delajoue, Expert juré, Bourgeois de Paris ; Jean Coulombier, Caiſſier Général du Grand
» Bureau des Poſtes ; Jean Charpentier, Daniel & Louis Ragueneau, Bernard Paſquier, & le Sieur
» de la Planche, le Sieur le Debouté des Jugeries, Défendeurs, d'autre part. Et entre ledit Lardeau,
» Demandeur en Lettres en aſſiſtance de cauſe par lui obtenues au Grand Sceau, le 13 Mai 1703,
» d'une part ; Claude Linieres, Marchand à Paris, François Michel, Jean Guerin, & Jacques Ri-
» cher, Curé de la Paroiſſe de Breun-ſur-Saintion, Défendeurs, d'autre part. Et entre ledit Coulom-
» bier, Demandeur en Lettres en aſſiſtance de cauſe, du 9 Février 1704 ; & le Sieur le Brun, Dé-
» fendeur, ſans que les qualités puiſſent nuire ni préjudicier aux Parties, &c.
» LE ROI EN SON CONSEIL, faiſant droit ſur l'Inſtance, a débouté & déboute ledit
» Iſaac Lardeau de ſes demandes, & l'a condamné aux dépens envers toutes les Parties, & néan-
» moins, ſans amende ; a déclaré le défaut contre ledit Samuel Lardeau, bien & dûment obtenu ;
» pour le profit, a déclaré le préſent Arrêt commun avec lui, & l'a condamné aux dépens dudit
» défaut. FAIT au Conſeil d'Etat privé du Roi, tenu à Verſailles le douzieme Août mil ſept cent
» quatre. Collationné. *Signé*, DES VIEUX.

(*b*) » LOUIS, par la grace de Dieu, Roi de France & de Navarre : A tous préſens & à ve-
» nir, SALUT. Nous avons été informés que les Billets payables au Porteur, ſont une des princi-
» pales cauſes des abus qui ſe commettent depuis pluſieurs années dans les différens Commerces
» de Marchandiſes, d'Argent, & de Papiers, par des perſonnes de tous états & de toutes profeſ-
» ſions ; les Billets en blanc, auxquels ils ont ſuccédé, & dont ils ne different proprement que de
» nom inventés au commencement du dernier Siecle par des Négocians de mauvaiſe foi, avoient
» introduit de ſi grands déſordres, que dès le 27 Août 1604 les Marchands s'en étoient plaints
» aux députés de la Chambre pour le Rétabliſſement du Commerce ; & que notre Parlement de
» Paris les défendit par pluſieurs Arrêts & Réglemens. L'uſage en fut d'abord interdit par un Arrêt
» de notredite Cour, du 7 Juin 1611 ; & pluſieurs Banquiers, Courtiers de Change, & autres Gens
» d'affaires, ne laiſſant pas de continuer de s'en ſervir dans leur Commerce, pour couvrir leurs
» uſures, & tromper plus facilement le Public, il intervint un Réglement général en notredite
» Cour, toutes les Chambres aſſemblées, le 26 Mars 1624, qui défendit encore ces ſortes de Bil-
» lets ſous de rigoureuſes peines, & en abolit entierement l'uſage. Le même eſprit de fraude &
» d'uſure ayant enſuite imaginé les Billets payables au Porteur, qui, ſous un autre nom, étant
» en effet la même choſe que les Billets en blanc, cauſerent les mêmes abus ; & pluſieurs plain-
» tes en ayant été portées en notredite Cour, elle rendit ſur la Requête de notre Procureur
» Général, le 16 Mai 1650, un nouvel Arrêt de Réglement, par lequel, après avoir entendu les

d'Etat, qui avoient été les motifs secrets de cette proscription, ayant

» Juges Confuls, & les anciens Marchands de notre bonne Ville de Paris, il fut fait défenfes à
» tous Marchands, Négocians, & autres perfonnes, de quelque qua'ité & condition qu'elles fuf-
» fent, de fe fervir à l'avenir au fait de leur Commerce, & en quelqu'autre traité ou affaire
» que ce pût être, de Promeffes ou Billets, à moins qu'ils ne fuffent remplis du nom du Créan-
» cier, & des caufes pour lefquelles on les auroit paffés, foit pour Argent prêté, ou pour Let-
» tres de Change fournies ou à fournir, à peine de nullité des Promeffes ou Billets, & ordonné
» que l'Arrêt feroit publié & affiché. Ceux qui avoient abufé de ces fortes de Billets trouverent en-
» core le moyen de couvrir leurs ufures, & de pratiquer les mêmes abus en mettant leurs fignatures
» en blanc au dos des Lettres & Billets de Change, fans être remplies d'aucuns ordres ; à quoi ayant
» été pourvu par un nouveau Réglement de notredit Parlement de Paris, du 7 Septembre 1660, par
» la Déclaration du feu Roi, notre très honoré Seigneur & Bifayeul, du 9 Janvier 1664, qui le
» confirme, & par l'Ordonnance du mois de Mars 1673, l'ufage pernicieux des Billets payables au
» Porteur s'eft introduit de nouveau par la mauvaife interprétation qu'on a donnée à cette Ordon-
» nance, & en multipliant, depuis plufieurs années, tous les abus tant de fois condamnés, il a
» fervi à couvrir les ufures les plus énormes, & les banqueroutes les plus frauduleufes, & à ren-
» dre les Débiteurs les plus opulens, maîtres abfolus de difpofer de leur fortune, au préjudice &
» à la ruine de leurs Créanciers véritables, par la liberté qu'ils ont de fuppofer qu'ils font débi-
» teurs de grandes fommes par des Billets payables au Porteur, d'en figner en telles quantités &
» de telles dates qu'il leur plaît ; & de faire paroître de faux Créanciers, Porteurs de ces Billets,
» pour donner la loi aux Créanciers légitimes, & pour fe faire faire des remifes confidérables ;
» enforte qu'il arrive très fouvent qu'un Débiteur de mauvaife foi fe trouve plus riche, après une
» banqueroute confommée par un accommodement forcé, qu'il ne l'étoit auparavant ; & que,
» jouiffant avec impunité du bien de ceux qui lui ont confié leurs deniers, il les met eux-mê-
» mes dans la néceffité de faire des banqueroutes, qui troublent le Commerce & caufent la ruine
» d'une infinité de perfonnes. Et comme les Ordonnances, Déclarations & Réglemens faits juf-
» qu'à préfent, & que l'on pourroit faire dans la fuite contre tous ces défordres, feront toujours
» inutiles, tant que l'ufage des Lettres & Billets de Change, & autres Billets payables au Porteur
» fera toléré, Nous nous croions obligés de l'abolir entierement, pour faire ceffer des fraudes &
» des abus fi préjudiciables au bien du Commerce, & à l'intérêt des Créanciers légitimes, en
» prenant néanmoins les précautions que l'équité Nous infpire par rapport au paffé : mais at-
» tendu que la plus grande partie des inconveniens qui fe rencontrent dans les Billets payable
» au Porteur, faits par des Particuliers, ne peuvent fe trouver dans les Billets de l'Etat ; & que d'ail-
» leurs, dans la réfolution où Nous fommes de prendre toutes les mefures néceffaires, pour en avan-
» cer le remboursement, il ne convient point de rien changer par rapport à ces Billets, que Nous
» ne penfons qu'à éteindre & acquitter, le plutôt qu'il Nous fera poffible, pour en libérer en-
» tierement l'Etat, notre intention eft qu'ils ne foient point dans la difpofition de notre préfent
» Edit. Et comme les Billets de la Banque générale, établis par nos Lettres Patentes du deuxieme
» du préfent mois, ne font pas non plus fujets à la plûpart des abus qui fe commettent, par rap-
» port aux Billets payables au Porteur, paffés par des Particuliers : qu'à l'égard des Billets de la
» Banque, la date n'en fauroit être fauffe, ni le Débiteur fuppofé, & qu'on ne peut antidater
» ces billets, ni fuppofer des Créanciers fimulés par le moyen defdits Billets, dans la vue de faire
» une banqueroute frauduleufe, ou de la couvrir, pour fe dérober aux pourfuites des Créanciers
» légitimes, & aux peines établies par la Loi, Nous avons eftimé devoir les excepter auffi de la
» prohibition générale portée par le préfent Edit. A CES CAUSES, & de l'avis de notre très cher
» & très amé Oncle le Duc d'Orléans, Régent. de notre très cher & très amé Coufin, le Duc de
» Bourbon ; de notre très cher & très amé Oncle, le Duc du Maine ; de notre très cher & très
» amé Oncle, le Comte de Touloufe, & autres Pairs de France, Grands & notables Perfonna-
» ges de notre Royaume, & de notre certaine fcience, pleine puiffance, autorité Royale, Nous
» avons, par le préfent Edit, dit, ftatué & ordonné, difons, ftatuons & ordonnons, voulons &
» Nous plaît, que tous ceux qui font propriétaires de Lettres ou Billets de Change, ou autres
» Billets payables au Porteur, fignés par quelque perfonne que ce puiffe être, avant la publica-
» tion du préfent Edit, foient tenus, dans le tems de quinze jours, à compter du jour de ladite
» publication, qui en fera faite dans les Bailliages & Sénéchauffées reffortiffantes nuement en nos
» Cours de Parlement, de les dépofer pour minute chez un Notaire du Châtelet, dans notre
» bonne Ville de Paris ; & hors ladite Ville, chez un Notaire Royal ; devant lefquels Notaires
» lefdits Propriétaires déclareront leurs noms, & furnoms, & leur véritable qualité
» & profeffion, & affirmeront que lefdites Lettres ou Billets de Change, ou autres Billets paya-
» bles au Porteur, leur appartiennent, & font férieux & véritables, fauf à en lever les expédi-
» tions dont ils pourront avoir befoin : le tout à peine, à l'égard des Propriétaires, de nullité des
» Lettres ou Billets de Change, ou autres Billets payables au Porteur, qui n'auront pas été dé-
» pofés & affirmés férieux & véritables dans la forme & dans les tems ci-deffus preferits ; & en
» outre à peine, tant contre ceux qui feront convaincus d'avoir fait & fuppofé de fauffes Let-
» tres ou de faux Billets de Change, ou autres faux Billets payables au Porteur, & d'en avoir
» fait ou fait faire le dépôt, avec l'affirmation ci-deffus ordonnée, que contre ceux qui feront
» convaincus d'avoir prêté leurs noms, pour en paroître Créanciers & Propriétaires, d'être punis
» comme coupables du crime de Faux, & d'amende, qui ne pourra être moindre du quadruple

ceffé,

cessé, ils furent enfuite rétablis par une Déclaration du 21 Janvier 1721 *(c)*.

Les Marchands & Négocians font encore contraignables par corps, pour raifon des condamnations judiciaires qui interviennent contr'eux, par rapport à des engagemens de Commerce, quand bien-même ces engagemens n'auroient point été contractés par Lettres de Change, Billets de Change, ou à ordre, ou au Porteur.

» de la fomme contenue auxdites Lettres ou Billets. N'entendons néanmoins, par notre préfente
» difpofition, changer la nature des engagemens portés par lefdites Lettres ou Billets payables au
» Porteur, qui auront été ainfi dépofés pour minute ; voulons qu'ils foient payables dans lesmê-
» mes termes, & par les mêmes voies qu'ils auroient pû l'être, avant le dépôt qui en fera fait,
» en exécution du préfent Edit. Voulons de plus, qu'il ne puiff être pris par lefdits Notaires, pour
» chacun des Actes de dépôt & d'affirmation & d'expédition, tant defdits Actes, que defdites Lettres
» ou Billets dénofés, plus de vingt fols, à peine de concuffion : & Nous déchargeons lefdits Ac-
» tes & Expéditions de la néceffité d'être contrôlés, & des droits de contrôle. Déclarons que les
» Lettres ou Billets payables au Porteur, pour le paiement defquels il aura été obtenu des Juge-
» mens de condamnation, avant la publication du préfent Edit, ne feront point fujets au dit dé-
» pôt chez les Notaires, fans néanmoins que lefdites Lettres ou Billets, fur lefquels il fera inter-
» venu des Jugemens, puiffent être tranfportés qu'au profit des perfonnes certaines & dénommées.
» Défendons à toutes perfonnes, de quelque qualité & condition qu'elles foient, de faire ou de
» recevoir à l'avenir aucunes Lettres ou Billets de Change ou autres Billets payables au Porteur,
» & déclarons nuls & de nul effet lefdites Lettres & Billets de Change, & autres Billets qui ne fe-
» roient pas faits au profit de perfonnes certaines, dénommées dans lefdits Billets, ou à leurs ordres,
» qui ne pourront pareillement être mis fucceffivement fur lefdites Lettres & Billets, qu'au profit de
» perfonnes certaines & y dénommées, à peine de nullité defdits ordres. N'entendons néanmoins
» donner aucune attente aux Lettres ou Billets de Change, ou au res Billets payables à des per-
» fonnes certaines, ou à leurs ordres, ainfi fucceffivement mis fur lefdites Lettres ou Billets de
» Change, ou autres Billets au profit de perfonnes également certaines, voulons que l'ufage con-
» tinue d'en être libre & permis, comme avant le préfent Edit. N'entendons pareillement com-
» prendre, dans notre préfent Edit, les Billets de l'Etat, qui feront payables au Porteur, ni ceux de
» la Banque générale, établie par nos Lettres Patentes du deuxieme du préfent mois, lefquels pour-
» ront être payables au Porteur. Dérogeons, en tant que befoin feroit, à toutes Ordonnances,
» Edits & Déclarations qui pourroient être à ce contraires Si donnons en mandement à nos amés
» & féaux Confeillers, les Gens tenans notre Cour de Parlement, que le préfent Edit ils aient
» à faire lire, publier, & regiftrer, & le contenu en icelui exécuter felon fa forme & te-
» neur. Car tel eft notre plaifir. Et afin que ce foit chofe ferme & ftable à toujours, Nous y
» avons fait mettre notre Scel. Donné à Paris au mois de Mai, l'an de grace mil fept cent feize,
» & de notre Regne le premier. *Signé*, LOUIS. *Et plus bas*, Par le Roi, le Duc d'Orléans, Ré-
» gent, préfent : PHELYPEAUX. *Vifa*, VOISIN. Vû au Confeil, VILLEROI. Et fcellé du grand
» Sceau de cire verte, en lacqs de foie rouge & verte.
» Regiftrées, oui & ce requerant le Procureur Général du Roi, pour être exécutées felon leur
» forme & teneur ; & Copies collationnées envoyées aux Bailliages & Sénéchauffées du Reffort,
» pour y être lues, publiées & regiftrées : Enjoint aux Subftituts du Procureur Général du Roi d'y
» tenir la main, & d'en certifier la Cour dans un mois, fuivant l'Arrêt de ce jour. A Paris en
» Parlement, le vingt-troifieme Mai mil fept cent feize. *Signé*, DONGOIS.
» *(c)* LOUIS, par la grace de Dieu, Roi de France & de Navarre : A tous ceux qui ces préfen-
» tes Lettres verront, SALUT. Les inconvéniens & les avantages des Billets payables au Porteur,
» ont donné lieu à la diverfité des Loix & des Réglemens qui ont été faits fur cette matiere, en-
» forte que nos Cours de Parlement, qui en avoient condamné l'ufage dans un tems, l'ont approuvé
» dans un autre ; & que le feu Roi, notre très honoré Seigneur & Bifayeul, les ayant autorifés
» dans plufieurs difpofitions de fon Ordonnance fur le Commerce, de l'année 1673, & dans fa
» Déclaration du 26 Février 1692, Nous avons cru cependant devoir en interdire l'ufage, par no-
» tre Edit du mois de Mai 1716 ; mais les Négocians Nous ont fait repréfenter, auffi - bien que
» ceux qui font intéreffés dans nos Affaires, que rien n'étant plus important pour le bien du Com-
» merce, & pour le foutien de nos Finances, que de ranimer la circulation de l'argent, il n'y avoit
» point de moyen plus prompt pour y parvenir, que de rétablir l'ufage des Billets payables au
» Porteur, l'expérience ayant fait connoître qu'un grand nombre de perfonnes fe portent plus fa-
» cilement à prêter leur argent par cette voie, que par aucune autre ; que d'ailleurs les deux efpe-
» ces de Billets payables au Porteur, que Nous avions exceptés de la défenfe générale portée par
» notre Edit du mois de Mai 1716, ne fubfiftant plus, il étoit néceffaire, pour la facilité du
» Commerce, de rétablir à cet égard l'ufage qui s'obfervoit avant le dit Edit. Et comme dans la
» conjoncture préfente ces repréfentations Nous ont paru devoir l'emporter fur les motifs qui Nous

Mais on a douté si l'on devoit étendre la contrainte aux Traitans
& Intéressés dans les Affaires du Roi, Officiers de finance, & autres
Financiers, pour raison des Billets à ordre, ou au Porteur, qu'ils étoient
dans l'usage de faire, comme les Marchands & Négocians. Comme
ce doute nuisoit à leur crédit, & les empêchoit de soutenir leurs affaires, qu'ils ne soutenoient pour l'ordinaire que par ces sortes de Billets, le feu Roi a rendu une Déclaration en leur faveur, le 26 Février
1692, par laquelle il les a entierement assimilés aux Marchands &
Négocians sur ce point; & les a déclarés assujettis comme eux, pour
raison de ce, à la contrainte par corps (d).

>> avoient engagé à abolir cet usage, par notredit Edit du mois de Mai 1716, Nous avons jugé à
>> propos de suivre le vœu commun de ceux qui ont le plus d'expérience dans le Commerce, à l'a-
>> va tage duquel Nous ne pouvons donner une trop grande attention. A ces causes; de l'avis de
>> notre très cher & très amé Oncle, le Duc d'Orléans, Petit-Fils de France; de notre très cher
>> & très amé Oncle, le Duc de Chartres, premier Prince de notre Sang; de notre très cher &
>> très amé Cousin, le Duc de Bourbon; de notre très cher & très amé Cousin, le Comte de Cha-
>> rollois; de notre très cher & très amé Cousin, le Prince de Conti, Princes de notre Sang; de notre
>> très cher & très amé Oncle, le Comte de Touloufe, Prince légitimé; & autres Pairs de France,
>> Grands & Notables Personnages de notre Royaume, Nous avons, de notre certaine science, pleine
>> puissance, & autorité Royale, dit, déclaré & ordonné, & par ces Présentes signées de notre main, di-
>> sons, déclarons & ordonnons, voulons & Nous plaît, que tous Commerces & Négociations que
>> pourront faire nos Sujets pour prêt d'argent, vente de Marchandises ou autrement, ils puissent, &
>> qu'il leur soit loisible d'en stipuler, par Lettres ou Billets, le paiement au Porteur, sans dénomi.
>> nation de personnes certaines; à l'effet de quoi Nous avons rétabli & rétablissons l'usage des
>> Lettres ou Billets de Change, ou autres Billets payables au Porteur, révoquant à cet égard les
>> défenses portées par notre Edit du mois de Mai 1716. Voulons que l'Article premier du Titre 7
>> de ladite Ordonnance du mois de Mars 1673, ensemble la Déclaration du 26 Février 1692, soient
>> exécutés suivant leur forme & teneur. Ce faisant, que tous Négocians & Marchands, comme
>> aussi tous ceux qui font chargés du maniement ou recouvrement de nos Deniers, ou qui auront
>> signé des Billets payables au Porteur, pour valeur reçue comptant, ou en Marchandises, puis-
>> sent être contraints par corps au paiement desdits Billets; & que les demandes & contestations,
>> qui pourront être formées à cet égard, ne puissent être portées que pardevant les Juges & Con-
>> suls des Marchands, auxquels Nous attribuons à cet effet toute Cour, Jurisdiction & Connois-
>> sance, sans l'appel en nos Cours de Parlement. Si donnons en mandement à nos amés & féaux
>> Conseillers, les Gens tenans notre Cour de Parlement à Paris, que ces Présentes ils aient à faire
>> lire, publier & enregistrer, & le contenu en icelles garder & observer selon leur forme & te-
>> neur, nonobstant tous Edits, Déclarations, Arrêts, & autres choses à ce contraires, auxquels
>> Nous avons dérogé par ces Présentes. Car tel est notre plaisir. En témoin de quoi Nous avons
>> fait mettre notre Scel à cesdites Présentes. Donné à Paris le vingt-unieme jour de Janvier,
>> l'an de grace mil sept cent vingt-un, & de notre Regne le sixieme. Signé, LOUIS. Et plus bas,
>> Par le Roi; le Duc d'Orléans, Régent, présent: PHELYPEAUX. Vù au Conseil: LE PELLETIER
>> DE LA HOUSSAYE. Et scellé du grand Sceau de cire jaune.
>> Registrées, oui & ce requerant le Procureur Général du Roi, pour être exécutées selon leur
>> forme & teneur; & Copies collationnées envoyées aux Bailliages & Sénéchaussées du Ressort,
>> pour y être lues, publiées & registrées: Enjoint aux Substituts du Procureur Général du Roi d'y
>> tenir la main, & d'en certifier la Cour dans un mois, suivant l'Arrêt de ce jour. A Paris en
>> Parlement, le vingt-cinquieme Janvier mil sept cent vingt un. Signé, GILBERT.
(d) >> LOUIS, par la grace de Dieu, Roi de France & de Navarre : A tous ceux qui ces
>> présentes Lettres verront, SALUT. Encore que par l'Article premier du Titre 7 de notre Edit du
>> mois de Mars 1673, servant de Réglement pour le Commerce, registré en nos Cours, il soit
>> porté que ceux qui auront signé des Lettres ou Billets de Change, pourront être contraints par
>> corps; ensemble ceux qui y auront mis leur aval, qui auront promis d'en fournir avec re-
>> mise de place en place, qui auront fait des Promesses pour Lettres de Change à eux fournies,
>> ou qui devront l'être, entre tous Négocians ou Marchands, qui auront signé des Billets pour va-
>> leur reçue comptant, ou en Marchandises, soit qu'ils doivent être acquittés à un Particulier y
>> nommé, ou à son ordre, ou au Porteur; néanmoins plusieurs Cours, Juges & Jurisdictions ont
>> dérogé & d'chargent de la contrainte par corps plusieurs Particuliers, Gens d'Affaires, lorsqu'il s'agit
>> du paiement des Billets par eux faits pour valeur reçue, même pour valeur reçue comptant,
>> sous prétexte que par l'Article 17 du Titre V du même Edit, il est porté qu'aucun Billet ne
>> sera réputé Billet de Change, si ce n'est pour Lettres de Change qui auront été fournies, ou

Les mêmes motifs ont déterminé le Législateur à soumettre aussi à la contrainte par corps, tous les engagemens contractés pour raison du Commerce maritime, comme pour ventes & achats de Vaisseaux; pour *Chartre-partie*, qui est le Contract de louage d'un Vaisseau; pour *Fret & Naulet*, qui est le prix de ce même louage, avec cette seule différence que le terme de *Fret* est en usage pour l'Océan, & celui de *Naulet* pour la Méditerranée; & enfin pour *grosses avantures*, c'est-à-dire, pour le prêt que quelqu'un fait d'une somme d'argent à gros intérêt, à celui qui va trafiquer au-delà des Mers, à condition que si le Vaisseau vient à périr, la dette sera perdue. Quoique cette sorte de convention, paroisse au premier abord usuraire, elle est néanmoins permise & même autorisée; 1°. parceque celui qui emprunte cet argent, peut faire avec icelle des gains considérables, & que c'est une espece de société, dans laquelle entre le Prêteur & celui qui emprunte.; 2°. parceque le Créancier n'ayant d'autre garant & d'autre sureté que la conservation du Vaisseau, il est juste qu'il retire de son argent un profit proportionné aux risques qu'il court.

" qui devront l'être, & que nos Comptables, chargés du recouvrement de nos Deniers, les Rece-
" veurs, Tréforiers, Fermiers Généraux, & Particuliers, Traitans, Sous traitans, & Intéreffés
" dans nos Affaires, ne font point Marchands ni Négocians, de forte que si on continuoit à les
" décharger de la contrainte par corps pour le paiement des simples Billets qu'ils font de valeur
" reçue, & de valeur reçue comptant, payables au Porteur, ou à un Particulier y nommé, ou à
" son ordre, le crédit, qui leur est nécessaire pour le bien de notre service, cefferoit absolument,
" sans lequel ils ne peuvent soutenir les Affaires dont ils font chargés, & qu'ils ne soutiennent,
" pour l'ordinaire que par l'usage de ces sortes de Billets, qu'ils font comme les Marchands &
" Négocians; à quoi voulant pourvoir : A ces CAUSES, de notre certaine science, pleine puissance,
" & autorité Royale, en interprétant, en tant que besoin seroit, notredit Edit du mois de Mars
" 1673, Nous avons dit, déclaré & ordonné; & par ces Présentes signées de notre main, disons,
" déclarons & ordonnons, voulons & Nous plaît, que l'Article premier du Titre 7 de notredit Edit
" du mois de Mars 1673, soit exécuté contre les Receveurs, Tréforiers, Fermiers, & Sous-fer-
" miers de nos Droits, Traitans généraux, & Particuliers, Intéreffés, & Gens chargés du recou-
" vrement de nos Deniers, & tous autres nos Comptables : & ce faisant, qu'ils puissent être con-
" traints par corps, ainsi que les Négocians, au paiement des Billets pour valeur reçue, qu'ils fe-
" ront à l'avenir, pendant qu'ils feront pourvus desdites charges, ou qu'ils feront chargés du re-
" couvrement de nos Deniers, soit que les Billets doivent être acquittés à un Particulier y nom-
" mé, ou à son ordre, ou au Porteur. Si donnons en mandement à nos amés & féaux Conseil-
" lers, les Gens tenans notre Cour de Parlement & Cour des Aides à Paris, que ces Présentes
" ils aient à faire régistrer, & le contenu en icelles faire garder & observer selon sa forme & te-
" neur, nonobstant tous Edits, Ordonnances, Reglemens, & autres choses à ce contraires, aux-
" quelles Nous avons dérogé par ces Présentes. Car tel est notre plaisir. En témoin de quoi Nous
" avons fait mettre notre Scel à ces Présentes. Donné à Versailles le vingt-six Février, l'an de grace
" mil six cent quatre-vingt douze, & de notre Regne le quarante-neuvieme. *Signé*, LOUIS. Et
" *plus bas*, Par le Roi : PHELYPEAUX. Et scellées du grand Sceau de cire jaune.
" Regiftrées, oui & ce requerant le Procureur Général du Roi, pour être exécutées selon leur forme
" & teneur, suivant l'Arrêt de ce jour. A Paris en Parlement, le six Mars mil six cent quatre-
" vingt-douze. *Signé*, DU TILLET.

TITRE VIII.
DES SEPARATIONS DE BIENS.

ARTICLE PREMIER.

Dans les lieux où la Communauté de biens d'entre mari & femme eſt établie par la Coutume ou par l'uſage, la clauſe, qui dérogera dans les Contrats de Mariage des Marchands groſſiers ou détailleurs , & des Banquiers, ſera publiée à l'Audience de la Juriſdiction Conſulaire, s'il y en a, ſinon dans l'Aſſemblée de l'Hôtel commun des Villes, & inſerée dans un Tableau expoſé en lieu public, à peine de nullité; & la clauſe n'aura lieu que du jour qu'elle aura été publiée & enregiſtrée.

ARTICLE II.

Voulons le même être obſervé entre les Négocians & Marchands , tant en gros qu'en détail , & Banquiers , pour les ſéparations de biens d'entre mari & femme, outre les autres formalités en tels cas requiſes.

Perſonne n'ignore que la communauté eſt une eſpece de ſociété entre le Mari & la Femme de tous leurs biens meubles , & de tous les immeubles acquis en commun pendant le mariage & que l'on nomme par cette raiſon *conquêts* , c'eſt-à-dire , acquis enſemble , *conquiſita.*

En Pays de Droit Ecrit , la communauté n'a pas lieu. Mais en Pays coutumier, on peut partager ſur cela les Coutumes en trois claſſes. Il y en a (& celles là forment le plus grand nombre) qui admettent de plein droit la communauté , quand bien-même elle ne ſeroit pas ſtipulée dans le Contrat de mariage ; d'autres n'en font aucune mention : enfin il en eſt une qui la défend expreſſément, c'eſt celle de Normandie.

Comme dans les Pays de Droit Ecrit , & dans les Coutumes muettes , on peut ſtipuler la communauté dans les Contrats de Mariage , on peut auſſi y renoncer dans les Coutumes qui l'admettent de plein droit , en ſt pulant dans les Contrats de Mariage que les Conjoints ſeront & demeureront ſéparés de biens.

Mais lorsque la communauté est une fois contractée , on ne peut plus y renoncer, du moins par aucun Acte volontaire ; parceque cette rénonciation , faite après coup , seroit regardée comme un avantage indirect que l'un des Conjoints voudroit faire à l'autre.

Cependant si la Femme avoit lieu de craindre les effets d'une dissipation prouvée de la part de son Mari, elle pourroit demander & obtenir sa séparation en Justice. Le Mari n'a pas la même faculté ; attendu qu'étant le maître de la communauté, il ne peut se plaindre d'une dissipation, ou qui provient de lui-même, ou du moins qu'il peut empêcher, si elle vient de la part de sa Femme.

Lorsque la séparation de biens , soit contractuelle, soit judiciaire, a lieu entre Marchands , Banquiers , Commerçans & Gens d'affaires , elle peut souvent induire en erreur, lorsqu'elle n'est pas connue. On voit un Marchand , Banquier , ou Commerçant , jouir en apparence d'une fortune considérable, & faire une figure brillante : trompé par de si belles apparences, on croit pouvoir en sûreté traiter avec lui ; & lorsqu'ensuite on en vient à la solution, tout s'en va en fumée; la Femme , à l'ombre d'une séparation , revendique tout ; & le Mari se trouve n'avoir rien.

Pour parer à ces inconvéniens, qui sont d'une si grande conséquence, sur-tout dans le Commerce , l'Ordonnance enjoint de rendre publiques les séparations de biens, quand elles intéressent des Marchands, Banquiers , ou Négocians , en les faisant publier à l'Audience des Jurisdictions Consulaires , & en les inscrivant ensuite sur un Tableau attaché dans la Salle de l'Auditoire.

Ces précautions sont en effet très bonnes pour instruire ceux qui peuvent avoir intérêt à ces sortes de séparations. Mais on n'y tient pas exactement la main dans l'usage ; vraisemblablement parcequ'on les présume inutiles relativement à la Femme , qui (même en supposant la nullité de sa séparation conformément à l'Ordonnance) est toujours reçue à renoncer à la communauté , si elle lui est désavantageuse, & même à reprendre dans ce cas ce qu'elle y a mis, au moyen de la Clause de reprise , qui est aujourd'hui presque de style dans tous les Contrats de Mariage.

Cependant un cas, où il est bien essentiel de s'assujettir aux formalités de l'Ordonnance à cet égard, c'est celui d'une séparation contractuelle, ou judiciaire d'un Mari, dont la Femme est Marchande publique , & fait un commerce distinct & séparé du sien. Car il n'a que cette voie pour secouer le joug des contraintes par corps, & autres engagemens contractés par sa Femme pour raison de son commerce , & dont il seroit tenu de droit sans cela.

TITRE IX.

DES DEFENSES ET LETTRES DE REPIT.

Nous avons un premier Réglement fur les Lettres de répit dans l'Ordonnance de 1669 ; dont le Titre 6 traite uniquement de cette matiere.

Ce Réglement a été depuis perfectionné par le préfent Titre de notre Ordonnance ; mais le feu Roi a mis la derniere main à tout ce qui pouvoit concerner la matiere des Lettres de Répit, par fa Déclaration du 23 Décembre 1699 (a).

(a) » LOUIS, par la grace de Dieu, Roi de France & de Navarre : A tous ceux qui ces pré-
» fentes Lettres verront, SALUT. Les Lettres de Répit ont toujours été regardées comme un fecours
» que les Rois nos prédéceffeurs ont cru , par un principe d'équité , devoir accorder aux Débiteurs,
» qui par ces accidens fortuits & imprévus , fans fraude & fans aucune mauvaife conduite , fe
» trouvent hors d'état de payer leurs dettes dans le tems qu'ils font pourfuivis par leurs Créan-
» ciers , & qui ayant plus d'effets que de dettes , n'ont befoin que de quelque délai pour s'ac-
» quitter par la vente de leurs biens , & par le recouvrement de ce qui leur eft dû. Tant que
» ces fortes de Lettres ont été renfermées dans ces circonftances, elles n'ont eu , dans leur exécu-
» tion , auffi bien que dans leur motif , rien que de jufte & de favorable , & qui ne fût égale-
» ment avantageux aux Débiteurs & aux Créanciers : mais il s'y eft gliffé dans la fuite divers
» abus , & ce remede fi innocent en foi-même & dans fa premiere deftination , eft devenu , entre
» les mains de plufieurs Débiteurs , un inftrument dont ils fe font fervis pour couvrir leur mau-
» vaife foi , pour divertir leurs effets, & pour fruftrer leurs Créanciers légitimes. Nous avons ti-
» ché d'arrêter le cours de ce défordre par nos Ordonnances , des mois d'Août 1669 & Mars 1673 ;
» mais l'expérience Nous ayant fait voir que les précautions que Nous y avions prifes n'étoient
» pas encore fuffifantes pour faire ceffer entierement ce mal fi contraire au bien & à la fidélité
» du Commerce , Nous avons réfolu d'y mettre la derniere main , & d'y ajouter de nouveaux
» moyens pour rétablir les Lettres de Répit dans la pureté de leur ancien ufage, & prévenir les
» furprifes & les artifices de ceux qui voudroient en abufer, contre la fin de leur originaire infti-
» tution. A CES CAUSES , Nous avons dit & déclaré , difons & déclarons par ces Préfentes fignées
» de notre main , voulons & Nous plaît.

1°. » Que les Négocians , Marchands , Banquiers , & autres , qui voudront obtenir des Lettres
» de Répit , foient tenus d'y joindre un Etat , qu'il certifieront véritable , de tous leurs effets , tant
» meubles , qu'immeubles , & de leurs dettes , qui demeurera attaché fous le contre-fcel.

2°. » Ils feront pareillement tenus , auffi-tôt après le fceau & expédition des Lettres de Répit ,
» de remettre au Greffe , tant du Siege auquel l'adreffe aura été faite , que de la Jurifdiction Con-
» fulaire la plus prochaine , un double , d'eux certifié , du même Etat de leurs effets & dettes ,
» d'en retirer les Certificats des Greffiers , & de faire donner copie , tant dudit Etat , que des
» Certificats , à chacun de leurs Créanciers , dans le même tems qu'ils leur feront fignifier les Let-
» tres de Répit qu'ils auront obtenues , à peine d'être déchus de l'effet de leurs Lettres à l'égard de
» ceux , aufquels ils n'auront point fait donner copie defdits Etats & Certificats.

3°. » Et fi les Impétrans font Négocians, Marchands, ou Banquiers , ils feront tenus , outre
» les formalités contenues en l'Article précédent, & fous les mêmes peines , de remettre au Greffe
» du Siege à qui l'adreffe des Lettres aura été faite , leurs Livres & Regiftres , d'en tirer un Cer-
» tificat du Greffe , & d'en faire donner copie à chacun de leurs Créanciers , dans le même tems
» qu'ils leur feront fignifier les Lettres.

4°. » Et en interprétant l'Article 3 du Titre 9 de notre Ordonnance du mois de Mars 1673 , or-

» donnons que les Négocians, Marchands, Banquiers, & autres, qui auront obtenu des Lettres
» de Répit, seront tenus de les faire signifier dans huitaine, s'ils sont domiciliés dans la Ville de
» Paris, à leurs Créanciers & autres Intéressés demeurans dans la même Ville; & si les Impé-
» trans, ou leurs Créanciers, ont leur domicile ailleurs, le delai de huitaine sera prorogé, tant
» pour les uns que pour les autres, d'un jour pour cinq lieues de distance, sans distinction du
» Ressort des Parlemens.

5°. » Les Créanciers, auxquels les Lettres de Répit auront été signifiées, pourront s'assembler &
» nommer entr'eux des Directeurs ou Syndics pour assister aux ventes que l'Impétrant pourra faire
» à l'amiable de ses effets, & poursuivre conjointement avec lui le recouvrement des sommes qui
» lui sont dues.

6°. » Après que les Actes de nomination de Directeurs ou Syndics auront été signifiés aux Im-
» pétrans & à leurs Débiteurs, les Impétrans ne pourront disposer de leurs effets, & en recevoir
» le prix, ni leurs Débiteurs payer les sommes qu'ils doivent, autrement qu'en présence desdits
» Directeurs ou Syndics, ou eux dûment appellés, à peine contre les Impétrans d'être déchus de
» l'effet des Lettres de Répit, & contre les Débiteurs, de nullité des payemens.

7°. » N'entendons néanmoins par les deux Articles précédens déroger à l'Article 6 de notredite
» Ordonnance du mois d'Août 1669, ni ôter aux Créanciers des Impétrans la liberté d'user des
» voies portées par ledit Article.

8°. » Ceux qui auront obtenu des Lettres de Répit, seront tenus, s'ils en sont requis par leurs
» Créanciers, de remettre au lieu & ès mains de celui, dont ils conviendront, ou qui sera nom-
» mé par le Juge auquel elles auront été adressées, les titres & pieces justificatives des effets
» mentionnés dans l'Etat, qu'ils auront certifié véritable, pour y demeurer jusqu'à la vente ou
» recouvrement desdits effets.

9°. » Voulons que les Articles 1, 4 & 5 du Titre IX de notre Ordonnance du mois de Mars
» 1673, aient lieu, & soient observés pour tous ceux qui obtiendront des Lettres de Répit, soit
» qu'ils soient Négocians, Marchands, Banquiers, ou autres, de quelque profession qu'ils puis-
» sent être.

10°. » Voulons qu'outre les dettes spécifiées dans l'Article 11 de notredite Ordonnance du mois
» d'Août 1669, il ne soit accordé aucune Lettre de Répit pour restitution de dépôts volontaires,
» stellionat, réparations, dommages & intérêts adjugés en matiere criminelle, ni pour les pour-
» suites des Cautions extrajudiciaires & des Co-obligés, qui pourront, nonobstant les Lettres de
» Répit, agir contre ceux qui les auront obtenues, par les mêmes voies qu'ils seront poursuivis;
» & en cas qu'il en fût obtenu quelques unes, elles n'auront aucun effet à l'égard des dettes de la
» qualité portée, tant par ledit Article 11, que par le présent Article.

11°. » Et si les Créanciers pour dettes, contre lesquels les Lettres de Répit ne doivent pas avoir
» lieu, font vendre les meubles ou immeubles de leurs Débiteurs, les autres Créanciers pourront
» former leur opposition, & contester sur la distribution du prix, même toucher les sommes qui
» leur seront adjugées, nonobstant l'enthérinement qui pourroit avoir été ordonné avec eux des
» Lettres de Répit, sans néanmoins qu'ils puissent, pendant le délai qui aura été donné aux Dé-
» biteurs, faire aucunes exécutions sur lui, ni poursuivre la vente de ses effets, si ce n'est qu'ils
» eussent commencé leurs exécutions, ou qu'ils fussent poursuivans criées avant la signification
» des Lettres de Répit, & qu'ils fussent sommés par les Créanciers, contre lesquels elles n'ont
» lieu, de continuer leurs poursuites, ou se laisser subroger par la Justice.

12°. » Voulons pareillement que les Impétrans ne puissent s'en servir, s'ils étoient accusés de
» banqueroute & constitués prisonniers, où le scellé apposé sur leurs effets pour ce sujet: & en
» cas qu'avant la signification des Lettres de Répit ils eussent été arrêtés prisonniers, pour dettes
» civiles seulement, ils ne pourront être élargis en vertu de nosdites Lettres, s'il n'est ainsi
» ordonné par le Juge, auquel elles auront été adressées, après avoir entendu les Créanciers, à la
» requête desquels ils auront été arrêtés ou recommandés.

13°. » Voulons que l'homologation des Contrats d'abandonnement de biens & effets, qui se-
» ront passés, en conséquence des Lettres de Répit, par ceux qui les auront obtenues, soit portée
» devant les Juges, auxquels l'adresse en aura été faite; & que les appellations des Jugemens qui
» interviendront sur ce sujet, soient relevées & ressortissent nuement en nos Cours de Parle-
» ment.

14°. » Voulons au surplus que les dispositions de nos Ordonnances des mois d'Août 1669 &
» Mars 1673, au Titre des Répits, soient exécutées selon leur forme & teneur, en tout ce qui n'est
» point contraire à notre présente Déclaration.

» Si donnons en mandement à nos amés & féaux Conseillers, les Gens tenans notre Cour de
» Parlement & Cour des Aydes à Paris, que ces Présentes ils aient à faire lire, publier & registrer,
» & le contenu en icelles garder & observer selon sa forme & teneur. Car tel est notre plaisir. En
» témoin de quoi Nous avons fait mettre notre Scel à cesdites Présentes. Donné à Versailles le
» vingt-troisieme jour de Décembre, l'an de grace mil six cent quatre-ving dix-neuf, & de notre
» Regne le cinquante-septieme. Signé, LOUIS. *Et plus bas,* Par le Roi: PHELYPEAUX.
» Et scellé.

» Registrée, oui & ce requerant le Procureur Général du Roi, pour être exécutée selon sa for-
» me & teneur, suivant l'Arrêt de ce jour. A Paris en Parlement, le dix-huit Janvier mil sept
» cent. Signé, DONGOIS.

A<small>RTICLE</small> P<small>REMIER</small>.

Aucun Négociant , Marchand ou Banquier ne pourra obtenir des défenses générales de contraindre ou Lettres de répit , qu'il n'ait mis au Greffe de la Jurisdiction dans laquelle les défenses où l'enthérinement des Lettres devront être pourfuivis, de la Jurisdiction Consulaire, s'il y en a, ou de l'Hôtel commun de la Ville , un état certifié de tous ses effets , tant meubles qu'immeubles, & de ses dettes , & qu'il n'ait présenté à ses Créanciers , ou à ceux qui seront par eux commis , s'ils le requieren , ses Livres & Registres , dont il sera tenu d'attacher le certificat sous le contre-scel des Lettres.

A<small>RTICLE</small> II.

Au cas que l'état se trouve frauduleux , ceux qui auront obtenu des Lettres ou des Défenses en seront déchus , encore qu'elles aient été entérinées , ou accordées contradictoirement , & le Demandeur ne pourra plus en obtenir d'autres , ni être reçu au bénéfice de cession.

La Déclaration de 1699 a changé & augmenté beaucoup de choses aux dispositions de ces deux Articles. En effet, notre Ordonnance exigeoit, comme une formalité préalable à l'obtention des Lettres de répit, que ceux qui vouloient les obtenir, commençassent préalablement par déposer au Greffe un Etat certifié de leurs effets & de leurs dettes; mais la Déclaration de 1699 les assujettit à joindre cet Etat certifié d'eux sous le contre-scel des Lettres de répit, & en outre de remettre encore au Greffe , tant du Juge qui doit enthériner les Lettres, que de la Jurisdiction Consulaire du lieu, un double de ce même Etat, qu'ils doivent faire signifier à chacun de leurs Créanciers, avec les Lettres de répit & l'Acte de dépôt du double dudit Etat.

D'un autre côté , notre Ordonnance se bornoit à en général à astraindre les Impétrans des Lettres de répit, à communiquer leurs Livres & Registres à ceux de leurs Créanciers qui les requerroient ; au lieu que la Déclaration de 1699 fait , de cette communication des Livres & Registres , une formalité nécessaire & absolue, lorsque les Impétrans sont Marchands , Négocians ou Banquiers , en les obligeant de

remettre

remettre au Greffe du Juge, à qui l'adreſſe des Lettres eſt faite, leurs Livres & Regiſtres, & en tirer certificat du Greffier. D'ailleurs, ce dépôt de Regiſtres doit ſuivre l'obtention des Lettres, ſuivant la Décla-ration de 1699; au lieu que d'après notre Ordonnance la préſentation de ces mêmes Livres & Regiſtres aux Créanciers qui la requeroient, devoit précéder les Lettres.

ARTICLE III.

Les Défenſes générales & les Lettres de répit, ſeront ſignifiées dans huitaine aux Créanciers, & autres Inte-reſſés qui ſeront ſur les lieux ; & n'auront effet qu'à l'égard de ceux auxquels la ſignification en aura été faite.

La préſente diſpoſition n'étoit point aſſez développée, lorſqu'elle ordonnoit que la ſignification des Lettres de répit ſeroit faite, dans huitaine, aux Créanciers & autres Parties intéreſſées ; parceque comme il arrive tous les jours qu'il y a des Créanciers qui ne ſont pas ſur les lieux, il falloit néceſſairement ſtatuer dans quel tems cette ſignifica-tion leur ſeroit faite : c'eſt à quoi a pourvu la Déclaration de 1699, qui, en adoptant le délai de huitaine, relativement aux Créanciers do-miciliés dans le lieu où ſe pourſuit l'enthérinement des Lettres, pro-roge ce délai d'un jour pour cinq lieues, ſoit que ce ſoit les Créan-ciers, ou les Impéttrans, qui aient leur domicile ailleurs.

ARTICLE IV.

Ceux qui auront obtenu des Défenſes générales ou des Lettres de répit, ne pourront payer ou préférer aucun Créancier au préjudice des Lettres & Défenſes.

Un Débiteur, qui ſe trouve obligé d'avoir recours aux Lettres de répit, eſt en quelque ſorte un homme qui demande grace, & qui ſe met à la merci de ſes Créanciers. Par conſéquent il n'eſt plus le maî-tre de favoriſer les uns plus que les autres ; & c'eſt avec grande raiſon que notre Ordonnance lui défend d'en payer quelques-uns au préju-dice des autres. Et pour lui donner des ſurveillans continuels à cet égard, & empêcher qu'il ne puiſſe diſpoſer de rien, que de concert avec le Corps de ſes Créanciers, la Déclaration de 1699 autoriſe les Créan-ciers à s'unir entr'eux, & à nommer des Syndics & Directeurs, pour aſſiſter en leur nom collectif, tant à la vente des meubles & effets de leur Débiteur commun, qu'au recouvrement de ſes dettes actives.

ARTICLE V.

Voulons que ceux qui auront obtenu des Lettres de répit, ou de Défenses générales, ne puissent être élus Maires ou Echevins des Villes, Juges ou Consuls des Marchands, ni avoir voix active & passive dans les Corps & Communautés, ni être Administrateurs des Hôpitaux, ni parvenir aux autres fonctions publiques, & même qu'ils en soient exclus, en cas qu'ils fussent actuellement en charge.

Il faut n'avoir aucune tache pour être admis à une fonction publique, comme est celle de Maire, ou Echevin, ou de Juge Consul, ou d'Administrateur des Hôpitaux. Il ne seroit donc nullement convenable, ni de la décence, qu'un homme, qui est hors d'état de payer ses dettes, & qui est dans la triste nécessité d'implorer les bontés du Prince, pour se mettre à l'abri des poursuites de ses Créanciers, fût admis à des Emplois honorables, & qui exigent toute la confiance publique. Il est juste au contraire, que s'il en étoit revêtu, lors de l'obtention des Lettres de répit, il en soit privé & déchu de plein droit, comme en étant devenu indigne.

Cette disposition est confirmée en termes généraux par la Déclaration de 1699, que Nous avons ci-devant mise sous les yeux du Lecteur dans tout son contenu.

TITRE X.

DES CESSIONS DE BIENS.

LA cession est l'abandon qu'un Débiteur fait à ses Créanciers de tous ses biens, pour se libérer de la contrainte par corps, & autres poursuites.

On n'est point admis à faire cession pour toutes sortes de dettes ; ceux qui sont exclus du bénéfice de cession, sont entr'autres les Fermiers, les Receveurs, & Dépositaires des deniers Royaux ou Publics, les Administrateurs des Hôpitaux, celui qui est condamné en amende ou intérêts civils pour crime & délit, les Courtiers qui ont détourné la marchandise qui leur avoit été donnée pour vendre, ou l'argent qui leur avoit été confié pour en acheter, les Dépositaires, les Stellionataires, & généralement tous ceux dont la dette procede de leur dol ou de leur perfidie.

Autrefois on exigeoit que ceux qui avoient fait cession de biens, portassent un Bonnet verd ; mais cela ne s'observe plus maintenant. Il est cependant quelques-unes de nos Provinces méridionales, où l'on l'exige encore actuellement.

Il ne faut pas croire qu'il suffit à un Débiteur d'avoir fait à ses Créanciers un abandonnement général de tous les biens qu'il possédoit alors, pour être libéré envers eux indéfiniment & irrévocablement. L'autorisation légale de cette cession suppose l'impossibilité actuelle où est le Débiteur de faire davantage pour ses Créanciers ; c'est pourquoi ſi dans la ſuite ce même Débiteur trouve le moyen de rétablir ſes affaires & d'acquérir d'autres biens, les Créanciers peuvent ſe venger deſſus, pour être payés de ce qui peut encore leur reſter dû.

La *Ceſſion* peut être de deux ſortes, eu égard à à ſa forme, ou *Judiciaire*, ou *Contractuelle*.

La *Judiciaire* ou forcée eſt celle qui ſe fait en Juſtice ; & c'eſt celle-là, dont il eſt principalement queſtion dans le préſent Titre, ainſi que nous le verrons ci-après.

La *Ceſſion contractuelle* ou volontaire eſt celle qui ſe fait volontairement, & par un Contrat paſſé entre le Débiteur & ſes Créanciers ; c'eſt ce qu'on appelle *Contrat d'abandonnement.*

A R T I C L E P R E M I E R.

Outre les formalités ordinairement obſervées pour recevoir au bénéfice de ceſſion de biens, les Négocians & Marchands en gros & en détail & les Banquiers, les Impétrans ſeront tenus de comparoir en perſonnes à l'Audience de la Juriſdiction Conſulaire, s'il y en a, ſinon de l'Hôtel commun des Villes, pour y déclarer leur nom, ſurnom, qualité & demeures, & qu'ils ont été reçus à faire ceſſion de biens ; & ſera leur déclaration lue & publiée.

La demande, à l'effet d'être reçu au bénéfice de ceſſion, ſe peut former de deux manieres, ou par une Requête que préſente à cet effet le Débiteur & ſur laquelle il obtient permiſſion d'aſſigner ſes Créanciers, ou par des Lettres de Grande Chancellerie, appellées *Lettres de bénéfice de ceſſion*, qu'il fait ſignifier à ſes Créanciers, avec aſſignation, pour en voir ordonner l'enthérinement avec eux. Dans l'un & l'autre cas, le Débiteur doit donner à chacun d'eux, en tête de l'Exploit d'aſſignation, copie exacte & détaillée de l'état de tous les biens qui ſont

l'objet de ſon abandonnement : on ſuit au ſurplus la procédure ordinaire juſqu'à Jugement définitif. Il eſt quelques Coutumes, comme
celle de Bretagne, Article 681, qui veulent que la ceſſion ſoit publiée
dans la Paroiſſe du Débiteur ; & d'autres, comme celle de Bourbon-
nois, Article 73, qui exigent qu'elle ſoit inſinuée & publiée en Jugement à jour ordinaire. Ces formalités particulieres ont pour but, en
rendant publiques les ceſſions & abandonnemens, d'empêcher qu'on ne
ſe prête, avec la même bonne foi & la même confiance, à contracter
par ignorance avec ceux qui ont eu recours à cette voie.

C'eſt dans les mêmes vues que notre Ordonnance aſſujettit ceux des
Marchands, Negocians, ou Banquiers, qui ont été reçus judiciairement au bénéfice de ceſſion, de comparoir enſuite en perſonne à
l'Audience de la Juriſdiction Conſulaire, s'il y en a une dans le lieu,
ſinon à l'Audience de l'Hôtel de Ville, pour y déclarer leur nom,
ſurnom, qualité & demeure, & qu'ils ont été reçus à faire ceſſion :
leur déclaration doit être enſuite lue & publiée pour la rendre notoire à
tout le monde. Mais cette formalité, particuliere aux Commerçans &
Banquiers, & qui doit ſuivre le Jugement qui admet la ceſſion, ne donne
aucune ſorte de droit aux Juges-Conſuls pour connoître de la ceſſion
en elle-même. Il n'y a que les Juges Royaux ordinaires qui ſoient
compétens pour juger de ſa validité ou invalidité.

Mais il eſt rare maintenant que l'on ſe ſerve de la ceſſion judiciaire ;
les frais qu'elle entraîne, & le diſcrédit univerſel dans lequel elle
fait néceſſairement tomber le Débiteur, font que l'on préfere la ceſſion
contractuelle qui n'eſt point ſujette à tous ces inconvéniens ; & les
Créanciers ont d'autant plus d'intérêt de s'y prêter, qu'en ménageant
de cette maniere le crédit & la reputation de leur Débiteur, ils lui
laiſſent le moyen de rétablir ſes affaires & de les payer entierement.

ARTICLE II.

Les Etrangers qui n'auront obtenu nos Lettres de
naturalité, ou de Déclaration de naturalité, ne ſeront
point reçus à faire ceſſion.

Deux motifs ont déterminé à ne point admettre les Etrangers au
bénéfice de ceſſion. Le premier, c'eſt que leurs biens ſont ordinairement hors du Royaume, ou du moins qu'il leur eſt aiſé de les y faire
paſſer, & qu'il ſeroit conſéquemment fort difficile à des Regnicoles de
faire valoir, en Pays étrangers, la ceſſion qui pourroit en être faite par
leur Débiteur étranger, & même de connoître la vérité & la réalité de
cette ceſſion. Le ſecond motif eſt celui de la réciprocité ; car on n'admet point la ceſſion de biens des Regnicoles vis à-vis d'eux. Il n'eſt pas
juſte conſéquemment qu'on les admette à faire ceſſion de biens vis-
à-vis des Regnicoles.

ACTES RELATIFS AU PRESENT TITRE.

Contrat d'abandon-
nement.

Furent préfens Sieur. . . . . d'une part, & . . . . tous Créanciers dudit Sieur . . . . d'autre part.

Lequel Sieur. . . . auroit remontré que. . . . lefquelles propofitions ayant mûrement été confidérées defdits Sieurs Créanciers, qui en ont tous conferé enfemble, a été accordé & convenu ce qui enfuit.

C'eft à favoir, que ledit Sieur. . . . a par ces Préfentes cédé, quitté & abandonné auxdits Sieurs fes Créanciers à ce préfens & acceptans, tous & un chacun les biens à lui appartenans, tant en meubles qu'immeubles, & dont l'état eft & demeure annexé à la Minute des Préfentes, confentant que le recouvrement & pourfuites néceffaires foient faites à la Requête defdits Sieurs Créanciers ou des Syndics qu'ils nommeront, lefquels pourront intervenir ou reprendre les inftances qui font déja commencées contre les Particuliers qui ont demandé des fommes qui ne leur font légitimement dues, moyennant quoi & pour donner lieu audit Débiteur d'aider lefdits Créanciers, ils l'ont par ces Préfentes déchargé de toutes objections & contraintes par corps contre lui prononcées, & qu'ils pouvoient faire prononcer ; & lui ont auffi remis tous & chacun les intérêts des fommes principales qui leur font dues ; & tous les frais & dépens qu'ils pourroient avoir faits jufqu'à ce jour pour en avoir paiement, à condition que les Créanciers, étant entierement payés de leurs principaux, & des frais qui feront faits ci-après à la Requête des Directeurs defdits Créanciers, lefquels feront auffi pris par privilege fur les plus clairs biens & deniers, ledit Débiteur rentrera dans la poffeffion des biens & deniers qui pourront refter ; defquels iceux Créanciers feront tenus de lui faire rétroceffion, & pendant la pourfuite & le recouvrement des effets, qu'il fera donné une penfion ou provifion audit Débiteur, telle qu'il plaira aufdits Sieurs Créanciers après l'homologation du préfent Contrat ; & pour parvenir à ladite homologation pardevant, &c. examiner & regler les privilegts defdits Créanciers, faire la diftribution à l'amiable entre eux des deniers qui proviendront defdites marchandifes, & le recouvriement & les pourfuites néceffaires pour les chofes, dont a été ci-devant parlé, ont lefdits Sieurs Créanciers nommés pour Syndics & Directeurs. . . . lefquels avec les autres Créanciers qui voudront fe trouver aux Affemblées, s'affembleront les . . . . dans la maifon de. . . . . pour conférer & délibérer fur les affaires communes, confentans que ce qui fera reglé par lefdits Sieurs Directeurs, ou par deux d'iceux, avec deux autres Créanciers foit exécuté ; & en cas de conteftation entre eux, lefdits Directeurs & Créanciers confentent d'en paffer par l'avis de . . . . Avocats, qui fera exécuté comme Arrêt de Cour Souveraine, fans s'en plaindre ni en appeller, à peine de . . . . contre chacun des Contrevenans, laquelle fomme fera déduite & précomptée fur les premiers deniers que lefdits Contrevenans pourroient toucher, venans en ordre & contribution, & fera le préfent Contrat homologué, &c. & ont lefdits Créanciers nommé pour Procureur. . . . en la maifon duquel ils ont élu domicile pour recevoir & paffer les Actes de ladite Direction.

TITRE XI.

DES FAILLITES ET BANQUEROUTES.

LE terme *Banqueroute* vient du mot Italien *Banca rotta*, qui fignifie Banque rompue. Ce terme peut être pris de deux manieres; ou dans fa fignification générale, ou dans fa fignification particuliere. Dans fa fignification générale, Banqueroute, eft la déroute d'un Marchand, Négociant, Banquier & Gens d'affaire. Dans fa fignification particuliere, c'eft la déroute frauduleufe d'un Commerçant, Banquier, ou autre qui a pris la fuite & a emporté la meilleure partie de fes effets, en fraude & au détriment de fes Créanciers : fi au contraire cette déroute eft arrivée par accident & fans aucune fraude, on l'appelle *Faillite.*

Quant à l'œconomie des difpofitions de notre Ordonnance fur cette matiere, elle commence d'abord par déterminer le tems où la Banqueroute eft reputée ouverte. Elle decide enfuite la conduite que doivent tenir ceux qui fe trouvent dans ce cas malheureux ; après quoi, elle regle ce que doivent faire à leur tour les Créanciers. Enfin, elle s'explique fur les cas dans lefquels on doit réputer quelqu'un Banqueroutier frauduleux, & fur les peines que l'on doit infliger, tant contre les Coupables que contre leurs Complices.

ARTICLE PREMIER.

La Faillite ou Banqueroute fera réputée ouverte du

jour que le Débiteur se sera retiré, ou que le scellé aura été apposé sur ses biens.

L'ouverture d'une Faillite ou Banqueroute peut partir de deux époques ; savoir , 1°. de l'inftant où quelqu'un s'eft retiré ou abfenté , pour éviter les pourfuites de fes Créanciers; 2°. de l'inftant où les fcellés ont été mis fur fes effets , à la Requête de fes Créanciers ou de la Partie publique, en conféquence du bruit répandu de fa faillite & de la ceffation des paiemens.

Cependant , il feroit dangereux de prendre toutes les abfences d'un Négociant ou Commerçant comme une marque de banqueroute ou de faillite ; tous les jours des raifons de commerce obligent les Négocians de voyager d'un pays à un autre , & par conféquent de s'abfenter , dans des tems même où leur Commerce eft le plus floriffant. Il faut donc que l'abfence foit accompagnée de circonftances qui manifeftent évidemment un dérangement total dans les affaires , pour pouvoir en induire une faillite ou une banqueroute.

ARTICLE II.

Ceux qui auront fait faillite , feront tenus de donner à leurs Créanciers un état certifié d'eux , de tout ce qu'ils poffedent & de tout ce qu'ils doivent.

ARTICLE III.

Les Marchands , Négocians & Banquiers , feront encore tenus, de repréfenter tous leurs Livres & Regiftres , cottés & paraphés en la forme prefcrite par les Articles 1 , 2 , 4 , 5 , 6 & 7 , du Titre III ci-deffus , pour être remis au Greffe des Juges & Confuls s'il y en a , finon de l'Hôtel commun des Villes , ou ès mains des Créanciers , à leur choix.

C'eft bien la moindre chofe qu'un Débiteur, que des circonftances malheureufes obligent à manquer à fes Créanciers par une faillite , leur doine du moins la fatisfaction de voir clair dans fes affaires, & les mettre en état de tirer le meilleur parti qu'ils pourront des débris de fa fortune ; c'eft par cette raifon que notre Ordonnance oblige ceux qui font faillite de remettre à leurs Créanciers un état exact , détaillé & certifié d'eux , de tous leurs biens & de toutes leurs dettes , tant actives

tives que passives, ce qu'on appelle *Bilan*. Et afin que les Créanciers puissent vérifier par eux-mêmes l'exactitude de cet état, ils doivent y joindre tous leurs Livres & Journaux, ou déposer le tout au Greffe de la Jurisdiction Consulaire du lieu, ou en celui de l'Hôtel de Ville, s'il n'y a pas de Juges Consuls.

Ces dispositions sages ont été renouvellées depuis ; d'abord, par la Déclaration du 13 Juin 1716 (a) ; & ensuite par celle du 3 Mai 1722 (b).

(a) » LOUIS, par la grace de Dieu, Roi de France & de Navarre : A tous ceux qui ces pré-
» sentes Lettres verront, SALUT. Le feu Roi de glorieuse mémoire, notre très honoré Seigneur &
» Bisayeul, auroit estimé nécessaire pour les causes contenues en sa Déclaration du 10 Juin 1715,
» d'attribuer aux Juges & Consuls la connoissance des faillites & banqueroutes jusqu'au premier
» Janvier 1716, & Nous en avons depuis prorogé l'exécution par nos Déclarations, des 7 Septembre
» 1715 & 10 de ce mois : mais comme Nous avions été informés que qui avoit été accordé
» en faveur des seuls Négocians de bonne foi, avoit servi de prétexte à d'autres pour engager par
» des voies frauduleuses leurs Créanciers à souffrir des pertes très considérables par des Contrats
» d'attermoyement, ou autres Actes, Nous aurions pris, par notre Déclaration du 11 Janvier
» dernier, quelques précautions capables d'arrêter le cours de ces abus si contraires au bien du
» Commerce. C'est par ces mêmes considérations que Nous avons pensé que le plus sûr moyen
» pour faire cesser les fraudes qui ont été ou pourroient être pratiquées, est d'obliger ceux qui
» ont fait faillite de donner à leurs Créanciers une parfaite connoissance de l'état de leurs affaires,
» afin que ceux-ci ne puissent par erreur accorder à leurs Débiteurs des accommodemens, que sous
» des conditions où aucunes des Parties ne puissent être lézées, & où elles trouvent un avantage
» mutuel & réciproque. A CES CAUSES, de l'avis de notre très cher & très amé Oncle, le Duc
» d'Orléans, Régent ; de notre très cher & très amé Cousin, le Duc de Bourbon ; de notre très cher
» & très amé Oncle, le Duc du Maine ; de notre très cher & très amé Oncle, le Comte de Toulouse,
» & autres Pairs de France, Grands & notables Personnages de notre Royaume, & de notre cer-
» taine science, pleine puissance, & autorité Royale, Nous avons dit & déclaré, & par ces Pré-
» sentes signées de notre main, disons & déclarons, voulons & Nous plaît, que tous Marchands,
» Négocians, Banquiers, ou autres, qui ont fait ou feront faillite, soient tenus de déposer un
» état exact, détaillé & certifié véritable de tous leurs effets mobiliers & immobiliers, & de leurs
» dettes, comme aussi leurs Livres & Registres, au Greffe de la Jurisdiction Consulaire dudit lieu,
» ou la plus prochaine, & que, faute de ce, ils ne puissent être reçus à passer avec leurs Créan-
» ciers aucun Contrat d'attermoyement, Concordat, Transaction, ou autre Acte, ni d'obtenir
» aucune Sentence ou Arrêt d'homologation d'iceux, ni se prévaloir d'aucun sauf-conduit accordé
» par leurs Créanciers ; & voulons qu'à l'avenir lesdits Contrats, & autres Actes, Sentences &
» Arrêts d'homologation, & sauf conduits, soient nuls & de nul effet ; & que lesdits Débiteurs
» puissent être poursuivis extraordinairement, comme Banqueroutiers frauduleux, par nos Procu-
» reurs Généraux ou leurs Substituts, ou par un seul Créancier, sans le consentement des au-
» tres, quand même il auroit signé lesdits Contrats, Actes, ou sauf-conduits, ou qu'ils auroient
» été homologués avec lui. Voulons aussi que ceux qui ont précédemment passé quelques Contrats,
» ou Actes avec leurs Créanciers, ou en ont obtenu des sauf conduits, ne puissent s'en aider, préva-
» ni des Sentences ou Arrêts d'homologation intervenus en conséquence. Défendons à nos Juges
» d'y avoir aucun égard, si dans quinzaine, pour tout délai, à compter du jour de la publica-
» tion des Présentes, les Débiteurs ne déposent leurs Etats, Livres & Registres en la forme ci-
» dessus ordonnée, & sous les peines y contenues, au cas qu'ils n'y aient ci devant satisfait. Et
» pour faciliter à ceux qui ont fait ou feront faillite le moyen de dresser leursdits Etats, voulons
» qu'en cas d'apposition de scellé sur leurs biens & effets, leurs Livres & Registres leur soient re-
» mis & délivrés, après néanmoins qu'ils auront été paraphés par le Juge, ou autre Officier
» commis par le Juge, qui apposera lesdits scellés, & par un des Créanciers qui y assisteront, &
» que les feuillets blancs, si aucuns y a, auront été batonnés par ledit Juge ou autre Officier,
» qu'au plus tard, après l'expiration dudit délai de quinzaine, lesdits Livres & Registres, & l'Etat
» des effets actifs & passifs, seront déposés au Greffe de la Jurisdiction Consulaire, ou chez un
» Notaire, par celui qui aura fait faillite, sinon voulons qu'il soit censé & réputé Banquerou-
» tier frauduleux, & comme tel, poursuivi suivant qu'il a été précédemment ordonné. Décla-
» rons nulles & de nul effet toutes Lettres de Répit qui pourront être ci-après obtenues, si ledit
» Etat des effets & dettes n'est attaché sous le contre-scel avec un Certificat du Greffier de la
» Jurisdiction Consulaire, ou du Notaire, entre les mains duquel ledit Etat, avec les Livres &
» Registres, aura été déposé. N'entendons néanmoins par ces Présentes déroger en aucune maniere
» aux usages & privilèges de la Jurisdiction de la Conservation de Lyon, que Nous voulons être
» observés, comme ils l'ont été précédemment.
» Si donnons en mandement à nos amés & féaux Conseillers, les Gens tenans notre Cour de

» Parlement à Paris, que ces Présentes ils aient à faire lire, publier & registrer, & le contenu en
» icelles garder & exécuter selon leur forme & teneur, nonobstant tous Ordonnances, Edits, Dé-
» clarations, & autres choses à ce contraires, auxquelles Nous avons dérogé & dérogeons par
» ces Présentes. Car tel est notre plaisir. En témoin de quoi Nous avons fait mettre notre Sceel à
» cesdites Présentes. Donné à Paris le treizieme jour de Juin, l'an de grace mil sept cent seize,
» & de notre Regne le premier. Signé, LOUIS. Et plus bas ; Par le Roi, le Duc d'Orléans
» Régent, présent : PHELIPEAUX. Vû au Conseil : LE DUC DE NOAILLES. Et scellé du grand Sceau
» de cire jaune.

» Registrées, ouï & ce requérant le Procureur Général du Roi, pour être exécutées selon leur
» forme & teneur, & Copies collationnées envoyées aux Bailliages & Sénéchaussées du Ressort,
» pour y être lûes, publiées & registrées. Enjoint aux substituts du Procureur Général du Roi d'y
» tenir la main & d'en certifier la Cour dans un mois, suivant l'Arrêt de ce jour. A Paris en Par-
» lement, le huitieme jour de Juillet mil sept cent seize. Signé, DONGOIS.

(b) » LOUIS, par la grace de Dieu, Roi de France & de Navarre : A tous ceux qui ces Pré-
» sentes Lettres verront, SALUT. Nous avons, par notre Déclaration du 5 Aout 1721, ordonné que
» tous les procès & différends civils mus & à mouvoir pour raison des faillites & banqueroutes
» ouvertes depuis le premier Janvier 1721, ou qui s'ouvriroient dans la suite, seroient jusqu'au
» premier Juillet de l'année présente portés pardevant les Juges & Consuls de la Ville, ou celui
» qui auroit fait faillite seroit demeurant, & pour cet effet aurions évoqué tous ceux desdits
» procès & différends, qui étoient alors pendants & indécis, pardevant nos Juges ordinaires, ou au-
» tres Juges inférieurs, auxquels Nous aurions fait très expresses inhibitions & défenses d'en con-
» noitre, à peine de nullité. Cette attribution aux Jurisdictions Consulaires Nous a paru absolu-
» ment nécessaire, pour prévenir la ruine totale de plusieurs Marchands & Négocians de bonne
» foi, s'ils étoient rigoureusement poursuivis par leurs Créanciers en différens Tribunaux, & ou
» ils essuyeroient des frais & des longueurs considérables, dont l'événement seroit également pré-
» judiciable aux Créanciers & aux Debiteurs. Nous avons esperé alors que dans l'intervalle fixé
» par cette Déclaration, Nous aurions la satisfaction de voir la tranquillité & la confiance réta-
» blies dans le Commerce ; & que les Marchands & Négocians, qui avoient eu quelque retarde-
» ment d'acquitter leurs dettes, trouveroient les facilités nécessaires pour se libérer, & apporter
» un ordre convenable à leurs affaires. Mais comme nous avons appris que les secours que Nous
» avons voulu leur procurer par cette Déclaration, seroient entièrement inutiles, si dans les circonf-
» tances présentes, qui ne leur sont pas encore aussi favorables que Nous les desirons, Nous ne
» prorogions l'effet salutaire de ce te Déclaration, dont les motifs, qui ont été expliqués en
» prouvent si clairement l'utilité, & même la nécessité pour le bien & l'avantage de nos Sujets.
» A CES CAUSES, de l'avis de notre très cher & très amé Oncle, le Duc d'Orléans, Régent, de
» notre très cher & très amé Cousin, le Duc de Bourbon, de notre très cher & amé Cousin,
» le Comte de Charollois, de notre très cher & très amé Cousin, le Prince de Conti ; Princes de
» notre Sang ; de notre très cher & très amé Oncle, le Comte de Toulouse, Prince légitimé,
» & autres grands & notables Personnages de notre Royaume, & de notre certaine science, pleine
» puissance, & autorité Royale, Nous avons par ces présentes signées de notre main, dit, statué
» & ordonné, disons, statuons & ordonnons, voulons & Nous plaît, que tous les procès & diffé-
» rends civils mûs & à mouvoir, pour raison des faillites & banqueroutes qui font ouvertes de-
» puis le premier Janvier de l'année 1721, ou qui s'ouvriront dans la suite, soient jusqu'au pre-
» mier Juillet de l'année prochaine 1723, portés pardevant les Juges & Consuls de la Ville, où celui
» qui aura fait faillite sera demeurant ; & pour cet effet Nous avons évoqué & évoquons tous
» ceux desdits procès & différends, qui font actuellement pendans & indécis, pardevant nos Juges
» ordinaires, ou autres Juges inférieurs, auxquels Nous faisons très expresses inhibitions & dé-
» fenses d'en connoître, à peine de nullité ; & lesdits procès & differends, avec leurs circonstances
» & dépendances, Nous avons renvoyé & renvoyons pardevant lesdits Juges & Consuls, aux-
» quels Nous en attribuons toute cour, jurisdiction & connoissance, sauf l'appel au Parlement
» dans le Ressort duquel lesdits Juges & Consuls sont établis. Voulons que nonobstant ledit ap-
» pel, & sans préjudice d'icelui, lesdits Juges & Consuls continuent leurs procédures, & que leurs
» Jugemens soient exécutés par provision. Voulons pareillement que jusqu'audit jour premier
» Juillet 1723, il soit par lesdits Juges & Consuls, à l'exclusion de tous autres Juges & Officiers
» de Justice, procédé à l'apposition des Scellés & confection des Inventaires de ceux qui ont fait
» ou feront faillite ; & au cas qu'ils eussent des effets dans d'autres lieux, que celui de leur de-
» meure, Nous donnons pouvoir ausdits Juges & Consuls de commettre telle personne que bon
» leur semblera pour lesdits Scellés & Inventaires, qui seront apportés au Greffe de la Jurisdiction
» Consulaire, & joints à ceux faits par lesdits Juges & Consuls. Voulons aussi que les Demandes
» à fin d'homologation des Délibérations des Créanciers, Contrats d'attermoyement, & autres
» Actes passés, à l'occasion desdites faillites, soient portés pardevant lesdits Juges & Consuls,
» pour être homologués, si faire se doit ; & que lesdits Juges & Consuls puissent ordonner la
» vente des meubles, & le recouvrement des effets mobiliers, & connoissent des Saisies mobiliaires,
» oppositions, revendications, contributions, & généralement de toutes autres contestations, qui
» seront formées en conséquence desdites faillites & banqueroutes. N'entendons néanmoins em-
» pêcher qu'il puisse être procédé à la Saisie-réelle, & aux Criées des immeubles pardevant les
» Juges ordinaires, ou autres qui en doivent connoître, jusqu'au bail judiciaire exclusivement,
» sans préjudice de l'exécution & du renouvellement des baux judiciaires précédemment adjugés,
» & sans qu'il puisse être fait aucune poursuite ni procédure, si ce n'est en conséquence des Dé-
» libérations prises, à la pluralité des voix, par les Créanciers, dont les créances excedent la

" moitié du total des dettes. Voulons en outre, que jusqu'audit jour premier Juillet 1725, aucune
" plainte ne puisse être rendue, ni requête donnée à fin criminelle contre ceux qui auront fait
" faillite : & défendons très-expressément à nos Juges ordinaires & autres Officiers de Justice, de
" les recevoir, si elles ne sont accompagnées de délibérations & de consentemens des Créanciers,
" dont les créances excedent la moitié de la totalité des dettes. Et quant aux procédures crimi-
" nelles commencées avant la date des Présentes, & depuis ledit jour 26 Décembre 1710, voulons
" qu'elles soient continuées ; & que néanmoins nos Juges ordinaires, & autres Officiers de Justice
" soient tenus d'en surseoir la poursuite & le Jugement, sur la simple réquisition des Créanciers,
" dont les créances excéderont pareillement la moitié du total de ce qui est dû par ceux qui ont
" fait faillite, & en conséquence des délibérations par eux prises, & annexées à leur Requête : N'en-
" tendons néanmoins que tous ceux qui ont fait faillite, ou la feront ci-après, puissent tirer au-
" cun avantage de l'attribution accordée aux Juges & Consuls, & des autres dispositions conte-
" nues en la présente Déclaration, ni d'aucune délibération, ou d'aucun Contrat signé par la plus
" grande partie de leurs Créanciers, que Nous avons déclaré nuls & de nul effet; même à l'é-
" gard des Créanciers qui les auront signés, si les Faillis sont accusés d'avoir dans l'Etat de leurs
" dettes, ou autrement, employé, ou fait paroître des créances feintes & simulées, ou d'en avoir
" fait revivre d'acquittées, ou d'avoir supposé des transports, ventes & donations de leurs effets,
" en fraude de leurs Créanciers, voulons qu'ils puissent être poursuivis extraordinairement comme
" Banqueroutiers frauduleux, pardevant nos Juges ordinaires, ou autres Juges qui en doivent con-
" noître, à la requête de leurs Créanciers, qui auront affirmé leurs créances en la forme qui sera
" ci-après expliqué, pourvû que leurs créances composent le quart du total des dettes, & que lesdits
" Banqueroutiers soient punis de mort, suivant la disposition de l'Article 12 du Titre II de l'Ordon-
" nance de 1673. Défendons à toutes personnes de prêter leurs noms, pour aider ou favoriser les
" banqueroutes frauduleuses, en divertissant les effets, acceptant des transports, ventes ou dona-
" nations simulées, ou qu'ils sauront être en fraude des Créanciers, en se déclarant Créanciers,
" ne l'étant pas, ou pour plus grande somme que celle qui leur est dûe, ou en quelque sorte
" & maniere que ce puisse être. Voulons qu'aucun Particulier ne se puisse dire & prétendre Créan-
" cier, & en cette qualité assister aux assemblées, former opposition aux Scellés & Inventaires,
" signer aucune délibération, ni aucun contrat d'attermoyement, qu'après avoir affirmé ; savoir,
" dans l'étendue de la Ville, Prévôté & Vicomté de Paris, pardevant le Prévôt de Paris, ou son
" Lieutenant, & pardevant les Juges & Consuls, dans les autres Villes du Royaume où il y en a
" d'établis, que leurs créances leur sont bien & légitimement dues en entier, & qu'ils ne prêtent
" leurs noms directement ni indirectement au Débiteur commun ; le tout sans frais. Voulons
" aussi que ceux desdits prétendus Créanciers, qui contreviendront aux defenses portées par ces
" Présentes, soient condamnés aux Galeres à perpétuité, ou à tems, suivant l'exigence des cas,
" outre les peines pécuniaires, contenues en ladite Ordonnance de 1673 ; & que les femmes soient,
" outre lesdites peines exprimées par ladite Ordonnance, condamnées au bannissement perpétuel,
" ou à tems. Voulons que tous Marchands, Négocians, Banquiers, & autres qui ont fait ou fe-
" ront faillite, seront tenus de déposer un Etat exact, détaillé, & certifié véritable, de tous leurs
" effets mobiliers & immobiliers, de leurs dettes, comme aussi leurs Livres & Registres, au Greffe
" de la Jurisdiction Consulaire dudit lieu, ou la plus prochaine, & que, faute de ce, ils ne
" puissent être reçus à passer avec leurs Créanciers aucun Contrat d'attermoyement, Concordat,
" Transaction ou autre Acte, ni d'obtenir aucune Sentence, ou Arrêt d'homologation d'iceux,
" ni se prévaloir d'aucun sauf-conduit accordé par leurs Créanciers : & voulons qu'à l'avenir les-
" dits Contrats & autres Actes, Sentences & Arrêts d'homologation, & saufs-conduits, soient
" nuls & de nul effet ; & que lesdits Débiteurs puissent être poursuivis extraordinairement, com-
" me Banqueroutiers frauduleux, par nos Procureurs Généraux, ou par leurs Substituts, ou par
" un seul Créancier, sans le consentement des autres, quand même il auroit signé lesdits Contrats,
" Actes, ou saufs-conduits, ou qu'ils auroient été homologués avec lui. Voulons aussi que ceux
" qui ont précédemment passé quelques Contrats ou Actes avec leurs Créanciers, ou en ont ob-
" tenu des saufs-conduits, ne puissent s'en aider & prévaloir, ni des Sentences ou Arrêts d'homo-
" logation intervenus en conséquence : défendons à nos Juges d'y avoir aucun égard, & dans quin-
" zaine, pour tout délai, à compter du jour de la publication des Présentes, les Débiteurs ne dé-
" posent leurs Etats, Livres & Registres en la forme ci-dessus ordonnée, & sous les peines y con-
" tenues, en cas qu'il n'y aient ci devant satisfait. Et pour faciliter à ceux qui ont fait ou feront
" faillite, le moyen de dresser leursdits Etats, voulons qu'en cas d'apposition de Scellé sur leurs
" biens & effets, leurs Livres & Registres leur soient remis & délivrés, après néanmoins qu'ils au-
" ront été paraphés par le Juge qui aura apposera lesdits Scellés,
" & par un des Créanciers qui y assisteront ; & que les feuillets blancs, si aucuns y a, auront
" été batonnés par ledit Juge, ou autres Officiers, à la charge qu'au plus tard, après l'expi-
" ration dudit délai de quinzaine, lesdits Livres & Registres, & l'Etat des effets actifs & passifs,
" seront déposés au Greffe de la Jurisdiction Consulaire, ou chez un Notaire, par celui qui aura
" fait faillite ; sinon, voulons qu'il soit censé & réputé Banqueroutier frauduleux, & comme tel,
" poursuivi suivant qu'il a été précédemment ordonné. Déclarons nulles & de nul effet toutes Let-
" tres de Répit qui pourront être ci-après obtenues, si ledit Etat des effets & des dettes n'est atta-
" ché sous le contre-scel, avec un certificat du Greffier de la Jurisdiction Consulaire, ou d'un No-
" taire, entre les mains duquel, ledit Etat, avec les Livres & Registres, aura été déposé, le tout
" sans déroger aux usages & privilèges de la Jurisdiction de la Conservation de Lyon, ni à la
" Déclaration du 30 Juillet 1715, intervenue pour le Châtelet de notre bonne Ville de Paris. Si

Article IV.

Déclarons nuls tous transports, cessions, ventes &
donations de biens, meubles ou immeubles, faites en fraude
des Créanciers ; voulons qu'ils soient rapportés à la masse
commune des effets.

Nonobstant le Réglement porté par cet Article, qui étoit trop vague
& trop général en soi, il ne laissoit pas de se commettre de très grands
abus dans les faillites, soit par les cessions, transports ou obligations,
& autres actes frauduleux que les Debiteurs passoient d'intelligence avec
quelques-uns de leurs Créanciers, dans lesquels ils supposoient quelquefois des créances simulées, soit par des Sentences qu'ils laissoient
rendre contr'eux, à la veille de leur faillite, pour donner hypotheque
& préférence aux uns au préjudice des autres.

Ces abus avoient prématurément été prévenus par l'Arrêt du Conseil,
rendu en forme de Réglement pour la Ville de Lyon le 7 Juillet 1667,
qui fixe un délai de dix jours au moins avant la faillite publiquement connue, pour que les actes faits par le Failli puissent être censés valables.

Cette détermination de délai a été rendue générale pour tout le
Royaume, en interprétation du présent Article, par la Declaration du
18 Novembre 1702, qui porte ; *Que toutes cessions & transports sur*
les biens des Marchands qui font faillite, seront nuls & de nulle valeur,
s'ils ne font faits dix jours au moins avant la faillite publiquement con-
nue, comme aussi que les actes & obligations qu'ils passeront pardevant
Notaires au profit de quelques-uns de leurs Créanciers, ou pour contrac-
ter de nouvelles dettes, ensemble les Sentences qui seront rendues con-
tr'eux, n'acquerront aucune hypotheque ou préférence sur les Créanciers
chirographaires, si lesdits actes & obligations ne font passés, & si lesdites
Sentences ne font rendues, pareillemnnt dix jonrs au moins avant la fail-
lite publiquement connue (2).

ARTICLE V.

Les réfolutions prifes dans l'Affemblée des Créanciers, à la pluralité des voix, pour le recouvrement des effets, ou l'acquit des dettes, feront exécutées par provifion, & nonobftant toutes oppofitions ou appellations.

ARTICLE VI.

Les voix des Créanciers prévaudront, non par le nom-

» peut être avantageux au Commerce de notre Royaume, auroit donné lieu aux Négocians de
» Nous repréfenter que rien ne peut contribuer plus efficacement à rendre le Commerce floriffant,
» que la fidélité & la bonne foi; & quoique Nous avons fait plufieurs Réglemens fur ce fu-
» jet, & principalement par notre Edit du mois de Mars 1673, portant Réglement pour le Com-
» merce des Marchands & Négocians, tant en gros qu'en détail, il ne laiffe pas de fe commettre
» fouvent de très grands abus dans les taillites des Marchands, par des ceffions, tranfports, obli-
» gations, & autres actes frauduleux, foit d'intelligence avec quelques uns de leurs Créanciers,
» ou pour fuppofer de nouvelles dettes, & par des Sentences qu'ils laiffent rendre contr'eux à la
» veille de leur faillite, à l'effet de donner hypotheque & préférence aux uns au préjudice des
» autres; ce qui caufe des procès, entre les véritables & anciens Créanciers, & les nouveaux ou
» prétendus Créanciers hypothéquaires, fur la validité de leurs Titres, & fait perdre en tout ou
» partie aux Créanciers légitimes ce qui leur eft dû, ou les oblige à faire des accommodemens
» ruineux : que les Négocians de la Ville de Lyon, pour obvier à ces inconvéniens ont propofé
» plufieurs Articles en forme de Réglement, qui ont été autorifés & homologués par Arrêt du
» Confeil, du 7 Juillet 1667, par lefquels il eft porté entr'autres chofes, que toutes ceffions &
» tranfports fur les effets des Faillis feront nuls, s'ils ne font faits dix jours au moins avant la
» faillite publiquement connue : que la difpofition de cet Article, qui eft le 13 dudit réglement,
» explique l'Article 4 de notre Edit du mois de Mars 1673, appelé le Code Marchand au Titre des
» Faillites, & prévient toutes les difficultés & conteftations, auxquelles l'Article du Code donne
» lieu quelquefois fur la validité des ceffions, tranfports, & autres actes qui fe font à la
» veille des faillites : que ces difficultés cefferoient, & qu'il y auroit moins de lieu à la fraude
» s'il y avoit une regle uniforme pour tout le Royaume, & un tems prefcrit, dans lequel les
» ceffions, tranfports, & tous autres Actes qui fe feroient par eux, feroient
» déclarés nuls, même les Sentences qui feroient rendues contr'eux. A CES CAUSES, & autres à ce
» Nous mouvans, de l'avis de notre Confeil, & de notre certaine fcience, pleine puiffance & au-
» torité Royale, Nous avons dit, déclaré & ordonné par ces Préfentes fignées de notre main,
» difons, déclarons, ordonnons, voulons & Nous plaît, que toutes ceffions & tranfports fur les
» biens des Marchands, qui font faillite, feront nuls & de nulle va eur, s'ils ne font faits dix
» jours au moins, avant la faillite publiquement connue; comme auffi que les Actes &
» obligations, qu'ils pafferont pardevant Notaires, au profit de quelques-uns de leurs Créanciers,
» ou pour contracter de nouvelles dettes, enfemble les Sentences qui feront rendues contr'eux,
» n'acquerront aucune hypothéque ni préférence fur les Créanciers chirographaires, fi lefdits Actes
» & obligations ne font paffés, & fi lefdites Sentences ne font rendues pareillement dix jours au
» moins avant la faillite publiquement connue. Voulons & entendons en outre, que notre
» Edit du mois de Mars 1673 demeure dans fa force & vertu, & foit exécuté felon fa forme
» & teneur.
» Si donnons en mandement à nos amés & féaux Confeillers, les Gens tenans nos Cours de
» Parlemens, & autres nos Officiers, que ces Préfentes ils aient à faire lire, publier & enregif-
» trer, & le contenu en icelles garder & exécuter felon leur forme & teneur, nonobftant tous
» Edits, Déclarations & autres chofes à ce contraires, auxquelles Nous avons dérogé & déro-
» geons par ces Préfentes; aux Copies defquelles, collationnées par l'un de nos amés & féaux
» Confeillers Sécretaires, voulons que foi foit ajoutée comme à l'Original. Car tel eft notre plai-
» fir. En témoin de quoi Nous avons fait mettre notre Scel à cefdites Préfentes. Donné à Verfail-
» les le dix-huit Novembre, l'an de grace mil fept cent deux, & de notre Regne le foixantieme
Signé, LOUIS. *Et plus bas*, Par le ROI : PHELYPEAUX. Et fcellé du grand Sceau de cire jaune.
» Régiftrées, ouï & ce requerant le Procureur General du Roi, pour être exécutées felon leur
» forme & teneur; fuivant l'Arrêt de ce jour. A Paris en Parlement, le vingt-neuf Novembre
» mil fept cent deux. *Signé* DONGOIS.

bre des perfonnes, mais eu égard à ce qui leur fera dû, s'il monte aux trois quarts du total des dettes.

ARTICLE VII.

En cas d'oppofition ou de refus de figner les délibérations par les Créanciers, dont les créances n'excederont le quart du total des dettes, voulons qu'elles foient homologuées en Juftice, & exécutées comme s'ils avoient tous figné.

ARTICLE VIII.

N'entendons néanmoins déroger aux privileges fur les meubles ni aux privileges & hypotheques fur les immeubles qui feront confervés, fans que ceux qui auront privilege ou hypotheque puiffent être tenus d'entrer en aucune compofition, remife ou attermoyement, à caufe des fommes pour lefquelles ils auront privilege ou hypotheque.

ARTICLE IX.

Les deniers comptans & ceux qui procéderont de la vente des meubles & effets mobiliaires, feront mis ès mains de ceux qui feront nommés par les Créanciers à la pluralité des voix, & ne pourront être vendiqués par les Receveurs des Confignations, Greffier, Notaires, Huiffiers, Sergens, ou autres Perfonnes publiques ; ni pris fur iceux aucun droit par eux, ou les Dépofitaires, a peine de concuffion.

Quand un Commerçant a fait faillite, ou il fe préfente bientôt après pour faire des propofitions à fes Créanciers, ou il laiffe aller le cours des chofes fans fe préfenter.

Dans le premier cas, fes propofitions tendent ou à demander du tems purement & fimplement pour payer, ou à exiger de fes Créanciers une remife fur ce qui leur eft dû, & quelquefois il leur propofe de lui accorder en même tems & l'attermoyement & la remife tout

enfemble. Dans ces différens cas, c'eft aux Créanciers à pefer les circonftances, & à fe déterminer en conféquence. S'ils font tous unanimement du même accord, on paffe un Acte en conféquence, entr'eux &
le Débiteur qui a fait faillite, relativement à ce qui a été convenu
entr'eux. Mais fi tous leurs Créanciers ne s'accordoient point, & que
les refufans n'excédaffent pas le quart en fommes, ils pourroient être
forcés par les autres Créanciers d'accéder à ce qui a été réfolu ; on les
feroit affigner à l'effet de voir homologuer en Juftice les délibérations, & les voir déclarer communes avec eux. Il faut obferver qu'il
n'en eft pas des Contrats d'attermoyement ou de remife comme de
ceux de ceffion & d'abandonnement ; ces derniers, comme nous l'a-
vons déja obfervé, ne lient point les mains des Créanciers pour fe
pourvoir fur les biens que le Débiteur peut acquérir dans la fuite ; mais
les premiers font regardés comme un forfait irrévocable entre les Créanciers & le Débiteur qui peut enfuite impunément rétablir fa fortune,
fans craindre d'y être troublé.

Mais fi le Failli ne fe préfente point, les Créanciers, pour éviter à
frais, doivent s'unir entr'eux, par un contrat qu'on appelle d'Union &
de Direction, & nommer un certain nombre des principaux Créanciers
pour affifter à la levée des fcellés, fi aucuns ont été appofés, faire procéder à la vente des effets mobiliers, pourfuivre le recouvrement des dettes
actives, & veiller généralement à tout ce qui concerne l'intérêt commun ;
mais ces Directeurs ne doivent rien entreprendre de quelque importance
de leur propre mouvement, & fans y être autorifés par une délibération en bonne forme du corps des Créanciers, fans quoi ils pourroient
être défavoués. Les Créanciers peuvent nommer tel féqueftre qu'ils jugent à propos, pour être dépofitaire des deniers provenans, foit de
la vente des meubles, foit de celle des immeubles, fans être obligés de
choifir pour cela aucun Officier public. L'ufage néanmoins eft de confier
ce dépôt au Notaire de la Direction. Mais, fuppofé que par l'évenement de ces différentes ventes, il n'y ait pas fuffifamment de quoi
payer tous les Créanciers, jamais on ne peut forcer ceux qui font
privilégiés ou hypothéquaires à confentir à aucune remife fur le prix
des immeubles, s'il y en a fuffifamment pour les payer ; parcequ'ils
font, en quelque forte, plutôt Créanciers de la chofe que de la perfonne,
au moyen de leur privilege ou de leur hypotheque. Ils ne peuvent être
non plus contraints d'accéder à aucune remife, modération ou attermoyement, quand bien même ils ne compoferoient pas le quart en
fomme des Créanciers ; & cela par les mêmes raifons.

ARTICLE X.

*Déclarons Banqueroutiers frauduleux ceux qui auront
diverti leurs effets, fuppofé des Créanciers, ou déclaré
plus qu'il n'étoit dû aux véritables Créanciers.*

ARTICLE XI.

Les Négocians & les Marchands, tant en gros qu'en détail, & les Banquiers, qui lors de leur faillite ne représenteront pas leurs Regiſtres & Journaux ſignés & paraphés, comme Nous avons ordonné ci-deſſus, pourront être réputés Banqueroutiers frauduleux.

ARTICLE XII.

Les Banqueroutiers frauduleux ſeront pourſuivis extraordinairement & punis de mort.

ARTICLE XIII.

Ceux qui auront aidé ou favoriſé la banqueroute frauduleuſe, en divertiſſant les effets, acceptant des tranſports, ventes ou donations ſimulées, & qu'ils ſauront être en fraude des Créanciers, ou ſe déclarans Créanciers ne l'étant pas, ou pour plus grande ſomme que celle qui leur étoit dûe, ſeront condamnés en quinze cens livres d'amende, & au double de ce qu'ils auront diverti ou trop demandé, au profit des Créanciers.

Notre Ordonnance déclare Banqueroutiers frauduleux, non-ſeulement ceux qui auroient diverti leurs effets, ſuppoſé de faux Créanciers, ou exagéré les Créanciers véritables, mais encore ceux qui ne repréſenteroient point leurs Livres en bonne forme.

La premiere partie de cette diſpoſition a été renouvellée par la Déclaration du 11 Janvier 1716, qui ordonne de même que ceux qui ont fait faillite & qui ſeront accuſés d'avoir, dans l'état de leurs dettes ou autrement, employé ou faït paroître des créances feintes & ſimulées, ou d'en avoir fait revivre d'acquittées, ou d'avoir ſuppoſé des tranſports, ventes ou donations de leurs effets, en fraude de leurs Créanciers, puiſſent être pourſuivis extraordinairement comme Banqueroutiers frauduleux, à la requête de leurs Créanciers qui ne compoſeroient même que le quart du total des dettes. La même Déclaration, veut que leſdits Banqueroutiers ſoient punis de mort, conformément à l'Article douze du préſent Titre. Elle défend en outre à toutes
perſonnes

perſonnes de prêter leurs noms pour aider ou favoriſer les banqueroutes frauduleuſes ; de ſorte que comme Complices des Banqueroutiers frauduleux, ceux qui contreviendroient à ces défenſes pourroient
être condamnés en une amende de quinze cens livres, & au paiement
du double de ce qu'ils auroient diverti ou trop demandé, ſuivant la
diſpoſition textuelle de notre Ordonnance, à laquelle la Déclaration,
dont il s'agit, n'a point dérogé à cet égard (a).

(a) » LOUIS, par la grace de Dieu, Roi de France & de Navarre : A tous ceux qui ces pré-
» ſentes Lettres verront, SALUT Nous avons, par notre Déclaration du 7 Décembre 1715, con-
» tinué juſqu'au premier Juillet prochain l'attribution de tous procès & différends civils mûs & à
» mouvoir pour raiſon des faillites & banqueroutes, que le feu Roi de glorieuſe mémoire, notre
» très honoré Seigneur & Biſayeul, avoit précédemment accordée aux Juges & Conſuls par ſa De-
» claration du 10 Juin 1715. Nous avons été depuis informés que quelques Particuliers abuſoient
» du bénéfice de ces Déclarations, en ſuppoſant des créances feintes & ſimulées, ou faiſant revi-
» vre des dettes par eux acquittées, au moyen deſquelles ils forçoient leurs Créanciers de paſſer
» des Contrats ſous des conditions très injuſtes & très onéreuſes, & ſe mettoient à l'abri des pro-
» cédures criminelles qui pouvoient être faites contr'eux, comme Banqueroutiers frauduleux ; &
» attendu que Nous n'avons eu d'autre vue que celle de prévenir la ruine des Marchands & Né-
» gocians, que Nous avons crus être, par leur ſeule imprudence, ou par des pertes imprévues,
» hors d'état de payer régulierement leurs dettes, & que Nous n'avons jamais eu intention de procurer
» l'impunité de ceux, qui par des voies frauduleuſes cherchent à fruſtrer leurs Créanciers, & ſe garantir
» des pourſuites extraordinaires qui doivent être faites contr'eux. A CES CAUSES, de l'avis de notre
» très cher & très amé Oncle, le Duc d'Orléans, Régent ; de notre très cher & très amé Couſin,
» le Duc de Bourbon ; de notre très cher & très amé Oncle, le Duc du Maine ; de notre très cher & très
» amé Oncle, le Comte de Toulouſe, & autres Pairs de France, Grands & notables Perſonnages de
» notre Royaume, & de notre certaine ſcience, pleine puiſſance, & autorité Royale, Nous avons
» dit & déclaré, & par ces Préſentes ſignées de notre main, diſons & déclarons, voulons & Nous
» plaît, que tous ceux qui ont fait faillites ou la feront ci-après, ne puiſſent tirer aucun avanta-
» ge de l'attribution accordée aux Juges & Conſuls, & des autres diſpoſitions contenues aux Dé-
» clarations, des 10 Juin, 30 Juillet & 7 Décembre 1715, ni d'aucune Délibération, ou d'aucun
» Contrat ſigné par la plus grande partie de leurs Créanciers, que Nous avons déclaré nuls & de
» nul effet, même à l'égard des Créanciers qui les auront ſignés, s'ils ſont accuſés d'avoir dans l'état
» de leurs dettes, ou autrement, employé ou fait paroître des créances feintes & ſimulées, ou
» d'en avoir fait revivre d'acquittées, ou d'avoir ſuppoſé des tranſports, ventes & donations de leurs
» effets, en fraude de leurs Créanciers, voulons qu'ils puiſſent être pourſuivis extraordinaire-
» ment, comme Banqueroutiers frauduleux, pardevant nos Juges ordinaires, ou autres Juges qui en
» doivent connoître, à la requête de leurs Créanciers qui auront affirmé leurs créances en la forme
» qui ſera ci après expliquée, pourvû que leurs Créanciers compoſent le quart du total des dettes,
» & que leſdits Banqueroutiers ſoient punis de mort, ſuivant la diſpoſition de l'Article 12 du Ti-
» tre XI de l'Ordonnance de 1673. Défendons à toutes perſonnes de prêter leurs noms pour aider
» ou favoriſer les banqueroutes frauduleuſes, en divertiſſant les effets, acceptant des tranſports,
» ventes ou donations ſimulées, & qu'ils ſauront être en fraude des Créanciers, en ſe déclarant
» Créanciers, ne l'étant pas, ou pour plus grande ſomme que ce le qui leur eſt due, ou en quel-
» que ſorte ou maniere que ce puiſſe être. Voulons qu'aucun Particulier ne ſe puiſſe dire & préten-
» dre Créancier, & en cette qualité, aſſiſter aux aſſemblées, former oppoſition aux Scellés & inven-
» taires, ſigner aucune Délibération, ni aucun Contrat d'attermoyement, qu'après avoir affirmé
» dans l'étendue de la Ville, Prévôté & Vicomté de Paris, pardevant le Prévôt de Paris, ou ſon
» Lieutenant, & pardevant les Juges & Conſuls, dans les autres Villes du Royaume où il y en a
» d'établis, que leurs créances leur ſont bien & légitimement dues en en ier, & qu'ils ne prêtent
» leurs noms directement ni indirectement au Débiteur commun ; le tout ſans frais. Voulons auſſi
» que ceux deſdits prétendus Créanciers, qui contreviendront aux défenſes portées par ces Préſentes,
» ſoient condamnés aux Galeres à perpétuité, ou à tems, ſuivant l'exigence des cas, outre les
» peines pécuniaires contenues en ladite Ordonnance de 1673, & que les Femmes ſoient, outre
» leſdites peines exprimées par ladite Ordonnance, condamnées au banniſſement perpétuel, ou à
» tems. Voulons que le contenu en la préſente Déclaration ſoit exécuté juſqu'au terme porté par
» celle du 7 Décembre dernier pour toutes les faillites & banqueroutes qui ont été ouvertes de-
» puis le premier Avril 1715, ou le ſeront dans la ſuite. Si donnons en mandement à nos amés
» & féaux Conſeillers, les Gens tenans notre Cour de Parlement à Paris, que ces Préſentes ils aient
» à faire lire, publier & regiſtrer, & le contenu en icelles garder & exécuter ſelon leur forme &
» teneur, nonobſtant toutes Ordonnances, Edits, Déclarations, & autres choſes à ce contraires,
» auxquelles Nous avons dérogé & dérogeons par ceſdites Préſentes. Car tel eſt notre plaiſir. En té-
» moin de quoi Nous avons fait mettre notre Scel à ceſdites Préſentes. Donné à Paris le onzieme

Des circonstances particulieres ont engagé le Souverain d'attribuer aux Juges Consuls la connoissance de tout ce qui concernoit les faillites & banqueroutes, quand les poursuites se faisoient par la voie civile. Depuis l'année 1715 nous avons sur cela différentes Déclarations, qui ont renouvellé successivement cette attribution (a); mais comme elle

>> jour de Janvier, l'an de grace mil sept cent seize, & de notre Regne le premier. *Signé*, LOUIS.
>> *Et plus bas*; Par le Roi, le Duc d'Orléans, Régent, présent: PHELYPEAUX. Et scellé du grand
>> Sceau de cire jaune.
>> Regiftrées, oui & ce requerant le Procureur Général du Roi, pour être exécutées selon leur forme
>> & teneur, suivant l'Arrêt de ce jour A Paris en Parlement, le sixieme jour de Février mil sept cent
>> seize. *Signé*, DONGOIS.

(a) >> LOUIS, par la grace de Dieu, Roi de France & de Navarre : A tous ceux qui ces présentes
>> Lettres verront, SALUT. Nous avons été informés qu'un grand nombre de Marchands & Négo-
>> cians s'étant inconsidéremment chargés d'une quantité surabondante de marchandises étrangeres,
>> & n'en pouvant trouver affez promptement le débit, étoient hors d'état de s'acquitter actuelle-
>> ment des emprunts qu'ils auroient faits; ce qui auroit obligé quelques-uns d'entr'eux de faire
>> faillite, & pouvoit en réduire plusieurs à cette fâcheuse extrémité : & comme Nous avons ap-
>> pris qu'il y a plus d'imprudence que de mauvaise foi dans leur conduite, que le défordre arri-
>> vé dans les affaires de quelques uns est capable d'en causer un pareil dans la fortune d'un grand
>> nombre d'autres, que s'ils restoient exposés aux poursuites rigoureuses de leurs Créanciers, &
>> que la connoissance de ces faillites fût portée en différentes Jurisdictions, les conflits, la lon-
>> gueur, l'embarras & les frais des procédures acheveroient de ruiner les Marchands & Négocians
>> contre qui elles seroent faites, & causeroient une perte certaine tant aux Débiteurs qu'aux Créan-
>> ciers, Nous avons estimé que le bien public, & celui des Particuliers, exigeoit que Nous fissions
>> chercher les moyens d'arrêter & de prévenir les suites dangereuses du trouble qui est actuelle-
>> ment dans le Commerce; & que Nous ne pouvions y apporter un remede plus efficace, pour
>> ménager également les intérêts des Créanciers & des Débiteurs, que d'attribuer, pendant un
>> tems limité, la connoissance des procès & différends nés & à naître à l'occasion des faillites
>> qui sont survenues ou qui surviendront dans la suite, à des Juges qui, par leur profession, sont
>> particulierement instruits des affaires du Négoce, & qui administrant la justice gratuitement,
>> & avec des tempérammens convenables, facilitent aux Débiteurs les moyens de se libérer, sans
>> faire aucun préjudice à la sûreté des Créanciers. A CES CAUSES, & autres à ce Nous mouvans,
>> de l'avis de notre Conseil, certaine science, pleine puissance, & autorité Royale, Nous avons
>> dit, statué & ordonné, disons, statuons & ordonnons, voulons & Nous plaît, que tous les
>> procès & différends civils mûs & à mouvoir, pour raison des faillites & banqueroutes qui sont
>> ouvertes depuis le premier jour d'avril de la présente année, ou qui s'ouvriront dans la sui-
>> te, soient jusqu'au premier Janvier 1716 portés pardevant les Juges & Consuls de la Ville où
>> celui qui aura fait faillite sera demeurant; & pour cet effet Nous avons évoqué & évoquons tous
>> ceux lesdits procès & différends qui sont actuellement pendans & indécis pardevant nos Juges ordi-
>> naires, ou autres Juges inférieurs, auxquels Nous faisons très expresses inhibitions & défenses d'en
>> connoître, à peine de nullité, & iceux procès & différends avec leurs circonstances & dépendan-
>> ces Nous avons renvoyés & renvoyons pardevant lesdits Juges & Consuls, à qui Nous en attri-
>> buons toute Cour, Jurisdiction & connoissance, sauf l'appel au Parlement, dans le Ressort du-
>> quel lesdits Juges & Consuls sont établis. Voulons que nonobstant ledit appel, & sans préju-
>> dice d'icelui, lesdits Juges & Consuls continuent leurs procédures, & que leurs Jugemens soient
>> exécutés par provision. Voulons pareillement que jusqu'audit jour premier Janvier 1716 il soit
>> par lesdits Juges & Consuls, à l'exclusion de tous autres Juges & Officiers de Justice, procédé
>> à l'apposition des Scellés & confection des Inventaires de ceux qui ont fait ou feront faillite; &
>> au cas qu'ils eussent des effets dans d'autres lieux que celui de leur demeure, Nous donnons
>> pouvoir auxdits Juges & Consuls de commettre telle personne que bon leur semblera pour les-
>> dits Scellés & Inventaires, qui seront apportés au Greffe de la Jurisdiction Consulaire, & joints
>> à ceux faits par lesdits Juges & Consuls. Voulons aussi que les demandes, à fin d'homologa-
>> tion des Délibérations des Créanciers, Contrats d'attermoyement, & autres Actes passés à l'occa-
>> sion desdites faillies, soient portées pardevant lesdits Juges & Consuls, pour être homologuées;
>> si faire se doit; & que lesdits Juges & Consuls puissent ordonner la vente des meubles & le re-
>> couvrement des effets mobiliaires, & connoissent des Saisies mobiliaires, appositions, revendi-
>> cations, contributions, & généralement de toutes autres contestations qui seront formées en con-
>> féquence desdites faillites & banqueroutes. N'entendons néanmoins empêcher qu'il ne puisse être
>> procédé à la saisie réelle & aux criées des immeubles pardevant les Juges ordinaires, ou au-
>> tres qui en doivent connoître, jusqu'au bail judiciaire exclusivement, sans préjudice de l'exé-
>> cution & du recouvrement des baux judiciaires, précédemment adjugés, & sans qu'il puisse être
>> fait aucune autre poursuite, ni procédure, si ce n'est en conséquence de délibérations prises par
>> les Créanciers, à la pluralité des voix, dont le nombre excede la moitié du total des dettes.
>> Voulons en outre que jusqu'audit jour premier Janvier 1716, aucune plainte ne puisse être ren-
>> due, ni requête donnée à fin criminelle contre ceux qui auront fait faillite; & défendons très

n'a jamais été que momentanée & pour des termes limités, cette attribution ne subsiste plus maintenant. En conséquence les choses sont
rentrées dans l'ordre général, & les Juges ordinaires sont rentrés dans

---

» expressément à nos Juges, & autres Officiers de Justice, de les recevoir, si elles ne sont aussi
» accompagnées de délibérations & du consentement des Créanciers, dont les créances excedent
» la moitié de la totalité des dettes. Et quant aux procédures commencées avant la date des Pré-
» sentes, & depuis ledit jour premier Avril 1715, voulons qu'elles soient continuées, & que néan-
» moins nos Juges ordinaires, & autres Officiers de Justice soient tenus d'en surseoir la pour-
» suite & le jugement sur la simple requisition des Créanciers, dont les créances excederont pareil-
» lement la moitié du total de ce qui est dû par ceux qui ont fait faillite, & en conséquence de
» délibérations par eux prises, & annexées à leur Requête. Si donnons en mandement à nos amés
» & féaux Conseillers, les Gens tenans notre Cour de Parlement, que ces Présentes ils aient à
» faire lire, publier & registrer, & le contenu en icelles garder & exécuter selon sa forme & te-
» neur, nonobstant toutes Ordonnances, Edits, Déclarations, & autres choses à ce contraires, aux-
» quelles Nous avons dérogé & dérogeons par cesdites Présentes, aux Copies desquelles, colla-
» tionnées par l'un de nos amés & féaux Conseillers & Sécretaires, voulons que foi soit ajoutée
» comme à l'Original. Car tel est notre plaisir. En témoin de quoi Nous avons fait mettre notre
» Scel à cesdites Présentes. Donné à Versailles le dixieme jour de Juin, l'an de grace mil sept
» cent quinze, & de notre Regne le soixante-treizieme. Signé, LOUIS. Et plus bas, Par le Roi :
» PHELYPEAUX. Vû au Conseil : DESMARETZ. Et scellé du grand Sceau de cire jaune.
» Registrées, oui & ce requerant le Procureur Général du Roi, pour être exécutées selon leur
» forme & teneur ; & Copies collationnées envoyées aux Bailliages & Sénéchaussées du Ressort,
» pour y être lues & publiées : enjoint aux Substituts du Procureur Général du Roi d'y tenir la
» main, & d'en certifier la Cour dans un mois, suivant l'Arrêt de ce jour. A Paris en Parle-
» ment ; le troisieme jour de Juillet mil sept cent quinze. Signé, DONGOIS.
» LOUIS, par la grace de Dieu, Roi de France & de Navarre : A tous ceux qui ces pré-
» sentes Lettres verront, SALUT. L'attention perpétuelle qu'a eue le feu Roi, de glorieuse mé-
» moire, notre très honoré Seigneur & Bisayeul, de favoriser le Commerce, & de lui donner
» en toutes sortes d'occasions des marques particulieres de sa protection, lui avoit fait prendre la
» résolution d'attribuer jusqu'au premier Janvier prochain, aux Juges & Consuls du Royaume,
» la connoissance des faillites & banqueroutes, par une Déclaration du 10 Juin dernier, ayant
» reconnu que le dérangement arrivé dans les affaires de plusieurs Marchands & Négocians, ne pro-
» venoit que de leur imprudence, par l'achat d'une quantité surabondante de marchandises étran-
» geres, pour éviter de perdre par les diminutions d'especes d'or & d'argent, Nous avons été in-
» formés que cette Déclaration a eu tout le succès qu'on pouvoit en attendre, qu'elle a garanti
» un grand nombre de Négocians & de Marchands de faire faillite ; & qu'elle a procuré à ceux qui
» n'ont pu éviter de tomber dans ce malheur les moyens de passer des Contrats d'attermoyemens
» avec leurs Créanciers, dont la perte auroit été indubitablement plus grande, si les Faillis eussent
» été obligés de s'absenter, afin d'éviter les poursuites rigoureuses de quelques uns de leurs Créan-
» ciers ; ce qui auroit causé le dépérissement de la plus grande partie des effets, les auroit consom-
» més en frais de Justice. Et comme Nous avons appris que les motifs qui ont porté à rendre la
» Déclaration du 10 Juin, ne sont point cessés, Nous avons cru que Nous devions encore accor-
» der pour quelque tems aux Marchands & Négocians un secours, dont l'utilité a été générale-
» ment reconnue, & capable de rétablir le Commerce, à quoi Nous nous proposons de donner
» d'ailleurs tous les soins nécessaires. A ces causes, de l'avis de notre très cher & très amé
» Oncle, le Duc d'Orléans, Régent ; de notre très cher & très amé Cousin, le Duc de Bourbon ;
» de notre très cher & très amé Oncle, le Duc du Maine, de notre très cher & très amé Oncle,
» le Comte de Toulouse, & autres Pairs de France, Grands & notables Personnages de notre
» Royaume, & de notre certaine science, pleine puissance, & autorité Royale, Nous avons dit
» & déclaré, & par ces Présentes signées de notre main, disons & déclarons, voulons & Nous
» plaît, que tous les procès & différends civils, mûs & à mouvoir pour raison des faillites qui sont
» ouvertes, depuis le premier jour d'Avril de la présente année, & qui s'ouvriront dans la suite,
» soient jusqu'au premier Juillet 1716, portés pardevant les Juges & Consuls de la Ville où celui
» qui aura fait faillite sera demeurant, conformément à la Declaration du 10 Juin dernier, la-
» quelle sera, pendant ledit tems, exécutée selon sa forme & teneur. N'entendons néanmoins dé-
» roger, en aucune maniere, aux usages & privileges de la Jurisdiction de la Conservation de
» Lyon, ni à la Declaration du 30 Juillet dernier, intervenu pour le Châtelet de notre bonne
» Ville de Paris, laquelle sera pareillement exécutée jusqu'audit jour premier Juillet 1716. Si don-
» nons en mandement à nos amés & féaux Conseillers, les Gens tenans notre Cour de Parle-
» ment à Paris, que ces Présentes ils aient à faire lire, publier & enregistrer, & le contenu en
» icelles garder, observer & exécuter selon leur forme & teneur. Car tel est notre plaisir. En té-
» moin de quoi Nous avons fait mettre notre Scel à cesdites Présentes. Donné à Vincennes le
» septieme jour de Décembre, l'an de grace mil sept cent quinze, & de notre Regne le pre-
» mier. Signé, LOUIS. Et plus bas, Par le Roi, le Duc d'Orléans, Régent, présent : PHELY-
» PEAUX. Et scellé du grand Sceau de cire jaune.

le droit qui leur appartient, de connoître feuls des matieres de faillites & banqueroutes, foit par la voie civile, foit par la voie criminelle :
d'ailleurs, dans le tems même où ce droit a fouffert quelque éclipfe
par les Déclarations fus-mentionnées, jamais le Châtelet de Paris n'en
a été privé ; il y a même au contraire été confervé fpécialement par
une Déclaration donnée à cet effet le 30 Juillet 1715, enregiftrée au
Parlement le 6 Août de la même année (a).

» Regiftrées, oui & ce requerant le Procureur Général du Roi, pour être exécutées felon leur
» forme & teneur ; & Copies collationnées envoyées aux Bailliages & Sénéchauffées du Reffort,
» pour y être lues, publiées & regiftrées : enjoint aux Subftituts du Procureur Général du Roi d'y
» tenir la main, & d'en certifier la Cour dans un mois, fuivant l'Arrêt de ce jour. A Paris en Par-
» lement, le vingt-trois Décembre mil fept cent quinze. Signé, DONGOIS.

» L O U I S, par la grace de Dieu, Roi de France & de Navarre : A tous ceux qui ces pré-
» fentes Lettres verront, SALUT. Nous avons été informés que la Déclaration du 10 Juin 1715,
» portant attribution aux Juges & Confuls, de la connoiffance de tous procès & différends mûs &
» à mouvoir, pour raifon des faillites ouvertes depuis le premier Avril 1715, avoit été un fecours
» falutaire à plufieurs Négocians, dont la ruine auroit néceffairement entraîné celle d'un grand
» nombre d'autres, & leur a procuré le moyen de rétablir leurs affaires, & de payer leurs Créan-
» ciers ; ce qui Nous auroit engagé de continuer l'effet de cette Déclaration, par celles que Nous
» avons depuis rendues, les 7 Décembre 1715, 15 Juin & 11 Novembre 1716, & 19 Mai 1717.
» Nous avons auffi par nos Déclarations, des 11 Janvier & 13 Juin, pourvu à empêcher les
» abus qui pourroient être pratiqués par les Débiteurs de mauvaife foi, que Nous n'avions pas eu
» intention de proroger. Nous avons appris, avec grande fatisfaction, que le Commerce, qui,
» par différentes caufes, avoit reçu quelque interruption, fe ranime dans toutes les Provinces de
» notre Royaume ; & que pour contribuer de notre part à le rendre plus abondant, & faire
» ceffer toutes les occafions de le troubler, il étoit encore néceffaire de proroger pendant fix mois
» l'attribution précédemment accordée aux Jurifdictions Confulaires, afin que les Marchands &
» Négocians qui ont fait faillite, & ne cherchent qu'à s'accommoder avec leurs Créanciers, puif-
» fent profiter de ce terme pour terminer leurs affaires. A CES CAUSES, & de l'avis de notre très
» cher & très amé Oncle, le Duc d'Orléans, Petit-fils de France, Régent ; de notre très cher &
» très amé Coufin, le Duc de Bourbon, de notre très cher & très amé Coufin, le Prince de
» Conti, Princes de notre Sang ; de notre très cher & très amé Oncle, le Duc du Maine ; de no-
» tre très cher & très amé Oncle, le Comte de Touloufe, Princes légitimés, & autres Pairs de
» France, Grands & notables Perfonnages de notre Royaume, Nous avons dit & déclaré, & par
» ces Préfentes fignées de notre main, difons & déclarons, voulons & Nous plaît, que tous procès
» & différends civils, mûs & à mouvoir, pour raifon des faillites & banqueroutes, qui ont été
» ouvertes depuis le premier Avril 1715, ou qui furviendront dans la fuite, foient jufqu'au
» premier Juillet 1718, portés pardevant les Juges & Confuls de la Ville où celui qui aura fait
» faillite fera demeurant, pour y être difcutés & terminés en la forme prefcrite par ladite Dé-
» claration intervenue le 10 Juin 1715, en ce qui n'eft pas contraire à nos Déclarations, des 11
» Janvier, 10 & 15 Juin 1716, lefquelles feront exécutées felon leur forme & teneur. N'enten-
» dons pareillement déroger, par ces Préfentes, aux ufages & Privileges de la Confervation de
» Lyon, ni à la Déclaration du 30 Juillet 1715, intervenue pour le Châtelet de notre bonne Ville
» de Paris, que Nous voulons auffi avoir fon exécution, jufqu'audit jour premier Juillet 1718.
» Si donnons en mandement à nos amés & féaux Confeillers, les Gens tenans notre Cour de Par-
» lement à Paris, que ces Préfentes ils aient à faire lire, publier & enregiftrer, & le contenu en
» icelles garder & obferver felon leur forme & teneur. Car tel eft notre plaifir. En témoin de quoi
» Nous avons fait mettre notre Scel à cefdites Préfentes. Donné à Paris le vingt-feptieme jour de
» Novembre, l'an de grace mil fept cent dix fept, & de notre Regne le troifieme. Signé, LOUIS.
» Et plus bas, Par le Roi, le Duc d'Orléans, Régent, préfent : PHELYPEAUX. Vû au Confeil :
» VILLEROI. Et fcellé du grand Sceau de cire jaune.

» Regiftrées, oui & ce requerant le Procureur Général du Roi, pour être exécutées felon leur
» forme & teneur ; & Copies collationnées envoyées aux Bailliages & Sénéchauffées du Reffort,
» pour y être lues, publiées & regiftrées : enjoint aux Subftituts du Procureur Général du Roi d'y
» tenir la main, & d'en certifier la Cour dans un mois, fuivant l'Arrêt de ce jour. A Paris en
» Parlement, le quinzieme jour de Décembre mil fept cent dix-fept. Signé, GILBERT.

(a) » L O U I S, par la grace de Dieu, Roi de France & de Navarre : A tous ceux qui ces pré-
» fentes Lettres verront, SALUT. Le deffein que Nous avons eu de foulager les Marchands & Né-
» gocians de notre Royaume, que la facilité & l'empreffement qu'ils ont eus de fe charger d'une
» trop grande quantité de marchandifes, ont mis dans la néceffité fâcheufe de faire faillite, Nous
» auroit engagé à rendre notre Déclaration du 10 Juin 1715, par laquelle Nous avons ordonné
» que les procès & différends civils, pour raifon des faillites & banqueroutes feront portés par-
» devant les Juges & Confuls, jufqu'au premier Janvier 1716, Nous avons reglé par la même

» Déclaration le pouvoir deſdits Juges & Conſuls, & les inſtructions qui pourroient être faites
» devant eux, pour raiſon deſdites faillites ; ayant enſuite reſervé aux Officiers ordinaires, & au-
» tres Officiers de Juſtice, l'inſtruction de celles deſdites faillites qui pourront être pourſuivies
» criminellement ſur des délibérations & conſentemens des Créanciers, dont les créances excé-
» déront la moitié de la totalité des dettes ; mais Nous avons été informés que les Juges & Con-
» ſuls de Paris ſont tellement occupés des affaires extraordinaires de leur Juriſdiction, & de celles
» de leur Commerce particulier, qu'il ſeroit difficile qu'ils puiſſent vacquer à l'inſtruction des
» faillites & banqueroutes qui pourroient ſurvenir dans la Ville, Prévôté & Vicomté de Paris, en-
» ſorte qu'il Nous a paru du bien public, & de celui des Particuliers que le déſordre arrivé dans
» leurs affaires a réduits dans ce malheureux état, de leur marquer une Juriſdiction, où ils puiſ-
» ſent trouver toute l'expédition néceſſaire, pour prévenir la longueur & l'embarras de ces ſortes
» de pourſuites. A CES CAUSES, & autres à ce Nous mouvans, de l'avis de notre Conſeil, & de
» notre certaine ſcience, pleine puiſſance, & autorité Royale, Nous avons dit, ſtatué & ordon-
» né, diſons, ſtatuons & ordonnons, par ces Préſentes ſignées de notre main, voulons & Nous
» plaît, que tous les différends & procès mûs & à mouvoir, pour raiſon des faillites & banquerou-
» tes, qui ſont ouvertes, ou qui s'ouvriront par la ſuite dans la Ville, Prevôté & Vicomté de
» Paris, ſoient portés pardevant le Prévôt de paris, ou ſon Lieutenant, & par lui inſtruits & ju-
» gés, ſauf l'appel au Parlement, dérogeant à cet égard à notredite Déclaration du 10 Juin de
» la préſente année ; & ſans que leſdits procès & différends puiſſent être évoqués en vertu d'évo-
» cations générales, ou particulieres, Lettres de *committimus*, de Gardes gardiennes, & autres
» privileges, auxquels Nous dérogeons à cet égard ſeulement, ſans tirer à conſéquence. Voulons
» que ledit Prévôt de Paris, ou ſon Lieutenant, faſſent l'inſtruction deſdites faillites & banque-
» routes, ſans frais & ſans miniſtere de Procureur, ſi ce n'eſt dans les conteſtations de Crean-
» ciers les uns contre les autres, pour raiſon de privileges par eux prétendus, revendications,
» contributions, & autres prétentions qui ſeront formées en conſéquence deſdites faillites & ban-
» queroutes ; dans leſquelles leſdits Créanciers pourront ſe ſervir de Procureur à leurs frais par-
» ticuliers, ſans qu'ils puiſſent les répéter contre le Débiteur, ni ſur ſes biens. Voulons auſſi
» qu'en cas d'abſence, & autres cas, où il écherra d'appoſer un ſcellé ſur les effets de ceux qui
» auront fait faillite, & faire deſcription deſdits effets, il y ſoit procédé à la requête des Créan-
» ciers, ou de l'un d'eux, avec l'aſſiſtance d'un ſeul Procureur pour tous les Créanciers, & dont
» ils conviendront entr'eux, ou qui, faute par eux d'en convenir, ſera nommé par ledit Prévôt
» de Paris, ou ſon Lieutenant, ſans qu'aucune des Parties intéreſſées y puiſſe faire aſſiſter aucun
» autre Procureur : ce qui ſera également obſervé, lorſqu'il conviendra de lever ledit ſcellé, à
» l'exception néanmoins des cas d'abſence, ou de banqueroutes frauduleuſes, dans leſquelles,
» outre la préſence du Procureur qui agira pour tous les Créanciers, il aſſiſtera un Subſtitut, les
» oppoſitions auxdits ſcellés ſeront faites par leſdits Créanciers mêmes, & ſignées par eux, ou
» par autres perſonnes pour eux, ſur le procès verbal du Commiſſaire, ſans miniſtere d'Huiſſiers,
» Sergens, ni Procureur. Sera la deſcription deſdits effets faite ſommairement par le Commiſſaire
» qui aura appoſé le ſcellé, & ne pourra ledit Commiſſaire employer dans ladite deſcription que
» les Livres & Regiſtres, enſemble les effets actifs & décharges, dont il ſera fait de ſimples liaſſes
» paraphées par lui : & à l'égard des papiers, ils ſeront mis dans un, ou pluſieurs coffres
» à deux clefs & ſerrures differentes ; & le tout dépoſé, ainſi qu'il ſera convenu entre le Débi-
» teur & les Créanciers, ou réglé par ledit Prévôt de Paris, ou ſon Lieutenant, en cas que les
» Créanciers, ou l'un d'eux, veuillent former plainte contre le Débiteur, & préſenter Requête
» à fin criminelle, ils pourront faire informer, décreter, exécuter le Décret qui aura été décerné, &
» même faire procéder à l'interrogatoire de l'Accuſé, après quoi ſera ſurſis à toutes autres pour-
» ſuites pendant huitaine, dans le cours de laquelle les Créanciers s'aſſembleront, pour délibérer
» s'ils jugeront à propos de continuer ou ſurſeoir ladite pourſuite criminelle, & conſentir par pro-
» viſion à l'élargiſſement de l'Accuſé, & la levée du ſcellé ; & ce qui ſera convenu & arrêté pour
» raiſon de ce ſeulement par les Créanciers, dont les créances excéderont la moitié de la totale de ce
» qui eſt dû par ceux qui ont fait faillite, ſera préſenté audit Prévôt de Paris, ou ſon Lieutenant,
» pour y être par lui pourvu, ainſi qu'il appartiendra, ſans frais ; ſans déroger neanmoins dans
» les autres cas aux Articles 5, 6 & 7 du Titre XI des faillites & banqueroutes de notre Ordon-
» nance du mois de Mars 1673. N'entendons néanmoins empêcher que les Marchands, Négocians
» & Banqueroutiers, qui ſe trouveront hors d'état de ſatisfaire au paiement de leurs dettes &
» leurs Créanciers, ne puiſſent ſe pourvoir pardevant les Juges & Conſuls de Paris, pour conve-
» nir à l'amiable des termes, clauſes & conditions du paiement deſdites dettes ; & être les déli-
» bérations, qui auront été priſes par leſdits Créanciers, & Actes paſſés en conſéquence avec leurs
» Débiteurs, autoriſés par leſdits Juges & Conſuls, en conformité des Articles du même Titre de
» notre Ordonnance du mois de Mars 1673 : ſans toutefois qu'ils puiſſent connoître des conteſta-
» tions qui pourront être formées entre les Créanciers, pour raiſon des hypotheques, privileges,
» préférences, & autres matieres qui ne ſont de leur compétence, ſur leſquelles les Parties ſeront
» tenues de ſe pourvoir pardevant le Prévôt de Paris, ou ſon Lieutenant. Voulons que la préſente
» Déclaration ſoit exécutée juſqu'au dernier Décembre de la préſente année ſeulement ; & que no-
» tredite Ordonnance du mois de Mars 1673, enſemble notredite Déclaration du 10 Juin dernier,
» ſoient auſſi exécutées ſelon leur forme & teneur, en ce qui n'y eſt point dérogé par ces Préſentes.
» Si donnons en mandement à nos amés & féaux Conſeillers, les Gens tenans notre Cour de Par-
» lement à Paris, que ces Préſentes ils aient à faire regiſtrer, & le contenu en icelles faire exécu-
» ter ſelon leur forme & teneur. Car tel eſt notre plaiſir. En témoin de quoi Nous avons fait

» mettre notre Scel à cefdites Préfentes. Donné à Marly le trentieme jour de Juillet, l'an de grace
» mil fept cent quinze , & de notre Regne le foixante- treizieme. *Signé* , LOUIS. *Et plus bas* ,
» Par le Roi : PHELYPEAUX. E: fcellées du grand Sceau de cire jaune.

» Regiftrées, oui & ce re juerant le Procureur Général du Roi , pour être exécutées felon leur forme
» & teneur , fuivant l'Arrêt de ce jour. A Paris en Parlement, le fix Août mil fept cent quinze.
» *Signé* , DONCOIS.

FORMULES DES ACTES RELATIFS
AU PRESENT TITRE.

Contrat d'union & de Direction.

FURENT préfens . . . . tous Créanciers du Sieur . . . . actuellement en faillite. Lefquels confidéiant qu'au moyen de ladite faillite , leur intérêt commun eft
de s'unir enfemble pour éviter la multiplicité des frais qui fe feroient fi chacun
d'eux agiffoit féparément & en fon particulier', ils ont réfolu & arrêté de s'unir,
comme en effet ils s'uniffent enfemble par ces Préfentes , à l'effet tant de pourfuivre ledit Sieur leur Débiteur , tant en fa perfonne qu'en fes biens , que pour
fe procurer à chacun d'eux par toutes les voies de droit , le paiement de ce qui peut
leur être dû , tant en principaux & intérêt , que frais & dépens ; & pour faire lefdites pourfuites & recouvrement au nom d'eux tous , ils ont nommé & élu pour
leur Syndic les perfonnes de Sieurs . . . . . . auxquels ils donnent pouvoir de
faire pour eux & en leurs noms collectifs , toutes les difcuffions & diligences néceffaires , même pour faire appofer le fcelé fur les meubles , effets & marchandifes
dudit Sieur leur Débiteur commun , en pourfuivre la vente , en recevoir le prix ,
faire le recouvrement de ce qui peut lui être dû , intenter toutes demandes & actions relatives à la préfente union , faire toutes faifies , oppofitions , & autres empêchemens , recevoir toutes les fommes , en donner quittances & décharges , & généralement faire par lefdits Sieurs Syndics tout ce qu'ils jugeront néceffaire pour
le bien & avantage des Créanciers en général , & de chacun d'eux en particulier;
a été convenu en outre que lefdits Sieurs Syndics s'affembleront de . , . . . en . . . .
& . . . . heure de relevée en la maifon de . . . . pour y délibérer des affaires
communes ; auxquelles Affemblées , lefdits Sieurs Créanciers fe trouveront , fi bon
leur femble , pour être préfens aux délibérations qui s'y prendront. Tout ce que
deffus a été accepté par lefdits Sieurs Syndics ; & pour , fi befoin eft , faire homologuer ces Préfentes , avec qui, & ainfi qu'il appartiendra , enfemble faire toutes
les pourfuites judiciaires concernantes la préfente union , lefdits comparans ont
nommé & conftitué leur Procureur la perfonne de M. . . . . . Procureur au . . . .
auquel ils donnent tout pouvoir à cet effet ; promettant, &c. oobligeant & renonçant,
&c. Fait & paffé , &c.

Contrat d'atermove-ment.

Furent préfens Sieur . . . . Marchand Bourgeois de Paris, y demeurant rue . . .
Paroiffe. . . . . d'une part ; & . . . . tous Créanciers dudit Sieur . . . . d'autre part ; lefquels ont dit , favoir , ledit Sieur . . . . qu'il a toujours fait jufqu'à
préfent fon commerce avec honneur , & fatisfait avec exactitude à tous les engagemens qu'il a contractés , mais que les pertes confidérables qu'il a faites confé-
cutivement , l'ayant forcé à difcontinuer fes paiemens , par l'impoffibilité où il s'eft
trouvé de faire autrement ; il eft contraint d'avoir recours à fes Créanciers pour
leur repréfenter , qu'en fe prêtant de leur part aux circonftances malheureufes dans
lefquelles il fe trouve , & en lui accordant un délai fuffifant , il pourroit encore
rétablir fes affaires , & fe mettre en état de les fatisfaire ; au lieu que s'ils ufent
contre lui de leurs droits avec rigueur , ils courront rifque de perdre leurs créances. Sur quoi lefdits Sieurs Créanciers ayant conféré entr'eux , & voulant marquer
audit Sieur . . . . leur Débiteur, la bonne volonté qu'ils ont pour lui , & leur

envie de concourir autant qu'il eft en eux au rétabliffement de fes affaires; ils lui ont accordé & lui accordent par ces Préfentes, terme & délai de . . . . années, pour leur payer ce qu'il leur doit en principal & intérêt en . . . . paiemens d'année en année, dont la premiere échera un an après l'homologation du préfent Contrat, avec les refufans de le figner, & en faifant, ont furfis à toutes pourfuites & contraintes par corps, & donné pleine & entiere main-levée des faifies & exécutions faites de fes meubles faifis, & arrêtés faites ès mains de fes Débiteurs, & redevables, confentent qu'elles demeurent nulles que les Gardiens & Débiteurs paient & vuidront leurs mains, quoi faifant déchargés, le tout fans novation d'hypotheque; ce qui a été accepté par ledit . . . . qui a remercié fefdits Créanciers, & en ce faifant, a promis & s'eft obligé envers eux de leur bailler & payer en leurs maifons à Paris, ou au Porteur, &c. les fommes principales, intérêts, frais, & dépens, en . . . paiemens égaux, dont le premier fe fera d'hui en un an; le fecond, une année après, & continuer jufqu'en fin du paiement; & faute du premier, fecond, ou autre terme fubféquent, confent ledit . . . . être contraint pour le tout & déchu du terme à lui ci deffus accordé, fans que ladite peine puiffe être réputée comminatoire; & pour con entir l'homologation du préfent Contrat, devant tous Juges qu'il appartiendra, les Parties ont fait & conftitué leur Procureur; favoir, ledit . . . . M . . . . & lefdits Sieurs Créanciers M . . . . tous deux Procureurs au . . . . leur donnant pouvoir de figner toutes Requêtes, & paffer telles Sentences & Arrêts que befoin fera; & ont élu leurs domiciles ès maifons de leurs Procureurs; favoir, ledit M . . . . rue . . . & ledit M . . . . rue . . . . auxquels lieux, &c. nonobftant, &c. promettant, &c. obligeant, &c. chacun en droit foi, renonçant, &c. Fait & paffé à Paris, &c.

Nota. *Les faillites & banqueroutes donnent auffi lieu quelquefois à des Contrats de remifes entre les Créanciers & le Débiteur; mais comme ces remifes varient fuivant les circonftances, qu'elles n'ont lieu quelquefois que pour les intérêts & frais, & qu'elles embraffent auffi quelquefois le principal, foit pour un quart, foit pour un tiers, foit pour la moitié, foit pour les deux tiers, foit même quelquefois pour les trois quarts, on ne peut donner de modeles fixes & certains des Actes qui peuvent fe paffer à cet égard.*

TITRE XII.

DE LA JURISDICTION DES CONSULS.

ON a réuni dans ce Titre différens objets.

Premierement, ce qui concerne l'établissement des Jurisdictions Consulaires en elles-mêmes. 2°. Les contestations dont les Juges Consuls peuvent connoître & celles dont ils sont exclus. 3°. Les cas où les Juges Consuls doivent déférer aux déclinatoires contre eux proposés, & renvoyer pardevant les Juges ordinaires. 4°. Enfin, le choix que l'on doit faire des différentes Jurisdictions Consulaires entre elles, suivant la différence des cas.

ARTICLE PREMIER.

Déclarons communs pour tous les Sieges des Juges & Consuls, l'Edit de leur établissement dans notre bonne Ville de Paris du mois de Novembre 1563, & tous autres Edits & Déclarations, touchant la Jurisdiction Consulaire, enregistrés en nos Cours de Parlement.

Depuis long-tems on a reconnu la nécessité d'abreger les contestations qui peuvent survenir entre Marchands & Négocians, & de les faire juger sommairement & à peu de frais, par des personnes intelligentes en matiere de Commerce ; c'est ce qui a donné lieu à l'établissement des Jurisdictions Consulaires. L'ancienneté du Commerce de la Ville de Lyon y avoit fait établir dès l'année 1461, une Jurisdiction de cette espece sous le titre de *Conservation* ; à l'instar de cette premiere institution, on établit à Paris un Siege composé d'un grand Juge & de quatre Consuls, pour juger les causes des Marchands ; l'Edit de création est du mois de Novembre 1563.

Les bons effets que produisit cette création, déterminerent nos Rois à établir de semblables Jurisdictions en faveur du Commerce dans les principales Villes du Royaume. Dans le *Parlement de Paris* nous avons des Jurisdictions Consulaires, à Abbeville, Amiens, Angers, Angoulême,

lême, Auxerre, Beauvais, Bourges, Brioudes, Calais, Châlons fur
Marne, Chartres, Châtellerault, Clermont - Ferrand, Compiegne,
Dreux, Fontenay-le-Comte, Langres, Laon, la Rochelle, Laval, le
Mans, Lyon, Nevers, Niort, Orléans, Paris, Poitiers, Reims, Riom,
St.-Quentin, Senlis, Sens, Soiffons, Thiers en Auvergne, Tours, Troyes,
Villefranche, Vitry-le-François; pour le *Parlement de Touloufe*, à Agdes,
Alby, Montauban, Montpellier, Narbonne, Nîmes & Touloufe;
pour le *Parlement de Rouen*, à Alençon, Bayeux, Caen, Dieppe,
Rouen, & Vire; pour le *Parlement d'Aix*, à Arles, & Marfeille; pour
le *Parlement de Dijon*, à Autun, Châlons-fur-Saône, Saulieu, Semur
en Auxois & Dijon; pour le *Parlement de Bourdeaux*, à Bayonne,
Bourdeaux, Limoges, Saintes & Tulles; pour le *Parlement de Rennes*,
à Morlaix, Nantes, Rennes, Saint-Malo & Vannes; pour le *Parlement
de Grenoble*, à Vienne & Grenoble; pour le *Parlement de Douay*, à
Dunkerque, Lille & Valenciennes; pour le *Parlement de Pau*, à Pau;
& enfin, pour le *Parlement de Metz*, à Sedan.

Le Légiflateur a rendu commun pour toutes les autres Jurifdictions
Confulaires, l'Edit d'Etabliffement de celle de Paris du mois de Décembre 1563 (a), dont une des principoles difpofitions, eft le pouvoir

(a) » C H A R L E S, par la grace de Dieu, Roi de France : A tous préfens & à venir, SALUT.
» Savoir faifons, que fur les Requête & Remontrance à Nous faites en notre Confeil de la part des
» Marchands de notre bonne Ville de Paris, & pour le bien public & abréviation de tous procès
» & différends entre Marchands, qui doivent négocier enfemble de bonne foi, fans être aftraints
» aux fubtilités des Loix & Ordonnances, avons, par l'avis de notre très honorée Dame & Mere,
» des Princes de notre Sang, Seigneurs & Gens de notredit Confeil, ftatué, ordonné & permis ce qui
» enfuit. Premierement, avons permis & enjoint aux Prévôt des Marchands & Echevins de notredite
» Ville de Paris, de nommer & élire en l'affemblée de cent notables Bourgeois de ladite Ville, qui fe-
» ront pour cet effet appellés & remarqués, trois jours après la publication des Préfentes, cinq
» Marchands, du nombre defdits cent, ou autres abfens, pourvû qu'ils foient natifs & originaires
» de notre Royaume, Marchands & demeurans en notredite Ville de Paris : le premier defquels
» Nous avons nommé Juge des Marchands, & les quatre autres Confuls defdits Marchands, qui
» feront le ferment devant ledit Prévôt des Marchands, la Charge defquels cinq ne durera qu'un an,
» fans que pour quelque caufe & occafion que ce foit, l'un d'eux puiffe être continué.
» Ordonnons & permettons auxdits cinq Juges & Confuls, affembler & appeller trois jours avant
» la fin de leur année, jufques au nombre de foixante Marchands Bourgeois de ladite Ville, qui
» en éliront trente d'entr'eux, lefquels, fans partir du lieu, & fans difcontinuer, procéderont avec
» lefdits Juge & Confuls, en l'inftant & le jour même, à peine de nullité, à l'élection de cinq
» nouveaux Juge & Confuls des Marchands, qui feront le ferment devant les anciens; & fera
» la forme deffus dite gardée & obfervée dorénavant, en l'élection defdits Juge & Confuls, non-
» obftant oppofitions ou appellations quelconques, dont Nous réfervons à notre Perfonne & à no-
» tre Confeil la connoiffance, icelle interdifant à nos Cours de Parlement, & Prévôt de Paris.
» Connoîtront lefdits Juge & Confuls des Marchands, de tous procès & différends qui feront
» ci-après mûs entre Marchands pour fait de marchandifes feulement, leurs Veuves Marchandes
» publiques, leurs facteurs, ferviteurs, & comme étant tous Marchands, foit que lefdits diffé-
» rends procédent d'obligations, cedulles, Récépiffes, Lettres de Change, ou crédit, réponfes,
» affurances, tranfports de dettes & novation d'icelles, compte, calcul. ou erreur en iceux, com-
» pagnies, fociétés ou affociation déja faites, ou qui fe feront ci après, defquelles mat ercs &
» différends, Nous avons, de notre pleine puiffance & autorité Royale, attribué & commis la con-
» noiffance, jugement & décifion auxdits Juge & Confuls, & aux trois d'eux, privativement à
» tous nos Juges appellés avec eux, fi la matiere y eft fujette, & en font requis par les Parties,
» tel nombre de perfonnes de confeil qu'ils aviferont, exceptés toutefois & réfervés des procès de
» la qualité fufdite, ja intentés & pendans pardevant nos Juges, auxquels néanmoins enjoignons
» les renvoyer pardevant lefdits Juge & Confuls des Marchands, fi les Parties le requerent &
» confent nt.
» Et avons dès à préfent déclaré nuls tous tranfports de cédules, obligations & dettes, qui feront

donné aux Juges Confuls, de juger en dernier reffort les Caufes qui n'excedent pas la fomme de cinq cens livres.

Comme il faut avoir un âge & une expérience convenables pour décider les conteftations des autres, on ne peut être admis au nombre

    » faits par lefdits Marchands, & perfonne priviléyiée, ou autre quelconque non fujette à la Ju-
    » rifdiction defdits Juge & Confuls.
      » Et pour couper chemin à toute longueur, & ôter l'occafion de fuir & plaider, voulons &
    » ordonnons que tous ajournemens foient libellés, & qu'ils contiennent demande certaine. Et fe-
    » ront tenues les Parties comparoir en perfonne, à la premiere affignation, pour être ouies par
    » leur bouche, s'ils n'ont légitime excufe de maladie, ou abfence, efquels cas enverront par
    » écrit leurs réponfes fignées de leur main propre ou audit cas de maladie, de l'un de leurs parens,
    » ou amis, ayant de ce charge ou procuration fpéciale, dont il fera apparoir à ladite affigna-
    » tion, le tout fans aucun miniftere d'Avocat ou de Procureur.
      » Si les Parties font contraires, & non d'accord de leurs faits, délai compétent leur fera pré-
    » fix à la premiere comparution, dans lequel ils produiront leurs Témoins, qui feront ouis fom-
    » mairement; & fur leur dépofition le différend fera jugé fur-le-champ, fi faire fe peut, dont
    » Nous chargeons l'honneur & confcience defdits Juge & Confuls.
      » Ne pourront lefdits Juges & Confuls, en quelque caufe que ce foit, octroier qu'un feul dé-
    » lai, qui fera par eux arbitré, felon la diftance des lieux, & qualité de la matiere, foit pour
    » produire pieces ou Témoins; & icelui échu & paffé, procéderont au Jugement du différend
    » entre les Parties, fommairement & fans figure de procès.
      » Enjoignons auxdits Juge & Confuls vacquer diligemment en leur Charge durant le tems
    » d'icelle, fans prendre directement ou indirectement, en quelque maniere que ce foit, aucune
    » chofe, ni préfent ou don, fous couleur ou nom d'épices, ou autrement, à peine de crime de
    » concuffion.
      » Voulons & Nous plaît, que des Mandemens, Sentences, ou Jugemens qui feront donnés par
    » lefdits Juges & Confuls des Marchands, ou les trois d'eux comme deffus, fur différends mus
    » entre Marchands, & pour fait de marchandifes, l'appel ne foit reçu, pourvû que la demande
    » & condamnation n'excede la fomme de cinq cens livres Tournois pour une fois payer : & avons
    » dès à-préfent déclaré non-recevables les appellations qui feroient interjettées defdits Jugemens,
    » lefquels feront exécutés en nos Royaumes, Pays, Terres de notre obeïffance, par le premier de
    » nos Juges des lieux, Huiffier ou Sergent fur ce requis, auxquels & chacun d'eux enjoignons de
    » ce faire, à peine de privation de leurs Offices, fans qu'il foit befoin de demander aucun Pla-
    » cet, Vifa ni Pareatis.
      » Avons auffi dès à préfent déclaré nuls tous reliefs d'appel, ou commiffions qui feroient obte-
    » nues au contraire, pour faire appeller les Parties, intimer ou ajourner lefdits Juge & Confuls,
    » & défendons très expreffément à toutes nos Cours Souveraines & Chancelleries de les bailler
    » Et cas qui excéderont ladite fomme de cinq cens livres Tournois, fera paffé outre à l'entiere
    » exécution des Sentences defdits Juge & Confuls, nonobftant oppofitions ou appellations quel-
    » conques, & fans préjudice d'icelles que Nous entendons être relevées & reffortir en notre Cour
    » de Parlement de Paris, & non ailleurs.
      » Les Condamnés à garnir par provifion ou diffinitivement, feront contraints par corps à payer
    » les fommes liquidées par lefdites Sentences & Jugemens, qui n'excéderont cinq cens livres Tour-
    » nois, fans qu'ils foient reçus en nos Chancelleries à demander Lettres de Répit; & néanmoins
    » pourra le Créditeur faire exécuter fon Débiteur, condamné en fes biens, meubles, & faifir les
    » immeubles.
      » Contre lefdits Condamnés, Marchands, ne feront adjugés dommages & intérêts requis pour le
    » retardement du paiement, qu'à raifon du Denier Douze, à compter du premier ajournement,
    » fuivant nos Ordonnances faites à Orléans.
      » Les faifies, établiffemens de Commiffaires, & vente des biens ou fruits, feront faites en vertu
    » defdites Sentences & Jugemens; & s'il faut paffer outre, les criées & interpofitions de Décret
    » fe feront par autorité de nos Juges ordinaires des lieux, auxquels très expreffément enjoignons,
    » & chacun d'eux en fon détroit, tenir la main à la perfection defdites criées, adjudications &
    » héritages faifis, & à l'entiere exécution des Sentences & Jugemens qui feront donnés par lefdits
    » Juge & Confuls des Marchands, fans y ufer d'aucune remife ou longueur, à peine de tous
    » dépens, dommages & intérêts des Parties.
      » Les exécutions commencées contre les Condamnés par lefdits Juge & Confuls, feront para-
    » chevées contre leurs Héritiers, & fur les biens feulement.
      » Mandons & commandons aux Géoliers & Gardes de nos Prifons ordinaires, & de tous Hauts-
    » Jufticiers, recevoir les Prifonniers qui leur feront baillés en garde par nos Huiffiers ou Sergens
    » en exécutant les Commiffions ou Jugemens defdits Juges & Confuls des Marchands, dont ils fe-
    » ront refponfables par corps, & tout ainfi que fi le Prifonnier avoit été amené par autorité de
    » l'un de nos Juges.
      » Pour faciliter la commodité de convenir & négocier enfemble, avons permis & permettons

des Juges dans les Jurisdictions Consulaires, qu'on n'ait, savoir, le premier Juge au moins 40 ans, & les autres Consuls, au moins. 27 ans. C'est ce qui a été reglé par un Arrêt du Conseil d'Etat du 9 Septembre 1673 (a).

» aux Marchands, Bourgeois de notre Ville de Paris, natifs & originaires de notre Royaume, Pays
» & Terres de notre obéissance, d'imposer & lever sur eux telle somme de deniers qu'ils aviseront
» nécessaire pour l'achat ou louage d'une maison, ou lieu qui sera appellé la Place commune
» des Marchands ; laquelle Nous avons dès-à-présent établie à l'instar & tout ainsi que les Places
» appellées le Change en notre Ville de Lyon, & Bourses de nos Villes de Toulouse & Rouen,
» avec tels & semblables priviléges, franchises & libertés, dont jouissent les Marchands fréquen-
» tans les Foires de Lyon, & Places de Toulouse & de Rouen.

» Et pour arbitrer & accorder ladite somme, laquelle sera employée à l'effet que dessus, &
» non ailleurs, les Prévôt des Marchands & Echevins de notredite Ville de Paris assembleront en
» l'Hôtel de ladite Ville jusqu'au nombre de cinquante Marchands & notables Bourgeois, qui en
» députeront dix d'entr'eux, avec pouvoir de faire les cotisations & départemens de la somme qui
» aura été, comme dit est, accordée en l'assemblée des cinquante Marchands.

» Voulons & ordonnons que ceux qui seront refusans de payer leur taxe ou quote part, dans
» trois jours après la signification ou demande d'icelle, y soient contraints par vente de leurs
» marchandises, & autres biens meubles, & ce, par le premier notre Huissier, ou Sergent sur
» ce requis.

» Défendons à tous nos Huissiers ou Sergens faire aucun Exploit ou ajournement, en matiere
» civile, aux heures du jour que les Marchands seront assemblés en ladite Place commune, qui se-
» ront de neuf à onze heures du matin, & de quatre jusqu'à six de relevée.

» Permettons auxdits Juges & Consuls de choisir & nommer pour leur Scribe & Greffier, telle per-
» sonne d'expérience, Marchand, ou autre, qu'ils aviseront ; lequel sera toutes expéditions en bon
» papier, sans user de parchemin ; & lui défendons très étroitement de prendre, pour salaires &
» vacations, autre chose qu'un sol Tournois pour un feuillet, à peine de punition corporelle, &
» d'en répondre par lesdits Juge & Consuls en leurs propres noms, en cas de dissimulation & conni-
» vence.

» Si donnons en mandement à nos amés & féaux les Gens tenans nos Cours de Parlemens, Pré-
» vôt de Paris, Sénéchal de Lyon, Baillif de Rouen, & à tous nos autres Officiers qu'il appar-
» tiendra, que nos présentes Ordonnances ils fassent lire, publier & enregistrer, garder & obser-
» ver, chacun en son Ressort & Jurisdiction, sans y contrevenir, ni permettre qu'il y soit au-
» cunement contrevenu, en quelque maniere que ce soit : Et à fin de perpétuelle & stable mémoire,
» Nous avons fait apposer notre Scel à ces Présentes. Donné à Paris au mois de Novembre, l'an
» de grace mil cinq cent soixante-trois, & de notre Regne le troisieme. Ainsi signé : Par le Roi
» en son Conseil : DE LAUBESPINE. Et scellé du grand Scel de cire verte.

» Lecta, publicata & registrata, audito, & hoc requirente Procuratore Generali de mandato Regis
» expresso, ejusdem Domini nostri Regis, cui tamen placuit, ut hi qui in Judices Mercatorum assu-
» mentur, jusjurandum praestent quod praestari solet ab his à quorum Sententiis ad curam appel-
» latur : idque per modum provisionis dumtaxat, & secundùm ea quae in Registro Curiae praescripta
» sunt. Parisiis in Parlamento, decimâ octavâ die Januarii, anno Domini millesimo quingentesimo
» sexagesimo tertio. Sic signatum, DU TILLET.

(a) Extrait des Registres du Conseil d'Etat.

» LE ROI ayant été informé qu'encore que les Juge Consuls des Marchands des Villes de son
» Royaume, aient attribution de Jurisdiction par leur établissement, excédente celles des Juges
» des Sieges Présidiaux, en ce qu'ils ont pouvoir de juger en dernier ressort, jusqu'à la somme de
» cinq cens livres, & par provision à toutes sommes que ce puisse être, sans restriction ; & que
» par cette raison aucuns desdits Juges Consuls ne doivent être élus & admis à ladite fonction,
» qu'ils n'aient atteint l'âge, capacité & expérience requise & observée par les Juges Consuls des
» Marchands de la Ville de Paris, auxquels tous les autres doivent se conformer pour l'ordre &
» police qu'ils doivent observer, ainsi qu'il est expressément porté par ledit Edit de Sa Majesté du
» mois de Mars dernier, servant de Réglement pour le Commerce des Négocians & Marchands,
» vérifié en sa Cour de Parlement ; lesquels n'élisent pour exercer la Jurisdiction consulaire au-
» cunes personnes, qu'ils n'aient atteint l'âge de quarante ans ; néanmoins Sa Majesté a eu avis,
» qu'en aucune des Villes de son Royaume, & notamment en celle de Poitiers, cet ordre n'est
» gardé ni observé : avant le mois de Novembre dernier 1672 a été élu pour un des Juges Consuls de
» ladite Vile le nommé Augreau qui est mineur, & âgé seulement de vingt-quatre ans, &
» partant incapable d'exercer aucune Charge de Judicature, ce qui est directement contre l'inten-
» tion de Sa Majesté, & la disposition de ses Ordonnances : à quoi étant nécessaire de pourvoir,
» & prévenir à l'avenir la continuation de tels abus, & le préjudice notable que le Public en pour-
» roit souffrir : oui le Rapport du Sieur Colbert, Conseiller de Sa Majesté en tous ses Conseils

T i i ij

ARTICLE II.

Les Juge & Consuls connoîtront de tous Billets de change faits entre Négocians & Marchands, ou dont ils devront la valeur ; & entre toutes personnes pour Lettres de change ou remises d'argent faites de Place en Place.

ARTICLE III.

Leur défendons néanmoins de connoître des Billets de change entre Particuliers, autres que Négocians & Marchands, ou dont ils ne devront point la valeur ; voulons que les Parties se pourvoient pardevant les Juges ordinaires, ainsi que pour de simples promesses.

ARTICLE IV.

Les Juge & Consuls connoîtront des différends pour ventes faites par des Marchands, Artisans & Gens de Métier, afin de revendre ou de travailler de leur Profession ; comme à Tailleurs d'habits pour étoffes, passemens & autres fournitures ; Boulangers & Pâtissiers, pour bled & farine ; Maçons, pour pierres, moîlons & plâtre ; Charpentiers, Menuisiers, Charrons, Tonneliers & Tourneurs, pour bois ; Serruriers, Maréchaux, Taillandiers & Armuriers, pour fer ; Plombiers & Fontainiers, pour plomb, & autres semblables.

" & au Conseil Royal, & Contrôleur Général des Finances de France : tout considéré. LE ROI
" EN SON CONSEIL, a ordonné & ordonne que l'âge réglé par l'Edit du mois de Février
" 1671, pour les Officiers des Cours Supérieures, sera observé à l'égard des Juges Consuls ; & en
" conséquence, que le premier Juge Consul de ladite Ville de Poitiers, & autres du Royaume,
" aura quarante ans, & les autres Consuls vingt sept ans, à peine de nullité des élections qui
" seront faites au préjudice du présent Arrêt, qui sera lu, publié, lors de l'élection, & registré
" ès Greffes des Jurisdictions Consulaires. Enjoint Sa Majesté aux Commissaires de tenir la main
" à son exécution, nonobstant oppositions & autres empêchemens quelconques, dont, si aucuns
" interviennent, Sa Majesté s'en réserve à Soi & à son Conseil la connoissance, & icelle interdit
" à toutes ses Cours & autres Juges. Fait au Conseil d'Etat du Roi, tenu à Paris le neuvieme jour
" de Septembre mil six cent soixante-treize. Collationné. *Signé*, RANCHIN.
   " Collationné aux Originaux par Nous Conseiller-Sécretaire du Roi, Maison, Couronne de France
" & de ses Finances.

ARTICLE V.

Connoîtront aussi des gages, salaires & pensions des Commissionnaires, Facteurs, ou Serviteurs des Marchands, pour le fait du trafic seulement.

ARTICLE VI.

Ne pourront les Juge & Consuls connoître des contestations pour nourritures, entretiens, emmeublemens, même entre Marchands, si ce n'est qu'ils en fassent profession.

ARTICLE VII.

Les Juge & Consuls connoîtront des différends à cause des Assurances, Grosses avantures, Promesses, Obligations & Contrats concernant le Commerce de la Mer, le fret & le naulage des Vaisseaux.

ARTICLE VIII.

Connoîtront aussi du Commerce fait pendant les Foires tenues aux lieux de leur Etablissement, si l'attribution n'en est faite aux Juges-Conservateurs du Privilege des Foires.

ARTICLE IX.

Connoîtront pareillement de l'exécution de nos Lettres, lorsqu'elles seront incidentes aux affaires de leur compétence, pourvu qu'il ne s'agisse pas de l'état ou qualité des personnes.

ARTICLE X.

Les Gens d'Eglise, Gentilshommes & Bourgeois, Laboureurs, Vignerons & autres, pourront faire assigner pour ventes de bleds, vins, bestiaux, & autres denrées

*procédant de leur crû , ou pardevant les Juges ordinai-
res, ou pardevant les Juge & Consuls , si les ventes ont
été faites à des Marchands ou Artisans faisant profession de revendre.*

L'on trouve dans les neuf Articles qui précedent l'énumération des
matieres qui font de la compétence des Juge-Consuls.

Ils connoissent d'abord de tout ce qui concerne les Lettres de change,
quelles que soient les personnes qui y sont Parties intéressées , & quoique ces personnes, ou quelques-unes d'entre elles ne soient ni Marchands ni Artisans ; fussent-ils même Nobles , Officiers ou Ecclésiastiques, tout privilege cesse à cet égard , parceque les Lettres de change
appartiennent nécessairement au Commerce par leur nature , & que
tout homme qui s'engage dans une Lettre de change, soit en la tirant ,
soit en l'acceptant , soit en l'endossant , est censé par cela même , avoir
fait acte de négoce & de commerce , & s'être soumis en conséquence
aux Loix particulieres du Commerce, & à toutes les obligations qui lient
les Commerçans en pareil cas.

Il n'en est pas de même des autres Billets , comme Billets de change
ou Billets à ordre ; car , on ne peut traduire devant les Consuls pour
raison de ces sortes de Billets , qu'autant qu'ils sont faits entre Marchands , ou du moins que c'est au Marchand qui en doit la valeur ,
parceque ce n'est que dans l'un ou l'autre de ces cas , qu'ils sont présu-
més avoir eu le commerce pour objet , & qu'autrement ils sont réputés
avoir une cause particuliere & totalement étrangere au Commerce.
C'en en conséquence de cette distinction sage , que le Comte d'Estaing
fit annuller une Sentence des Consuls de Paris, par Arrêt du six Juillet
1741 , comme rendue par Juges incompétens , pour raison d'un Billet
à ordre dont il devoit la valeur.

Un précédent Arrêt de la même Cour , intervenu entre le Présidial
d'Angoulême & la Jurisdiction Consulaire de la même Ville le 24
Janvier 1733 , a confirmé de la maniere la plus solemnelle, la distinc-
tion admise par notre Ordonnance : en faisant défenses aux Juge
Consuls de connoître des Billets à ordre , si ce n'est dans le cas où le
Souscripteur du Billet & le Porteur d'icelui se trouveront Marchands.

C'est encore par une suite de cette même distinction que l'Ordonnance attribue aux Juge-Consuls la connoissance des différends que
peuvent occasionner les ventes faites par des Marchands ou Artisans ,
à d'autres Marchands ou Artisans, soit pour revendre , soit pour travailler de leur profession , parceque le Commerce est intéressé dans ces
sortes de ventes, & en est proprement le seul & unique objet ; comme
lorsqu'un Marchand attaque un Tailleur d'habits pour étoffes, ou autres fournitures ; un Boulanger ou Pâtissier, pour bled & farine ; un
Maçon, pour pierre , moilon & plâtre ; un Charpentier, Menuisier,
Charon , Tonnelier & Tourneur, pour bois ; un Serrurier, Maréchal,

Taillandier & Armurier, pour fer; un Plombier & Fontainier, pour plomb : ce font les exemples que l'Ordonnance nous donne elle-même. Mais, si les ventes qui font le sujet de la contestation, quoique faites entre Marchands & Artisans, n'ont point une liaison nécessaire avec le Commerce ou le Métier dont ils se mêlent réciproquement, comme lorsqu'un Marchand de fer vend du fer à un Marchand de drap, ou à tout autre Marchand ou Artisan, qui ne peut être censé l'avoir acheté pour le revendre, ou pour en faire usage dans son métier ou sa profession, ces sortes de ventes ne font nullement de la compétence des Consuls, & la connoissance en appartient aux Juges ordinaires.

Les Juge-Consuls connoissent cependant encore, comme choses accessoires au Commerce, de ce qui concerne les gages & salaires des Commissionnaires, Facteurs & Serviteurs des Marchands, lorsque ces appointemens ont pour objet le trafic dont le Marchand se mêle.

L'Ordonnance attribuoit pareillement aux Jurisdictions Consulaires les contestations pour raison du Commerce maritime. Mais cette connoissance leur a été depuis ôtée, par l'Ordonnance de la Marine du mois d'Août 1681, pour être transportée aux Sieges des Amirautés.

Ils connoissent aussi de ce qui concerne le Commerce des Foires, pendant la tenue d'icelles, à moins cependant que les Juges-Conservateurs des Privileges de ces Foires, n'en aient une attribution particuliere, comme à Lyon, où cette connoissance est attribuée, par le Réglement du Conseil du 3 Août 1669, aux Prévôt des Marchands & Echevins, en leurs qualités de Juges-Conservateurs des Foires de la Ville de Lyon.

Tout propriétaire recueillant vins, bled, bestiaux, ou autres denrées provenans de son crû, & qui les a vendus à un Marchand ou autre, faisant profession de les revendre, a le choix de faire assigner le Débiteur, ou dans la Jurisdiction Consulaire du lieu, comme s'agissant d'un objet de Commerce, relativement à celui qui en doit le prix, ou devant les Juges ordinaires, en se renfermant alors dans la regle générale.

ARTICLE XI.

Ne sera établi dans la Jurisdiction Consulaire aucun Procureur, Syndic, ni autre Officier, s'il n'est ordonné par l'Edit de création du Siege, ou autre Edit dûment registré.

ARTICLE XII.

Les procédures de la Jurisdiction Consulaire seront faites suivant les formes prescrites par le Titre seizieme de notre Ordonnnance du mois d'Avril mil six cent soixante-sept.

Il n'y a point encore actuellement de Procureurs en titre d'office dans les Jurifdictions Confulaires ; ceux qui y exercent cet emploi, n'ont befoin pour cela, que d'être agréés du Tribunal.

Quant aux autres Officiers fubalternes, les différens Edits ont créé, fupprimé & rétabli fucceffivement, des Charges de Greffiers & d'Huif- fiers, dans chaque Juftice Confulaire du Royaume.

Pour ce qui concerne les procédures à tenir pour la matiere Con- fulaire, elles font des plus fommaires ; & comme nous avons déja eu occafion de nous expliquer fur cette matiere, dans notre Commen- taire, fur l'Ordonnance Civile de 1667, (Tome I. page 175), pour éviter ici une répétition inutile, nous nous bornerons à y renvoyer le Lecteur.

ARTICLE XIII.

Les Juge-Confuls, dans les matieres de leur compé- tence, pourront juger, nonobstant tout déclinatoire, ap- pel d'incompétence, prife à partie, renvois requis & fignifiés, même en vertu de nos Lettres de committimus, aux Requêtes de notre Hôtel ou du Palais, du privilege des Univerfités, des Lettres de Garde-gardiennes, & tous autres.

(a) CE JOUR les Gens du Roi font entrés, & Maître Henri François d'Agueffeau, Avocat dudit Seigneur Roi, portant la parole, ont dit : Que les obligations de leur miniftere ne leur per- mettoient pas de demeurer plus long-tems dans le filence fur les conteftations trop publiques que l'intérêt de la Jurifdiction a fait naître depuis quelque tems entre les Officiers du Châtelet & les Juge & Confuls.

Que quelque foin que l'Ordonnance de 1673 ait pris de marquer des bornes juftes & cer- taines entre la Jurifdiction des Juges ordinaires & celle des Juge & Confuls, il faut avouer néanmoins que l'affectation des Plaideurs a excité depuis long tems une infinité de conflits, dans lefquels on s'eft efforcé de confondre ce que l'Ordonnance & les Arrêts de Réglemens de la Cour avoient fi fagement & fi exactement diftingué.

Que jufqu'à préfent ces conflits fe paffoient entre les Parties, les Juges ne paroiffoient point y prendre aucune part, & quelques inconvéniens particuliers ne fembloient pas demander un remede général : mais aujourd'hui les chofes ne font plus en cet état ; on a vu afficher dans Paris, d'un côté une Ordonnance des Juge & confuls, de l'autre une Ordonnance du Prévôt de Paris, pour foutenir les intérêt oppofés de leur Jurifdiction ; les Parties menacées de condam- nations d'amende, incertaines fur le choix du Tribunal où elles devoient porter leurs contefta- tions, attendent avec impatience que la Cour, fupérieure en lumieres, comme en autorité, leur donne des Juges certains, & rende l'accès des Tribunaux inférieurs auffi facile & auffi fût, qu'il paroît à préfent & difficile & douteux.

Que s'il s'agiffoit de prononcer définitivement fur l'appel de ces prétendus Réglemens, il ne feroit peut être que trop aifé de faire favoir que l'un & l'autre renferment des nullités effentielles, & des défauts prefqu'également importans.

Que d'un côté, quelque favorable que foit la Jurifdiction Confulaire, elle ne peut pourtant

ARTICLE

ARTICLE XIV.

Seront tenus néanmoins , fi la connoiffance ne leur en appartient pas , de déférer au déclinatoire , à l'appel d'incompétence , à la prife à partie, & au renvoi.

" s'attribuer l'autorité de faire des Réglemens, on n'y trouve ni un office & un miniftere public " qui puiffe les requerir , ni des Juges revêtus d'un caractere affez élevé pour pouvoir les ordonner , " ni un territoire dans lequel ils puiffent les faire exécuter.

" Que d'ailleurs , l'Ordonnance que les Juges & Confuls ont fait publier , n'eft qu'une fimple " & inutile répétition de l'Ordonnance de 1673 , qui n'en contient que les termes , fans en avoir " l'autorité.

" Que d'un autre côté , le Réglement contraire qui a été affiché , en vertu d'une Ordonnance " du Prévôt de Paris , paroît d'abord plus favorable, non-feulement par les prérogatives éminen- " tes qui diftinguent fa Jurifdiction de celle des Juges & Confuls ; mais encore, parceque les Offi- " ciers du Châtelet trouvent leur excufe dans la conduite des Juges, qu'ils regardent comme " leurs Parties ; ils n'ont point à fe reprocher , comme eux, d'avoir fait éclater , les premiers , une " divifion & un combat de fentimens, fouvent contraires à l'honneur des Juges , & toujours au " bien public. Ils n'ont fait que défendre leur Compétence , & foutenir leur Jurifdiction, attaquée " par l'Ordonnance des Juges & Confuls.

" Mais fi la forme de cette derniere Ordonnance paroit plus réguliere que celle de la premiere , " on eft néanmoins forcé de reconnoître, dans la fubftance même , & dans la difpofition de ce " Réglement , des défauts importans, qui ne permettent pas que l'on en tolere l'execution.

" Qu'on y trouve d'abord cet Expofé injurieux aux Juges & Confuls, (que les Marchands Ban- " queroutiers, pour être favorifés & éviter la peine de mort prononcée par les Ordonnances pour " le crime de banqueroute, s'adreffent à leurs Confreres, qui homologuent très facilement les Con- " trats faits avec des Créanciers fuppofés), comme s'il étoit permis à des Juges, dans une Ordon- " nance publique , d'accufer d'autres Juges de connivence & prefque de collufion avec les crimi- " nels , pour étouffer la connoiffance d'un crime , & le dérober à la vengeance publique.

" Qu'on fuppofe enfuite dans cette Ordonnance , que les Juges & Confuls n'ont point de Sceau, " & qu'ils doivent emprunter celui du Châtelet , quoiqu'ils foient dans une poffeffion im- " mémoriale d'avoir un Sceau particulier , & que même dans ces derniers tems le Roi ait érigé " en titre d'Office un Garde Scel de la Jurifdiction Confulaire.

" Qu'on y infinue que le Sceau du Châtelet peut lui attribuer Jurifdiction, même en matiere " Confulaire ; que l'homologation des Contrats paffés entre un Débiteur & fes Créanciers , appar- " tient indiftinctement , & dans tous les cas, au Prévôt de Paris ; qu'il a droit de connoître de toutes " les Lettres de Change entre toutes fortes de perfonnes, fi ce n'eft entre Négocians. Et l'on y " avance plufieurs autres propofitions, dont les unes paroiffent directement contraires à la difpofi- " tion des Ordonnances ; & les autres ne peuvent être admifes qu'avec diftinction.

" Mais ce qui leur paroit encore plus important, c'eft que l'on s'éloigne dans ce Réglement de " l'efprit & de la fage difpofition de l'Ordonnance de 1673. Cette Loi a fuppofé que les Sergens " & les autres Miniftres inférieurs de la Juftice, étant tous dans la dépendance des Juges ordi- " naires, il étoit inutile de leur faire des défenfes rigoureufes de por et pardevant les Confuls les " caufes dont la connoiffance appartient à la Juftice ordinaire : on a cru au contraire , que tou- " jours attentifs à foutenir la Jurifdiction de leurs Supérieurs, ils feroient plus capables de priver " les Confuls de ce qui leur appartient , que de leur déférer ce qui ne leur appartient pas. C'eft " pour cela que fi l'Ordonnance prononce des condamnations d'amendes , & contre les Parties, & " contre les Officiers qui leur auront prêté leur miniftere ; c'eft uniquement contre ceux qui ont " voulu dépouiller les Confuls d'une partie de leur Jurifdiction. Cependant , contre l'intention " & les termes de l'Ordonnance le nouveau Réglement du Châtelet impofe des peines féveres à " ceux qui portent dans le Tribunal des Juges & Confuls, des caufes qui font de la Jurifdiction " ordinaire. La crainte de ces peines réduit fouvent les Parties dans l'impoffibilité de trouver des " Sergens qui veuillent fe charger de leurs affignations , & le moindre inconvénient, auquel " cette nouveauté puiffe donner lieu, eft le retardement de l'expédition , qui dans ces fortes de " matieres , encore plus que dans les autres, fait un partie fi confidérable de la Juftice.

" Qu'au milieu de tant de moyens, par lefquels on pourroit combattre ces deux Ordonnances " contraires , ils voient avec plaifir que les Officiers de l'une & de l'autre Jurifdiction n'en ont point " interjetté d'appellations refpectives, ils ont confervé le caractere de Juges , & n'ont point voulu " prendre celui de Parties ; & fans quitter les fonctions importantes qu'ils rempliffent avec l'ap- " probation du Public, pour venir dans ce Tribunal défendre les droits de leurs Sieges, ils fe font " contenés de remettre leurs Mémoires entre leurs mains , pour attendre enfuite , avec tout le Pu- " blic, le Réglement qu'il plaira à la Cour de prononcer.

Tome II. K k k

ARTICLE XV.

Déclarons nulles , toutes Ordonnances , Commiſſions, Mandemens pour faire aſſigner , & les aſſignations don- nées en conſéquence , pardevant nos Juges & ceux des Seigneurs ; en révocation de celles qui auront été données

›› Qu'ils oferont prendre la liberté de lui dire que le meilleur de tousles Réglemens , fera le plus
›› ſimple, c'eſt a dire , celui qui, en défendant également l'exécution des deux nouvelles Ordonnances ,
›› que leur contrariété rend également inutiles & illuſoires , remettra les choſes dans le même état
›› où elles étoient avant ces prétendus Réglemens , & ordonnera purement & ſimplement l'obſerva-
›› tion de la Loi commune de l'une & l'autre Juriſdiction, c'eſt à dire , l'Ordonnance de 1673.
›› Mais que pour le faire d'une maniere plus préciſe, qui prévienne & qui termine dans le prin-
›› cipe toutes les conteſtations générales ou particulieres , qui pourroient naître à l'avenir , ils croient
›› devoir obſerver ici , que les plaintes des Juges & Conſuls, contre les entrepriſes des Officiers du
›› Châtelet, ſe ré uiſent à deux chefs principaux.
›› Le premier regarde les révocations des aſſignations données pardevant les Juges & Conſuls.
›› Le ſecond concerne l'élargiſſement des Priſonniers arrêtés en vertu de Jugemens rendus en la
›› Juriſdiction Conſulaire.
›› L'Ordonnance de 1673 ſembloit avoir ſuffiſamment pourvu à l'un & l'autre de ces chefs, en
›› défendant à tous Juges ordinaires de révoquer les aſſignations données pardevant les Conſuls, &
›› de ſuſpendre , ou d'empêcher l'exécution de leurs Ordonnances.
›› Qu'on a éludé la premiere partie de cette diſpoſition , par la facilité que l'on a trouvée au Châ-
›› telet , de révoquer les aſſigna tions données pardevant les Juges & Conſuls, non pas à la vérité,
›› ſous le nom des Parties (ce ſeroit une contravention groſſiere à l'Ordonnance) , mais ſous le
›› nom de la Partie publique , & à la requiſition des Gens du Roi: & comme ces ſortes de requiſi-
›› tions ne ſe refuſent jamais, la ſage diſpoſition de l'Ordonnance eſt devenue inutile , & les con-
›› flits ſe ſont multipliés par l'aſſurance de l'impunité.
›› Qu'à l'égard de l'autre partie de l'Ordonnance , il paroît qu'elle n'a pas toujours été réguliere-
›› ment obſervée au Châtelet, & que l'on y a quelquefois ſurpris des Sentences portant permiſſion
›› d'élargir les Priſonniers arrêtés pour des condamnations prononcées par les Conſuls.
›› Que pour oppoſer un remede auſſi prompt qu'efficace à ces deux inconvéniens, ils ne propo-
›› ſeront à la Cour que ce qu'ils trouvent écrit dans quelques - uns de ces Arrêts de Réglemens ,
›› & entr'autres dans des Arrêts rendus en 1611 , 1615 , 1648 , 1650 pour les Conſuls de Paris, &
›› dans un Arrêt de 1665 , donné en faveur des Conſuls d'Orléans.
›› Qu'il a été défendu par ces Arrêts , tant aux Parties qu'aux Subſtituts de Monſieur le Procureur
›› Général , de faire révoquer , caſſer & annuller les aſſignations données pardevant les Juges & Con-
›› ſuls, & de requérir aucune condamnation d'amende contre ceux qui ſe ſeroient pourvus en ce
›› Tribunal Que les mêmes Réglemens défendent à tous Juges de ſurſeoir , arrêter ou empêcher
›› l'exécution des Sentences rendues par les Juges & Conſuls, ſauf aux Parties à avoir recours à l'au-
›› torité de la Cour , pour leur être pourvu
›› Qu'ainſi , la raiſon & l'autorité , le bien public & particulier, l'intérêt des Juges , & celui des
›› Parties, tout concourt à les déterminer à demander à la Cour qu'il lui plaiſe de ſuivre ici ſes
›› propres exemples (ils ne p uvent lui en propoſer de plus grands), de prévenir par des définis
›› reſpectives les inconvéniens dans leſquels deux Réglemens contraires peuvent jetter les Parties,
›› d'ordonner enſuite l'exécution pure & ſimple de l'Ordonnance , de condamner les voies indi-
›› rectes par leſquelles l'artifice des Parties a trouvé depuis quelque tems le moyen de l'éluder , &
›› de faire enſorte que l'attention des Juges , qui ſont ſoumis à l'autorité de la Cour, n'étant plus
›› partagée par des conflits de Juriſdiction , ſi peu dignes de les occuper , ſe réuniſſe déſormais , &
›› ſe conſacre toute entiere au ſervice du Public, dans la portion de Juriſdiction que la bonté du
›› Roi veut bien leur confier.
›› C'eſt par toutes ces raiſons , qu'ils requierent , qu'il plaiſe à la Cour recevoir Monſieur le Pro-
›› cureur Général appellant deſdites Sentences en forme de Réglement, rendues , l'une par les Juges
›› & Conſuls, le 17 Mars 1698 , l'autre par le Prévôt de Paris , ou ſon Lieutenant , le 23 Avril
›› ſuivant, faire défenſes de les exécuter , juſqu'à ce que par la Cour en ait été autrement ordon-
›› né. Cependant, que les Edits , Déclarations , & Arrêts de Réglemens concernant la Juriſdiction
›› Conſulaire , notamment l'Article 15 du Titre XII de l'Ordonnance de 1673, ſeront exécutés
›› ſelon leur forme & teneur. Ce faiſant, faire défenſes au Prévôt de Paris , & à tous autres Ju-
›› ges de révoquer , même ſur la requiſition du Subſtitut du Procureur Général , les aſſignations
›› données pardevant les Juges & Conſuls, de caſſer & annuller les Sentences par eux rendues, de

pardevant les Juges & Consuls. Défendons, à peine de nullité, de casser ou surseoir les procédures & les poursuites en exécution de leurs Sentences, ni faire défenses de procéder pardevant eux. Voulons qu'en vertu de notre présente Ordonnance, elles soient exécutées, & que les Parties qui auront présenté leurs Requêtes pour faire casser, révoquer, surseoir ou défendre l'exécution de leurs Jugemens, les Procureurs qui les auront signées, & les Huissiers ou Sergens qui les auront signifiées, soient condamnés chacun en cinquante livres d'amende, moitié au profit de la Partie, moitié au profit des Pauvres, qui ne pourront être remises ni moderées ; au paiement desquelles, la Partie, les Procureurs & les Sergents, seront contraints solidairement.

» prononcer aucune condamnation d'amende, pour distraction de Jurisdiction, contre les Parties qui
» auront fait donner, ou contre les Sergens qui auront donné des assignations pardevant les Juges
» & Consuls, sauf aux Parties à se pourvoir en la Cour, pour leur être fait droit, & au Subs-
» titut de Monsieur le Procureur Général à intervenir, si bon lui semble, même à interjetter ap-
» pel, en cas de collusion ou de négligence des Parties, pour l'intérêt de la Jurisdiction du Pré-
» vôt de Paris ; faire pareilles inhibitions & défenses au Prévôt de Paris, & à tous autres Juges, de
» surseoir, arrêter, ou empêcher, en quelque maniere que ce puisse être, l'exécution des Senten-
» ces émanées de la Jurisdiction Consulaire ; & de faire élargir les Prisonniers arrêtés ou recom-
» mandés en vertu des Sentences des Consuls. Comme aussi faire défenses aux Juges & Consuls
» d'entreprendre de connoître des matieres qui sont de la compétence des Juges ordinaires : enjoint
» à eux de déférer au renvoi requis par les Parties, dans les cas qui ne sont point de leur com-
» pétence, suivant l'Ordonnance, & que l'Arrêt qui interviendra sur leurs Conclusions, sera lu
» & publié, tant à l'Audience du Châtelet, qu'à celle des Juges & Consuls, & affiché par-tout
» où besoin sera.
» Les Gens du Roi retirés : Vû lesdites Sentences en forme de Réglement, desdits jours dix-sept
» Mars & vingt-trois Avril derniers ; la matiere mise en délibération :
» LA COUR a reçu le Procureur Général du Roi appellant desdites Sentences en forme de
» Reglement ; lui permet de faire intimer qui bon lui semblera pour procéder sur ledit Appel, sur
» lequel il sera fait droit, ainsi que de raison ; cependant fait défenses respectives de les exécu-
» ter : ordonne que les Edits & Déclarations du Roi, & les Arrêts & Réglemens de la Cour, con-
» cernant la Jurisdiction Consulaire, & nommément l'Article xv du Titre XII de l'Ordonnance
» de 1673, seront exécutés selon leur forme & teneur : & en conséquence, fait défenses au Pré-
» vôt de Paris, & à tous autres Juges, de renvoyer, même sur la requisition des Substituts du
» Procureur Général du Roi, les assignations données pardevant les Juges & Consuls, de casser
» & annuller leurs Sentences ; d'en surseoir, arrêter, ou empêcher, en quelque maniere que ce
» soit, l'exécution ; de faire élargir les Prisonniers arrêtés ou recommandés en vertu de leurs Ju-
» gemens, & de prononcer aucunes condamnations d'amende, pour distraction de Jurisdiction,
» tant contre les Parties, que contre les Huissiers, Sergens & tous autres, qui auront donné ou
» fait donner des assignations pardevant lesdits Juges & Consuls ; sauf auxdites Parties de se
» pourvoir en la Cour par appel, pour leur être fait droit sur le renvoi par elles requis, & au
» Substitut du Procureur Général du Roi d'y intervenir, ou même d'interjetter appel de son chef,
» pour la conservation de la Jurisdiction, ainsi qu'il verra bon être.
» Comme aussi fait inhibitions & défenses aux Juges & Consuls de connoître des matieres qui
» ne sont pas de leur compétence : & leur enjoint dans ces cas de déférer aux renvois dont ils se-
» ront requis par les Parties. Ordonne que le présent Arrêt sera lu & publié à l'Audience du Parc
» Civil du Châtelet, & à celle des Juges & Consuls de cette Ville de Paris, & affiché par tout où
» besoin sera. FAIT en Parlement ce septieme Août mil six cent quatre-vingt dix-huit. Signé, DONGOIS.

Tous les privileges (foit qu'ils foient attachés à la perfonne, comme le droit de *Committimus*, foit qu'ils foient attachés à une Province entiere, comme celui dont jouiffent les Habitans de la Franche-Comté, de ne pouvoir être diftraits de leur Province; foit qu'ils foient fimplement attachés à un Tribunal particulier, comme l'attribution de Jurifdiction, attachée au Scel du Châtelet de Paris & du Préfidial d'Orléans), tous ces privileges, difons-nous, ceffent, & n'ont aucun effet en matiere Confulaire. Ainfi les Juge-Confuls ne font point obligés de déferer aux déclinatoires, qui leur font propofés en conféquence; & ils font au contraire autorifés à paffer outre.

Mais fi le déclinatoire eft fondé fur d'autres moyens valables, les Juge-Confuls font néceffairement obligés d'y avoir égard, & de renvoyer les Parties pardevant les Juges qui en doivent connoître. Au refte, foit qu'ils faffent droit fur le déclinatoire propofé, foit qu'ils paffent outre, ils font affujettis à faire mention de la propofition du déclinatoire, attendu qu'il ne feroit pas poffible de le conftater autrement, parcequ'il ne fe propofe devant eux que verbalement à l'Audience. Il y a fur cela une difpofition précife dans l'Ordonnance de 1667, qui a pour objet, d'empêcher par cette précaution les fins de non-recevoir contre les appels d'incompétence des Sentences des Confuls, qu'on pourroit faire réfulter du défaut de preuve de la propofition du déclinatoire en premiere inftance.

Comme les Jurifdictions ordinaires, quelques prérogatives qu'elles aient d'ailleurs, ne font point fupérieures des Jurifdictions Confulaires, elles ne peuvent point entreprendre refpectivement les unes fur les autres, n'y exercer l'une fur l'autre aucun acte d'autorité, comme de révoquer les affignations, de caffer & annuller réciproquement les Sentences les unes des autres. Il n'y a que le Supérieur commun, qui eft le Parlement, auquel appartient le droit de les regler fur ce point. C'eft ce qui a donné lieu à un Arrêt de réglement rendu au Parlement de Paris entre le Châtelet & les Juges Confuls de cette Ville, le fept Août mil fix cent quatre vingt-dix-huit, fur le réquifitoire de feu M. le Chancelier d'Agueffeau, alors Avocat Général. Cet Arrêt, en ordonnant nommément l'exécution de l'Article 15 du préfent Titre, a fait défenfes au Prévôt de Paris, & à tous autres Juges, de révoquer, même fur la réquifition des Subftituts du Procureur Général, les affignations donrées pardevant les Juge-Confuls, de caffer & annuller leurs Sentences, d'en furfeoir, arrêter ou empêcher en quelque maniere que ce foit l'exécution, de faire élargir les Prifonniers, arrêtés ou recommandés en vertu de leurs Jugemens, & de prononcer aucune condamnation d'amende pour diftraction de Jurifdiction, tant contre les Parties que contre les Huiffiers, Sergens & tous autres qui auront donné ou fait donner des affignations pardevant lefdits Juges & Confuls, fans préjudice aux Parties de fe pourvoir en la Cour par appel, pour leur être fait droit fur le renvoi par elles requis, & au Subftitut du Procureur Général du Roi d'y intervenir, ou même d'interjetter appel de fon chef, pour la confervation de la Jurifdiction, ainfi qu'il verra bon être.

Comme auffi le même Arrêt fait inhibitions & défenfes aux Juges & Confuls de connoître des matieres qui ne font pas de leur compétence ; leur enjoint dans ces cas de déférer aux renvois dont ils feront requis par les Parties.

ARTICLE XVI.

Les Veuves & Héritiers des Marchands, Négocians, & autres contre lefquels on pourroit fe pourvoir pardevant les Juges & Confuls, y feront affignés ou en reprife, ou par nouvelle action. Et en cas que la qualité ou de commune, ou d'héritier pur & fimple, ou par bénéfice d'inventaire, foit conteftée, ou qu'il s'agiffe de douaire, ou de legs univerfel, ou particulier, les Parties feront renvoyées pardevant les Juges ordinaires pour les regler ; & après le Jugement de la qualité, douaire ou legs, elles feront renvoyées pardevant les Juges - Confuls.

Cet Article concerne les Veuves & Héritiers des Marchands.

Si en qualité de Veuve ou d'Héritier, les uns ou les autres font dans le cas d'être affignés ou en reprife ou par nouvelle action, pour raifon d'une dette provenant du défunt, & concernant le Commerce dont il fe mêloit, ils peuvent être traduits aux Confuls par droit de fuite, & comme repréfentans le Marchand Négociant décedé, quand bien même ils ne feroient perfonnellement aucun Commerce ; mais comme la contrainte par corps eft attachée à la perfonne & meurt avec elle, les condamnations Confulaires qui pourroient intervenir contre ces repréfentans (Veuve ou Héritier), ne feroient exécutoires contre eux, que fur les biens & non par corps.

Il y a plus, fi relativement à une conteftation de cette nature, portée dans les Jurifdictions Confulaires contre une Veuve ou des Héritiers, il s'élevoit quelque queftion fur leur qualité qu'il fallût juger préalablement, comme acceptation ou renonciation de communauté, de fucceffion par bénéfice d'inventaire ou autrement, de legs univerfel ou particulier, les Juges Confuls, renfermés ftrictement dans ce qui eft relatif au Commerce, feroient obligés de renvoyer ces queftions devant les Juges ordinaires pour y être décidées préalablement ; fauf enfuite à revenir à leur Tribunal pour y faire juger la conteftation de Commerce dont ils font faifis.

ARTICLE XVII.

Dans les matieres attribuées aux Juge-Consuls, le Créancier pourra faire donner l'assignation à son choix, ou au lieu du domicile du Débiteur, ou au lieu auquel la promesse a été faite & la marchandise fournie, ou au lieu auquel le paiement doit être fait.

ARTICLE XVIII.

Les assignations pour le Commerce maritime, seront données pardevant les Juge-Consuls du lieu où le contrat aura été passé. Déclarons nulles celles qui seront données pardevant les Juge-Consuls du lieu d'où le Vaisseau sera parti, ou de celui où il aura fait naufrage.

Un Créancier, en matiere Consulaire, a le choix de traduire son Débiteur dans celles de trois Jurisdictions Consulaires qui sont plus à sa bienséance ; savoir, 1°. dans celles du domicile du Débiteur en suivant la regle, *actor sequitur forum rei ;* 2°. ou dans celles du lieu où la promesse a été faite & la marchandise fournie, parceque c'est là où l'engagement a été contracté ; mais il faut pour cela que deux choses concourent ; savoir, la passation de la promesse, & la livraison de la marchandise dans le même lieu, car s'il n'y avoit que l'une des deux circonstances, l'option déferée par l'Ordonnance, ne pourroit avoir lieu ; 3°. enfin, dans la Jurisdiction Consulaire du lieu où le paiement doit être fait, comme étant celui où l'engagement se termine, & acquiert son entiere consommation ; ce qui suppose que dans le Billet ou Promesse, on a nommément spécifié un lieu particulier où le paiement devoit se faire.

A l'égard de ce que le dernier article prescrit concernant le Commerce maritime, il n'en est plus maintenant question, les Juges & Consuls n'ayant plus la connoissance de ce qui concerne ces matieres, qui sont dévolues aux Sieges des Amirautés, ainsi que nous l'avons déja précédemment observé.

FORMULES DES ACTES ET PROCEDURES
RELATIVES AU PRESENT TITRE.

L'an mil sept cent . . . . le . . . . jour de . . . . à la Requête de . . . . Marchand . . . . à Paris, y demeurant rue . . . . Paroisse . . . . où il élit son domicile, J'ai . . . . . Huissier à . . . . demeurant à . . . . . soussigné, donné assignation à . . . . . Marchand . . . . . à Paris, y demeurant rue . . . en son domicile, parlant à . . . . à comparoir . . . prochain de relevée au Consulat de Paris, pour se voir condamner. & par corps, à payer au Demandeur la somme de . . . . pour marchandises qu'il a fournies, vendues & livrées au Défendeur, suivant son Livre journal, dont lui a été, par ces Présentes, donné copie par extrait ; ensemble à payer le profit & intérêts de ladite somme & aux dépens ; & lui ai, parlant comme dessus, laissé copie, tant de l'extrait dudit Livre journal que du présent.

Assignation aux Consuls.

L'an mil mil sept cent . . . . le . . . . jour de . . . . à la Requête de . . . . demeurant à . . . . où il élit son domicile, J'ai . . . . Huissier à . . . . demeurant à . . . . soussigné, donné assignation à . . . . Bourgeois de Paris, & à Françoise . . . . sa femme, Marchande Lingere à Paris, y demeurant rue . . . . en leur domicile parlant à . . . . à comparoir . . . . prochain de relevée au Consulat de Paris, pour se voir condamner solidairement ladite femme par corps & ledit . . . . son mari par les voies ordinaires, à payer au Demandeur la somme de . . . . pour la quantité de . . . . pieces de toile, qu'il a vendues & livrées à la Défenderesse, suivant son Livre journal dont lui a été laissé copie par extrait ; aux intérêts de ladite somme, & aux dépens ; & lui ai laissé, parlant comme dessus, copie par extrait dudit Livre journal & du présent.

Autre à une Marchande publique.

L'an mil sept cent . . . . le . . . . jour de . . . . à la Requête de . . . . Marchand . . . . demeurant à . . . . . Paroisse de . . . - . où il élit son domicile, J'ai Huissier à . . . . demeurant à . . . . soussigné, donné assignation à . . . . . demeurant . . . . . . en son domicile audit lieu où je me suis exprès transporté, distant de . . . . . ma demeure de . . . . lieues, en parlant à . . . à comparoir . . . . prochain du matin au Consulat de Paris, pour se voir condamner & par corps, à payer au Demandeur, la somme de . . . . contenue en son billet à ordre, dont copie est ci dessus transcrite ; & pour en outre répondre & procéder comme de raison, requerant les intérêts de ladite somme & dépens ; & lui ai laissé, parlant comme dessus, copie tant dudit billet à ordre, que du présent.

Autre pour avoir paiement d'un billet à ordre.

L'an mil sept cent . . . . le . . . à la Requête de . . . . demeurant à . . . . rue . . . . où il élit son domicile, J'ai Huissier à . . . . demeurant à . . . . soussigné, signifié, offert réellement & à deniers découverts au Sieur . . . demeurant à . . . . en son domicile parlant à . . . . la somme de . . . . en . . . . écus de six livres, pieces & monnoie, le tout bon & ayant cours ; savoir, celle de . . . . . de principal . . . en quoi ledit . . . . a été condamné envers ledit . . . . par Sentence rendue au Consulat de Paris le . . . à lui signifiée le . . . celle de . . . pour les intérêts de lad.te somme principale échus jusqu'à ce jour ; celle de . . . . pour les dépens, taxés & liquidés par ladite Sentence ; celle de . . . . pour la copie & signification d'icelle, sauf à augmenter, si le cas y échoit ; sommant ledit Sieur . . . parlant comme dessus, de présentement recevoir ladite somme de . . . . ci-dessus offerte, & d'en donner bonne & valable quittance & décharge ; lequel Sieur . . . . parlant comme dessus, a été sommé de recevoir ladite somme ci-dessus offerte, refusant ; pour lequel refus, je lui ai, parlant comme dessus, donné assignation à comparoir . . . prochain, de relevée au Consulat de Paris, pour voir déclarer lesdites offres bonnes & valables ; dire & ordonner qu'il sera permis au De-

Offres réelles refusées avec assignation pour les voir déclarer valables.

mandeur de conſigner ladite ſomme de . . . . ci-deſſus offerte ès mains de M . . . .
Greffier dudit Conſulat, aux riſques, périls & fortunes dudit Défendeur; & pour en
outre répondre & procéder comme de raiſon, requerant dépens; & lui ai laiſſé,
parlant comme deſſus, copie du préſent.

SI DONNONS EN MANDEMENT, à nos
amés & féaux Conſeillers, les Gens tenans nos Cours
de Parlemens, Chambre des Comptes, Cour des Aydes,
Baillifs, Sénéchaux, & tous autres nos Officiers, que
ces Préſentes ils gardent, obſervent & entretiennent, faſſent garder, obſerver & entretenir : & pour les rendre notoires à nos Sujets, les faſſent lire, publier & regiſtrer;
CAR TEL EST NOTRE PLAISIR. Et afin que ce ſoit choſe
ferme & ſtable à toujours, Nous y avons fait mettre notre
Scel. DONNÉ à Verſailles, au mois de Mars l'an
de grace mil ſix cent ſoixante-treize, & de notre
Regne le trentieme. Signé, LOUIS. Et plus bas;
par le Roi, COLBERT : & à côté eſt écrit : viſa,
DALIGRE. Edit pour le Commerce; & ſcellé du grand
Sceau de cire verte, ſur lacqs de ſoie rouge & verte.

Lu, publié & regiſtré, oui & ce requérant le Procureur Général du
Roi, pour être exécuté ſelon ſa forme & teneur. A Paris en Parlement
le Roi y ſéant, en ſon Lit de Juſtice le 23 Mars 1673. Signé,
DU TILLET.

Lu, publié & regiſtré en la Chambre des Comptes, oui, & ce
conſentant le Procureur Général du Roi, du très exprès commandement
de Sa Majeſté, porté par Monſieur le Duc d'Orléans ſon Frere unique,
venu exprès en ladite Chambre, aſſiſté du Sieur Dupleſſis, Maréchal,
Duc & Pair de France, & des Sieurs Paſſart & de Benard Rezé, Conſeillers d'Etat ordinaires, le 23 Mars 1673. Signé, RICHER.

Lu, publié & regiſtré, du très exprès commandement du Roi, porté
par Monſieur le Prince de Condé, premier Prince du Sang, aſſiſté du
Sieur de Grancé de Medavy, Maréchal de France, & des Sieurs Voiſin
& de Fieubet, Conſeillers ordinaires du Roi; oui, ce requérant &
conſentant ſon Procureur Général, pour être exécuté ſelon ſa forme
& teneur, & ordonné que copies collationnées ſeront envoyées ès Sieges des Elections, Greniers à Sel, & autres Juriſdictions du Reſſort
de la Cour, pour y être pareillement lues, publiées & enregiſtrées;
enjoint aux Suſtituts dudit Procureur Général du Roi eſdits Sieges, d'en
certifier la Cour au mois. A Paris en la Cour des Aydes les Chambres
aſſemblées, le 23 Mars 1673, Signé, BOUCHER.

ORD.

EDIT DE 1695.

CONCERNANT LA JURISDICTION ECCLESIASTIQUE.

LOUIS, par la grace de Dieu, Roi de France &
de Navarre : A tous préfens & à venir ; SALUT.
Les Députés du Clergé de notre Royaume , affemblés en
différens tems par notre permiffion , Nous ayant repréfenté que quelques-uns des Edits que les Rois nos Prédéceffeurs ont faits concernant la Jurifdiction Eccléfiaftique , & certaines difpofitions de quelques autres , n'é-
toient pas également obfervés dans tous nos Parlemens,
& que depuis qu'ils avoient été faits , il étoit furvenu
des difficultés auxquelles ils n'avoient pas pourvu ; ils
Nous ont très humblement fupplié de donner les ordres
que Nous eftimerions néceffaires , pour rendre l'exécution de ces Edits , uniforme dans tous nos Parlemens,
& de regler , ainfi que Nous le trouverions plus à propos ,
les nouveaux fujets de conteftations. Et comme Nous
reconnoiffons que Nous fommes particuliérement obligés
d'employer pour le bien de l'Eglife & le maintien de fa
Difcipline , & de la Dignité & Jurifdiction de fes Miniftres , l'Autorité fouveraine qu'il a plu à Dieu de
Nous donner ; Nous avons bien voulu réunir dans un
feul Edit , les principales difpofitions de tous ceux qui
ont été faits jufqu'à préfent , touchant ladite Jurifdiction Eccléfiaftique , & les honneurs qui doivent être rendus à cet Ordre , qui eft le premier de notre Royaume ;
& en reglant les difficultés furvenues , prévenir les in-

Tome II.   L l l

convéniens qu'elles pourroient produire, au préjudice de la discipline Eccléfiaftique, dont Nous fommes les Protecteurs ; & faire favoir en même-tems notre volonté à tous nos Officiers pour leur fervir de regle pour ce fujet. A CES CAUSES, après avoir fait examiner en notre Confeil, lefdits Edits & Déclarations, de l'avis d'icelui, & de notre certaine fcience, pleine puiffance & autorité Royale, Nous avons, par ces Préfentes, fignées de notre main, dit, ftatué, déclaré & ordonné, difons, ftatuons, déclarons & ordonnons, ce qui enfuit.

ARTICLE PREMIER.

Que les Ordonnances, Edits, & Déclarations faites par Nous, & par les Rois nos Prédéceffeurs, en faveur des Eccléfiaftiques de notre Royaume, Pays, Terres, & Seigneuries de notre obéiffance, concernant les droits, rangs, honneurs, Jurifdiction volontaire & contentieufe, feront exécutées ; & en conféquence :

AVANT que de nous jetter dans l'examen des difpofitions particulieres du préfent Edit, concernant la Jurifdiction Eccléfiaftique dans le Royaume, il eft néceffaire de donner une idée, du moins générale, de l'autorité de l'Eglife en elle-même, & de la maniere dont cette autorité fe trouve départie entre les premiers Pafteurs, pour le bien & l'avantage de la Religion.

Cette authorité réfide ; 1°. dans l'Eglife entiere ; 2°. dans le Pape ; 3°. dans chacun des Evêques.

Nous difons, en premier lieu, que la plénitude de l'autorité Eccléfiaftique réfide dans l'Eglife entiere, foit affemblée en Concile, foit difperfée. En

effet, c'eſt elle ſeule qui a la propriété du Pouvoir des Clefs; il n'y a que ſes Jugemens qui ſoient
infaillibles, & univerſellement obligatoires, du
moins quant au Dogme; car quant à la Diſcipline,
les déciſions d'un Concile, même général, ont
beſoin d'être reçues & adoptées enſuite par chaque
Egliſe particuliere, pour pouvoir y avoir lieu,
d'autant qu'en matiere de Diſcipline, ce qui peut
être bon pour un lieu, peut très bien n'être pas
convenable dans un autre; & qu'il eſt parconſé-
quent preſque impoſſible de faire ſur cela des regles
abſolument générales & univerſelles.

C'eſt par ces motifs que le dernier Concile général (le Concile de Trente) n'a pas lieu en
France pour la Diſcipline; & ſi nous ſuivons quelques-unes de ſes diſpoſitions à cet égard, c'eſt
parceque nous nous les ſommes en quelque ſorte
appropriées, & qu'elles ont été autoriſées expreſſément par nos Ordonnances, comme celle de Blois,
& pluſieurs Edits ou Déclarations poſtérieures.

Le Pape eſt le Chef de l'Egliſe & le centre de
ſon unité, mais il n'en eſt pas le Monarque. Il
peut, à la vérité, comme Prince temporel, donner
des Loix dans les Etats d'Italie, qui ſont ſous ſa
domination; mais hors de ſon Territoire, ſa Puiſſance
temporelle expire. C'eſt donc une erreur, qui ne doit
ſon origine qu'à l'ignorance & à la ſuperſtition, de
croire que le Pape ait aucun droit ſur les biens temporels, même eccléſiaſtiques, des autres Etats, encore moins qu'il puiſſe diſpoſer des Couronnes, &
les transférer d'une tête ſur l'autre, ſuivant qu'il lui
plaît. Le Chef n'a pas plus de droit que le Corps

entier. Or fi l'Eglife entiere n'a aucun pouvoir fur le
Temporel, fi fon pouvoir fe borne uniquement au
Spirituel & à l'intérieur des confciences, comme
on n'en peut douter, d'après Jefus-Chrift lui-même,
à combien plus forte raifon, doit-on regarder,
comme une entreprife reprouvée par l'Evangile
même, celle de quelques Papes ambitieux fur le
temporel des Rois! A l'égard du Spirituel, outre
que le Pape a fur tous les autres Evêques la primau-
té qui le conftitue le premier d'entre eux, qui le
rend le Chef vifible de l'Eglife, & lui attribue une
infpection générale fur l'Eglife univerfelle, il a
une Jurifdiction immédiate dans le Diocèfe de
Rome, & un droit particulier dans les Provinces,
Suburbicaires (a), comme Patriarche, felon le Concile de Nicée; mais fon pouvoir immédiat ne s'é-
tend pas plus loin. C'eft donc fans aucun fondement qu'on prétend dans quelque Pays l'ériger en
Ordinaire des Ordinaires, & lui donner une plénitude de puiffance dans toute l'Eglife.

Les Evêques font fes Collegues. Comme il eft le
Succeffeur de Saint Pierre, ils font auffi les Succeffeurs des autres Apôtres. Ainfi, étant Juges comme
lui des matieres de la Foi, les Conftitutions émanées de la Cour de Rome, concernant la Foi, ne
font Loi qu'autant qu'elles font reçues par les Evêques, non fans examen, & comme des Inférieurs
qui obéiffent à leur Supérieur, mais comme des
égaux qui fe décident en connoiffance de caufe,
& qui ont le droit de juger *avant*, *avec* & *après* le

(a) On entend par Provinces fuburbicaires celles de l'ancien Vicariat de Rome, qui confiftoient
dans la Tofcane, l'Ombrie, la Pouille, la Sicile, l'Ifle de Corfe, la Vallerie, &c.

Pape. Ces maximes font les principaux fondemens de nos précieufes Libertés ; & elles font confacrées nommément par la fameufe Déclaration du Clergé de 1682, qui eft devenuè Loi du Royaume, au moyen de l'Edit du mois de Mars de la même année, qui l'a confirmée & autorifée de la maniere la plus autentique (a).

» (a) LOUIS, par la grace de Dieu, Roi de France & de Navarre : A tous préfens & à
» venir : SALUT. Bien que l'indépendance de notre Couronne, de toute autre Puiffance que de
» Dieu, foit une vérité certaine & inconteftable, & établie fur les propres paroles de Jefus-Chrift,
» Nous n'avons pas laiffé de recevoir avec plaifir la Déclaration que les Députés du Clergé de
» France, affemblés par notre permiffion en notre bonne Ville de Paris, Nous ont préfentée,
» contenant leurs fentimens touchant la Puiffance Eccléfiaflique ; & Nous avons d'autant plus
» volontiers écouté la fupplication que lefdits Députés Nous ont faite, de faire publier cette Dé-
» claration dans notre Royaume, qu'étant faite par une Affemblée compofée de tant de perfonnes,
» également recommandables par leur vertu & par leur Doctrine, & qui s'employent avec tant de
» zèle à tout ce qui peut être avantageux à l'Eglife & à notre fervice ; la fageffe & la modéra-
» tion avec laquelle ils ont expliqué les fentimens que l'on doit avoir fur ce fujet, peut beaucoup
» contribuer à confirmer nos Sujets dans le refpect qu'ils font tenus, comme Nous, de rendre à
» l'autorité que Dieu a donnée à l'Eglife ; & à ôter en même tems aux Miniftres de la Religion Pré-
» tendue Reformée, le prétexte qu'ils prennent des Livres de quelques Auteurs, pour rendre odieu-
» fe la Puiffance légitime du Chef vifible de l'Eglife, & du centre de l'unité Eccléfiaflique. A CES
» CAUSES, & autres bonnes & grandes confidérations, à ce Nous mouvans, après avoir fait exa-
» miner ladite Déclaration en notre Confeil ; Nous, par notre préfent Edit, perpétuel & irrévo-
» cable, avons dit, ftatué & ordonné, difons, ftatuons, & ordonnons, voulons & Nous plaît,
» que ladite Déclaration des fentimens du Clergé fur la Puiffance Eccléfiaflique, ci-attachée fous
» le contrefcel de notre Chancellerie, foit enregiftrée dans toutes nos Cours de Parlemens, Bail-
» liages, Sénéchauffées, Univerfités, & Facultés de Théologie & de Droit Canon de notre Royau-
» me, Pays, Terres & Seigneuries de notre obéiffance.
» I. Défendons à tous nos Sujets & aux Errangers, étant dans notre Royaume, Séculiers &
» Réguliers, de quelque Ordre, Congrégation, & Société qu'ils foient, d'enfeigner dans leurs mai-
» fons, Colleges, & Séminaires, ou d'écrire aucune chofe contraire à la Doctrine contenue en
» icelle.
» II. Ordonnons que ceux qui feront dorefnavant choifis pour enfeigner la Théologie dans tous
» les Colleges de chaque Univerfité, foit qu'ils foient Séculiers ou Réguliers, foufcriront ladite Dé-
» claration aux Greffes des Facultés de Théologie, avant de pouvoir faire cette fonction dans les
» Colleges ou Maifons Séculieres ou Régulieres ; qu'ils fe foumettront à enfeigner la Doctrine qui
» y eft expliquée ; & que les Syndics des Facultés de Théologie préfenteront aux Ordinaires des
» lieux, & à nos Procureurs Généraux, des copies defdites foumiffions fignées par les Greffiers def-
» dites Facultés.
» III. Que dans tous les Colleges & Maifons defdites Univerfités, où il y aura plufieurs Profef-
» feurs, foit qu'ils foient Séculiers ou Réguliers, l'un d'eux fera chargé tous les ans d'enfeigner la
» Doctrine contenue en ladite Déclaration, & dans les Colleges où il n'y aura qu'un feul Profef-
» feur, il fera obligé de l'enfeigner l'une des trois années confécutives.
» IV. Enjoignons aux Syndics des Facultés de Théologie, de préfenter tous les ans avant l'ouver-
» ture des Leçons, aux Archevêques ou Evêques des Villes où elles font établies, & d'envoyer à nos
» Procureurs Généraux les noms des Profeffeurs qui feront chargés d'enfeigner ladite Doctrine, &
» auxdits Profeffeurs de repréfenter auxdits Prélats, & à nofdits Procureurs Généraux, les Ecrits
» qu'ils dicteront à leurs Ecoliers, lorfqu'ils leur ordonneront de le faire.
» V. Voulons qu'aucun Bachelier, foit Séculier ou Régulier, ne puiffe être dorénavant Licencié,
» tant en Théologie qu'en Droit Canon, ni être reçu Docteur, qu'après avoir foutenu ladite Doc-
» trine dans l'une de fes Thefes, dont il fera apparoir à ceux qui ont droit de conférer ces dégrés
» dans les Univerfités.
» VI. Exhortons, & néanmoins enjoignons à tous les Archevêques & Evêques de notre Royau-
» me, Pays, Terres & Seigneuries de notre obéiffance, d'employer leur autorité pour faire enfei-
» gner dans l'étendue de leurs Diocèfes, la Doctrine contenue dans ladite Déclaration faite par lef-
» dits Députés du Clergé.
» VII. Ordonnons aux Doyens & Syndics des Facultés de Théologie de tenir la main à l'exécu-

» tion des Préfentes , à peine d'en répondre en leur propre & privé non.

» Si DONNONS EN MANDEMENT, à nos amés & féaux les Gens tenans nos Cours de Parlemens ,
» que ces Préfentes nos Lettres en forme d'Edit, enfemble ladite Déclaration du Clergé , ils faffent
» lire , publier , & enregiftrer aux Greffes de nofdites Cours , & des Bailliages , Sénéchauffées &
» Univerfités de leurs reff, chacun en droit foi , & aient à tenir la main à leur obfervation , fans
» fouffrir qu'il y foit contrevenu directement ni indirectement , & à procéder contre les contreve-
» nans, en la maniere qu'ils le jugeront à propos, fuivant l'exigence des cas. CAR tel eft notre
» plaifir : & afin que ce foit chofe ferme & ftable à toujours , Nous avons fait mettre notre Scel a
» cefdites Préfentes. Donné à Saint Germain en Laye , au mois de Mars l'an de Grace mil fix cent
» quatre vingt-deux , & de notre Regne le trente-neuvieme. *Signé*, LOUIS. *Et plus bas* , Par
» le Roi, COLBERT : *vifa*, LE TELLIER. Et fcellé du grand Sceau de cire verte.

CLERI GALLICANI DE ECCLESIASTICA
POTESTATE DECLARATIO.

*E*CCLESIÆ *Gallicanæ Decreta & Libertates à majoribus noftris tanto ftudio propugnatas, earumque fundamenta Sacris Canonibus &Patrum traditione nixa, multi diruere moliuntur : nec defunt qui earum obtentu Primatum beati Petri , ejufque Succefforum Romanorum Pontificum*, *à Chrifto inftitutum, iifque debitam ab omnibus Chriftianis obedientiam , Sedifque Apoftolicæ, in qua fides prædicatur , & unitas fervatur Ecclefiæ , reverendam omnibus Gentibus Majeftatem, imminuere non vereantur. Heretici quoque nihil prætermittunt , quò eam poteftatem, quâ , pax Ecclefiæ continetur , invidiofam & gravem Regibus & populis oftentent, iifque fraudibus fimplices animas ab Ecclefiæ Matris Chriftique adeò communione diffociant. Quæ ut incommoda propulfemus , nos , Archiepifcopi & Epifcopi Parifiis mandato Regio congregati , Ecclefiam Gallicanam repræfentantes , unâ cum cæteris Ecclefiafticis viris nobifcum deputatis , diligenti tractatu habito , hæc fancienda & declaranda effe duximus.*

I. Primùm beato Petro ejufque Succefforibus Chrifti Vicariis , ipfíque Ecclefíæ , rerum fpiritualium & ad æternam falutem pertinentium , non autem civilium ac temporalium , à Deo traditam poteftatem , dicente Domino : Regnum meum non eft de hoc mundo , & iterùm , reddite ergo quæ funt Cæfaris , Cæfari , & quæ funt Dei , Deo : ac proindè ftare Apoftolicum illud : Omnis anima poteftatibus fublimioribus fubdita fit. Non eft enim poteftas , nifi à Deo ; quæ autem funt à Deo , ordinata funt ; itaque qui Poteftati refiftit, Dei ordinationi refiftit. Reges ergo & Principes in temporalibus nulli Ecclefiafticæ poteftati à Dei ordinatione fubjici, neque autoritate clavium Ecclefiæ directè vel indirectè deponi aut illorum fubditos eximi à fide atque obedientiâ , ac præftito fidelitatis Sacramento folvi poffe, eamque fententiam publicæ tranquillitati neceffariam, nec minùs Ecclefiæ quàm Imperio utilem , ut verbo Dei , Patrum traditioni , & Sanctorum exemplis confonam , omninò retinendam.

II. Sic autem ineffe Apoftolicæ Sedi , ac Petri Succefforibus Chrifti Vicariis ; rerum fpiritualium plenam poteftatem, ut fimul valeant atque immota confiftant fanctæ Œcumenicæ Synodi Conftantienfis à Sede Apoftolicâ comprobata, ipfoque Romanorum Pontificum ac totius Ecclefiæ ufu confirmata, atque ab Ecclefiâ Gallicanâ perpetuâ religione cuftodita Decreta de auctoritate Conciliorum generalium , quæ Seffione quartâ & quintâ continentur ; nec probari à Gallicanâ Ecclefiâ, qui eorum Decretorum , quafi dubia fint auctoritatis , ac minùs approbata , robur infringant , aut ad folum fchifmatis tempus Concilii dicta detorqueant.

III. Hinc Apoftolicæ poteftatis ufum moderandum , per canones fpiritu Dei conditos & totius mundi reverentiâ confecratos. Valere etiam regulas , mores & inftituta à Regno & Ecclefia Gallicana recepta , Patrumque terminos manere inconcuffos ; atque id pertinere ad amplitudinem Apoftolicæ Sedis ut ftatuta & confuetudines tantæ Sedis , & Ecclefiarum confenfione firmatæ , propriam ftabilitatem obtineant.

IV. In fidei quoque quæftionibus præcipuas fummi Pontificis effe partes , ejufque decreta ad omnes & singulas Ecclesias pertinere, nec tamen irreformabile esse judicium nisi Ecclesiæ consensus accesserit.

Quæ accepta à Patribus ad omnes Ecclesias Gallicanas atque Episcopos iis Spiritu sancto authore præsidentes mittenda decrevimus, ut idipsum dicamus omnes, simusque in eodem sensu & in eadem sententia.

† Franciscus, Archiepiscopus Parisiensis, Præses.

† Carolus - Mauritius, Archiepiscopus, Dux Remensis.

† Carolus, Ebredunensis Archiepiscopus.

† Jacobus, Archiepiscopus Dux Cameracensis.

† Hyacintus, Archiepiscopus Albiensis.

† Mic. Phelypeaux P. P. Archiepiscopus Bituricensis.

† Ludovicus de Bourlemont, Archiepiscopus Burdegalensis.

† Jacobus-Nicolaus Colbert, Archiepiscopus Carthaginensis, Coadjutor Rothomagensis.

† Gilbertus, Episcopus Tornacensis.

† Henricus de Laval, Episcopus Rupellensis.

† Nicolaus, Episcopus Regiensis.

† Daniel de Cosnac, Episcopus & Com. Valentinensis & Diensis.

† Gabriel, Episcopus Eduensis.

† Guillelmus, Episcopus Vasatensis.

† Gabriel Ph. de Froullay de Tessé, Episcopus Abrincensis.

† Joannes, Episcopus Tolonensis.

† Jacobus Benignus, Episcopus Meldensis.

† Sebastianus de Guemadeuc, Episcopus Macloviensis.

† L. M. Ar. de Simiane de Gordes, Episcopus Dux Lingonensis.

† Fr. Leo, Episcopus Glandatensis.

† Lucas d'Aquin, Episcop. Forojuliensis.

† J. B. M. Colbert, Episcopus & D. Montis Albani.

† Carolus de Pradel, Episcopus Montispessulani.

† Franciscus Placidus, Episcopus Mimatensis.

† Carolus, Episcopus Vaurensis.

† Andreas, Episcopus Autissiod.

† Franciscus, Episcopus Trecensis.

† Lud. Ant. Episcopus Com. Cathalaunensis.

† Franc. Ig. Episcopus Com. Trecorensis.

† Petrus, Episcopus Bellicensis.

† Gabriel, Episcopus Conseranensis.

† Ludovicus Alphonsus, Alectensis Episcopus.

† Humbertus, Episcopus Tutellensis.

† J. B. d'Estampes, Massiliensis Episcopus.

Paulus Philipus de Lusignan.

De Franqueville.

Ludovicus Despinay de Saint Luc.

Cocquelin.

Lambert.

P. de Bermond.

A. H. de Fleury.

De Viens.

F. Feu.

De Maupeou.

Lefranc de la Grange.

De Senaux.

Parra, Decanus Bellicensis.

De Boche.

M de Ratabon.

Clemens de Poudeux.

Bigot.

De Gourgue.

De Villeneuve de Vence.

C. Leny de Coadeletz.

La Faye.

J. F. de Lescure.

Petrus le Roi.

De Soupets.

A. Argoud, Decanus Viennæ.

De Beausset, Præpositus Massiliensis.

G. Bochard de Champigny.

De St Georges, C. Lugdunensis.

Courcier.

Cheron.

A. Faure.

F Maucroix.

Gerbais.

De Guenegaud.

Fr. de Camps.

De la Borey.

Armandus Bazin de Besons, Cleri Gallicani Agens generalis.

Desmarests, Cleri Gallicani Agens generalis.

Registrées, oui & ce requérant le Procureur Général du Roi, pour être exécutées selon leur forme & teneur, suivant l'Arrêt de ce jour. A Paris en Parlement, le 23 Mars 1682. Signé, DONGOIS.

Mais outre que les Evêques en général ne doivent recevoir les Conftitutions des Papes qu'à titre
de jugement, ils font d'ailleurs en particulier les
Juges immédiats de la Doctrine & de la Difcipline,
chacuns dans leurs Diocèfes, dont ils ont feuls &
exclufivement le Gouvernement; & ils tiennent,
fur tout cela leur autorité, non du Pape, mais de
Jefus-Chrift lui-même.

Cependant comme l'Eglife eft dans l'Etat, &
que le Roi a intérêt de veiller à ce que dans la Police Ecclefiaftique, & l'adminiftration extérieure des
chofes facrées il ne fe gliffe rien qui tende à troubler la tranquillité publique, & à altérer les droits
& la liberté légitime de fes Sujets, foit Eccléfiaftiques, foit Séculiers, l'autorité fpirituelle ne peut
faire aucuns Réglemens fur ce point, que de concert avec l'autorité temporelle; de forte que ces
Réglemens font parmi nous invalides & fans effet,
lorfqu'ils ne font point munis de l'approbation du
Souverain, conftatée par Edit ou Lettres Patentes,
duement enregiftrées. C'eft auffi en qualité de Magiftrats politiques, autant qu'en qualité de Protecteurs de l'Eglife & des Canons, que nos Rois &
tous les autres Souverains ont toujours été en droit
& en poffeffion de faire eux-mêmes, & de leur
propre autorité des Réglemens fur tout ce qui peut
avoir rapport à la Difcipline Eccléfiaftique.

D'après ces notions générales, nous pouvons
maintenant paffer à l'objet particulier qui a donné
lieu à l'Edit de 1695, dont il s'agit.

Quoiqu'on ait reproché à cet Edit de n'avoir
point tout l'ordre & toute la netteté qu'on auroit
pu

pu y defirer, on peut néanmoins rapporter toutes fes difpofitions à trois points principaux, qui font : la *Jurifdiction volontaire*, la *Jurifdiction contentieufe*, & les *Droits & Privileges du Clergé*. Sans examiner ici fi ce dernier objet, pouvoit, ou non, entrer dans le plan du préfent Edit, (qui d'après fon intitulé, ne devoit concerner que la Jurifdiction Eccléfiafti-que), nous le partagerons en trois parties différen-tes, comme nous l'avons déja pratiqué avec quel-que fuccès dans notre Commentaire fur les Ordon-nances des Donations & des Teftamens. Cette mé-thode, en effet, répand plus de lumieres dans les idées ; parceque par ce moyen, l'efprit voit d'a-bord, d'un feul coup d'œil, l'enchaînement général des difpofitions de la Loi & leurs différens rapports ; & qu'ainfi initié, il eft enfuite à portée de fe livrer prefque fans peine à l'examen particulier de chacu-ne de ces difpofitions.

Ainfi donc, nous diviferons notre travail fur le préfent Edit, en trois Titres.

Le premier traitera de la *Jurifdiction volontaire*.

Le fecond, de la *Jurifdiction contentieufe*.

Le troifieme enfin, des *Droits & Privileges du Clergé*.

TITRE PREMIER.

DE LA JURISDICTION VOLONTAIRE.

LA *Jurisdiction Volontaire* (qui forme la matiere du préfent Titre), eft celle qui s'exerce par l'Evêque, fans être précédée d'aucune conteftation, & fans qu'il faille conféquemment y obferver aucune forme judiciaire.

Relativement à la Jurifdiction volontaire, l'Edit commence d'abord par regler ce qui concerne le *vifa*. Les *vifa* qui s'accordent *en forme Commiffoire* ou *in formâ Dignum*, étant les plus communs, font la matiere du fecond Article. On voit dans le troifieme Article les cas où ils s'accordent *en forme Gracieufe*. Le quatrieme Article concerne les *vifa* demandés aux Evêque étant hors de leurs Diocèfes; le cinquieme, les refus du *vifa;* & les 6ᵉ, 7ᵉ, 8ᵉ & 9ᵉ Articles, la maniere dont on peut fe pourvoir contre ces refus, & ce qui peut être ordonné par les Cours en conféquence.

L'Article 10 regarde l'*Approbation* pour la Prédication; l'Article 11, l'approbation pour la Confeffion, & les Articles 12 & 13 contiennent des exceptions aux deux précédens, en faveur des Curés & des Théologaux.

Enfuite viennent les *Vifites*. L'Article 14 traite des vifites en général; les Articles 15, 16 & 17, de celles des Paroiffes & des comptes des Fabriques qui en font une fuite; l'Article 18, de celles des Monafteres d'Hommes & de Femmes, exempts ou non exempts ; l'Article 19 , de l'obfervation de clôture , & le 20ᵉ , des Appels comme d'abus qui pourroient être interjettés des Ordonnances des Evêques , relativement aux deux Articles précédens.

Le furplus des difpofitions de l'Edit par rapport à la Jurifdiction volontaire , concerne des objets moins étendus. Ainfi l'Article 21 , a pour objet les réparations & autres charges , dont font tenus les gros Décimateurs , & le 22ᵉ Article , les réparations qui font à la charge des Habitans.

Il eft queftion dans l'Article 23 de la punition des Bénéficiers qui manquent à la réfidence ; dans l'Article 24 , de l'érection des Cures ; dans l'Art. 25 , de l'établiffement des Maîtres d'Ecoles , de leur approbation & deftitution; dans l'Art. 26 des Monitoires ; dans l'Art 27 , des honoraires dûs aux Miniftres de l'Eglife ; dans l'Article 28 , de l'inftitution & fuppreffion des Fêtes; dans l'Article 29 , de la Préfidence des Evêques , ou autres perfonnes Eccléfiaftiques , à l'Adminiftration des Hôpitaux; & enfin dans l'Article 30 , de la cenfure des Livres, & généralement de la connoiffance & jugement de la Doctrine, attribués exclufivement aux Evêques.

Telle eft l'efquiffe des Difpofitions de notre Edit fur la Jurifdiction volontaire. Tâchons maintenant de les approfondir chacunes en particulier.

ARTICLE II.

Ceux qui auront été pourvus en Cour de Rome de Bénéfice , en la forme appellée Dignum, *feront tenus de fe repréfenter en perfonne aux Archevêques , ou Evêques ,*

*dans les Diocèfes efquels lefdits Bénéfices font fitués,
& en leur abfence, à leurs Vicaires Généraux, pour être
examinés, en la maniere qu'ils eftimeront à propos, &
en obtenir les Lettres de vifa, dans lefquelles il fera fait
mention dudit examen, avant que lefdits Pourvus puiffent entrer en poffeffion & jouiffance defdits Bénéfices ; & ne pourront les Sécretaires defdits Prélats, prendre que la fomme de trois livres pour lefd. Lettres de vifa.*

ARTICLE III.

*Ceux qui auront obtenu en Cour de Rome des Pro-
vifions en forme gracieufe, d'une Cure, Vicariat perpétuel, ou autre Bénéfice ayant charge d'ames, ne pourront entrer en poffeffion & jouiffance defdits Bénéfices,
qu'après qu'il aura été informé de leurs vie, mœurs ; Religion, & avoir fubi l'examen devant l'Archevêque ou
Evêque Diocefain, ou fon Vicaire Général en fon abfence, ou après en avoir obtenu le vifa. Défendons à
nos Sujets de fe pourvoir ailleurs pour ce fujet, & à nos
Juges, en jugeant le poffeffoire defdits Bénéfices, d'avoir
égard aux titres & capacités defdits Pourvus, qui ne
feroient pas conformes à notre préfente Ordonnance.*

Les Evêques font de droit les feuls & vrais Collateurs des Bénéfices de leurs Diocèfes. Auffi voyons-nous que dans les douze premiers fiécles de l'Eglife où la Difcipline Eccléfiaftique étoit dans fa plus grande vigueur, ils en avoient feuls la libre difpofition.

Dans la fuite les Papes recommanderent certains Sujets aux Evêques pour être pourvus de quelques Bénéfices vacans ; ces recommanda-tions n'étoient d'abord que de fimples prieres adreffées par les Papes aux Collateurs, & auxquels ces derniers déféroient ordinairement par égard pour le premier Pafteur de l'Eglife. Mais comme il s'en ren-contra quelques uns qui ne voulurent point avoir pour les Papes cette déférence, ils changerent la forme de ces recommandations, en leur donnant celles d'injonction & de mandat.

La molleffe des Evêques à s'oppofer à cette fervitude, la fit bientôt regarder par les Papes, comme un droit attaché à leur Siege ;

mais l'abus de ces mandats devint fi grand & fi énorme, que l'excès en fut d'abord réprimé par le Concile de Bâle, qui ne permet au Pape d'accorder qu'une fois en fa vie un mandat fur les Collateurs ayant plus de dix Bénéfices en leurs difpofitions & moins de cinquante, & deux mandats fur les Collateurs ayant à leur difpofition cinquante Bénéfices & au-delà.

Mais le Concile de Trente ayant aboli toutes les expectatives & man-, dats Apoftoliques, le Pape ne jouit plus en France d'aucunes Réferves, fi ce n'eft, 1°, Pour raifon des *Bénéfices vacans en Cour de Rome*, c'eft-à-dire, dont les Titulaires décedent à la Cour du Pape, ou à deux journées du lieu où la Cour de Rome fait fa réfidence ; 2°. Pour raifon du *Droit de prévention*, en vertu duquel le Pape confere les Bénéfices vacans lorfque les Provifions par lui accordées font antérieures à la Collation de l'Ordinaire, ou à la préfentation du Patron Eccléfiaftique, car les Bénéfices en patronage Laïc, ne font point fujets à la prévention du Pape ; 3°. Par rapport au *Pays d'obédience* (qui font la Provence & la Bretagne) où le Pape eft en poffeffion de conférer pendant huit ou fix mois de l'année, & ce, à l'exclufion des Collateurs ordinaires qui n'ont que le furplus de l'année pour conférer.

Le Pape accorde encore dans d'autres cas des Provifions, mais c'eft comme difpenfateur de la rigueur des Canons, en qualité de délegué né de l'Eglife univerfelle à cet effet. Ces cas font ceux de *Réfignation, Permutation*, &c.

Les Provifions accordées par le Pape dans l'un ou l'autre de ces différens cas peuvent l'être de deux manieres, ou *in formâ gratiosâ*, ou bien *in formâ Dignum*.

Les Provifions accordées par le Pape *in formâ gratiofâ*, font celles qui ont été précédées d'atteftation de vie & de mœurs donnée à l'Impétrant par l'Ordinaire ; celles au contraire qui ne font point données fur une atteftation de vie & de mœurs préalable, s'appellent *in formâ dignum*, parcequ'elles commencent ordinairement par ces termes : *Dignum arbitramur*, &c.

Comme de ces deux efpeces de Provifions, les unes font données par le Pape avec connoiffance du fujet qui les obtient, & les autres fans le connoître, elles ont auffi des effets bien différens,

C'eft pourquoi celui qui a obtenu en Cour de Rome des Provifions *in formâ Dignum* feulement, ne peut fe mettre de plein droit, en poffeffion du Bénéfice à lui accordé, quand bien même il ne feroit que fimple & fans charge d'ames, fans fe préfenter préalablement à l'Evêque Diocéfain (qui a intérêt que les Bénéfices de fon Diocèfe ne foient remplis que par des perfonnes dignes & capables), à l'effet d'avoir fon approbation, ou fon *vifa* ; car le *vifa* n'eft autre chofe que des Lettres d'attache, par lefquelles l'Evêque ou fon Grand Vicaire déclarent qu'après avoir vu les Provifions de Cour de Rome, ils ont trouvé l'Impétrant capable de pofféder le Bénéfice dont eft queftion.

La difpofition de l'Article fecond de notre Edit fur la néceffité de l'obtention du *vifa* de l'Evêque Diocéſain, pour pouvoir faire uſage des Proviſions de Cour de Rome, expédiées *in formâ Dignum*, ſont conformes à toutes nos anciennes Ordonnances, & notamment à l'Article 12 de l'Ordonnance de Blois *(a)* ; à l'Article 14 de l'Edit de Melun *(b)*, & à l'Article 21 de l'Ordonnance du mois de Janvier 1629 *(c)*.

A l'égard des Proviſions de Cour de Rome *in formâ gratiofâ*, elles ont un effet beaucoup plus étendu que celles *in formâ Dignum* ; car s'il ne s'agit que d'un Bénéfice ſimple, ou du moins qui n'eſt pas à charge d'ames, le Pourvu peut ſe mettre *de plano* en poſſeſſion, ſans être obligé de ſe préſenter préalablement à l'Evêque. Mais il n'en eſt pas de même ſi le Bénéfice eſt à charge d'ames : comme un Evêque ne peut prendre trop de meſures pour confier le ſoin d'une partie de ſon Troupeau à un Eccléſiaſtique, à lui inconnu, on ne peut lui conteſter le droit d'examiner ſa capacité, ſa vie & ſes mœurs avant que de l'admettre au nombre de ſes coopérateurs dans l'exercice du ſaint Miniſtere. Nous n'ignorons point cependant que quelques Canoniſtes ont regardé comme inutile & illuſoire, cet examen de l'Evêque ſur des Proviſions de Cour de Rome en forme gracieuſe d'un Bénéfice à charge d'ames; ſur le fondement que cet examen a néceſſairement précédé l'obtention des Proviſions en forme gracieuſe; qu'ainſi c'eſt une formalité ſuperflue d'aſtreindre un Impétrant à réitérer encore cet examen, après l'obtention des Proviſions.

Il eſt vrai que les Proviſions émanées de la Cour de Rome, en forme gracieuſe, ne ſe donnent que ſur une atteſtation de capacité, de vie & de mœurs, que l'Evêque eſt préſumé ne donner jamais ſans avoir examiné le Sujet, ou du moins ſans le connoître à fond. Mais cette atteſtation peut être donnée ou par l'Evêque de l'origine de l'Eccléſiaſtique impétrant, ou par l'Evêque de l'endroit où il étoit domicilié lors de l'obtention des Proviſions, ou par l'Evêque du lieu où le Bénéfice impétré en Cour de Rome eſt ſitué.

(a) Ceux qui auront impétré en Cour de Rome Proviſions de Bénéfices, en la forme qu'on appelle *Dignum*, ne pourront prendre poſſeſſion deſdits Bénéfices ne s'immiſcer en la jouiſſance d'iceux, ſans s'être préalablement préſentés à l'Archevêque ou Evêque Diocéſain & Ordinaire, & en leur abſence à leurs Vicaires Généraux, afin de ſubir l'examen, & obtenir leur *vifa*, lequel ne pourra être baillé, ſans avoir vu & examiné ceux qui ſeront pourvus, & dont ils ſeront tenus faire mention expreſſe. Pour l'expédition deſquels *vifa* ne pourront leſdits Prélats ou leurs Vicaires ou Sécretaires, prendre qu'un écu pour le plus, tant pour la Lettre que Scel d'icelle. *Ord. de Blois*, Art. 12.

(b) Ceux qui auront impétré en Cour de Rome Proviſions de Bénéfices, en la forme qu'on appelle *Dignum*, ne pourront prendre poſſeſſion deſdits Bénéfices ne s'immiſcer en la jouiſſance d'iceux, ſans s'être préalablement préſentés à l'Evêque Diocéſain & Ordinaire, & en leur abſence, à leurs Vicaires Généraux, afin de ſubir l'examen & obtenir le *vifa*, lequel ne pourra être baillé ſans avoir vu & examiné ceux qui ſeront pourvus, & dont ils ſeront tenus faire mention expreſſe. *Edit de Melun*, Art. 14.

(c) En ajoutant au douzieme Article de l'Ordonnance de Blois, Nous défendons à nos Juges d'avoir égard aux Proviſions expédiées en forme gracieuſe, ſi l'Impétrant n'a informé auparavant de ſa vie, mœurs & Religion Catholique, pardevant le Diocéſain des lieux, & ſubi l'examen pardevant lui-même, dont ſera fait mention eſdites Proviſions; faiſant défenſes à tous Prélats & autres que leſdits Ordinaires des lieux, d'en prendre connoiſſance, & à tous nos Sujets de s'adreſſer ailleurs, à peine de privation des Bénéfices impétrés; & ſans que nos Juges puiſſent avoir égard aux Proviſions obtenues contre notre préſente Ordonnance. *Ord. de 1629. Art. 21.*

Tout le monde fait que l'Evêque de l'origine conferve en quelque forte un droit de fuite fur l'Eccléfiaftique né dans fon Diocèfe, quelque part qu'il aille s'établir ; de telle forte qu'il n'y a que lui qui puiffe lui conférer valablement les Ordres, ou du moins, un autre Evêque ne peut les lui conférer fans fa permiffion formelle & par écrit, c'eft ce qu'on appelle *Démiffoire.* Il peut à plus forte raifon donner à l'Eccléfiaftique né fon Diocéfain, une atteftation de vie & de mœurs pour parvenir à l'obtention d'un Bénéfice en Cour de Rome, *in formâ gratiofâ* ; il faut pourtant convenir que dans l'ufage ordinaire, c'eft l'Evêque du domicile, comme ayant une connoiffance plus étendue & plus récente de la capacité & des vie & mœurs de l'Eccléfiaftique Impétrant, à qui l'on s'adreffe pour l'atteftation néceffaire à l'obtention des Provifions en forme gracieufe. Mais quoi qu'il en foit de l'une ou de l'autre de ces atteftations, elles ne font point une raifon pour fubjuguer l'Evêque du lieu où le Bénéfice eft fitué, & pour l'aftreindre à donner fon *vifa* fans examen du Sujet qui fe préfente. Chaque Evêque eft le maître dans fon Diocèfe, & doit feul y donner la Loi. Comme il eft le Collateur naturel & primitif des Bénéfices qui y font fitués, c'eft affez que par des Provifions de Cour de Rome, il foit quelquefois dépouillé du droit de conférer, fans encore le contraindre à admettre fans examen & fans choix au nombre des Pafteurs qui lui font fubordonnés, & qui partagent avec lui le foin des ames, ceux qui fe préfentent armés de pareilles Provifions, fous le frivole prétexte que leur capacité & l'intégrité de leurs mœurs ont été atteftées au Pape par l'Evêque, foit de l'origine, foit du domicile.

Il y a plus, quand bien même ce feroit l'Evêque même de la fituation du Bénéfice, qui auroit donné l'atteftation de vie & de mœurs fur laquelle les Provifions *in formâ gratiofá* auroient été expédiés, nous ne faifons aucun doute que, même dans ce cas beaucoup plus favorables que les deux autres, l'Eccléfiaftique Impétrant d'un Bénéfice à charge d'ames, doit s'adreffer de nouveau à l'Evêque non-feulement pour lui demander fon *vifa*, mais même pour être interrogé & examiné de nouveau s'il le juge à propos ; & cela par plufieurs raifons. La premiere, c'eft que la Loi y eft formelle & générale, & qu'où elle ne diftingue pas, nous ne devons pas non plus diftinguer. La feconde, c'eft que c'eft une marque de foumiffion & de refpeét que l'Eccléfiaftique pourvu doit à fon nouveau Supérieur, & de laquelle il ne peut fe départir fans lui manquer effentiellement. La troifieme enfin, c'eft que l'Evêque peut avoir donné fon atteftation pour l'obtention des Provifions d'une maniere légere & précipitée, fachant le droit qu'il a de réparer ce défaut par un nouvel examen plus mur & plus réfléchi après l'obtention des Provifions, & avant que de donner fon *vifa*. On ne pourroit donc le priver de ce droit attaché effentiellement à fa qualité d'Evêque, fans courir les rifques de donner de mauvais Miniftres à l'Eglife.

La diftinction faite par notre Edit entre les Bénéfices fimples & ceux à charge d'ames, pour l'obtention du *visa* sur des Provisions de Cour de Rome en forme gracieuse, avoit déja été précédemment faite par la Déclaration du 9 Juillet 1646 (a), qui est sur cela entierement conforme à la disposition de notre Article III.

Au reste, lorsqu'un Ecclésiastique qui a obtenu des Provisions en Cour de Rome, soit *in formâ gratiosâ*, soit *in formâ Dignum*, est dans le cas de demander le *visa* de l'Evêque, il peut s'adresser pour cela soit à l'Evêque lui-même, soit à l'un de ses Grands Vicaires, s'ils ont un pouvoir spécial à cet effet, ou du moins s'ils en ont un assez général, pour que le droit de donner le *visa* y soit censé compris.

Mais quant à la forme de donner le *visa*, il s'est élevé une grande question, qui est de savoir s'il doit y être fait mention tant de la présence de l'Impétrant que de son examen préalable. Cette question a occasionné une différence de Jurisprudence entre le Parlement de Paris & celui de Toulouse.

Il est pourtant constant que la mention de l'examen dans le *visa* est

---

(a) » LOUIS, par la grace de Dieu, Roi de France & de Navarre : A tous ceux qui ces présentes
» Lettres verront : SALUT. Les Cardinaux, Archevêques, Evêques & autres Ecclésiastiques assem-
» blés par notre permission en notre Ville de Paris, Nous ont dit & remontré, que connoissant
» que le vrai & unique moyen de détruire l'Hérésie, & maintenir la Piété & la véritable Religion,
» consistoit en la probité & la capacité de ceux auxquels est commise la conduite & instruction des
» Peuples : ils se sont rendus & se rendent tous les jours très exacts, tant ès informations de vie
» & mœurs, que jugement de la Doctrine de ceux qui sont pourvus de Bénéfices ayant charge d'a-
» mes, même qu'en plusieurs lieux, ils ont formé des Congrégations aux termes des saints Conciles,
» afin de rendre lesdits examens plus solemnels, & établi des Séminaires dans lesquels on peut
» éprouver & reconnoître par quelque espace de tems, les mœurs & l'esprit de ceux qui sont admis
» à telles charges ; mais que leur soin & leur prévoyance, sont demeurés jusqu'à-présent peu utiles
» & sans effet, par la facilité des Banquiers & l'adresse de ceux qui, voulant éviter lesdits exa-
» mens, se font pourvoir en Cour de Rome en forme gracieuse, des Cures, Vicairies perpétuelles,
» & autres Bénéfices ayant charge d'ames ; supposant souvent qu'ils ont des attestations qu'ils n'ont
» point, ou s'ils en ont, elles ne sont données pour le même Bénéfice dont ils sont pourvus : ou sont
» données par un autre Ordinaire que par celui du Bénéfice ; lequel se rendant moins exact à pré-
» voir le mal, qui semble ne le toucher point, se rend plus facile à accorder telles attestations :
» lequel inconvénient ayant été remontré souvent au Saint Pere, & particulierement sous le nom
» des deux dernieres Assemblées ; il avoit jugé leurs remontrances très justes, & fait espérer que
» dorénavant telles Expéditions en forme gracieuse ne seroient plus accordées, & ordonné à ses
» Dataires d'y prendre garde ; mais voyant qu'au préjudice des intentions des Saints Peres, les Ex-
» péditionnaires de France, pour quelque intérêt particulier, se rendent faciles à poursuivre telles
» signatures, qui empêchent par ce moyen les effets de ses bonnes intentions : ils Nous ont très
» humblement supplié leur octroyer nos Lettres à ce nécessaires. A CES CAUSES, de l'avis de la
» Reine Régente, notre très honorée Dame & Mere ; desirant seconder leurs justes desirs, & les in-
» tentions de Sa Sainteté, conformément aux Ordonnances des Rois nos Prédécesseurs ; & particu-
» lierement à celle du Roi Louis le Juste, notre très honoré Seigneur & Pere, de l'an 1629 : Nous
» avons dit & déclaré, disons & déclarons, voulons & Nous plaît ; que dorénavant nul Impétrant
» de Provisions en forme gracieuse d'aucune Cure, Vicairerie perpétuelle, & autre Bénéfice ayant
» charge d'ames, prenne possession en vertu d'icelle, desdits Bénéfices, qu'après avoir informé de
» ses vie, mœurs, & Religion Catholique, subi l'examen pardevant le Diocésain du lieu où sera situé
» ledit Bénéfice : faisons très expresses inhibitions & défenses à tous Notaires & autres personnes,
» d'en donner acte sur peine de nullité d'icelu i, & à tous Juges d'y avoir égard. Si donnons en
» mandement à nos amés & féaux Conseillers les Gens tenant nos Cours de Parlement, que ces Pré-
» sentes ils aient à faire lire, publier & registrer, & le contenu en icelles, faire observer de point
» en point selon leur forme & teneur ; nonobstant tous Edits, Réglemens, & Lettres à ce contraires.
» Car tel est notre plaisir, en témoin de quoi Nous avons fait mettre notre Scel à cesdites Présentes.
» Donné à Paris le neuvieme jour de Juillet, l'an de grace mil six cent quarante-six, & de notre
» Régne le quatrieme. Signé, LOUIS : & sur le repli, Par le Roi, la Reine Régente, sa mere,
» présente. DE GUENEGUAUD, & scellé.
» Registrées, oui le Procureur Général du Roi, pour être exécutées selon leur forme & teneur, à la
» charge que pour la taxe des *visa* & Expéditions, l'Ordonnance sera gardée. A Paris en Parlement,
» le vingt-huit Juin 1647. Signé, DU TILLET.

exigée

exigée par la difpofition textuelle de l'Article 2 du préfent Edit, en ces termes: *dans lefquelles* (Lettres de *vifa*) *il fera fait mention dudit examen.* Mais premierement il n'y eft pas ajouté que c'eft *à peine de nullité*; d'un autre côté, la néceffité de cet examen préalable à l'obtention du *vifa* ayant pour objet principal de faire connoître à l'Evêque la capacité & la fuffifance du Sujet qui fe préfente, l'Evêque peut être dans le cas de n'avoir point befoin de cet examen, s'il a d'ailleurs une connoiffance fuffifante de la capacité & des bonnes mœurs de cet Ecclefiaftique. Cet examen eft un droit attaché au caractere Epifcopal, que la Loi lui conferve, & dont il lui eft libre conféquemment de ne pas ufer, quand il croit n'être pas dans le cas de le faire. Ce font ces motifs qui ont déterminé le Parlement de Paris à ne point regarder comme une formalité de rigueur, la mention de l'examen dans le *vifa*.

Mais on a envifagé au Parlement de Touloufe les chofes avec un œil beaucoup plus fevere: & les Magiftrats de ce Tribunal fouverain, s'attachant ftrictement à la lettre de la Loi, exigent néceffairement la mention expreffe de l'examen dans le *vifa*, de forte qu'un *vifa* où cette mention auroit été obmife, non-feulement pourroit être valablement attaqué par la voie de l'appel comme d'abus, mais même y feroit déclaré nul de plein droit, d'après cette difpofition de notre Article 3; *Défendons . . . à nos Juges en jugeant le poffeffoire defdits Bénéfices, d'avoir égard aux titres & capacités defdits Pourvus, qui ne feroient pas conformes à notre préfente Ordonnance.*

Si l'on s'attachoit exactement à l'obfervation rigoureufe des Canons, les Evêques devroient donner gratis leurs *vifa*. Mais comme les émolumens qui peuvent en revenir, font cenfés tourner au profit de leurs Sécretaires, notre Edit, d'après l'Ordonnance de Blois Article 12, fixe à un écu le droit des Sécretaires à cet égard.

ARTICLE IV.

Les Archevêques & Evêques étant hors de leurs Diocèfes, pourront y renvoyer, s'ils l'eftiment néceffaire, ceux qui leur demanderont des lettres de vifa, *afin d'y être examinés en la maniere accoutumée.*

Il faut bien diftinguer dans la Jurifdiction Epifcopale, ce qui eft de Jurifdiction volontaire, d'avec ce qui eft de Jurifdiction contentieufe.

Comme la Jurifdiction contentieufe eft par fa nature attachée à un territoire & en quelque forte réelle, elle ne peut être exercée que dans les limites de ce territoire. Ainfi, un Evêque n'ayant la Jurifdiction contentieufe que dans fon Diocèfe, il ne peut en faire aucun exercice hors de ce même Diocèfe.

Il n'en eft pas de même de la Jurifdiction volontaire; ayant plus pour

Tome II. N n n

objet les perfonnes que le territoire, les Evêques peuvent fans contredit l'exercer hors leur Diocèfe. Or la conceffion des lettres de *vifa*, foit fur des Provifions de Cour de Rome, foit fur toute autre préfentation, eft fans contredit un acte de Jurifdiction volontaire de la part de l'Evêque qui les accorde. Ainfi, nulle difficulté qu'il ne puiffe valablement les accorder, quoiqu'il foit hors de fon Diocèfe.

Mais, à moins que les Evêques ne connoiffent perfonnellement les Sujets qui fe préfentent pour avoir les *vifa*, il eft difficile qu'ils puiffent faire d'eux les informations néceffaires pour les leur donner avec connoiffance de caufe, lorfque ces Prélats font éloignés de leurs Diocèfes. Auffi l'Edit leur permet-il en ce cas avec très juftes raifons, de renvoyer les Requérans fur les lieux à leurs Grands Vicaires pour y être examinés. Cette difpofition a mis fin à beaucoup de conteftations ; d'autant qu'auparavant, plufieurs perfonnes affectoient d'aller trouver les Evêques, quand ils étoient hors leurs Diocèfes pour leur demander leur *vifa*, & lorfqu'elles étoient renvoyées par eux aux Grands Vicaires fur les lieux, elles prenoient pour refus ces fortes de renvois, & s'en faifoient donner acte par des Notaires ou autres Perfonnes publiques, dont elles faifoient affifter lors de leurs réquifitions. Delà nombre de procès prenoient leur fource, & faifoient retentir les Tribunaux de plaintes frivoles & mal fondées contre les Evêques. C'eft ce que notre Edit a voulu prévenir du moins pour la fuite, en décidant que les Evêques étant hors leurs Diocèfes ne pourront être forcés de donner leurs *vifa*, & qu'ils auront la faculté de renvoyer auparavant les Requérans à leurs Grands Vicaires étant fur les lieux, pour y être examinés : ce qui eft extrêmement jufte & fondé en droit & en raifon.

A R T I C L E   V.

Les Archevêques & Evêques, ou leurs Vicaires Généraux, qui refuferont de donner leurs vifa *ou inftitutions canoniques, feront tenus d'en exprimer les caufes dans les actes qu'ils feront délivrer à ceux auxquels ils les auront refufés.*

Quoique cet Article paroiffe ne faire autre chofe que répéter mot pour mot les difpofitions de l'Ordonnance de Blois Article 13 (a), & de l'Edit de Melun Article 15 (b) ; cependant il eft vrai de dire qu'il

---

» (a) Et où lefdits Impétrans feroient trouvés infuffifans & incapables, le Supérieur auquel ils
» auront recours, ne leur pourra pourvoir fans précédentes inquifitions des caufes du refus,
» lefquelles à cette fin les Ordinaires feront tenus d'exprimer & inférer aux actes de leur refus.
» *Ord. de Blois*, Art. 13.

(b) L'Article 15 de l'Edit de Melun eft exactement conçu dans les mêmes termes que l'Article 13, de l'Ordonnance de Blois, ci-devant rapporté.

a ajouté à ces Loix antérieures, en ce que ces dernieres ne parloient que du *visa*, au lieu que notre Article rend sa disposition commune, & au *visa*, & aux *institutions canoniques*.

Sur quoi il faut d'abord se rappeller (ce que nous avons déja ci-devant observé) que dans la Discipline primitive de l'Eglise, les Evêques étoient les seuls & véritables Collateurs des Bénéfices de leur Diocèse.

Diverses causes contribuerent dans la suite à les dépouiller d'une partie de leurs droits à cet égard. D'abord le peu de fermeté des Evêques, pendant les siécles d'ignorance, à soutenir leurs prérogatives qu'ils ne connoissoient peut-être pas, donna lieu aux Papes d'empiéter sur leur autorité par les Réserves & Mandats Apostoliques, dont il ne reste plus heureusement aujourd'hui parmi nous (si l'on en excepte les Pays d'obédience & les Pays conquis) que la Prévention & la Vacance *in Curia*, auxquelles on peut joindre les Résignations en faveur & les Permutations, du moins celles pour lesquelles on est obligé d'avoir recours au Pape.

La faveur que méritent ceux qui s'appliquent à l'étude & prennent des dégrés dans les Universités, & le desir louable de leur procurer quelque récompense, ont fait naître l'idée de les animer encore davantage au travail, en leur réservant les Bénéfices qui vaqueroient dans le premier mois de chacun des quatre quartiers de l'année; savoir, dans Janvier, Avril, Juillet & Octobre. Le mois de *Janvier* & celui de *Juillet* sont appellés *mois de rigueur*, parceque l'Evêque ou autre Collateur grevé de l'expectative des Gradués, est obligé de conferer le Bénéfice vacant dans l'un de ces deux mois, au plus ancien Requérant des Gradués sur lui nommés : les deux autres mois, *Avril & Octobre* sont nommés *mois de faveur*; l'Evêque étant le maître de choisir parmi les Gradués, celui qu'il juge à propos pour remplir le Bénéfice vacant. Observons néanmoins qu'on ne connoît plus maintenant les mois de rigueur pour les Cures & autres Bénéfices à charge d'ames, depuis la Déclaration du 27 Avril 1745 (*a*), par laquelle at-

<hr />

» (*a*) L O U I S, par la grace de Dieu, Roi de France & de Navarre. A tous ceux qui ces Pré-
» sentes Lettres verront : SALUT. L'attention que l'on avoit eue dans le Concordat à distinguer
» les Gradués qui auroient obtenu des dégrés dans la Faculté de Théologie, en ordonnant que dans
» le cas de la concurrence, ils seroient préférés à ceux qui auroient acquis des titres ou des qualités
» semblables dans les autres Facultés, a donné lieu de croire dans la suite, qu'il étoit encore plus
» important de distinguer aussi les différens genres de Bénéfices qui peuvent être requis par les Gra-
» dués ; & ce fut ce qui porta le Roi Henri le Grand, à avoir égard aux représentations d'une As-
» semblée célebre du Clergé de France, lorsque par l'Article premier de son Edit du mois de Dé-
» cembre 1606, il excepta les Dignités des Eglises Cathédrales de l'expectative des Gradués : Et
» que par le dernier Article du même Edit, il ordonna que nul ne pourroit à l'avenir être pourvu
» des Dignités des Eglises Cathédrales, ni des premieres Dignités des Eglises Collegiales, s'il n'étoit
» Gradué en la Faculté de Théologie ou de Droit Canonique. Ce fut à cet exemple que les deux
» dernieres Assemblées du Clergé de France, qui ont été tenues en l'année 1735, & en l'année
» 1740, Nous firent représenter que les Cures, ou autres Bénéfices qui sont chargés du soin des
» ames, méritoient au moins autant d'attention que les Dignités des Eglises Cathédrales : rien n'é-
» tant plus essentiel pour le besoin de la Religion, que de remettre les Eglises Paroissiales entre les
» mains de Sujets capables par leurs talens & par la sagesse de leur conduite, d'annoncer utilement
» aux Peuples la parole de Dieu, & de s'acquitter dignement de l'administration des Sacremens ;

tendu l'intérêt qu'ont les Evêques de ne point permettre que ces fortes de Bénéfices foient remplis par des gens qui n'auroient point le talent néceffaire pour inftruire & conduire les ames, ils ont été autorifés à choifir parmi les Gradués fur eux nommés, ceux qu'ils croiroient les

>> que cependant le Clergé de notre Royaume ne portoit pas fes vues jufqu'à Nous propofer de dé-
>> charger entierement les Cures de l'expectative des Gradués, comme les Dignités des Eglifes Cathé-
>> drales en avoient été exemptées en 1606, & qu'il fe réduifoit à demander que, lorfqu'il s'agiroit
>> de remplir les Bénéfices de cette nature, les Collateurs euffent au moins le choix entre les Gra-
>> dués nommés, même dans les mois de Janvier & de Juillet, qui font appellés mois de rigueur,
>> ainfi, & de la même maniere que dans les autres mois de l'année, auxquels par cette raifon, on
>> a donné le nom de mois de faveur. Les Archevêques, Evêques & autres Députés de l'Affemblée
>> du Clergé, qui fe tient actuellement par notre permiffion, ont renouvellé les mêmes inftances;
>> & après Nous avoir rendu leurs actions de graces fur le premier pas que Nous avons fait en faveur
>> des Etudes Eccléfiaftiques, en ordonnant par notre Déclaration du 2 Octobre 1743, que dans la
>> Collation des Bénéfices à charge d'ames, les Docteurs & les Profeffeurs en Théologie, feroient pré-
>> férés à tous les autres Gradués, quoique plus anciens ou plus privilegiés; ils Nous ont fupplié de
>> vouloir bien ajouter ce qui paroiffoit manquer encore à cet ouvrage, & notre piété en donnant
>> plus d'étendue aux droits des Collateurs dans le choix des Miniftres deftinés à exercer les fonctions
>> les plus importantes dans l'Eglife, après celles des premiers Pafteurs; à quoi ils ont ajouté, que
>> fi l'on a cru pouvoir faire céder la prérogative de l'ancienneté des dégrés, quoique fondée fur la
>> Lettre du Concordat, au mérite des fervices rendus pendant le cours de fept années, par les
>> Profeffeurs ou par les Principaux des Colleges : on ne fauroit douter qu'il ne foit encore plus fa-
>> vorable de préférer à l'intérêt particulier du Gradué le plus ancien, ou le plus privilegié, le
>> grand avantage que l'Eglife peut retirer de la liberté du choix accordée aux Collateurs entre les
>> Gradués nommés qui afpirent à être chargés du foin des ames. Des repréfentations fi conformes à
>> l'efprit de l'Eglife, fi convenables même au bien commun de notre Royaume, qui
>> font tous intéreffés à avoir de bons Pafteurs, Nous ont paru mériter d'autant plus d'attention,
>> que la Loi qui Nous eft démandée par le Clergé, ne fera qu'une efpece de retour au droit com-
>> mun, & à l'obfervation des véritables régles Canoniques. Elle n'aura rien d'incompatible
>> avec la protection que Nous avons toujours donnée & que Nous continuerons de donner, aux
>> privileges des Univerfités établies dans nos Etats : le choix des Collateurs en devenant plus libre
>> ne demeurera pas moins renfermé dans le nombre des Gradués qui auront été nommés fur eux.
>> Ce fera toujours en vertu de fes dégrés que celui qui méritera la préférence, obtiendra le titre de
>> la Cure vacante; & bien loin de craindre que le choix ne mette quelque obftacle au pro-
>> grès des Etudes, Nous fommes perfuadés qu'elle ne pourra fervir qu'à exciter une plus grande
>> émulation entre les Gradués, pour fe rendre dignes par leur application à la fcience de leur état
>> par la régularité & par l'édification de leurs mœurs, d'être choifis par préférence, comme les
>> plus capables de conduire faintement le Troupeau qui fera confié à leurs foins : ainfi en rem-
>> pliffant les vœux de trois Affemblées du Clergé de France, Nous aurons la fatisfaction de conci-
>> lier autant qu'il eft poffible les ufages préfens, avec la pureté de l'ancienne Difcipline, & de
>> donner par-là une nouvelle preuve, non-feulement de notre amour pour la Religion, mais
>> de notre affection paternelle pour nos Sujets. A CES CAUSES, & autres confidérations, à ce Nous
>> mouvans, de l'avis de notre Confeil, de notre certaine fcience, pleine puiffance, & autorité
>> Royale, Nous avons par ces Préfentes fignées de notre main, dit, déclaré & ordonné, difons,
>> déclarons & ordonnons, voulons & Nous plaît, que lorfqu'il s'agira de pourvoir aux Cures &
>> aux Bénéfices à charge d'ames, les Patrons qui ont la préfentation à ces Bénéfices, & les Colla-
>> teurs à qui la difpofition en appartient, ayant même dans les mois de Janvier & de Juillet, qui
>> font appellés les mois de rigueur, la liberté du choix entre les Gradués duement qualifiés qui au-
>> ront obtenu des Lettres de nomination par lefdits Collateurs, & qui les auront fait infinuer dans
>> les tems & dans les formes ordinaires; & de préférer celui d'entre ces Gradués qu'ils jugeront le plus
>> digne par fes qualités perfonnelles, par fes talens & par fa bonne conduite, de remplir lefdites
>> Cures ou Bénéfices à charge d'ames, encore qu'il fe trouve en concurrence avec des Gradués plus
>> anciens, ou plus privilegiés, le tout fuivant ce qui a lieu dans les mois d'Avril & d'Octobre; en
>> forte que dorénavant les mois de Janvier & de Juillet, foient réputés mois de faveur entre lefdits
>> Gradués nommés, à l'égard des Cures ou des autres Bénéfices, auxquels le foin des ames eft atta-
>> ché, & fans que lefdits Patrons & Collateurs foient obligés dans lefdits mois d'avoir aucun égard
>> aux réquifitions des Gradués fimples, quoiqu'ils leur euffent fait notifier leur Lettre de dégrés &
>> leur Certificat de tems d'étude. Voulons que la difpofition des Préfentes foit inviolablement ob-
>> fervée à l'avenir dans notre Royaume, à compter du jour de la publication qui aura été faite,
>> à l'effet de quoi Nous avons dérogé & dérogeons, en tant que de befoin à toutes les Loix, Ordon-
>> donnances, Réglemens & Privileges à ce contraires. Si donnons en mandement, à nos amés &
>> féaux Confeillers, les Gens tenant notre Cour de Parlement, à Paris, & autres nos Officiers &
>> Jufticiers qu'il appartiendra, que ces Préfentes ils aient à faire regiftrer, lire & publier, & le con-
>> tenu en icelles, garder & obferver felon fa forme & teneur, CAR tel eft notre plaifir; & afin que

plus dignes, pour les Cures & Bénéfices à charge d'ames qui vaqueroient même dans les mois de rigueur. Il faut convenir en effet, & l'expérience le démontre tous les jours, que le plus ancien Gradué n'est pas toujours le plus capable. Il a même ordinairement contre lui une raifon d'exclufion, c'est fon grand âge qui ne lui permet gueres, du moins pour l'utilité de l'Eglife, de commencer prefqu'à la fin de fes jours, à fe charger du foin pénible d'un Troupeau quelquefois nombreux.

D'un autre côté, l'Eglife a cherché à animer le zèle & la piété des Fideles, foit Eccléfiaftiques foit Laïcs, pour fonder des Eglifes & fur tout des Cures, en leur réfervant pour récompenfe la faculté de préfenter des Sujets pour remplir les Bénéfices par eux fondés, lors de leur vacance ; ce droit de préfentation eft ce qu'on appelle *Patronage*.

Il y a encore parmi nous le droit d'*Indult*, qui eft une efpece de Mandat apoftolique, en vertu duquel le Roi nomme un Clerc, fur la préfentation des Officiers du Parlement de Paris, à un Collateur, pour qu'il difpofe en fa faveur du premier Bénéfice qui vaquera à fa Collation.

Enfin les Evêques peuvent être grevés par une autre forte d'expectatives, d'un ordre rencore plus efpectable ; ce font les *Brevet de joyeux avenement*, & *ferment de fidelité* : l'un & l'autre font des Mandats Royaux, par lefquels, dans le premier cas, le Roi nouvellement venu à la Couronne, ordonne à l'Evêque de conférer à l'Ecclefiaftique dénommé dans le Brevet, la premiere Prébende de la Cathédrale qui viendra à vaquer : dans le fecond cas, le Roi mande la même chofe à l'Evêque nouvellement pourvu, après qu'il lui a prêté ferment de fidelité.

Dans tous ces différens cas, l'Evêque confere, mais ne confere pas librement. C'eft pourquoi l'on diftingue, par rapport aux Evêques, de deux fortes de Collations ; favoir, la collation libre, & la Collation forcée ; cette derniere s'appelle Inftitution canonique ou autorifable.

Dans la Collation libre, l'Evêque n'eft point obligé de rendre raifon du choix qu'il fait d'une perfonne plutôt que d'une autre ; fans quoi ce choix cefferoit d'être libre.

Mais dans les Collations forcées, il n'en eft pas de même. Comme les Evêques font des hommes, & par conféquent fujets à prévention, & que d'ailleurs ils font toujours cenfés voir d'un œil défavorable un Eccléfiaftique venir en quelque forte leur enlever, un Bénéfice malgré eux,

---

en se présentant armé d'un titre émané d'un autre, il peut très bien arriver que, par l'un ou l'autre de ces motifs, ils refusent sans raison légitime un Sujet d'ailleurs capable. C'est pourquoi le refus de l'Evêque intéressant alors les droits d'un tiers, il a fallu nécessairement obliger l'Evêque refusant à manifester les causes de son refus, dans le cas de la Collation forcée, afin qu'on puisse juger si ces causes sont légitimes ou non.

Le *refus* de l'Evêque peut être on *direct* ou *indirect*. Il est direct lorsque l'Evêque sur la réquisition verbale qui lui est faite, délivre lui-même au Requérant un acte par écrit de son refus & des causes d'icelui : ou bien lorsque dans le procès verbal de réquisition faite à l'Evêque par le Requérant en personne, accompagné d'un Notaire Apostolique & de deux Témoins, ou de deux Notaires Apostoliques, l'Evêque déclare son refus & en déduit les raisons. Le refus de l'Evêque est au contraire indirect, lorsque sans refuser en termes formels, il fait des réponses vagues ou des remises réitérées, ou lorsqu'il fait dire qu'il n'y est pas d'une maniere affectée.

Quoi qu'il en soit, il faut bien se donner de garde de croire que toutes les causes de refus soient réputées légitimes. D'abord il faut exclure tutes celles qui auroient pour objet le vice du titre en vertu duquel se fait la réquisition. Ce n'est point à l'Evêque à examiner si ce titre est valable ou non. S'il en étoit autrement, il dépouilleroit les Juges qui ont droit de connoître de cette validité ou invalidité, en cas de contestation, & sur tout les Juges Royaux à qui la connoissance de plein possessoire est dévolue à cet égard.

Le refus de l'Evêque ne peut donc être légitime, qu'autant qu'il est fondé sur le défaut de capacité personnelle du Réquérant. Or, il peut être en défaut sur ce point; 1°. par rapport à la science; 2°. par rapport aux mœurs; 3°. par rapport à l'Ordre. En effet, tout Ecclésiastique qui se présente pour demander l'institution ou le *visa* de l'Evêque doit d'abord avoir la science nécessaire, relativement au Bénéfice pour lequel il se présente; 2°. il doit être de bonnes mœurs, d'autant que tout Bénéficier constitué en dignité par sa place, plus qu'un simple Ecclésiastique, doit parconséquent plus d'édification à l'Eglise par la régularité de sa conduite. Enfin, il doit avoir l'Ordre nécessaire pour remplir le Bénéfice par lui requis, ou du moins il doit se mettre en état d'obtenir cet Ordre dans l'année.

Delà s'est élevée une question qui a beaucoup partagé les Canonistes; c'est de savoir si dans ce cas l'Evêque étoit tenu rigoureusement de conférer l'Ordre ou du moins de déduire les causes de son refus. Ceux qui sont pour la négative, argumentent de ce que l'Ordre est un Sacrement absolument libre de la part de l'Evêque qui le confere, & qu'on ne peut par conséquent le forcer dans aucun cas de le conférer à un Ecclésiastique qui ne lui est point agréable ou qu'il en croit indigne. Ceux au contraire qui soutiennent l'affirmative, se fondent sur ce que l'Evêque se constitueroit le maître absolument de rendre illusoire le droit du Requérant, s'il en étoit autrement ; ce qui n'est pas admissible. D'où ils concluent que l'Evêque n'est pas plus en droit de refuser l'Ordre, sans déduire les causes de son refus, que le Bénéfice pour la possession duquel l'Ordre est nécessaire ; l'un & l'autre ayant une liaison nécessaire & absolue. Ce dernier sentiment est le plus sûr & le plus suivi.

Il y a encore quelques incapacités personnelles, capables d'autoriser le refus de l'Evêque, autres que celles qui résultent du défaut ou de science, ou de mœurs, ou de l'Ordre nécessaire à l'exercice du Bénéfice dont il s'agit. Les incapacités de cette derniere espece sont ; entr'autres, l'illégitimité, la bigamie, l'irrégularité, la qualité d'Etranger, celle de Régulier relativement à un Bénéfice Séculier, & celle de Séculier relativement à un Bénéfice Régulier. Enfin, les Religieux Mandians transférés dans un autre Ordre, sont déclarés incapables de posséder deux Bénéfices, ou un Bénéfice & une pension sur un autre Bénéfice, ou deux pensions, aux termes de la Déclaration du 25 Janvier 1717 (*a*).

» (a) LOUIS, par la grace de Dieu, Roi de France & de Navarre : A tous ceux qui ces
» Présentes Lettres verront : SALUT. Quoique, suivant la disposition des saints Canons, & no-
» tamment de ceux du Concile de Vienne, il soit défendu aux Religieux Mandians qui sont trans-
» férés dans d'autres Ordres Monastiques, de posséder aucun Bénéfice ou Administration dans lesdits
» Ordres, & que les dispenses qu'ils obtiennent contre cette régle, ne puissent être tolerées que pour
» un seul Bénéfice, ou pour une seule pension ; Nous apprenons néanmoins qu'il y a grand nombre
» de Mendians transférés dans d'autres Ordres, qui accumulent plusieurs Bénéfices, ou plusieurs
» pensions, sous prétexte des dispenses qu'ils obtiennent sur de faux exposés. C'est pour réprimer un
» si grand abus que notre Cour de Parlement de Paris, conformément à l'esprit des Conciles, a
» rendu le quatre Mai mil six cent quatre vingt-seize, un Arrêt en forme de Réglement, qui or-
» donne, qu'aucun Religieux Mendiant, transféré dans l'Ordre de Saint Benoît, ou autres, dans
» lesquels les Religieux Profés sont capables de Bénéfices, ne pourra posséder deux Bénéfices, ni un
» Bénéfice avec une pension sur un autre Bénéfice, ni deux pensions. Et comme il est important
» qu'un Réglement si nécessaire, & soit plusieurs Prélats Nous ont demandé l'exécution, soit
» revêtu de notre autorité, & également observé dans tout notre Royaume, pour empêcher que les
» Religieux Mendians transférés dans d'autres Ordres, n'abusent de l'indulgence de l'Eglise, pour
» posséder une multitude de Bénéfices & de pensions, & passer leur vie dans les divers Tribunaux
» de notre Royaume à soutenir des droits douteux sur lesdits Bénéfices, avec une avidité qui des-
» honore la sainteté de leur état, & une dissipation qui scandalise souvent le Public ; Nous avons jugé
» à propos d'y pourvoir, & d'employer l'autorité qui Nous appartient, comme Protecteur des
» Canons, à les faire exécuter autant qu'il Nous est possible dans toute leur pureté. A CES CAUSES,
» & autres, à ce Nous mouvans, de l'avis de notre très cher & très amé Oncle le Duc d'Orléans
» Régent, de notre très cher & très amé Cousin le Duc de Bourbon, de notre très cher & très amé
» Cousin le Duc du Maine, de notre très cher & très amé Oncle le Comte de Toulouse, & autres
» Pairs de France, Grands & notables Personnages de notre Royaume ; Nous avons par ces Pré-
» sentes signées de notre main, dit, déclaré & ordonné, disons, déclarons & ordonnons, vou-
» lons & Nous plaît, qu'aucun Religieux Mendiant transféré dans l'Ordre de Saint Benoît, ou
» autre, ne puisse dorénavant posséder deux Bénéfices, ni un Bénéfice avec une pension sur un
» autre Bénéfice, ni deux pensions ; Voulons que les Lettres Patentes que Nous jugerons à propos
» d'accorder sur les Brefs obtenus en Cour de Rome par lesdits Mendians transférés, pour pouvoir
» posséder des Bénéfices ou pensions, ne puissent être expédiées qu'à la charge de se conformer à
» notre présente Déclaration. Si donnons en mandement, à nos amés & féaux Conseillers les
» Gens tenans notre Cour de Parlement à Paris, que ces Présentes ils aient à faire lire, publier &
» registrer, même en tems de Vacations, & exécuter selon leur forme & teneur, sans souffrir
» qu'il y soit contrevenu en aucune maniere, pour quelque cause & sous quelque prétexte que ce
» puisse être. CAR tel est notre plaisir : en témoin de quoi Nous avons fait mettre notre Scel à
» ces Présentes. Donné à Paris le vingt-cinquieme jour de Janvier l'an de grace mil sept cent dix-
» sept, & de notre Regne le deuxieme. *Signé*, LOUIS : *Et plus bas* ; par le Roi, le Duc d'Or-
» léans Régent, présent, PHELYPEAUX, & scellé du grand Sceau de cire jaune.
» Registrées, oui & ce requerant le Procureur Général du Roi, pour être exécutées selon leur
» forme & teneur ; & Copies collationnées envoyées aux Bailliages & Sénéchaussées du Ressort,
» pour y être lues, publiées & registrées : enjoint aux Substituts du Procureur Général du Roi d'y
» tenir la main, & d'en certifier la Cour dans un mois, suivant l'Arrêt de ce jour. A Paris en
» Parlement, le deux Mars mil sept cent dix-sept. *Signé*, DONGOIS.

A R T I C L E VI.

. *Nos Cours & autres Juges ne pourront contraindre les Archevêques, Evêques & autres Collateurs ordinaires, de donner des Provisions des Bénéfices dépendans de leurs Collations, ni prendre connoissance du refus, à moins qu'il n'y en ait appel comme d'abus ; & en ce cas leur ordonnons de renvoyer pardevant les Supérieurs Ecclésiastiques desdits Prélats & Collateurs, lesquels Nous exhortons, & néanmoins leur enjoignons de rendre telle justice à ceux de nos Sujets qui auront été ainsi refusés, qu'il n'y en ait aucun sujet de plainte légitimes.*

A R T I C L E VII.

Lorsque nos Cours & autres Juges auront permis aux Pourvus desdits Bénéfices, à qui les Archevêques ou Evêques auront refusé de donner des visa, d'en prendre possession pour la conservation de leurs droits ; ils ne pourront y faire aucunes fonctions Spirituelles ou Ecclésiastiques, en conséquence desdits Arrêts & Réglemens.

A R T I C L E VIII.

Si nos Cours ou autres Juges ordonnent le sequestre des fruits d'un Bénéfice ayant charge d'ames, Jurisdiction ou fonction Ecclésiastique & Spirituelle, dont le possessoire soit contentieux, ils renvoyeront par le même jugement pardevant l'Archevêque ou Evêque Diocésain, afin qu'il commette pour le desservir, une ou plusieurs Personnes, autres que ceux qui prétendront y avoir droit, & leur assignera telle retribution qu'il estimera nécessaire, laquelle sera payée par préférence sur les fruits dudit Bénéfice, nonobstant toutes saisies & autres empêchemens.

ARTICLE

Article IX.

Nos Juges ne pourront maintenir en poffeffion d'un Bénéfice ceux à qui les Archevêques ou Evêques auront refufé des vifa, fi ce n'eft en grande connoiffance de caufe, & fans s'être enquis diligemment, & avoir connu la vérité des caufes du refus, & à la charge d'obtenir vifa defdits Prélats, ou de leurs Supérieurs, avant de faire aucune fonction Spirituelle & Eccléfiaftique defdits Bénéfices.

Nous connoiffons de deux fortes de remedes contre le refus du *vifa* ou inftitution canonique fait par l'Evêque, dans les différens cas où fa collation eft forcée : le premier, eft l'appel fimple ; le fecond, eft l'appel comme d'abus.

Quant à l'appel fimple, c'eft celui qui eft interjetté pardevant le Supérieur de l'Evêque refufant ; & il faut fuivre fur ce point exactement les dégrés de Jurifdictions fans en obmettre aucuns, de forte qu'il eft permis d'épuifer l'un après l'autre tous ces dégrès de Jurifdictions, jufqu'à ce qu'il y ait trois fentences conformes.

L'appel comme d'abus prend fa fource dans le droit qu'a le Roi, comme Protecteur des Canons, d'empêcher que les Supérieurs Eccléfiaftiques ne faffent rien contre leurs difpofitions. Par une fuite néceffaire, les Parlemens & autres Cours Souveraines, qui font chargés d'adminiftrer la Juftice, pour & au nom du Roi, ont le droit inconteftable de juger fi dans tout ce qui émane de la Jurifdiction Eccléfiaftique, il n'y a rien qui foit contre les Canons, ou qui bleffe les Libertés de l'Eglife Gallicane ; c'eft pourquoi s'il fe trouve que le Supérieur Eccléfiaftique ait excedé les bornes de fon pouvoir, ou ne fe foit point conformé à la regle, les Cours font autorifées à prononcer qu'il y a abus.

Autrefois, & auparavant l'Ordonnance de Blois, quand les Cours reconnoiffoient que le Collateur avoit refufé fans caufe le *vifa* ou l'inftitution canonique, elles ordonnoient qu'il y feroit contraint par faifie de fon temporel, c'eft ce que nous apprend Coquille fur l'Article 64 de cette même Ordonnance de Blois. Mais par ce même Article, il fut défendu aux Cours & aux autres Juges Royaux de forcer les Prélats, & autres Collateurs, à donner des Provifions ; il leur fut feulement réfervé de renvoyer les Parties pardevant les Supérieurs Eccléfiaftiques pour y être pourvu. Notre Article 6 eft, fur ce point, exacte-

Tome II. O o o

ment conforme à l'Article 64 de l'Ordonnance de Blois (a). Nous ne parlerons point ici de plufieurs autres Loix qui ont les mêmes difpofitions, parcequ'elles fe trouvent, ou n'être point enregiftrées, ou n'avoir point d'exécution. Telle eft entre autres l'Ordonnance de 1629.

Mais les Cours font-elles dans l'ufage exact de renvoyer, en jugeant qu'il y a abus dans le refus du Collateur, devant fon Supérieur immédiat pour réformer l'abus?

Pour expliquer fur cela la Jurifprudence des Cours, Nous obferverons, que dans le Gouvernement de l'Eglife, il y a plufieurs *Ordres*; le premier eft celui *de fupériorité*, en vertu duquel on va de l'inférieur au fupérieur; le fecond, eft l'*Ordre de fociété* qui fe rencontre entre le Métropolitain & les Evêques Suffragans, pour raifon des affaires de la même Province; le troifieme enfin eft l'*Ordre fubfidiaire* ou *de fecours*; ce dernier Ordre a lieu entre les Provinces, entre les Diocèfes, & entre les Paroiffes voifines, à l'effet de fe donner un fecours mutuel dans le befoin.

D'après cela, il eft aifé de rendre raifon de différens Arrêts qui paroiffent n'avoir pas toujours exactement fuivi l'*Ordre de fupériorité*. Premierement, il eft conftant que le Parlement de Touloufe n'eft point dans l'ufage de renvoyer jamais devant le Métropolitain, en cas de refus de *vifa* ou d'inftitution canonique de la part de l'Evêque; mais, en vertu de l'*Ordre de fociété* qui fubfifte entre tous les Evêques de la même Province, il renvoie alors devant l'Evêque plus voifin. Quoique la Jurifprudence du Parlement de Paris, ne foit pas fur cela auffi uniforme que celle du Parlement de Touloufe, nous avons cependant plufieurs Arrêts de ce Parlement, tant anciens que nouveaux, qui ont fuivi l'*Ordre de fociété*. Il y en a une entre autres du 21 Août 1719, par lequel la Cour a déclaré qu'il y avoit abus tant dans le refus des Officiers de la Cour de Rome, que dans celui de M. le Cardinal de Mailly Archevêque de Reims; en conféquence il a été permis au Sieur de Vinay de fe retirer pardevant l'Evêque de Laon, alors plus ancien en facre de la Métropole de Reims, & à fon refus devant les autres Suffragans fucceffivement pour en obtenir des Provifions.

Le Parlement de Paris a auffi fait ufage de l'*Ordre fubfidiaire* d'une Province à une autre, dans un Arrêt fameux du 12 Août 1697, qui fur le refus de M. l'Archevêque de Tours, a renvoyé pardevant l'Archevêque de Paris, pour obtenir des Provifions, quoique l'Archevêque de Paris ne foit point le Supérieur eccléfiaftique de l'Archevêque de Tours, mais bien le Primat de Lyon.

Quelquefois même le Parlement fe contente dans ces fortes de refus

(a) » Nous défendons à nos Cours de Parlemens, & à tous autres nos Juges, de contraindre » les Prélats & autres Collateurs ordinaires, de bailler Provifions de Bénéfices dépendans de leurs » Collations, ains de renvoyer les Parties pardevant les Supérieurs defdits Prélats & Collateurs, » pour fe pourvoir pardevant eux par les voies de droit, & en cas d'empêchement, pourront avoir » recours au Supérieur Eccléfiaftique. *Ordon. de Blois, Art.* 63.

visiblement injustes, de renvoyer l'Ecclésiastique refusé devant le Chancelier de l'Université de Paris, pour éviter un circuit de refus multipliés de la part des Evêques. C'est l'espece d'un Arrêt du Parlement de Paris, rendu le 16 Février 1714, en faveur d'un Gradué nommé sur l'Evêché d'Arras, lequel requéroit un Canonicat de l'Eglise Cathédrale d'Arras, qui avoit vaqué dans un des mois de rigueur affecté aux Gradués. L'Arrêt, en conséquence des refus faits successivement par l'Evêque d'Arras, & par l'Archevêque de Cambrai Métropolitain, ordonna que le Gradué refusé se retireroit pardevers le Chancelier de l'Université de Paris, pour lui être par lui accordé des Provisions du Canonicat en question, ce qui a été exécuté : la même chose a été ordonné en faveur d'un autre Gradué sur le même Diocèse d'Arras, pour raison d'une Cure, par Arrêt du 12 Août 1715. Ces deux Arrêts sont rapportés par du Perey dans ses notes sur le présent Edit ; il y a joint aussi les Provisions qui ont été accordées, en conséquence des Arrêts, à chacun de ces deux Gradués par le Sieur Vivant, alors Chancelier de l'Université de Paris.

La Jurisprudence du Grand Conseil est aussi de renvoyer les Brevetaires de joyeux avenement & de serment de fidélité, devant le Chancelier de l'Université de Paris, pour avoir des Provisions en cas de refus des Ordinaires ; c'est ce qui résulte principalement d'un Arrêt de ce Tribunal, rendu au profit du Sieur Boulonnois le 15 Décembre 1720.

Pour ce qui concerne les Indultaires, ils ont, en cas de refus, la voie de se pourvoir devant les Exécuteurs nommés par les Bulles qui établissent le droit d'Indult.

Un autre remede contre les refus de *visa* ou de provisions forcées est la *prise de possession civile* : elle peut être de deux sortes, ou *simple*, ou *avec jouissance des fruits*. Cette derniere n'a lieu que pour les Bénéfices Consistoriaux, lorsque la Cour de Rome refuse injustement d'accorder des Bulles à celui qui a été nommé par le Roi pour un Bénéfice de cette nature. Comme la connoissance de tout ce qui concerne les Bénéfices Consistoriaux, a été attribuée au Grand Conseil, par la Déclaration du 4 Mars 1715, il faut dans ce cas s'adresser à ce Tribunal, & y obtenir d'abord un premier Arrêt qui donne permission de jouir des fruits, à la charge de faire de nouvelles diligences dans six mois, après lesquelles on obtient un second Arrêt semblable au premier : ces six seconds mois expirés, il intervient un troisieme Arrêt qui accorde définitivement la jouissance des fruits, à la charge de réitérer les diligences en Cour de Rome, pour y obtenir des Bulles. La même Déclaration du 4 Mars 1715, veut que ceux qui, après avoir obtenu de pareils Arrêts, seront ensuite venus à bout de recevoir leurs Bulles, les représentent dans les six mois au Procureur Général du Grand Conseil, à ce qu'elles soient inscrites sur les Registres du Parquet, dont il leur sera délivré un certificat ; & à défaut d'observations de ces différentes formalités, les Economes sont autorisés à se mettre en possession du

revenu des Bénéfices , & à les faire faifir & arrêter. La Déclaration de
1715 renouvelle d'ailleurs tant en ce point, qu'en plufieurs autres ,
celle précédente du 15 Décembre 1711 (a).

(a) » LOUIS , par la grace de Dieu , Roi de France & de Navarre : A tous ceux qui ces pré-
» fentes Lettres verront , S A L U T. Quoique l'Article 5 de l Ordonnance de Blois du mois de Mai
» 1579 , oblige ceux qui feront nommés aux Bénéfices qui font à notre nomination , d'obtenir des
» Bulles & Provifions de Cour de Rome dans les neuf mois après nos Lettres de nomination déli-
» vrées , ou de juftifier des diligences valables & fuffifantes par eux fai es pour en obtenir dans
» ledit tems , à peine de demeurer déchus de leur droit de nomination : Et quoique la difpofition
» de cette Ordonnance ait été renouvellée par l'Article 12 de l'Edit de Melun du mois de Mars
» 1580 ; par l'Article premier de l'Edit du mois de Décembre 1606 , & par une Déclaration du 4
» Juin 1619 ; Nous avons néanmoins été informés que plufieurs de ceux que Nous nommons aux
» Al bayes & aux au res Bénéfices qui font à notre nomination , négligent non-feulement d'obtenir
» des Bulles & Provifions dans l s tems marqués par ces Ordonnances , mai même q i'ils laiffent
» écouler plufieurs anné s fans faire au une diligence pour l s obtenir , de for e qu'ils meurent fou-
» vent fans avoir en d'autres titres , pour jouir des fruits defdits Bénéfices , que leurs Brevets de
» nomination , & comme un pareil abus ne peut être toleré , & qu'il eft même fouvent préjudi-
» ciable à ceux qui leur fuccedent , dans lefdits Bénéfices , Nous avons réfolu d'y pourvoir. A ces
» CAUSES , & autres , à ce Nous mouvant , de notre certaine fcience , p'eine puiffance , & autorité
» Royale , Nous avons par ces Préfentes fignées de notre main , dit , déclaré & ordonné , difons ,
» déclarons & ordonnons , voulons & Nous plaît , que conformément à l Article 5 de l'Ordon-
» nan e de Blois . & aux Edits & Déclarations donnés en conféquence , ceux que Nous nommerons
» dorénavant aux Bénéfices qui font à notre nomination , & pour lefquels il eft néceffaire d'obtenir
» des Bulles & Provifions de Cour de Rome , foient tenus dans neut mois au plus tard , du jour
» de la date de nos B evets , ou de nos Let res de nomination , d'obtenir en Cour de Rome des
» Bulles & Provifions de dits Bénéf ces , ou de juftifier à notre Grand Confeil d'en perchemens légi-
» times , ou de diligences val bles & fuffifantes par eux faites , pour en obtenir. Voulons que ceux
» que Nous avons nommés jufqu'à préfent aufdits Bénéfices , & qui n'en ont pas encore obtenu
» de Bulles , foient tenus d'en obtenir dans de pareil delai de neuf mois , ou de juftifier à notre
» Grand Confeil de légitimes empêchemens ou de diligences valables par eux faites pour en o tenir.
» Ne pourra notredit Grand Confeil accorder aucun A rêt qui permette à ceux que Nous avons
» nommés ou que Nous nommerons ci après aufdits Bénéfices , de s'en mettre en poffeffion . &
» de jouir des fruits après ledit tems de neuf mois , qu'auxdits cas de légitime empêchement ou de
» diligence valable ; & qu'à condition de juftifier toujours de fix mois en fix mois à notre Procu-
» reur Général audit Grand Confeil , que les empêchemens ne feront pas ceffés , ou de rapporter
» de nouvelles diligences valables par eux faites pour en obt nir lefdites Bulles , faute de quoi ils
» ne pourront continuer à jouir defdits Bénéfices , en vertu defdits Arrêts. Déclarons vacans & im-
» pétrables les Bénéfices , de ceux que Nous avons nommés , ou que Nous nommerons ci après ,
» qui n'auront pas obtenu des Bulles & Provifions , ou qui n'auront pas juftifié d empêchement lé-
» gitime , ou de diligence valable pour en obtenir dans ledit tems de neuf mois , ou qui , après
» avoir obtenu des Arrêts de notre Grand Confeil , qui leur permettront de jouir des fruits
» defdits Bénéfices , auront été fix mois fans rapporter de preuves à notre Procureur Général audit
» Grand Confeil de nouvelles diligences par eux faites , ou fans juftifier des empêchemens ne
» feront pas c ffés , fans qu'il foit befoin pour nommer par Nous de nouveau aufdits cas aufdits
» Bénéfices , d'autre déclaration de notre volonté que de la nomination que Nous ferons d'autres
» perfonnes pour les poffeder. O donnons que les fruits defdits Bénéfices qui écheoiront après le
» tems par Nous marqué pour en obtenir des Bulles , ou pour juftifier d'empê hement légitime ou
» de diligences valables , foient a pliqués , par égales portions , aux réparations des Eglifes ou Mo-
» naftères & aux Hôpit ux l s plus pro ha ns des lieux où font fitués lefdits Bénéfices; & fi les
» Bénéficiers perçoivent aucuns fruits après lefdits tems , ils feront tenus de les rendre & reftituer
» par outes voies dues & raifonnables , nonobftant toutes lettres que Nous pourrions l ui en ac-
» corder , que Nous avons déclarées nulles & de nul effet. N'entendons par no re Déclaration
» nuire ni préjudicier aux droits des Economes , Sequeltres , ni à l'exécution des Déclarations &
» Arrets qui ont fuivi leur établiffement. Si donnons en mandement , à nos amés & féaux Confeil-
» lers le Gens tenan notre Grand Confeil , que ces Préfentes ils ayent à faire lire , publier , &
» enregiftrer , & icelles exécuter felon leur forme & teneur. CAR tel eft no re plaifir : En témoin de
» quoi , Nous avons fait mettre notre Scel à cefdites Préfentes. Donné à Verfailles le 15 jour
» de Décembre l'an de Grace 1711 , & de notre Regne le foix nte neuvieme Signé , LOUIS.
» Et fur le repli Par le Roi: PHELYPEAUX. Et fcellé du grand Sceau de cire jaune.
» I ve , publié , l'Audience du Grand Confeil du Roi tenante , & enregiftré ès Regiftres dudit
» Confeil , oui & ce requérant le Procureur Général du Roi , pour être exécuté , gardée & ob-
» fervée felon la forme & teneur , fuivant l'Arrêt dudit Confeil du 31 Décembre mil fept cent
» onze. Signé , F E HODENEG.
» LOUIS , par la grace de Dieu , Roi de France & de Navarre : A tous ceux qui ces pré-
» fentes Lettres verront ; SALUT. Par nos Edits & Déclarations des années 1527 & 1552, Nous

Quant à la *poffeffion civile*, *fimple*, qui a lieu pour les Bénéfices non Confiftoriaux, elle n'a pour objet que de conferver les droits de ceux qui effuient des refus de la part des Evêques ou autres Collateurs forcés. Sans cette reffource, en effet, ceux qui ont un droit légal à un Bénéfice, ne pourroient, faute de provifions, prendre poffeffion ; faute de prife de poffeffion, ils ne pourroient intenter complainte, & fe mettroient par là dans le cas de voir acquérir contre eux la poffeffion triennale. La poffeffion civile fert encore à mettre le refufé à couvert de la regle, *De publicandis*, & de celles qui obligent à prendre possession dans un tems limité. Cette prise de possession s'accorde sur une simple requête, à laquelle on joint les pieces justificatives du droit que le Refusé prétend avoir au Bénéfice, ensemble celles qui constatent le refus du Collateur, ou de l'Ordinaire.

La prise de possession civile, lorsqu'elle est ensuite confirmée par un jugement de maintenue, précédé ou suivi d'un titre canonique, a un effet rétroactif, à l'effet de conserver aux Pourvus, non-seulement les fruits du Bénéfice, mais encore leur rang, à compter du jour de cette prise de possession; ce qui est très important pour les Chanoines, sur tout dans les Chapitres où il y a des revenus ou des Collations affectées aux anciens. C'est chose jugée par rapport au rang, par un Arrêt du Parlement de Bretagne, du 23 Septembre 1581, rapporté par Filleau, Part. III. Tit. II. Chap. XXX. La raison de cette Jurisprudence est que le jugement de maintenue n'est point constitutif, mais simplement déclaratif du droit de celui au profit duquel il est rendu.

Mais comme les Juges Laïcs n'ont aucun pouvoir sur le spirituel, ils ne peuvent conséquemment autoriser celui à qui ils permettent de prendre possession civile, à faire aucunes fonctions Spirituelles & Ecclésiastiques. Sur quoi il faut observer, qu'on ne doit point regarder comme fonctions Ecclésiastiques la présentation ni même l'institution collative, d'autant que l'une & l'autre appartiennent souvent à des Laïcs. Aussi ont-elles toujours été regardées comme faisant partie des fruits, d'après le Chapitre *Cum olim*, *de majorit. & obedient.*

En général, lorsqu'en matiere bénéficiale l'affaire est en état d'être portée à l'Audience, les Juges prennent l'un des trois partis qui suivent. Si la contestation est suffisamment éclaircie, ils prononcent la pleine maintenue en faveur de l'un des Contendans. Ce Jugement de maintenue ne peut frapper que sur la jouissance du temporel du Bénéfice;

ainsi elle ne peut autoriser l'Eccléfiastique qui l'a obtenue à faire aucunes fonctions spirituelles, s'il n'a point encore de *visa* ou de miffion
canonique. Les Juges chargent même dans ce cas l'Eccléfiastique maintenu, de prendre cette miffion canonique du Supérieur Eccléfiastique,
de forte que fi elle lui est refufée, il a la voie de l'appel comme
d'abus.

Mais fi la caufe est tellement embarraffée qu'elle ne puiffe fe juger
fur-le champ, les Juges Laïcs adjugent la récréance qui est proprement
la poffeffion provifoire, à celui des Contendans qui fe trouve avoir
le droit le plus apparent. Et dans le cas où aucune des Parties n'a un
droit plus apparent que fes Compétiteurs, on ordonne que pendant le
Procès, les fruits du Bénéfice contentieux feront mis en fequestre ;
mais dans ce dernier cas, les Juges Laïcs bornés uniquement à ce qui
concerne les fruits, c'est-à-dire au temporel du Bénéfice, ne peuvent pas
pourvoir par eux-mêmes à la defferte de ce Bénéfice s'il est à charge
d'ames ; ils doivent alors renvoyer à l'Evêque Diocéfain, pour commettre un Defservant, lequel néanmoins doit être autre que l'un des
Contendans au Bénéfice, parceque fi l'Evêque accordoit la defferte à
l'un de ces Contendans, il lui donneroit indirectement parlà la recréan-
ce, que les Juges de la conteftation n'auroient pas cru devoir lui accorder. Quoique notre Edit n'ait rien ftatué fur la quotité de la retribution que les Evêques peuvent octroyer dans ces cas aux Defservans
par eux commis ; cette retribution a été reglée à trois cens livres, par
une Déclaration poftérieure du 29 Janvier 1686 (*a*), il a même été

---

permis aux Evêques de l'arbitrer à une fomme plus forte fuivant les circonftances, par une autre Déclaration du 30 Juillet 1710 (*a*).

» fuffantes par ceux qui ont les dixmes inféodées, & que dans les lieux où il y a plufieurs Déci-
» mateurs, ils y contribuent chacun à proportion de ce qu'ils poffedent les dixmes. Enjoignons à
» cet effet aufdits Décimateurs d'en faire le régalement entre eux dans trois mois après la publi-
» cation de notre préfente Déclaration dans nos Bailliages, Sénéchauffées & autres Siéges, dans l'é-
» tendue defquels ils perçoivent lefdites dixmes. Voulons qu'après ledit tems de trois mois jufqu'à
» ce que ledit régalement ait été fait, chacun defdits Décimateurs puiffe être contraint folidaire-
» ment au paiement defdites fommes, en vertu d'une Ordonnance qui fera décernee par nos Juges
» fur une fimple Requête préfentée par les Curés ou Vicaires perpétuels, contenant leur option de
» ladite Portion congrue, fans qu'il foit befoin d'y joindre d'autres pieces que l'acte de ladite op-
» tion fignifiée aufdits Décima eurs : Et feront les Ordonnances de nos Juges rendues fur ce fujet
» exécutées par provifion, nonobftant oppofitions ou appellations quelconques. Ordonnons que les
» Cures ou Vicaireies perpétuelles qui vaqueront ci-après par la mort des Titulaires ou par les
» autres voies de droit, & celles dont les Titulaires fe trouveront interdits, feront deffervies du-
» rant ce tems par des Prêtres que les Archevêques, Evêques, & autres qui peuvent être en
» droit & poffeffion d'y pourvoir, commettront pour cet effet, & qu'ils feront payés par préfé-
» rence fur tous les fruits & revenus defdites Cures ou Vicaireries perpétuelles, de la fomme de
» trois cens livres à l'égard de ceux qui feront les fonctions des Curés, & de celle de cent cinquante
» livres à l'égard des Prêtres qui feront commis pour leur aider comme Vicaires. Voulons que toutes
» les conteftations qui pourroient furvenir pour l'exécution de notre préfente Déclaration, foient
» portées en premiere inftance pardevant nos Baillifs & Sénéchaux, & en cas d'appel en nos Cours
» de Parlement. Si donnons en mandement, à nos amés & féaux Confeillers les Gens tenant notre
» Cour de Parlement de Paris, que ces Préfentes ils faffent lire, publier & regiftrer, & le contenu
» en icelles, garder & obferver felon fa forme & teneur, ceffant & faifant ceffer tous troubles &
» empêchemens, nonobftant toutes Ordonnances, Déclarations, Arrêts & Réglemens, Ufages &
» autres chofes a ce contraires, aufquelles Nous avons dérogé & dérogeons par ces Préfentes. Car
» tel eft notre plaifir : En témoin de quoi, Nous avons fait mettre notre Scel à cefdites Préfentes.
» Donné à Verfailles le vingt-neuviéme jour de Janvier l'an de grace mil fix cent quatre-vingt-
» fix; & de notre Regne le quarante troifiéme. *Signé*, LOUIS : *Et fur le repli*, par le Roi,
» COLBERT. Et fcellées du grand Sceau de jaune.
» Regiftrées, oui le Procureur Général du Roi, pour être exécutées felon leur forme & teneur,
» & Copies collationnées envoyées aux Bailliages & Sénéchauffées du Reffort, pour y être pareil-
» lement regiftrées Enjoint aux Subftituts du Procureur Général du Roi d'y tenir la main, & d'en
» certifier la Cour dans trois mois. A Paris en Parlement, le onziéme Février mil fix cent quatre-
» vingt-fix. *Signé*, JACQUES.
» (*a*) » LOUIS, par la grace de Dieu, Roi de France & de Navarre : A tous ceux qui ces Pré-
» fentes Lettres verront, SALUT. Les Archevêques, Evêques, & autres Bénéficiers compofant
» l'Affemblée Générale du Clergé de France, tenue par notre permiffion en notre bonne Ville de
» Paris en la préfente année 1710, Nous ont fait plufieurs remontrances dans le cahier qu'ils
» Nous ont préfenté concernant la Jurifdiction Eccléfiaftique ; & après les avoir fait examiner en
» notre Confeil, Nous avons bien voulu avoir égard à celles qui Nous ont paru intéreffer da-
» vantage les droits & les privileges du Clergé, & la police & difcipl ne Eccléfiaftique, dont Nous
» fommes les Protecteurs. Nous avons, de l'avis de notre Confeil, & de notre certaine fcience,
» pleine puiffance & autorité Royale, dit, déclaré & ordonné, difons, déclarons & ordonnons,
» voulons & Nous plaît.

ARTICLE PREMIER.

» Que les Mandemens des Archevêques & Evêques, ou leurs Vicaires Généraux qui feront pu-
» rement de police extérieure Eccléfiaftique, comme pour les fonneries générales, flations du Ju-
» bilé, proceffions pour les néceffités publiques, actions de graces, & autres femblables fujets,
» tant pour les jours & heures, que pour la maniere de les faire, foient exécutées par toutes les
» Eglifes & Communautes Eccléfiaftiques Séculieres & Régulieres, exemptes & non exemptes, fans
» prejudice a l'exemption de celles qui fe prétendent exemptes en autres chofes.
» II. Et en interpretant, en tant que de befoin notre Déclaration, du 29 Janvier 1686, en ce qui
» concerne les trois cens livres affignées par chacun an aux Prêtres commis par les Archevêques
» & Evêques, pour defervir les Cures vacantes, ou dont les Titulaires fe trouveront interdits ;
» Voulons que les Archevêques & Evêques puiffent, f l'on l'exigence des cas, affigner aux Deffer-
» vans une retribution plus forte que celle de trois cens livres, felon la qualité & l'étendue de la
» Paroiffe, & à proportion du revenu du Bénéfice ; ce que Nous voulons être remis à leur prudence
» & religion.
III » Voulons que les perfonnes conftituées dans les Ordres facrés, ne puiffent être contraintes
» par corps, au paiement des dépens dans lefquels ils fuccomberont : Faifons defenfes à toutes nos
» Cours & Juges de décerner des contraintes par corps contre eux, pour raifon defdits dépens.
» IV. Voulons pareillement que les Offices de Confeillers Clercs que Nous avons créés, tant

ARTICLE

ARTICLE X.

Aucuns Réguliers ne pourront prêcher dans leurs Eglifes ou Chapelles, fans s'être préfentés en perfonnes aux Archevêques ou Evêques Diocéfains pour leur demander leur bénédiction, ni y prêcher contre leur volonté; & à l'égard des autres Eglifes, les Séculiers & Réguliers ne pourront y prêcher fans en avoir obtenu la permiffion des Archevêques ou Evêques qui pourront la limiter & révoquer, ainfi qu'ils le jugeront à propos; & les Eglifes dans lefquelles il y a titre ou poffeffion valable pour la nomination des Prédicateurs, ils ne pourront pareillement prêcher fans l'approbation & miffion defdits Archevêques ou Evêques. Faifons défenfes à nos Juges & à ceux defdits Seigneurs ayant Juftice, de commettre & autorifer des Prédicateurs; & leur enjoignons d'en laiffer la libre & entiere difpofition aufdits Prélats. Voulant que ce qui fera par eux ordonné fur ce fujet foit exécuté, nonobftant toutes oppofitions ou appellations, & fans y préjudicier.

ARTICLE XI.

Les Prêtres Séculiers & Réguliers ne pourront admi-

» dans nos Cours Supérieures, que dans nos Siéges Préfidiaux, ne puiffent être poffédés que par
» des perfonnes Eccléfiaftiques au moins Soudiacres; en forte que vacation arrivant defdits Offices,
» il n'y puiffe être pourvû que des perfonnes de ladite qualité, fans qu'il en'puiffe être accordé
» aucune difpenfe. Si donnons en mandement, à nos amés & féaux Confeillers les Gens tenant notre
» Cour de Parlement à Paris, Baillifs, Sénéchaux, & à tous autres nos Juges & Officiers qu'il appartien-
» dra; que ces Préfentes, ils aient à faire lire, publier & enregiftrer, & le contenu en icelles,
» garder & obferver felon fa forme & teneur, fans fouffrir qu'il y foit contrevenu en quelque
» forte & maniere que ce foit, nonobftant tous Edits, Déclarations, Réglemens & ufages con-
» traires, auxquels pour ce regard feulement, Nous avons dérogé & dérogeons par ces Préfentes;
» aux copies defquelles collationnées par l'un de nos amés & féaux Confeillers Sécretaires, vou-
» lons que foi foit ajoutée comme à l'original. Car tel eft notre plaifir : en témoin de quoi Nous
» avons fait mettre notre Scel à cefdites Préfentes. Donné à Marly le trentieme de Juillet l'an de
» grace mil fept cent dix; & de notre Regne le foixante huitieme. *Signé*, LOUIS. *Et plus bas*,
» par le Roi, PHELYPEAUX : Et fcellé du grand Sceau de cire jaune.
 » Regiftrée, oui & ce requérant le Procureur Général du Roi, pour être exécutée felon fa forme
» & teneur, & copies collationnées envoyées dans les Sieges, Bailliages & Sénéchauffées du Reffort,
» pour y être lues, publiées & regiftrées. Enjoint aux Subftituts du Procureur Général du Roi, d'y
» tenir la main, & d'en certifier la Cour dans un mois, fuivant l'Arrêt de ce jour. A Paris en Parle-
» ment le vingt-un Août, mil fept cent dix. *Signé*, DONGOIS.

niſtrer le Sacrement de Pénitence, ſans en avoir obtenu permiſſion des Archevêques ou Evêques, leſquels la pour- ront limiter pour les lieux, les perſonnes, les tems & les cas, ainſi qu'ils le jugeront à propos; & la révoquer même avant le terme expiré, pour cauſes ſurvenues depuis à leur connoiſſance, leſquelles ils ne ſeront pas obligés d'expliquer, & ſans que leſdits Séculiers & Réguliers puiſſent continuer de confeſſer ſous quelque prétexte que ce ſoit, ſinon en cas d'extrême néceſſité, juſqu'à ce qu'ils aient obtenu de nouvelles permiſſions, & même ſubi un nouvel examen, ſi leſdits Archevêques ou Evêques le jugent néceſſaire. Voulons que leſdites permiſſions ſoient délivrées ſans frais, & que les Ordonnances qui auront été rendues par les Archevêques, ou Evêques ſur ce ſu- jet, ſoient exécutées, nonobſtant toutes appellations ſim- ples, ou comme d'abus, & ſans y préjudicier.

ARTICLE XII.

N'entendons comprendre dans les Articles précédens les Curés, tant Séculiers que Réguliers, qui pourront prêcher & adminiſtrer le Sacrement de Pénitence dans leurs Paroiſſes; comme auſſi les Théologaux qui pourront prêcher dans les Egliſes où ils ſont établis, ſans aucune permiſſion plus ſpéciale.

ARTICLE XIII.

Les Théologaux ne pourront ſubſtituer d'autres per- ſonnes pour prêcher à leur places, ſans la permiſſion des Archevêques ou Evêques.

Avant que de paſſer à l'examen particulier des quatre diſpoſitions qui précedent concernant la Prédication & la Confeſſion, nous obſerve- rons préliminairement que, ſuivant la diſcipline primitive de l'Egliſe, chaque Eccléfiaftique étoit attaché, par fon ordination même, à une Eglife particuliere pour y exercer les fonctions de fon Ordre ; & la dénomination de *Titre* Eccléfiaftique, ne fignifioit alors autre chofe que l'Eglife à laquelle le Prêtre ou le Diacre étoit dévoué par fon Ordination. On ne connoiffoit point dans ce tems-là ce qu'on appelle. Ordinations vagues & fans affignation d'Eglifes particulieres. C'eft auffi ce qui a fait dire à M. Duguet (Conf. Ecclef. 4 Diff. 27, page 48.) *En ce tems-là on ne faifoit point de ces Ordinations nombreufes qui inondent & noient l'Eglife, qui la chargent, qui la dévorent & la couvrent de honte, & qui la laiffent fouvent fans fecours. On n'ordonnoit que des Miniftres utiles, & on les menoit auffitôt à la vigne du Seigneur. On leur marquoit leur emploi ; & c'étoit une défobéiffance criminelle que de le quitter.*

Parmi un très grand nombre d'autorités tirées entre autres des Décifions des Conciles qui ont condamné les Ordinations vagues, depuis le quatrieme jufqu'au douzieme fiecle, nous nous arrêterons principalement au Canon 6 du Concile de Calcédoine qui eft ainfi conçu: *Neminem abfolute ordinari debere Presbyterum nec quemlibet in gradu Ecclefiaftico, nifi fpecialiter in Ecclefiâ civitatis aut Pagi, aut in Martirio, aut in Monafterio, qui ordinandus eft, pronuncietur. Qui vero abfolute ordinantur, decrevit fancta Synodus irritam hujufmodi manus impofitionem & numquam poffe . miniftrare, ad ordinantis injuriam.*

Dans le douzieme fiecle, dit D. Chardon, (*Hift. des Sacrem. Tom. 5. pag. 76*) *on fe relâcha de cette regle de ne point ordonner des Clercs qui ne fuffent attachés à une Eglife, en multipliant extrêmement les Clercs, parceque les Particuliers cherchoient à jouir des privileges de la Clericature, & les Evêques à étendre leur Jurifdiction.*

Il faut pourtant convenir, que malgré le relâchement qui s'étoit introduit à cet égard, l'Eglife a reclamé plus d'une fois l'obfervation de l'ancienne difcipline ; elle l'a fait furtout avec plus de force dans le feizieme fiecle vers le tems du Concile de Trente; & notre France peut, avec jufte raifon, fe glorifier que c'eft à fa follicitation particuliere que ce dernier Concile général a renouvellé fur ce point le Canon ci-devant cité du Concile de Calcédoine. En effet, on voit que par le 18 Article des Inftructions de Charles IX à fes Ambaffadeurs au Concile de Trente, il y eft dit: *Le fixieme Canon du Concile de Calcédoine fera étroitement obfervé par les Evêques dans la promotion des Prêtres pour obvier aux abus qui naiffent du trop grand nombre de ceux qui fans légitime approbation, & fans être deftinés à certaines fonctions fe font Prêtres, & font reçus au miniftere de l'Eglife.*

Les Ambaffadeurs François ont rempli exactement auprès du Concile, leur miffion & les intentions du Roi, fuivant le témoignage de Fra-Paolo, dans fon Hiftoire du Concile de Trente, Liv. 7. page 133. Et il paroît que c'eft principalement à leur réquifition que le Concile fit le Réglement qu'on lit au ch. 16 *De Reform.* Seff. 22; il porte : *Cum nullus debeat ordinari qui judicio fui Epifcopi non fit utilis aut neceffa-*

rius suis Ecclesiis, sancta Synodus vestigiis sexti Canonis Concilii Chalcedonensis inhærendo, statuit ut nullus in posterum ordinetur, qui illi Ecclesiæ aut pio loco, pro cujus necessitate aut utilitate assumitur, non adscribatur, ubi suis fungatur muneribus, non incertis vagetur sedibus.

Ce Réglement du Concile de Trente a été adopté par l'Eglise Gallicane dans plusieurs Conciles Provinciaux tenus depuis, & entr'autres par le Concile de Reims en 1564, par celui de Rouen en 1581, & par celui de Touloufe en 1592.

Cependant il n'en a pas été plus ponctuellement obfervé ; & les Ordinations vagues & indéterminées ont continué & continuent encore d'avoir lieu plus que jamais ; fous prétexte que les Eccléfiaftiques, pourvus d'un titre de Bénéfice, ne fuffiroient pas feuls, pour en remplir tous les devoirs & les engagemens, s'ils n'étoient à portée d'être aidés dans les fonctions de leur Miniftere par des Prêtres ainfi ordonnés fans titre de Bénéfice. Et il faut convenir en effet, qu'il eft nombre de Paroiffes dans les grandes Villes où les Curés ont abfolument befoin de ces fortes de fecours, qu'ils ne trouveroient pas, s'il n'y avoit point d'Ordinations vagues. Il en réfulte d'ailleurs un autre bien pour l'Eglife, c'eft que ces Eccléfiaftiques qui ont fervi de cette maniere pendant certain tems dans les Paroiffes, fous les Curés, foit en qualité de Vicaires, foit en qualité de Prêtres habitués, font parlà une forte d'apprentiffage, (s'il eft permis d'employer ici cette expreffion) qui les rend bien plus propres à remplir dans la fuite les Bénéfices (fur tout ceux à charge d'ames) defquels ils pourront être pourvus.

Ainfi dans l'état actuel de la difcipline Eccléfiaftiques, il y a de deux fortes de Prêtres ; favoir, les *fimples Prêtres* & les *Prêtres en titre*, & c'eft une diftinction qu'il ne faut point perdre de vue, relativement aux deux objets qui nous occupent actuellement qui font la *Prédication* & la *Confeffion*.

Quant aux *fimples Prêtres*, quoiqu'ils aient reçu dans l'Ordination le pouvoir d'abfoudre & de prêcher, ils ne peuvent en faire l'exercice qu'ils n'en aient reçu la permiffion particuliere de l'Evêque ; c'eft la difpofition précife du Concile de Trente (a). Ainfi pour nous fervir des termes des Canoniftes, ils ont bien le pouvoir de Prêcher & de Confeffer *habitu*, mais non pas *actu*. Ce font en quelque forte comme autant de troupes auxiliaires que l'Evêque peut employer ou laiffer oifives, felon leur plus ou leur moins de capacité, ou felon que l'exigent le bien & l'avantage de fon Diocèfe.

C'eft pourquoi les fimples Prêtres ne peuvent faire ufage du pou-

---

(a) Quamvis Presbyteri in fua ordinatione à peccatis abfolvendi poteftatem accipiant, decernit tamen Sacro-fancta Synodus nullum etiam Regularem poffe Confeffiones Sæcularium, etiam Sacerdotum audire, nec ad id idoneum reputari, nifi aut Parochiale Beneficium aut ab Epifcopis per examen, fi illis videbitur effe neceffarium, aut alias idoneus judicetur & approbationem quæ gratis d- ur obtineat : privilegiis & confuetudine quacunque etiam immemorabili non obftantibus. *Concil. Trident. Seff. 23. de Reformat. cap. 15.*

voir que leur donne leur Ordination pour confesser & pour prêcher; sans s'être préalablement adressés à l'Evêque, dans le Diocèse duquel ils veulent en faire l'exercice, pour en obtenir la permission; & c'est ce qu'on appelle proprement *Pouvoirs*.

Comme ces Pouvoirs sont absolument volontaires de la part des Evêques, ils peuvent les limiter, les refuser, même les révoquer avant leur expiration, suivant qu'ils le jugent à propos, sans être obligés d'en rendre aucune raison.

Les Prêtres Réguliers sont aussi bien que les Séculiers assujettis à cette régle. Il est vrai que les Religieux Mendians avoient obtenu lors de leur Etablissement, différentes Bulles des Papes qui leur accordoient la permission de prêcher & de confesser, sans avoir besoin de l'approbation des Evêques Diocésains. Mais ces privileges, contraires par leur nature à la discipline & à la Hierarchie Ecclésiastique, exciterent tant de troubles dans toute l'Eglise, & particulierement en France & en Angleterre, que les Papes subséquens furent obligés de les révoquer. Les Mémoires du Clergé (Tom. I. pag. 968 & 969) rapportent plusieurs Bulles sur ce sujet. Outre cela on y trouve entr'autres un acte remarquable donné par les plus notables Religieux des Communautés de Paris, au Cardinal de Richelieu, le 19 Février 1633, portant reconnoissance qu'ils sont obligés de subir l'examen & d'avoir l'approbation & permission de l'Ordinaire, pour prêcher & confesser. Il y est aussi fait mention (Tom. I. pag. 1006) de plusieurs actes de satisfaction de Religieux qui avoient prêché & confessé contre la défense des Evêques.

Cependant les Réguliers sont dans l'usage & la possession de se confesser les uns les autres, même de confesser leurs Novices, sans l'approbation des Evêques, & avec la seule autorisation de leurs Supérieurs.

A l'égard des Religieuses exemptes ou non exemptes, leurs Confesseurs doivent être approuvés par l'Evêque, avec cette différence néanmoins, à l'égard des Religieuses exemptes, qu'indépendamment de l'approbation de l'Evêque, il faut encore que les Confesseurs soient du choix des Supérieurs Réguliers ou autres; aussi les Evêques dans ces sortes d'approbations, ne manquent-ils jamais d'insérer la clause, *de consensu Superiorum*. Ceci souffre pourtant une exception en faveur des Monasteres des Religieuses de Citeaux, de Frontevrault & du Calvaire, dont les Chapelains sont en possession de confesser les Religieuses, les Pensionnaires & autres personnes étant dans la Clôture, sans autre permission que celles des Supérieurs majeurs de ces Communautés : mais ces mêmes Chapelains, non plus que tous les autres Réguliers exempts ou non exempts, ne peuvent confesser, dans leurs Eglises même, des Séculiers & autres personnes qui se présentent, sans un Pouvoir spécial de l'Evêque Diocésain, parcequ'alors la raison de l'exception introduite en leur faveur cesse, & qu'ils rentrent dans la regle générale

C'est par les mêmes motifs que les Réguliers exempts ou non exempts peuvent bien, fans la permiffion & approbation de l'Evêque, faire dans l'intérieur de leurs Couvens des exhortations pour l'ufage de leurs Religieux feulement, mais ils ne peuvent prêcher ou faire prêcher publiquement dans leurs Eglifes, ni même faire dans l'intérieur de leur Maifon aucunes inftructions à des Séculiers, fous prétexte de Congrégations, Miffions ou autrement, que de l'aveu & du confentement de l'Evêque; parceque dans ces derniers cas l'Evêque a intérêt que les Ouailles confiées à fa follicitude Paftorale, foient inftruites & endoctrinées par des Eccléfiaftiques qui aient mérité fa confiance.

Quoique nous ayons dit ci-devant que l'Evêque eft maître abfolu des Pouvoirs qu'il donne pour confeffer & pour prêcher, & que par une fuite néceffaire, il n'eft point obligé de motiver les refus qu'il fait à cet égard, ou les révocations de Pouvoirs deja donnés; néanmoins, s'il avoit exprimé ces motifs dans l un ou dans l'autre cas, & qu'ils fuffent par leur nature abufifs, ils pourroient donner lieu à un appel comme d'abus fondé. Du Peray, dans fes Notes fur le préfent Edit, a prétendu qu'un Evêque ne pouvoit fans abus interdire tout un Ordre entier du pouvoir de confeffer & de prêcher; & il fe fonde fur un Arrêt rendu en faveur des Cordeliers, contre M. l'Evêque de Clermont. Cependant, nous avons un exemple contraire poftérieur à cet Arrêt, c'eft l'interdit prononcé par M. le Cardinal de Noailles Archevêque de Paris, contre tous les Jéfuites des trois Maifons de cette Ville; il eft à préfumer qu'ils n'auroient pas manqué de réclamer contre cet interdit, s'ils avoient cru pouvoir réuffir dans leur tentative fur ce point. Concluons donc de ces différens exemples, que les Ordres en général n'ont pas fur cela d'autres droits de réclamation que les Particuliers; c'eft-à-dire, que fi dans l'interdit de l'Evêque, il fe trouve contre l'Ordre qui en eft l'objet quelques motifs exprimés qui foient infamans ou peu mérités, l'Ordre a la faculté de fe pourvoir par la voie de l'appel comme d'abus pour empêcher, s'il lui eft poffible, que cette tache ne fubfifte pas contre lui, mais fi l'Ordre de Religieux ainfi interdit, ne fe trouve point dans le cas d'une pareille réclamation, l'interdiction feule & par elle-même, ne peut jamais être un moyen d'appel comme d'abus, quoiqu'elle frappe fur tout un Corps, & qu'elle prouve que ce Corps a perdu la confiance de l'Evêque; parce qu'enfin l'Evêque ayant la difpofition abfolue de ces fortes de Pouvoirs, perfonne n'eft en droit de lui demander compte de la difpenfation qu'il en fait, & ne peut le forcer à les lui confier malgré lui.

Il faut bien fe donner de garde de confondre l'*approbation* des Prédicateurs avec leur *nomination*. Quant à l'approbation elle appartient inconteftablement & a toujours appartenu à l'Evêque; mais pour la nomination la Jurifprudence n'eft pas uniforme. Il eft des Arrêts qui femblent avoir accordé cette nomination aux Evêques, & d'autres aux Fabriques & aux Chapitres. Ainfi, par un Arrêt du 24 Janvier 1699, cité par du Peray fur l'Article 10 du préfent Edit, les Habitans de la Ville de Moulins ont été déboutés de la demande qu'ils avoient formée contre M. l'Evêque d'Autun, afin de faire preuve de leur possession de nommer un Prédicateur. Cependant M. l'Evêque de Boulogne ayant voulu depuis faire usage de cet Arrêt, & le faire déclarer commun avec les Habitans de Saint Pol en Artois, qui soutenoient de même être en possession de nommer un Prédicateur, il en fut débouté par un Arrêt célebre du 30 Décembre 1710.

D'un autre côté, nous voyons que l'Evêque de Châlons en Champagne, ayant prétendu avoir le droit de nommer le Prédicateur dans son Eglise Cathédrale ; & son Chapitre lui ayant contesté ce droit, il y fut maintenu par Arrêt du 15 Février 1564. Cet Arrêt est rapporté par Ferret, dans son Traité de la Bulle, Livre III Chap. I, nomb. 12 ; quoi qu'il en soit au reste, de cette variété d'Arrêts, il n'en doit pas moins demeurer pour constant d'après la disposition textuelle de notre Edit, que c'est la possession qui doit être l'unique boussole pour décider les questions qui se présentent sur cette matiere ; & on doit d'autant moins faire de difficultés de maintenir dans cette possession les Fabriques & les Chapitres qui l'ont en leur faveur, qu'elle est presque toujours fondée sur un titre onéreux qui est la charge de payer l'honoraire des Prédicateurs.

Néanmoins quelle que soit la possession des Eglises Cathédrales à cet égard, elles n'en peuvent jamais exciper, pour empêcher l'Evêque de faire des Missions dans leurs Eglises, & en conséquence dans les tems consacrés à cet effet, d'y faire prêcher, confesser, & en un mot d'y faire faire tous les autres exercices de piété usités en pareil cas, pourvu néanmoins que ce soit dans d'autres heures que celles destinées à l'Office Canonial ; l'exemption même prétendue du Chapitre seroit dans sa bouche un moyen impuissant pour s'y opposer ; d'autant que l'Eglise Cathédrale est la premiere Eglise du Diocèse, & qu'elle ne tire son nom, que de la Chaire Episcopale qui y réside : c'est ce qui a été jugé au profit de l'Evêque d'Amiens contre son Chapitre, par Arrêt du Conseil rendu contradictoirement le 26 Janvier 1644. Cet Arrêt est d'autant plus remarquable, qu'il a été rendu après en avoir communiqué à quatre des plus grands Personnages de ce tems-là ; savoir, M. Bossuet Evêque de Meaux, M. de Marca, & Messieurs de Leon & d'Ormesson, tous quatre Conseillers d'Etat.

Il est dans plusieurs petites Villes du Royaume des Chapitres ou des Abbayes, qui ont une espece de Jurisdiction Episcopale dans les Villes de leur établissement. En conséquence ces Chapitres ou ces Abbayes, ont prétendu quelquefois, qu'en leur qualité d'Eglise matrice, elles pouvoient empêcher les Ecclésiastiques, quoiqu'approuvés de l'Evêque Diocésain, de prêcher dans les autres Eglises de leur ressort, sans avoir pris leur attache, & leur avoir représenté l'approbation de l'Evêque ; c'est l'espece d'une contestation qui s'est élevée entre le Chapitre de l'Eglise Royale de Roye en Picardie, & les Religieux de la Charité de la même Ville. Voici quel en étoit l'objet. Ce Chapitre avoit fait rendre par son Official une Ordonnance portant défense à un Curé desenvirons de prêcher dans l'Eglife des Religieux de la Charité de Roye, & dans les autres Eglifes de la même Ville, fans auparavant avoir exhibé aux Chanoines fon approbation de M. l'Evêque d'Amiens, & avoir obtenu d'eux la nomination, à peine d'interdit *ipfo facto.* Depuis ce tems, il étoit intervenu aux Requêtes du Palais où la conteftation fur le poffeffoire refpectivement articulé, avoit été portée, une Sentence qui avoit maintenu les Religieux de la Charité de Roye dans leur poffeffion, de choifir tels Eccléfiaftiques qu'ils voudroient parmi ceux approuvés de l'Evêque pour prêcher & adminiftrer les Sacremens dans leur Eglife & Hôpital. Mais par la même Sentence, le Chapitre fut auffi maintenu dans la poffeffion de fe faire repréfenter par les Eccléfiaftiques qui voudroient prêcher & adminiftrer les Sacremens dans les Eglifes de la Ville, les approbations de l'Evêque d'Amiens à cet effet. Cependant l'affaire ayant été portée au Parlement, tant fur l'appel comme d'abus de l'Ordonnance de l'Official du Chapitre, que fur l'appel fimple de la Sentence des Requêtes du Palais, il intervint Arrêt le 25 Mars 1709, qui déclara qu'il y avoit abus dans l'Ordonnance en queftion ; par le même Arrêt la Sentence des Requêtes du Palais fut infirmée, en conféquence le Chapitre de Roye fut débouté de fa demande, & au contraire, les Religieux de la Charité de Roye furent maintenus dans le droit & poffeffion de fe fervir pour prêcher & adminiftrer les Sacremens dans leur Eglife & Hôpital, de tels Prêtres Séculiers ou Réguliers qu'ils jugeront à propos, pourvu qu'ils fuffent du nombre de ceux approuvés par l'Evêque d'Amiens ; fans que le Prêtre Séculier ou Régulier, par eux choifi, fût obligé avant que de s'immifcer dans les fonctions Eccléfiaftiques, de repréfenter au Chapitre fon approbation. Cet Arrêt eft rapporté par du Peray dans fes Notes fur le préfent Edit.

Mais il s'eft préfenté une autre queftion relative à la matiere préfente, qui eft de favoir devant qui on doit porter les conteftations qui peuvent s'élever au fujet des honoraires des Prédicateurs. Les Evêques ont prétendu que la connoiffance des différends qui naiffoient fur cela leur appartenoit, comme étant un acceffoire de la Prédication. Il eft vrai que leur prétention à cet égard paroît appuyée non-feulement fur la difpofition du Concile de Trente, *Seff. 24 Cap. 4,* mais encore fur l'Article 11 de l'Edit de 1606 dont la fin eft conçu en ces termes : *Pour le falaire defquels Préditateurs, au cas qu'il y ait différend, ne s'en pourront adreffer à nos Juges ordinaires, mais feulement pardevannt les Archevêques, Evêques, ou leurs Officiaux.* Si cette partie de l'Article 11 de l'Edit de 1606 fut demeurée en vigueur, le droit des Evêques ne pourroit fouffrir de difficulté, mais l'exécution en fut arrêtée dans fon principe même, par l'Arrêt d'enregiftrement, qui odonna que toute cette fin feroit ôtée de l'Article. Au moyen de quoi, elle eft demeurée comme non avenue, & les Juges Laïcs font reftés en poffeffion de connoître feuls, des différends concernant les honoraires des Prédicateurs.

Voilà à quoi on peut réduire tout ce qui regarde les *fimples Prêtres,* pour ce qui concerne l'exercice du Pouvoir de prêcher & de confeffer.

Mais

Mais il s'en faut bien que ce pouvoir foit ainfi borné dans les *Prêtres en titre*, tels que les Curés & autres Eccléfiaftiques, à qui le titre de leur Bénéfice donne le droit d'exercer les fonctions Paftorales en tout ou en partie.

Les *Curés* font les Affeffeurs nés des Evêques dans les fonctions du faint miniftere ; c'est fur eux que l'Evêque, qui eft le Pafteur univerfel du Diocèfe, fe décharge d'une portion du foin des ames qui lui font confiées. Ainfi il ne leur faut pas davantage que le titre de leur Bénéfice & les Provifions de l'Evêque qui leur en affurent la poffeffion, pour avoir le droit perpétuel d'enfeigner & de diriger le Troupeau qui leur eft affigné. De-là les Curés ne font point obligés de prendre d'autres Pouvoirs pour prêcher & confeffer dans leurs Paroiffes, que ceux qui réfultent de leur miffion canonique ou inftitution autorifable.

Mais on a demandé fi les Curés pouvoient, même dans les limites de leurs Paroiffes, confeffer d'autres Perfonnes que leurs Paroiffiens ordinaires ? Quoique cela ait paru faire quelques difficultés parmi les Canoniftes, on ne croit pas néanmoins qu'il puiffe y avoir fur ce point un doute fondé. En effet, le droit des Curés eft en cette occafion plus réel que perfonnel : ce n'eft donc point au Curé à examiner fi les Perfonnes qui fe préfentent à lui pour la confeffion, font, ou non, domiciliées dans fa Paroiffe. Il fuffit qu'elles fe préfentent à lui dans les limites de fon reffort, pour qu'il foit en droit d'exercer à leur égard les fonctions de fon miniftere.

Il y a même plus ; un Curé n'a pas befoin d'autres Pouvoirs que ceux attachés à fon titre, pour aller confeffer dans une autre Paroiffe du même Diocèfe, pourvu que ce foit avec l'agrément du Curé de cette Paroiffe. C'eft un droit qui eft confirmé aux Curés par l'ufage conftant, & dont ils ne peuvent être privés, que par une Ordonnance expreffe de l'Evêque, qui les reftraindroit à leur feule Paroiffe.

Mais comme dans les Paroiffes d'une certaine étendue, il eft néceffaire que le Curé fe décharge d'une partie du foin de fon Troupeau, fur d'autres Prêtres, foit en qualité de Vicaires, foit en qualité d'Habitués, il ne ne peut être forcé par l'Evêque dans le choix des uns ou des autres : pourvu que ce choix tombe fur des Eccléfiaftiques approuvés de l'Evêque, tout eft rempli de fa part vis-à-vis de lui. Ces Miniftres inférieurs étant deftinés à être fes coopérateurs dans le miniftere de la Parole & la conduite des ames, il eft jufte & naturel qu'il ait la liberté d'en faire le choix à fon gré, afin que le Pafteur & les Prêtres qui lui font fubordonnés, agiffent tous enfemble de concert pour l'avantage commun des fideles, & pour leur édification.

Les Curés ne font point les feuls que le titre de leur Bénéfice autorife à prêcher & confeffer, fans un Pouvoir particulier de l'Evêque. Il eft d'autres Bénéficiers qui ont comme eux le même droit, foit en tout foit en partie. Ainfi les *Doyens* & autres premieres Dignités des Eglifes Cathédrales & Collégiales, font réputés Curés des différens Membres de leurs Corps, & en cette qualité ils exercent à leur égard les fonctions Curiales.

On peut mettre dans la même claſſe les *Archidiacres*, dans les endroits où le déport a lieu en leur faveur ; car comme en vertu de ce droit l'Archidiacre doit deſſervir ou faire deſſervir le Bénéfice, il faut néceſſairement dans le premier cas, que ce droit emporte avec lui celui d'exercer toutes les fonctions Paſtorales.

Il faut, du moins, par rapport à la Confeſſion, dire la même choſe des *Pénitenciers*, qui étant les Confeſſeurs univerſels du Diocèſe, ont par leur titre ſeul, le droit de confeſſer dans toute l'étendue de ce même Diocèſe.

Les *Théologaux* jouiſſent des mêmes prérogatives, par rapport à la Prédication. Inſtitués pour enſeigner & pour prêcher, ils n'ont pas beſoin d'autre choſe que de leur titre, pour avoir le droit de prêcher. Et ce droit leur eſt expreſſément confirmé & conſervé par le préſent Edit, quoique l'utilité & la néceſſité de leurs fonctions ſoient bien différentes de ce qu'elles étoient dans leur origine. En effet, c'étoient originairement les Evêques qui prêchoient dans leurs Egliſes Cathédrales ; mais les ſoins multipliés attachés au Pontificat, ſur tout dans les grands Diocèſes, ne leur ayant point permis de remplir exactement cette fonction par eux-mêmes, les Conciles ont ordonné qu'il ſeroit réſervé une Prébende affectée à un Théologien, lequel ſeroit tenu de prêcher tous les Dimanches dans l'Egliſe Cathédrale, au lieu & place de l'Evêque, & c'eſt cette Prébende qu'on appelle *Prébende Théologale.*

Les Théologaux ne furent d'abord établis que dans les Egliſes Métropolitaines. Leur établiſſement fut regardé dans la ſuite comme ſi utile, qu'on l'étendit, non ſeulement aux autres Egliſes Cathédrales, mais encore aux Collégiales.

Quoiqu'on puiſſe faire remonter l'origine des Théologaux à pluſieurs Conciles très anciens, il eſt néanmoins conſtant que c'eſt le Concile de Bâle qui fut le premier qui regla que les Théologaux ſeroient Chanoines, & qui a ordonné qu'il ſeroit réſervé pour eux une Prébende ; ce qui a depuis été adopté dans notre France, tant par la Pragmatique *(a)*

(*a*) Primò Cum per generalis Concilii ſtatuta ſancte ordinatum exiſtat, quòd quælibet Eccleſia Metropolitana teneatur aut debeat habere unum Theologum qui ſuâ Doctrinâ & Prædicationibus fructum ſaluti afferat, ordinat hæc ſancta Cathedralis : ſcilicet videlicet quòd quilibet Collator ipſarum Prælendarum teneatur, aut debeat conferre Canonicatum & Prælendam quam primùm facultas ſe obtulerit, & invenire poterit, uni magiſtro Licentiato, vel in Theologiâ Baccalario, formato, qui per decennium in Univerſitate privilegiata ſtuduerit, & onus reſidentiæ, ac Lecturæ & Prædicationis ſubire voluerit, quinque bis, aut ſemel ad minùs per ſingulas hebdomadas (ceſſante legitimo impedimento) legere habeat : & quoties ipſum in hujuſmodi lectura deficere contigerit, ad arbitrium Capituli in ſubſtractione diſtributionum totius hebdomadæ puniri poſſit ; & ſi reſidentiam deſeruerit de alio provideatur ; verumtamen ut vacare poſſit liberiùs ſtudio, nihil perdat cum abſens fuerit à divinis. *Pragmat. Sanct. Tit. de Collat.* §. 10.

& par le Concordat (*b*), que par les Ordonnances d'Orléans (*c*) & de Blois (*d*).

Les fonctions des Théologaux ne font pas aujourd'hui à beaucoup près si onéreuses, qu'elles l'étoient autrefois. Institués dans leur principe pour prêcher & enseigner habituellement, leurs obligations se réduisent aujourdhui dans plusieurs Eglises à faire trois ou quatre Sermons pendant l'année. L'établissement des Universités, Séminaires & autres Ecoles publiques où l'on enseigne la Théologie, & la fondation des Prédicateurs dans la plupart des Eglises, du moins pour les stations de l'Avent & du Carême, ont été les principales causes de la diminution des fonctions des Théologaux sur ces deux points.

Mais les Théologaux, du moins dans le peu de fonctions qui leur reste pour la prédication, font obligés de les exercer en personne, sans pouvoir substituer un autre pour les remplir en leur place, à moins que ce ne soit de l'agrément de l'Evêque. Sur quoi on a demandé, si c'étoit l'Evêque qui avoit le droit de choisir à chaque fois celui qu'il jugeoit à propos, pour prêcher au lieu & place du Théologal ; ou si ce choix appartenoit au Théologal lui-même, pourvu qu'il tombât sur un Ecclésiastique approuvé de l'Evêque pour la prédication ? Comme la Loi ne s'explique pas d'une maniere bien positive sur ce point, nous croyons que c'est dans ce cas l'usage & la possession qui doit décider, soit en faveur de l'Evêque, soit en faveur du Théologal.

Le titre du Théologal ne lui donnant le droit de prêcher que dans l'Eglise Cathédrale ou Collégiale de son établissement, il ne peut l'étendre au-delà. Ainsi le Théologal d'une Eglise Cathédrale, ne pourroit prêcher dans les autres Eglises de la Ville ou du Diocèse, sans une approbation spéciale de l'Evêque à cet effet.

(*b*) Statuimus insuper quod ordinarius Collator in unâquaque Cathedrali, ac etiam Metropolitanâ Ecclesiâ, Canonicatum & Præbendam Theologalem inibi consistentem conferre teneatur uni Magistro, seu Licentiato aut Baccalaureo formato in Theologiâ, qui per decennium in Universitate studii generalis privilegiata, studuerit, ac usus residentiæ, lecturæ & prædicationis actu subire voluerit ; quique bis aut semel ad minùs per singulas hebdomadas, impedimento cessante legitimo legere debeat ; & quoties ipsum in hujusmodi lectura deficere contigerit, ad arbitrium Capituli per substractionem distributionum totius hebdomadæ puniri possit. Et si residentiam deseruerit, de illâ alteri provideri debeat. Et ut liberiùs studio vacare possit, etiamsi absens fuerit à divinis, habeatur pro præsente, ita ut nihil perdat. *Concord. Tit. & Coll.* §. 1.

(*c*) » En chacune Eglise Cathédrale ou Collégiale, sera réservée une Prébende affectée à un » Docteur en Théologie, de laquelle il sera pourvu par l'Archevêque, Evêque ou Chapitre ; à la » charge qu'il prêchera & annoncera la parole de Dieu chacun jour de Dimanches & Fêtes solem- » nelles ; & ès autres jours, il sera & continuera trois fois la Semaine une Leçon publique de l'E- » criture Sainte ; & seront tenus & contraints les Chanoines y assister, par privation de leur distri- » bution. *Ordonnance d'Orléans, Art.* 8.

(*d*) » Nous voulons que l'Ordonnance faite à la réquisition des Etats tenus à Orléans, tant » pour les Prébendes Théologales, que Préceptoriales, soit exactement gardée ; fors & excepté toute » fois pour le regard des Eglises où le nombre des Prébendes ne seroit que de dix, outre la prin- » cipale Dignité. *Ord. de Blois, Art.* 33. » Ez Eglises Cathédrales & Collégiales où par les saints Décrets doit avoir une Prébende Théo- » logale, esquelles jusqu'à présent n'en a été établi aucune ; la premiere Prebende Canoniale qui » viendra à vaquer ci-après en quelque sorte que ce soit, si ce n'est par résignation, sera, suivant » les saints Conciles, perpétuellement affectée à un Théologien, sans pouvoir être conferée à autre » qui ne soit de ladite qualité : défendons à nos Cours Souveraines & tous nos autres Juges, d'a- » voir aucun égard aux Provisions, qui autrement en auroient été faites, *même Ord. Art.* 34.

Quoique le Concile de Bâle, la Pragmatique & le Concordat sem-
blent n'exiger d'autre qualité pour posséder la Prébende Théologale, que
d'être Docteur, Licentié, ou Bachelier en Théologie, il est certain
néanmoins, d'après la Jurisprudence actuelle, conforme à l'Article 8
de l'Ordonnance d'Orléans, qu'il faut pour cela être Docteur. Il ne
suffit pas même de l'être lors du *visa*, il faut avoir cette qualité dans
le tems même des Provisions (*e*), & l'avoir obtenue dans une Université du Royaume, afin que l'on soit sûr que le Sujet a été élevé dans
les maximes de l'Eglise Gallicane (*f*).

ARTICLE XIV.

*Les Archevêques & Evêques visiteront tous les ans
au moins une partie de leurs Diocèses, & feront visiter
par leurs Archidiacres, ou autres Ecclésiastiques, ayant
droit de le faire sous leur autorité, les endroits où ils ne
pourront aller en personne, à la charge par lesdits Archidiacres ou autres Ecclésiastiques de remettre aux
Archevêques ou Evêques, dans un mois, leurs procès
verbaux des visites après qu'elles feront achevées, afin
d'ordonner sur iceux ce qu'ils estimeront nécessaire.*

ARTICLE XV.

*Ils pourront visiter en personnes les Eglises Paroif-
siales situées dans les Monasteres, Commanderies, &
Eglises de Religieux qui se prétendent exempts de leur
Jurisdiction, & pareillement, soit par eux, soit par leurs
Archidiacres, ou autres Ecclésiastiques, celles dont les
Curés feront Religieux, & celles ou les Chapitres pré-
tendent avoir droit de visite.*

ARTICLE XVI.

Les Archevêques & Evêques pourvoiront en faisant

(*e*) Soefve, Tom. I. Centur 3. Chap. 77.
(*f*) Mémoires du Clergé, Tome 3. page 1139 & suivantes.
Rebuffe, sur le Concordat.
Pinson, sur la Pragmatique.

leurs vifites, (les Officiers des lieux appellés) à ce que les Eglifes foient fournies de *Livres*, *Croix*, *Calices*, *Ornemens*, & autres chofes néceffaires pour la célébration du Service divin, à l'exécution des *Fondations*, à la réduction des bancs, & même des Sépultures qui empêcheroient le Service divin, & donneront tous les ordres qu'ils eftimeront néceffaires pour la célébration pour l'adminiftration des Sacremens & la bonne conduite des *Curés*, & autres Eccléfiaftiques Séculiers & Réguliers qui defservent lefdites Cures. Enjoignons aux *Marguilliers Fabriciens* defdites Eglifes d'exécuter ponctuellement les Ordonnances defdits Archevêques & Evêques ; & à nos Juges & à ceux des Seigneurs ayant Juftice d'y tenir la main.

A R T I C L E XVII.

Enjoignons aux *Marguilliers Fabriciens*, de préfenter les comptes des revenus & de la dépenfe des Fabriques aux *Archevêques*, *Evêques* & à leurs *Archidiacres*, aux jours qui leur auront été marqués, au moins quinze jours auparavant lefdites vifites; & ce à peine de fix livres d'aumône, au profit de l'Eglife du lieu, dont les *Succeffeurs* en charge de *Marguilliers*, feront tenus de fe charger en recette ; & en cas qu'ils manquent à préfenter lefdits comptes, les *Prélats* pourront commettre un Eccléfiaftique fur les lieux pour les entendre fans frais. Enjoignons aux *Officiers de Juftice*, & autres principaux *Habitans* d'y affifter en la maniere accoutumée, lorfque les *Archevêques*, *Evêques*, ou *Archidiacres les* examineront ; & en cas que lefdits *Prélats* & *Archidiacres* ne faffent pas leurs vifites dans le cours de l'année, les comptes feront rendus & examinés fans aucuns frais;

& arrêtés par les Curés, Officiers, & autres principaux Habitans des lieux, & représentés ausdits Archevêques Evêques ou Archidiacres, aux premieres visites qu'ils y feront. Enjoignons ausdits Officiers de tenir la main à l'exécution des Ordonnances, que lesdits Prélats ou Archidiacres rendront sur lesdits comptes, & particulie-rement pour le recouvrement & emploi des deniers en pro-venans ; & à nos Procureurs, & à ceux des Seigneurs ayant Justice, de faire avec les Marguilliers Successeurs, & même eux seuls à leur défaut, toutes les poursuites qui seront nécessaires pour cet effet.

A R T I C L E   XVIII.

Les Archevêques & Evêques, veilleront dans l'éten-due de leurs Diocèses, à la conservation de la disci-pline réguliere dans tous les Monasteres, exempts & non exempts, tant d'Hommes que de Femmes, où elle est ob-servée, & à son rétablissement dans tous ceux où elle ne sera pas en vigueur ; & à cet effet, pourront en exé-cution, & suivant les saints Décrets & Constitutions canoniques , & sans préjudice des exemptions desdits Monasteres en autres choses, visiter en personne lors-qu'ils l'estimeront à propos, ceux dans lesquels les Ab-bés, Abbesses, ou Prieurs qui sont chefs d'Ordres, ne font pas leur résidence ordinaire. Et en cas qu'ils y trou-vent quelque désordre touchant la célébration du Service divin, le défaut du nombre de Religieux nécessaire pour s'en acquitter, la Discipline réguliere, l'administration & usage des Sacremens, la clôture des Monasteres de Femmes, & l'administration des biens & revenus tempo-rels, ils y pourvoiront, ainsi qu'ils l'estimeront convenable pour ceux qui sont soumis à leur Jurisdiction ordinaire.

Et à l'égard de ceux qui fe prétendent exempts, ils or-
donneront à leurs Supérieurs Réguliers d'y pourvoir dans
trois mois, & même dans un moindre délai, s'ils jugent
abfolument néceffaire d'y apporter un remede plus prompt,
& de les informer de ce qu'ils auront fait en exécution :
& en cas qu'ils n'y fatisfaffent pas dans lefdits délais,
ils pourront y donner eux-mêmes les ordres qu'ils juge-
ront les plus convenables pour y remedier, fuivant la
regle defdits Monafteres. Enjoignons aufdits Supérieurs
Réguliers, de déférer, comme ils le doivent, aux avis
& ordres que lefdits Archevêques ou Evêques leur don-
neront fur ce fujet, & à nos Officiers, & particuliere-
ment à nos Cours, de leur donner l'aide & le fecours
dont ils auront befoin pour lefdites vifites, & l'exécu-
tion des Ordonnances qu'ils y rendront, lefquelles, en
cas d'appel fimple, ou comme d'abus, feront exécutées
par provifion.

ARTICLE XIX.

Voulons pareillement que, fuivant, & en exécution
des faints Décrets, & Conftitutions canoniques, aucunes
Religieufes ne puiffent fortir des Monafteres exempts &
non exempts, fous quelque prétexte que ce foit, ou pour
quelque tems que ce puiffe être, fans caufe légitime, &
qui ait été jugée telle par l'Archevêque ou Evêque Dio-
céfain, qui en donnera la permiffion par écrit ; & qu'au-
cune Perfonne féculiere n'y puiffe entrer fans la permif-
fion defdits Archevêques ou Evêques, ou des Supérieurs
Réguliers, à l'égard de ceux qui font exempts ; le tout
fous les peines portées par lefdites Conftitutions canoni-
ques, & par nos Ordonnances.

ARTICLE XX.

Voulons qu'en cas qu'on interjette appel comme d'a-bus des Ordonnances que lesdits Archevêques & Evêques pourront rendre, des procédures qu'ils pourront faire touchant les deux Articles précédens, elles soient portées en nos Cours de Parlement auxquelles seules, en tant que besoin est ou seroit, Nous en attribuons toute Cour, Jurisdiction & connoissance sans préjudice des attributions de Jurisdiction, & évocations accordées à certains Ordres, ou Monasteres en autres causes.

Comme les Articles qui précedent, concernent tous la *visite*, nous avons cru qu'ils se donneroient plus de jour les uns aux autres, en les rassemblant sous un seul & même point de vue.

La visite des Evêques dans l'étendue de leurs Diocêses, est d'une très grande importance pour la conservation de la Discipline Ecclésiastique. Aussi a-t-elle été recommandée dans tous les tems par différens Conciles, & notamment par celui de Trente.

Nos Rois, en qualité de Protecteurs des Canons, ont aussi employé leur autorité pour maintenir sur ce point important les Réglemens des Conciles ; & le présent Edit n'est pas la premiere Loi politique qui ait été faite à cette occasion, puisqu'il n'a fait en quelque sorte que renouveller à cet égard les autres Loix du Royaume, comme l'Ordonnance d'Orléans (a), celle de Blois (b), & l'Edit de 1606 (e).

Pour donner quelque ordre à tout ce que nous avons à dire sur la *visite* des Evêques, il faut la considérer sous différens points de vue, savoir :

1°. Relativement aux *lieux* sujets à cette visite.

2°. Relativement aux *objets* qui y peuvent être reglés.

3°. Relativement à l'*exécution des Ordonnances* rendues par les Evêques dans le cours de leurs visites, & aux moyens qui peuvent suspendre ou arrêter cette exécution.

" (a) Visiteront les Archevêques, Evêques, & Archidiacres, en personne, les Eglises & Cures de leurs " Diocêses, & taxeront leur prétendu droit de visitation si modérément, que l'on n'ait occasion de " s'en plaindre. *Ord. d'Orléans, Art.* 6.

"(b) Les Archevêques & Evêques seront tenus de visiter en personne, ou s'ils sont empêchés lé-" gitimement, leurs Vicaires Généraux, les lieux de leurs Diocêses tous les ans ; & si pour la grande " étendue d'iceux, ladite visitation dedans ledit tems, ne peut être accomplie, seront tenus icelle " parachever dedans deux ans. *Ord. de Blois, Art.* 32.

" (c) Nous voulons que les Archevêques, Evêques, Abbés, Archidiacres, & autres Ecclésiastiques, " qui ont droit de visites, y soient conservés & en jouissent ainsi qu'ils ont accoutumé, faisant leurs " visites en personne & non autrement, suivant l'Article 32 des Ordonnances de Blois. *Edit de 1606* " *Art.* 17.

4°. Enfin

4°. Enfin, relativement à *ceux qui peuvent substituer l'Evêque* dans les visites.

Lieux sujets à la visite de l'Evêque.

En commençant d'abord par ce qui concerne les *lieux* & les Personnes sujettes aux visites de l'Evêque, il faut observer que dans l'ancienne Discipline de l'Eglise, tout étoit soumis à la visite & à la correction de l'Evêque Diocésain : on n'y connoissoit point ce qu'on appelle aujourd'hui *Exempts & Exemptions* ; ce n'est que dans les tems de relâchement & d'ignorance, que certains Monasteres & certains Chapitres Séculiers des Eglises Cathédrales ou Collégiales, ont cherché l'impunité de leurs désordres, en tâchant de se soustraire au pouvoir & à la Jurisdiction de leur Evêque, trop à portée de voir & de réprimer ces désordres. Ils se sont pour cet effet adressés aux Papes qui, soit pour étendre leur autorité, soit pour se concilier des Partisans dans des tems de Schisme, n'ont accordé que trop légerement & trop libéralement les exemptions de la Jurisdiction Episcopale qui leur ont été demandées. Le peu de fermeté des Evêques de ces tems-là, & leur devouement mal entendu pour ce qui venoit de la Cour de Rome, n'ont pas peu contribué, à accréditer ces exemptions, & à procurer l'accroissement d'un mal qu'une juste & louable résistance de leur part auroit pû arrêter dans son principe. C'est pourquoi, les exemptions étant par elles-mêmes aussi odieuses, tant dans leur origine que dans leur objet, on ne peut examiner avec trop de soin les titres de ceux qui les reclament, pour les proscrire pour peu qu'elles paroissent équivoques, ou du moins pour les restraindre dans les bornes les plus strictes. Aussi, comme le retour au droit commun est toujours favorable, on peut bien perdre par la prescription l'exemption de la Jurisdiction Episcopale la mieux justifiée ; mais jamais on ne peut l'acquérir par cette voie, parcequ'on ne peut prescrire en faveur de l'abus.

Quoi qu'il en soit, l'Evêque n'a jamais perdu par ces sortes d'exemptions le droit d'inspection naturelle qui lui appartient, sur les Eglises & Monasteres qui se prétendent exempts. Sa qualité Episcopale lui suffit, pour avoir le droit de visiter en personne les Eglises des prétendus exempts, & y regler tout ce qui regarde la police extérieure du Service divin. Il n'y a d'exception à cet égard, que par rapport aux Monasteres où résident les Supérieurs Généraux des Ordres & Congrégations Régulieres, parcequ'on présume alors que la présence des Supérieurs Majeurs y doit tenir tout dans l'ordre convenable, & conséquemment que la visite de l'Evêque est inutile dans ces sortes de cas.

Le droit des Evêques sur les Monasteres exempts, ne se borne pas même à la seule visite pour la police extérieure : car quoiqu'ils n'en puissent, *de plano*, réformer les désordres intérieurs, cependant, si après avoir averti les Supérieurs Réguliers d'y remédier dans un délai convenable, ils ne le font point, les Evêques sont autorisés à y pourvoir eux-mêmes, & à donner sur cela les ordres nécessaires, auxquels les Supérieurs Réguliers sont obligés de se conformer. Notre Edit avoit fixé à trois mois le délai que l'Evêque devoit accorder dans ces sortes de cas : mais une Déclaration poſtérieure du 29 Mars 1696, a étendu ce délai juſqu'à ſix mois, à moins que le ſcandale ne fût ſi grand, & le mal ſi preſſant, qu'il y eût une néceſſité indiſpenſable d'y pourvoir plus promptement (a).

Objets de la viſite.

Pour connoître maintenant les *objets*, qui peuvent être reglés par les Evêques dans le cours de leurs viſites, il faut diſtinguer, avec notre Edit, la viſite des Cures d'avec celles des Monaſteres, Chapitres & autres lieux Eccléſiaſtiques.

Quant à la viſite des Cures, les objets de cette viſite peuvent ſe réduire à cinq principaux, qui ſont ; 1°. le fourniſſement de toutes les choſes néceſſaires, ſoit à l'adminiſtration des Sacremens, ſoit à la célebration du Service divin, 2°. l'exécution des Fondations ; 3°, la réduction des Bancs & Sépultures ; 4°. la conduite des Curés & autres Eccléſiaſtiques deſſervant les Paroiſſes ; 5°. enfin, la reddition des comptes des Fabriques.

Premierement, ſous le terme de *choſes neceſſaires au Service divin*,

(a) » LOUIS, par la grace de Dieu, Roi de France & de Navarre : A tous ceux qui ces pré-
» ſentes Lettres verront, SALUT. L'obligation dans laquelle Nous ſommes d'employer l'autorité
» qu'il a plu à Dieu de Nous donner, pour maintenir l'ordre & la diſcipline de l'Egliſe, par l'exé-
» cution des ſaints Canons, dont Nous tenons à honneur d'être le Défenſeur, Nous a engagé au
» mois d'Avril 1695, à faire rédiger dans un ſeul Edit, les différentes Ordonnances que les Rois
» nos Prédéceſſeurs, & Nous avons faites, en différentes occaſions en faveur, & ſur la réquiſition
» du Clergé de notre Royaume : Et comme Nous avons été avertis, que quelques perſonnes don-
» noient à l'Article 18 de cet Edit, une interprétation différente de nos intentions, & même que
» l'on avoit fait quelques procédures en certains Diocéſes qui pouvoient y être contraires ; Nous
» avons eſtimé néceſſaire de déclarer ſi expreſſément notre intention au ſujet dudit Article, qu'il
» ne reſte plus aucun prétexte de difficulté à cet égard, & que le Clergé Séculier & Régulier demeu-
» rant dans les bornes qui ſont preſcrites par les ſaints Canons, ils concourent au ſervice de Dieu,
» & à l'édification de nos Sujets dans la ſubordination & avec le reſpect qui eſt dû au caractere &
» à la dignité des Archevêques & Evêques, & que les Réguliers jouiſſent auſſi ſous notre protection
» des exemptions légitimes qui ont été accordées à pluſieurs Ordres, Congrégations & Monaſteres
» particuliers. A CES CAUSES, & très bonnes conſidérations, à ce Nous mouvant, de notre certaine
» ſcience, pleine puiſſance, & autorité Royale, en interprétant, en tant que beſoin ſeroit ledit Article
» 18 de notre Edit, Nous avons dit, déclaré & ordonné, diſons, déclarons & ordonnons, par ces
» Préſentes ſignées de notre main, que notre Edit du mois d'Avril de l'année 1695, & en parti-
» culier l'Article 18 d'icelui, ſoit exécuté, ſans préjudice des Droits, Privileges & Exemptions des
» Monaſteres, & de ceux qui ſont ſous des Congrégations, que Nous entendons avoir lieu, ainſi &
» en la maniere qu'ils l'ont eu & dû avoir juſqu'à préſent ; que lorſque les Archevêques ou Evê-
» ques auront eu avis de quelques deſordres dedans aucuns deſdits Monaſteres exempts de leur Ju-
» riſdiction ; Nous voulons qu'ils avertiſſent pareillement les Supérieurs Réguliers d'y pourvoir dans
» ſix mois, & qu'à faute d'y donner ordre, dans ledit tems, ils y pourvoiront eux mêmes ainſi
» qu'ils l'eſtimeront néceſſaire, ſuivant les régles & inſtituts de chacun deſdits Ordres & Monaſ-
» teres ; & qu'en cas que le déſordre ſoit ſi grand, & le mal ſi preſſant, qu'il y ait un beſoin
» indiſpenſable d'y apporter un remede plus prompt ; leſdits Archevêques & Evêques pourront
» obliger les Supérieurs Réguliers d'y pourvoir plus promptement. Voulons pareillement que les
» Monaſteres, où demeurent des Supérieurs Réguliers, qui ont une Juriſdiction légitime ſur d'au-
» tres Monaſteres & Prieurés deſdits Ordres, ſoient exempts de la viſite deſdits Archevêques &
» Evêques, ainſi que les Abbés & Abbeſſes qui ſont chefs & Généraux deſdits Ordres. Si donnons
» en mandement, à nos amés & féaux Conſeillers les Gens tenans notre Cour de Parlement à Paris
» que ces Préſentes ils aient à en regiſtrer, & le contenu en icelles, faire exécuter de point en
» point ſelon ſa forme & teneur, pleinement & paiſiblement ; ceſſant & faiſant ceſſer tous trou-
» bles & empêchemens contraires, auſquels Nous avons dérogé & dérogeons par ces Préſentes.
» CAR tel eſt notre plaiſir : en témoin de quoi Nous avons fait mettre notre Scel. Donné à Verſailles
» le vingt-neuvieme jour de Mars l'an de grace mil ſix cent quatre-vingt-ſeize, & de notre Regne le
» cinquante troiſieme. Signé, LOUIS : Et plus bas ; par le Roi, PHELYPEAUX, & ſcellé du
» grand Sceau de cire jaune.
» Regiſtré en Parlement le 4 Avril 1696. Signé, DONGOIS.

on entend les Livres , Croix , Chandeliers , Encensoirs , Calices, Ciboires , Soleils , Linges , Aubes , Chasubles , Chapes , & autres Ornemens, Les Cloches y sont aussi comprises, comme étant un accessoire nécessaire à la célébration du Service. L'Evêque doit se regler pour la quantité & la qualité de ces différentes choses, à la qualité des lieux. Quand il s'agit de Paroisses peu riches & peu étendues , il faut se borner au simple nécessaire : si elles sont plus considérables , même à la campagne , ou qu'elles soient dans des Villes , on peut aller plus loin que le nécessaire ; c'est à l'Evêque à proportionner ses réglemens à cet égard sur les lieux, & sur l'aisance des Habitans ou des Fabriques. Nous ne parlerons point ici de ceux qui peuvent être tenus de fournir ces différentes choses, attendu que nous aurons occasion d'en traiter spécialement sur l'Article 21 du présent Edit.

En second lieu, l'Evêque doit examiner, dans le cours de sa visite, si les Fondations sont exactement acquittées, attendu qu'elles font partie du Service divin ; & pour faire cet examen avec connoissance de cause, il est en droit de se faire représenter les titres des Fondations, & d'en ordonner l'exécution conformément aux titres, en cas qu'il trouve qu'on s'en soit écarté. C'est l'espece d'un Arrêt du Parlement du 9 Mars 1690, qui a déclaré n'y avoir abus dans l'Ordonnance de l'Archevêque de Bourges rendue en cours de visite, portant que la Fondation d'une Messe faite par un Procureur au Parlement dans l'Eglise Paroissiale de Chaillou , & que le Seigneur faisoit dire dans son Château, seroit représentée , & que cependant la Messe se diroit dans l'Eglise de Chaillou conformément à la Fondation.

Il n'y a pas de doute que l'Evêque ne doit point appeller les Fondateurs ou leurs représentans, lorsqu'il ne s'agit de sa part que d'ordonner & de maintenir, l'exécution pleine & entiere des Fondations. Mais il est des cas où l'Evêque se trouve obligé de les réduire, & quelquefois même de les éteindre tout-à-fait. Ces réductions ou extinctions ont lieu, soit à cause de l'insuffisance ou de l'extinction du revenu, soit à cause de la multiplicité des Prieres, Offices, & Fondations qui se trouvent dans une même Eglise. Or il sembleroit dans l'un ou l'autre de ces cas, que l'Evêque ne pourroit valablement prononcer sur la réduction ou l'extinction des Fondations, sans avoir appellé ou entendu les Parties intéressées , qui sont principalement les Fondateurs ou leurs Héritiers. Il est constant en effet , qu'il seroit beaucoup plus régulier de la part de l'Evêque de prendre cette précaution, avant que de statuer sur la réduction ou l'extinction. Cependant on ne croit pas qu'il soit de nécessité absolue pour l'Evêque de le faire ; d'autant que les Réglemens que peut faire l'Evêque à ce sujet, ne sont point irréparables en définitif : car les Fondateurs ou leurs Héritiers ont deux voies ouvertes pour se pourvoir contre ces Réglemens lorsqu'ils s'y trouvent blessés ; savoir, celle de l'opposition & celle de l'appel comme d'abus aux Cours Souveraines. Observons néanmoins ici quant à l'opposition , qu'il faut soigneusement distinguer si la Fondation est Ecclésiastique ou

Laïque. Si la Fondation eft Eccléfiaftique, l'Evêque doit renvoyer devant fon Official, pour procéder fur l'oppofition. Si au contraire la Fondation eft Laïque, la connoiſſance en appartient aux feuls Juges Laïcs, comme étant alors une affaire purement temporelle.

En troifieme lieu, les Bancs & Sépultures qui fe trouvent dans une Eglife Paroiſſiale, pouvant nuire quelquefois à la décence & à la facilité du Service divin, c'eft encore à l'Evêque à regler fur cela ce qu'il croit être de fa prudence, dans le cours de fa vifite. Car, quoique le droit de concéder les Bancs & Sépultures appartienne aux feuls Curés & Marguilliers, l'Evêque a fans contredit celui de les réduire ou de les fupprimer, s'il trouve qu'ils nuifent au Service divin. Il en eft de même des Epitaphes attachées aux murs de l'Eglife, que l'Evêque peut faire changer de place, lorfqu'elles font un obftacle à la décoration de l'Eglife, & même les faire abbattre, lorfqu'elles menacent ruine. Il eft néanmoins certains Bancs que l'Evêque ne peut fupprimer de fon autorité, comme ceux des Patrons & des Hauts-Jufticiers : mais pourvu qu'il les laiſſe dans le Chœur, comme ils doivent y être, il peut les faire changer de place, & même en réduire l'étendue pour la commodité du Service divin. Nous avons un Arrêt du Parlement du 23 Août 1619, rapporté par Marechal, qui a réduit le Banc d'un Seigneur à fix pieds.

En quatrieme lieu, un autre objet non moins intéreſſant de la vifite des Evêques, c'eft la perquifition de la conduite & des mœurs des Curés & autres Eccléfiaftiques deſſervant les Paroiſſes. Le Concile d'Aix tenu en 1585 développe tous les points dont l'Evêque doit s'enquérir à cet égard; fon premier foin doit fe porter fur les Regiftres de Baptêmes, Mariages & Sépultures; le même Concile veut enfuite que l'Evêque fe faſſe rendre compte, fi le Curé adminiftre convenablement les Sacremens; fi le Sacrement de l'Euchariftie, l'Extrême onction & les autres chofes facrées font gardées avec le foin & les attentions requifes, & s'ils font renouvellés dans leur tems; fi le Saint Sacrement eft porté aux Malades avec honneur & décence; fi le Curé n'abandonne point fa Paroiſſe, fur-tout les jours de Fêtes & de Dimanches, s'il a foin de prêcher fes Paroiſſiens, & de faire le Catéchifme aux Enfans; enfin, s'il n'eft point adonné au vin ou à la débauche des Femmes, & fur-tout s'il n'a point chez lui de perfonnes du fexe au-deſſous de l'âge prefcrit par les Canons.

Si le Curé eft trouvé en faute par l'Evêque fur l'un ou fur plufieurs de ces différens points, la feule punition qu'il puiſſe lui infliger dans le cours de fa vifite, c'eft de l'envoyer au *Séminaire* pour trois mois, aux termes de la Déclaration du 15 Décembre 1698 (a).

(a) » LOUIS, par la grace de Dieu, Roi de France & de Navarre : A tous ceux qui ces pré-
» fentes Lettres verront; SALUT. Rien n'étant plus important pour le bien de la Religion, que
» d'avoir des Eccléfiaftiques capables par leurs mœurs & par leur doctrine de remplir les faintes
» fonctions auxquelles ils font deftinés, l'Eglife a jugé que le moyen le plus aſſuré pour réuſſir,

Aussi voyons-nous que M. de Vaugiraud, aujourd'hui Evêque d'Angers, & alors Archidiacre & Grand Vicaire du même Diocèse, ayant interdit un Curé, en l'envoyant au Séminaire, & le Curé ayant interjetté appel comme d'abus de son Ordonnance, l'Arrêt qui intervint en la Tournelle Criminelle le 16 Février 1726, sur les Conclusions de M. l'Avocat Général Gilbert de Voisins, Pere, dit qu'il y avoit abus.

C'est pourquoi, lorsque la mauvaise conduite du Curé mérite une punition plus grave, l'Evêque doit se contenter de constater par son procès verbal de visite les sujets de plainte qu'il y a contre le Curé ; sauf ensuite à lui faire faire son procès par son Official, à la Requête du Promoteur, avec les formalités prescrites. Mais il doit bien se donner de garde de commencer lui-même, en cours de visite, aucune instruction criminelle, ni même de recevoir aucune plainte en forme, parceque la visite de l'Evêque doit se borner à ce qui est de Jurisdiction volontaire, sans rien entreprendre de contentieux. Lorsque les Evêques se sont écartés de la pureté des regles à cet égard, ils y ont été rappellés par les Arrêts des Cours Souveraines. Nous en avons un du 19 Février 1724, rendu à l'occasion d'une permission d'informer & de publier Monitoire donné par l'Evêque de Chartres contre un Curé de son Diocèse, dans le cours de sa visite. L'Arrêt dit qu'il y avoit abus : & le Curé fut renvoyé devant un autre Official que celui qui avoit continué la procédure commencée induement par l'Evêque. M. l'Avocat Général d'Aguesseau qui portoit la parole lors de cet Arrêt, avoit pourtant prétendu que la plainte reçue par l'Evêque, & son Ordonnance de permis

---

» étoit l'établissement des Séminaires, dans lesquels on pouvoit élever les Clercs dès les premiers » tems de leur jeunesse, les former dans la piété, les instruire dans les sciences qui sont nécessaires » à leur état, & les y recevoir, encore pour quelque tems, lorsqu'après y avoir été élevés, ils » auroient besoin d'y venir reprendre ou fortifier l'esprit de leur profession. Les Rois nos Prédé- » cesseurs ont autorisé par leurs Ordonnances l'exécution de ces saints Canons ; & Nous avons » favorisé les Etablissemens de ces Séminaires dans toutes les occasions qui s'en sont présentées. » Et comme Nous apprenons qu'il y a encore quelques Evêchés dans notre Royaume où il n'y en » a point, & quelques uns où l'on en pourroit établir de nouveaux, pour élever dans l'état Ec- » clésiastique de jeunes Clercs qui n'ont pas d'eux-mêmes le moyen d'étudier, & qu'il y a eu » quelque contestation sur l'exécution des Ordonnances, par lesquelles aucuns Archevêques & Evê- » ques avoient ordonné à quelques Curés dans certains cas particuliers, de se retirer pour certains » tems dans des Séminaires, Nous avons estimé nécessaire d'y pourvoir ; & de déclarer notre vo- » lonté sur des sujets si importans. A CES CAUSES, & autres considérations, à ce Nous mouvans, » Nous exhortons & néanmoins enjoignons par ces Présentes signées de notre main, à tous les » Archevêques & Evêques de notre Royaume, d'établir incessamment des Séminaires dans les Dio- » cèses où il n'y en a point, pour y former les Ecclésiastiques, & d'établir, autant qu'il sera » possible dans les Diocèses où il y en a déja, pour les Clercs plus âgés des Maisons particulieres, » pour l'éducation des jeunes Clercs pauvres, depuis l'âge de douze ans, qui paroîtront avoir de » bonnes dispositions pour l'Etat Ecclésiastique, & de pourvoir à la subsistance des uns & des autres » par union de Bénéfices, & par toutes les autres voyes canoniques & légitimes. Ordonnons au » surplus que les Ordonnances par lesquelles les Archevêques & Evêques auront estimé nécessaire » d'enjoindre à des Curés & autres Ecclésiastiques ayant charge d'ames, dans le cours de leurs » visites, & sur les procès verbaux qu'ils auront dressés, de se retirer dans des Séminaires jusques » & pour le tems de trois mois, pour des causes graves, mais qui ne méritent pas une instruction » dans les formes de la procédure criminelle, seront exécutées nonobstant toutes appellations quel- » conques, & sans y préjudicier. Si donnons en mandement, &c Donné à Versailles le quinzieme » jour de Décembre, l'an de grace mil six cent quatre-vingt dix-huit, & de notre Regne le cin- » quante sixieme. Signé, LOUIS : & sur le repli, Par le Roi, PHELYPEAUX : & scellées du grand » Sceau de cire jaune.

. » Registrées en Parlement le 31 Decembre 1698 Signé, DONGOIS.

d'informer & de publier Monitoire n'avoient rien de contentieux ; idée que la Cour n'eut garde d'adopter par son Arrêt, quoique ce soit aussi le sentiment de l'Editeur des Mémoires du Clergé, & même du docte Auteur des Loix Ecclésiastiques.

Un autre Arrêt du Parlement, antérieur même à notre Edit, ayant pour date le 2 Septembre 1670, intervenu entre M. de Gondrin, Archevêque de Sens & son Chapitre, a maintenu M. de Gondrin dans le droit d'ordonner les choses de police Ecclésiastique, & qui pourroient s'exécuter sur-le-champ & sans formalités de Justice, & quant aux choses où il croit nécessaire de procéder par les formes de droit, l'Arrêt a renvoyé devant l'Official.

Le cinquieme & dernier objet de la visite des Evêques par rapport aux Eglises Paroissiales, c'est la réception des comptes des Fabriques. Pour que les Marguilliers soient duement avertis de tenir leurs comptes prêts pour le tems de la visite de l'Evêque ou de l'Archidiacre, il faut que cette visite soit annoncée au Prône avec toute la publicité nécessaire, au moins quinzaine auparavant. Les Marguilliers comptables aussi constitués en demeure par cet avertissement, doivent tenir leurs comptes prêts, à peine de six livres d'aumône au profit de l'Eglise. Les Evêques & Archidiacres ont bien le droit d'entendre les comptes des Fabriques, & de les regler & arrêter, lorsqu'il n'y a rien de contesté, & que tout se renferme dans les bornes de la Jurisdiction volontaire. Mais s'il s'élevoit quelques contestations, soit sur quelques articles du compte en lui-même, soit pour le paiement du reliquat, l'Official ne pourroit en connoître ; & alors la contestation devroit être portée devant le Juge Laïc, comme étant purement temporelle, ainsi que l'a solidement remarqué M. l'Avocat Général Gilbert de Voisins, portant la parole, lors de l'Arrêt du 18 Juillet 1736 rendu en la Grand'Chambre, au sujet de la nomination d'un Bedeau, contestée entre le Curé & les Marguilliers. Nous avons d'ailleurs plusieurs Arrêts qui ont jugé la question *in terminis*. Un entr'autres du 20 Juillet 1724, a déclaré qu'il y avoit abus dans la Sentence de l'Official de Sens, qui ordonnoit aux Marguilliers en charge de la Fabrique de Villeneuve-le-Roi, de donner décharge à un ancien Marguillier, d'une somme de 2600 liv. provenant d'un remboursement fait à la Fabrique.

Nous trouvons des traces de la possession des Evêques pour l'audition & la réception des comptes des Fabriques dans nos plus anciennes Ordonnances. Aussi y ont-ils été maintenus, toutes les fois que ce droit leur a été contesté. Il y en a un exemple célebre dans l'Arrêt du 15 Decembre 1718, rendu entre l'Evêque de Langres, & les Maire & Echevins de la Ville de Chaumont en Bassigny ; l'Arrêt maintint l'Evêque de Langres dans le droit & possession de se faire rendre les comptes des Fabriques des Eglises Paroissiales de la Ville de Chaumont, quoique l'usage fût de les rendre aux Maire & Echevins, comme Administrateurs, Fondateurs & Gouverneurs de ces Fabriques.

Le lieu où doivent se rendre les comptes des Fabriques varie, suivant les différens ufages des Diocèfes. Dans celui de Sens , c'eft au Banc de l'Œuvre conformément à l'Arrêt rendu pour ce Diocèfe le 21 Août 1702 , rapporté dans les nouveaux Mémoires du Clergé , Tome III. Dans le Diocèfe de Paris , ces comptes fe rendent , du moins quant aux Fabriques de la Ville & Faubourgs , dans les Chambres d'Affemblée ; quand il n'y a point de Chambre d'affemblée , c'eft au Banc de l'Œuvre.

Si les comptes ne fe rendoient point tous les ans , il pourroit y avoir péril dans la demeure , foit par l'infolvabilité du Marguillier comptable , foit par quelque autre accident imprévu qui pourroit être préjudiciable aux deniers de la Fabrique ; c'eft pourquoi fi l'Evêque & l'Archidiacre négligeoient une ou plufieurs années de faire leurs vifites, les comptes des Fabriques ne devroient pas moins fe rendre & s'arrêter, tant en leur abfence qu'en leur préfence , fauf à eux à fe les faire repréfenter lors de la vifite fubféquente.

La Loi exige que les Officiers de Juftice foient appellés pour affifter tant à la reddition des comptes des Fabriques , qu'aux autres objets de la vifite de l'Evêque ou de l'Archidiacre , pourvu que ces Officiers foient domiciliés fur les lieux. Mais leur préfence n'y eft requife que pour en impofer aux autres Habitans , & pour les contenir dans l'ordre & la tranquillité convenable. Car ils ne peuvent dans ces occafions exercer aucune forte de fonction & de Jurifdiction ; ils y affiftent uniquement comme principaux Habitans : auffi font-ils précédés alors par les Marguilliers en charge. C'eft l'efpece d'un Arrêt rendu en la Grand'-Chambre le 7 Juin 1730 , fur les Conclufions de M. le Procureur Général , entre les Marguilliers & les Officiers de la Ville de Nogent fur Seine , qui a ordonné que dans les Affemblées de la Fabrique , les Marguilliers précéderoient les Officiers du Bailliage , nonobftant la poffeffion immémoriale de ces derniers de précéder les Marguillers. Un autre Arrêt précédent intervenu pour la Ville de Troyes le 5 Mars 1704 , a décidé qu'aux Affemblées de la Fabrique , tant pour l'élection des Marguilliers , qu'audition des Comptes & autres , les voix feroient recueillies par le premier des Marguilliers en charge , fans que le Lieutenant Général du Bailliage y pût affifter que comme principal Paroiffien , & fans y faire aucunes fonctions de Juge , ni pouvoir prendre le ferment des nouveaux Marguilliers.

Le Parlement a fait différens Réglemens très beaux & très étendus , pour l'adminiftration & la reddition des comptes des Fabriques. Il y en a pour plufieurs Paroiffes de Paris ; il en eft d'autres pour les Paroiffes d'autres Villes moins confidérables , comme S. Germain en Laye & Verfailles ; enfin , il en a été fait auffi pour quelques Paroiffes de la Campagne. Comme ces Réglemens peuvent fervir de regles & d'inftruction pour les autres Paroiffes , chacunes fuivant la claffe dans laquelle elles fe trouvent , on les trouvera raffemblés à la fuite des préfentes Obfervations , page 510.

Les Evêques & Archidiacres font obligés de vifiter chaque Paroiffe en particulier. Les inconvéniens infinis qu'il y auroit de mander dans un même lieu les Curés & Habitans de différentes Paroisses, & l'impossibilité où seroient l'Evêque ou l'Archidiacre d'être pleinement instruits dans un lieu étranger de plusieurs choses essentielles, qu'ils ne peuvent savoir d'une manière exacte que sur le lieu même, n'ont point permis la tolérance de l'usage abusif que quelques Evêques ont cherché à introduire sur ce point. Ainsi, nous voyons que l'Evêque de Vannes ayant donné un Mandement portant indication de sa visite dans un même lieu pour plusieurs Paroisses, avec injonction aux Marguilliers d'y porter leurs Comptes, & aux Curés leurs Registres, il fut rendu un Arrêt au Parlement de Bretagne au mois de Juillet 1661, qui déclara qu'il y avoit abus dans le susdit Mandement.

La visite des Evêques dans les Monasteres, Chapitres & autres Eglises de cette nature, n'est pas moins essentielle à certains égards que celle des Paroisses. Pour connoître les objets de cette seconde espece de visite, il faut distinguer les Monasteres exempts de la Jurisdiction Episcopale, d'avec ceux qui y sont soumis. L'Evêque a le droit dans les uns & dans les autres de régler tout ce qui est d'administration & de police extérieure, & en conséquence, de se faire représenter, même dans les Monasteres exempts, tout ce qui sert au Service divin, pour examiner par lui-même s'ils sont dans un état convenable ; ainsi par Arrêt du Conseil du 17 Septembre 1670, l'Evêque de Sisteron fut maintenu dans le droit de visiter le Tabernacle & le Ciboire du Couvent de Sainte Claire. L'exemption prétendue des Monasteres, ne met point non plus les Religieux qui en sont membres, à l'abri de la Jurisdiction de l'Evêque, pour les fautes par eux commises hors l'enceinte du Monastere.

Enfin, les Religieuses exemptes ou non exemptes, sont nécessairement soumises à l'Evêque, pour tout ce qui est de la clôture du Monastere, parceque cet objet intéresse la police & la discipline extérieure de son Diocèse ; c'est pourquoi elles exciperoient en vain de leurs prétendues exemptions, pour empêcher l'Evêque de veiller sur leur clôture, de voir par lui même, & de visiter les murs des Couvens, tant intérieurement qu'extérieurement, d'examiner les grilles, les parloirs, comme aussi les portes de sorties, & de se faire rendre compte de leur usage & de leur nécessité.

Mais on a long-tems douté si la prétendue exemption de quelques Monasteres de Religieuses, sur-tout quand elles sont soumises à des Supérieurs Reguliers, ne les affranchissoit pas de la sujettion naturelle où elles sont de s'adresser à l'Evêque pour être autorisées à violer cette clôture ; lorsque quelques-unes d'elles se trouvent dans le cas de requérir ces sortes de permissions. On a beaucoup agité de part & d'autre cette question, même depuis le présent Edit, quoique l'Article 19 de cette Loi ait semblé abroger la disposition de l'Ordonnance de Blois, entierement favorable aux Réguliers sur ce point, & qui porte : *Ne pourra aucune Religieuse, après avoir fait Profession sortir de son Monastere,*

fi ce·n'eft pour caufe légitime , qui foit approuvée de l'Evêque ou Supé-
rieur : Notre Article 19 dit au contraire , *fans caufe légitime , & qui*
ait été jugée telle par l'Archevêque ou Evêque Diocéfain ; & cette difpofition paroiffoit d'autant moins admettre d'exception , que le dernier
Article de l'Edit contient une dérogation générale à tous autres Edits,
Déclarations & ufages contraires.

Le Parlement de Paris a toujours maintenu l'exécution pleine & entiere de ce fage Réglement par les Arrêts qu'il a rendus. On en cite un d'a-
bord en faveur de l'Archevêque de Reims contre les Religieufes de
Longeau , Ordre de Fontevrault , intervenu le 18 Février 1698, lequel a
déclaré qu'il y avoit abus dans la permiffion donnée par l'Abbeffe à
une Religieufe de fortir du Couvent ; & a fait défenfes aux Religieufes de fortir fans la permiffion par écrit de l'Archevêque de Reims.
Cet Arrêt n'eft à la vérité que par défaut ; mais il a acquis toute la force
d'un Arrêt contradictoire , par l'acquiefcement , tant de l'Abbeffe que des
Religieufes de Longeau , à qui il a été fignifié & qui n'ont point ofé
y former oppofition.

Il fembleroit au premier abord que les Evêques pourroient tirer moins
d'avantage d'un autre Arrêt du Parlement de Paris du 26 Janvier 1707,
rendu fur une conteftation qui lui avoit été renvoyée du Parlement d'Aix,
entre les Religieufes de Saint Barthelemy de la Ville d'Aix , Ordre de
Saint Dominique , & l'Archevêque de la même Ville. En effet , l'Arrêt
du Parlement de Paris fufdaté , a dit qu'il y avoit abus dans les Ordonnances de l'Archevêque. Mais fur l'obfervation faite enfuite par M. le
Premier Préfident , que cette prononciation générale pourroit être tirée
à conféquence contre le droit des Evêques , la Cour arrêta qu'il feroit
fait Regiftre de l'obfervation de M. le Premier Préfident , & qu'il feroit
ajouté à la fin de l'Arrêt ; *fans préjudice à la Jurifdiction des Archevêques*
& Evêques concernant la fortie des Religieufes , même exemptes d'ailleurs,
hors de leurs Monafteres , fuivant l'Article 19 de l'Edit de 1695. Cet
Arrêt eft rapporté dans le Journal des Audiences , & dans les Mémoires
du Clergé , Tome IV page 1766.

Le Grand Confeil a été plus favorable aux Supérieurs Réguliers. Ces
derniers citent entre autres un Arrêt de ce Tribunal Souverain du 11
Mars 1695 (Recueil des Privileges de Citeaux page 445) , intervenu
contre l'Evêque de Noyon en faveur de l'Abbeffe de Brache , Ordre de
Citeaux. Mais outre que cet Arrêt eft antérieur à la difpofition contraire de l'Edit du mois d'Avril 1695 , & qu'il a été rendu dans un tems
où l'Ordonnance de Blois fur cet Article étoit encore en pleine vigueur ,
c'eft qu'en fuppofant qu'il pût néanmoins tirer à quelque conféquence
contre les Evêques , tous les doutes fe trouveroient levés par la Déclaration du 10 Février 1742 , regiftrée tant au Parlement qu'au Grand Confeil : il y eft dit , Article 2 : *Voulons que l'Article 19 de l'Edit de 1695*
foit exécuté felon fa forme & teneur , en conféquence faifons très expreffes
inhibitions & défenfes à toutes les Religieufes des Monafteres exempts &
non exempts , d'en fortir fous quelque prétexte que ce foit , & pour quel-

que tems que ce puiffe être , fi ce n'eft pour caufe légitime & jugée telle par l'Archevêque ou Evêque Diocéfain , & en vertu de fa permiffion par écrit, fans que lefdites Religieufes puiffent fortir de leur Cloître , fous prétexte de permiffions par elles obtenues de leurs Superieurs Reguliers , nonobftant lefquelles permiffions il pourra être procédé , s'il y échet, fuivant les faints Canons & les Ordonnances contre les Religieufes qui fe trouveroient hors de leurs Monafteres , fans avoir obtenu la permiffion par écrit de l'Archevêque ou Evêque Diocéfain , ou de leurs Grands Vicaires , à qui ils auront donné le pouvoir d'accorder de pareilles permiffions. Et pour qu'on ne crût point qu'il pût y avoir quelques exceptions à cette regle générale , la même Déclaration ajoute , Article 3 : Les difpofitions de la préfente Déclaration feront exécutées felon leur forme & teneur , nonobftant tous privileges & exemptions de quelque nature qu'ils foient , & à l'égard de tous les Ordres Monaftiques ou Congrégations Régulieres , même de l'Ordre de Fontevrault , de Saint Jean de Jérufalem , ou autres de pareille qualité (a). Ce droit pouvoit même

---

» (a) LOUIS , par la grace de Dieu , Roi de France & de Navarre : A tous ceux qui ces pré-
» fentes Lettres verront : SALUT. Les Archevêques , Evêques & autres Députés à l'Affemblée tenue
» par notre permiffion en l'année 1740 , Nous ont fait repréfenter , que fuivant l'ancien efprit &
» la difcipline primitive de l'Eglife , le Gouvernement des Monafteres de Religieufes étoit entie-
» rement foumis à l'autorité des Evêques , & que fi fous prétexte d'exemptions obtenues dans les
» fiécles poftérieurs & moins éclairés , plufieurs de ces Maifons , ont cherché à fe fouftraire à la
» Jurifdiction Epifcopale , les Conciles qui ont été tenus dans la fuite , & les Ordonnances des Rois
» nos Prédéceffeurs , ont eu une égale attention à conferver aux Archevêques & Evêques , nonobf-
» tant tous Privileges & Exemptions , le libre exercice de leur ancienne autorité dans plufieurs cas,
» & notamment dans ce qui regarde la clôture des Monafteres , l'examen des Filles & des Veuves qui
» afpirent à faire une Profeffion folemnelle de la vie Religieufe , & le pouvoir de donner à celles qui
» l'ont faite , la permiffion de fortir du lieu de leur retraite, pour des caufes légitimes & canoniques ;
» que c'eft ce qui a été autorifé de nouveau par différens Conciles , déclaré par plufieurs Souve-
» rains Pontifes, affermi par l'ufage univerfel de l'Eglife ; & qu'enfin les difpofitions expreffes de
» l'Edit du mois d'Avril 1695, fur la Jurifdiction Eccléfiaftique , fembloient avoir donné encore
» une nouvelle force à des regles fi incontefiables. Mais qu'à la faveur d'une mauvaife interpré-
» tation que des Supérieurs Réguliers ont voulu donner à des termes généraux qui avoient été em-
» ployés dans une Déclaration , du 29 Mars 1696, ils ont cherché à répandre des doutes qui ont
» fouvent troublé le cours de la Jurifdiction des Evêques , lorfqu'ils ont voulu en faire ufage
» dans ces matieres ; & comme la Déclaration de 1696 ne regarde que l'Article 18 de l'Edit du
» mois d'Avril 1695 , n'ayant eu pour objet , que d'expliquer les termes de cet Article , par rapport
» au foin que les Evêques doivent avoir de veiller à la confervation de la difcipline réguliere dans
» les Monafteres , même exempts , pour fuppléer fur ce point au défaut des Supérieurs Réguliers ,
» fuivant les régles établies par les faints Décrets & les Ordonnances du Royaume ; les Archevêques,
» Evêques & Députés à la derniere Affemblée du Clergé , Nous ont fupplié de vouloir bien déclara
» fi précifément nos intentions fur ce qui concerne l'examen des Novices & la fortie des Religieu-
» fes hors de leurs Monafteres , qu'il ne refte plus aucun prétexte aux Supérieurs Réguliers , pour
» entreprendre fur le pouvoir qui eft réfervé aux Evêques. Des repréfentations fondées fur des mo-
» tifs fi puiffans , & fur des autorités fi refpectables , Nous ont paru mériter , qu'après les avoir
» reçues favorablement , Nous y euffions égard , pour affurer encore plus , s'il eft poffible , les droits
» de la Jurifdiction epifcopale , dans des cas où elle ne peut être conteftée : Nous entrerons par là
» dans le véritable efprit des Rois nos Prédéceffeurs , qui ont cru que le véritable partage des Su-
» périeurs Réguliers étoit d'avoir une infpection continuelle fur ce qui fe paffe dans l'intérieur des
» Monafteres exempts , pour les conduire felon les véritables régles des Ordres Monaftiques , au
» lieu qu'il appartenoit effentiellement aux Evêques de veiller attentivement fur les Monafteres
» même exempts , foit pour y maintenir exactement la régularité de la clôture , foit pour s'affurer
» de la vocation & des difpofitions de celles qui étant encore actuellement fujettes à l'autorité des
» Evêques , veulent contracter un engagement folemnel , qui les foumet encore à un autre genre de
» fupériorité , mais qui ne diminue en aucune maniere la force du premier , dans les cas qui doi-
» vent être l'objet de notre préfente Déclaration , & autres marquées par les Ordonnances A ces
» CAUSES & autres à ce Nous mouvans , de l'avis de notre Confeil , & de notre certaine fcience ,

être d'autant moins contesté aux Evêques, qu'on ne peut nier que la sortie des Religieuses hors de leur Cloître, & leur apparition dans le monde, n'intéressent très essentiellement le bon ordre & la discipline extérieure de leurs Diocèses.

Mais il faut bien se donner de garde de penser que, même dans les Monasteres prétendus exempts, soit d'Hommes soit de Femmes, le droit des Evêques soit renfermé uniquement dans ce qui est de police extérieure, & dans la correction des fautes commises hors du Cloître. Car outre qu'ils ont la faculté de pourvoir par eux-mêmes, dans les Monasteres exempts, à ce qui est de discipline intérieure, faute par les Supérieurs d'avoir corrigé les abus dans le tems qui leur est prescrit, sur l'admonition des Evêques, si le crime commis dans l'intérieur du Monastere, mérite une peine solemnelle comme la dégradation, ou une peine afflictive, l'Evêque dans l'un ou l'autre de ces cas en a la connoissance immédiate, par le ministere de son Official, & en observant les formalités requises par les Ordonnances.

Quant aux Monasteres non exempts, ils sont entierement assujettis

---

» pleine puissance, & autorité Royale, Nous avons par ces Présentes signées de notre main, dit »
» statué & ordonné, disons, statuons & ordonnons, voulons & Nous plaît, ce qui ensuit.

ARTICLE PREMIER,

» Aucunes Filles ou Veuves ne pourront être admises à la Profession & à l'émission des Vœux
» solemnels, même dans les Monasteres exempts ou se prétendans tels, sans avoir été auparavant
» examinées par les Archevêques ou Evêques Diocésains, ou par des Personnes commises de leur
» part sur la vocation desdites Filles ou Veuves, sur la liberté & les motifs de l'engagement qu'elles
» font sur le point de contracter. Faisons très expresses inhibitions & défenses à tous Supérieurs &
» Supérieures, de quelque Monastere que ce puisse être, d'en admettre aucune à la Profession, sans
» qu'il ait été procédé audit examen, ainsi qu'il a été dit ci-dessus.

» II. Voulons que l'Article 19 du mois d'Avril 1695 soit exécuté selon sa forme & teneur ; &
» en conséquence faisons très expresses inhibitions & défenses à toutes Religieuses des Monasteres
» exempts & non exempts d'en sortir, sous quelque prétexte que ce soit, & pour quelque tems
» que ce puisse être, si ce n'est pour cause légitime, & jugée telle par l'Archevêque ou Evêque
» Diocésain, & en vertu de sa permission par écrit, sans que lesdites Religieuses puissent sortir de
» leur Cloître, sous prétexte de permissions par elles obtenues de leurs Supérieurs Réguliers ; nonobs-
» tant lesquelles permissions il pourra être procédé s'il y échoit, suivant les saints Canons & les
» Ordonnances, contre les Religieuses qui se trouveroient hors de leurs Monasteres, sans avoir
» obtenu la permission par écrit de l'Archevêque ou Evêque Diocésain, ou de leurs Grands Vicai-
» res, à qu'ils auroient donné le pouvoir d'accorder de pareilles permissions.

» III. Les dispositions de notre présente Déclaration, seront exécutées selon leur forme & te-
» neur, nonobstant tous Privileges & Exemptions de quelque nature qu'ils soient ; & à l'égard de
» tous les Ordres Monastiques, ou Congrégations Régulieres, même de l'Ordre de Fontevrault, de
» Saint Jean de Jérusalem, ou autres de pareilles qualités. Si donnons en mandement, à
» nos amés & féaux Conseillers les Gens tenant notre Grand Conseil, que ces Présentes ils aient
» à faire lire, publier & registrer, & le contenu en icelles, garder & observer selon sa forme
» & teneur ; cessant & faisant cesser tous troubles & empêchemens, nonobstant toutes choses à
» ce contraires. Car tel est notre plaisir ; en témoin de quoi, Nous avons fait mettre notre Scel à
» cesdites Présentes. Données à Versailles le dixieme jour de Février, l'an de grace mil sept cent
» quarante-deux, & de notre Regne le vingt-septieme. Signé, LOUIS. Et plus bas, Par le Roi, PHE-
» LYPEAUX. Et scellée du grand Sceau de cire jaune.

» Lue & publiée, en l'Audience du Grand Conseil du Roi, ouï & ce requérant le Procureur
» Général du Roi, & enregistrée ès Registres d'icelui, pour être gardée, observée & exécutée selon
» sa forme & teneur, & copies d'icelle seront envoyées aux Présidiaux, Bailliages & Sénéchaussées
» du Royaume, pour y être pareillement lues, publiées, & enregistrées. Enjoint aux Substituts du
» Procureur Général du Roi, chacun à leur égard, d'y tenir la main, & d'en certifier le Conseil
» dans un mois, suivant l'Arrêt dudit Conseil de cejourd'hui deux Mars mil sept cent quarante-
» deux. Signé, VERDUC.

à l'infpection & à la correction de l'Evêque, tant pour la difcipline intérieure, que pour celle extérieure.

Exécution des Ordonnances de vifites.

Tout ce qui eft de police eft par fa nature exécutoire par provifion. Par une fuite néceffaire, on ne peut procurer une exécution trop prompte & trop entiere aux Ordonnances que rendent les Evêques ou autres tenant leur lieu & place, dans le cours de leurs vifites, pour la manutention ou le redreffement de la difcipline Eccléfiaftique. Mais comme l'Eglife n'a d'elle-même aucune autorité au for extérieur, pour obliger les refractaires à fe foumettre aux Réglemens que fes premiers Miniftres jugent à propos de faire en pareils cas, le Roi, comme Protecteur de l'Eglife & des Canons, enjoint aux Juges Séculiers d'employer leur autorité pour faire refpecter & exécuter ces Réglemens. Ainfi, ceux qui croient être en droit de s'en plaindre, n'en peuvent arrêter l'exécution que par la voie de l'appel comme d'abus qui eft fufpenfif de fa nature.

Mais les Réguliers fe prétendant exempts, étant les plus expofés à avoir recours à cette voie, il s'eft élevé une queftion à leur égard, qui eft de favoir s'ils peuvent alors porter leurs appels comme d'abus aux Cours où ils ont leurs caufes commifes. La difpofition de l'Article 20 de notre Edit, qui attribue aux Cours de Parlement la connoiffance exclufive des appels comme d'abus de cette nature, paroiffoit trancher abfolument la difficulté à leur préjudice. Cela n'empêcha pourtant pas, dans l'année qui fuivit la promulgation de cet Edit, les Religieufes de l'Abbaye de Fervaques, Ordre de Citeaux, de porter au Grand Confeil un appel comme d'abus de cette efpece. Mais l'Evêque de Noyon, dont elles attaquoient l'Ordonnance, ayant engagé fur cela un Réglement de Juges au Confeil d'Etat, les Parties furent renvoyées au Parlement de Paris, pour y procéder fur l'appel comme d'abus dont étoit queftion, par deux Arrêts du Confeil d'Etat des 27 Mars 1697 & 12 Mars 1698; ce dernier a débouté l'Abbeffe de Fervaques de l'oppofition qu'elle avoit formée au précédent, qui avoit été rendu par défaut contre elle. Il eft vrai qu'il fe rencontre quelques autres Arrêts du Grand Confeil qui paroiffent avoir prononcé fur ces fortes d'appels comme d'abus; mais c'eft vrai-femblablement parceque les Parties ont procédé volontairement à ce Tribunal. En effet, il paroît que toutes les fois qu'il y a eu réclamation à cet égard, le Confeil d'Etat n'a jamais manqué d'affurer & de maintenir l'exécution de l'Article 20 de notre Edit. La preuve en réfulte d'un Arrêt du Confeil d'Etat affez récent : il eft du 26 Février 1722; voici quelle en étoit l'efpece. L'Abbeffe de Frontevrault avoit interjetté appel comme d'abus d'un Mandement de l'Evêque de Troyes, qui faifoit défenfes en général à toutes Abbeffes, Prieures, & Religieufes de fon Diocèfe de fortir de leurs Monafteres, fans fa permiffion ou celle de fon grand Vicaire, fous peine d'excommunication. L'Abbeffe de Frontevrault avoit porté fon appel comme d'abus au Grand Confeil où fon Ordre a fes caufes commifes; mais l'Arrêt du Confeil d'Etat fufdaté, renvoya les Parties au Parlement de Paris, pour procéder fur cet appel comme d'abus; avec défenfes à elles de faire aucunes pourfuites pour raifon de ce au Grand Confeil, ni ailleurs qu'au Parlement.

L'étendue d'un grand nombre de Diocèfes, & les foins & fonctions attachées à la dignité Epifcopale, obligent quelquefois les Evêques de fe décharger fur leurs *Grands Vicaires* & *Archidiacres*, du foin de faire la vifite de leurs Diocèfes. Il eft cependant certaines vifites qu'ils ne peuvent faire qu'en perfonne ; telles font celles des Monafteres, & même des Cures fituées dans les Monafteres ou lieux exempts. Mais lorfque ces Cures font fituées dans des lieux non exempts, quoiqu'elles foient deffervies par des Religieux d'un Ordre exempt, la vifite en peut être faite, comme des autres Cures, foit par l'Evêque en perfonne, foit par fes Grands Vicaires, ou Archidiacres.

Ceux qui peuvent fubftituer l'Evêque dans les vifites.

Cependant il faut mettre une grande différence fur ce point entre les Grands Vicaires & les Archidiacres. En effet, les Grands Vicaires ont befoin, pour fubftituer l'Evêque dans fa vifite, d'une miffion particuliere de fa part ; au lieu que les Archidiacres y font autorifés de droit, par le titre feul de leur Bénéfice. Sur quoi il eft bon d'obferver, que dans les premiers fiécles de l'Eglife, il y avoit dans chaque Diocèfe trois Dignités principales ; favoir, celle d'*Archiprêtre*, celle d'*Archidiacre*, & celle de *Primicier*. L'Archiprêtre étoit à la tête des Prêtres, l'Archidiacre à la tête des Diacres, & le Primicier à la tête du Clergé inférieur. Deux de ces Dignités, favoir, celle d'Archiprêtre & de Primicier, fe font, dans la fuite des tems, prefque entierement abolies, du moins quant à l'autorité & à la Jurifdiction qui fe trouvent maintenant réunies en faveur des feuls Archidiacres. L'ufage principal qu'ils font de cette autorité & de cette Jurifdiction, eft par rapport aux Vifites qu'ils font autorifés de faire, foit par les Conciles, foit par les Ordonnances du Royaume, chacun dans l'étendue de leur Archidiaconé. Les Archidiacres du Diocèfe de Chartres ont beaucoup moins de pouvoir que ceux des autres Diocèfes : car, 1°. ils ne peuvent faire de Vifites fans le confentement de l'Evêque ; 2°. ils ne peuvent rien ordonner dans le cours de leurs vifites ; leur pouvoir fe réduit à dreffer des procès verbaux qu'ils font enfuite tenus de remettre entre les mains de l'Evêque, qui rend après fur iceux telle Ordonnance qu'il juge à propos.

Refte maintenant à dire un mot du *droit de Procuration*, qui eft dû aux Evêques & aux Archidiacres, pour les défrayer dans leurs vifites. Suivant les anciens Canons ce droit ne devoit fe payer qu'en nourritures ; dans la fuite il fut permis de le payer en argent au choix du Bénéficier. Aujourd'hui c'eft l'ufage de chaque Diocèfe qui regle la qualité & la quotité de ce droit : mais en général, il ne peut s'arrérager ni être exigé plus d'une fois par an, quand bien même l'Evêque ou l'Archidiacre auroient multiplié leurs vifites plufieurs fois dans une même année ; & cela, afin de ne point furcharger, par la multiplication de ces fortes de taxes, ceux qui y font affujettis.

Lorfque l'Evêque ou l'Archidiacre vifitent plufieurs Eglifes dans un même jour, il ne leur est dû qu'un seul droit de Procuration, qui se répartit alors entre les Eglises visitées.

Les Ordonnances du Royaume, & sur-tout celle d'Orléans, Art. 6, ne permettent point à l'Evêque d'exiger ce droit, s'il ne fait sa visite en personne ; mais en ce cas toutes les Eglises, sans même en excepter les Cures à Portion congrue y sont assujetties : néanmoins les Cures & autres Eglises des exempts en sont affranchies ; les Laïcs jouissent du même affranchissement.

Comme ce droit est purement temporel, les contestations, auxquelles il peut donner lieu, doivent se porter devant le Juge Laïc : les Officiaux ne pourroient en connoître sans abus.

REGLEMENS CONCERNANT LES FABRIQUES.

(a) » LOUIS, par la grace de Dieu, Roi de France & de Navarre : Au premier notre Huissier
» de notre Cour de Parlement, ou autre Huissier ou Sergent sur ce requis ; S A L U T. Savoir,
» faisons, que vu par la Cour la Requête à elle présentée par Louis Gaston Fleuriau, Conseiller
» du Roi en ses Conseils, Evêque d'Orléans, à ce qu'il plût à ladite Cour homologuer l'Ordon-
» nance par lui rendue dans le cours de sa visite de l'Eglise de Saint Paterne à Orléans, le 15
» Décembre 1720, pour être exécutée selon sa forme & teneur. Ensuit la teneur de ladite Ordon-
» nance. Louis Gaston, par la grace de Dieu & du Saint Siége Apostolique, Evêque d'Orléans, Con-
» seiller du Roi en ses Conseils : Vu le procès verbal de la visite faite par Nous en l'Eglise Paroist-
» siale de Saint Paterne d'Orléans, le huitieme jour de Décembre mil sept cent vingt, Nous avons
» ordonné & ordonnons ce qui suit.

A R T I C L E P R E M I E R.

» Enjoignons au sieur Curé, de veiller sur le bon ordre des Confréries, lesquelles Nous ne souf-
» frirons, & auxquelles Nous n'accorderons le Saint Sacrement, pour les jours de Fêtes, qu'au-
» tant que Nous aurons de bons témoignages que la piété y regne, & que tout s'y passe à l'édifi-
» cation des Confréres & des Paroissiens.
» II. Le sieur Curé se servira de toutes les voies que la charité pourra lui inspirer, pour porter
» les personnes de sa Paroisse, qui n'ont pas fait leur Pâque, à satisfaire incessamment à un devoir
» aussi essentiel, le chargeant de Nous donner par écrit les noms de ceux qui n'y auront pas satis-
» fait, afin de Nous servir des voies que les saints Canons nous ont prescrites pour les ramener à
» leur devoir.
» III. Le Calice de vermeil doré, dont le pied est rompu, ne pourra servir qu'il n'ait été rac-
» commodé.
» IV. Il sera fait un nouveau tableau de tous les Obits & Fondations, lequel demeurera exposé dans
» la Sacristie.
» V. Les titres des biens & revenus de la Fabrique, qui sont chez différens Particuliers, seront
» incessamment retirés pour être mis dans le trésor des papiers de l'Eglise, d'où à l'avenir il
» n'en sera tiré aucun que sous un récepissé qui sera déposé dans ledit trésor. L'inventaire de tous
» les papiers & titres sera renouvellé & vérifié par les sieurs Curé & Gagiers, à chaque nomination de
» Gagiers.
» VI. Les anciens Registres de Baptêmes, de Mariages & Sépultures, dont on ne tire plus d'ex-
» traits, seront remis dans le trésor des papiers de l'Eglise.
» VII. Il sera fait un Inventaire exact de tous les Ornemens, Linges, & autres Meubles de l'Eglise,
» lequel sera pareillement vérifié par le sieur Curé & Gagiers, à chaque élection de Gagiers.
» VIII. Les Bancs de l'Eglise, lorsqu'ils seront vacans, seront concédés par le sieur Curé &
» Gagiers en charge, à vie seulement, après trois publications, & à qui en offrira plus de redevance
» annuelle. Les Enfans des anciens Possesseurs seront préférés, en faisant la condition égale ; une
» même Personne n'en pourra avoir plus d'un.
» IX. Les Délibérations, qui seront prises dans les Assemblées, seront écrites de suite dans un
» Registre, elles seront signées des sieurs Curés & Gagiers, les noms des Habitans qui y assisteront y
» seront énoncés, ils y signeront, si bon leur semble ; le Registre étant rempli, il sera gardé dans
» le Trésor des papiers de l'Eglise.
» X. Les Gagiers n'accepteront aucune Fondation, & ne feront emploi d'aucuns deniers légués ou
» remboursés, sans le consentement du sieur Curé pour l'acceptation de Fondation, & sans celui

» d·s sieurs Curés & Habitans, pour ce qui est d'emplois légués & remboursés ; l'acte d'emploi par
» devant Notaire sera signé par les sieurs Curé & Gagier, qui est dans son année d'exercice ;
» ordonnons que les deniers qui en proviendront seront employés en fonds, ou en achats & amor-
» tissemens de rentes dûes par la Fabriqu·, s'il y en a ; & défendons de les employer en Bâti-
» mens, qui n'apporte point de revenus en Ornemens, ou autres dépenses de cette nature.

» XI. Quoique par les Statuts du Diocèse, publiés dans le Synode de l'année mil six cent soixante
» quatre, Titre seize, Article quatre, il ne soit pas permis au Gagier, qui est dans son année
» d'exercice, de faire aucune dépense, qui excede la somme de dix livres, sans le consentement
» des sieurs Curé & Habitans, Nous le lui permettons cependant avec le consentement du sieur
» Curé, jusqu'à la somme de vingt livres, & avec le consentement des sieurs Curé, & des deux
» autres Gagiers en charge, jusqu'à celle de cent livres, mais il ne pourra faire de dépense extraor-
» dinaire de cent livres, & au dessus, sans délibération d'Assemblée des sieurs Curé & Habitans.

» XII. Le bruit & le tumulte qui accompagnent ordinairement la concession des Bancs & Assem-
» blées de Paroisses, ne pouvant s'accorder avec le respect dû au Lieu saint, & au Saint Sacrement
» qui y repose, défendons de concéder lesdits Bancs & de tenir lesdites Assemblées dans l'Eglise,
» lorsqu'on célebrera la sainte Messe, ou que le Saint Sacrement sera exposé.

» XIII. Les sieurs Curé & Gagiers choisiront pour Officiers & Serviteurs d'Eglises des Personnes
» de bonnes mœurs, priveront de leurs Charges ceux qui s'en rendroient indignes, veilleront à ce
» qu'ils ne commettent aucun scandale dans l'exercice de leurs fonctions.

» XIV. Les Gagiers rendront exactement leurs comptes en présence des sieurs Curés, anciens Ga-
» giers, & de trois Gagiers en charge, dans l'année suivante qu'ils seront sortis tous les trois de
» charge. Ils emploieront, dans le premier article de la recette de leurs comptes, le reliquat du
» compte des précédens Gagiers, si aucun y a.

» XV Les Gagiers comprendront à l'avenir dans les comptes qu'ils rendront de leur administra-
» tion, tant la recette qu'ils auront dû faire des revenus annuels ou casuels, pendant le cours de
» leur administration, que leur recette effective, sauf à coucher dans un chapitre de reprise les
» sommes dont ils n'auront pû se faire payer, en faisant cependant apparoir des diligences qu'ils
» auront faites.

» XVI. Les réparations, qui sont à faire à la maison Presbyterale, seront incessamment faites aux
» dépens de qui il appartiendra.

» XVII. Commettons Messire Nicolas Joseph] de Pâris, Archidiacre de Pithiviers dans notre
» Eglise Cathédrale, & notre Vicaire Général, pour entendre, clore & arrêter les comptes de la
» Fabrique, qui sont à rendre par les sieurs Achin, Jousse, Latouche, & autres qui pourroient
» être à rendre. Enjoignons aux Gagiers en charge, de faire les diligences nécessaires contre les
» Comptables, si dans deux mois, à compter du jour de la publication de notre présente Ordon-
» nance, ils n'y ont pas satisfait. A l'effet de quoi, & de tout ce que dessus contenu en notre
» présente Ordonnance, Nous enjoignons audit sieur Curé de la publier au Prône de la Messe
» Paroissiale, en ce qui peut concerner le Peuple, de tenir la main à l'exécution d'icelle, de la
» déposer au Trésor des papiers de l'Eglise ; & en cas d'inexécution, de Nous en donner avis ou
» à notre Promoteur, auquel Nous mandons de tenir la main à tout ce que dessus. Donné à Or-
» léans dans le cours de notre Visite de Saint Paterne, le 15 Décembre 1720. *Signé*, L. G. Evêque
» d'Orléans ; *& plus bas*, par Monseigneur, VALLET. Vu aussi les pieces attachées à ladite Re-
» quête, *Signée* MOREL le jeune, Procureur. Conclusions du Procureur Général du Roi ; oui le
» Rapport de M. Christophe Pajot Conseiller, tout considéré : NOTREDITE COUR homologue
» ladite Ordonnance, pour être exécutée selon sa forme & teneur, sans approbation néanmoins
» des Confréries qui ne se trouveront pas établies par Lettres Patentes du Roi bien & duement re-
» gistrées en la Cour. Si mandons mettre le présent Arrêt à exécution, selon sa forme & teneur,
» de ce faire te donnons pouvoir. Donné en Parlement le 13 Août 1721, & de notre Regne le
» sixieme : Collationné, ARGUIER.; Par la Chambre, *Signé*, GILBERT, avec paraphe.

» Collationné à l'Original resté au Secretariat de l'Evêché d'Orléans, par moi soussigné Avocat
» au Parlement de Paris, Secretaire de Monseigneur l'Evêque d'Orléans. A Orléans le 26 Octobre
» 1721. *Signé*, AUSONNE.

ARTICLES

Proposés par M. le Procureur Général, pour être exécutés dans
l'administration de la Fabrique & Paroisse de Saint Jean en Grêye,
homologués par l'Arrêt ci-après.

ARTICE PREMIER.

» Les Assemblées ordinaires du Bureau de l'Œuvre & de la Fabrique de Saint Jean en Grève,
» se tiendront tous les Lundis, de quinzaine en quinzaine, à deux heures après midi, dans la Salle

» du Bureau deſtiné à tenir les Aſſemblées ; pourront néanmoins leſdites Aſſemblées être tenues
» plus ſouvent, ſi le cas le requiert, & être remiſes au lendemain lorſqu'il ſe trouvera une Fête
» le Lundi.

» II. Seront pareillement tenues dans ledit Bureau les Aſſembles générales, où ſeront appellées
» les perſonnes de conſidération, Officiers de Judicature, Avoca's exerçans la profeſſion, anciens
» Marguilliers, Commiſſaires des Pauvres, & autres notables de la Paroiſſe.

» III. Il y aura trois Aſſemblées générales fixées par chacun an, l'une le Dimanche de Pâque
» après le Service divin, pour l'élection des Marguilliers ; l'autre le jour de Saint Thomas, pour
» arrêter le compte du Marguillier en exerc'ce de comptable de l'année précédente, & la troiſieme
» le jour de Noel, pour l'élection d'un Commiſſaire des Pauvres.

» IV. Seront tenues en outre telles Aſſemblées générales qui ſeront néceſſaires, leſquelles ne pour-
» ront néanmoins être faites qu'elles n'ayent été convoquées par le premier Marguillier, qui en fixera
» le jour & l'heure, ou qu'il n'en ait été déliberé dans l'Aſſemblée ordinaire du Bureau, dans le-
» quel audit cas le jour & l'heure en ſeront pareillement fixés ; & ſeront leſdites Aſſemblées, en-
» ſemble leſdits jour & heure, publiés au Prône de la Meſſe Paroiſſiale avant ladite Aſſemblée,
» même y ſeront invités par billets ceux qui ont droit d'y aſſiſter, ſuivant l'Article deux ci-deſſus,
» & ce deux jours avant ladite Aſſemblée, ſi ce n'eſt qu'il ſe trouve néceſſité urgente de la
» convoquer.

» V. Ne pourront être tenues aucunes Aſſemblées générales ni particulieres, les Dimanches &
» Fêtes, pendant les Offices publics de l'Egliſe.

» VI. Le Bureau ordinaire ſera compoſé du Curé, des quatre Marguilliers qui ſeront les derniers
» ſortis de charge, & en cas d'abſence, les délibérations ſeront priſes au nombre de trois au
» moins. Le Curé y aura la premiere place, ainſi que dans les Aſſemblées générales ; le premier
» Marguillier préſidera & recueillera les ſuffrages qui ſeront donnés par ordre un à un, ſans in-
» terruption ni confuſion : le Curé donnera ſa voix immédiatement avant celui qui préſidera, le-
» quel concluera à la pluralité des ſuffrages, ſauf audit Curé ou autres perſonnes de l'Aſſemblée
» qui auroient quelque propoſition à faire pour le bien de l'Egliſe & de la Fabrique, de les faire
» ſuccinctement, pour être miſes en délibération par le premier Marguillier, s'il y échet ; & s'il y
» avoit partage d'opinions, la voix du premier Marguillier prévaudra.

» VII. Les délibérations des Aſſemblées ordinaires & générales ſeront inſcrites ſur un Regiſtre
» tout de ſuite, & ſans aucuns blancs, enſemble les noms de ceux qui y auront aſſiſté, qui ſigne-
» ront leſdites délibérations, & faute de les avoir ſignées, elles ſeront réputées ſignées de tous ceux
» qui auront été préſens.

» VIII. Dans l'Aſſemblée générale du jour de Pâque ſera fait élection de Marguilliers ; il y
» aura toujours un premier Marguillier du nombre des perſonnes les plus qualifiées de la Paroiſſe,
» & notamment des principaux Officiers des Cours Souveraines, & un du nombre des Avocats fai-
» ſant la profeſſion, ou autres perſonnes qu'il n'eſt pas d'uſage, à raiſon de leur état & condition,
» de nommer pour Marguilliers comptables : il y aura deux Marguilliers Bourgeois qui ſeront
» comptables chacun à leur tour, au moyen de quoi ſeront élus deux Marguilliers, par chacun
» an ; ſavoir, un premier Marguillier, & un Marguillier Bourgeois, qui ſera comptable dans la
» ſeconde année de ſon exercice ; & ne pourront aucuns des Marguilliers être continués au-delà
» des deux années d'exercice, ſi ce n'eſt les premiers Marguilliers.

» IX. Les Marguilliers Bourgeois ſeront toujours choiſis dans le nombre des anciens Com-
» miſſaires des Pauvres, ſans que la même perſonne puiſſe être en même tems Commiſſaire des
» Pauvres & Marguillier, & ſans préjudice de pouvoir élire & choiſir pour Commiſſaire des Pau-
» vres, ceux qui auront été ci-devant Marguilliers, & n'auront point été Commiſſaires des Pau-
» vres ; ne pourront être élus pour l'une & l'autre fonction que ceux qui n'exerceront aucun art
» méchanique.

» X. Le compte du Marguillier comptable ſera rendu régulierement chaque année, tant en re-
» cette, que dépenſe & repriſes ; & après que ledit compte, avec les pieces juſtificatives d'icelui
» aura été vu, avant la Fête de Saint Thomas par le Bureau ordinaire, ſur le rapport qui y ſera
» fait par deux des anciens Marguilliers, qui auront l'uſage, nommés Commiſſaires
» à cet effet ; il ſera examiné, calculé, clos & arrêté le jour de Saint Thomas dans l'Aſſemblée
» générale.

» XI. L'ordre des chapitres, tant de recette que dépenſe, ſera toujours uniforme dans tous les
» comptes, ainſi que l'ordre des articles de chacun chapitre, ſauf au cas qu'il y ait des chapitres
» ou des articles couchés dans les comptes, dont il n'y auroit ni recette ni dépenſe dans d'autres,
» à en faire mention par mémoire.

» XII. Dans chacun des articles de recette, ſoit de rentes, loyers, fermages, ou autres revenus,
» ſera fait mention du nom des Débiteurs, Fermiers ou Locataires, du nom & ſituation de la
» maiſon ou héritage, de la qualité de la rente Seigneuriale, fonciere ou conſtituée ; de la date
» du dernier titre nouvel, & du Notaire qui l'aura reçu, enſemble de la Fondation à laquelle la
» recette ſera affectée, ſi elle eſt connue.

» XIII. Si quelque rente, ſoit par le décès du Débiteur, ou par le partage de la maiſon, ou
» héritage chargé d'icelle, ſe trouvoit due par pluſieurs Débiteurs, n'en ſera fait néanmoins qu'un
» ſeul article de recette, dans lequel il ſera fait mention de tous les Débiteurs, enſemble du décès,
» partage ; ou autres actes qui les aura rend s Débiteurs.

» XIV. Faute par le Marguillier d'avoir fini l'exercice de comptable, de préſenter & rendre ſon
» compte dans les tems portés par l'article X ci-deſſus, le Marguillier qui lui aura ſuccédé audit
» exercice de comptable, ſera tenu de faire les diligences néceſſaires pour l'y contraindre, après

» néanmoins

» néanmoins en avoir communiqué au Bureau ordinaire, à peine de demeurer, en fon propre &
» privé nom, garant & refponfable de tous les évenemens.

» XV. Sera pareillement tenu le Marguillier en exercice de comptable, de faire le recouvrement
» de tous les biens & revenus de la Fabrique, & d'avertir le Bureau ordinaire des pourfuites qu'il
» conviendra faire, pour contraindre les Débiteurs ; enfemble de rapporter lefdites pourfuites &
» procédures, ou une copie de la délibération qui y auroit autrement pourvu, à faute de quoi les
» articles de reprifes feront rayés, fauf audit cas, à en être le recouvrement fait par le Marguil-
» lier à fes rifques & à fes frais.

» XVI Il fera fait à chaque double de chacun compte, une marge blanche de chaque côté pour
» y infcrire dans l'une les apoftilles, & pour tirer dans l'autre les fommes hors lignes en chifres,
» par livres, fols & deniers, lefquelles fommes feront en outre infcrites en entier en toutes lettres
» dans le texte du compte.

» XVII. Lors de la vifite du compte au Bureau ordinaire, toutes les pieces juftificatives, tant de
» la recette, que de la dépenfe & reprife feront paraphées par les deux Commiflaires, & feront
» enfuite, après l'examen arrêté, & cloture faite dans l'Affemblée générale, lefdites pieces dépofées
» avec un double du compte figné & arrêté, dans l'armoire de la Fabrique deftinée à y renfermer
» les titres d'icelle, l'autre double reftant au Comptable.

» XVIII. Le reliquat du compte fera payé au Marguillier qui fera en exercice, lorfque ledit
» compte fera arrêté, ou au Marguillier qui fera prêt d'entrer en exercice ; le tout fuivant qu'il
» fera arrêté dans ladite Affemblée générale, & fera tenu, celui qui aura reçu ledit reliquat, de
» s'en charger dans le premier chapitre de recette de fon compte.

» XIX. Sera fait lors de l'arrêté du compte un bordereau du chapitre de reprife, pour être remis
» au Marguillier lors en exercice de Comptable, qui fera tenu veiller au recouvrement des articles
» de ladite reprife, conformément à l'Article 15 ci deffus, & fous les mêmes peines.

» XX. Sera fait en outre un état de tous les revenus tant fixes que cafuels de la Fabrique, en-
» femble de toutes les charges & dépenfes d'icelle, tant ordinaires qu'extraordinaires, dans le même
» ordre de chapitres & articles du compte ; lequel état fera remis à chaque Marguillier comptable
» entrant en exercice, pour lui fervir au recouvrement des revenus & à l'acquittement des charges,
» & fera ledit état renouvellé tous les ans, par rapport aux changemens qui pourroient arriver
» dans le courant de chaque année.

» XXI. Ne fera fait aucune autre dépenfe par le Marguillier comptable en exercice, que celle
» mentionnée audit état, fi ce n'eft qu'il en eut été délibéré dans une Affemblée du Bureau, ou
» dans une Affemblée générale, ainfi qu'il fera dit ci-après.

» XXII. En cas d'augmentation ou diminution d'efpeces, le Marguillier en exercice fera tenu de
» faire fa déclaration des efpeces qu'il aura entre les mains, dans la première Affemblée ordinaire
» qui fera tenue, fi mieux n'aime le premier Marguillier en convoquer une plus prompte à autre
» jour que le jour ordinaire ; & fera fait mention fur le Registre des délibérations de ladite décla-
» ration ; enfemble de la fomme à laquelle l'augmentation ou la diminution d'efpeces aura mon-
» té ; le tout à peine par ledit Marguillier de fupporter en fon propre & privé nom les diminutions
» des efpeces, ou de lui être imputé dans fon compte, les augmentations fur le pied des recettes
» du jour de l'augmentation, fans avoir égard aux dépenfes, fi elles ne fe trouvent juftifiées par
» quittances pardevant Notaires.

» XXIII. Sera tenu le Marguillier en exercice, de préfenter tous les trois mois à l'Affemblée ordi-
» naire, un bordereau figné de lui & certifié véritable de la recette & dépenfe, pendant les trois
» mois précédens, à l'effet de connoître la fituation actuelle des recouvremens, & l'acquittement
» des charges ; & feront lefdits bordereaux fignés de ceux qui auront affifté au Bureau, & dé-
» pofés dans l'armoire de la Fabrique, pour être repréfentés, tant lors de la reddition du compte,
» que dans le cas d'augmentation ou diminution d'efpeces.

» XXIV. Ne pourront les Marguilliers entreprendre aucun procès, ni y défendre, faire aucun emploi
» ni remploi des deniers appartenans à la Fabrique, ni accepter aucunes Fondations, fans délibération
» précédente de l'Affemblée générale, fans préjudice néanmoins des pourfuites néceffaires pour le
» recouvrement des revenus ordinaires de la Fabrique, pour l'exécution des Baux, & pour faire
» paffer des titres nouvels, pour raifon de quoi, il en fera délibéré au Bureau ordinaire ; & dans
» tous les cas de procès à intenter ou à foutenir, feront délivrées aux Procureurs chargés d'occu-
» per, des copies en forme des délibérations, foit du Bureau ordinaire, foit de l'Affemblée gé-
» nérale.

» XXV. Ne pourront être ordonnées des dépenfes extraordinaires que par délibération de l'Af-
» femblée, & ces Affemblées ordinaires ne pourront en ordonner que jufqu'à la fomme de cinq
» cens livres, au-delà de laquelle n'en pourra être fait que par délibération de l'Affemblée géné-
» rale; pourra néanmoins le Marguillier en exercice de Comptable, en faire jufqu'à la fomme de
» cent livres feulement, dont il rendra compte au premier Bureau ; ne pourront en conféquence
» les Ouvriers, faire aucun ouvrage fans délibération du Bureau ou de l'Affemblée générale, ou
» pouvoir du Marguillier comptable, fuivant la fomme ci deffus : ne feront notamment aucunes
» réparations dans les maifons, dont les Locataires feroient tenus, fuivant l'ufage, ou fuivant
» leurs baux ; & feront les ouvrages qu'ils auroient faits fans pouvoir, ou ceux qui excéderont le
» pouvoir qui leur aura été remis, rayés de leurs mémoires ; ne pourront en outre être les répa-
» rations ordonnées, & les mémoires des Ouvriers, arrêtés & payés, qu'après vifite préalable-
» ment faite par un des Marguilliers au moins, lequel pourra même être affifté d'un Expert ou
» Architecte nommé par le Bureau, dans le cas qu'il feroit jugé néceffaire qu'il fût fait un devis
» defdites réparations, & un rapport de la maniere dont elles auront été faites, & qu'il n'ait été

» ſtatué ſur le tout par délibération de l'Aſſemblée ordinaire, ou de l'Aſſemblée générale, ſuivant
» les ſommes ci-deſſus, le tout à peine d'être les dépenſes faites en contravention du préſent Ar-
» ticle, rayées du compte.

» XXVI. Ne feront entrepris aucuns bâtimens conſidérables, ſoit pour conſtruire, rétablir, ou
» augmenter l'Egliſe & Paroiſſe de Saint Jean en Grève, ſoit pour y faire quelques conſtructions
» nouve les, ſans en avoir obtenu la permiſſion du Roi par Lettres patentes dûement regiſtrées en la
» Cour, ſuivant la Déclaration du Roi du 31 Janvier ..... . qui ſera exécutée ſelon ſa forme & teneur.

» XXVII. Le dernier Marguillier viſitera ſouvent les maiſons appartenantes à la Fabrique, pour
» voir ſi les Locataires les tiennent en bon état; s'ils font les réparations dont ils font tenus,
» ſuivant l'uſage, ou ſuivant leurs baux; s'il n'y a point de réparations à faire aux dépens de la
» Fabrique, & autres choſes concernant le bien & l'avantage d'icelle, dont il rendra compte à
» l'Aſſemblée ordinaire.

» XXVIII. Ne ſeront faits aucuns emprunts de deniers, ſoit à conſtitution de rentes ou autre-
» ment, que par délibération de l'Aſſemblée générale homologuée en la Cour, & qui contiendra
» le motif & la néceſſité de l'emprunt, la quotité de la ſomme qu'il conviendra d'emprunter, &
» l'emploi qui en ſera fait : ne ſeront pareillement paſſés aucuns contrats de conſtitutions de
» rentes en paiement des ſommes qui pourroient être dues par la Fabrique, pour quelque cauſe que
» ce ſoit, qu'après avoir obſervé les mêmes formalités; & ne pourront en aucuns cas être paſſées
» des obligations qui porteroient intérêts.

» XXIX. Lorſqu'il ſera fait quelque emprunt dans la forme preſcrite par l'Article précédent,
» les contrats ou obligations ſeront ſignés par les quatre Marguilliers en charge, & les deniers
» mis ès mains de celui qui ſera en exercice de Comptable, lequel s'en chargera en recette dans
» ſon compte; & ne pourront être empruntées des ſommes plus fortes que celles portées en la
» délibération de l'Aſſemblée générale, & Arrêt d'homologation d'icelle, ni leſdites ſommes être
» employées à d'autres uſages, que ceux auxquels elles auront été deſtinées.

» XXX. Sera au ſurplus l'Edit du mois d'Août 1661 exécuté ſelon ſa forme & teneur; & en
» conſéquence, ne pourront les Marguilliers accepter aucuns deniers comptans, Maiſons, Héri-
» tages, ou Rentes, par donation entre vifs, ou autres Contrats, directement ou indirectement,
» en quelque ſorte & maniere & ſous quelque prétexte que ce ſoit, à condition d'une rente via-
» gere plus forte que ce qui eſt permis par les Ordonnances, ou qui excede le légitime revenu
» que pourroient produire les biens donnés, à peine par leſdits Marguilliers d'en répondre en leur
» propre & privé nom, & aux Particuliers qui auroient donné de reſtituer les arrérages qu'ils
» auroient reçus & de perte de leur dû.

» XXXI. Les Baux à loyers des Maiſons appartenantes à la Fabrique, ne pourront
» être faits que ſix mois avant l'expiration des Baux précédens, après qu'il aura été mis un
» écriteau à chaque maiſon, & après trois publications au Prône de huitaine en huitaine, dont
» il ſera donné certificat, qui ſera annexé à la minute du Bail; & lors de la derniere publication
» ſera indiqué le jour & l'heure de l'adjudication, laquelle ſera faite dans l'Aſſemblée ordinaire
» au plus offrant; pourront néanmoins les Curés & Marguilliers avoir égard aux offres des an-
» ciens Locataires, en faiſant par eux la condition de l'Egliſe bonne.

» XXXII. Tous les Baux ſeront paſſés devant Notaires, & lors de chaque Bail d'une Maiſon
» dépendante de ladite Fabrique, ſera fait un état des lieux bien circonſtancié, pour que les
» Locataires puiſſent être contraints de les rendre en fin de Bail, comme ils les auront reçus; &
» ſera ledit Etat ſigné de tous ceux qui ſeront Parties dans ledit Bail, dont l'un ſera remis au Lo-
» cataire, & l'autre joint à la groſſe du Bail, avec lequel il ſera dépoſé dans l'armoire deſtinée à
» renfermer les titres de la Fabrique; & ſera fait à la fin de chaque Bail une viſite pour connoître
» l'état des lieux, & faire récollement de l'état qui aura été fait au commencement du Bail, à
» l'effet de faire rétablir les lieux & de faire faire les réparations locatives; & ſera le contenu au
» préſent Article exécuté, même dans les Baux qui ſeroient renouvellés à l'ancien Locataire, ſans
» qu'audit cas le nouveau Bail puiſſe lui être fait, & que l'état des lieux n'ait été conſtaté par
» ledit récollement & les réparations locatives faites par ledit ancien Locataire.

» XXXIII. Les conceſſions de Chapelles ne pourront être faites qu'après trois publications de
» huitaine en huitaine, & qu'à des perſonnes demeurantes actuellement ſur la Paroiſſe, ce qui
» ſera pareillement obſervé pour les conceſſions de Bancs, qui ne pourront être faites que pour la
» vie de ceux auxquels ils ſeront concedés, & pour tant de tems qu'ils demeureront ſur ladite Pa-
» roiſſe, ſans qu'il puiſſe être concedé qu'un ſeul Banc à la même perſonne, & au même chef de
» Famille; feront, en cas de changement de domicile hors de Paroiſſe, les Bancs concedés de
» nouveau en un après la tranſlation de domicile; feront néanmoins après la mort, ou la tranſ-
» lation de domicile des Peres & Meres, les Enfans demeurans ſur la Paroiſſe préférés, en continuant
» la même rente ou redevance ſous laquelle l'adjudication aura été faite, en cas qu'elle l'eut été
» à la charge d'une rente ou redevance, & en reconnoiſſant d'ailleurs à la Fabrique par quelques
» deniers d'entrée, du tiers au moins de ce qui auroit eté donné par les Peres & Meres, ou telle
» ſomme qui ſera arbitrée par le Bureau, ſi le Banc avoit été adjugé ſans deniers & pour une
» rente ſeulement.

» XXXIV. Se a fait un Regiſtre, ſi fait n'a été, de toutes les conceſſions de Chapelles, Bancs,
» Epitaphes, Caves, & autres de pareille qualité qui ſeront accordées par le Bureau, leſquelles ſeront
» tranſcrites en entier dans ledit Regiſtre, avant qu'elles ſoient ſignées & délivrées : ne ſeront
» néanmoins troublés ceux qui un an avant le préſent Réglement, ſeront en poſſeſſion paiſible de
» quelques Bancs & places, ſans même en avoir obtenu, la conceſſion, ſauf à les concéder après

» leur fortie ou après leur décès, & fans qu'audit cas leurs enfans puiffent être préférés ; comme
» auffi que dans le cas que par délibération de l'Affemblée générale, il feroit arrêté que pour la
» décence de l'Eglife, ou autre caufe légitime, les Bancs feroient fupprimés en tout ou en partie,
» & reconftruits de nouveau d'une manière uniforme. Ne pourront ceux qui auroient des places
» fans conceffions les conferver, s'ils ne s'en rendent adjudicataires en la forme portée par l'Article
» précédent.

» XXXV. Les chaifes continueront d'être affermées ainfi qu'elles l'ont été par le paffé dans ladite
» Eglife, & le Bail en fera fait après trois publications au Prône de huitaine en huitaine, & les en-
» cheres reçues au Bureau de la Fabrique, fuivant & ainfi qu'il eft ordonné pour les maifons par
» l'Article 31 ci deffus.

» XXXVI. Le prix des chaifes fera reglé pour les différens Offices & Inftructions de chaque tems
» de l'année, par délibération du Bureau ou de l'Affemblée générale qui fera annexée à la minute
» du Bail, & inferite fur un tableau qui fera mis dans l'Eglife en un endroit vifible, fans néan-
» moins qu'il puiffe jamais être permis de louer lefdites chaifes les Dimanches & Fêtes aux Meffes
» de Paroiffe, Prônes & Inftructions, qui les accompagnent, ou fe feront enfuite, ni même chaque
» jour aux Prieres du foir, & autres Inftructions qui ne fe feront point dans la Chaire. Et feront
» tenus les Adjudicataires de garnir également l'Eglife d'un nombre de chaifes fuffifant pendant
» lefdits Offices & Inftructions, auxquels il ne leur doit être payé aucune retribution, comme
» auffi de laiffer dans tous les tems, un efpace fuffifant pour placer ceux des Paroiffiens qui ne
» voudroient pas fe fervir de chaifes.

» XXXVII. Sera fait un Regiftre dans lequel feront inferits par extrait fommaire, tous les Baux
» des Maifons & autres biens appartenans à la Fabrique, la date d'iceux, le tems de leur durée, le
» prix, le nom des Locataires & des Notaires qui les auront paffés.

» XXXVIII. Les titres, comptes, & pieces juftificatives d'iceux, & autres pieces concernant les
» biens & revenus & affaires de ladite Fabrique & de la Cure, enfemble le Regiftre des délibéra-
» tions, autres que le Regiftre courant, feront mis dans une armoire placée au Bureau de la Fabri-
» que, fermant à deux clefs & ferrures différentes, qui feront mifes ès mains des deux Marguil-
» liers Bourgeois, & fera fait d'iceux titres & papiers un inventaire figné du Curé & Marguilliers
» en charge ; enfemble un recollement tous les ans où fera ajouté le nouveau compte, pieces jufti-
» ficatives d'icelui, & autres titres de l'année courante, lequel fera figné comme deffus, fera fait
» au furplus un double defdits inventaire & recollement, pour être remis aux Marguilliers en
» exercice de Comptable.

» XXXIX. Ne fera tiré de ladite armoire aucuns titres & papiers en quelque forte que ce puiffe
» être, que par délibération de l'Affemblée ordinaire, ou de l'Affemblée générale, au defir de la-
» quelle le Marguillier, Procureur ou autre qui s'en chargera, en donnera fon récepiffé fur un
» Regiftre qui fera tenu à cet effet, & dépofé dans ladite armoire, lequel fera déchargé lors de
» la remife ; & dudit Regiftre, fera tenu un double qui fera remis au Marguillier en exercice de
» Comptable.

» XL. Le Récepiffé fera mention de la piece qui fera tirée, de la qualité de celui qui s'en chargera
» & qui fignera ledit récepiffé, de la raifon pour laquelle elle aura été tirée de l'armoire ; & fi
» c'eft pour un procès, fera fait mention de la Jurifdiction & du Procureur chargé de la caufe.

» XLI. Le Regiftre des délibérations courantes, fera remis au Marguillier Comptable en
» exercice.

» XLII. Les titres, contrats & papiers, concernant les revenus de la Charité des Pauvres de ladite
» Paroiffe, feront mis dans la même armoire que ceux de la Fabrique, mais dans une tablette
» diftincte & féparée ; il en fera pareillement fait inventaire fi fait n'a été, enfemble un recolle-
» ment tous les ans, en la même forme portée par l'Article 38 ci-deffus, & ne fera tiré de ladite
» armoire aucun defdits titres & papiers qu'avec les mêmes précautions ordonnées par les Articles 39
» & 40 du préfent Réglement.

» XLIII. Les Marguilliers en charge pourront, fuivant leur zèle, affifter aux Affemblées de
» Charité qui fe tiendront chez le Curé de quinzaine en quinzaine, comme par le paffé, dans lef-
» quelles Affemblées fe feront & ordonneront les diftributions des aumônes. Et il y fera délibéré &
» ftatué fur l'adminiftration des biens de ladite Charité, tant en fonds que fruits & revenus, fans
» préjudice de l'Affemblée des Dames de la Charité de ladite Paroiffe.

» XLIV. Le Curé aura toujours la premiere place aux Affemblées de Charité, efquelles il préfi-
» dera & recueillera les fuffrages à la pluralité defquels fe formeront les délibérations, & aura
» voix prépondérante en cas de partage d'opinions, & ne fera au furplus gardé aucun rang dans
» ces Affemblées, fi ce n'eft celui du Curé qui fera le premier, & des Marguilliers en charge après
» lui.

» XLV. Sera tenu un Regiftre des délibérations prifes dans les Affemblées de Charité, en la
» forme preferite par l'Article 7 ci-deffus.

» XLVI. Sera inceffamment fait élection dans une Affemblée de Charité, d'un Tréforier des
» Pauvres, lequel ne fera en fonction que pendant trois ans, après lequel tems il en fera élu un
» autre : pourra néanmoins être continué trois autres années, fans qu'il puiffe être en place plus
» de fix ans de fuite, mais pourra encore être élu après trois ans d'intervalle, s'il eft ainfi jugé à
» propos par l'Affemblée de Charité.

» XLVII. Le Tréforier des Pauvres rendra auffi tous les ans fon compte, tant en recette que
» dépenfe, chez le Curé dans une Affemblée qui fera indiquée à ce fujet, dans lequel compte, il
» mettra en dépenfe les deniers qu'il aura délivrés à la Tréforiere de l'Affemblée des Dames de
» Charité, pour le fecours des Pauvres malades, des Enfans au lait & à la farine, & autres,

» qui par l'ufage & la bienféance ne peuvent être adminiftrés que par elles.

» XLVIII. Le Marguillier en exercice de Comptable ne pourra payer qu'entre les mains du
» Tréforier des Pauvres, les fommes & rentes qui font dues chaque année par la Fabrique à la
» Charité, foit des Pauvres malades, foit des Pauvres ménages, à quel titre & fous quelle autre
» dénomination la fondation ait été faite, & en retirera quittance pour lui fervir de piece juftificative
» de fon compte.

» XLIX. Le Tréforier des Pauvres recevra auffi & fe chargera en recette des fommes qui font
» dues aux Pauvres chaque année par la Confrérie de Saint François de Sales érigée en ladite Pa-
» roiffe, pour être employée fuivant l'attention des Fondateurs.

» L. Les Fondations faites pour mettre chaque année en métier des Orphelins & autres pauvres
» Enfans, feront exécutées, fans que les fommes deftinées à cet effet puiffent être employées à
» d'autres ufages La nomination tant des Enfans, que des Maîtres chez lefquels ils feront mis,
» fera faite par délibération du Bureau ordinaire, dont copie fera annexée à la minute du Brevet
» d'apprentiffage : les Enfans de ladite Paroiffe feront préférés à tous autres, & choifis dans le
» nombre de ceux qui auront été plus affidus aux Ecoles de Charité, & Inftructions qui fe font
» dans la Paroiffe ; & la fomme qu'il conviendra donner pour chaque apprentiffage, fera payée
» directement par le Marguillier Comptable en exercice ; conformément au titre defdites Fondations,
» & fuivant qu'il aura été reglé par l'Affemblée ordinaire, lefquels paiemens ne pafferont en
» compte, qu'en rapportant par ledit Marguillier une expédition dudit Brevet d'apprentiffage bien
» & duement quittancée, avec copie de la délibération du Bureau en vertu de laquelle il aura été
» fait.

» LI. Les Prédicateurs de l'Avent, du Carême, des Octaves du Saint Sacrement, & des Diman-
» ches & Fêtes après midi, feront nommés, fuivant l'ancien ufage, par le Bureau ordinaire & la
» pluralité des fuffrages, & fera fait un Regiftre fur lequel feront infcrits les noms des Prédica-
» teurs qui auront été nommés, l'année & le tems qu'ils doivent prêcher.

» LII. Le Curé nommera & choifira les Prêtres habitués pour deffervir l'Eglife, les Confeffeurs
» & ceux qui exerceront les fonctions de Diacre & Soudiacre d'office & de Porte Dieu ; à l'égard
» des Chantres & des Prêtres chargés d'acquitter les Annuels & Meffes de fondation, lorfque les
» Fondateurs n'y auront pas pourvu ; enfemble les Enfans de Chœur & Maître d'iceux, Organifte,
» Bedeaux, Suiffe, & autres Serviteurs de ladite Eglife, ils feront choifis & congédiés par l'Affem-
» blée ordinaire du Bureau : feront néanmoins préférés, autant que faire fe pourra, pour Enfans
» de Chœur ceux qui feront nés ou domiciliés fur la Paroiffe.

» LIII. Seront auffi préférés dans la diftribution des Annuels & Meffes de fondation, d'abord les
» Officiers du Chœur & de l'Eglife ; enfuite les Eccléfiaftiques employés à l'adminiftration des Sa-
» cremens, & enfin les Prêtres habitués, & lors de chaque nomination, l'on aura égard à l'an-
» cienneté, à la qualité des fervices & autres raifons qui peuvent déterminer le choix, fuivant les
» régles de la prudence & de l'équité.

» LIV. Les Eccléfiaftiques qui viendront à ceffer de remplir leurs emplois, ou qui quitteront
» la Paroiffe, feront à l'inftant privés de leurs Annuels, lefquels à l'égard des Officiers, pafferont
» à ceux qui leur fuccéderont dans les Offices du Chœur & de l'Eglife ; on pourra néanmoins
» conferver l'Annuel, à ceux que leur grand âge ou des infirmités contractées après de longs fer-
» vices rendus à l'Eglife, mettront hors d'état de continuer à travailler ; pourvu que d'ailleurs
» les charges en foient acquittées : ce qui dépendra de la prudence & de la juftice de l'Affemblée
» ordinaire.

» LV. Le Clerc de l'Œuvre fera choifi par l'Affemblée générale, & la caution y fera reçue, &
» le traité fait avec lui fera abfolument fupprimé, fans qu'il puiffe en être fait à l'avenir aucun
» autre femblable ; mais lui feront fixés des appointemens convenables par délibération de l'Af-
» femblée générale ; il en fera ufé de même à l'égard du Sacriftain des Meffes baffes.

» LVI. Le Clerc de l'Œuvre pourra, fi bon lui femble, fe choifir à fes frais un fous-Clerc
» pour l'aider dans fes fonctions, en le faifant néanmoins agréer par l'Affemblée ordinaire, fans
» que ledit fous Clerc puiffe être regardé comme Officier de l'Eglife, & être préféré pour l'acquit
» des Annuels & des Fondations aux Eccléfiaftiques habitués plus anciennement dans la Paroiffe.

» LVII. Sera fait un état ou inventaire, fi fait n'a été, de tous les Ornemens, Linges, Vafes
» facrés, Argenterie, Cuivre, & autres Uftenfiles fervans aux deux Sacrifices, dont il y aura
» deux doubles fignés du Clerc de l'Œuvre & du Sacriftain, chacun en droit foi. Enfemble des
» Curé & Marguilliers, dont l'un fera dépofé dans l'armoire du Bureau deftiné aux titres de la
» Fabrique, & l'autre double remis ès mains du Clerc de l'Œuvre & du Sacriftain, chacun à leur
» égard, & en fera fait tous les ans un récollement qui fera figné de même & dépofé, à l'effet
» d'être ftatué par délibération du Bureau, fur les nouveaux Ornemens, Linges, Vafes & Uften-
» files qu'il faudroit acheter, changer ou raccommoder, dont fera fait mention fur le récolle-
» ment pour en charger ou décharger le Clerc de l'Œuvre, fa Caution & le Sacriftain ; & feront
» tenus lefdits Clerc de l'Œuvre & Sacriftain, s'il fe trouve quelques uns defdits Ornemens, Lin-
» ges, Vafes facrés & Uftenfiles, qui pendant l'année ne puiffent être d'ufage par vetufté ou
» autrement, d'en donner avis au Bureau, pour y être ftatué, fans qu'ils puiffent en ordonner,
» fans délibération du Bureau, & fans que lefdits Clerc de l'Œuvre & Sacriftain, puiffent prêter
» aucuns Ornemens, fans la permiffion des Marguilliers.

» LVIII. Toute la dépenfe de l'Eglife & frais de Sacriftie, feront faits par le Marguillier Comp-
» table en exercice, & en conféquence, il ne fera fourni par aucuns Marchands, Artifans ou
» autres, aucunes chofes fans un ordre & mandement précis du Marguillier tenant le compte,

» au pied duquel le Clerc de l'Œuvre ou autre Perfonne à qui la livraifon devra être faite, cer-
» tifiera que le contenu audit mandement aura été rempli.

» LIX. Le Clerc de l'Œuvre tiendra un Regiftre fur lequel il fe chargera jour par jour des
» droits de foffoyeries & autres appartenans à la Fabrique & dûs pour les Ornemens, Argenterie,
» & Sonnerie fournis, tant lors des Convois, Services, Enterremens & Bout de l'an, que lors
» des Mariages & des Fêtes de Confréries, comme auffi des droits d'affiftance des Enfans de Chœur
» aux Convois, Enterremens & Services ; & fera tenu de compter tous les trois mois de fa recette au
» Marguillier comptable, qui lui en donnera quittance fur ledit Regiftre, qui fera remis à la fin
» de chaque année audit Marguillier comptable, pour lui fervir dans fon compte de pieces jufti-
» ficatives de la recette defdits droits, en donnant par lui audit Clerc de l'Œuvre bonne & valable
» décharge. Seront tenus en outre ledit Clerc de l'Œuvre & le Foffoyeur de mettre tous les Di-
» manches ès mains du Marguillier tenant le compte un Mémoire de tous les Convois, Services &
» Enterremens, qui auront été faits dans la femaine précédente.

» LX. Sera fait inceffamment, fi fait n'a été, un Livre ou Regiftre, dans lequel feront toutes
» Fondations faites en ladite Eglife, tranfcrites de fuite par ordre de date, où feront énoncés le
» titre de Fondation, le nom du Notaire, la fomme ou l'effet donné, les charges que la Fabrique
» doit acquitter fuivant les premiers titres, & la réduction qui pour en avoir été faite par l'Or-
» donnance de l'Archevêque de Paris, du 31 Décembre 1685, & y feront ajoutées tous les ans
» les Fondations nouvelles ; ledit Livre ou Regiftre fera fait double, dont un fera dépofé dans
» l'armoire de la Fabrique, & l'autre demeurera ès mains du Marguillier en exercice de comp-
» table. Sera fait au furplus un état tous les Samedis des Fondations qui doivent être acquittées
» pendant le cours de la Semaine fuivante, qui fera affiché le Dimanche matin dans la Sacriftie,
» & publié ledit jour au Prône de l'Eglife Paroiffiale.

» LXI. Sera mis à la Sacriftie, au commencement de chaque année, un Regiftre paraphé du
» Marguillier Comptable, & dépofé de maniere, qu'il contienne autant de pages qu'il y a de
» jours dans l'année, & que chaque page ait deux colonnes partagées en autant de parties, qu'il
» y a d'Annuels à acquitter ; lefquelles feront numerotées depuis un jufqu'au nombre du der-
» nier Annuel. Dans chaque partie de la premiere colonne fera infcrit le nom & l'intention de la
» Perfonne pour qui la Meffe doit être célébrée, avec l'heure & la Chapelle à laquelle
» elle doit être dite ; fi l'heure eft fixée & la Chapelle défignée pour la Fondation : & dans chaque
» partie de la feconde colonne, chaque Eccléfiaftique chargé de l'acquit de l'Annuel, ou celui
» qui feroit chargé d'acquitter en fa place pour quelque caufe que ce foit, fera tenu de figner cha-
» que jour fon nom, lorfqu'il acquittera ladite Fondation portée au numero de fon Annuel ; finon
» en cas de maladie, ou autre empêchement dont il donnera avis aux Curé & Marguilliers. En-
» joint au Sacriftain de donner avis au Bureau des Eccléfiaftiques qui négligeroient d'y fatisfaire, en-
» femble de ceux qui n'acquitteroient pas les Meffes dont ils font chargés, aux lieux & heures
» prefcrites par les Fondations ; feront néanmoins les Officiers du Chœur exceptés de l'inexécution
» du préfent Article, quant aux heures feulement, quand ils feront empêchés par les Offices du
» Chœur.

» LXII. Le Curé reglera feul tout ce qui concerne le fpirituel & le Service divin, & indiquera
» aux Prêtres habitués l'heure à laquelle ils diront la Meffe chaque jour, tant pour les Meffes de
» dévotion, que pour celles de Fondation, dont l'heure n'aura point été fixée par la Fondation.

» LXIII. L'honoraire des Eccléfiaftiques chargés d'Annuels fera payé fuivant qu'il fe trouvera
» porté au titre de chaque Fondation, finon & lorfqu'il n'y aura point été pourvu par la Fonda-
» tion, fera fixé à raifon de quinze fols pour chaque Meffe fans aucune diminution, ni diftinc-
» tion des Officiers d'avec les autres Eccléfiaftiques.

» LXIV. Le Clerc de l'Œuvre tiendra encore un Regiftre fur lequel il écrira jour par jour les
» Obits folemnels, Octaves, Saluts & autres Fondations particulieres au Chœur, à mefure qu'elles
» y feront acquittées, avec ce qu'il aura payé de retribution, à chacun des Affiftans ; & ce,
» fuivant qu'il a été réglé par ladite Ordonnance de l'Archevêque de Paris du 31 Décembre 1685,
» laquelle à cet égard fera exécutée felon fa forme & teneur.

» LXV. Le Sacriftain des baffes Meffes tiendra pareillement un Regiftre paraphé du Marguil-
» lier Comptable, fur lequel il infcrira jour par jour les Meffes cafuelles & de dévotion, fans
» pouvoir en mettre plufieurs en un feul article, & fera tenu de faire figner en marge de chaque
» article, les Prêtres qui auront acquitté lefdites Meffes, auxquels il donnera pour la retribution
» de chaque Meffe douze fols fix deniers, conformément à ladite Ordonnance de 1685, & le
» reliquat fera remis au Marguillier tenant le compte par ledit Sacriftain, lorfqu'il comptera de
» la recette & de la dépenfe defdites Meffes cafuelles, & qu'il fera tenu de faire tous les trois mois,
» & à la fin de chaque année ledit Regiftre fera remis audit Marguillier Comptable, pour lui fervir
» dans fon compte de piece juftificative de ladite recette, en donnant auffi par lui audit Sacriftain
» bonne & valable décharge.

» LXVI. Comme il peut arriver que par le décès ou retraite des Eccléfiaftiques chargés d'An-
» nuels, les Meffes de fondations ne foient point acquittées pendant l'intervalle dudit décès,
» ou retraite, jufqu'à ce qu'il ait été nommé un autre Eccléfiaftique pour les acquitter, il fera
» fait tous les mois, ou au plus tard tous les ans, un état du nombre defdites Meffes qui n'auront
» pas été acquittées pendant ledit intervalle, à l'effet d'être choifi par l'Affemblée ordinaire des
» Eccléfiaftiques pour les acquitter inceffamment. Et en fera fait chaque année un récollement
» pour examiner fi toutes les Meffes des précédens états ont été acquittées, afin d'ajouter dans les
» nouveaux états celles qui ne l'auront point été dans l'année précédente ; il en fera ufé de même
» par rapport aux Meffes cafuelles, qui n'auroient pu être acquittées dans leur tems.

» LXVII. Il fera fait aufli, fi fait n'a été, un état ou inventaire de tous les Meubles & Uften-
» files, foit du Bureau & de l'Œuvre, foit de la Chambre du Prédicateur & de celle des Enfans
» de Chœur, & généralement de tout ce qui appartient à la Fabrique, qui ne fait point partie de
» la Sacriftie, lequel fera figné au Bureau par les Curé & Marguilliers, & en fera fait pareille-
» ment un récollement tous les ans; lefquels état & récollement feront dépofés dans l'armoire des
» titres de la Fabrique.

» LXVIII. Le produit des quêtes qui fe feront au profit de la Fabrique, & les offrandes qui fe-
» ront faites à l'Œuvre par ceux qui rendent les Pains à bénir, fera infcrit jour par jour fur un
» Regiftre deftiné à cet effet, tenu par le Marguillier Comptable en exercice, pour en être rendu
» compte tous les quinze jours à l'Affemblée ordinaire; lequel Regiftre fervira au Marguillier
» Comptable de piece juftificative de fon compte, concernant le provenu defdites quêtes &
» offrandes

» LXIX. Sera tenu un pareil Regiftre du nombre des cierges qui auront été offerts fur les
» Pains bénis; enfemble de ceux qui auront été délivrés pour les différentes Chapelles où il en
» peut être néceffaire, pour l'entretien du luminaire defquelles ils feront principalement definés.
» Les fouches defdits cierges & de ceux qui auront pareillement été fournis par le Marchand Ci-
» rier, en vertu des mandemens & certificats expliqués en l'Article 58 ci-deffus, feront reprifes,
» mifes dans un coffre, & envoyées audit Marchand Cirier, pour être converties en nouveaux
» cierges, fuivant le poids qui s'en trouvera. Et afin de marquer le nombre des cierges qui feront
» employés, tant fur le grand Autel que fur ceux des Chapelles, où il eft d'ufage d'en mettre, il
» en fera fait inceffamment un Réglement, dont copie fera délivrée à qui befoin fera pour être
» exécuté.

» LXX. Seront tenus les Curé & Marguilliers en charge de veiller à ce que les Bedeaux, le
» Suiffe, & autres Serviteurs de l'Eglife, s'acquittent de leurs fonctions avec exactitude, qu'ils
» portent honneur & refpect auxdits Curé & Marguilliers en charge, & autres Eccléfiaftiques, &
» à toutes fortes de Perfonnes fans exception; qu'ils foient affidus à leurs devoirs & fonctions,
» aux Offices des Fêtes Annuelles & Solemnelles, des Dimanches & Fêtes d'obligation, à conduire
» ceux qui feront chargés de faire la quête du Prédicateur, & généralement à tout ce qui eft de
» leurs fonctions; enfemble à ce qu'ils diftribuent fidelement dans l'Eglife du Pain béni à tous ceux
» qui affiftent à la Meffe Paroiffiale, & fuivent exactement le rang & l'ordre des Habitans de la
» Paroiffe, pour leur porter les chanteaux, à l'effet d'être fourni par chacun defdits Habitans, les
» Pains qui doivent être offerts pour être bénis.

» LXXI. Au cas que lefdits Bedeaux, Suiffe & autres Serviteurs de l'Eglife manquent à remplir
» leur devoir, qu'ils fe conduifent avec irrévérence, ou donnent lieu à quelque autre plainte légi-
» time, il y fera ftatué dans l'Affemblée ordinaire, foit par le retranchement d'une partie de leur
» rétribution, pour un tems, foit en leur ôtant auffi leur robbe, ou habit de Suiffe pour quelque
» tems, foit en leur ôtant pour toujours.

» LXXII. Sera tenu un Regiftre par Rues & Maifons de chacun des Habitans qui auront rendu
» les Pains à bénir, qui fera mention du jour que chacun d'eux l'aura rendu; lequel Regiftre fera
» repréfenté tous les quinze jours au Bureau ordinaire, pour veiller à ce que chacun des Habi-
» tans s'acquitte de ce devoir à fon tour, & qu'il n'y ait ni omiffion ni préférence; & feront à
» cet effet les Bedeaux tenus deux ou trois jours avant que de porter le chanteau, d'avertir le Mar-
» guillier en charge des noms, qualités, & demeures de ceux qui font en tour de rendre les Pains
» à bénir.

» LXXIII. Les anciens Marguilliers & Commiffaires des Pauvres, & les Notables qui font en
» ufage de fe placer dans l'Œuvre & d'affifter aux Proceffions, y viendront en habit décent.

» LXXIV. Ne feront à l'avenir donnés aucuns répas aux Marguilliers Comptables,
» lors de leur élection & de la reddition de leur compte.

» LXXV. Sera au furplus l'Article 74 de l'Ordonnance de Moulins exécuté felon fa forme &
» teneur, & en conféquence ne fera faite aucune dépenfe, ni même aucune diftribution de bougies,
» lors & à l'occafion des Affemblées générales & particulieres, pour les élections de Marguilliers,
» pour la reddition des comptes, ni autrement, en quelque forte & maniere que ce puiffe être;
» ne feront pareillement faites aucunes diftributions de bougies aux Marguilliers lors des Proceffi-
» fions, Saluts, ou en quelqu'autre occafion que ce foit, à l'exception feulement des jours aux-
» quels il eft porté par quelque Fondation qu'il leur en fera diftribué, auquel cas lefdites bougies
» feront du même poids que celles qui feront diftribuées au Clergé. Signé, JOLY DE FLEURY;
» ladite Requête fignée de lui Procureur Général du Roi. Oui le Rapport de Me Philbert Loren-
» chet, Confeiller: tout confidéré.

» LA COUR, fans s'arrêter à ladite Délibération du Bureau de la Fabrique de Saint Jean en
» Grève du 13 Décembre 1734, laquelle demeurera du nul effet & comme non avenue, homo-
» logue les Articles de Réglemens joints à la minute du préfent Arrêt, au nombre de foixante &
» quinze, pour être exécutés dans ladite Paroiffe, felon leur forme & teneur; & qu'à cet effet,
» lecture en fera faite dans une Affemblée générale qui fera convoquée dans huitaine au plus tard
» après le préfent Arrêt; & copie defdits Articles fera donnée à chaque Marguillier entrant en
» exercice. Ordonne que dans trois mois, à compter du jour du préfent Arrêt; les comptes des
» années 1734 & 1735 feront rendus, clos & arrêtés en la forme prefcrite par lefdits Articles du
» Réglement, & un double d'iceux; enfemble celui de l'année 1733, apportés au Procureur Gé-
» néral du Roi pour en prendre communication, & que le compte de l'année 1736, fera rendu
» le jour de Saint Thomas de la préfente année 1737; & ainfi des autres fucceffivement d'année en

» année, fuivant qu'il eft porté au dixieme defdits Articles, fans préjudice à ladite Fabrique de pou-
» voir fe pourvoir contre qui & ainfi qu'il appartiendra, tant pour raifon des erreurs, omiffions de
» recette, & faux emplois qui fe trouveroient dans les précédens comptes, qu'à fin de nullité des
» Contrats portant conftitution de rente viagere, à un denier plus fort qu'il n'eft permis par les
» Ordonnances; reftitution des arrérages qui en auront été payés, & autres demandes à cet égard,
» telles que de raifon. Comme auffi ordonne que dans le même délai de trois mois, il fera pro-
» cédé à l'inventaire des titres & papiers de la Fabrique, lors duquel les titres & pieces qui con-
» cerneront le droit concédé à ladite Eglife, fur les fels qui paffent fous le pont de Corbeil, feront
» mis à part, pour être enfemble ledit inventaire communiqués au Procureur Général du Roi.
» Ordonne en outre que dans un mois du jour du préfent Arrêt, les Curé & Marguilliers feront
» tenus de rapporter les titres de fondations tant anciennes que modernes, faites en faveur des
» Enfans de Chœur de ladite Eglife, & les Réglemens qui pourroient avoir été faits à ce fujet,
» pour être lefdits Réglemens homologués fi faire fe doit, ou y être pourvu de tel autre Réglement
» qu'il appartiendra. Ordonne pareillement que dans le même délai, lefdits Curé, Marguilliers &
» Adminiftrateurs des Confréries du Saint Sacrement & de Saint Roch, prétendues érigées en ladite
» Eglife de Saint Jean, feront tenus de rapporter auffi en la Cour les Actes & Titres d'établiffe-
» ment defdites Confréries, les Lettres Patentes confirmatives d'icelles, & les Arrêts d'enregiftrement
» fi aucuns y a, pour le tout rapporté & communiqué au Procureur Général du Roi, être par lui
» requis, & par la Cour ordonné ce que de raifon. Fait en Parlement le deux Avril mil fept cent
» trente-fept. Collationné. *Signé*, DU FRANE.

Nota Il y a un précédent pareil Réglement pour la Paroiffe Saint Leu Saint Gilles à Paris, homo-
gué par Arrêt du 13 Août 1734.

ARREST *de la Cour de Parlement, portant Réglement général pour l'Œuvre & Fabrique de la Paroiffe de Saint Germain en Laye.*

(a) » LOUIS, par la grace de Dieu, Roi de France & de Navarre : Au premier des Huiffiers
» de notre Cour de Parlement, ou autre notre Huiffier ou Sergent fur ce requis; Savoir,
» faifons, qu'entre Meffire Louis de Conninghem, Prêtre, Prieur, Curé de l'Eglife Royale &
» Paroiffiale de Saint Germain en Laye; Demandeur aux fins de la Commiffion inférée en l'Arrêt
» de notredite Cour du 10 Décembre 1737, & Exploit donné en conféquence le 13 dudit mois de
» Décembre; & encore incidemment Demandeur par fes Défenfes du 20 Février 1738, & en Re-
» quête du 20 Mars audit an, & Demandeur d'une part; les Marguilliers de l'Œuvre & Fabri-
» que de ladite Eglife Royale & Paroiffiale dudit Saint Germain en Laye, Défendeurs & Deman-
» deurs aux fins de l'Exploit du 5 Novembre 1737, énoncé en l'Arrêt du 20 Janvier 1738; &
» donné en conféquence le 21 dudit mois de Janvier, & encore incidemment Demandeurs par
» leurs défenfes & répliques des 14 Février & 5 Mai audit an 1738, d'autre part : après que
» Borju, Procureur de Louis de Conninghem, a demandé la réception de l'appointement figné du
» Procureur Général du Roi, devant lequel par Arrêt du 6 Mai 1738, fur les demandes &
» défenfes refpectives, les Parties ont été renvoyées pour en paffer par fon avis, & qu'elles ont
» joint leur Requête & pieces fignifiées à Rochon Procureur. Notredite Cour ordonne que l'ap-
» pointement fera reçu, & fuivant icelui, ayant aucunement égard aux Requêtes & Demandes
» defdites Parties; ordonne que les cierges qui feront offerts fur les Pains à bénir aux Meffes Pa-
» roiffiales, feront partagés par moitié entre le Curé & les Marguilliers : & à l'égard de ceux qui
» feront offerts fur les Pains à bénir aux Meffes de dévotion, ils appartiendront entierement au
» Curé. Comme auffi tous les cierges des Obits & Services fondés, dont la Fabrique a reçu les
» fonds, pour raifon defquels elle eft obligée à la fourniture des cires, même tous les cierges
» de tous Obits & Services qui feront dits & célébrés à la requifition des Familles, ou de la Fa-
» brique, autres néanmoins que ceux mentionnés en la délibération du 19 Janvier 1698, &
» doivent fe faire gratuitement pour les Curés, Vicaires, Eccléfiaftiques, Habitans, Marguilliers
» en charge ou anciens, dont les cierges qui doivent être fournis aufdits Services par les Marguil-
» liers, feront par eux retirés, fans que le Curé y puiffe rien prétendre; & après la déclaration du
» Curé, qu'il n'a jamais perçu aucun droit pour les ouvertures de terre, des enterremens de chari-
» té; fait défenfes d'en percevoir aucuns, foit au profit du Curé ou de la Fabrique en quelque
» forte & maniere que ce foit : ordonne que la femme du Marguillier Comptable quêtera fui-
» vant l'ufage pour la Fabrique; & feront auffi tenus ceux qui préfenteront le Pain à bénir, de
» quêter pour la Fabrique fuivant le même ufage; pendant la Meffe de Paroiffe feulement; & à
» l'égard des autres Offices, il n'y aura pendant iceux qu'une quêteufe pour la Fabrique; le tout
» fans préjudice des quêtes des Pauvres honteux, des Pauvres malades, des Prifonniers & de l'Hô-
» pital, qui pourront fe faire pendant la Meffe & autres Offices, & fera dans la quinzaine de Pâque
» le Clerc du Curé fur le banc, le premier à la tête des autres, pour recevoir ce qui fera volon-
» tairement offert pour les droits du Curé. Ordonne en outre que conformément aux Réglemens
» de l'Archevêque de Paris du 12 Mars 1672, les Meffes qui font fondées dans la Paroiffe feront
» acquittées indifféremment à l'Autel de la Vierge & aux autres Autels, s'il n'eft autrement porté
» par les Contrats de fondation; auquel cas elles feront dites à l'Autel que le Fondateur aura
» choifi à cet effet, ordonne que les droits d'ouverture des foffes, tant dans le Chœur que dans la
» Nef, appartiendront pour moitié au Curé & pour moitié à la Fabrique; à l'effet de quoi feront
» tenus les Curé & Marguilliers de préfenter à notredite Cour, dans trois mois, tel Réglement pour

" ra.fon defdits droits & autres de la Fabrique, pour être icelui homologué fi faire fe doit. Ne
" pourra auffi le Curé, conformément au Réglement de 1672, prendre aucun droit pour les annon-
" ces des Services, s'il n'eft ainfi porté par les Fondations; recevra feulement, fuivant ledit Ré-
" glement, les fommes à lui aumônées pour les prieres des Défunts, fans qu'il puiffe rien exiger.
" Avant faire droit fur le chef de la demande du Curé, formée par Requête du 20 Février 1738 &
" 29 Mai, à ce que le nombre des Confeffionnaux foit augmenté, & qu'il foit conftruit des ftales du
" côté du Vicaire; les Paroiffiens fe pourvoiront devant l'Archevêque de Paris, fuivant l'Article 20
" du Réglement de 1672, pour être par lui avifé fur la néceffité ou utilité de ladite augmentation
" des Confeffionnaux & conftruction des Stales, par rapport à l'adminiftration des Sacremens &
" décence du Service divin. Et pareillement avant faire droit fur le chef de la demande du Curé
" portée par ladite Requête du 20 Février, concernant la taxe des honoraires & affiftances des
" Eccléfiaftiques de ladite Paroiffe, les Parties fe pourvoiront devant l'Archevêque de Paris pour
" être pourvu fuivant le Réglement de 1672, Article 16, & fuivant ledit Edit de 1695, de tel
" Réglement qu'il appartiendra, pour la taxe & honoraire tant des Eccléfiaftiques, Curé & Vi-
" caire, que pour l'honoraire des Meffes de dévotion, & paffé outre à l'homologation d'icelui
" fi faire fe doit; comme auffi avant faire droit fur le chef de demande des Marguilliers, à ce
" que le Curé foit tenu de remettre au coffre de la Fabrique huit pieces qu'ils prétendent lui avoir
" communiquées, être ordonné que dans quinzaine ledit Curé fera tenu de communiquer aux
" Marguilliers, fur le récépiffé de leur Procureur, tant lefdites huit pieces que l'extrait de l'in-
" ventaire du défunt Benoift Curé, dans lequel ledit Curé prétend qu'elles ont été inventoriées, pour
" être après ladite communication & rapport defdites pieces, ordonné par nofdites Cour ce qu'il
" appartiendra. Faifant droit au furplus fur le chef des demandes des Marguilliers, portées par leurs
" défenfes du 14 Février 1738, pour être pourvu de tel Réglement qu'il appartiendra. NOTRE-
" DITE COUR a ordonné & ordonne ce qui fuit.

ARTICLE PREMIER,

" Les Affemblées ordinaires & extraordinaires de l'Œuvre & Fabrique de Saint Germain en Laye
" fe tiendront dans la Salle du Bureau deftiné à tenir lefdites Affemblées, l'après-midi & après le
" Service divin: les ordinaires de quinzaine en quinzaine, pourront être tenues plus fouvent fi le
" cas le requiert.
" II. Il y aura deux Affemblées générales fixées par chacun an, l'une le jour de Saint Jean
" l'Evangelifte après le Service divin pour l'élection des Marguilliers, l'autre le jour de Saint Tho-
" mas auffi après le Service divin, pour arrêter le compte du Marguillier en exercice de Comp-
" table de l'année précédente.
" III. Seront tenues en outre telles Affemblées extraordinaires qui feront néceffaires, lefquelles
" ne pourront néanmoins être faites qu'elles n'aient été arrêtées dans l'Affemblée du Bureau, dans
" lequel audit cas le jour & l heure en feront fixés; & feront lefdites Affemblées, enfemble
" lefdits jour & heure publiés au Prône de la Meffe Paroiffiale avant ladite Affemblée, même y
" feront invités par billets ceux qui ont droit d'y affifter, & ce deux jours avant ladite Affem-
" blée, fi ce n'eft qu'il fe trouvât néceffité urgente de la convoquer.
" IV. Ne pourront être tenues aucunes Affemblées les Dimanches & Fêtes, pendant les Offices
" publics de l'Eglife.
" V. M. le Curé aura la premiere place dans toutes les Affemblées, les fuffrages feront donnés
" par ordre un à un fans interruption ni confufion, & les délibérations feront infcrites fur un
" Regiftre tout de fuite & fans aucun blanc; enfemble les noms de chacun de ceux qui y auront
" affifté, qui figneront lefdites délibérations, & faute de les avoir fignées, elles feront réputées
" fignées de tous ceux qui auront été préfens.
" VI. Dans l Affemblée du jour de Saint Jean l'Evangel fte, fera faite élection d'un Marguillier
" pour être Comptable dans la feconde année de fon exercice; & ne pourront aucuns Marguilliers
" être continués au-delà de deux années d'exercice.
" VII. Le compte du Marguillier Comptable fera rendu régulierement chaque année, tant en
" recette qu'en dépenfe & reprife, & après que ledit compte avec les pieces juftificatives d icelui
" aura été vu, avant la Fête de Saint Thomas par le Bureau, il fera examiné, calculé, clos, &
" arrêté le jour de Saint Thomas dans l'Affemblée.
" VIII. Sera le compte rendu à l'Archidiacre, finon fera repréfenté audit Archidiacre lors de fa
" vifite.
" IX. L'ordre des chapitres, tant de recette que de dépenfe, fera toujours uniforme dans tous
" les comptes, ainfi que l'ordre des articles de chacun chapitre, fauf au cas qu'il y ait des cha-
" pitres ou des articles couchés dans des comptes, dont il n'y auroit ni recette ni dépenfe dans
" d'autres, à en faire mention par mémoire.
" X. Dans chacun des articles de recette, foit de rentes, loyers, fermages, ou autres revenus,
" fera fait mention du nom des Débiteurs, Fermiers ou Locataires, du nom & fituation de la
" Maifon ou Héritages, de la qualité de la rente, Seigneuriale, fonciere ou conftituée, de la date
" du dernier titre nouvel, & du Notaire qui l'aura reçue, enfemble de la fondation à laquelle la
" rente fera affectée, fi elle eft connue.
" XI. Si quelque rente, foit par le décès du Débiteur, ou par le partage de la Maifon ou Héri-
" tage, chargée d'icelle, fe trouvoit due par plufieurs Débiteurs, n'en fera fait néanmoins qu'un
" feul article, dans lequel il fera fait mention de tous les Débiteurs, enfemble du décès, partage,
" ou autre acte qui les aura rendus Débiteurs.

" XII. Faute

» XII. Faute par le Marguillier qui aura fini l'exercice de Comptable, de préfenter ou rendre
» fon compte dans le tems porté par l'Article 7 ci-deffus, le Marguillier qui lui aura fuccedé audit
» exercice de Comptable, fera tenu de faire les diligences néceffaires pour l'y contraindre, après
» néanmoins en avoir communiqué au Bureau ; à peine de demeurer en fon propre & privé nom,
» garant & refponfable de tous les évenemens.

XIII. Sera pareillement tenu le Marguillier en exercice de Comptable, de faire le recouvrement de
» tous les biens, & revenus de la Fabrique, & d'avertir le Bureau des pourfuites qu'il conviendra
» faire pour contraindre les Débiteurs ; enfemble de rapporter lefdites pourfuites & procédures, ou
» une copie de la délibération qui y auroit autrement pourvu, à faute de quoi les articles de re-
» prifes feront rayés, fauf audit cas à en être le recouvrement fait au profit du Marguillier, à fes
» rifques & à fes frais.

» XIV. Il fera fait à chaque double de chacun compte une marque blanche de chaque côté pour
» y infcrire dans l'une les apoftilles, & pour tirer dans l'autre les fommes hors ligne en chifres,
» par livres, fols & deniers, lefquelles fommes feront en outre infcrites en entier en toutes lettres
» dans le refte du compte.

» XV. Lors de la vifite du compte au Bureau, toutes les pieces juftificatives, tant de la recette
» que de la dépenfe & reprife, feront paraphées par les deux Marguilliers, & feront enfuite, après
» l'examen arrêté, & clôture faite dans l'Affemblée du jour de Saint Thomas, lefdites pieces dé-
» pofées avec un double du compte figné & arrêté, dans l'armoire de la Fabrique deftinée à y
» renfermer les titres d'icelle, l'autre double reftant au Comptable.

» XVI. Le reliquat du compte fera payé au Marguillier qui fera en exercice, lorfque ledit
» compte fera arrêté, ou au Marguillier qui fera prêt d'entrer en exercice, fi ce n'eft qu'il y ait été
» délibéré dans l'Affemblée du jour de Saint Thomas, foit pour le tout ou pour partie, dans le
» coffre fort de la Fabrique, le tout fuivant qu'il fera arrêté dans ladite Affemblée ; & fera tenu
» celui qui aura reçu ledit reliquat de s'en charger dans le premier Chapitre de recette de fon
» compte.

» XVII. Ledit coffre fera fermé à trois ferrures, & clefs différentes, l'une ès mains du Curé, &
» les deux autres ès mains des deux Marguilliers.

XVIII. Il fera fait lors de l'arrêté du compte, un bordereau du chapitre de reprife, pour être
» remis au Marguillier lors en exercice de Comptable, qui fera tenu de veiller au recouvrement
» des articles de ladite reprife, conformément à l'Article XIII ci-deffus, & fous les mêmes peines.

» XIX. Il fera fait en outre un état de tous les revenus, tant fixes que cafuels de la Fabrique ;
» enfemble de toutes les charges & dépenfes d'icelles, tant ordinaires qu'extraordinaires, dans le
» même ordre de chapitres & articles du compte, lequel état fera remis à chaque Marguillier Comp-
» table entrant en exercice, pour lui fervir au recouvrement des revenus & à l'acquittement des
» charges : & fera ledit état renouvellé tous les ans, par rapport aux changemens qui pourroient
» arriver dans le courant de chaque année.

» XX. Il ne fera fait aucune autre dépenfe par le Marguillier Comptable en exercice, que celle
» mentionnée audit état, fi ce n'eft qu'il en eût été délibéré dans une Affemblée, ainfi qu'il fera dit
» ci après.

» XXI. En cas d'augmentation ou diminution d'efpeces, le Marguillier en exercice fera tenu de
» faire fa déclaration des efpeces qu'il aura entre les mains, dans la première Affemblée ordinaire
» qui fera tenue, fi mieux n'aime le premier Marguillier en convoquer une plus prompte à autre
» jour que le jour ordinaire, & fera fait mention fur le Regiftre des délibérations de ladite déclara-
» ration ; enfemble de la fomme à laquelle l'augmentation ou la diminution d'efpece aura monté :
» le tout à peine par ledit Marguillier, de fupporter en fon propre & privé nom, les diminutions
» des efpeces, ou de lui être imputé dans fon compte les augmentations fur le pied des recettes au
» jour de l'augmentation, fans avoir égard aux dépenfes, fi elles ne fe trouvent juftifiées par quit-
» tances pardevant Notaires.

» XXII. Sera tenu le Marguillier en exercice de préfenter tous les trois mois à l'Affemblée ordi-
» naire un bordereau figné de lui & certifié véritable, de la recette & dépenfe pendant les trois
» mois précédens ; à l'effet de connoître la fituation actuelle de recouvrement & l'acquittement des
» charges ; & feront lefdits bordereaux fignés de ceux qui auront affifté au Bureau, & dépofés dans
» l'armoire de la Fabrique, pour être repréfentés, tant lors de la reddition du compte, que dans
» le cas d'augmentation ou diminution d'efpeces.

» XXIII. Ne pourront les Marguilliers entreprendre aucun procès, ni y défendre, faire aucun
» emploi, ni remploi des deniers appartenans à la Fabrique, ni accepter aucunes Fondations fans
» délibération précédente de l'Affemblée, fans préjudice néanmoins des pourfuites néceffaires pour
» le recouvrement des revenus ordinaires de la Fabrique, pour l'exploitation des baux, & pour
» faire paffer des titres nouvels, & dans tous les cas de procès à intenter ou à foutenir, feront
» délivrées au Procureur chargé d'occuper, des copies en forme de délibération du Bureau.

» XXIV. Ne pourront être ordonnées des dépenfes extraordinaires que par délibération du Bu-
» reau, pourra néanmoins le Marguillier en exercice de Comptable, s'il y a des dépenfes urgentes, en
» faire jufqu'à la fomme de trente livres feulement, dont il rendra compte au premier Bureau. Ne
» pourront les Marchands, Ouvriers ou Artifans, être choifis pour les ouvrages de la Fabrique que
» par délibération du Bureau ; & ne pourront faire aucun ouvrage fans délibération de l'Affem-
» blée ou pouvoir du Marguillier Comptable, fuivant la fomme ci-deffus : ne feront notamment
» aucunes réparations dans les Maifons, dont les Locataires feroient tenus fuivant l'ufage ou fui-
» vant leurs Baux, & feront les ouvrages qu'ils auroient faits fans pouvoir, ou ceux qui excéde-
» ront le pouvoir qui leur a été remis, rayés de leurs Mémoires. Ne pourront en outre être les répa-

>> rations ordonnées, qu'après visite préalablement faite par un des Marguilliers au moins, lequel
>> pourra même être assisté d'un Expert ou Architecte nommé par le Bureau, même après un devis
>> desdites réparations, s'il est ainsi jugé nécessaire, sur lesquelles sera statué par le Bureau : & ne
>> pourront être les Mémoires desdites réparations arrêtés & payés, qu'après un rapport de la ma-
>> nière dont elles auront été faites, & qu'il n'y ait été statué sur le tout, aussi par délibération du
>> Bureau ; le tout à peine d'être les dépenses faites en contravention du présent Article, rayées du
>> compte.

>> XXV. Le dernier Marguillier visitera souvent les Maisons qui pourroient appartenir à la Fa-
>> brique, pour voir si les Locataires les tiennent en bon état, s'ils font les réparations dont ils
>> font tenus, suivant l'usage ou suivant leurs baux, s'il n'y a point de réparations à faire aux
>> dépens de la Fabrique, & autres choses concernant le bien & l'avantage d'icelle, dont il rendra
>> compte à l'Assemblée.

* >> XXVI. Ne feront faits aucuns emprunts de deniers, soit à constitution de rentes, ou autre-
>> ment, que par délibération de l'Assemblée homologuée en notredite Cour, & qui contiendra le
>> motif & la nécessité de l'emprunt, la qualité de la somme qu'il conviendra d'emprunter, &
>> l'emploi qui en sera fait : ne feront pareillement passés aucuns Contrats de constitution de rente
>> en paiement des sommes qui pourroient être dues par la Fabrique, pour quelque cause que ce soit,
>> qu'après avoir observé les mêmes formalités.

>> XXVII. Lorsqu'il sera fait quelque emprunt dans la forme prescrite par l'Article précédent,
>> les Contrats ou Obligations seront signés par les Curés & Marguilliers en charge, & les deniers
>> mis ès-mains de celui qui sera en exercice de Comptable, lequel s'en chargera en recette dans
>> son compte ; & ne pourront être empruntées des sommes plus fortes que celles portées en la
>> délibération de l'Assemblée & Arrêt d'homologation d'icelle ; ni lesdites sommes être employées à
>> d'autres usages que ceux auxquels elles auront été destinées.

>> XXVIII. Sera au surplus l'Edit du mois d'Août 1666 exécuté selon sa forme & teneur ; & en
>> conséquence, ne pourront les Marguilliers accepter aucuns deniers comptans, Maisons, Héri-
>> tages, ou Rentes par donations entre-vifs, ou autres Contrats, directement ou indirectement, en
>> quelque sorte & maniere & sous quelque prétexte que ce soit, à condition d'une rente viagere,
>> plus forte que ce qui est permis par les Ordonnances, ou qui excede le légitime revenu que
>> pourroient produire les biens donnés, à peine par lesdits Marguilliers d'en répondre en leurs
>> propres & privés noms, & aux Particuliers qui auroient donné, de restituer les arrérages qu'ils
>> auroient perçus & de perte de leur dû.

>> XXIX. Les Baux à loyers des Maisons qui pourroient appartenir à la Fabrique, ne pourront
>> être faits que six mois avant l'expiration des Baux précédens, après qu'il aura été mis un écriteau
>> à la Maison, & après trois publications au Prône de huitaine en huitaine, dont sera donné certi-
>> ficat ; & lors de la derniere publication, seront indiqués les jour & heure de l'adjudication,
>> laquelle sera faite dans l'Assemblée au plus offrant. Pourront néanmoins les Curé & Marguilliers
>> avoir égard aux offres des anciens Locataires en faisant par eux la condition de l'Eglise bonne.

>> XXX. Lors de l'adjudication du Bail, sera fait un état des lieux bien circonstancié, à l'effet
>> que les Locataires puissent être contraints de les rendre en fin de bail, comme ils les auront reçus,
>> & sera ledit état signé d'un des Marguilliers, & du Locataire, & fait double, dont l'un sera
>> remis au Locataire, & l'autre remis en l'armoire destinée à renfermer les titres de ladite Fabri-
>> que ; & sera fait à la fin de chaque Bail, une visite pour connoître l'état des lieux, & faire le
>> récollement de l'état qui aura été fait au commencement du Bail, à l'effet de faire rétablir les
>> lieux, & faire faire les réparations locatives ; & sera le contenu au présent Article exécuté,
>> même dans les Baux qui seroient renouvellés à l'ancien Locataire, sans qu'audit cas le nouveau
>> Bail puisse lui être fait, que l'état des lieux n'ait été constaté par ledit récollement, & les répa-
>> rations locatives faites par ledit ancien Locataire.

>> XXXI. Les concessions de Chapelles & Tombes ne pourront être faites qu'après trois publica-
>> tions de huitaine en huitaine, qu'à des Personnes demeurantes actuellement sur la Paroisse ;
>> ce qui sera pareillement observé pour les concessions de Bancs, qui ne pourront être faites, que
>> pour la vie de ceux auxquels ils seront concedés, & pour autant de tems qu'ils demeureront sur
>> ladite Paroisse, sans qu'il puisse être concédé qu'un seul Banc à la même Personne, & au même
>> chef de Famille : seront en cas de changement de domicile hors de la Paroisse, les Bancs con-
>> cédés de nouveau, un an après la translation de domicile ; seront néanmoins après la mort, ou
>> translation de domicile des Peres & Meres, les Enfans demeurans sur la Paroisse préférés, en
>> continuant la même rente ou redevance, pour laquelle l'adjudication auroit été faite, au cas
>> qu'elle l'eût été à la charge d'une rente ou redevance, & en reconnoissant d'ailleurs la Fabrique,
>> par quelques deniers d'entrée, du tiers au moins de ce qui auroit été donné par les Peres & Meres,
>> ou telles autres sommes qui seront arbitrées par le Bureau, si le Banc avoit été adjugé sans
>> deniers, & pour une rente seulement.

>> XXXII. Il sera fait un Registre, si fait n'a été, de toutes les concessions de Chapelles, Tombes,
>> Bancs, Epitaphes, Caves, & autres de pareille qualité, qui seront accordées par le Bureau,
>> lesquelles seront transcrites en entier dans ledit Registre, avant qu'elles soient signées & déli-
>> vrées ; ne seront néanmoins troublés ceux qui un an avant le présent Arrêt, seront en possession
>> paisible de quelques Bancs & places, sans même en avoir obtenu la concession, sauf à les con-
>> céder, après leur sortie, ou après leur décès ; & sans qu'audit cas leurs Enfans puissent être
>> préférés ; comme aussi dans le cas que par délibération de l'Assemblée, ils seront arrêté que
>> pour la décence de l'Eglise ou autre cause légitime, les Bancs seroient supprimés en tout ou en par-

» tie, ou reconstruits de nouveau, d'une maniere uniforme ; ne pourront ceux qui auront des places
» sans concessions, les conserver, si dans le cas de nouvelle construction, ils ne s'en rendent adju-
» dicataires en la forme portée par l'Article précédent.

» XXXIII. Les chaises continueront d'être affermées ainsi qu'elles l'ont été par le passé dans ladite
» Eglise, & le bail en sera fait après trois publications au Prône de huitaine en huitaine, & les
» encheres reçues au Bureau de la Fabrique, suivant & ainsi qu'il est ordonné pour les Maisons
» par l'Article 19 ci dessus.

» XXXIV. Le prix des chaises sera reglé par délibérations de l'Assemblée, & inscrit sur un ta-
» bleau qui sera mis dans l'Eglise en un endroit visible, sans néanmoins qu'il puisse jamais être
» permis de louer lesdites chaises les Dimanches & les Fêtes aux Messes de Paroisse, Prônes &
» Instructions qui les accompagnent, ou se font ensuite, ni même chaque jour aux Prieres du
» soir. Et seront tenus les adjudicataires de garnir également l'Eglise d'un nombre de chaises suf-
» fisant pendant lesdits Offices & Instructions, sans qu'il leur soit pour ce payé aucune retribu-
» tion, comme aussi de laisser dans tous les tems un espace suffisant, pour placer ceux des Pa-
» roissiens qui ne voudront pas se servir de chaises.

» XXXV. Il sera fait un Registre dans lequel seront inscrits par extrait sommaire tous les Baux
» des Maisons & autres biens appartenans à la Fabrique, la date d'iceux, le tems de leur durée,
» le prix, les noms des Locataires ou Notaires qui les auront passés.

XXXVI. Les titres, comptes & pieces justificatives d'iceux & autres pieces concernant les biens,
» revenus & affaires de ladite Fabrique & de la Cure, ensemble le Registre des délibérations, autre
» que le Registre courant, seront mis dans une armoire placée au Bureau du ladite Fabrique, fer-
» mant à trois clefs & serrures différentes, dont l'une sera mise ès mains du Curé, les deux autres
» ès mains des deux Marguilliers, & sera fait d'iceux titres & papiers un inventaire signé des
» Curé & Marguilliers en charge ; ensemble un récollement tous les ans où sera ajouté le nouveau
» compte, pieces justificatives d'icelui, & autres titres de l'année courante, lequel sera signé
» comme dessus. Il sera fait au surplus un double de susdits inventaire & récollement, pour être
» remis au Marguillier en exercice de comptable.

» XXXVII. Il ne sera tiré de ladite armoire aucuns titres & papiers, en quelque sorte que ce
» puisse être, que par délibération de l'Assemblée, au desir de laquelle le Marguillier, Procureur
» ou autre qui s'en chargera en donnera son récépissé, sur un Registre qui sera tenu à cet effet, & dé-
» posé dans ladite armoire, lequel sera déchargé lors de la remise ; & dudit Registre, sera tenu
» un double qui sera remis au Marguillier en exercice de comptable.

» XXXVIII. Le récépissé fera mention de la piece qui sera tirée, de la qualité de celui qui s'en
» chargera, & qui signera ledit récépissé, de la raison pour laquelle elle aura été tirée de l'ar-
» moire, & si c'est pour un procès, sera fait mention de la Jurisdiction & du Procureur chargé
» de la cause.

» XXXIX. Le Registre des délibérations courantes sera remis au Marguillier Comptable en
» exercice.

» XL. Le Curé, suivant & conformément à l'Article 2 du Réglement de l'Archevêque de Paris
» du 12 Mars 1672, nommera & choisira les Prêtres pour desservir l'Eglise, il en choisira deux
» pour satisfaire aux Messes de fondation ; & en cas qu'ils ne suffisent pas, seront les autres Messes
» restantes acquittées par les autres Prêtres qui seront nommés par le Curé.

» XLI. Seront, conformément à l'Article 3 dudit Réglement, les Messes de fondation sonnées
» différemment des autres par les Prêtres qui les diront, afin que les Parens des fondations soient
» avertis d'y assister, si bon leur semble.

» XLII. Les Prêtres de la Paroisse & habitués, seront obligés, conformément à l'Article 15 dudit
» Réglement, de faire les fonctions de Diacre & Sousdiacre, chacun à leur tour, suivant l'ordre
» du tableau qui sera dressé par ledit Curé.

» XLIII. Ledit Curé nommera & choisira pareillement les Enfans de Chœur, & à l'égard des
» Organistes, Bédeaux, Suisses & autres Serviteurs de l'Eglise, ils seront choisis & congediés par
» l'Assemblée.

» XLIV. Le Clerc de l'Œuvre ou Sacristain sera choisi par l'Assemblée, & la Caution y sera
» reçue.

» XLV. Il sera fait un état ou inventaire, si fait n'a été, de tous les Ornemens, Linges, Vases
» sacrés, Argenterie, Cuivre & autres ustensiles servans à la Sacristie, dont il y aura deux doubles
» signés du Clerc de l'Œuvre ou Sacristain, ensemble des Curé & Marguilliers, dont un sera
» déposé dans l'armoire du Bureau, destinée au titres de la Fabrique, & l'autre double remis ès
» mains dudit Clerc de l'Œuvre ou Sacristain, & en sera fait tous les ans un récollement qui sera
» signé de même, & déposé à l'effet d'être statué par délibération du Bureau sur les nouveaux
» Ornemens, Linges, Vases & autres ustensiles qu'il faudroit acheter, changer, ou raccommoder,
» dont sera fait mention sur le récollement, pour en charger ou décharger ledit Clerc ou Sacris-
» tain ; & sera tenu ledit Clerc de l'Œuvre ou Sacristain, s'il se trouve quelques uns desdits Or-
» nemens, Linges, Vases sacrés ou ustensiles, qui pendant le cours de l'année ne puissent être d'u-
» sage par vetusté ou autrement, d'en donner avis au Bureau, pour y être statué, sans qu'il puisse
» en être ordonné sans délibération du Bureau.

» XLVI. Toute la dépense de l'Eglise & frais de Sacristie, seront faits par le Marguillier Comp-
» table en exercice, & en conséquence, il ne sera rien fourni par aucuns Marchands, Artisans ou
» autres, sans un ordre & mandement précis du Marguillier tenant le compte, au pied duquel le
» Clerc de l'Œuvre ou autre Personne à qui la livraison devra être faite, certifiera que le contenu
» audit mandement aura été rempli.

» XLVII. Le Clerc de l'Œuvre tiendra un Regiſtre ſur lequel il ſe chargera jour par jour des
» droits de foſſoyeries & autres appartenans à la Fabrique, ſoit pour les Ornemens & Argenterie,
» ſoit pour Sonnerie ; & ſera tenu de compter tous les trois mois de la recette au Marguillier
» Comptable, qui lui en donnera quittance ſur ledit Regiſtre, qui ſera remis à la fin de chaque
» année audit Marguillier Comptable, pour lui ſervir dans ſon compte de piece juſtificative de la
» recette deſdits droits, en donnant par lui audit Clerc de l'Œuvre, bonne & valable décharge.

» XLVIII. Il ſera fait inceſſamment, ſi fait n'a été, un Livre, ou Regiſtre, dans lequel ſeront
» toutes les Fondations faites en ladite Egliſe, tranſcrites de ſuite par ordre de date, où ſeront
» énoncés le titre de la Fondation, le nom du Notaire, la ſomme ou l'effet donné, les charges
» que la Fabrique doit acquitter, & y ſeront ajoutées, tous les ans les Fondations nouvelles ;
» ledit Livre ou Regiſtre ſera fait double, dont un ſera dépoſé dans l'armoire de la Fabrique, &
» l'autre demeurera entre les mains du Marguillier en exercice de Comptable. Sera fait au ſurplus
» un état tous les Samedis des Fondations qui doivent être acquittées, pendant le cours de la ſemaine
» ſuivante, qui ſera affiché le Dimanche matin dans la Sacriſtie, & publié ledit jour au Prône de
» la Meſſe Paroiſſiale.

» XLIX. Le Curé reglera tout ſeul ce qui concerne le ſpirituel, & le Service divin, & indiquera
» aux Prêtres habitués l'heure à laquelle ils diront la Meſſe chaque jour, tant pour les Meſſes de
» dévotion, que pour celles de Fondation, dont l'heure n'aura point été fixée par la Fondation.

» L. L'honoraire des Eccléſiaſtiques chargés d'annuels, ſera payé ſuivant qu'il ſe trouvera porté au
» titre de chaque Fondation, ſinon & lorſqu'il n'y aura point été pourvu par la Fondation, ſera
» fixé à raiſon de quinze ſols pour chaque Meſſe, ſans aucune diminution.

» LI. Le Sacriſtain tiendra pareillement un Regiſtre paraphé du Marguillier Comptable, ſur le-
» quel il inſcrira jour par jour les Meſſes caſuelles & de dévotion, ſans pouvoir en mettre pluſieurs
» en un ſeul Article, & ſera tenu de faire ſigner en marge de chaque article, les Prêtres qui au-
» ront acquitté leſdites Meſſes, auxquels il donnera pour la retribution de chaque Meſſe, ce qui
» ſera fixé par le Réglement qui ſera fait par l'Archevêque de Paris, conformément à l'Arrêt qui
» interviendra, ſauf après être pourvu ſur ce qui ſera appliqué à la Fabrique pour raiſon du pain,
» vin, luminaire, & ornemens, dont le montant ſera remis au Marguillier, tenant le compte par
» ledit Sacriſtain lorſqu'il comptera de la recette, & dépenſe deſdites Meſſes caſuelles, ce qu'il
» ſera tenu de faire tous les trois mois. Et à la fin de chaque année ; ledit Regiſtre ſera remis audit
» Marguillier Comptable, pour lui ſervir dans ſon compte de piece juſtificative de ladite recette,
» en donnant auſſi par lui audit Sacriſtain bonne & valable décharge.

» LII. Comme il peut arriver que par le décès ou retraite des Eccléſiaſtiques chargés d'Annuels,
» ou autres Meſſes de fondation, leſdites Meſſes ne ſoient point acquittées pendant l'intervalle
» dudit décès ou retraite, juſqu'à ce qu'il ait été nommé un autre Eccléſiaſtique pour les acquitter,
» il ſera fait tous les trois mois, ou au plus tard tous les ans, un état du nombre deſdites Meſſes
» qui n'auroient point été acquittées pendant ledit intervalle, à l'effet d'être choiſis des Eccléſiaſti-
» ques pour les acquitter inceſſamment, & en ſera fait chaque année un récollement pour examiner
» ſi toutes les Meſſes des précédens états ont été acquittées, & afin d'ajouter dans les nouveaux
» états celles qui ne l'auroient point été dans l'année précédente : il en ſera uſé de même, par
» rapport aux Meſſes caſuelles qui n'auront pu être acquittées dans leur tems.

» LIII. Il ſera fait auſſi, ſi fait n'a été, un état ou inventaire des meubles & uſtenſiles du Bu-
» reau de l'Œuvre, & généralement de tout ce qui appartient à la Fabrique, & ne fait point partie
» de la Sacriſtie, lequel ſera ſigné au Bureau par les Curé & Marguilliers, & en ſera fait pareille-
» ment un récollement tous les ans, leſquels état & récollement ſeront dépoſés dans l'armoire des
» titres de la Fabrique.

» LIV. Le produit des quêtes qui ſe feront au profit de la Fabrique, & les offrandes qui ſeront
» faites à l'Œuvre par ceux qui rendent les Pains à bénir, ſeront inſcrits jour par jour ſur un Re-
» giſtre deſtiné à cet effet, tenu par le Marguillier Comptable en exercice, pour en être rendu
» compte tous les quinze jours à l'Aſſemblée ordinaire, lequel Regiſtre ſervira au Marguillier
» Comptable de piece juſtificative de ſon compte, concernant le provenu deſdites quêtes & of-
» frandes.

» LV. Seront tenus les Curé & Marguilliers en charge, de veiller à ce que les Bedeaux, le
» Suiſſe & autres Serviteurs de l'Egliſe, s'acquittent de leurs fonctions avec exactitude ; qu'ils por-
» tent honneur & reſpect auſdits Curé & Marguilliers en charge, & autres Eccléſiaſtiques, & à
» toutes ſortes de perſonnes ſans exception ; qu'ils ſoient aſſidus à leurs devoirs & fonctions, aux
» Offices des Fêtes annuelles & ſolemnelles, & des Dimanches & Fêtes d'obligation, & générale-
» ment à tout ce qui eſt de leurs fonctions ; enſemble à ce qu'ils diſtribuent fidélement dans l'Egliſe
» le Pain béni, à tous ceux qui aſſiſtent à la Meſſe Paroiſſiale, & ſuivent exactement le rang &
» l'ordre des Habitans de la Paroiſſe pour leur porter les chanteaux ; à l'effet d'être fourni par
» chacun deſdits Habitans, les Pains qui doivent être offerts pour être bénis.

» LVI. En cas que leſdits Bedeaux, Suiſſe & autres Serviteurs de l'Egliſe, manquent à remplir
» leur devoir, qu'ils ſe conduiſent avec irrévérence, ou donnent lieu à quelque autre plainte lé-
» gitime, il y ſera ſtatué dans l'Aſſemblée ordinaire, ſoit par le retranchement d'une partie de
» leur retribution pour un tems, ſoit en leur ôtant auſſi leur robbe ou habit de Suiſſe pour quel-
» que tems, ſoit en leur ôtant pour toujours.

» LVII. Sera tenu un Regiſtre par Rues & Maiſons de chacun des Habitans qui auront rendu les
» Pains à bénir, qui fera mention du jour que chacun d'eux l'aura rendu, lequel Regiſtre ſera
» repréſenté tous les quinze jours au Bureau, pour veiller à ce que chacun des Habitans s'acquitte
» de ce devoir à ſon tour ; & qu'il n'y ait ni omiſſion ni préférence ; & ſeront à cet effet tenus les

» Bédeaux, deux ou trois jours avant de porter les chanteaux, d'avertir le Marguillier en charge des
» noms, qualités & demeures de ceux qui sont en tour de rendre les Pains à bénir.

» LVIII. Les anciens Marguilliers & Notables qui sont en usage de se placer dans l'Œuvre, &
» d'assister aux Processions, y viendront en habit décent.

» LIX. Ne seront donnés aucuns repas ni jettons par les Marguilliers Comptables lors de leur
» élection & de la reddition de leur compte.

» LX. Sera au surplus l'Article 74 de l'Ordonnance de Moulins, exécuté selon sa forme & te-
» neur, & en conséquence, il ne sera fait aucune dépense ni même aucune distribution de bou-
» gies, lors & à l'occasion des Assemblées ordinaires & extraordinaires pour les élections des Mar-
» guilliers, pour la reddition des comptes, ou autrement, en quelque sorte & maniere que ce
» puisse être, ne seront pareillement faites aucunes distributions de bougies aux Marguilliers lors
» des Processions, Saluts, & en quelque autre occasion que ce soit, à l'exception seulement des
» jours, auxquels il est porté par quelque Fondation qu'il leur en sera distribué, auquel cas lesdites
» bougies seront du même poids que celles qui seront distribuées au Clergé, sur le surplus des
» demandes, hors de Cour & dépens compensés ; & sera le coust de l'Arrêt supporté par la Fa-
» brique : Te mandons mettre le présent Arrêt à exécution. Donné en Parlement le onze Juin,
» l'an de grace mil sept cent trente-neuf, & de notre Regne le vingt-quatrieme. Collationné,
» Signé, DAY. Par la Chambre, DU FRANC.

ARTICLES

*Proposés par M. le Procureur Général, pour être exécutés dans
l'administration de la Fabrique & Paroisse de Saint Louis de la Ville
de Versailles, homologués par l'Arrêt ci-joint.*

ARTICLE PREMIER.

» Les Assemblées ordinaires du Bureau de l'Œuvre & Fabrique de Saint Louis de Versailles se
» tiendront tous les premiers Jeudis de chaque mois à trois heures après midi dans la Salle à ce
» destinée, pourront néanmoins lesdites Assemblées être tenues plus souvent, si le cas le requiert,
» & être remises au lendemain, lorsqu'il se trouvera une Fête le premier Jeudi du mois.

» II. Seront pareillement tenues dans la même Salle, les Assemblées générales auxquelles seront
» appellés les anciens Marguilliers, & toutes les Personnes de considération, & les plus Notables
» de la Paroisse.

» III. Il y aura deux Assemblées générales fixées par chacun an ; l'une le jour de la Concep-
» tion 8 Décembre, après le Service divin, pour arrêter le compte du Marguillier de l'année pré-
» cédente, & l'autre le jour des Innocens, 28 du même mois, pour l'élection d'un Marguillier
» pour l'année suivante.

» IV. Seront tenues en outre telles Assemblées générales qui seront nécessaires, lesquelles ne
» pourront néanmoins être faites, qu'elles n'aient été convoquées par délibération de l'Assemblée
» ordinaire du Bureau, dans lequel les jour & heure en seront fixés. Et seront lesdites Assemblées,
» ensemble lesdits jour & heure publiés au Prône de la Messe Paroissiale, le Dimanche qui précé-
» dera ladite Assemblée ; & le Marguillier en charge tenu d y inviter par billets deux jours aupa-
» ravant ceux qui ont droit d'y assister, suivant l'Article deux ci dessus ; si ce n'est qu'il se trouvât
» nécessité urgente de la convoquer, auquel cas il ne le sera que par billets seulement.

» V. Ne pourront être tenues aucunes Assemblées générales ni particulieres les Dimanches &
» Fêtes, pendant les Offices publics de l'Eglise.

» VI. Le Bureau ordinaire sera composé du Curé, des deux Marguilliers en charge, & des
» quatre derniers Marguilliers sortis de place, & en cas d'absence, les délibérations ne pourront
» être prises qu'au nombre de trois au moins. Le Curé y aura la premiere place, ainsi que dans
» les Assemblées générales ; le premier des Marguilliers en charge présidera, recueillera les suffrages qui
» seront donnés par ordre un à un sans interruption ni confusion, & concluera à la pluralité des
» voix, sauf au Curé ou autres Personnes de l'Assemblée qui auroient quelques propositions à faire
» pour le bien de l'Eglise ou de la Fabrique, de les faire successivement pour être mises en délibé-
» ration par ledit Marguillier, s'il y échevoit.

» VII. Ne pourront les Prêtres de la Mission qui desservent ladite Paroisse, assister à aucunes
» desdites Assemblées, soit générales, soit du Bureau ordinaire, sous quelque prétexte que ce
» puisse être, non pas même dans le cas d'absence du Curé, qui seul de sa Congrégation aura droit
» de s y trouver.

» VIII. Les délibérations des Assemblées, tant ordinaires que générales, seront inscrites sur un
» Registre tout de suite & sans aucun blanc, ensemble les noms de chacun de ceux qui y auront
» assisté, qui signeront lesdites délibérations, & faute de les avoir signées, elles seront réputées
» signées de tous ceux qui auront é é présens.

» IX. Il y aura toujours deux Marguilliers en place qui y resteront chacun deux années, dont un
» sera la recette & dépense des revenus de la Fabrique, & sera Comptable pendant la seconde an-
» née de son exercice ; il en sera élu un nouveau chaque année dans l'Assemblée générale du jour

» des Innocens, au lieu & place de celui qui aura été deux ans en fonctions & pour servir avec
» celui qui n'aura encore rempli que sa première année, & ne pourront aucuns des Marguilliers être
» continués au-delà des deux années d'exercice.

» X. Chaque Marguillier sortant d'exercice, sera tenu de rendre son compte, tant en recette,
» que de dépense & reprise, & de le présenter au Bureau ordinaire dans le mois de Septembre sui-
» vant, ou au plus tard dans le mois d'Octobre ; & après que ledit compte, avec les pieces justi-
» ficatives d'icelui, aura été vu dans le mois de Novembre par le Bureau ordinaire, sur le rapport
» qui y sera fait par deux des anciens Marguilliers qui auront été nommés Commissaires à cet
» effet, il sera examiné, calculé, clos & arrêté le jour de la Fête de la Conception dans l'Assem-
» blée générale.

» XI. L'Ordre des Chapitres, tant de recette que de dépense, sera toujours uniforme dans tous
» les comptes, ainsi que l'ordre des articles de chacun chapitre ; sauf au cas qu'il y ait des cha-
» pitres ou des articles couchés dans les comptes, dont il n'y auroit ni recette ni dépense dans
» d'autres, à en faire mention par mémoire.

» XII. Faute par le Marguillier sorti d'exercice de présenter & rendre son compte dans le tems
» porté par l'Article ci-dessus, le Marguillier qui lui aura succédé au même exercice de Comptable,
» sera tenu de faire les diligences nécessaires pour l'y contraindre, après néanmoins en avoir com-
» muniqué au Bureau ordinaire, à peine de demeurer en son propre & privé nom, responsable de
» tous les évenemens.

» XIII. Sera pareillement tenu le Marguillier en exercice de Comptable, de faire le recouvre-
» ment de tous les biens & revenus de la Fabrique, & d'avertir le Bureau ordinaire des pour-
» suites qu'il conviendra faire pour contraindre les Débiteurs ; ensemble de rapporter lesdites pour-
» suites & procédures, ou une copie de la délibération qui y auroit autrement pourvu, faute de
» quoi, les articles de reprise seront rayés, sauf audit cas, à en être le recouvrement fait au
» profit du Marguillier, à ses risques & à ses frais.

» XIV. Il sera fait à chaque double de chacun compte, une marge blanche de chaque côté,
» pour y inscrire dans l'une les apostilles, & pour tirer dans l'autre les sommes hors lignes en
» chifres, par livres, sols & deniers, lesquelles sommes seront en outre inscrites en entier en toutes
» lettres dans le texte du compte.

» XV. Lors de la visite du compte au Bureau ordinaire, toutes les pieces justificatives, tant de
» la recette, que de la dépense & reprise, seront paraphées par l'un des Commissaires, & seront
» ensuite, après l'examen arrêté, & clôture faite dans l'Assemblée générale, lesdites pieces déposées
» avec un double du compte signé & arrêté, dans l'armoire destinée à y renfermer les titres de la
» Fabrique, l'autre double restant au Comptable pour sa décharge.

» XVI. Le reliquat du compte sera payé au Marguillier qui sera en exercice, lorsque ledit
» compte sera arrêté, ou au Marguillier qui sera prêt d'entrer en exercice ; le tout suivant qu'il
» sera reglé dans l'Assemblée générale, celui qui aura reçu ledit reliquat, de
» s'en charger dans le premier chapitre de recette de son compte. Pourra néanmoins l'Assemblée gé-
» nérale, arrêter que ledit reliquat sera remis en tout ou en partie, dans le coffre fort de ladite
» Fabrique, lequel sera fermé à deux serrures & clefs différentes, & lesdites clefs remises ès mains
» de l'un des Marguilliers en charge, & de l'undes anciens Marguilliers nommé à cet effet par
» ladite Assemblée générale ; seront aussi remises dans ledit coffre fort, les sommes qui pro-
» viendroient de remboursemens de rentes, ou qui seroient données à la charge d'emploi, ou qui,
» en quelque maniere que ce fût, tiendroient lieu de fonds à la Fabrique ; & sera fait mention
» sur le Registre des délibérations de la remise desdites sommes dans ledit coffre ; sera tenu en
» outre, un Registre particulier desdites sommes ainsi remises ; ensemble de celles qui en seront
» tirées, sans qu'il en puisse être tiré, qu'en vertu de délibération des Assemblées générales, les-
» quelles sommes, ainsi tirées du coffre, seront pareillement employées dans le premier chapitre
» de recette du compte du Marguillier qui les aura reçues.

» XVII. Sera fait lors de l'arrêté du compte un bordereau du chapitre de reprise, pour être remis
» au Marguillier lors en exercice de Comptable, qui sera tenu de veiller au recouvrement des articles
» de ladite reprise, conformément à l'Article 13 ci-dessus, & sous les mêmes peines.

» XVIII. Sera fait en outre un état de tous les revenus tant fixes que casuels de ladite Fabrique, en-
» semble de toutes les charges & dépenses ordinaires, dans le même ordre de chapitres & articles du
» compte ; lequel état sera remis à chaque Marguillier entrant en exercice, pour lui servir
» au recouvrement des revenus & à l'acquittement des charges, & sera ledit état renouvellé
» tous les ans, par rapport aux changemens qui pourroient arriver dans le courant de chaque
» année.

» XIX. Ne sera fait aucune autre dépense par le Marguillier en exercice, que celle men-
» tionnée audit état, si ce n'est qu'il en eut été délibéré dans une Assemblée générale, ainsi
» qu'il sera dit ci-après.

» XX. En cas d'augmentation ou diminution d'especes, le Marguillier en exercice sera tenu
» de convoquer dans les vingt-quatre heures une Assemblée ordinaire pour y faire sa déclaration
» des especes qu'il aura entre les mains, dans laquelle sera fait mention sur le Registre des délibé-
» rations ; ensemble de la somme à laquelle l'augmentation ou la diminution d'especes aura mon-
» té ; le tout à peine par ledit Marguillier de supporter en son propre & privé nom les diminutions
» des especes, ou de lui être imputé dans son compte, les augmentations sur le pied des recettes
» au jour de l'augmentation, sans avoir égard aux dépenses, si elles ne se trouvent justifiées par
» quittances pardevant Notaires.

» XXI. Ne pourront les Marguilliers entreprendre aucun procès, ni y défendre, faire aucun emploi

» ni remploi des deniers appartenans à la Fabrique, faire aucun emprunt ni acquisition, ni accepter
» aucunes Fondations, sans délibération précédente de l'Assemblée générale, sans préjudice néan-
» moins des poursuites nécessaires pour le recouvrement des revenus ordinaires de la Fabrique, pour
» l'exécution des Baux, & pour faire passer des titres nouvels, pour raison de quoi, il en sera
» délibéré dans le Bureau ordinaire ; & dans tous les cas de procès à intenter ou à soutenir, seront
» délivrées aux Procureurs chargés d'occuper, des copies en forme des délibérations, soit du Bu-
» reau, soit de l'Assemblée générale.

» XXII. Ne pourront être ordonnées des dépenses extraordinaires par délibération du Bureau,
» que jusqu'à la somme de cinq cens livres, au-delà de laquelle n'en pourra être fait, que par
» délibération de l'Assemblée générale.

» XXIII. Les chaises continueront d'être affermées, ainsi qu'elles l'ont été par le passé dans
» ladite Eglise, & le bail en sera fait après trois publications au Prône de huitaine en huitaine,
» & lors de la derniere publication, sera indiqué le jour & l'heure de l'adjudication qui sera
» faite au plus offrant dans le Bureau ordinaire : pourront néanmoins les Curé & Marguilliers avoir
» égard aux offres des anciens Locataires, en faisant par eux la condition de l'Eglise bonne.

» XXIV. Le prix des chaises sera reglé pour les differens Offices & Instructions de chaque tems
» de l'année, par délibération du Bureau, ou de l'Assemblée générale, qui sera annexée à la
» minute du Bail, & inscrite sur un tableau qui sera mis dans l'Eglise en un endroit visible, sans
» néanmoins qu'il puisse jamais être permis de louer lesdites chaises les Dimanches & les Fêtes,
» aux Messes de Paroisse, Prônes, & Instructions qui les accompagnent ; & seront tenus les Ad-
» judicataires de garnir également l'Eglise d'un nombre de chaises suffisant pendant lesdits Offices
» & Instructions, auxquels il ne leur doit être payé aucune retribution, comme aussi de laisser
» dans tous les tems, un espace suffisant pour placer ceux des Paroissiens qui ne voudroient pas se
» servir de chaises.

» XXV. Les titres, comptes, & pieces justificatives d'iceux, & autres pieces concernant les
» biens, revenus, & affaires de la Fabrique ; ensemble les Registres des délibérations, autres que
» le Registre courant, seront remis dans une armoire placée au Bureau de la Fabrique, fermant à
» deux clefs & serrures différentes, qui seront mises és mains des deux Marguilliers en charge ; &
» sera fait d'iceux titres & papiers, un inventaire signé des Curé & Marguilliers en charge, ensem-
» ble un récollement tous les ans, où seront ajoutés le nouveau compte, pieces justificatives d'i-
» celui, & autres titres de l'année courante, lequel sera signé comme dessus. Sera fait au surplus
» un double desdits inventaire & récollement, pour être remis au Marguillier en exercice de Comp-
» table.

» XXVI. Ne seront tirés de ladite armoire aucuns titres & papiers, en quelque sorte que ce
» puisse être, que par délibération du Bureau, ou de l'Assemblée générale, au desir de laquelle
» le Marguillier ou autre qui s'en chargera en donnera son récepissé, sur un Registre qui sera
» tenu à cet effet, & déposé dans ladite armoire, lequel sera déchargé lors de la remise.

» XXVII. Le récepissé sera mention de la piece qui sera tirée, de la qualité de celui qui s'en
» chargera, & signera ledit récepissé, de la raison pour laquelle elle aura été tirée de l'armoire.
» Et si c'est pour un procès, sera fait mention de la Jurisdiction & du Procureur chargé de la
» cause.

» XXVIII. Le Registre des délibérations courantes sera remis au Marguillier en exercice, qui
» sera tenu de le représenter au Bureau lors des Assemblées, soit ordinaires, soit générales.

» XXIX. Les Prédicateurs de l'Avent, du Carême, des Octaves du Saint Sacrement, & des Di-
» manches & Fêtes après midi, seront nommés, par le Bureau ordinaire, par la pluralité des suffra-
» ges, & sera fait un Registre sur lequel seront inscrits les noms des Prédicateurs qui auront été
» nommés, l'année & le tems qu'ils doivent prêcher.

» XXX. Les Chantres, Serpens, Enfans de Chœur, Organistes, Bédeaux Suisses, & autres Ser-
» viteurs de l'Eglise, seront choisis & congédiés par l'Assemblée ordinaire du Bureau.

» XXXI. Sera fait un état ou inventaire, si fait n'a été, de tous les Ornemens, Linges, Vases
» sacrés, Argenterie, Cuivre, & autres Ustensiles servans à la Sacristie, dont il y aura deux
» doubles signés du Sacristain, ensemble des Curé & Marguilliers en charge, dont un sera déposé
» dans l'armoire du Bureau destiné aux titres de la Fabrique, & l'autre double remis és mains
» du Sacristain, & en sera fait tous les ans un récollement qui sera signé de même & déposé, à
» l'effet d'être statué par délibération du Bureau, sur les nouveaux Ornemens, Linges, Vases &
» Ustensiles qu'il faudroit acheter, changer ou raccommoder, dont sera fait mention sur le récol-
» lement pour en charger ou décharger le Sacristain, qui sera tenu, s'il se trouve quelques uns
» desdits Ornemens, Linges, Vases sacrés & Ustensiles, qui pendant le cours de l'année ne puissent
» être d'usage par vetusté ou autrement, en donner avis au Bureau, pour y être statué, sans
» qu'il puisse en ordonner, sans délibération du Bureau, ni prêter aucuns Ornemens, sans la per-
» mission des Marguilliers.

» XXXII. Toute la dépense de l'Eglise & frais de Sacristie, seront faits par le Marguillier en
» exercice, & en conséquence, il ne sera fourni par aucuns Marchands, Artisans ou autres,
» aucunes choses sans un ordre & mandement précis du Marguillier tenant le compte, au pied
» duquel le Sacristain ou autre Personne à qui la livraison devra être faite, certifiera que le con-
» tenu audit mandement aura été rempli.

» XXXIII. Seront les Lettres Patentes du mois de Décembre 1751 registrées en la Cour le 11
» Mai 1734 ; ensemble le Décret d'erection de la Paroisse de Saint Louis de Versailles du 4 Juin
» 1730, confirmé par lesdites Lettres Patentes, exécutés selon leur forme & teneur ; & en consé-

» quence, ladite Paroiſſe ſera toujours deſſervie par huit Prêtres, y compris le Curé, un Clerc &
» quatre Freres, tous Membres de la Congrégation de la Miſſion.

» XXXIV. Le Clerc ſera chargé de l'inſtruction des Enfans de Chœur, & l'un deſdits Prêtres
» ſera commis pour remplir les fonctions de Sacriſtain par ladite Congrégation de la Miſſion,
» laquelle en demeurera reſponſable ; & ſera tenu ledit Prêtre, de ſe charger envers la Fabrique,
» de tous les effets de la Sacriſtie, en la forme portée par l'Article 31 ci deſſus.

» XXXV. Les Curé & Prêtres de la Miſſion, enſemble leſdits Clerc & Freres deſſervans ladite
» Paroiſſe de Saint Louis, ne pourront, ſous quelque prétexte que ce puiſſe être, prétendre ni
» exiger aucune retribution ni honoraire, pour les Baptêmes, Mariages, Sépultures, & admi-
» niſtration des Sacremens, ni généralement pour aucunes fonctions de leur miniſtere, mais ſeront
» tenus les exercer toutes gratuitement, conformément au titre de leur Etabliſſement dans ladite
» Paroiſſe. Pourront néanmoins, lorſqu'ils délivreront des extraits des Regiſtres de Baptêmes, Ma-
» riages & Sépultures, ſe faire payer pour chaque extrait, des Droits portés par la Déclaration du
» Roi du 9 Avril 1736.

» XXXVI. Les cierges, qui lors des Enterremens & des Services, ſeront mis autour du corps &
» de la repréſentation, ſur l'Autel principal & les autres Autels, enſemble ceux qui ſeront portés
» par les Enfans de Chœur, appartiendront à la Fabrique, le nombre & le poids deſdits cierges,
» reſtant entierement à la liberté des Parens du Défunt : quant aux cierges que leſdits Parens
» auront bien voulu donner, pour être portés par les Eccléſiaſtiques, tant de la Paroiſſe, qu'é-
» trangers, ſi aucuns avoient été appellés par leſdits Parens, ils demeureront à chacun deſdits
» Eccléſiaſtiques, & pareillement les flambeaux ſi aucuns ſont portés à des enterremens, reſteront
» à ceux qui les auront portés, à moins que la Famille n'en eût autrement diſpoſé, ſi ce n'eſt
» néanmoins ceux qui auroient été portés par les Enfans de l'Hôpital, leſquels appartiendront tou-
» jours audit Hôpital.

» XXXVII. Les cierges, qui lors des Mariages, ſeront mis ſur l'Autel, & ceux qui ſont offerts
» ſur les Pains à bénir, appartiendront pareillement à la Fabrique, & à l'égard de ceux qui ſont
» à la main des Mariés, & des Perſonnes qui préſentent les Pains à bénir, ils demeureront au
» Curé.

» XXXVIII. La Fabrique percevra ſeule les droits accoutumés à être perçus, pour les Paremens,
» Ornemens, Drap mortuaire, Argenterie, Sonnerie Tenture, Ouverture de terre dans l'Egliſe, &
» autres ſemblables, & ſeront tenus les Curé & Marguilliers d'en arrêter un tarif, & le rapporter
» en la Cour, pour, ſur les Concluſions du Procureur Général du Roi, être ledit tarif homologué
» ſi faire ſe doit.

» XXXIX. Le Curé reglera ſeul tout ce qui concerne le ſpirituel & le Service divin, ſauf ce
» qui concerne la décoration de l'Egliſe, qui ſera reglée par délibération du Bureau ordinaire, en
» la proportionnant aux revenus de la Fabrique, & ſe conformant autant qu'il ſera poſſible, à
» ce qui eſt preſcrit par le rit du Diocèſe, relativement aux Fêtes de différences claſſes

» XL. Le Curé ou Prêtre qui officiera, ſera tenu de donner l'eau-benite par aſperſion aux
» Marguillier en charge, & autres qui ſeront dans l'Œuvre, immédiatement après l'avoir donné
» au Clergé, & avant de la donner au Peuple, comme auſſi d'aller encenſer l'Œuvre, avant de
» rentrer dans le Chœur.

» XLI. Seront tenus les Curé & Marguilliers en charge de veiller à ce que les Bedeaux, le
» Suiſſe, & autres Serviteurs de l'Egliſe, s'acquittent de leurs fonctions avec exactitude, qu'ils
» portent bonneur & reſpect auxdits Curé & Marguilliers en charge, & autres Eccléſiaſtiques, &
» à toutes ſortes de Perſonnes ſans exception ; qu'ils ſoient aſſidus à leurs devoirs & fonctions ;
» enſemble à ce qu'ils diſtribuent fidélement dans l'Egliſe du Pain béni à tous ceux qui aſſiſtent à
» la Meſſe Paroiſſiale, & ſuivent exactement le rang & l'ordre des Habitans de la Paroiſſe, pour
» leur porter les chanteaux, à l'effet d'être fourni par chacun deſdits Habitans, les Pains qui doi-
» vent être offerts pour être bénis.

» XLII. Au cas que leſdits Bedeaux, Suiſſe & autres Serviteurs de l'Egliſe manquent à remplir
» leur devoir, qu'ils ſe conduiſent avec irrévérence, ou donnent lieu à quelque autre plainte légi-
» time, il y ſera ſtatué dans l'Aſſemblée ordinaire, ſoit par le retranchement d'une partie de leur
» rétribution, pour un tems, ſoit en leur ôtant auſſi leur robbe, ou habit de Suiſſe pour quelque
» tems, ſoit en leur ôtant pour toujours.

» XLIII. Sera tenu un Regiſtre par Rues & Maiſons de chacun des Habitans qui auront rendu
» les Pains à bénir, qui fera mention du jour que chacun d'eux l'aura rendu ; lequel Regiſtre ſera
» repréſenté tous les mois au Bureau ordinaire, pour veiller à ce que chacun des Habitans s'ac-
» quitte de ce devoir à ſon tour, & qu'il n'y ait ni omiſſion ni préférence ; & ſeront à cet effet
» les Bedeaux tenus, avant que de porter le chanteau, d'avertir le Marguillier en charge, des noms,
» qualités, & demeures de ceux qui ſeront en tour de rendre les Pains à bénir.

» XLIV. Les anciens Marguilliers & Notables qui ſont en uſage de ſe placer dans l'Œuvre, &
» d'aſſiſter aux Proceſſions, y viendront en habit décent.

» XLV. Ne ſeront donnés aucuns repas ni jettons par les Marguilliers lors de leur élection, & de
» la reddition de leur compte. Ne pourront pareillement les Marguilliers employer dans leurs
» comptes, aucune dépenſe, ſous la dénomination de faux frais ; pourront néanmoins employer
» dans leſdits comptes, les dépenſes légitimes qu'ils auront faites pour raiſon de leur adminiſ-
» tration.

» XLVI. Sera au ſurplus l'Article 74 de l'Ordonnance de Moulins exécuté ſelon ſa forme &
» teneur, & en conſéquence ne ſera faite aucune dépenſe, ni même aucune diſtribution de bougies
» lors & à l'occaſion des Aſſemblées générales & particulieres, pour les élections de Marguilliers,

» pour

» pour la reddition des comptes, ou autrement, en quelque forte & maniere que ce puiffe être ;
» ne feront pareillement faites aucunes diftributions de cierges ni bougies aux Marguilliers, ni à leurs
» Femmes, lors des Proceffions, Saluts, & en quelqu'autre occafion que ce foit, à l'exception
» feulement des jours auxquels il feroit porté par quelque Fondation qu'il leur en fera diftribué ;
» pourra néanmoins la Fabrique, fournir des cierges tant au Clergé qu'aux Marguilliers, lors des
» Proceffions, auxquelles, fuivant le rit de l'Eglife, ou un pieux ufage, il en doit être porté,
» comme le jour de la Chandeleur, de la Fête Dieu, & autres femblables ; lefquels cierges feront
» rendus après la cérémonie, tant par le Clergé que par les Marguilliers. Oui le Rapport de Meffire
» Louis Valentin de Vougny, Confeiller :
» LA COUR ordonne, que les Articles de Réglement propofés par le Procureur Général du
» Roi, au nombre de quarante-fix, joints à la Requête, feront exécutés felon leur forme &
» teneur, dans la Paroiffe de Saint Louis de la Ville de Verfailles ; & qu'à cet effet, lecture en
» fera faite dans une Affemblée générale qui fera convoquée dans la quinzaine au plus tard après
» la date du préfent Arrêt ; & copie defdits Articles donnée à chaque Marguillier entrant en
» exercice. Ordonne en outre que dans trois mois, du jour du préfent Arrêt, les comptes qui
» feroient à rendre, pour les années antérieures, à mil fept cent quarante-fix, feront rendus,
» clos & arrêtés en la forme preferite par lefdits Articles de Réglement, & que le compte de
» l'année mil fept cent quarante-fix, fera rendu le jour de la Fête de la Conception de la pré-
» fente année mil fept cent quarante-fept ; & ainfi des autres fucceffivement d'année en année,
» fuivant qu'il eft porté au dixieme defdits Articles. Ordonne pareillement que dans le même délai,
» lefdits Curé, Marguilliers, Adminiftrateurs & Confrères de la Confrérie du Saint Sacrement,
» prétendue érigée en ladite Eglife de Saint Louis de Verfailles, feront tenus de rapporter en la
» Cour les Actes & Titres d'établiffement de la Confrérie, les Lettres Patentes confirmatives d'icelui,
» & Arrêt d'enregiftrement fi aucuns y a ; enfemble les Mémoires de leurs prétentions refpectives,
» pour le tout communiqué au Procureur Général du Roi, être par lui requis, & par la Cour
» ordonné ce qu'il appartiendra. Fait en Parlement le vingt Juillet mil fept cent quarante-fept.
» Collationné, LANGELÉ. Signé, DU FRANC, avec paraphe.

ARREST de la Cour de Parlement, portant Réglement pour l'admi-niftration de la Fabrique de Villeneuve-la-Guyard.

» Vu par la Cour la Requête préfentée par le Procureur Général du Roi : Contenant qu'ayant
» reçu des Mémoires concernant plufieurs abus qui fe font introduits dans l'adminiftration des
» biens & revenus de la Paroiffe de Saint Germain de Villeneuve-la-Guyard, & des Lettres tant
» du Curé, que de la part de quelques principaux Habitans, pour en demander la réformation,
» il a jugé qu'il étoit important d'y pourvoir : Que pour pouvoir le faire en connoiffance de
» caufe, il s'eft fait remettre un état des revenus & charges de cette Fabrique, avec différens
» comptes des Marguilliers ; que par la communication qu'il a prife de ces Pieces & des Mémoires
» qui lui ont été donnés, il a reconnu qu'en effet il ne s'obfervoit aucun ordre dans l'adminif-
» tion de cette Fabrique : Qu'il ne paroît pas néceffaire d'entrer dans le détail de tous les abus
» qu'il a remarqués ; qu'il peut fuffire d'obferver que jufqu'à préfent il ne s'eft point tenu de
» Bureau particulier pour y traiter des affaires de la Fabrique : Que l'on s'eft borné à quelques Af-
» femblées générales, lefquelles fe tiennent le plus communément fans ordre & tumultueufe-
» ment, n'étant fouvent compofées que de Femmes qui n'ont aucun droit d'y affifter ; que même
» les délibérations prifes dans ces fortes d'Affemblées ne font rédigées par écrit, ou du
» moins n'ont point été infcrites fur un Regiftre, n'y en ayant eu jufqu'à préfent aucun qui ait
» été deftiné à cet ufage : Que quelquefois les Délibérations ont été écrites fur une feuille vo-
» lante fans pouvoir parvenir à les faire figner d'un nombre fuffifant d'Habitans : Que d'ailleurs
» une partie des revenus de cette Fabrique confifte en des droits & revenus cafuels qui fe reçoi-
» vent par le Marguillier Comptable, fans qu'il foit tenu un Regiftre pour y infcrire ces recettes
» à fur & à mefure qu'elles fe préfentent, de maniere qu'il ne feroit pas poffible de vérifier les
» oublis & omiffions les plus involontaires : Qu'enfin les Marguilliers négligent fouvent de ren-
» dre leur compte après être fortis de place : Que les titres de la Fabrique ne font point renfe-més
» dans un coffre à ce deftiné, & font difperfés, fans même qu'il y en ait un inventaire : Que ces
» différens abus & autres qu'il feroit inutile de détailler, font comprendre combien il eft nécef-
» faire d'y remédier par un Réglement général : Que dans cette vue, le Procureur Général du
» Roi a tiré des différens Réglemens que la Cour a déja autorifés, les Articles qu'il a cru les
» plus convenables pour rétablir l'ordre dans la Paroiffe dont il s'agit : Qu'il croit pouvoir les
» propofer à la Cour, avec d'autant plus de confiance, que l'empreffement avec lequel le Curé
» & les plus notables Habitans follicitent ce Réglement, ne permet pas de douter qu'ils n'em-
» ploient le même zèle & la même ardeur pour en affurer l'exécution. A CES CAUSES, requéroit
» le Procureur Général du Roi qu'il plût à la Cour ordonner que les Articles de Réglemens joints
» à la préfente Requête, au nombre de trente-fix, feront exécutés dans la Paroiffe de Villeneuve-
» la-Guyard, felon leur forme & teneur ; & qu'à cet effet lecture en fera faite dans une Affem-
» blée générale qui fera convoquée à cet effet dans le mois au plus tard du jour de la date de
» l'Arrêt qui interviendra fur la préfente Requête ; lequel Arrêt, enfemble lefdits Articles de
» Réglement feront infcrits en entier à la tête du Regiftre qui fera tenu à l'avenir en exécution
» de l'article X, pour y infcrire les délibérations tant du Bureau particulier, que des Affemblées

» générales , & copie defdits Articles donnée à chacun des Marguilliers entrant en exercice , à
» commencer par celui qui fera nommé Marguillier à la premiere Affemblée générale qui fera
» tenue en exécution de l'Arrêt qui interviendra. Ladite Requête fignée du Procureur Général
» du Roi.

A R T I C L E S

*Propofés par le Procureur Général du Roi , pour être exécutés dans
l'adminiftration de la Fabrique & Paroiffe de Villeneuve-la-Guyard.*

A r t i c l e   P r e m i e r.

» Pour l'adminiftration de la Fabrique de Villeneuve-la-Guyard , il fera tenu à l'avenir tous les
» premiers Dimanches de chaque mois , un Bureau ou Affemblée particuliere , compofeé du
» Curé , du Marguillier en charge , du Syndic des Habitans , & des quatre derniers Marguilliers
» fortis de charge.
» II. A faute de Salle propre à tenir lefdites Affemblées , elles feront tenues dans la Sacriftie à
» à l'heure qui fera fixée dans le premier Bureau qui fera tenu en exécution du préfent Régle-
» ment ; pourra néanmoins le Bureau s'affembler plus fouvent , fi le cas le requiert.
» III. Les Affemblées générales feront tenues au Banc de l'Œuvre & feront compofées , outre
» le Bureau ordinaire , de tous ceux qui auront été Marguilliers Comptables , & Syndics de la
» Paroiffe , & des principaux & notables Habitans ; & ne feront réputés tels que ceux qui feront
» impofés au Rôle des Tailles à douze livres au moins de Taille perfonnelle & au-deffus.
» IV. Pourront les Officiers de Juftice , lorfqu'ils demeureront dans le lieu , affifter , fi bon
» leur femble , à toutes les Affemblées , foit générales , foit particulieres , comme notables Ha-
» bitans feulement , & y auront les premieres places après le Curé & le Marguillier en exercice ,
» fans qu'ils puiffent y faire les fonctions de Juges , fauf à pouvoir connoître des conteftations
» qui pourroient naître au fujet defdites Affemblées & Délibérations , lorfqu'elles feront portées
» devant eux.
» V. Il y aura deux Affemblées générales fixées tous les deux ans , l'une au dernier Dimanche
» de Septembre pour l'élection du Marguillier Comptable ; & l'autre au fecond Dimanche d'après
» Pâque de l'année fuivante , pour arrêter le compte du Marguillier dernier forti de place.
» VI. Seront tenues en outre telles Affemblées générales qui feront néceffaires , lefquelles ne
» pourront néanmoins être faites qu'il n'en ait été délibéré dans l'Affemblée ordinaire du Bureau ,
» dans lequel audit cas , le jour & l'heure en feront fixés ; & feront lefdites Affemblées , enfemble
» lefdits jour & heure , annoncés au Prône de ladite Meffe Paroiffiale , le Dimanche avant ladite
» Affemblée , même y feront invités par billets ceux qui ont droit d'y affifter , fuivant l'Arti-
» cle III ci-deffus , fi ce n'eft qu'il fe trouve néceffité urgente de la convoquer.
» VII. Ne feront tenues aucunes Affemblées générales ni particulieres pendant les Offices publics
» de l'Eglife.
» VIII. Dans toutes les Affemblées , foit générales , foit particulieres , le Curé aura toujours la
» premiere place ; le Marguillier en exercice préfidera & recueillera les fuffrages qui feront donnés
» par ordre , un à un , fans interruption ni confufion ; & les délibérations feront arrêtées à la
» pluralité defdits fuffrages , fauf au Curé & autres perfonnes de l'Affemblée , qui auroient quelques
» propofitions à faire pour le bien de l'Eglife & de la Fabrique , à les faire fuccintement , pour
» être mifes en délibération par le Marguillier en exercice , s'il y échoit.
» IX. Dans le Bureau particulier , en cas d'abfence de quelques-uns de ceux qui auront droit de
» s'y trouver , les délibérations ne pourront être prifes qu'au nombre de trois au moins.
» X. Sera fait un Regiftre en papier commun dont les feuillets feront cottés fans frais , par
» premier & dernier , par le Juge de la Juftice du lieu ; dans lequel Regiftre feront les délibéra-
» tions des Affemblées tant générales que particulieres , inferites de fuite , & fans aucun blanc ;
» enfemble les noms de chacun de ceux qui auront affifté , qui figneront lefdites délibérations ,
» & faute de les avoir fignées , elles feront réputées fignées de tous ceux qui y auront été
» préfens.
» XI. Il y aura toujours , fuivant l'ancien ufage , un Marguillier Comptable , dont l'exercice
» durera pendant deux années confécutives , & ne pourront être élus pour Marguilliers , que des
» Habitans qui fachent lire & écrire , qui foient de bonnes mœurs , & d'une probité reconnue , &
» qui par leur état & profeffion , puiffent en remplir les devoirs avec affiduité.
» XII. Le nouveau Marguillier qui aura été élu en l'Affemblée générale du dernier Dimanche
» du mois de Septembre , fera tenu d'entrer en exercice le premier Octobre fuivant , & de con-
» tinuer pendant deux années de fuite , en commençant la recette des revenus & rentes de la Fa-
» brique par ceux qui feront échus à la Saint Martin d'hiver , qui fuit fon élection.
» XIII. Le compte du Marguillier Comptable fera rendu régulierement tous les deux ans , tant en
» recette que dépenfe en reprife , & après que ledit compte avec les pieces juftificatives d'icelui
» aura été vu dans le courant du Carême par le Bureau ordinaire , il fera examiné , calculé , clos
» & arrêté dans l'Affemblée générale du fecond Dimanche d'après Pâque.
» XIV. L'ordre des chapitres tant de recette que de dépenfe fera toujours uniforme dans tous les
» comptes , ainfi que l'ordre des articles de chacun chapitre , fauf au cas qu'il y ait des chapitres ou des

» articles couchés dans des comptes, dont il n'y auroit ni recette ni dépenfe dans d'autres, à en
» faire mention par mémoire.

» XV. Dans chacun des articles de recette, foit de rentes, loyers, fermages ou autres revenus,
» fera fait mention du nom des Débiteurs, Fermiers ou Locataires, du nom & fituation de la
» Maifon ou Héritage, de la qualité de la rente Seigneuriale, foncière ou conftituée, de la date
» du dernier titre nouvel, & du Notaire qui l'aura reçu.

» XVI. Si quelque rente, foit par décès du Débiteur, ou par le partage de la Maifon ou Héri-
» tage chargé d'icelle, fe trouvoit dûe par plufieurs Débiteurs, n'en fera fait néanmoins qu'un feul
» article de recette, dans lequel il fera fait mention de tous les Débiteurs, enfemble du décès,
» partage ou autre acte qui les aura rendus Débiteurs.

» XVII. Faute par le Marguillier qui aura fait les deux années d'exercice de Comptable, de
» préfenter fon compte au Bureau dans la premiere femaine de Carême, & de le rendre dans le
» tems porté par l'Article XIII, le Marguillier qui lui aura fuccedé fera tenu de faire les diligences
» néceffaires pour l'y contraindre, après néanmoins en avoir communiqué au Bureau, à peine
» de demeurer en fon propre & privé nom garant & refponfable de tous le évenemens.

» XVIII. Sera pareillement tenu le Marguillier en exercice de faire le recouvrement de tous
» les biens & revenus de la Fabrique, & d'avertir le Bureau de toutes les pourfuites qu'il convien-
» dra faire pour contraindre les Débiteurs; enfemble de rapporter lefdites pourfuites & procédure
» ou une copie de la Délibération qui y auroit autrement pourvu, faute de quoi les articles de
» reprife feront rayés, fauf audit cas à en être le recouvrement fait au profit du Marguillier à
» fes rifques & frais.

» XIX. Il fera laiffé à chaque compte une marge blanche de chaque côté, pour y inférer dans
» l'une les apoftilles, & tirer dans l'autre les fommes hors lignes en ch˙fres, par livres, fols &
» deniers, lefquelles fommes feront en outre inferées en toutes lettres dans le texte du compte.

» XX. Lors de la vifite du compte au Bureau, toutes les ¡ ¡ ces juftificatives feront paraphées
» par un de ceux de l'Affemblée qui aura été nommé par icelle, & feront enfuite, après l'examen
» arrêté & clôture faite dans l'Affemblée générale, lefdites pieces dépofées, avec le compte arrêté
» & figné, dans le coffre ou armoire de la Fabrique, dont fera parlé ci après.

» XXI. Le reliquat du compte fera payé lors de l'arrêté d'icelui, & dépofé dans le coffre de la
» Fabrique dont fera parlé à l'Article XXXII ci-après, fi ce n'eft que pour bonnes & juftes caufes
» il n'en eût été délibéré dans l'Affemblée, que ledit reliquat feroit remis ès mains du Marguillier
» qui fera en exercice lors de la reddition du compte, lequel audit cas fera tenu de s'en charger
» dans le premier chapitre de recette de fon compte. Seront pareillement remifes dans le coffre
» les fommes qui proviendroient de rembourfemens de rentes, ou qui feroient données à
» la charge d'emploi, ou qui en quelque maniere que ce fût, tiendront lieu de fonds à la Fa-
» brique; & ne pourront être tirées du coffre aucunes fommes qu'en vertu des délibérations des
» Affemblées générales.

» XXII. Sera tenu le Marguillier en exercice de faire le recouvrement du chapitre de reprife
» dont à cet effet lui fera remis un bordereau lors de l'arrêté du compte, ou de faire à ce fujet
» les diligences néceffaires; & en conféquence de porter en recette dans fon compte la totalité
» dudit chapitre de reprife, fauf à défaut de paiement du tout ou partie, à être fait reprife dans
» fon compte de ce qu'il n'aura pas reçu; fauf auffi la radiation des Articles de reprife pour raifon
» defquels les diligences néceffaires n'auroient été faites.

» XXIII. Sera fait tous les deux ans un état de tous les revenus tant fixes que cafuels de la Fa-
» brique, enfemble de toutes les charges & dépenfes ordinaires d'icelle dans l'ordre des chapitres &
» articles du compte, & ledit état remis à chaque Marguillier entrant en exercice, pour lui fervir
» au recouvrement des revenus & à l'acquit des charges; & ne pourra être fait par le Mar-
» guillier aucune autre dépenfe que celle mentionnée audit état, fans une délibération prife dans
» une Affemblée générale ou particuliere; ni pareillement être employés au fervice de la Fabrique
» d'autres Marchands & Ouvriers, que ceux qui auront été choifis & nommés par le Bureau.

XXIV. Le Marguillier en exercice fera tenu de faire pour la Fabrique les quêtes accoutumées,
» dont le produit fera infcrit chaque jour en préfence du Curé, fur un Regiftre paraphé comme
» celui mentionné en l'Article X ci deffus, qui fera tenu à cet effet, & fur lequel feront pa-
» reillement infcrits les droits & revenus cafuels de la Fabrique, le jour même qu'ils feront
» payés.

» XXV. Le Regiftre ordonné par le précédent Article, enfemble le Regiftre des délibérations,
» refteront ès mains du Marguillier en exercice, ou feront renfermés dans le Banc de l'Œuvre,
» felon qu'il fera jugé par le Bureau être plus convenable & plus utile pour l'ufage defdits Re-
» giftres, fuivant leur deftination.

» XXVI. Ne feront intentés ni foutenus aucuns Procès, fait aucun emploi ou remploi des de-
» niers appartenans à la Fabrique; entrepris aucuns bâtimens ou réparations confidérables, ni fait
» aucun emprunt, fans une délibération préalable prife dans une Affemblée générale, fans préju-
» dice néanmoins des pourfuites néceffaires pour le recouvrement des revenus ordinaires de la
» Fabrique, & pour faire paffer titre nouvel aux Débiteurs des rentes, comme auffi des répara-
» tions de fimple entretien, pour raifon de quoi les délibérations feront prifes dans les Affemblées
» particulieres.

» XXVII. Les baux des Maifons & Héritages appartenans à la Fabrique feront paffés devant No-
» taires, & les Héritages y feront déclarés par les nouveaux tenans & aboutiffans; ne pourront
» lefdits baux, ni aucune autre adjudication être faite à l'enchere ou au rabais qu'après trois
» publications de huitaine en huitaine, à l'iffue de la Meffe Paroiffiale, & après des affiches mifes,

» tant à la porte de l'Eglise & de l'Auditoire, qu'à la Place publique, le tout à la diligence du Mar-
» guillier en exercice, & sera après la derniere publication l'adjudication faite au Bureau au jour
» indiqué au plus offrant & dernier encherisseur & au rabais; pourront néanmoins ètre préferés
» les anciens Fermiers & Locataires, en faisant par eux la condition de l'Eglise bonne.

» XXVIII. Ne pourront aucuns Habitans se mettre en possession dans l'Eglise d'aucun banc
» vacant, ni en faire faire & placer aucuns à demeure pour eux & leur famille, s'ils n'en ont
» obtenu la concession du Bureau.

» XXIX. Ne pourront les concessions des bancs ètre faites qu'après le décès de ceux auxquels
» ils auroient été précédemment concédés, ou un an après leur sortie de la Paroisse, & seront
» lesdites concessions faites au plus offrant, après publications faites par trois Dimanches consé-
» cutifs.

» XXX. Jouiront néanmoins les veufs ou veuves pendant leur vie de la concession faite aux
» Conjoints, sans nouvelle reconnoissance, & à l'égard des Enfans, ils seront préferés après la
» mort de leur Pere & Mere pour occuper les places & bancs concedés, à la charge de payer au
» moins la moitié de ce qui auroit été donné par leurs Pere & Mere, au moyen de quoi nou-
» velle concession leur sera accordée, sinon les places & bancs publiés & adjugés; & seront toutes
» les concessions inscrites sur le Registre des délibérations.

» XXXI. Ne seront néanmoins troublés, ceux qui un an avant le présent Réglement auroient
» une possession paisible de quelque bancs & places, sans qu'ils en eussent obtenu la concession,
» sauf à les concéder après leur sortie ou leur décès, & sans qu'audit cas leurs Enfans puissent
» avoir aucune préférence.

» XXXII. Les titres & papiers concernans la Fabrique, seront mis dans un coffre ou armoire
» fermant à trois serrures & clefs différentes, lequel sera placé dans la Sacristie, & les clefs en
» seront remises, une ès mains du Curé, l'autre ès mains du Marguillier en exercice, & la troi-
» sieme ès mains du Procureur Fiscal,

» XXXIII. Ne seront tirés dudit coffre ou armoire aucuns titres ou papiers qu'il ne soit donné
» par celui qui s'en chargera un récepissé, faisant mention de la piece qui sera tirée, de la raison
» pour laquelle elle aura été tirée du coffre, & si c'est pour un Procès, sera énoncée la Jurisdic-
» tion où il est pendant, & le nom du Procureur qui occupera, & sera le récepissé rendu lors de
» la remise des pieces.

» XXXIV. Sera fait incessamment à la diligence des Curé & Marguilliers un inventaire des ti-
» tres & papiers de la Fabrique, lequel sera remis dans ledit coffre ou armoire, & sera fait tous
» les deux ans un récollement dudit inventaire, auquel sera ajouté le nouveau compte, pieces
» justificatives d'icelui & autres nouveaux titres & papiers.

» XXXV. Sera fait un état ou inventaire de tous les Meubles & Ornemens de l'Eglise, tant en
» or qu'en argent, cuivre, qu'étoffes, Linges, Livres & autres effets généralement quelconques,
» lequel état sera signé du Curé & du Marguillier en charge, & déposé dans le coffre destiné à
» renfermer les titres & papiers de la Fabrique.

» Sera pareillement fait tous les deux ans un récollement dudit état ou inventaire qui sera
» signé & déposé de même, à l'effet d'ètre statué par délibération du Bureau sur les nouveaux
» Ornemens, Linges, Vases, Ustensiles qu'il conviendroit acheter, changer ou raccommoder,
» dont sera fait mention sur ledit récollement, pour être les effets usés ou changés, rejettés dudit
» état ou inventaire, & les nouveaux ajoutés.

» XXXVI. Seront les Articles 23, 24 & 25 de l'Ordonnance d'Orléans, 38 de celle de Blois,
» & la Déclaration du Roi du 16 Décembre 1698; ensemble les Arrêts de la Cour du 3 Septembre
» 1667 & 18 Avril 1673, exécutés selon leur forme & teneur, & en conséquence défenses faites
» de tenir à Villeneuve-la-Guyard, aucunes Foires & Marchés les jours de Dimanches & Fêtes
» solemnelles, ni de faire lesdits jours aucunes Danses publiques appelées Fêtes Baladoires, ni
» autres semblables. Comme aussi pareilles defenses sont faites à tous Cabaretiers ou autres ven-
» dant vin, de recevoir dans leurs Maisons aucuns Habitans de la Paroisse lesdites jours de Fêtes
» & Dimanches pendant la Grande Messe, le Sermon & les Vêpres, & à tous Bâteleurs & autres
» de jouer & faire aucune représentation permise & licite pendant les Services Divins, ni même
» dans les autres tems, sans une permission expresse. Enjoint aux Officiers de la Justice de
» Villeneuve-la-Guyard de tenir la main à l'exécution du présent Article, de faire souvent des
» visites dans les Cabarets & autres lieux publics pendant les Offices, & de poursuivre les Contrevenans
» suivant la rigueur des Ordonnances. Oui le Rapport de M. Elie Bochart, Conseiller; tout consideré.
» LA COUR ordonne que lesdits Articles de Réglement au nombre de trente-six, seront exé-
» cutés dans la Paroisse de Villeneuve-la-Guyard, selon leur forme & teneur, & qu'à cet effet
» lecture en sera faite dans une Assemblée générale, qui sera convoquée à cet effet dans le mois
» au plus tard du jour du présent Arrêt; lequel Arrêt, ensemble lesdits Articles de Réglement,
» seront inscrits en entier à la tête du Registre, qui sera tenu à l'avenir en exécution de l'Arti-
» cle X, pour y inscrire les délibérations, tant du Bureau particulier, que des Assemblées géné-
» rales; & copie desdits Articles donnée à chacun des Marguilliers entrant en exercice, à com-
» mencer par celui qui sera nommé Marguillier à la premiere Assemblée générale, qui sera tenue en
» exécution du présent Arrêt. Fait en Parlement le premier Octobre mil sept cent cinquante-cinq,
» Collationné, LANGELE'. Signé, DUFRANC.

ARTICLE XXI.

Les Eccléfiaftiques qui jouiffent des Dixmes dépendantes des Bénéfices dont ils font pourvus , & fubfidiairement ceux qui poffedent des Dixmes inféodées ; feront
tenus de réparer & entretenir en bon état le Chœur des
Eglifes Paroiffiales, dans l'étendue defquelles ils levent
lefdites Dixmes , & d'y fournir les Calices, Ornemens
& Livres néceffaires, fi les revenus des Fabriques ne
fuffifent pas pour cet effet. Enjoignons à nos Baillifs &
Sénéchaux , leurs Lieutenans Généraux, & autres nos
Juges reffortiffans nuement en nos Cours de Parlement
dans le reffort defquelles lefdites Eglifes font fituées,
d'y pourvoir foigneufement & d'exécuter par toute voie ,
même par faifie & adjudication defdites Dixmes , à
la diligence de nos Procureurs , les Ordonnances que
lefdits Archevêques ou Evêques pourront rendre pour les
réparations defdites Eglifes & achat defdits Ornemens ,
dans le cours de leurs vifites , & fur les Procès verbaux
de leurs Archidiacres , & qui leur feront envoyés par
lefdits Archevêques ou Evêques , & à nos Procureurs
Généraux en nos Cours de Parlement, dans le reffort
defquelles lefdites Eglifes fe trouveront fituées, auxquels
Nous enjoignons pareillement d'y tenir la main. Voulons
que lefdits Décimateurs, dans les lieux où il y en a plufieurs , puiffent y être contraints folidairement , fauf le
recours des uns contre les autres. Et que les Ordonnanes
qui feront rendues par nos Juges fur ce fujet, foient
exécutées, nonobftant toutes oppofitions ou appellations
quelconques, & fans y préjudicier.

ARTICLE XXII.

Seront tenus pareillement les Habitans defdites Paroiffes d'entretenir & de réparer la nef des Eglifes, la clôture des Cimetieres, & de fournir aux Curés un Logement convenable. Voulons à cet effet, que les Archevêques & Evêques envoyent à notre très cher & féal Chancelier, & aux Intendans & Commiffaires départis dans nos Provinces pour l'exécution de nos ordres, des extraits des Procès verbaux de leurs vifites qu'ils auront dreffés à cet égard. Enjoignons auxdits Intendans & Commiffaires de faire vifiter par des Experts lefdites réparations, d'en faire dreffer des devis & eftimations en leur préfence, ou de leurs Subdelegués, le plus promptement qu'il fera poffible, les Maire & Echevins, Syndics & Marguilliers appellés, & de donner ordre que celles qui feront jugées néceffaires, foient faites inceffamment, & de permettre même auxdits Habitans, d'emprunter les fommes dont il fera befoin, le tout en la forme portée par notre Déclaration du mois d'Avril 1683 (a).

Les réparations à faire aux Eglifes Paroiffiales font encore un des objets de la vifite des Evêques & des Archidiacres. Parmi ces réparations, il en eft qui font à la charge des gros Décimateurs ; il en eft

---

(a) ʺ Les Archevêques, Evêques, & autres Supérieurs en faifant leur vifitation, pourvoiront, ʺ appellés les Officiers des lieux, à ce que les Eglifes foient fournies de Livres, Croix, Calices, ʺ Cloches & Ornemens neceffaires pour la célébration du Service divin ; & pareillement à la ʺ reftauration & entretenement des Eglifes Parochiales & édifice d'icelles, en forte que le Service ʺ divin s'y puiffe commodément & duement faire & à couvert, & que les Curés foient convena-ʺ blement logés Auxquels Officiers enjoignons tenir la main à l'exécution de ce qui fera or-ʺ donné pour ce regard ; & à ce faire, enfemble à la contribution des frais requis & néceffaires, ʺ contre les Marguilliers & Paroiffiens, par toutes voies & manieres dûes & raifonnables, même ʺ les Curés par faifie de leur temporel, à porter telle part & portion defdites réparations & frais ʺ qui fera arbitrée par lefdits Prélats, felon qu'ils auront trouvé le revenu defdits Curés le pouvoir ʺ commodément porter. *Ordonnance de Blois, Art.* 52.
ʺ Semblablement lefdits Archevêques, Evêques, & autres Supérieurs fuivant ledit Edit, Ar-ʺ ticle cinquante-deuxieme, en faifant leur vifitation, pourvoiront, appellés les Officiers des lieux, ʺ à ce que les Eglifes foient fournies de Livres, Croix, Calices, Cloches, & Ornemens néceffai-ʺ res pour la célébration du Service divin, & pareillement à la reftauration & entretenement des ʺ Eglifes Parochiales, & édifices d'icelles, en forte que le Service divin s'y puiffe commodément ʺ & duement faire & à couvert, & que les Curés foient convenablement logés. Auxquels Offi-ʺ ciers, enjoignons tenir la main à l'exécution de ce qui fera ordonné pour ce regard ; & à ce ʺ faire, enfemble à la contribution des frais requis & néceffaires, contraindre les Marguilliers & ʺ Paroiffiens, par toutes voies & manieres dûes & raifonnables, même les Curés par la faifie de ʺ leur temporel, à porter telle part & portion defdites réparations & frais qu'il fera arbitré par ʺ lefdits Prélats, felon qu'ils auront trouvé le revenu des Curés le pouvoir commodément porter. ʺ *Edit de Melun, Art.* 3.

d'autres qui sont à charge des Paroissiens & Habitans.

Mais avant que de nous jetter dans une plus longue discussion sur ce point, & d'approfondir quelles sont celles de ces réparations dont les gros Décimateurs sont chargés, il est essentiel d'avoir une idée du moins générale de ce qu'on entend par grosse dixme.

La distinction la plus ordinaire des *Dixmes* est en *grosses* & *menues.* Les grosses dixmes sont celles des fruits qui sont les plus ordinaires dans la Paroisse ; & les menues, celles des fruits qui le sont le moins. D'où il suit, qu'à l'exception du bled & du vin, dont la dixme est réputée grosse par tout, toutes les autres dixmes ne sont grosses ou menues que relativement au terroir. Ainsi la dixme d'un fruit qui sera regardée comme grosse dans une Paroisse, sera réputée menue dans une autre, relativement & proportionnément au plus ou moins d'abondances, dans le lieu, de chacuns des fruits qui y croissent.

Il y a plus ; à l'exception de la dixme du blé & du vin, toutes les autres dixmes ne se perçoivent point généralement dans toutes les Paroisses ; cela dépend de l'usage des lieux, de même que la quotité de la dixme, aux termes de l'Ordonnance de Blois (a). Il est des fruits dont on perçoit la dixme dans une Paroisse, & dont on ne la perçoit point dans une autre ; ce qui donne encore lieu de distinguer les dixmes en *dixmes solites* & *dixmes insolites.* Il est impossible de donner sur cela aucunes regles générales : en effet, quoique la dixme du bois & du foin soit insolite dans la presqu'universalité des Paroisses, il en est quelques-unes néanmoins où la dixme de l'un & de l'autre se perçoit, & cela dans le cas où le bois & l'avoine sont les seuls, ou du moins les principaux fruits qui croissent dans la Paroisse ; car enfin, il faut que le Curé trouve d'une maniere ou d'une autre sa subsistance.

Autrefois même, quand les Habitans convertissoient la culture de leurs terres, de fruits décimables suivant l'usage de la Paroisse, en fruits dont ce même usage ne permettoit pas d'exiger la dixme, la faveur des Curés avoit fait admettre la subrogation de la dixme d'un fruit à un autre par forme d'indemnité. Mais cette ancienne Jurisprudence a totalement changé, d'autant qu'elle donnoit atteinte à un principe universellement reconnu en matiere de dixmes, qui est, que *ce sont les fruits qui doivent la dixme, & non pas la terre :* d'où résultoit la conséquence nécessaire que, de même que la culture d'une terre étant convertie de fruits non décimables en fruits décimables, elle commence dès l'instant de cette conversion, à devoir la dixme ; de même aussi *vice versâ*, dès qu'une terre cesse de porter des fruits décimables, elle doit dès-là cesser de payer la dixme. Il y a cependant une exception que la nécessité de fournir des alimens aux Curés, a fait admettre ; c'est lorsque cette conversion est devenue si considé-

_____

(a) » Déclarons aussi que lesdites dixmes se leveront selon les Coutumes des lieux, & la cotte » accoutumée en iceux. *Ord. de Blois, Art.* 50.

rable, qu'il y auroit lieu de craindre que le Curé ne trouvât pas de quoi fe nourrir dans ce qui refteroit en fa Paroiffe de fruits dont la dixme eft folite. Mais pour donner lieu à l'exception, on penfe à préfent qu'il faut que la converfion de culture foit au moins des deux tiers; & dans ce cas, la dixme de cette nouvelle culture devient folite dans la Paroiffe, non pas à titre d'indemnité & de fubrogation, mais parceque le fruit nouvellement cultivé, y étant devenu auffi commun & auffi abondant, y eft par cela même devenu un fruit ordinaire, dont la dixme conféquemment doit être réputée folite. Ces principes ont été folidement difcutés & établis, en notre préfence, par M. Joly de Fleury actuellement Avocat Général, lors d'un Arrêt rendu entre le Curé d'Amenonçourt, & M. le Duc de la Rochefoucault, Seigneur dudit lieu, en la Grand'Chambre le Samedi 24 Juillet 1756. La conteftation s'étoit élevée fur ce que M. le Duc de la Rochefoucault avoit converti deux arpens de terres labourables, en bois taillis : fur cela le Curé s'étoit cru en droit de faire affigner M. le Duc de la Rochefoucault afin de preftation de la dixme de ce bois, & ce, par forme d'indemnité & de fubrogation. L'affaire portée aux Requêtes du Palais, le Curé y fut débouté de fa demande ; la Sentence fut confirmée fur l'appel par l'Arrêt fufdaté.

Quoiqu'il en foit, & en partant des notions fommaires que nous venons de donner des principales efpeces de dixmes, voyons maintenant quelles en font les charges, quant aux réparations des Paroiffes.

On diftingue ordinairement dans les Eglifes Paroiffiales, deux parties principales; favoir, le Chœur & la Nef; le *Chœur* eft l'endroit deftiné aux Prêtres pour la célébration du Service divin ; la *Nef* au contraire, eft la partie de l'Eglife où le Peuple s'affemble pour affifter aux faints Myfteres & au Service : le barreau qui forme la féparation du Chœur d'avec la Nef, s'appelle *Cancel.*

Il eft quelques endroits où les réparations tant de la Nef que du Chœur, & même le logement des Curés, font à la charge des gros Décimateurs. Mais comme cet ufage eft exorbitant du droit commun, il ne peut avoir lieu qu'autant qu'il eft fondé en titres, ou du moins qu'autant qu'il a pour bafe une poffeffion immémoriale qui faffe préfumer le titre.

Dans la regle ordinaire, les gros Décimateurs ne font tenus que des réparations à faire au Chœur & au Cancel, comme faifant partie du Chœur ; parcequ'il n'y a proprement que le Chœur qui foit effentiel à la célébration du Service divin.

Mais ces réparations s'étendent généralement à tout ce qui compofe le Chœur, comme murs, voûte, lambris, couvertures, charpentes, rétable, & tableaux d'autels; comme auffi les vitres des fenêtres du Chœur, que les gros Décimateurs font obligés d'entretenir & même de faire rétablir dans le même état. C'eft ce qui a été jugé difertement, au profit de la Fabrique de Saint Eftienne de Bar-fur-Seine, contre le Chapitre de Langres, gros Décimateur de cette Paroiffe, lequel ；

quel, en cette qualité a été condamné à réparer les vitres du Chœur de cette Eglife en verre peint, & dans le même deffein qu'elles étoient auparavant.

Mais il eft des Eglifes où le clocher fe trouve directement au-deffus du Chœur : dans ce cas, doit-il être à la charge des gros Décimateurs ? Voici à cet égard quelle eft la Jurifprudence ; comme dans cette hypothèfe, le clocher fait partie du Chœur, il eft à la charge des gros Décimateurs, du moins quant à ce qui en conftitue le corps & la maffe, c'eft-à-dire, les quatre gros murs : car tout le furplus eft néceffairement à la charge des Habitans. Par la raifon contraire, fi le clocher eft au-deffus de la Nef, il eft de même que la Nef à la charge des Habitans. Mais fi le clocher eft mitoyen, c'eft-à-dire, moitié fur la Nef & moitié fur le Chœur, la charge & l'entretien en doivent être portés proportionnément par les gros Décimateurs & les Habitans.

La même diftinction a lieu par rapport aux Chapelles qui fonr adhérantes au Chœur. Si ces Chapelles font bâties fous la voûte même du Chœur, comme elles ne forment alors qu'un feul & même tout avec lui, les gros Décimateurs font chargés de leur entretien ; mais fi elles forment un Bâtiment diftinct & féparé du Chœur, & qu'on voie clairement que ces Chapelles & le Chœur n'aient point été édifiés en même tems, elles feront à la charge des Habitans, ou des Particuliers qui peuvent les avoir fondées.

Lorfque ce font les Curés eux-mêmes qui, comme gros Décimateurs, font tenus aux réparations de leurs Eglifes, il doit leur refter au moins trois cens livres de net, affranchies de toutes charges & de toutes réparations. Cette fomme, à laquelle les Ordonnances ont fixé la portion congrue des Curés, eft pour eux une légitime legale, & une penfion alimentaire que rien ne doit altérer.

Au défaut ou en cas d'infuffifance des dixmes Eccléfiaftiques, les dixmes inféodées ou Laïques, font fubfidiairement affujetties à l'entretien & aux réparations du Chœur & Cancel de l'Eglife Paroiffiale, dans les limites de laquelle elles font perçues ; parceque ces dixmes, quoique devenues laïques par une longue poffeffion, n'en font pas moins Eccléfiaftiques dans leur principe & dans leur origine.

Quant à la Nef, comme elle eft pour l'utilité des Habitans, c'eft à eux à l'entretenir & à la réparer. Il en eft de même, par les mêmes motifs des aîles ou bas côtés, quand bien même ils fe trouveroient autour du Chœur, parcequ'ils ne font point effentiels au Service divin, & qu'ils n'ont pour objet que la commodité des Paroiffiens.

Les Habitans font auffi chargés de la clôture des Cimetieres, & de fournir un logement convenable au Curé.

Quelques Déclarations antérieures à notre Edit chargeoient auffi les Habitans du fourniffement des Ornemens & autres chofes néceffaires au Service divin ; mais, par notre Article 21, cette charge eft maintenant impofée fur les Fabriques, & fubfidiairement fur les gros Décimateurs, c'eft-à-dire, que fi les revenus des Fabriques, après les

fondations & autres charges acquittées , ne font pas fuffifans pour fournir les Livres & Ornemens, cette obligation retombe fur les gros
Décimateurs. Mais pour être convaincu de l'impuiffance des Fabriques
à cet égard, les gros Décimateurs font en droit de fe faire repréfenter les comptes des Fabriques.

Les Ornemens reputés néceffaires, aux termes des Arrêts, font un
Ornement de chacune des cinq principales couleurs ; favoir , un blanc,
un noir , un rouge , un verd & un violet , & des devant d'Autels à
proportion ; outre cela , un certain nombre de nappes , de corporaux,
d'aubes, de ferviettes , & autres linges néceffaires à la célébration des
faints Myfteres ; de plus, un Soleil , un Calice & un Ciboire , le tout
d'argent & le dedans de vermeil : enfin , une Croix d'Autel & deux
Chandeliers , foit de cuivre , foit d'argent , fuivant qu'ils ont coutume
d'être dans la Paroiffe. A l'égard des Livres , l'Arrêt du 21 Avril 1646
ordonne qu'il en foit fourni un de chaque forte.

Dans les Villes où il n'y a point de dixmes , comme à Paris, & dans
plufieurs autres grandes Villes de cette nature , ce font les Fabriques
qui font toutes les réparations indiftinctement.

Quand il eft queftion de réparations à faire par les Habitans , il eft
des formalités qu'il faut remplir pour pouvoir les faire d'une maniere
réguliere & obligatoire contre chacun d'eux. Pour cet effet , on commence par dreffer un devis détaillé des réparations ou reconftructions
qui font à faire à la charge des Habitans , enfuite on en fait l'adjudication au rabais , le tout de l'Ordonnance & fous les yeux du Commiffaire départi , ou de fon Subdelegué , qui enfuite fait la répartition
du montant de cette adjudication entre les Habitans & bientenans de
de la Paroiffe. Quelquefois même , quand ces réparations ou reconftructions forment un objet trop confidérable , on autorife les Habitans à emprunter les fommes néceffaires à cet effet. On peut confulter
fur toutes les formalités à pratiquer en pareil cas la Déclaration du
mois d'Avril 1683 (a).

<hr/>

(a) »LOUIS, &c. SALUT. L'un des foins auquel Nous avons donné plus d'application de-
» puis que Nous avons bien voulu Nous charger de la conduite & adminiftration de nos Finances,
» a été celui de la liquidation & acquittement des dettes des Villes & Communautés de notre
» Royaume, en quoi Nous avons confideré particulierement le bien & le foulagement de nos
» Peuples , pour abolir & retrancher les faifies & les contraintes qui fe faifoient contre les Maires
» & Echevins, & autres Officiers municipaux defdites Villes & Communautés, qui avoient con-
» tracté lefdites dettes ; enfemble les recours de garanties , & les emprifonnemens defdits Officiers &
» Habitans des Villes les uns contre les autres , en tous les lieux où ils pouvoient être trouvés , ce
» qui diminuoit & aboliffoit prefque entierement le Commerce & la communication que les Ha-
» bitans des Villes doivent avoir les uns avec les autres , & même leur ôtoit la liberté de fortir
» defdites Villes.

» Et quoique Nous ayons la fatisfaction de voir la plus grande partie des Généralités de notre
» Royaume, jouir du bien que Nous leur avons procuré par la liquidation & l'acquittement defdites
» dettes, Nous voulons porter nos foins plus avant , & les empêcher à l'avenir de retomber dans
» le même défordre duquel Nous les avons tirés , en reftraignant par un bon Réglement la liberté
» trop grande que lefdites Villes & Communautés ont eue de s'endetter par le paffé.

» A CES CAUSES , après avoir fait mettre cette affaire en délibération en notre Confeil , de l'avis
» d'icelui , de notre certaine fcience , pleine puiffance & autorité Royale , Nous avons dit & déclaré,
» difons & déclarons ce qui fuit : Voulons que les Maires & Echevins , Confuls , & autres

» ayant l'adminiftration des biens, droits & revenus communs des Villes & gros Bourgs, Fermes ès
» Généralités de Paris, Amiens, Soiffons, Châlons, Orléans, Tours, Bourges, Poitiers, Mou-
» lins, Lyon, Riom, Grenoble, Rouen, Caen, Alençon, Limoges, Bourdeaux, & Montauban,
» foient tenus de remettre dans trois mois, à compter du jour de la publication des Préfentes, ès
» mains des Intendans & Commiffaires efdites Généralités, l'état de leurs revenus, avec
» les Baux des dix dernieres années, les comptes qui en ont été rendus, & autres pieces qu'ils eftime-
» ront néceffaires.

» Sur la repréfentation defdits Actes, il fera dreffé par lefdits Sieurs Intendans & Commiffaires
» départis, fi fait n'a été, un état des dépenfes ordinaires de chacune defdites Communautés,
» compris en icelui un fonds certain, fixe & annuel, pour l'entretien & réparations ordinaires des
» ponts, pavés, murailles & autres dépenfes néceffaires, à la charge d'en rendre compte en la
» maniere accoutumée, pour être ledit état arrêté par eux, fi les fommes y contenues, n'exce-
» dent celles de quatre mille livres, pour les Villes dans lefquelles il y a Parlement, Cour des
» Aides, ou Chambre des Comptes; deux mille livres pour les Villes où il y a Préfidiaux, Bail-
» liages & Sénéchauffées; mille livres pour les moindres Villes, & trois cens livres pour les
» gros Bourgs fermés : & en cas qu'elles montent à plus grandes fommes, ledit état fera par eux
» envoyé au Confeil avec leur avis, pour y être pourvu ainfi qu'il appartiendra. Faifons défenfes
» aux Maires, Echevins, Confuls, Jurats & autres d'excéder ni divertir à autres ufages les fom-
» mes qui feront deftinées pour lefdites dépenfes, pour quelque caufe & occafion que ce foit, à
» peine de radiation, & d'en demeurer refponfables en leurs propre & privés noms.

» Les dépenfes ordinaires contenues auldits états, feront prifes fur les revenus patrimoniaux def-
» dites Communautés, & en cas qu'il n'y en ait point, ou qu'ils ne foient fuffifans, permettons
» aux Habitans de s'affembler en la maniere accoutumée, & de délibérer fur le fonds qui devra
» être fait, pour lefdites dépenfes, foit par impofition annuelle fur tous les contribuables aux
» tailles, foit par la levée de quelques droits fur les denrées qui s'y conformeront ou autrement,
» pour la délibération qui aura été fur ce prife, avec l'avis defdits fieurs Intendans ou Com-
» miffaires départis, Nous être renvoyée, pour y pourvoir, ainfi qu'il appartiendra.

» Défendons expreffément aux Habitans defdites Villes, & gros Bourgs fermés, de faire aucunes
» ventes, ni aliénations de leurs biens patrimoniaux, communaux & d'octroi, ni d'emprunter aucuns
» deniers pour quelque caufe & fous quelque prétexte que ce puiffe être, fi ce n'eft en cas de perte, lo-
» gement & uftenfiles de Troupes, & réédification des nefs des Eglifes tombées par vetufté ou in-
» cendie, & dont ils peuvent être tenus : auxquels cas feulement, Nous voulons que lefdits
» Habitans foient affemblés en la maniere accoutumée; que la propofition pour la dépenfe à
» faire foit faite par les Maires & Echevins, ou par le Procureur Syndic, que l'emprunt paffe à la
» pluralité des voix, & que l'acte foit reçu par le Greffier en cas qu'il y ait Hôtel de Ville, ou
» par Notaire public, & qu'il foit figné de la plus grande & plus faine partie defdits Habitans.

» Dans le même acte de délibération, lefdits Habitans déclareront les moyens dont ils voudront
» fe fervir pour rembourfer la fomme qui fera empruntée, foit par impofition, par capitation,
» ou fur les denrées de leur confommation, & en combien d'années.

» Ledit acte de délibération fera porté à l'Intendant ou Commiffaire départi en la Généralité
» pour être par lui vu, examiné & approuvé, même accorder la permiffion de faire l'emprunt
» dont il Nous donnera avis, en conféquence duquel fera par Nous pourvu aux impofitions à faire
» pour le rembourfement. En cas de réédification des nefs des Eglifes Paroiffiales, ou de loge-
» ment & uftenfiles de nos Troupes, avant que de faire l'emprunt, l'acte de délibération fera porté
» à l'Intendant ou Commiffaire départi en la Généralité, pour être par lui vu & examiné, & en
» cas qu'il l'approuve, il donnera permiffion d'emprunter, & enfuite il Nous en donnera avis,
» pour être par Nous pourvu au rembourfement, ainfi qu'il eft dit ci deffus; & en cas de perte,
» après que l'Affemblée aura été convoquée, & la délibération prife, ainfi qu'il eft par Nous ci-
» deffus ordonné, pourront les Maires & Echevins, ou Procureur Syndic, faire l'emprunt en vertu
» de ladite délibération & fans autre permiffion, à la charge néanmoins par les Maires & Eche-
» vins, Confuls & Jurats, de rendre compte des deniers empruntés pardevant lefd. Sieurs Intendans,
» ou Commiffaires départis, trois mois après que la maladie contagieufe aura ceffé, & de re-
» mettre dans le même tems au Greffe de la Juftice des lieux le double dudit compte, à peine que
» lefdits Maires & Echevins, Confuls & Jurats, de demeurer refponfables en leurs noms du prin-
» cipal & intérêts.

» Lorfque Nous aurons accordé nos Lettres pour l'impofition par capitation, ou fur les denrées
» qui feront confommées dans les Villes & Bourgs fermés, pour lefquels l'emprunt aura été fait,
» les deniers impofés par capitation, feront levés par les Collecteurs nommés par la Commu-
» nauté.

» Et en cas que l'impofition foit faite fur les denrées, les Baux en feront faits aux plus offrant,
» après trois publications en la maniere accoutumée, & ce, en préfence de l'Intendant ou Com-
» miffaire départi, & les deniers provenans defdites impofitions par capitation ou par impofi-
» tion fur les denrées, feront remis par les Collecteurs ou Fermiers, ès mains du Receveur dans
» les lieux où il y en a; & dans les Bourgs fermés en celles des Créanciers, en la préfence du
» Syndic, fans qu'ils puiffent être divertis par les Maires, Echevins, Confuls, Jurats & Syndics, &
» employés à autre ufage qu'au paiement des fommes pour l'acquittement defquelles l'impofition
» aura été faite, à peine par eux d'en répondre, & d'être contraints folidairement en leur propre
» & privé nom, au paiement des fommes qui auront été diverties.

» Les deniers empruntés feront remis ès mains du Receveur des deniers communs de la Ville

» ou du Bourg fermé, ou d'un des principaux Habitans, pour être employés fans aucun di-
» vertiffement, à l'effet pour lequel l'emprunt aura été fait, dont ledit Receveur ou principal
» Habitant, fera obligé de rendre compte aux Maires, Echevins ou Communauté, en préfence
» de l'Intendant ou Commiffaire départi

    » Voulons que celui qui prêtera les deniers fur l'acte de délibération, foit tenu de prendre les
» affurances néceffaires du Receveur ou principal Habitant, ès mains duquel il remettra lefdits
» deniers, qui feront employés par lui, fans aucun divertiffement, à l'effet pour lequel ils auront
» été empruntés avec promeffe d'en rendre compte, ainfi qu'il eft dit ci deffus, & de lui rap-
» porter copie dudit compte pour la juftification de l'emploi.

    » Déclarons nulles toutes les dettes & emprunts faits par lefdites Villes & Bourgs fermés, pour
» lefquels les formalités ci deffus n'auront pas été obfervées; déclarons pareillement tous intérêts
» pris pour raifon defdites dettes, contre les termes précis des Loix, Ordonnances & Réglemens
» qui s'obfervent en notre Royaume, illicites & ufuraires.

    » Défendons aux Habitans defdites Villes & Communautés qui ne font Officiers municipaux, de
» s'obliger en leurs propres & privés noms, pour lefdites Communautés, & en cas qu'ils le faffent,
» ils ne pourront prétendre, contre elles aucuns recours de garantie & indemnité, dont dès-à-
» préfent Nous les avons déboutés.

    » Déclarons toutes les promeffes faites pour raifon de ce, par lefdites Communautés, envers
» lefdits Particuliers obligés, nulles & de nulle valeur, fi ce n'eft dans les cas de maladie conta-
» gieufe feulement.

    » Défendons auffi aux Créanciers defdites Communautés d'intenter contre elles en la perfonne
» des Maires & Echevins, Syndics, Capitouls, Jurats, & Confuls, aucunes actions, même pour
» emprunts légitimes, qu'après qu'ils en auront obtenu la permiffion par écrit defdits Sieurs Inten-
» dans ou Commiffaires départis, en chacune Généralité, dont ils feront donner copie, avec
» l'Exploit de demande, à peine de nullité de toutes les procédures qui pourroient être faites au
» préjudice, & des Jugemens rendus en conféquence.

    » Faifons pareillement défenfes aufdites Communautés & à leurs Maires, Echevins, Syndics,
» Jurats & Confuls, d'intenter aucune action, ni de commencer aucun procès, tant en caufe
» principale que d'appel, & d'ordonner des députations, fous quelque prétexte que ce foit, fans
» en avoir auparavant obtenu le confentement des Habitans dans une Affemblée générale, dont
» l'acte de délibération fera confirmé & autorifé d'une permiffion par écrit du Sieur Commiffaire
» départi en la Généralité, lequel reglera modérément le tems & les dépenfes defdites députa-
» tions, à proportion des journées aufquelles elles feront par lui limitées.

    » Et ne pourront les Maires & Echevins, Confuls, Jurats & Syndics en charge, & les Offi-
» ciers de Juftice de nofdites Villes & Communautés, être députés, qu'à condition d'exécuter leurs
» députations gratuitement, & fans qu'ils puiffent rien prétendre ni recevoir pour les frais de
» leur voyage, à peine de reftitution du quadruple.

    » Faifons très expreffes inhibitions & défenfes aux Habitans des autres Communautés & Paroif-
» fes defdites Généralités, qui ne font Villes, ni gros Bourgs fermés, de faire aucuns emprunts,
» ventes, ni aliénations de leurs biens communaux, fous quelque caufe ou prétexte que ce puiffe
» être.

    » Déclarons dès à-préfent toutes les obligations, contrats, tranfactions & autres actes concernant
» lefdits emprunts & ventes, nuls & de nul effet, faifant défenfes aux Parties de s'en aider, à
» tous Juges d'y avoir égard, & aux Miniftres & autres Officiers de Juftice de les mettre en exécution.

    » Si donnons en mandement, à nos amés & féaux Confeillers les Gens tenant nos Cours de Par-
» lement & des Aides à Paris, que ces Préfentes ils aient à faire regiftrer, & le contenu en icelles,
» garder & obferver de point en point, felon leur forme & teneur, fans y contrevenir, ni permet-
» tre qu'il y foit contrevenu en quelque forte & maniere que ce foit, nonobftant tous Edits,
» Déclarations, Arrêts, Réglemens, Ufages & autres chofes à ce contraires, aufquelles Nous
» avons dérogé & dérogeons par ces Préfentes. Car tel eft notre plaifir: Et afin que ce foit chofe
» ferme & ftable à toujours, Nous y avons fait mettre notre Scel. Donné à Verfailles au mois d'A-
» vril l'an de grace mil fix cent quatre vingt-trois; & de notre Regne le quarantieme.
» *Signé,* LOUIS: & plus bas, par le ROI, COLBERT. Et fcellé de cire verte. Et à côté *vifa,*
» LE TELLIER.

    » Regiftrées, oui & ce requérant le Procureur Géné al du Roi, pour être exécutées felon leur
» forme & teneur, & copies collationnées envoyées aux Bailliages & Sénéchauffées du Reffort pour
» y être publiées & regiftrées. Enjoint aux Subftituts du Procureur Général du Roi, d'y tenir la
» main, & d'en certifier la Cour dans trois mois, fuivant l'Arrêt de ce jour. A Paris en Parlement
» le vingt-un Juin, mil fix cent quatre-vingt-trois. *Signé,* DONGOIS.

    » Regiftrées, en la Cour des Aides, oui & ce réquérant le Procureur Général du Roi, pour être
» exécutées felon leur forme & teneur, & ordonné que les procès & différends qui naîtront pour
» raifon des impofitions qui fe feront, foit par capitation, ou fur les denrées & marchandifes, en
» exécution & conféquence des Préfentes Lettres, feront inftruits & jugés en premiere inftance,
» pardevant les Officiers de l'Election des lieux, & par appel en ladite Cour, & que les Copies
» collationnées defdites Lettres & Arrêt de vérification, feront envoyées ès Elections du Reffort
» d'icelle, pour y être lues & publiées, l'Audience tenante. Enjoint aux Subftituts dudit Procureur
» Général d'y tenir la main, & certifier ladite Cour de leurs diligences au mois. A Paris, les
» Chambres affemblées, le deux Juin mil fix cent quatre-vingt-trois. *Signé,* DUMOLIN.

Article XXIII.

Si aucuns Prélats, ou autres Ecclésiastiques qui possèdent des Bénéfices à charge d'ames, manquent à y résider pendant un tems considérable, ou si les Titulaires des Bénéfices ne font pas acquitter le service & les Aumônes, dont ils peuvent être chargés, & entretenir en bon état les Bâtimens qui en dépendent, nos Cours de Parlemens, nos Baillifs, Sénéchaux, ressortissans nuement en nosdites Cours, pourront les en avertir, & en même tems leurs Supérieurs Ecclésiastiques; & en cas que dans trois mois après ledit avertissement ils négligent de résider, sans en avoir des excuses légitimes, ou de faire acquiter le Service & les Aumônes, & de faire faire les réparations, particulierement aux Eglises, nosdites Cours, & les Baillifs & Sénéchaux, pourront seuls, à la Requête de nos Procureurs Généraux ou de leurs Substituts, faire saisir jusqu'à concurrence du tiers du revenu desdits Bénéfices, pour être employé à l'acquit du Service & des Aumônes, à la réparation des Bâtimens, ou distribué, à l'égard de ceux qui ne résident pas, par les ordres du Supérieur Ecclésiastique, au profit des Pauvres des lieux cu autres œuvres pies, telles qu'ils le jugeront à propos. Enjoignons à nos Officiers & Procureurs de procéder ausdites saisies, avec toute la retenue & circonspection convenables, & par la seule nécessité de faire observer les saints Décrets, de faire exécuter les Fondations, & de conserver les Eglises & les Bâtimens qui dépendent desdits Bénéfices; & à l'égard des Archevêques & Evêques, Voulons que de tous nos Juges & Officiers, nos seules Cours de Parlemens en prennent connoissance, & qu'elles donnent avis à notre très cher

& *féal Chancelier, de tout ce qu'elles estimeront à pro-pos de faire à cet égard, pour Nous en rendre comp-te* (a).

Réparations.

L'Article précédent nous a appris quels étoient ceux qui devoient contribuer aux réparations des Eglises Paroissiales. Il est question dans celui-ci des réparations qu'il convient faire aux autres Eglises & aux Bâtimens dépendans des Bénéfices autres que les Cures.

Sur ce dernier point, il faut distinguer les différentes especes d'Eglises & de Bénéfices.

Les plus éminens sans doute d'entre ces Bénéfices sont les Archevêchés & Evêchés. La Jurisprudence constante charge des réparations les Prélats qui en ont été pourvus ; s'il étoit néanmoins question de réparer l'Eglise Cathédrale, quoiqu'elle soit l'Eglise Episcopale, néanmoins l'Evêque ne doit contribuer, de droit commun, aux réparations qui sont à y faire que conjointement avec les Chanoines, le tout après avoir épuisé préalablement les fonds de la Fabrique, destinés par leur nature à l'entretien de l'Eglise. Je dis *de droit commun* ; car il est certains Diocèses où par une possession immémoriale, l'Evêque ou les Chanoines sont tenus seuls des réparations de l'Eglise Cathédrale ; & dans ce cas d'exception à la regle générale, c'est la possession immémoriale, quand elle est bien justifiée, qui doit servir de regle.

Quant aux réparations à faire aux Eglises Collegiales, elles sont sans contredit à la charge des Chanoines qui desservent ces Eglises.

De même aussi les autres Bénéficiers, simples ou autrement, sont chargés des réparations à faire, soit à l'Eglise où se fait la desserte du Bénéfice, soit aux autres Bâtimens qui en dépendent.

Il y a cependant quelques observations particulieres à faire sur ce point relativement aux Abbayes. Car bien que les Abbés & Religieux soient en général, tenus solidairement de toutes les réparations, il y a cependant une portion des revenus de l'Abbaye qui y est particulierement affectée ; c'est ce qu'on appelle le *tiers lot.*

(a) » Enjoignons à nos Juges & Procureurs, faire saisir & régir sous notre main, le revenu
» des Bénéfices non desservis, & faire procès verbaux des ruines & démolitions qu'ils envoyeront
» à l'Archevêque ou Evêque Diocésain, auquel Nous enjoignons y pourvoir, & faire entretenir
» les fondations. *Ord. d'Orléans. Art.* 11.

» Pareillement défendons très expressément à tous Sieurs Hauts Justiciers & leurs Officiers, de
» saisir ou faire saisir les biens & revenus desdits Ecclésiastiques, sous prétexte de la non rési-
» dence desdits Bénéficiers, ou réparations non faites, ains seront icelles saisies faites esdits cas
» & autres, par nos Officiers seulement à la Requête de nos Procureurs Généraux ou leurs Sub-
» stituts, auxquels néanmoins Nous défendons de procéder à telles saisies, & de vexer & travailler
» les Bénéficiers, sans raison & apparence. *Ord. de Blois, Art.* 16.

» Pareillement défendons très expressément à tous Seigneurs Hauts-Justiciers & leurs Officiers,
» de saisir ou faire saisir les biens & revenus desdits Ecclésiastiques sous prétexte de la non rési-
» dence desdits Bénéficiers, ou réparations non faites ; ains, seront icelles saisies faites esdits cas
» & autres par nos Officiers seulement, à la Requête de nos Procureurs Généraux ou leurs Sub-
» stituts, auxquels néanmoins Nous défendons de procéder à telles saisies, & de vexer & travailler
» lesdits Bénéficiers sans raison ni apparence. *Ord. de Moulins, Art.* 5.

Pour entendre ce que c'eft que *tiers lot*, il faut fe rappeller qu'a-
vant l'établiffement des Commendes, & même dans le commencement de cet établiffement., les Abbés ou Prieurs jouiffoient de tous
les revenus des Monafteres. Et comme on croyoit que les embarras
qu'entraîne néceffairement l'adminiftration des biens temporels ,
étoient incompatibles avec la profeffion Monaftique, l'Abbé ou le
Prieur donnoit à fes Religieux une certaine quantité de pain, de vin
& autres chofes néceffaires à la vie pour leur fubfiftance.

Mais les Abbés Commendataires, qui fuccéderent aux Abbés Réguliers, ayant abufé de cet ufage, au préjudice des Religieux , pour
remedier à ces abus, & ne point laiffer les Abbés Commendataires les
maîtres abfolus, on introduifit le partage des biens entre l'Abbé & les
Religieux ; & ce fut de-là que l'on commença à diftinguer la *Manfe
Abbatiale* de la *Manfe Conventuelle*. Mais pour qu'il y eut toujours un
fond fubfiftant pour fournir aux réparations & autres dépenfes extraordinaires de l'Abbaye , on crut devoir laiffer en réferve un tiers des
biens & revenus pour cette deftination. C'eft pourquoi lors des partages on divife les biens & revenus de l'Abbaye en trois lots , dont l'un
eft pour l'Abbé , l'autre pour les Religieux, & le troifieme pour les
charges de l'Abbaye. On l'appelle le tiers lot ; & c'eft l'Abbé , comme
Chef, qui en a la jouiffance , à condition d'acquitter les charges pour
lefquelles il eft deftiné.

Bien que , généralement parlant, tous les biens de l'Abbaye doivent entrer dans le partage, cette regle n'eft pas cependant fans quelques exceptions. Il en faut, par exemple, excepter les *biens* qu'on
appelle *du petit Couvent*, qui font ceux qui ont été acquis des deniers
particuliers des Religieux, ou qui ont été donnés ou aumônés aux
Religieux, pour fondations depuis l'introduction de la Commende. On
doit auffi mettre dans la même exception les *Offices Clauftraux* : mais
il faut que ces Offices aient originairement formé des titres de Bénéfices particuliers ; car fi ce n'étoit que de fimples dénominations &
commiffions amovibles, elles doivent entrer en partage.

Ces partages ne peuvent être folides & former Loi entre les Abbés
& Religieux, qu'autant qu'ils ont été précédés d'une eftimation juridique , & enfuite homologués judiciairement fur les Conclufions du
Miniftere Publique : une fimple tranfaction entre l'Abbé & les Religieux n'engageroit point les Succeffeurs.

Il n'y a cependant que les charges générales & communes de l'Abbaye auxquelles le tiers lot foit obligé , qui font les réparations de
l'Eglife Abbatiale & des lieux réguliers, les Ornemens, les Linges ,
Luminaire & autres chofes néceffaires à la célébration du Service,
conformément à la Regle & aux Conftitutions de l'Ordre , comme auffi
les charges de l'Hôtellerie & de l'Infirmerie. Mais s'il y a dans les
Abbayes des Offices clauftraux qui aient des revenus affectés à l'égard
de certaines charges, comme ceux de Sacriftain, d'Infirmier, de Chantre, d'Aumônier, lorfque ces Offices ne font point dans le cas d'entrer

en partage , les Religieux , à la Manse desquels ils sont réunis , sont obligés d'acquitter ces charges , & de décharger d'autant le tiers lot. A l'égard des réparations & autres charges particulieres qui sont attachées aux biens particuliers qui composent chacun des lots , c'est celui ou ceux qui jouissent des biens , qui en sont tenus : *Quem sequuntur commoda , debent etiam sequi incommoda.*

Il arrive très souvent que les Abbés , pour n'être point toujours exposés aux poursuites & demandes de leurs Religieux relativement aux charges communes , leur abandonnent à cet effet , ou une partie des fonds du tiers lot , ou une somme annuelle à laquelle on arbitre ces charges , bien entendu néanmoins qu'il doit toujours rester entre les mains de l'Abbé , le tiers du tiers lot , pour l'administration & les charges particulieres des biens qui le composent. Quand ces conventions font partie des partages , & qu'elles sont faites avec les mêmes précautions & les mêmes formalités , elles ont la même force que les partages.

Telle est la maniere dont se doivent faire les réparations des Abbayes ; telles sont les choses & les Personnes qui y sont assujetties.

Si les Bénéficiers & autres Personnes chargés de faire les réparations , suivant que nous venons de l'expliquer , étoient toujours exacts à remplir sur cela leurs engagemens , le vœu de la Loi auroit été rempli ; & il n'auroit point été nécessaire de faire dans tous les tems un aussi grand nombre de Réglemens sur cette matiere. Mais comme la plûpart des Bénéficiers ne cherchent qu'à profiter des émolumens , sans trop s'embarrasser des charges , il a fallu prendre des précautions à cet égard.

Les *poursuites* , pour raison des réparations à faire aux Eglises & autres lieux Ecclésiastiques , peuvent avoir lieu dans deux époques principales , ou *du vivant du Bénéficier* , ou *après sa mort.*

Dans la premiere époque , c'est-à-dire du vivant du Bénéficier , il n'y a que les Parlemens , & , sous leur inspection , les Officiers des Bailliages & Sénéchaussées , qui soient en droit de veiller à ce que les Eglises & Bâtimens des Bénéfices soient bien entretenus , & qui peuvent conséquemment forcer les Bénéficiers négligens à y faire les réparations nécessaires. Ce n'est point le domicile du Bénéficier , mais la situation des lieux à réparer , qui regle la compétence des Cours ou Jurisdictions Royales entre elles.

Pour constituer d'abord le Bénéficier en demeure , le Procureur Général ou le Procureur du Roi doivent commencer par lui faire une sommation de faire les réparations dans un certain tems. Ce délai expiré , l'Officier chargé du Ministere Public doit prendre l'Ordonnance du Juge pour être autorisé à saisir les revenus du Bénéfice , jusqu'à concurrence du tiers , parceque de droit il n'y a que le tiers des revenus d'un Bénéfice qui soit affecté aux réparations. Mais si les réparations étoient devenues considérables par la négligence du Bénéficier , & par défaut d'entretien de sa part , n'y auroit-il pas de la justice à autoriser , par forme de punition contre le Bénéficier , la saisie des revenus

au-delà

au-delà du tiers ? ce qui paroîtroit autorifer cette opinion, c'eft que fi le Bénéficier avoit employé annuellement, ainfi qu'il en étoit tenu, le tiers des fruits de fon Bénéfice à l'entretien des Bâtimens & aux réparations, elles n'auroient point formé dans la fuite un objet auffi confidérable. De forte que, ayant converti à fon profit ce tiers deftiné aux réparations fans les faire, il paroîtroit équitable qu'il fouffrît quelque diminution fur les deux autres tiers, lorfqu'il s'agiroit de l'obliger dans la fuite à faire ces réparations accumulées par fa faute & par fa négligence.

Mais d'un autre côté, il faut confidérer que de quelque maniere que le Bénéficier ait employé annuellement ce tiers deftiné à des réparations qu'il n'a point faites, les deniers en provenans n'exiftent plus pour l'ordinaire dans l'inftant de la faifie, foit qu'il les ait employés à fon bien être particulier, foit qu'il les ait verfés dans le fein des Pauvres ainfi qu'il y eft obligé, après avoir pris deffus fon néceffaire. D'ailleurs, on ne pourroit priver un Bénéficier de plus du tiers de fon revenu, fans le mettre quelquefois hors d'état de deffervir fon Bénéfice & d'en remplir les Fondations. Enfin la Loi a prévu le cas, elle ne permet point qu'on puiffe faifir au-delà du tiers ; parconféquent il faut, à tous égards, fe renfermer dans fa difpofition.

Dans la feconde époque, c'eft-à-dire après le décès du Titulaire, trois fortes de Perfonnes ont droit de veiller à ce que les réparations foient faites. D'abord le Miniftere Public, qui ayant droit de le faire du vivant même du Bénéficier, a le même droit *à fortiori* après fa mort. 2°. L'Econome pour les Bénéfices fujets à l'Economat, parcequ'il eft commis par le Prince pour la régie & adminiftration des biens Eccléfiaftiques pendant la vacance des Bénéfices. 3°. Enfin, le fucceffeur du Bénéficier décédé, parcequ'il devient par fa prife de poffeffion chargé des réparations, même de celles qui ne feroient pas de fon tems ; & que parconféquent il eft jufte qu'il puiffe fe pourvoir contre fon Prédéceffeur ou fes Héritiers, par rapport à celles qui fe trouvent à faire, lors de fon entrée dans le Bénéfice, mais il doit intenter fon action dans l'année de fa paifible poffeffion, après la révolution de laquelle il n'eft plus recevable à le faire.

Pour procéder juridiquement à la confection des réparations, il faut d'abord un jugement qui ordonne que la vifite fera faite à la requête de celui qui la provoque ; l'ancien Titulaire, s'il eft vivant, ou fes Héritiers, s'il eft décedé, préfens ou eux dûement appellés, & ce, par Experts convenus ou nommés d'office. Le procès verbal de vifite doit contenir une énumération exacte de toutes les dépendances du Bénéfice, de l'état actuel de chacune de ces dépendances, du tems auquel les Experts eftiment que les ruines & dégradations font arrivées, des caufes qui peuvent les avoir occafionnées de la néceffité ou inutilité des bâtimens à réparer ou reconftruire, le tout avec une prifée & eftimation des réparations & reconftructions néceffaires, article par article.

Tom II.   **Z z z**

Ce procès verbal rapporté, s'il éprouve quelque contradiction, on statue préalablement sur ces difficultés ; après quoi, & lorsque les réparations à faire sont irrévocablement constatées, on ordonne que le devis en sera publié, & l'adjudication faite au rabais. Lorsque l'Adjudicataire au rabais a fait les réparations, il s'en fait un récolement sur le procès verbal de visite, par les mêmes Experts, aussi parties présentes ou dûement appellées. Cette vérification ainsi faite, on revient de nouveau devers le Juge, qui enthérine le procès verbal & prononce la reception des réparations, contradictoirement avec les Parties intéressées, & sur les conclusions du Ministere Public. Si cependant il y avoit quelque contestation sur cette réception, il faudroit y statuer avant que d'ordonner l'enthérinement du procès verbal.

Résidence.　　Indépendamment des réparations, notre Article 23 traite encore d'une matiere très importante dans la discipline Ecclésiastique, c'est la *résidence.*

Comme dans les beaux siécles de l'Eglise, on ne connoissoit point de Bénéfices sans une fonction qui y fût attachée & qui liât conséquemment le Titulaire à l'exercice de cette fonction, il n'y avoit point alors de Bénéfice qui n'exigeât résidence ; on n'avoit point encore admis, dans ces tems-là, la distinction que le relâchement de la discipline Ecclésiastique a introduite depuis, des *Bénéfices à charge d'ames,* & des *Bénéfices simples.*

Les Bénéfices à charge d'ames exigent nécessairement résidence habituelle. Dans cette classe, sont les Archevêchés & Evêchés, les Cures, les Abbayes & Prieurés Conventuels & Réguliers, & non pas les Commendataires, dont les Pourvus n'ont aucun droit ni inspection sur les Religieux ; les premieres Dignités des Chapitres, & généralement tous les Bénéfices qui donnent aux Titulaires le soin des ames, ou quelque Jurisdiction au for intérieur. Quoique les simples Chanoines n'aient point charge d'ames, ils n'en sont pas moins sujets à la résidence, par la nature même du Bénéfice, dont l'institut est de réciter tous les jours publiquement & en commun l'Office divin.

Les Bénéfices simples sont ceux qui n'ont aucune charge d'ames, ni qui n'obligent à aucun Office public. De ce nombre sont les Abbayes & Prieurés Commendataires, même les Prieurés en titre où la Conventualité n'est point établie, & les Chapelles du moins pour l'ordinaire. Car il en est quelques-unes dont le titre de fondation exige résidence, & alors il faut s'y conformer.

Nos Ordonnances, tant anciennes que nouvelles, ont prescrit avec beaucoup de soin la résidence, sur-tout aux Evêques & aux Curés. Mais comme ces injonctions auroient souvent été sans effet, si l'on n'y avoit attaché quelques peines, on voit que ces peines ont varié, & ont été plus ou moins rigoureuses, suivant les tems. Sans remonter à cet égard jusqu'aux dispositions particulieres des différens Conciles, qui ont puni le défaut de résidence, tantôt par la perte des fruits,

tantôt par la perte des Bénéfices, & pour nous borner uniquement
aux Réglemens que nos Rois ont jugé à ptopos de faire fur ce point,
l'Ordonnance d'Orléans (*a*) enjoint aux Prélats, Abbés & Curés, la
réfidence, à peine de faifie de leur temporel. Celle de Blois (*b*) prive
les Archevêques & Evêques des fruits échus pendant leur abfence,
& les applique aux réparations des Eglifes & en aumônes. Les Lettres
Patentes du premier Avril 1560, déclarent pareillement que les Archevêques, Evêques & autres, obligés à réfidence, ne recevront le temporel
de leurs Bénéfices qu'au *prorota* de leur réfidence : Et ce qu'il y a de
remarquable, c'eft que le Parlement, en enregiftrant ces Lettres Patentes, a nommément compris dans le temporel des Bénéfices dont la
non-réfidence prive les Titulaires, la collation & provifion des Bénéfices.
Mais notre préfent Article a modifié cette peine, en la reftraignant
à la faifie du tiers des revenus, qui dôit être employée en aumônes
par ordre des Supérieurs Eccléfiaftiques.

Il n'y a pareillement que les Officiers chargés du miniftere Public,
foit dans les Cours, foit dans les Bailliages & Sénéchauffées Royales
reffortiffant nûment au Parlement, qui puiffent régulierement provoquer cette faifie : & pour la pouvoir faire, ils font affujettis (de
même que par rapport aux réparations), à conftituer en demeure les

---

(*a*) » Refideront tous Archevêques, Evêques, Abbés, Curés, & fera chacun d'eux en perfonne
» fon devoir en charge, à peine de faifie du temporel de leurs Bénéfices, & partcqu'aucuns
» tiennent à préfent plufieurs Bénéfices par difpenfes, Ordonnons par provifion (& ce jufqu'à
» ce qu'autrement y ait été pourvu), qu'en réfidant en l'un de leurs Bénéfices, ou en charge, re-
» quérant par nofdites Ordonnances, réfidence & fervice actuel (dont ils feront dûement appa-
» roit) ; feront ercufés de la réfidence en leurs autres Bénéfices, à la charge toutefois qu'ils
» commettront Vicaires, Perfonnes de fuffifance, bonne vie & mœurs, à chacun defquels ils
» affigneront telle portion du revenu du Bénéfice qu'il puiffe fuffire à fon entretenement ; au-
» trement, à faute de ce faire, admoneftons, & néanmoins enjoignons à l'Archevêque ou Evê-
» que Diocéfain y pourvoir. Commandons très expreffément à nos Juges & Procureurs y tenir
» la main, & faire faifir fans diffimulation le temporel des Archevêchés, Abbayes, ou autres
» des fufdits Bénéfices, un mois après qu'ils auront dénoncé & interpellé les Prélats réfider
» eux-mêmes, & faire réfider les Titulaires en leurs Bénéfices, & fatisfaire au contenu de cette
» préfente Ordonnance. Enjoignons à nofdits Juges & Procureurs, faire procès verbaux des
» non réfidence & faifies, & qu'ils envoyeront de fix en fix mois en notre Confeil privé, fans
» qu'ils puiffent prendre aucune chofe pour les faifies, main-levée, ou fous prétexte d'icelles, à
» peine de privation de leurs Offices. *Ordonnance d'Orléans, Art.* 5.

(*b*) » Seront tenus les Archevêques & Evêques faire réfidence en leurs Eglifes & Diocéfes, &
» fatisfaire au devoir de leur charge en perfonne ; de laquelle réfidence ils ne pourront être
» excufés, que pour caufes juftes & raifonnables, approuvées de droit, qui feront certifiées par le
» Métropolitain, ou plus ancien Evêque de la Province, autrement, & à faute de ce faire, outre
» les peines portées par les Conciles, feront privés des fruits qui échiront pendant leur abfence ;
» lefquels feront faifis & mis en notre main, pour être employés aux réparations des Eglifes rui-
» nées, & aumônes des Pauvres des lieux, & autres œuvres pitoyables. Et fur tout admoneftons,
» & néanmoins enjoignons auxdits Prélats de fe trouver en leurs Eglifes, au tems de l'Avent,
» Carême, Fêtes de Noel, Pâque, Pentecôte, & jour de la Fête-Dieu. A femblable réfidence,
» & fous pareilles peines, feront tenus les Curés, & tous autres ayans charge d'ames, fans fe
» pouvoir abfenter, que pour caufes légitimes, & dont la connoiffance appartiendra à l'Evêque
» Diocéfain, duquel ils obtiendront par écrit, licence ou congé, qui leur fera gratuitement ac-
» cordé & expédié. Et ne pourra ladite licence, fans grande occafion accorder le tems & efpace
» de deux mois. *Ord. de Blois, Art.* 14.

» Et néanmoins fur la fréquente plainte defdits Eccléfiaftiques, contre nos Officiers qui abufent
» des faifies, par faute de non réfidence des Bénéficiers, défendons à nofdits Officiers de faire
» procéder par faifie du temporel des Bénéfices, finon après avoir averti le Diocéfain, ou le Vi-
» caire du Bénéficier titulaire, auquel ils bailleront délai compétent, pour le lui faire entendre, ou
» faire apparoir de difpenfe de non-réfidence. *Ord. de Blois, Art.* 15.

Z z z ij

Bénéficiers par des monitions préalables, & à leur laisser un intervalle de trois mois pour y déferer, & pour justifier des causes de leur absence, avant que de pouvoir prendre la voie de la saisie.

Le respect dû au caractere Épiscopal, a déterminé le Législateur à user de quelques ménagemens à l'égard des Evêques, quoiqu'ils soient assurément plus obligés à résidence que pas un autre Bénéficier, & que la plûpart des abus, qu'on voit journellement regner dans un grand nombre de Diocèses, ne proviennent que du défaut de résidence des Evêques, dont la présence contiendroit les Ministres subalternes dans le devoir. Notre Article veut donc qu'il n'y ait que les Parlemens qui puissent prendre connoissance de leur non-résidence, & même qu'avant que de sévir contre eux, ils fassent part à M. le Chancelier de ce qu'ils estiment à propos de faire.

Comme il n'est pas possible qu'une même personne réside en même-tems dans deux endroits différens, on ne peut en même-tems posseder deux Bénéfices qui exigent également résidence, comme deux Cures ou deux Canonicats, ou un Canonicat & une Cure. Cependant si quelqu'un qui est déja pourvu d'un Bénéfice exigeant résidence, vient ensuite à être nommé à un autre Bénéfice de même nature, il a la liberté d'opter celui des deux Bénéfices qu'il veut garder; & pour faire cette option avec maturité & connoissance de cause, il a une année. Souvent même il se trouve arrêté dans cette option par quelque contestation qui lui est suscitée sur la possession du nouveau Bénéfice à lui conferé. Or comme pendant cet intervalle les deux Titres de Bénéfices résident sur sa tête, on a cru, pendant un certain tems, qu'il pouvoit percevoir les fruits des deux Bénéfices. Cet abus s'est même perpétué jusqu'à la Déclaration du 7 Janvier 1681, enregistrée au Grand Conseil le 23 des même mois & an. Mais il y a été ordonné, que lorsqu'une même Personne seroit pourvue de deux Bénéfices incompatibles, soit qu'il y eût procès ou qu'elle les possédât paisiblement, le Pourvu ne jouiroit que des fruits du Bénéfice auquel il résideroit actuellement & feroit le Service en Personne, & que les fruits de l'autre Bénéfice ou des deux, s'il n'avoit résidé ou fait le Service en aucun, seroient employés au paiement des Vicaires qui auroient desservi, & au profit de l'Eglise du Bénéfice, par l'Ordonnance de l'Evêque Diocésain (a).

" (a) L O U I S, par la grace de Dieu, Roi de France & de Navarre. A tous ceux qui ces Pré-
" sentes Lettres verront : S A L U T. Ayant été informés que plusieurs Ecclésiastiques de notre Royaume,
" apres s'être fait pourvoir de deux Bénéfices incompatibles, comme de deux Cures, ou d'un
" Canonicat, ou Dignité dans une Eglise Cathédrale ou Collegiale, & d'une Cure, ou d'autres
" Bénéfices incompatibles de droit, jouissoient du revenu desdits Bénéfices, sous prétexte qu'ils
" ont un an pour opter celui qu'ils voudront conserver, & que le tems pour en faire l'option
" étant passé, ils se faisoient susciter des procès par collusion & intelligence, pour jouir toujours
" du revenu desdits Bénéfices, Nous aurions, pour empêcher un abus si préjudiciable au bon
" ordre & à la discipline de l'Eglise, fait expédit plusieurs Arrêts & Déclarations sur ce sujet;
" portant entr'autres choses, que les Pourvus de deux Cures, ou d'un Canonicat, ou Dignité &
" d'une Cure, soit qu'il y ait procès, ou qu'ils les possedent paisiblement, ne jouiront que de

Quelque ftricte & quelque indéfinie que foit l'obligation de réfider, pour ceux à qui cette obligation eft impofée par le titre ou la nature de leurs Bénéfices, elle eft pourtant fufceptible de quelque modification en tout ou en partie, en faveur des Aumôniers du Roi. Le feu Roi, conformément à plufieurs Bulles des Papes, avoit ordonné par des Déclarations en forme de Lettres Patentes du mois de Mars 1666, que les Officiers de fa Chapelle & Oratoire, feroient réputés préfens pendant tout le tems de leur Service à la Cour, & qu'ils jouiroient en conféquence de tous les revenus de leurs Bénéfices exigeant réfidence, à l'exception des diftributions manuelles. Cette Déclaration a été confirmée par une autre émanée du Monarque regnant, en date du 2 Avril 1727, qui en renouvellant les exemptions & priviléges accordés aux Aumôniers & Chapelains du Roi, & en leur accordant même, nonobftant leur abfence, le droit de participer à la nomination des Bénéfices étant à la collation des Chapitres dont ils font Membres, a néanmoins une exception par rapport aux Offices & Bénéfices des Eglifes Cathédrales & Collégiales (autres que les Dignités ou Canonicats) chargés d'un Service perfonnel & continuel, lefquels Offices ont été déclarés incompatibles avec les charges de la Chapelle & de l'Oratoire du Roi (1).

*

" fruits du Bénéfice auquel ils réfideront actuellement, & feront le Service en Perfonne; &
" comme Nous avons eu avis que le même abus recommence en plufieurs Diocéfes de ce Royau-
" me, & qu'il eft important d'y pourvoir. A CES CAUSES, & autres à ce Nous mouvans, de
" de l'avis de notre Confeil, & de notre certaine fcience, pleine puiffance, & autorité Royale,
" Nous avons, en confirmant les précédens Arrêts & Déclarations donnés fur ce fujet, dit, dé-
" claté & ordonné, difons, déclarons & ordonnons par ces Préfentes fignées de notre main,
" Voulons & Nous plaît, que lorfqu'une même Perfonne fera pourvue de deux Cures, ou d'un
" Canonicat ou Dignité, & d'une Cure, ou de deux autres Bénéfices incompatibles, foit qu'il y
" ait procès, ou qu'il les poffede paifiblement, le Pourvu ne jouira que des fruits du Bénéfice
" auquel il réfidera actuellement, & fera le Service en perfonne; & que les fruits de l'autre Bé-
" néfice ou des deux, s'il n'a réfidé & fait le Service en Perfonne, en aucun, feront employés
" au paiement du Vicaire ou des Vicaires qui auront fait le Service, aux réparations, ornemens
" & profit de l'Eglife du dit Bénéfice, par l'Ordonnance de l'Evêque Diocéfain, laquelle fera exé-
" cutée, par provifion, nonobftant toutes appellations fimples ou comme d'abus, & tous autres
" empêchemens, auxquels nos Juges & Officiers n'auront aucun égard. Si donnons en mandement,
" à nos amés & féaux Confeillers les Gens tenans notre Grand Confeil, que ces Préfentes ils
" aient à enregiftrer, purement & fimplement, & le contenu en icelles faire exécuter, garder
" & obferver dorénavant felon fa forme & teneur, fans fouffrir qu'il y foit contrevenu en aucune
" maniere. CAR tel eft notre plaifir : En témoin de quoi, Nous avons fait mettre notre Scel à
" cefdites Préfentes. Donné à Saint Germain en Laye, le fept Janvier, l'an de Grace mil fix cent
" quatre vingt-un; & de notre Regne le trente huitieme. *Signé*, LOUIS. *Et fur le repli*, Par
" le Roi : COLBERT.
        " Lues & publiées en l'Audience du Grand Confeil du Roi le vingt trois Janvier mil fix cent
" quatre vingt un : oui, ce requérant & confentant le Procureur Général du Roi, regiftrées ès
" Regiftres d'icelui, pour être exécutées, gardées & obfervées felon leur forme & teneur, fuivant
" l'Arrêt dudit Confeil dudit jour vingt Janvier mil fix cent quatre-vingt-un, *Signé*, BOUCOT.
        (a) " LOUIS, par la grace de Dieu, Roi de France & de Navarre : A tous ceux qui ces préfentes
" Lettres verront : SALUT. Le feu Roi notre très honoré Seigneur & Bifayeul, voulant affurer
" l'exactitude à la dignité de fa Chapelle & Oratoire, a ordonné par fa Déclaration du mois de
" Mars mil fix cent foixante fix, conformément à plufieurs Bulles des Papes, autorifées dans le
" Royaume par fes Lettres Patentes, & celles des Rois fes Prédéceffeurs, que les Officiers de nof-
" dites Chapelle & Oratoire, & de notre Sainte Chapelle de Paris, feroient, à raifon de leur
" Servi & près de fa Perfonne, réputés préfens dans toutes les Eglifes de notre Royaume, pour tous
" les Bénéfices, Offices & Dignités dont chacun d'eux feroit pourvu; qu'en conféquence, ils
" jouiroient de tous les fruits, revenus & émolumens defdits Bénéfices, Offices & Dignités dont
" chacun d'eux feroit pourvu, qu'en conféquence ils jouiroient de tous les fruits, revenus & émo-

Il est constant que les Déclarations de 1666 & 1727, introductives & confirmatives de l'exemption de résidence accordée au Aumôniers du Roi, avoient étendu cette même exemption nommément aux Chanoines & autres Bénéficiers de la Sainte Chapelle de Paris. Ce-

---

» lumens desdits Bénéfices, à l'exception des distributions manuelles, pendant le tems & aux
» termes marqués dans ladite Déclaration. Il y avoit lieu d'espérer que des dispositions si précises
» empêcheroient toutes les contestations qui pouroient naître entre les Chapitres des Eglises Ca-
» thédrales & Collégiales, & lesdits Officiers, & ce sujet ; Nous nous sommes cependant informés qu'il
» s'éleve encore souvent de nouvelles disputes & de nouveaux procès à cette occasion ; que des
» Chapitres, par rapport à quelques statuts particuliers, ou par rapport à certains arrangemens
» qu'ils font pour les paiemens de leurs revenus & distributions, prétendent priver lesdits Officiers
» de certains droits & émolumens dont jouissent les Dignités & les Chanoines qui font dans une
» actuelle résidence, & qui assistent aux Offices divins ; que d'un autre côté, quelques Officiers
» de nosdites Chapelle & Oratoire, & de notre Sainte Chapelle de Paris qui occupent dans les
» Eglises Cathédrales & Collégiales des Emplois, Offices, Chapellenies, Vicairies, ou autres pla-
» ces spécialement destinées par les Titres de leur Etablissement, ou par l'usage desdites Eglises,
» à un Service personnel & continuel, soit pour l'acquit des Fondations, soit pour suppléer aux
» absences des Dignités & Chanoines desdites Eglises, prétendent pendant le tems de leur Service dans
» nosdites Chapelle & Oratoire, & dans notre Sainte Chapelle de Paris, percevoir les revenus
» desdits Emplois, Offices & Chapellenies, Vicairies, ou autres places sans les desservir, sous pré-
» texte qu'en étant pourvus à titre de Bénéfices, ils se trouvent dans la disposition de la Décla-
» ration de 1666. A quoi voulant pourvoir & maintenir lesdits Officiers dans leurs droits & pri-
» vileges, sans que le Service divin en souffre dans les Eglises de notre Royaume. A ces causes,
» & autres à ce Nous mouvans, de l'avis de notre Conseil, & de notre certaine science, pleine
» puissance & autorité Royale, Nous avons par ces Présentes signées de notre main, confirmé &
» approuvé, confirmons & approuvons tous & chacuns les Privileges accordés ausdits Officiers de
» nos Chapelle & Oratoire, & de notre Sainte Chapelle de Paris, par les Bulles des Papes, par
» les Lettres Patentes des Rois nos Prédécesseurs, & en particulier par la Déclaration du mois de
» Mars 1666. Voulons & Nous plaît, que pendant le tems marqué par ladite Déclaration, tous
» lesdits Officiers soient tenus & réputés présens, en toutes les Eglises de notre Royaume, pour
» tous les Bénéfices, Offices & dignités dont chacun d'eux en est ou sera pourvu ; qu'ils entrent
» en jouissance desdits revenus, quand même ils n'auroient pas fait le stage prescrit par les Statuts
» de plusieurs Chapitres, à proportion néanmoins de ce qui en est perçu par les Chanoines ac-
» tuellement résidens qui font ledit stage, bien entendu qu'ils auront pris préalablement possession
» personnelle, si les Statuts l'exigent ; & qu'après le tems de leur Service, ils feront ledit stage,
» qu'ils soient employés sur le tableau, pour nommer à leur rang aux Bénéfices dépendans des
» Eglises ou ils ont les Dignités ou Prébendes ; & que s'il est d'usage que lesdites nominations se
» fassent dans le Chapitre, ils soient admis à faire, pendant le tems de leurs Services, lesdites no-
» minations, par Procureur ; qu'ils parviennent aux Maisons Canoniales à leur tour, quand
» même les Statuts des Chapitres exigeroient une résidence actuelle dans les lieux où font lesdites
» Chapitres, pour pouvoir obtenir ou opter lesdites Maisons, laquelle résidence sera suppléée par
» le Service qu'ils rendent dans nottedite Chapelle & Oratoire, & Sainte Chapelle de Paris, qu'ils
» participent à tous autres droits généralement quelconques, qui appartiennent aux Titulaires des-
» dits Bénéfices actuellement résidens, & présens à l'Office divin dans lesdites Eglises, à la réserve
» seulement des distributions manuelles, qui ont de tout tems accoutumé de se faire à la main,
» au Chœur, & pendant le Service divin, en argent sec & monnoyé, sans que lesdits Chapitres
» puissent changer ni innover en aucune maniere que ce soit la forme des paiemens & des distri-
» butions au préjudice desdits Officiers. Voulons pareillement que tous Offices & Bénéfices dans
» les Eglises Cathédrales ou Collégiales (autres que les Dignités ou Prébendes) chargés par les
» Fondations ou par l'usage desdits Chapitres, d'un service personnel & continuel, soient censés
» à l'avenir incompatibles avec les charges de notre Chapelle & Oratoire, & avec le Service de
» notre Sainte Chapelle de Paris. Voulons qu'à l'avenir aucuns Titulaires de pareils Offices ou
» Bénéfices, ne puissent être pourvus des Charges de notre Chapelle & Oratoire, qu'en se sou-
» mettant de résigner lesdits Offices ou Bénéfices dans le tems de droit : comme aussi que ceux de
» de notre Sainte Chapelle de Paris, qui sont & pourroient être pourvus ci après desdits Bénéfices
» ou Offices, soient tenus d'opter, suivant les regles de droit dans le tems y porté, lequel passé, les
» déclarons vacans ou impétrables, & jusqu'à ce que ladite option soit faite, lesdits Chapitres
» feront en droit de pourvoir à la desserte desdits Offices ou Bénéfices sur les revenus qui devien-
» dront pendant l'absence desdits Officiers, dérogeant à cet égard, en tant que besoin, à la Décla-
» ration du mois de Mars 1666 ; qu'au surplus, Nous voulons être exécutée selon sa forme &
» teneur. Si donnons, &c. Donné à . . . le deuxieme jour d'Avril, l'an de grace mil sept
» vingt six, &c.

» Enregistrée ès Registres du Grand Conseil du Roi, pour être gardée, observée & exécutée se-
» lon sa forme & teneur ; le cinq Mai mil sept cent vingt-sept.

pendant comme ces Places font en elles-mêmes de veritables titres de Bénéfice, la queftion s'étant depuis préfentée fur cela au Grand Con-feil, ce Tribunal ne voulut point prendre fur lui de la décider, & eut recours à l'autorité du Roi, qui en conféquence rendit une nou-velle Déclaration le 8 Décembre 1740, enregiftrée au Grand Confeil le 30 des mêmes mois & an. Par cette Loi, qui forme le dernier état fur ce point, le Monarque regnant ordonna que, conformément aux faints Décrets, aux Ordonnances, Edits & Déclarations concernant la difcipline Eccléfiaftique, notamment à la Déclaration du feu Roi du 7 Janvier 1681, les Tréforiers, Chanoines & autres Bénéficiers de la Sainte Chapelle établie au Palais à Paris, ne pourroient poffeder, conjoin-tement avec leurs Dignités, Canonicats ou autres Bénéfices, aucuns Bénéfices à charges d'ames, ou fujets par quelque titre que ce foit, à la réfidence dans d'autres Eglifes; cette prohibition eft étendue aux Chantres & autres Officiers de la Sainte Chapelle, qui, fans être pourvus en titre, y doivent néanmoins·un Service continuel, à caufe des fonctions qu'ils y exercent *(a)*.

” (a) L O U I S, par la grace de Dieu, Roi de France & de Navarre : A tous ceux qui ces
” Préfentes Lettres verront : SALUT. Nous avons été informés, que dans une conteftation por-
” tée en notre Grand Confeil, il s'étoit élevé une queftion qui lui a paru ne pouvoir être
” décidée que par notre autorité, & qui confifte à favoir fi ceux qui font pourvus de Prebendes ou
” autres Places de la Sainte Chapelle de notre Palais à Paris, peuvent poffeder en un même tems
” des Bénéfices fujets à la réfidence dans d'autres Eglifes, ou s'ils font obligés de fuivre les regles
” établies par le droit commun en cette matiere. C'eft ce qui Nous a donné lieu de Nous faire
” répréfenter les titres fur lefquels on prétendoit fonder ce privilege, & principalement les Lettres
” Patentes en forme d'Edit données par le feu Roi notre très honoré Seigneur & Bifayeul, au
” mois de Mais 1666, comme auffi notre Déclaration du 2 Avril 1727, dont on a pareillement
” voulu fe prévaloir en cette occafion; & Nous avons reconnu que fi dans les Lettres Patentes
” de 1666 on avoit confondu en quelque maniere les Membres de notre Sainte Chapelle de
” Paris, avec ceux qui font chargés de deffervir la Chapelle & Oratoire étant à notre fuite,
” l'efprit & le motif des mêmes Lettres faifoient voir fuffifamment, qu'un Privilege accordé
” uniquement en confidération d'un Service paffager qui fe rend auprès de notre Perfonne, ne
” pouvoit être étendu jufqu'à ceux qui, difpenfés à préfent d'un tel Service, font affujettis à une
” réfidence fixe, de notre Sainte Chapelle de Paris; l'intention du feu Roi étant d'ailleurs claire-
” ment marquée dans fes Lettres Patentes, fuivant lefquelles les Aumôniers & Chapelains qui font
” attachés à notre fuite, pour le fervice de notre Chapelle & Oratoire, ne font réputés préfens
” dans les Eglifes où ils ont des Bénéfices en titre, que pendant la durée du Service qu'ils Nous
” rendent; ce qui ne peut être appliqué à ceux qui font chargés d'un fervice perpétuel ailleurs qu'au-
” près de notre Perfonne. Nous avons auffi confidéré que quand on pourroit préférer la Lettre à
” l'efprit des Lettres Patentes de 1666, pour maintenir un Privilege auffi extraordinaire que celui
” dont il s'agit, l'effet de ces Lettres avoir dû ceffer entierement par la difpofition poftérieure de
” la Déclaration du 7 Janvier 1681, où le feu Roi voulant réprimer l'avidité de ceux qui cher-
” choient à fe perpétuer par des voies frauduleufes dans la poffeffion des Bénéfices incompatibles,
” ordonna que les Eccléfiaftiques qui feroient pourvus de deux Cures, ou d'un Canonicat & d'une
” Cure, ou autres Bénéfices incompatibles, ne pourroient jouir, même pendant l'année qui leur
” eft accordée pour faire leur option, que des fruits d'un feul de ces Bénéfices; rétabliffant ainfi
” la pureté des Regles canoniques, fans y mettre aucune exception en faveur des Bénéficiers de
” notre Sainte Chapelle de Paris. Enfin, s'il a été fait encore mention de ces Bénéfices dans notre
” Déclaration du 2 Août 1727, faute d'avoir fait affez d'attention au changement furvenu depuis
” les Lettres Patentes de 1666, notre intention n'a jamais été de déroger à une Loi auffi refpectable
” que la Déclaration de 1681, laquelle, a même été confirmée par l'Article 31 de l'Edit du mois
” d'Avril 1595 concernant la Jurifdiction Eccléfiaftique : l'unique objet de notre Déclaration de
” 1727 ayant été de diftinguer & de regler des cas qui n'avoient point été fuffifamment prévus dans
” les Lettres Patentes de 1666, & comme rien ne fait mieux fentir la néceffité d'une nouvelle
” décifion, que l'incertitude ou la contrariété apparente qu'on trouve ou qu'on veut trouver dans
” les Loix antérieures, Nous avons jugé à propos d'expliquer fi clairement notre volonté fur la
” queftion qui s'eft formée en notre Grand Confeil, que l'efprit & la lettre de la Loi concourent

Mais fi les Chanoines, Bénéficiers & autres Officiers. de la Sainte Chapelle de Paris, ont perdu par cette Déclaration, le privilege de non-réfidence qui leur étoit fi formellement accordé par les Déclarations précédentes ; d'un autre côté, ce même privilege, qui, en fe renfermant dans les termes des Déclarations, fembloit ne concerner que les Officiers de la Chapelle & de l'Oratoire du Roi, fut étendu dans la fuite à tous les Aumôniers fervant à la Cour, même à ceux qui font attachés aux différens Corps qui compofent la Maifon du Roi, comme aux Aumôniers des Gardes du Corps, des Gendarmes, des Chevaux-Legers, des Moufquetaires, & des Gardes Françoifes, Suiffes & Cent Suiffes, même à celui de la Prévôté de l'Hôtel ; fur le fondement que tous ces Aumôniers ont la qualité d'Aumôniers du Roi, & qu'ils font employés fur l'état envoyé à la Cour des Aides, comme Commençaux de la Maifon du Roi.

Cette poffeffion néanmoins ne leur a point été affurée fans avoir éprouvé auparavant plufieurs conteftations. Nous voyons d'abord un premier Arrêt rendu au Grand Confeil au mois de Juillet 1725 en faveur d'un Sieur Richard de Laître, Chanoine de Saint Jacques de l'Hôpital, qui, en qualité d'Aumônier de la Maifon du Roi, a été maintenu dans la difpenfe de réfider pendant le tems de fon Service, contradiétoirement avec le Grand Maître & les Commandeurs & Chevaliers de l'Ordre de Notre-Dame de Mont-Carmel, Patrons Laïcs

---

>> également à affermir l'autorité des faints Décrets & des Ordonnances de notre Royaume, à l'égard de
>> Bénéfices incompatibles. Sans donner d'ailleurs la moindre atteinte aux véritables Privileges de
>> notre Sainte Chapelle de Paris, qui mérite par la régularité de fon Service & par l'exactitude de
>> fa difcipline, que Nous lui donnions toujours de nouvelles marques de notre protection. A
>> CES CAUSES, & autres confidérations, à ce Nous mouvàns, de l'avis de notre Confeil, & de
>> notre certaine fcience, pleine puiffance & autorité Royale, Nous avons par ces Préfentes
>> fignées de notre main, dit & ordonné, difons & ordonnons, voulons & Nous plaît, que
>> conformément aux faints Décrets & difpofitions Canoniques, aux Ordonnances, Edits & Décla-
>> rations des Rois nos Prédéceffeurs, concernant la difcipline Eccléfiaftique, notamment à la
>> Déclaration du feu Roi notre très honoré Seigneur & Bifayeul du 7 Janvier 1681, les Tréfolier,
>> Chanoines, & autres Bénéficiers de la Sainte Chapelle établie en notre Palais à Paris, ne puif-
>> fent poffeder conjointement avec leurs Dignités, Canonicats, ou autres Bénéfices, aucuns Béné-
>> fices à charges d'ames, ou fujets, par quelqu'autre titre que ce foit, à la réfidence dans d'autres
>> Eglifes ; & en cas qu'ils foient pourvus de pareils Bénéfices, ils feront tenus de faire l'option de
>> celui qu'ils voudront conferver dans le tems, & ainfi qu'il eft prefcrit par ladite Déclaration
>> du 16 Janvier 1681. Et fera la difpofition de notre préfente Déclaration pareillement obfervée
>> à l'égard des Chantres & Officiers de notredite Sainte Chapelle, qui, fans être pourvus en titre,
>> y doivent un fervice continuel, à caufe des fonétions qu'ils y exercent. Dérogeons, en tant que
>> befoin feroit, à l'effet de tout ce qui eft ordonné ci deffus aux Lettres Patentes en forme d'Edit
>> du mois de Mars 1666, & à notre Déclaration du deux Avril 1727; enfemble à tous autres
>> Edits, Déclarations ou Réglemens, en ce qu'ils pourroient avoir de contraire aux Préfentes,
>> lefquelles feront exécutées felon leur forme & teneur, tant pour le paffé que pour l'avenir,
>> même dans le jugement des conteftations nées avant la publication de notre préfente Déclaration.
>> Si donnons en mandement, à nos amés & féaux Confeillers les Gens tenant notre Grand Con-
>> feil, que ces Préfentes il aient à faire regiftrer, & leur contenu garder & obferver de point en
>> point, felon fa forme & teneur. Car tel eft notre plaifir : en témoin de quoi Nous avons
>> fait mettre notre Scel à cefdites Préfentes. Donné à Verfailles le dix-huitieme jour de Décembre
>> l'an de grace mil fept cent quarante; & de notre Regne le vingt-fixieme. *Signé*, LOUIS. *Et*
>> *plus bas*, par le Roi, PHELYPEAUX : Et fcellé du grand Sceau de cire jaune.

> >> Enregiftrée ès Regiftres du Grand Confeil du Roi, oui, & ce requérant le Procureur Général
>> du Roi, pour être gardée, obfervée & exécutée felon fa forme & teneur, fuivant l'Arrêt dudit
>> Confeil de ce jourd'hui trente Décembre mil fept cent quarante. *Signé* VERDUC,

defdits

defdits Bénéfices. Le Sieur de Bret, Aumônier des Chevaux-Legers de la Garde, éprouva d'abord plus de difficulté ; il avoit été condamné, par Sentence des Requêtes du Palais & Arrêt du Parlement confirmatif, à deffervir en perfonne une Chapelle dont il étoit pourvu, & qui exigeoit réfidence par le titre de fa fondation. Mais s'étant pourvu au Confeil d'Etat en caffation, il y obtint Arrêt le 7 Septembre 1726, qui, fans avoir égard à la Sentence des Requêtes du Palais & à l'Arrêt confirmatif d'icelle, le maintint & garda dans la poffeffion de la Chapelle dont étoit queftion, en la faifant deffervir tant qu'il en feroit empêché lui-même par fon Service, en fa qualité d'Aumônier des Chevaux-Legers *(a)*.

(a) *Extrait des Regiftres du Confeil d'Etat.*

» Vu par le Roi en fon Confeil l'Arrêt rendu en icelui le 15 Septembre 1725, par lequel avant
» de faire droit fur la Requête du Sieur de Bret, Aumônier des Chevaux Legers de la Garde de Sa
» Majefté, inferée dans ledit Arrêt, tendante à ce qu'il plût à Sa Majefté, pour les caufes y con-
» tenues, caffer & annuller la Sentence des Requêtes du Palais du 21 Février 1714, & Arrêt con-
» firmatif rendu en la quatrieme Chambre des Enquêtes du Parlement de Paris le 15 Mai 1725,
» ordonner que les Déclarations, Arrêts & Réglemens en faveur des Bénéficiers Commençaux de
» fa Maifon, feroient exécutés felon leur forme & teneur ; en conféquence le maintint & garder
» en poffeffion de la Chapelle de Saint Laurent de Tucé, en la faifant deffervir tant qu'il ne le
» pourra faire en perfonne ; ordonner que les fruits induement retenus, lui feront reftitués : Sa
» Majefté auroit ordonné que ladite Requête feroit communiquée au Sieur Comte de Teffé, la
» fignification dudit Arrêt audit Sieur Comte de Teffé ; la Requête dudit Sieur Comte de Teffé, em-
» ployée pour réponfe du 5 Novembre fuivant, contenant que les difpenfes de réfider n'ont
» jamais eu d'effet pour les Bénéfices auxquels il y a obligation de réfider par le titre de fondation,
» & qui font de fondation Laïque ; qu'il n'y a aucuns Edits ni Réglemens qui exceptent les Bé-
» néficiers Commençaux de cette regle ; que le Sieur de Bret, fimple Aumônier des Chevaux
» Legers, n'exerce que par commiffion révocable ; que le titre de fondation contient l'obligation
» de réfider, & l'alternative de faire remplir le Service ne tombe que fur l'abfence d'un mois que
» ledit titre de fondation tolere ; que la nature des biens donnés par la fondation, tels que four,
» preffoir, pavage & chauffage, concourt même à faire connoître que la réfidence du Chapelain
» étoit le vœu du Fondateur : que la réfidence étoit une queftion-de fait qui a été jugée par un
» Arrêt, ce qui rend le Sieur de Bret non recevable ; qu'il ne peut pas fe pourvoir contre le fait
» jugé ; que le Sieur de Bret eft encore non-recevable dans fa demande, en ce qu'il a été condamné
» par ladite Sentence & Arrêt, à faire dans ledit Bénéfice des réparations dont il eft indifpenfa-
» blement tenu ; pourquoi requeroit qu'il plût à Sa Majefté déclarer ledit Sieur de Bret non-rece-
» vable & mal fondé en fa demande en caffation. Copie dudit Arrêt du Parlement du 15 Mai
» 1725 ; l'expédition du Teftament portant fondation de ladite Chapelle, & Décret de l'Evêque
» du 11 Avril 1453 & 10 Avril 1456 : augmentation de Meffes & de fondations dans ladite Cha-
» pelle des 16, 18 & 19 Novembre 1665, & 25 Avril 1681. La Requête du lit Sieur de Bret
» fignifiée le 25 Février 1726, contenant pour replique, qu'il ne demande pas la caffation def-
» dits Sentence & Arrêt ; fur le fondement qu'ils n'ont point eu d'égard à l'alternative, de réfider
» ou de faire acquitter le Service porté par la fondation, quoique la claufe en foit expreffe ; qu'il
» fe fonde uniquement fur les Déclarations du Roi, qui ne mettent point de différence entre les
» Bénéficiers à Patronage laïque, & les autres, entr'autres celle du mois de Mai 1666, exactement
» fuivie au Grand Confeil où elle a été enregiftrée, & où, en conformité il s'eft rendu un nom-
» bre infini d'Arrêts qui ont maintenu lefdits Bénéficiers Commençaux dans ledit privilege :
» entr'autres le Sieur Richard de Laiftre, Chanoine de Saint Jacques de l'Hôpital, qui, en qualité
» d'Aumônier de la Maifon du Roi, a été maintenu par Arrêt dudit Grand Confeil du mois de
» Juillet 1715, dans la difpenfe de réfider pendant le tems de fon Service, contradictoirement
» avec le Grand Maître, & les Commandeurs & Chevaliers de l'Ordre de Notre-Dame de Mont-
» Carmel, Patrons Laïques defdits Bénéfices, pourquoi requeroit qu'il plût à Sa Majefté lui ad-
» juger les fins & conclufions prifes par la Requête inferée dans ledit Arrêt. Les Provifions de
» ladite Chapelle en faveur dudit Sieur de Bret du 18 Avril 1705, Certificat du Sieur Duc de
» Chaulnes, Capitaine Lieutenant des Chevaux Legers de la Garde, que ledit Sieur de Bret eft
» Aumônier de la Compagnie des Chevaux Legers, reçu au Greffe de la Cour des Aides, dans
» lequel ledit de Bret eft employé en ladite qualité d'Aumônier. Ledit Arrêt du Confeil du 13 Sep-
» tembre 1725, & autres pieces attachées à ladite Requête, & tout ce que par les Parties a été

La même queſtion s'eſt repreſentée dans un tems plus récent relativement au ſieur Guithon, Chanoine de Saint Louis du Louvre & en même tems Aumônier de la ſeconde Compagnie des Mouſquetaires de la Garde du Roi, communément appellés *Mouſquetaires Noirs*. Nonobſtant ſa qualité d'Aumônier des Mouſquetaires, ſon Chapitre, ou du moins ceux qui étoient à la tête de ce Chapitre, vouloient l'obliger à réſider & à remplir exactement ſes devoirs de Chanoine pour pouvoir participer aux émolumens. L'affaire fut d'abord portée au Grand Conſeil. Mais le Conſeil d'Etat en ayant pris connoiſſance, à l'occaſion d'un Réglement de Juges, l'évoqua à ſoi ; & après qu'elle y eut été inſtruite de part & d'autre avec beaucoup de chaleur & de vivacité, il intervint le 10 Octobre 1755, ſur productions reſpectives, Arrêt, qui, ſans s'arrêter aux fins & concluſions des Prévôt, Chantre, Chanoines & Chapitre de l'Egliſe de Saint Louis du Louvre, ordonna que le Sieur Guithon ſeroit tenu & réputé préſent pendant toute l'année au Chapitre de l'Egliſe Royale de Saint Louis du Louvre, ſans être obligé d'y faire aucune réſidence, tant & ſi long-tems qu'il exerceroit l'Office d'Aumônier de Sa Majeſté près la ſeconde Compagnie des Mouſquetaires de ſa Garde ; ce faiſant, que les fruits, profits, émolumens, revenus & généralement tous les droits appartenans à ſon Canonicat & Prébende, à l'exception ſeulement des diſtributions manuelles qui ont accoutumé de tout tems être faites au Chœur, de la main à la main, en argent ſec & monnoyé pendant le Service divin, lui ſeroient payés en la forme & maniere ordinaire ; à ce faire, les Prévôt, Chantre, Chanoines & Chapitre, leurs Receveurs & Fermiers ſeroient contraints, quoi faiſant déchargés (a).

» reſpectivement écrit & produit. Oui le Rapport, & tout conſidéré : LE ROI ETANT EN SON
» CONSEIL, a ordonné & ordonne, que les Déclarations, Arrêts & Réglemens en faveur des
» Bénéficiers Commençaux de ſa Maiſon, ſeront exécutés ſelon leur forme & teneur. En con-
» ſéquence, ſans s'arrêter à ladite Sentence des Requêtes du Palais du 21 Février 1724, & audit
» Arrêt confirmatif d'icelle du 15 Mai 1725, que Sa Majeſté a caſſé & annullé, en ce que par
» ceux, ledit de Bret auroit été condamné à deſſervir en perſonne la Chapelle de Saint Laurent
» de Tucé, a maintenu & gardé, maintient & garde ledit de Bret en la poſſeſſion de ladite Cha-
» pelle, en la faiſant deſſervir, tant qu'il ſera empêché par lui même par ſon Service, en ladite
» qualité d'Aumônier des Chevaux Legers. Ordonne que les fruits qui auront été induement perçus
» lui ſeront reſtitués, leſdits Sentence & Arrêt, en ce qui touche les réparations dudit Bénéfice,
» ſortiſſans leur plein & entier effet. Fait au Conſeil d'Etat du Roi, Sa Majeſté y étant, tenu à
» Fontainebleau le 7 jour de Septembre 1726. *Signé*, PHELYPEAUX.

(a) *Extrait des Regiſtres du Conſeil d'Etat Privé du Roi.*

» Vu au Conſeil d'Etat privé du Roi, l'Inſtance évoquée en icelui, par Arrêt du dix ſept
» Juin mil ſept cent cinquante-quatre ; entre Meſſire Jean Guithon, Chanoine de l'Egliſe de Saint
» Louis du Louvre, Aumônier de la ſeconde Compagnie des Mouſquetaires de la Garde de Sa
» Majeſté, Demandeur d'une part ; & les Prévôt, Chantre, Chanoines & Chapitre de l'Egliſe
» Royale & Collegiale de Saint Louis du Louvre, Défendeurs d'autre part : ſavoir ledit Arrêt du
» Conſeil du 17 Juin 1754, rendu entre leſdits Chanoines & Chapitre de Saint Louis du Louvre,
» Demandeurs en Réglement de Juges d'entre le Grand Conſeil & les Requêtes de l'Hôtel, &
» le Sieur Guithon, par lequel Sa Majeſté, ſans s'arrêter aux Lettres en Reglemens de Juges,
» ni aux demandes formées en conſéquence, auroit évoqué à Elle & à ſon Conſeil les Con-
» teſtations d'entre les Parties, & ordonné que ſur icelles, circonſtances & dépendances, elle

Les Cours, & les Bailliages & Sénéchauffées ont auffi infpection fur les Eccléfiaftiques pour les obliger à acquitter les Services & à faire les aumônes dont ils font tenus, & ils peuvent les conttraindre

» éctiroient & produiroient dans le délai du Réglement, pour, au Rapport du Sieur Rouillé d'Or-
» feuil, Maître des Requêtes, que Sa Majefté auroit commis à cet effet, y être ftatué ainfi qu'il
» appartiendroit, dudit jour dix-fept Juin 1754; fignification enfuite à l'Avocat aux Confeils
» defdits Chanoines & Chapitre, par Lourdet Huiffier ordinaire du Roi en fa grande Chancelle-
» rie, du fix Juillet fuivant; Ordonnance du Confeil mife au bas de la Requête du Sieur Guithon,
» par laquelle il eft ordonné que le Sieur Rapporteur de l'Inftance en communiqueroit aux
» Sieurs Abbé de Pomponne, de Broue, d'Aguelleau, & autres Confeillers d'Etat y dénommés
» du trois Février mil fept cent cinquante-cinq; fignification enfuite par de la Croix Huiffier du
» Confeil, du fept du même mois. Requête préfentée au Confeil par ledit Sieur Guithon, em-
» ployée avec les pieces y énoncées, pour fatisfaire à l'Arrêt du Confeil du 17 Juin 1754, &
» tendante à ce qu'il plût à Sa Majefté, pour les caufes & contenues procédant au Jugement de
» l'Inftance, ordonner que les Edits, Déclarations, Arrêts & Réglemens concernant les Aumô-
» niers de Sa Majefté, & les Eccléfiaftiques employés dans les Etats de Sa Majefté, feroient exé-
» cutés felon leur forme & teneur. En conféquence que ledit Sieur Guithon feroit tenu & réputé
» préfent pendant toute l'année, au Chapitre de Saint Louis du Louvre à Paris, fans être
» obligé d'y faire aucune réfidence, tant & fi long-tems qu'il exerceroit l'Office d'Aumôniet
» de Sa Majefté, près la feconde Compagnie des Moufquetaires de fa Garde, dont il
» étoit pourvu: ce faifant, ordonner que les fruits, profits, revenus & émolumens, & géné-
» ralement tous les droits appartenans à fondit Canonicat & Prébende, fans aucunes chofes en
» excepter, fauf feulement les diftributions manuelles, qui avoient de tout tems accoutumé d'être
» faites au Chœur de la main à la main, en argent fec & monnoyé pendant le divin Service,
» feroient payées audit Sieur Guithon en la forme & manière accoutumée, à compter du jour
» qu'il avoit ceffé d'en être fervi & payé, à ce faire les Prévôt, Chantre, Chanoines, & Cha-
» pitre, leurs Receveurs & Fermiers contraints par les voies ordinaires, quoi faifant ils en de-
» meureroient bien & valablement déchargés, conjminer lefdits Prévôt, Chantre, Chanoines
» & Chapitre de Saint Louis du Louvre, en quatre mille livres de dommages & intérêts, & en
» tous les dépens, tant en ceux faits au Grand Confeil, qu'en ceux faits & à faire au Confeil
» de Sa Majefté, même en ceux réfervés par l'Arrêt du 17 Juin 1754; ladite Requête fignée Bafly,
» fon Avocat au Confeil. Ordonnance au bas d'acte de l'emploi au furplus en jugeant, du 17
» Juillet 1754; fignification enfuite du de Normandie, Huiffier ordinaire du Roi en fes Confeils
» du même jour. Ladite Requête, avec les pieces y jointes produites au Greffe du Confeil le
» 30 dudit mois de Juillet mil fept cent cinquante quatre. Autre Requête préfentée au Confeil par
» lefdits Prévôt, Chantre, Chanoines & Chapitre de l'Eglife Royale & Collegiale de Saint Louis
» du Louvre, employée avec les pieces y énoncées, pour fatisfaire à l'Arrêt du Confeil du 17
» Juin 1754; enfemble pour réponfes à celle du Sieur Guithon, tendante à ce qu'il plût à Sa
» Majefté pour les caufes y contenues, procédant au Jugement de l'Inftance, déclarer ledit Sieur
» Guithon non recevable dans toutes fes demandes, fins & conclufions, en tout cas l'en dé-
» bouter & le condamner en tous les dépens, même en ceux réfervés par ledit Arrêt du Confeil du
» 17 Juin 1754. Ladite Requête fignée Regnard leur Avocat au Confeil; enfemble du Bois, Clé-
» ment, & Panthou: Ordonnance au bas d'acte de l'emploi au furplus en jugeant, du 18 Oc-
» tobre 1754. Signification enfuite par de la Croix, Huiffier ordinaire du Roi en fes Confeils, du
» 25 du même mois d'Octobre 1754; ladite Requête, avec les pieces y jointes produites au Greffe
» du Confeil, & fept Décembre fuivant: autre Requête dudit Sieur Guithon, employée avec les
» pieces y énoncées, pour réponfes à celle du Chapitre, & tendante à l'adjudication de fes pré-
» cédentes conclufions, avec dommages, intérêts & dépens, ladite Requête fignée Bafly, fon
» Avocat au Confeil. Ordonnance au bas d'acte & foit fignifié le 11 Janvier 1755; fignification
» enfuite par de Normandie, Huiffier ordinaire du Roi en fes Confeils du 15 dudit mois de
» Janvier 1755: autre Requête préfentée par lefdits Chanoines & Chapitre, contenant produc-
» tion nouvelle des pieces y énoncées, & tendante à l'adjudication de leurs précédentes conclu-
» fions avec depens, ladite Requête fignée Regnard, leur Avocat au Confeil. Ordonnance au bas
» foient les pieces reçues & jointes, & foit fignifée du 22 Août 1755; fignification enfuite par
» Trudon, Huiffier ordinaire du Roi en fes Confeils du 27 du même mois d'Août 1755. Mé-
» moires imprimés, refpectivement fournis & fignifés en l'Inftance par les Parties. Pieces pro-
» duites par les Parties; favoir, de la part du Sieur Guithon; copie en forme de Lettres Patentes
» de Sa Majefté adreffées au Parlement de Paris & au Grand Confeil, enregiftrées dans cette
» derniere Cour, qui réfervent & affectent aux fous-Maîtres, Chantres, Chapelains & Clercs,
» tant de la Chapelle de Mufique du Roi, que de fon Oratoire, Compofiteurs & Enfans, cou-
» chés & employés, tant en l'état de fa Maifon, que de la Chapelle de Mufique, & pareille-
» ment en ceux de la Mufique de la Chambre, les Dignités, Chanoines & Prébendes des Eglifes y
» dénommées, étant à la Collation & pleine difpofition de Sa Majefté; favoir, de la Sainte
» Chapelle de Paris, & autres, voulant qu'ils en fuffent pourvus par ordre d'antiquité du Service,

à remplir l'une & l'autre des ces obligations par la faisie de leur temporel. Mais il faut pour cela que ces services & ces aumônes soient prescrits par les titres même de la fondation des Bénéfices ; car si les

» suivant le Rôle qui avoit été fait par le Grand Aumônier, à la charge que de ceux qui se-
» roient pourvus, il n'y auroit de privilegiés, & tenus pour présens, que deux aux Eglises où il
» n'y auroit que douze Prébendes ; quatre, où il y en auroit vingt quatre, & six où il y en
» auroit trente-six, & au dessus ; & que dans celles où il y auroit moindre nombre que douze,
» il n'y auroit que l'un d'iceux privilegié, & tenu pour présent, du 9 Mai 1606. Imprime de
» Déclaration du Roi adressée & enregistrée au Grand Conseil, qui, sur les représentations des
» sous Maîtres, Chapelains, Chantres, Clercs, Enfans de la Chapelle, Oratoire, & Chambre
» de Sa Majesté, Bénéficiers & Officiers de la Sainte Chapelle de Paris, confirme les Privileges
» à eux accordés par les Bulles des Papes, & Lettres Patentes des Rois, & conformément à
» icelle, ordonne que lesdits sous-Maîtres, & tous autres Employés dans les états, seroient
» tenus & réputés présens en toutes les Eglises du Royaume, pour tous les Bénéfices, Offices
» & Dignités qu'ils pourroient y avoir ; qu'ils en percevroient tous les fruits, émolumens, &
» autres droits généralement quelconques, à la réserve des distributions manuelles qui avoient
» de tout tems accoutumé de se faire à la main, au Chœur & pendant le divin Service, en ar-
» gent sec & monnoyé, du mois de Mars 1666. Imprimé d'Arrêt du Conseil d'Etat, rendu entre
» les sous-Maîtres, Chapelains, Chantres, Enfans de Chapelle, Oratoire & Chambre de Sa Ma-
» jesté, Bénéficiers & Officiers de la Sainte Chapelle de Paris, & autres Employés dans les états
» de Sa Majesté ; les Sieurs Gaubert, Cocuret & Varlet, trois d'eux, Demandeurs ; le Cha-
» pitre de Saint Quentin, Défendeur ; le Sieur Raybaud, Chanoine de Saint Thomas du Louvre,
» Aumônier de la Maison du Roi, sous le titre de Saint Roch, & Clerc de la Chapelle de la
» Reine, intervenant, & le Chapitre de Saint Thomas du Louvre, qui sans s'arrêter à un Arrêt
» du Grand Conseil du 26 Janvier 1668, en ce qu'il excluoit les Sieurs Varlet, Cocuret, & Ri-
» goullet de toutes les distributions des Obits qui se faisoient en l'Eglise de Saint-Quentin, or-
» donne, conformément aux Bulles des années 1271, 1316, 1334, 1350, 1383 ; Lettres Pa-
» tentes de 1551, 1554, 1567, 1606, 1612, 1644 & 1666, & Arrêts rendus en exécution,
» que lesdits Sieurs Varlet, Cocuret, Rigoulet, & autres Demandeurs, ensemble le Sieur Roybaud,
» jouiroient pendant le tems de leur Service près de leurs Majestés, & les deux mois de leurs
» voyages, de toutes les partitions, droits, & distributions de leurs Prébendes, tant en l'Eglise
» de Saint Quentin qu'aux autres Eglises du Royaume, à la réserve des distributions manuelles qui
» se faisoient au Chœur pendant le divin Service, en argent sec & monnoyé. Déclare l'Arrêt
» commun avec tous les Chapitres, Eglises & Communautés du Royaume du 22 Novembre 1678.
» Imprimé d'autre Arrêt du Conseil d'Etat, rendu entre le Sieur de Bret, Aumônier des Chevaux-
» Legers de la Garde de Sa Majesté, & le Comte de Tessé, qui ordonne que les Déclarations,
» Arrêts & Réglemens en faveur des Bénéficiers Commençaux de la Maison de Sa Majesté, se-
» roient exécutés selon leur forme & teneur. En conséquence, sans s'arrêter à la Sentence des
» Requêtes du Palais à Paris, du 21 Février 1724, & Arrêts confirmatifs du 15 Mai 1725, que
» Sa Majesté auroit cassé & annullé ; en ce que, par iceux ledit Sieur de Bret auroit été condamné à
» desservir en personne la Chapelle Tucé de S. Laurent, maintient & garde ledit de Bret en la posses-
» sion de ladite Chapelle, en la faisant desservir, tant qu'il en seroit empêché par lui-même par son
» Service, en ladite qualité d'Aumônier des Chevaux Legers : ordonne que les fruits qui auroient
» été indument perçus lui seroient restitués. Lesdits Sentence & Arrêt, en ce qui touchoit les
» réparations dudit Bénéfice, fortissans leur plein & entier effet, du 7 Septembre 1726. Autre
» imprimé de Déclaration du Roi, adressée & enregistrée au Grand Conseil, qui confirme tous
» les Privileges accordés aux Officiers de la Chapelle & Oratoire de Sa Majesté & de la Sainte
» Chapelle de Paris, par les Bulles des Papes. Lettres Patentes des Rois, & en particulier par la
» Déclaration du mois de Mars mil six cent soixante six, & ordonne que tous Offices & Béné-
» fices dans les Eglises Cathédrales & Collegiales, autres que les Dignités & Prébendes chargées
» par les fondations, ou par l'usage des Chapitres, d'un Service personnel & continuel, seroient
» censés à l'avenir incompatibles avec les Charges de la Chapelle & Oratoire de Sa Majesté,
» avec le Service de la Sainte Chapelle de Paris, & autres dispositions & contenues, du 2 Avril
» 1727. Imprimé d'autre Déclaration du Roi, qui ordonne que, conformément aux saints Décrets
» & dispositions Canoniques, aux Ordonnances, Edits & Déclarations des Rois concernans la
» discipline Ecclésiastique, notamment en la Déclaration du 7 Janvier 1681, les Trésoriers, Cha-
» noines, & autres Bénéficiers de la Sainte Chapelle de Paris, ne pourroient posséder, conjointe-
» ment avec leurs Dignités, Canonicats & Bénéfices, aucuns Bénéfices à charge d'ames, ou
» sujets par quelque titre que ce fut, à la résidence dans d'autres Eglises, ce qui seroit exécuté
» à l'égard des Chantres & Officiers de ladite Sainte Chapelle, du 18 Décembre 1740 ; ladite
» Déclaration enregistrée au Grand Conseil le trente du même mois. Copie en forme d'un Mé-
» moire concernant l'affaire du Sieur de Barthe Giscart, Aumônier de la seconde Compagnie des
» Mousquetaires, & le Chapitre de Comminges, au sujet du droit de présence ; de même que
» celle du Sieur Louvier, aussi Aumônier des Mousquetaires, qui avoit été tenu présent dans

aumônes, par exemple, n'étoient que volontaires, & qu'on ne pût pas prouver que le Bénéficier y fût assujetti par les titres d'établissement de son Bénéfice, ou par quelques fondations qui y auroient été depuis annexées, ou ne pourroit se faire un titre obligatoire contre

» le Chapitre de Condé. Certificat du Chapitre de Saint Gaudens, Diocèse de Comminges, lé-
» galisé par l'Evêque, contenant que le Chapitre ayant consulté Maître Nouet Avocat, au sujet
» du Sieur de la Barthe Giscart, Aumônier de la seconde Compagnie des Mousquetaires, il avoit
» décidé que ledit Sieur Giscart étoit en droit de percevoir tous les fruits de son Canonicat,
» du seize Août mil sept cent cinquante-trois. Certificat du Sieur Abbé de Cardinte, contenant
» qu'en vertu de sa Commission d'Aumônier du Conseil, il étoit tenu pour présent & percevoit
» tous les fruits de son Canonicat de la Cathédrale de Chartres, & même les distributions ma-
» nuelles, du premier Juillet mil sept cent cinquante-quatre. Imprimé de Lettres Patentes adressées
» & enregistrées en la Cour des Aides, qui maintiennent & gardent les Mousquetaires à cheval
» des deux Compagnies de la Garde de Sa Majesté, ensemble leurs Commandans & Officiers, dans
» tous les Droits, Privileges, Exemptions, Franchises & Libertés des Officiers Commensaux, du
» 16 Octobre 1720. Provisions ou Commission accordée au Sieur Guithon par le Marquis de
» Montboissier, Capitaine Lieutenant de la seconde Compagnie des Mousquetaires de la Garde
» de Sa Majesté, de la Charge d'Aumônier de ladite Compagnie, pour en jouir aux droits, pré-
» rogatives & privileges y annexés, comme aux autres Pourvus de semblables Offices, du quatre
» Juin mil sept cent cinquante trois. Délibération du Chapitre de Saint Louis du Louvre, sur la
» demande faite par le Sieur Guithon d'être tenu présent, par laquelle il paroît que les Chanoines
» étoient de différent avis, & que le Prévôt s'opposoit formellement à ce que les présences fus-
» sent accordées, du trois Juillet mil sept cent cinquante trois. Cahier contenant copie signifiée des
» pieces suivantes. 1°. Des Lettres de *Committimus* du Chapitre de Saint Louis du Louvre aux
» Requêtes de l'Hôtel du 4 Juillet 1753. 2°. Requêtes présentées au Grand Conseil par le Sieur
» Guithon, à l'effet d'y faire assigner les Prévôt, Chanoines & Chapitre de Saint Louis du
» Louvre, pour voir dire qu'ils seroient tenus de le réputer présent, & que cependant, pour
» sûreté des distributions dudit Bénéfice, il lui fût permis de faire saisir & arrêter les revenus du
» Chapitre. Ordonnance au bas qui permet d'assigner & saisir, du 6 Juillet 1753. Exploit d'assi-
» gnation donnée en conséquence au Chapitre du même jour. 3°. Exploit de renvoi de ladite
» assignation aux Requêtes de l'Hôtel, à la Requête du Chapitre, en vertu des Lettres de *Commi-
» timus* ci dessus, du dix-sept du même mois. 4°. De l'Arrêt du Grand Conseil obtenu par le
» Sieur Guithon, qui retient la connoissance de la cause, du quatre Août suivant. Exploit de
» signification au Chapitre, avec assignation en conséquence, du 11 dudit mois. 5°. D'autre,
» Arrêt du Grand Conseil, qui, sans s'arrêter au Déclinatoire proposé par le Chapitre, le déclare
» non recevable dans son opposition à l'Arrêt ci dessus, du dix Septembre suivant. Exploit de
» signification au Chapitre, du dix-neuf dudit mois. 6°. Des Lettres en Réglement de Juges ob-
» tenues au grand Sceau par ledit Chapitre, à l'effet de faire assigner au Conseil le Sieur Guithon,
» pour être les Parties reglées de Juges d'entre le Grand Conseil & les Requêtes de l'Hôtel, &
» voir ordonner, si faire se devoit, qu'elles seroient renvoyées auxdites Requêtes de l'Hôtel,
» du 28 du même mois 7°. Enfin, d'Exploit de signification du tout au Sieur Guithon, avec
» assignation au Conseil du trois Octobre suivant. Certificat du Marquis de Monboissier, Capi-
» taine Lieutenant de la seconde Compagnie des Mousquetaires de la Garde de Sa Majesté,
» contenant que ledit Sieur Guithon étoit Aumônier de ladite Compagnie, qu'en cette qualité il
» faisoit partie du petit Etat Major, qu'il étoit tenu de loger à l'Hôtel & d'y dire la Messe,
» confesser les Mousquetaires, & ceux de l'Hôtel, visiter les malades, leur faire administrer les
» Sacremens, suivre la Troupe, & passer en revue avec elle, du 25 Janvier 1754. Certificat du
» Trésorier Général des Troupes de la Maison du Roi, contenant que le Sieur Guithon, Au-
» mônier des Mousquetaires, étoit employé en cette qualité sur les Etats du Roi, & que ses
» quittances servoient à l'appurement du compte dudit Trésorier à la Chambre des Comptes du
» même tout Certificat du Sieur Rondé, Commissaire des Guerres, à la conduite & police de la
» seconde Compagnie des Mousquetaires de la Garde du Roi, contenant que le Sieur Guithon,
» en sa qualité d'Aumônier, faisoit partie du petit Etat Major de ladite Compagnie, qu'il passoit
» en revue & étoit employé dans les Etats du Roi, du 27 dudit mois de Janvier 1754. Extrait
» du Rôle de la seconde Compagnie des Mousquetaires, dans lequel le Sieur Guithon se trouve
» employé au nombre des petits Officiers, au lieu & place du Sieur de la Barthe Giscart, sui-
» vant l'Arrêt du 6 Février 1754. Extrait du Rôle de la seconde Compagnie des Mousquetaires,
» fourni à M. le Comte de Saint Florentin, le trente Mai mil sept cent cinquante quatre, dans
» lequel le Sieur Guithon, Aumônier, est employé le premier parmi les petits Officiers. Certi-
» ficat du Chapitre de Langres, contenant que le Sieur Jaudin, Chanoine de ladite Eglise, leur
» agent à Paris, avoit joui de ses présences en qualité d'Aumônier des cent Suisses de la Garde
» du Roi, depuis qu'il avoit été pourvu de ladite Charge, jusqu'au tems qu'il avoit été chargé
» de l'agence des affaires du Chapitre, du 24 Juillet 1741. Autre Certificat du Sieur Jaudin,
» contenant qu'il percevoit tous les revenus de son Bénéfice, & qu'après avoir communiqué à sa

lui de la plus longue possession, pour le contraindre à continuer les aumônes, que lui & ses Prédécesseurs auroient faites de leur bon gré & par pure esprit de charité. Nous avons dans ce dernier cas un Arrêt récent en faveur de l'Abbaye de Saint Bertin de la Ville de Saint Omer.

» Compagnie sa Commission à lui accordée, par le Capitaine des Cent Suisses, qui étoit son » seul titre, elle avoit consulté les plus célebres Avocats de Paris, qui avoient répondu » qu'il devoit être tenu présent, du 11 Septembre 1753. Autre Certificat du Sieur Junot » Aumônier des Gardes Françoises, Chanoine de la Métropole de Cambrai, contenant qu'il étoit » tenu présent en ladite Eglise, non en vertu d'aucunes Lettres de Cachet, mais en vertu de son » privilege de Commensal de la Maison du Roi, accordé au Régiment des Gardes, du 11 Sep- » tembre 1752. Autre Certificat du Sieur Canne, Chanoine de l'Eglise de Reims, Aumônier des » Gardes du Corps, Compagnie de Villeroy, dûement légalisé par le Vicaire Général de l'Ar- » chevêque de Reims, contenant qu'on l'avoit toujours réputé présent, du 7 Octobre 1754. Con- » sultation du Sieur Buffard sur le Mémoire du Sieur Guithon à son avis, portant qu'il n'étoit » pas douteux que les Aumôniers de la Garde du Roi, devoient jouir des mêmes privileges que » les Chapelains de Sa Majesté; que les Aumôniers des Pages, soit du Roi, soit des Princes, » étoient constamment tenus présens en vertu du Privilege, & que ce privilege ne pouvoit être » refusé à l'Aumônier des Mousquetaires, qui n'étoit pas moins au Service du Roi, du 10 Août » 1754. Certificat du Comte de la Riviere, Capitaine Lieutenant de la seconde Compagnie des » Mousquetaires, contenant que le Sieur Guithon étoit Aumônier de ladite Compagnie, & » Chapelain de la Chapelle de l'Hôtel de ladite Compagnie, sous le titre de Saint Louis à la » suite de la Cour, du 12 Décembre 1714. Pieces produites de la part du Chapitre. Copie colla- » tionnée du Brevet de retenue de la charge d'Aumônier de la Maison du Roi, sous le titre » de Saint Roch, en faveur du Sieur des Auzieres, Chanoine de Saint Nicolas du Louvre à » Paris, du 21 Octobre 1737. Pareille copie, ensuite de Serment de fidelité prêté par ledit Sieur » des Auzieres entre les mains de M. le Prince de Condé, pour raison de ladite Charge, du 24 » dudit mois, ledit Brevet enregistré ès Registres du Contrôle général de la Maison & Chambre » aux deniers du Roi & en la Chambre des Comptes. Imprimé de la Déclaration du Roi du 2 » Avril 1717, ci dessus visé. Pareil imprimé d'autre Déclaration du 18 Décembre 1740, aussi » visée ci dessus. Copie signifiée de la Requête présentée au Grand Conseil par le Sieur Guithon, » de l'Ordonnance au bas, du 6 Juillet 1753, qui permet d'assigner le Chapitre & de saisir, & » de l'Exploit de signification & d'assignation donné en conséquence au Chapitre le même jour, » aussi rapporté ci dessus. Exploit de révocation de ladite assignation aux Requêtes de l'Hôtel, a » la Requête dudit Chapitre de Saint Louis, en vertu des Lettres de *Committimus*, du 17 du » même mois. Délibération du Chapitre de Saint Louis du Louvre, par laquelle il approuve les » procédures faites par le Prévôt, & les Chanoines qui s'étoient joints à lui, dans l'Instance pen- » dante au Conseil, entre le Chapitre & le Sieur Guithon, les priant de continuer les mêmes » soins, & de suivre ladite Instance dans tous les Tribunaux où elle pourroit être portée, du » quinze Décembre mil sept cent cinquante-trois. Copie signifiée de l'Arrêt d'évocation du dix sept » Juin mil sept cent cinquante-quatre. Imprimé de l'Ordonnance du Roi, portant rétablissement » & nouveaux Réglemens sur les Etapes, dans laquelle les Aumôniers des Mousquetaires, & » autres Corps de la Garde du Roi sont compris, de même que les Chirurgiens, Fouriers, Selliers, » Maréchaux ferrans & Apoticaires, du treize Juillet mil sept cent vingt-sept. Certificat du Sieur » Rossignol, Caissier du Sieur Bouret de Villaumont, Trésorier Général de la Maison du Roi; » contenant que l'Aumônier des Mousquetaires Noirs n'étoit point employé sur l'Etat général des » Officiers Ecclésiastiques Commensaux de la Maison de Sa Majesté, dans lequel Etat étoient em- » ployés les Aumôniers du Commun, dit de Saint Roch, du vingt-cinq Avril mil sept cent cin- » quante cinq, & généralement tout ce qui a été dit, écrit, produit & remis par lesdites Parties, » pardevers le Sieur Rouillé Dorfeuil, Chevalier, Conseiller du Roi en tous ses Conseils, Maître » des Requêtes ordinaire de son Hôtel, Commissaire en cette Partie député : oui son rapport, » après en avoir été par lui communiqué aux Sieurs Commissaires, aussi à ce députés ; & tout » consideré.

» LE ROI EN SON CONSEIL, faisant droit sur l'Instance, sans s'arrêter aux fins & conclusions » des Prévôt, Chantre, Chanoines & Chapitre de l'Eglise de Saint Louis du Louvre, a ordonné » & ordonne que ledit Sieur Guithon sera tenu & réputé présent, pendant toute l'année, au » Chapitre de l'Eglise Royale de Saint Louis du Louvre à Paris, sans être obligé d'y faire aucune » résidence, tant & si long tems qu'il exercera l'Office d'Aumônier de Sa Majesté près la seconde » Compagnie des Mousquetaires de sa Garde ; ce faisant, ordonne que les fruits, profits, revenus, » emolumens, & généralement tous les droits appartenans à son Canonicat & Prébende, à l'ex- » ception seulement des distributions manuelles qui ont accoutumé de tout tems être faites au » Chœur de la main à la main, en argent sec & monnoyé, pendant le Service divin, lui se- » ront payées en la forme & maniere ordinaire & accoutumée, à compter du jour qu'il a cessé » d'en être payé ; à ce faire seront les Prévôt, Chantre, Chanoines & Chapitre, & leurs Rece-

ARTICLE XXIV.

Les Archevêques & Evêques pourront, avec les fo-lemnités & procédures accoutumées, ériger des Cures dans les lieux où ils l'eftimeront néceffaire. Ils établiront pareillement, fuivant notre Déclaration du mois de Janvier 1686, & celle du mois de Juillet 1690, des Vicaires perpétuels où il n'y a que des Prêtres amovibles, & pourvoiront à la fubfiftance des uns & des autres par union de dixmes & d'autres revenus Eccléfiaftiques, en forte qu'ils aient, auffi bien que tous les autres Curés ci-devant établis, la fomme de trois cens livres, fuivant & en la forme portée par nos Déclarations des mois de Janvier 1686 & Juillet 1690.

Trois objets principaux font à confidérer dans ce qui concerne en général les Bénéfices appellés *Cures*; favoir, leur *érection*, leur *fuppreffion* & la *fubfiftance des Curés*.

L'*érection des Cures* eft fans contredit un droit attaché à l'Ordinaire. L'Evêque, comme premier Pafteur de fon Diocèfe, a le pouvoir de multiplier les Paroiffes, autant que l'exige le bien & l'avantage de ce même Diocèfe. Il n'eft pas pour cela néceffaire d'avoir recours au Pape & à la Cour de Rome, comme lorfqu'il s'agit d'érection d'Archevêché ou Evêché, ou de féculariser une Abbaye ou Prieuré. La Jurifdiction de l'Evêque s'étendant à tout ce qui a un trait immédiat à fon Diocèfe, l'érection d'une nouvelle Cure n'excede point par conféquent les limites de fon pouvoir.

Il ne faut pas croire néanmoins que, bien que l'érection des Cures foit un des attributs de la Jurifdiction volontaire de l'Evêque, il foit abfolument le maître de faire ces érections à fon gré & fans aucunes caufes. Comme elles ne peuvent avoir lieu, fans nuire à un tiers qui eft le Curé dont on démembre la Cure pour en former une nouvelle, il faut pour cela des caufes légitimes & conftatées telles. Les principales font le trop grand éloignement de la Paroiffe, qui met les En-

Erection des Cures.

» veurs & Fermiers, contraints par les voies qu'ils y font obligés; quoi faifant, ils en feront
» & demeureront bien & valablement quittes & déchargés; tous dépens entre les Parties com-
» penfés, fauf le coût du préfent Arrêt, qui fera payé par les Prévôt, Chantre, Chanoines &
» Chapitre, fur le furplus des demandes, a mis & met les Parties hors de Cour. Fait au
» Confeil d'Etat Privé du Roi, tenu à Fontainebleau le dixieme jour d'Octobre mil fept cent
» cinquante-cinq. Collationné, *Signé*, JOURDAIN, avec paraphe.

fans, les Vieillards & les Femmes enceintes dans le cas de manquer le Service divin, les Malades ↓ dans celui de ne point recevoir les derniers Sacremens, & les Enfans nouveaux nés, de ne point recevoir le Baptême ; & enfin l'accroiffement confidérable d'Habitans dans le lieu dont il s'agit.

Indépendamment des caufes fus-mentionnées qui peuvent donner lieu à l'érection de nouvelles Cures, l'Evêque doit faire précéder fon Décret d'érection de différentes formalités ; les deux principales font ; 1°. de faire une information de *commodo & incommodo* ; 2°. d'appeller & d'entendre ceux qui peuvent y avoir intérêt, & particulierement le Curé & les Marguilliers de la Paroiffe dont on prétend faire un démembrement pour former la nouvelle Cure, ainfi que les Patrons & Collateurs. Enfuite, après avoir dreffé procès verbal du tout, l'Evêque interpofe fon Décret d'érection, qui rend la nouvelle Eglife une Paroiffe en titre.

Comme l'Evêque ne doit démembrer une Cure que dans le cas d'une extrême néceffité, quand cette néceffité abfolue ne fe rencontre point, il fe contente quelquefois d'établir une Succurfale ou Eglife de fecours, qui eft régie par un Vicaire amovible, fous les yeux & fous l'infpection du Curé de la Paroiffe. Pour l'établiffement de ces Eglifes fubfidiaires, l'Evêque n'eft tenu à aucunes des formalités requifes pour l'érection des Cures, parcequ'il n'y a ni démembrement, ni nouveau titre de Bénéfice. Le Curé de l'Eglife Matrice demeure toujours Curé de la Succurfale ; les cires, les oblations, en un mot tout le cafuel lui en appartient. Cependant il y a dans les Succurfales des fonds Baptifmaux : le Saint Sacrement & les faintes Huiles y font gardées ; on y dit la Meffe de Paroiffe, on y fait le Prône & les autres Inftructions ; mais d'ordinaire on n'y enterre, ni on n'y marie. On n'y fait pas non plus la Communion pafcale : & il n'y a point d'Office les quatre grandes Fêtes de l'année, ni le jour de la Fête du Patron.

Il arrive très fouvent que ces Succurfales deviennent dans la fuite tellement furchargées d'Habitans & de Paroiffiens, qu'on fe trouve enfin dans la néceffité d'en former des Paroiffes en titre. Nous en avons nombre d'exemples, à Paris fur-tout, dont les quartiers font extrêmement fujets à s'accroître. Ainfi Saint Euftache, Sainte Opportune & Saint Roch font des démembremens de Saint Germain l'Auxerrois, dont ils n'étoient d'abord qu'Eglifes fuccurfales. Il en eft de même de Sainte Marguerite, qui étoit une Succurfale de Saint Paul, & de Saint Jacques du Haut Pas, qui l'étoit de Saint Benoît.

Mais s'il eft quelquefois befoin d'ériger de nouvelles Cures, il eft auffi quelquefois néceffaire d'en fupprimer. Il eft pourtant rare qu'une Paroiffe foit dans le cas d'être fupprimée en totalité ; à moins que par des évenemens extraordinaires, comme guerre, pefte, feu, eau & autres fléaux femblables, fon territoire ne vienne à fe trouver totalement défert. Mais le nombre des Habitans peut en diminuer fi confiderablement, par différens cas, qu'il faille, en fupprimant le titre de la
Cure

Cure, unir ce qui en reste à une Paroisse voisine ; & c'est ce qu'on appelle *Union*.

L'union d'une Cure à une autre se fait lorsqu'elles sont l'une & *Union des Cures.* l'autre d'un revenu si médiocre qu'un Curé ne peut s'y soutenir convenablement & avoir soin de ses Pauvres. Ces unions se pratiquent encore lorsque la Cure unie a souffert, par quelqu'accident ou pour raison de la décoration de la Ville, une diminution considérable dans son territoire. Ainsi, par exemple, le territoire des deux Paroisses de Saint Christophe & de Sainte Geneviève des Ardens, qui étoient déja en elles-mêmes de très petites Paroisses, ayant été réduit à très peu de chose, par le nouveau bâtiment des Enfans Trouvés & par l'agrandissement du Parvis Notre-Dame, ce qui restoit de ces deux Paroisses, a été uni & incorporé à la Paroisse de la Madeleine. La modicité du revenu devroit encore engager à la suppression par union de deux autres petites Cures de la Cité, qui sont Saint Pierre aux Bœufs & Sainte Croix, dont le produit seul est incapable de nourrir & d'entretenir avec décence ceux qui en sont Titulaires, s'ils n'avoient d'ailleurs quelques biens patrimoniaux. On pourroit unir Saint Pierre aux Bœufs à Sainte Marine, & Sainte Croix à Saint Pierre des Arcis. Dans une grande Ville, telle que Paris, il est nécessaire que les Curés soient sur un ton convenable. D'ailleurs ce Corps est ordinairement bien composé ; & on peut donner aux Curés de Paris, cette louange méritée depuis long-tems, c'est que, par la pureté de leurs mœurs, par le bon usage qu'ils font tant de leurs revenus que des aumônes qu'on leur confie, par les soins qu'ils apportent généralement soit pour l'instruction des Fideles soit pour la décence du Service divin, & enfin par la capacité & le mérite éminent de plusieurs d'entre eux, ils jouissent de la réputation la plus brillante, & tiennent un rang très distingué, non-seulement dans le Diocèse, mais encore dans toute l'Eglise Gallicane.

On étoit autrefois dans l'usage d'unir des Cures aux Chapitres ; mais nos Ordonnances, & le Concile de Trente ont reformé cet usage, qui est devenu en effet trop abusif ; d'autant que les Chanoines dans les Eglises desquels se trouvent des Cures, bien loin d'être d'aucun secours aux Paroissiens, ne servent au contraire qu'à troubler l'ordre & la tranquillité du Service Paroissial qu'on est obligé d'adapter au leur, & à interrompre & gêner les heures des Sermons, Prônes & autres Instructions. C'est en partie par ces motifs qu'on a uni le Chapitre de Saint Germain l'Auxerrois à celui de Notre-Dame, pour laisser l'Eglise entierement libre au Curé & aux Paroissiens. Il seroit à souhaiter que les mêmes motifs déterminassent le Supérieur Ecclésiastique à unir aussi le Chapitre de Saint Benoît à celui de Saint Etienne des Grès, pour que l'Eglise de Saint Benoît demeurât désormais libre au Curé & aux Paroissiens.

Il n'y a pas tout à fait les mêmes inconvéniens, lorsque le Chef du Chapitre se trouve en même-tems Curé, comme à Saint Merry &

Tome II. B b b b

à Sainte Opportune. L'union intime qui se trouve alors entre les deux qualités, fait qu'il regne plus d'accord & plus d'harmonie entre le Chapitre & la Paroisse.

Mais il est des Cures, qui dans leur principe ont été unies à des Communautés (Nous ne parlons point de celles qui font dans l'intérieur des Monasteres ou des Chapitres) de telle sorte que le Curé n'en a proprement que le titre ; & tous les émolumens généralement quelconques, vont au profit du corps de la Communauté. Telles font les deux Cures de Notre-Dame & de Saint Louis de Versailles, & celle de Fontainebleau, qui toutes trois font tenues chacune par une Communauté de Prêtres de la Mission de Saint Lazare, dont le Chef a la qualité de Curé. Mais il n'a pas plus de part que les autres Membres de la Communauté dans les revenus.

Les unions de Cures se font avec les mêmes formalités que les érections, c'est-à-dire, que le Décret de l'Evêque doit être précédé d'une information de *commodo & incommodo* pour en constater l'utilité & la nécessité ; & que de plus, on doit appeller & entendre préalablement toutes les Parties intéressées.

Subsistances des Curés. L'union des Cures trop médiocres est un des principaux moyens adoptés par nos Ordonnances (a), pour procurer aux Curés une *subsistance* convenable ; mais il en est encore d'autres pour parvenir au même but, soit que les Cures foient anciennes, soit qu'elles foient de nouvelle érection ; c'est d'y unir des dixmes, même malgré les gros Décimateurs, jusqu'à concurrence du montant de la Portion congrue attribuée aux Curés par les différentes Loix du Royaume fur cette matiere ; ce qui exige nécessairement quelque détail & quelque explication du moins sommaire.

Dans le principe de la concession des dixmes, elles font le Patrimoine naturel des Curés, & la récompense de leurs travaux.

Mais pendant ces siécles ténébreux de l'Eglise où le Clergé Séculier croupissoit dans la plus affreuse ignorance, on fut obligé d'avoir recours aux Moines & autres Réguliers qui étoient un peu moins ignorans que les autres, pour posséder les Cures & même les Evêchés.

(a) " Et afin que les Curés puissent sans aucune excuse vaquer à leurs charges, enjoignons aux
" Prélats de procéder à l'exécution des Bénéfices, distribution des dixmes & autre revenu Ecclésiasti-
" que suivant la forme des saints Décrets. Ord. d'Orléans ; Art. 16.
" Es lieux où des Cures ou Eglises Paroissiales le revenu est si petit, qu'il n'est suffisant pour
" entretenir le Curé, les Evêques avec dûe connoissance de cause, & felon la forme prescrite par
" les Conciles, y pourront unir autres Bénéfices Cures ou non Cures, & procéder à la distri-
" bution des dixmes & autre revenu Ecclésiastique. Ord. de Blois, Art. 22.
" Semblablement voulons que les Curés tant des Villes qu'autres lieux, fuivant l'Article 51
" dudit Edit des Etats tenus à Blois, être conservés ès droits d'oblations & autres droits Paro-
" chiaux, qu'ils ont accoutumé percevoir fuivant les anciennes & louables coutumes. Et ce nonobs-
" tant l'Ordonnance faite à la Requête des Etats tenus à Orléans, à laquelle Nous avons dérogé
" & dérogeons pour ce regard, & outre ès lieux où des Cures & Eglises Parochiales le revenu
" est si petit, qu'il n'est suffisant pour entretenir le Curé ; les Evêques, fuivant ledit Edit des
" Etats tenus à Blois, Article 22, pourront avec dûe connoissance de cause, & felon la forme
" prescrite par les Conciles, y unir autres Bénéfices, Cures ou non Cures, & procéder à la distri-
" bution des dixmes & autre revenu Ecclésiastique. Edit de Melun, Art. 27.

Les Moines ayant réuni par ce moyen à leurs Monasteres toutes les dixmes, & ne voulant plus se donner les peines & les soins qu'exige la qualité de Curé, se porterent à un tel point d'avarice, qu'ils adjugeoient la desserte des Cures au rabais, au profit de celui des Prêtres qui en demandoit le moins. Ces excès ayant été condamnés dans différens Conciles du Royaume, & entre autres par celui de Reims, can. 11, & par celui de Tours de l'an 1163, & où a présidé le Pape Alexandre III.

Ces condamnations ont ôté une partie du mal, mais n'y ont pas remédié tout-à-fait. A ces Curés adjudicataires & fermiers, ont succedé des Vicaires amovibles que les Religieux & autres Curés primitifs & gros Décimateurs nommoient, & auxquels on donnoit un salaire modique, qui étoit ordinairement reglé par l'Évêque.

Enfin, la sagesse de nos Rois est parvenue sur cela à deux points essentiels, qui sont; 1°. de rendre les places de Curés des Bénéfices perpétuels & irrévocables; 2°. de leur assurer un revenu fixe sur les dixmes, capable de leur fournir du moins le nécessaire. L'Ordonnande 1629 Art. 13, avoit fixé ce revenu annuel, appellé *Portion congrue* à 300 liv. mais une Déclaration du 17 Août 1632, accordée aux instances du Clergé, a modifié cette disposition pour les Curés étant au-delà de la Loire, dont la Portion congrue a été réduite à 200 liv. seulement; une autre Déclaration du 18 Décembre 1634, a prononcé la même réduction à 200 liv. même pour les Cures étant en deçà de la Loire (a).

(a) » LOUIS, par la grace de Dieu, Roi de France & de Navarre, &c. Les Agens Généraux
» du Clergé de notre Royaume, Nous ont fait remontrer qu'en conséquence de notre Ordonnance
» du mois de Janvier 1629 Article 13, par laquelle Nous aurions limité les Portions congrues
» des Curés & Vicaires perpétuels à 300 liv. se seroient mûs tant de procès, que pour les faire
» cesser, Nous aurions premierement fait une Déclaration du 17 Août 1632, par laquelle Nous
» aurions réduit lesdites Portions congrues pour les Curés & Vicaires perpétuels qui sont au-delà de la
» Riviere de Loire, & en notre Pays de Bretagne à la somme de 200 liv. par an, laquelle ayant
» été vérifiée en notre Grand Conseil, les Evêques, Abbés, Chapitres & Communautés Ecclé-
» siastiques, desquels dépendent les Curés & Vicaires perpétuels, qui sont au-deçà de ladite Ri-
» viere de Loire, estimant n'être pas de pire condition que les autres, auroient intenté grand
» nombre de procès, tant en notre Grand Conseil qu'ailleurs, pour lesdites Portions congrues,
» en telle sorte que lesdits Agens pour le bien & repos du Clergé, ayant recouvert grand nom-
» bre de Procurations desdits Archevêques, Evêques, Abbés, Chapitres, Communautés & autres
» Ecclésiastiques, se seroient adressés à Nous, & sur ce fait leur remontrance à notre Conseil.
» & proposé les désordres & inconvéniens naissans de cette diversité; à quoi notredit Conseil
» ayant égard, auroit le 20 Mai dernier donné Arrêt, par lequel désirant faire cesser tous les
» susdits procès & différends, concernant lesdits Curés & Vicaires perpétuels des Paroisses, étant
» au-deçà de ladite Riviere de Loire, & interprétant l'Article 13 de notredite Ordonnance, au-
» roit modéré lesdites Portions congrues à 200 liv. par an pour les Curés des Eglises Paroissiales
» qui n'ont point de Vicaires, & à 300 liv. pour ceux qui sont obligés tenir des Vicaires, aux
» charges portées par ledit Arrêt; en conséquence duquel, il leur est besoin avoir nos Lettres de
» Déclarations, lesquelles ils Nous ont supplié leur octroyer. Nous, à ces causes, désirant la
» paix & union entre les personnes Ecclésiastiques, de notre grace spéciale, pleine puissance &
» autorité Royale, en confirmant ledit Arrêt du Conseil, & conformément à icelui, en inter-
» prétant ledit Article 13 de notre Ordonnance du mois de Janvier 1629, avons moderé & mo-
» derons par ces Présentes signées de notre main, lesdites Portions & Pensions congrues des Vi-
» caires perpétuels & Curés étant au-deçà de ladite Riviere de Loire, à ladite somme de deux
» cens livres par an pour lesdits Curés des Eglises Paroissiales qui n'ont point de Vicaires, & à
» trois cens livres pour ceux qui ont eu ci-devant & sont obligés d'avoir à présent des Vi-

Mais enfin, la Portion congrue a été remife fur le pied de 300 livs d'abord par la Déclaration du 29 Janvier 1686 ; en ce, non compri les offrandes, honoraires, droits cafuels & dixmes novales, & de 150 liv. pour chaque Vicaire dans les endroits où ils font eftimés néceffaires (*a*). Une autre Déclaration du 30 Juin 1690, a décidé

» caires, dont Nous remettons le jugement aux Evêques Diocéfains ; & ordonnons, voulons &
» Nous plaît, qu'outre lefdites fommes, les offrandes & droits cafuels defdites Eglifes, enfemble
» les fonda'ions des Obits, demeurent aux fufdits Curés & Vicaires perpétuels, & non les petites
» dixmes, les revenus des fonds des Domaines des Cures, & autres revenus ordinaires, qui feront
» précomptés fur lefdites Portions congrues, nonobftant ledit Article de notredite Ordonnance,
» &-tous autres Edits & Réglemens faits au contraire ; auxquels de notre grace & pouvoir fufdits,
» Nous avons à cet effet dérogé & dérogeons. Si donnons en mandement à nos amés & féaux
» Confeillers tenant notre Grand Confeil, que nos préfentes Lettres de Déclaration, ils aient à
» faire lire, publier & regiftrer ; & le contenu d'icelles garder & obferver, nonobftant oppofi-
» tions ou appellations, & autres différens quelconques, qui pourroient être mûs en exécution
» d'icelles, dont Nous leur avons attribué & attribuons toute Cour, Jurifdiction & connoiffance,
» & icelle interdite à nos Cours de Parlemens, & à tous autres Juges quelconques. Car tel eft
» notre plaifir. Donné à Saint Germain en Laye le dix huit Décembre l'an de grace mil fix cent
» trente-quatre, & de notre Regne le vingt cinquieme. *Signé*, LOUIS : *& fur le repli*, par le Roi,
» DE LOMENIE.
» Regiftrées ès Regiftres du Grand Confeil du Roi, fuivant l'Arrêt rendu en icelui le 11 jour de
» Janvier 1635. *Signé*, CORLIER.
(*a*) » LOUIS, &c. SALUT. Le feu Roi notre très honoré Seigneur & Pere de glorieufe
» mémoire, ayant fait différentes Déclarations touchant les Portions congrues, que ceux à qui
» les groffes dixmes appartiennent, font obligés de payer aux Curés ou Vicaires perpétuels, Nous
» avons confirmé par notre Déclaration du mois de Mars de l'an 1666 celle du 18 Décembre
» 1634, & fixé ces Portions congrues à la fomme de deux cens livres pour les Curés ou Vicaires
» perpétuels des Paroiffes fituées dans les Provinces au-deçà de la Riviere de Loire, & dans lef-
» quelles il n'y a point de Vicaires, & à la fomme de trois cens livres pour celles où il eft né-
» ceffaire d'en avoir. Et comme Nous avons été informés que ces Prêtres ne pouvant fubfifter d'un
» revenu fi médiocre, les Cures font abandonnées ou remplies par des Eccléfiaftiques peu capa-
» bles d'en foutenir les obligations : Nous avons eftimé d'autant plus néceffaire d'y pourvoir,
» que plufieurs de nos Sujets étant rentrés dans l'Eglife, par la bénédiction qu'il a plu à Dieu de
» donner à nos foins, les Curés de ces Paroiffes fe trouvent chargés d'un troupeau beaucoup plus
» nombreux, & qui a encore un plus grand befoin de recevoir de bons exemples, & une bonne
» doctrine des Pafteurs qui font établis pour fa conduite.
» A CES CAUSES, & autres confidérations, à ce Nous mouvans, après avoir fait mettre cette
» affaire en délibération en notre Confeil, de l'avis d'icelui, & de notre certaine fcience, pleine
» puiffance & autorité Royale, avons dit, déclaré & ordonné, difons, déclarons & ordonnons
» par ces Préfentes fignées de notre main, voulons & Nous plaît ; que les Portions congrues que
» les Décimateurs font obligés de payer aux Curés ou Vicaires perpétuels, demeurent à l'avenir
» fixées dans toute l'étendue de notre Royaume, Terres & Pays de notre obéiffance, à la fomme
» de trois cens livres par chacun an ; & ce, outre les offrandes, les honoraires & droits cafuels
» que l'on paye, tant pour des Fondations que pour d'autres caufes ; enfemble les dixmes ro-
» vales fur les terres qui feront défrichées depuis que lefdits Curés ou Vicaires perpétuels auront
» fait l'option de la Portion congrue, au lieu du revenu de leur Cure ou Vicairerie, en confé-
» quence de notre préfente Déclaration.
» Voulons que dans les Paroiffes où il y a préfentement des Vicaires, ou dans lefquelles les Ar-
» chevêques ou Evêques, eftimeront néceffaire d'en établir un ou plufieurs, il foit payé la fomme
» de cent cinquante livres pour chacun defdits Vicaires ; ordonnons que ces fommes deftinées pour
» la fubfiftance defdits Curés ou Vicaires perpétuels, ou de leurs Vicaires, feront payées franches
» & exemptes de toutes charges, par ceux à qui les dixmes Eccléfiaftiques appartiennent : & fi
» elles ne font pas fuffifantes, par ceux qui ont les dixmes inféodées, & que dans les lieux où
» il y a plufieurs Décimateurs, ils y contribuent chacun à proportion de ce qu'ils poffedent des
» dixmes. Enjoignons à cet effet aufdits Décimateurs, d'en faire le réglement entr'eux dans
» trois mois après la publication de notre préfente Déclaration, dans nos Bailliages, Sénéchauf-
» fées, & autres Sieges dans l'étendue defquels ils perçoivent les dixmes. Voulons qu'après ledit
» tems de trois mois, & jufqu'à ce que ledit réglement ait été fait, chacun defdits Décimateurs
» puiffe être contraint folidairement au paiement defdites fommes, en vertu d'une Ordonnance
» qui fera décernée par nos Juges, fur une fimple Requête préfentée par les Curés ou Vicaires per-
» pétuels, contenant leur option de ladite Portion congrue, fans qu'il foit befoin d'y joindre
» d'autres pieces que l'acte de ladite option fignifié aufdits Décimateurs, & feront les Ordonnan-
» ces de nos Juges, rendues fur ce fujet, exécutées par provifion, nonobftant oppofitions ou appella-
» tions quelconques.

plufieurs difficultés furvenues au fujet de la premiere. Elle oblige d'abord les gros Décimateurs de payer la Portion congrue aux Curés, fi mieux ils n'aiment abandonner leurs dixmes ; d'un autre côté elle aftreint les Curés à garder la jouiffance des fonds & Domaines de leurs Cures, fur & tant moins de la Portion congrue (a). Notre préfent Article fe refere entierement fur cela aux difpofitions de ces deux Déclarations.

” Ordonnons que les Cures ou Vicaireries qui vaqueront ci-après par la mort des Titulaires,
” ou par les autres voies de droit, & celles dont les Titulaires fe trouveront interdits, foient
” deffervies durant ce tems par des Prêtres que les Archevêques, Evêques, & autres qui peuvent
” être en droit & poffeffion d'y pourvoir, commettront pour cet effet, & qu'ils feront payés par
” préférence fur tous les fruits & revenus defdites Cures ou Vicaireries perpétuelles, de la fomme
” de trois cens livres, à l'égard de ceux qui feront la fonction des Curés, & de celle de cent
” cinquante livres, à l'égard des Prêtres qui feront commis pour leur aider comme Vicaires Vou-
” lons que toutes les conteftations qui pourroient furvenir pour l'exécution de notre préfente
” Déclaration., foient portées en premiere inftance pardevant nos Baillifs & Sénéchaux, & en
” cas d'appel, en nos Cours de Parlemens.
‘ ” Si donnons en mandement, à nos amés & féaux Confeillers, les Gens tenant notre Cour de
” Parlement de Paris, que ces Préfentes ils faffent lire, publier & regiftrer, & le contenu en
” icelles garder & obferver felon fa forme & teneur, ceffant, & faifant ceffer tous troubles &
” empêchemens, nonobftant toutes Ordonnances, Déclarations, Arrêts, Réglemens & autres
” chofes à ce contraires, auxquelles Nous avons dérogé & dérogeons par ces Préfentes ; car tel
” eft notre plaifir : en témoin de quoi, Nous avons fait mettre notre Scel à cefdittes Préfentes.
” Donné à Verfailles le vingt-neuvieme jour de Janvier l'an de grace mil fix cent quatre-vingt-fix,
” & de notre Regne le quarante troifieme. *Signé*, L O U I S. *Et fur le repli*, par le Roi, COLBERT,
” & fcellées du grand Sceau de cire jaune.
” Regiftrées en Parlement le onze Février mil fix cent quatre vingt-fix. *Signé*, JACQUES.
(a) ” L O U I S, &c. SALUT. La bonté de Dieu ayant fait rentrer dans le fein de l'Eglife Ca-
” tholique, Apoftolique & Romaine, plufieurs de nos Sujets qui en étoient malheureufement
” féparés, Nous fommes encore plus obligés d'employer notre autorité, pour procurer que les
” Curés qui ont foin de la conduite fpirituelle de nos Sujets, foient dignes, par leurs mœurs &
” par leur doctrine, de s'acquitter d'un Miniftere fi faint & fi important ; & comme Nous avons
” été informés que dans quelques-unes des Provinces de notre Royaume, dans lefquelles il y a un
” plus grand nombre de nos Sujets convertis depuis peu de tems, plufieurs Curés primitifs, & à
” qui la collation des Cures & des Vicaireries perpétuelles appartient, commettent des Prêtres pour les
” deffervir, pendant le tems qu'ils jugent à propos de les y employer, avec une retribution très mé-
” diocre, Nous avons eftimé néceffaire de remédier à un abus condamné tant de fois par les faints Ca-
” nons, & qui empêchent les Eccléfiaftiques qui feroient capables de s'acquitter utilement de leurs
” emplois de les pouvoir accepter.
” A CES CAUSES, & autres confidérations, à ce Nous mouvans, après avoir fait mettre cette
” affaire en délibération en notre Confeil, de l'avis d'icelui, & de notre certaine fcience, pleine
” puiffance & autorité Royale, Nous avons dit, déclaré & ordonné, difons, déclarons, &
” ordonnons par ces Préfentes fignées de notre main, voulons & Nous plaît, que les Cures qui
” font unies à des Chapitres ou autres Communautés Eccléfiaftiques, & celles où il y a des Curés
” primitifs, foient deffervies par des Curés ou des Vicaires perpétuels qui feront pourvus en titre,
” fans que l'on y puiffe mettre à l'avenir des Prêtres amovibles, fous quelque prétexte que ce
” puiffe être ; enjoignons à ceux qui en ont commis, de préfenter aux Ordinaires des lieux, dans
” trois mois après la publication de notre préfente Déclaration, des Prêtres capables d'être
” pourvus en titre & durant leur vie defdites Cures ou Vicaireries perpétuelles, & à faute de
” ce faire, ordonnons qu'il y fera pourvu par les Archevêques & Evêques, chacun dans leur
” Diocèfe, de perfonnes qu'ils en eftimeront dignes, par leur probité & par leur fuffifance.
” Si donnons en mandement, à nos amés & féaux Confeillers les Gens tenant notre Cour de
” Parlement de Paris, que ces Préfentes, ils faffent lire, publier & enregiftrer, & le contenu en
” icelles obferver, nonobftant toutes Déclarations à ce contraires, que Nous avons revoquées &
” révoquons par ces Préfentes ; abrogeons tous Arrêts, Réglemens, Tranfactions & Coutumes,
” qui fe trouveront contraires à notre préfente Declaration. Car tel eft notre plaifir ; en témoin de
” quoi Nous avons fait mettre notre Scel à cefdites Préfentes. Donné à Verfailles le vingt neu-
” vieme jour de Janvier l'an de grace mil fix cent quatre vingt-fix, & de notre Regne le quarante-
” troifieme. *Signé*, LOUIS : *Et fur le repli*, par le Roi, COLBERT, & fcellées du grand Sceau
” de cire jaune.
” Regiftrées en Parlement le onzieme jour de Février 1696. *Signé*, JACQUES.

Il en eſt intervenu deux autres; l'une, le 5 Oct. 1726 (a) & l'autre, le
15 Janvier 1731 (b). Mais comme nous les avons commentées *ex profeſſo*,
dans notre Ouvrage ſur les Ordonnances de Louis XV, nous prions
le Lecteur de vouloir bien y avoir recours, afin d'éviter des redites.

(a) ,, Louis, par la grace de Dieu, Roi de France & de Navarre ; A tous ceux qui ces Pré-
,, ſentes verront ; Salut. Ayant pour les cauſes & conſidérations portées par notre Déclaration
,, du mois de Janvier 1686, ordonné que les Curés & Vicaires perpétuels ſeroient payés par
,, chacun an de la ſomme de trois cens livres de portions congrues, par ceux qui jouiſſent des
,, groſſes dixmes, il Nous a été répréſenté par les Archevêques, Evêques, & autres Eccléſiaſti-
,, ques, repréſentant le Clergé de France, aſſemblé par notre permiſſion à Saint Germain en
,, Laye, qu'en exécution de notredite Déclaration, leſdits Curés ont prétendu pouvoir aban-
,, donner aux gros Décimateurs, les fonds, domaines & autres portions de dixmes qu'ils poſſe-
,, doient, & les obliger, au moyen de cet abandonnement, de leur payer en argent la ſomme
,, de trois cens livres, quoique leſdits fonds, domaines & portions de dixmes, ſoient plus à la
,, bienſéance & commodité deſdits Curés, qui peuvent mieux les faire valoir que les gros Dé-
,, cimateurs ; leſquels ſouvent n'ayant aucuns autres fonds & domaines eſdits lieux, ils leur
,, ſeroient à charge, ſans en pouvoir tirer aucun profit. Il Nous a été auſſi repréſenté que leſ-
,, dits Curés qui jouiſſent de la Portion congrue, ſe prétendent exempts d'être impoſés aux Dé-
,, cimes, & de contribuer aux autres charges du Clergé dont ils font partie, & qu'ils jouiſſent de
,, tous les privileges d'icelui. Et comme pluſieurs Curés & Vicaires perpétuels Nous ont auſſi
,, fait plainte qu'ils étoient troublés dans la perception des offrandes, oblations, & autres droits
,, caſuels par les Curés primitifs ; ayant été informés que pour raiſon de toutes leſdites prétentions,
,, il y a pluſieurs procès intentés pardevant nos Cours & Juges, & voulant y pourvoir pour em-
,, pêcher la ſuite deſdits procès qui pourroient cauſer beaucoup de frais, & détourner les Curés
,, de l'aſſiduité qu'ils doivent à leurs Paroiſſes, pour y continuer leurs fonctions ſi néceſſaires à
,, l'édification & au ſalut de nos Sujets, & les confirmer dans l'exercice de la ſeule & véritable
,, Religion. A ces causes, & autres bonnes conſidérations, à ce Nous mouvans, de notre cer-
,, taine ſcience, pleine puiſſance, & autorité Royale, Nous avons dit, déclaré & ordonné,
,, diſons, déclarons & ordonnons, par ces Préſentes ſignées de notre main, voulons & Nous
,, plaît, que, ſuivant notredite Déclaration du mois de Janvier 1686, les Curés & Vicaires per-
,, pétuels jouiſſent de la Portion congrue de trois cens livres par chacun an, qui ſeront payées
,, par les gros Décimateurs, ſi mieux n'aiment leur abandonner toutes les dixmes qu'ils perçoi-
,, vent dans leſdites Paroiſſes, auquel cas, ils ſeront & demeureront déchargés deſdites Portions
,, congrues, ſans laquelle ſomme de trois cens livres leſdits Curés & Vicaires perpétuels ſeront
,, tenus de payer par chacun an, à l'avenir, leur part des décimes qui ſeront impoſées ſur les
,, Bénéfices de notre Royaume, à commencer ſeulement au premier département qui en ſera
,, fait par les Députés des Chambres Eccléſiaſtiques ; laquelle part des décimes ſera impoſée mo-
,, dérément ſur leſdits Curés & Vicaires perpétuels, dont Nous chargeons l'honneur & la conſ-
,, cience deſdits Députés ; & juſqu'à ce que par Nous en ait été autrement ordonné, ſans que
,, ladite part & portion puiſſe excéder la ſomme de cinquante livres, pour les décimes ordi-
,, dinaires & extraordinaires, dons gratuits, & pour toutes autres ſommes qui pourroient être
,, impoſées à l'avenir ſur le Clergé, ſous quelque prétexte que ce puiſſe être, dont Nous avons,
,, dès à-préſent & pour lors déchargé & déchargeons par ces Préſentes, leſdits Curés & Vicaires
,, perpétuels. Voulons auſſi que pour faciliter le paiement des trois cens livres de Portions con-
,, grues, leſdits Curés & Vicaires perpétuels ſoient tenus de garder & de continuer la jouiſſance
,, des fonds, domaines, & portions des dixmes qu'ils poſſédoient lors de notre Déclaration du
,, mois de Janvier mil ſix cent quatre-vingt-ſix, en déduction de ladite ſomme de trois cens
,, livres, ſuivant l'eſtimation qui en ſera faite à l'amiable entre les gros Décimateurs & les Curés
,, & Vicaires perpétuels, ſuivant la commune valeur quinzaine après l'option deſdits Curés ;
,, & s'ils ne ſe peuvent accommoder, l'eſtimation en ſera faite aux frais des gros Décimateurs,
,, ſans répétition contre leſdits Curés & Vicaires perpétuels, par Experts dont les Parties con-
,, viendront, & à faute d'en convenir, ils ſeront nommés d'office par nos Juges du reſſort, à
,, qui la connoiſſance eſt attribuée par notredite Déclaration ; & juſqu'à ce que l'eſtimation ſoit
,, faite à l'amiable, conſentie par les Parties, ou ordonnée, ſoit en première inſtance ou par
,, appel, les gros Décimateurs ſeront tenus de payer en argent les trois cens livres. Ordonnons
,, qu'après ladite eſtimation faite, en cas que les fonds, domaines, & portions de dixmes ne
,, ſoient ſuffiſantes pour compoſer le revenu deſdites trois cens livres ; le ſurplus ſoit payé en
,, en argent par les gros Décimateurs de quartier en quartier, & par avance, ſauf, après que
,, l'eſtimation aura été faite, la ſomme à laquelle pourra par chacun an monter le revenu deſdits
,, fonds, domaines & portions de dixmes, pendant la jouiſſance qu'en auront continuée leſ-
,, dits Curés, leur ſera déduite ſur le ſupplément en argent que les gros Décimateurs auront à
,, payer. Voulons pareillement que leſdits Curés & Vicaires perpétuels, jouiſſent à l'avenir
,, de toutes les oblations & offrandes, tant en cire qu'en argent, & autres retributions qui com-
,, poſent le caſuel de l'Egliſe, enſemble des fonds chargés d'obits & fondations pour le ſervice

» divin , sans aucune diminution de leurs portions congrues ; & ce nonobstant toutes transactions
» abonnemens, possessions, Sentences & Arrêts, auxquels Nous défendons à nos Cours & Ju-
» ges d'avoir aucun égard. Pourront néanmoins lesdits Curés primitifs, s'ils ont titre ou pos-
» session valable , continuer de faire le Service divin , aux quatre Fêtes solemnelles & le jour du
» Patron ; auxquels jours feulement, lorsqu'ils feront actuellement le Service , & non autre-
» ment , ils pourront percevoir la moitié des oblations & offrandes , tant en argent qu'en cire ,
» & l'autre moitié demeurera au Curé ou Vicaire perpétuel. Et sera au surplus notre Déclaration
» du mois de Janvier 1686 , exécutée selon sa forme & teneur , en ce qui n'y est dérogé par ces
» ces Préfentes. Si donnons en mandement , à nos amés & féaux Conseillers les Gens tenant notre
» Cour de Parlement à Paris , Baillifs , Sénéchaux , & tous autres nos Justiciers & Officiers qu'il
» appartiendra , que ces Préfentes ils fassent lire , publier & regiftrer , & le contenu en icelles
» garder & observer de point en point , selon leur forme & teneur. Cessant & faisant cesser tous
» troubles & empêchemens & autres choses à ce contraires, auxquelles Nous avons dérogé &
» dérogeons par ces Préfentes. Car tel est notre plaisir ; en témoin de quoi Nous avons fait mettre
» notre Scel à ces Préfentes. Donné à Versailles le trentieme jour de Juin l'an de grace mil six
» cent quatre-vingt dix , & de notre Regne le quarante-septieme. *Signé* , LOUIS. *Et fur le repli* ,
» par le Roi , COLBERT , & scellées du grand Sceau de cire jaune.

» Regiftrée , oui & ce requérant le Procureur Général du Roi , pour être exécutée felon fa forme
» & teneur , & copies collationnées envoyées dans les Sieges , Bailliages & Sénéchauffées du Ref-
» fort , pour y être lues , publiées & enregiftrées ; enjoint aux Subftituts du Procureur Général du
» Roi d'y tenir la main , & d'en certifier la Cour dans un mois , fuivant l'Arrêt de ce jour. A Paris
» en Parlement le dix-neuvieme Juillet mil six cent quatre-vingt-dix. *Signé* , DU TILLET.

(b) » LOUIS , par la grace de Dieu , Roi de France & de Navarre ; A tous ceux qui ces
» Préfentes Lettres verront : SALUT. Le feu Roi notre très honoré Seigneur & Bifayeul de glo-
» rieufe mémoire , ayant été informé qu'il s'étoit élevé plufieurs conteftations au fujet des droits
» prétendus par les Curés primitifs, lefquelles étoient portées en différens Tribunaux , & qu'à
» cette occafion les Curés ou Vicaires perpétuels étoient troublés dans les fonctions de leur mi-
» niftere , & détournés de l'affiduité qu'ils doivent au fervice de leurs Paroiffes , donna le 30
» Juin 1690 une Déclaration par laquelle il fut entr'autres chofes ordonné que les Curés ou Vi-
» caires perpétuels , jouiroient à l'avenir de toutes oblations & offrandes , tant en argent qu'en
» cire , & des autres retributions qui composoient le cafuel de leurs Eglifes ; ensemble des fonds
» charges d'obits & fondations pour le Service divin , fans aucune diminution de leurs Portions
» congrues , & ce , nonobftant toutes transactions, abonnemens & poffessions, Sentences & Arrêts,
» auxquels il eft fait défenses aux Cours & autres Juges d'avoir égard. Et que néanmoins les Curés
» primitifs pourront , s'ils ont titre ou poffession valable, continuer de faire le Service divin aux
» quatre Fêtes folemnelles , & le jour du Patron , auxquels jours feulement , lorfqu'ils feront ac-
» tuellement le Service & non autrement , ils pourront percevoir la moitié des oblations & of-
» frandes tant en argent qu'en cire ; l'autre moitié demeurant au Curé ou Vicaire perpétuel. Mais
» il Nous a été repréfenté que plufieurs Communautés régulieres établies dans ces Abbayes ,
» Prieurés , & autres Bénéfices , s'étant arrogé le titre & les fonctions de Curés primitifs , même
» à l'exclufion des Abbés , Prieurs , & autres Titulaires & Commendataires defdits Bénéfices ,
» donnent à ladite Déclaration de 1690 , différentes interprétations contraires à l'efprit de cette
» Loi ; & que non-feulement elles refufent le titre de Curés aux Vicaires perpétuels , quoique ce
» titre leur doive appartenir , comme étant feuls chargés du foin des ames ; mais encore qu'elles
» prétendent fous divers prétextes , pouvoir faire le Service divin dans lefdites Eglifes , toutes
» & quantes fois qu'il leur plaira ; & ce qui eft encore plus extraordinaire , Nous fommes infor-
» més que lefdites Communautés exercent ou reclament fouvent des droits, fonctions , préroga-
» tives , honneurs & prééminences peu convenables à leur état , qui ne tendent qu'à les éloigner
» de leurs Cloîtres , & affujettir les Curés & les Prêtres Séculiers à des fervitudes qui les dégra-
» dent , au grand fcandale des Fideles , & même à ufurper des fonctions, qui ne peuvent être
» légitimement exercées , que fous l'autorité , & avec la permiffion & approbation des Evêques ,
» & que pour couvrir ces entreprifes, elles emploient des transactions ou abonnemens qu'elles
» ont fu fe pratiquer ; à quoi defirant pourvoir , & donner de plus en plus au Clergé Séculier de
» notre Royaume , des marques de notre protection Royale , Nous avons eftimé néceffaire d'ex-
» pliquer notre intention au fujet de l'exécution de ladite Déclaration , pour tout ce qui con-
» cerne , tant les droits des Curés primitifs , que les Portions congrues dûes aux Curés & Vi-
» caires, foit perpétuels ou amovibles, afin qu'il ne refte plus aucune matiere de conteftation à
» cet égard , & que le Clergé Séculier ou Régulier demeurant dans les bornes prefcrites , ne foit
» plus occupé que de concourir également au Service de Dieu & à l'édification des Peuples , avec
» la fubordination qui eft dûe au caractere & à la dignité des Archevêques & Evêques. A CES
» CAUSES , & autres à ce Nous mouvans , de notre certaine fcience , pleine puiffance & autorité
» Royale , en interprétant , en tant que befoin , la fufdite Déclaration du 30 Juin 1690, Nous
» avons dit & ordonné , & par ces Préfentes fignées de notre main , difons & ordonnons , vou-
» lons & Nous plaît.

ARTICLE PREMIER.

» Que la Déclaration du 30 Juin 1690 portant Réglement fur ce qui concerne les Curés pri-
» mitifs , & les Curés ou Vicaires perpétuels , foit exécutée felon fa forme & teneur , en tout ce
» à quoi il n'aura été dérogé par ces Préfentes.

» II. Qu- pour infpirer à nos Peuples le refpeét & la jufte confiance qu'ils doivent à leurs
» Pafteurs : les Vicaires perpétuels puiffent en tous aétes & en toutes occafions prendre la qualité
» de Curés de leurs Paroiffes, & qu'ils foient reconnus en cette qualité par tous les Fideles con-
» fiés à leurs foins.

» III. Que toutes fonétions, prééminences, droits honorifiques ou utiles, prétendus par les
» Curés primi ils, de quelque nature qu'ils puiffent être, foient à l'avenir, & pour toujours,
» réduits comme Nous les réduifons par ces Préfentes, à la feule faculté de faire le Service divin
» les quatre Fêtes fomnelles & jour du Patron, s'ils ont titre & poffeffion valables à cet effet,
» ainfi qu'il fera expliqué par l'Article fuivant, fans qu'ils puiffent lefdits jours prétendre ad-
» minift er les Sacremens ou prêcher, fans une miffion fpéciale des Evêques, pourront cepen-
» dant lefdits jours feulement, & quand ils officieront, & non autrement, percevoir la moitié
» des oblations & offrandes, tant en argent qu'en cire, l'autre moitié demeurant auxdits Curés
» Vicaires perpétuels, & ce nonobftant tous ufages, abonnemens, tranfactions, jugemens, &
» autres titres à ce contraires, que Nous déclarons à cet effet nuls, & de nul effet.

» IV. Le titre & les droits des Curés primitifs, ne pourront être acquis légitimement qu'en
» vertu d'un ti re fpécial ; ceux qui prétendent y être fondés, feront tenus, en tout état de caufe
» d'en repréfenter les titres; faute de quoi ils ne pourront être reçus au préjudice des Curés Vi-
» caires perpé uels, à qui la provifion demeurera pendant le cours de la conteftation ; & ne
» feront réputés valables à cet effet, autres titres que les Bulles des Papes, Décrets des Archevê-
» ques ou Evêques, Lettres Patentes des Rois nos Prédéceffeurs, ou aétes d'une poffeffion juftifiée
» avant cent ans, & non interrompue, & fans avoir égard aux tranfactions ou autres aétes, ni
» aux Sentences ou Arrêts, qui pourroient avoir été rendus en faveur des Curés primitifs ; fi
» ce n'eft que, par leur authenticité, & l'exécution qui s'en feront enfuivies, ils euffent acquis le dégré
» d'autorité néceffaire pour les mettre hors d'atteinte.

» V. Les Abbés, Prieurs & autres Bénéficiers, foit Titulaires ou Commendataires qui auront
» droit de Curés primitifs, pourront feuls, & à l'exclufion des Communautés établies dans leurs
» Abbayes, Prieurés, & autres Bénéfices, prendre le titre de Curés primitifs, & en exercer les
» fonétions ; ce qu'ils ne pourront faire qu'en perfonne, & ainfi qu'elles ont été reglées par l'Ar-
» ticle III du préfent Réglement, fans qu'en leur abfence ni même pendant la vacance defdites
» Abbayes, Prieurés & autres Bénéfices, lefdites fonétions puiffent être remplies par lefdites Com-
» munautés, ni par autres que les Curés-Vicaires perpétuels, & à l'égard des Communautés qui
» n'ayant point d'Abbés, ni Prieurs en titre ou commende, auront droit de Curés primitifs, les
» Superieurs defdites Communautés, pourront feuls en faire les fonétions conformément audit
» Article. Et feront les uns & les autres tenus auxdits cas, de faire avertir les Curés Vicaires
» perpétuels la furveille de la Fête, & de fe conformer au rit & chant du Diocèfe, & dans toutes
» les cérémonies Proceffions ou Affemblées publiques, de quelque nature qu'elles puiffent être ;
» ils fe feront tenus, fuivant la Déclaration du 30 Juillet 1710, de fe foumettre aux ordres &
» mandemens des Archevêques, Evêques ou Grand Vicaires du Diocèfe, nonobftant tous ufages
» ou titres à ce contraires ; le tout fans qu'aucunes prefcriptions puiffent être ci-après alleguées
» contre les Abbés, Prieurs & autres Bénéficiers, qui auroient négligé de faire en perfonne les
» fonétions de Curés primitifs, par quelque laps de tems que ce foit.

» VI. Voulons qu'en ce qui concerne les Portions congrues des Curés & Vicaires perpétuels,
» tant pour eux que pour leurs Vicaires amovibles, les Déclarations des 29 Janvier 1686 & 30
» Juin 1690 foient exécutées ; & en conféquence, ordonnons que lorfque les dîmes des Pa-
» roiffes ne feront pas fuffifantes pour remplir lefdites Portions congrues, ainfi qu'elles ont été reglées
» par lefdites Déclarations, les Curés primitifs n'en puiffent être déchargés, fous prétexte de l'a-
» bandon qu'ils auroient ci-devant fait, ou pourroient faire ci après defdites dîmes, auxdits
» Curés Vicaires perpétuels ; mais foient tenus d'en fournir le fupplément fur les autres biens
» & revenus qu'ils poffedent dans lefdites Paroiffes, & qui feront de l'ancien patrimoine des
» Curés, fi mieux ils n'aiment abandonner ledit titre, & les droits de Curés primitifs dans lefdites
» Paroiffes.

» VII N'entendons néanmoins déroger en aucune maniere, aux droits, prééminences, & ufages
» dans lefquels font les Eglifes Cathédrales ou Collegiales, lefquelles demeureront, à l'égard de
» tout le contenu en la préfente Déclaration, dans les ufages ou la poffeffion où elles font, à
» l'exception néanmoins de ce qui eft prefcrit par l'Article VI concernant les Portions congrues,
» auquel elles feront tenues de fe conformer. Si donnons en mandement, à nos amés & féaux
» Confeillers les Gens tenant notre Cour de Parlement à Paris, que ces Préfentes ils aient à faire
» lire, publier & enregiftrer, même en tems de Vacations, & le contenu en icelles, garder &
» obferver felon fa forme & teneur. Car tel eft notre plaifir ; en témoin de quoi Nous avons fait
» mettre notre Scel à ces Préfentes. Donné à Fontainebleau le cinquieme jour d'Oétobre l'an de
» grace mil fept cent vingt-fix, & de notre Regne le douzieme. Signé, LOUIS : Et plus bas,
» par le Roi PHELYPEAUX, & fcellées du grand Sceau de cire jaune.

» Regiftrées, oui & ce requérant le Procureur Général du Roi, pour être exécutées felon leur
» forme & teneur ; à la charge que le préfent enregiftrement fera réiteré au lendemain de la Saint
» Martin, & Copies collationnées envoyées aux Bailliages & Sénéchauffées du Reffort, pour y
» être lues, publiées & regiftrées. Enjoint aux Subftituts du Procureur Général du Roi d'y tenir la
» main, & d'en certifier la Cour dans un mois, fuivant l'Arrêt de ce jour. A Paris en Vacations
» le 23 Oétobre 1726. Signé, YSABEAU.

» LOUIS, par la grace de Dieu, Roi de France & de Navarre : A tous ceux qui ces Pré-
» fentes Lettres verront ; SALUT. Nous avons été informés qu'à l'occafion du Réglement que

Nous

» Nous avons fait entre les Curés primitifs & les Curés Vicaires perpétuels , par notre Déclara-
» tion du 5 Octobre 1716 , il s'est formé de nouvelles difficultés entr'eux sur l'exercice de leurs
» fonctions, soit parcequ'on a donné à cette Loi des interprétations contraires à son véritable
» esprit, soit parcequ'on a cherché à l'étendre à des cas qu'elle n'a pas même prévus , & qui ne
» peuvent être decidés que par notre autorité. C'est pour faire cesser ces inconvéniens , que Nous
» avons jugé à propos de réunir dans une seule Loi les dispositions de la Déclaration du 5 Octobre
» 1716 , & celles des Loix précédentes, en y ajoutant tout ce qui pouvo t manquer à la perfec-
» tion de ces Loix , pour assurer également les droits légitimes des Curés primitifs , & ceux des
» Curés-Vicaires perpétuels , sans donner atteinte aux usages & prérogatives de certaines Eglises
» principales, qui, n'ayant rien de contraire au bon ordre, méritent d'être consacrés par leur an-
» cienneté. Nous travaillerons par là autant pour l'avantage de l'Eglise, que pour celui de nos
» Sujets, en prévenant des contestations toujours onéreuses aux Parties interessées , & qui dé-
» tournant les Pasteurs du soin des ames confiées à leur ministere , sont encore plus contraires au
» bien public. A CES CAUSES , & autres à ce Nous mouvans , de notre certaine science, pleine
» puissance & autorité Royale , Nous avons dit , déclaré & ordonné , disons , délarons & or-
» donnons , voulons , & Nous plaît ce qui ensuit.

ARTICLE PREMIER.

» Les Vicaires perpétuels pourront prendre en tous actes & en toutes occasions les titre & qua-
» lités de Curés-Vicaires perpétuels de leurs Paroisses, en laquelle qualité ils seront reconnus ,
» tant de leurdite Paroisse que par tout ailleurs.

» II. Ne pourront prendre le titre de Curés primitifs , que ceux dont les droits seront é ablis,
» soit par des titres canoniques, actes ou transactions valablement autorisés, Arrêts contradic-
» toires, soit sur des actes de possession contraire. N'entendons exclure les moyens & voies de
» droit, qui pourroient avoir lieu, contre lesdits actes & Arrêts, lesquels seront cependant exé-
» cutés jusqu'à ce qu'il en ait été autrement ordonné, soit diffinitivement ou par provision ,
» par les Juges qui en doivent connoître, ainsi qu'il sera dit ci après.

» III. Les Abbés , Prieurs & autres pourvus, soit en titre ou en commande, du Bénéfice au-
» quel la qualité de Curé primitif sera attachée, pourront seuls , & à l'exclusion des Commu-
» nautés établies dans leurs Abbayes, Prieurés ou autres Bénéfices, prendre ledit titre de Curés
» primitifs , & en exercer les fonctions, lesquelles ils ne pourront remplir qu'en personne , sans
» qu'en leur absence , ni même pen lant la vacance desdites Abbayes, Prieurés ou autres Béné-
» fices, lesdites Communautés puissent faire lesdites fonctions, qui ne pourront être exercées
» dans ledit cas que par les Curés-Vicaires perpétuels; & à l'égard des Communautés, qui,
» n'ayant point d'Abbés , ni de Prieurs en titre ou en commande, sur les droits de Curés
» primitifs , soit par union de Bénéfices ou autrement, les Superieurs desdites Communautés
» pourront seuls en faire les fonctions, le tout nonobstant tous actes, jugemens & possession à
» ce contraires. A pareillement , sans qu'aucune prescription puisse être alleguée contre les Ab-
» bés , Prieurs & autres Bénéficiers, ou contre les Supérieurs des Communautés, qui auroient ne-
» gligé ou qui négligeroient de faire lesdites fonctions de Curés primitifs , par quelque laps de tems
» que ce soit.

» IV. Les Curés primitifs , s'ils ont titre ou possession valable, pourront continuer de faire le
» Service divin les quatre Fêtes solemnelles & le jour du Patron ; à l'effet de quoi ils seront
» tenus de faire avertir les Curés-Vicaires perpétuels la surveille de la Fête , & de se conformer
» au rit & chant du Diocèse, sans qu'ils puissent même auxdits jours administrer les Sacremens
» ou prêcher , sans une mission spéciale de l'Evêque ; & sera le contenu au présent Article exé-
» cuté, nonobstant tous titres , jugemens , ou usages à ce contraires.

» V. Les droits utiles desdits Curés primitifs demeureront fixés , suivant la Déclaration du 2
» Juin 1690 , à la moitié des oblations & offrandes , tant en cire qu'en argent , l'autre moitié
» demeurant au Curé Vicaire perpétuel ; lesquels droits ils ne pourront percevoir , que lorsqu'ils
» feront le Service divin en personne aux jours ci-dessus marqués ; le tout à moins que lesdits
» droits n'aient été autrement reglés en faveur des Curés primitifs , ou des Curés Vicaires perpé-
» pétuels par des titres canoniques, actes ou transactions valablement autorisées, Arrêts contra-
» dictoires , ou act s de possession contraire.

» VI. N'entendons donner atteinte aux usages des Villes & autres lieux où le Clergé & les Peu-
» ples ont accoutumé de s'assembler dans les Eglises des Abbayes, Prieurés ou autres Bénéfices ,
» pour les *Te Deum* , ou pour les Processions du Saint Sacrement , de la Fête de l'Assomption ,
» ou de celle du Patron , & autres Processions générales , qui se font suivant le rit du Diocèse ou
» les Ordonnances des Evêques , lesquels usages seront entretenus comme par le passé.

» VII. N'entendons pareillement rien innover sur l'usage où sont plusieurs Paroisses , d'assister
» le jour de la Fête du Patron ou autres Fêtes solemnelles à l'Office divin dans les Eglises des
» Abbayes, Prieurés ou autres Bénéfices, ou d'y faire le Service qu'elles ont accoutumé d'y
» célébrer. Voulons qu'en cas de contestation sur le fait de l'usage & de la possession par rapport
» aux dispositions du présent Article & du précédent, il y soit pourvu par les Juges ci après mar-
» qués , sur les titres & actes de possession des Parties ; le tout sans préjudice aux Archevêques &
» Evêques de regler les difficultés qui pourroient naître dans le cas desdits Articles au sujet des
» Offices des cérémonies Ecclésiastiques , & feront les Ordonnances par eux rendues sur ce sujet
» exécutées par provision , nonobstant l'appel simple , ou comme d'abus & sans y préjudicier.

» VIII. Voulons auffi que dans les lieux où la Paroiffe eft deffervie à un Autel particulier de
» l'Eglie dont elle dépend, les Religieux ou Chanoines Réguliers de l'Abbaye, Prieurs ou
» autres Bénéficiers, puiffent continuer de chanter feuls l'Office Canonial dans le Chœur, & de
» difpofer des Bancs ou Sépultures dans leurfdites Eglifes, s'ils font en poffeffion paifible & im-
» mémoriale de ces prérogatives.

» IX. Les difficultés nées ou à naître fur les heures auxquelles la Meffe Paroiffiale ou d'autres
» parties de l'Office divin doivent être célébrées à l'Autel, & lieux deftinés à l'ufage de la Pa-
» roiffe, feront réglées par l'Evêque Diocéfain, auquel feul appartiendra auffi de preferire les
» jour & heure auxquelles le Saint Sacrement fera ou pourra être expofé audit Autel, même à
» celui des Religieux ou Chanoines Réguliers de la même Eglife, & les Ordonnances par lui
» rendues fur le contenu au préfent Article, feront exécutées par provifion pendant l'appel fim-
» ple ou comme d'abus & fans y préjudicier ; & ce nonobftant tous privileges & exemptions,
» même fous prétexte de jurifdiction quafi Epifcopale prétendue par lefdites Abbayes, Prieurés &
» autres Bénéfices, lefdites exemptions & jurifdictions ne devant avoir lieu en pareille matiere.

» X. Les Curés primitifs ne pourront, fous quelque prétexte que ce puiffe être, préfider ou af-
» fifter aux Conférences ou Affemblées, que les Curés-Vicaires perpétuels tiennent avec les Prêtres
» qui deffervent leurs Paroiffes, par rapport aux fonctions ou devoirs auxquels ils font obligés,
» ou autres matieres femblables. Leur défendons pareillement de fe trouver aux Affemblées des
» Curés Vicaires perpétuels & Marguilliers qui regardent la Fabrique, ou le droit d'en conferver
» les clefs entre leurs mains, & ce, nonobftant tous Actes, fentences & Arrêts, ou ufages à ce
» contraires.

» XI. Les Abbayes, Prieurés ou Communautés, ayant droit de Curés primitifs, ne pourront
» être déchargés du paiement des Portions congrues des Curés-Vicaires perpétuels, & de leurs
» Vicaires, fous prétexte de l'abandon qu'ils pourroient faire des dixmes à eux appartenantes, à
» moins qu'ils n'abandonnent auffi tous les biens & revenus qu'ils poffedent dans lefdites Paroif-
» fes, & qui font de l'ancien patrimoine des Curés, enfemble le titre & droit de Curés primitifs,
» le tout fans préjudice du recours que les Abbés ou Prieurs & les Religieux pourront exercer
» réciproquement en ce cas les uns contre les autres, felon que les biens abandonnés fe trouve-
» ront être dans la Manfe de l'Abbé ou Prieur, ou dans celle des Religieux.

» XII. Les conteftations qui concernent la qualité des Curés primitifs, & les droits qui en peuvent
» dépendre, ou les diftinctions & prérogatives prétendues par certaines Eglifes principales, comme
» auffi celles qui pourront naître au fujet des Portions congrues, & en général toutes les demandes
» qui feront formées entre les Curés primitifs, les Curés Vicaires perpétuels & les gros Décima-
» teurs, fur les droits par eux refpectivement prétendus, feront portées en premiere Inftance de-
» vant nos Baillifs & Sénéchaux, & autres Juges des cas Royaux reffortiffans nuement à nos
» Cours de Parlemens, dans le territoire defquelles les Cures fe trouveront fituées, fans que
» l'appel des Sentences & Jugemens par eux rendus en cette matiere, puiffe être relevé ailleurs
» qu'en nofdites Cours de Parlemens, chacune dans fon reffort; & ce nonobftant toutes évo-
» cations qui auroient été accordées par le paffé, ou qui pourroient l'être par la fuite, à tous
» Ordres, Congrégations, Corps, Communautés, ou Particuliers, Lettres Patentes, ou Décla-
» rations à ce contraires, auxquelles Nous avons dérogé & dérogeons par ces Préfentes, no-
» tamment à celle du dernier Août 1687, portant que les appellations des Sentences rendues
» par les Baillifs, Sénéchaux, au fujet des conteftations formées fur le paiement des Portions
» congrues, feront relevées en notre Grand Confeil, lorfque les Ordres Religieux, les Com mu-
» nautés, ou les Particuliers qui ont leurs évocations en ce Tribunal, fe trouveront Parties dans
» lefdites conteftations.

» XIII. Les Sentences & Jugemens qui feront rendus fur les conteftations mentionnées dans
» l'Article précédent, foit en faveur des Curés primitifs, foit au profit des Curés-Vicaires per-
» pétuels, feront exécutés par provifion nonobftant l'appel, & fans y préjudicier.

» XIV. Voulons que notre préfente Déclaration foit obfervée, pour ce qui regarde les
» Curés Vicaires perpétuels des Villes, que pour ceux de la Campagne ; & qu'elle foit pareille-
» ment exécutée à l'égard de tous Ordres, Congrégations, Corps & Communautés, Séculieres ou
» Régulieres, même à l'égard de l'Ordre de Malthe, de celui de Fontevrau't, & de tous au-
» tres. Et pour toutes les Abbayes, Prieurés, & autres Bénéfices qui en dépendent, fans néan-
» moins que les Chapitres des Eglifes Cathédrales ou Collegiales, foient cenfés compris dans la
» préfente difpofition, en ce qui concerne les prééminences, honneurs, & diftinctions dont ils
» font en poffeffion, même celle de prêcher avec la permiffion de l'Evêque certains jours de
» l'année, defquelles prérogatives ils pourront continuer de jouir, ainfi qu'ils ont bien & dûement
» fait par le paffé.

» XV. Voulons au furplus que la Déclaration du 19 Janvier 1686 & celle du 30 Juin 1690,
» & l'Article premier de la Déclaration du trente Juillet mil fept cent dix, foient exécutées
» felon leur forme & teneur, en ce qui n'eft point contraire à notre préfente Déclaration.
» Si donnons en mandement à nos amés & féaux les Gens tenant notre Cour de Par-
» lement à Paris, que ces Préfentes ils faffent lire, publier & enregistrer, & le contenu en
» icelles garder, & obferver felon leur forme & teneur, nonobftant tous Edits, Déclarations,
» Arrêts, & autres chofes à ce contraires, auxquels Nous avons dérogé par ces Préfentes. Car
» tel eft notre plaifir ; en témoin de quoi Nous avons fait mettre notre Scel à cefdites Préfentes.
» Donné à Marly le quinze Janvier l'an de grace mil fept cent trente-un, & de notre Regne

ARTICLE XXV.

Les Régens, Précepteurs, Maîtres & Maîtreffes d'E-
coles des petits Villages, feront approuvés par les Curés
des Paroiffes, ou autres perfonnes Eccléfiaftiques qui
ont droit de le faire; & les Archevêques, Evêques, ou
leurs Archidiacres, dans le cours de leurs vifites, pour-
ront les interroger, s'ils le jugent à propos, fur le Caté-
chifme, en cas qu'ils l'enfeignent aux Enfans du lieu,
& ordonner qu'on en mette d'autres à leurs places, s'ils
ne font pas fatisfaits de leur doctrine ou de leurs mœurs,
& même en d'autre tems que celui de leurs vifites, lorf-
qu'ils y donneroient lieu, pour les mêmes caufes.

Les Ecoles font un des objets les plus intéreffans, tant pour la Religion que pour la Société civile.

Pendant long-tems, nos François uniquement occupés du Métier de
la Guerre, ont négligé jufques aux moindres connoiffances ; & rien
n'étoit plus commun dans ces fiécles ténébreux, que de voir les Gens
du plus haut rang, ne favoir ni lire ni écrire, & même fe faire
gloire de leur ignorance craffe. La Nation étant revenue peu-à-peu d'un
préjugé auffi honteux, nos Légiflateurs chercherent les moyens les
plus propres, eu égard au tems, pour procurer à la jeuneffe une inftruction convenable. Le premier qui fe préfenta d'abord fut de deftiner dans chaque Eglife Collégiale le revenu d'une Prébende pour entretenir un Maître d'Ecole public. Cet expédient fut autorifé formellement
par l'Ordonnance d'Orléans, dont l'Article 9 porte : *Outre ladite*
Prébende Théologale, une autre Prébende, ou le revenu d'icelle, demeu-
rera deftiné pour l'entretenement d'un Précepteur qui fera tenu, moyennant
ce, inftruire les jeunes Enfans de la Ville gratuitement & fans falaire,
lequel Précepteur fera élu par l'Archevêque ou Evêque du lieu, appellés
les Chanoines de leur Eglife, & les Maire, Echevins, Confeillers ou
Capitouls de la Ville, & deftituable par ledit Archevêque ou Evêque par
l'avis des deffusdits.

» le feizieme. Signé, LOUIS. Et plus bas, par le Roi, PHELYPEAUX Et fcellée du grand
» Sceau de cire jaune.
(» Regiftrées, oui, & ce requérant le Procureur Général du Roi, pour être exécutées felon leur
» forme & teneur, & copies collationnées en oyées aux Bailliages & Sénéchauffées du Reffort,
» pour y être lues, publiées & enregiftré. Enjoint aux Substituts du Procureur Général du Roi
» d'y tenir la main, & d'en certifier la Cour dans un mois, fuivant l'Arret de ce jour. A Paris
» en Parlement le 16 Février 1731. Signé, YSABEAU.

C c c c ij

L'Ordonnance de Blois a confirmé cette sage disposition de celle d'Orléans, en ces termes : *Nous voulons que l'Ordonnance faite à la requisition des Etats tenus à Orléans, tant pour les Prébendes Théologales que Préceptoriales, soit exactement gardée ; fors excepté toutefois pour le regard des Eglises où le nombre des Prébendes ne seroit que de dix, outre la principale Dignité.* Ce Précepteur est nommé dans plusieur endroits *Ecolâtre.*

Depuis ce tems là, les Universités se sont accrues & augmentées ; & l'éducation gratuite qui y a été donnée aux Enfans, par un effet de la munificence de nos Rois, depuis le dernier siécle, a rendu presqu'inutile l'établissement des Ecolâtres, sur-tout dans les Villes où il y a des Universités, & dans les lieux circonvoisins qui sont en état d'en profiter, en y envoyant leurs Enfans.

Dans un grand nombre d'autres Villes du Royaume, moins considérables, & qui n'ont pas l'avantage d'avoir des Universités dans leur enceinte, il s'est formé des Colleges particuliers qui ont aussi des cours d'études reglés ; les uns sont attachés à des Ordres ou Communautés, comme Prêtres de l'Oratoire, de la Doctrine Chrétienne, Jésuites, Barnabites, Chanoines Réguliers, & autres ; les autres sont confiés à des Séculiers. Lors de la formation primitive de ces Colleges, on a uni & appliqué à la plûpart d'entre eux les revenus de la Prébende Préceptoriale, quand il s'en est trouvé dans la Ville ; les Corps de Ville ont pourvu d'ailleurs au surplus de ce qu'il falloit pour l'entretien du College & la subsistance des Régens, soit des propres fonds de la Ville, soit en obtenant l'union de quelques Bénéfices.

C'est pourquoi, dans l'état actuel où sont les choses, il ne subsiste pas dans le Royaume un grand nombre de Précepteurs ou Ecolâtres. Les lieux où ils se sont conservés le plus, sont certaines petites Villes où il y a des Chapitres, mais qui ne sont pas assez fortes pour supporter un College en regle. Dans quelques unes, l'Ecolâtre est un des Chanoines & en titre ; dans ce cas, il n'est pas destituable, puisque la Prébende Préceptoriale alors est un vrai titre de Bénéfice : dans d'autres Villes, celui qui est chargé de l'éducation des Enfans, jouit bien des revenus de la Prébende Préceptoriale, mais n'a point de place au Chœur ; & dans ce dernier cas, il est amovible.

Plusieurs Eglises Cathédrales ont aussi des Ecolâtres qui en sont Membres, de même que les Théologaux. Ces Bénéficiers ne sont point assujettis à instruire par eux mêmes les Enfans ; mais ils y jouissent du droit d'instituer dans la Ville & la Banlieue les Maîtres & les Maîtresses d'Ecole. L'Ecolâtre de l'Eglise Cathédrale de Reims n'est point borné sur cela à la seule enceinte de la Ville ; son droit d'institution des Maîtres & Maîtresses d'Ecole s'étend dans tout le Diocèse de Reims, Villes & Villages. C'est chose jugée en sa faveur par Arrêt rendu sur les Conclusions de M. de Lamoignon, alors Avocat Général, & aujourd'hui Chancelier, par Arrêt de la Cour du 5 Juillet 1718, rapporté dans le Recueil de Jurisprudence canonique sur le mot *Ecclâtre.*

Quoique dans l'Eglife de Paris il n'y ait point de Bénéfice particulierement affecté à l'Ecolâtre , cependant le Chantre en réunit tous les
droits , & jouit de celui d'inftituer & de révoquer les Maîtres & Maîtreffes d'Ecoles , non-feulement dans la Ville & les Fauxbourgs de Paris,
mais encore dans les Villages de la Banlieue : il a même , pour raifon
de ce , une Jurifdiction établie, qu'il exerce dans le Tribunal où fe
tient l'Officialité , avec droit d'avoir un Promoteur ; & l'appel de fes
jugemens fe releve fans moyen au Parlement. Quelques Auteurs ont
prétendu que le Chantre ne pouvoir choifir fes Maîtres , que parmi
ceux qui avoient le dégré de Maître ès Arts dans l'Univerfité : le fait
n'eft point exact ; comme ces Maîtres font principalement deftinés pour
donner la premiere éducation aux Enfans (comme de leur apprendre à
lire , écrire , &c.) il n'eft nullement néceffaire qu'ils aient le dégré
de Maître ès Arts , quoique la plûpart d'entr'eux tiennent outre cela
Penfion & Répétition pour les Humanités ; & dans le fait particulier ,
il eft peu de Maîtres d'Ecole , parmi ceux inftitués par le Chantre ,
qui foient Maîtres ès Arts. L'Univerfité a auffi le droit d'autorifer ceux
de fes Membres qui s'adreffent à elle à cet effet, à tenir Penfion &
Répétition. Mais M. le Chantre peut les empêcher de montrer à lire
& à écrire , & traduire à fon Tribunal ceux d'entre ces Maîtres approuvés de l'Univerfité , qui y feroient contrevenans.

Le Chantre a été jufqu'à prétendre que fon droit d'inftitution s'é-
tendoit , même fur les Ecoles de Charité. Les Curés de Paris s'y font
toujours fortement oppofés ; & ils ont été confervés dans la direction
de ces Ecoles par plufieurs Arrêts. L'Auteur des Mémoires du Clergé
(Tome I, col. 1073) en rapporte deux entr'autres , des 25 Mai 1666
& 23 Août 1678, néanmoins pour le bien de la paix, on a cherché un
milieu qui , en confervant le droit de direction & d'inftitution des
Curés pour ces fortes d'Ecoles , confervât auffi jufqu'à un certain point
la prééminence du Chantre fur ces mêmes Ecoles. C'a été l'objet d'une
tranfaction fur procès paffée au mois de Mai 1699 , entre le Chapitre
de Notre-Dame & les Curés de la Ville & Fauxbourgs de Paris, dont
voici les principales claufes. Il y eft dit d'abord que les Curés pren-
droient du Chantre des Lettres , portant pouvoir de régir & gouverner
les Ecoles de Charité de leurs Paroiffes ; & que ces Lettres feroient accordées à chacun des Curés , fur la fimple repréfentation de leurs Provifions & prife de poffeffion, fans qu'il fût befoin de préfenter pour
cela Requête au Chantre , ni d'avoir les conclufions de fon Promoteur ;
& que lefdites Lettres auroient effet, tant & fi longuement que le Curé
qui les auroit prifes , demeureroit en poffeffion de fa Cure ; au
moyen de quoi chaque Curé dans fa Paroiffe a été autorifé à inftituer
& deftituer les Maîtres & Maîtreffes d'Ecole de Charité, & à diriger
lefdites Ecoles, fans que les Maîtres & Maîtreffes par eux inftitués ,
fuffent obligés de prendre aucune permiffion du Chantre ; mais d'un
autre côté, la même tranfaction porte que le Chantre pourra une fois
par an vifiter les Ecoles de Charité, en préfence du Curé de la Pa-

Paroiſſe, & ſtatuera, avec l'avis du Curé, ſur les déſordres qui pourroient s'être gliſſés dans ces Ecoles. L'Auteur du Recueil de Juriſprudence canonique, où nous avons puiſé cette tranſaction, en rapporte
pluſieurs autres clauſes, qui ne nous paroiſſent pas aſſez eſſentielles,
pour pouvoir trouver ici leur place.

Mais dans les Villages, il ne ſe trouve gueres d'autres ſurveillans
que les Curés, ſur ceux qui y tiennent les Ecoles; & il n'arrive que
trop ſouvent que les Curés de la Campagne, qui ſont ordinairement
de leur Maître d'Ecole des eſpeces de Domeſtiques, ferment les yeux
ſur leur inexactitude à remplir leurs devoirs de Maîtres d'Ecole, moyennant les petits ſervices qu'ils en tirent d'ailleurs. C'eſt ce qui a déterminé le Légiſlateur, par le préſent Article, à recommander aux
Evêques & aux Archidiacres, dans le cours de leurs viſites, de ſe faire
rendre compte de la conduite & des mœurs des Maîtres d'Ecole établis
dans les Villages, de les interroger eux-mêmes ſur le Catéchiſme; de
ſorte que s'ils ne les trouvent point capables de remplir leur place avec
avantage & édification pour la Paroiſſe, ils peuvent les renvoyer &
les deſtituer, Ce qui admet pourtant quelques exceptions; car nous
ne penſons pas d'abord que l'Archidiacre puiſſe de lui-même faire
cet acte d'autorité, ſans en avoir referé à l'Evêque. En ſecond lieu,
ſi cette place de Maître d'Ecole provenoit de quelque fondation, nous
croyons que l'Evêque même, ne pourroit conſommer cette deſtitution, que de concert avec les Fondateurs ou leurs Repréſentans & de
leur conſentement, ſur-tout s'ils avoient eu quelque part à la nomination du ſujet que l'on voudroit deſtituer.

Article XXVI.

*Les Archevêques ou Evêques & leurs Officiers ne
pourront décerner Monitoires que pour des crimes graves
& ſcandales publics; & nos Juges n'en ordonneront la
publication que dans les mêmes cas, & lorſque l'on ne
pourroit avoir autrement la preuve* (a).

L'Ordonnance Criminelle de 1670, ayant un titre exprès ſur les
Monitoires (c'eſt le Titre VII), nous avons examiné, en traitant ce
Titre, les Monitoires dans leurs trois époques principales; c'eſt-à-dire,
relativement à ce qui les précede, relativement à ce qui les accompagne, & relativement à ce qui les ſuit. Nous y avons auſſi détaillé ſur
l'Article premier de ce Titre (ci-devant page 69), les cauſes qui

_____

(a) „ Ne poiront auſſi les Prélats, Gens d'Egliſe & Officiaux, décerner Monitoires & uſer
„ de cenſures Eccléſiaſtiques, ſinon pour crimes & ſcandale public. *Ord. d'Orléans, Art.* 18.

pouvoient donner lieu à l'obtention & à la publication des Monitoires. C'eſt pourquoi, afin d'éviter les ſedites, nous nous bornerons en ce moment; 1°. à dire un mot de l'origine des Monitoires; 2°. à examiner quelles perſonnes Eccléſiaſtiques peuvent les accorder; 3°. enfin, à expliquer ce que c'eſt qu'*Aggraves* & *Réagraves*.

La Pratique des Monitoires eſt extrèmement ancienne dans l'Egliſe. Ses Miniſtres les employerent d'abord contre ceux qui pilloient les biens eccléſiaſtiques, afin d'arrêter ce pillage par la crainte de l'excommunication.

Les Juges Laïcs voyant dans la ſuite que les Eccléſiaſtiques avoient utilement employé cette voie pour la conſervation de leurs propres biens, y eurent auſſi recours pour la découverte des crimes & autres délits graves, capables de troubler l'ordre & l'harmonie de la Société civile : dans l'état préſent, le Monitoire a deux objets, le premier eſt de faire reſtituer le bien d'autrui par ceux qui en ſont injuſtement détempteurs; le ſecond, eſt de faire réveler les choſes ſecretes par ceux qui en ont connoiſſance.

Le mot *Monitoire* en marque la véritable définition, & prouve que ce ſont des avertiſſemens & menaces de cenſures Eccléſiaſtiques, faute par ceux qui ont connoiſſance des faits y énoncés de venir à révélation, ou faute de reſtituer de la part de ceux qui ſe trouvent coupables de quelques vols ou de quelques ſouſtractions.

C'a été juſqu'à préſent une grande queſtion de ſavoir ſi les Archevêques & Evêques, ou leurs Grands Vicaires pouvoient par eux mêmes accorder des Monitoires, ou ſi ces Monitoires ne devoient être décernés que par le miniſtere des Officiaux. La déciſion de cette queſtion dépendoit de celle de ſavoir ſi la conceſſion des Monitoires appartenoit à la Juriſdiction volontaire, ou bien à la Juriſdiction contentieuſe.

Si l'on conſulte ſur cela l'Ordonnance d'Orléans, il y eſt dit dans l'Article 18, *les Prélats, Gens d'Egliſe & Officiaux*; ce qui ſemble admettre la concurrence, & laiſſer les Evêques les maîtres ou de donner les Monitoires par eux, ou de les faire donner par leurs Officiaux. L'Article II du Titre VII de l'Ordonnance de 1670, ſemble au contraire ne reconnoître que les *Officiaux*, comme compétans pour accorder les Monitoires; il n'y eſt point parlé de l'Evêque ni des autres Officiers de l'Evêque. Enfin, notre Edit de 1695 dans le préſent Article, ne parle point des Officiaux d'une maniere poſitive; & au contraire les *Archevêques & Evêques* nommément & tous *leurs Officiaux* en nom collectif, ſont reconnus comme Parties capables pour décerner des Monitoires.

Pour concilier ces différentes Loix, l'Auteur des nouveaux Mémoires du Clergé, d'après Fevret, en ſon Traité de l'Abus, propoſe une diſtinction : Quand le Monitoire eſt décerné en conſéquence de la permiſſion du Juge Laïc, comme tout paroît être alors de la Juriſdiction volontaire de la part de celui qui accorde le Monitoire, & qu'il n'y a point de procédure à faire pour cela devant le Juge Eccléfiaftique, ces deux Auteurs croient qu'on peut dans ce cas s'adreffer à l'Evêque ou à fon Grand Vicaire, s'il a les pouvoirs néceffaires pour cela. Mais s'il s'agit de Monitoires à décerner fur la Requête du Promoteur, ou même fur celle des Particuliers pour prouver des faits articulés devant le Juge Eccléfiaftique, les mêmes Jurifconfultes eftiment, que le pouvoir de décerner Monitoires appartient alors à celui qui a la Jurifdiction contentieufe, c'eft-à-dire à l'Official.

Mais premierement, l'ufage journalier condamne cette diftinction. Car la plûpart des Monitoires, que nous entendons tous les jours publier, font accordés par l'Official, en conféquence de la permiffion des Juges Laïcs. En fecond lieu, les Monitoires, même dans ce cas ne font-ils point incidens à une conteftation fubfiftante, & nont-ils pas pour objet de parvenir à la découverte d'un crime ou d'un délit? Les Monitoires appartiennent donc indiftinctement à la Jurifdiction contentieufe; & par conféquent nous croyons qu'on doit s'en tenir à la difpofition ftricte de l'Ordonnance de 1670, & ne reconnoître que les Officiaux, comme compétans pour décerner les Monitoires.

Quoique le Monitoire porte toujours que ceux qui ne viendront pas à révélation encoureront *ipfo facto* l'excommunication, il eft conftant que cette menace n'eft regardée que comme comminatoire; & que l'excommunication ne peut avoir lieu véritablement, qu'en conféquence d'une Sentence de l'Officialité qui en ordonne la fulmination. Mais premierement, cette Sentence de fulmination ne peut intervenir qu'elle n'ait été précédée de trois publications du Monitoire pendant trois Dimanches confécutifs; en fecond lieu, fi le Monitoire eft obtenu incidemment à une conteftation civile ou criminelle pendante devant un Juge Séculier, il ne peut être fulminé par l'Official qu'en vertu d'une nouvelle permiffion du Juge à cet effet, comme étant le feul qui puiffe décider fi cette fulmination eft néceffaire ou non; d'autant que dans l'intervalle des publications du Monitoire, il peut être furvenu d'ailleurs de nouvelles preuves qui rendent inutile à la décifion du procès le recours au Monitoire & à la fulmination d'icelui. C'eft pourquoi fi l'Official s'étoit ingeré de fon autorité privée de fulminer un Monitoire, dans ce cas, fans la permiffion du Juge, on feroit très bien fondé à interjetter appel comme d'abus de fa Sentence de fulmination.

Après cette fulmination, on publie encore quelquefois des *Aggraves* & *Reaggraves*, qui ne font qu'une confirmation de la premiere cenfure. Quoiqu'elles n'y ajoûtent rien, elles ont pour objet d'intimider de nouveau les Contumaces, pour leur faire faire de plus grandes réflexions & de les engager encore davantage à obéir aux Commandemens de l'Eglife. Quelques Auteurs prétendent néanmoins que la premiere excommunication n'eft que mineure, au lieu que la feconde, qui réfulte de l'aggrave & du réaggrave, eft majeure; c'eft-à-dire, qu'elle fépare celui qui en eft frappé, non-feulement de la participation des Sacremens & des Prieres de l'Eglife, mais encore de la fociété extérieure des Fideles.

Autrefois

Autrefois les Aggraves & Réaggraves, ainsi que la Sentence d'excommunication, se publioient avec des cérémonies singulieres ; on sonnoit toutes les cloches ; le Curé tenant un cierge allumé, l'éteignoit, le jettoit à terre & le fouloit aux pieds ; le Clergé & le Peuple chantoient pendant ce tems-là le Pseaume 108, & on chargeoit de malédictions & d'anathêmes ceux qui n'étoient pas venus à résipiscence : il y avoit même quelques Diocèses, où l'on ajoûtoit à toutes ces cérémonies, celle de porter la Croix renversée jusques aux portes de l'Eglise ; aujourd'hui ces formalités ne sont plus en usage ; il ne subsiste plus que celle de la publication.

ARTICLE XXVII.

Le Réglement de l'honoraire des Ecclésiastiques appartiendra aux Archevêques & Evêques ; & les Juges d'Eglise connoîtront des procès qui pourront naître sur ce sujet entre les Personnes Ecclésiastiques ; exhortons les Prélats, & néanmoins leur enjoignons d'y apporter toute la modération convenable, & pareillement aux retributions de leurs Officiaux, Secrétaires & Greffiers des des Officialités.

Dans la pureté des regles de l'Eglise, il n'est dû aucuns honoraires aux Ecclésiastiques ; ce qu'ils ont reçu gratuitement, ils doivent le donner gratuitement, *quod gratis accepistis, gratis date.* C'est par une suite de ce principe que l'Article 15 de l'Ordonnance d'Orléans défendoit *à tous Prélats, Gens d'Eglise & Curés, permettre être exigé aucune chose pour l'administration des saints Sacremens, Sépultures & toutes autres choses spirituelles, nonobstant les prétendues louables coutumes & commune usance ; laissant toutefois à la discretion d'un chacun donner ce que bon lui sembleroit.*

Dans la suite on se relâcha beaucoup à cet égard ; on s'accoutuma insensiblement à entendre dire qu'il falloit que le Prêtre vécût de l'Autel. Tel étoit la disposition des esprits, lorsque l'Ordonnance de Blois intervint. Aussi voit-on qu'elle est sur ce point beaucoup plus favorable aux Ecclésiastiques que ne l'étoit l'Ordonnance d'Orléans : *Nous voulons* (y est-il dit, Art. 51) *& ordonnons, que les Curés, tant des Villes qu'autres, soient conserves ès droits d'oblations & autres droits Parochiaux qu'ils ont accoutumé de percevoir, selon les anciennes & louables coutumes ; nonobstant l'Ordonnance d'Orléans, à laquelle Nous avons dérogé & dérogeons pour ce regard.* L'Edit de Melun porte exactement la même chose dans son Article 27 ainsi conçu : *Semblablement voulons que les Curés, tant des Villes qu'autres lieux, suivant*

Tom II. Dddd

l'Article 51 dudit Edit des Etats tenus à Blois , être conservés ès droits d'oblation & autres droits Parochiaux , qu'ils ont accoutumé percevoir suivant les anciennes & louables coutumes, & ce nonobstant l'Ordonnance faite à la requête des Etats tenus à Orléans, à laquelle Nous avons dérogé & dérogeons pour ce regard. Nous ne parlerons pas de plusieurs Déclarations & Edits qui ont les mêmes dispositions, mais qui n'ayant point été enregistrées, n'ont pas force de Loi.

Quoi qu'il en soit, les Ecclésiastiques ont mis en usage un moyen infaillible, pour se procurer la possession de ces prétendus droits, c'est de se les faire presque toujours payer d'avance. Il faut avouer aussi que la vanité a beaucoup contribué à accréditer & augmenter sur cela leurs prétentions. On s'est piqué, sous prétexte d'honorer la mémoire des défunts, de leur faire des enterremens & des sépultures brillantes : il a fallu payer en conséquence & proportionnément les droits Parochiaux. Et enfin , pour ne point rendre cette taxe arbitraire, & pour lui donner une sorte d'uniformité, du moins dans le même Diocèse, les Evêques se sont vus obligés d'interposer sur cela leur autorité.

Ainsi donc il faut distinguer, dans l'état actuel des choses, le Réglement & la taxe des droits & honoraires des Ecclésiastiques, & le paiement de ces honoraires.

Le Réglement appartient incontestablement aux Evêques, qui même ont seuls le droit de le faire exécuter entre Ecclésiastiques. Mais comme ces Réglemens deviendroient infructueux, pour les Curés & autres Gens d'Eglise en faveur desquels ils sont faits, s'ils ne pouvoient obliger les Laïcs & autres Personnes à leur payer les droits qui leur y sont attribués, la puissance Ecclésiastique n'ayant point la voie coactive contre les Laïcs pour raison d'une dette, qui devient alors purement temporelle, il faut que ces Réglemens soient approuvés par les Parlemens & y soient homologués. Ainsi M. de Harlay Archevêque de Paris , ayant fait un Réglement général pour les honoraires dûs aux Curés dans la Ville & les Fauxbourgs de Paris le 30 Mai 1693, il fut homologué au Parlement par Arrêt du 10 Juin de la même année (a). Il est vrai que M. le Cardinal de Noailles, son Succes-

(a) » Vû par la Cour la Requête à elle présentée par Nicolas Gobillon , Curé de la Paroisse
» de Saint Laurent ; François Monmignon , Curé de la Paroisse de Saint Nicolas des Champs ;
» Nicolas Blampignon , Chefcier , Curé de Saint Mederic , Léonard de Lamet , Curé de Saint
» Eustache ; Julien Gardeau Curé de Saint Etienne , Jean Lilot , Curé de Saint Severin ; Jo-
» seph Boucher , Curé de Saint Nicolas du Chardonnet ; François Macé , Chefcier , Curé de Sainte
» Opportune ; Henri Baudreau , Curé de Saint Sulpice ; George Guerin , Curé de Saint Martial ;
» Louis Marillac , Curé de Saint Germain l'Auxerrois ; & Gilles le Sourt , Curé de Saint Paul ;
» contenant , que par Arrêt du 16 Janvier dernier , il a été ordonné que dans quinzaine, les
» Supplians donneroient au Sieur Archevêque de Paris , un état des droits qu'ils prétendent être
» en possession de prendre pour les Baptêmes , Enterremens , même pour les Mariages dans cha-
» que Paroisse , pour être reglé par ledit Sieur Archevêque de Paris, dans les six mois suivans ,
» & le Réglement homologué en ladite Cour ; icelui préalablement communiqué au Procureur-
» Général du Roi. En exécution duquel Arrêt, les Supplians ont donné les Mémoires conte-
» nans les droits à eux dûs , & qu'ils sont en possession de prendre & percevoir pour les choses
» susdites, sur lesquels ledit Sieur Archevêque de Paris a fait faire le 30 Mai dernier , un état

feur dans l'Archevêché de Paris, en a fait un autre depuis, en date du 10 Octobre 1700, lequel n'a point été homologué, mais il faut

» par lequel il a reglé les droits qui feront faits en leurs Eglifes; pour autorifer lequel état en
» forme de Réglement, les Supplicans ont été confeillés de fe pourvoir..
» A ces causes, requéroit qu'il plût à ladite Cour, ordonner que ledit Etat en forme de Ré-
» glement feroit homologué en ladite Cour, pour être exécuté felon fa forme & teneur. Vu auffi
» ledit Etat dont la teneur enfuit.
» François, par la Grace de Dieu & du Saint Siege Apoftolique, Archevêque de Paris, Duc &
» Pair de France, Commandeur des Ordres du Roi : A tous ceux qui ces Préfentes verront, Salut
» en notre Seigneur. Il feroit à fouhaiter que Nous puffions voir de nos jours le défrichement des
» biens de la terre, qui dans la primitive Eglife, faifoit la gloire des Chrétiens & l'étonnement
» des Idolâtres. Les Fidéles fe dépouillans des biens qu'ils poffedoient, en rendoient les Apôtres
» dépofitaires, & les Apôtres même en foutenant leurs droits, ne s'approprioient rien de tout
» ce qui leur étoit préfenté, ne cherchant que l'édification & le falut des Fidéles.
» Il y avoit entr'eux un efprit de défintereffement qui infpirant aux uns de donner tout, en-
» gageoit les autres à ne recevoir rien. Mais la cupidité qui eft la racine de tous les maux, s'é-
» tant gliffée dans le cœur des hommes, quelques Fidéles ont été fi injuftes, qu'ils ont refufé aux
» Prêtres de la Loi nouvelle, la fubfiftance honnête que les Juifs ne refufoient pas aux Prêtres de
» l'ancienne Loi; & quelques Prêtres ont été fi intereffés, qu'on a été obligé de leur reprocher qu'ils
» exerçoient par un gain fordide les dignités Eccléfiaftiques qu'ils s'étoient acquifes, comme parle
» faint Bernard, par une négociation de ténébres.
» On ne peut affez blâmer en ces occafions l'avarice des Peuples; car enfin, n'eft-il pas jufte que
» ceux qui fervent à l'Autel, vivent de l'Autel, comme parle l'Apôtre faint Paul? Les Peuples
» ne font-ils pas obligés de faire part de leurs biens temporels aux Miniftres de Jefus-Chrift, qui
» travaillent inceffamment à leur procurer des biens fpituels? Peuvent-ils refufer à leurs Pafteurs
» la nourriture qui eft néceffaire pour le foutien de leur vie, en attendant, comme parle faint
» Auguftin, qu'ils reçoivent de Dieu la récompenfe des peines qu'ils fouffrent dans les fonctions
» de leur miniftere? On ne peut auffi s'empêcher de blâmer la cupidité des Pafteurs, qui préférant
» leurs propres intérêts à ceux des Peuples, que Dieu a confiés à leurs foins, ne s'acquittent de
» leurs fonctions, que dans la vue de la retribution qu'ils efperent, & qui voulant mettre, comme
» à prix d'argent, les dons de l'Efprit Saint que Jefus Chrift a acquis pour tous les Fidéles, au
» prix de fon Sang adorable, font dans la douleur, quand ils font obligés de la leur communiquer
» gratuitement.
» Les Curés de cette Ville font fi jaloux de répondre par leur défintereffement à la piété & à
» la charité des Peuples, qu'ayant appris que quelques conteftations auroient été mues, pour rai-
» fon de leurs honoraires, ils fe feroient retirés par devers Nous, conformément aux facrés
» Canons des Conciles généraux, aux Statuts de ce Diocèfe, aux Arrêts de la Cout de Parlement,
» & notamment à ceux rendus les 28 Avril 1673, & 16 Janvier de la préfente année, pour être
» reglés fur lefdits honoraires qu'ils ont coutume de prendre aux Mariages & Enterremens : &
» comme il eft de notre vigilance Paftorale de prévenir toutes ces conteftations, qui ne feroient
» que fcandalifer les Peuples, & leur donner lieu de diminuer l'eftime & le refpect qu'ils doivent
» au Miniftere facré des faints Autels; Nous avons par ces Préfentes reglé lefdits honoraires que les
» Curés & les autres Eccléfiaftiques de la même Ville, pourront légitimement percevoir, fuivant
» le Mémoire inferé ci après, fans néanmoins vouloir empêcher la liberalité des Riches, à la
» difcrétion defquels ou de leurs héritiers, les Curés fe rapporteront, ni forcer l'indulgence des
» Pauvres, que Nous favons, & que Nous voulons encore plus que jamais être charitablement
» traités par les Curés,

TAXE pour l'Honoraire des Curés & des Eccléfiaftiques de la Ville & Fauxbourgs de Paris.

MARIAGES.

	l.	s.	
Pour la publication des Bans, trente fols,	1	10	
Les Fiançailles, quarante fols,	2		
La célébration du Mariage,	6		
Le Certificat de la publication des Bans, & la permiffion que l'on donne au futur Epoux, d'aller fe marier dans la Paroiffe de la future Epoufe, cinq livres,	5		
L'honoraire de la Meffe du Mariage, trente fols,	1	10	
Pour le Vicaire, trente fols,	1	10	
Pour le Clerc des Sacremens, vingt fols,	1		
La Bénédiction du Lit, tant pour celui qui la fait que pour le Clerc qui l'affifte, trente fols,		10	

obferver en même-tems que ce Réglement ne contient aucune dérogation au premier, dont il ordonne au contraire l'exécution, & qu'il n'a eu pour objet que la reforme de certains abus qui s'étoient introduits

C O N V O I S.

Les Convois de petits Corps au-deffous de fept ans, lorfqu'on ne va point en corps de Clergé.

	l.	f.
Pour le Curé, trente fols,	1	10
Pour chaque Prêtre, dix fols,		10

Lorfqu'on ira en Clergé.

Pour le droit Curial, quatre livres,	4	
Pour la préfence du Curé, quarante fols,	2	
Pour le Vicaire, vingt fols,	1	
Pour chaque Prêtre, dix fols,		10
A chaque Enfant de Chœur, lorfqu'ils portent le Corps, huit fols,		8
Et lorfqu'ils ne portent point le Corps, cinq fols,		5

Pour les Corps au-deffus de fept ans jufqu'à douze, fera payée pareille rétribution que pour les Enfans de l'âge ci-deffus marqué, lorfque l'inhumation s'en fait avec le Clergé.

Pour le Convoi d'un grand Corps au-deffus de l'âge ci-deffus marqué.

	l.	f.
Pour le droit Curial, fix livres, ci	6	
Pour l'affiftance du Curé, quatre livres,	4	
Pour le Vicaire, quarante fols,	2	
Pour chaque Prêtre, vingt fols,	1	
Pour chaque Enfant de Chœur, dix fols,		10
Pour les Prêtres qui veillent le Corps pendant la nuit, chacun trois livres,	3	
Pour ceux qui veillent le jour, à chacun quarante fols,	2	
Pour la célébration de la Meffe, vingt fols,	1	
Pour le Service extraordinaire appellé Service complet, c'eft-à-dire les Vigiles, & les deux Meffes du Saint Efprit & de la Sainte Vierge, quatre livres dix fols,	4	10
Pour les Prêtres qui portent les Corps, à chacun vingt fols,	1	
Pour le port de la haute Croix, dix fols,		10
Pour le Porte Benitier, cinq fols,		5
Pour le port de la petite Croix, cinq fols,		5
Pour le Clerc de Convois, vingt fols,	1	

Pour les tranfports des Corps d'une Eglife à une autre, en Chœur & Clergé, fera payé moitié plus des droits ci deffus marqués.

Pour la réception des Corps tranfportés.

	l.	f.
Au Curé, fix livres, ci,	6	
Au Vicaire, trente fols,	1	10
A chaque Prêtre, quinze fols,		15

Pour l'ouverture de Terre, dans les Eglifes où les Curés ont part, on fuivra la coutume locale, ou les Réglemens faits fur ce fujet, approuvés & autorifés par Nous.

» Voulons que le préfent Réglement foit, à la diligence de notre Promoteur, enregiftré en » notre Cour d'Eglife, pour y être exécuté felon fa forme & teneur. Donné à Paris en notre » Palais Archiepifcopal le 30 jour de Mai 1695. *Signé*, FRANÇOIS, Archevêque de Paris, » *& plus bas*, par Monfeigneur, WILBAULT, & fcellé du fceau de fes armes, icelui étant atta- » ché à ladite Requête. *Signé*, LE MIRE, Promoteur. Conclufions du Procureur Général du » Roi; oui le Rapport de Maître Nicolas de Gurfin, Confeiller, tout confidéré : LA COUR » a homologué & homologue ledit Réglement fait par l'Archevêque de Paris, pour l'honoraire » des Curés, & autres Eccléfiaftiques de cette Ville, le trente Mai dernier; ordonne qu'il fe- » ra exécuté felon fa forme & teneur. Fait en Parlement le dixieme jour de Juin 1695. » *Signé*, DONGOIS.

depuis le Réglement de M. de Harlai, & qui y étoient contraires *(a)*.

A l'égard du paiement des honoraires attribués aux Ecclésiastiques, par la raison susdite que c'est une dette purement temporelle, la con-

---

(a) » LOUIS ANTOINE, par la permission Divine, Cardinal de Noailles Archevêque de
» Paris, Duc de Saint Cloud, Pair de France, Commandeur de l'Ordre du Saint Esprit : A tous
» ceux qui ces Présentes verront ; SALUT en notre Seigneur. Sur ce qui Nous auroit été re-
» présenté par le Promoteur Général de notre Archevêché, qu'à l'occasion de quelques procès
» qu'il y auroit eu depuis peu en notre Officialité, il auroit reconnu qu'il se commet dans quel-
» ques Paroisses certains abus, la plûpart contraires au Réglement fait par feu notre Prédécesseur
» le 30 Mai 1695, concernant l'honoraire des Curés de cette Ville & Fauxbourgs de Paris, &
» comme ces sortes d'abus, si Nous n'en arrêtons le cours, pourroient insensiblement s'intro-
» duire dans les autres Paroisses, il s'est cru obligé, par le devoir de sa Charge, de Nous en donner
» avis, & de Nous requérir d'y pourvoir.

» A CES CAUSES, quoique Nous ayons lieu de rendre graces à Dieu, & de Nous louer de la
» charité & du désinteressement, que la plus grande partie des Curés de cette Ville & Fauxbourgs
» font paroître, dans les fonctions de leur ministere ; cependant ne pouvant être trop attentifs à
» empêcher tout ce qui pourroit être à la charge des Peuples que Dieu a confiés à notre soin Pasto-
» ral, & ce qui pourroit faire naître le moindre soupçon d'intérêt, dans les Ministres des saints Autels,
» qui doivent être les modéles d'un parfait détachement, Nous avons cru ne pouvoir Nous dis-
» penser de faire notre présente Ordonnance, ainsi qu'elle ensuit.

ARTICLE PREMIER.

» Le Réglement fait par notre Prédécesseur le 30 Mai 1695, pour l'honoraire des Curés &
» Ecclésiastiques de la Ville & Fauxbourgs de Paris, sera, en tous ses points, exécuté selon sa
» forme & teneur.

» II. L'on ne pourra exiger pour le droit Curial, & que pour la présence des Curés aux Convois, que
» dix livres lorsqu'ils y assisteront, & six livres, lorsqu'ils n'y assisteront pas, même sous pré-
» texte d'une double assistance, que quelques uns d'eux s'attribuent en qualité de premiers Officiers
» du Chœur, ni sous tel autre prétexte que ce puisse être ; & ne pourront les Curés ni leurs Vi-
» caires réunir en leur personne dans les grands Convois, outre leur assistance, celle d'un, de deux,
» ou de plus grand nombre d'Ecclésiastiques, suivant que les Convois sont plus ou moins nom-
» breux. L'on ne pourra non plus exiger les quatre livres dix sois, reglées pour le service extra-
» ordinaire, appellé Service complet, si on ne le dit véritablement, avec Vigiles & deux Messes,
» l'un du Saint Esprit, & l'autre de la Sainte Vierge.

» III. Lorsque les Parens des défunts payeront par avance l'honoraire des Convois, la rétri-
» bution des Ecclésiastiques qui en auront été absens, sera restituée auxdits Parens, & l'on en retirera
» quittances, & lorsqu'ils ne payeront qu'après, on ne pourra exiger d'eux, que ce qui sera
» légitimement dû pour les Ecclésiastiques qui auront été présens, pourront néanmoins être ré-
» putés présens ceux qui seront actuellement occupés en l'administration des Sacremens aux Ma-
» lades ; ce que Nous remettons à la conscience des Curés.

» IV. On distribuera fidelement aux Ecclésiastiques tout ce qui aura été reçu pour eux ; à cet
» effet, les Clercs des Convois, ou autres Commis pour en recevoir l'honoraire, auront un re-
» gistre relié, dans lequel ils écriront chaque jour, sans aucun blanc, les Convois qui se seront,
» tant des grands Corps que des petits, lors même que l'on n'ha point en Clergé, le nombre
» d'Ecclésiastiques que l'on aura demandé, les noms de ceux qui auront été absens, & les sommes
» qu'ils auront reçues, distinguant ce qui aura été donné pour le Curé, d'avec ce qui aura été
» pour le Clergé ; desquelles sommes ils donneront quittances aux Parens, au bas du mémoire
» qu'ils leur fourniront, contenant en détail la distribution qui en sera faite, ou une quittance
» détaillée ; & feront signer sur ledit registre toutes les semaines où tous les mois ; enfin, des
» Convois qui auront été faits pendant ledit tems, les Ecclésiastiques en comptant avec eux, & les
» payant de leurs assistances.

» V. Lorsqu'il arrivera que les Parens des défunts donneront pour tout le Clergé une somme
» moindre, qu'il n'est marqué par ledit Réglement, les Curés seront préalablement payés de leur
» droit Curial en entier, la diminution qui se trouvera sur le surplus à distribuer, sera supportée
» tant par les Curés sur leur présence, s'ils ont assisté, que par les Ecclésiastiques, à proportion
» de ce que chacun d'eux devroit recevoir suivant ledit Réglement.

» VI. Il n'assistera aux Enterremens que le nombre seulement d'Ecclésiastiques qui sera de-
» mandé par les Parens des défunts, sans que le nombre puisse être autrement fixé & déter-
» miné.

» VII. Les Curés feront assister aux Convois qui feront au-dessus de ceux ordinairement ap-
» pellés du Chœur, les Habitués de leurs Paroisses, suivant le rang de leur réception, en sorte que
» les plus anciens, soient toujours préférés, si les Curés n'ont des causes légitimes, pour les priver
» pendant quelque tems.

noiſſance, en cas de conteſtation, en appartient aux ſeuls Juges Laïcs; & les Officiaux n'en peuvent connoître ſans abus. Le Journal du Palais nous fournit ſur cela un Arrêt aſſez récent; il eſt du 6 Septemb. 1706, & eſt intervenu ſur les Concluſions de M. Joly de Fleury Pere, alors Avocat Général, décédé ancien Procureur Général. La Cour a dit par cet Arrêt qu'il avoit été nullement & abuſivement procédé & ordonné par l'Official de la Rochelle, en condamnant un Laïc, nonobſtant ſa demande en renvoi, à payer un Prêtre pour l'honoraire des Meſſes qu'il lui demandoit. Avec quel avantage peut-on appliquer le préjugé de cet Arrêt aux frais funéraires, & autres honoraires Eccléſiaſtiques, qui ont encore une relation moins directe au ſpirituel, que l'honoraire des Meſſes?

ARTICLE XXVIII.

Les Archevêques & Evêques ordonneront des Fêtes qu'ils trouveront à propos d'établir ou de ſupprimer dans leurs Diocèſes; & les Ordonnances qu'ils rendront ſur ce ſujet, Nous ſeront préſentées pour être autoriſées par nos Lettres: Ordonnons à nos Cours & Juges, de

» VIII. Les Parens des défunts qui ſeront enterrés par charité, pourront, s'ils le ſouhaitent, » faire mettre à leurs dépens, dans des biéres couvertes, les corps deſdits défunts.

» IX. Pour le certificat de la publication des Bancs, & la permiſſion au futur Epoux de ſe » marier dans la Paroiſſe de ſa future Epouſe, l'on ne pourra exiger que les cent ſols fixés par » ledit Réglement, & ce, ſeulement dans la Paroiſſe où il eſt actuellement demeurant, ſans que » l'on puiſſe rien exiger au delà, ni pour le Vicaire, ni pour le Clerc, ni pour la publication des » Bancs, comme étant compriſe dans ledit certificat; & à l'égard des autres Paroiſſes où les futurs » Epoux ne demeurent pas actuellement, & dans leſquelles néanmoins, ils ſont quelquefois obligés » de faire publier leurs Bancs pour ſatisfaire aux Ordonnances, l'on ne pourra, ſous quelque pré- » texte que ce puiſſe être, exiger que les trente ſols, portés par ledit Réglement pour la publi- » cation.

» X. On ne pourra pareillement exiger pour les Mariages de quelques Perſonnes que ce ſoit, » plus qu'il n'eſt marqué par ledit Réglement, ni refuſer les ſommes qui ſeront offertes, lorſqu'elles » ne ſeront point au deſſous de celles y marquées.

» XI. Nous exhortons les Curés d'uſer modérément de leurs droits, pour les Mariages à l'égard » des Artiſans, des Domeſtiques, & des Gagne-deniers, & autres Perſonnes peu accommodées; & » à l'égard des Pauvres, ils ſeront mariés par charité, ſans que l'on puiſſe remettre ni différer » leur mariage à un autre jour, ni fixer à cet effet aucun jour particulier dans la ſemaine.

» XII. Pour les Extraits & Certificats de Baptême, de Mariage & de Mort, l'on ne pourra » exiger que dix ſols, le papier non compris, ainſi qu'il eſt reglé par l'Article 12 du Titre 20 de » l'Ordonnance de 1667.

» XIII. Tout ce que ci-deſſus, ſera exécuté, à peine contre les contrevenans, pour la premiere » fois de cent livres d'aumônes, applicables aux beſoins des Pauvres malades des Paroiſſes où les » contraventions auront été faites, & d'interdiction pour un mois; & en cas de récidive, à » peine de deux cens livres auſſi d'aumônes applicables comme deſſus, & d'interdiction pour trois » mois, ſans que leſdites peines puiſſent être réputées comminatoires.

» XIV. Ordonnons à notre Official & à notre Promoteur, de tenir la main à l'exécution de » notre préſente Ordonnance, laquelle ſera, à la diligence de notredit Promoteur, publiée en notre » Cour d'Egliſe, Audience tenante, regiſtrée au Greffe d'icelle, miſe dans toutes les Sacriſties des » Paroiſſes, ſur un carton, enſemble le ſuſdit Réglement de 1693, lequel ſera à cette fin imprimé, » & joint en fin des Préſentes, & le tout affiché où beſoin ſera, à ce que nul n'en n'ignore. Donné » à Paris en notre Palais Archiepiſcopal le dixieme jour d'Octobre mil ſept cent. *Signé*, L. A. Card. » de NOAILLES, Arch. de Paris. Par ſon Eminence, CHEVALIER, avec paraphe.

tenir la main à l'exécution defdites Ordonnances, fans qu'ils puiffent en prendre connoiffance, fi ce n'eft en cas d'appel comme d'abus, ou en ce qui regarde la Police.

L'inftitution & la fuppreffion des Fêtes font fans contredit du reffort des Evêques. Il n'appartient qu'à eux d'augmenter par l'inftitution, & de reftraindre par la fuppreffion des Fêtes, les œuvres fpirituels auxquelles l'Eglife oblige les Fideles de vaquer ces jours-là. Mais la Police Civile y eft en même tems fi intimement liée, par rapport aux œuvres ferviles & mécaniques dont il faut s'abftenir les jours de Fêtes, & dont la défenfe ne peut regarder que la puiffance temporelle, qu'il faut néceffaiment le concours des deux Puiffances pour leur établiffement ou leur fuppreffion. Delà dans l'un & l'autre cas, d'inftitution ou de fuppreffion, les Ordonnances des Evêques ne peuvent avoir lieu qu'elles ne foient revêtues de Lettres Patentes, dûement enregiftrées dans les Cours où les Diocèfes font fitués.

La bonne politique femble exiger que l'on s'applique plutôt à diminuer qu'à augmenter le nombre des Fêtes; parcequ'on ne peut les augmenter que cela ne diminue d'autant le travail, & qu'on ne peut au contraire les diminuer que le travail n'augmente à proportion; ce qui eft l'avantage commun & du corps de l'Etat & des Particuliers qui le compofent : j'entends des Particuliers dont le travail & l'induftrie forment la feule, ou du moins la principale reffource pour leur entretien & celui de leurs familles. Auffi voyons-nous que les Etats Proteftans font un commerce plus étendu, & ont en général plus d'aifance que les Etats Catholiques, quoique le terrein & la fituation en foient quelquefois moins avantageux. On ne chaume dans les premiers de ces Etats que les Dimanches & quelques principales Fêtes dans l'année; le furplus eft pour le travail. Or on ne peut douter que ce furcroit de travail dans les Habitans ne foit une des principales caufes des avantages & de l'opulence dont ils jouiffent.

On peut dire, à la louange de nos Prélats, qu'en entrant dans ces vues de bien Public, ils fe font, depuis un certain tems, beaucoup plus appliqués à fupprimer les Fêtes qu'à les augmenter. M. le Cardinal de Noailles, Archevêque de Paris, dont la mémoire fera longtems en vénération dans cette grande Ville, en a diminué de nos jours plufieurs dans ce Diocèfe. Feu M. le Cardinal de la Rochefoucault, autre Prélat, non moins refpectable par fa candeur & fon amour pour la paix, dont nous pleurons encore la perte récente, & qui avoit fu à fi jufte titre mériter l'amour & la confiance du Monarque & des Sujets; ce digne Prélat, difons-nous, a auffi fupprimé dans le Diocèfe de Bourges plufieurs Fêtes, par un Mandement confirmé par Lettres Patentes du mois de Décembre 1734.

Les Loix de Police pour l'obfervation des Fêtes, font principalement confignées dans les Articles 23 , 24 & 25 de l'Ordonnance d'Orléans (*a*), dans l'Article 23 de celle Blois *(b)*, & dans la Déclaration du 16 Décembre 1608 (*c*).

Pour décider quels Juges doivent connoître des contraventions à la folemnité des Fêtes , & celui qui eft compétent ou du Juge Eccléfiaftique ou du Juge Laïc, il faut faire attention à la qualité des Contrevenans, fi ce font des Eccléfiaftiques ou des Laïcs ; comme aufli à la nature des contraventions, & fi elles regardent les œuvres de piété commandées , ou bien le travail, ou les divertiffemens défendus.

ARTICLE XXIX.

Voulons que les Archevêques , Evêques , leurs Grands-Vicaires & autres Eccléfiaftiques , qui font en poffeffion de préfider , & d'avoir foin de l'adminiftration des Hôpitaux , & lieux pieux établis pour le foulagement , retraite & inftruction des Pauvres , foient maintenus dans tous les droits , féances & honneurs , dont ils ont bien & dûement joui jufqu'à préfent , & que lefdits Archevêques & Evêques aient à l'avenir la premiere féance, & préfident dans tous tous les Bureaux établis pour l'adminif-

---

(*a*) ʺ Défendons à tous Juges permettre qu'ès jours de Dimanches & Fêtes Annuelles & So-
ʺ lemnelles, aucunes Foires & Marchés foient tenus , ni danfes publiques faites , & leur enjoi-
ʺ gnons de punir ceux qui y contreviendront. *Ordonnance d'Orléans , Art.* 23.
ʺ Défendons à tous Joueurs de farces, Bâteleurs & autres femblables , jouer efdits jours de
ʺ Dimanches & Fêtes, aux heures du Service divin, fe vêtir d'habits Eccléfiaftiques, jouer chofes
ʺ diffolues, de mauvais exemple, à peine de prifon & de punition corporelle, & à tous Juges
ʺ leur bailler permiffion de jouer durant lefdites heures, *même Ordonnance art.* 24.
ʺ Défendons aufli à tous Cabaretiers , Taverniers, & Maîtres de Jeu de Paume, recevoir efdites
ʺ heures de Service divin, aucunes Perfonnes de quelque qualité qu'ils foient ; & à tous Manans
ʺ & Habitans des Villes, Bourgades & Villages, même à ceux qui font mariés & ont ménage ,
ʺ aller boire ou manger ès Tavernes & Cabarets. Et auxdits Taverniers & Cabaretiers les y re-
ʺ cevoir, à peine d'amende arbitraire pour la premiere fois, & de prifon pour la feconde. En-
ʺ joignons à tous Juges ne permettre qu'il ne foit aucunement contrevenu au contenu ci deffus, à
ʺ peine de fufpenfion d'Etats & privation d'iceux , en cas de longue diffimulation, & connivence.
ʺ *Art.* 25, *même Ordonnance.*
(*b*) ʺ Enjoignons à tous nos Juges de faire garder & obferver étroitement les défenfes portées par
ʺ les Ordonnances faites à Orléans , tant pour le regard des Foires, Marchés , & danfes publiques
ʺ ès jours de Fêtes, que contre les Joueurs de farces, Bâteleurs, Cabaretiers, Maîtres de Jeux de
ʺ Paulme , & d'Efcrimes, fur peines contenues efdites Ordonnances. *Ord. de Blois , Art.* 38.
(*c*) *Nota.* La Déclaration du 16 Décembre 1608, ordonne l'exécution des Ordonnances
d'Orléans & de Blois, & réitere les défenfes y portées de tenir des Foires & Marchés & des danfes
publiques les Dimanches & les Fêtes , d'ouvrir les Jeux de Paulmes & Cabarets , & aux Bâteleurs , & autres Gens de cette forte , de faire aucune repréfentation pendant les heures du Service
divin , tant les matins que les après - dînées ; enjoint à tous les Jug's Royaux , & autres
reffortiffans nuement aux Cours de Parlemens, de les faire lire & publier de nouveau dans
leur reffort , avec la préfente Déclaration , & d'en certifier lefdites Cours en la maniere a'coutumée ; & à eux & tous autres Juges de punir les contrevenans, par condamnations d'amende,
& autres peines plus graves s'il y échet , fuivant l'exigence des cas.

tration

tration defdits Hôpitaux ou lieux pieux , où eux & leurs Prédéceffeurs n'ont point été jufqu'à préfent , & que les Ordonnances & Réglemens qu'ils y feront pour la conduite fpirituelle , & célébration du Service divin , foient exécutés , nonobftant toutes oppofitions & appellations fimples & comme d'abus , & fans y préjudicier.

L'ou fait que dans la primitive Eglife c'étoient les Diacres , qui , fous l'infpection & l'autorité des Evêques , avoient l'adminiftration des aumônes des Fideles , & en faifoient la diftribution aux Pauvres. Si dans la fuite on a jugé à propos de conftruire des afyles communs pour les Pauvres , & fi les Perfonnes charitables ont à l'envi contribué par leurs liberalités à former & à augmenter ces pieux Etabliffemens , les Evêques n'ont pas dû perdre le droit qu'ils ont eu dans le principe de veiller à tout ce qui concerne les Pauvres dont ils font les premiers Peres.

Il paroît néanmoins que les Evêques n'ont pas toujours été admis par-tout & indiftinctement , à fe mêler de ce qui a rapport à l'adminiftration temporelle des Hôpitaux. Car l'Edit de Melun , quoique très favorable aux Eccléfiaftiques d'ailleurs , ne maintient dans le droit de pourvoir aux adminiftrations des Hôpitaux & Maladreries & d'affifter aux comptes des revenus d'iceux , que les Prélats & autres Eccléfiaftiques qui avoient ce droit auparavant (a). Notre Edit , dans le préfent Article , ne veut point qu'il y ait de diftinction fur cela ; & foit que les Prélats fuffent en poffeffion ou non , la Préfidence des Bureaux établis pour l'adminiftration des Hôpitaux leur eft indiftinctement attribuée. Cette Préfidence leur eft encore confirmée par la Déclaration du 12 Décembre 1698 , portant Réglement général pour l'adminiftration des Hôpitaux & Maladreries , Art. 10 (b).

(a) » Nous voulons que les Prélats , leurs Vicaires & autres Eccléfiaftiques qui ont droit de
» pourvoir aux adminiftrations des Hôpitaux & Maladreries & autres , y foient maintenus & gar-
» dés ; enfemble d'ouïr les comptes du revenu d'icelles , & feront les Réglemens & Ordonnances
» qui feront faits par lefdits Eccléfiaftiques pour la cé'ébration du Service divin , diftribution des
» aumônes , réparations des édifices , & autres œuvres pies , exécutées nonobftant oppofitions ou
» appellations quelconques , & fans préjudice d'icelles. *Edit de Melun , Art.* 10.
» (b) LOUIS , par la grace de Dieu , Roi de France & de Navarre : A tous ceux qui ces
» Préfentes verront : SALUT. Nous avons par notre Edit du mois de Mars 1693 défuni de l'Or-
» dre de Notre Dame de Mont-Carmel & de Saint Lazare , les Maladreries , Léproferies , Hôpi-
» taux & autres lieux pieux , qui avoient été unis par autre Edit du mois de Décembre 1672 ;
» Déclaration intervenue en conféquence , & par notre Déclaration du 24 Août audit an 1693 ,
» ordonné que lefdits biens défunis feroient employés à la fubfiftance & foulagement des Pauvres ,
» & particulierement des Malades , fur les avis des Sieurs Archevêques & Evêques de notre Royau-
» me , & des Sieurs Commiffaires départis dans les Provinces pour l'éxécution de nos Ordres ; en
» exécution de quoi , par plufieurs Arrêts du Confeil rendus fur lefdits avis , & par les Lettres Pa-
» tentes expédiées en conféquence , & enregiftrées ès Cours de Parlemens , dans le reffort defquelles
» lefdits biens font fitués ; l'emploi & l'application en auroient été faits , foit par l'établiffement
» ou rétabliffement d'Hofpitalité dans ceux defdits lieux , dont les revenus fe font trouvés fuf-
» fifans à cet effet , foit par l'union de ceux d'un petit revenu à d'autres Hôpitaux anciens , où

A' l'égard des Grands Vicaires des Evêques, l'Edit de Melun & celui de 1695 que nous discutons, ne leur attribuent féance & voix délibérative, aux Bureaux des Hôpitaux, qu'autant qu'ils auront la poffeffion en leur faveur. La Déclaration fufdite du 12 Décembre 1698

» l'hofpitalité étoit déja exercée, ou à ceux dans lefquels elle devroit être établie en vertu
» defdits Arrêts & Lettres Patentes, aux charges & conditions y portées, pour être les revenus
» defdits biens, employés à la fubfiftance des Pauvres malades des lieux, fuivant les Réglemens
» qui feront faits ; & d'autant que, pour conformer cet ouvrage, fi utile & fi généralement ré-
» pandu dans toutes les Provinces, & prefque dans tous les Diocèfes du Royaume, & en affurer la
» durée & le fuccès, il ne refte qu'à faire lefdits Réglemens, afin d'établir dans lefdits Hôpitaux le
» bon ordre, la conduite & la police néceffaires ; Nous aurions jugé à propos de faire un Réglement
» général, que Nous voulons être obfervé dans lefdits Hôpitaux nouvellement établis & rétablis,
» & même dans ceux des anciens Hôpitaux auxquels il a été uni des Hôpitaux, Maladreries & autres
» lieux pieux, défunis de l'Orare de Notre Dame de Mont-Carmel & de Saint Lazare, & qui n'ont
» point de Réglement, à quoi étant néceffaire de pourvoir. Pour ces caufes & autres, de notre
» certaine fcience, pleine puiffance & autorité Royale, Nous avons par ces Préfentes fignées de
» notre main, dit, déclaré & ordonné, difons, déclarons & ordonnons, voulons & Nous plaît,
» que chacun des Hôpitaux, Maladreries, Léproferies, & autres lieux pieux défunis de l'Ordre
» de Notre Dame de Mont-Carmel & de Saint Lazare, dans lefquels l'hofpitalité a été établie, en
» exécution defdits Edit & Déclaration des mois de Mars & Août 1693, & des Arrêts & Lettres
» Patentes expédiées en conféquence, fera régi & gouverné & adminiftré, ainfi qu'il enfuit.

PREMIEREMENT.

» Il y aura en chacun defdits Hôpitaux un Bureau ordinaire de direction, compofé du premier
» Officier de la Juftice du lieu, & en fon abfence, de celui qui le repréfente, du Procureur pour
» Nous aux Siéges, ou du Seigneur, du Maire, de l'un des Echevins, Confuls, ou autre ayant pareille
» fonction, & du Curé ; & s'il y a plufieurs Paroiffes dans le lieu, les Curés y entreront chacun
» pendant une année & tour à tour, à commencer par le plus ancien.
» II. Outre ces Directeurs nés, il en fera choifi de trois ans en trois ans dans les Affemblées
» générales qui feront tenues, ainfi qu'il fera dit ci-après, tel nombre qui fera jugé à propos,
» dans chaque lieu d'entre les principaux Bourgeois & Habitans, pour avoir entrée, féance,
» après les Directeurs nés, & voix délibératives dans le Bureau de direction, pendant ledit tems
» de trois ans, fauf à l'Affemblée générale à les continuer tous, ou feulement quelques uns, fi
» bon lui femble.
» III. Le Bureau ordinaire de Direction s'affemblera une fois la femaine, ou tous les quinze
» jours au moins, dans l'Hôpital, aux jour & heure qui feront marqués, & plus fouvent fi les
» affaires le requierent.
» IV. Il fera tenu des Affemblées générales dans chacun Hôpital, une ou deux fois par chacune
» année, aux tems qui feront marqués.
» V. Les Affemblées générales feront compofées, outre le Bureau ordinaire, de ceux qui auront
» été Directeurs de l'Hôpital, & des autres Habitans qui ont droit de fe trouver aux Affemblées
» de la Communauté du lieu.
» VI. Les Délibérations qui auront été prifes dans les Affemblées générales & dans le Bureau
» de Direction, feront écrites fur un Regiftre paraphé par le premier Officier de Juftice, & figné ;
» favoir, celle du Bureau de Direction par tous ceux qui y auront affifté, & celles des Affemblées
» générales, par les principaux & plus Notables du lieu.
» VII Il fera nommé tous les trois ans, par le Bureau de Direction, un Tréforier ou
» Receveur, pour faire les recettes des revenus de l'Hôpital, & les employer à l'acquit
» des charges, à la fubfiftance & entretien des Pauvres, & autres dépenfes utiles & néceffaires.
» VIII. Il fera nommé dans le Bureau de Direction, au commencement de chacune année, &
» plus fouvent s'il eft juge a propos, deux des Directeurs ou Elûs, pour expédier les mandemens
» des fommes qui devront être payées par le Tréforier ou Receveur, & il ne lui en pourra être
» alloué aucune en dépenfe, qu'en rapportant les mandemens fignés defdits deux Directeurs.
» IX. Le Tréforier ou Receveur aura entrée dans toutes les Affemblées ordinaires & extraordi-
» naires fans avoir voix délibératives.
» X. Les Archevêques & Evêques auront, conformément à l'Article 29 de l'Edit du mois
» d'Avril 1655, la premiere féance, & préfideront, tant dans le Bureau ordinaire, que dans les
» affemblées générales qui fe tiendront pour l'admin ftration des Hôpitaux de leurs Diocèfes, lorf-
» qu'ils y voudront affifter, & les Ordonnances & Réglemens qu'ils y feront, pour la conduite
» fpirituelle & célébration du Service divin, feront exécutés, nonobftant toutes oppofitions ou
» appellations fimples & comme d'abus, & fans y préjudicier.
» XI. En l'abfence des Archevêques & Evêques, leurs Vicaires Généraux pourront affifter

paroît aller plus loin dans fon Article 11, qui porte : *En l'abfence des Archevêques & Evêques, leurs Vicaires Généraux pourront affifter auxdits Bureaux ordinaires & Affemblées générales, & y auront voix délibératives & prendront place après celui qui préfidera.* Nonobftant cette difpofition qui femble générale & indéfinie, les Grands Vicaires de M. l'Archevêque de Paris fe préfenteroient envain aux Bureaux de l'Hôpital Général & de l'Hôtel-Dieu, pour le fubftituer en fon abfence, en prenant place au-deffous du Préfident. L'ufage feroit ab-

---

» auxdits Bureaux ordinaires & Affemblées générales, & y auront voix délibératives, & pren-
» dront place après celui qui préfidera.

» XII. Les Baux à ferme des biens & revenus defdits Hôpitaux, ne pourront être faits que
» dans le Bureau de Direction, après les publications néceffaires, & après avoir reçu les en-
» cheres.

» XIII. Il ne fera fait aucuns voyages ni réparations, ni accordé aucune diminution aux Fer-
» miers, que par délibération du Bureau de Direction.

» XIV. Il ne pourra être entrepris aucun bâtiment ni ouvrage nouveau, intenté ni foutenu
» aucun procès, fait aucun emprunt ni acquifition, fans une délibération préalable prife dans
» l'Affemblée générale.

» XV. Le Tréforier ou Receveur fera tenu de préfenter au premier Bureau de Direction, qui
» fera tenu en chacun mois, l'état de fa recette & dépenfe du mois précédent, qui fera arrêté &
» figné par ceux qui y auront affifté.

» XVI. Le Tréforier ou Receveur fera tenu de préfenter au Bureau de la Direction, dans les
» trois premiers mois de chacune année, le compte de la recette & dépenfe par lui faite dans
» l'année précédente, & d'y joindre les états arrêtés par chacun mois avec les autres pieces jufti-
» ficatives, pour être ledit compte arrêté dans le Bureau, & figné par tous ceux qui y auront
» affifté.

» XVII A faute par ledit Tréforier de préfenter fon compte dans le tems porté par l'Article
» précédent, il pourra être deftitué, & il en fera en ce cas nommé un autre à fa place, fans
» préjudice des pourfuites qui feront faites contre celui qui n'aura rendu compte, pour l'obliger à
» le rendre.

» XVIII. Le Comptable fe chargera en recette du reliquat du compte, fi aucun y a, & des
» reprifes.

» XIX. Les pieces juftificatives feront paraphées par celui qui rendra le compte, & par celui
» qui préfidera à l'examen & clôture.

» XX. Le compte clos & arrêté dans le Bureau de Direction, fera repréfenté & lû dans la
» premiere Affemblée générale qui fera tenue enfuite ; & en cas qu'il y foit reconnu quelque
» abus, il y fera pourvu par l'Affemblée, ainfi qu'elle jugera à propos.

» XXI. Il fera fait choix d'un lieu commode dans l'Hôpital, où feront mis par ordre les titres
» & papiers concernans les biens de l'Hôpital, en une ou plufieurs armoires fermantes à deux
» ou trois clefs, dont chacune fera gardée par ceux qui feront nommés à cet effet.

» XXII. Il fera auffi fait un inventaire defdits titres & papiers, qui y fera joint, & fur lequel
» feront ajoutés les comptes qui feront rendus à l'avenir, & les actes nouveaux concernans les
» affaires de l'Hôpital, à mefure qu'il s'en paffera, & feront lefdits actes & comptes, avec les
» pieces juftificatives, remis aux archives de l'Hôpital.

» XXIII. Il fera pourvu par le Bureau ordinaire de Direction au furplus de tout ce qui pourra
» regarder l'œconomie & l'adminiftration du temporel de chacun Hôpital, felon qu'il fera jugé
» à propos pour le bien & le foulagement des Pauvres.

» Et quant aux Hôpitaux, Maladreries, Léproferies, & autres lieux pieux, & biens en dé-
» pendans défunis de l'Ordre de Notre-Dame de Mont-Carmel & de Saint Lazare, & unis en
» exécution defdits Edits & Déclaration des mois de Mars & Août 1693, Arrêts & Lettres Pa-
» tentes expédiés en conféquence à d'autres Hôpitaux établis avant le mois de Mars 1693, Nous
» ordonnons que lefdits biens feront régis dans la même forme & maniere, & fuivant les mêmes
» Réglemens que les anciens biens & revenus des Hôpitaux auxquels l'union en a été faite ; & en
» cas que lefdits Hôpitaux n'aient point de Réglemens, Voulons que le préfent Réglement y foit
» gardé & obfervé, tant pour les biens dont ils jouiffoient avant lefdites unions, que pour ceux
» qui ont été nouvellement unis par lefdits Arrêts & Lettres Patentes.

» Si donnons en mandement, à nos amés & féaux Confeillers, les Gens tenant notre Cour de
» Parlement à Paris, que ces Préfentes ils aient à faire regiftrer, & le contenu en icelles garder
» & obferver felon leur forme & teneur, fans fouffrir qu'il y foit contrevenu en quelque forte &
» maniere que ce foit. Enjoignons à nos Procureurs Généraux de tenir la main à ce que ces Pré-
» fentes foient regiftrées dans tous les Sieges de leur Reffort. Car tel eft notre plaifir : en témoin

folument contraire à cette prétention, s'ils la mettoient en avant. Ainſi il faut néceſſairement expliquer la Déclaration de 1698 , par le préſent Edit , & dire que les Grands Vicaires ne peuvent prétendre ſéance & voix délibératives aux Bureaux des Hôpitaux , en l'abſence des Evêques , qu'autant qu'ils ſont ſur cela fondés en poſſeſſion ; & même dans ce cas pour marquer la différence qu'il doit y avoir ſur cette ſéance entre les Evêques & leurs Vicaires Généraux , ces derniers ne peuvent jamais prétendre la préſidence du Bureau , mais ils ne prennent place qu'après le premier des Adminiſtrateurs laïcs , à qui la Préſidence eſt dévolue de droit par l'abſence de l'Evêque.

Il eſt bon d'obſerver que par la Déclaration du 12 Décembre 1698, faite principalement pour les Hôpitaux de Province , le Curé du lieu eſt mis au nombre des Adminiſtrateurs nés; & en cas qu'il y en ait pluſieurs dans la Ville , il eſt dit qu'ils entreront au Bureau, chacun pendant une année , tour à tour , à commencer par le plus ancien ; mais ils ne doivent avoir que la derniere place parmi les Adminiſtrateurs nés , au lieu que dans les Aſſemblées de Fabrique de leurs Paroiſſes, comme ils y ſont les premiers Paſteurs , ils jouiſſent de la prérogative de la premiere place , & de ſigner les premiers les délibérations ; c'eſt ce qui a été jugé ſolemnellement en faveur du Sieur de Lauzy , Curé de Saint Jacques de la Boucherie , par Arrêt rendu entre lui & les Marguilliers de ſa Paroiſſe le 23 Juillet 1700 (a).

» de quoi, Nous avons fait mettre notre Scel. Donné à Verſailles le douzieme jour de Décembre
» l'an de grace mil ſix cent quatre-vingt-dix huit,& de notre Regne le cinquante-ſixieme. Signé, LOUIS.
» Et plus bas , par le Roi , PHELYPEAUX. Et ſcellées du grand Sceau de cire jaune.

» Regiſtrées , oui & ce requerant le Procureur Général du Roi , pour être exécutées ſelon leur
» forme & teneur ; & Copies collationnées envoyées aux Bailliages & Sénéchauſſées du Reſſort ,
» pour y être lues , publiées & regiſtrées : enjoint aux Subſtituts du Procureur Général du Roi d'y
» tenir la main , & d'en certifier la Cour dans un mois , ſuivant l'Arrêt de ce jour. A Paris en
» Parlement , le dix neuf Décembre 1698. Signé , DU JARDIN.

(a) » LOUIS , par la grace de Dieu , Roi de France & de Navarre. Au premier Huiſſier de
» notre Cour de Parlement ou autre ſur ce requis , ſavoir faiſons, qu'entre les Marguilliers en
» charge de Saint Jacques de la Boucherie de cette Ville de Paris, Appellans d'une Sentence rendue
» par le Lieutenant Civil du Châtelet de Paris le 9 Janvier 1706 , en ce qu'elle leur fait préjudice
» & Intimés d'une part ; & Me Antoine de Lauzy Docteur en Théologie , Prêtre , Curé de la-
» dite Paroiſſe de Saint Jacques de la Boucherie, Intimé , & Appellant de ladite Sentence du 9
» Janvier 1706 , aux chefs mentionnés dans ſa Requête du 18 Janvier 1707 , d'autre part , vû
» par la Cour ladite Sentence dont eſt appel , donnée entre leſdites Parties le 9 Janvier 1706 ;
» par laquelle auroit été ordonné que le Bureau de l'Egliſe & Paroiſſe de Saint Jacques de la
» Boucherie , ſeroit compoſé des Curé & Marguilliers en charge , & des anciens Marguilliers qui
» demeureroient actuellement dans l'étendue de la Paroiſſe ; le Curé auroit la premiere place dans
» le Bureau & donneroit le premier ſa voix , qui ſeroit demandée par celui qui préſideroit à l'Aſ-
» ſemblée , & ſigneroit le premier les délibérations qui y ſeroient arrêtées ; ordonne qu'il ſeroit
» fait un état des dépenſes ordinaires , au cas qu'il n'y en eût pas , qui ſeroient payées par le
» Marguillier Comptable : & ne pourroit ledit Marguillier Comptable faire de dépenſes extraordi-
» naires, que juſqu'à concurrence de la ſomme de cent livres , & ce par l'avis des Marguilliers en
» charge, lorſqu'il conviendroit faire des réparations & autres dépenſes excédant cent livres ; il en
» ſera délibéré au Bureau qui ſe tiendra tous les premiers Lundis de chaque mois, ou autres jours
» extraordinaires ſi le cas le requeroit. Et ſeroient les devis & marchés d'ouvrages faits pardevant
» Notaires en conſéquence d'actes de délibération du Bureau , à peine de nullité des paiemens qui
» ſeroient faits : les titres des archives ſeroient mis ſous deux clefs ; l'une ſeroit entre les mains
» du premier Marguillier , & l'autre en celles du Marguillier en charge ; & s'il étoit néceſſaire
» d'en tirer quelques titres ou papiers , le Marguillier en charge s'en chargeroit ſur un Regiſtre
» qui ſeroit enfermé dans le même lieu ; que le Curé ſeroit tenu de dire l'Office & exécuter les

» Fondations par lui ou son Vicaire, aux jours, lieux, & heures accoutumées, & de la maniere
» portée par les Fondations, sans y rien changer, ni en transférer en d'autres Eglises que celle de
» saint Jacques, & ne pourroit dispenser aucun Prêtre ou Clerc d'affister, tant pour les Fonda-
» tions que pour les Matines, sinon, en cas de légitime empêchement : le Curé déchargé de la
» demande en restitution des deniers reçus pour les Fondations, Matines & Offices où il n'avoit
» point affisté, après la déclaration par lui faite ; qu'il n'avoit point de connoissance qu'il eût été
» payé aucunes retributions, pour affistances aux Offices & Matines, & pour les Messes qu'il étoit
» obligé de célébrer, & que s'il y avoit manqué quelquefois, & à celles de Fondations & autres
» Offices ; pourquoi les retributions lui étoient dûes, c'est qu'il étoit occupé en des fonctions plus
» pressantes concernant son Ministere. Les Marguilliers choifiront, par l'avis du Bureau assemblé,
» où le Curé pourra affister en la maniere accoutumée, les Ecclésiastiques habitués de la Paroisse,
» pour exécuter les Fondations & faire les Caréchifmes. L'emploi des deniers des Fondations se
» fera ainsi qu'il sera ordonné ou convenu, & s'il n'y avoit point d'emploi stipulé ou convenu,
» les Marguilliers feroient emploi par délibération du Bureau, à payer les dettes de la Fabrique ou
» acquérir des rentes, ainsi qu'il seroit délibéré. Les Marguilliers en charge s'affembleront lorf-
» qu'ils le jugeront à propos, pour avifer enfemble ce qu'il conviendroit pour le bien de la Fa-
» brique, & en referer au Bureau affemblé ; que le Curé feroit tenu de boucher les vûes fur la
» maifon appartenante à la Fabrique au derriere du Presbytere, dont la fouffrance avoit été ac-
» cordée au Sieur Chapelas, ci devant Curé de ladite Eglife, par Acte du 21 Novembre 1668,
» avec foumiffion de les boucher quand il plairoit aux Marguilliers, dépens compenfés. Artêt
» d'appointé au Confeil du 21 Février 1707 ; caufes & moyens d'appel dudit de Lauzy du 25
» Février 1707, contenant fes conclusions, en ce qu'en tant que touchant l'appel des Marguilliers,
» l'appellation fût mife au néant, ordonné que ce dont étoit appel fortiroit effet ; & faifant droit
» fur l'appel interjeté par ledit de Lauzy, l'appellation & ce dont étoit appel fût mis au néant ;
» 1°. en ce que les Officiers du Châtelet n'auroient pas ordonné l'exécution de l'Ordonnance de
» vifite du Sieur Archevêque de Paris du premier Novembre 1698, conformément aux conclufions
» prifes par ledit de Lauzy, par fes défenfes du 3 Juillet 1707 ; 2°. en ce qu'il n'avoit pas été
» ordonné, conformément à cette Ordonnance que ledit Sieur de Lauzy auroit une des clefs des
» armoires, dans lefquelles étoient enfermés les titres & papiers de la Fabrique ; 3°. en ce que les
» Officiers du Châtelet ôtoient audit de Lauzy connoiffance des affaires & dépenfes courantes de
» l'Eglife jufqu'à la fomme de cent livres, en fupprimant l'Affemblée ordinaire des Marguilliers
» qui s'étoit toujours faite les Jeudis à l'iffue du Salut ; 4°. en ce qu'ils avoient permis au Mar-
» guillier Comptable de faire telles dépenfes extraordinaires qu'il voudroit, quand elles n'excéde-
» roient pas cent livres, en prenant l'avis des autres Marguilliers, fans prendre celui du Curé ;
» émendant, quant à ce, il fût ordonné ; 1°. que ladite Ordonnance du premier Novembre
» 1698 feroit exécutée felon fa forme & teneur ; 2°. qu'il feroit baillé audit de Lauzy une des
» deux différentes clefs des armoires qui entermeroient les titres de la Fabrique ; 3°. que l'Af-
» femblée ordinaire des Marguilliers feroit tenue les Jeudis à l'iffue du Salut, en la maniere ac-
» coutumée, pour y avifer aux affaires de la Fabrique, y regler toutes les dépenfes courantes &
» extraordinaires qui n'excéderoient pas cent livres, à laquelle ledit de Lauzy pourroit affifter, fi
» bon lui fembloit, fans préjudice des Affemblées générales, où les anciens pourroient affifter tous les
» premiers Lundis de chaque mois, lorfqu'il y en auroit d'extraordinairement convoquées ; 4°. que les
» dépenfes extraordinaires, quoique non excédantes de cent livres, feroient reglées & arrêtées en
» ladite Affemblée ordinaire des Jeudis, par l'avis dudit de Lauzy, & Marguilliers en charge.
» Production dudit de Lauzy ; Requête defdits Marguilliers du 23 Février 1707, employée pour
» caufes & moyens d'appel. Ecritures & Production contenant leurs conclusions, à ce qu'Acte
» leur fût donné de ce qu'ils reftraignoient leur appel aux premier, deux, trois, quatre, cinq,
» huit & dixieme chefs de ladite Sentence ; ce faifant, procédant au jugement, l'appellation &
» ce dont avoit été appellé fût mis au néant ; émendant, il fût ordonné que les transactions des
» 10 Mars 1641 & 24 Décembre 1647, & l'Arrêt du 18 Juin 1641, portant homologation de
» la premiere defdites transactions, feroient exécutés felon leur forme & teneur ; & en confé-
» quence, faifant droit fur le premier chef, après la déclaration faite par lefdits Marguilliers
» & qu'ils réiteroient, qu'ils confentoient que ledit de Lauzy & fes Succeffeurs affiftent & aient
» voix délibérative aux Affemblées pour élections de Marguilliers, & à la reddition de leurs comp-
» tes feulement, conformément auxdits transactions & Arrêts d'homologation, il fût ordonné,
» qu'à l'égard des autres Affemblées, pour l'administration des biens & affaires temporelles de la
» Fabrique, elles feroient tenues par les feuls Marguilliers en charge, ou par eux & les anciens
» Marguilliers, demeurant tant fur la Paroiffe que hors d'icelle, le tout fuivant la différente
» nature des affaires, & conformément à l'ufage de tout tems obfervé fur le fecond chef : le
» premier Marguillier fût maintenu & gardé en la poffeffion de propofer en toutes fortes d'Af-
» femblées, les affaires fur lefquelles il s'agiffoit de délibérer, d'y donner le premier fa voix, de
» recueillir celles des autres Marguilliers, tant en charge qu'anciens ; ordonné que dans les élec-
» tions & reddirions des comptes des Marguilliers où ledit de Lauzy avoit droit d'affifter, il y
» donneroit le dernier fa voix, auffi fuivant l'ufage, & lefdites transactions fur les trois, quatre,
» & dixieme chefs ; au cas que la Cour jugeât à propos que les Marguilliers en charge ne puffent
» faire des dépenfes extraordinaires, excédentes cent livres, fans l'avis des anciens Marguilliers,
» il fût ordonné que les repara tons en feroient exceptées ; lefquelles, les Marguilliers en charge
» continueroient de faire, comme par le paffé, fuivant qu'il en feroit befoin, & arrêteroient les
» Mémoires fans qu'il fût néceffaire en toute rencontre, de faire des devis ni marchés pardevant
» Notaires : ordonné pareillement que les Marguilliers en charge s'affembleroient chaque fe-

A R T I C L E XXX.

La connoiſſance & le jugement de la Doctrine con-
cernant la Religion, appartiendra aux Archevêques &
Evêques ; enjoignons à nos Cours de Parlemens , & à
tous nos autres Juges de les renvoyer auxdits Prélats ,
de leur donner l'aide dont ils auront beſoin pour l'exé-
cution des cenſures qu'ils en pourront faire , & de pro-
céder à la punition des Coupables , ſans préjudice à noſ-

   » maine aux jours & heures qui feroient indiquées par le premier Marguillier, lequel convo-
» queroit les Affemblées générales lorſqu'il en feroit befoin , aux jours qu'il croiroit les plus
» convenables ; fur le cinquieme chef ; que les papiers de la Fabrique feroient continués d'être
» à la garde d'un feul Marguillier qui avoit accoutumé d'en être chargé : & en cas que la Cour
» jugeât qu'ils duffent être fous deux clefs , il fût ordonné que la feconde feroit mife entre les
» mains du Marguillier , faifant chaque année la recete & dépenſe ; & fur le huitieme chef, lef-
» dits Marguilliers maintenus & gardés en la poffeffion de nommer feuls les Eccléfiaftiques pour
» acquitter les Meffes de fondation , &faire les Catéchifmes de fondation en ce qui touchoit l'appel
» interjetté par ledit de Lauzy , l'appellation fut mife au néant, condamné en l'amende & aux dé-
» pens. Réponfes à caufes & moyens d'appel defdits de Lauzy & Marguilliers, des cinq Avril
» & 16 Mai 1707 fervant de contredits. Production nouvelle defdits Marguilliers, par Requête du
» 21 dudit mois de Mai. Contredits dudit de Lauzy du 25. Production nouvelle defdits Mar-
» guilliers , par Requête du 24 dudit mois de Mai. Contredits dudit de Lauzy du premier Juin audit
» an. Salvations defdits Marguilliers du 6 dudit mois de Juin. Conclufions du Procureur Général
» du Roi , tout confidéré :
   » LA COUR a mis les Appellations & ce dont a été appellé au néant, en ce qu'il n'a pas
» été expreffément ordonné par la Sentence dont eft appel, que ledit de Lauzy pourroit affifter
» généralement à toutes les Affemblées qui fe tiendront pour la Fabrique de Saint Jacques ; qu'il
» eft ordonné par ladite Sentence que ledit de Lauzy donnera le premier fa voix dans l'Affem-
» blée ; que le Marguillier Comptable ne pourra faire des dépenſes au deffus de la fomme de cent
» livres , fans une délibération de l'Affemblée générale de la Paroiffe , lefquelles feroient tenues
» tous les Lundis de chaque mois , & autres jours extraordinaires fi le cas le requeroit : qu'il a
» été ordonné que les Marguilliers en charge s'affembleroient lorfqu'ils le jugeroient à propos, pour
» aviſer enfemble à ce qu'il conviendroit pour le bien de la Fabrique , & en référer au Bureau
» affemblé ; & que les deux clefs des archives feroient remifes , l'une és mains du premier Mar-
» guillier , & l'autre entré les mains du Marguillier Comptable ; émendant quant à ce , ordonne que
» ledit de Lauzy pourra affifter , fi bon lui femble , à toutes les Affemblées générales & particulieres
» de ladite Œuvre & Fabrique , aura la premiere place dans lefdites Affemblées, fignera le pre-
» mier les délibérations, & donnera fa voix immédiatement avant celui qui préfidera , lequel
» opinera le dernier , fans préjudice audit de Lauzy de repréfenter avant la délibération , ce qu'il
» trouvera à propos pour le bien de l'Eglife & de la Fabrique , par forme de fimple propofi-
» tion. Ordonne que le Marguillier Comptable ne pourra faire aucune dépenſe que de l'avis du
» Bureau ordinaire , lequel fe tiendra les Jeudis de chaque femaine après le Salut ; comme auffi
» qu'il ne pourra , même de l'avis du Bureau ordinaire , faire des dépenfes que jufqu'à concur-
» rence de la fomme de trois cens livres ; & à l'égard de celles qui excéderont ladite fomme, il
» en fera délibéré dans l'Affemblée générale qui fe tiendra tous les premiers Dimanches de chaque
» mois à l'iffue des Vêpres , même plus fouvent fi le cas le requiert : Ordonne que les Regiſtres
» des délibérations courantes , & les titres de la Fabrique , feront enfermés fous deux clefs , dont
» l'une fera mife entre les mains dudit de Lauzy , & l'autre, en celles du Marguillier Comptable ,
» ladite Sentence au réfidu , fortiffant effet , fans préjudice au furplus de l'exécution de l'Ordon-
» nance de l'Archevêque de Paris, rendue dans le cours de fis vifites le premier Novembre 1698.
» Condamne lefdits Marguilliers en un tiers des dépens , les deux autres tiers compenfés. Si ce
» mandons mettre le préfent Arrêt à exécution felon fa forme & teneur ; de ce faire donnons tout
» pouvoir. Donné à Paris en Parlement le vingt-troifieme Juillet, l'an de grace mil fept cent fept,
» & de notre Regne le foixante-cinquieme. Collationné, MANGOT, par la Chambre.
» *Signé,* DU TILLET.

dites·Cours & Juges, de pourvoir par les autres voies qu'ils eftimeront convenables, à la réparation du fcandale & trouble de l'ordre & tranquillité publique, & contravention aux Ordonnances, que la publication de ladite Doctrine aura pu caufer.

Nous avons déja précédemment rendu un hommage authentique au droit inconteftable qu'ont les Evêques de connoîrre & de juger de la Doctrine. Mais c'eft ici le lieu de traiter ce point important avec un peu plus d'étendue.

En vertu du pouvoir que le Saint Efprit lui-même a attaché au caractere des Evêques de gouverner l'Eglife de Dieu, ils peuvent connoître & juger en diverfes manieres des matieres de Foi. L'hiftoire de l'Eglife nous fournit nombre d'exemples, que les queftions de Foi ont été fouvent terminées par les Evêques chacun dans leur Diocèfe, & que les erreurs y ont été condamnées & étouffées dans les lieux où elles avoient pris naiffance.

Lorfque les diffentions ont été plus étendues & que la matiere a paru plus importante, les Evêques ont formé des Affemblées Provinciales, pour y prononcer leurs jugemens d'une maniere plus authentique.

Enfin, lorfque le trouble s'eft augmenté fur des matieres capitales, & que les efprits fe font trouvés partagés par la dignité ou le crédit de ceux qui foutenoient les erreurs, il a fallu alors recourir au dernier remede, c'eft-à-dire, à la convocation des Conciles généraux.

Il eft auffi arrivé fouvent que les caufes de la Foi ont été portées immédiatement au Pape. Mais fi la divifion des Royaumes, la diftance des lieux, la conjoncture des affaires, la grandeur du mal, le danger d'en différer le remede, ne permettent pas toujours de fuivre l'ancien ordre, & les premiers vœux de l'Eglife, en affemblant les Evêques, du moins doivent-ils, lorfque le Pape a prononcé ainfi *omiffo medio*, examiner enfuite féparément ce qu'ils n'ont pu décider en commun; & il n'y a que ce confentement libre & refléchi de la part des Evêques qui puiffe imprimer à la décifion du Pape un caractere de dogme de Foi. Voici la forme qui fe pratique dans ces fortes d'occafions. Le Pape fait remettre au Roi fa Bulle par fon Nonce en France. Le Monarque en envoie des Copies authentiques à chacun des Métropolitains, avec ordre d'affembler les Evêques de leur Province pour la lecture & l'examen de la Bulle. Après cet examen, & lorfque le Roi a reçu les procès verbaux d'acceptation des Evêques des différentes Provinces de fon Royaume, il donne, en conféquence, une Déclaration pour l'exécution & la publication de la Bulle, laquelle eft envoyée à chacun des Parlemens du Royaume, pour y être enregiftrée, s'il ne fe trouve point d'ailleurs dans la Bulle quelques claufes contraires aux droits du Roi, à celui des Evêques, & aux Libertés de l'Eglife Gallicane. C'eft ce qui s'eft pratiqué plufieurs fois dans le dernier fiécle, & notamment au fujet de la Bulle de condamnation du Livre de *Maximes des Saints,* compofé par M. de Fenelon Archevêque de Cambrai. Nous ne devons point obmettre d'obferver quelques anecdottes particulieres relativement à cette grande affaire : elles ferviront à affermir de plus en plus les grands principes que nous avons avancés fur le droit des Evêques. On voit en effet, par la lecture du procès verbal d'acceptation de cette Bulle, fait en l'affemblée Provinciale des Evêques de la Métropole de Paris, tenue le Mercredi 13 Mai 1699, que les Prélats qui compofoient cette Affemblée (& du nombre defquels étoient le Cardinal de Noailles & le grand Boffuet Evêque de Meaux) avant que de procéder à aucun examen particulier, ont commencé par obferver en général ; 1°. que la *reception* & *acceptation* folemnelle *des Conftitutions Apoftoliques,* doit être faite par l'autorité Eccléfiaftique *avec délibération,* en prononçant d'un même efprit avec Sa Sainteté la condamnation des erreurs ; 2°. que les Actes d'acceptation de ces Conftitutions ont toujours été faits avec une déclaration expreffe qu'elles ne pourroient préjudicier *au droit que les Evêques ont par inftitution divine & par l'effence de leur dignité, de juger en premiere inftance des caufes de la Foi,* quand ils le croient néceffaire au bien de l'Eglife ; 3°. que l'Affemblée tenue en 1654 avoit exercé ce droit de juger en premiere inftance, en déclarant le véritable fens de la Bulle d'Innocent X, *par voie de jugement fur les pieces produites de part & d'autre,* ce qui ayant été expofé au même Pape Innocent X, & depuis à Alexandre VII, par Lettres expreffes du Clergé, fut approuvé & confirmé tant par le Bref d'Innocent X en 1654, que par la Bulle d'Alexandre VII en 1656. Nous n'ajoutons ni ne diminuons rien à la teneur du procès verbal en queftion, qui prouve difertement combien les Evêques éclairés de cette Affemblée, y furent attentifs à conferver les droits de l'Epifcopat.

Le procès verbal d'Affemblée de la Province de Cambrai, tenue pour le même fujet, & où M. de Fenelon foufcrivit lui-même avec tant de grandeur d'ame à fa propre condamnation, établit les mêmes maximes ; & fi l'on voit en même-tems que quelques Evêques de cette Affemblée y ont voulu infinuer quelques maximes contraires, les autres Evêques de la même Affemblée fe font élevés avec force pour foutenir fur cela les Maximes du Royaume, & notamment M. de Valbelle, Evêque de Saint Omer, qui déclara formellement, qu'il ne pouvoit convenir de la Maxime, que des Evêques, Juges naturels de la Doctrine, n'euffent pas le pouvoir dans le cas particulier de porter aucun jugement ; que quelque refpect que les Evêques duffent avoir pour les Décifions du Saint Siege, elles doivent néanmoins être acceptées par les Eglifes ; que cette acceptation n'eft point une exécution néceffaire, mais une acceptation de jugement, qui confifte à déclarer que la Conftitution eft conforme aux regles de la Foi ; que cette maxime de néceffité d'acceptation en forme de jugement, a fon origine dans l'inftitution divine des Evêques , étoit fondée fur un très grand nombre d'exemples tant anciens que nouveaux.

Concluons donc avec un des plus grands Magiftrats de nos jours (a) , que , *foit que les Evêques de la Province étouffent l'erreur dans le lieu qui l'a vue naître , comme il eft prefque toujours arrivé dans les premiers fiécles de l'Eglife , foit qu'ils fe contentent d'adreffer leurs confultations au Souverain Pontife fur des queftions dont ils auroient pu être les premiers Juges, comme nous l'avons vu encore pratiquer dans ce fiécle , foit que les Empereurs & les Rois confultent eux-mêmes & le Pape & les Evêques , comme l'Orient & l'Occident en fourniffent d'illuftres exemples ; foit enfin que la vigilance du Saint Siege prévienne celle des autres Eglifes , comme on l'a fouvent remarqué dans ces derniers tems ; la forme de la décifion peut être différente , mais le droit des Evêques demeure inviolablement le même , puifqu'il eft vrai de dire qu'ils jugent toujours également , foit que leur jugement précede , foit qu'il accompagne ou qu'il fuive celui du premier Siege.* Et tout de fuite cette Lumiere de la Magiftrature ajoute : *Auffi au milieu de toutes ces révolutions qui alterent fouvent l'ordre extérieur des Jugemens , rien ne peut ébranler cette maxime inconteftable qui eft née avec l'Eglife , & qui ne finira qu'avec elle ; que chaque Siege dépofitaire de la Foi & de la Tradition de fes Peres , eft en droit d'en rendre témoignage , ou féparément , ou dans l'Affemblée des Evêques , & que c'eft de ces rayons particuliers que fe forme ce grand Corps de lumiere qui , jufqu'à la confommation des fiécles , fera toujours trembler l'erreur & triompher la vérité.* D'après ces maximes inconteftables nous ne devons point regarder comme de véritables acceptations, celles de la plûpart des Evêques , foit Ultramontains , foit d'Efpagne , des Pays-Bas & autres , qui , imbus des principes de foumiffion aveugle pour tout ce qui vient de la Cour de Rome , reçoivent fans jugement & fans examen toutes les Bulles & Conftitutions des Papes.

Mais quelque grande que foit l'autorité des Evêques , pour raifon de la Doctrine , il ne leur eft point permis de faire foufcrire , par les Eccléfiaftiques qui leur font foumis , aucune Formule ou profeffion de Foi nouvelle , fans y être autorifés expreffément par des Lettres Patentes émanées du Souverains & enregiftrées dans les Cours; parceque ces fortes de foufcriptions intéreffent non-feulement la Police eccléfiaftique , mais encore le plus fouvent la paix & la tranquillité de l'Etat. Nous pourrions citer nombre d'Arrêts qui ont reprimé les entreprifes de plufieurs Evêques fur ce point ; mais pour éviter la prolixité , nous nous bornerons à en indiquer un affez récent , dont voici l'efpece. L'Archevêque d'Aix avoit fait dreffer un Ecrit intitulé : *Expofition de fentimens fur le Formulaire d'Alexandre VII & la Conftitution Unigenitus ,* dont la fignature étoit propofée par fes ordres aux Eccléfiafti-

____

(a) Plaidoyer de feu M. d'Aguesseau , alors Avocat Général & depuis Chancelier , pour l'enregiftrement de la Déclaration qui ordonnoit la publication de la Bulle portant condamnation du Livre des *Maximes des Saints.*

ques de son Diocèse, & sur tout à ceux qui se présentoient pour les Ordres. M. Ripert de Monclar Procureur Général, en ayant été averti, dénonça cette nouveauté au Parlement d'Aix, qui sur son requisitoire, rendit le 28 Juin 1756, les Chambres assemblées, un premier Arrêt qui ordonna qu'injonction seroit faite à l'Archevêque d'Aix de remettre au Greffe de la Cour l'Ecrit en question, pour demeurer supprimé. Le même Arrêt fit très expresses inhibitions & défenses audit Archevêque d'introduire des Formules de profession de Foi, non autorisées, sous quelque dénomination que ce pût être, & d'exiger des souscriptions & signatures sans deliberation du Corps des Pasteurs, revêtue de Lettres Patentes dûement enregistrées, à peine d'être poursuivi comme infracteur des Loix du Royaume. Pareilles inhibitions & défenses furent faites à tous Grands Vicaires, Supérieurs & Directeurs de Séminaires, de recueillir lesdites signatures, à peine de punition exemplaire, & à tous Ecclésiastiques de les consentir, à peine de 3000 liv. d'amende. Le même Arrêt, en recevant tout de suite le Procureur Général appellant comme d'abus des promesses d'obéissance, clandestines & insolites, exigées par l'Archevêque d'Aix des Ecclésiastiques de son Diocèse, lors de leur Ordination, lui a permis d'intimer sur ledit appel l'Archevêque; & cependant par provision, inhibitions & défenses lui ont été faites d'imposer aucune servitude, par actes secrets & sous signatures privées, aux Ecclésiastiques qui se présenteroient pour recevoir les saints Ordres; le tout sans préjudice de l'obéissance légitime & canonique qu'ils lui doivent, comme à leur Supérieur dans l'ordre de la Hierarchie.

Sur le refus de l'Archevêque d'Aix de satisfaire au premier Arrêt, un second Arrêt du 13 Juillet 1756, lui a fait d'itératives injonctions de remettre au Greffe l'Ecrit en question; si mieux n'aimoit ledit Archevêque déclarer, par un acte au Greffe ou sur la signification de l'Arrêt, qu'il ne feroit plus proposer la signature dudit Ecrit, ou d'aucun autre semblable, & qu'il n'introduiroit dans son Diocèse aucun Formulaire qui ne fût autorisé par le concours des deux Puissances.

Mais l'Archevêque ayant persisté dans ses refus, un troisieme Arrêt du 21 du même mois de Juillet 1756, l'a condamné en 10000 liv. d'aumône, au paiement de laquelle il seroit contraint par saisie de son Temporel, qui demeureroit sous la main de la Justice, jusqu'après l'entiere exécution de l'Arrêt.

Quelques Auteurs, plus Théologiens que Canonistes, ont prétendu que les Evêques ayant de l'aveu de tout le monde la connoissance & le jugement de la Doctrine, il ne devroit conséquemment s'imprimer aucuns Livres de Doctrine, sans avoir leur attache & leur approbation. Mais cette prétention heurte de front les droits du Souverain à qui seul il appartient de permettre l'impression des Livres. Ces permissions ou privileges ne s'accordent même jamais sans l'approbation préalable & par écrit d'un Censeur nommé par M. le Chancelier; pour les Livres de Théologie, ce Censeur est toujours Docteur en Théologie.

Et si nous avons quelquefois à la tête de certains Livres traitant de cette matiere, quelques approbations d'Evêques, c'est plutôt par honneur pour l'Auteur, qu'autrement.

Qu'on ne croie pas néanmoins que le pouvoir des Evêques, pour juger la Doctrine, aille jusqu'à punir l'Auteur des erreurs par eux condamnées. Nous ne reconnoissons en France que le Prince & ses Officiers, comme compétens pour connoître du crime d'hérésie, même dans la personne des Ecclésiastiques qui s'en trouveroient coupables; & tout François n'entend prononcer qu'avec horreur le nom odieux de ce Tribunal Ecclésiastique (l'Inquisition), dont l'établissement dans plusieurs auttes Etats, fait gémir l'humanité & rend incertaines & chancelantes la tranquillité, la fortune, & même la vie de tous ceux qui ont le malheur d'y être assujettis.

TITRE II.

DE LA JURISDICTION CONTENTIEUSE.

APRE's avoir reglé dans les trente premiers Articles tout ce qui a rapport à la Jurisdiction volontaire, notre Edit est occupé dans les 14 Articles qui suivent, de tout ce qui embrasse la Jurisdiction contentieuse en matiere Ecclésiastique.

Les trois premiers de ces 14 Articles sont en quelque sorte préparatoires; ainsi le 31ᵉ traite des Officiaux forains que les Archevêques & Evêques sont obligés d'établir, lorsque leurs Diocèses s'étendent dans les Parlemens différens de celui auquel est soumise la Ville Episcopale. Dans le 32ᵉ Article les Curés & autres Personnes Ecclésiastiques, sont déchargés de l'obligation où ils étoient auparavant, de rien publier au Prône qui traite de matieres prophanes. Enfin, l'Article 33ᵉ renvoie aux Archevêques & Evêques la distribution & application des revenus des Bénéfices incompatibles.

La Jurifdiction contentieufe a naturellement deux objets principaux ; favoir, les affaires Civiles & les affaires Criminelles.

En commençant d'abord par le *Civil*, l'Article 34 fait l'énumération des affaires de cette nature, qui font de la compétence du Juge d'Eglife, & les Articles 35, 36 & 37, parlent de l'abus que ces Juges peuvent faire de leur Jurifdiction à cet égard, & des remedes autorifés contre ces abus.

L'Edit, paffant de-là au *Criminel*, traite dans l'Article 38 des Perfonnes dont les Juges d'Eglife peuvent connoître des crimes, foit feuls, foit concurremment avec les Juges Séculiers ; dans l'Article 39, des cas où le Juge Eccléfiaftique eft obligé de commettre quelqu'un à fa place ; dans l'Article 40, des cas & de la maniere dont les Cours Supérieures peuvent arrêter l'exécution des Décrets décernés par le Juge Eccléfiaftique ; dans l'Article 41, des effets de l'abfolution à cautelle, & dans l'Article 42, des Juges Séculiers, dont les Eccléfiaftiques font jufticiables en matiere Criminelle, pour raifon du cas privilegié.

Les deux autres Articles font communs à la Jurifdiction Civile & à la Criminelle ; l'Article 43 concerne les prifes à Partie, & l'Article 44 l'exécution des Sentences des Juges d'Eglife.

Voilà en peu de mots le précis des différentes difpofitions de notre Edit fur la Jurifdiction contentieufe.

A r t i c l e XXXI.

Les Archevêques & Evêques ne feront tenus d'établir des Vicaires Généraux, mais feulement des Offic.aux

pour exercer la Jurifdiction contentieufe dans les lieux
de leur Diocèfe ou Provinces qui font dans le reffort
d'un Parlement autre que celui où eft etabli le Siege ordi-
naire de leur Officialité (a).

On ne faifoit point anciennement de diftinction entre les Vicaires
Généraux & les Officiaux. Il paroît même par l'Ordonnance de Moulins, dont l'Article 76 a à peu-près la même difpofition que notre
Article, qu'alors les Vicaires Généraux avoient, fous l'autorité des
Evêques, la Jurifdiction tant contentieufe que volontaire. Cela fubfifte
encore à l'égard du Grand Vicaire de Pontoife dépendant de l'Archevêque de Rouen.

Mais hors ces cas finguliers, les Grands Vicaires n'ont dans l'état
actuel que la Jurifdiction volontaire; & l'exercice de la Jurifdiction
contentieufe, appartient à l'Official.

Quand un Diocèfe eft entierement dans le Reffort du même Parlement,
il n'y a ordinairement qu'un feul Official, lequel fiége dans la Ville Epifcopale, comme étant le centre de la Jurifdiction. Il eft cependant certains
Diocèfes, en Normandie principalement, qui ont confervé l'ufage d'avoir
plufieurs Officiaux, quoique foumis entierement au même Parlement.
Tels font entr'autres celui de Bayeux qui indépendamment de l Official fiégeant à Bayeux en a un autre réfident à Caen; le Diocèfe de
Coutance a de même deux Officiaux, l'un dans la Ville Epifcopale, &
l'autre à Valogne. L'Evêque de la Rochelle eft auffi en poffeffion d'a-
voir deux Officiaux; favoir, un dans la Ville Epifcopale, & l'autre à
Fontenay-le-Comte.

Mais lorfque certains Diocèfes s'étendent d'un Parlement dans un
autre, les Evêques font obligés, outre l'Official qui fiége dans la
Ville Epifcopale, d'en établir un autre dans la Ville principale, fou-
mife à la Jurifdiction d'un autre Parlement, afin que les Cours ref-
traintes dans les limites de leur Reffort, foient à portée de faire exécuter leurs Arrêts, & d'empêcher l'oppreffion que les Sujets du Roi
pourroient fouffrir de la part des Officiaux, qui abuferoient de leur
miniftere.

C'eft pourquoi l'Evêque d'Autun, dont la Ville Epifcopale & la principale partie du Diocèfe font en Bourgogne, a une Officialité à Moulins pour la partie de fon Diocèfe, qui eft du Reffort du Parlement
de Paris. L'Evêque de Toul, qui dépend du Parlement de Metz, a
pareillement une Officicialité à Bar-le-Duc pour le Barrois mouvant

(a) » Et fur la remontrance à Nous faite de la part d'aucuns de nos Parlemens, admoneftons &
» néanmoins enjoignons à tous Archevêques & Métropolitains, bailler leurs Vicariats à Perfonnes
» conftituées en dignité Eccléfiaftiques, réfidentes dans le Reffort de nos Parlemens, pour y avoir
» recours quand befoin fera, & fur peine de faifie de leur temporel. *Ordon. de Moulins, Art. 72.*

& autres parties de fon Diocèfe, foumifes au Parlement de Paris. L'Evêque de Séez, dont la Ville Epifcopale eft dans le Parlement de Rouen, a de même un Official à Mortagne, pour les parties de fon Diocèfe étant du Reffort du Parlement de Paris.

La même regle a lieu pour les Archevêchés, dont le Siége Archiépifcopal eft dans le Reffort d'un autre Parlement; ainfi, pour nous renfermer dans ce qui regarde le Parlement de Paris, l'Archevêque de Bordeaux, outre l'Official Métropolitain qui fiége dans fa Ville Archiepifcopale de Bordeaux, a un autre Official Métropolitain fiégeant à Poitiers, pour juger les caufes d'appel des Officialités de Poitiers, de Luçon & de la Rochelle, qui font fes Suffragans, mais dont les Diocèfes font dans le Reffort du Parlement de Paris.

De même que les Seigneurs ne peuvent exercer la Juftice attachée à leurs Terres, par eux-mêmes & en perfonnes, de même auffi les Evêques ne peuvent eux-mêmes rendre la Juftice contentieufe dans leurs Officialités. Il y a cependant fur cela une exception, en faveur de plufieurs Evêques de Provence & des Pays-Bas, qui ont confervé la poffeffion de fiéger eux-mêmes dans leurs Officialités; l'Archevêque de Cambray entr'autres, fut maintenu dans cette poffeffion par Arrêt rendu en 1692, fur les Conclufions de M. d'Agueffeau alors Avocat Général, & depuis Chancelier de France.

Les Officiaux, Promoteurs & autres Officiers des Officialités, font dans une dépendance abfolue de l'Evêque, qui eft le Maître de les inftituer & deftituer, comme il le juge à propos, fans en rendre aucune raifon. C'eft un droit dans lequel les Evêques ont été confirmés en dernier lieu, par une Déclaration du 17 Août 1700, regiftrée au Parlement le 29 Janvier 1701 (a).

_____

(a) » LOUIS, par la grace de Dieu, Roi de France & de Navarre: A tous ceux qui ces
» Préfentes Lettres verront; SALUT. Plufieurs Archevêques & Evêques ayant repréfenté au feu
» Roi notre très honoré Seigneur & Pere, de glorieufe mémoire, combien il étoit important,
» pour maintenir l'ordre & la difcipline Eccléfiaftique, qu'ils euffent une liberté entiere de choifir
» des Perfonnes capables, par leur probité, leurs lumieres, & leur défintéreffement, de rendre à
» nos Sujets la Juftice qu'ils ont droit d'exercer fous notre Protection, dans les caufes Eccléfiafti-
» ques & Spirituelles, & de les deftituer également lorfqu'ils le jugent néceffaire, notredit feu
» Seigneur & Pere, auroit maintenu par fa Déclaration du 28 Septembre 1637 tous les Arche-
» vêques & Evêques du Royaume dans le droit qui leur appartient, d'inftituer & de deftituer
» leurs Officiaux, & défendu aux Officiers de fes Cours & autres, de maintenir aucun de ceux que
» lefdits Prélats auroient deftitués, & d'avoir aucun égard aux Provifions qui leur auroient pu
» être accordées, même à titre onéreux. Et comme cette Déclaration n'a pas été enregiftrée en
» nos Cours de Parlement, & qu'il eft important d'affurer encore davantage pour l'avenir, l'exé-
» cution d'une Loi fi fainte, même dans un tems où l'exactitude avec laquelle lefdits Prélats ob-
» fervent en toutes chofes les regles les plus pures des faints Décrets, Nous affure qu'ils les gar-
» deront de leur part avec autant de fidelité, dans le choix de tous les Officiers qui feront né-
» ceffaires, pour l'exercice de leurs Officialités, & qu'ils n'en pourvoiront aucun à titre onéreux,
» au préjudice des Conftitutions canoniques,
   » A CES CAUSES, & autres à ce Nous mouvans, de l'avis de notre Confeil, & de notre cer-
» taine fcience, pleine puiffance & autorité Royale, Nous admoneftons, & néanmoins enjoi-
» gnons aufdits Archevêques & Evêques, de pourvoir gratuitement fuivant les régles de l'Eglife,
» des Perfonnes capables, par leur probité & par leur doctrine, d'exercer les fonctions d'Officiaux,
» Vice-gerans, même de ceux que l'on appelle Forains en leurs Officialités, & en conféquence,
» Nous les avons maintenus, & maintenons par nos Préfentes Lettres, au droit qui leur ap-
» partien de les inftituer & deftituer, à quelque titre, & en quelque maniere qu'ils en aient été

ARTICLE XXXII.

Les Curés, leurs Vicaires & autres Ecclésiastiques, ne seront obligés de publier aux Prônes ni pendant l'Office divin, les actes de Justice & autres qui regardent l'intérêt particulier de nos Sujets. Voulons que les publications qui en seront faites par des Huissiers, Sergens ou Notaires à l'issue des grandes Messes de Paroisses, avec les affiches qui en seront par eux posées aux grandes portes des Eglises, soient de pareille force & valeur, même pour les Décrets, que si lesdites publications avoient été faites auxdits Prônes, & nonobstant toutes Ordonnances & Coutumes à ce contraires, auxquelles Nous avons dérogé à cet égard.

Cet Article a introduit une Jurisprudence nouvelle : nos anciennes Ordonnances autorisoient à faire publier aux Prônes le jour qu'on devoit faire la levée des fruits décimables, de même que les baux des fonds & héritages appartenans aux Colleges (a).

>> pourvus, quand même ç'auroit été à titre onéreux. Enjoignons à nos Cours, & à tous nos
>> autres Officiers, de tenir la main à l'exécution de notre présente Déclaration, & de donner aux-
>> dits Archevêques & Evêques, tout l'aide & le secours qui peut dépendre de l'autorité que Nous
>> leur avons confiée ; sans permettre qu'il leur soit donné aucun trouble ni empêchement à cet
>> égard, sous quelque prétexte que ce puisse être, sans préjudice néanmoins de faire droit ainsi
>> qu'il appartiendra, sur les demandes desdits Officiers, afin de remboursement, si aucuns avoient
>> été cidevant pourvus à titre onéreux. Si donnons en mandement, à nos amés & féaux
>> Conseillers les Gens tenant notre Cour de Parlement à Paris, que ces Présentes ils aient à faire
>> registrer, & le contenu en icelles exécuter selon sa forme & teneur. Car tel est notre plaisir ;
>> en témoin de quoi Nous avons fait mettre notre Scel à cesdites Présentes. Donné à Versailles
>> le dix septieme jour d'Août l'an de grace mil sept cent, & de notre Regne le cinquante hui-
>> tieme. *Signé*, LOUIS : *Et sur le repli*, par le Roi, PHELYPEAUX, & scellées du grand Sceau
>> de cire jaune.
>> » Regiftrées, oui, & ce requérant le Procureur Général du Roi, pour être exécutées selon leur
>> forme & teneur, suivant l'Arrêt de ce jour. A Paris en Parlement le vingt-neuvieme Janvier
>> mil sept cent un. *Signé*, DONGOIS.
>> (a) » Suivant les Edits & Ordonnances de nos Prédécesseurs, avons ordonné & ordonnons que
>> les Tenanciers de Terres sujettes à dixmes, premices, quartes, boisseaux, & autres droits,
>> seront tenus faire publier & signifier aux Prônes des Paroisses où seront assifes lesdites Terres,
>> le jour qu'ils auront délibéré de faire cueillir leurs grains, vins & fruits, à ce que ceux à qui lesd.
>> droits appartiendront, s'y puissent trouver ou leurs gens, pour les recevoir & se ueillir ; & si pour
>> raison de ce, aucuns procès ou différends interviennent, en avons attribué & attribuons toute
>> Jurisdiction & connoissance, respectivement à nos Cours de Parlemens, chacun en son Ressort :
>> Et pour certaines considérations, à ce Nous mouvans, défendons très éroitement à tous Gen-
>> tilshommes, de prendre par eux, ou Personnes interposées, directement ou indirectement, les
>> Fermes desdites dixmes & autres droits ou revenus Ecclésiastiques, encore que ce fût du consen-
>> tement des Bénéficiers, attendu que la plûpart de tels consentemens se font par impression &
>> crainte. *Edit du 16 Avril 1571, Art. 16.*
>> » Lesdits Supérieurs, Senieurs, Maîtres & Principaux ne pourront faire baux à fermes ou

Mais comme tous ces. actes doivent être réputés prophanes , & que la Chaire ne doit être occupée qu'à entretenir les Fideles de choses sacrées , notre Edit a avec juste raison supprimé cet usage , sauf à faire ces sortes de publications à l'issue des Messes Paroissiales , & par affiche à la porte des Eglises.

Cependant notre Edit admettoit sur cela une exception tacite par rapport aux affaires du Roi , laquelle a depuis été abolie par une Déclaration du 10 Décembre 1698 (a).

En conséquence de ce nouveau Réglement , un Arrêt du premier Mars 1727 , a fait défenses aux Juges d'Angers & à tous autres , d'ordonner que leurs Sentences seront lues & publiées aux Prônes des

>> loyers des Maisons , Fermes , Censes , Terres , Seigneuries , & autres revenus desdits Colleges ,
>> qu'en public , au plus offrant & dernier encherisseur. Et à cette fin seront mises affiches aux
>> portes des Eglises Paroissiales , & publiées aux Prônes des Messes Paroissiales des lieux où sont
>> les choses à bailler , situées & assises , avec défenses de prendre pots de vin , ni avances desdites
>> Fermes , sur peine du quadruple. Et ne pourront faire lesdits baux à plus long-tems que neuf
>> années , sur peine de nullité desdits baux , qui auroient autrement été faits & d'amende arbi-
>> traire. Aussi leur défendons toutes venditions , échanges , permutations , engagemens , hypothé-
>> ques , & toutes autres aliénations desdites choses. Et si aucunes ont été vendues , échangées ,
>> compermutées , engagées , hypothéquées , ou autrement alienées sans autorité de Justice , & les
>> solemnités en tels cas requises & accoutumées , en aliénations de biens Ecclésiastiques , & Com-
>> munauté , non observées & non gardées , seront telles venditions & aliénations révoquées , cassées
>> & annullées. Ord. de Blois , Art. 79.
>> (a) >> LOUIS , &c. A tous ceux qui ces présentes Lettres verront : SALUT. L'obligation dans
>> laquelle Nous sommes de procurer autant qu'il Nous est possible , que le Service divin soit célé-
>> bré avec toute la décence & la dignité convenables , & que nos Sujets y assistent aussi assidue-
>> ment qu'ils le doivent , Nous a engagé à défendre par l'Article 32 de notre Edit du mois
>> d'Avril 1695 , que l'on n'y publiât aucune chose prophane , qui pût l'interrompre ; & comme
>> Nous avons été informés que cette disposition n'étoit pas exécutée pour ce qui regarde nos
>> affaires , & que les Articles des Ordonnances d'Orléans & de Blois que les Rois François I &
>> Henri III nos Prédecesseurs ont faits , pour empêcher que nos Sujets ne fussent détournés d'as-
>> sister au Service divin , ne sont point observées aussi ponctuellement qu'il seroit à desirer , Nous avons
>> estimé nécessaire d'y pourvoir. A ces causes , & autres considérations à ce Nous mouvans , Nous
>> avons dit & déclaré , disons & déclarons par ces Présentes signées de notre main , voulons &
>> Nous plaît , que l'Article 32 de notre Edit du mois d'Août 1695 , soit exécuté selon sa forme
>> & teneur , même à l'égard de ce qui regarde nos propres affaires ; que les publications en soient
>> faites seulement à l'issue des Messes de Paroisses , par les Officiers qui en seront chargés , & que
>> les publications qui seront faites de cette sorte , soient de même effet & vertu que si elles étoient
>> faites au Prônes desdites Messes , nonobstant tous Edits , Déclarations & Coutumes à ce con-
>> traires , auxquels Nous avons dérogé & dérogeons à cet égard. Ordonnons pareillement que
>> les Articles 23 , 24 & 25 de l'Ordonnance d'Orléans , & le 38 de celle de Blois , portant dé-
>> fenses de tenir des Foires & Marchés , & des Danses publiques les Dimanches & les Fêtes , d'ou-
>> vrir les Jeux de Paume & les Cabarets , & aux Bâteleurs & autres Gens de cette sorte , de faire
>> aucune représentation pendant les heures du Service divin , tant les matins que les après-dînés ,
>> soient exécutés. Enjoignons à tous nos Juges & autres ressortissans nûment en nos Cours de
>> Parlemens de les faire lire & publier de nouveau , dans leur Ressort avec notre présente Déclara-
>> tion , & d'en certifier nosdites Cours en la maniere accoutumée ; & à eux & à tous autres Juges
>> de punir les Contrevenans par condamnation d'amende , & autres peines plus graves , s'il y
>> échet , suivant l'exigence des cas. Si donnons en mandement , à nos amés & féaux Conseillers
>> les Gens tenant notre Cour de Parlement à Paris , que ces Présentes ils aient à faire lire , pu-
>> blier & registrer & icelles exécuter selon leur forme & teneur. Car tel est notre plaisir ; en té-
>> moin de quoi Nous avons fait mettre notre Scel à cesdites Présentes Donné à Versailles le seize
>> Décembre l'an de grace mil six cent quatre-vingt dix huit , & de notre Regne le cinquante six.
>> Signé , LOUIS. Et sur le repli , par le Roi , PHELYPEAUX , & scellées du grand Sceau de cire
>> jaune.
>> Registrée , oui & ce requérant le Procureur Général du Roi , pour être exécutée selon sa forme
>> & teneur , & copies colla tionnées envoyées dans les Sieges , Bailliages & Sénéchaussées du Res-
>> sort , pour y être lues , publiées & enregistrées ; enjoint aux Substituts du Procureur Général du
>> Roi d'y tenir la main , & d'en certifier la Cour dans un mois , suivant l'Arrêt de ce jour. A Paris
>> en Parlement le 31 Décembre 1698. Signé , DONGOIS.

Eglises

Eglifes Paroiffiales. Cet Arrêt eft rapporté dans le Recueil de Jurif-prudence canonique.

ARTICLE XXXIII.

Voulons que notre Déclaration du 7 Janvier 1681, concernant les revenus des Bénéfices incompatibles, foit exécutée, & qu'ils foient diftribués & appliqués par les Archevêques & Evêques fuivant fa difpofition.

Nous avons déja parlé avec étendue, fur l'Article 23, des Bénéfices incompatibles ; & nous avons rapporté à cette occafion les difpofitions de la Déclaration du 7 Janvier 1681, confirmée par le préfent Arti-cle. Il ne nous refte plus qu'à dire un mot de l'application des revenus de ces mêmes Bénéfices incompatibles, dont la diftribution eft confiée & recommandée par notre Edit aux Archevêques & Evêques.

Suivant l'efprit & la difpofition textuelle des Canons, les revenus Eccléfiaftiques appartenans de droit aux Pauvres, à l'exception feule-ment de la fubfiftance des Titulaires des Bénéfices, il fuit néceffaire-ment de ce principe, que le produit des Bénéfices incompatibles, doit inconteftablement retourner aux Pauvres en totalité. Ainfi les Supérieurs Eccléfiaftiques n'en peuvent faire d'autre application, qu'au profit des Hôpitaux & autres Etabliffemens deftinés à l'entretien & à la fubfiftance des Pauvres.

ARTICLE XXXIV.

La connoiffance des caufes concernant les Sacremens, les vœux de Religion, l'Office divin, la difcipline Ec-cléfiaftique, & autres purement fpirituelles, appartiendra aux Juges d'Eglife. Enjoignons à nos Officiers, & même à nos Cours de Parlemens, de leur en laiffer & même de leur en renvoyer la connoiffance, fans prendre aucune Jurifdiction ni connoiffance des affaires de cette nature, fi ce n'eft qu'il y eut appel comme d'abus, interjetté en nofdites Cours, de quelques Jugemens, Ordonnances ou Procédures faites fur ce fujet par les Juges d'Eglife, ou qu'il s'agît d'une fucceffion ou autres effets civils, à l'occafion defquels on traiteroit de l'état des Perfonnes décédées, ou de celui de leurs Enfans.

Tome II. G g g g

Des différentes matieres dont la connoissance est attribuée aux Juges Ecclésiastiques par l'Article présent, il n'en est pas qui soit plus intéressante, que celle qui a pour objet l'administration ou le refus des Sacremens.

Personne n'a jamais révoqué en doute qu'au *for intérieur*, les Ministres de l'Eglise, seuls Juges des dispositions intérieures de ceux qui s'adressent à eux au Tribunal de la Pénitence, ne soient seuls compétens pour les déclarer dignes ou indignes de participer aux Sacremens.

Mais il n'en est pas de même au *for extérieur*. Comme un refus public des Sacremens intéresse essentiellement l'Etat & l'honneur des Citoyens & tient par cela même à l'ordre & à la tranquillité publique, une simple *notoriété de fait* ne seroit nullement suffisante pour autoriser un refus public de Sacremens. Tout le monde en effet sent & connoît l'incertitude de cette prétendue notoriété de fait. Quelle variété n'y a-t-il pas effectivement dans la maniere d'envisager les objets! Qu'il est rare de trouver un rapport exact dans les faits & dans les circonstances! En supposant même qu'on convienne des faits & des circonstances, chacun n'en juge-t-il pas suivant les préjugés & suivant sa maniere particuliere de penser? Tous les jours, ce qui paroît aux uns clair & notoire, ne paroît point tel aux autres, & leur semble au contraire très douteux.

C'est aussi en conséquence de ces inconvéniens inséparables de la notoriété de fait, que nous l'avons bannie de notre France, & que nous n'y reconnoissons que la seule *notoriété de droit*, c'est-à-dire, celle qui résulte d'un jugement juridique, qui déclare quelqu'un excommunié, après un examen judiciaire du fait & des circonstances.

Nous avons pour garans à cet égard la fameuse Bulle *ad vitanda scandala* publiée dans le Concile de Constance, suivant laquelle il n'est point permis aux Pasteurs & autres Ministres Ecclésiastiques de refuser les Sacremens aux Fidéles, sous prétexte de quelque censure que ce soit, à moins que la censure n'ait été expressément & nommément dénoncée par Sentence du Juge Ecclésiastique.

Il est vrai qu'on a cherché dans la suite à faire quelques additions au texte de cette Bulle, dans le Concile de Bâle, dans la Pragmatique & dans le Concordat, mais ces additions n'ont jamais eu lieu dans la pratique. L'usage contraire a prévalu, & l'on s'en est tenu à l'observation pure & stricte du Réglement du Concile de Constance, comme le plus équitable & le plus propre à entretenir le repos des consciences; de sorte que nous regardons comme une des maximes les plus incontestables du Royaume celle-ci, qu'*en France la notoriété de fait n'a point de lieu*. Les plus savans Canonistes, tous les Jurisconsultes & entre autres l'Auteur des Mémoires du Clergé (Tome VII pages 608 & 609) rendent hommage à cette vérité, & l'appuient d'un très grand nombre d'autorités.

Ainsi donc toutes les fois qu'un Citoyen demande les Sacremens de l'Eglise & qu'il n'est pas dans le cas de la notoriété de droit, les

Miniftres de l'Eglife ne peuvent les lui refufer; à moins cependant que dans le tems même de l'adminiftration, il ne manifefte aux yeux du Public fon indignité, foit par des faits & actions criminelles & indécentes, foit par des difcours fcandaleux. Mais il ne faut pas confondre cette *évidence de fait* qui fe manifefte publiquement au moment de l'adminiftration même, avec la *notoriété de fait* qui ne gît que dans la renommée, dans des ouis dire, ou prétendus faits antérieurs au tems de l'adminiftration.

Ces principes fur la notoriété font folidement établis dans le beau requifitoire fait par M. Joly de Fleury, Avocat Général, lors de l'Arrêt de la Cour rendu toutes les Chambres affemblées le 17 Juin 1755, lequel a condamné au feu un imprimé ayant pour titre, *Réflexions fur la notoriété de droit & de fait* (a).

(a) *ARREST de la Cour de Parlement, qui condamne un Ecrit intitulé* : Réflexions fur la Notoriété de droit & de fait, *à être laceré & brûlé par l'Exécuteur de la Haute-Juftice.*

» Ce jour, toutes les Chambres affemblées, les Gens du Roi font entrés, & Me Omer Joly de » Fleury, Avocat dudit Seigneur Roi, portant la parole, ont dit :

MESSIEURS,

» Nous apportons à la Cour un Libelle imprimé fans permiffion, qui fe répand dans le Public » depuis quelques jours fous le titre de *Réflexions fur la Notoriété de droit & de fait.*

» La contravention à l'ordre extérieur de la Police, le trouble & la divifion que ces fortes de » Libelles n'entretiennent que trop dans les efprits, feroient des motifs fuffifans pour exciter au- » jourd'hui notre Miniftere, quand même l'Auteur n'auroit pas affecté d'ailleurs de fe répandre » dans les déclamations les plus injurieufes, & de femer dans cet Ecrit les principes les plus faux » & les plus dangereux.

» On ne doit pas être furpris de la témérité avec laquelle il ofe s'élever contre un Magiftrat » dont le Tribunal & le Public connoiffent la droiture, la candeur, les lumieres, la capacité, » puifque cet Ecrivain féditieux porte l'audace jufqu'à prêter également au Miniftere public, & à » la Cour même, les vues les plus contraires à la bonne foi & à la Juftice, en imputant au Réqui- » fitoire inferé dans votre Arrêt du 3 Mars 1755, d'être *le précis du fyftême & de la mauvaife foi* » *Parlementaire.*

» Quand il dit, [que le Parlement devient le Juge fouverain des Sacremens, de la Doctrine, » des Mœurs, des Cenfures, de la Difcipline, &c.] En vain prétend-il attaquer & méconnoître » l'autorité, qu'à l'exemple du plus Saint de nos Rois, un Prince attentif au bien & à la tranquil- » lité de fes Peuples, fait exercer par fes Magiftrats, pour régler les mœurs fuivant l'ordre de » l'Etat & de la Religion, pour maintenir la difcipline Eccléfiaftique, & pour réprimer, quand il » le faut, l'abus des Cenfures : en vain effaye-t il de confondre l'adminiftration fécrete & inté- » rieure des Sacremens, avec l'adminiftration publique & extérieure. En vain reproche-t il au » Parlement de fe rendre Juge de la Doctrine concernant la Religion : jamais vous n'avez pré- » tendu, Meffieurs, pénétrer ce qui fe paffe dans le fecret du Tribunal de la Pénitence, ni juger » du fond de la Doctrine; mais n'avez vous pas, en vertu de la difpofition des Loix du Royaume, » le droit de connoître de tout ce qui eft extérieur & public, de faire exécuter les Jugemens même » de l'Eglife, lorfqu'ils font revêtus de l'autorité néceffaire pour leur accorder force de Loi, de » pourvoir enfin à la réparation du fcandale & trouble de l'ordre & tranquillité publique, & » contravention aux Ordonnances que la publication de la Doctrine auroit pu caufer

» Qu'on dife, comme l'Auteur du Libelle, que le Parlement [difpofe de tout le Sanctuaire à » fon gré, *que* l'Euchariftie eft abandonnée au premier venu ; *que* la Sainte Table eft une efpece » de Bureau public ouvert à tout le monde, où chacun a droit de la profaner ; *que* les Prêtres n'en » font plus que le Porteurs & non les Miniftres, *qu'il* ne leur eft pas permis d'en écarter les fa- » crileges.] Ce font des déclamations trop évidemment vaines & fcandaleufes pour allarmer les » Perfonnes fenfées & intelligentes, & qui ne font propres qu'à émouvoir un zèle peu éclairé, & » qu'à troubler la multitude.

» Auffi eft-ce le deffein de cet Auteur féditieux, lorfque s'élevant avec une témérité audacieufe

» contre *les appels comme d'abus*, dont l'ufage auffi ancien que les abus mêmes, eft fi néceffaire
» à la Monarchie : il ajoute, que le Parlement [anéantit toute Jurifdiction Eccléfiaftique, *que s'il*
» *y renvoyoit ce feroit* ajouter l'infulte à l'injuftice ; *que les Tribunaux* laïcs ne font ouverts qu'aux
» Profânateurs ; *que* c'eft le fiécle du Matérialime, la Doctrine, les Sacremens, le Miniftere
» n'étant plus aujourd'hui des matieres fpirituelles. *Enfin que* l'exil des Chrétiens fous Dioclétien
» & Trajan, n'étoit pas plus marqué au fceau de la perfécution que le banniffement du Curé de
» Sainte Marguerite.] Ce font là des traits dictés par l'efprit de parti, par l'emportement le plus
» criminel, & qui ne peuvent être que l'objet de l'indignation publique.

» Les faux principes avancés dans ce Libelle doivent fixer plutôt ici notre attention & celle de la
» Cour. L'Auteur affecte de les accumuler pour tromper les Perfonnes peu inftruites, pour fou-
» tenir, fortifier même dans leur défobéiffance, celles qui auroient le malheur de ne fe pas rendre
» encore aux vûes de fageffe & de paix qui ont dicté la Déclaration du 2 Septembre dernier.

» Il n'eft pas poffible de relever toutes les idées témeraires que l'Auteur s'eft efforcé de multiplier
» fans objet & fans néceffité, dans un Ouvrage qui ne s'annonce que fous le titre de *Réflexions fur*
» *la notorieté de droit & de fait.*

» Que veulent dire ces expreffions fingulieres que *l'appel comme d'abus*, connu dans tous les
» tems fous le titre de recours au Souverain, eft [un gouffre qui engloutit tout? *Comment ofe-*
» *t-on avancer qu'*un décret de prife de corps porté contre un Prêtre, par un Tribunal laïc, n'em-
» porte point interdiction de fes fonctions;] principe que l'on hafarde fur la foi de quelques
» Commentateurs obfcurs ou faufifs, contre les Ordonnances du Royaume & l'ufage conftant. Quel
» prétexte peut avoir ce même Auteur, pour foutenir que [la prétendue néceffité de l'enregiftre-
» ment des Actes Eccléfiaftiques, ne remonte qu'au quatorzieme fiécle ; *que* l'enregiftrement des
» Bulles dogmatiques ne date pas de cent années ?] comme fi l'approbation expreffe ou tacite du
» Souverain ou des Magiftrats, dépofitaires de fon autorité, n'avoit pas été néceffaire dans tous
» les fiecles, pour l'exécution des Loix Ecclefiaftiques dans l'étendue de chaque Souveraineté. Quelle
» indignation enfin ne doit pas exciter ce que l'Auteur ofe dire à ce fujet de l'*Evangile même ?*
» Nous rougiffons d'être forcés de relever des traits auffi fcandaleux, étrangers même à l'objet
» de l'Ouvrage que nous defirerions pouvoir fouftraire en entier aux regards de tous les Citoyens,
» dans un tems où tout Enfant de l'Eglife ne devroit s'appliquer qu'à étouffer dans fon cœur le
» germe de divifions fi dangereufes, pendant que le Souverain fait un fi digne ufage du pouvoir
» qu'il ne tient que de Dieu pour en arrêter le progrès.

» Mais portons nos vûes plus particulierement, Meffieurs, fur l'objet important que l'Auteur fe
» propofe, & qu'il traite avec tant d'étendue fur cette queftion de la notoriété de fait & de
» droit, où l'on affecte de confondre à chaque pas les avis fecrets donnés par le Pafteur, & le
» refus fait aux yeux du Public : & le jugement que le Pafteur eft en droit de porter fur les dif-
» pofitions intérieures dans le fecret de la Pénitence, & le jugement public qu'il porteroit par
» le refus public d'adminiftrer : la notoriété enfin antérieure au tems de l'adminiftration, & l'é-
» vidence des faits qui fe manifefteroient au moment même de l'adminiftration publique.

» En examinant d'abord le principe général de la notoriété, n'eft-il pas évident que la feule
» notoriété de fait ne fuffit pas pour porter un jugement affuré & légitime? c'eft ce que nous
» dictent les feules lumieres de la raifon. N'eft-il pas certain que ce qui paroît notoire aux uns
» n'eft pas fouvent notoire aux autres? C'eft ce qu'enfeigne le Pape Alexandre III *. [Comme
» il y a bien des chofes, *dit ce Pape*, qui font dites notoires, & qui ne le font pas, on doit
» prendre bien garde de donner pour notoire ce qui eft douteux. *Cùm multa dicuntur notoria*
» *quæ non funt, providere debes ne quod dubium eft pro notorio videaris habere. Sur quoi le*
» *favant Abbé de Palerme ** nous apprend que, lorfqu'il s'agit de procéder contre quelqu'un, on
» ne doit pas facilement fuppofer quele délit eft notoire, vû qu'on dit de beaucoup de chofes, qu'elles
» font notoires, quoiqu'elles ne le foient pas. Car, *ajoute-t-il*, qu'n'eft pas tant par les yeux,
» & les fens corporels qu'on reconnoit ce qui eft notoire, que par la vûe de l'efprit & une bonne
» judiciaire, d'autant que les Savans même ont peine à décider fi un fait eft notoire, & ce qui
» eft néceffaire pour fa notoriété. Auffi la glofe dit ailleurs, on parle de notoire & on ne fait ce
» que c'eft : *de notorio loquimur, & quid fit notorium ignoramus.*

» De ce principe font dérivées les Loix qui ont établi les regles & les formes qu'on doit fuivre
» dans les Jugemens qui produifent la notoriété de droit; *car la déclaration du Juge*, dit un
» favant Canonifte ***, *eft un droit qui autorife irréfragablement la croyance du crime.* De-là eft
» dérivé cet autre principe que le Juge, contre fa connoiffance particuliere, doit porter fon Ju-
» gement felon ce qu'il trouve allégué & prouvé. Il ne faut pas d'autorité pour établir cette maxi-
» me, que la notoriété de fait ne fuffit pas pour porter un Jugement ; c'eft la maxime de toutes
» les Nations, elle eft/confacrée par le témoignage de tous les Auteurs.

» L'Eglife a fi bien fenti l'infuffifance de la notoriété de fait pour régler fa conduite à l'égard
» de fes Enfans, que frappée des inconvéniens & des abus des cenfures *latæ Sententiæ*, portées
» par quelques Décrets des Papes, elle a publié dans le Concile de Conftance cette Bulle célèbre,
» *ad vitanda fcandala*, de laquelle il réfulte bien clairement qu'il n'eft pas permis aux Miniftres
» & aux Pafteurs de refufer les Sacremens aux Fidéles, fous prétexte de quelque cenfure que ce

---

* *Decretal. lib. 1. tit. 28. de appel. cap.*
XIV.
** *Panorm. in hoc cap. n. 2.*

*** *Eveillon, de Excom. cap. 3 art. 1. intitu-*
lé : Explication de l'extravag. *Ad evitanda*
Scandala. pag. 36.

» soit, à moins que la censure n'ait été expressément & nommément dénoncée par Sentence du Juge
» Ecclésiastique.

» Si l'Auteur du Libelle ne sauroit refuser d'adopter cette Bulle, il fait les plus grands efforts
» pour en éluder la disposition : il voudroit enlever à la Bulle toute son autorité par les excep-
» tions des censures *ipso facto*, ajoutées par le Concile de Bâle, la Pragmatique & le Concordat,
» à ce que le Concile de Constance avoit décidé avec la seule exception de ceux qui auroient no-
» toirement frappé un Ecclésiastique ; c'est avec cette seule exception que cette Bulle nous a été
» transmise par Saint Antonin qui a vu tenir le Concile de Constance & de Bâle, & qu'elle nous a
» été donnée par * Van der Hardt, qui l'a copiée sur les manuscrits originaux déposés dans la
» Bibliotheque de l'Empereur.

» Que l'on Consulte Eveillon ** & Ducasse ***, Auteurs si autorisés parmi nous, on y trouvera
» qu'il faut s'arrêter au texte du Concile de Constance, c'est à dire, de la Bulle qui fut dès-lors
» reçue d'un commun consentement, que ce qui a été ajouté au texte de cette Bulle dans le
» Concile de Basle, & la Pragmatique, inséré même dans le Concordat, n'a pas été mis en prati-
» tique ; que l'usage contraire a prévalu, & le réglement établi par le Concile de Constance,
» comme étant plus équitable & plus propre à entretenir le repos des consciences : que c'est le sen-
» timent des plus célebres Théologiens & Canonistes qui ont écrit depuis le Concile de Constance,
» & qui étant de différentes Nations, font voir que cet usage est constant & général : Eveillon a
» rassemblé en foule toutes ces autorités. Ajoutons que tous nos Canonistes n'admettent pas même
» l'exception de la percussion du Clerc : qu'ils se réunissent à dire que tel est l'usage du Royaume,
» de ne les pas admettre ; que cet usage déroge à ce sujet à la disposition de la Bulle, que cet usage
» est fondé sur cette maxime, qu'*en France la notorité de fait n'a pas de lieu.*

» Cette maxime du Royaume adoptée par nos Jurisconsultes, ainsi que par les plus savans Ca-
» nonistes, l'est encore par l'Auteur des *Mémoires du Clergé*, qui s'appuie d'un grand nombre
» d'autorités ****. Qu'on ne dise donc pas qu'*aucun Canon, aucune Ordonnance, aucun Arrêt*,
» *aucun Auteur de quelque poids*, n'ont établi que la notoriété de fait n'étoit pas reçue dans le
» Royaume ; qu'on lise les Ouvrages de ces Jurisconsultes & de ces Canonistes ; que l'on remonte
» jusqu'à S. Augustin, cette lumiere de l'Eglise, dont le suffrage est également reconnu pour la
» doctrine, pour la morale, pour la discipline ; qu'on lise les Discours 164 de ce Pere de l'Eglise,
» de *verbis Apostoli*, & le 351 de la *Pénitence*, nomb. 10. Yves de Chartres, Epit. 186, où
» y trouvera par tout qu'on ne peut écarter de la table de Jesus Christ, que ceux qui sont con-
» vaincus par un jugement public, ou qui ont fait l'aveu public de leur indignité.

» C'est ainsi qu'on a toujours entendu, & qu'on a dû toujours entendre les différends Rituels qui
» parlent de la notorieté & des pécheurs publics ; en trouvera-t-on qui appliquent leurs disposi-
» tions à la pure notorieté de fait ? Leurs expressions générales ne peuvent s'entendre que suivant le
» Concile de Constance, & les maximes du Royaume.

» S'il s'en trouvoit quelqu'un qui eût employé la seule notorieté de fait, si des Pasteurs du second
» Ordre ont voulu, depuis quelques années en faire une pareille application, cet abus s'est trouvé
» presqu'aussitôt réprimé par nos plus respectables Prélats, que l'on voit avec la plus grande vé-
» nération à la tête du Clergé de France : connoissant l'abus, ou voulant le prévenir, & ne pou-
» vant pas d'ailleurs toujours être à portée d'enseigner par eux mêmes, suivant les circonstances,
» les regles qu'on doit suivre, ils les ont fait rédiger pour être sans cesse sous les yeux des Pasteurs, &
» après avoir marqué les différens pécheurs publics & scandaleux, auxquels ils ordonnent de refuser la
» Communion, quand même ils la demanderoient publiquement, ont attention d'ajouter que
» les pécheurs dont ils parlent, sont ceux dont le crime [est notoire par jugement, & que c'est
» de cette notorieté de droit qu'il faut entendre tous les endroits de leurs Rituels, où il est parlé de
» notorieté.]

» A des autorités si puissantes, à des principes enseignés dans tous les monumens de la disci-
» pline Ecclésiastique, l'Auteur du Libelle n'oppose que des craintes, que des allarmes, que des
» raisonnemens frivoles, appuyés sur des exemples qui ne peuvent avoir aucune application :
» nous ne parlons ici que de la notoriété nécessaire pour autoriser le refus public de Communion.
» Nous n'entrerons jamais dans ce qui se passe au Tribunal secret de la Pénitence, dont l'Au-
» teur se fait un moyen ; si le Pasteur déclare au Pénitent qu'il ne le trouve pas digne d'être admis
» au bénéfice de l'Absolution Sacramentelle, ou de participer au Sacrement de l'Eucharistie ; c'est
» un tribunal impénétrable aux yeux des hommes, & qui n'a point de rapport au refus public de la
» Communion.

» [Mais qu'un Malade (*c'est une supposition de l'Auteur*) commette actuellement (*au moment,*
» *sans doute, de l'administration publique*) un péché grief devant son Curé & des témoins..... je
» demande (*dit il*) si ce Curé pourroit administrer les Sacremens que le péché ne fût réparé, sous
» prétexte qu'il n'y a point de Sentence ? L'*Auteur suppose la réponse à sa propre demande*. Non,
» direz-vous : il ne pourroit pas, le coupable est pris sur le fait, le flagrant délit équivaut à la
» Sentence ; mais être pris sur le fait n'est, après tout, qu'une notorieté de fait.]

» Si l'Auteur suppose une réponse également assurée & solide, ce n'est pas dans cette réponse

---

* Van der Hardt Concil. Const. tom. I. part. de l'Extravag. *Ad evitanda scandala*. pag. 26.
XXIV. cap. VII. pag. 1366 & 1067.   *** Ducasse, part. I. chap. XI quest. III.
** Eveillon, chap. 3. art. 1. intitulé : Explic.   **** Mém. du Clergé, tom. 7, p. 608 & 609.

» que confiſte l'erreur ; mais en ce qu'il prend pour une notoriété de fait , ce qui n'eſt ni une noto-
» riété de fait , ni même une notoriété de droit.

, » Que celui qui ſe préſente manifeſte aux yeux du Public , & au moment même de l'adminiſtra-
» tion ſon indignité , ſoit par des faits , ſoit par des actions criminelles ou indécentes , ſoit par
» des diſcours ſcandaleux ; ce n'eſt ni une notoriété de droit proprement dite , ni une ſimple no-
» toriété de fait ; c'eſt une évidence de ſon indignité qui ſaiſit le public , parcequ'elle frappe ac-
» tuellement ſes yeux , l'évidence du fait accompagne le Fidéle , elle eſt préſente avec lui ; il
» porte pour ainſi dire la preuve & la publicité de ſon crime écrite ſur ſon front , au lieu que la
» notoriété de fait ne conſiſte que dans la renommée , des oui d.re , des bruits populaires , en un
» mot , dans un genre de preuve toujours ſéparé de la perſonne du coupable , & qui ne peut
» jamais être préſent aux yeux du Miniſtre. Ainſi l'évidence de fait eſt toute différente de la no-
» toriété de fait : elle eſt même ſupérieure à la notoriété de droit ; laquelle , quoique fondée ſur
» un jugement , ne ſauroit avoir que le dégré de certitude qui eſt attaché aux jugemens des hom-
» mes. Si elle ſuffit , & pour perſuader le public , & pour faire ſubir des peines temporelles , &
» pour autoriſer par conſéquent des refus publics , c'eſt parceque la Loi n'a pas d'autre moyen hu-
» main pour faire diſtinguer l'innocent du coupable ; mais celui qui commet un péché grief en
» préſence du public & au moment de l'adminiſtration , fournit lui-même une preuve exempte de
» toute incertitude ; qui , plus forte que celle qu'on peut raſſembler en obſervant les formes de la
» Loi , n'a pas beſoin d'emprunter ſon ſecours. Le refus n'eſt plus une diffamation publique , ce
» n'eſt plus un ſcandale alors de refuſer ; ce ſeroit un ſcandale aux yeux du public que d'admi-
» niſtrer.

» C'eſt envain que l'on voudroit donner à cette évidence le nom de notoriété de fait , ſous pré-
» texte que le fait étant évident ne peut être ignoré de tous ceux qui en ſont les témoins. Quelle
» différence entre cette évidence & ce qu'on connoît dans l'uſage commun ſous le nom de notoriété
» de fait ! Cette derniere ne peut jamais porter avec elle la conviction de la vérité , l'autre porte
» toujours néceſſairement cette conviction.

» Quelle preuve plus ſolide peut-on exiger alors de l'indignité ? Quel motif plus puiſſant pour
» autoriſer les refus ? Ne peut-on pas oppoſer à celui qui ſe préſente & qui manifeſte ſon indi-
» gnité , qu'il déſavoue la demande qu'il fait des Sacremens en annonçant , avouant même pu-
» bliquement ſon crime , & ſe faiſant une eſpece de triomphe public , d'un ſcandale qu'on ne
» peut imputer qu'à lui-même.

» La notoriété de fait , qu'on voudroit établir contre tous les principes , ne peut s'appliquer par
» ſa nature même , qu'à des faits antérieurs au tems de l'adminiſtration ; & ſur quel fondement
» prétendroit on appuyer la foi que l'on voudroit accorder à une pareille notoriété ?

» Peut-on ſe diſſimuler la diverſité des Jugemens que l'on porte dans le monde ſur les mêmes
» choſes , quoiqu'elles ſoient offertes à l'eſprit ſous les mêmes couleurs , avec les mêmes circonſ-
» tances , les mêmes genres de preuves ? Ne voit on pas à quel point on eſt en danger de ſe trom-
» per , & à combien plus forte raiſon ne ſe tromperoit-on pas encore , ſi en matiere de faits ou
» conſentoit à porter ſon jugement ſur des bruits vagues & indéterminés , ou ſur des vraiſem-
» blances , quand même elles ſe trouveroient réunies en grand nombre ſur le même ſujet ? il
» n'y a que la vue claire de la vérité prouvée légitimement , qui puiſſe nous aſſurer que nous ne
» nous trompons pas , parce qu'au défaut de l'évidence actuelle qui fait , elle lui ſubſtitue une
» évidence de droit , qui eſt la ſeule regle qui puiſſe mettre les hommes à portée de juger ſoli-
» dement.

» C'eſt ſur ces principes , qu'outre la notoriété de droit , & celle de fait , on a toujours rejetté
» en France la ſimple notoriété de fait , pour n'admettre que la ſeule notoriété de droit , ſans la-
» quelle le refus public ſeroit une diffamation publique & un ſcandale contre leſquels les Juges
» Royaux ſe ſont élevés dans tous les tems.

» Que l'Auteur ne vienne donc pas exciter de fauſſes allarmes ſur la profanation des Sacremens,
» qu'il rougiſſe de nous rappeller des tems dont la mémoire eſt odieuſe à la France , qu'il ceſſe de
» de nous préſenter de fauſſes conſéquences , relatives aux autres Sacremens , au pouvoir de prêcher
» & confeſſer , de comparer le Prêtre qui adminiſtre un pécheur ſecret , aux Chrétiens qui livroient
» les Ecritures aux Infideles , à J. C. qui renverſe les Tables du temple , à Judas , qui livre J. C.
» Qu'il ceſſe enfin de vouloir faire ici des applications de l'ancienne Loi ſur les pains de Propoſi-
» tions que David demandoit au Grand Prêtre : de confondre ainſi toutes les idées & tous les
» tems , & de chercher dans les diſpoſitions légales , & les Loix cérémonielles de l'ancienne Loi ,
» abolies par la nouvelle , des autorités pour régler la conduite que doivent tenir aujourd'hui les
» Miniſtres de l'Egliſe.

» Voilà les écueils dans leſquels précipitent l'emportement & l'eſprit de parti. On s'affermit dans
» ſes opinions , on s'échauffe dans ſes idées , on pouſſe l'aveuglement & le fanatiſme juſqu'à pro-
» poſer aux autres de tout ſacrifier pour *obtenir la couronne du martyre.*

» Heureuſement un ſemblable Libelle n'eſt pas de caractère à faire impreſſion ſur les eſprits rai-
» ſonnables , & le Jugement que vous en porterez , Meſſieurs , joint à la peine que vous lui ferez
» ſubir , en pre nant toutes les précautions convenables pour en arrêter le cours & en découvrir les
» Auteurs , confirmera pour jamais les principes que tout bon François , tout bon Citoyen , ami de
» la vérité , de la Juſtice , & fidele à l'Egliſe qui nous les a enſeignés dans tous les tems , ſoutiendra
» juſqu'au dernier ſoupir.

» Ce ſont là les motifs des concluſions que nous avons priſes , & que nous laiſſons par écrit à la
» Cour , avec un Exemplaire dudit Imprimé.

Nous pourrions citer une infinité d'Arrêts, qui ont condamné des Curés & autres Miniftres Eccléfiaftiques pour s'être écartés de l'obfer-vation exacte de ces Principes. Mais nous nous bornerons aux princi-paux, que nous tirerons pour la plûpart *du Recueil de Jurifprudence Canonique* où ils font rapportés.

On trouve d'abord dans Chopin (*Polit. Sacr. lib.* 2. *tit.* 7. *n.* 21.) un Arrêt du 21 Mars 1552, qui déclara y avoir abus dans le refus fait par un Curé de Chartres, de donner la Communion le jour de Pâque à un de fes Paroiffiens, fous prétexte qu'il étoit adultere. Le moyen de décider contre le Curé, fut que ce crime n'étoit point prouvé juri-diquement, & conféquemment qu'il n'y avoit point de notoriété de droit.

Voici l'efpece d'un autre Arrêt rendu en la Grand'Chambre le 28 Avril 1724, fur les Conclufions de M. Gilbert de Voifins, Avocat Gé-néral; une Servante domiciliée dans la Paroiffe de Teytac, Diocefe de Clermont en Auvergne, nommée Bonnet, s'étant plainte de ce que le Curé du lieu l'avoit paffée deux fois à la fainte Table, le Lundi de Pâque 1721, l'Official de Clermont, devant qui l'affaire fut d'abord portée, condamna le Curé à faire réparation à cette Domeftique. Sur l'appel, l'affaire portée en l'Officialité Primatiale de Bourges, la Sen-tence de l'Official de Clermont y fut infirmée fur le fondement que la fille Bonnet s'étoit préfentée à la fainte Table avec affectation, en tenant des propos peu décens & peu refpectueux. Il étoit d'ailleurs prouvé au Procès que le Curé avoit dit à cette Fille de fe tenir en fon rang & de n'en point fortir, qu'elle s'étoit au contraire levée, étoit entrée dans le Sanctuaire, voulant donner au Curé qui tenoit le Saint Sacrement, fon billet de confeffion avec indécence & fcandale.

Eux retirés :

» VU l'Imprimé intitulé *Réflexions fur la notoriété de droit & de fait*, contenant douze pages
» d'impreffion *in* 4°, fans nom d'Auteur ni d'Imprimeur, ni lieu d'impreffion, enfemble les Con-
» clufions du Procureur Général du Roi. La matiere mife en délibération.

» LA COUR ordonne que ledit Imprimé intitulé : *Réflexions fur la notoriété de droit & de fait* ,
» fera lacéré & brûlé par l'Exécuteur de la Haute Juftice, comme féditieux, calomnieux, contenant
» des principes errônés & oppofés aux Loix & maximes du Royaume, tendant à favorifer les en-
» treprifes contraires au filence & à la paix prefcrite par la Déclaration du 2 Septembre 1754, à
» introduire un pouvoir arbitraire dans la difpenfation des Sacremens, contre la difpofition des
» Saints Canons, & à établir une véritable inquifition au préjudice de l'honneur & de la tran-
» quilité des Citoyens ; enjoint à tous ceux qui en ont des exemplaires de les apporter au Greffe de
» la Cour, pour y être fupprimés : ordonne qu'à la Requête du Procureur Général du Roi, &
» pardevant Me Denis Louis Pafquier, Confeiller, que la Cour a Commis, il fera informé contre
» ceux qui ont compofé, imprimé, vendu, ou autrement diftribué ledit Ecrit, pour ladite in-
» formation faite, rapportée & communiquée au Procureur Général du Roi, être par lui requis,
» & par la Cour, ordonné ce qu'il appartiendra : ordonne en outre que le préfent Arrêt fera im-
» primé, publié & affiché partout où befoin fera. Fait en Parlement, toutes les Chambres affem-
» blées, le dix-fept Juin mil fept cent cinquante cinq. *Signé,* DUFRANC.

Et le Mercredi 18 *audit an* 1755, *à la levée de la Cour, l'Imprimé mentionné en l'Arrêt ci-deffus,*
ayant pour titre : Réflexions *fur la notoriété de droit & de fait, a été lacéré & brûlé au pied du*
grand Efcalier du Palais, par l'Exécuteur de la Haute Juftice, en préfence de nous Louis Dufranc,
l'un des trois & principaux Commis pour la Grand'Chambre, affifté de deux Huiffiers de la Cour.
Signé, DUFRANC.

L'Arrêt fufdaté, entrant dans les motifs de l'Official Primatial de Bourges, déclara n'y avoir abus dans fon Jugement. C'eft en effet là l'efpece de l'évidence de fait *inherente* à l'adminiftration publique du Sacrement, dont Nous avons ci-devant parlé.

Voici un autre Arrêt rendu dans une efpece toute différente : auffi eft-il tout contraire. Le Curé de Neuville-Bos, Diocèfe de Rouen, Grand Vicariat de Pontoife, avoit déclaré à la Dame de fa Paroiffe dans la Sacriftie qu'il ne la connoiffoit pas, & il avoit affecté de ne la pas communier elle & fes deux Filles, le Lundi premier Mai 1724, quoiqu'elles fe fuffent préfentées à la fainte Table, dans le tems que le Curé donnoit la Communion à fes autres Paroiffiens. Sur la plainte de cette Dame, & la procédure extraordinaire inftruite en conféquence, le Grand Vicaire & Official de Pontoife condamna le Curé à déclarer un jour de Dimanche, à l'iffue du Prône de la Meffe Paroiffiale, qu'il étoit fâché de la conduite qu'il avoit tenue & du fcandale qu'il avoit caufé ; le même Juge Eccléfiaftique faifant droit fur les Conclufions du Promoteur, condamna en outre le Curé à fe retirer pour un mois dans un Séminaire, à l'effet d'y reprendre l'efprit de fon état, finon & à faute par lui de le faire, qu'il demeureroit fufpens des fonctions des faints Ordres. Sur l'appel comme d'abus interjetté par le Curé de cette Sentence, l'Arrêt qui intervint fur les Conclufions de M. d'Agueffeau, Avocat Général le 15 Mars 1725, dit qu'il n'y avoit abus.

Mais s'il n'eft pas permis de refufer les Sacremens à ceux qui, étant en bonne fanté, fe préfentent à la fainte Table, à moins qu'ils ne foient excommuniés dénoncés, c'eft-à-dire, déclarés tels par jugement, il en doit être de même de ceux qui reclament cette participation aux Sacremens étant malades : *Idem jus, ubi eft eadem ratio.* Auffi toutes les fois que les Miniftres Eccléfiaftiques fe font trouvés coupables de refus fait en pareil cas, ils ont été condamnés aux peines que les Loix prononcent contre les perturbateurs du repos Public. Nous avons entre autres fur cela les Arrêts du Parlement de Paris des 3 Février, 8 Mars, 13 & 14 Mai & 29 Août 1755. Il y a plufieurs autres Arrêts conformes rendus en différens Parlemens pour de femblables refus.

Les Cours, également attentives à conferver la liberté légitime des Citoyens, ne permettent point non plus que, lors de l'adminiftration extérieure des Sacremens, les Eccléfiaftiques introduifent aucunes exactions nouvelles, capables de gêner & d'allarmer les confciences, & non autorifés préablement par des Lettres Patentés dûement enregiftrées, comme billets de confeffion, déclaration du nom du Confeffeur, ou autres de cette nature. C'eft ce qui a donné lieu à l'Arrêt fi connu du 18 Avril 1752 (a). Ce font en effet des points de difcipline

---

(a) « LA COUR, toutes les Chambres affemblées, en délibérant à l'occafion de la réponfe » faite par le Roi, le jour d'hier aux Remontrances de fon Parlement ; ouis les Gens du Roi en

extérieure

extérieure, intimement liés par leur nature à la tranquilité de l'Etat, & fur lefquels conféquemment la Puiffance Eccléfiaftique ne peut rien innover, feule & fans le concours de l'Autorité Temporelle.

Refte maintenant à examiner quels font les Juges compétens pour connoître des refus de Sacremens. Il faut fur cela diftinguer la voie par laquelle on fe pourvoit contre ces refus. Eft ce par *action Civile*? Eft-ce par *action Criminelle*?

Si l'on prend la *voie Civile*, on peut fans doute fe pourvoir devant le Juge d'Eglife, aux termes du préfent Article. Mais comme l'appel comme d'abus s'étend à tout abus du Miniftere Eccléfiaftique, foit dans les jugemens, foit dans les procédures, foit dans quelques autres actes que ce puiffe être, il eft permis d'appeller comme d'abus, directement aux Cours, du refus d'adminiftration de Sacremens. L'Arrêt fuf-daté du 21 Mars 1551, rapporté par Chopin, paroît être dans ce cas. En effet, on appelle tous les jours comme d'abus des refus de Maria-ges: la même route doit être ouverte pour le refus de tous les autres Sacremens.

Quant à la *voie Criminelle*, il fe préfente plus de difficultés. Nous avons à la vérité des Arrêts qui établiffent que les Juges d'Eglife ont févi par la voie criminelle contre des refus publics de Sacremens, avec l'approbation des Cours. De ce nombre font les Arrêts ci-devant énoncés des 28 Avril 1724, & 15 Mars 1725. Il ne peut être douteux néanmoins que les refus publics de Sacremens ne foient par eux-mêmes & par la diffamation qui les accompagne, un cas privilegié, dont la connoiffance exclufive paroît par cela même devoir appartenir au Juge Royal. C'eft ainfi que le Parlement de Provence a envifagé ces refus par fon Arrêt du 7 Mai 1711, rapporté par M. le Préfident Bezieux, dans fon Recueil d'Arrêts notables du Parlement de Provence: il y a été décidé, entre autres chofes, que le Juge d'Eglife ne pouvoit connoître du refus de la Communion Pafcale fait à un Paroiffien par fon Curé, & que la connoiffance en appartenoit au Juge Royal, comme s'agiffant d'un cas privilegié. D'ailleurs il fe rencontre, dans la plûpart de ces refus, des circonftances, qui, exigeant une punition exemplaire, excedent conféquemment les bornes du pouvoir des Juges d'Eglife, qui ne peu-vent prononcer que des peines canoniques. Nous croyons donc à tous égards que lorfque les refus de Sacremens préfentent un délit capable de mériter une inftruction criminelle, le Juge Laïc eft feul & exclu-

---

» leurs Conclufions; fait défenfes à tous Eccléfiaftiques de faire aucuns actes tendans au Schifme,
» notamment de faire aucuns refus publics des Sacremens, fous prétexte de défaut de repréfen a-
» tion d'un billet de confeffion, ou de déclaration du nom de Conffeur ou d'acceptation de la
» Bulle *Unigenitus*; leur enjoint de fe conformer, dans l'adminiftration extérieure des Sacremens,
» aux Canons & Réglemens autorifés dans le Royaume, leur fait pareillement défenfes de fe fervir
» dans leurs Sermons, à l'occafion de la Bulle *Un genitus*, de termes de Novateurs, Hérétiques,
» Schifmatiques, Janféniftes, Semi-Pélagiens, ou autres noms de Parti, à peine contre les con-
» trevenans d'être pourfuivis comme Perturbateurs du repos Public, & punis fuivant la rigueur
» des Ordonnances, &c. Fait en Parlement le dix huit Avril mil fept cent cinquante deux.

Signé, DUFRANC.

fivement compétent pour en connoître ; & il paroît que c'eſt la Juriſprudence actuelle.

Il y a plus ; fi les refus de Sacremens ſont tellement multipliés
qu'ils annoncent un complot formé, s'ils ont un motif général qui
s'applique à un grand nombre de Citoyens, les Parlemens en connoiſſent
directement ; parcequ'intéreſſant alors ſpécialement l'ordre public, ils
entrent néceſſairement dans l'objet de la grande Police, qui eſt dévolue aux Parlemens ; & c'eſt à ce titre que ces Cours Souveraines ont
connu dans ces derniers tems, & qu'elles connoiſſent encore de pluſieurs de ces refus en premiere inſtance.

Mais ce ſeroit peu de punir le délit, fi les Cours & Juges Royaux
n'étoient auſſi en état d'arrêter les progrès du ſcandale & de la vexation, en ordonnant que les Sacremens ſeroient adminiſtrés, & en faiſant ſur cela aux Miniſtres Eccléſiaſtiques les injonctions néceſſaires. Dépoſitaires de l'autorité Royale, ils peuvent ſans doute exercer le droit
eſſentiellement attaché à la Couronne, 'd'ordonner aux Miniſtres de
l'Egliſe de ſe conformer aux Canons. Que deviendroit en effet le droit
de réprimer les refus vexatoires des Sacremens, fi l'autorité qui ré-
prime, ne pouvoit enjoindre la ceſſation du ſcandale, & prendre les
meſures néceſſaires pour en arrêter le cours ?

ARTICLE XXXV.

*Nos Cours ne pourront connoître ni recevoir d'autres
appellations des Ordonnances & Jugemens des Juges
d'Egliſe, que celles qui ſeront qualifiées comme d'abus.
Enjoignons à noſdites Cours d'en examiner, le plus exactement qu'il leur ſera poſſible, les moyens avant de les recevoir & procéder à leur Jugement, avec telle diligence
& circonſpection, que l'ordre & la diſcipline Eccléſiaſtique n'en puiſſent être altérés ni retardés, & qu'au contraire elles ne ſervent qu'à les maintenir dans leur pureté,
ſuivant les ſaints Décrets, & à conſerver l'autorité légitime & néceſſaire des Prélats, & autres Supérieurs
Eccléſiaſtiques* (a).

(a) » Nous défendons à nos Cours de Parlemens de recevoir aucunes appellations comme d'abus,
» ſinon ès cas de nos Ordonnances, & à nos amés & féaux les Maîtres des Requêtes ordinaires
» de notre Hôtel, & Garde des Sceaux de nos Chancelleries, de bailler Lettres de relief deſdites
» appellations comme d'abus, ne icelles Lettres ſceller, qu'elles n'aient été rapportées, & qui
» ſeront à cette fin paraphées du Rapporteur ou Réferendaire ; & néanmoins leſdites appellations

ARTICLE XXXVI.

Les appellations comme d'abus qui feront interjettées des Ordonnances & Jugemens rendus par les Archevêques & Juges d'Eglife, pour la célébration du Service divin, réparation des Eglifes, achats d'Ornemens, fubfiftance des Curés, rétabliffement ou confervation de la clôture des Religieufes, correction dès mœurs des Perfonnes Eccléfiaftiques, & toutes autres chofes concernant la difcipline Eccléfiaftique, & celles qui feront interjettées des Réglemens faits & Ordonnances rendues par lefdits Prélats, dans le cours de leurs vifites, n'auront effet fufpenfif, mais feulement dévolutif; & feront les Ordonnances & Jugemens exécutés nonobftant lefdites appellations, & fans y préjudicier (a).

ARTICLE XXXVII.

Nos Cours, en jugeant les appellations comme d'abus, prononceront qu'il n'y a abus, & condamneront en ce

---

» comme d'abus, n'auront aucun effet fufpenfif en cas de correction & difcipline Eccléfiaftique,
» mais dévolutif feulement : fur lefquelles appellations nofdites Cours ne pourront modérer
» les amendes pour quelque occafion que ce foit, ce que Nous leur défendons très expreffément.
» Ord. de Blois, *Art.* 59.

» Les Appellans comme d'abus ne pourront être élargis pendant l'appel, jufqu'à ce que, les
» informations vûes, en ait été par nos Cours ordonné, *même Ordon. de Blois*, *Art.* 60.

(a) » Que les appellations comme d'abus interjettées par les Prêtres, & autres perfonnes Ec-
» cléfiaftiques, ès matieres de difcipline & correction, ou autres pures perfonnelles & non de-
» pendantes de réalité, n'auront aucun effet fufpenfif; ainfi nonobftant lefdites appellations &
» fans préjudice d'icelles, pourront les Juges d'Eglife paffer outre contre lefdites perfonnes Ec-
» cléfiaftiques. *Ordonnance de* 1539 *Article* 5.

» Pour retrancher la fréquence des appellations comme d'abus, avons ordonné, conformément
» au premier Article de Melun de l'an 1579, qu'elles n'auront aucun effet fufpenfif, mais feulement
» dévolutif, en matiere de difcipline & correction Eccléfiaftique. Enjoignons en outre à nos Cours
» de Parlemens de tenir foigneufement la main à ce que les Eccléfiaftiques ne foient troublés en
» leur Jurifdiction, au moyen defdites appellations comme d'abus; & pour empêcher que les
» Parties ne recourent à ce remede fi fouvent qu'elles ont fait par le paffé; défendons à nos Cours
» Souveraines de mettre lefdites Parties hors de Cour & de Procès fur lefdites appellations comme
» d'abus; & voulons au contraire qu'ils foient tenus de prononcer toujours par bien ou mal, &
» abufivement, & de condamner auffi à l'amende du fol appel, fans la pouvoir remettre ni mo-
» dérer pour quelque caufe que ce foit Et pour ce que ladite amende ne fuffit encore pour retenir
» la paffion des téméraires Plaideurs, au lieu qu'elle ne fouloit être que de 60 liv. parifis, elle
» foit augmentée d'autant, & jufqu'à la fomme de 120 liv. parifis; & en outre, que lefdits Ap-
» pellans comme d'abus, ne foient reçus à faire plaider lefdites appellations, fans être affiftés de
» deux Avocats à la plaidoierie de la caufe. *Edit de* 1606 *Art.* 2.

Hhhh ij

cas les Appellans en soixante quinze livres d'amende, lesquelles ne pourront être modérées, ou diront qu'il a été mal, nullement & abusivement procédé, statué & ordonné ; & en ce cas, si la cause est de la Jurisdiction Ecclésiastique, elles renvoieront à l'Archevêque ou l'Evêque dont l'Official aura rendu le Jugement ou l'Ordonnance qui sera déclarée abusive, afin d'en nommer un autre, ou au Supérieur Ecclésiastique, si ladite Ordonnance ou Jugement sont émanés de l'Archevêque ou Evêque, ou s'il y a des raisons d'une suspicion légitime contre lui ; ce que Nous chargeons nos Officiers en nosdites Cours, d'examiner avec tout le soin & l'exactitude nécessaire.

On peut se pourvoir contre les Jugemens Ecclésiastiques de deux manieres, ou par *appel simple* devant le Juge Ecclésiastique Supérieur, ou par *appel comme d'abus* dans les Cours dépositaires de l'autorité Souveraine.

L'appel comme d'abus a été d'abord principalement employé pour arrêter les entreprises faites par les Ecclésiastiques sur la Jurisdiction Séculiere qu'ils avoient presque totalement envahie.

On en rapporte communément l'origine à *Pierre de Cugniere*, cet Avocat Général fameux, qui vivoit sous Philippe de Valois, & qui le premier s'éleva avec tant de force contre les usurpations du Clergé poussées alors à leur comble.

Les moyens d'appel comme d'abus sont ordinairement puisés dans l'une de ces quatre sources générales; savoir, 1°. contravention aux saints Décrets & Canons reçus dans le Royaume; 2°. contravention aux Concordats, Ordonnances, Edits, Déclarations & Arrêts; 3°. contravention aux droits, franchises, libertés & privileges de l'Eglise Gallicane; 4°. entreprise sur la Jurisdiction Temporelle.

L'abus ne se couvre point par le laps de tems le plus long; ainsi on ne peut opposer la prescription en faveur de l'abus. Par la même raison les appels comme d'abus ne tombent ni en peremption ni en défertion; avec d'autant plus de raison que le Ministere public y est toujours la partie principale.

- L'appel comme d'abus est suspensif de sa nature. Cependant il n'est que dévolutif, lorsqu'il s'agit de discipline & de police Ecclésiastique ou de correction des mœurs. Mais comme le Roi n'est pas censé accorder de provision contre lui même, l'appellation comme d'abus seroit suspensive, même en matiere de discipline & de correction, fi c'étoit M. le Procureur Général qui fût appellant en fon propre & privé nom.

Lorfque l'appel comme d'abus regarde le Civil., il fe porte à l'audience de la Grand'Chambre, & à celle de la Tournelle Criminelle lorfqu'il a le criminel pour objet. Mais jamais ces fortes d'appels ne peuvent être appointés fur le rôle; il faut néceffairement qu'ils foient portés à l'Audience, & ils ne font fufceptibles d'appointement que lorfque, fur la plaidoirie refpective des Parties & les Conclufions des Gens du Roi, l'affaire n'eft point trouvée difpofée à y recevoir fa décifion.

Dans les appellations comme d'abus, les Cours ne font point Juges du fond de la conteftation, mais feulement du fait de l'abus. C'eft pourquoi, en prononçant fur ces appels, elles ne peuvent faire autre chofe que déclarer, s'il y a abus ou non : &, quant au fond, fi l'appel comme d'abus avoit été interjetté de quelques Sentences, Ordonnances ou procédures d'un Official, elles renvoient alors devant l'Evêque pour nommer un autre Official que celui qui a commis l'abus; fi au contraire l'Ordonnance ou autre acte qui a occafionné l'appel comme d'abus, eft émané de l'Evêque même, le renvoi fe fait devant le Supérieur Eccléfiaftique de l'Evêque, dans l'ordre Hierarchique. Mais fi l'appel comme d'abus avoit pour objet quelqu'entreprife de la Jurifdiction Eccléfiaftique fur la Jurifdiction Temporelle, les Cours, en déclarant qu'il y a abus, renvoieroient dans ce cas devant le Juge Laïc qui a droit de connoître de la conteftation.

Pour arrêter le cours trop fréquent des appels comme d'abus, les Appellans qui y fuccombent, outre la condamnation de dépens qu'ils encourent, doivent encore être condamnés en une amende de 75 liv. qui ne peut être remife ni modérée.

Article XXXVIII.

Les Procès criminels qu'il fera néceffaire de faire à tous Prêtres, Diacres, Soudiacres, ou Clercs, cléricalement réfidens ou fervans aux Offices & Bénéfices qu'ils tiennent en l'Eglife, & qui feront accufés des cas que l'on appelle Privilegiés, feront inftruits conjointement par les Juges d'Eglife, & par nos Baillifs & Sénéchaux ou leurs Lieutenans, en la forme prefcrite par nos Ordonnances, & particulierement par l'Article 22 de l'Edit de Melun, par celui du mois de Février 1678, & par notre Déclaration du mois de Juillet 1684, lef-

*quels Nous voulons être exécutés selon leur forme &
teneur* (a).

ARTICLE XXXIX.

*Les Archevêques & Evêques ne seront obligés de don-
ner des Vicariats pour l'instruction & Jugemens des
Procès criminels, si ce n'est que nos Cours l'aient ordonné pour éviter la recousse des Accusés durant leur
translation, & pour quelque raison importante à l'ordre
& au bien de la Justice, dans les Procès qui s'y ins-
truisent; & en ce cas lesdits Prélats choisiront tels Conseillers Clercs desdites Cours qu'ils jugeront à propos,
pour instruire & juger les Procès pour le délit commun* (b).

(a) ,, En quelque matiere que ce soit, Civile ou Criminelle, nul ne sera recevable à requerir
,, par vertu du privilege Clerical être renvoyé pardevant le Juge d'Eglise, s'il n'est Soudiacre
,, pour le moins. *Ordon. de Roussillon, Art.* 21.

,, Pour obvier aux difficultés qui se sont ci devant présentées en la confection des Procès cri-
,, minels des Personnes Ecclésiastiques, mêmement pour le cas privilegié; ordonnons que nos
,, Juges & Officiers instruiront & jugeront en tous cas les délits privilegiés, contre les Personnes
,, Ecclésiastiques, auparavant que de faire aucun délaissement ou renvoi d'icelles Personnes à leur
,, Juge d'Eglise pour le délit commun, lequel délaissement sera fait à la charge de tenir prison
,, pour la peine du délit privilegié, où elle n'auroit été satisfaite, & dont répondront les Offi-
,, ciers de l'Evêque, en cas d'élargissement par eux fait, avant la satisfaction de ladite peine.
,, *Ordon. de Moulins, Art.* 39.

,, En déclarant l'Article de l'Ordonnance par Nous faite sur le privilege des Cléricatures, or-
,, donnons que nul de nos Sujets, soit disant Clerc, ne pourra jouir dudit privilege, foit pour
,, delaissement aux Juges d'Eglise, ou pour autre cause s'il n'est constitué ès Ordres sacrés & pour
,, le moins Clerc, ou Clerc, actuellement résident & servant aux Offices, Ministeres &
,, Bénéfices, qu'il tient en l'Eglise. *Art.* 40, *même Ordonnance.*

,, Les Ecclésiastiques, tant Séculiers que Réguliers, constitués ès Ordres de Prêtrise, Diacre ou Soudiacre,
,, ou bien ayant Vœu, ne pourront, étant prévenus de crimes, dont la connoissance doit ap-
,, partenir aux Juges d'Eglise, s'exempter de leurs Jurisdictions pour quelque cause que ce soit,
,, ni même sous prétexte de liberté de conscience. Faisons à cet effet inhibitions & défenses à
,, nos Juges d'en prendre aucune connoissance, encore que lesdits Accusés & prévenus le vou-
,, lussent consulter : comme aussi auxdits Ecclésiastiques & Religieux qui se voudront séparer de
,, l'Eglise Catholique, Apostolique & Romaine, & quitter leur vie & profession, pour suivre la
,, Religion Prétendue Réformée, de ne se trouver ès assemblées où se fait l'exercice public de la-
,, dite Religion, avec l'habit qu'ils souloient porter pour marque de leur Vœu & Profession, avant
,, qu'ils eussent fait ce changement, à peine d'être punis comme scandaleux, & infracteurs de nos
,, Edits. *Edit de 1606, Art.* 8.

,, L'instruction des Procès criminels contre les Personnes Ecclésiastiques, pour les cas privile-
,, giés sera faite conjointement, tant par les Juges desdits Ecclésiastiques, que par nos Juges;
,, & en ce cas seront ceux de nosdits Juges qui seront commis pour cet effet, tenus aller
,, au Siege de la Jurisdiction Ecclésiastique. *Edit de Melun, Art.* 12.

(b) ,, Les Ordinaires ne pourront être contraints bailler Vicaires ou Vicariats, si ce n'est que
,, nos Cours de Parlemens pour certaines bonnes causes & raisonnables (dont nous chargeons
,, l'honneur & conscience des Juges d'icelles) aient ordonné qu'en aucunes causes Civiles ou Cri-
,, minelles pendantes en nosdites Cours, lesdits Ordinaires bailleront lesdits Vicaires ou Vicariats,
,, à deux des Conseillers d'icelles Cours, lesquels, lesdits Ordinaires audit cas, pourront choisir
,, tels que bon leur semblera. *Ord. de Blois, Art.* 61.

ARTICLE XL.

Nos Cours ne pourront faire défenses d'exécuter les Décrets, même ceux d'ajournement personnel, décernés par les Juges d'Eglise, ni élargir les Prisonniers, sans avoir vu les procédures & informations sur lesquelles ils auront été rendus; & les Ecclésiastiques qui seront appellans de Décrets de prise de corps, ne pourront faire aucunes fonctions de leurs Bénéfices & Ministeres, en conséquence des Arrêts de défenses qu'ils auront obtenus, jusqu'à ce que les appellations aient été jugées définitivement, ou que par les Archevêques, Evêques, ou leurs Officiaux, il en ait été autrement ordonné (a).

» Les Ordinaires ne pourront être contraints à bailler Vicariats, sinon ès causes criminelles
» où il y auroit crainte manifeste de recousse de Prisonniers, auquel cas sera libre choisir en
» leur conscience, tels Vicaires qu'ils jugeront capables, suffisans & non suspects aux Parties.
» *Edit de Melun, Art.* 21.
» (a) LOUIS, par la grace de Dieu, Roi de France & de Navarre : A tous présens & à
» venir : SALUT. L'application continuelle que Nous donnons à faire rendre la Justice à nos
» Sujets, Nous a fait reconnoître les divers préjudices qu'elle reçoit dans les défenses que nos
» Cours accordent de passer outre à l'exécution des Décrets d'ajournement personnel, suivant
» l'Article 4 du titre 17 de notre Ordonnance Criminelle de 1670 Ces inconvéniens s'étendent à
» l'égard des Décrets décernés, tant par les Juges Ecclésiastiques, que par les Juges ordinaires, en ce
» que lesdits Juges Ecclésiastiques se servant simplement de ces voies, pour faire venir les Ac-
» cusés, sans ordonner des Décrets de prise de corps, il arrive que, sans aucune connoissance de
» cause, & sur toutes sortes d'affaires, les procédures desdits Juges Ecclésiastiques sont sursises,
» & que par cette surséance, les coupables demeurent sans châtiment ; l'inconvénient desdites
» défenses n'est pas moins grand à l'égard des Décrets décernés par les Juges ordinaires pour
» crime de faux, pour malversations d'Officiers dans l'exercice de leurs Charges, ou quand c'est
» contre ceux qui ont des Accusés à l'égard desquels il y a des Décrets de prises de corps ; arri-
» vant, par ce moyen, qu'avant que d'obtenu la levée desdites défenses, la
» plupart des preuves dépérissent : & voulant y rémédier & contribuer toujours à ce qui peut
» dépendre de Nous, pour faire rendre à nos Sujets une prompte Justice : savoir faisons, que
» Nous, pour ces causes & autres, à ce Nous mouvans, de notre propre mouvement, pleine
» puissance & autorité Royale, avons dit, déclaré & ordonné, disons, déclarons & ordonnons
» par ces Présentes signées de notre main, voulons & Nous plaît, que nos Cours ne puissent à
» l'avenir donner aucuns Arrêts de défenses d'exécuter les Décrets d'ajournement personnel, qu'a-
» près avoir vu les informations, lorsque lesdits Décrets auront été décernés par les Juges Ecclé-
» siastiques, & par les Juges ordinaires, Royaux & des Seigneurs, pour faussetés, pour mal-
» versations d'Officiers dans l'exercice de leurs Charges, ou lorsqu'il y aura d'autres co-Accusés,
» contre lesquels il aura été décerné de prise de corps ; & afin que notre intention puisse être
» exécutée sais difficulté, voulons que les Accusés qui demanderont ainsi des défenses, soient
» tenus d'attacher à leur Requête la copie du Décret qui leur aura été signifié ; que tous les Juges
» Royaux & des Seigneurs, soient tenus d'exprimer à l'avenir dans les Ajournemens personnels
» qu'ils décerneront, le titre de l'accusation pour laquelle ils décerteront, à peine contre lesdits
» Juges ordinaires & des Seigneurs d'interdiction de leurs Charges ; & que toutes les Requêtes ten-
» dantes ainsi à fin de défenses d'exécuter les Décrets d'ajournement personnel, soient communi-
» quées à notre Procureur Général, pour veiller au bien de la Justice, & y faire ce qui dépendra
» de sa Charge ; & d'autant que les Accusés qui auront été décernés d'ajournement personnel,
» pour d'autres cas que ceux exprimés ci dessus, pourroient prétendre que nosdites Cours seroient
» obligées de leur donner des Arrêts de défenses, lorsqu'ils les en requérroient, Nous voulons &

ARTICLE XLI.

Lorfque nos Cours , après avoir vu les charges & in-
formations faires contre des Eccléfiaftiques , eftimeront
jufte qu'ils foient abfous à cautelle , elles les renvoieront
aux Archevêques , Evêques , qui auront procedé contre
eux ; & en cas de refus , à leurs Supérieurs dans l'ordre
de l'Eglife , pour en recevoir l'abfolution , fans que lef-
dits Eccléfiaftiques puiffent en conféquence , faire aucu-
nes fonctions Eccléfiaftiques , ni en prétendre d'autre
effet , que d'efter à droit (a).

ARTICLE XLII.

Les Prévôts des Maréchaux ne pourront connoître des
Procès criminels des Eccléfiaftiques , ni les Juges Pré-
fidiaux juger pour ces cas , qu'à la charge de l'ap-
pel (b).

» entendons que nofdites Cours puiffent refufer lefdits Arrêts de défenfes , felon que par le titre
» de l'accufation , il leur paroîtra convenable au bien de la Juftice. Si donnons en mandement,
» à nos amés & féaux Confeillers les Gens tenans notre Cour de Parlement à Paris, Baillifs, Sé-
» néchaux & autres nos Juges qu'il appartiendra , que ces Préfentes ils aient à faire lire, publier
» & enregiftrer , & le contenu en icelles entretenir & faire entretenir , garder & obferver , fans
» y contrevenir , ni fouffrir qu'il y foit contrevenu en quelque forte & maniere que ce foit, CAR tel
» eft notre plaifir : & afin que ce foit chofe ferme & ftable à toujours , Nous avons fait mettre
» notre Scel à cefdites Préfentes. Donné à Verfailles au mois de Décembre l'an de Grace mil fix
» cent quatre vingt ; & de notre Regne le trente huitieme. *Signé*, L O U I S. *Et plus bas* , par
» le Roi. COLBERT ; & fcellée du grand Sceau de cire verte , fur lacs de foie rouge & verte.
   » Lues , publiées , regiftrées , oui , & ce requérant le Procureur Général du Roi , pour être exé-
» cutées felon leur forme & teneur. A Paris en Parlement le dix Janvier mil fix cent quatre-
» vingt-un. *Signé* , JACQUES.
   (a) » Nous défendons aux Gardes des Sceaux de nos Chancelleries , d'expédier aucunes Lettres de
» relief portant élargiffement de ceux qui feront prifonniers par autorité des Juges Eccléfiaftiques,
» ni injonction de bailler le bénéfice d'abfolution à ceux qui auront été par eux excommuniés. Et
» ne pourront les Appellans être élargis ni abfous pendant l'appel , jufqu'à ce que par Arrêts de
» nos Cours de Parlemens , les informations vues , en ait été ordonné. *Edit de Melun, Art.* 23.
   » Pour le regard du vingt-troifieme , feront les abfolutions à cautelles baillées & octroyées par
» les formes de droit , pourvu que les requérans pour être abfous ne foient excommuniés, *pro manifefta*
» *offenfa. Extrait de l'Arrêt d'enregiftrement de l'Edit de Melun.*
   (b) » Les Eccléfiaftiques ne feront fujets , en aucuns cas , ni pour quelque crime que ce puiffe
» être , à la Jurifdiction des Prévôts des Maréchaux ou Juges Préfidiaux en dernier reffort. *Dé-*
» *claration du* 5 *Fevrier* 1731. *Art.* 11.
   » Si dans le nombre de ceux qui feront accufés du même crime , il s'en trouve un feul qui foit Ec-
» cléfiaftique , les Prévôts des Maréchaux n'en pourront connoître , & qu'ils feront tenus d'en laiffer
» la connoiffance aux Juges à qui elle appartiendra , quand même la compétence auroit été jugée
» en leur faveur , & que les Préfidiaux n'en pourront auffi connoître , qu'à la charge de l'appel.
» *même Déclaration , Art.* 14.

Les

Les cinq Articles qui précedent contiennent tout ce qui a rapport aux Procès criminels des Ecclésiastiques dans le présent Édit.

Pour donner une étendue convenable à cette matiere importante, nous envisagerons à cet égard trois objets principaux; favoir, les *Perfonnes*, les *Juges* & la *Procedure*.

Les *Perfonnes* Ecclésiastiques qui font dans le cas d'être pourfuivis criminellement, font ou *du premier* ou *du fecond Ordre*.

Quand les Ecclésiastiques du *premier Ordre*, c'eft-à-dire les Archevêques & Evêques, donnent lieu contre eux à quelques pourfuites criminelles, ou c'eft pour quelque délit canonique & ecclésiastique, ou c'eft pour quelque délit privilégié & qui interesse l'Etat & l'ordre Public.

S'il n'eft question que d'un délit canonique & ecclésiastique, l'Evêque ne peut être jugé par de fimples Prêtres, fuffent-ils même revêtus de la qualité d'Officiaux : nous avons nombre d'Arrêts rapportés dans les Mémoires du Clergé qui ont déclaré abufives les Procédures faites par des Officiaux même Métropolitains contre les Evêques de la Métropole.

Ainfi, c'eft un point décidé, & qui ne fouffre plus maintenant de contradiction, que la perfonne des Evêques & leur doctrine ne peuvent être jugés valablement, que par les Evêques de la Province, affemblés au moins au nombre de douze. Sans nous épuifer en autorités pour établir une vérité fi connue, nous nous bornerons à ce que dit à cet égard M. Joly de Fleury dans fon plaidoyer, lors de l'Arrêt du premier Avril 1710, rendu contre deux Brefs du Pape, dont l'un concernoit les Ecrits de l'Evêque de Saint Pons; voici comment s'exprimoit alors ce grand & fublime Magiftrat : *Les Conciles n'ont pas voulu confier l'honneur & la réputation d'un Evêque ni à un feul, ni à un petit nombre de fes Confreres; ils ont établi la nécefïité d'affembler douze Evêques; s'il ne s'en rencontre pas un nombre fuffifant dans la Province, on a recours aux Evêques voifins pour concourir aux Jugemens.* Il réfulte même de la Doctrine de l'Affemblee du Clergé de mil fix cent cinquante, que c'eft à l'Evêque accufé, à choifir ceux des Evêques voifins qui doivent concourir à fon Jugement, lorfque fa Province n'en fournit point un nombre fuffifant.

Mais lorfque les Evêques oublient leur caractere & leur état, jufqu'au point de fe rendre coupables de délits privilegiés, c'eft-à-dire, qui bleffent l'ordre public & la tranquillité de l'Etat, il ne peut y avoir aucun doute qu'étant Sujets du Roi & Membres de la Société comme les autres Citoyens, ils ne foient affujettis à toutes les peines que

Perfonnes.

» Permet néanmoins aux Prévôts des Maréchaux d'informer contre les Ecclésiastiques, même de
» déciéter contre eux, & de les arrêter, à la charge de renvoyer les procédures par eux faites aux
» Bailliages & Sénéchauffées, dans l'étendue defquels le crime aura été commis, pour y être le
» procès fait & parfait auxdits Accufés, ainfi qu'il appartiendra, à la charge d'appel aux Cours
» de Parlemens; *même Déclaration, Art.* 15.

les Loix prononcent contre les Infracteurs du repos public ; & qu'ils ne soient conséquemment justiciables des Tribunaux Séculiers, seuls capables de prononcer ces sortes de peines.

En vain les Evêques prétendroient-ils ne devoir répondre de leur conduite, même dans ces sortes de cas, que devant d'autres Evêques ; prétention destituée de fondement à toutes sortes d'égards. Premierement, quelqu'élevés qu'ils soient par leur dignité Episcopale, en leur qualité de Sujets, la Puissance Temporelle a droit de les punir. Et s'il en étoit autrement, s'il étoit vrai, comme on a osé le prétendre, que les Evêques ne sont justiciables que des Evêques leurs Confreres, pour tous les crimes qu'ils pourroient commettre, fussent-ils même de leze-Majesté, il suivroit de-là, que tout Evêque pourroit impunément commettre les plus grands crimes ; puisque tout Tribunal Ecclésiastique ne pouvant prononcer que des peines canoniques, ils seroient conséquemment à l'abri de toutes les autres peines que les Loix de l'Etat ont établies pour retenir les Citoyens dans le devoir par les liens d'une juste crainte, & pour venger la Société outragée, des crimes & des attentats commis contre son repos & sa sûreté.

Mais outre que, dans le droit, une pareille prétention est insoutenable, elle est d'ailleurs démentie dans le fait, par nombre d'exemples qui y sont formellement contraires. Les premiers siécles de l'Eglise nous en administrent plusieurs. Ainsi saint Athanase Evêque d'Alexandrie, ayant été accusé d'avoir conspiré contre l'Empereur, d'avoir commis un homicide, & d'avoir voulu violer son Hôtesse, fut renvoyé devant des Juges Séculiers pour raison de ces trois crimes par l'Empereur Constantin, & devant des Juges Ecclésiastiques pour quelques autres délits purement Ecclésiastiques qui lui étoient aussi imputés. Le saint Evêque fut lavé dans l'un & l'autre Tribunal de toutes ces fausses accusations.

Sous l'Empire des deux Fils de Constantin, un Evêque d'Antioche, nommé Etienne, accusé de trahison, fut jugé par des Juges Séculiers, nonnobstant sa réclamation pour être renvoyé devant les Evêques, on n'y eut aucun égard, disent les Historiens du tems, parcequ'il s'agissoit d'un crime capital. Notre Histoire de France fourmille aussi d'exemples pareils. Nous ne remonterons point jusqu'à la premiere Race de nos Rois, sous laquelle on pourroit néanmoins rapporter nombre de procès criminels faits à des Evêques, & entre autres ceux faits à un Evêque de Perigueux, à un Archevêque de Bordeaux. Mais pour nous rapprocher davantage des tems où nous vivons, nous nous bornerons à observer qu'en 1379, un Evêque de Langres fut obligé de purger un Décret d'ajournement personnel ; qu'en 1454, un semblable Décret d'ajournement personnel fut lancé contre un Evêque de Nantes, qui ensuite fut condamné par contumace en 2000 liv. d'amende, avec confiscation de biens & privation du Temporel de son Evêché, par Arrêt du 25 Juin 1455. Le 29 Juillet 1469, le Cardinal de la Balue, Evêque d'Angers, fut constitué prisonnier & ses biens saisis ; il fut ensuite interrogé par des Commissaires nommés par le Roi à cet effet.

En 1480, Décret d'ajournement perfonnel contre un Evêque de Coutances (Jean Hebert) lequel obéit au Décret, comparut & fut interrogé, & enfuite conftitué, en vertu d'Arrêt du Parlement, prifonnier ès Prifons de la Conciergerie, fes biens & fon Temporel mis en la main du Roi. En 1479 & 1481, deux Décrets de prifes-de-corps intervinrent contre l'Evêque de Saintes, pour avoir voulu oppofer des cenfures aux Arrêts du Parlement. En 1481, nouveau Décret d'ajournement perfonnel contre le même Evêque. En 1481, Décret de prife-de-corps contre l'Evêque de Nantes (Louis de Rochechouard) lequel fut conftitué prifonnier faute de paiement d'une amende à laquelle il avoit été condamné par Arrêt du 7 Septembre 1479. En 1488, Arrêt qui ordonne que le procès fera fait à l'Evêque de Perigueux (Geoffroi de Pompadour, & à l'Evêque de Montauban (George d'Amboife) l'un & l'autre conftitués prifonniers pour crimes de leze-Majefté. En 1521, Décret d'ajournement perfonnel contre un Evêque de Paris. En 1531, Décret de prife-de-corps contre un Evêque d'Auxerre (François de Dinteville). 14 Décembre 1537, Lettres Patentes adreffées au Parlement pour faire le procès à l'Evêque de Pamiers (Bernard de Lordat). En 1569 (19 Mars) Arrêt de condamnation du Cardinal de Châtillon Evêque de Beauvais, Pair de France, par lequel il fut déclaré criminel de leze-Majefté au premier chef, & en conféquence déchu de tous fes honneurs, états, poffeffions & Bénéfices, & condamné en 100000 livres d'amende envers le Roi. En 1594, Décret de prife-de-corps contre l'Evêque d'Amiens, (Geoffroi de la Martonie) pour crime de leze-Majefté. En 1596, l'Archevêque d'Aix (Gilbert Genebrard) fut déclaré atteint & convaincu de crime de leze-Majefté, par Arrêt du Parlement de Provence du 26 Janvier; & comme tel, banni à perpétuité avec confifcation de biens. En 1598, l'Evêque de Senlis (Guillaume Roze, ce Fanatique fameux & fi déterminé en faveur de la Ligue) fut condamné par Arrêt du Parlement du 5 Septembre à faire amende honorable en la Grand'Chambre, en 100 écus d'amende, avec injonctions de s'abftenir pendant un an d'aller dans fa Ville Epifcopale : l'Arrêt fut exécuté dans tous fes points par l'Evêque. En 1615, Décret de prife-de-corps décerné par Arrêt du Parlement de Bordeaux du 17 Novembre contre l'Archevêque de Bordeaux (le Cardinal de Sourdis) prévenu de crime de leze-Majefté, de meurtre & de bris de prifon. En 1369, un Archevêque de Bourges fut obligé d'avoir recours à des Lettres d'abolition. En 1633, pareilles Lettres d'abolition furent accordées à l'Evêque de Nifmes. Enfin, le Cardinal de Bouillon étant forti du Royaume & s'étant retiré chez les Ennemis de l'Etat, fon procès fut commencé au Parlement à la Requête de M. le Procureur Général; & il y fut décerné contre lui en 1710 un Décret de prife-de-corps, en vertu duquel fes biens furent faifis & annotés.

En vain voudroit-on contrebalancer toutes ces preuves multipliées de l'exercice du pouvoir fouverain fur les Evêques qui fe font rendus coupables de crimes, par quelques traits folitaires & qui bien appréciés font plutôt contraires à la prétendue exemption Epifcopale, qu'ils ne lui font favorables. Tels font l'Arrêt du Confeil & la Déclaration du même jour 26 Avril 1657, donnés à l'occafion du procès commencé au Parlement contre le Cardinal de Retz, pour crime de leze-Majefté. On fait que cet Arrêt & cette Déclaration avoient été minutés dans une Affemblée du Clergé, qui ne put même s'en procurer la délivrance qu'en refufant tout fubfide fans cette condition. Mais, ce qui tranche toute difficulté & ce qui rend ces deux pieces abfolument impuiffantes, c'eft qu'elles n'ont jamais été enregiftrées au Parlement, quoiqu'elles y fuffent affujetties par leur nature, & qu'on n'a pas même ofé les préfenter à ce Tribunal fouverain ; tant on étoit fûr qu'elles y feroient refufées, comme étant une furprife faite à la religion du Souverain.

Les *Eccléfiaftiques du fecond Ordre*, ont auffi cherché pendant longtems à fe fouftraire à la Jurifdiction Séculiere, dans la vue de fe procurer l'impunité des crimes qu'ils pourroient commettre. Ils y ont même réuffi dans ces tems nébuleux où l'ignorance craffe & la fuperftition qui en eft inféparable, avoient rendus les Ecclefiaftiques fi puiffans. Mais depuis que l'Autorité temporelle eft enfin parvenue à recouvrer fes droits ufurpés, on a fu diftinguer le *délit commun* d'avec le *cas privilegié*.

On appelle *délit commun* le crime purement Eccléfiaftique, & *cas privilegié* le crime qui bleffe la Société & qui mérite d'être puni de peines temporelles & afflictives. Quoique cette diftinction foit peu exacte en elle-même, néanmoins étant adoptée par les Ordonnances & par l'ufage il faut s'y conformer, quoique dans le vrai on dût plutôt appeller *délit commun* le crime qui bleffe la Société, & *cas privilegié* celui qui n'eft qu'Eccléfiaftique. Quoi qu'il en foit, en conféquence de cette diftinction nos dernieres Loix, à commencer par l'Edit de Melun, confervent aux Officiaux la connoiffance exclufive du délit commun quand il fe rencontre feul. Mais lorfque le cas privilegié s'y trouve joint, l'Official ne peut inftruire le procès que conjointement avec le Juge Séculier ; & ils rendent enfuite chacuns leurs jugemens féparés, quoique fur une procédure commune.

Mais fuffit-il, pour jouir du Privilege de Cléricature & réclamer la Jurifdiction de l'Official, d'être fimplement initié dans le Clergé, foit par la Tonfure, foit par les quatre Ordres Mineures ? Autrefois cela ne faifoit point de difficulté pour l'affirmative. Mais depuis, on a confideré que c'étoit donner une trop grande étendue à ce Privilege que de l'appliquer à des gens que rien n'attachoit irrévocablement à l'Etat Eccléfiaftique, & qui pouvoient le quitter *ad nutum*. C'eft pourquoi on a reftraint ce privilege aux feuls Eccléfiaftiques engagés dans les Ordres facrés, c'eft-à-dire, à ceux qui font au moins Soudiacres, en y comprenant néanmoins les Religieux & Religieufes attachés à l'Eglife par des vœux folemnels. Les fimples Clercs cependant jouiffent auffi du privilege Clérical, s'ils ont quelques Bénéfices.

On a prétendu que lorfqu'un Eccléfiaftique avoit quitté l'habit de fon Etat pour commettre un crime, il fembloit avoir par-là abdiqué le privilege Clérical. Mais nombre d'Arrêts ont condamné cette opinion, comme donnant atteinte à un droit général qui intéreffe tout le Corps du Clergé , & auquel conféquemment les Particuliers ne peuvent déroger par quelqu'acte que ce foit.

Après avoir ainfi difcuté quels font les Perfonnes Eccléfiaftiques qui jouiffent du privilege Clérical , il s'agit maintenant d'examiner quels *Juges* font compétens pour les juger en matiere criminelle, foit parmi les Juges Eccléfiaftiques , foit parmi les Juges Séculiers.

Jug. 1.

Parmi les Juges Eccléfiaftiques , on a long-tems douté fi les *Officiaux des Chapitres , Monafteres & autres exempts ,* ont le droit d'inftruire les procès criminels des Eccléfiaftiques foumis à leur Jurifdiction, conjointement avec le Juge Séculier. Plufieurs Auteurs , & entre autres celui du Traité de la *Maniere de pourfuivre les crimes* (Tom. I. Chap. XIII) , eftiment que le Juge Séculier ne doit inftruire les crimes que conjointement avec les Officiaux des Evêques. M. de Harlay, dans fon Plaidoyer inféré dans l'Arrêt du 5 Mai 1646, dit pofitivement la même chofe. Cependant , indépendemment des deux Arrêts du Parlement & du Grand Confeil de 1683 & de 1694, cités par l'Auteur du Recueil de Jurifprudence Canonique , en faveur des Officiaux des Exempts , nous en avons un bien plus célébre & bien plus récent ; c'eft celui du premier Février 1755, rendu en faveur du Chapitre de Troyes (a) , qui , en confirmant le droit de Jurifdiction de ce Chapitre ,

_____

(a) ›› LOUIS , par la grace de Dieu , Roi de France & de Navarre : Au premier Huiffier de
›› notre Cour de Parlement , ou autre notre Huiffier ou Sergent fur ce requis ; favoir faifons ,
›› qu'entre les Chanoines & Chapitre de l'Eglife Cathédrale de Saint Pierre de Troyes , Appellans
›› comme d'abus des pourfuites & procédures extraordinaires faites par l'Official de l'Evêché de
›› Troyes, contre Antoine Pierre Fardeau ci-après nommé , notamment de l'Ordonnance rendue
›› par ledit Official le 16 Septembre 1752 , qui reçoit l'appel interjetté par ledit Fardeau du Dé-
›› cret d'ajournement perfonnel , contre lui décerné par l'Official de l'Eglife Cathédrale de Troyes ,
›› le 15 dudit mois de Septembre en l'Officialité de l'Evêché ; ordonne que les Parties procéderont
›› devant lui à cet effet, que les informations feront apportées en fon Greffe : fait défenfes de
›› paffer outre , faire pourfuites ailleurs que pardevant lui , & d'exécuter ledit Décret ; permet audit
›› Fardeau de continuer fes fonctions , fuivant leur Requête inferée en l'Arrêt de notredite Cour du
›› 24 Septembre 1752 , & Exploit fait en conféquence le 5 Octobre fuivant d'une part ; & Meffire
›› Mathias Poncet de la Riviere Evêque de Troyes , & Antoine-Pierre Fardeau , Prêtre , Curé de
›› la Paroiffe de St Aventin de Troyes , Intimés , d'autre part ; & entre ledit Antoine Pierre Fardeau,
›› Appellant comme d'abus de Juge incompétent , de plainte contre lui rendue , pardevant le Juge
›› du Chapitre de Saint Pierre de Troyes , le 14 Septembre 1752. Permiffion d'informer du même
›› jour. Information faite en conféquence , Décret d'ajournement perfonnel contre lui décerné par
›› ledit Official le 15 du même mois , & de tout ce qui a précédé & fuivi , fuivant fa Requête in-
›› ferée en l'Arrêt de la Cour du 28 Septembre audit an 1752 , & Exploit fait en conféquence le 5
›› Octobre fuivant d'une part ; & lefdits Chanoines & Chapitre de l'Eglife Cathédrale de Saint
›› Pierre de Troyes , Intimés d'autre part ; & entre lefdits Chanoines & Chapitre , Demandeurs en
›› Requête du 3 Mai 1752 , en ce qu'en venant plaider la Caufe fur les appels comme d'abus ref-
›› pectivement interjettés par ledit Chapitre , & par ledit Fardeau , il fut ordonné qu'elles plaide-
›› roient fur ladite Requête : ce faifant , du confentement defdits du Chapitre , recevoir Mathias
›› Poncet de la Riviere Evêque de Troyes , oppofant à l'exécution de l'Arrêt rendu par défaut contre
›› lui , faute de comparoir le 5 Octobre dernier , & le condamner aux dépens de contumace ;
›› faifant droit fur les appels comme d'abus refpectivement interjettés , en tant que touche l'appel
›› comme d'abus interjetté par ledit Fardeau , de la procédure faite contre lui en l'Officialité du
›› Chapitre, dire qu'il n'y a abus ; condamner Mathias Poncet de la Riviere & ledit Fardeau aux
›› dépens , chacun à leur égard , & ledit Fardeau en l'amende d'une part , & Mathias Poncet de
›› la Riviere & ledit Fardeau , Défendeurs , d'autre part ; & entre ledit Mathias Poncet de la Ri-
›› viere Evêque de Troyes , Demandeur en . . . . . à ce qu'en venant plaider fur
›› l'appel comme d'abus dudit Chapitre , de la procédure extraordinaire faite par l'Official de
›› Troyes, condamner ledit Fardeau , notamment de l'Ordonnance dudit Official du 16 Septembre
›› 1752 , il fût dit qu'il n'y avoit abus , ordonner que ce dont étoit appel fortiroit fon plein &

a jugé en même-tems bien diferement que l'Official du Chapitre avoit pu inftruire le procès criminel d'un Eccléfiaftique conjointement avec le Lieutenant Criminel du Bailliage de Troyes. Cet Arrêt eft contradictoire entre l'Evêque de Troyes, le Chapitre & l'Eccléfiaftique qui étoit accufé. Ainfi, après une décifion auffi formelle, ce point ne peut plus être déformais problématique.

» entier effet, & lefdits Chanoines & Chapitre fuffent condamnés en l'amende de douze livres &
» aux dépens de la caufe d'appel, en demande d une part; & lefdits Chanoines & Chapitre, Dé-
» fendeurs d'autre part; & entre ledit Antoine Pierre Fardeau, Prêtre, Curé de la Paroiffe de Saint
» Aventin de Troyes, Demandeur en Requête du 11 Décembre 1754, à ce qu'en venant par les
» Parties, plaider la caufe d'entre elles fur l'appel par lui interjetté, tant comme d'abus que
» comme de Juge incompétent, de la plainte, permiffion d'informer, information & décret d'a-
» journement perfonnel, contre lui décerné par le foi difant Official du Chapitre de Saint Pierre
» de Troyes le 15 Septembre 1752, il fût ordonné qu'elles viendroient pareillement plaider fur
» ladite Requête, faifant droit fur ledit appel, l'appellation & ce dont étoit appel fût mis au
» néant, toutes les procédures contre lui faites par ledit Official à la Requête du prétendu Promo-
» teur dudit Chapitre, fuffent déclarées nulles, abufives, injurieufes, torfionnaires, & déraifon-
» nables; & en conféquence, il fut déchargé de la calomnieufe & téméraire accufation contre lui
» intentée, ledit Chapitre de Troyes fût condamné envers lui en trois mille livres de dommages
» & intérêts, ou telles autres fommes qu'il plairoit à la Cour fixer, applicables, & fon confen-
» tement, aux Pauvres de la Paroiffe de Saint Aventin, & ledit Chapitre condamné en tous les
» dépens des caufes principales, d'appel & demandes d'une part; & lefdits Chanoines & Chapitre
» de l'Eglife Cathédrale de Troyes, Défendeurs d'autre part, & entre ledit Mathias Poncet de la
» Rivière Evêque de Troyes, Demandeur en Requête du 15 Décembre dernier, à ce qu'il plût à
» notredite Cour le recevoir Partie intervenante en la Caufe pendante en notredite Cour, entre
» ledit Antoine Fardeau, Prêtre, Curé de Saint Aventin de la Ville de Troyes, & les Chanoines
» & Chapitre de la Cathérale de Saint Pierre de la même Ville, fur l'appel comme d'abus interjetté
» par ledit Fardeau, de la procédure extraordinaire faite contre lui en l'Officialité dudit Chapitre,
» à la Requête de fon Promoteur, & du décret d'ajournement perfonnel decerné contre lui le 15
» Septembre 1752, il lui fût donné acte de ce que, pour caufes & moyens d'intervention, il
» employoit le contenu en fadite Requête, & y faifant droit, il fût pareillement reçu Appellant
» comme d'abus, de la plainte, permiffion d'informer, & information faite par l'Official du Cha-
» pitre de Troyes, à la Requête de fon Promoteur contre ledit Fardeau, décret d'ajournement
» perfonnel décerné contre lui le 15 Septembre 1752, & de tout ce qui a précédé & fuivi, tenir
» l'appel pour bien relevé, fur lequel les Parties auront audience au premier jour; & faifant droit
» fur ledit appel, dire qu'il y a abus, en conféquence, déclarer toute la procédure faite par ledit
» Official du Chapitre contre ledit Fardeau, nulle & abufive : ordonner que le procès encommencé
» audit Fardeau fur la plainte d'Aventin Girard du 28 Août 1752, fera continué & inftruit fuivant
» les derniers errremens par l'Official du fit fieur Evêque de Troyes, & conjointement avec le Lieu-
» tenant Criminel du Bailliage de Troyes, conformément à la Sentence rendue le fix Septembre
» 1752, jufqu'à Sentence définitive incluffivement, fauf l'appel, favoir du Lieutenant Criminel
» en notredite Cour, & de l'Official dudit fieur Evêque de Troyes au Métropolitain; prononçant
» fur l'appel comme d'abus du Chapitre de Saint Pierre de Troyes, de la procédure extraordinaire
» faite en l'Officialité Epifcopale, à la Requête dudit Promoteur dudit Official, conjointement
» avec ledit Lieutenant Criminel contre ledit Fardeau, qu'il n'y a abus; ordonner que ce dont
» eft appel, fortira fon plein & entier effet : condamner ledit Chapitre en l'amende, & aux dé-
» pens des caufes d'appel & demande, même en ceux faits par ledit Fardeau, d'une part; & lefdits
» Chanoines & Chapitre de la Cathédrale de Troyes, & ledit Antoine-Pierre Fardeau Défendeur,
» d'autre part, tant que les qualités puiffent nuire ni préjudicier aux Parties; après que de la
» Monnoye, Avocat du Chapitre de Troyes, Gin, Avocat de l'Evêque de Troyes, & Doulcet,
» Avocat de Fardeau, ont été ouis pendant neuf Audiences, enfemble d'Ormeffon pour notre Pro-
» cureur Général qui a fait récit des informations : NOTREDITE COUR, du confentement de la
» Partie de la Monnoye, reçoit celle de Gin oppofante à l'Arrêt par défaut faute de comparoir,
» la condamne aux dépens de contumace : reçoit notre Procureur Général Appellant de la procé-
» dure faite par le Lieutenant Criminel au Bailliage de Troyes, depuis la revendication faite par le
» Promoteur du Chapitre de Troyes; faifant droit, tant fur les appels comme d'abus refpecti-
» vement interjettés, que fur ledit appel fimple, en tant que touche l'appel comme d'abus inter-
» jetté par ladite Partie de la Monnoye, dit qu'il y a abus dans les procédures faites par l'Official
» de la Partie de Gin, depuis la revendication du Promoteur dudit Chapitre de Troyes, en confé-
» quence déclare lefdites procédures nulles, & en tant que touche l'appel comme d'abus interjetté
» par lefdites Parties de Gin & de Doulcet, des procédures faites en l'Officialité du Chapitre de
» Troyes, contre la Partie de Doulcet, dit qu'il y a abus, en conféquence déclare lefdites procé-
» dures nulles, en tant que touche l'appel fimple des procédures faites par le Lieutenant Criminel

Mais, si tous les Officiaux en général sont compétens, il n'en est pas de même de tous les Juges Séculiers. La dignité du caractere Clérical, & la déférence dûe aux Ministres de l'Eglise, n'ont point permis qu'on rendît toutes sortes de Juges Séculiers arbitres de leur sort en matiere criminelle. Les Juges des Seigneurs sont maintenant exclus de toute connoissance à cet égard, quoique la Jurisprudence ait long-tems été incertaine sur ce point.

Parmi les Juges Royaux même, ceux du troisieme Ordre, qui sont les Prévôts & Châtelains, n'ont pas non plus le droit de connoître des cas privilegiés: la connoissance en est dévolue aux seuls Bailliages & Sénéchauffées Royales.

Les Prévôts des Maréchaux, comme Juges Royaux, ont long-tems soutenu être en droit de juger les Ecclésiastiques coupables ou accusés de quelques-uns des cas Prévôtaux; & quoique l'Ordonnance de 1690 & le présent Edit leur donnassent sur cela une exclusion positive, ils ont néanmoins fait encore depuis, plusieurs tentatives pour conserver leur droit prétendu. Mais la Déclaration du 6 Février 1731 (Art. 11.) a tranché toute difficulté, en décidant que *les Ecclésiastiques ne seront sujets en aucuns cas, ni pour quelque crime que ce puisse être, à la Jurisdiction des Prévôts des Maréchaux ou Juges Présidiaux en dernier ressor.* Cette Déclaration a même porté plus loin les précautions. Car dans le cas de complicité, où l'instruction ne peut être divisée, s'il se trouve parmi les Accusés un Ecclésiastique ou autre Personne exempte de la Jurisdiction du Prévôt des Maréchaux, elle astreint ce Juge à renvoyer l'instruction & le jugement du procès au Juge à qui il appartient d'en connoître.

Enfin, en cas d'appel au Parlement, les Ecclésiastiques peuvent demander d'être jugés, la Grand'Chambre & la Tournelle assemblées, tant que les opinions ne sont point entamées.

Voilà en général ce que l'on peut dire sur la compétence des Juges soit Ecclésiastiques, soit Séculiers, pour raison des cas privilegiés. Reste maintenant à ajouter quelques réflexions sur la *Procédure*, qui doit être tenue dans ces occasions.

Aux termes de l'Edit de Février 1678 (a), lorsque dans le cours de

Procédure.

» de Troyes, depuis ladite révendication, a mis & met l'appellation & ce dont est appel au néant,
» émendant, déclare lesdi es procédures nulles; en conséquence, ordonne que le procès sera continué à ladite Partie de Doulcet, en état d'assigné pour être oui en l'Officialité dudit Chapitre pour
» le délit commun, & néanmoins par un autre Official que celui qui a fait les procédures déclarées
» nulles; & pour le cas privilegié, par le plus ancien Officier du Bailliage de Troyes, suivant l'ordre
» du Tableau, autre que le Lieutenant Criminel audit Bailliage, lequel Officier sera tenu de se
» transporter en l'Officialité dudit Chapitre : condamne la Partie de Gin aux dépens faits par les
» Parties de la Monnove, sur leur appel comme d'abus des autres dépens entre lesdites Parties de
» Gin, Doulcet & de la Monnoye, compensés. Si mandons mettre le présent Arrêt à exécution
» selon sa forme & teneur, de ce faire donnons pouvoir. Donné en nottredite Cour de Parlement,
» le premier Février mil sept cent cinquante-cinq, & de notre Regne le quarantieme. Collationné,
» Signé, VAURY. Signé par la Chambre, RICHARD; scellé le huit Février mil sept cent cin-
» quante cinq. Signé, AUVRAT.
(a) » L O U I S, par la grace de Dieu, Roi de France & de Navarre: A tous ceux présens
» & à venir; SALUT. Comme il n'y a rien de plus nécessaire pour maintenir la police des Etats,

l'inſtruction des procès qui ſe font dans les Officialités aux Eccléſiaſtiques, les Officiaux reconnoiſſent que le crime eſt un des cas privilegiés, ils doivent auſſi-tôt en avertir le Procureur du Roi du Reſſort où le crime a été commis , à peine de tous dépens, dommages & intérêts , même d'être la procédure recommencée à leurs dépens. *Vice verſà* , les Juges Royaux doivent de leur côté déferer au déclinatoire propoſé par l'Ec-

» que d'établir un bon ordre dans l'adminiſtration de la Juſtice , de preſcrire ce qui doit être de
» la connoiſſance de chacun de ceux qui ſont prépoſés pour la rendre ; Nous aurions , par nos
» Ordonnances des années 1667 & 1670 , reglé particulierement la compétence des Juges , &
» par les Articles 11 & 12 du titre de ladite Compétence de celle de l'année 1670 , ordonné que nos
» Baillifs, Sénéchaux , les Prévôts de nos Couſins les Maréchaux de France , Lieutenans Criminels
» de Robe-Courte , Vice-Baillifs & Vice Sénéchaux , connoîtront des crimes y énoncés ; & par
» l'Article 13 de la même Ordonnance , Nous aurions déclaré que Nous n'entendons déroger par
» leſdits Articles 11 & 12 , aux Privileges dont les Eccléſiaſtiques auroient accoutumé de jouir ;
» & parceque Nous avons été informés que ledit Article 13 eſt diverſement interpreté & exécuté
» dans quelques unes de nos Cours de Parlemens , & par autres nos Juges ; les uns voulant , en
» exécution d'icelui , ſuivre ce qui eſt porté par l'Article 39 de l'Ordonnance de Moulins du mois
» de Février 1566 , & les autres l'Article 22 de l'Edit de Melun du mois de Février 1580 , ce qui
» fait que les Eccléſiaſtiques ſe trouvent en diverſes occaſions troublés en la jouiſſance de leur
» Privileges & Immunités ; & fournit le ſujet de pluſieurs différends , particulierement dans les
» Diocèſes enclavés dans le reſſort de divers Parlemens, & donne en même tems à des Perſonnes
» privilegiées , l'occaſion de trouver l'impunité de leurs crimes dans ces différentes conteſtations :
» à quoi voulant remedier & pourvoir à ces inconvéniens , en établiſſant ſur ce , une Loi com-
» mune & générale , & une Juriſprudence uniforme : ſavoir faiſons , que de notre certaine ſcience,
» pleine puiſſance & autorité Royale , Nous avons dit , ſtatué & ordonné , diſons , ſtatuons &
» ordonnons par ces Préſentes ſignées de notre main , voulons & Nous plaît , que l'Article 22 de
» l'Edit de Melun , concernant les Procès criminels qui ſe font aux Eccléſiaſtiques , ſoit exécuté
» ſelon ſa forme & teneur , dans tout notre Royaume, Pays & Terres de notre obéiſſance ; ce
» faiſant , que l'inſtruction deſdits Procès , pour les cas privilegés , ſera faite conjointement , tant
» par les Juges d'Egliſe que par nos Juges , dans le Reſſort deſquels ſont ſituées les Officialités ;
» & ſeront tenus pour cet effet , noſdits Juges d'aller au ſiége de la Juriſdiction Eccléſiaſtique
» ſitué dans leur Reſſort, ſans aucune difficulté , pour y étant , faire rédiger les dépoſitions des
» Témoins, interrogatoires, récollemens, & confrontations par leurs Greffiers , en des cahiers
» ſéparés de ceux des Greffiers des Officiaux ; pour être le procès inſtruit & jugé par noſdits Juges
» ſur les procédures rédigées par leurs Greffiers ; ſans que ſous quelque prétexte que ce puiſſe être,
» leſdits Juges puiſſent juger leſdits Eccléſiaſtiques ſur les procédures faites par les Officiaux pour
» raiſon du délit commun. N'entendons néanmoins annuller les informations faites par les Offi-
» ciaux , auparavant que nos Officiers ayent été appellés pour le cas privilegié; leſquelles pre-
» mieres informations ſubſiſteront en leur force & vertu , à la charge de récoller les Témoins par
» noſdits Officiers. Voulons pareillement , qu'en cas que leſdits Eccléſiaſtiques euſſent été accuſés
» devant nos Juges , & vinſſent à être revendiqués par les Promoteurs des Officialités , ou ren-
» voyés pour le délit commun , en ce cas les informations & autres procédures faites par noſdits
» Juges ſubſiſteront ſelon leur forme & teneur , pour être le procès fait , parachevé & jugé contre
» leſdits Eccléſiaſtiques , pour raiſon dudit délit commun , tût ce qui aura été fait par nos Juges
» du renvoi & déclinatoire. Et en cas que le procès s'inſtruiſit auxdits Eccléſiaſtiques en l'une de
» nos Cours de Parlement , voulons que les Evêques , Supérieurs deſdits Eccléſiaſtiques , ſoient
» tenus de donner leur Vicariat à l'un des Conſeillers Clercs deſdits Parlemens, pour conjointement
» avec celui des Conſeillers laïcs deſdites Cours , qui ſera pour cet effet commis , être le procès
» fait & parfait aux Eccléſiaſtiques accuſés , & ſeront tenus , tant noſdits Juges que les Vicaires &
» Officiaux des Evêques , obſerver le contenu en notre préſente Ordonnance , à peine de nullité des
» procédures qui ſeront faites aux dépens des Contrevenans , & de tous dépens , dommages &
» intérêts. Ordonnons en outre que lorſque dans l'inſtruction des procès qui ſe ſe feront aux Ec-
» cléſiaſtiques , les Officiaux connoîtront que les crimes dont ils ſeront accuſés & prévenus, ſeront
» de la nature de ceux pour leſquels il écheoit de renvoyer à nos Juges pour le cas privilegié ,
» leſdits Officiaux ſeront tenus d'en avertir inceſſamment les Subſtituts de nos Procureurs Géné-
» raux , du Reſſort où le crime aura été commis , à peine contre leſdits Officiaux de tous dépens,
» dommages & intérêts , même d'être la procédure refaite à leurs dépens. Si donnons en mande-
» ment , à nos amis & féaux les Gens tenant notre Cour de Parlement à Paris , Baillifs Séné-
» chaux , ou leurs Lieutenans , & tous autres Officiers qu'il appartiendra , que ceſdites Préſentes
» ils aient à faire lire , publier & enregiſtrer purement & ſimplement , & le contenu en icelles ,
» garder , obſerver , & exécuter ſelon ſa forme & teneur , ſans ſouffrir y être contrevenu en au-
» cune maniere. Car tel eſt notre plaiſir ; & afin que ce ſoit choſe ferme & ſtable à toujours ,
» Nous avons fait mettre notre Scel à ces Préſentes , ſauf en autres choſes notre droit , & l'autrui

cléſiaſtiques ,

cléfiaftique, pour être jugé conjointement par l'Official, ou bien à la revendication du Promoteur. Il doit même le renvoyer d'office pour le délit commun, en fe réfervant la connoiffance du cas privilegié. Dans l'un ou l'autre de ces cas, le Juge laïc doit fe rendre au Siége de l'Officialité pour tous les actes de l'inftruction criminelle. L'un & l'autre Greffier rédigent, chacun fur un cahier féparé, tout ce qui fe dit, afin que chacun des deux Juges puiffe enfuite prononcer féparément fur ce que le Greffier de fon Siége a rédigé. Cependant fi l'Official avoit informé avant que le Juge Royal eut été appellé, l'information fubfifteroit dans toute fa force : la même chofe a lieu par rapport à l'Official, quand l'Eccléfiaftique accufé n'eft renvoyé à l'Officialité, qu'après le commencement de l'inftruction.

La Déclaration du mois de Juillet 1684 (*a*), a prévu un cas parti-

---

» en toutes. Donné à Saint Germain en Laye, au mois de Février l'an de grace mil fix cent
» foixante-dix-huit, & de notre Regne le trente-cinq. *Signé*, LOUIS : *Et fur le repli*, par le
» Roi, COLBERT, *vifa*, LE TELLIER ; & fcellé du grand Sceau de cire verte, en lacs de foie
» rouge & verte
  » Regiftrée, oui & ce requérant le Procureur Général du Roi, pour être exécutée felon leur forme
» & teneur, & copies collationnées envoyées aux Bailliages & Sénéchauffées du Reffort, pour y
» être lues, publiées & enregiftrées ; fuivant l'Arrêt de ce jour. A Paris en Parlement le 29 Août
» 1678. *Signé*, JACQUES.
  (*a*) » L O U I S, par la grace de Dieu, Roi de France & de Navarre : A tous préfens & à venir :
» SALUT. Le foin que Nous avons de maintenir la difcipline de l'Eglife, & de conferver à fes
» Miniftres la Jurifdiction qu'ils exercent fous notre Protection, Nous ayant obligés d'ordonner
» entre autres chofes, par notre Déclaration donnée à Saint Germain en Laye au mois de Février
» 1678, que tous nos Officiers qui affifteront à l'inftruction des procès criminels des Eccléfiaftiques
» accufés de crimes, que l'on appelle ordinairement cas privilegiés, garderoient la forme pref-
» crite par l'Article 22 de l'Edit de Melun. Nous avons été informés qu'il s'étoit trouvé de la
» difficulté entre quelques uns de nofdits Officiers pour favoir fi ce feroit le Juge du lieu dans
» lequel on prétendoit que le crime a été commis, ou celui dans le reffort duquel eft fitué le Siége
» de l'Officialité, qui inftruiroit lefdits procès & en auroit la connoiffance ; & comme il eft
» néceffaire pour le bien de la Juftice, de prévenir toutes les difficultés qui peuvent retarder l'inf-
» truction des procès criminels, & particulierement ceux des Eccléfiaftiques, qui fcandalifent,
» ainfi par leurs déréglemens ceux qu'ils devroient inftruire & édifier par leurs bons exemples. A
» CES CAUSES, & autres à ce Nous mouvans, de notre propre mouvement, certaine fcience,
» pleine puiffance & autorité Royale, Nous avons dit, ftatué & ordonné, difons, ftatuons &
» ordonnons, par ces Préfentes fignées de notre main, que notre Déclaration du mois de Février
» 1678, ci-attachée fous le contre-fcel de notre Chancellerie, fera exécutée felon fa forme &
» teneur ; & qu'à cet effet, lorfque nos Baillifs, Sénéchaux, ou leurs Lieutenans Criminels,
» inftruiront le procès criminel à des Eccléfiaftiques, & qu'ils accorderont leur renvoi parde-
» vant l'Official dont ils font jufticiables, pour le délit commun, foit fur la Requête des Accu-
» fés, foit fur celle du Promoteur en l'Officialité : nos Procureurs efdits Siéges en donneront avis
» à l'Official, afin qu'il fe tranfporte fur les lieux pour l'inftruction du procès, s'il l'eftime à
» propos pour le bien de la Juftice ; & en cas qu'il déclare qu'il entend inftruire ledit procès dans
» le Siége de l'Officialité ; ordonnons que lefdits Accufés feront transferés dans les prifons de l'Of-
» ficialité dans huitaine après ladite Déclaration, aux frais & à la diligence de la Partie civile, s'il
» y en a, & en cas qu'il n'y en ait pas, à la pourfuite de nos Procureurs, & aux frais de nos
» Domaines, & que le Lieutenant Criminel, & à fon défaut, un autre Officier dudit Siége dans
» lequel le procès a été commencé, fe tranfporte dans le même tems de huitaine, dans le lieu où eft
» le Siége de l'Officialité, quand même il feroit hors le reffort dudit Siége, pour y achever l'inf-
» truction des procès conjointement avec l'Official, attribuant à cet effet à nofdits Officiers,
» toute Cour, Jurifdiction & connoiffance ; & fans qu'ils foient obligés de demander territoire
» ni prendre *pareatis* des Officiers ordinaires des lieux ; & qu'après que le procès inftruit pour le
» délit commun aura été jugé en ladite Officialité, l'Accufé fera ramené dans les prifons du Siége
» royal où il aura été commencé, pour y être jugé à l'égard du cas privilegié ; & en cas que ledit
» Lieutenant Criminel, & à fon défaut un autre Officier dudit Siége Royal, ne fe rende pas dans
» ledit délai de huitaine, au Siége de l'Officialité, où l'Accufé aura été transferé, Voulons & en
» cas que le procès foit inftruit conjointement avec ledit Official par le Lieutenant Criminel, ou
» en fon abfence ou légitime empêchement, par l'un des Officiers du Bailliage ou Sénéchauffée,
» fuivant l'ordre du Tableau, dans le reffort duquel le Siége de l'Officialité eft fitué, pour être

culier ; c'eft celui où l'Official & le Juge Royal n'auroient pas leur domicile dans la même Ville. Alors , fi c'eft le Juge Royal qui a commencé l'inftruction , l'Official a l'option ou de fe tranfporter au Siége Royal , ou de faire transferer l'Accufé dans les prifons de l'Officialité pour inftruire le procès. Huit jours après cette tranflation, le Juge Royal doit fe rendre à l'Officialité ; finon le procès fera inftruit conjointement par l'Official, & par le Juge Royal de la Ville dans laquelle le Siége de l'Officialité eft fitué. Il en eft de même lorfque c'eft l'Official qui a commencé l'inftruction : ce qui n'empêche pas néanmoins que les Parlemens ne puiffent , par des confidérations particulieres, commettre d'autres Juges Royaux pour l'inftruction, que ceux du lieu où le délit a été commis, ou du lieu dans lequel fe trouve le Siége de l'Officialité.

Nonobftant ces Réglemens, il s'eft encore élevé des difficultés entre les Officiaux & les Juges Royaux , fur la forme dans laquelle devoit fe faire conjointement entre eux l'inftruction criminelle. Pour les faire ceffer, eft intervenue la Déclaration du 4 Février 1711 (a). Elle porte ,

---

» enfuite jugé au même Siége , auquel Nous en attribuons toute Cour , Jurifdiction & connoiffance.
» Voulons que le même ordre foit obfervé dans les procès qui auront été commencés dans les
» Officialités ; & que les Officiaux foient tenus d'en avertir les Lieutenans Criminels de nos Bail-
» lifs & Sénéchaux , dans le reffort defquels les crimes , ou cas privilegiés dont les Eccléfiaftiques
» feront accufés auront été commis. Enjoignons auxdits Lieutenans Criminels , ou en leur abfence
» & légitime empêchement, aux autres Officiers defdits Siéges fuivant l'ordre du Tableau , de fe
» tranfporter dans les lieux où font les Siéges defdites Officialités , dans huitaine après la fomma-
» tion qui leur en aura été faite à la Requête des Promoteurs , pour être par eux procédé à l'inf-
» truction & jugement defdits procès pour le cas privilegié , en la forme expliquée ci-deffus ;
» & à faute par lefdits Juges de fe rendre dans ledit délai dans les lieux où font lefdites Officia-
» lités , lefdits procès feront inftruits & jugés par les Officiers du Bailliage ou Sénéchauffée dans
» le reffort duquel eft le Siége de l'Officialité : le tout fans préjudice à nos Cours de commettre
» d'autres de nos Officiers pour lefdites inftructions, & de renvoyer en d'autres Siéges le jugement
» defdits procès , lorfqu'elles l'eftimeront à propos , pour des raifons que Nous laiffons à leur
» arbitrage. Si donnons en mandement , à nos amés & féaux les Gens tenant notre Cour de Par-
» lement à Paris , que ces Préfentes , enfemble notre Declaration du mois de Février 1678 , ils
» aient à faire lire , publier & enregiftrer, & le contenu en icelles entretenir & faire entretenir ,
» garder & obferver, nonobftant la furannation de celle dudit mois de Février 1678 , fans y con-
» trevenir, ni fouffrir qu'il y foit contrevenu en quelque forte & maniere que ce foit. Car tel eft
» notre plaifir ; & afin que ce foit chofe ferme & ftable à toujours, Nous avons fait mettre notre
» Scel à cefdites Préfentes. Donné à Verfailles au mois de Juillet l'an de grace mil fix cent quatre-
» vingt-quatre , & de notre Regne le quarante-deuxieme. *Signé* , LOUIS. *Et fur le repli*
» par le Roi, COLBERT: *vifa*, LE TELLIER ; & fcellé du grand Sceau de cire verte, fur lacs de
» foie rouge & verte.
» Regiftrées , oui & ce requérant le Procureur Général du Roi, pour être exécutées felon leur
» forme & teneur ; & Copies collationnées envoyées aux Bailliages & Sénéchauffées du Reffort,
» pour y être lues , publiées & regiftrées. fuivant l'Arrêt de ce jour. A Paris en Parlement le
» vingt-neuf Juillet mil fix cent quatre vingt quatre. *Signé*, JACQUES.

» (a) LOUIS, par la grace de Dieu , Roi de France & de Navarre. A tous ceux qui ces Pré-
» fentes Lettres verront : SALUT. Nous avons par nos Edits des mois de Février 1678 , Juillet
» 1684 & Avril 1695, ordonné conformément à l'Article 22 de l'Edit de Melun du mois de Fé-
» vrier 1580 , que quand l'inftruction des procès criminels contre les Eccléfiaftiques , fe feroit con-
» jointement , tant par les Officiaux , pour le délit commun , que par nos Juges pour le cas pri-
» vilegié, nofdits Juges feroient tenus de fe tranfporter, à cet effet, au Siége de la Jurifdiction Ec-
» cléfiaftique fitué dans leur reffort. Et comme Nous fommes informés que quelques uns de nofdits
» Juges conteftent aux Officiaux dans ce cas le droit de prendre le ferment des Accufés ou des
» Témoins , de faire fubir l'interrogatoire aux Accufés, & de récoller & de confronter les Té-
» moins , fous prétexte que ce droit n'eft pas expreffément attribué aux Juges d'Eglife par l'Edit de
» Melun , & par les autres Edits donnés en conféquence ; Nous voulons faire ceffer tout fujet de
» conteftation entre les Officiaux & nos Juges à cet égard, & empêcher que rien ne retarde l'inf-
» truction & le jugement des procès des Eccléfiaftiques. A CES CAUSES, & autres , à ce Nous mou-

que lorfque le Juge Royal fe tranfportera à l'Officialité pour l'inftruction des procès criminels des Eccléfiaftiques, l'Official aura la parole ; qu'il prendra le ferment des Accufés & des Témoins ; qu'il fera, en préfence du Juge Royal, les interrogatoires, récollemens, & confrontations, & toutes les procédures qui fe font conjointement par les deux Juges ; avec faculté néanmoins au Juge Royal de requérir l'Official d'interpeller l'Accufé fur les faits qu'il croit néceffaires, foit dans les interrogatoires, foit dans les confrontations, foit dans tout autre acte de la procédure criminelle ; & en cas de refus de la part de l'Official de faire les interpellations requifes, le Juge Royal peut les faire lui même directement à l'Accufé.

Quand le procès criminel des Eccléfiaftiques s'inftruit dans les Parlemens, comme ces Cours repréfentent le Souverain même, il ne feroit pas jufte qu'ils inftruififfent conjointement avec l'Official. C'eft pourquoi l'Evêque Supérieur de l'Eccléfiaftique accufé, eft tenu de nommer un Vicaire parmi les Confeillers Clercs, lequel fait l'inftruction conjointement avec le Confeiller laïc nommé Commiffaire pour cette inftruction. Mais, attendu qu'il y a dans le Royaume plufieurs Cours Souveraines, qui n'ont point de Confeillers Clercs en titre, comme les Confeils Supérieurs, le Grand Confeil, les Cours des Aides & autres, les Officiers de ces Tribunaux Supérieurs font en poffeffion d'inftruire les procès criminels des Eccléfiaftiques, fans renvoyer l'Accufé devant les Juges d'Eglife pour le délit commun.

» vans, de notre certaine fcience, pleine puiffance & autorité Royale, en interprétant, en tant
» que befoin feroit l'Article 22 de l'Edit de Meun, & nos Edits des mois de Février 1678, Juillet
» 1684 & Avril 1695, Nous avons par ces Préfentes, fignées de notre main, dit, déclaré & or-
» donné, difons, déclarons & ordonnons, voulons & Nous plaît, que dans l'inftruction des
» procès criminels qui fe font aux Eccléfiaftiques, conjointement par les Juges d'Eglife pour le
» délit commun, & par nos Juges pour le cas privilegié, lorfque nos Juges fe tranfporteront
» dans les Siéges des Officialités pour l'inftruction defdits procès, les Juges d'Eglife aient la pa-
» role, qu'ils prennent le ferment des Accufés & des Témoins, qu'ils faffent en préfence de
» nofdits Juges les interrogatoires, les récolemens & confrontations, & toutes les autres procé-
» dures qui fe font par les deux Juges ; de forte néanmoins que nos Juges pourront requérir les
» Juges d'Eglife, d'interpeller les Accufés fur tels faits qu'ils jugeront néceffaires, foit dans
» les interrogatoires, foit lors de la confrontation & du refte de la procédure ; lefquelles interpella-
» tions, enfemble les réponfes des Accufés, feront tranfcrites par les Greffiers, tant des Juges d'E-
» glife que de nos Juges, dans les cahiers des interrogatoires & des confrontations ; & en cas de refus
» des Juges d'Eglife de faire aux Accufés lefdites interpellations, nofdits Juges pourront les faire
» eux mêmes directement aux Accufés ; lefquelles interpellations, enfemble les réponfes des Ac-
» cufés feront tranfcrites par les Greffiers de nofdits Juges dans les cahiers des interrogatoires &
» des confrontations & des autres pieces de l'inftruction, pour après ladite inftruction faite con-
» jointement par les Juges d'Eglife & par nos Juges, être par eux procédé au jugement définitif
» defdits Eccléfiaftiques, conformément à nofdits Edits des mois de Février 1580, Février 1678,
» Juillet 1684, & Avril 1695, que Nous voulons être exécutés felon leur forme & teneur. Si
» donnons en mandement, à nos amés & féaux Confeillers les Gens tenant notre Cour de
» Parlement de Paris, que ces Préfentes ils aient à faire publier & regiftrer, & le contenu en
» icelles exécuter felon leur forme & teneur. Car tel eft notre plaifir ; en témoin de quoi Nous
» avons fait mettre notre Scel à cefdites Préfentes. Donné à Verfailles le quatrieme jour de Fé-
» vrier l'an de grace mil fept cent onze ; & de notre Regne le foixante huitieme. *Signé*, LOUIS :
» *Et fur le repli*, par le Roi, PHELYPEAUX, & fcellés du grand Sceau de cire jaune.
» Regiftrées, ouï & ce requérant le Procureur Général du Roi, pour être exécutées felon leur
» forme & teneur, & Copies collationnées envoyées aux Bailliages & Sénéchauffées du Reffort,
» pour y être lues, publiées & regiftrées ; enjoint aux Subftituts du Procureur Général du Roi
» d'y tenir la main, & d'en certifier la Cour dans un mois, fuivant l'Arrêt de ce jour. A Paris
» en Parlement le troifieme Mars mil fept cent onze. *Signé*, DONGOIS.

Mais , foit que le procès pour le cas privilegié fe pourfuive dans les Bailliages & Sénéchauffées, ou dans les Cours Souveraines , on a agité dans ces dernieŕs tems ; une grande queftion , qui cependant, rapprochée des vrais principes de la matiere, n'en devroit pas faire une ; c'eft de favoir fi les Eccléfiaftiques décretés d'ajournement perfonnel , font par cela même interdits de droit de leurs fonctions, même Eccléfiaftiques. En effet , tout le monde convient d'abord , même les Auteurs les plus zelés pour les immunités Eccléfiaftiques, qu'un décret de prife-de-corps n'étant décerné que pour un crime grave , il deshonore l'Eccléfiaftique de telle maniere, qu'il le prive de l'exercice des fonctions de fon Miniftere. Or l'Ordonnance Criminelle de 1670 , en mettant à cet égard dans la même claffe le Décret d'ajournement perfonnel & le Décret de prife-de-corps , a décidé que l'un & l'autre de ces deux Décrets emportoit de droit interdiction de toutes fonctions de Judicature & autres fonctions publiques. D'ailleurs , ceux qui font dans les liens de l'un ou l'autre de ces Décrets , font incapables de toutes dignités , & ne peuvent porter témoignage en Juftice. Les fonctions Eccléfiaftiques ne font-elles pas encore d'un ordre fupérieur ? N'exigent-elles pas encore plus de pureté dans le Miniftre qui les exerce ? Par conféquent , fi un Officier de Juftice décreté d'ajournement perfonnel eft interdit de droit de fes fonctions, fi un Magiftrat (d'après le langage de M Talon Avocat Général, lors des Conférences pour la rédaction des Ordonnances) ne pourroit fans indécence continuer de rendre la juftice aux Sujets du Roi avant que d'avoir juftifié fon innocence, quelle indécence ou plutôt quel fcandale ne feroit-ce pas de voir un Prêtre pourfuivi en Juftice & dans les liens d'un Décret d'ajournement perfonnel , continuer l'exercice de fes fonctions avant que d'avoir purgé fon Décret ?

Les Canoniftes , même Eccléfiaftiques , les plus accrédités , ont rendu hommage à cette vérité. *Il eft conftant* , dit du Caffe , Official de Condom , dans fon Traité de la Jurifdiction Eccléfiaftique (Part. 2. chap. 9. nomb. 1.) *que fuivant les faints Décrets , un Eccléfiaftique en cet état* (d'ajournement perfonnel) , *eft exclu des faints Ordres & de la promotion aux Bénéfices.* Le même Auteur dit dans un autre endroit (*ibidem*) *le Décret de prife-de-corps ôte aux Eccléfiaftiques la liberté d'exercer les fonctions de leurs Bénéfices & de leur Miniftere, fuivant l'Article 40 de l'Edit du mois d'Avril 1695. Il y en a* (ajoute-il) , *qui prétendent , contre le fentiment & l'ufage de quelques Officiaux du Royaume, qu'il n'en eft point ainfi du Décret d'ajournement perfonnel , & que l'Article 11 du Titre 10 de l'Ordonnance Criminelle , où il eft dit que le Décret d'ajournement perfonnel emportera de droit interdiction , ne regarde que les Juges & les Officiers de Juftice , comme il paroît par l'Article qui le précede immédiatement ;* c'eft pour cela que M. de Catala , un des plus anciens & des plus habiles Confeillers Eccléfiaftiques du Parlement de Touloufe , ayant été confulté fur cette matiere par un de fes Confreres , qui me l'a affuré , lui dit qu'il y avoit trois Arrêts différens qui avoient jugé qu'un *Décret d'ajournement perfonnel ne portoit point d'interdiction contre un Eccléfiaftique :* c'eft auffi *l'ufage du Parlement de Bordeaux ,* ainfi que M. *Cambons , célebre Avocat de ce Parlement , & très intelligent dans ces fortes de matieres , me l'a attefté. Dans cette contrariété d'ufages & de fentimens* (Conclut Ducaffe) *je crois que le fcandale de voir dans le Miniftere le plus faint , un Eccléfiaftique contre lequel on préfume qu'il y a des charges confiderables , & la profanation même des Sacremens , auxquels cet Eccléfiaftique accufé s'expofe, font des motifs fuffifans pour s'en abftenir. Il eft conftant que , fuivant les faints Décrets, un Eccléfiaftique en cet état , eft exclu des faints Ordres & de la promotion aux Bénéfices. En faut-il davantage pour faire connoître que fuivant l'efprit de l'Eglife , l'édification publique & la fainteté de fes fonctions demandent qu'il s'en abftienne.*

L'Auteur des Loix Eccléfiaftiques s'explique de même fur les effets du Décret d'ajournement perfonnel. *Ce Décret* (Loix Eccléfiaft. prem. Part. Chap. 21 nomb. 12.) *emporte interdiction contre les Eccléfiaftiques, de même que contre les Officiers de Judicature ; parceque ce Décret fuppofant un crime grave & des preuves très fortes , emporte avec foi une efpece d'infamie, qui , fuivant l'efprit de l'Eglife , rend l'Accufé fufpens des fonctions de fon Ordre.*

Ce fentiment eft auffi celui de Gibert dans fes *Confultations Canoniques ,* fur le Sacrement de l'Ordre (Tom. I. huitieme Confultation *).* L'Auteur des Mémoires du Clergé (Tom. 7 pages 846 & 847) embraffe le même avis.

Le Recueil des Ordonnances Synodales du Diocèfe de Grenoble, (Tit. 6. Art. 5. Sect. 4. nomb. 21.) fournit auffi fur cette matiere un Réglement fait par M. le Cardinal le Camus Evèque de Grenoble en 1690 , où ce faint Prélat s'exprime ainfi : *L'Apôtre ayant ordonné que tous ceux qui feront choifis pour le Miniftere de l'Autel , foient irrépréhenfibles , Nons défendons, conformément aux Conftitutions & aux Réglemens des Saints Canons , à tous les Prêtres qui feront accufés & ajournés perfonnellement , de célebrer la Sainte Meffe & les divins Offices , jufqu'à ce qu'ils foient renvoyés abfous.*

Enfin , nous finirons par un Rapport des Agens Généraux fait dans l'Affemblée du Clergé de 1735, où l'on lit ce qui fuit : *En 1725 le fieur Gillet Chanoine de Saint Flour , ayant été accufé d'avoir commis plufieurs excès dans la Ville de Laugeac , les Confuls dudit lieu fe pourvurent au Parlement de Paris , qui commit le Prévôt de Laugeac pour inftruire & proceder. Ce Juge, fur les informations qui furent faites , décreta d'ajournement perfonnel le fieur Gillet , lequel interjetta appel de cette procédure au Parlement , où il obtint un Arrêt de défenfes le 29 Novembre de la même année. Cet Accufé ne doutant point que le Décret d'ajournement perfonnel prononcé contre lui ne dût emporter de droit interdiction de toutes fonctions Eccléfiaftiques, préfenta une nouvelle Requête au Parlement , à l'effet d'être renvoyé dans fes fonctions , & fur cette demande intervint Arrêt le 9 Février 1726 , qui ordonna que le fieur*

Gillet se retireroit pardevant M. *l'Evêque de Saint Flour, ou son Grand Vicaire, pour être relevé de son interdiction. Deux choses, Messeigneurs, suivent nécessairement de cet Arrêt,* continuent toujours les Agens Généraux; 1°. *le Parlement paroît avoir décidé que le Décret d'ajournement personnel décerné contre un Ecclésiastique par un Juge compétent, doit emporter de droit interdiction des Fonctions Ecclésiastiques, de même qu'il est prescrit à l'égard des Officiers de Justice par l'Article 11 du Tit. 19 de l'Ordonnance Criminelle du mois d'Août 1670; ce qui parconséquent établiroit que les Juges d'Eglise, en prononçant des Décrets de cette qualité, pourroient se dispenser d'ajouter cette clause ordinaire & usitée en pareil cas;* ET CEPENDANT DEMEURERA INTERDIT DES FONCTIONS DE SES ORDRES. Sur ce Rapport, l'Assemblée du Clergé a fait insérer dans son Recueil l'Arrêt du 9 Février 1726, comme contenant les véritables maximes sur la nature & l'effet des Décrets d'ajournement personnel. C'est en effet la Jurisprudence constante & actuelle de toutes les Cours. Cette courte dissertation sur l'ajournement personnel & ses effets, n'est presqu'un extrait d'une Consultation très savante de feu M. Symonel Avocat, imprimé en 1755.

La réputation d'un Ecclésiastique étant pour lui le bien le plus précieux, on ne doit point souffrir qu'elle soit attaquée impunément, même à la Requête du Promoteur, sur des dénonciations fausses & clandestines. C'est pourquoi, lorsque les accusations formées par le Promoteur, se trouvent par l'évenement mal fondées, il peut être contraint de nommer ses Dénonciateurs. C'est ce qui a été jugé en faveur du sieur Abbé Richard Chanoine de Sainte Opportune, contre le Promoteur de l'Officialité de Paris, par Arrêt du 3 Août 1718 (a).

(a) » LOUIS, &c. Au premier notre Huissier ou Sergent sur ce requis ; savoir faisons, » qu'entre Messire René Richard, Seigneur de Regny & de l'Hôpital, & Doyen des Chanoines de » l'Eglise Sainte Opportune à Paris, Demandeur aux fins de la Requête par lui présentée à la » Cour le 15 Mai dernier, & Exploit fait en conséquence le même jour ; la Requête donnée en » conséquence des deux Sentences de l'Officialité de Paris des 15 Mars & 4 Mai derniers, & celle » du Châtelet du 27 Avril dernier; par la première desquelles Sentences de l'Officialité sur les faits » de jurement & d'usure, ledit Richard a été déchargé de l'accusation ; & sur le surplus des ac- » cusations concernant la simonie, la confidence & le faux, les Parties ont été mises hors de » Cour : par la seconde, il a été ordonné que l'écrou dudit Richard sera rayé & lilé ; & par » celle du Châtelet sur lesdits cinq chefs d'accusation, les Parties ont été mises hors de Cour ; & » icelle Requête tendante à ce que faute par le Défendeur ci-après nommé d'avoir satis ait aux trois » sommations qui lui ont été faites les 6, 11 & 18 dudit mois de Mai dernier, & suivant icelles, » d'avoir nommé le Dénonciateur, à l'interrogation duquel ledit Défendeur a instruit le procès » au Demandeur sur lesdits cinq chefs d'accusation, & de lui avoir fait délivrer une expédition en » bonne forme de la dénonciation. En conformité de la disposition de l'Ordonnance, il plût à » la Cour, condamner ledit Défendeur ci-après nommé; 1°. à lui faire réparation d'honneur de » de tous les faits injurieux & calomnieux insérés dans les plaintes & Requêtes, en présence de » telles Personnes que le Demandeur voudra choisir; 2°. en dix mille livres de dommages & » intérêts, ou tel'e autre somme qu'il plaira à la Cour, si mieux il n'aime, suivant la taxe & » liquidation, & en tous les dépens faits tant en l'Officialité, au Châtelet, Primatie de Lyon, » qu'en ceux de l'Instance d'une part : & Messire Pierre Gervais le Febvre Daubonne, Prêtre, Pro- » moteur Général de l'Archevêché de Paris, Défendeur d'autre : & entre ledit sieur Promoteur, » Demandeur en Requête par lui présentée à la Cour le 20 Juin dernier, donnée en conséquence » d'une autre Sentence de l'Officialité du 15 du même mois, sur délibéré, qui lui a permis de » nommer le Dénonciateur, tendante, comme celle donnée en l'Officialité par ledit sieur Promo- » teur ledit jour 15 Mai dernier, à ce qu'acte lui soit donné, de ce que pour exception, & en » tant que besoin pour défenses de la demande dudit sieur Abbé Richard, du 15 Mai dernier, il

ARTICLE XLIII.

Les Archevêques , Evêques , ou leurs Grands Vicai-
res ne pourront être pris à partie pour les Ordonnances
qu'ils auront rendues dans les matieres qui concernent
la Jurisdiction volontaire ; & à l'égard des Ordonnances
& Jugemens que lesdits Prélats ou leurs Officiaux au-
ront rendus , & que leurs Promoteurs auront requis dans
la Jurisdiction contentieuse , ils ne pourront pareillement
être pris à partie , ni intimés en leurs propres & privés
noms , si ce n'est en cas de calomnie apparente, & lors-
qu'il n'y aura aucune Partie capable de répondre des
dépens , dommages & intérêts, qui ait requis, ou qui
soutienne leurs Ordonnances & Jugemens ; & ne seront
tenus de défendre à l'intimation qu'après que nos Cours
l'auront ainsi ordonné en connoissance de cause.

» emploie le contenu en ladite Requête ; qu'acte lui soit pareillement donné de sa déclaration, qu'il
» se rapporte à la prudence de la Cour d'ordonner ce qu'elle trouvera à propos sur la difficulté
» de savoir , si le Promoteur peut être contraint de nommer le Dénonciateur, attendu que le sieur
» Abbé Richard n'a été renvoyé absous que sur deux chefs , & qu'il a été mis hors de Cour sur
» les trois autres par la Sentence de l'Officialité du 15 Mars dernier ; & que celle du Châtelet du
» 17 Avril suivant, met hors de Cour sur les cinq chefs d'accusation, & en conséquence , le dé-
» charger de la demande du sieur Abbé Richard , & le condamner aux dépens , d'une autre part ;
» & icelui sieur Abbé Richard Défendeur , d'autre : & encore entre ledit sieur Abbé Richard , De-
» mandeur en Requête par lui présentée à la Cour le 30 Juillet dernier , tendante à ce qu'acte lui
» soit donné de la déclaration faite par le sieur Promoteur , par sa Requête du 20 Juin dernier ,
» qu'il consent de procéder en la Cour, sur la demande du sieur Abbé Richard, portée par sa
» Requête & Exploit fait en la Cour le 25 Mai précédent ; & de lui nommer le Dénonciateur qui
» a donné lieu aux accusations dont il a été renvoyé par ladite Sentence de l'Officialité , & du
» Châtelet des 15 Mars & 17 Avril dernier; & en conséquence, pour prévenir nouvelle con-
» testation , & empêcher que le Promoteur ne trouve quelque nouveau subterfuge , en rectifiant &
» ajoutant aux conclusions prises par le sieur Abbé Richard , par sa Requête dudit jour 25 Mai
» dernier , ordonner que dans le tems qu'il plaira à la Cour , préfixer ; ledit sieur Promoteur sera
» tenu de nommer au sieur Abbé Richard ledit Dénonciateur par nom, surnom, qualité & de-
» meure , même de lui faire délivrer par le Greffier de l'Officialité , une expédition en forme de
» ladite dénonciation , sinon & à faute de ce faire dans ledit tems, qu'il sera condamné en dix
» mille livres de dommages & intérêts, & en tous les dépens faits tant en l'Officialité qu'en la
» Cour , sans préjudice d'autres droits & actions d'une part ; & ledit Me Pierre Gervais le Febvre
» d'Eaubonne, Promoteur Général de l'Archevêché de Paris, Défendeur d'autre , sans que les qua-
» lités puissent nuire ni préjudicier aux Parties , après que Aulas Avocat dudit Richard, & Julien
» de Prunay , Avocat dudit Promoteur en l'Officialité de Paris, ont été ouis ; ensemble Chauvelin
» pour notre Procureur Général , LA COUR ayant égard aux Requêtes de la Partie d'Aulas , or-
» donne que la Partie de Julien de Prunay , sera tenu dans trois jours de lui nommer son Dé-
» nonciateur, condamne ladite Partie de Julien de Prunay aux dépens. Donné en notre Cour de
» Parlement , le trois Août l'an de grace mil sept cent dix-huit , & de notre Regne le troisieme.

A R T I C L E XLIV.

Les Sentences & Jugemens sujets à exécution, & les Décrets rendus par les Juges d'Eglise, seront exécutés en vertu de notre présente Ordonnance, sans qu'il soit besoin de prendre pour cet effet aucun pareatis de nos Juges, ni de ceux des Seigneurs ayant Justice; leur enjoignons de donner main-forte, & toute l'aide & le secours dont ils seront requis, sans prendre connoissance desdits Jugemens (a).

Ces deux Articles concernent la Jurisdiction Ecclésiastique en général : l'un traite de la *prise à Partie*, & l'autre, de l'*exécution des Jugemens* & Décrets émanés des Juges d'Eglise.

Par rapport à la *prise à Partie*, il faut distinguer la Jurisdiction volontaire d'avec la Jurisdiction contentieuse. Dans la Jurisdiction volontaire, il faut encore distinguer ce qui est de collation libre d'avec ce qui est de collation forcée. Dans les Actes & Ordonnances de collation libre, les Evêques étant les Maîtres absolus d'accorder ou de refuser, on ne peut jamais les prendre à partie pour raison des refus qu'ils pourroient faire en pareil cas. Mais il en est autrement lorsqu'il s'agit de collation forcée; nul doute alors que lorsqu'il y a une prévention marquée de la part de l'Evêque refusant, il ne puisse très bien être pris à partie : mais dans les Actes & Jugemens concernant la Jurisdiction contentieuse, les Officiers de l'Evêque sont alors dans le cas de tous les autres Juges, qui n'étant point garans du bien ou mal jugé des Jugemens qu'ils rendent, ne peuvent être attaqués personnellement à cet égard, à moins qu'il n'y ait une partialité décidée, ou une calomnie apparente sans qu'il y ait de Partie civile capable de répondre des dommages & intérêts dus à la Partie calomniée. Encore faut-il, pour cette prise à partie, y être préalablement autorisé en connoissance de cause, conformément à l'Ordonnance de 1667.

Observons néanmoins, d'après l'Auteur des Loix Civiles & l'usage constant de toutes les Cours souveraines, qu'on intime les Evêques en en leur propre & privé nom, sans les prendre à partie, dans le cas d'appels comme d'abus, interjettés des Sentences des Officiaux rendues à la

_____

(a) " Nous enjoignons à nos Juges de prêter aide & confort pour l'exécution des Sentences des " Juges Ecclésiastiques, implorant le bras Séculier; & leur défendons de prendre connoissance " des Jugemens par eux donnés, sauf aux Parties à se pourvoir pour les appellations comme d'a- " bus, suivant nos Ordonnances. *Edit de Melun*, *Art.* 24.

Requête

Requête des Promoteurs ; les Promoteurs n'étant point regardés comme capables de comparoir dans les Cours.

Pour venir maintenant à l'*exécution des Jugemens*, il faut fe rappeller qu'avant le préfent Edit, le Juge d'Eglife n'ayant d'autre territoire que fon Auditoire, il ne pouvoit faire exécuter fes Sentences hors de cet Auditoire. De-là, aux termes de l'Edit de Melun même, il étoit obligé d'implorer le bras Séculier pour procurer au-dehors l'exécution de fes Jugemens. Mais le préfent Edit ayant étendu le territoire du Juge d'Eglife par tout le Diocèfe pour lequel il eft commis, c'eft la raifon pour laquelle il a été affranchi en même tems de prendre déformais aucune permiffion ni *pareatis* du Juge Séculier, pour l'exécution de fes Jugemens & Décrets ; & s'il a quelquefois recours à fon affiftance, c'eft que les armes lui font interdites, & qu'il n'a pas toujours un nombre fuffifant d'Officiers pour vaincre la réfiftance qu'il peut éprouver dans cette exécution.

Au refte, ce droit d'exécution ne s'étend jamais que fur les Perfonnes, encore faut-il qu'elles foient Eccléfiaftiques ; car même dans ce dernier cas, s'il s'agiffoit d'exécution fur les biens, foit par faifie mobiliaire, foit par faifie réelle, foit même par fimple faifie-arrêt, ces objets temporels excéderoient le pouvoir purement fpirituel des Juges d'Eglife, & il faudroit alors avoir recours au Juge Séculier.

TITRE III.

DES DROITS ET PRIVILEGES
DU CLERGE'.

LES fix derniers Articles du préfent Edit n'ont aucun rapport à la Jurifdiction Eccléfiaftique, foit volontaire, foit contentieufe : ils ont uniquement pour objet la confervation des *Droits & Privileges du Clergé.*

Ces droits font ou *perfonnels*, ou *réels*. Relativement aux *droits perfonnels*, l'Article 44 regle les rangs & prefféances qui appartiennent aux Eccléfiaftiques, foit du premier, foit du fecond Ordre. L'Article 46 préfinit la maniere dont les Archevêques & Evêques doivent indiquer les jour & heure pour les Prieres publiques & cérémonies où les Corps de Judicature doivent affifter. On voit, dans l'Article 47 les places que les Cours fouveraines doivent occuper , en pareil cas , dans le Chœur des Eglifes Cathédrales. Enfin l'Article 48 conferve aux Eccléfiaftiques les droits qui leur appartiennent fur certaines Charges , foit dans les Parlemens , foit dans les Juftices Royales inférieures , & qui font affectées à des Clercs.

Quant aux *droits réels*, notre Edit ne contient qu'un feul Article ; c'eft le 49 qui difpenfe les Eccléfiaftiques de rapporter les Titres conftitutifs pourvu que les chofes par eux prétendues foient étayées de titres poffeffoires pour établir en leur faveur une poffeffion légale.

Enfin, pour la confervation des droits du Clergé, foit perfonnels foit réels ; le 50ᵉ & dernier Article de notre Edit, établit, ou plutôt confirme l'établiffement de furveillans perpétuels, obligés par état d'être continuellement attentifs à ce qu'on ne donne aucune atteinte à ces droits. Ce font les Syndics particuliers pour chaque Diocèfe , & les Agens généraux pour tout le Corps du Clergé.

A R T I C L E XLV.

Voulons que les Archevêques , Evêques , & tous autres Eccléfiaftiques foient honorés comme le premier des Ordres de notre Royaume , & qu'ils foient maintenus dans tous les droit, honneurs, rangs, féances, Préfidences , & avantages dont ils ont joui ou dû jouir jufqu'apréfent ; que ceux des Prélats qui ont des Pairies attachées à leurs Archevêchés ou Evêchés , tiennent près de notre Perſonne , & dans notre Conſeil , auſſi bien que dans notre Cour de Parlement , les rangs qui leur y ont été donnés juſqu'apréſent. Comme auſſi que les Corps des Chapitres des Egliſes Cathédrales précedent en tous lieux ceux de nos Bailliages & Siéges Préſidiaux ; que ceux qui ſont Titulaires des Dignités deſdits Chapitres , précedent les Préſidens des Préſidiaux , les Lieutenans Généraux , & les Lieutenans Criminels & Particuliers deſdits Siéges ; & que les Chanoines précedent les Conſeillers & tous les autres Officiers d'iceux , & que même les Laïcs , dont on eſt obligé de ſe ſervir dans certains lieux pour aider au Service divin , y reçoivent pendant ce tems les honneurs de l'Egliſe préférablement à tous autres Laïcs (a).

(a) » Au ſurplus , Nous entendons que tous les Privileges , Franchiſes , Libertés & immunités » octroyées auxdits Eccléſiaſtiques , tant en général qu'en particulier , par les feus Rois nos Prédéceſſeurs , & vérifiées en noſdites Cours de Parlemens , leur ſoient entierement gardées , ſans » qu'il ſoit beſoin obtenir aucunes Lettres particulieres ou de confirmation que les Preſentes. *Ord. de Blois , Art.* 58.

» Suivant notredit Edit , fait à la Requête des Etats de notre Royaume tenus à Blois Art. 59 » entendons que tous les Privileges , Franchiſes , Libertés & Immunités octroyées auxdits Eccléſiaſtiques , tant en général qu'en particulier , par les feus Rois nos Prédéceſſeurs , & vérifiées en nos Cours de Parlemens , leur ſoient entierement gardées ſans qu'il leur ſoit beſoin obtenir » aucunes Lettres particulieres ou de confirmation que ces Preſentes. Voulons & entendons que » les Réglemens qui ont été faits par les Rois nos Prédéceſſeurs , touchant les Préſidens des » Enquêtes & Conſeillers d'Egliſe de nos Parlemens , ſoient entierement gardés & obſervés. *Edit de Melun , Art.* 18.

» Semblablement , voulons & ordonnons , que les Archevêques & Evêques ſoient reconnus , réputés & honorés , ainſi qu'il eſt dû & appartient à leur dignité , & qu'il en ſoit uſé comme il » ſouloit être d'anciennement , & lors même que la piété & dévotion des Chrétiens convioit un chacun » à leur rendre toute ſorte d'honneur & reſpect , & pour ce que Nous avons été avertis que » tels rangs & reſpects ſont fort ſoigneuſement gardés dans la Ville de Paris , entre leſdits Sieurs » Archevêques , Evêques , Officiers de notre Parlement , & autres perſonnes de qualités. Voulons » que cette même regle ſoit ſuivie & obſervée par tout notre Royaume , & que les Jugemens & » Arrêts donnés au contraire , demeurent nuls & comme non avenus. *Edit de Décembre* 1606 , *Art.* 39.

» Et afin que ledit Ordre & Etat Eccléſiaſtique , ſoit déformais reconnu & conſervé en ſon ancienne ſplendeur & dignité , le Roi dernier décedé , notredit feu Seigneur & Pere , que Dieu » abſolve , ayant aſſez témoigné ſon zele & le deſir qu'il avoit de faire honorer & reſpecter les » Eccléſiaſtiques , même ceux qui ſont conſtitués aux premieres Charges & Dignités de l'Egliſe ; » Nous , à ſon imitation , ordonnons à tous nos Sujets , même à nos Officiers de quelque qualité » & dignité qu'ils ſoient de ſe comporter envers eux avec le reſpect qui leur eſt dû , ſans entreprendre à leur préjudice choſe qui ſoit indécente & contre l'honneur du Miniſtere qu'ils traitent ; » & pour le regard du rang des Pairs Eccléſiaſtiques ou notre Cour de Parlement , Nous voulons qu'il » leur ſoit conſervé ſelon qu'il a été d'anciennement & ſi quelque difficulté ſurvient à cette occaſion, » qu'elle ſoit jugée à connoiſſance de cauſe, audit Parlement qui ſont les vrais Juges des Pairs. » *Edit de Septembre* 1610 , *Art.* 7.

L l l l ij

Ce premier des Articles concernant les droits & privileges du Clergé, envifage trois fortes de Perfonnes; 1°. les Eccléfiaftiques du premier Ordre ; 2°. les Eccléfiaftiques du fecond Ordre ; 3°. les Laïcs, dont on fe fert quelquefois dans certaines Eglifes, & que l'on revêt d'habits Eccléfiaftiques, pour la décoration du Service divin, au défaut d'Eccléfiaftiques.

En commençant par les Eccléfiaftiques du premier Ordre, tout le monde fait qu'il eft fix Evêques dans le Royaume, aux Siéges defquels eft attachée la qualité de Pair de France; trois d'entr'eux font Ducs; favoir, l'Archevêque de Reims, & les Evêques de Laon & de Langres : les trois autres font Comtes ; ce font les Evêques de Châlons, de Noyon & de Beauvais. L'Archevêque de Paris eft auffi Duc & Pair de France ; mais il n'a pas le même rang que les fix anciens Pairs Eccléfiaftiques qui ne font uniquement précédés que par les Princes du Sang, & qui précedent tous les autres Pairs Eccléfiaftiques. Comme la Duché Pairie de Saint Cloud eft attachée depuis peu à l'Archevêché de Paris, elle n'eft regardée que comme Duché-Pairie Laïque ; & l'Archevêque de Paris ne fiége en cette qualité au Parlement que relativement à la datte de l'érection de fa Duché-Pairie.

Il eft d'ailleurs plufieurs autres Evêques dans les Pays d'Etats qui font Préfidens nés des Etats de leur Province. Ainfi l'Archevêque de Narbonne eft Préfident né des Etats de Languedoc; l'Evêque d'Autun, des Etats de Bourgogne ; l'Archevêque d'Aix, des Etats de Provence; & l'Evêque de Rhodès, des Etats de la petite Province de Rouergue.

Enfin, dans l'ufage ordinaire, les Archevêques & Evêques, étant dans leur Diocèfe, précedent même les Gouverneurs de la Province, lorfqu'ils ne font point Princes du Sang. On cite entre autres fur cela, un Arrêt du Confeil qui a adjugé à l'Archevêque de Bordeaux la Préféance au Parlement fur le Gouverneur de la Province.

Le Légiflateur, fans entrer dans ce détail, veut que les Archevêques & Evêques, foient confervés dans toutes ces Prefféances & Privileges lorfqu'ils en font en poffeffion.

Quant aux Eccléfiaftiques du fecond Ordre, la difficulté, avant l'Edit, refidoit principalement entre les Chapitres des Cathédrales & les Officiers des Bailliages & Sénéchauffées Royales ; la Jurifprudence n'étoit rien moins qu'uniforme fur la prefféance entre eux. Nos Arrêtiftes (& fur tout le fecond Volume du Journal des Audiences) fourmillent d'Arrêts pour & contre ; les uns font en faveur des Chanoines des Cathédrales, & les autres, en faveur des Officiers des Préfidiaux. Mais le feu Roi, pour faire ceffer cette diverfité de Jurifprudence a décidé dans le préfent Edit, que les Chapitres des Cathédrales précéderont dorefnavant les Bailliages & Sénéchauffées, de Corps à Corps; de Chefs à Chefs, & de Membres particuliers à Membres particuliers ; en forte que les Chapitres des Eglifes Cathédrales en Corps auroient la préféance fur les Bailliages, Sénéchauffées & Préfidiaux en corps ; les Dignitaires fur les Préfidens, Lieutenans Généraux, Criminels & Particuliers ; & chaque Chanoine fur chacun des Confeillers & autres Officiers.

La preffèance accordée par notre Edit aux Laïcs faifant fonctions & étant revêtus d'habits Eccléfiaftiques, n'a pas d'abord été reçue avec toute la foumiffion qu'exigeoit la volonté du Souverain, manifeftée fur cela d'une maniere auffi authentique. Plufieurs Gentilshommes, fur-tout dans le Diocèfe de Laon, refuferent de s'y foumettre, fous le frivole prétexte, qu'il n'étoit ni jufte ni naturel, que des Païfans & Gens de la plus baffe naiffance, parcequ'ils font revêtus d'un furplis, euffent les honneurs de l'Eglife par préférence aux Gens de condition. Les chofes furent portées jufqu'au point, que le Syndic du Diocèfe de Laon, fut obligé d'implorer l'autorité du Parlement, qui rendit fur fa Requête un Arrêt, lequel, en ordonnant l'exécution de notre Article 45, enjoignit à tous Gentilshommes, même Seigneurs de Paroiffes & y demeurans de l'exécuter; avec défenfes à eux de troubler les Clercs dans la perception des honneurs de l'Eglife, qui leur font dûs, porte l'Arrêt, préférablement auxdits Gentilshommes, pendant qu'ils aident au Service divin. Cet Arrêt qui n'eft, comme nous l'avons dit, que fur Requête eft du 25 Mars 1698. La plûpart des Gentilshommes Seigneurs de Paroiffe, bien loin d'obéir à ce premier Arrêt qui fut publié au Prône des Paroiffes du Diocèfe de Laon, fe réunirent pour le combattre; ce qui donna lieu à un fecond Arrêt contradictoire entre eux & le Syndic du Diocèfe de Laon en datte du 3 Février 1699, rendu fur les Conclufions de M. d'Agueffeau, alors Avocat Général & depuis Chancelier, qui donna acte à ces différens Gentilshommes de la déclaration qu'ils firent après coup, qu'ils ne prétendoient pas empêcher que les Laïcs, fervans au Service divin pendant qu'ils font revêtus des Ornemens eccléfiaftiques, jouiffent préférablement à eux & à tous autres Laïcs, des honneurs de l'Eglife.

En conformité de cet Arrêt, M. de Clermont Tonnere, alors Evêque de Laon, en a ordonné l'exécution & la lecture au Prône des Eglifes Paroiffiales de fon Diocèfe, par un Mandement Epifcopal (a).

" (a) LOUIS, par la grace de Dieu, Roi de France & de Navarre : Au premier des
" Huiffiers de notre Cour de Parlement, ou autre Huiffier ou Sergent fur ce requis ; favoir faifons,
" que le jour & datte des Préfentes, vû par notredite Cour, la Requête à elle préfentée par
" Jean Linard, Prêtre, Chanoine de l'Eglife Cathédrale de Laon, Syndic du Clergé du Diocèfe
" dudit Laon ; à ce que, pour les caufes y contenues, & attendu qu'au préjudice de l'Article 45
" de notre Edit du mois d'Avril 1695, vérifié en notredite Cour le 14 Mai audit an, qui or-
" donne en termes exprès que, même les Laïcs, dont les Curés feront obligés de fe fervir en
" certains lieux, pour aider au Service divin, y recevront, pendant ce tems, les honneurs de
" l'Eglife préférablement à tous autres Laïcs; plufieurs Gentilshommes dudit Diocèfe de Laon,
" Seigneurs de Paroiffes, s'immifçoient de contrevenir audit Article dudit Edit; & par des voies
" de fait & violences empêchoient les Fêtes & Dimanches le Service Paroiffial, voulant avoir pré-
" férablement aux Clercs defdits Curés les honneurs de l'Eglife, lefquelles contraventions &
" entreprifes n'étoient pas raifonnables, il plût à notredite Cour ordonner que ledit Article 45
" dudit Edit, feroit exécuté dans ledit Diocèfe de Laon, felon fa forme & teneur ; ce faifant,
" enjoindre à tous Gentilshommes, même Seigneurs de Paroiffes y demeurant, d'exécuter ledit
" Article; faire défenfes à chacun d'eux, fous peine de mille livres d'amende, de troubler lefdits

La question s'est encore renouvellée depuis, mais elle a toujours été jugée uniformément. Un Arrêt du 4 Février 1616, intervenu sur les

» Clercs dans la perception des honneurs de l'Eglise, qui leur sont attribués préférablemet par
» ledit Edit auxdits Gentilshommes, pendant qu'ils aident au Service divin, & empêcher direc-
» tement ni indirectement les Curés de les leur donner, & lesdits Clercs de les recevoir, sous telle
» peine qu'il plairoit à notredite Cour, ladite Requête signée le Franc, Procureur. Conclusions de
» notre Procureur Général, oui le rapport de Me Jean Bochard Conseiller, tout considéré,
» NOTREDITE COUR ayant égard à ladite Requête, ordonne que l'Article 45 de notre Edit
» du mois d'Avril 1695, sera exécuté selon sa forme & teneur, & en particulier dans le Diocèse de
» Laon ; ce faisant, enjoint à tous Gentilshommes, même Seigneurs des Paroisses, y demeurant,
» d'exécuter ledit Article ; leur fait défenses de troubler les Clercs dans la perception des honneurs
» de l'Eglise qui leur sont dûs, préférablement auxdits Gentilshommes, pendant qu'ils aident au
» Service divin, ni d'empêcher les Curés directement ni indirectement de les donner auxdits Clercs,
» & lesdits Clercs de les recevoir, à peine d'amende & de tous dépens, dommages & intérêts. Si
» te mandons le présent Arrêt mettre à dûe & entiere exécution, selon sa forme & teneur, de ce
» faire te donnons pouvoir. Donné à Paris en notredite Cour de Parlement, le vingt-cinq Mars
» l'an de grace mil six cent quatre vingt dix huit, & de notre Regne le cinquante-cinq. Par la
» Chambre. Signé, DU JARDIN. Collationné avec paraphe, & scellé le 12 Avril 1698, par
BELAVOINE.

» ENTRE Maître Jean Lienard, Prêtre, Chanoine de l'Eglise Cathédrale de Laon, Syndic du
» Clergé du Diocèse dudit Laon, Demandeur en l'exécution de l'Arrêt de la Cour du 25 Mars
» 1698, suivant l'Exploit du 28 Juin 1698 ; ledit Exploit tendant à ce qu'il soit ordonné que
» ledit Arrêt sera exécuté selon sa forme & teneur ; ce faisant, que le Clerc de la Paroisse de
» Laudifray recevra les honneurs de l'Eglise, avant le Défendeur ci après nommé ; que défenses lui
» seront faites de l'empêcher directement ou indirectement, même de le troubler dans les fonctions
» de son ministère, & en outre, qu'il sera condamné en telle amende qu'il plaira à la Cour, pour
» avoir contrevenu audit Arrêt, dûement publié en la Paroisse de Laudifray les Dimanches, 4 &
» 11 Mai, comme il appert par le Certificat de publication du premier Juin d'une part ; & Charles
» de Brodart, Sieur de Laudifray, Défendeur d'autre ; & entre M Alphonse de Miremont, Che-
» valier, Seigneur de Berrieux, Aiselle & Gaudelaucourt, Fayaux, S. Erme, Outre & Romecourt,
» & autres lieux, Capitaine de Cavalerie ; Alexandre de Miremont, Chevalier de l'Ordre Mili-
» taire de Saint Louis, Seigneur & Baron de Montaigu & autres lieux ; Augustin Dausbourg, Che-
» valier, Marquis de la Barre, de Bouconville, Bièvre, Manchalon & autres lieux ; Charles du
» Glas, Chevalier, Seigneur d'Arancy, Misontaine & autres lieux ; Claude René Dausbourg,
» Chevalier, Seigneur de Villembray, & autres lieux ; David de Proisy, Chevalier, Seigneur
» de   Baron d'Aippe ; Charles de Proisy, Chevalier, Seigneur d'Aubigny, Saint Jean
» Vandier, & autres lieux, Capitaine au Régiment Royal d'Artillerie ; Charles de Bezaune, Che-
» valier, Vicomte de Prouvay, Magny & autres lieux ; François Annibal du Maire, Chevalier,
» Seigneur de Bambisson, Lavergny, & autres lieux ; Pierre, Vicomte de Marles, Chevalier,
» Seigneur de Coucy, Veslu, Sainte Preuve, & autres lieux ; André de Vassault, Chevalier,
» Seigneur de Parfondru, & autres lieux : tous Gentilshommes & Seigneurs de Paroisses situées au
» Diocèse de Laon, Demandeurs en Requête par eux présentée à la Cour le 2 Décembre 1698,
» tendante à ce qu'il plût à la Cour les recevoir Parties intervenantes, en la Cause d'entre ledit
» Sieur Lienard & ledit Sieur de Laudifray, qu'Acte leur soit donné que pour causes & moyens
» d'intervention, ils emploient le contenu en leur Requête, & ce qu'il plaira à la Cour suppléer
» de droit ; ce faisant, les maintenir & garder, ensemble leurs Femmes & Enfans, dans la pos-
» session immémoriale en laquelle ils sont, de jouir par préférence aux Magisters non Clercs
» tonsurés de leur Diocèse, & tous autres Laïcs, des droits honorifiques de leurs Eglises, & no-
» tamment de l'aspersion de l'Eau-bénite, du Pain béni, & baisement de la Paix, par distinction,
» & des autres droits ordinaires & accoutumés ; faire défenses aux Curés de leurs Paroisses, & tous
» autres, même au Syndic du Diocèse de Laon, de les y troubler, sous telles peines qu'il plaira à
» la Cour, & que l'Arrêt qui interviendra sera lû, publié, & affiché par tout où besoin sera, &
» signifié, tant aux Curés des Paroisses, qu'aux Magisters, & autres Personnes portant surplis sans
» Ordres, ni Tonsure ; & en cas de contestation, condamner ledit Syndic aux dépens, d'une part ;
» & ledit Sieur Lienard, & ledit Sieur Charles de Brodard, Défendeurs d'autre ; & entre Messire
» Charles Dusay, Chevalier, Seigneur de Puisieux, Béon'ay, Saint Germain, & autres lieux,
» Capitaine au Régiment de Tiange ; Anne Claude de Flavigny, Seigneur, Vicomte de Kenanssard-
» les-Fontaines, Aubelle, Ribauville, Taissir, le Baillif, Lougas, Avenne, & autres lieux ; Char-
» les François de Nous, Seigneur de Brissay, Longue, Aveline, & autres lieux ; Jean de Mar-
» querolle, Chevalier, Capitaine de Cavalerie au Régiment de Barentin, Seigneur de Plannefelve,
» & autres lieux ; François Daupnis, Chevalier, Seigneur Daugnis, Grand Baillif de Soissons ;
» . . . . de Tillet, aussi Chevalier, Seigneur de Bambusson & Lavergny ; Robert
» de Foucault, Chevalier, Seigneur de Lully, & autres lieux ; César Damerval, Chevalier,
» Seigneur de Richemont & autres lieux, aussi Gentilshommes & Seigneurs de Paroisses audit

Conclusions de M. Joly de Fleury Pere , alors Avocat Général , en faveur du Curé de Brachy contre un Sieur de Janson , a jugé que les Laïcs

» Diocèse de Laon , Demandeurs en Requête, par eux préfentée à la Cour le 16 Janvier 1699,
» tendante à ce qu'il plût à ladite Cour les recevoir Parties intervenantes en la Caufe d'entre lefdits
» Sieurs Lienard , Laudifray, & autres intervenans ; leur donner Acte de ce que pour caufes &
» moyens d'intervention , ils emploient le contenu en ladite Requête , avec ce qu'il plaira à la
» Cour suppléer de droit ; ce faifant les maintenir & garder , enfemble leurs Femmes & Enfans ,
» en la poffeffion immémoriale en laquelle ils font , tant par eux que par leurs Auteurs , de jouir
» par préférence aux Magifters non Clercs tonfurés de leur Diocèfe , & tous autres Laïcs , des
» honneurs de leurs Eglifes , & notamment de l'afperfion de l'Eau-bénite , Pain-béni , & du bai-
» fement de la patene & de la paix par diftinction , & des autres droits & honneurs de l'Eglife ordi-
» naires & accoutumés : faire défenfes aux Curés de leurs Paroiffes , & à tous autres , même audit
» Syndic du Diocèfe de Laon de les y troubler , fur telles peines qu'il plaira à la Cour ; ordonner
» que l'Arrêt qui interviendra fera lu , publié & affiché par tout où befoin fera , & fignifié , tant
» aux Curés des Paroiffes qu'aux Magifters & autres Perfonnes portant le furplis fans Ordres
» ni Tonfures, & en cas de conteftation condamner ledit Syndic du Diocèfe aux dépens ; d'une
» part ; & ledit Sieur Lienard Défendeur , d'autre ; & entre lefdits Sieurs de Miremont & autres
» ci-devant nommés , Demandeurs en deux Requêtes par eux préfentées à la Cour le 11 Janvier
» mois de Janvier , & 3 du préfent mois de Février : la première , tendante à ce qu'il plût à la
» Cour, qu'en venant plaider fur lefdites interventions & demandes, ils foient reçus Appellans ,
» en tant que befoin feroit , comme d'abus de l'Ordonnance de M. l'Evêque de Laon , du 20
» Avril 1698, faifant droit fur l'appel , dire qu'il y a abus dans l'obtention & publication de ladite Or-
» donnance , en ce qu'elle ordonne que les honneurs de l'Eglife , feront donnés aux Laïcs &
» Magifters des Villages qui ne font Clercs tonfurés , avant lefdits de Miremont & autres ; ce
» faifant, les maintenir & garder dans la poffeffion immémoriale , en laquelle ils font , tant par
» eux que par leurs Auteurs , de jouir , enfemble leurs Femmes & Enfans des honneurs de leurs
» Eglifes préférablement aux Magifters , Gens mariés , & non tonfurés , foit qu'ils foient revêtus
» du furplis ou non ; faire défenfes audit Sieur Evêque de Laon , & audit Syndic dudit Diocèfe ,
» & à tous autres de les troubler dans lefdits droits : Enjoindre aux Curés de leur defnier par
» diftinction lefdits honneurs par préférence auxdits Magifters non tonfurés , fous telles peines &
» amendes qu'il plaira à la Cour d'arbitrer , & de tous dépens , dommages & intérêts ; & que
» l'Arrêt qui interviendroit feroit lu , publié & affiché dans toutes les Paroiffes dudit Diocèfe , &
» ledit Syndic condamné aux dépens : & la feconde , tendante à ce qu'il plût à la Cour , leur
» donner Acte du défaveu , par eux formé au Greffe des Requêtes fuivant leur noms , les
» 2 Décembre , 14 & 21 Janvier derniers ; & en conféquence , les recevant Parties intervenantes en
» l'Inftance , dont eft queftion , qu'Acte leur foit donné de ce qu'ils n'ont jamais entendu direc-
» tement ni indirectement empêcher l'exécution de l'Edit du 14 Mai 1695 , auquel ils font gloire
» de fe foumettre ; ce faifant, qu'ils foient reçus Appellans comme d'abus de l'Ordonnance dudit
» Sieur Evêque de Laon, faifant droit fur ledit appel ; que les termes injurieux à la Nobleffe du
» Diocèfe de Laon , feront fupprimés de ladite Ordonnance & de la Requête du Syndic ; ce fai-
» fant, les maintenir & garder dans la poffeffion d'avoir les honneurs de l'Eglife comme Sei-
» gneurs de Paroiffes , à l'exclufion de tous Laïcs qui ne feront point actuellement vêtus du furplis
» ou chapes , & en cet état aidant au Service divin , & condamner ledit Syndic aux dépens , d'une
» part ; & ledit Me Jean Lienard Syndic du Clergé du Diocèfe de Laon , Défendeur & Inumé ,
» d'autre : après que Le Barbier , Avocat dudit Lienard , & de Lombreuil Avocat defdits de
» Brodard & autres , ont été ouis ; enfemble d'Agueffeau pour Procureur Général du Roi , L A
» C O U R donne Acte de la déclaration faite par les Parties de Lombreuil , qu'ils ne prétendent
» pas empêcher que les Laïcs , fervant au Service divin , & pendant qu'ils font revêtus des Orne-
» mens eccléfiaftiques , jouiffent préférablement à eux , & à tous autres Laïcs des honneurs de l'E-
» glife ; & en tant que touche l'appel comme d'abus , dit qu'il n'y a abus , & fur les autres de-
» mandes & Requêtes des Parties , les met hors de Cour & de procès : condamne les Appellans
» en l'amende ordinaire , tous dépens compenfés. Fait en Parlement le trois Février mil fix cent
» quatre-vingt dix-neuf. Collationné , *Signé*, DU TILLET. Et le feize Février 1699 fignifié à
» Maîtres Chapperon & Têtefort. *Signé*, FAUDOIRE.

» L O U I S de Clermont , par la grace de Dieu , Evêque Duc de Laon , Pair de France , &
» Comte Danify. A tous Doyens, Curés & Vicaires de ce Diocèfe , SALUT , & Bénédiction. Si
» l'infigne piété de nos premiers Rois , la protection finguliere qu'ils ont donnée à l'Eglife , les
» honneurs qu'ils lui ont rendus , & ceux qu'ils lui ont fait rendre par leurs Sujets , dans la Per-
» fonne de fes Miniftres , ont porté les Souverains Pontifes à leur déférer , par une diftinction
» glorieufe , les titres auguftes de Rois très Chrétiens , & de Fils aînés de l'Eglife ; leurs Succef-
» feurs ont fait voir , par une fuite perpétuelle de fentimens de piété , & d'actes de Religion
» femblables aux leurs , qu'ils portent ces titres avec autant de juftice , par le mérite de leurs
» actions , que par le droit de leur Couronne ; & que fi le zèle & l'attachement de leurs Préde-
» ceffeurs pour l'Eglife fainte , les avoit fait honorer de ces grands noms , ils honoroient eux-

portant le furplis , devoient avoir le pain-béni avant les Seigneurs Hauts-Jufticiers. *Recueil de Jurifprudence Canonique* , au mot *Prefféance.*

» mêmes ces noms que l'onction facrée attache à leurs Perfonnes, par un zèle auffi pur , & un
» attachement auffi inviolable que le leur.
» Comme la grandeur & la puiffance à laquelle le Roi s'eft élevé, a furpaffé celle de tous fes
» Prédéceffeurs, fa piété, fon attachement pour l'Eglife , fon zèle pour la Religion, la protection
» qu'il a donnée à l'Ordre Eccléfiaftique , ont auffi furmonté tout ce qu'ils ont fait de plus grand
» dans ce genre. Il n'eft pas du fujet de cette Ordonnance de vous faire ici l'hiftoire de tout ce
» que Sa Majefté a fait dans le cours de fon heureux Regne, pour l'avantage & le bien de la
» Religion & de l'Eglife ; la voix publique n'a pu vous laiffer rien ignorer fur la gloire dont la
» foule éclatante des actions pieufes du Roi le couvre devant Dieu & devant les Hommes. Nous
» nous renfermerons dans les bornes du dernier Edit que Sa Majefté a eu la bonté de donner au
» Clergé , dont toutes les difpofitions font autant de privileges , ou renouvellés ou accordés de
» nouveau à l'Eglife.
» Notre avenement à l'Epifcopat de cette Eglife , avant fuivi de quelques mois la publication
» de cet Edit, Nous nous fommes appliqués à en tirer tout l'avantage que Nous avons pu pour
» le bien de notre Diocèfe , & à y faire obferver les difpofitions, dont l'exécution femble Nous
» regarder fpécialement ; celle de l'Article 45 de cet Edit, qui porte , que les Laïcs dont on eft
» obligé de fe fervir dans certains lieux pour aider au Service divin , y recevront pendant ce tems
» les honneurs de l'Eglife , préférablement à tous autres Laïcs , Nous a paru être une de ces dif-
» pofitions, a l'exécution defquelles Nous étions particulierement obligé de donner tous nos
» foins. A qui eft ce qu'aux Evêques à foutenir l'honneur des Autels, les privileges de l'Eglife ,
» la dignité du miniftere Eccléfiaftique ² eux qui poffedent la plénitude & la fouveraineté du
» Sacerdoce ; qui font les Colonnes de la Jérufalem nouvelle , bâtie fur la pierre angulaire qui eft
» Jefus-Chrift même ; qui étant , par leur Caractère les Epoux de l'Eglife, font établis les défen-
» feurs des droits de l'Epoufe , & les forts armés qui veillent autour d'elle pour la protéger contre
» les attaques de fes ennemis.
» Pénétrés de cette obligation de notre Epifcopat, Nous avons tâché , pour maintenir dans
» notre Diocèfe, l'honneur de ce miniftere Eccléfiaftique , d'y faire obferver la difpofition dudit
» Article 45 , laquelle à cet effet Nous avons intimée à nos Curés , en l'inferant en mêmes termes
» dans l'Article 94 de nos Ordonnances Synodales. Nous avons eu la fatisfaction de voir que plu-
» fieurs Gentilshommes fe diftinguant autant par leur piété, qu'ils font illuftres par leur naiffance,
» ont donné au même tems des marques de leur foumiffion aux volontés du Roi , & de leur refpect
» pour l'Eglife, en obfervant de leur part, fans répugnance & fans détour, la difpofition dudit
» Article 45 de l'Edit, & permettant à leurs Curés d'exécuter de la leur, celle de l'Article 94 de
» nos Ordonnances. Mais Nous ne pouvons diffimuler que la fatisfaction que Nous avons reçue du
» refpect des uns , a été fort altérée par le déplaifir que Nous avons reffenti d'en voir plufieurs
» autres , qui fous de vains prétextes & par de faux préjugés tout à-fait indignes de leur naiffance,
» affectant de confondre la dignité du Miniftere avec la baffeffe de la condition & la pauvreté de
» quelques uns de ceux qui l'exercent , & ne voulant pas voir que ce n'eft pas à eux perfonnelle-
» ment que l'on rend ces honneurs, mais à l'Eglife en la perfonne de fes Miniftres , ont marqué
» fi peu d'obéiffance aux ordres de Sa Majefté , & de révérence pour le miniftere Eccléfiaftique ,
» qu'ils ont fait publiquement refus de fe foumettre à la difpofition de l'Edit, & ont empêché par
» toutes fortes de pratiques & de voies , leur Curé d'exécuter celle de nos Ordonnances.
» Cette conduite Nous a obligés de recourir à l'autorité de la Cour, de lui porter nos juftes
» plaintes , & d'y faire recevoir le Syndic de notre Diocèfe Partie complaignante en contravention
» publique de l'Ordonnance. Vous verrez par l'Arrêt ci-joint que la Cour ayant égard à la Re-
» quête dudit Syndic , ordonne que l'Article 45 de l'Edit d'Avril 1695 fera exécuté felon fa forme
» & teneur, & en particulier dans le Diocèfe de Laon ; ce faifant, enjoint à tous Gentilshommes,
» même Seigneurs de Paroiffes y demeurant de refpecter ledit Article , leur fait défenfes de troubler
» les Clercs dans la perception des honneurs de l'Eglife qui leur font dûs préférablement aux Gen-
» tilhommes , pendant qu'ils aident au Service divin , ni d'empêcher les Curés °directement ou in-
» directement de les donner auxdits Clercs , & lefdits Clercs de les recevoir, à peine d'amende, &
» de tous dépens , dommages & intérêts.
» A CES CAUSES, Nous vous mandons en conformité dudit Article 45 de l'Edit, & du préfent
» Arrêt de la Cour , dont vous ferez lecture à vos Prônes, avec notre préfente Ordonnance pen-
» dant deux Dimanches confécutifs , d'exécuter expreffément l'Article 94 de nos Ordonnances Sy-
» nodales ; ce faifant, de donner & faire donner les honneurs de l'Eglife aux Clercs de vos Pa-
» roiffes , même Laïcs , avant les Gentilshommes, même Seigneurs & Dames de Paroiffes pendant
» qu'ils aident au Service divin & partagent avec vous le miniftere des faints Autels. Voulons
» que fi aucuns defdits Gentilshommes, Seigneurs & Dames de Paroiffes , entreprenoient directe-
» ment ou indirectement, d'empêcher que vous ne donniez les honneurs auxdits Clercs , ou que
» lefdits Clercs ne les reçoivent , ou même qu'ils ne fe mettent en état de les recevoir, vous nous
» en donniez inceffamment avis ; afin que Nous puiffions les faire prendre à partie par le Syndic
» de notre Diocèfe & traduire par lui à la Cour, pour s'y voir condamner à l'amende portée par

ARTICLE

ARTICLE XLVI.

Lorsque Nous aurons ordonné de rendre graces à Dieu, ou de faire des Prieres pour quelque occasion sans en marquer le jour & l'heure, les Archevêques & Evêques les donneront, si ce n'est que nos Lieutenans Généraux & Gouverneurs pour Nous dans nos Provinces, ou nos Lieutenans en leur absence, se trouvent dans les Villes où la cérémonie devra être faite, ou qu'il y ait ancunes de nos Cours de Parlemens, Chambre de nos Comptes & Cours des Aides, qui y soient établies, auquel cas ils en conviendront ensemble, s'accommodant réciproquement à la commodité des uns & des autres, & particulierement à ce que lesdits Prélats estimeront le plus convenable pour le Service divin.

ARTICLE XLVII.

Défendons à toutes Personnes de quelque qualité & condition qu'elles puissent être, d'occuper pendant le Service divin, les places destinées aux Ecclésiastiques (a). *Voulons que lorsque les Officiers de nos Cours, allant en corps dans les Eglises Cathédrales ou autres, se placeront dans les chaires destinées pour les Dignités & Chanoines, ils en laissent un certain nombre vuide de chaque côté, pour les Dignités & Chanoines qui ont accoutumé de les remplir.*

" l'Arrêt de ladite Cour, telle qu'il lui plaira de l'arbitrer, selon la qualité des Personnes &
" l'exigence des cas. Si vous mandons, sous les peines de droit, de ne faire faute d'exécuter notre
" présente Ordonnance. Donné à Laon en notre Palais Episcopal sous notre seing, celui de notre
" Sécretaire & le Scel de nos armes, le vingt Avril mil six cent quatre-vingt dx-huit.
" *Signé*, LOUIS DE CLERMONT, Evêque Duc de Laon, par Monseigneur, MONSEIGNAT.
  (a) " Avons fait inhibitions & défenses à tous nos Sujets de quelque qualité & condition
" qu'ils soient, d'occuper ès Elises les places destinées aux Ecclésiastiques, pendant la célé ra ion
" du Service divin, même les hautes chaires du Chœur desdites Eglises, affectées aux Chanoines
" & autres Ecclésiastiques qui y feront le Service, *Edit de Décembre 1606, Art.* 19.

Le premier des deux Articles ci-deſſus, attribue aux Evêques le droit d'indiquer le jour & l'heure, pour les actions de graces, Proceſſions & Prieres publiques; ſi ce n'eſt dans trois cas.

Le premier, eſt celui où le Roi par ſa Lettre circulaire aux Evêques auroit lui-même fait indication du jour; auquel cas les Evêques ſont obligés de s'y conformer.

Le ſecond, eſt celui où le Gouverneur de la Province où les Lieutenans Généraux ſe rencontrent dans la Ville où les Actions de graces, Prieres ou Proceſſions doivent ſe faire.

Le troiſieme enfin, eſt celui où il y a quelques Cours Souveraines, établies dans la Ville Epiſcopale, qui doivent y être invitées.

Dans ces deux derniers cas, les Archevêques & Evêques doivent s'aboucher avec les Gouverneurs & Lieutenans Généraux & les Cours Souveraines, pour s'arranger réciproquement & prendre leur commodité reſpective, pour le jour & pour l'heure.

Quant aux places que les Cours Souveraines doivent occuper dans le Chœur des Egliſes Cathédrales dans ces ſortes de cérémonies, elles ſont ainſi reglées; à Paris, à l'exception d'un certain nombre de ſtales réſervés pour les Dignitaires du Chapitre du côté du Maître Autel, les hautes ſtales ſont occupés, ſavoir à droite, par le Parlement & la Cour des Aides, & à gauche, par la Chambre des Comptes & la Ville.

A Rouen, un Arrêt du Conſeil du 19 Mai 1718, a ſtatué que le Parlement de Rouen & la Cour des Comptes & Aides de la même Ville ſe trouvant enſemble dans l'Egliſe de Rouen, il ſera réſervé quatre chaires vers le grand Autel du côté où ſera le Parlement, pour la ſéance des Dignités & Chanoines de la même Ville, & huit chaires pour la ſéance des Chanoines, du côté où ſera la Cour des Comptes & Aides.

A Rennes, où il n'y a d'autre Cour Souveraine que le Parlement, il eſt réſervé, ſuivant un Arrêt du Conſeil d'Etat du 30 octobre 1637, ſix places de chaque côté pour les Dignitaires & Chanoines, lorſque le Parlement vient en Corps dans l'Egliſe Cathédrale.

La même regle a lieu pour les Préſidiaux aſſiſtans en Corps aux Cérémonies publiques dans les Egliſes Cathédrales; on proportionne le nombre des ſtales qu'ils y doivent occuper, & à la quantité des ſtales & à celles des Officiers qui compoſent ces Corps. Pluſieurs Arrêts attribuent à ces Officiers dans ces ſortes de cas huit places dans les hautes ſtales du Chœur après les Chanoines. C'eſt choſe jugée pour le Préſidial d'Evreux, par Arrêt du Grand Conſeil du 28 Avril 1679; pour le Préſidial de Langres, par Arrêt du Conſeil d'Etat du 11 Avril 1692; & pour le Préſidial de Coutances, par Arrêt du Parlement de Rouen du 21 Juillet 1745; ce qui prouve ſur cet objet une Juriſprudence uniforme dans les différens Tribunaux.

ARTICLE XLVIII.

Les Charges de nos Cours , Bailliages , & autres Siéges deftinées à des Eccléfiaftiques , ne feront remplies par des Laïcs ; fans néanmoins innover aucune chofe à l'égard des Charges de Confeillers , poffédées par des Préfidens aux Enquêtes d'aucunes de nos Cours (a).

Il y a dans les Parlemens des Charges affectées pour les Confeillers Clercs ; il y en a même dans plufieurs Bailliages & Sénéchauffées. Nous en avons une entre autres au Châtelet de Paris , qui ne peut être poffédée que par un Clerc.

Les Confeillers Clercs au Parlement jouiffent de plufieurs prérogatives. C'a été, entre autres chofes, l'ufage pendant deux fiécles au Parlement de Paris , de ne donner les Charges des Enquêtes & Requêtes qu'à des Eccléfiaftiques. Dans la fuite , on accorda des difpenfes à des Laïcs pour les pofféder. On en forma bientôt après des Charges purement Laïques. Enfin , aujourd'hui que ces Charges font fupprimées , ce font des Confeillers Laïcs qui préfident aux Enquêtes & Requêtes , en vertu de Commiffions particulieres que le Roi accorde à cet effer.

Depuis la Déclaration du 31 Juillet 1710 , il faut être au moins Soudiacres pour être pourvu d'une Charge de Confeiller Clerc , foit aux Parlemens , foit dans les Bailliages & Préfidiaux.

Comme il eft d'ufage au Parlement de Paris , que les Confeillers Clercs ne préfident jamais , en cas d'abfence des Préfidens , quoique plus anciens , on a tenté d'étendre cet ufage aux autres Tribunaux ; mais ç'a été fans fuccès. Ainfi , par Arrêt du 17 Mars 1682 , le Sieur Petitpied , Confeiller au Châtelet , a été maintenu dans la poffeffion de

---

(a) " Voulons & entendons que les Réglemens qui ont été faits par les Rois nos Prédéceffeurs " touchant les Préfidens des Enquêtes & Confeillers d'Eglifes de nos Parlemens , foient entierement " gardés & obfervés. *Extrait de l'Article 18 de l'Edit de Melun.*
" Nous voulons auffi & ordonnons , fuivant l'ancien établiffement de nos Cours Souveraines , & " Siéges Préfidiaux , qu'avenant vacations par mort des Offices de Préfidens aux Enquêtes & Con- " feillers en nos Parlemens & Siéges Préfidiaux , dont Perfonnes Eccléfiaftiques doivent être pour- " vues , ils leur feront affectés , fans qu'aucun autre qu'eux en puiffe être pourvu , jufqu'à ce que " le nombre porté par lefdits anciens Réglemens foit rempli , nonobftant toutes difpenfes données " & à donner au contraire , auxquelles nofdits Parlemens & Siéges Préfidiaux n'auront aucun égard. *Edit de Septembre* 1610 , *Art* . 8.
" Les Offices de nos Confeillers Clercs en nos Cours de Parlemens , ne pourront être réfignés qu'à " Perfonnes Eccléfiaftiques ; & venant lefdits Offices à vaquer par mort , enfemble ceux qui fe " trouveront tenus par Perfonnes Laïques , par difpenfe ou autrement , feront affectés auxdits Ec- " cléfiaftiques jufqu'à ce que le nombre des Confeillers Clercs porté par l'établiffement defdites " Cours foit rempli. Enjoignons à nos Procureurs Généraux en nofdites Cours , envoyer dans fix " mois à notre très cher & féal Garde des Sceaux , le rôle & état defdits Offices , & par qui font " tenus ceux qui ont été laiffés. *Edit du* 15 *Janvier* 1629 , *Art.* 32.

préfider à fon tour , tant à l'Audience qu'à la Chambre du Confeil. Le Confeil d'Etat a rendu un pareil Arrêt en faveur des Confeillers Clercs du Parlement de Metz.

Un autre Arrêt du Confeil du 17 Février 1704, a auffi maintenu M. le Tellier Archevêque de Reims , en qualité de Confeiller d'Etat Eccléfiaftique, dans le droit de préfider, comme plus ancien, au Confeil d'Etat , en l'abfence de M. le Chancelier.

A R T I C L E XLIX.

Voulons que lefdits Eccléfiaftiques jouiffent de tous les Droits , Biens , Dixmes , Juftices & de toutes autres chofes appartenantes à leurs Bénéfices. Faifons défenfes à toutes Perfonnes de leur y donner aucun trouble ni empêchement. Enjoignons à nos Cours & Juges de les y maintenir fous notre protection , quand même ils ne rapporteroient que des titres & preuves de poffeffion , & fans que les Détempteurs des héritages qui peuvent être fujets aux droits prétendus par lefdits Eccléfiaftiques , puiffent alleguer d'autre prefcription que celle de droit (a).

(a) » Et à ce que lefdits Bénéficiers puiffent en toute liberté jouir de leurfdits Bénéfices , foit par » leurs mains, ou de leurs Fermiers ou Receveurs , Nous avons défendu & défendons à tous Sei- » gneurs , Gentilshommes , & nos Officiers de prendre & s'entremettre directement ou indirecte- » m nt des baux à Ferme defdits Bénéfices, Dixmes , Champarts , & de leurs appartenances fous » quelque couleur que ce foit ; ne d'empêcher lefdits Eccléfiaftiques aux Baux à ferme faits ou à » faire par eux , ou autres telles Perfonnes que bon leur femblera , fur peines , quant aux Nobles » de perdre les privileges octroyés à notre Nobleffe , & être mis en la taille , en fuivant les Or- » donnances de nos Prédéceffeurs & de Nous : & à nos Officiers de privation de leurs états , & d'être » déclarés à jamais incapables d'en tenir. Défendons pareillement auxdits Bénéficiers de bailler leurf- » dites Fermes auxdits Nobles & Officiers , fur peine de nullité defdits baux ; déclarons en outre » ceux qui font ci devant faits aux Perfonnes de la qualité fufdite nuls dès-à-préfent , & de nul » effet , encore que le tems d'iceux ne foit expiré. *Edit d'Amboife , Art.* 8.
 » Et d'autant que nonobftant l'Ordonnance faite à Amboife , plufieurs Gentilshommes dérogeant » au nom & titre de Nobleffe , & femblablement aucuns de nos Officiers , contre nos Edits & Or- » donnances , ne délaiffent à prendre à ferme le revenu defdits Eccléfiaftiques , intimidant » ceux de nos Sujets qui les veulent prendre & encherir par-deffus eux ; Nous , fuivant lefdites Or- » donnances , avons défendu & défendons à tous Gentilshommes & Officiers , tant de Nous que » des Seigneurs & Gentilshommes , de prendre à l'avenir & s'entremettre directement ou indirecte- » ment des baux à ferme defdits Bénéficiers , Dixmes , Champarts & autres revenus Eccléfiaftiques, » fous quelque couleur que ce foit , par eux ou par perfonnes interpofées pour y participer, ni » d'empêcher lefdits Eccléfiaftiques aux baux à ferme faits ou à faire , ni intimider ceux qui les » voudront prendre ou encherir , fur peine, quant aux Gentilshommes d'être déclarés Roturiers » & comme tels , mis & appofés aux tailles ; enfemble leurs fucceffeurs combien qu'il n'y eût eu de » leur vivant , jugement donné à l'encontre d'eux au procès qui en auroit été intenté, & auxdits » Officiers de privation de leurs états , & déclarés incapables d'en tenir jamais d'autres. Défendons » femblablement auxdits Bénéficiers de bailler leurfdites fermes auxdits Nobles & Officiers fur » peine de nullité defdits baux. Déclarons en outre les baux qui auroient été ci devant & feront » à l'avenir faits aux Perfonnes de la qualité fufdite nuls & de nul effet , fans qu'on s'en puiffe aider » foit en jugement ou dehors. Et pourront lefdits Eccléfiaftiques impétrer cenfures & les faire pu- » blier où il appartiendra , contre ceux ou celles qui prêteront ou accommoderont leurs noms aux

Le préfent Article, en confervant aux Eccléfiaftiques les biens dont ils jouiffent, fur de fimples titres poffeffoires, fans qu'ils foient obligés de rapporter les titres primitifs & conftitutifs de leur propriété, envifage à leur égard, la *prefcription* fous ces deux points de vue ; c'eft-à-dire, ou comme *active* ou comme *paffive*.

En confidérant la prefcription comme active, il femble que l'Eglife peut argumenter de toutes les prefcriptions autorifées par les Loix, comme de celle de dix & de vingt ans avec titre & bonne foi, & de celle de trente ans fans titre.

Mais à l'égard de la poffeffion paffive il n'en eft pas de même ; la prefqu'univerfalité des Coutumes ne permet pas qu'on puiffe prefcrire contre l'Eglife, autrement que par quarante ans.

Mais la prefcription n'eft pas le feul privilege attribué aux Eccléfiaftiques relativement à leurs biens.

1°. Ils jouiffent encore de *l'exemption de la taille*, & autres impofitions de cette nature, non-feulement par rapport aux revenus Eccléfiaftiques qu'ils poffedent, mais encore par rapport à leurs biens perfonnels & patrimoniaux. Ils peuvent faire valoir par eux-mêmes & fans fraude une Ferme de quatre charues de labour, pourvu que ce foit dans une feule & même Paroiffe. S'ils avoient des héritages ailleurs, ils feroient tenus de les donner à ferme à Gens taillables ; finon ils feroient pour raifon de ces héritages impofés à la taille. Mais comme ce privilege n'eft attaché qu'aux biens propres des Eccléfiaftiques, ils ne pourroient l'étendre à des biens étrangers en les prenant à ferme. Il y a cependant une exemption en faveur des Curés à portion congrue, qui

---

» dits Gentilshommes & Officiers, foit pour prendre à ferme les dixmes ou autres revenus defdits
» Bénéfices, ou cautionner & pléger ceux qui les prendront au profit defdits Gentilhommes ou
» Officiers, fans que les appellations comme d'abus puiffent empêcher ou retarder la publication
» ou fulmination d'icelles. Enjoignons à nos amés & féaux les Maîtres des Requêtes ordinaires de
» notre Hôtel, qu'en faifant leurs chevauchées, ils aient à s'enquérir, informer, & faire leurs pro-
» cès verbaux des contraventions qui fe feront en cette notre préfente Ordonnance. *Ordon. de Blois,*
» *Art.* 48.
» Semblablement voulons que l'Ordonnance faite à Amboife par le feu Roi Charles notre très
» cher Seigneur & frere, que Dieu abfolve, & par Nous réiterée, en l'Edit defdits Etats tenus à
» Blois Article 48, pour le regard des baux des biens des Eccléfiaftiques, foit entierement gardée &
» obfervée ; & en ce faifant fuivant icelle, avons défendu & détendons à tous Gentilshommes & Offi-
» ciers, tant de Nous que defdits Sieurs & Gentilshommes, de prendre à l'avenir & s'entremettre di-
» rectement ou indirectement des baux à ferme defdits Bénéficiers, Dixmes, Champarts, & autres reve-
» nus Eccléfiaftiques, fous quelque couleur que ce foit, par eux, ou par perfonnes interpofées pour y
» participer, ni d'empêcher lefdits Eccléfiaftiques aux baux à ferme faits ou à faire, ni intimider
» ceux qui les voudront prendre ou enchérir, fur peine, quant aux Gentilshommes d'être déclarés
» Roturiers & comme tels mis & impofés aux tailles, & aufdits Officiers de privation de leurs
» états, & d'être déclarés incapables d'en tenir jamais d'autres. Détendons pareillement aufdits
» Bénéficiers, de bailler leurfdites fermes aufdits Nobles & Officiers, fur peine de nullité defdits
» baux. Déclarons en outre les baux qui auront été ci devant & feront à l'avenir faits aux per-
» fonnes de la qualité fufdite nuls & de nul effet, fans qu'on s'en puiffe aider, foit en jugement
» ou dehors, & pourront lefdits Eccléfiaftiques impétrer cenfures & les faire publier où il appar-
» tiendra, contre ceux & celles qui prêteront ou accommoderont leurs noms aufdits Gentils-
» hommes & Officiers, foit pour prendre à ferme les dixmes & autres revenus defdits Bénéfices,
» ou cautionner & pléger ceux qui les prendront au profit defdits Gentilshommes ou Officiers,
» fans que les appellations comme d'abus puiffent retarder ou empêcher la publication & fulmi-
» nation d'icelles. *Edit de Melun, Art.* 31.

peuvent prendre à ferme les groſſes dixmes, ſans être pour cela aſſu-jettis à la taille, parceque les dixmes appartenant de droit aux Curés, leur qualité leur donne droit à la choſe. *Déclar. du 21 Juillet 1643, & Décl. du 16 Novembre 1723.*

2°. Les Eccléſiaſtiques jouiſſent auſſi de *l'exemption de* toutes *charges de Ville*, ſubventions, taxes communes, logemens de Gens de guerre, franc-fiefs, &c. Ils ſont pourtant obligés, comme les autres Citoyens, aux aumônes publiques & générales, qui ſont impoſées pour la nour-riture des Pauvres dans des tems malheureux, comme de famine, de peſte.

3°. On ne peut impoſer les Eccléſiaſtiques pour le *Sel*, dans les Provinces où il ſe diſtribue par impôt ; mais ils ſont tenus de prendre dans les Greniers du Roi tout le ſel dont ils ont beſoin pour la fourni-ture de leurs Maiſons, & ils ſeroient amendables, ſi l'on en trou-voit chez eux d'une autre qualité. *Ordonnance des Gabelles, Tit. 8, Art. 33.*

4°. Les Eccléſiaſtiques ſont auſſi *exempts du droit de gros*, mais ſeu-lement lorſqu'ils vendent en gros le vin du cru de leurs Bénéfices ou de leur titre Sacerdotal. Cependant cette exemption ceſſe pour la Ville de Paris. *Ord. des Aides, Titre de l'exemption du Gros, Art. 7.* Les Ec-cléſiaſtiques ne paient point non plus d'entrée pour les boiſſons du cru de leurs Bénéfices, juſqu'à concurrence de la conſommation de leurs Maiſons ſeulement. *Même Ordon. des Aides, Tit. 2 Art. 11.*

A R T I C L E   L.

Les Syndics des Diocèſes ſeront reçus dans nos Bail-liages, Sénéchauſſées & autres Siéges Royaux, & même dans nos Cours de Parlemens, à pourſuivre comme les Parties principales ou intervenantes, les affaires qui re-gardent la Religion, le Service divin, l'honneur & la dignité des Perſonnes Eccléſiaſtiques des Diocèſes qui les ont nommés (a), & les Agens généraux du Clergé ſeront reçus pareillement en nos Cours de Parlemens, à faire les mêmes pourſuites, & pour les mêmes cauſes, & à y demander ce qu'ils eſtimeront être de la dignité & de

(a) » Et ſur la Requête faite par leſdits Eccléſiaſtiques, leur avons permis & accordé, pour un » an ſeulement, qu'ils puiſſent en l'Aſſemblée générale du Clergé de chacun Diocèſe, élire un » Syndic ou Sollicitenr, pour faire pourſuite en Juſtice des torts qui leur auront été faits ; ſauf » après ledit tems paſſé leur prolonger le terme ou leur pouvoir, autrement ſur leurdite Requête, » ainſi que Nous verrons être à faire par raiſon. *Ord. de Blois, Art. 19.*

l'intérêt général du Clergé de notre Royaume, lorſqu'il ne ſera pas aſſemblé.

Le Clergé a de deux ſortes d'Agens ; des Agens particuliers pour chaque Diocèſe qu'on appelle *Syndics Diocéſains*, & des *Agens généraux*, pour tout le corps du Clergé.

Les Syndics Diocéſains ſont autoriſés à pourſuivre dans les Siéges Royaux & dans les Parlemens & autres Cours Supérieures, comme Parties principales ou intervenantes, les affaires qui regardent le Service divin, l'honneur & la dignité des Perſonnes Eccléſiaſtiques qui compoſent les Diocèſes particuliers.

Les Agens généraux du Clergé peuvent faire les mêmes pourſuites pour les affaires & les Privileges du Clergé en général, ſoit au Parlement, ſoit au Conſeil d'Etat. Leurs fonctions s'étendent encore à veiller ſur la recette des deniers du Clergé ; d'avoir ſoin que ces deniers ſoient employés ſuivant les ordres de l'Aſſemblée ; enfin, à avoir la garde des Archives, & à faire délivrer des extraits des Papiers communs à ceux du Clergé qui en ont beſoin, mais ſans déplacement des Originaux. Ce n'eſt point le Clergé en corps, qui élit les Agens généraux ; ils ſont nommés par les Provinces, chacune à leur tour, de cinq ans en cinq ans, & ils ne peuvent être continués ſous quelque prétexte que ce puiſſe être. Deux conditions ſont requiſes pour être nommé Agent général ; la premiere, eſt d'être Prêtre ; la ſeconde, de poſſéder un Bénéfice dans la Province qui eſt en tour de nommer.

SI DONNONS EN MANDEMENT, *à nos amés & féaux Conſeillers, les Gens tenans nos Cours de Parlemens à Paris, que ces Préſentes ils aient à faire lire, publier & regiſtrer, & le contenu en icelles garder & obſerver ſelon leur forme & teneur, ſans ſouffrir qu'il y ſoit contrevenu en quelque ſorte & maniere que ce ſoit, nonobſtant tous Edits, Déclarations, Réglemens & Uſages contraires, auxquels pour ce regard ſeulement* 'Nous avons dérogé & dérogeons par ceſdites Préſentes. CAR TEL EST NOTRE PLAISIR. *Et afin que ce ſoit choſe ferme & ſtable à toujours,* Nous y avons fait mettre notre Scel. DONNÉ *à Verſailles, au mois d'Avril l'an de grace mil ſix cent quatre-vingt-quinze, & de notre Regne le cinquante-deuxieme.* Signé, LOUIS.

Et plus-bas; *par le Roi,* Phelypeaux *:* viſa, Boucherat; *& ſcellé du grand Sceau de cire verte.*

Regiſtré, oui, & ce requérant le Procureur Général du Roi, pour être exécuté ſelon ſa forme & teneur, & Copies collationnées envoyées dans les Siéges, Bailliages & Sénéchauſſées du Reſſort, pour y être lues, publiées & enregiſtrées; Enjoint aux Subſtituts du Procureur Général du Roi d'y tenir la main, & d'en certifier la Cour dans un mois, ſuivant l'Arrêt de ce jour. A Paris en Parlement le 14 Mai 1695. *Signé,* Du Tillet.

F I N.

TABLE
ALPHABETIQUE
Des Matieres contenues dans les deux Volumes de cet Ouvrage.

Le chifre romain défigne le tome, & le chifre arabe les pages.

ABANDONNEMENT Tome II, page 412, & fuivantes.

Abbeffes, *voyez* Religieufes.

Abolition, II 193 & fuivantes, jufques & y compris la page 253.

Abfence, II 261, 262.

Abfent, I 17, 340.

Abfolution à cautelle, II 616.

Abus, II 610 & fuiv. jufqu'à la page 613

Acceptation de Lettres de change II 368, 376 & fuiv.

Accufateur, II 45 & fuiv. jufques & compris la page 51.

Accufés, I 624, 625, 626, 646, 647; & tom. II, 11, 12, 13, 14, 31, 32, 33, 34, 35, 36, 37, 38, 57, 122, 125, 128, 129, 132, 133, 165, 166, 167, 168, 169, 170, 171, 172, 173, 174, 175, 176, 185, 186, 187, 188, 189, 190, 191, 192, 255, 256, 261, 262, 263, 264, 265, 272, 273, 274, 275, 276, 277, 278, 279, 280, 281, 282, 283, 284, 319, 320, 321, 322, 330, 331, 332, & 333.

Action, I 64.

Adjoints, I 265, 266.

Adjudicataire, I 212.

Adjudications, *voyez* Ventes.

Adminiftrateurs des Hôpitaux, II 410.

Age, I *voyez* Batême; & tom. II 339, 340.

Agens du Clergé, II 466, 467.

Ajournement, I 7 & fuiv. jufques & y compris la 26; & tome II 119, 120, 121, 255, 256, 257, 628, 629, 630.

Aliment, I 676; tome II 146 & fuiv. jufques & compris la page 159.

Alliance, *voyez* Parenté.

Amélioration, I 184, 185, 337, 338.

Amende, II 298, 328.

Annotation, II 254 & fuiv.

Antidate, II pages 384, 385.

Appel fimple, II 473.

Appel comme d'abus, *voyez* Abus.

Appellations, I 92 & fuiv. jufques & y compris la page 124; tome II 317 & fuiv. jufques & compris la page 327.

Appointement, I 47, 48, 51, 52, 97, 98, 99, 100, 101, 102, 103, 106, 107.

Apprentifs, II 338, 339, 340, 341.

Approbation des Prédicateurs & Confeffeurs, II 481 & fuiv. jufques & y compris la 491.

Arbitres, I 382.

Archidiacres, II 509, 534 & fuiv. 571 & fuiv.

Armes, *voyez* Port-d'armes.

Articles, *voyez* Faits & Articles.

Artifans II 343, 436, 438, 439.

Affaffinat, II 7, 19, 198, 199.

Affemblées illicites, II 4, 18.

Affignation, *voyez* Ajournement.

Affigné pour être oui, II 118, 119, 122, 123.

Affociés, *voyez* Société.

Affurance, II 437, 439.

Attenuation, II 291, 292.

Attermoyement I 669; tome II 406, & fuiv.

Aval, II 346, 387, 388.

Aventure, II 403.

Aunes, II 343, 344.

Avocats, I 559, 560, 568, 569, 570, 658.

B

BAGUES & joyaux, I 513.

Bail, I 206, 207, 212; tome II 164.

Ban, II 194, 236.

Bancs d'Eglife, II 500.

Banniffement, I 17; tome II 259, 302.

Banqueroute, II 415 & fuiv. jufques &

Nnnn

y compris la page 431.
Banqueroutier, *voyez* Banqueroute.
Banquiers, II 341, 408.
Baptêmes (Regiftres de) I 223 & fuiv. jufques & y compris la p. 234.
Bénéfices (poffeffion des) I 154 & fuiv. jufques & y compris la 169.
Bénéfices fimples , à charge d'ames & incompatibles, II 546.
Beftiaux, I 512, 513, 515, 516.
Biens Eccléfiaftiques, II 644, 645, 646.
Bigame, II 5.
Billets de change, II 367 & fuiv. jufques & y compris la 391.
Blafphême, II 3.
Bleffé & bleffure , II 54, 55, 56.
Bonnet vert , *voyez* Ceffion.
Bourfe, II 347, 348, 349, 350, 351.
Bris de Prifon, II. 263.

C

CADAVRE, II 288, 289, 290.
Caiffe (Livre de) II 354.
Capacités (Titres &) I 156.
Cas privilegiés, II 617, 618 & fuiv. jufques & y compris la page 630.
Cas Royaux, II 18.
Cas Prévôtaux, II 18, 19. 20, 21.
Caution, I 162, 163, 346, 347, 348, 349, 350, 351, 675; tome II 138, 381, 384.
Cédule évocatoire , I 614, 627.
Certificateurs, *voyez* Caution.
Ceffion , *voyez* Abandonnement.
Chancellerie, *voyez* Lettres
Change & Rechange II 392 & fuiv. jufques & y compris la 397.
Chapitre, II 636.
Chœur des Eglifes Paroiffiales , II 536.
Citations, *voyez* Ajournement.
Cléricature, *voyez* Privilege de Cléricature.
Clocher & cloches , II 537.
Clôture de Religieufes , II 504, & fuiv.
Collations de Bénéfices , II 460, & fuiv.
Commerce (Ordonnance du) II 335, & fuiv. jufques & y compris la 448.
Commiffaires & Gardiens, I 200, & fuiv. jufques & compris la 216.
Commiffions rogatoires , *voyez* Parcatis.
Committimus (Ordonnance du) I 651, & fuiv. jufques & y compris la 661.
Communautés, I 21, 88, 89, 554, 555, 557, 658; tome II 285, 286, 287
Communication de productions, I 141, 143.

Commutation de peines, II page 194, 256.
Comparaifon d'écritures, I 130, 131, 132, 133, 134; tome II 76, & fuiv. jufques & y compris la 85.
Compétence, II 9 & fuiv. jufques & compris la 28, & encore les pages 32, 33, 34, 35, 36, 37, 38.
Complaignant , *voyez* Accufateur.
Complainte, I 194 & fuiv. jufques & compris la 200.
Comptes & Comptables, I 352 & fuiv. jufques & y compris la 372.
Comptes des Fabriques, II 502, 503.
Concierges des Prifons, II 141, & fuiv.
Conclufions, II 294, 295.
Concuffion, II 4.
Condamnation, II 259, 298.
Condamnés, II 310, 311.
Confeffion & Confeffeurs , II 370, 371, 484, & fuiv. jufques & compris la 490.
Confifcation, *voyez* Peine.
Conflit de Jurifdiction, I 642, 643, & fuiv.
Confrontation, II 179, & fuiv. jufques & compris la 192.
Congés, I 33, & fuiv. jufques & y compris la 40.
Confanguinité, *voyez* Parenté.
Confignation, I 561, 562; tome II 161, 162.
Confuls, I 175, & fuiv. jufques & y compris la 181 ; tome II 432, & fuiv. jufques & y compris la 448.
Confultation, I 387, 388, 389, 499, 519.
Conteftation en caufe, I 137, & fuiv. jufques & y compris la 153.
Contraintes par corps, I 538, & fuiv. jufques & y compris la 549; tome II 297, & fuiv. jufques & y compris la 403.
Contrariété, I 572, 573, 574.
Contredits, I 143, 389
Contre-Enquêtes, *voyez* Enquêtes.
Contribution, I 184.
Contrôle des Exploits, I 10, 11, 12.
Contumace & Contumax, II 254, & fuiv. jufques & y compris 271, 297.
Co obligés, I 675
Copies, I 13, 15, 19, 20, 500.
Correction des mœurs des Eccléfiaftiques, *voyez* Vifites.
Coups de-main ou de bâton , II 8.
Courtage & Courtiers, II 346, 347.
Couvens , II. 497, 504, 505, 506, 507, 508.
Créanciers , I 666, 667, 673, 674, 676; tome II 154, 416, 417, 420,

421, 422, 423, 424, 430, 431.

Crime, II pages 2, 3, 4, 5, 6, 7, 8, 10, 11, 16, 17, 18, 19, 22.

Cri public, I 18.

Curateurs : I 352, 661; tome II 176, 272, 273, 274, 275, 276, 285, 288, 289, 290.

Curés, II 489, 500, 501.

D

DATTE, I pages 326, 659, 660; tome II 384, 385.

Débats de compte, I 360, 361, 362, 363.

Décceds, I 123, 321, 322, 323, 324.

Décharge, I 381, 382, 383, 384.

Décimateur, voyez Dixmes.

Déclaration de dépens, I 384, 385, 386, 387, 417, 428, 429, 430, 431, 432, 433, 434.

Déclinatoires, I 41, & suiv.

Décrets, II 118, & suiv. jusques & y compris la 135. Effet du Décret d'ajournement personnel contre les Ecclésiastiques, II 628, 629, 630.

Défaillans, voyez Défaut.

Défaut, I 33, & suiv. jusques & y compris la 40; tome II 254 jusqu'à 271 inclusivement.

Défendeurs ou Intimés, I 27, 29, 34, 36, 94, 95, 96, 97, 105, & suiv.

Défenses, voyez Défendeurs.

Dégrés de Jurisdiction, I 26, & suiv. tome II 7 & suiv.

Délais, I 26, & suiv. 52 & suiv. 91 & suiv.

Delateur, voyez Dénonciateur.

Délit commun & Délit privilegié, II 617, 618, 619, 620, 621, 622, 623, 624, 625, 626, 627.

Délit des Religieux, II 497, 507.

Demande, voyez Ajournement.

Déni de renvoi, I 42, 44, 45, 46, 47.

Déni de Justice, I 317, 318, 319, 320.

Deniers, I 518, 519, 542, 676; tome II 138, 422, 423.

Dénonciateur & Dénonciations, II 49, 50.

Dépens, I 381, & suiv. jusques & y compris la 501 ; tome II 43, 50, 309.

Dépens du Châtelet, I 415. & suiv. jusques & y compris la 426.

Dépositaire & Dépôt, I 218, 219, 220, 221, 541, 542, 676.

Déposition en matiere Civile, voyez Enquêtes; & en matiere Criminelle, voyez Information.

Député, voyez Syndic.

Desaveu, I pages 572, 574.

Descentes I 238, & suiv. jusques & y compris la 256.

Déserteur & Désertion, II 19, & 20.

Desservant, I 472, 479, 480.

Dettes, I 538, 539.

Dévolut & Dévolutaire, I 162, 163.

Dictum de Sentence, I 103, 104, 105.

Dimanches & Fêtes, II 581, 582, 583, 584.

Discipline Ecclésiastique, voyez Visites.

Dixmes, II 535, 536, 537, 562, 563.

Docteurs, voyez Gradués.

Doctrine, II 590, jusques & y compris la 595.

Dol personnel, I 572, 573.

Dommages & intérêts (liquidation de) I 501, & suiv. jusqu'à 506.

Domaines, I 608.

Domestiques, I 267; tome II 59, 60.

Domicile, I 10, 11, 12, 13, 14, 15, 17, 18, 23.

Domiciliés, II 127.

Droit de Revision, I 391, 392, 499.

Ducs & Pairs, I 21.

Duel, II 199, & suiv. jusques & y compris la 231.

Dupliques, I 138.

E

ECCLESIASTIQUES (leurs Droits & Privileges) II 633, & suiv.

Ecoliers (Privilege de scolarité) I 30, 31.

Echevins, II 410.

Ecritures d'Avocats, I 389, 390.

Ecrivains, voyez Experts.

Ecroue, II 143, & suiv.

Effigie, II 159.

Elargissemens, II 128, 129, 130.

Emotion populaire, II 19, 20, 21.

Endossemens & Endosseurs, II 375, & suiv.

Enfans, II 57, 327, 329, 338, 339, 340, 341.

Enquêtes, I 156, & suiv. jusques & y compris la 184.

Epices & Vacations I 581, & suiv. jusques & y compris la 596.

Erection & suppression de Cures, II 559, 560, 561, 562.

Erreur (proposition d') I 552, 577.

Ester à droit , II pages 193 , 194, 236.
Estimation , *voyez* Liquidation.
Etape , I 676.
Etat (Lettres d') I 664 , & suiv. jus-
ques à la 669.
Etrangers , I 163; tome II 413.
Evêques (Procès criminels des) I, I
pages 217 . 218 , 219 , 220.
Evocation ,I 599 , jusques & y compris
la 634; tome II 318 , 319.
Evoquer , I 42 , 43.
Examen de Bénéficiers , II 462 , 463 ,
464 , 465.
Exception , I 40 , jusques & y compris
la 52.
Excommunication , *voyez* Monitoire.
Excuses , *voyez* Exoines.
Exécution , I 189, 190, 191, 192, 193,
199 , 329 , jusques & y compris la 346 ;
tome II 309 , 310 , 318 , 319.
Exécutoires , I 410, 411; tome II 321 ,
& suiv.
Exempts , II 497, 504, 505 , 506 , 507,
508.
Exoines , II 132, 133, 134, 135.
Experts , I 130, 131, 132, 238, &
suiv. jusques & y compris la 256; tome
II 80 , 81 , 82 , 83 , 84, 85 , 90, 91,
92 , 93 , 94 , 95 , 96.
Exploits , *voyez* Ajournement.
Extraits (de Baptêmes , &c.) I 230, 231,
237.

F

FABRIQUES , *voyez* Comptes de Fa-
briques.
Faillites , *voyez* Banqueroutes.
Faits , I 81 , & suiv. 216 , & suiv. & tome
II 330, 331 , 332 , 333.
Faux principal & incident , II 85 , & suiv.
jusques & y compris la 117.
Fermiers judiciaires , I 352 , & suiv.
Fêtes , *voyez* Dimanches.
Festin , II 339 , 340.
Fidejusseur , *voyez* Caution.
Fins de non-recevoir , *voyez* Exception.
Flagrant délit , *voyez* Délit.
Fondations , II 499, 500 , 555 , 556 ,
557 , 558.
Forclusions , I 108 , 109.
Forma Dignum & forma Gratiosa , II
458 , 459 , & suiv. jusques & y com-
pris la 465.
Fouet , *voyez* Peine.
Fret , II 437 , 439.
Frais , *voyez* Liquidation,

G

GALERES , *voyez* Peine.
Garants & Garantie , I page 64 , & suiv.
jusques & y compris la 76.
Gardes-Gardiennes , *voyez* Ecoliers.
Gardiens , I 200 , 201 , 208, 209 , 210 ,
211 , 212 , 213 , 214, 215.
Gens d'Eglise , *voyez* Ecclésiastiques.
Gentilshommes , II 17.
Géole & Géolier , II 141 , & suiv. jus-
ques & y compris la 164.
Grace (Lettres de) II 193 , & suiv. jus-
ques & y compris la 253.
Gradués , II 467, 468 , 469.
Grands Vicaires , II 597.
Grossesse , II 310.
Guichetiers , *voyez* Géoliers.

H

HABITANS , *voyez* Communautés.
Habits & Hardes , II 52, 53, 54.
Hérésie , II 591, 592 , 593, 594, 595.
Héritages , I 563 , 564.
Héritiers , I 52 , 53 , 54 , 55 , 56 ; tome
II 327, 328, 329 , 365 , 445.
Homicide , II 7, 193, 196, 197.
Homologation , II 422 , 423.
Hôpitaux , I 555 , & suiv.
Hôte & Hôtellerie , I 220 , 221.
Hôtel-Dieu , I 11.
Huissiers , *voyez* Ajournement.

I

IMPENSES I 184, 187.
Impuberes , II 57.
Incapacité de Bénéficiers , II 470, 471.
Incident , I 110, 111, 112, 113, 114.
Incompétences , I 42 , 43 , 44 , 45 , 46,
47, 48.
Inconnu , II 126.
Infamies , II 298 , 302 , 303.
Informations , II 56 , & suiv. jusques
& y compris la 68.
Injures , II 8.
Inquisition , II 595.
Inscription de faux , *voyez* Faux.
Institution Canonique , II 466 , & suiv.
Instruction des procès criminels des Ec-
clésiastiques , II 617 , & suiv.
Interdiction , II 123 , 628 , 629 , 630.
Intérêt , I 325, 392, 393, 395.
Interlignes , II 62.
Interpellations , II 274 , 275.
Interprète , II 171 , 176.

Interrogatoires, I page 81, & suiv. jusques & y compris la 91 ; tome II 165, jusques & compris la 178.
Intimation, & Intimés, voyez Appel.
Inventaire, I 53, 54, 55, 56, 57.
Juges d'Eglise, voyez Officiaux.
Jurisdiction Ecclésiastique, (Edit concernant la, II 449, & suiv. jusqu'à la fin du volume.
Jurisdiction Consulaire, voyez Consuls.
Justice, I pages 16, & suiv.
Haut-Justicier, voyez Seigneur.

L

LABOURAGE, I 515, 516, 517.
Laboureurs, II 437, 438, 439.
Lettres de Répi, I 669, jusques & y compris la 677.
Libelle, II 8.
Liquidations de fruits I 272, & suiv. jusques & y compris la 381.
Liquidation de dommages & intérêts, voyez Dommages & Intérêts.
Livre en matiere de Commerce, II 353, & suiv. jusques & y compris la 359.

M

MAISTRE d'Ecole, II 571, & suiv. jusques & y compris la 574.
Majesté (Crime de leze) II 3, 4, 5.
Majeurs, I 366, 554.
Main-levée, I 161, 162.
Mainrenne, I 165.
Maîtrise, II 339, 340.
Marchand, I 377, 378, 379, 542 ; tome II 338, 339, 340, 341, 342, 343, 344, 353 & suiv.
Marchandes publiques, I 543, 544, 545.
Marchandises, II 342, 343.
Marchés (Foires &) I 542.
Maréchaussées & Maréchaux (Prévôt des) II 29, & suiv. jusques & y compris la 44.
Marguilliers, II 500, 502, 503, 504.
Matieres Spirituelles, II 590, 591, 592, 593, 594, 601, & suiv.
Méliorations, voyez Améliorations.
Mesures, II 343, 344.
Métairie, I 79, 80.
Métier, II 436.
Meurtre, voyez Assassinat.
Mineurs & Minorité, I 164, 165, 554, 555, 557, 558, 673, 674.

Minutes, II pages 42, 64, 65, 66.
Monitoire, II 68, & suiv. jusques & y compris la 76 ; ibidem, 574, 575, 576, 577.
Montrées (vues &) I 79, 80.
Mort, voyez Peines.
Muets, II 272, & suiv. jusques & y compris la 277.

N

NANTES (Révocation de l'Edit de) I pages 265, 266.
Nef des Eglises Paroissiales, II 536, 537.
Négoce & Négocians, voyez Commerce.
Notaire, I 126 ; tome II 374, 376.
Notoriété, II 121, 122.
Nourriture, II 154, 155, 156, 157, 158, 159, 160.
Novices & Noviciat, I 234, & suiv.
Numération, I 586.

O

OFFICES, voyez Vénalité.
Office divin, voyez Visite.
Official & Officialité, II 597, 598.
Officiers de Justice, II 17, 18, 26, 27, 122, 123, 141.
Omissions de recette, I 365, 366.
Opposans & Opposition, I 338, 339.
Ordonnances des Evêques & Archidiacres & leur exécution, II 493, 494, 495, 508.
Ordination, II 483, 484.
Ordre, I 234, 235.
Ornemens d'Eglise, II 498, 499, 537, 538.
Ouverture de Requête civile, I 572, 573, 574, 575.
Ouvriers, II 341, 343.

P

PAPE, II 450, 451, 452, 453, 454, 455, 456, 591, 592, 593.
Paraphe, I 586, 595.
Pareatis, I 333, 334, 335.
Parenté, Parent & Alliances, I 264, 265, 599, & suiv. jusques & compris la 619 : tome II 58, 255, 288, 327.
Parisis, I 343, 344.
Paroisses, voyez Cures.
Paroles injurieuses, voyez Injures.
Partie Civile, II 48, 49, 50, 51.
Patron & Patronage, II 560, & suiv.
Peines, I 210, 211, 212, 231, 281, 335,

336 ; tom II pages 3, 4, 5, 6, 7, 8. 9.
Perquisition, II 254, & suiv.
Petitoire & Possessoire des Bénéfices,
I 154, & suiv. jusques & y compris
la 172.
Plaignant & Plaintes, II 45, & suiv.
jusques & y compris la 56.
Plumitif, I 324, 325.
Poids, voyez Mesures.
Police Ecclésiastique, voyez Discipli-
ne.
Porteurs de Billets & Lettres de change,
II pages 368, & suiv.
Portion congrue, II 563. 564. 565. 566.
567. 568. 569. 570.
⎰ Possession de Bénéfices.
⎱ Possession triennale.
⎱ Possessoire en matiere Bénéficiale,
   voyez Pétitoire.
Poursuites, I 547. 548. 549.
Préambule, voyez Compte.
Prédicateurs & Prédication, II 481. 482.
485. 486. 487. 488. 489. 490. 491.
Prélats, voyez Evêques.
Presbyteres, II 537.
Presséance aux Hôpitaux, II 584. 585.
586. 587. 588. 589.
Présentation, I 31. 32.
Présens, II 339. 340.
Présidiaux, II. 18. 22. 24. 34. 35.
Prêtres & Prêtrise, II. 484.
Prêt sur gages, II 395. 396. 397.
Prévention, II 16. 17. 22. 23.
Prévôt des Maréchaux, voyez Maré-
chaussées.
Preuve, I 216. & suiv. tome II 277.
Prieres publiques, II 455.
Prise à partie, I 316. & suiv. jusques &
y compris la 321.
Prise de possession de Bénéfices, II 475.
476. 477. 478. 479.
Prisonniers & Prisons, II 15. 121. 122.
128. 129. 130. 141. & suiv. jusques &
y compris la 164.
Privilege de Cléricature, II 617. & suiv.
jusques & y compris la 627.
Privileges du Clergé, II 633. & suiv.
Procès criminels des Ecclésiastiques,
voyez ci-devant Privilege de Clérica-
ture.
Procès verbal, voyez Exploit.
Procuration (droit de) II 509. 510.
Productions, I 103. 104. 105. 110. 111
Profession, I 234. 235. 236. 237.
Prononciation, I 321. & suiv. jusques &
y compris la 326 ; tome II 309.
Proposition d'erreur, I 577.

Protester & Protest, II pages 368. 369.
370. 371. 372. 373. 374. 376. 377.
Protuteur, voyez Tuteur.
Provisions, II 136. 137. 138. 139.
140.
Provisions de Bénéfices, voyez Colla-
tion.
Publications aux Prônes, II 599. 600.
Puissances Ecclésiastique & Temporelle
II 450. & suiv.

Q

QUALITÉS, I pages 46. 120. 146.
148.
Qualités d'un Bénéficier, voyez Capacité,
Incapacité.
Question, II 277. & suiv. jusqu'à la
282. inclusivement.

R

RAPPEL ; voyez Lettres de Grace.
Rapporteur, I 103. 104. 105. 240. 241.
575 ; tome II 64. 65.
Rapports d'Experts, I 238. & suiv. jusques
& y compris la 256.
Rapports de Chirurgiens & Médecins, II
54. 55. 56.
Rapt, II 232. 233. 234. 235.
Rature, II 62.
Réajournement, I 35. 178.
Rébellion, voyez Crime.
Recelé, I 544.
Réception de Caution, voyez Caution.
Rechange, voiez Change.
Récollement, II 179. & suiv. jusques &
y compris la 192.
Recommandation, II 144. & suiv.
Reconnoissance des écritures, I 128. 129.
130. 131. 132 ; tome II 76. & suiv. jus-
ques & y compris la 85.
Records, I 10. 11. 12.
Récréance en matiere Bénéficiale, I
159. 160. 161 ; tome II 479.
Récusation, I 288. & suiv. jusques & y
compris la 315 ; tome II 35. 36.
Reddition de comptes, voyez Comptes.
Réduction de Bancs, voyez Bancs.
Refus de Sacremens, II 602. 603. 604.
605. 606. 607. 608. 609. 610.
Refus de Visa, II 473. & suiv.
Régale, I 168. & suiv.
Registre, II 49. 142. & suiv.
Réguliers, II 481. 482. 485. 486.
Réhabilitation, II 194. 236. 237. 238.
239.
Réintégrande, I 194. & suiv. jusques &

y compris la page 200.

Religieux, *voyez* Réguliers.

Religieuses, II 504. 505. 506. 507.

Rémiſſion (Lettres de) II 193. & ſuiv.

Renvoi, I 42. & ſuiv. tome II 12. 13. 14. 15. 616. & ſuiv.

Réparations de Bénéfices, II 542. 543. 544. 545. 546.

Réparations des Egliſes Paroiſſiales, II 533. 534. 535. 536. 537. 538. 539. 540.

Répit (Lettres de) I 669. & ſuiv. juſques & compris la 677; tome II 346. 347. 406. 407. 408. 409. 410.

Répliques, I 138.

Réponſes, I 83. 84. 85. 86. 87. 88. 89. 108. 109. 111. 286. 287.

Reproches, I 285. 286. 287. 288.

Requête Civile, I. 550. & ſuiv. juſques & y compris la 579.

Reſcindant & Reſciſoire, I 566. 575.

Réſidence, II 546. 547. 548. 549. 550. 551. 552. 553. 554.

{ Réſignant.
  Réſignataire.
  Réſignation, I 165. 166; tome II 461. }

Réſolution, II 421. 422. 423.

Reſtitution, I 197. 373. 374. 375. 376.

Rétention, *voyez* Renvoi.

Rétribution des Eccléſiaſtiques, II 577. & ſuiv. juſques & y compris la 582.

Révélations *voyez* Monitoires.

Réviſion de Comptes, *voyez* Comptes.

Réviſion (droit de) I 391. 392. 393. 399.

Rôles, I 390. 391.

S

Sacremens, *voyez* Refus de Sacremens.

Sacrilege, *voyez* Crime.

Saiſie, *voyez* Exécution.

Scellé, I 184. & ſuiv.

Scolarité, *voyez* Ecolier.

Secretaires du Roi, II 26. 27.

Secretaires des Archevêques & Evêques, II 460 465

Sédition, *voyez* Crimes.

Séjour, *voyez* Voyages.

Sentences des Juges d'Egliſe, *voyez* Officiaux.

Séparation, II 404. 405.

Septuagenaires, *voyez* Contrainte par corps.

Sépultures (Regiſtre des) I pages 213. & ſuiv.

Sequeſtre, *voyez* Gardiens.

Sequeſtre en matiere Bénéficiale, I 159. 160. 161. 166; tome II 479.

Sergens, *voyez* Ajournemens.

Serment, *voyez* Interrogatoire.

Service divin, II 493. 497. 498. 499. 601.

Signature, *voyez* Reconnoiſſance.

Signification, I 108. 109.

Société, II 360. & ſuiv. juſques & y compris la 366.

Sol, *voyez* Pariſis.

Sommaires (Matieres) I 181. & ſuiv. juſques & y compris la 194.

Sommations aux Juges, *voyez* Priſe à partie.

Sommes, I 343. 344.

Sorties des Monaſteres, II 504. 505. 506.

Sourds, *voyez* Muets.

Statuts Synodaux, *voyez* Ordonnances des Evêques.

Stellionat & Stellionataires, I 541. 542.

Succurſales, II. 560.

Surſéances & défenſes, I 192; tome II 318. 319. 406. & ſuiv.

Syndic, I 88 89; tome II 285. 286. 287, 676, 647.

T

Taxe, *voyez* Dépens.

Témoignage & Témoins, *voyez* Enquêtes & Informations.

Théologaux, II 481. 490. 491. 492.

Tireurs, *voyez* Lettres de Change.

Titres & capacités, I 156.

Tonſure, I 234. 235. 237.

Torture, *voyez* Queſtion.

Tournois, *voyez* Pariſis.

Tripliques, *voyez* Dupliques.

V

Vacations, I 30. 249. 250. 251. 252. 253. De plus, *voyez* Epices.

Vagabonds, II 18 19.

Valeur, *voyez* Liquidation de fruits.

Vérification d'écritures, *voyez* Reconnoiſſance des écritures.

Veuve, I 56. 57.

Vicaires, II 489.

Vicaires Généraux. II 597. 598.

{ Vicaires perpétuels,
  Vicariat perpétuel II 563. & ſuiv. }

Visa, II page 458. & suiv. jusques & y
compris la 480.
Visites des Diocèses, II 492. & suiv.
jusques & y compris la 510.
Union de Bénéfices & Dixmes II 561.
562.
Université, voyez Gradués.

Vœu, voyez Profession.
Vol, II page 7.
Voyages, séjours, & retours, I 394. jusques & y compris la 402.
Usances, II 368. 369. 370.
Usure, II. 392. 393.

Fin de la Table des Matieres.

www.ingramcontent.com/pod-product-compliance
Lightning Source LLC
Chambersburg PA
CBHW031451210326
41599CB00016B/2184